금융연구포럼
금융법 ①

디지털
금융법

사)금융연구포럼

박영사

발간사

- 디지털금융과 법적 사고 -

Ⅰ. 금융과 기술의 관계

금융은 기술에 기반하여 그 기능을 수행한다. 종이와 잉크 그리고 주산의 시대에서 디지털의 시대로의 전환은 단순히 기술적 변화에 그치는 것은 아니다. 과거에 생각했으나 기술적 이유로 수행하지 못하였던 다양한 시도를 실현할 수 있게 된 것은 큰 성과이다. 흔히 제4차 산업혁명이라고 부르는 이러한 혁신은 그 과정에서 금융업과 금융시장 그리고 금융규제의 모든 분야에 영향을 미치고 있다.

유럽연합과 독일, 일본 등에서도 유사한 논의를 하고 있는 것을 보면 이러한 변화는 우리나라에 한정된 것도 아니다. 디지털금융법에 대한 비교법적 접근은 새로운 과제를 확인하고 대응을 사고하는 데 출발점이 된다.

이러한 변화의 과정에서 금융법을 연구하는 입장에서 명확히 정리해야 할 것은 금융의 디지털화도 결국 형식에 관한 것일 뿐 기능의 변화는 아니라는 점이다. 그런 의미에서 금융기능에 기초한 기능별 규제는 여전히 금융을 분석하고 규제의 틀을 바로잡는 기준으로서의 현실적 유효성과 규범직 타당성을 유시하고 있나.

Ⅱ. 자산 구성 및 거래방식의 변화와 새로운 관점

1. 금융자산과 금융거래의 방식

이제 우리는 디지털 금융자산이라는 용어를 사용하기 시작했다. 대표적으로 가상자산, 토큰증권, CBDC와 스테이블 코인 등이 여기에 속한다. 디지털 금융거래의 수행 주체로서 금융플랫폼의 중요성은 규모와 속도의 양면에서 전통적인 금융과 차원을 달리한다. 전자지급거래와 청산·결제라는 전통적인 금융시장 인프라에도 영향을 주기 시작했다.

2. 기술변화와 법적 접근의 구분

관찰의 범위를 금융상품거래가 이루어지는 구체적 방식으로 한정해 보면 알고리즘 거래는 시장안정성 규제와 금융투자업자 규제 그리고 불공정거래 규제의 전반에 영향을 미치고 있음을 확인할 수 있다. 이러한 변화는 보험업에서도 디지털보험업의 형태로 나타나고 있음을 확인할 수 있다. 인공지능은 디지털금융에 새로운 과제를 제시하고 있다. 논의의 출발점은 금융분야에서 인공지능을 활용할 경우의 위험관리 체계이다. 우리나라에 고유한 규제상 문제로서 망분리 규제가 금융분야 인공지능 활용에 어떤 영향을 주고 있는지를 확인하는 것은 관심의 대상이 되고 있다.

3. 금융산업과 금융감독

디지털금융은 금융산업과 감독시스템에도 일정한 변화를 촉진한다. 전통적인 금융법체계, 금융감독체계, 금융규제절차는 금융의 디지털화와 함께 체계적인 변화가 불가피하다.

디지털금융에서 규제의 역할과 방식을 생각해 보는 것은 중요하다. 디지털금융이 초래할 수 있는 새로운 위험에 대해서는 금융규제의 설계와 운용을 원칙중심규제적 요소를 도입하여 금융규제의 유연성과 탄력성을 보완함으로써 대응력을 높일 수 있을 것으로 본다. 디지털금융은 금융에서의 이미 의미를 대부분 상실한 국경의 가치를 거의 완전하게 소멸시킬 것으로 예상된다. 따라서 금융의 디지털화는 금융시장의 국제경쟁력을 일반적인 금융규제목적과 대등한 수준의 정책목적으로 고려하지 않을 수 없게 할 것이다.

디지털금융은 규제수단도 디지털화하게 될 것이다. 이미 레그테크와 섭테크의 작동요인과 편익 및 위험에 대한 분석이 이루어지고 있고 일부 국가에서는 활용단계에 들어간 상태로 평가된다. 레그테크와 섭테크의 도입에서 특히 중요한 것은 감독정보의 표준화와 규정집의 디지털화이다.

4. 디지털화와 금융소비자보호 및 중앙은행

디지털금융은 금융소비자보호에서도 패러다임의 변화라고 할 수 있을 정도의 변화를 초래할 것인가? 전통적인 금융과의 차이점은 디지털 취약계층의 정보비대칭성과 금융소외에 대한 대응에 있다. 디지털금융의 규제 · 감독에서 중앙은행도 자산구성의 변화나 거래방식의 변화가 가져올 변화에 대응할 수 있는 준비를 모색할 필요가 있다.

Ⅲ. 개별적 과제

1. 과제의 범위

디지털금융은 가상자산법, 전자금융거래법, 전자증권법, 금융정보법, 그 밖의 디지털금융 관련 법률상 다양한 과제를 발생시키고 있다.

2. 가상자산법

가상자산은 아직까지도 금융으로서의 기능이 명확히 정리되지 않은 분야라고 할 수 있다. 현재 우리나라의 입장은 기능에 대한 판단을 유보하고 그 이용자보호를 위한 법체계를 구축한다는 것이다. 이러한 관점에서 가상자산이용자보호법은 이용자 자산의 보호, 불공정거래의 규제, 그리고 감독 및 처분 등에 관한 사항을 정리되지 않은 상태에서 규정하고 있다. 그러나 엄연히 국민 상당수가 투자 대상으로 인식하고 자산구성의 많은 비중을 차지하는 현실을 무시할 수는 없을 것이다. 입법적인 완성도를 높여가는 노력이 필요한 분야라고 생각된다.

3. 전자금융거래법

전자금융거래법은 전자지급수단, 전자금융거래에서 당사자 간의 법률관계, 전자금융시스템의 안전성을 내용으로 하는 그 입법 의도와 형식의 측면에서는 시대를 앞서간 법률이다. 이제 디지털금융의 시대를 맞이하여 전자금융거래법도 본격적으로 변화에 대비할 필요가 있다. 지급에 관한 일반법이 없는 우리나라에서 전자금융거래법은 전자금융거래에 관한 일반법으로서의 위치를 유지하면서 지급법으로서의 역할도 함께 수행할 수밖에 없을 것이다.

4. 전자증권법

증권의 발행과 결제제도는 실물증권 → 예탁증권 → 전자증권으로 발전하고 있다. 전자증권법은 전자증권제도의 기본법이다. 종이와 잉크에 기초한 전통적인 발행 및 결제제도를 전자등록방식으로 전환한 것으로서 사고의 전환이 필요한 분야라고 할 수 있다. 토큰증권은 전자증권의 연장선에서 증권 발행과 결제제도의 기반기술이 추가되는 것으로 이해할 수도 있지만, 매매체결과 청산, 결제라는 금융투자상품시장 인프라와 지급과 청산 그리고 결제라는 지급결제 인프라의 구조를 근본적으로 변화시킬 수 있는 잠재력을 가진 것으로 평가된다. 전자증권법에 관한 논의는 이러한 문제의식을 출발점으로 해야 할 것으로 확신한다.

5. 금융정보법

신용정보법과 금융실명법으로 구성되는 금융정보법은 정보의 생산과 처리의 규모와 속도의 양면에서 새로운 도전에 직면하고 있다. 신용정보법의 적용 범위나 개인신용정보의 처리와 같은 전통적인 과제와 함께 정보의 전달을 통한 시스템의 연계를 위한 시도라고 할 수 있는 정보전송요구권과 마이데이터의 등장은 금융정보법이 단순한 정보보호법이 아니라 금융거래의 인프라 기능을 수행하게 된다는 점을 미리 알려준다. 금융실명법에 대해서는 실명확인과 금융거래의 비밀보장으로 나누어 전자는 일반 자금세탁방지법 그리고 후자는 일반적인 금융정보법의 분야에서 흡수할 단계가 된 것으로 이해된다. 앞으로의 논의 과제라고 할 수 있다.

6. 그 밖의 디지털금융 관련 법률

디지털금융은 금융형식의 변화이고 금융기능은 유지되는 것이므로 전통적인 금융거래에서 확인된 부작용 또는 역기능은 대부분 사라지지 않을 것이다. 그러나 디지털기술을 금융에 접목하면서 전통적인 금융거래의 부작용으로 생각되어 온 문제들에 효율적으로 대응할 수 있는 길이 확보된 것도 사실이다. 이런 관점에서 금융범죄의 금융시스템 접근 차단은 디지털금융의 중요한 과제가 되고 있다. 특정 금융거래정보의 보고 및 이용 등에 관한 법률과 전기통신금융사기 피해 방지 및 피해금 환급에 관한 특별법은 대표적인 사례라고 할 수 있다. 인공지능을 활용한 금융사기 사전포착이나 방대한 규모의 데이터 분석은 과거에는 생각하기 어려웠던 접근이다.

산업관점에서는 인터넷전문은행이나 온라인투자연계금융업과 같은 새로운 방법이 등장한 것도 주목된다. 전자금융거래의 방법과 비전자금융거래의 방법으로 구분할 수 있는 것을 전제로 구축된 현재의 인터넷전문은행제도는 일반은행의 디지털화에 따라 양자의 구분이 쉽지 않은 단계로 발전할 수밖에 없을 것이다. 인터넷전문은행법과 은행법의 관계를 정리하는 것도 디지털금융법의 앞으로의 과제 중의 하나이다. 온라인투자연계금융업이나 자본시장법상 온라인소액투자중개와 같은 투자자의 집단지성과 온라인 펀딩포털의 정보중개 기능에 기초한 금융방식이 현실적으로 수행하는 역할에 대해서도 진지한 검토가 필요한 단계가 되었다고 생각된다.

Ⅳ. 앞으로의 방향

금융은 그 시대의 널리 인정된 기술에 기반하여 자산구성과 거래방식을 달리하면서 발전해 왔다. 그러한 기반기술이 근본적으로 변화하는 과정에서는 법적 관점에서도 다양한 과제를 접하게 되는 것도 사실이다. 그러나 금융이 수행하는 기능 자체에는 변화가 없는 점에서 그러한 과제들은 대부분 해결 가능할 것으로 본다.

금융자산과 금융거래의 방식을 관찰하면서 기술변화와 법적 접근을 구분하고 금융산업과 금융감독 전반으로 문제의식을 확장하면 디지털금융에서의 금융법의 과제는 금융시장의 경쟁력까지 포함한 적극적인 논의와 함께 디지털 취약계층의 정보 비대칭성과 금융소외라는 역기능에 대한 대응도 필요한 점을 확인할 수 있게 된다.

현재의 법제는 현재의 시장참여자들이 생각하는 최선을 추구한 결과물이다. 그러나 금융의 발전 속도는 항상 금융법제의 발전보다 빠르다는 것은 경험으로 알고 있는 사실이다. 이러한 속도의 차이와 함께 금융법제의 설계와 해석을 연구하는 연구자와 실무가들의 인식의 한계도 중요한 변수가 되어 왔다. 금융기능에 기초한 기능별 규제의 관점을 명확히 하고 새로운 기술의 변화를 관찰하면서 현재의 금융법제가 가진 장점을 확인하고 한계를 파악하여 대안을 제시하는 노력은 금융의 지속가능성을 위하여 필수적이다. 이 책에서 다루고 있는 과제들은 그러한 노력의 일부를 간략하게 추려 담은 것이다.

2026. 2.

정순섭

편집자의 글

2021년 3월 지도교수이신 정순섭 교수님의 은혜로 학교에 부임하여 금융법을 강의한 지 5년이 되었다. 실무에서 느낀 금융과 관련된 연구서나 교과서의 부족을 학교에서는 더욱 뼈저리게 실감할 수밖에 없었다. 금융은 어느 분야보다 변화가 빠르고, 그에 따른 금융법의 대응도 속도가 필요하다. 최근의 금융 변화는 한마디로 디지털금융으로 대변된다. 그럼에도 국내에서 디지털금융에 관한 이론서나 교과서를 찾기는 쉽지 않다. 이에 정순섭 교수님을 필두로, 각 분야의 전문가를 찾아 디지털금융법에 관한 책을 준비하기로 뜻을 모았고, 그에 따라 탄생한 것이 이 책이다.

이 책은 다음 세 가지 원칙에 따라 집필하였고, 편집하였다.

첫째, 독자를 대학 또는 대학원의 학생들로 상정하여 한 학기 분량의 강의 교과서 역할을 할 것을 목적하였다. 강의시간을 1시간 정도로 생각했을 때 한 학기의 강의는 30시간 내외가 되므로 챕터의 수를 30개 정도로 하였고, 그 분량도 강의시간을 고려하여 25면 내외로 하는 것을 원칙으로 하였다. 또한 글의 내용을 순수한 이론적인 것보다는 학습 목적에 맞추어 이를 학습한 학생들이 디지털금융법 전반의 내용을 습득할 수 있도록 하였다.

둘째, 디지털금융법의 특정 주제보다는 모든 주제를 망라할 수 있도록 하였다. 책을 크게 총론과 각론으로 나누어 총론에서는 디지털금융과 디지털금융법 및 법적 과제, 외국에서의 입법 및 논의를 다루고, 각론에서는 개별적인 주제와 관련 법령에 대한 논의를 담았다. 각론은 다시 크게 전반부와 후반부로 나누어 전반부에서는 디지털금융자산, 디지털금융거래, 디지털금융규제의 주요 쟁점들을, 후반부에서는 그와 관련된 개별법령을 다루었다.

셋째, 해당 주제에 대해 논문을 게재하였거나 전문성을 지닌 다수의 저자를 선별하여 원고를 모집하였다. 이론서를 의도한 것은 아니어서 집필이나 편집에 있어 금융법의 이론적 체계성보다는 개별 주제의 적합성을 우선하였다. 이러한 방식의 장점은 각 주제에 대해 뛰어난 필진을 모을 수 있는 것이지만 단점은 책 전체의 일관성이나 정합성에는 다소 빈틈이 존재할 수 있다는 점이다. 이러한 빈틈을 편집을 통해 메우려고 하였으나, 여전히 남은 것이 있다면 온전히 편집자의 몫이다.

이 책은 디지털금융법에 있어 교과서를 목적한 국내에서의 첫 번째 시도이다. 첫 걸음에 배부를 수 없음을 알고 있다. 총론에서 EU와 일본 외 미국, 영국, 호주 등 각국의 디지털금융법, 각론에서 디지털금융기본법의 제정 등에 따른 가상자산에 대한 새로운 논의, 은행업, 증권업, 보험업 등 디지털금융으로의 전환에 따른 법적 쟁점들, 개별 법령의 제·개정에 따른 논의 등 앞으로 보완하고, 더해가야 할 내용이 많이 남아 있다.

이 글을 빌어 지도교수이신 정순섭 교수님의 학은과 바쁜 와중에도 귀중한 원고를 준비해준 집필진에 다시 한번 감사드린다. 정순섭 교수님을 모시고, 이번 집필에 응해주신 여러 전문가의 힘을 모아 이 책이 지금에 멈추지 아니하고 디지털금융법의 연구와 교육에 기여할 수 있도록 계속 노력할 것을 다짐한다.

2026. 2.

이정수

목차

발간사(정순섭) i

편집자의 글(이정수) vi

PART I

총론

CHAPTER 01 디지털금융과 디지털금융법(정순섭) 2

Ⅰ. 서 론 3

Ⅱ. 의의 및 구조 4

Ⅲ. 금융의 요소별 분해와 기능별 재결합 6

Ⅳ. 금융변화와 위험관리 12

Ⅴ. 금융패러다임의 전환 15

Ⅵ. 결 론 21

CHAPTER 02 디지털금융과 금융법의 과제(이정수) 24

Ⅰ. 서 론 25

Ⅱ. 제4차 산업혁명과 금융업의 변화 26

Ⅲ. 제4차 산업혁명과 금융시장의 변화 36

Ⅳ. 제4차 산업혁명과 금융규제의 변화 47

Ⅴ. 결 론 56

CHAPTER 03 디지털금융법에 대한 비교법적 접근 60

1. 유럽연합과 독일의 핀테크 규제: 기능적 접근 (Prof. Dr. Florian Möslein & Prof. Dr. Sebastian Omlor) 61

Ⅰ. 서 론 61
Ⅱ. 핀테크의 정의: 기능적 접근 62
Ⅲ. 핀테크 서비스의 핵심 특징 63
Ⅳ. EU의 규제 전략 65
Ⅴ. 개별 핀테크 서비스 70
Ⅵ. 유럽 핀테크 규제의 미래 과제 82
Ⅶ. 결 론 86

2. 일본의 디지털 금융법제 - 결제 서비스의 현황과 디지털 자산의 이용·활용을 둘러싼 법제에 대하여 -(杉浦 宣彦) 94

Ⅰ. 일본에서의 결제 서비스의 현황 94
Ⅱ. 일본의 디지털 금융법제의 현황 99
Ⅲ. 최근의 자금결제법 개정 114
Ⅳ. 검토되고 있는 향후 과제 124

CHAPTER 04 디지털금융법을 향하여(이민경) 130

Ⅰ. 들어가며 131
Ⅱ. 총 론 132
Ⅲ. 각론적 논의 140
Ⅳ. 나가며: 디지털금융법을 향하여 170

PART II

각론: 이론

CHAPTER 01 디지털 금융자산 174

1. 가상자산의 의의와 법적 지위(한서희) 175

Ⅰ. 서 론 175
Ⅱ. 가상자산의 의의와 법적 지위 177
Ⅲ. 가상자산과 자본시장법 185
Ⅳ. 결 론 205

2. 가상자산거래의 법적 분석(류경은) 208

Ⅰ. 가상자산의 법적 성격 208
Ⅱ. 가상자산거래소에서의 거래 성격 215
Ⅲ. 관련 문제 231

3. 토큰증권의 법률문제(황현일) 249

Ⅰ. 서 론 249
Ⅱ. 토큰증권 관련 법령 개정사항 250
Ⅲ. 투자계약증권의 발행 실무 258
Ⅳ. 토큰증권의 실제 및 향후 과제 264
Ⅴ. 결 론 268

4. CBDC와 스테이블 코인(정순섭) 271

Ⅰ. 서 론 271
Ⅱ. 의의 및 구조 273
Ⅲ. CBDC 278
Ⅳ. 스테이블 코인 295
Ⅴ. 결 론 332

CHAPTER 02 디지털 금융거래 334

1. 금융플랫폼의 영향과 바람직한 법제도의 설계(정준혁) 335

Ⅰ. 서 론 335

Ⅱ. 금융플랫폼의 의미, 특성과 대형 IT 기업의 진출 338

Ⅲ. 금융플랫폼의 기능과 금융에 가져오는 변화 345

Ⅳ. 금융플랫폼의 법률문제 352

Ⅴ. 결론 - 금융플랫폼 제도의 방향성 359

2. 전자지급거래와 청산 · 결제(김시홍) 365

Ⅰ. 서 론 365

Ⅱ. 전자지급거래의 개념 및 성격 366

Ⅲ. 전자지급거래의 종류와 주요 구성요소 369

Ⅳ. 전자지급거래의 당사자와 규율 법률 381

Ⅴ. 사업자별 주요 규제 395

Ⅵ. 전자지급거래의 청산 및 결제 403

Ⅶ. 결 론 407

3. 은행업과 디지털금융(정희수) 411

Ⅰ. 서 론 411

Ⅱ. 금융소비자의 금융거래 행태 변화 412

Ⅲ. 디지털금융 시대, 은행권의 경쟁구도 재편 414

Ⅳ. 은행업과 디지털금융의 주요 쟁점 418

Ⅴ. 결 론 438

4. 알고리즘 거래에 관한 금융규제(이정수) 442

Ⅰ. 서 론 442

Ⅱ. 알고리즘 거래의 의의 및 현황과 금융법적 쟁점 443

Ⅲ. 시장안정성 규제 453

Ⅳ. 금융투자업자 규제 461

Ⅴ. 불공정거래 규제 471

Ⅵ. 결 론 482

5. 보험업과 디지털금융(김유성) 486
Ⅰ. 서 론 486
Ⅱ. 디지털 환경변화와 보험법제 주요쟁점 487
Ⅲ. 결 론 499

6. 디지털금융의 새로운 과제:인공지능(마경태) 503
Ⅰ. 서 설 503
Ⅱ. 금융분야에서의 인공지능 관련 위험 507
Ⅲ. 금융분야 인공지능 위험관리 체계 512
Ⅳ. 금융분야 인공지능 위험관리 관련 규제 518
Ⅴ. 금융분야 인공지능과 망분리 규제 개선 논의 529

CHAPTER 03 디지털 금융감독 532

1. 금융산업과 감독시스템의 변화(정순섭) 533
Ⅰ. 서 론 533
Ⅱ. 금융산업의 변화 534
Ⅲ. 금융법체계 538
Ⅳ. 금융감독체계 545
Ⅴ. 금융규제절차 559
Ⅵ. 결 론 561

2. 디지털금융에서 규제의 역할과 방식(정순섭) 564
Ⅰ. 서 론 564
Ⅱ. 디지털금융과 새로운 위험 566
Ⅲ. 원칙중심규제 572
Ⅳ. 금융시장의 국제경쟁력 577
Ⅴ. 결 론 578

3. 디지털금융과 규제수단의 변화 - 레그테크와 섭테크(이정수) 580
Ⅰ. 서 론 580
Ⅱ. 레그테크와 섭테크의 의의와 현황 581

Ⅲ. 해외 금융감독기관의 레그테크, 섭테크 정책현황 587
Ⅳ. 레그테크와 섭테크의 작동요인과 편익 및 위험 593
Ⅴ. 레그테크와 섭테크의 도입에서 법적 쟁점 600
Ⅵ. 결 론 608

4. 디지털금융과 소비자보호(안수현) 612

Ⅰ. 서론: 디지털금융과 소비자보호 패러다임의 변화 필요성 612
Ⅱ. 디지털금융의 급속 확산에 따른 새로운 금융소비자 보호 접근방식 필요성 614
Ⅲ. 현행 금융소비자보호를 위한 법 정책적 접근방식과 한계 617
Ⅳ. 소비자보호 정책의 방향과 과제 638
Ⅴ. 결 론 654

5. 디지털금융의 규제·감독과 중앙은행의 역할(문선경) 658

Ⅰ. 서 론 658
Ⅱ. 아날로그금융에서 디지털금융으로의 전이 659
Ⅲ. 디지털금융 시대의 정책·감독 체계: 중앙은행의 역할을 중심으로 672
Ⅳ. 결 론 696

PART III

각론: 개별 법률

CHAPTER 01 가상자산이용자보호법(김남희) 702

Ⅰ. 총 칙 703
Ⅱ. 이용자 자산의 보호 711
Ⅲ. 불공정거래의 규제 722
Ⅳ. 감독 및 처분 등 738

CHAPTER 02 전자금융거래법(김준영) 744

Ⅰ. 전자금융거래법 개관 745
Ⅱ. 전자금융거래의 법률관계 749
Ⅲ. 전자금융업에 대한 규율 764

CHAPTER 03 전자증권법(최지웅) 778

Ⅰ. 서 론 779
Ⅱ. 전자증권제도 개관 781
Ⅲ. 전자증권법의 구조 및 내용 791
Ⅳ. 결 론 818

CHAPTER 04 데이터법(정세진) 820

1. 신용정보의 이용 및 보호에 관한 법률 (신용정보법) 821

Ⅰ. 신용정보법의 적용범위 821
Ⅱ. 개인신용정보의 처리 825
Ⅲ. 정보전송요구권과 마이데이터 841

2. 금융실명거래 및 비밀보장에 관한 법률 (금융실명법) 847

Ⅰ. 금융회사등 및 거래정보등의 정의 847

Ⅱ. 금융거래정보의 제공 848

CHAPTER 05 금융혁신지원특별법(송창영) 852

Ⅰ. 서 론 853

Ⅱ. 혁신금융서비스 지정 주요 사례 855

CHAPTER 06 그 밖의 디지털금융 관련 법률(정재원) 884

Ⅰ. 서 론 885

Ⅱ. 특정 금융거래정보의 보고 및 이용 등에 관한 법률 886

Ⅲ. 전기통신금융사기 피해 방지 및 피해금 환급에 관한 특별법 894

Ⅳ. 인터넷전문은행 설립 및 운영에 관한 특례법 901

Ⅴ. 온라인투자연계금융업 및 이용자 보호에 관한 법률 906

Ⅵ. 결 론 916

PART I

총론

CHAPTER 01 디지털금융과 디지털금융법
CHAPTER 02 디지털금융과 금융법의 과제
CHAPTER 03 디지털금융법에 대한 비교법적 접근
CHAPTER 04 디지털금융법을 향하여

CHAPTER 01

디지털금융과 디지털금융법

디지털금융과 디지털금융법

정순섭
(서울대학교 법학전문대학원 교수)

I 서론

이제 디지털금융의 시대이다. 금융은 기술에 기반하여 발전해 왔다.[1] 현대 금융거래는 금융경제학의 이론적 성과와 함께 정보통신기술의 발전에 기반한 것이다. 특히 2008년 글로벌 금융위기 이후 기술과 금융의 결합을 의미하는 핀테크(fintech)가 일상적인 용어가 되었다.[2]

* 이 글은 정순섭, "기술발전과 금융 규제법의 전망", BFL 제107호(서울대학교 금융법센터), 6-28면을 이 책의 목적을 위하여 필요한 최소한의 수정을 거쳐 전재한 것임을 밝혀둔다. 상세한 논의와 인용은 원 논문을 참조하기 바란다.

1 Morten Balling, Introduction in Morten Balling, Frank Lierman and Andy Mullineux, Technology and Finance: Challenges for Financial Markets, Business Strategies and Policy Makers, Routledge, 2002, p1("기술은 금융기관의 수익, 비용, 위험, 경쟁력과 위치에 중요한 의미를 가진다. 기술은 증권거래의 방식, 시장의 투명성, 결제활동과 거래소산업의 구조에 영향을 미친다. 기술은 지급시스템과 금융산업에서의 전략적 결정 및 통화정책구조를 변화시킨다. 금융감독과 규제는 새로운 리스크와 새로운 리스크관리방법에 맞게 변화되어야 한다.").

2 '핀테크'라는 용어 자체는 1993년 씨티가 설립한 금융서비스기술컨소시엄(Financial Services Technology Consortium)의 창설과 함께 사용되기 시작했다. Eilene Zimmerman, The Evolution of Fintech, New York Times, April 6, 2016. 일본에서는 2015년경부터, 우리나라에서는 2014년부터 본격적으로 사용되었다. 西村あさひ法律事務所(編),『ファイナンス法大全(下)〔全訂版〕』, 商事法務, 2017, 830면("西村"); 금융위원회, 2014년도 금융혁신 추진성과 및 향후계획, 2014.12.30.; 이순

디지털금융은 지급, 여신과 수신, 자산운용, 투자 등 모든 금융기능을 적용대상으로 하면서, 업종별로는 은행, 자본시장, 보험 등 모든 분야에 영향을 미치고 있다. 그러나 금융체계위험(system risk)을 촉발할 수 있다는 우려와 함께 금융소외나 정보보호 문제를 심화시킬 가능성도 부정할 수 없다. 따라서 디지털금융은 단순히 혁신과 경쟁이라는 산업정책의 대상에 그치지 않고, 전통적인 금융의 일부로서 위험관리라는 과제에 노출된다.[3] 디지털금융은 기능과 형식의 양면에서 금융의 일부로서 확립되었다고 평가된다.

디지털금융은 단순히 신상품이나 거래방식의 추가에 그치지 않고, 금융규제의 패러다임 자체를 변화시키고 있다. 나아가 디지털금융은 지속 가능한 발전 등에도 기여할 것으로 평가된다.[4] 이 글은 디지털금융의 현황을 정리한 후 전통적인 금융규제의 적용가능성을 평가하여 새로운 규제체계를 전망하는 것을 목적으로 한다.

이 글은 기술과 금융의 결합과정에서 금융의 요소별 분해와 기능별 재결합으로 요약되는 금융시장변화 과정에서 법적위험의 관리수단과 금융규제 패러다임의 전환 그리고, 금융규제의 기본원칙을 정리한다.

Ⅱ 의의 및 구조

1 의의

가. 의의

핀테크라는 용어가 기술과 금융의 결합과정에 주목한 중간적인 용어라면, 디지털금융은 디지털기술에 기반하여 구현되는 일체의 금융을 의미한다. 디지털금융은 지급,

호, "핀테크(Fintech) 활용을 통한 금융포용 확대 움직임과 시사점", 주간금융브리프 제23권 제47호, 2014, 14-15면.

3 Wolf-Georg Ringe and Christopher Ruof, "Regulating Fintech in the EU: the Case for a Guided Sandbox", European Journal of Risk Regulation Vol.11, 2020, pp604-605.

4 Juan Carlos Castilla-Rubio, Simon Zadek and Nick Robins, Fintech and Sustainable Development : Assessing the Implications, The UNEP Inquiry, December 2016.

여신과 수신, 자산운용, 투자 등 모든 금융기능을 적용대상으로 하고 있다. 업종별로는 은행, 자본시장, 보험 등 모든 금융분야에 영향을 미치고 있다.[5] 디지털금융은 "디지털기술을 적용한 금융상품이나 금융거래"를 말하는 것으로서 "금융서비스를 제공하는 전통적인 방식을 변경하는 다양한 상품, 애플리케이션, 절차와 사업모델"을 포함한다.[6]

디지털금융의 발전에는 다양한 요소가 작용하였다.[7] 기술적 요소로는 컴퓨터 처리능력의 향상, 빅데이터 처리기술의 발전, 스마트폰이나 클라우드컴퓨팅의 보급 등을 들 수 있다. 인적 요소로는 2008년 글로벌 금융위기 이후 금융업계로부터 IT 등 다른 업계로의 우수 인재의 유출, 어려서부터 휴대전화와 같은 디지털기기나 인터넷에 익숙한 세대가 사회인으로서 경제활동에 본격적으로 참여하게 된 것 등이 중요하다. 금융규제의 관점에서는 2008년 글로벌 금융위기 이후의 규제강화도 영향을 미친 것으로 평가된다. 이와 같이 디지털금융은 금융소비자의 수요를 충족하는 새로운 상품과 서비스 그리고 거래방법을 제공하면서 동시에 기존 금융법의 근본적 변화를 요구하고 있다.

나. 범위

디지털금융은 금융업의 모든 분야에 영향을 미친다. 정확하게는 금융에 디지털기술이 수용된 것이므로 그 범위에는 제한이 있을 수 없다. 여신과 수신, 자산운용, 투자 등 모든 금융기능을 적용대상으로 하지만 가장 주목되는 것은 지급이다.

빅데이터, 인공지능, 통신 등 비금융업과의 결합을 통하여 새로운 금융업무를 만들 수 있는 점은 특히 주목된다. 분산원장기술은 화폐제도나 지급결제제도 그리고 자본시장인프라인 매매체결·청산·결제를 포함한 금융시장인프라의 운영구조를 근본적으로 변화시킬 수 있다.

5 OECD는 디지털금융서비스를 전자화폐, 모바일금융서비스, 온라인금융서비스, i-teller와 무지점은행과 같은 디지털기술을 이용한 금융영업으로 정의하고 있다. OECD, G20/OECD INFE Report on ensuring financial education and consumer protection for all in the digital age, 2017, p14.

6 디지털금융에 관한 간단한 설명으로, European Commission, Digital Finance <https://ec.europa.eu/info/business-economy-euro/banking-and-finance/digital-finance_en> (2020.9.27. 방문)

7 西村, 830-831면.

특히 금융규제법상 중요한 변화는 금융의 요소별 분해와 기능별 재결합, 금융업자 없는 금융업모델, 개별업자에 의한 인프라기능의 제공 등 종래의 기술로는 생각할 수 없었던 거래방법이나 서비스의 제공을 가능하게 하는 점이다. 이런 관점에서 핀테크는 단순한 거래법적 또는 규제법적 논의를 넘어서 금융규제 패러다임 자체의 변화로 연결될 수 있다.

Ⅲ 금융의 요소별 분해와 기능별 재결합

1 의의

그동안 금융분야에서 지적되어 온 금융의 요소별 분해와 재결합의 가능성이 현실화되고 있다. 이는 전통적인 금융업무를 단위별로 분해하여 필요한 요소만을 재결합하는 형태로 새로운 업무를 만들어가는 과정을 말한다. 디지털금융의 발전과정에서 대상 금융기능이 다양화됨과 동시에 금융업무의 분화도 일어나고 있다. 이러한 변화는 금융상품거래단계에서 고객과의 접점을 이동시키게 되고 그러한 기능은 결국 전통적인 법개념과의 충돌을 발생시키게 된다.

2 제조와 판매의 분리와 재결합

대표적으로 오픈뱅킹(open banking)은 제3자업자와의 정보공유로 거래개선, 상품에 대한 접근과 비교를 가능하게 한다. 스마트폰과 같은 모바일장치와 애플리케이션의 확산에 따른 정보이용의 확대는 전통적인 금융업자들과 경쟁·협력하고 있는 핀테크기업들의 진입장벽을 사실상 제거하고 있다는 평가도 존재한다.[8]

---

8 Steven T. Mnuchin and Craig S. Phillips, A Financial System That Creates Economic Opportunities Nonbank Financials, Fintech, and Innovation, US Treasury, July 2018, pp28-29. <https://home.treasury.gov/sites/default/files/2018-07/A-Financial-System-that-Creates-Economic-Opportunities---Nonbank-Financi....pdf> (2019.5.15. 방문)

은행은 제3자업자의 서비스를 은행상품에 결합함으로써 충성도가 높은 고객기반을 가진 조직과의 협력을 통한 판매범위의 확장을 가져올 수 있다.[9] 반대로 은행은 주택이나 자동차, 소비자상품이나 여행서비스 등 비은행상품의 판매를 결합함으로써 사업범위를 전통적인 은행업을 넘어 확대할 수도 있다.[10]

3 금융기능의 다양화와 금융업무의 분화

금융기능의 다양화는 여신, 자산운용, 위험관리 등 기존 금융업의 기능에 변화를 초래하고 있다.[11] 이하 지급기능을 중심으로 살펴본다.[12]

첫째, 지급수단의 다양화이다. 여신전문금융업법상 재화나 용역의 구매대금 지급수단인 선불전자지급수단이나 신용카드를 단순송금수단으로 활용하려는 시도가 나타나고 있다.[13] 신용카드회사들도 개인 간 송금서비스나 부동산 임대차 계약에 따른 월세를 임차인이 임대인에게 신용카드로 납부하는 서비스와 같이 신용카드의 단순 송금기능을 활용하기 위한 노력을 하고 있다.[14] 국내에도 실물카드 또는 스마트폰 없이도 얼굴만으로 간편하게 결제(Face Pay)할 수 있도록 하는 서비스가 허용되었다.[15] EU도 지문만으로

9 Accenture, The Brave New World of Open Banking, 2018, p10.

10 Accenture, 위의 보고서, p12.

11 특히 은행에 미치는 영향은, European Banking Authority, Report on the Impact of Fintech on Incumbent Credit Institutions' Business Models, 3 July 2018; 加藤貴仁, 「銀行とFinTech 企業の関係に関連する規制の新たな展開の可能性」, 『金融法研究』 第36号, 2020, 96-113면.

12 정순섭, "현금없는 사회의 법적 과제 - 법화의 강제통용력을 중심으로-", 은행법연구 제12권제1호, 2019, 195-235면. 상세한 논의로, Ben Regnard-Weinrabe and Jane Finlayson-Brown, "Adapting to a Changing Payments System", Jelena Madir, FinTech: Law and Regulation 2nd ed, Edward Elgar, 2021, pp23-63["Madir(2021)"]; UK Treasury, Payments Landscape Review: Call for Evidence, July 2020.

13 이규림, "간편송금의 법적 구조와 과제 - 선불전자지급수단을 중심으로 - ", BFL 제99호, 2020, 40-51면.

14 금융위/금감원, 보도자료: 21.2.18. 금융위원회, 혁신금융서비스 2건 지정, 2021.2.18.; 금융위/금감원, 보도자료: 20.12.22. 금융위원회, 혁신금융서비스 15건 지정, 2020.12.22.

15 금융위, 혁신금융서비스 지정 관련 참고자료, 2019.10.2.

결제할 수 있는 신용카드 개발사업을 진행하고 있다.[16] 지급수단의 다양화와 관련하여 가장 중요한 변화는 스테이블 코인의 등장이다.[17] EU와 일본 그리고 미국, 영국 등 지역이나 국가에서 지급수단으로서의 스테이블 코인의 법제화를 이미 완성하였다. 현재 우리나라도 법제화를 위한 논의가 진행 중이다.

둘째, 지급업무의 확대이다. 전통적으로 지급업무는 은행이나 송금업자를 통한 송금이나 은행 간 자금이체를 의미했다. 지급업무의 확대는 지급업무의 수행주체의 확대와 지급업무 자체의 확대로 구분된다. 종래 지급업무의 확대는 주로 수행주체를 중심으로 논의되었다. 전통적으로 은행에 한정되었던 지급업무를 비은행 금융회사나 비금융회사로 확대하려는 움직임이 그것이다. 우리나라는 전자금융거래법상 전자지급업무나 정보통신망의 이용촉진 및 정보보호에 관한 법률상 통신과금서비스, 외국환거래법상 외화이체업무, 자본시장과 금융투자업에 관한 법률(“자본시장법”)상 자금이체업무 등의 사례에서 확인할 수 있듯이 다른 나라에 비해 상대적으로 유연한 입장을 취해 왔다. 은행법상 지급업무의 법적 지위에 대한 논의 부족에 따른 것으로 생각되지만, 현시점에서 지급업무를 은행의 배타적 고유업무로 볼 것인지의 논의를 다시 하기는 어려울 것으로 판단된다.[18] 현재 중요한 것은 지급업무 자체의 범위가 확대되는 것이다. 단순히 ‘지급수단’이 아니라 ‘업무’ 자체가 다양화되는 것이다. EU PSD2[19]에서 명시한 계좌정보업무(AIS)와 지급지시전달업(PIS)(Annex I, 7-8), 일본의 은행법상 전자결제등대행업자(제2조 제17항)는 대표적인 사례이다.

16 CORDIS EU research results, Results in Brief: New smart card with fingerprint sensor drastically reduce online and physical transaction fraud, Record number: 429578, 9 April 2021.

17 PART II. CHAPTER 01. 4.CBDC와 스테이블 코인.

18 정순섭, 「은행법」 (제2판), 2024, 176-178면 [5-254]-[5-260](“정순섭, 「은행법」”).

19 Directive (EU) 2015/2366 of the European Parliament and of the Council of 25 November 2015 on payment services in the internal market, amending Directives 2002/65/EC, 2009/110/EC and 2013/36/EU and Regulation (EU) No 1093/2010, and repealing Directive 2007/64/EC.

4 고객과의 접점의 이동

이러한 변화는 결국 고객과의 접점을 이동시키게 된다. 전통적으로 고객과의 접점은 은행 등 금융회사의 창구를 중심으로 형성되었다. 그러나 은행 영업점 구조의 변화, 인터넷전문은행이나 로보어드바이저 서비스의 등장, 스마트폰을 이용한 다양한 지급수요의 충족 등을 고려할 때 경쟁력 있는 금융상품 판매채널은 온라인으로 이동할 것으로 예상된다. 금융규제의 중점은 고객과의 접점에 따라 이동할 수밖에 없다. 이러한 현상은 결국 고객과의 접점에서 발생하는 금융소비자보호문제를 야기하게 될 것이 다. 특히 장애인, 고령층, 저소득층, 농어민과 같은 디지털 취약계층의 낮은 정보화수준으로 디지털금융거래에 익숙하지 않고 이용상 문제가 발생할 가능성을 지적하고 있다.[20]

5 금융규제의 대상으로서의 금융회사의 제도적 의의

전통적인 금융규제는 중개기관인 금융회사를 중심으로 구축되어 왔다. 최근의 기술발전은 이러한 접근에 변화를 야기하고 있다. 첫째, 탈중개화이다. 블록체인은 중개기관이 없는 금융업 모델의 가능성을 처음으로 제시했다는 점에서 금융규제법상 중대한 의미를 갖는다.[21] 탈중개화는 다양하게 나타나고 있다. P2P 보험은 보험회사를, 크라우드펀딩은 증권거래소와 인수인 그리고 은행을, P2P 대출플랫폼은 은행과 다른 대출기관을, 로보어드바이저는 전통적인 금융자문업자를 탈중개화하고 있다.[22] 그 결과 여신과 투자 그리고 자문 등 금융서비스제공자와 그 이용자 사이의 직접 연결현상이 발생한다. 둘째, 빅테크나 핀테크로 불리는 비금융업자의 금융업 진출도 같은 관점에서 살펴볼 필요가 있다. 특히 금산분리와 위험관리가 중요하다.

---

20 오병국 · 변혜원 · 이소양, 금융의 디지털화와 소비자 보호, 연구보고서 2024-08, 보험연구원, 2024.9, 27-31면.

21 Pascal Witzig and Victoriya Salomon, “Cutting out the Middleman: A Case Study of Blockchain-technology Induced Reconfigurations in the Swiss Financial Services Industry” in Daniel Kraus, Thierry Obrist and Olivier Hari(eds), Blockchains, Smart Contracts, Decentralised Autonomous Organisations and the Law, Edward Elgar, 2019, pp18-48.

22 IOSCO, Research Report on Financial Technologies (Fintech), February 2017, p7; Madir(2021), 앞의 책 주12), p6 Table 1.1.

첫째, 탈중개화와 관련하여 핀테크의 보험분야에서의 적용이라고 할 수 있는 인슈어테크(InsurTech)는 비교사이트, 보험중개의 디지털화, 보험의 cross sells, P2P보험, on-demand 보험, 보험업무의 디지털화, 빅데이터분석 및 보험소프트웨어, IoT, 빅데이터 및 블록체인의 활용 등으로 발전하고 있다.[23] 금융규제의 기본 구조에 직접적 영향을 미치는 것은 P2P보험이다.[24] 현재 국제적으로 진행되는 P2P보험의 구조는 보험중개업자모델, 보험회사모델, 플랫폼제공자(Platform provider) 모델로 구성된다.[25] 특히 플랫폼제공자모델에서는 보험회사가 직접 보험업에 관여하지 않는 모델로서 영국의 Teambrella나 중국의 TongJuBao가 대표적인 사례로 소개되어 있다.[26]

현행 법상 금융규제의 대상으로서의 금융업자는 금융상품의 제조나 판매 또는 양 기능을 모두 수행한다. 이러한 기능을 수행하는 당사자가 없는 경우 금융규제모델은 작동할 수 없다. 그러나 판매비용을 포함한 사업비나 위험관리비용이 없거나 최소화될 수 있는 거래구조를 안정성을 갖추어 제공할 수 있다면 금지할 이유가 없다.

둘째, 디지털금융은 비금융기관의 금융업 진출의 계기가 되고 있다.[27] 국내에서도 통신사업자나 전자금융업자와 같은 전통적인 의미의 금융업자가 아닌 기업이 직접 인터넷전문은행을 설립한 것은 이러한 변화를 상징한다. 이러한 현상은 앞으로도 확대될 것으로 예상된다. 빅테크에 의한 금융업 참여는 직접 참여형뿐만 아니라 기존 금융업자와의 업무제휴를 통해서도 이루어진다. 미국의 신용카드 기반의 결제업자인 스퀘어가 결제업무의 고객인 사업자에 대한 융자와 예금상품의 제공을 목적으로 산업금융회사

23 吉澤卓哉,『インシュアテックと保険法: 新技術で加速する保険業の革新と法の課題』, 保険毎日新聞社, 2020, p.1-32("吉澤").

24 김규동, "P2P보험의 특징 및 활용", kiri리포트, 2018.4.9, 9-16면; Michael Abramowicz, "Blockchain-Based Insurance" in Philipp Hacker, Ioannis Lianos, Georgios Dimitropoulos and Stefan Eich(eds), Regulating Blockchain: Techno-Social and Legal Challenges, Oxford University Press, 2019, pp.195-212; 吉澤, 앞의 책, 주22). PART II. CHAPTER 02. 보험업과 디지털금융.

25 김화중, "인슈어테크와 법적 쟁점 - P2P 보험의 출현과 제도적 시사점을 중심으로 -", 연세 글로벌 비즈니스 법학연구 제11권 제2호, 2019, 9-10면("김화중").

26 김화중, 위의 논문 주25), 10면.

27 古閑由佳,「我が国における FinTechの展望と非金融機関の関わり」,『金融法研究』第33号, 2017, p.25-34.

(industrial loan company)를 설립한 것도 유명한 사례이다.[28] 이 방식을 선택한 이유는 예금을 취급하지 않는 등 일정한 요건을 충족하는 산업금융회사를 지배하는 자는 은행지주회사법상 은행지주회사로 규제되지 않기 때문이다. 이와 관련하여 미국에서도 은행지주회사법상 금산분리규제에 관한 논의가 있었다.[29]

셋째, 이러한 변화는 금융업과 비금융업 간의 경쟁과 함께 금산분리 문제를 발생시킨다. 국내에서는 이미 정보공유의 범위와 관련하여 빅테크와 전통적인 금융업자들 사이의 이해관계의 조정이 현실화되었다.[30] 빅테크 또는 핀테크의 금융업진출은 기관 단위의 공정경쟁이라는 관점과 함께 동일 행위에 대한 동일 규제라는 기능별 규제의 역할이 더욱 중요해진다.[31] 특히 제조와 판매의 분리현상의 강화에 따라 판매에 관한 기능별 규제의 관점이 더욱 중요해질 것이다.[32] 금산분리문제는 인터넷전문은행의 동일인 주식보유한도와 관련한 인터넷전문은행에 관한 법률 제정 과정에서 논쟁의 대상이 되었다.[33] 이어서 일반은행을 포함한 금융회사에 비하여 인터넷전문은행의 대주주자격을 완화하는 개정에 대해서도 금산분리의 관점에서 많은 논의가 이루어졌다. 디지털금융과 금산

28 加藤貴仁, 「銀行とFinTech企業の関係に関連する規制の新たな展開の可能性」, 『金融法研究』 第36号, 2020, p.96-113("加藤").

29 대표적으로, U.S. General Accounting Office, Bank Holding Company Act: Characteristics and Regulation of Exempt Institutions and the Implications of Removing the Exemptions, GAO-12-160, January 2012. 관련 논의에 대한 소개는, 加藤貴仁, 위의 논문 주28), p.98-99.

30 금융위원회/금융감독원, 보도자료: 디지털 금융혁신 및 빅테크-금융사간 "상호윈윈" 논의의 장인 「디지털금융 협의회」를 출범하였습니다., 2020.9.10; 금융위원회, 보도자료: '금융회사, 빅테크, 핀테크와 금융산업 발전방향'을 주제로 현장과 학계의 의견을 수렴했습니다., 2020.7.21.

31 Juan Carlos Crisanto, Johannes Ehrentraud and Marcos Fabian, "Big Techs in Finance: Regulatory Approaches and Policy Options", FSI Briefs No.12, 16 March 2021; Dirk Zetzsche, Ross Buckley and Douglas Arner, "The Rise of TechFins: Regulatory Challenges", Jelena Madir, FinTech: Law and Regulation, Edward Elgar, 2021, pp.317-339.

32 Fernando Restoy, "Fintech Regulation: How to Achieve a Level Playing Field", FSI Occasional Papers No 17, February 2021.

33 인터넷전문은행 설립 및 운영에 관한 특례법[시행 2019. 1. 17.][법률 제15856호, 2018. 10. 16., 제정]. 인터넷전문은행의 비금융주력자의 주식보유한도는 34%이다(제5조, 은행법 제16조의2 제1항). 관련 논의로, 국회정무위원회, 「인터넷전문은행 설립」 관련 공청회, 2017.2.20, 정순섭, 「은행법」, 78면[4-60].

분리의 문제는 국제적으로도 논의의 대상이 되고 있다.[34] 공정경쟁과 금산분리의 문제를 해소하는 방안으로 금융업 진입규제를 자본시장법상 금융투자업과 같이 인가 또는 등록업무단위를 세분화하는 방법도 논의될 필요가 있다. 미국 통화감독청이 도입한 특별목적 국법은행(special purpose national bank)은 그 사례이다.

IV 금융변화와 위험관리

1 문제의 의의

핀테크의 발전에 따라 발생하는 다양한 위험에 대해서도 논의가 이루어지고 있다. 먼저 일반적 위험으로는 첫째, 금융체계위험에의 영향, 둘째, 금융포용, 셋째, 금융소비자보호, 특히 사기 그 밖의 부정거래의 가능성, 넷째, 적정정보관리체제나 금융그룹 내에서의 정보공유규제를 포함한 정보보호, 다섯째, 정보보안문제, 여섯째, 자금세탁·범죄수익은닉·공중협박자금 등 금융범죄의 문제가 있다. 이하 법적 위험을 중심으로 정리한다.

2 규제샌드박스

핀테크의 발전에 수반되는 법적 위험의 해소를 위해 규제기관과 핀테크 간의 소통이 강조된 것은 새로운 특징의 하나이다. 적어도 2015년 이후 룩셈부르크와 영국 그리고 호주를 시작으로 각국은 이러한 노력을 제도화하기 시작했다.[35] 우리나라도 예외는 아니다. 이러한 소통의 제도화는 규제샌드박스와 이노베이션허브라는 두 가지 형태로

34 Cristie Ford, "The Banking/Commercial Separation Doctrine in Comparative Perspective", April 5, 2019 <SSRN: https://ssrn.com/abstract=3506371>; Anjan Thakor, "Fintech and Banking: What Do We Know?", Journal of Financial Intermediation Vol.43, 2020, pp.1-13.

35 Dirk A. Zetzsche, Ross P. Buckley, Janos N. Barberis and Douglas W. Arner, "Regulating a Revolution: From Regulatory Sandboxes to Smart Regulation", Fordham Journal of Corporate and Financial Law Vol.23, 2017, pp.38-43["Zetzsche, Buckley, Barberis and Arner(2017)"].

나타난다.

규제샌드박스는 "시장참가자들이 기존의 규제입법에 명확히 반영되어 있지 않은 새로운 상품이나 거래방식을 도입하고자 할 경우 보다 완화된 규제환경에서 이를 시험적으로 운영해 볼 수 있는 규제공간"을 말한다.[36] 그에 비해 이노베이션허브는 "규제구조, 인허가나 등록요건, 규제 및 감독상 기대의 준수의 맥락에서 기업들이 규제기관에 질의를 하여 핀테크관련 쟁점에 대한 명확화나 구속력 없는 지침을 구하는 특정한 구조"를 말하는 것으로서 "지식과 비공식적인 지침의 교환플랫폼"이라고 표현된다.[37] 현재 미국, 일본, 유럽, 홍콩, 말레이시아, 싱가포르, 호주, 한국 등이 채택하고 있다. 우리나라의 금융규제샌드박스는 금융혁신지원특별법에 따라 2019.4.1.부터 시행되었다.[38] 금융혁신지원특별법상 혁신금융사업자가 지정기간 내에 영위하는 혁신금융서비스에 대해서는 사업 또는 사업자의 인허가 · 등록 · 신고, 사업자의 지배구조 · 업무범위 · 건전성 · 영업행위 및 사업자에 대한 감독 · 검사와 관련이 있는 금융관련법령의 규정 중 지정 시 특례가 인정되는 규정은 적용하지 않는다(제17조).

금융규제샌드박스의 운용과정에서 확인된 문제 중 논의를 요하는 것은 규제특례기간과 적용대상 규제의 범위, 현행 규제와의 관계, 사업모델의 보호이다.[39]

---

36 정순섭, "기술발전과 금융규제 - 이른바 '규제샌드박스(regulatory sandbox)'의 한국법상 구상과 가능성", BFL 85호, 2017, 6면.

37 Radostina Parenti, Regulatory Sandboxes and Innovation Hubs for FinTech: Impact on Innovation, Financial Stability and Supervisory Convergence, European Parliament, Policy Department for Economic, Scientific and Quality of Life Policies, 2020, p20.

38 [시행 2019. 4. 1.][법률 제16183호, 2018. 12. 31., 제정]. 입법경과와 법적 구조에 대해서는, 박정원, "금융혁신지원특별법 제정안 시행(2019.4.1)에 즈음하여 -법률 주요내용, 제정 및 집행경과를 중심으로", BFL 95호, 2019, 112-130면. 동법을 소개한 것으로, 맹수석, "금융혁신지원특별법의 쟁점과 개선 방안", 상사법연구 제38권 제1호, 2019, 297-326면; 안수현, "금융분야에서의 규제샌드박스(regulatory sandbox) 도입과 법적 과제 : 『금융혁신지원특별법(안)』을 소재로", 상사판례연구 제31집 3호, 2018, 135-197면.

39 PART III. CHAPTER 05. 금융혁신지원특별법.

3 레그테크, 섭테크, 리걸테크

레그테크는 금융규제의 수범주체의 관점에서 금융규제의 내용을 확인하고 그 준수 여부를 점검하는 기술적 장치를 말한다.[40] 중앙은행과 레그테크, 인공지능과 레그테크, 소비자보호와 레그테크 등 다양한 분야에서 논의가 이루어지고 있다. 섭테크(Supervisory technology, suptech)는 "감독지원을 위한 감독당국에 의한 혁신기술의 사용"을 말한다.[41] 섭테크는 감독당국에 의한 보고와 규제절차의 디지털화를 보조하여 금융회사의 위험과 규제준수의 보다 효율적이고 주도적인 감시를 가능하게 한다. 이를 통하여 감독당국은 기존의 감독수단을 획기적으로 개선하고 강화된 수단들을 개발할 수 있게 될 것으로 평가되고 있다. 리걸테크는 변호사를 포함한 법률업무종사자들의 업무프로세스를 대상으로 하는 개념으로서 특히 법률가의 역할과 관련하여 논의가 이루어지고 있다.[42] 법무자동화 또는 로펌의 구조에 미치는 영향도 함께 논의되고 있다.

금융감독원도 섭테크(Suptech)를 통한 감독업무 혁신과 레그테크(Regtech) 가속화를 금융감독의 디지털전환을 위한 기본방향으로 발표하였다.[43] 그리고 보이스 피싱과 대

40 PART II. CHAPTER 03. 3. 디지털금융과 규제수단의 변화 - 레그테크와 섭테크. 국내 논의로, 윤대균, 레그테크 개요 및 관련 기술 동향, KISA Report VOL.9, 2020; 조창훈, "국내 레그테크의 시장성 검토 및 도입 시 고려사항", 전자금융과 금융보안 제8호, 2017, 65-79면.

41 Dirk Broeders and Jermy Prenio, Innovative Technology in Financial Supervision(suptech) – the Experience of Early Users, FSI Insights on policy implementation No.9, Financial Stability Institute, July 2018. 이를 세대별로 구분한 것으로, Simone di Castri, Stefan Hohl, Arend Kulenkampff and Jermy Prenio, "The Suptech Generations", FSI Insights on policy implementation No.19, Financial Stability Institute, October 2019.

42 Marcelo Corrales, Mark Fenwick and Helena Haapio, "Digital Technologies, Legal Design and the Future of the Legal Profession" in Marcelo Corrales, Mark Fenwick and Helena Haapio(eds), Legal Tech, Smart Contracts and Blockchain, Springer, 2019, pp1-15; Mark Fenwick and Erik P. M. Vermeulen, "The Lawyer of the Future as "Transaction Engineer": Digital Technologies and the Disruption of the Legal Profession", in Marcelo Corrales, Mark Fenwick and Helena Haapio(eds), Legal Tech, Smart Contracts and Blockchain, Springer, 2019, pp.253-272.

43 금융감독원, 보도자료: 「금융감독 디지털 전환 TF」 Kick-off 회의 개최, 2020.4.21.

출사기, 사모펀드규제, 외환규제 등의 분야에 이러한 기술을 적용하려는 시도가 이루어지고 있다.[44]

V 금융패러다임의 전환

1 금융시장의 현상분석과 전망

첫째, 금융의 요소별 분해와 재결합의 관점에서 ① 금융의 요소별 분해와 재결합은 기존 금융규제가 기초하고 있는 기본개념과 충돌한다. 금융시장은 이미 업종별 구분의 한계를 넘어섰고, 제조와 판매의 역할을 취사선택하여 결합하기 시작했다. ② 그럼에도 현행 금융규제는 여전히 금융상품의 제조를 중심으로 형성되어 있다. ③ 자금공급기능과 무관한 단순한 판매는 현행 금융규제법에서는 부수적인 기능으로 분류되어 있다. 이러한 인식을 확인할 수 있는 사례로는 금융소비자보호법[45]을 들 수 있다. 금융소비자보호법은 금융상품의 판매조직과 판매원칙에 관한 기능별 규제법으로 입법된 것이다. 그러나 금융상품 판매조직의 대부분은 여전히 기존 업종별 규제법에서 규제하고 있다.

둘째, 금융규제상 금융업자의 제도적 의의라는 관점에서 P2P금융에서 보는 바와 같이 거래구조에 따라서는 금융회사에 해당하는 중개기관이 부재하는 경우도 예상할 수 있다. 그러나 현행 규제는 여전히 금융회사를 출발점으로 금융규제를 형성하고 있다. 오히려 P2P 금융을 기존 금융규제의 틀 내로 수용하여 상품화하려는 움직임이 일반적이다.

셋째, 금융업과 인프라의 관계와 관련하여 정보의 기능에 기초한 규제체계가 필요하지만, 국내에서는 엄격한 금융업규제단위로 인식하고 있고 새로운 기술발전에 기반한 디지털 인프라의 등장 가능성을 사전적으로 억제하는 규제를 적용하고 있다.

44 금융감독원, 보도자료: 금융감독원의 레그테크·섭테크 혁신 - ①보이스피싱과 대출사기문자, 이제 기술로 잡아낸다, 2019.3.29; 금융감독원, 보도자료: 금융감독원의 레그테크·섭테크 혁신 - ② AI(인공지능)가 사모펀드 약관 심사를 지원한다, 2019.6.19; 금융감독원, 보도자료: 레그테크를 활용한 「위규 외국환거래 방지시스템」 구축 추진, 2019.6.19.

45 금융소비자 보호에 관한 법률[시행 2021. 3. 25.] [법률 제17112호, 2020. 3. 24., 제정]

핀테크에서 출발한 디지털금융현상은 전 세계적으로 확대되고 있는 점, 기술이 결합하는 금융산업의 범위가 전 금융으로 확대되고 있는 점, 이용가능한 정보규모와 범위의 확대는 모든 핀테크산업의 발전에 촉진하고 있는 점 등을 고려할 때 기술과 금융의 결합이라는 금융시장의 변화는 단순한 일시적인 조정이 아니라 지속적인 경향으로 파악된다.[46] 이러한 전망에 대해 금융규제법은 적극적으로 대응해야 한다.

2 기본원칙

가. 다양한 접근방법

핀테크에 대한 각국의 접근은 규제불개입과 현행 규제의 적용, 사안별 유연성의 허용, 규제샌드박스와 같은 시험운영의 허용, 새로운 규제체계의 도입의 네 가지로 구분할 수 있다.[47] 우리나라는 규제샌드박스를 통한 시험운영방식을 채택하였다. 핀테크 또는 디지털금융에 특화된 새로운 규제체계를 도입한 입법례는 아직 없다. 첫째, 규제불개입과 현행 규제의 적용은 2015년 이전 중국과 같이 신속한 성장을 가능하게 하지만 많은 부작용이 수반될 수 있다.[48] 증권형 크라우드펀딩에 대한 규제를 도입한 국가들은 대부분 전통적인 증권발행규제를 완화하고 있다.[49] 새로운 지급수단에 대한 규제도 같은 방식을 취하는 경우가 많다.[50] 이 모델을 채택하면 규제샌드박스와 같은 특례장치를 둘 필요는 없다. 둘째, 사안별 유연성의 허용은 일정 수준 이상으로 규모가 확대될 때까지는 규제기관이 개입하지 않는 구조이다.[51] 미국의 비조치의견서나 특별목적 국법은행 인가의 도입을 예로 들 수 있다. 유연성은 있으나 법적 확실성에는 한계가 있다. 셋째, 규제

46 Zetzsche, Buckley, Barberis and Arner(2017), p.95.

47 각 접근방법에 관한 구체적인 소개와 평가는, Zetzsche, Buckley, Barberis and Arner(2017), pp.43-47.

48 구체적인 설명은, Zetzsche, Buckley, Barberis and Arner(2017), pp.47-58.

49 미국의 JOBS법이나 우리나라의 자본시장법상 온라인소액투자중개업자 및 이를 통한 증권발행에 대한 규제가 대표적이다.

50 2007년 이후 EU 지급업무지침이나 일본 자금결제에 관한 법률(資金決済に関する法律)이 대표적이다.

51 구체적인 설명은, Zetzsche, Buckley, Barberis and Arner(2017), pp.58-64.

샌드박스는 일정한 조건 아래 제한적인 범위의 시험운영을 허용하는 방식이지만, 경우에 따라 지나치게 신중한 접근으로서 기술발전에 따른 혁신의 속도를 따라잡기에는 역부족이라는 평가도 있다.[52] 따라서 핀테크 환경에 적합한 새로운 규제상 접근방법에 기초한 기본원칙의 수립이 필요하다.

나. 기본원칙 1: 전통적인 금융규제목적과 혁신의 논리

핀테크의 발전과 관련하여 가장 우선적으로 고려할 사항은 금융체계위험의 방지와 금융소비자보호라는 전통적인 금융규제목적과 혁신과 경제성장의 관계이다. 영국 등에서 핀테크 규제에 관하여 특히 국제경쟁측면을 강조하는 것은 주목된다. 현재 각국에서 핀테크규제에 대해 고민하는 문제의 본질은 혁신과 경제성장이라는 핀테크의 산업기능과 전통적인 금융규제의 관계설정이 어려운 데 있다. 물론 산업정책적 측면을 강조하여 전통적인 금융규제목적을 가볍게 볼 수는 없다. 오히려 레그테크나 섭테크의 수용을 통한 금융규제의 디지털화를 통하여 금융시장의 국제경쟁력을 높인다는 관점에서 접근할 필요가 있다.

정보제공모델에 기초한 전통적인 금융소비자보호는 금융상품판매조직과 금융소비자의 이해상충, 금융상품판매조직의 유인구조, 그리고 정보제공수단의 한계가 있을 수 밖에 없다. 금융규제의 디지털화를 통하여 건전성규제와 영업행위규제라는 금융규제의 효율성을 개선할 수 있을 것이다.[53]

다. 기본원칙 2: 판매기능을 중심으로 금융규제의 재편

구조적인 관점에서 금융시장에서 진행 중인 고객접점의 이동에 따라 판매기능을 중심으로 한 경제적 실질에 기초한 금융규제의 구조적, 통합적, 기능적 재편이 필요하다. 이를 통해 첫째, 현재의 금융규제를 지급, 여신, 수신, 투자, 자산운용이라는 기능적 관점에서 구분하여 각각 별도의 법적 규제의 대상으로 하고, 둘째, 판매기능을 중심으로

---

52 구체적인 설명은, Zetzsche, Buckley, Barberis and Arner(2017), pp.64-91.

53 Jo Ann Barefoot, “Modernizing Consumer Financial Regulation for the Digital Age”, M-RCBG Associate Working Paper No. 152, 2020.

제조기능을 보완적인 기능으로 구성하여 금융소비자와의 접점에서 핵심적인 규제가 작동될 수 있게 하며, 셋째, 금융업자를 중심으로 하는 전통적 금융규제의 틀을 벗어나 새로운 기술발전이 금융업에 진출할 수 있는 통로를 완전히 개방하는 규제구조가 가능해질 수 있을 것이다.

이러한 변화에 대한 금융규제상 1차적인 대응은 금융규제모델을 포괄화하는 것이다. 이를 위한 대안으로는 기능별 규제의 완전한 도입과 판매기능의 종합적 규제로의 전환이 필요하다. 특히 판매기능의 종합적 규제로의 전환이 요구된다.[54] 전속개념의 폐지, 온오프라인 구별의 폐지, 취급상품범위의 제한 폐지 등이 주요 내용이 될 것이다. 금융플랫폼에 대한 규제 단위 설정의 의미도 있다. 현재 보험분야에서 진행되고 있는 제조와 판매의 분리는 금융규제의 발전방향과 관련하여 의미가 크다. 은행법을 포함한 금융업 인허가 및 등록 단위를 자본시장법상 진입규제와 같이 세분화하여 대형화·종합화와 소형화·전문화를 동시에 지향할 수 있는 제도적 기반을 제공할 수 있어야 한다.

이를 위해 금융규제법상 법률개념도 새로운 환경에 맞게 수정·보완해야 한다. 예컨대 권유와 광고의 개념 구분은 경우에 따라 규제 자체를 우회하는 새로운 통로가 된다. 판매의 기본 구조인 위탁매매, 중개, 대리의 개념도 기술의 발전을 수용해야 한다. 금융기능의 분해와 재결합이라는 새로운 시도에 대해서도 계약의 당사자 또는 계약상 법적 구조와 같은 형식적 기준이 아니라 금융소비자의 관점에서 판단해야 한다. 동일한 경제적 기능을 발생할 경우에는 금융법상 진입규제는 면제하더라도 최소한 동일한 영업행위규제는 적용되어야 한다.

이와 함께 기능별 규제의 엄격한 적용을 위해서는 디지털금융에 대한 금융규제의 설계와 해석 및 적용 과정에서 기술중립성의 원칙에 기초하여 법적 형식보다는 경제적 실질에 집중하는 규율체계가 불가피하다.[55]

라. 기본원칙 3: 금융규제의 디지털화

절차적인 관점에서 금융규제의 디지털화이다. 금융의 디지털화는 금융규제 자체의

54 정순섭·서희석·안수현, 금융상품판매전문업 도입방안 연구, 2008.10.

55 ESMA, Final Report: Guidelines on the conditions and criteria for the qualification of cryptoassets as financial instruments, ESMA75453128700-1323, 17 December 2024, pp.27-28.

디지털화를 요구한다.[56] 이러한 금융규제분야에서의 기술수용을 촉진하기 위해 정보수집과 정보분석의 양면에서 정보의 제공방법과 주기, 책임 소재를 분명히 정립해야 한다. 금융규제 자체는 기술의 종류를 불문하고 이를 수용하는 기술중립적이고 수용적인 태도를 반영해야 한다.[57] 그리고 규제샌드박스를 포함한 법적위험관리수단의 제도화도 강조되어야 한다.

마. 기본원칙 4: 금융업과 인프라 규제의 관계 명확화

금융업과 인프라 규제의 명확한 구분 및 기술적 기반에 관한 중립성이 강조되어야 한다. 정보의 수집과 가공을 포함한 정보업무는 모든 금융업의 필수적인 구성요소로 이해되어야 하는 점에서 모든 금융업자에 허용되어야 하며 별도의 진입장벽은 기술과 금융의 접목을 가로막는 장애물이 될 것이다. 전통적으로 금융시장인프라를 국가 또는 공공분야에서 독점하고 엄격한 규제의 대상으로 해 온 것은 기술적 한계와 그에 따른 효율성과 안전성 특히 위험관리의 필요성을 강조한 것이다. 그러나 앞으로의 기술발전은 분산원장의 채용 등을 통하여 효율성과 안전성을 갖춘 기능의 다양화를 실현하게 될 것이다.

3 금융규제의 내용과 절차

가. 실질

(1) 원칙중심규제의 강화

금융혁신에 대한 규제상 접근은 2008년 글로벌 금융위기를 전후하여 변화를 겪었다.[58] 종래 제한적 접근과 허용적 접근 또는 규정중심규제와 원칙중심규제를 구분하면서 허용적 접근과 원칙중심규제를 강조해 왔다. 그러나 2008년 이후 금융규제는 위기방지를 위한 금융시스템 규제를 강조한다. 그 결과 거시건전성규제와 함께 그림자금융과 같

56 Zetzsche, Buckley, Barberis and Arner(2017), pp.31-103.

57 Saule T. Omarova, "Technology v. Technocracy: Fintech as a Regulatory Challenge", Journal of Financial Regulation Vol.6, 2020, pp.75-124.

58 Zetzsche, Buckley, Barberis and Arner(2017), p.47.

은 규제의 사각지대를 찾아내고 규제의 대상으로 포함하는 작업을 지속해 왔다. 그러나 우리나라에서는 금융위기 전후를 불문하고 전통적인 엄격한 한정적 열거주의와 규정중심주의의 규제가 유지되어 온 결과 여전히 규제완화 또는 원칙중심규제의 도입 그리고 금융회사의 자율경영을 요구하는 목소리가 높다. 우리나라에서는 규제완화, 원칙중심규제 그리고 금융회사의 규제비용감소를 같은 의미로 논의하는 측면도 분명히 존재한다. 그러나 원칙중심규제를 단순한 규제의 소멸이 아닌 금융회사 스스로의 역량으로 규제 준수방법을 정하도록 하는 전환과정이라고 보면 문제의 핵심은 분명해진다.[59] 핀테크의 등장 이후 적절한 규제상 접근으로서 원칙중심규제는 여전히 유효하다. 특히 기존 금융규제가 예상하지 못한 새로운 거래방법이 등장하는 디지털금융환경에서는 내부통제에 기반한 금융회사의 준법구조 강화에 비례하여 직접적인 공적규제는 완화되어야 한다.

(2) 금융회사의 의무에 기반한 통제구조의 도입

금융법상 금융회사의 내부통제를 공적규제와 자율규제를 포함한 외부적 규제를 금융회사의 내부통제에 기초한 내부적 규제로의 전환을 위한 전제조건으로 보면 그 의미는 더욱 명확해진다.[60] 금융회사의 모든 문제를 내부통제위반으로 볼 수는 없다. 그러나 금융회사의 금융상품 제조와 판매의 모든 과정에서 준수해야 할 핵심규제의 준수 여부를 내부적으로 확인할 수 있는 장치의 구축에 관한 책임은 명확히 이행되어야 한다. 특히 기술의 발전에 따라 지속적으로 출현하는 새로운 상품과 거래 또는 거래방법을 개별적인 규제 대상으로 하는 것은 규제비용에 비하여 충분한 효과를 달성하기 어렵다. 그러한 시도는 오히려 금융혁신을 가로막는 장애가 될 것이다. 따라서 앞으로의 금융규제는 금융회사의 권한이나 업무범위에 대한 직접적 통제구조가 아니라 금융회사 및 그 임직원에 높은 수준의 주의의무와 충실의무를 부과하고 그 위반에 대한 엄격한 책임법리에 기초한 통제구조로 변화될 수밖에 없다.[61] 그러한 변화의 과정에서 내부통제는 핵심

59 정순섭, "원칙중심규제의 논리와 한계", 상사판례연구 제22집 제1권, 2009, 37-72면.

60 정순섭, "금융회사 내부통제의 금융법상 지위- 규제의 내부화 · 민영화의 관점에서", 선진상사법률연구 제49호, 2010, 87-104면.

61 이와 같은 의무에 기반한 통제구조는 신탁법상 수탁자의 권한 확대를 위한 법리적 기초가 되었다. 정순섭, 「신탁법」, 2021, 14면.

요소이다. 규제의 준수방법은 금융회사가 스스로 결정하되 그 위반에 대한 책임은 분명히 묻는 것이다.

나. 절차

법적 위험의 관리를 위하여 규제샌드박스의 상시화, 금융규제 및 내부통제에의 기술의 접목 특히 레그테크와 섭테크의 활용이 주목된다.[62] 그 활용을 위해서는 기준과 절차의 제시와 함께 책임의 소재와 범위를 입법으로 명확히 할 필요가 있다.

VI 결 론

디지털금융은 금융법상 다양한 법률문제를 발생시키고 있다. 이 글에서는 디지털금융현상이 지속성을 가진 것임을 전제로 전통적인 금융규제의 적용상 한계를 평가하여 새로운 규제체계를 생각할 단계가 되었음을 밝혔다. 특히 첫째, 금융의 요소별 분해와 기능별 재결합은 금융시장변화 과정에서 전통적인 법개념과의 충돌을 발생시킬 수 있는 점, 금융의 탈중개화와 비금융회사의 금융업 진출에 따라 기존 금융규제 특히 진입규제의 한계와 함께 금산분리와 같은 전통적 금융규제원리에 대한 새로운 관점에서의 접근을 요구하는 점, 정보와 금융시장인프라에 대한 새로운 관점의 필요성 등을 강조하였다. 특히 법적위험의 관리수단으로서 샌드박스의 개선과제와 레그테크 및 섭테크의 중요성도 고려할 필요성을 제기하였다. 둘째, 앞으로의 금융규제의 기본원칙으로는 기능별 접근의 중요성, 판매를 중심으로 한 규제체계의 재편, 금융규제의 디지털화와 금융업과 인프라 규제의 관계 명확화를 강조하였다. 셋째, 디지털금융의 발전과 관련한 원칙중심규제와 내부통제 그리고 법적 위험관리수단으로서의 샌드박스와 기술과 규제의 결합에 대한 논의의 필요성도 제시하였다.

62 PART III. CHAPTER 05. 금융혁신지원특별법.

참/고/문/헌

〈국내문헌〉

정순섭, "기술발전과 금융규제 - 이른바 '규제샌드박스(regulatory sandbox)'의 한국법상 구상과 가능성", BFL 85호, 2017.

정순섭, "현금없는 사회의 법적 과제 - 법화의 강제통용력을 중심으로-", 은행법연구 제12권 제1호, 2019.

〈국외국문헌〉

Jelena Madir, FinTech: Law and Regulation, Edward Elgar, 2021.

Wolf-Georg Ringe and Christopher Ruof, "Regulating Fintech in the EU: the Case for a Guided Sandbox", European Journal of Risk Regulation Vol.11, 2020.

西村あさひ法律事務所(編),『ファイナンス法大全(下)〔全訂版〕』, 商事法務, 2017.

CHAPTER 02

디지털금융과 금융법의 과제

디지털금융과 금융법의 과제*

이정수
(서울대학교 법학전문대학원 부교수)

I 서론

기술발전과 금융은 긴밀한 관련을 맺으면서 발전해 왔다.[1] 산업혁명을 기술의 비약적 발전을 통한 인류문명의 혁명적 변화라고 한다면, 산업혁명은 금융에 있어서도 커다란 변화를 가져왔고, 금융법도 그에 따라 대응하는 모습을 보여왔다. 18세기 영국에서 태동한 제1차 산업혁명은 자본축적이 가능해짐으로써 상업은행이 본격적으로 등장하였고, 간접금융을 통한 자본시장을 형성시켰다. 제2차 산업혁명은 20세기 초 미국에서 시작되었고, 대규모 주식회사들을 중심으로 직접금융 중심의 자본시장이 활성화되었고, 투자은행, 신용평가사 등 새로운 형태의 금융회사들이 등장하였다. 제2차 산업혁명과 자본시장의 폭발적 발전은 1929년 대공황을 분수령으로 속도가 둔화되고, 금융에 대한 규제 필요성이 공유됨으로써, 각종 금융규제법이 도입되었다.[2] 제3차 산업혁명은 20세기 후반 미국의 컴퓨터 기술을 기반으로 성립하였고, 노동생산성을 자본생산성이 압도함으로써 금융에 있어서는 투자 내지 자산운용이 강조되었다. 이 시기에는 전에 없는

* 이 글은 필자의 "제4차 산업혁명과 금융법의 과제"(상사법연구 제40권 제3호, 2021.11.)를 이 책의 목적에 맞게 수정, 보완한 것이다.

1 정순섭, "기술발전과 금융규제법의 전망", BFL 제107호, 2021.5(이하 "정순섭, 전게논문1"이라 한다), 6면

2 찰스 킨들버거(박정태 역), 전게서, 7장 이후의 설명 참고.

다양한 금융적 현상으로서의 금융위기가 빈발하였고, 그에 대응해 금융법에서도 많은 과제가 쏟아졌고, 각국은 그에 다양한 답을 내놓았다. 그렇다면 제4차 산업혁명은 어떠한가. 데이터의 디지털화와 데이터 이용기술의 결합이 핵심인 제4차 산업혁명은 이른바 '디지털금융'이라는 새로운 화두를 던진다. 이 글에서는 제4차 산업혁명이 금융에 미치는 영향을 디지털금융이라는 측면에서 조망하고, 금융법의 과제를 제시하고자 한다.

II 제4차 산업혁명과 금융업의 변화

1 제4차 산업혁명으로 인한 금융업의 변화양태

제4차 산업혁명은 여러 기술발전의 융합효과를 통해 산업 간 상호연결성과 통합화의 증대에 영향을 미치고 있다. 이러한 현상이 금융업에는 크게 두 가치 측면에서 나타난다. 우선 금융업과 비금융업 간 융화이다. 과거에는 금융업과 비금융업의 구분이 명확했고, 이들 사이의 구분을 전제로 금산분리 내지 은산분리라는 원칙이 성립하였다. 산업자본이 금융자본을 지배함으로써 사금고화하는 것을 적극적으로 금지하였고, 금융업의 비금융업 소유, 지배를 막았다. 하지만 제4차 산업혁명은 산업 간 상호연결성과 통합화를 증가시켜 금융업, 비금융업 간 경계가 불명확해지는 현상을 발생시키고 있다. 다음으로 금융업 내부에서 업권 간 경계의 무너짐 현상이다. 겸업주의를 바탕으로 금융업 간 확대는 그간에도 시도되었던 현상이다. 하지만 제4차 산업혁명은 소위 플랫폼의 등장으로 판매 중심으로 재편되면서 그간 제조 중심의 금융업간 구분을 무의미하게 만들고 있다. 플랫폼 비즈니스를 영위하는 소위 빅테크의 금융업 진출과 금융업 내 경계를 넘나드는 확산현상(spill over)은 제조의 판매 종속화 내지 금융상품의 공산품화(내지 기성품화)와 맞물려 금융법에 중요한 과제를 제기하고 있다.[3]

3 맥킨지는 앞으로 10년 동안 비금융권의 금융업 진출로 인해 은행의 매출은 40%, 이익은 60%가 감소할 것으로 전망하고 있다. 한편, 2015년 4월 미국 JP모건체이스의 제이미 다이몬(Jamie Dimon) CEO는 주주에게 보낸 편지에서 "Silicon Valley is Coming"이라고 경고, 제이미 다이몬은 2021.4.7. 주주에게 보낸 서한에서도 III. BANKS' ENORMOUS COMPETITIVE THREATS

2 금융업과 비금융업 간 융화

제4차 산업혁명으로 인한 금융업과 비금융업 간 융화는 금융업에서 비금융업으로, 그리고 비금융업에서 금융업으로, 양방향으로 나타날 것이다. 우선 금융업에서 비금융업으로의 진출은 부수업무의 확대나 자회사를 통한 진출의 형태가 될 것이다. 하지만 이와 같은 금융업에서 비금융업으로의 확장은 전통적인 금융업 규제로 인해 어려움이 있다. 부수업무의 해석에 있어 인적, 물적 유휴자산의 활용에 대한 부분은 상당히 진일보한 해석이 이루어지고 있으나 여전히 고유업무와의 관련성을 강하게 요구하고 있는 것으로 보인다.[4] 자회사를 통한 진출 역시 자회사의 업무가 금융업이거나 관련성이 있을 것을 요구하고 있어 확장이 쉽지 않다. 이에 대해서는 금융회사의 출자 대상인 자회사의 업무를 현재의 Positive 방식에서 Negative 방식으로 규제방식을 전환하고, 핀테크 등 업무를 부수업무로 영위할 수 있도록 원칙을 제시하는 것을 고려할 필요가 있다. 또한 기술변화의 속도에 맞추어 부수업무 신고나 각종 행정철자의 신속성을 제고하고, 금융회사의 업무확장이나 투자실패시 그 절차와 내용을 살펴 전향적으로 제재를 감경하고, 면책 기준을 적극 적용하는 등 변화가 필요하다.[5] 기존 금융업자의 규제샌드박스의 활용도 적극 권장할 필요가 있을 것이다.[6] 하지만 제4차 산업혁명으로 인한 변화로 보다 주목이 필요한 것은 비금융업에서 금융업으로의 진출이다. 비금융업에서 금융업으로의 진출은 첫째, 비금융회사가 금융회사를 신설하거나 취득하여 소유, 지배하는 형태, 둘째, 금융업을 직접 영위하지는 않지만 간접적으로 금융업을 통해 수익을 창출하는 경우로서 이른바 플랫폼 비즈니스를 광고나 판매 중심으로 금융업으로 확대하는 형태, 셋째, 지급결제업과 같이 전통적으로 금융업으로 분류되지는 않지만 광의의 금융업에 해당하는 업을 상대적으로 낮은 수준의 규제를 받으며 영위하는 형태 등이 있을 것이다. 이중

— FROM VIRTUALLY EVERY ANGLE에서 금융영역에서 은행이 차지하는 비중은 줄고 있고, 핀테크의 영역은 넓어지고 있다고 지적하고 있다. 원문은 https://www.jpmorganchase.com/content/dam/jpmc/jpmorgan-chase-and-co/investor-relations/documents/ceo-letter-to-shareholders-2020.pdf (2021.9.15. 최종방문)

4 이정수, "은행법의 실무상 쟁점에 관한 연구", 기업법연구 제34권 제1호, 2020.3, 382면 이하.

5 금융위원회 보도자료, "금융회사의 핀테크 투자 등에 관한 가이드라인 발표", 2019.9.4.

6 국민은행의 알뜰폰사업(Liiv M사업)이 대표적이다.

금융업의 변화로서 가장 중대한 영향을 미칠 수 있는 것은 첫 번째 형태 즉, 비금융회사가 금융회사를 신설하거나 취득하여 소유, 지배하는 경우이다.[7] 그리고 여기에 비금융업의 금융업 진출에 걸림돌이 되는 규제, 혹은 금융업 입장에서는 최후의 보루가 되는 규제가 금산분리(金産分離)이다.[8]

금산분리는 말 그대로 금융과 산업의 분리 즉, 금융자본과 산업자본이 상대 업종을 소유·지배하는 것을 금지하는 원칙이다. 이러한 금산분리에 대해 먼저 규제를 시작한 미국에서는 금융에서 정보의 비대칭, 부(-)의 외부효과, 시장실패 가능성을 고려한 찬성론(규제유지론)과 자본융합에 따른 이점이 있고, 그로 인한 문제는 소유와 지배의 분리를 전제로 한 지배구조규제[9]나 행위규제로 보완이 가능하다는 반대론(규제폐지론) 사이에 활발한 논의가 존재한다.[10] 하지만 우리나라에서 금산분리는 하나의 불가침의 법원칙으로 받아들여지고 있는 듯하다. 그러나 금산분리는 사회경제적 차원에서 금융과 산업 간 관계를 어떻게 설정할지에 대한 입법정책의 문제일 뿐이다. 미국의 경우 제1차 산업혁명 이후 20세기 이전까지 대부분 은행은 산업자본과 융화되어 있었고,[11] 제2차 산업혁명기인 20세기 초반까지도 상당수 시중은행의 대주주는 산업자본에 속해 있었다. 대공황 이후 경제력 집중에 대한 우려로 인해 클레이튼법(the Clayton Act)과 함께 글래스스티걸법(the Glass-Steagall Act)과 은행지주회사법(the Bank Holding Company Act) 등 일련

7 두 번째 형태와 세 번째 형태에 대해서는 본고의 뒤에서 자세히 살핀다.

8 진입규제 형태의 엄격한 금산분리 원칙을 완화하더라도 빅테크 기업이 은행업으로 진출하였을 때 현행 은행법상의 높은 수준의 규제를 받아야 한다는 점과 그러한 점을 전제할 때 빅테크 기업이 은행업 진출유인이 있을지, 진출 시 현재와 같은 높은 창의성과 경쟁력을 발휘할 수 있을지는 별개의 문제이다.

9 소유와 지배의 분리원칙에 의하면 소유규제와 지배구조 규제는 독립적일 수 있다는 것으로 김자봉, "금산분리의 경제 이론", BFL 제98호, 2019.11, 15면.

10 대표적으로 2005년 월마트가 연방예금보험공사(FDIC)의 부보대상인 대출회사(FDIC Insured Industrial Loan Companies, ILCs)를 인수하려고 할 때 다양한 논의가 제기되었다. 이에 대해서는 Arthur E. Wilmarth, Jr., "Wal-mart and the Separation of Banking and Commerce", 39 Connecticut Law Review 4, May 2007 참고.

11 Arthur E. Wilmarth, Jr., "Subprime Crisis Confirms Wisdom of Separating Banking and Commerce", Vol. 27, No.5, Banking & Finance Services Policy Report, May, 2008.

의 규제법이 제정되면서 이들 법률에 금산분리의 내용을 담게 되었을 뿐이다.[12] 그나마 금산분리가 완벽한 것도 아니어서 개인은 은행과 산업(회사) 양쪽에 지배적 지분을 보유할 수 있고, 은행지주회사의 경우에도 무의결권주식까지 포함할 경우 25%까지 비금융회사의 지분을 자유로이 보유할 수 있다. 미국 이외의 나라들로 넓혀 보아도 독일의 경우에는 소위 유니버설뱅킹(universal banking) 체계에 따라 금융자본이 산업자본을 지배하거나 그 반대로 지배받는 것에 별다른 제약이 없다. 일본의 경우에는 산업자본이 금융자본을 지배하는 데는 제약이 있으나 은행이 산업자본에 영향을 미치는 것에 대해서는 소위 계열시스템(keiretsu)에 의해 쉽게 허용이 되고 있다. 즉, 금산분리 원칙은 불가침의 법원칙은 아니라는 것이다. 금산분리의 형태도 일의적이 아니어서 입법례에 차이가 있다.[13] 은행의 지분취득을 제한하는 것이 일반적이지만 그렇지 않은 경우도 있고, 제한의 수준과 방식에도 다름이 있다. 금산분리가 대칭적인 것도 아니어서 은행의 산업자본 지배 내지 영향력에 대해서는 은행의 지분취득제한과 달리 오히려 긍정하는 나라들도 있고, 이에 대해서는 은행의 주주로서의 역할 내지 공적 기능을 강조하기도 한다.[14] 요컨대 금산분리는 금융회사의 주인대리인 문제와 외부성의 문제,[15] 그로 인한 시장실패를 어떻게 해결하느냐의 문제로 볼 수도 있는 것이다. 산업자본의 금융자본 지배(은행지분의 취득) 측면에서 본다면 주인대리인 문제를 어떻게 해결하느냐의 방식에 있어 대리인(산업자본)을 아예 발을 들이지 못하게 하는 것도 방법이지만 대리인이 들어올 경우 주인에게 이롭고 통제할 수 있다면 그 또한 방법이 될 수 있는 것이다. 이를 금융법으로 환언하면 강력한 진입규제를 할지 아니면 지배구조규제 또는 행위규제를 통해 보완할지의 문제가 될 것이다.

우리나라에서는 은행의 경우 상당히 강력한 수준의 진입규제를 취하고 있고, 나머지 금융회사에 대해서는 행위규제를 취하되 그 정도는 금융회사의 성격에 따라 차이가

---

12 12 U.S.C. §§ 1841(c)(1), 1843(a),(c) & (k)

13 김용재, 「은행법원론」, 2010, 159면 이하.

14 미연방준비위원회 샌프란시스코(FRB San Francisco) Economic Letter 1998-21, July 3, 1998, https://www.frbsf.org/economic-research/publications/economic-letter/1998/july/separation-banking-commerce/ (2021.10.18. 최종방문)

15 Kern Alexander, “Principles of Banking Regulation”, Cambridge, 2019, pp.34-44.

있다.[16] 그리고 이러한 입법체계는 약간의 변경은 있었으나 강고하게 유지되어 오고 있다. 하지만 최근 금산분리에 대한 논쟁을 제기한 사건이 발생하였다. 우선 롯데그룹의 금융자회사 매각을 계기로 제기된 공정거래법상 일반지주회사의 금융자회사 보유금지의 역차별 가능성에 대한 논쟁이다.[17] 다른 하나는 인터넷전문은행법상 산업자본 지분의 34% 허용에 따른 금산분리 완화논쟁이다.[18] 특히 후자의 논쟁과 그에 따른 입법으로 우리나라에서도 금산분리 원칙의 적용에 조금씩 변화가 발생하고 있다. 핵심은 제4차 산업혁명의 결과로 비금융업의 금융업으로의 진출이 확대되는 상황에서 종래의 금산분리를 그대로 유지하는 것이 사회경제적으로 바람직한 것인가 여부이다. 비금융업이 금융업으로 진출하였을 때 사회후생에 도움이 될 것인가, 금융소비자와 시장의 발전에 긍정적인지 여부에 대해서는 법학뿐만 아니라 경제학 등 인접학문의 연구가 필요한 사항이다. 하지만 금융법의 측면에서 특히 비금융업의 은행업[19] 진출에 대해서는 은산분리 원칙을 그대로 유지할지에 대해 검토가 필요하다. 은산분리의 원칙이 그대로 유지된다면 비금융업의 은행업 진출은 진입 단계에서 저지가 될 수밖에 없기 때문이다.

금산분리 원칙, 보다 정확히는 은산분리에 대해서는 이해상충, 위험전파, 경제력 집중의 세 가지 측면에서 전반적인 검토가 필요하다.[20] 사견으로는 이해상충[21]과 위험전파

---

16 금융산업의 구조개선에 관한 법률 제24조(주식소유한도를 20%로 제한), 은행법 제15조 제1항(10% 지분제한), 제2항(4% 지분제한), 은행법 제16조의2(4%), 은행법 제37조(15% 출자제한) 등이 대표적이고, 대주주에 대한 신용공여제한 및 지분취득 제한은 자본시장법 제34조, 보험법 제106조, 제111조, 여신전문금융업법 제49조의2, 제50조, 상호저축은행법 제37조 등에서 찾아볼 수 있다.

17 조현덕 외, "롯데그룹 구조개편 관련 금산분리 규제 검토", BFL 제98호, 2019.11, 38-41면. 동 논문에서는 일반지주회사 관련 금산분리규제의 전면적 재검토, 금융업권별 차등규제방안, 산업연계형 금융회사지분 소유 또는 지배허용방안 등이 제시되었다.

18 김자봉, 전게논문, 7면.

19 뒤에서 살피는 바과 같이 은행업과 직결된 지급결제업 진출에 대해서도 이를 은행업에 준하는 실질규제를 하는 것이라면 마찬가지 논의가 필요하다.

20 Ross Cranston, et al., "Principles of Banking Law"(3rd Edition), Oxford University Press, 2017, pp.31-36.

21 이해상충의 측면에서는 산업자본이 은행의 주요주주가 되는 경우 주요주주인 산업자본(당해 회사, 개인 또는 계열사)과 은행 사이에 이해상충 발생가능성이 분명 존재한다. 다만, 이러한 이해상충에 대해서 사전적으로 가능성 자체를 배제해야 하는지 아니면 지분의 취득은 허용하되 행위규제의 방식을 취할지에 대해서는 입법정책의 영역이라고 할 것이다. 하지만 은행과 주요주주 사이에 이해상

가능성[22]의 측면에서는 현재의 은산분리 원칙을 최소한 완화할 여지는 있고, 은산분리 원칙이 반드시 엄격한 진입규제로 나타나는 것은 지양하는 것이 낫다는 생각이다. 은산분리 원칙이 목표하는 바는 지배구조규제 및 행위규제를 강화함으로써 진입규제를 완화[23]하는 부작용을 보완하는 것이 가능할 것이다.[24][25] 한편, 마지막의 경제력 집중의 경우 경쟁법적 규제로서 공정거래위원회에서 다룰 문제라고 보고 금융법에서는 과제로 삼지 않는 것이 일반적이지만 최근 경쟁법 영역에서의 논의는 경제력 집중의 문제도 금융규제의 그것과 유리되지 않음을 보여준다. 미국 공정거래위원장이 된 리나 칸(Lina Khan)이 2017년 미 예일대 로스쿨 재학 시절 쓴 '아마존 반독점 패러독스'(Amazon Antitrust Paradox)[26]는 소비자후생(가격인하 효과)에만 초점을 둔 시카고학파 접근법의 한계로 아마존과 같은 플랫폼 비즈니스 업체의 경쟁 제한성이 과소평가되어 제재를 받지 않음을 지적하면서,[27] 시장지배력이 있는 플랫폼의 사업 영역을 제한하는 방법 중 하나로 진입규

충은 주요주주가 산업자본이 아닌 경우에도 동일하게 존재하는 것으로 이는 은행 지배구조의 안전성에 대한 문제가 대주주에 대한 사전적 및 사후적 행위규제로 대체할 수 있는가의 문제라고 할 것이다. 은행들도 대주주 내지 특수관계에 놓인 자와의 거래관계에 대해 행위규제방식을 취하고 있고, 규제의 동일성이라는 측면에서 이해상충의 문제는 진입금지가 아니라 행위규제를 강화하는 방식으로 대처하는 것도 이론적으로 가능하다고 본다.

22 위험전파는 금융회사의 위험이 비금융회사로 전이되는 것과 반대로 비금융회사의 위험이 금융회사로 전파되는 것을 상정할 수 있는데 주로 문제가 되는 것은 비금융회사의 위험이 금융회사로 전파되는 것이다. 이는 은행의 총자산규모나 대출자산의 차주구성과 규모, 특히 산업자본에 속하는 계열회사에 대한 여신규모, 자산별 수익비중 등 분석을 통해 판단할 수 밖에 없는 문제가 될 것이다.

23 동일위험 · 동일규제가 적용된다고 할 때 대주주 적격 심사요건 등에 있어서는 규제를 차별화(산업자본과 금융자본에 대한 기준을 달리하는 것)하는 것이 아니라 합리화(산업자본이든 금융자본이든 합리적인 동일한 기준을 적용하는 것)가 필요하다.

24 김자봉, 전게논문, 16면. 미국의 경우 산업자본은 5%이든 25%이든 한 명 이상의 이사를 선임할 수 없고, 대출 등 의사결정에 개입할 수 없도록 하고 있다.

25 최승재, 「금융거래법」, 2016, 512면 이하에서는 소유규제의 완화와 소유규제의 폐지 및 그에 따른 행위규제의 보완에 대해 분석하고 있다.

26 Lina M. Khan, "Amazon's Antitrust Paradox", Yale Law Journal Vol. 126, No. 3, 2016. https://www.yalelawjournal.org/note/amazons-antitrust-paradox (2021.9.24. 최종방문).

27 리나 칸은 위 논문(노트)에서 "마치 제프 베이조스가 미리 반독점법의 지도를 그린 다음 이를 우회할 수 있는 루트를 짠 것 같다"고 표현하였다.

제도 가능하지만 진입은 허용하되 가격·서비스 차별 금지 규제와 같은 행위규제를 통한 대안도 가능함을 제시하고 있다.

3 금융업 내부 경계의 붕괴

금융업 내부 경계의 붕괴는 제4차 산업혁명 이전에도 계속 진행되어 온 현상이다. 즉, 기존 금융업이 그 경계를 넘어 다른 금융업으로 진출하는 현상이 지속되었고, 그로 인해 금융업 간 경계가 약화되는 현상이 나타나고 있었다.[28] 금융법적 측면에서는 은행, 증권, 보험, 자산운용으로 대별되는 금융업의 경계 안에서 본업주의와 겸업주의의 논의가 있었으나 겸업주의가 일반화되는 것으로 설명할 수 있다. 즉, 각 금융업에서는 본업에 해당하는 고유업무와 겸업에 해당하는 겸영업무와 부수업무를 구분하는 업규제 방식을 취하면서 역사적 요인이나 현실적 요인을 고려하여 고유업무 중 일정 부분을 다른 금융업자도 겸영업무나 경우에 따라서는 부수업무의 형태로 영위할 수 있도록 하였다. 그리고, 이를 규제법적 측면에서는 기관주의규제에 기능주의규제를 가미하여 특정 금융업을 본업으로 하는 경우와 겸영으로 하는 경우 사이에 규제차익이 발생하지 않도록 하는 입법정책을 취하였다. 그러나 금융업 간 경계 자체는 인정하는 기관주의규제의 큰 틀을 여전히 유지하면서 기능주의규제를 보완적으로 도입하는 과정에서 법적 혼란과 흠결이 일부 발생하고 있기도 하다.[29]

중요한 것은 제4차 산업혁명으로 인한 금융업 내부 경계의 붕괴는 전혀 다른 양상으로 진행될 것이라는 점이다. 제4차 산업혁명으로 인한 빅데이터, 인공지능 등은 규모의 경제효과[30]를 통해 금융업 간 융합 내지 통합의 이점을 크게 증가시킬 것이다. 금융법의 측면에서는 종래와 같은 겸업주의를 유지할 유인이 약화될 것이고, 겸영업무나 부수업무의 해석 등에 있어서도 영향을 받을 것이다. 이러한 변화는 앞서 살핀 비금융업의

28 김건식, 정순섭, 「자본시장법」(제3판), 2013, 35면.

29 예컨대, 금융소비자보호법의 경우 영업행위규제(판매규제)에 관한 부분을 기능주의규제라는 측면에서 통합하였으나 관련된 다른 규제영역(판매조직 등)이나 제재는 여전히 개별법에 남아 있어 불일치가 발생할 수 있다.

30 리나칸이 말하는 플랫폼 비즈니스의 자연독점현상이나 소위 승자 1인 독식현상도 같은 의미이다.

금융업 진출에 있어 두 번째 형태, 즉 금융업을 직접 영위하지는 않지만 간접적으로 금융업을 통해 수익을 창출하는 경우로서 이른바 플랫폼 비즈니스를 금융업으로 확대하는 형태가 될 것이다. 기존에는 금융업에서 다른 금융업으로의 경계의 넘어섬이 문제였다면, 제4차 산업혁명은 비금융업에서 시작한 플랫폼 비즈니스가 직간접적으로 금융업 전반에 영향을 미칠 것이고, 그 영향의 결과 금융업 내부 경계의 붕괴는 한층 가속화될 것이다.

플랫폼 비즈니스는 둘 이상의 구분되는 유형의 고객 간에 직접적인 상호작용을 가능하게 하는 방법을 통해 가치를 창출하는 조직을 말한다.[31] 간단히 말하면 고객 간 직접적인 상호작용 장치에 익숙해진 고객들에 대한 접근성을 바탕으로 하는 비즈니스라고 할 수 있다. 이는 제4차 산업혁명의 온라인, 비대면화 현상과 맞물려 플랫폼이라고 하는 장치가 기존의 오프라인, 대면 판매망을 대체한다는 측면에서 큰 변화를 야기한다. 은행이나 증권을 예로 든다면 기존의 지점이나 영업소와 같은 조직의 판매력은 약화되고 플랫폼을 통한 판매의 비중이 증가하게 된다. 문제는 플랫폼의 경우 당해 플랫폼을 이용하는 고객의 수에 따라 접근성이 극대화되는 구조이므로 일종의 자연독점이 발생할 수 밖에 없다는 점이다. 이러한 성격으로 인해 일부 금융회사들이 독자적인 금융플랫폼을 서둘러 마련하려고 노력하였으나 기존 빅테크기업의 플랫폼에 비해 경쟁력이 부족할 수 밖에 없었고, 자연스레 도태되는 결과를 맞이하였다. 금융회사가 플랫폼 경쟁에 있어 우위에 서기 위한 방법은 플랫폼에서 판매가 되는 상품의 경쟁력인데 금융상품이 갈수록 기성상품화되는 상황에서 기존 금융회사의 플랫폼은 금융플랫폼으로서 독자적인 경쟁력을 갖기가 어려웠다. 이를 금융법적 측면에서 들여다보면 제조와 판매의 분리과정에서 시작된 '제조(금융)에 대한 판매(플랫폼)의 우위' 현상이라고 설명할 수 밖에 없다. 이러한 제조와 판매의 분리를 전제로 한 제조의 판매 종속 현상은 제4차 산업혁명을 맞아 더욱 가속화될 것으로 보인다. 금융의 경쟁력이 제조보다는 판매로 돌아서고 있을뿐더러, 제조의 경쟁력 또한 제4차 산업혁명 이후의 비대면화로 인한 고객 접점의 상실과 고객 수요에 맞는 상품 개발을 위한 인공지능과 같은 신기술에 있어 빅테크기업에 비해 기술이 열위라는 측면에서 금융회사의 경쟁력 문제는 심화될 것이다.

플랫폼 비즈니스를 앞세운 비금융회사(주로 빅테크기업)의 금융업 진출은 금융업 내

31 Hagiu, Andrei and Wright, Julian, "Multi-Sided Platforms", Harvard Business School Working Paper, 12-024, 2011, p.2.

부의 업종을 가리지 않는다. 기존 금융업의 구분은 제조를 중심으로 정립되어 있으나 플랫폼 비즈니스는 그와 같은 구분 없이 판매를 중심으로 하기 때문이다. 플랫폼 비즈니스를 중심으로 한 금융업 내부 경계의 붕괴는 금융법적으로는 어떤 과제를 제시할 것인가. 빅테크기업이 다양한 금융업종에 대해 판매를 위한 플랫폼만을 제공하는 경우 광고, 판매규제의 문제가 발생할 것이다. 즉, 광고와 판매, 또는 투자권유와의 구분 문제가 제기된다. 플랫폼 비즈니스를 영위하는 쪽에서는 판매 또는 투자권유보다는 광고에 해당함을 주장할 것이지만 종래의 광고와 판매, 투자권유와의 구분에 있어 현재 플랫폼이 제공하는 형태는 단순광고라고 보기 어려운 측면이 존재한다. 광고와 판매 내지 투자권유는 소위 대상과 내용의 특정성을 기준으로 구분할 수 밖에 없는데[32] 빅데이터와 인공지능을 이용한 플랫폼 비즈니스는 종래의 기준에 의할 때 판매나 투자권유로 간주될 가능성이 있다. 문제는 현재의 법령상 플랫폼 비즈니스를 영위하는 자에게 판매나 투자권유에 필요한 인허가를 받도록 하거나 혹은 종래 광고로 분류되는 정도의 업무만을 하도록 하는 것이 실질적인 해결책이 아닐 수 있다는 점이다. 예컨대 자본시장법상 투자권유대행인은 개인만 가능한 상황이고,[33·34] 빅테크 회사가 직접 금융회사가 되어 금융법의 규제를 받도록 하는 것은 빅테크 기업의 역동성이나 성장에 장애가 될 수 있다. 그렇다고 인공지능과 빅데이터의 활용을 배제한 채 단순 사실 위주의 광고를 일반에 하도록 회귀하는 것은 제4차 산업혁명이 가져온 기술적 혜택을 의도적으로 사회로부터 배제하는 것일 수도 있다. 이러한 상황에서 종래에도 플랫폼 사업자의 금융상품 판매를 금융업으로 규제할 것인지 아니면 업무위탁으로 규제 할 것인지 문제가 등장하였고, 업무위탁과 중개의 구분을 입법으로 명확히 하거나 별도 규제 단위를 신설할 필요가 있다는 견해[35]나 업무수탁자인 플랫폼에서 투자광고가 이루어질 경우 광고와 업무위탁의 구분이 가능한지

32 여기에 수익구조의 측면이 추가적으로 고려될 수 있다. 예컨대 특정 내용을 일정 기간 동안 게시하는데 정해진 금액을 받는다면 광고에, 계약체결이나 신규고객발굴 등에 따른 인센티브 구조를 갖게 되면 판매나 투자권유에 가깝게 평가될 수 있을 것이다.

33 자본시장법 제51조 제1항

34 그 외 일사전속주의와 같은 규제도 장애요소가 될 수 있을 것이다.

35 정순섭, "금융소비자보호법의 구조와 내용", BFL 제102호, 2020.7(이하 "전게논문2"라 한다), 16면.

의문을 제기하는 견해 등이 제기된 바 있다.[36] 한편, 뒤에 살피는 바와 같이 플랫폼 사업자가 금융업을 영위하는 것과 관련해 향후 금융플랫폼에 대한 규제가 금융소비자 보호 문제(B2C)와 금융플랫폼의 과도한 시장지배력과 금융기관 등에 대한 지위남용 가능성 문제(B2B) 및 금융플랫폼이 금융시스템 안정에 미칠 영향이라는 세 가지 측면에서 전개[37]될 것이라는 예상이 제기되기도 한다.

결국 중요한 것은 비금융업의 금융업 진출, 그리고 이로 인한 금융업 간 내부 경계의 붕괴를 어떻게 바라볼 것인가, 금융소비자에게 유리한가, 변화로 인한 부정적 효과를 통제할 수 있는가, 어떻게 통제할 것인가의 문제라고 할 것이다. 사견으로 플랫폼 사업자가 직접 금융업을 영위하는 것은 금산분리 원칙의 재검토라는 측면에서 살펴야 할 것이지만 플랫폼 사업자가 플랫폼을 광고, 판매 및 투자권유의 수단으로 제공하는 비즈니스를 막을 것은 아니라고 본다. 제4차 산업혁명의 영향으로 비대면화가 가속화되고, 플랫폼이 디지털화, 빅데이터, 인공지능의 활용에 있어 가장 효율적인 수단이자 장치가 될 수 있기 때문이다. 더욱이 이미 금융소비자 대부분이 플랫폼 사용에 익숙해져 있는 상황이다. 금융법적 측면에서 필요한 것은 제조 중심의 규제에서 판매 중심의 규제로 규제의 패러다임 이동 내지 전환이라고 할 것이다. 금융상품의 판매만을 하는 자를 금융회사로 볼 것인가, 금융규제[38]를 할 것인가. 지금까지 이 문제에 대해 입법은 개별 금융업을 중심으로 파편적으로 대응해 왔다. 앞으로는 제조를 중심으로 인가받은 업의 내용보다는 판매와 보다 밀접한 금융소비자를 어떻게 실질적으로 보호할 수 있는지에 중점을 두어야 한다. 이러한 중심 이동은 기관주의 입법보다는 기능주의 입법을 강화시키는 경향을 보일 수 밖에 없다.[39] 금융상품의 판매조직과 판매규제에

36 정순섭, "데이터경제의 법적 평가와 제도설계의 기본원칙", 2020년도 경영경제 5개 학회 공동심포지엄 발표자료집: 데이터 경제 시대의 기업 경영과 향후 정책과제, 2020, 51면. 정순섭, 전게논문2, 20면에서는 결론으로 새로운 기술발전의 산물인 플랫폼에 맞는 새로운 판매규제개념이 필요한 점을 지적하고 있는데 플랫폼에서 투자광고가 이루어질 경우 광고와 업무위탁의 구분이 어렵다는 점도 하나의 이유라고 하겠다.

37 정준혁, "금융플랫폼 규제의 과제와 전망", BFL 제108호, 2021.7, 80면.

38 금융상품의 판매에 대해서도 금융법에서 규제를 하고 있다. 하지만 제조를 중심으로 한 금융회사에 대한 그것과는 차이가 있다.

39 정순섭, 전게논문1, 9-10면. 종래 금융법의 한계 중 하나로 업규제와 인프라규제의 혼재로 금융상

관한 사항을 금융소비자보호법으로 이관하여 동일한 규제원칙 아래 규제하는 것이 타당할 것이라는 견해[40]에 주목이 필요한 이유이다. 장기적으로는 금융의 판매 중심화 경향을 수용하여 금융법의 판매기능의 종합적 규제로의 전환이 요구되기도 할 것이다.[41]

Ⅲ 제4차 산업혁명과 금융시장의 변화

1 제4차 산업혁명으로 인한 금융시장의 변화양태

제4차 산업혁명의 기반이 되는 여러 기술적 동인들은 금융산업에 영향을 미치는 것은 물론이고, 금융시장에도 직접, 간접적으로 영향을 미칠 것이다. 금융시장에 대한 영향은 세 가지 측면에서 생각할 수 있다. 첫째, 간접금융시장에서 은행의 위상에 대한 것이다. 은행을 중심으로 한 예금과 대출의 간접금융시장 자체는 유지될 가능성이 크다. 하지만 기존의 예금을 기초로 한 은행 중심의 지급결제시장은 제4차 산업혁명으로 큰 변화를 맞이할 것이다. 수많은 핀테크 업체들이 새로운 기술을 기반으로 지급결제시장에 뛰어들고 있고 이자율 하락에 따른 예금의 매력감소와 그에 반한 핀테크 업체의 편의성의 매력증대는 지급결제시장의 구조변화를 가져올 것이다. 둘째, 직접금융시장에서 금융투자에 대한 것이다. 종래 금융투자는 사람에 의하였고, 금융규제도 사람에 대한 규제를 의도하였다. 하지만 인공지능, 빅데이터, 유비쿼터스 컴퓨팅 등으로 투자결정이나 집행이 사람의 손 밖에서 미리 의사결정화된 혹은 인공지능화된 알고리즘에 의해 자동적으로 결정, 집행이 이루어지게 되었다. 이에 따라 사람의 행위와 결과를 중심으로 한 규제체계가 작동하지 않거나 최소한 작동에 어려움이 발생하게 되었다. 셋째는 제4차 산업혁명의 결과로 인한 비인간화로 기술화, 속도 경쟁에 뒤처진 금융소외계층이 시장의 당면과제가 될 것이라는 점이다. 노인층이나 저교육층과 같이 기술변화에 적응하기

품과 거래의 제조와 판매를 위한 기반구조가 되어야 할 기능과 그에 기초하여 이루어지는 금융업 규제가 혼재됨으로써 새로운 업종별 구분의 장벽을 형성하고 있다는 점을 지적하고 있다.

40 정순섭, 전게논문2, 11면.

41 정순섭 외 2인, "금융상품판매전문업 도입방안 연구", 2008.10.

어려운 계층뿐만 아니라 그와 같은 기술변화를 수용할 수 있지만 새로운 기술, 예컨대 알고리즘 거래와 같은 거래수단에 대한 접근 가능성이 낮은 계층에 대한 고려가 필요하다. 복합적 의미의 금융소외가 제4차 산업혁명으로 인해 발생하고 있는 것이다.

2 지급결제시장에서 은행의 위상 변화

여기서 언급할 것은 앞서 제4차 산업혁명으로 인한 변화로 비금융업에서 금융업으로의 진출의 양태 중 세 번째에 대한 것이다. 즉, 지급결제업[42]과 같이 전통적으로 금융업으로 분류되지는 않지만 광의의 금융업에 해당하는 업을 영위하는 형태로 비금융업에서 금융업으로의 진출이 일어나는 상황으로 이는 지급결제시장에서 은행의 위상 변화로 이어진다. 이를 조금 더 확대해서 이야기한다면 새로운 금융업(전자금융거래업)과 기존 금융업 간의 충돌이라고 표현할 수 있을 것이다.

지급결제업무는 전통적 은행업무로 인식되어 왔다.[43] 은행법상 지급결제업이 별도로 규정되어 있지는 아니하나 예금에 기반한 지급결제구조는 종래 당연한 것처럼 받아들여졌다. 은행의 입장에서 보면 지급결제는 그 자체로 매력있는 영리성 있는 업무는 아니지만 은행 중심의 지급결제시스템을 이용하기 위한 고객들의 예금을 유인하는 하나의 수단이었다. 하지만 극도의 저금리 상황에서 예금상품에 대한 은행 고객들의 충성도는 낮아지게 되었고, 그에 반해 모바일 결제업체들이 제공하는 지급결제의 간편성과 신속성이 부각되면서 핀테크 업체로 지급결제의 중심이 이동하는 결과를 가져오고 있다. 은행이 전통적인 은행에 대한 고객의 신뢰와 여기에 더해 예금에 대한 이자를 기초로 한다면 지급결제업은 지급결제업자에 대한 신뢰와 편의성에 기초한다. 하지만 최근의 극단적 저금리와 지급결제업자의 대형화[44]는 지급결제업자의 우위로 시장의 판도를 바

42 지급결제업은 현행 법령상 정의된 용어라고 하기는 어렵다. 본고에서 지급결제업은 전자금융거래법상 전자지급수단 내지 선불전자지급수단을 통해 지급결제 내지 결제대행을 업으로 영위하는 것을 주로 의미한다.

43 정순섭, "비현금지급수단의 발전과 지급결제법제", BFL 제99호, 2020(이하 "전게논문3"이라 한다), 6면.

44 예컨대 카카오의 시총은 시중은행(지주)의 시총을 모두 합한 것보다 크다. 2021.10.18. 기준으로 카카오와 카카오뱅크의 시총은 약 83조 원에 이르지만 시중은행(지주)의 시총 합은 그에 현저히 미치

꾸고 있다.[45] 이커머스를 영위하는 빅테크가 플랫폼을 바탕으로 지급결제업무로 영역을 확장하고, 이러한 확장이 전통적 은행업의 영역을 위협하고 있다.

이러한 변화를 금융법적으로 어떻게 평가할 것인가. 궁극적인 문제는 지급결제업은 최소한 협의의 금융업이 아닌 것으로 평가된다는 점이다. 지급결제 또는 지급은 경제주체들이 지급수단을 이용하여 각종 경제활동에 따라 발생하는 거래 당사자 간의 채권, 채무관계를 해소하는 행위[46]로 정의되고 있다. 그런데 전자금융거래법은 전자금융업자와 금융회사를 구분하고 있고, 금융회사가 아닌 자가 지급결제업을 영위하면 전자금융업자일뿐 금융회사가 아니게 된다. 더욱이 은행법상 비금융주력자 구분에 의할 때도 전자금융업자는 금융회사가 아니다. 은행법에 의하면 통계청이 고시하는 한국표준산업분류표의 금융업을 먼저 한정적으로 열거(은행, 증권, 보험 등)한 후 열거된 금융업이 아닌 업종을 비금융업으로 파악하고 기업집단의 경우 비금융회사가 차지하는 자산 또는 자본의 비중을 기준으로 규제 대상 비금융주력자를 파악[47]하고 있다.[48]

문제는 지급결제업무를 담당하는 소위 비금융주력자 내지 전자금융업자를 금융법적 측면에서 종래의 금융회사와 규제의 틀을 달리하는 것이 타당한지 여부이다.[49·50] 지급결제는 은행의 예금업무에 수반한 업무라는 역사적 고려에 따라 별도의 금융업으로 보지 않았던 것으로 보인다. 비교법적으로 보더라도 지급결제업무를 은행의 고유업무로 볼지에 대해서는 다양한 입법례가 존재한다. EU의 경우 2007년 지급업무지침을 제정

지 못한다(KB금융지주 약 24조, 신한금융지주 약 20조, 우리금융지주 약 9조 등).

45 현재의 지급결제업은 최종적인 결제의 수단이 여전히 은행의 예금에 기초하고 있으나 선불결제의 규모가 확대되고 있고, 은행 이외 자금에 기초하는 변화가 발생하고 있다.

46 한국은행, 「한국의 지급결제제도」, 2014, 5면.

47 은행법 제2조, 제16조의2, 동법 시행령 제1조의5, 금융지주회사법 제2조, 제8조의2.

48 전성인, "은행 소유규제의 유효성 제고를 위한 정책과제", 한국경제의 분석 제17권 제3호, 2011.12, 한국경제의 분석패널 내용 참고.

49 EU의 경우 최근 디지털 금융전략을 통해 동일활동(activity), 동일리스크(risks), 동일규제(rules) 적용에 따라 지급결제, 예금, 보험 등 금융서비스를 제공하는 기존 금융회사 및 핀테크, 빅테크 기업 모두를 감독대상으로 할 것을 천명한 바 있다. EU Commission, "Digital Finance Strategy for the EU", September 24, 2020 참고.

50 CBDC, 스테이블 코인과 관련한 지급결제의 문제에 대해서는 이 책 Part II. Chapter 01. 4. CBDC와 스테이블 코인을 참고.

하여 은행 이외의 지급기관을 허용하였다. 그러나 독일의 경우 은행업 인가를 받은 자만이 지급결제업무를 영위하는 것이 가능하였고, 다만 현재는 은행 이외의 경우에도 지급결제감시법에 따른 별도의 인가를 받으면 되는 것으로 바뀌게 되었다.[51] 일본의 경우에는 2010년에 자금결제법을 제정하여 은행 이외에도 등록이 가능한 자금이동업자 제도를 마련하였다.[52] 우리나라의 경우 중앙은행에 개설되어 있는 당좌계정을 거치는 협의의 지급결제업무에 해당하지 않는 지급결제업무를 은행의 고유업무라고 보는 해석은 불가능하다.[53·54] 더욱이, 최근 종합지급결제사업자 제도[55·56]가 도입됨으로써 자금이체업자 중 일정한 요건을 충족하는 경우 금융위원회의 지정에 의하여 별도의 추가등록 없이도 대금결제업과 결제대행업을 함께 영위하는 것이 가능하게 되기도 하였다.[57·58]

이러한 변화 속에서 지급결제업에 대한 현재의 규제체계를 그대로 유지하여야 할지에 대해 의문이 제기된다. 지급결제는 살펴본 바와 같은 역사적 연원으로 형식적으로는 금융이 아니라고 할 수는 있으나 금융시스템의 중핵기능임을 부인할 수는 없기 때문이다. 한편, 이러한 변화는 은행의 위기라는 측면에서도 고려가 필요하다. 금융법적 측면에서 이는 '은행은 (여전히) 특별한가?'의 문제로 귀결된다.[59] 정부가 은행이라는 기관을 보호하기보다 은행기능을 보호해야 한다는 개념을 대공황 이후 대부분의 나라에서 받아들이고 있다. 은행의 거래계좌제공, 다른 기관에 대한 유동성 지원, 통화정책의 전

51 정순섭, 전게논문3, 13-14면.

52 일본의 지급결제제도에 대해서는 은행법학회, 「금융법의 이론과 실무」, 2016, 277면 이하.

53 정순섭, 전게논문3, 14면.

54 정순섭, 「은행법」, 2017, 555면. 협의의 지급업무는 은행법상 은행이 예금을 지급수단으로 하는 경우를 말하지만 광의의 지급업무는 은행법상 환업무, 여신전문금융업법상 신용카드업무, 전자금융거래법상 전자지급업무, 외국환거래법상 외화이체업, 정보통신망 이용촉진 및 정보보호 등에 관한 법률상 통신과금 서비스, 자본시장법상 금융투자업자의 자금이체업무가 포함된다고 설명하고 있다.

55 금융위원회, "디지털금융 종합혁신방안", 2020.7.26.

56 김수진, 전게서, 149면.

57 김보현 외, 「데이터 경제와 디지털금융」, 2021, 350면 이하.

58 종합지급결제사업자의 경우 이자의 제공이 불가능하지만 포인트 등 리워드의 제공은 가능하다. 향후 이러한 리워드의 법적 성질에 따른 성격구분 문제(이자와의 구분 등)가 발생할 것으로 보인다.

59 Ross Cranston, "Principles of Banking Law"(3nd Edition), Oxford University Press, 2017, pp.27-31; 우리나라에서의 논의로 양원근, 「뱅크스토리」, 2016, 93면 이하.

달 경로로서 은행의 특수한 지위 내지 우월한 지위[60]는 약해지고 있다. 하지만 예금과 대출을 중심으로 한 지급결제의 중심으로서 은행의 역할과 기능은 여전히 중요하다. 은행 규제의 가장 큰 이유 중 하나인 뱅크런(bank run)으로 인한 금융시스템의 붕괴는 은행에 대한 신뢰의 하락으로 예금 기반 지급결제구조가 무너지는 것을 우려하기 때문이다. 하지만 예컨대 모바일결제업체가 선불식결제수단을 임의로 충전하여 시중에 배포한다면 혹은 해킹 등으로 배포가 된다면 어떻게 될지를 생각해 볼 필요가 있다. 뱅크런에 준하거나 오히려 더 큰 시장의 붕괴가 발생할 수도 있다. 하지만 전자금융업자는 은행과 같은 수준의 규제를 받지 않고 있다. 지급결제업무를 영위하는 주체가 누구냐에 따라 서로 다른 규제를 받는 것은 부당하다. 지급결제라는 기능을 중심으로 법제의 재정비가 필요한 이유이다.[61·62] 전자금융업, 특히 지급결제업의 경우 전자금융거래법이라고 하는 체계보다는 일반적인 금융법 규제체계에 편입시키거나 최소한 기능적으로 동일한 수준의 규제를 하는 것을 고려할 필요가 있다. 금융당국이 2019년 2월 발표한 "핀테크 및 금융플랫폼 활성화를 위한 금융결제 인프라 혁신방안" 및 같은 해 12월에 발표한 "핀테크 스케일업 추진전략" 등에 따르면 전자금융업의 규율체계를 업종별에서 기능별로 전환하고, 마이페이먼트와 같은 신종 전자금융업도 도입하기로 하였는데[63] 중요한 변화움직임으로 보이지만 전자금융업이라고 하는 틀을 여전히 고수하고 있다는 점은 한계라고 할 것이다.[64·65]

60 E. Gerald Corrigan, "Are Banks Special?", Annual Reports 1982, Federal Reserve Bank of Minneapolis, January 1982.

61 정순섭, 전게논문3, 14면.

62 미국의 경우 행정부가 의회에 스테이블 코인(USD에 연동한 코인)의 발행업자들에 대해 은행과 동일한 규제를 하여야 한다는 요청을 하고 있다. 경향신문 2021.11.2.자 "미 정부, '스테이블코인 발행, 은행 수준으로 규제해야'" 기사 참고. 기사입력 2021.11.02.

63 윤민섭, "신종 지급수단과 이용자 보호", BFL 제99호, 2020.1, 62면.

64 지급결제와 불가피하게 연결되는 송금과 관련해서는 간편송금서비스의 문제점으로 인해 마이페이먼트 서비스와 종합지급결제업 도입을 검토하고 있는데 은행업 내지 은행법과의 관계 재설정이 전제되어야 할 문제이다. 마이페이먼트 서비스에 대해서는 이규림, "간편송금의 법적구조와 과제", BFL 제99호, 2020.1, 50-51면. 종합지급결제업 도입에 대해서는 금융위원회 보도자료, "핀테크 및 금융플랫폼 활성화를 위한 금융결제 인프라 혁신 방안", 2019.2.25. 각 참고.

65 금융위원회 보도자료, "금융권의 자유로운 진입환경을 조성하고 4차 산업혁명 시대에 걸맞는 금융

3 자본시장의 새로운 시장실패 가능성

종래 자본시장 규제의 틀은 시장의 정보 비대칭으로 인한 시장실패를 해결하는데 방점이 놓여 있었다. 시장에 정보 비대칭이 존재하는 상황에서 정보를 가진 자의 도덕적 해이(moral hazard)와 정보를 가지지 못한 자의 역선택(adverse selection) 문제에 직면하는데 이는 시장의 자율적 작용만으로는 해결이 어렵고 그대로 방치하는 경우 시장의 실패로 귀결되므로 이를 교정하기 위해 금융규제가 필요하다는 것이다. 이때 금융규제는 시장의 정보 비대칭이 문제이므로 시장의 정보를 대칭화시키는 규제로서 사전적으로 공시를 통해 해결하고, 그러한 노력에도 불구하고 비대칭이 남아 있는 경우에는 사후적으로 미공개 중요정보 이용행위와 같은 불공정거래규제를 통해 대응하고자 하였다.[66]

하지만 제4차 산업혁명으로 인해 이러한 자본시장 규제의 틀에는 변화가 예상된다. 제4차 산업혁명의 주요 기술동인인 모바일, 유비쿼터스 컴퓨팅과 그 기반이 되는 IT인프라의 확충으로 정보의 확산 속도가 매우 빨라지게 되었다. 이에 따라 정보의 비대칭성에 따른 문제는 기술적으로 상당 부분 해소되는 결과에 이르렀고, 이제는 다른 방향의 문제가 제기된다.[67] 즉, 제4차 산업혁명의 또 다른 기술동인인 인공지능, 빅데이터 등으로 알고리즘에 의한 거래가 가능하게 되었다. 이에 따라 정보의 우위보다 기술의 우위, 수단의 우위 내지 비대칭이 문제 되는 상황이 발생하게 된 것이다. 이에 대해 2013년 9월 24일 미국 뉴욕주 검찰총장인 슈나이더만(Erik T. Schneiderman)은 이른바 insider trading 2.0의 시대가 도래했고, 기존의 규제는 재정비될 필요가 있다고 주장하였다. 종래의 내부자거래(insider trading)가 정보가 있는 자와 없는 자 사이의 불균형 현상[68]이라고 한다면 현재의 알고리즘 거래는 그와 같은 거래수단을 가진 자와 가지지 못한 자 사

인프라 구축을 위해 금융산업 미래전망과 경쟁도 평가회의를 개최하였습니다", 2020.11.25., 5면. 이에 따르면 은행의 지급결제기능의 분화가능성, 간접금융중개기관으로서의 역할감소에 대한 대비하여 은행업에 대한 규제개선 필요성을 언급하고 있는데 이것이 실질적으로 지급결제에 대한 규제 약화를 의미할 수 있다는 점은 우려스럽다.

66 미국에서는 소위 'disclosure or abstain rule'의 형태로 귀결된다.

67 정보의 비대칭 자체보다는 정보의 부정성이나 정보의 조작 등 문제가 부각되고 있다.

68 SEC, "Concept Release on Equity Market Structure", 17 CFR PART 242[Release No. 34-61358; File No. S7-02-10], 2010, p.57.

이의 불균형 현상이라고 할 수 있다는 것이다.[69] 환언하면, 과거의 insider trading 1.0의 시대가 정보 비대칭의 시대였다면 현재의 insider trading 2.0의 시대는 수단 비대칭의 시대가 되었다는 것으로 금융법적 측면에서는 정보 비대칭의 해소보다는 수단 비대칭을 어떻게 해소할지가 문제 된다.

금융법의 과제라는 측면에서 이러한 변화는 기존 규제로 대응이 가능한가의 중요한 문제를 제기한다. 이러한 문제에 대해서는 자본시장에서 인간의 행위에서 기계로의 전이가 어느 수준에 이르렀는지를 평가할 필요가 있다. 이러한 기계로의 전이 내지 기술 발전에서 가장 중요한 것은 인공지능의 발전단계인데 이에 대해서는 자율주행의 발전단계를 참조하여 5단계로 구분해서 볼 수 있을 것이다.[70] 현재의 알고리즘 거래 등 기술 발전단계는 이 중 3단계(의사결정의 최적화가 인간에 의해 이루어지는 단계)와 4단계(최적화가 기계에 의해 제한적으로 이루어지는 단계)의 초기 단계 정도라고 평가할 수 있는데 이를 법률적 측면에서 정의하면 알고리즘이 인간이 미리 정해진 값에 따라 설정이 되지만 알고리즘 거래의 결과에 대해 인간이 불완전하게 통제하는 단계의 것 정도라고 할 것이다.[71] 이러한 구분에 따르면 현재의 단계는 그 정의 자체에서 여전히 인간의 책임을 전제하고 있다고 할 수 있다. 우리나라에서 로보어드바이저를 입법화할 때 전자적 투자조언장치라고 하여 “장치”라는 용어를 사용한 것도 비슷한 맥락일 것이다. 일단 현재의 기술 단계는 알고리즘 거래는 인간의 거래수단을 대신하는 것일 뿐이므로 알고리즘을 작성하고, 알고리즘 거래를 운용하는 인간에게 여전히 최종적인 책임이 귀속된다고 할 것이다. 기존의 불공정거래 규제는 인간의 책임, 보다 정확히는 인간의 행위와 그에 따른 결과의 책임을 인간에게 귀속시키는 구조이므로 이와 같은 기존의 불공정거래 규제가 현재의 기술 단계를 전제한 알고리즘 거래에 대해서도 적용이 가능하다고 할 것이다. 즉, 인간의 “손”이 기계로 대체되었을 뿐(다시 말하면, 인간의 “머리”가 기계로 대체되지는 아니하였으

69 Hibah Yousuf, “NY Attorney General blasts ‘insider trading 2.0’”, CNN, 2013.11.24.

70 자율주행의 단계구분론에 대해서는 맹준영, 「자율주행자동차와 법적책임」, 2020, 82면 이하. 0단계를 수동운전 단계라고 할 때, 1단계를 운전자보조 단계, 2단계를 부분자동화 단계, 3단계를 조건부자동화 단계, 4단계를 고도자동화 단계, 5단계를 완전자동화 단계로 구분하고 있다.

71 왕웨이자(고보혜 역), 「AI트렌드와 투자인사이트」, 2020, 247면 이하.

므로) 규제의 큰 틀은 유지가 된다고 할 수 있다.[72]

하지만 여전히 두 가지 문제는 남게 된다. 기존 금융규제가 특별한 개정이나 새로운 입법 없이 적용된다고 하더라도 그 적용의 기준과 방법도 그대로일 수 있는가의 문제이다. 이러한 문제는 특히 불공정거래에서 뚜렷하게 나타나는데 법에서 요건으로 하는 주관적 요건을 어떻게 인정할지, 주관적 요건을 행위의 결과로써 나타난 거래양태를 가지고 판단한다고 하면 이에 대해 수동거래와 동일한 기준을 적용할 수 있을지가 주된 쟁점이 된다. 다른 하나는 앞으로 알고리즘 거래의 기술은 계속 발전할 것이고, 특히 인공지능[73] 기술의 발달[74]에 따라 어느 순간에 이르러서는 인간의 개입이 제한적이거나 없어지는(혹은 배제되는) 수준이 되어 인간의 책임을 더 이상 묻기가 곤란한 단계(인공지능이나 알고리즘 거래의 기술발전단계 중 5단계)[75]에 이를 터인데 그러한 단계를 어떻게 인지하고, 그러한 단계에서는 어떻게, 그리고 누구에게 책임을 추궁하여야 하는지의 문제이다. 이 중 후자의 문제는 현 단계에서는 법적 문제라기보다는 사실의 문제, 기술적 문제라고 할 수 있을 것이다. 금융법의 과제라는 측면에서 이러한 기술변화와 그 변화에 대한 구체적인 논의를 찾아보기는 힘들다.[76] 다만, 최근 로보어드바이저에 대한 논의가 자본시장법상 전자적 투자조언장치 규제의 형태로 도입되었다는 점이 주목할 만하다. 하지만 현행 전자적 투자조언장치 규제는 실제 거래에 대한 규제가 아닌 거래 전 단계, 소위 마케팅 단계에서의 비대면 규제 문제를 해결하기 위한 것으로 보인다. 따라서 로보어드바이

72 Nicole G. Iannarone, “Computer as Confidant: Digital Investment Advice and the Fiduciary Standard”, 700, 93 Chicago-Kent Law Review 140, 157, 2018. 이를 인공지능과 법에 관한 논의에서는 소위 동일규제원칙(Same Rule Principle)이라고 부른다.

73 인공지능이란 1956년 다트머스 회의에서 존 매카시가 최초로 제안한 개념으로 ‘지능적인 기계를 만드는 엔지니어링 및 과학’을 의미한다.

74 김경석, “자율주행자동차의 운전자 개념에 대한 소고-인공지능에 대한 법인격부여에 관한 논의를 중심으로”, 전남대학교 법학연구소 법학논총 제38권 제4호, 2018.11, 199면 이하.

75 이에 대해 전자인격이라고 하는 별도의 법인격을 인정하자는 논의가 있다. 우리나라에서의 논의로 신현탁, “인공지능의 법인격 - 전자인격 개념에 관한 소고”, 인권과 정의 제478호, 2018.12, EU의 전자인격 논의에 대해서는 DRAFT REPORT with recommendations to the Commission on Civil Law Rules on Robotics (2015/2103(INL)) 참고.

76 노혁준, “증권 불공정거래의 새로운 양태와 대응-고빈도거래(HFT)를 중심으로”, 법학연구(연세대학교 법학연구원) 제31권 제1호, 2021.3. 정도가 구체적인 연구의 예외로 볼 수 있을 것이다.

저 규제가 도입되었다고 하여 제4차 산업혁명이 내포하고 있는 기술변화, 특히 알고리즘 거래에 대한 규제가 본격적으로 도입되었다고 보기는 어렵다.[77·78]

4 포용적 금융의 필요성

제4차 산업혁명은 위에서 살펴본 바와 같이 은행을 중심으로 한 간접금융시장과 증권을 중심으로 한 직접금융시장 양 시장에 큰 영향과 변화를 가져올 것이다. 그리고 그러한 시장변화는 시장에 참여하는 금융인과 금융소비자들에게도 영향을 미칠 것이다. 우선 금융인력의 측면이다. 금융산업 취업자(약 76만 명) 중 컴퓨터로 대체될 가능성이 높은 고위험 직업군 종사자 비율은 78.9%로 표준산업 분류 21개 산업 중 3위에 해당한다. 특히, 여성과 청년층이 제4차 산업혁명에 따른 일자리 대체에 취약한 계층으로 평가된다. 더 큰 문제는 금융소비자들이다. 제4차 산업혁명이 내포한 큰 변화는 그러한 변화를 적극 수용하는 계층에는 기회일 수 있지만 이러한 변화를 수용하지 않거나 혹은 못하는 계층에는 위기로 작용할 수 있다. 문제는 현대인의 생활에서 금융서비스는 더 이상 생존에 선택이 아닌 필수적인 요소라는 점이다. 제4차 산업혁명으로 인한 금융소외 내지 금융도태의 문제가 잘 드러나는 것이 현금 사용의 문제이다. 모바일 기술과 유비쿼터스 컴퓨팅 등 기술발전은 소위 현금 없는 사회를 가속화시키고 있는데 이러한 기술적 변화에 도태되는 계층은 거래수단의 상실로 인해 일상생활의 영위 자체가 어려울 수 있다. 이에 따라 현금 사용을 지급수단에 대한 선택권 보장이라는 관점에서 보는 것이 아니라 금융포용이라는 관점에서도 접근이 가능하다는 논의는 주목할 만하다.[79]

제4차 산업혁명은 기술적 발전의 속도와 복잡성을 동반한다. 그리고 이에 따라 노인계층이나 저교육계층 등과 같이 금융에 취약계층이 발생할 수밖에 없다. 이들 계층과 그 반대 계층 사이에는 디지털 격차(digital divide)가 발생하고, 그러한 격차에 뒤처진 계

77 현행 전자적 투자조언장치 규제는 투자조언에 대한 규제로서의 명칭을 가지고 있으나 그 내용상 자동거래의 가능성도 일부내포하고 있는 것도 사실이다. 따라서 투자일임업자에 대한 규제에 대한 개정은 전자적 투자조언장치 규제와의 관계에서도 그 방향을 고민할 필요가 있다.

78 알고리즘 거래에 관한 구체적 논의는 이 책 Part II. Chapter 02. 4. 알고리즘 거래에 관한 금융규제를 참고.

79 정순섭, 전게논문3, 10면 이하.

층은 금융소외(financial exclusion)에 빠지게 된다. 이들을 금융생태계 내로 유지하거나 포섭하는 것이 바로 금융포용(financial inclusion)[80]이다. 포용적 금융은 저소득층, 고령층, 신용불량자 등 사회적 약자에게도 정상적인 금융서비스의 기회를 제공하는 것으로 모든 경제주체가 저축, 지급, 신용, 보험 등 다양한 금융서비스에 효과적으로 접근하도록 제도적 시스템에 포함하는 과정을 말하는데 2019년 후쿠오카 주요 20개국(G20) 재무장관, 중앙은행 총재회의에서 '고령화와 금융포용'(aging and financial inclusion)이 하나의 주제로 논의되었고, 이후 금융교육, 보호(보이스 피싱 등)도 포괄하여 금융제론톨로지(financial gerontology)[81]라는 개념도 생성되었다.

우리나라의 경우 제4차 산업혁명에 따른 기술변화와 이를 사업화하는 논의는 다양하게 전개되고 있으나 포용적 금융의 출발점으로서 사회적 금융이나 지속 가능 금융의 논의는 활발하지 않은 형편이다. 사회적 금융과 관련하여 2014년 사회적 경제 기본법(안)[82]이 논의되었으나 성안에 이르지 못하였고, 포용적 금융의 수단이 될 수 있는 공익재단, 네트워크, 중개기관도 활발하지 않다. 다만, 금융소비자보호의 내용 중 하나로서 노령층에 대한 강화된 보호 정도가 있다. 예컨대, 자본시장법상 70세 이상인 사람을 상대방으로 일정한 범위의 금융투자상품을 판매하는 경우 금융투자업자에게 녹취의무와 녹취파일 제공의무를 규정하는 경우 등인데[83] 시장의 분리에 의한 금융규제의 차등화라는 금융소비자 분류제도의 취지를 달성하기 위해 그 분류를 가급적 일반화하는 것이 필요하다는 견해[84]에는 귀를 기울일 필요가 있다고 생각한다. 다만, 이러한 보호의무의 강화만으로는 포용적 금융의 실행에는 한계가 있을 수밖에 없다. 제4차 산업혁명으로 인

80 Microfinance에 대한 논의로 Panagiotis Delimatsis et al., "Financial Regulation at the Crossroads: Implications for Supervision, Institutional Design and Trade", Wolters Kluwer, 2011, pp.309-332에 소개된 Nicola Jagers, "Financial Regulation in the Aftermath of the Global Financial Crisis from a Human Rights Perspective: Microfinance Matters" 참고.

81 금융제론톨로지는 금융과 노령화(aging) 사이의 관계설정으로 정의될 수 있다. 금융제론톨로지에 대한 논의로 Andrzej Klimczuk, Erik Selecký, "Financial Gerontology", October 2020 참고. https://www.researchgate.net/publication/344712732_Financial_Gerontology (2021.10.19. 최종방문)

82 노희진, 「사회적 금융론」, 2015, 192-193면.

83 자본시장법 시행령 제68조 제5항 제2호의2 나목.

84 정순섭, 전게논문2, 11면.

한 금융도태나 소외의 문제는 이미 제공되고 있는 금융서비스를 강화하는 문제가 아니라 시장의 자율적 기능만으로는 제공되지 않는 금융을 최소한, 필수적인 범위 내에서 제공을 강제하는 영역의 문제이고, 여기에는 이러한 책임을 다할 포용적 금융의 주체가 필요하기 때문이다. 이와 관련하여 다시 고려가 필요한 것이 은행의 공적 역할과 그 한계이다. 포용적 금융에 있어 소외된 계층이 필수적으로 요구하는 것이 은행이 제공하는 금융서비스일 것이기 때문이다. 하지만 은행은 기본적으로는 영리기업으로 이러한 사회적 역할을 강제하기에는 어려움이 있고, 제도적, 법적 뒷받침이 필요하다. 은행이 포용적 금융의 제공 창구가 되는 경우에도 이를 지지할 사회적 투자자 육성과 시스템의 마련이 필요하다. 여기에는 사회영향채권 발행[85], 사회적 가치 생성에 대한 보상 프로그램 개발[86], 사회적 금융인프라 구축 등이 요구된다. 은행의 역할에 대한 사회적 합의도 필요하다.[87] 우리나라에는 은행의 역할이나 책임, 그리고 이를 통제하는 금융당국과의 관계에 대해 어떠한 합의점이 존재하지 않아 왔다. 은행이 수익을 많이 내는 것은 기업, 가계 등 소비자들이 비용을 많이 지불한 결과이기 때문에 대부분이 국민으로 구성되어 있는 소비자들을 보호하기 위해 은행이 마냥 사적기업으로 수익을 많이 내는 것은 바람직하지 않다는 논의도 있고, 한국의 현실에서는 오랜 기간 자원배분에 직접 관여한 경험을 가지고 있는 정부와 이를 지켜본 사회 전반에 걸쳐 감독권과 소유권이 혼재된 사고가 만연해 있기도 하다.[88] 이러한 상황에서 은행의 공적, 사회적 역할을 기반으로 한 포용적 금융을 이끌어 내기에 한계가 있다. 공공성과 상업성의 조화 속에 은행의 공적 역할에 대한 사회적 합의 아래 은행의 지속가능한 성장 모델을 만드는 것이 필요하다. 이러한 측면에서 최근 금융에서의 ESG 논의는 은행의 포용적 금융 역할의 측면에서도 주목할 만하다.[89]

85 노희진, 전게서, 212면.

86 최태원, “새로운 모색”, 사회적 기업, 2014에서는 Social Progress Credit(SPC)을 제시하고 있다. 사회적 기업이 창출하는 사회적 가치를 측정해 그 사회적 가치의 일정 비율을 정부가 사회적 기업에 유가증권 형태로 지급하는 방식이다.

87 양원근, 전게서, 267면 이하.

88 양원근, 전게서, 269면.

89 전반적 ESG 논의에 대해서는 정준혁, “ESG 논의의 법적 의미와 전망”, BFL 제109호, 2021.9, 6면 이하.

Ⅳ 제4차 산업혁명과 금융규제의 변화

1 제4차 산업혁명과 금융규제의 변화양태

금융규제의 목적은 금융시스템의 기능을 향상시키는 것으로 이를 위해 경제학적 분석 도구를 사용하여 금융시스템의 실패를 바로잡기 위한 법적, 규제적 체계를 결정하게 된다. 금융규제는 결국 시장실패를 바로잡기 위한 것으로서 현존하는 시장실패의 본질과 범위를 판단, 적용가능한 규제방법의 집합을 설정하고, 그 안에서 시장실패를 해결하는데 적절한 규제방법의 조합을 확인하고, 규제적 개입으로 인한 편익이 그 비용이나 부작용을 압도하는지 확인하는 절차를 거쳐야 한다.[90] 하지만 우리의 금융규제는 이러한 절차와 검토과정을 순차적으로 거치기 보다는 짧은 기간 동안 경제가 성장하는 과정에서 외국의 규제를 수용하되 국내 현실적, 역사적 요소를 고려하여 적절히 변용하는 방식을 취하였다. 전체적으로 보면 정부가 경제발전을 선도하는 과정에서 금융규제가 직접적, 강제적 역할을 수행하였고, 그 방식은 기관주의규제에서 출발하여 최근에는 기능주의규제를 가미하고 있다. 기능주의규제라는 측면에서는 거래대상과 주체의 위험을 파악하여 동일기능·동일규제, 그리고 동일 위험수준에 대한 동일 규제수준을 지향하고 있다. 나아가 금융규제를 위반하는 행위에 대해서는 행위자를 파악하여 그에 직접 규제를 가하는 방식을 취하고 있다. 하지만 제4차 산업혁명은 이와 같은 금융규제에도 변화를 가져올 것으로 보인다. 다양한 기술이 빠르게 개발되어 연속적이고 복합적인 영향을 미치고 있다. 기술성, 속도성, 복잡성으로 요약할 수 있는 이러한 제4차 산업혁명의 변화에는 금융당국을 비롯한 공적영역보다는 사적영역의 수용이 빠를 수밖에 없다. 또한, 인공지능이나 빅데이터와 같은 기술변화는 금융행위의 위험을 측정, 평가하기에 어려움을 가중시키고 있고, 특정한 행위의 주체를 파악하고, 행위의 결과를 정확히 산정하는 데 난점을 발생시킨다. 하지만 제4차 산업혁명의 기술들이 금융규제의 방법과 관련해서는 새로운 가능성을 제공하기도 한다. 소위 레그테크나 섭테크와 같은 논의들이다.

90 John Armour, et al., "Principles of Financial Regulation", Oxford, 2016, pp.51-79, pp.597-615.

2 금융규제의 역할 재검토

제4차 산업혁명이 내포하고 있는 기술성, 속도성과 복잡성은 종래의 금융규제의 역할을 재검토하도록 하는 계기를 제공할 것이다. 제4차 산업혁명의 변화에 정부와 민간부문 사이에 수용성향과 능력에 있어 차이가 있을 수밖에 없고, 상대적으로 민간에 비해 부족한 전문성과 예산제약을 가지고 있는 금융당국에는 어려움이 예상된다. 또한 현재의 금융감독원, 금융위원회의 사실상 이원화된 의사결정 구조, 내부조직 체계상 제4차 산업혁명의 변화된 사회구조와는 유리된 계서제(hierarchy)로 인한 조직문화와 여전히 대면 위주의 업무처리 및 상대적으로 늦은 디지털화가 문제로 지적된다. 여기에 금융감독 기구의 비대화, 중복화, 민간의 규제에 대한 반감과 반작용이 제4차 산업혁명의 변화와 맞물려 문제 될 것이다. 이러한 상황은 전문성의 비대칭으로 인해 규제 대상 산업이 자신들의 이익을 추구하도록 정책입안자들의 인센티브에 영향을 미치는 소위 규제포획(regulatory capture)을 심화할 수 있고,[91] 규제가 적시에 이루어지지 않아 규제대응이 지연되는 규제유예(regulatory forbearance)의 형태로 나타날 수도 있다.[92]

이러한 제4차 산업혁명의 변화 속에서 금융규제의 역할에 대한 재검토가 필요하다. 첫째는 금융규제가 규제당국이 목표를 설정하고 그러한 목표를 달성하기 위한 직접적인 개입, 강제를 하는 방식보다는 목표의 설정과 방법의 선택은 민간에 맡기고, 게임의 룰을 제시하는 형태로 바뀔 필요가 있을 것이다. 제4차 산업혁명이 제공하는 기술적 요소들은 새로운 시도의 사적 비용은 낮추고 있으나 실패 시 사회적 비용은 증가시킬 수 있다. 금융규제의 방향이 사후적 처벌보다는 사전적 규제, 방향과 표준의 제시 쪽에 중점을 둘 필요가 있는 이유이다. 둘째, 이를 위한 금융규제의 형태도 자유주의적 개입주의(libertarian paternalism)를 기초로 의사결정에 대한 선택설계(choice architecture)에 중

91 규제포획은 (1) 금융자본의 정치적 자본으로의 변형, (2) 정책결정자들에 대한 강력한 접근(회전문 인사 등), (3) 정책결정의 지적환경 조성 등을 통해 나타난다.

92 규제유예의 발생원인으로는 리스크 기반의 건전성 감독시스템하에서 규제자에게 주어진 막대한 재량, 규제자의 노력과 판단에 대한 높은 모니터링 비용 등이 지적된다. 규제유예의 이유로는 부실 금융기관이 공적규제 개입 없이도 문제를 해결할 수 있을 것이라는 믿음, 규제개입의 이익이 사회적 비용을 초과할 것이라 판단, 정책실패 가리기, 부실기관을 지원하는 정치인과의 대립회피 등이 지적된다.

점을 두어야 할 것이다. 금융규제가 기존의 규제적 기능 이외 보완적, 원조적 기능을 고려하여야 할 필요가 있다. 직접규제보다는 간접규제가 제4차 산업혁명의 상황에서는 적합할 수 있다. 기존 금융규제가 예상하지 못한 새로운 거래방법이 등장하는 핀테크에서는 내부통제에 기반한 금융회사의 준법구조 강화에 비례하여 직접적인 공적규제는 완화되어야 한다는 주장이 있는데 경청할 가치가 있다.[93] 셋째, 규제입법에서의 변화로 기존의 규정중심규제(rule based regulation)에서 원칙중심규제(principle based regulation)로의 모색이다. 현재의 한정적 열거주의(positive system)와 규정중심규제를 개선할 필요가 있다.[94] 앞으로의 금융규제는 금융회사의 권한이나 업무범위에 대한 직접적 통제구조가 아니라 금융회사 및 그 임직원에 대한 높은 수준의 주의의무와 충실의무를 부과하고 그 위반에 대한 엄격한 책임법리에 기초한 통제구조로 변화할 수밖에 없다.[95] 다만, 이러한 원칙중심규제에 있어 원칙을 어느 정도 자세히 세부적으로 제시하여야 하는지는 규제위반에 대한 제재의 내용과 형식 등과 관련하여 고민이 필요한 부분이다. 감독과 검사를 양대 축으로 하는 감독체계에서 검사와 제재의 방식과 정도에도 변화가 필요할 것이다. 자율규제와 공시 및 후견적 제재로의 전환을 고려할 만하다. 넷째, 국가 간 규제차익에 대한 고려이다. 새로운 기술에 기반하여 전통적인 금융기능을 수행하는 상품이나 거래가 등장할 경우 기존금융규제는 무력화되거나 그러한 등장을 가로막는 장애물이 되기도 한다.[96] 각국은 이러한 변화에 대응하기 위하여 기술친화적인 금융법제를 구축하기 위해 노력을 해오고 있다.[97] 규제차익에 따른 이동가능성과 규제경쟁도 염두에 둘 필요가 있는 것이다. 즉, 우리나라의 규제수준은 다른 경쟁국가의 규제수준에 회피비용의 차를 넘어설 수 없게 된다. 최근 금융위원회는 혁신 성장을 위한 금융의 역할 강화를 위

93 정순섭, 전게논문1, 27면.

94 성희활, "4차 산업혁명의 시대에서 「네거티브규제 패러다임」에 따른 금융규제체계의 재구축 방안 연구", 법과 정책 24-1, 2018.3. 등.

95 정순섭, 전게논문1에서는 이와 같은 의무에 기반한 통제구조는 신탁법상 수탁자의 권한확대를 위한 법리적 기초가 되었다고 지적하고 있다.

96 정순섭, 전게논문1, 9면.

97 Jonathan Ehrentraud, Denise Garcia Ocampo, Lorena Garzoni and Mateo Piccolo, "Policy Responses to Fintech: a Cross-Country Overview", FSI Insights on Policy Implementation No.23, Financial Stability Institute, January 2020.

한 주요 정책과제로 ① 핀테크 활성화, ② 자본시장 혁신, ③ 금융부문 경쟁촉진 방안을 제시하면서 규제차익 가능성을 언급[98]한 것은 주목할 만하다. 앞으로의 변화의 방향이나 정도, 그리고 그 결과에 대한 예측이 쉽지 않은 경우에는 금융혁신지원특별법, 규제샌드박스,[99] 스몰라이선스와 같은 점진적인 규제방식도 대안이 될 수 있을 것이다.[100]

3 기존 위험기반 규제 및 행위자 규제의 보완필요성

금융법의 관점에서 종래의 규제 양태를 정리하면, 기관별, 상품별 규제로서 금융업종별 구분과 금융상품의 제조 중심 규제 그리고 금융업자 중심규제로서 모든 금융업에 중개기관인 금융업자의 존재를 전제로 금융규제를 형성한다는 것이다.[101] 하지만 이러한 규제 양태가 기능주의규제에 따라 변화를 보이고 있으며 기능주의규제는 위험 기반 규제(risk based approach)를 요소로 하고 있다. 이때 위험 기반 규제는 금융거래의 대상이나 주체의 위험을 측정, 평가하여 그러한 위험에 대응한 수준의 규제를 하겠다는 것으로 위험의 측정과 평가가 가능하다는 전제 아래에서 성립한다. 원래 위험 기반 규제는 은행 등 여신규제에서 유래한 것으로 증권규제에도 그 의미가 확대되고 있다. 즉, 위험을 거래대상인 금융상품과 거래자인 투자자의 성격에 따라 구분하여 금융상품에 대한 위험은 장내주식 < 파생결합증권 < 장외파생 순으로 평가하고, 투자자는 전문투자자 < 일반투자자로 평가하여 위 조합에 따라 진입규제, 행위규제 등을 달리하는 것이다. 한편, 행위자규제는 금융규제에 있어 전형적인 금지유형의 행위를 정하고, 그러한 규정을 위반

98 기획재정부 보도자료, "4차 산업혁명과 혁신성장을 주제로 정부업무보고 실시", 2018.1.24, 7면, 금융위원회 보고내용 참조.

99 정순섭, "기술발전과 금융규제 - 이른바 규제 샌드박스의 한국법상 구상과 가능성", BFL 제85호, 2017.9, 6면 이하.

100 금융규제는 시장이 부의 외부효과를 갖는 영역에 집중하여야 하고, 금융규제가 정의 외부효과를 갖는지 평가하여 금융감독체계의 설계하여야 한다. 수평적으로는 권역별 감독체계(an institutional model), 기능별 감독체계(a functional model), 목적 중심의 감독체계(an objectives-based model), 통합 감독체계(a unified or integrated model)를 고려하여야 하고, 수직적 배분에서는 감독기구간의 역할 배분(agency hierarchy), 관할권의 배분(jurisdictional hierarchy), 공적 감독기구와 자율 감독기구 간의 역할 배분을 검토하여야 한다.

101 정순섭, 전게논문1, 9-10면.

한 자를 특정하여 처벌하는 것이다. 금융당국의 제재 시 행위자와 감독자를 구분하는 체계도 이러한 행위자규제에서 출발한 것이다. 한편, 여기에 더해 과징금 등의 부과에 있어 행위자의 특정뿐만 아니라 행위로 인한 이익 등을 산정하여 책임(과징금)에 연동하는 구조를 갖고 있기도 하다.

하지만 제4차 산업혁명은 이러한 규제체계에 중대한 변화를 가져올 것으로 보인다. 우선 종래 위험평가방식에 변화가 불가피하다. 제4차 산업혁명은 인공지능 등 새로운 기술을 기반으로 기존 금융상품에서 출발하여 이를 혼합한 혹은 전혀 새로운 금융상품을 등장시키고 있다. 또한 새로운 거래방식도 도입되고 있다. 기존 금융규제에 있어 위험평가는 일회성 거래를 전제로 위험을 평가하는 것으로 다수의 거래가 단시간에 일어나는 경우 거래대상 금융상품 자체의 위험이 낮더라도 전체 위험이 증가할 수 있다는 점을 고려치 못하고 있다. 예컨대 고빈도거래(High Frequency Trading, HFT)의 경우 종래 금융규제에서 상대적으로 위험이 낮은 상장주식을 거래대상으로 하더라도 일정 기간 동안의 거래 횟수가 거의 무한히 증가할 수 있다는 점을 고려하면 오히려 일회성 계약 형태의 장외파생상품거래보다 위험이 클 수도 있다. 또한 기존의 위험평가는 재원의 문제는 고려치 않는다. 하지만 레버리지 투자의 경우 위험도가 급증할 수 있다. 이러한 재원의 성격을 일부 고려한 것이 주식차입을 통한 거래에서 반대매매인데 현재의 실무는 금융소비자를 보호하는 규제로서 체계를 갖추었다고 평가하기는 어렵다. 요컨대, 기능주의적 규제는 위험평가를 통해 보완이 불가피한데 종래의 위험평가방식은 제4차 산업혁명 이후 등장한 새로운 금융상품이나 거래방식에 적용하는 데 한계가 있다. 거래대상 금융상품의 유형, 투자자의 유형 이외 거래방식, 거래재원에 대한 고려도 필요하고 이를 규제체계에 보완할 필요가 있다.

제4차 산업혁명은 행위자 중심의 규제체계에도 영향을 미칠 것으로 보인다. 인공지능이나 알고리즘 거래의 등장은 행위자보다는 행위수단에 중점을 둔 것으로 행위는 있으나 행위자를 찾기 어려운 상황이 발생할 수 있다. 또한 거래의 복잡성, 고속성으로 인해 행위의 분별에도 어려움이 증가한다. 행위자 규제의 한계는 알고리즘과 같이 집단적 의사결정 및 집단사고의 결과물로서 행위자를 특정하기 어려운 경우와 고빈도거래와 같이 행위의 유형이 인간의 그것과 다르거나 분별이 어려운 경우에 쉽게 나타날 수 있다. 이러한 변화는 금융규제의 방향에 있어 중대한 과제를 제시한다. 행위자 규제를 유지한다는 측면에서 개별 사실관계에서 행위자 특정의 어려움을 고려하여 사전에 행위책임자를 지정하여 신고하도록 하는 것도 방법일 것이다.[102] 하지만 종래의 행위자 책임구조의 완화도 고려할 필요가 있다. 현행 자본시장법상 과징금 규제의 경우 독점거래법의 그것과 차이가 있다는 점은 주목이 필요하다. 예컨대 자본시장법 제429조의2는 시장질서교란행위를 위반한 자(행위자)에 대해 과징금을 부과하도록 하고 있고, 그로부터 얻은 이익에 연동하여 과징금을 산정하는 구조이다. 시장질서교란행위에 대한 동법 제178조의2가 행위를 중심으로 규정을 마련하고 있으므로 행위자와 행위로 인한 이익을 특정해야 한다. 하지만 알고리즘 거래나 고빈도거래가 이루어지는 현실에서 그러한 특정이 쉽지 않다. 반면, 공정거래법은 과징금을 사업자에게 부과하고, 사업자의 이익을 위한 행위를 하는 임원·종업원·대리인 기타의 자는 그 적용에 있어서는 이를 사업자로 본다는 간주규정을 두고 있다.[103] 이익액의 산정도 과징금의 액수를 정하는 하나의 기준이 될 뿐이고,[104] 상한은 매출액 등으로 넓게 정하고 있다.[105] 과징금의 법적 성격을 행정제재벌과 부당이득환수라는 양자의 성격을 동시에 겸유한다고 보는 것이 경쟁법학계[106]와 판례의 태도[107]인 바 자본시장법의 경우에도 현재의 과징금 관련 규정에 대해서는 재고가 필요하다. 금융법적 측면에서 최근 신용정보법 개정으로 과징금 산정방식이 위반행위와 관련한 매출액의 3% 이하에서 전체 매출액의 3% 이하로 변경되어 행위와의 직접적인 연결을 끊은 것은 주목할 만한 변화이다.

---

102 파생금융상품의 거래에 있어 책임자를 지정하도록 한 제도도 유사한 취지를 담고 있다(자본시장법 제28조의2).

103 공정거래법 제2조 제1호

104 공정거래법 제55조의3

105 공정거래법 제6조, 제17조, 제22조, 제24조의2, 제28조, 제31조의2

106 권오승·서정, 「독점규제법」(제4판), 2020, 751면. 다만, 과징금이 부당이득환수의 성격이 있지만 실제로는 과징금 산정에 부당이득이 제대로 반영되지 않는다는 비판도 있다. 지광석, "담합 규제의 적정성에 대한 고찰: 과징금의 규모와 산정절차를 중심으로", 국가정책연구 제27권 제1호, 2013, 65면 이하.

107 대법원 2001.2.9. 선고 2000두6206 판결, 헌법재판소 2003.7.24. 선고 2001헌가25 결정 등.

4 새로운 규제방식의 모색

제4차 산업혁명은 금융규제와 관련하여 앞서 살핀 바와 같은 변화를 강요하고 있다. 이는 금융규제의 측면에서 하나의 위기 상황이라고 할 수 있다. 하지만 제4차 산업혁명이 원동력으로 삼고 있는 여러 가지 기술변화는 금융규제에 있어 또다른 기회이자 새로운 규제수단을 제공하고 있기도 하다. 제4차 산업혁명은 디지털화, 온라인화를 통해 공간의 구속, 제약을 탈피하도록 하고, 대면감독과 현장검사의 한계를 극복하는 계기를 마련해 줄 수 있다. 금융의 방식과 대상 변화는 금융규제의 측면에서 기능주의적 접근의 보완필요성[108]과 함께 새로운 감독수단을 제공하고 있는 것이다.

우선 새로운 기술의 활용 가능성이다. 레그테크(RegTech)는 레귤레이션(Regulation)과 테크놀로지(Technology)의 결합어로 빅데이터, 클라우드, 머신러닝 등의 신기술을 활용해 금융 관련 법규 준수 규제에 대한 대응 보고를 유효하게 하는 기술을 의미한다.[109·110] 국내에서도 2019년부터 금융보안원이 금융회사의 금융보안 관련 규제를 지원하기 위해 레그테크 포털(https://regtech.fsec.or.kr)을 운영[111]하고 있는데 새로운 기술을 규제방식에 적용한 하나의 예가 될 수 있다. 섭테크(SupTech)는 슈퍼비전(Supervision)과 테크놀로지(Technology)의 합성어로 새로운 기술을 이용한 감독 내지 감시를 의미한다. 인간의 감시, 감독은 인간의 인지적 오류 가능성과 근로 시간의 제한 등이 따르지만 로봇이나 알고리즘을 통한 감시는 그와 같은 한계를 극복할 수 있다. 금융감독원은 대규모 원금 손실로 파문을 일으킨 해외금리 연계 파생결합펀드(DLF)의 경우와 같은 불완전판매의 재발을 막기 위해 2020년 2월 섭테크혁신팀을 신설하였고, 2019년 대부업 불법 추심 판별지원 및 민원분류 추천시스템을 운영하기 시작해 2020년에는 AI사모펀드 심사와 보

108 Hester Peirce et al., "Reframing Financial Regulation", Mercatus Center, George Mason University, 2016, pp.416-436에 소개된 Houman B. Shadab, "Financial Technology" 중 pp.418-422의 Fintech regulation: A Pro-Innovation Approach 참고.

109 국제금융협회(Institute of International Finance, IIF)의 정의에 따른 것으로 IIF는 레그테크 워크스트림을 작성하여 배포하고 있다. https://www.iif.com/Innovation/Regtech (2021.10.18. 최종방문)

110 레그테크와 섭테크에 관한 구체적 논의는 이 책 Part II. Chapter 03. 3. 디지털금융과 규제수단의 변화 - 레그테크와 섭테크를 참고.

111 금융감독원 보도자료, "제1차 핀테크, 레그테크 포럼 개최", 2019.7.2.

험 TM의 불완전판매를 식별, 인터넷 불법 금융광고 감시 등 5개의 시스템으로 확대 구축하여 운영하고 있는데 섭테크의 한 예라고 할 수 있다.[112] [113] 그 외에도 블록체인과 같은 새로운 기술을 활용한 시장의 감시와 통제에 대한 논의도 주목할 만하다.[114]

자율규제기구에 대한 권한위임 가능성도 새로운 시각에서 살펴볼 수 있다. 이는 앞서 살핀 금융규제의 역할 재검토에서도 일부 논의를 한 사항이나 앞선 논의가 위기의 측면이라면 여기서의 논의는 기회의 측면에서이다. 제4차 산업혁명으로 인한 기술변화 등 제반 변화는 상대적으로 수용성이 낮은 금융당국에 위기요소이다. 하지만 앞서 살핀 섭테크와 같은 가능성은 자율규제기구에 대한 권한위임을 통해서도 금융당국이 목적하는 규제수준을 달성할 수 있는 가능성을 제시한다. 제4차 산업혁명이 내포하고 있는 기술적 변인들인 빅데이터나 인공지능, 블록체인과 같은 기술은 세부적이고, 기술적인 감독은 자율규제기구에 맡기고, 감독기관은 그 뒤에서 자율규제기구를 간접적으로 통제함으로써 시장을 규율할 수 있는 가능성을 엿보게 한다. 다만, 자율규제기구에게 일방적으로 위임을 하는 경우 자율규제기구가 공적 감독 기구에 비해 상대적으로 사회적 이익보다 업계의 이익을 대변할 위험이 있고, 자율규제 기구의 집행 권한은 공적 감독기구에 비해 상대적으로 제한적이라는 단점이 있다. 따라서 권한위임의 방식은 집행권한의 일부를 자율규제기구에게 위임하되 자율규제가 적절하게 작동하지 않을 경우 감독기구가 개입하는 방식의 강제된 자율규제(enforced self-regulation)여야 할 것이고 이를 위해서는 감독기구가 상위 원칙을 제정하고 그 구체적인 내용을 시장참여자(자율규제기구 또는 개별 금융회사)에게 위임하는 원칙중심규제(principles-based regulation)가 전제되어야 할 것이다.

한편, 제4차 산업혁명으로 인한 변화가 반드시 금융당국의 역할 축소를 의미하지 않는다. 금융당국은 거시건전성 규제와 같이 자율규제가 담당할 수 없는 영역에 대해서

112 예컨대, 음성인식 기술을 이용해 "가족에게 알리겠다" 등 내용을 기계가 판별하여 다량의 자료에서 적출하는 것이 가능하다고 한다.

113 금융감독원 보도자료, "금융 규제준수 자동화 기술 및 사례를 한 눈에 만나보세요", 2020.5.26, 2면. 레그테크 쇼케이스 참가기관 및 발표 주제 참고.

114 블록체인을 이용한 규제 관련해서는 Christina Batog, "Blockchain: A Proposal to Reform High Frequency Trading Regulation," Cardozo Arts & Entertainment Law Journal, 2015; 윤승영, "고빈도 거래와 관련한 미국의 최근 규제동향 및 시사점", 증권법연구 제18권 제1호, 2017 등 참고.

는 더욱 역량을 강화하는 것이 필요하다. 이는 앞서 살핀 금융규제의 역할 재검토의 논의주제이기도 하다. 제4차 산업혁명은 종래에 비해 금융위기의 발생과 빈도를 크게 높일 가능성이 있다. 하지만 금융위기 시 자율규제는 제대로 역할을 하지 못하는 것으로 평가된다.[115] 제4차 산업혁명으로 인한 통합화와 연결화가 가속화될 경우 거시적 건전성 확보가 더욱 중요해지는데 위험은 미시적 시장구조에서는 측정하기 어렵고, 위험의 확산경로와 범위는 확대되며, 이에 따라 총합의 오류가 발생하는 경우 그에 대한 대처를 할 수 있는 것은 공적 규제당국뿐이다.[116] 이러한 상황에서는 금융규제의 목적을 명확화하고 규제수단을 목적과 연결하여 선택과 집중이 필요하다.[117] 다만, 이와 같은 새로운 영역에 있어 금융규제는 그에 적합한 규제수단을 마련해야 하는 숙제가 있다. 금융감독과 규제는 새로운 리스크와 새로운 리스크 관리방법에 맞게 변화되어야 한다.[118] 그러나 금융시장의 기대와 법제도적 대응 그리고 시장의 발전 속도와 입법을 포함한 법률의 대응에는 일정한 수준의 편차와 시차가 존재하는데[119] 거시건전성에 대한 규제 영역도 마찬가지이다. 우리나라의 경우 해외, 특히 미국의 거시건전성 규제방식을 큰 틀에서 받아들

115 Panagiotis Delimatsis et al., "Financial Regulation at the Crossroads: Implications for Supervision, Institutional Design and Trade", Wolters Kluwer, 2011, pp.211-255에 소개된 Constantinos Stephanou, "Rethinking Market Discipline in Banking: Lessons from the Financial Crisis", 특히 pp.217-222.

116 Mads Andenas et al., "The Foundation and Future of Financial Regulation: Governance for Responsibility", Routledge, 2014, pp.413-417, pp.456-464.

117 양원근, 전게서, 100-101면. 금융감독이 금융소비자 보호와 건전성 감독 중 어디에 중점을 둘지는 논쟁의 대상이다. 영국은 전통적으로 소비자 보호에 치중한 감독제도를 갖고 있고, 2008년 금융위기 발발 전까지 영국 금융감독청(Financial Services Authority, FSA)이 금융감독 업무를 담당하였다. 소비자 보호업무를 중요하게 다루었으며 거시감독은 중앙은행(Bank of England, BOE)이 맡고 재무성이 금융관련 법률제정을 맡는 체제였다. 하지만 금융위기를 겪은 뒤 은행의 건전성 감독을 강화하기 위한 감독제도 개편이 이루어졌다. 기존의 FSA는 은행, 보험 및 시스템적으로 중요한 투자은행의 건전성 규제를 담당하는 PRA(Prudential Regulation Authority)와 은행과 보험을 제외한 브로커, 헤지펀드, 자산운용 등 금융기관을 감독하고 시장경쟁 또는 공정거래 등 금융기관의 행위규제를 담당하는 FSA(Financial Conduct Authority)로 분리되는 이른바 쌍봉체제를 채택하였다. 이 중 PRA는 BOE 산하기구로 편입되었고, FCA는 재무성의 지휘를 받고 있다.

118 Morten Balling, Frank Lierman, "Technology and Finance: Challenges for Financial Markets", Routledge, 2002, p.1.

119 정순섭, "최근 20년간 금융규제의 변화", BFL 제101호, 2020, 52면.

이고 있다. 하지만 제4차 산업혁명이 미치는 세부적인 변화와 영향은 나라마다 차이가 있을 수밖에 없다. 따라서 거시건전성에 대한 적합한 규제수단이나 위험측정 등에 대해서는 독자적인 연구가 필요하고, 그에 따라 변화의 방향을 미리 파악하고, 그에 부합하는 규제방식과 수단을 준비하는 것이 요구된다.

V 결 론

제1차에서 제3차에 걸친 산업혁명도 금융에 영향을 미쳤고, 그러한 금융업 변화는 다시 금융법에 여러 과제를 제시하였다. 하지만, 제4차 산업혁명이 내포한 기술변화는 종래의 산업혁명에 비해 보다 직접적으로 그리고 광범위하게 영향을 미칠 것으로 예상되고, 이에 따라 보다 어렵고 중대한 여러 과제를 금융법에 제기할 것이다. 이 글에서는 이러한 제4차 산업혁명의 금융에의 영향을 디지털금융이라는 큰 틀 아래에서 제4차 산업혁명의 기술적 변인과 결과, 그에 따른 금융의 변화 및 금융법의 과제에 대해 금융업, 금융시장, 금융규제라는 세 가지 관점에서 정리하였다.

참/고/문/헌

〈국내문헌〉

김경석, “자율주행자동차의 운전자 개념에 대한 소고-인공지능에 대한 법인격부여에 관한 논의를 중심으로”, 전남대학교 법학연구소 법학논총 제38권 제4호, 2018.11.

노혁준, “증권 불공정거래의 새로운 양태와 대응-고빈도거래(HFT)를 중심으로”, 법학연구(연세대학교 법학연구원) 제31권 제1호, 2021.3.

성희활, “4차 산업혁명의 시대에서 「네거티브규제 패러다임」에 따른 금융규제체계의 재구축 방안 연구”, 법과 정책 24-1, 2018.3.

윤민섭, “신종 지급수단과 이용자 보호”, BFL 제99호, 2020.1.

이규림, “간편송금의 법적구조와 과제”, BFL 제99호, 2020.1.

이정수, “은행법의 실무상 쟁점에 관한 연구”, 기업법연구 제34권 제1호, 2020.3.

전성인, “은행 소유규제의 유효성 제고를 위한 정책과제”, 한국경제의 분석 제17권 제3호, 2011.12.

정순섭, “기술발전과 금융규제법의 전망”, BFL 제107호, 2021.5.

____, “데이터경제의 법적 평가와 제도설계의 기본원칙”, 2020년도 경영경제 5개 학회 공동 심포지엄 발표자료집: 데이터 경제 시대의 기업 경영과 향후 정책과제, 2020.

____, “비현금지급수단의 발전과 지급결제법제”, BFL 제99호, 2020.1.

____, “기술발전과 금융규제 - 이른바 규제 샌드박스의 한국법상 구상과 가능성”, BFL 제85호, 2017.9.

____, “최근 20년간 금융규제의 변화”, BFL 제101호, 2020.

정준혁, “금융플랫폼 규제의 과제와 전망”, BFL 제108호, 2021.7.

조현덕 외, “롯데그룹 구조개편 관련 금산분리 규제 검토”, BFL 제98호, 2019.11.

〈외국문헌〉

EU Commission, "Digital Finance Strategy for the EU", September 24, 2020.

John Armour, et al., "Principles of Financial Regulation", Oxford, 2016.

Kern Alexander, "Principles of Banking Regulation", Cambridge, 2019.

Klaus Schwab, "The Fourth Industrial Revolution: What It Means and How to Respond", Foreign Affairs, December 12, 2015.

_______, Thierry Malleret, "Covid19: The Great Reset", 2020 World Economic Forum, 2020.

Morten Balling, Frank Lierman, "Technology and Finance: Challenges for Financial Markets", Routledge, 2002.

Ross Cranston, et al., "Principles of Banking Law"(3rd Edition), Oxford University Press, 2017.

CHAPTER 03

디지털금융법에 대한 비교법적 접근

- 유럽연합과 독일의 핀테크 규제: 기능적 접근
- 일본의 디지털 금융법제- 결제 서비스의 현황과 디지털 자산의 이용·활용을 둘러싼 법제에 대하여

유럽연합과 독일의 핀테크 규제: 기능적 접근

Prof. Dr. Florian Möslein, LL.M. (London) &
Prof. Dr. Sebastian Omlor, LL.M. (NYU), LL.M. Eur.
조윤수 번역(서울대학교 법학전문대학원 재학),
정준혁 감수(서울대학교 법학전문대학원 교수)

I 서론

금융분야에서의 기술의 급격한 발전은 금융서비스의 생산, 판매 및 소비 방식을 변화시켰다. 이로 인하여 유럽, 특히 독일에서는 금융서비스에 적용되는 법률 및 규제체계에 대한 재검토가 이루어졌고, 그 결과 핀테크 규제가 등장하였다. 이 글은 유럽연합(이하 EU)과 독일에서의 핀테크의 기능적 특성과 규제 접근 방식을 소개한다. 암호자산은 독자적이고 빠르게 진화하는 법적 규제의 대상이므로 이 글의 범위에서 의도적으로 제외한다. 이 글의 목적은 독자들, 특히 이 주제에 관심 있는 한국 학자 및 실무자에게 유럽 디지털금융의 법적 측면에 대하여 간결하면서도 포괄적인 소개를 제공하는 것이다.[1] 비록 이 글은 EU와 독일의 핀테크 규제 환경에 초점을 맞추고 있으나, 연구 결과와 기능적 접근법은 한국 법제에 익숙한 자들에게도 유용한 비교법적 시사점을 제공할 것이다. 한국 역시 유사한 규제 과제에 직면해 있으며, EU와 마찬가지로 기술 중립적 규제 입장을 채택하여 혁신과 소비자 보호 및 시스템 안정성 사이 균형을 추구하고 있기 때문이다.

1 이 주제에 대한 훨씬 더 포괄적인 논의를 위해서는 Florian Möslein & Sebastian Omlor (eds.), FinTech-Handbuch: Digitalisierung, Recht, Finanzen (C.H. Beck, Munich, 3rd. ed. 2024) 참고.

Ⅱ 핀테크의 정의: 기능적 접근

"핀테크(FinTech)"라는 용어는 "금융(financial)"과 "기술(technology)"의 결합에서 유래한다. 그러나 법률 이론에서는 그 의미가 여전히 유동적이다. 주요 쟁점 중 하나는 핀테크를 기관 관점에서, 즉 새로운 시장 진입자를 중심으로 정의할 것인지, 아니면 기능적 관점에서, 즉 제공되는 서비스의 성격을 기준으로 정의할 것인지 여부이다. 독일의 금융감독기관인 독일 연방금융감독청(Bundesanstalt für Finanzdienstleistungsaufsicht, 이하 BaFin)은 초기에 핀테크를 기술 기반 시스템을 활용하여 소비자 중심의 금융서비스를 제공하는 신생 기업으로 설명하였으나, 이 정의는 전체의 일부만을 포착한다.[2]

대륙법계의 관점에서 볼 때, 기능적 접근 방식이 보다 높은 분석적 명확성을 제공한다는 점이 점차 더 분명해지고 있다.[3] 핀테크 규제는 서비스 제공자가 은행인지, 스타트업인지, 기술 기업인지에 초점을 맞추는 대신, 해당 기업의 구체적인 활동과 사업 모델에 집중하여야 한다. 이러한 관점은 종종 전통적인 금융기관이 핀테크 솔루션을 인수하거나 통합하는 시장의 현실을 반영한다. EU 집행위원회 역시 이와 유사하게 기능적 접근 방식을 채택하여 핀테크를 "금융서비스의 기술 기반 혁신"으로 설명하고 있다.[4]

2 BaFin, "FinTechs: Adressatengerechte Kommunikation - Umgang der BaFin mit innovativen Unternehmen", September 15, 2016, https://www.bafin.de/SharedDocs/Veroeffentlichungen/DE/Fachartikel/2016/fa_bj_1609_fintechs.html에서 확인 가능

3 유사하게, Florian Möslein, Finanzinnovation als Rechtsproblem, Zeitschrift für Bankrecht und Bankwirtschaft (ZBB) 2013, 1, p.10 이하; Sebastian Omlor, FinTech - Versuch einer begrifflichen und rechtssystematischen Einordnung, Juristische Schulung (JuS) 2019, p.306.

4 COM (2018) 109/2, 2; Florian Möslein, Rechtliche Grenzen innovativer Finanztechnologien (FinTech): Smart Contracts als Selbsthilfe?, Zeitschrift für Bankrecht und Bankwirtschaft (ZBB) 2018, p.208, 211.

Ⅲ 핀테크 서비스의 핵심 특징

핀테크 산업을 정의하는 세 가지 핵심 특징이 있다. 각각은 전통적 금융활동과 핀테크 서비스를 구분 짓는 기술적, 구조적, 운영적 혁신을 반영한다.

1 탈중개화

첫째, 탈중개화는 핀테크 발전에서 핵심적인 역할을 한다.[5] 전통적인 금융시장에서는 은행, 중개인, 지급결제 서비스 제공자와 같은 중개기관이 거래 당사자 사이 필수적인 가교 역할을 수행한다. 이에 반하여 핀테크 사업 모델은 종종 이러한 중개기관을 우회하는 것을 목표로 하며, 이를 통하여 더 직접적이고 효율적이며 경제적인 상호작용을 가능하게 한다. P2P 대출 플랫폼이 가장 대표적인 예시이다. 이러한 플랫폼을 통하여 개인이나 기업은 전통적인 신용 중개기관 역할을 수행하는 은행을 거치지 않고 돈을 빌리거나 빌려줄 수 있다. 예를 들어 베를린 소재 CrossLend GmbH와 같은 기업은 유럽 여러 국가에 걸쳐 개인 또는 기관 간 대출을 촉진하는 온라인 플랫폼을 제공한다.[6] 이는 거래 사슬을 단축할 뿐만 아니라 보다 개인화되고 유연한 금융 솔루션을 가능하게 한다. 탈중앙화라는 구조적 혁신은 기관의 책임에 기반한 기존의 규제체계에 도전하며, 규제 당국이 감독 권한의 범위를 재검토하도록 만들 수 있다.

2 탈중앙화, 개인화, 초국가화

둘째, 핀테크 서비스는 종종 탈중앙화, 개인화, 초국가화의 특징을 보인다. 블록체인 및 분산원장기술이 이러한 발전을 가장 두드러지게 보여주지만, 이러한 기술에 기반

5 Michael B. Imerman & Frank J. Fabozzi, The Economics of FinTech (MIT Press, Cambridge, 2025), p.272.

6 Florian Möslein & Sebastian Omlor, § 1 Grundlagen, in: ids. (eds.), FinTech-Handbuch: Digitalisierung, Recht, Finanzen (C.H. Beck, Munich, 3rd. ed. 2024), p.1, 4도 참고.

하지 않은 핀테크도 탈중앙화된 인프라를 활용하며 국경을 넘어 운영된다.[7] 탈중앙화 금융(DeFi)에서 사용되는 것과 같은 블록체인 시스템은 중앙 권한을 완전히 제거하고, 규제나 기관의 통제 대신 네트워크 합의에 의하여 운영되는 P2P 방식으로 작동한다. 거래는 분산원장에 투명하게 기록되며 네트워크 참여자의 다수에 의하여 검증된다. 기술적으로 국경이 없고 비계층적인 이러한 구조는 금융규제의 전통적인 관할권 및 행정 구조에 의문을 제기한다.[8] 클라우드 기반 은행 솔루션이나 모바일 지급결제 플랫폼과 같이 보다 전통적인 기술에 기반한 핀테크조차도 디지털금융의 글로벌적 특성으로부터 이익을 얻고 이에 기여하며, 종종 EU 회원국 및 그 너머까지 매끄럽게 운영된다.

3 알고리즘화 및 인공지능

셋째, 알고리즘화와 인공지능(AI)의 통합은 금융서비스의 설계 및 제공방식에 근본적인 변화를 가져온다. 핀테크 사업들은 전통적으로 인간의 판단에 의존하던 업무를 수행하기 위하여 기계 기반 프로세스에 점점 더 의존하고 있다.[9] 여기에는 자본시장에서의 고빈도 및 알고리즘 매매[10]뿐 아니라, 투자관리에서의 로보어드바이저, 보험에서의 자동 인수심사, 대출에서의 알고리즘 기반 신용평가, 지급결제 서비스에서의 사기 탐지 등이 포함된다.[11] 이러한 시스템은 고급 데이터 분석과 기계학습을 활용하여 실시간으로 패턴

---

7 Gilbert Fridgen, Tobias Guggenberger, Johannes Sedlmeir & Nils Urbach, Introduction, in: ids. (eds.), Decentralization Technologies: Financial Sector in Change (Springer, Cham, 2024), p.3, 5 이하.

8 Florian Möslein & Sebastian Omlor, §1 Grundlagen, in: ids. (eds.), FinTech-Handbuch: Digitalisierung, Recht, Finanzen (C.H. Beck, Munich, 3rd. ed. 2024), p.1, 4.

9 Marco dell'Erba, Technology in Financial Markets (Oxford University Press, 2024), p.26면 이하; David Mhlanga, FinTech and Artificial Intelligence for Sustainable Development, (Palgrave Macmillan, Cham, 2020), p.374 이하도 참고.

10 세부사항은 Mert Kilic, Der algorithmische Handel - Regulierung, Rechtsvergleich und Praxisfragen (Mohr Siebeck, Tübingen, in preparation for 2026).

11 로보어드바이저에 대하여 더 포괄적으로는: Florian Möslein & Arne Lordt, Rechtsfragen des Robo Advice, Zeitschrift für Wirtschaftsrecht (ZIP) 2017, p.793; 알고리즘 기반 신용평가에 대해서는: Katja Langenbucher, Responsible A.I.-based Credit Scoring - A Legal Framework, European Business Law Review (EBLR) 31 (2020), p.527.

을 식별하고, 위험을 평가하며, 의사결정을 내린다. AI 시스템이 더욱 정교해지면서 기존의 법률 개념들, 특히 인간의 행동을 다루기 위하여 만들어진 것들의 적용 가능성에 대하여 의문이 제기되고 있다. 주의의무, 이해충돌 방지의무, 공시의무를 부과하는 규제 체계가 자율적 또는 준자율적 시스템에 어떻게 적용되는지 재평가가 필요하다. 알고리즘 기반 의사결정에서의 책임성, 감사 가능성 및 편향성의 문제는 이제 금융규제 분야에서 법적, 윤리적 논의의 최전선에 있다.

요약하자면 핀테크의 핵심 특징인 탈중개화, 탈중앙화, 초국가화 및 알고리즘화는 금융서비스의 기능적 변화를 보여준다. 이러한 발전은 EU 차원뿐만 아니라, 디지털 시대에 금융법 형성과 적용에서 중심적 역할을 하는 독일과 같은 회원국 차원에서도 법률 이론과 규제 실무의 대응 변화를 요구한다.

IV EU의 규제 전략

EU의 핀테크에 대한 규제 접근법은 포괄적이고 성문화된 핀테크 법률보다는 점진적이고 다차원적인 진화를 특징으로 한다. 핀테크 서비스에 특화된 일관된 법적 체계는 아직 부재하지만, EU는 금융혁신을 촉진하면서 동시에 시장 건전성, 소비자 보호, 금융 안정성을 유지하기 위하여 점점 더 정교해지는 법적 수단, 정책 전략, 감독 관행의 혼합체를 발전시켜왔다.[12]

이 규제 구성의 핵심에는 디지털 금융서비스가 전통적인 금융규제 구조에 도전한다는 인식이 자리하고 있다. 디지털 금융서비스는 본질적으로 초국가성, 기술적 복잡성, 제도적 모호성을 지니고 있어 순수하게 국가별 또는 특정 부문별 체계만으로는 규제하기 어렵다. 따라서 EU는 입법적 적응, 전략적 조정, 제도적 실험을 결합하는 방식으로 대응하여 왔다.

12 더 자세한 내용은 Florian Möslein & Sebastian Omlor, §1 Grundlagen, in: ids. (eds.), FinTech-Handbuch: Digitalisierung, Recht, Finanzen (C.H. Beck, Munich, 3rd. ed. 2024), p.1, 7 이하.

1 디지털 시장 및 데이터 경제를 위한 법적 체계

부문별 개혁과는 별개로 EU는 디지털 시장과 데이터 경제에 대한 보다 광범위한 법적 체계를 마련하였으며, 이는 핀테크 서비스에 직접적인 영향을 미친다. 디지털서비스법(Digital Services Act, DSA)[13]과 디지털시장법(Digital Markets Act, DMA)[14]은 온라인 플랫폼에 대한 일반적인 규제체계를 형성하며, 플랫폼의 책임성, 알고리즘 투명성, 체계적 리스크 관리에 대한 규정을 포함하고 있다. 위 법들은 마켓플레이스 또는 디지털 중개 서비스를 운영하는 핀테크 플랫폼에 적용되어 금융 부문 규제를 보완하는 역할을 한다.[15] 또한, 일반개인정보보호규정(General Data Protection Regulation, GDPR)[16]과 최근 제정된 데이터법(Data Act)[17]은 EU 데이터 경제 전략의 초석을 이룬다. GDPR은 많은 핀테크 비즈니스 모델의 핵심에 해당하는 개인정보 처리, 특히 자동화된 의사결정 및 프로파일링에 대하여 엄격한 요건을 부과한다. 데이터법은 산업간 비개인정보의 접근 및 공유를 촉진하여 혁신과 경쟁을 강화하는 것을 목표로 한다. 이러한 체계는 핀테크 사업자에게 강력한 데이터 거버넌스, 투명성, 사이버 보안 조치를 요구하며, 중첩되는 규제체계 하에서 혁신과 준법 의무 사이의 균형을 맞추도록 요구한다.[18] 마지막으로 2024년 7월에 채택된 AI법(Artificial Intelligence Act)[19]은 EU 전역의 AI 시스템을 규율하기 위한 포괄

13 Regulation (EU) 2022/1925 of 14 September 2022 on contestable and fair markets in the digital sector, Official Journal (OJ) 2022, L 265, p.1.

14 Regulation (EU) 2022/2065 of 19 October 2022 on a Single Market For Digital Services, OJ 2022, L 277, p.1.

15 Jennifer Calver, Peter Church, Jonathan Ford & Kim Rust, AI in financial services - the legal and regulatory landscape, in: Jelena Madir (ed.), FinTech: Law and Regulation (Edward Elgar, Cheltenham, 3rd ed. 2024), p.420, 449 이하 참고.

16 Regulation (EU) 2016/679 of 27 April 2016 on the protection of natural persons with regard to the processing of personal data and on the free movement of such data, OJ 2016, L 119, p.1.

17 Regulation (EU) 2023/2854 of 13 December 2023 on harmonised rules on fair access to and use of data, OJ 2023, L 2854.

18 Ross P. Buckley, Douglas W. Arner & Dirk A. Zetzsche, FinTech: Finance, Technology and Regulation (Cambridge University Press, Cambridge, 2024), p.280 참고.

19 Regulation (EU) 2024/1689 of 13 June 2024 laying down harmonised rules on artificial

적인 리스크 기반 규제체계를 도입한다. 핀테크 기업에 대한 가장 큰 영향은 신용평가나 생명 및 건강 보험의 위험평가와 같은 부문에 활용되는 AI가 "고위험" 시스템으로 분류된다는 점이다. 이러한 시스템은 데이터 거버넌스, 투명성, 인간의 감독, 출시 후 모니터링을 포함한 엄격한 요건을 준수하여야 한다. 이 법은 역외적 효력을 가져 AI 시스템의 산출물이 EU 내 개인에게 영향을 미친다면 해당 시스템의 제공자 및 이용자의 설립지가 어디인지와 무관하게 적용된다. 법 위반 시 최대 3,500만 유로 또는 전 세계 연간 매출의 7%에 해당하는 행정벌금이 부과될 수 있다. 그러나 이 법은 동시에 핀테크 기업이 감독기관의 지침하에 고위험 시스템을 테스트할 수 있도록 허용하는 AI 규제 샌드박스 제도를 도입하여 혁신을 촉진한다. 종합적으로 AI법은 EU의 디지털 금융규제의 중대한 전환점을 이루며, 핀테크 기업이 AI 기반 금융서비스의 핵심 설계 및 거버넌스에 컴플라이언스를 내재화하도록 강제한다.[20]

2 핀테크 실행 계획(FinTech Action Plan)

EU 집행위원회가 2018년 3월에 발표한 핀테크 실행 계획(FinTech Action Plan)[21]은 EU 차원에서 핀테크 규제를 보다 구체적으로 다룬 최초의 주요 정책 수단 중 하나였다. 이 계획은 "핀테크: 보다 경쟁적이고 혁신적인 유럽의 금융부문(FinTech: A more competitive and innovative European financial Sector)[22]"이라는 주제로 진행된 공청회에서 비롯되었으며, 규제 및 감독 개혁을 위한 광범위한 로드맵을 제시하였다. 이 계획은 핀테크 기업에 대한 국가별 인허가 제도의 통합 필요성을 강조하였고, 규제 샌드박스 및

intelligence, OJ 2024, L 1689.

20 Virginia Torrie & Dominique Payette, AI governance frameworks for the banking sector, in: Nydia Remolina & Aurelio Gurrea-Martinez (eds.), Artficial Intelligence in Finance (Edwar Elgar, Cheltenham, 2023), p.114, 119 이하 참고.

21 COM(2018) 109/2; 더 자세한 내용은: Florian Möslein, Rechtliche Grenzen innovativer Finanztechnologien (FinTech): Smart Contracts als Selbsthilfe?, Zeitschrift für Bankrecht und Bankwirtschaft (ZBB) 2018, p.208, 209 이하.

22 답변에 대한 요약은 https://finance.ec.europa.eu/system/files/2017-09/2017-fintech-summary-of-responses-annex_en.pdf에서 확인 가능.

혁신 허브와 같은 혁신적인 감독 도구의 활용을 지지하였으며, 기존 금융법에서의 기술 중립성을 옹호하였다. 또한 사이버보안, 클라우드 컴퓨팅, 상호운용성을 EU 차원의 조율된 대응이 필요한 핵심 분야로 지목하였다. 광범위한 적용범위에도 불구하고 이 계획은 몇몇 분야에서만 구체적인 입법 조치를 제안하였는데, 유럽 크라우드펀딩 서비스 제공자 규정(Regulation on European Crowdfunding Service Providers, ECSP Regulation)을 통하여 크라우드펀딩 서비스에 대한 통일된 제도를 도입한 것이 대표적이다.[23]

핀테크 실행 계획은 크라우드펀딩 규제를 제외하고는 대체로 탐색적, 계획적 성격에 머물렀다. 이 계획은 포괄적인 규제 변화보다는 성찰, 이해관계자 참여, 연성법 개발의 과정을 촉진한 것이다. EU 집행위원회는 주로 촉진자 역할을 맡아, 각국 당국과 유럽 감독청(European Supervisory Authorities, ESAs)이 기존 법적 체계를 분석하고, 모범사례를 장려하며, 향후 규제 필요성을 검토하도록 독려하였다. 행동 계획의 많은 제안들은 정보 수집, 표준 설정 및 유럽 혁신 촉진자 포럼(European Forum of Innovation Facilitators)과 같은 혁신 네트워크 지원과 같은 내용을 포함하였다.[24]

3 디지털 금융패키지(Digital Finance Package)

2020년 9월, 우르줄라 폰데어라이엔 집행위원장 체제하에서 디지털 금융패키지(Digital Finance Package)가 발표되면서 "금융 시스템에서 새로운 디지털 기술을 지원하기 위한 핀테크 전략을 제시"하는 보다 야심적이고 구체적인 정책 프레임워크가 마련되었다.[25] 이는 EU가 디지털 금융규제에 대한 의지를 대폭 강화했음을 보여주었다. 이 패키지의 핵심 요소인 디지털 금융전략(Digital Finance Strategy)은 다음의 네 가지 주요 우

23 아래 V.2. 참고

24 더 자세한 평가를 위해서는 Florian Möslein & Sebastian Omlor, § 1 Grundlagen, in: ids. (eds.), FinTech-Handbuch: Digitalisierung, Recht, Finanzen (C.H. Beck, Munich, 3rd. ed. 2024), p. 1, 13 이하 참고.

25 이와 관련하여, 예를 들어 2020년 9월 13일 (당시 지명된 상태였던) 맥기니스 집행위원에게 발송된 이른바 임무 지시서, https://web.archive.org/web/20220423190515/https://ec.europa.eu/commission/commissioners/sites/default/files/commissioner_mission_letters/president_von_der_leyens_mission_letter_to_mairead_mcguiness.pdf, p.4에서 확인 가능

선순위를 제시하였다: 금융서비스를 위한 디지털 단일 시장에서의 분열 해소, 디지털 혁신을 촉진하기 위한 EU 규제체계의 조정, 유럽 금융 데이터 공간 조성, 디지털 전환으로부터 발생하는 새로운 리스크와 과제에 대한 대응.[26]

이러한 우선순위를 이행하기 위하여 디지털 금융패키지는 여러 입법 제안과 규제 이니셔티브를 제시하였다. 이 중 가장 주목받는 것은 암호자산을 대상으로 하기 때문에 이 글의 범위에서 제외되는 암호자산 시장법(Regulation on Markets in Crypto-Assets, MiCA)과 분산원장기술 기반 시장 인프라 시범체계(Pilot Regime for Market Infrastructures Based on Distributed Ledger Technology)이지만[27], 이 패키지는 그 외에도 더 넓은 핀테크 규제와 직접 관련된 조치들도 포함한다. 예를 들어 디지털 운영 회복력법(Digital Operational Resilience Act, DORA)은 금융 부문 전반에 걸쳐 사이버 보안 및 ICT 위험 관리에 대한 통일된 기준을 도입한다.[28] DORA는 디지털 의존성이 초래하는 시스템 리스크에 대응하며, 금융회사 및 그 제3자 ICT 제공자에게 엄격한 거버넌스, 테스트 및 사고 보고 의무를 부과한다.[29]

또한, 이 전략은 유럽 패스포트 제도를 더 다양한 디지털 금융서비스에 적용되도록 확대하여 국경 간 서비스 제공의 장벽을 낮추는 방안을 검토한다.[30] 더 나아가 집행위원회는 eIDAS 규정(eIDAS Regulation) 개정을 통하여 디지털 신원확인, 원격 가입 및 고객확인에 대한 규제 명확성을 제고하고, EU 전역에서 상호운용 가능한 디지털 신원 확인 체계의 구축을 지원하는 것을 목표로 한다.

아울러, 디지털 금융전략은 표준화되고 기계가 읽을 수 있는 데이터를 기반으로 하는 오픈 파이낸스 환경의 필요성을 지적한다.[31] 지급결제 부문에서 PSD2가 거둔 성공을

26 COM(2020) 591 final.

27 COM(2020) 593 final.

28 COM(2020) 595 final.

29 더 자세한 내용은 아래 V.5. 참고.

30 COM(2020) 591 final, p.4; Florian Möslein & Sebastian Omlor, § 1 Grundlagen, in: ids. (eds.), FinTech-Handbuch: Digitalisierung, Recht, Finanzen (C.H. Beck, Munich, 3rd. ed. 2024), p. 1, 16도 참고.

31 COM(2020) 591 final, p.15; European Commission, Commission Staff Working Document on Common European Data Spaces, SWD(2022) 45 final of 23.2.2022도 참고, https://digital-

토대로, 집행위원회는 공동 금융 데이터 공간에 대한 입법 이니셔티브를 통하여 데이터 공유 원칙을 다른 금융서비스로도 확장하고자 한다. 이 이니셔티브는 데이터 보호와 공정한 경쟁을 보장하면서도 혁신을 촉진하는 것을 목표로 한다.

V 개별 핀테크 서비스

1 지급결제 서비스(Payment Services)

지급결제 서비스는 P2P 송금, 전자상거래 거래부터 임베디드 금융 및 디지털 지갑에 이르기까지 사실상 모든 디지털금융 상호작용을 가능하게 하는 기초 인프라로 기능하기 때문에 핀테크 생태계에서 핵심적인 역할을 수행한다.[32] 지급결제를 매끄럽고 안전하게 처리하는 것은 핀테크 기업이 이용자를 확보하고 서비스를 확장하는 진입점이 되는 경우가 많다. 따라서 지급결제 규제는 소비자 보호와 시스템 안정성을 보장할 뿐만 아니라, 디지털 금융시장 전반에서의 혁신과 경쟁에도 직접적인 영향을 미친다.

이 분야에서 지급결제 서비스 지침 개정안(Second Payment Services Directive, PSD2)은 여전히 EU 핀테크 규제의 초석 중 하나로 남아있다.[33] 2015년에 이 지침은 2007년 제정된 기존 지급결제 서비스 지침을 대체하였으며, 지급지시 서비스 제공자(payment initiation service providers)와 계좌 정보 서비스 제공자(account information service providers)와 같은 새로운 유형의 금융서비스 제공자를 위한 규제체계를 마련하였다. 또한 강력한 고객 인증 요건을 도입하고, API를 통하여 고객 계좌에의 접근을 표준화하였

---

strategy.ec.europa.eu/en/library/staff-working-document-data-spaces에서 확인 가능.

32 보다 포괄적인 논의로는 Christian Conreder, § 21 Zahlungsverkehr - Aufsichtsrecht, in: Florian Möslein & Sebastian Omlor (eds.), FinTech-Handbuch: Digitalisierung, Recht, Finanzen (C.H. Beck, Munich, 3rd. ed. 2024), p.555, Robert Kilian, § 22 Zahlungsverkehr - Zivilrecht, ibid., p.591 참고.

33 Directive (EU) 2015/2366 of 25 November 2015 on payment services in the internal market, OJ 2015 L 337, p.35.

다. 독일에서는 PSD2가 지급결제 서비스 감독법(Zahlungsdiensteaufsichtsgesetz, ZAG)을 통하여 국내법으로 도입되었으며, BaFin은 해석 지침을 제공하고 감독 · 검사를 수행하는 등 이 진화하는 환경을 형성하고 감독하는 데 적극적으로 관여하고 있다.[34]

최근 시장 발전과 신기술 등장에 맞춰 법적 체계를 현대화할 필요성을 인식한 EU 집행위원회는 2023년 6월 "PSD3"라고 불리는 PSD2 개정안과 함께 지급결제 서비스 규정(Payment Services Regulation, PSR)을 제안하였다.[35] 이 이니셔티브는 PSD2하에서 확인된 규제 공백을 해소하고, 사기 방지 조치를 강화하며, 감독당국의 집행 권한을 개선하고, 역내 시장 전반에서의 이용자 권리를 강화하는 것을 목표로 한다. 이 개혁 패키지의 핵심 특징은 특정 규칙들을 지침(directive)에서 회원국에 직접 적용되는 규정(regulation)으로 전환하여 회원국 간 조화를 제고하고 차이를 줄이는 것이다. 또한 이 제안은 지급결제 서비스의 범위를 명확히 하고, 오픈뱅킹 규정을 강화하며, 지급결제 부문 내 새로운 사업자와 비즈니스 모델을 수용할 수 있도록 법적 체계를 조정하는 것을 목표로 한다.[36]

2 크라우드펀딩 및 크라우드렌딩(Crowdfunding and Crowdlending)

크라우드펀딩은 일반적으로 온라인 대출 플랫폼을 통하여 다수의 개인으로부터 자금을 조달하는 방식이며, 크라우드렌딩(또는 P2P 대출)은 개인 투자자가 기업이나 개인에게 대출 형태로 자금을 제공하는 크라우드펀딩을 의미한다. 이 분야에서 EU는 기업을 위한 크라우드펀딩 서비스 제공자 규정(European Crowdfunding Service Providers for

34 보다 상세한 논의는 주석서 Frank A. Schäfer, Sebastian Omlor & Jörg Mimberg (eds.), Zahlungsdiensteaufsichtsgesetz (C.H. Beck, Munich, 2nd. ed. 2025); Matthias Casper & Matthias Terlau (eds.), Zahlungsdiensteaufsichtsgesetz (C.H. Beck, Munich, 3rd. ed. 2023) 참고.

35 European Commission, Proposal for a Directive on payment services and electronic money services in the internal market (PSD3), COM(2023) 366; and European Commission, Proposal for a Regulation on payment services in the internal market (PSR), COM(2023) 367.

36 더 자세한 내용은 John Casanova, Max Savoie & Tanaan Quek, The regulatory framework for payment services in the EU and UK, in: John Casanova & Max Savoie (eds.), Payment Services - Law and Practice (Edward Elgar, Cheltenham, 2nd. ed. 2025), p.48, 110 이하 참고.

Business, ECSP Regulation)을 도입하였으며, 이는 2021년 11월부터 시행되고 있다.[37] 이 규정은 크라우드펀딩 서비스 제공자(crowdfunding service providers, CSPs)를 위한 EU 차원의 단일 인허가 제도를 수립하여 이들이 통일된 규칙에 기반하여 모든 회원국에서 영업할 수 있도록 한다. 이 규정의 목표는 법적 파편화와 국경 간 자금 조달의 장벽을 해소하는 것으로, 특히 전통적인 금융 조달원에 접근하는 데 어려움을 겪는 스타트업과 중소기업(SMEs)을 위한 것이다. 벤처캐피탈이나 사모펀드와 달리, 크라우드펀딩은 이러한 기업들이 온라인 플랫폼을 통하여 개인투자자 및 기관투자자로부터 직접 자금을 조달할 수 있도록 하여 투자 기회를 민주화하고 자본시장의 다각화에 기여한다.[38]

ECSP 규정은 투자형 크라우드펀딩(예: 주식이나 채권과 같은 양도성 증권을 제공하는 경우)과 투자자들이 디지털 플랫폼을 통하여 기업에 대출을 제공하는 대출형 크라우드펀딩(크라우드렌딩 또는 P2P대출로도 알려짐)을 모두 포괄한다.[39] 이러한 비즈니스 모델은 자본 수요자와 투자자를 직접 연결하여 전통 금융기관의 역할을 축소하는 탈중개화라는 핀테크 부문의 장래성의 핵심을 이룬다. 크라우드펀딩 플랫폼은 프로젝트 소유자 및/또는 투자자에게 부과하는 수수료를 통하여 수익을 창출하며, 신용평가, 실사 및 2차 시장 거래와 같은 부수 서비스를 제공할 수 있다. 또한 이러한 플랫폼은 디지털 인터페이스와 알고리즘 도구를 활용하여 수요와 공급을 효율적으로 매칭함으로써 투명성과 신뢰를 촉진하는 핵심적 역할을 담당한다.

법적 관점에서, ECSP 규정은 인허가 요건, 영업행위 규칙, 마케팅 제한, 핵심투자정보서와 같은 투자자 보호 장치를 포함하는 통일된 체계를 도입한다.[40] 또한 이 규정은

37 Regulation (EU) 2020/1503 of 7 October 2020 on European crowdfunding service providers for business, OJ 2020 L 347, p.1.

38 Panagiotis Staikouras, The European Union Proposal for a Regulation on Cross-Border Crowdfunding Services: A Solemn or Pie-Crust Promise?, European Business Law Review (EBLR) 31 (2020), p.1047 참고.

39 규제 접근 방식에 대한 비판적 분석은 Eugenia Macchiavello, The European Crowdfunding Service Providers Regulation: The Future of Marketplace Lending and Investing in Europe and the 'Crowdfunding Nature' Dilemma, European Business Law Review (EBLR) 32 (2021), p.557 참고.

40 특히 비전문 투자자 보호에 중점을 둔 더 자세한 내용은 Filippo Morello, Blending silos. The Crowdfunding Regulation and the transformation of EU retail financial law, Common Market Law Review (CMLR) 62 (2025), p.409 참고.

프로젝트 자금 조달에 있어 500만 유로 한도와 같은 EU의 투자설명서 관련 규정이 적용되는지에 대한 기준을 결정한다. 서비스 제공자는 민원 처리 절차, 이해상충 관리, 공시정보의 정확성을 보장하는 절차를 마련하여야 한다. 중요한 점은 이 규정이 전문투자자와 비전문투자자를 구분하고, 후자에 대하여 추가적인 공시와 숙려기간을 요구한다는 것이다.

독일의 경우, ECSP 규정의 시행에 따라 국가 감독 관행과 규제 해석의 조정이 필요하게 되었으며, 특히 증권투자설명서법(Wertpapierprospektgesetz, WpPG) 및 투자상품법(Vermögensanlagengesetz, VermAnlG)이 문제 되었다.[41] ECSP 규정은 독일에 직접 적용되지만, 독일법은 투자설명서 요건, BaFin의 감독 권한, 일반 금융시장 관련 법 하에서 플랫폼 운영자의 취급 문제와 관련한 기존 법과 ECSP 규정과의 정합성을 확보하여야 한다. 경우에 따라 기존에는 국내 면제 규정(예: § 2a VermAnlG)에 따라 영업하던 독일 플랫폼이 비즈니스 모델을 재조정하거나 새로운 EU 체제에 따라 인허가를 신청하여야 했다. 따라서 통일된 EU 규제체계로의 전환은 크라우드펀딩 분야의 핀테크 기업에게 기회이자 동시에 컴플라이언스 과제이다.

3 로보어드바이저 서비스(Robo-Advisory Services)

로보어드바이저 서비스는 핀테크 발전에서 또 하나의 중요하고 빠르게 진화하는 영역에 해당한다. 이러한 서비스는 알고리즘과 디지털 인터페이스를 활용하여 투자 조언 또는 포트폴리오 관리를 자동화하여 제공하며, 흔히 직접적인 인간의 개입이 거의 없거나 전혀 없다.[42] 비즈니스 모델에 따라 로보어드바이저는 순수 알고리즘 기반 조언(완

41 더 자세한 내용은 Moritz Renner, Veronica Faller & Felix R. Walter, Crowdlending nach der ECSP-VO, Zeitschrift für Bank- und Kapitalmarktrecht (BKR) 2021, p.394 참고; 특히 책임 제도와 관련하여서는 Moritz Renner & Sebastian Seidel, Prospekthaftung nach dem Schwarmfinanzierung-Begleitgesetz, Zeitschrift für Bank- und Kapitalmarktrecht (BKR) 2022, p.176 참고.

42 예를 들어: Charlotte Baumanns, FinTechs als Anlageberater, Zeitschrift für Bank- und Kapitalmarktrecht (BKR) 2016, p.366; Michael Denga, KI in der Anlageberatung, Wertpapier-Mitteilungen (WM) 2024, p.2275; Florian Möslein & Arne Lordt, Rechtsfragen des Robo Advice, Zeitschrift für Wirtschaftsrecht (ZIP) 2017, p.793

전 자동화), 디지털 도구와 인간 감독의 결합(하이브리드 모델), 또는 사전에 정의된 매개변수에 따라 고객 자산을 자동으로 리밸런싱하는 재량적 포트폴리오 관리를 제공할 수 있다. 로보어드바이저는 일반적으로 소액에서 중간 수준의 투자 규모를 가진 개인 투자자를 대상으로 하며, 간소화된 가입 절차, 낮은 수수료, 그리고 모바일이나 웹 애플리케이션을 통한 손쉬운 접근을 제공한다.[43]

핀테크 분야에서 로보어드바이저의 중요성은 전문 투자 서비스에 대한 접근을 민주화하고, 표준화된 리스크 프로파일링과 의사결정 로직을 통하여 투명성을 제고하며, 소비자 확보 및 포트폴리오 관리 비용을 절감함으로써 확장성을 촉진할 수 있는 잠재력에 있다. 동시에 이러한 서비스는 고객 프로파일링, 리스크 감수도 분석, 알고리즘 기반 의사결정을 포함한 데이터 기반 프로세스에 크게 의존하므로, 복잡한 법적, 윤리적 문제를 제기한다.

법적으로, 로보어드바이저 서비스는 EU 전역에서 투자 자문 및 포트폴리오 관리의 제공을 규율하는 제2차 금융상품시장지침(MiFID II)의 적용 범위에 속한다.[44] 독일에서는 해당 지침이 증권거래법(Wertpapierhandelsgesetz, WpHG)을 통하여 이행되며, BaFin의 규제지침과 ESMA의 해석지침에 의하여 보완된다. 로보어드바이저 서비스 제공자가 상업적으로 포트폴리오 관리 또는 개별 투자 자문을 제공하는 경우, 일반적으로 독일 은행법(Kreditwesengesetz, KWG)에 따른 투자회사 인가를 보유하여야 한다.

이 분야의 핵심적인 법적 과제는 투자자 보호 의무를 디지털 및 자동화 환경에 맞게 조정하는 데 있다. 예를 들어 MiFID II에 따른 적합성 및 적정성 평가 의무는 알고리즘 기반 프로파일링이 고객의 재정상황, 투자 목적 및 위험 감수 능력을 정확히 반영하도록 이행되어야 한다. BaFin은 기업이 법적 책임을 알고리즘 자체로 전가할 수 없음을 강조하였다 - 제공자는 여전히 모델의 정확성, 투명성 및 신뢰성에 대하여 전적으로 책

43 실증 데이터는 Gregor Dorfleitner & Lars Hornuf, § 2 Allgemeiner Marktüberblick, in: Florian Möslein & Sebastian Omlor (eds.), FinTech-Handbuch: Digitalisierung, Recht, Finanzen (C.H. Beck, Munich, 3rd. ed. 2024), p.27, 39 참고.

44 예를 들어 Joana Miguel Cardoso, Robo Advisors: The Impact on Investor Protection in the European Union (Master Thesis, NOVA School of Law, 2023), p.19 이하, https://run.unl.pt/bitstream/10362/166481/1/Cardoso_2024.pdf에서 확인 가능.

임을 부담한다.[45]

더 나아가 이해상충 규정이 세심히 준수되어야 하며, 특히 플랫폼이 상품 제조, 판매, 자문 기능을 통합할 경우 더욱 그러하다.[46] 예를 들어 자체 제조 금융상품을 추천하는 로보어드바이저는 객관적인 자문을 저해할 수 있는 모든 인센티브나 이익을 명확히 공개하여야 한다. 추가적인 법적 고려사항으로는 GDPR에 따른 데이터 보호 준수가 있으며, 특히 자동화된 의사결정, 프로파일링, 알고리즘 결과의 설명 가능성과 관련하여 중요한 의미를 갖는다.

마지막으로 지속적 모니터링 의무 - 시간이 지남에 따라 시장 상황이나 고객 여건 변화에 맞춰 알고리즘을 조정하여야 하는지 그리고 그 조정 방법 - 및 하이브리드 자문 모델에서 인간의 감독 역할에 대하여 해결되지 않은 문제가 남아 있다. BaFin을 포함한 유럽 전역의 규제당국은 견고한 거버넌스 체계, 알고리즘 검증 절차, 디지털 자문 도구의 기능과 한계를 투자자에게 알리는 명확한 고객 커뮤니케이션을 유지하는 것이 중요하다고 강조하여 왔다.[47]

---

45 BaFin, Digitalisation: Impact on financial markets, supervision and regulation (Part I, 2018), p.12 ("과정의 한 단계가 […] 인간이 아닌 알고리즘에 의하여 수행된다고 하여 전체 과정이 모두 규제와 감독의 대상이 되어야 한다는 의미는 아니다 […] 핵심 질문은 다음과 같다: 만약 인간이 아니라 알고리즘이 관여하는 경우 감독당국과 규제기관은 이러한 측면을 검토할 때 그 접근 방식을 어떻게 바꾸어야 하는가?"), https://www.bafin.de/SharedDocs/Downloads/EN/BaFinPerspektiven/2018/bp_18-에서 확인 가능

46 Christoph Kumpan, §31 Interessenwahrung durch Robo-Advisors, in: Florian Möslein & Sebastian Omlor (eds.), FinTech-Handbuch: Digitalisierung, Recht, Finanzen (C.H. Beck, Munich, 3rd. ed. 2024), p.899 참조.

47 BaFin, Circular 05/2018 (WA) - Minimum Requirements for the Compliance Function and Additional Requirements Governing Rules of Conduct, Organisation and Transparency - MaComp) Version dated 19 April 2018, amended on 29 April 2020 Ref. no. WA 31 - Wp 2002 - 2017/0011, p.61; IOSCO, Artificial Intelligence in Capital Markets: Use Cases, Risks, and Challenges, March 2025, p.26 등도 참고, https://www.iosco.org/library/pubdocs/pdf/IOSCOPD788.pdf에서 확인 가능.

4 인슈어테크(InsurTech)

흔히 인슈어테크라 불리는 보험 관련 핀테크 서비스는 디지털 금융부문에서 빠르게 확장 중인 분야이다. 이러한 서비스는 AI, 빅데이터 분석, 텔레매틱스, 블록체인과 같은 첨단 기술을 활용하여 전통적인 보험 가치 사실을 현대화하고 효율화하는 것을 목표로 한다. 인슈어테크 제공자들은 모집, 인수, 보험금 청구 관리, 고객서비스 등 보험시장의 다양한 분야에서 활동한다. 이들의 비즈니스 모델은 다양하지만 일반적으로 디지털 채널을 통하여 더 효율적이고, 투명하며, 사용자 친화적인 보험 솔루션을 제공하는 데 중점을 두고 있다.[48]

대표적인 모델은 다양한 보험 상품을 모아 소비자가 온라인에서 비교하고 가입할 수 있도록 하는 디지털 보험 중개 및 비교 플랫폼이다. 또 다른 기업들은 가입부터 보험금 청구 처리까지 전체 보험 과정을 모바일 앱 또는 웹 기반 포털을 통하여 제공하는 완전 디지털 보험사(때로는 neo-insurers라고도 함)로 운영된다. 일부 인슈어테크 기업은 사용량 기반 보험 또는 온디맨드 보험, 특히 자동차 및 건강보험 분야의 이러한 보험에 특화되어 있는데, 이는 텔레매틱스 장치, 스마트폰, 웨어러블 기기에서 수집된 실시간 데이터를 활용하여 개인별 위험을 평가하고 맞춤형 가격을 책정한다. 또 다른 급부상하는 트렌드는 임베디드 보험으로, 이는 차량 공유 플랫폼이나 온라인 여행 예약과 같은 다른 디지털 서비스에 보험 보장을 직접 결합하여 판매 시점에 사용자에게 제공하는 방식이다.[49]

이러한 비즈니스 모델은 보험 부문의 경쟁 심화, 비용 효율성 제고, 접근성 확대에 기여함으로써 더 넓은 핀테크 생태계에서도 매우 중요한 의미를 가진다.[50] 인슈어테크

48 예를 들어 Margarida Lima Rego & Joana Campos Caralho, Insurance in today's sharing economy: New challenges ahead or a return to the origins of insurance?, in: Kyriaki Noussia & Pierpaolo Marano (eds.), InsurTech: A Legal and Regulatory View (Springer, Cham, 2019), p.27 참고.

49 개괄적 내용에 대해서는 Lin Lin & Christopher Chen, The Promise and Perils of InsurTech, Singapore Journal of Legal Studies, (March 2020), p.115 (exploring how the integration of technologies like blockchain, AI, big data, digital platforms, and sharing economy models has reshaped the insurance sector) 참조.

50 유사하게 Paola Manes, Legal Challenges in the Realm of InsurTech, European Business Law Review (EBLR) 31 (2020), p.129 (offering a focused and comprehensive legal

기업들은 상품 구성을 단순화하고, 행정 업무를 자동화하며, 소비자 행동에 맞춰 보장을 맞춤화함으로써 보장 격차를 해소하고 서비스가 충분히 제공되지 못한 시장 부문에 도달하는 것을 목표로 한다. 동시에 이들은 인허가, 투명성, 데이터 보호 측면에서 새로운 규제 과제를 제기한다.

법적, 규제적 관점에서 인슈어테크 활동은 주로 보험상품판매지침(Insurance Distribution Directive, IDD)[51] 및 솔벤시 II(Solvency II) 체계에 의하여 EU 차원에서 규율된다.[52] 독일에서는 위 지침들이 보험감독법(Versicherungsaufsichtsgesetz, VAG)과 보험계약법(Versicherungsvertragsgesetz, VVG)을 통하여 이행된다. 보험상품 판매에 관여하는 기업들은 중개업자, 온라인 플랫폼 또는 앱 기반 제공자인지 여부를 불문하고 특별한 면제 요건이 적용되지 않는 한 일반적으로 국내법, 특히 독일 영업령(Gewerbeordnung, GewO) 제34조에 따른 인허가 요건을 준수하여야 한다.[53]

자동화와 디지털화가 보험의 핵심 기능에 영향을 미치는 경우 법적 규제가 특히 엄격하다. 알고리즘이 개인정보나 행동 데이터를 처리하여 위험을 평가하고 가입 자격 또는 가격을 결정하는 자동화된 보험 인수가 대표적이다. 이러한 시스템은 설명가능성, 차별 금지에 관한 규제 기준을 충족하여야 하며, 보험감독법뿐만 아니라 GDPR에 따른 데이터 보호 규정도 준수하여야 한다.[54] 보험회사는 유전정보와 같은 특정 민감정보를 사용하는 것이 금지되며, 자동화된 결정이 부당한 배제나 차별적 결과로 이어지지 않도록 보장하여야 한다.

---

examination of digital innovation in insurance).

51 Directive (EU) 2016/97 of 20 January 2016 on insurance distribution, OJ 2016 L 26, p.19.

52 Solvency II는 EU의 보험 및 재보험회사에 대한 건전성 규제 체계를 의미한다. 이는 지침(directive), 위임규정(delegated regulation), 가이드라인(guidelines)의 세 가지 수준에서 운영된다. 일반 원칙은 Directive 2009/138/EC of 25 November 2009 on the taking-up and pursuit of the business of Insurance and Reinsurance (Solvency II), OJ 2009 L 335, p.1에 명시되어 있다.

53 독일 체계에 대한 더 자세한 내용은 Henning Schaloske & Lukas Wagner, § 18 Digitalisierung der Versicherungswirtschaft (InsurTech), in: Thomas Sassenberg & Tobias Faber, Rechtshandbuch Industrie 4.0 and Internet of Things (C. H. Beck, München, 2nd ed. 2020), p.585.

54 Marvin van Bekkum, Frederik Zuiderveen Borgesius & Tom Heskes, AI, insurance, discrimination and unfair differentiation: an overview and research agenda, Law, Innovation and Technology, 17 (2025), p.177 참조.

디지털 보험금 청구 관리는 또 다른 핵심적인 혁신 분야로, 자동화 도구를 활용하여 청구를 평가, 처리 및 지급하며, 이는 종종 실시간으로 이루어진다. 이는 효율성을 높이고 운영 비용을 절감할 수 있지만, 동시에 감사 가능성, 공정성 및 고객 구제에 관한 문제를 제기한다. BaFin과 같은 감독당국은 특히 고액이거나 복잡한 청구 건에서 인간의 감독을 유지하는 것 및 보험금 청구자가 자신의 권리를 고지받고 불만 처리 절차에 접근할 수 있도록 보장하여야 하는 것의 중요성을 강조한다.[55]

보험상품의 온라인 판매의 경우 추가적인 법적 복잡성이 발생하며, 특히 디지털 생태계에 임베디드 서비스로 통합될 때 특히 그러하다.[56] 이 경우 인슈어테크 제공자는 IDD에 따른 계약 전 정보 제공, 상품 거버넌스, 적합성 평가 요건을 준수하여야 한다. 중개업자로 활동하는 것과 보험위험을 인수하는 것의 구분이 매우 중요하다: 중개업자는 IDD 관련 국내 인허가 체제의 적용을 받지만, 보험 위험을 직접 인수하는 자는 VAG에 따른 완전한 보험업 인허가가 필요하며 이는 솔벤시 II의 광범위한 건전성 규제 요건을 준수하는 것을 수반한다.

결론적으로 인슈어테크는 금융 부문 내 매우 혁신적이고 파괴적인 힘으로 작용하며, 보험상품이 설계, 판매, 소비되는 방식을 재편하고 있다. 그러나 데이터 기반 프로세스에 대한 의존도 증가와 보험의 더 광범위한 디지털 플랫폼에의 통합은 소비자 보호, 시장 건전성 및 법적 확실성을 보장하기 위한 강력한 규제 감독을 필요하게 한다. 따라서 독일과 유럽의 규제당국은 혁신을 촉진하는 한편 이 진화하는 환경을 위한 일관된 감독체계를 유지하여야 하는 과제에 직면해 있다.

55 Lydia Albers, Matthias Fahrenwaldt, Ulrike Kuhn-Stojic & Martina Schneider, AI at banks and insurers: automatically fair?, BaFin Journal 16 August 2024, https://www.bafin.de/SharedDocs/Veroeffentlichungen/EN/Fachartikel/2024/fa-bj_0801_KI_Finanzindustrie_en.html?에서 확인 가능.

56 더 자세한 내용은: Henning Schaloske & Lukas Wagner, §18 Digitalisierung der Versicherungswirtschaft (InsurTech), in: Thomas Sassenberg & Tobias Faber, Rechtshandbuch Industrie 4.0 and Internet of Things (C. H. Beck, München, 2nd ed. 2020), p.585, 593-601 참고.

5 데이터 보호 및 운영 회복력

마지막으로 데이터 보호와 운영 회복력은 디지털 금융서비스가 본질적으로 데이터 및 기술 기반이라는 점에서 핀테크 법제의 근간을 이룬다. 일반 개인정보보호규정(General Data Protection Regulation, GDPR)[57]은 사실상 모든 핀테크 비즈니스 모델, 특히 고도로 민감한 금융 정보를 포함한 개인정보를 수집, 저장 및 처리하는 모델에 적용된다. 이는 기본적인 거래 정보뿐만 아니라 행동 데이터, 생체 식별 정보, 위치 정보, 그리고 자동화된 의사결정에 활용되는 고객 프로파일링 정보까지 포괄한다.[58] 독일에서는 GDPR이 연방 데이터 보호법(Bundesdatenschutzgesetz, BDSG)에 의하여 보완되며, 이 법은 근로자 데이터 처리 및 데이터 보호 책임자 지정 등의 영역에서 국내 의무를 명확히 하고 확장한다.[59] 핀테크 앱은 특히 로보어드바이저, 신용평가, 사기탐지, 디지털 가입 등의 분야에서 AI 및 머신러닝과 같은 첨단 기술에 자주 의존한다. 이러한 맥락에서 알고리즘 투명성, GDPR 제6조와 제9조에 따른 적법한 처리, 그리고 정보를 제공받을 권리, 정정권, 삭제권, 반대권과 같은 정보주체의 권리는 중요한 법적 과제를 제기한다. GDPR 제22조에 따른 자동화된 의사결정의 사용, 특히 그러한 결정이 개인에게 법적 효과 또는 이와 유사한 중대한 영향을 미치는 분야(예: 신용 또는 보험 적용 거부)에는 인간의 개입을 요구할 권리 및 결정에 이의를 제기할 권리를 포함한 보호조치의 구현이 필요하다. 또한 핀테크 플랫폼과 서비스 개발 시 데이터 최소화 원칙과 기본 설정 단계에서의 개인정보보호 중심 설계를 준수하여야 한다.[60]

핀테크에서 또 다른 중요한 인프라 요소는 클라우드 컴퓨팅으로, 이는 디지털 금융

57 각주 16번 참고.

58 Roland Broemel, E 3.0 Datenschutz im Finanzrecht, in: Indra Spiecker gen. Döhmann & Sebastian Bretthauer, Dokumentation zum Datenschutz (Nomos, Baden-Baden, 2025), para. 1.

59 특히 은행 서비스와 관련하여서는: Max Kirschhöfer, Datenschutz bei Bankgeschäften, in: Jürgen Ellenberger & Hermann-Josef Bunte (eds.), Bankrechts-Handbuch (C. H. Beck, München, 6th ed. 2022), p.880.

60 GDPR이 핀테크 기업들의 개인정보 보호 관행에 어떤 영향을 미쳤는지에 대한 실증 분석은 Gregor Dorfleitner, Lars Hornuf & Julia Kreppmeier, Promise not fulfilled: FinTech, data privacy, and the GDPR, Electronic Markets 33 (2023), p.33 참조.

서비스의 확장 가능하고 비용 효율적인 배포를 가능하게 한다. 클라우드 서비스는 데이터 저장, 거래 처리, 고객관계 관리, 심지어 핵심 은행 업무 기능에도 자주 활용된다. 그러나 제3자 클라우드 제공자에 대한 의존은 데이터 보안, 서비스 연속성, 비(非) EU 서비스 제공자에 대한 의존, 효과적인 규제 감독에 대한 잠재적 장애와 같은 특정한 위험을 수반한다. 이와 관련하여 유럽은행감독청(European Banking Authority, EBA) 및 유럽증권시장감독청(European Securities and Markets Authority, ESMA)은 클라우드 서비스 제공자에 대한 아웃소싱 관련 감독 가이드라인을 발표하였으며, 여기서 명확한 계약 조건, 위험 평가, 업무 연속성 계획, 감독기관의 방해받지 않는 접근 권한의 필요성을 강조하였다.[61] 독일에서는 이러한 요구사항이 BaFin의 리스크 관리 최소요건(MaRisk)과 은행법(KWG) 및 지급서비스감독법(ZAG)에 따른 아웃소싱 규정을 통하여 더욱 구체화된다.[62] 규제 대상 기관은 클라우드 아웃소싱 계약에 데이터 현지화, 출구전략, 재아웃소싱 통제, 금융기관 및 감독당국의 감사 및 조사 권한 준수에 관한 조항이 포함되도록 하여야 한다. 이러한 요건은 특히 아웃소싱이 중요한 것으로 분류되어 강화된 감독 의무가 발동될 때 의미가 크다.

2025년 1월 디지털 운영 회복력 법(Digital Operational Resilience Act, DORA)의 발효는 핀테크 부문과 금융 산업 전반에 있어 중요한 규제적 이정표에 해당한다.[63] DORA는 디지털 운영 회복력을 위한 포괄적인 EU 차원의 체계를 도입하며, 은행, 투자회사, 보험회사, 암호자산 서비스 제공자, 핀테크 기업을 포함하여 EU 금융규제 적용을 받는 모든 금융기관을 대상으로 ICT 리스크 관리, 사고 보고, 회복력 테스트, 제3자 위험관리에 관한 규칙을 통일하고 강화하는 것을 목표로 한다. DORA 하에서 핀테크 기업은 ICT 리

61 EBA, Guidelines on Outsourcing Arrangements, EBA/GL/2019/02, available at https://www.eba.europa.eu/activities/single-rulebook/regulatory-activities/internal-governance/guidelines-outsourcing-arrangements; ESMA, Guidelines on outsourcing to cloud service providers, ESMA50-164-4285, https://www.esma.europa.eu/document/guidelines-outsourcing-cloud-service-providers에서 확인 가능.

62 더 자세한 내용은 Florian Möslein, § 26 Auslagerung, in: Frank A. Schäfer, Sebastian Omlor & Jörg Mimberg (eds.), Zahlungsdiensteaufsichtsgesetz (C.H. Beck, Munich, 2nd. ed. 2025), p.1121.

63 Regulation (EU) 2022/2554 of 14 December 2022 on digital operational resilience for the financial sector, OJ 2022 L 333, p.1.

스크를 식별, 관리, 완화하기 위한 견고한 내부 정책 및 거버넌스 체계를 구축하고 유지하여야 한다.[64] 구체적 의무사항에는 정기적인 침투 테스트, 주요 ICT 관련 사고 보고, IT 시스템 및 통제에 대한 상세한 문서화가 포함된다. 가장 중요한 점은 DORA가 주요 클라우드 컴퓨팅 플랫폼과 같은 중요 ICT 제3자 서비스 제공자에 대하여 EU 차원의 중앙집중식 감독체계를 도입한다는 것이다. 이들 제공자는 유럽 감독기관(예: 유럽증권시장감독청(ESMA), 유럽은행감독청(EBA), 유럽보험연금감독청(EIOPA))의 직접 감독을 받게 되며, 보안, 회복력, 투명성과 관련된 새로운 의무를 준수하여야 한다.[65] DORA가 핀테크에 미치는 향후 영향은 상당하다. 첫째, 회원국별 이행 여부와 무관하게 통일된 규칙을 적용함으로써 법적 파편화와 국경 간 운영의 불확실성을 줄여 공정한 경쟁 환경을 조성한다. 둘째, 핀테크와 클라우드 또는 소프트웨어 제공자 간의 계약 관계를 재편하여 더 높은 준법 역량과 상세한 감독을 요구할 가능성이 있다. 셋째, 규제 부담이 가중될 가능성이 있으며, 특히 기술 및 거버넌스 요건을 충족할 내부 인프라가 부족한 소규모 핀테크 기업의 경우 그러하다. 그럼에도 불구하고 DORA는 EU 전역에 걸쳐 운영 회복력 의무를 표준화함으로써 핀테크 기업들에게, 특히 여러 관할권에 걸쳐 사업을 확장할 때, 더 높은 수준의 규제 명확성과 법적 확실성을 제공한다.

결론적으로, 핀테크가 더 복잡하고 데이터 집약적인 비즈니스 모델로 진화함에 따라 데이터 보호와 디지털 운영 회복력은 더 이상 부차적인 문제가 아닌 핵심적인 규제 우선순위가 되고 있다. GDPR, 각국의 데이터 보호 규정, 그리고 새롭게 도입되는 DORA 체계가 동시에 적용됨에 따라 독일 및 EU에서 사업을 운영하는 핀테크 기업들은 기술적 정교함과 법적 주의를 모두 요구하는 점점 더 통합되는 규제 환경을 헤쳐 나가야 한다.

64 개괄적 내용에 대해서는 see Grace Tolin, Gavin Punia & Jonathan Emanuel, EU Digital Operational Resilience Regulation (DORA), Global Privacy Law Review 6 (2025), p.12 참고.

65 Christopher Buttigieg & Beatriz Zimmermann, The digital operational resilience act: challenges and some reflections on the adequacy of Europe's architecture for financial supervision, EBA Forum - Journal of the Academy of European Law 25 (2024), p.11.

VI 유럽 핀테크 규제의 미래 과제

EU, 특히 독일에서 진행 중인 금융시장의 디지털 전환은 법체계에 수많은 규제적 과제를 지속적으로 제기한다. 신기술이 지급결제부터 투자자문에 이르기까지 모든 것을 재편함에 따라, 규제당국은 혁신 친화적인 체계뿐만 아니라 금융안정, 소비자 보호, 법적 확실성을 위한 안전장치도 마련하여야 한다. 따라서 데이터 거버넌스, AI, 그리고 규제 파편화라는 세 가지 핵심 분야에 초점을 맞춰 법적 관심이 가장 시급한 영역에 대하여 개괄할 필요가 있다.

1 오픈 파이낸스와 데이터 거버넌스

EU 디지털 금융규제의 핵심 과제 중 하나는 소비자의 금융 데이터에 대하여 안전하고 상호운용 가능하게 접근할 수 있도록 하는 것이다. EU 집행위원회가 제안한 금융데이터 접근 체계 규정(Regulation on a Framework for Financial Data Access, FIDA)은 오픈뱅킹을 넘어서는 다음 단계로, 접근 범위를 기존의 지급결제 데이터에서 보험과 연금 등 보다 폭넓은 금융상품으로 확대하고 있다.[66]

FIDA는 소비자 동의에 기반한 유망한 데이터 공유 체계를 도입하지만, 동시에 상당한 실행상의 쟁점을 제기한다.[67] 금융기관, 제3자 서비스 제공자, 감독당국은 새로운 데이터 거버넌스 모델에 적응하여야 한다. 특히 의무가 중첩되거나 충돌하는 경우 FIDA를 GDPR 및 곧 시행될 데이터법과 조화시키는 것이 핵심 과제이다. 독일의 경우 오픈 파이낸스에 대한 국가 전략의 부재가 이러한 법적 불확실성을 가중시키고 있다.[68]

---

66 European Commission, Proposal for a Regulation of the European Parliament and of the Council on a framework for access to financial data, COM(2023) 360 final.

67 더 자세한 내용: Florian Möslein & Sebastian Omlor, The Digital Transformation of Financial Markets: A Legal and Regulatory Agenda for Germany and the EU, in: Isabel Fernández (ed.), Digitization of Financial Markets (Aranzadi, CIzur Menor, in preparation for 2025)(section 2.2).

68 자세한 내용은 Paul Schultess, Paul, Anna Izzo-Wagner & Till Otto, Von Open Banking zu Open Finance – der Entwurf eines EU-Frameworks for Financial Data Access, Recht

BaFin과 같은 금융 규제당국은 새로운 범주의 "금융정보 서비스 제공자"가 기존 감독 구조 내에서 어떠한 지위를 가지는지 명확히 할 필요가 있다.

더 나아가 오픈 파이낸스의 성공은 디지털 신원 인프라의 병행 발전에 달려 있다. 유럽 디지털 신원 지갑(European Digital Identity Wallet, EUDI Wallet)에 대한 약속에도 불구하고 독일은 국가 차원의 이행이 지연되고 있다.[69] 안전하고 상호운용 가능한 신원 시스템 없이는 가장 야심 찬 데이터 공유 규정조차도 추진력을 얻지 못할 수 있다.

2 AI 데이터 감독

AI는 알고리즘 매매, 로보어드바이저, 자동화된 신용평가 등 금융서비스에 점점 더 통합되고 있다. 2024년에 채택된 EU AI법(AI Act)은 AI에 대한 수평적 규제체계를 마련하며, 신용평가와 보험료 산정과 같은 금융 분야에의 활용을 고위험 시스템으로 분류한다.[70] 회원국들은 2025년 8월까지 국가적 차원의 감독체계를 구축하여야 한다.

독일에서 AI법의 이행은 여전히 복잡한 문제로 남아 있다.[71] 연방네트워크청(BnetzA)이 AI 관련 권한을 가진 기관으로 지정되었으나, BaFin과 같은 금융 규제당국은 이미 알고리즘 매매를 규율하는 법률과 같은 부문별 법률에 따라 알고리즘을 감독하고 있다.[72] 이러한 중첩은 관할 충돌을 야기하며, 기관 간 '핑퐁 효과'를 초래할 위험이

Digital (RDi), 2024, p.11 참조.

69 Florian Möslein & Sebastian Omlor, The Digital Transformation of Financial Markets: A Legal and Regulatory Agenda for Germany and the EU, in Isabel Fernández (ed.), Digitization of Financial Markets (Aranzadi, CIzur Menor, in preparation for 2025)(section 2.2).

70 각주 19번 참고.

71 더 자세한 내용은 Florian Möslein & Sebastian Omlor, The Digital Transformation of Financial Markets: A Legal and Regulatory Agenda for Germany and the EU, in: Isabel Fernández (ed.), Digitization of Financial Markets (Aranzadi, CIzur Menor, in preparation for 2025)(section 2.3).

72 유사한 내용으로 Petra Buck-Heeb, Rechtsunsicherheiten beim KI-Einsatz im Bankensektor, Wertpapier-Mitteilungen (WM) 2023, p.1625-1636; Klaus Müller, KI "made in Germany", Recht Digital (RDi) 3/2025, Editorial도 참고.

있다.[73] 책임 분담이 명확하지 않으면 집행이 일관성을 잃거나 비효율적으로 될 수 있다.

또한, AI 기반 금융서비스는 새로운 책임 리스크를 발생시킨다. AI 기반 거래 플랫폼 또는 투자 챗봇의 오해의 소지가 있는 추천은 소비자에게 상당한 손실을 초래할 수 있다.[74] 그러나 독일의 현행 연정협약에는 이러한 발전에 대한 구체적인 규제 대응이 결여되어 있다. 제조물 책임지침(Product Liability Directive) 개정 및 AI 책임 지침(AI Liability Directive) 제안과 같은 추가적인 유럽 입법 이니셔티브는 디지털 금융분야에서의 책임 범위를 형성하는 데 핵심적인 역할을 할 것이다.

3 규제 파편화와 제도적 일관성

핀테크 규제 전반에 걸쳐 나타나는 더 광범위한 문제는 규제 파편화의 위험이다.[75] 디지털 금융서비스에는 금융법, 데이터 보호법, 경쟁법, 디지털법 등 여러 법체계가 교차한다. 비록 디지털 운영 회복력 법(DORA), 디지털시장법(DMA), 암호자산 시장법(MiCAR)과 같은 최근의 EU 입법은 이러한 규제 환경의 일부를 조화시키려는 목표를 가지고 있으나, 여전히 상당한 공백이 남아 있다.

예를 들어, 독일의 접근 방식은 규제 샌드박스를 비교적 신중하게 수용한 것이 특징적이다. 영국이나 네덜란드와 달리 독일은 규제 샌드박스 제도를 공식화하는 데 소극적이었다.[76] 초기에는 BaFin은 평등 대우와 법적 확실성에 대한 헌법적 우려를 표명하며

73 Verbraucherzentrale Bundesverband, Aufsicht über KI-Verordnung, 7 January 2025, https://www.vzbv.de/artikel에서 확인 가능.

74 Martin Becker, Niki Georgiou, Benjamin Kresse & Sebastian Kühn, Denn sie wissen nicht, was sie tun. Ein Recht auf Erklärbarkeit von Black Box-Algorithmen am Beispiel der automatisierten Anlageberatung, Wertpapier-Mitteilungen (WM) 2024, p.1145.

75 Florian Möslein & Sebastian Omlor, The Digital Transformation of Financial Markets: A Legal and Regulatory Agenda for Germany and the EU, in: Isabel Fernández (ed.), Digitization of Financial Markets (Aranzadi, CIzur Menor, in preparation for 2025).

76 샌드박스 접근 방식에 대한 유익한 논의로는 Iris Chiu, §37 United Kingdom: The UK's Regulatory Sandbox and Pro-Innovation Policy, in: Florian Möslein & Sebastian Omlor (eds.), FinTech-Handbuch: Digitalisierung, Recht, Finanzen (C.H. Beck, Munich, 3rd. ed. 2024), p.1127 참조.

실험적인 규제 환경보다 비공식적 대화를 선호하였다. 그럼에도 불구하고 BaFin은 핀테크 전담 연락 창구를 유지하며 비공식 채널을 통하여 수많은 혁신을 지원해 왔다. 그러나 독일이 디지털금융 허브로서 경쟁력을 유지하기 위해서는 이러한 의제를 추진하는 데 있어 더 적극적인 입장을 취하여야 한다.[77]

또한 독일은 암호화폐 분야에서 하나의 대표적인 사례에 해당할 수 있다. 금융시장 디지털화법(FinmadiG)은 MiCAR와 같은 유럽 차원의 이니셔티브를 이행하고 있으나, 암호자산과 전통적인 금융상품 간의 개념적 중첩 문제를 충분히 다루지 못하고 있다. 또한 토큰 소유권, 이전, 계약 집행과 관련된 민법상의 불확실성을 해결하지 못하고 있다.[78] 디지털 자산에 대한 일관된 분류 체계와 공법 및 사법 체계 간 정합성이 확보되지 않는다면 시장 참여자와 규제당국 모두에 모호성이 발생한다. 이에 대응하여 법학자들은 디지털 금융상품에 대한 체계적인 법적 분류체계를 만들 것을 요구해 왔다.

더 나아가 토큰화 증권, 탈중앙화 거래 플랫폼, 디지털 결제 인프라를 포괄하는 디지털 자본시장 연합(Digital Capital Markets Union)에 관한 제안이 EU 차원에서 점점 더 힘을 얻고 있다.[79] 이러한 이니셔티브는 디지털 기술을 활용하여 파편화를 줄이고 국경 간 자금조달의 접근성을 제고하여 회원국의 자본시장을 현대화하고 조화시키는 것을 목표로 한다. EU 집행위원회는 기존 규제체계가 디지털 환경에 환경에서도 목적에 부합하도록 조정되어야 함을 강조하여 왔다.[80] 구체적으로, 제안된 디지털 자본시장 연

77 유사하게 Florian Möslein & Sebastian Omlor, Verantwortung für Deutschland - auch für die Digitalisierung der Finanzmärkte?, Zeitschrift für Bank- und Kapitalmarktrecht (BKR) 2025, p.556, 557.

78 종합적인 논의는 Sebastian Omlor & Julia Lübke (eds.), Tokenized Finance (Mohr Siebeck, Tübingen 2025)에 수록된 기고문들 참고.

79 예를 들어 유럽중앙은행 집행위원회 임원 Piero Ciopollone가 2024년 10월 7일 Bundesbank Symposium on the Future of Payments에서 발표한 기조연설 "Towards a digital capital markets union" 참고. https://www.ecb.europa.eu/press/key/date/2024/html/ecb.sp241007~cc903db51d.en.html에서 확인 가능.

80 European Commission, Consultation document: Targeted consultation on integration of EU capital markets, 15 April 2025, https://finance.ec.europa.eu/regulation-and-supervision/consultations-0/targeted-consultation-integration-eu-capital-markets-2025_en에서 확인 가능.

합 체계 안에서 디지털 거래와 토큰화 상품을 수용하기 위하여 MiFID II와 CSDR의 요소들을 어떻게 수정할 수 있을지 명시적으로 검토하였다. 예를 들어 2023년 3월부터 시행 중인 분산원장기술 시범체계는 MiFID II, MiFIR, CSDR 및 결제 완결성 지침(Settlement Finality Directive)의 일부 요건을 면제하여 샌드박스 환경에서 분산원장기술 기반 인프라를 통한 거래 및 결제를 허용한다. 또한, 최근 저축투자연합 전략에 따른 공청회에서 EU 집행위원회는 아토믹 결제와 토큰화 담보 구조에 더 잘 부합하도록 결제 완결성 지침과 금융 담보 지침(Financial Collateral Directive)을 수정하는 것과 관련하여 구체적인 질문을 제기하였다.[81] 요약하자면 토큰화, 탈중앙화 거래 플랫폼, 디지털 사후 거래 인프라를 고려하여 기존 규제체계를 조정하려는 야망은 EU 차원에서 적극적으로 추진되고 있다.

Ⅶ 결 론

결론적으로, EU와 독일의 핀테크 규제는 다층적이고 기능적인 접근법을 특징으로 한다. 유럽과 독일의 입법자들은 핀테크를 위한 독자적인 법체계를 도입하기보다는 기존 법률을 수정하고 특정 서비스에 대한 맞춤형 규제를 도입하는 방식을 선호하여 왔다. EU의 핀테크 규제 대응은 입법 조정, 전략적 계획, 감독기관 간 조정을 결합한 실용적이고 반복적인 전략을 반영한다. 비록 부문별 및 관할권별 파편화가 여전히 존재하지만, 핀테크 실행 계획, 디지털 금융패키지 및 관련 이니셔티브의 누적 효과로 점차 더 일관되고 혁신 친화적인 규제 환경이 형성되고 있다. 유럽의 핀테크 접근 방식은 금융시장의 복잡성과 공정한 경쟁 환경의 유지 필요성을 모두 반영한다.

EU와 유사하게 한국은 기술 중립적 규제 접근법을 채택하여 혁신, 소비자 보호, 그리고 시스템 안정성 간의 균형을 도모하고 있다. 한국의 금융위원회는 금융규제 샌드박

81 예를 들어 European Commission, Consultation document: Targeted consultation on integration of EU capital markets, 15 April 2025 참고, https://finance.ec.europa.eu/regulation-and-supervision/consultations-0/targeted-consultation-integration-eu-capital-markets-2025_en, p.31, 37에서 확인 가능.

스, 오픈 파이낸스를 위한 마이데이터 제도, 디지털 금융혁신 계획 등 일련의 정책을 시행하여 왔으며, 이는 표적화된 규제 개혁과 감독 실험을 통해 핀테크 발전을 촉진하는 EU의 전략과 궤를 같이한다. 그러나 주목할 만한 차이점도 존재한다. EU는 초국가적 입법과 회원국 간 제도적 조율에 크게 의존하는 반면, 한국은 중앙집중적 행정구조 덕분에 더 빠른 입법 이행과 규제 일관성을 확보하는 이점을 누린다. 반면 DORA 및 GDPR과 같은 EU의 다층적, 기능적 규제 구조는 깊이와 세밀함을 제공하며, 이는 한국 정책입안자들이 국내 핀테크 규제를 정교화하는 과정에서 참고점이 될 수 있다. 이러한 관할권을 비교함으로써 한국 학자와 실무자는 디지털금융에서 기능적 규제 설계가 지닌 기회와 한계 모두에 대한 통찰을 얻을 수 있다. 이러한 의미에서 유럽과 독일의 경험은 경쟁력 있고, 안전하며, 혁신 친화적인 핀테크 생태계를 구축하려는 한국의 지속적인 노력에 보완적 관점을 제공한다.

규제 파편화와 감독상 차이는 여전히 난제로 남아 있으나, EU와 독일은 핀테크 분야에서 더 큰 조화와 법적 확실성을 향해 계속 나아가고 있다. 향후 몇 년간의 핵심 과제는 이러한 추진력을 유지하면서 동시에 디지털금융과 관련된 새로운 리스크를 해결하고, 회원국 전반 걸쳐 일관된 이행을 보장하는 데 있을 것이다. 결국 디지털 금융규제는 단순히 낡은 규칙을 개정하는 문제가 아니다. 역동적이고, 상호운용 가능하며, 미래를 대비하는 법적 체계로의 패러다임 전환이 요구되는 것이다. 오픈 파이낸스, AI 그리고 제도적 일관성은 현재 유럽과 독일의 핀테크 규제가 지면한 가장 중요한 세 가지 과제이다. EU의 입법 이니셔티브가 중요한 토대를 제공하지만, 진정한 시험은 각국의 이행에 있다. 특히 독일은 혁신 정책, 금융규제, 사법(私法) 개혁을 하나의 일관된 비전 아래 통합하는 포괄적인 디지털 금융전략을 마련하여야 한다. 그래야만 독일은 디지털 금융 시장을 선도하는 관할권이 되겠다는 야심을 실현할 수 있을 것이다.

참/고/문/헌

〈외국문헌〉

Lydia Albers, Matthias Fahrenwaldt, Ulrike Kuhn-Stojic & Martina Schneider, AI at banks and insurers: automatically fair?, BaFin Journal 16 August 2024, https://www.bafin.de/SharedDocs/Veroeffentlichungen/EN/Fachartikel/2024/fa-bj_0801_KI_Finanzindustrie_en.html?.

Charlotte Baumanns, FinTechs als Anlageberater, Zeitschrift für Bank- und Kapitalmarktrecht (BKR) 2016.

Martin Becker, Niki Georgiou, Benjamin Kresse & Sebastian Kühn, Denn sie wissen nicht, was sie tun. Ein Recht auf Erklärbarkeit von Black Box-Algorithmen am Beispiel der automatisierten Anlageberatung, Wertpapier-Mitteilungen (WM) 2024.

Marvin van Bekkum, Frederik Zuiderveen Borgesius & Tom Heskes, AI, insurance, discrimination and unfair differentiation: an overview and research agenda, Law, Innovation and Technology, 17 (2025).

Roland Broemel, E 3.0 Datenschutz im Finanzrecht, in: Indra Spiecker gen. Döhmann & Sebastian Bretthauer, Dokumentation zum Datenschutz (Nomos, Baden-Baden, 2025).

Petra Buck-Heeb, Rechtsunsicherheiten beim KI-Einsatz im Bankensektor, Wertpapier-Mitteilungen (WM) 2023.

Ross P. Buckley, Douglas W. Arner & Dirk A. Zetzsche, FinTech: Finance, Technology and Regulation (Cambridge University Press, Cambridge, 2024).

Christopher Buttigieg & Beatriz Zimmermann, The digital operational resilience act: challenges and some reflections on the adequacy of Europe's architecture for financial supervision, EBA Forum - Journal of the Academy of European Law 25 (2024).

Jennifer Calver, Peter Church, Jonathan Ford & Kim Rust, AI in financial services - the legal and regulatory landscape, in: Jelena Madir (ed.), FinTech: Law and Regulation (Edward Elgar, Cheltenham, 3rd ed. 2024).

Joana Miguel Cardoso, Robo Advisors: The Impact on Investor Protection in the European Union (Master Thesis, NOVA School of Law, 2023), https://run.unl.pt/bitstream/10362/166481/1/Cardoso_2024.pdf.

John Casanova, Max Savoie & Tanaan Quek, The regulatory framework for payment services in the EU and UK, in: John Casanova & Max Savoie (eds.), Payment Services - Law and Practice (Edward Elgar, Cheltenham, 2nd. ed. 2025).

Matthias Casper & Matthias Terlau (eds.), Zahlungsdiensteaufsichtsgesetz (C.H. Beck, Munich, 3rd. ed. 2023).

Iris Chiu, §37 United Kingdom: The UK's Regulatory Sandbox and Pro-Innovation Policy, in: Florian Möslein & Sebastian Omlor (eds.), FinTech-Handbuch: Digitalisierung, Recht, Finanzen (C.H. Beck, Munich, 3rd. ed. 2024).

Christian Conreder, § 21 Zahlungsverkehr - Aufsichtsrecht, in: Florian Möslein & Sebastian Omlor (eds.), FinTech-Handbuch: Digitalisierung, Recht, Finanzen (C.H. Beck, Munich, 3rd. ed. 2024).

Michael Denga, KI in der Anlageberatung, Wertpapier-Mitteilungen (WM) 2024.

Gregor Dorfleitner & Lars Hornuf, § 2 Allgemeiner Marktüberblick, in: Florian Möslein & Sebastian Omlor (eds.), FinTech-Handbuch: Digitalisierung, Recht, Finanzen (C.H. Beck, Munich, 3rd. ed. 2024).

Gregor Dorfleitner, Lars Hornuf & Julia Kreppmeier, Promise not fulfilled: FinTech, data privacy, and the GDPR, Electronic Markets 33 (2023).

Marco dell'Erba, Technology in Financial Markets (Oxford University Press, 2024).

Gilbert Fridgen, Tobias Guggenberger, Johannes Sedlmeir & Nils Urbach, Introduction, in: Florian Möslein & Sebastian Omlor (eds.), Decentralization Technologies: Financial Sector in Change (Springer, Cham, 2024).

Michael B. Imerman & Frank J. Fabozzi, The Economics of FinTech (MIT Press, Cambridge, 2025).

Robert Kilian, § 22 Zahlungsverkehr - Zivilrecht, in: Florian Möslein & Sebastian Omlor (eds.), FinTech-Handbuch: Digitalisierung, Recht, Finanzen (C.H. Beck, Munich, 3rd. ed. 2024).

Mert Kilic, Der algorithmische Handel - Regulierung, Rechtsvergleich und Praxisfragen (Mohr Siebeck, Tübingen, in preparation for 2026).

Max Kirschhöfer, Datenschutz bei Bankgeschäften, in: Jürgen Ellenberger & Hermann-Josef Bunte (eds.), Bankrechts-Handbuch (C. H. Beck, München, 6th ed. 2022).

Christoph Kumpan, §31 Interessenwahrung durch Robo-Advisors, in: Florian Möslein & Sebastian Omlor (eds.), FinTech-Handbuch: Digitalisierung, Recht, Finanzen (C.H. Beck, Munich, 3rd. ed. 2024).

Katja Langenbucher, Responsible A.I.-based Credit Scoring - A Legal Framework, European Business Law Review (EBLR) 31 (2020).

Lin Lin & Christopher Chen, The Promise and Perils of InsurTech, Singapore Journal of Legal Studies, (March 2020).

Eugenia Macchiavello, The European Crowdfunding Service Providers Regulation: The Future of Marketplace Lending and Investing in Europe and the 'Crowdfunding Nature' Dilemma, European Business Law Review (EBLR) 32 (2021).

Paola Manes, Legal Challenges in the Realm of InsurTech, European Business Law Review (EBLR) 31 (2020).

David Mhlanga, FinTech and Artificial Intelligence for Sustainable Development, (Palgrave Macmillan, Cham, 2020).

Filippo Morello, Blending silos. The Crowdfunding Regulation and the transformation of EU retail financial law, Common Market Law Review (CMLR) 62 (2025).

Florian Möslein, Finanzinnovation als Rechtsproblem, Zeitschrift für Bankrecht und Bankwirtschaft (ZBB) 2013, 1.

Florian Möslein, Rechtliche Grenzen innovativer Finanztechnologien (FinTech): Smart Contracts als Selbsthilfe?, Zeitschrift für Bankrecht und Bankwirtschaft (ZBB) 2018.

Florian Möslein, § 26 Auslagerung, in: Frank A. Schäfer, Sebastian Omlor & Jörg Mimberg (eds.), Zahlungsdiensteaufsichtsgesetz (C.H. Beck, Munich, 2nd. ed. 2025).

Florian Möslein & Arne Lordt, Rechtsfragen des Robo Advice, Zeitschrift für Wirtschaftsrecht (ZIP) 2017.

Florian Möslein & Sebastian Omlor, § 1 Grundlagen, in: Florian Möslein & Sebastian Omlor (eds.), FinTech-Handbuch: Digitalisierung, Recht, Finanzen (C.H. Beck, Munich, 3rd. ed. 2024).

Florian Möslein & Sebastian Omlor, Verantwortung für Deutschland - auch für die Digitalisierung der Finanzmfrkte?, Zeitschrift für Bank- und Kapitalmarktrecht (BKR) 2025.

Florian Möslein & Sebastian Omlor, The Digital Transformation of Financial Markets: A Legal and Regulatory Agenda for Germany and the EU, in: Isabel Fernández (ed.), Digitization of Financial Markets (Aranzadi, CIzur Menor, in preparation for 2025).

Klaus Müller, KI "made in Germany", Recht Digital (RDi) 3/2025, Editorial.

Sebastian Omlor, FinTech - Versuch einer begrifflichen und rechtssystematischen Einordnung, Juristische Schulung (JuS) 2019.

Sebastian Omlor & Julia Lübke (eds.), Tokenized Finance (Mohr Siebeck, Tübingen 2025).

Margarida Lima Rego & Joana Campos Caralho, Insurance in today's sharing economy: New challenges ahead or a return to the origins of insurance?, in: Kyriaki Noussia & Pierpaolo Marano (eds.), InsurTech: A Legal and Regulatory View (Springer, Cham, 2019).

Moritz Renner, Veronica Faller & Felix R. Walter, Crowdlending nach der ECSP-VO, Zeitschrift für Bank- und Kapitalmarktrecht (BKR) 2021.

Moritz Renner & Sebastian Seidel, Prospekthaftung nach dem Schwarmfinanzierung-Begleitgesetz, Zeitschrift für Bank- und Kapitalmarktrecht (BKR) 2022.

Henning Schaloske & Lukas Wagner, § 18 Digitalisierung der Versicherungswirtschaft (InsurTech), in: Thomas Sassenberg & Tobias Faber, Rechtshandbuch Industrie 4.0 and Internet of Things (C. H. Beck, München, 2nd ed. 2020).

Frank A. Schäfer, Sebastian Omlor & Jörg Mimberg (eds.), Zahlungsdiensteaufsichtsgesetz (C.H. Beck, Munich, 2nd. ed. 2025).

Paul Schultess, Paul, Anna Izzo-Wagner & Till Otto, Von Open Banking zu Open Finance - der Entwurf eines EU-Frameworks for Financial Data Access, Recht Digital (RDi), 2024.

Panagiotis Staikouras, The European Union Proposal for a Regulation on Cross-

Border Crowdfunding Services: A Solemn or Pie-Crust Promise?, European Business Law Review (EBLR) 31 (2020).

Grace Tolin, Gavin Punia & Jonathan Emanuel, EU Digital Operational Resilience Regulation (DORA), Global Privacy Law Review 6 (2025).

Virginia Torrie & Dominique Payette, AI governance frameworks for the banking sector, in: Nydia Remolina & Aurelio Gurrea-Martinez (eds.), Artficial Intelligence in Finance (Edwar Elgar, Cheltenham, 2023).

일본의 디지털 금융법제

- 결제 서비스의 현황과 디지털 자산의 이용·활용을 둘러싼 법제에 대하여 -

杉浦宣彦 (스기우라 노부히코)
(중앙대학교 대학원 전략경영연구과 교수)

I 일본에서의 결제 서비스의 현황

1 일본의 캐시리스 결제(비현금 결제·현금 없는 결제)[1] 최신 점유율(시장점유율) 현황: QR코드 결제가 주역으로

일본에서는 최근 캐시리스 결제가 급속히 진전되고 있다. 경제산업성에 따르면, 2024년의 캐시리스 결제 비율은 견조하게 상승하여 42.8%(141.0조 엔)에 이르렀고, 2025년까지 약 40% 수준으로 만든다는 정부 목표가 달성되었다. 캐시리스 결제라고 해도 신용카드, 전자머니(전자화폐 · 선불전자지급수단), QR코드 결제 등 여러 형태가 있으므로, 우선 현재 일본에서 어떤 지급방식이 어느 정도 사용되고 있는지 최신의 점유율 현황을 확인해 둘 필요가 있다.

* 번역 : 이가녕 (서울대 법학 박사과정), 감수 : 이정수 (서울대 법학전문대학원 부교수)

1 캐시리스 결제(cashless payment): 보통 소매 결제 기준으로, 카드 · 전자머니 · QR(코드결제) 같은 현금 이외의 소비자 결제수단을 가리킬 때 많이 써, 일본의「현금 없는 결제 비율」 지표도 이런 범위를 전제로 하는 경우가 많다.

그림 1 도표 캐시리스 결제금액 및 비율의 추이(2024년)

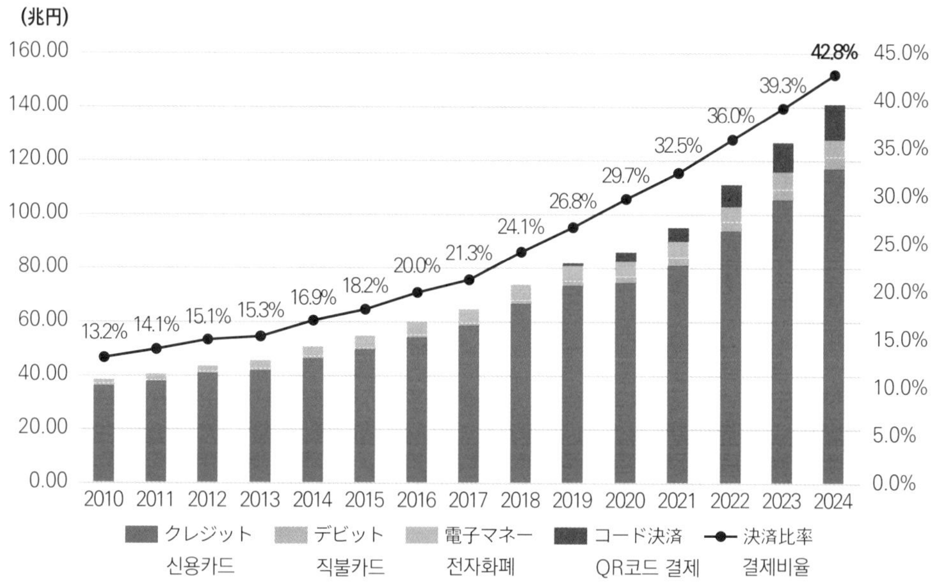

출처: https://www.meti.go.jp/press/2024/03/20250331005/20250331005.html

이 42.8%라는 수치의 구성을 보면, 그 대부분(금액 기준 약 83%)을 신용카드가 차지하고 있는 한편, QR코드 결제 등도 약 10%(13.5조 엔)로 그 존재감이 커지고 있으며, 전자머니는 약 4%(6.2조 엔), 직불카드(데빗카드 · 체크카드)는 약 3%(4.4조 엔)를 차지하고 있다. 이러한 구성비에서 보건대, 일본의 캐시리스 결제 진전은 현 단계에서 주로 신용카드 이용의 확대에 의해 견인되고 있는 구조로 볼 수 있고, QR코드 결제의 성장은 두드러지지만 국가 전체의 결제 비율에 대한 기여도라는 점에서는 아직 신용카드에 미치지 못한다. 이는, 예컨대 QR코드 결제가 사회 인프라로서 널리 보급되어 있는 중국과 한국 등과는 다른, 일본 시장의 특징이라고도 할 수 있을 것이다.

또한, 일본의 캐시리스 결제가 비교적 더딘 것에 관해서는, 종래부터, 현금에 대한 신뢰도가 높다는 점, ATM 등의 편의성이 높다는 점(ATM 등 금융 인프라가 정비되어 있어 현금 결제에 불편을 느끼지 않는다. 또한 점포에서의 현금 취급에도 낭비가 없고, 신용카드에 의한 결제보다 현금을 사용하는 편이 더 알기 쉽다고 느끼는 사람도 많다), 그리고 카드 결제=빚(채무)이라는 뿌리 깊은 인식이 존재한다는 점과, 과소비에 대한 우려, 개인정보 유출 등 보안 측면의 불안, 더 나아가 '알려지지 않을 권리'의 침해 등과의 관련성이 지적되어 왔다. 그러나 특히 코로나19 확산 이후에 급속히 캐시리스 결제의 수단이 보급되고, 특히 청년층을 중심으로 그 이용이 확대되고 있기 때문에, 향후에는 빠르게 캐시리스 결제가 보급될 것이라고 여겨지고 있다.

(또한, 일본에서의 카드 결제 수수료율이, 세계의 캐시리스 선진국과 비교하여 상당히 고율이라는 점에 관해서는(예를 들어, 중국의 은련 카드[2]의 수수료는 약 0.3~0.5%인 데 비해, 경제산업성 등의 자료에 따르면, 일본은 수년 전까지 평균이 3.09%였다는 조사도 있다. 이는, 일본에서는 하나의 가맹점에 대해 복수의 아콰이어러(매입사 · 가맹점관리업자)[3]가 혼재하는 '멀티 아콰이어러 방식(다중 매입사 방식)'이기 때문에 발생한다고도 말해지며, 이 방식을 개선하여 수수료를 낮추는 것이 점포의 캐시리스 단말기(결제 단말기) 도입 인센티브(유인), 그리고 캐시리스 결제의 한층 더한 보급으로 이어질 것이라고도 할 수 있다.)

---

2 중국의 은련(銀聯, China UnionPay, CUP): 중국의 은행카드 결제망 운영기관(국제 카드 스킴 · 네트워크)으로서, 비자(Visa) · 마스터카드(Mastercard)와 유사한 브랜드/스킴을 말한다.

3 아콰이어러(acquirer): 카드결제에서 가맹점과 직접 계약을 맺고, 승인된 카드거래를 매입 · 정산하여 가맹점에 대금을 지급하는 금융기관/카드사.

한국어 동의표기: 가맹점 매입사(또는 매입은행 · 가맹점관리업자).

주요 역할: 가맹점 모집 · 심사, MDR(가맹점 수수료율) 협의, 매입 · 정산, 차지백(분쟁) 대응, 가맹점 실사(AML/KYC) 등.

구분: 이슈어(issuer, 카드발급사) 와는 다르며, VAN/PG(네트워크 · 중계)는 결제 데이터 전송/연계를 맡을 뿐 거래를 매입하지는 않음.

일본 문맥: '멀티 아콰이어러 방식'은 하나의 가맹점에 복수의 아콰이어러가 병존하는 구조를 의미.

2 일본의 가상자산[4] 보급 상황은 어떻게 되어 있는가?

일본에서는 2017년 이후, SNS를 중심으로 가상자산이 화제가 되었고, 가상자산으로 억 단위의 자산을 형성한 사람이 텔레비전과 잡지 등에서 크게 조명되는 등의 계기로, 가상자산의 존재가 널리 알려지게 되었다. 아래에서 서술하는 바와 같이, 이러한 가상자산 붐 속에서 일본은 2017년 4월 세계에 앞서 가상자산에 관한 법 정비를 실시하였다. 그러나 세계에서 가장 이른 시기에 법 정비가 이루어진 국가 중 하나인 일본이지만, 현 시점에서 가상자산의 보급률은 결코 높다고는 할 수 없다. GOODREI사가 2025년 3월에 발표한 데이터를 보더라도, 국민 전체의 약 13%만 가상자산을 보유하고 있는 것으로 나타난다.

그림 2 도표 가상통화 보유 현황(성별)

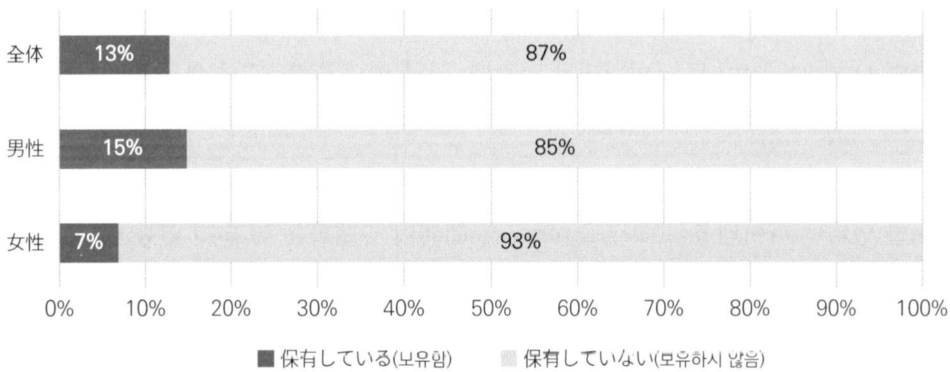

図1暗号資産の保有状況(性別)

출처: https://jp.beincrypto.com/latest-survey-crypto-ownership-rates-and-trends-in-japan/

4 번역자주(용어 통일): 본문 전체에서는 이해의 편의를 위해 한국법상 사용되고 있는 '가상자산'으로 통일하여 번역한다. 다만 한자 표기 '暗号資産'을 직역하면 '암호자산'에 해당하나, 여기서는 두 용어를 구분하지 않는다. 일본의 용어 변경('仮想通貨' → '暗号資産')과 관련된 부분은 본문에서 구분하여 표기·설명한다.

한자 표기: '暗号資産'(암호 자산,일본 현행 법령 용어, 2020년 개정) / '仮想通貨'(가상통화,일본의 종전 용어, 2017년 개정 당시)

의미 차이(설명용):

暗号資産(암호자산): 암호기술을 이용해 전자적으로 표시·이전되는 재산적 가치를 지칭(통화·화폐가 아님을 분명히 하려 '資産' 사용).

仮想通貨(가상통화): 문자 그대로 '가상의 통화'라는 뉘앙스로, 통화로의 오인 소지가 있어 일본에서 '暗号資産'으로 변경.

실제로 세간에서는 '가상자산'이라는 용어는 몰라도, 가상자산의 하나인 비트코인에 대해서는 들어본 적이 있다는 사람도 있고, 이 밖에도 가상자산과 비트코인을 동일한 것으로 생각하는 사람, 혹은 가상자산과 비트코인을 전혀 별개의 것으로 보는 사람도 있을 정도의 상황이기 때문이다. 그런 의미에서, 가상자산을 둘러싼 일본의 상황은 애초부터 존재하는 국민 각 개인의 금융 리터러시(금융문해력)[5] 격차를 여실히 보여주는 하나의 사례가 되기도 한다.

3 일본에서의 스테이블 코인 상황

2023년 6월 1일에 개정 자금결제법(「資金決済法」)이 시행되어, 일본 국내에서도 법정통화를 담보로 하는 '법정통화 담보형' 스테이블 코인의 발행 · 유통이 가능하게 되었다. 전자결제수단으로서, 신탁은행이나 자금이동업(자금이체업)이 발행하는 것 외에 해외발행 SC(스테이블 코인) 등도 인정되고 있는데, 최근 해외 발행 SC의 취급을 시작한 곳은 SBI VC 트레이드(SBI VC Trade)다. 2025년 3월 4일에 전자결제수단을 취급할 수 있는 '전자결제수단 등 거래업자'의 제1호로 등록을 완료하였고, 같은 해 3월 12일에는 미국의 서클 인터넷 파이낸셜(Circle Internet Financial)이 발행하는 미 달러 연동 스테이블 코인인 USD 코인(USDC)을 사내에서 이용 개시하고 있다. 다만, 향후 지역통화로서의 활용 가능성 등 여러 가지 검토가 이루어지고 있으나, 현재로서는 이 정도에 머물고 있으며, 중앙은행 디지털통화(CBDC · 중앙은행 디지털화폐)에 대해서도 현 단계에서는 일본은행이 연구 단계에 있다는 입장을 고수하고 있다.

5 금융 리터러시(financial literacy, 金融素养)
개인이 금융 관련 정보를 이해 · 평가하고 이를 바탕으로 합리적 의사결정과 행동(저축 · 투자 · 차입 · 지급 · 위험관리 등)으로 옮길 수 있는 종합 능력.
구성 요소: ① 지식(이자 · 복리 · 수수료 · 신용 · 분산투자 · 디지털결제/보안), ② 태도(위험 인식 · 책임 있는 소비), ③ 행동(예산 관리 · 비교 · 사기/피싱 대응).

Ⅱ 일본의 디지털 금융법제의 현황

일본에서 디지털금융의 기본이 되는 법에는 『은행법』과 『금융상품거래법』도 있으나, 『자금결제법(資金決済法)』이 중심이 되고 있다. 이 자금결제법은 본래 「자금이동」, 「선불식 지급수단」, 「자금 청산」의 3가지를 대상으로 한 규정이 마련된 것이며, 2010년 4월에 시행된 비교적 새로운 법률에 해당한다. 애초에는, 지류 상품권 · 프리페이드 카드[6] 및 (선불식) 전자머니에 대한 규제였던 『선불식 지급수단 발행 규제법』을 모태로 하여, 적절한 시기에 다양한 디지털 금융수단이 등장할 때마다 장을 더해 온 측면이 있고, 각 장마다 각각의 방식에 관한 규정이 마련되어 있으며, 나아가 각 수단의 기능이 늘어날 때마다 그 기능에 대하여 필요에 따라 규제를 가하는 형태가 되고 있다. 그 결과, 이처럼 디지털금융이 진전된 현재에는 법 자체가 말 그대로 패치워크(부분 덧붙이기)[7] 상태가 되어 있으나, 기본적으로는 이하에서 말하는 일본 금융의 디지털금융에서 발생한 과제에 대한 법규제라고 할 수 있다.

- 결제가 확실히 이루어질 것
- 선불 또는 즉시지급 서비스에서 이용자 자금의 확보
- 후불 서비스에서 과잉여신의 방지
- 제3자에 의한 부정이용의 방지 및 구제
- 악질 가맹점 등으로 인한 피해의 방지 및 구제
- 개인정보의 보호
- 자금세탁(Money Laundering,資金洗浄)의 방지

6 프리페이드 카드(선불카드 · 선불전자지급수단 · stored-value card)
상품 · 용역 대금을 지불하기 위해 금전가치를 미리 충전(前払)해 두고 사용하는 카드형 지급수단. 은행 예금(Deposit) 이 아니라 발행자에 대한 금전채권 형태의 저장가치를 사용한다.

7 패치워크(patchwork) : 다수의 부분 개정 · 분절적 보완 · 장(章) 단위 추가로 비통합적 규정들이 누적된 拼接형(파편화된) 법제 상태를 지칭.

현재의 법체계를 도표화하면 다음과 같다.

그림 3 일본은행 금융연구소「디지털머니의 사법상 성질을 둘러싼 법적 문제 연구회」

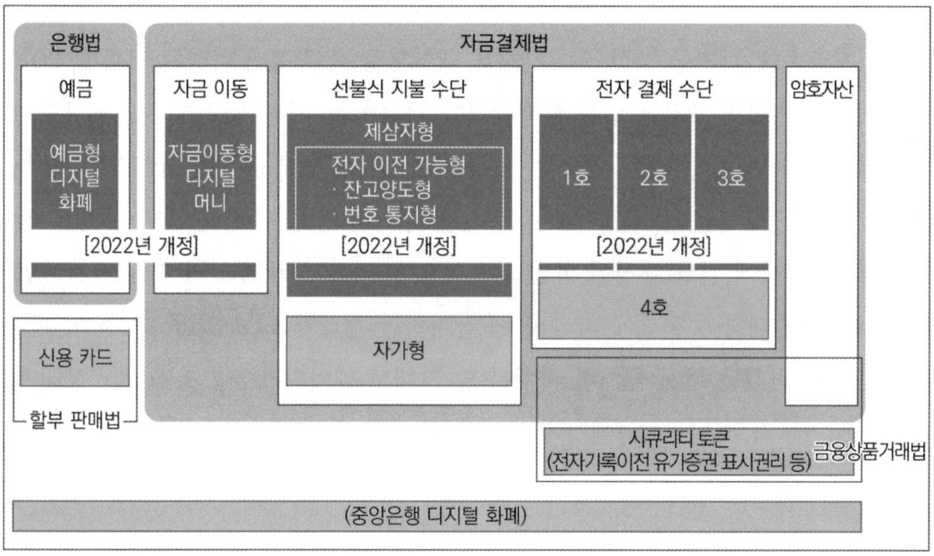

출처: 『디지털머니의 권리와 이전』 보고서, https://www.imes.boj.or.jp/research/papers/japanese/kk43-1-1.pdf)

이에 따라, 먼저 일본의 다수 전자머니가 그 틀 안에 위치하는 「선불식 지급수단」과 송금업(자금이동업; 資金移動業)에 해당하는 「자금이동」, 그리고 가상자산 및 스테이블 코인에 관하여, 『자금결제법(資金決済法)』의 규제를 중심으로 그 법규제의 개요를 살펴본다.

1 선불식 지급수단과 자금이동업

가. 선불식 지급수단

(1) 선불식 지급수단이란

선불식 지급수단이란, 사전에 금전을 지급하여 구매하고, 그 후의 상품 또는 서비스 대금 지급에 이용할 수 있는 지급수단을 말한다. 이에 해당하기 위한 법적 요건(자금결제법(資金決済法) 제3조 및 제4조)은 다음의 네 가지 요건이 모두 구비되어야 한다.

① 금액 또는 물품·서비스의 수량(개수·본수·횟수 등)이 증표 등(증표·IC칩·컴퓨터·서버 등의 전자장치)에 기재되어 있거나, 또는 전자적 기록방식으로 기록되어 있을 것

② 증표 등에 기재되어 있거나 또는 전자적 방법으로 기록되어 있는 금액 또는 물품·서비스의 수량에 상응하는 대가가 지급되어 있을 것

③ 금액 또는 물품·서비스의 수량이 기재되어 있거나 또는 전자적 방법으로 기록되어 있는 증표 등, 또는 이에 관한 재산적 가치와 결부된 번호·기호 기타의 부호(ID 번호 등)가 발행될 것

④ 물품을 구매하거나 서비스를 제공받을 때에, 그 증표 등 또는 번호·기호 기타의 부호를 제시·교부·통지 기타의 방법으로 사용할 수 있을 것

이와 같은 전제 아래, 다음의 여섯 가지로 분류된다.

	종류	구체적인 예
1	지형	상품권, 카탈로그 기프트권 등
2	자기형	퀴카드, 전화카드 등
3	IC 카드형	교통카드, 유통카드 등
4	모바일형	모바일 Suica, 라쿠텐 Edy 등
5	QR코드형 (전액 환불 불가한 것)	LINEPay(LINE Cash), PayPay(PayPay 머니 라이트) 등
6	서버형	Apple 선물, Amazon 선물 등

다만, 지류형과 자기형(마그네틱형)은 상당히 수가 줄어들고 있으며, IC형과 모바일형, QR형 및 서버형이 현재에는 주류를 이루고 있다.

또한 자금결제법상 선불식 지급수단은 다음과 같은 자가형 발행자[8](발행자〔자회사 포함〕의 점포에서만 사용할 수 있는 것)와 제3자형 발행자(발행자 이외의 점포 등)의 두 형태로 구별되고 있다.

8 자가형 발행자(自家型発行者) 정의: 선불식 지급수단의 발행자 중, 발행자(자회사 포함)의 점포·온라인몰 등 자기 가맹점에서만 사용할 수 있도록 발행하는 유형의 발행자.

(2) 자금결제법에서의 선불식 증표(前払式証票, 소위 전자머니)의 정의와 규제

자금결제법에서는 전자머니를 '선불식 지급수단'으로 정의한다. 이는 사전에 금전을 지급하여 구매하고, 이후 상품·서비스를 구매할 때 이용할 수 있는 수단을 말하며, 자금결제법은 이 선불식 지급수단의 발행자에게 다음과 같은 규제를 두고 있다.

① 표시의무 및 정보제공의무

발행자는 성명 또는 상호, 지급가능금액, 유효기간 등의 정보를 이용자에게 제공하여야 한다(자금결제법 제13조).

② 이용자 자금의 보전

발행자는 이용자로부터 예치받은 자금을 보전하기 위한 조치를 취하여야 한다. 구체적으로, 선불식 지급수단 발행자는 기준일의 미사용 잔액이 1,000만 엔을 초과하는 때에는 그 미사용 잔액의 2분의 1 이상에 상당하는 발행보증금을 주된 영업소 또는 사무소의 가까운 공탁소에 공탁하여야 한다(자금결제법 제14조).

이 보전의무는 공탁 대신, 일정 요건을 충족하는 은행 등과 발행보증금 보전계약을 체결하거나, 신탁회사 등과 발행보증금 신탁계약을 체결하여 신탁하는 방법으로도 이행할 수 있다(자금결제법 제15조, 제16조). 이러한 자산보전의 취지는 선불로 자금을 지급한 이용자 보호에 있다.

③ 환불 제한

전자머니는 원칙적으로 환급이 금지되지만, 발행자 사정으로 이용이 불가능해진 경우 등에는 환급이 필요하다(자금결제법 제20조, 환급금지 규제). 이는 출자법(「출자의 수용, 예치금 및 금리 등의 단속에 관한 법률」)과 은행법과도 관련되는데, 출자법은 은행 이외의 사업자가 '예치금'을 취급하는 것을 금지하고 있어 자유로운 환급이 허용되면 원금 반환이 약속된 예치금에 해당할 우려가 있다. 더 나아가 송금수단으로 기능하게 되어, 은행법이 원칙적으로 금지하는 환거래(為替取引)[9] 에 해당할 우려가 있기 때문이다.

9 의미: 은행 이외의 사업자가 고객의 자금을 현금의 물리적 이동 없이 다른 장소·계정으로 이전(송금) 되도록 중개·집행하는 행위를 영업으로 지속·반복 수행하는 것.

범위 예시: 개인 간 송금, 전자상거래 온라인 대금지급·정산, 수납(대금)대행 등 국내·국외(국경간) 이전을 포함. 통화교환(환전) 자체를 뜻하는 것은 아님.

법적 포인트(일본): 이러한 환거래를 영업으로 하려면 자금결제법상 자금이동업(제1·2·3종)에 해

다만 이용자 측의 부득이한 사정으로 선불식 지급수단의 이용이 현저히 곤란하게 된 경우에도 일률적으로 환급을 금지하면 이용자 편의·보호에 반하므로, 환급액이 소액인 경우 등에는 예외적으로 환급을 허용한다(자금결제법 제20조 제5항).

④ 안전관리조치 의무

발행자는 부정이용 및 정보유출을 방지하기 위한 안전관리조치를 강구하여야 한다(자금결제법 제21조).

아울러, 재무(지,支)국장은 선불식 지급수단 발행자에 대하여 보고 요구·현장검사, 업무개선명령, 업무정지명령, 등록취소를 할 권한을 가진다(자금결제법 제24~제27조). 이러한 감독이 실효성을 갖추도록, 선불식 지급수단 발행자는 장부서류를 작성·보존하고, 기준일마다 선불식 지급수단 발행 업무에 관한 보고서를 작성하여 재무(支,지)국장에게 제출하여야 한다(자금결제법 제22~제23조, 선불식 지급수단에 관한 내각부령 제46~제49조).

2 자금이동업

(1) 자금이동업이란

자금이동업은 은행 이외의 사업자가 환거래(為替取引)를 업으로 행하는 것을 말한다. 환거래란 금전을 한 장소에서 다른 장소로 이동시키는 거래를 가리키며, 예컨대 어떤 사람이 다른 장소로 금전을 송금하는 경우나 온라인 결제로 상품을 구매하는 경우 등이 이에 해당한다.[10]

자금이동업을 영위하려면 자금결제법(資金決済法)에 근거하여 내각총리대신의 등록을 받아야 한다.[11] 등록을 받지 않고 자금이동업을 행하면, 은행법상 벌칙이 적용될 가능성이 있다.

당하며, 내각총리대신의 인가/등록이 필요. 무등록 영업 시 은행법상 제재 대상이 될 수 있음.

10 (원문에 있는 각주) https://www.s-kessai.jp/businesses/funds_transfer_overview.html#:~:text=%E8%B3%87%E9%87%91%E7%A7%BB%E5%8B%95%E6%A5%AD%E3%81%A8%E3%81%AF,%E3%82%BF%E3%82%A4%E3%83%97%E3%81%AE%E3%82%B5%E3%83%BC%E3%83%93%E3%82%B9%E3%81%8C%E3%81%82%E3%82%8A%E3%81%BE%E3%81%99%E3%80%82

11 (번역자주) "등록을 받아야 한다"는 표현은 어색할 수 있으나 내각총리대신에 등록함에 있어 일종의 수리가 필요하다는 측면을 고려하여 원문의 표현을 그대로 번역하였다. 이하 동일하다.

① 자금이동업의 세 가지 유형:

2021년 자금결제법 개정에 따라, 자금이동업은 송금액에 따라 세 가지 유형으로 구분된다.

그림 4 일본은행 금융연구소 「디지털머니의 사법상 성질을 둘러싼 법적 문제 연구회」

• 각 유형의 특징

	제1종 자금이동업	제2종 자금이동법	제3종 자금이동업
송금 상한액	상한 없음	건당 100만 엔 이하	건당 5만 엔 이하
등록, 인가 등	자금이동업의 등, 업무실시계획 인가	자금이동업의 등록	자금이동업의 등록
이용자 자금의 체류	원칙체류불가(주1)	체류가능(주2)	체류가능(주3)
이용자 자금의 보전 방법	1. 공탁, 보전계약, 신탁계약에서 전액보전 2. 영업일에 요이행 보증액을 산정하고, 영업일 기준 2일 이내 보전	1. 공탁, 보전계약, 신탁계약에서 전액보전 2. 주 1회 상요 이행 보증액을 산정하고, 영업일 기준 3일 이내에 보전	1. 공탁 등에 갈음하여 예금관리도 가능 2. 주 1회 상요 이행 보증액을 산정하고, 영업일 기준 3일 이내에 보전

(주1) 송금액, 송금일, 송금처가 명확한 경우에만 자금을 수용하고, 즉시 송금할 필요가 있다.
(주2) 수입액이 100만 엔 이상인 경우, 송금과 무관한 자금을 체류시키지 않는 체제를 정비할 필요가 있다.
(주3) 수입 상한액은 5만 엔 이하로 한정된다.
出所 : https://lfb.mof.go.jp/kantou/kinyuu/pagekt_cnt_20250516001sikinidou.html

② 이용자 보호(자금의 체류[滞留] 규제)

자금결제법은 이용자 보호를 목적으로 하며, 자금이동업자에게는 이용자로부터 예치받은 자금과 동일액 이상의 보전 조치가 의무화되어 있다.

제1종 자금이동업에 대하여는, 고액 송금 취급에 수반하는 자금세탁(AML) 등 위험을 고려하여 종전의 등록제보다 엄격한 인가제가 채택되었다. 구체적으로는 업무실시계획을 정한 후 내각총리대신의 인가를 받아야 한다(자금결제법 제40조의2 제1항). 업무실시계획에는 범죄수익이전방지(AML) 및 테러자금조달방지(CFT)를 확보하기 위해 필요한 내부통제·준법 체계 등에 관한 사항을 기재해야 한다.

제2종 자금이동업을 영위하려면 내각총리대신의 등록을 받아야 하며, 종전 규제와 마찬가지로 요이행보증금액(要履行保証額; 송금 진행 중에 체류하는 자금의 상당액)을 공탁·신탁하거나 은행과 보전계약을 체결해야 한다. 또한 자금의 체류 방지를 위하여, 이용자로부터 수령한 자금 중 환거래에 사용되지 않는 것으로 인정되는 자금을 보유하지 않도록 하는 조치를 강구해야 한다(개정 자금결제법 제51조).

제3종 자금이동업을 영위하려면 제2종과 동일하게 내각총리대신의 등록을 받아야 하나, 취급 가능한 송금 금액이 소액으로 제한되어 있는 점을 고려하여 자금 보전의무에 관한 규제가 완화된다. 구체적으로는 이용자로부터 예치받은 자금에 관하여, 종래의 공탁·신탁 등 보전 방식에 갈음하여 자기자금과 분리된 금융기관의 예·적금으로 관리하는 방법이 새로 허용된다(개정 자금결제법 제45조의2).

③ 2021년도 법 개정이 비즈니스와 경제활동에 미치는 영향

이번 법 개정으로 송금액 상한이 없는 제1종 자금이동업이 신설됨에 따라, 새로운 서비스의 전개가 기대되던 분야 중 하나가 해외송금이었고, 글로벌화가 진행되는 가운데 편의성이 높은 해외송금 서비스에 대한 수요는 장래에도 확대될 것으로 상정되었으므로, 향후 핀테크 기업 등을 비롯한 신규 기업의 진입이 늘어날 것이라고 여겨졌다. 또한 고액 송금이 가능해짐에 따라, 기업 간 자금결제 등 법인 간 송금을 타깃으로 한 편의성 높은 신규 서비스의 탄생도 기대되었다.

더 나아가, 규제가 완화된 제3종 자금이동업이 창설됨에 따라, 소액 송금을 취급하는 자금이동업에의 진입 장벽이 낮아져, 에일 머니(エールマネー, 응원금·서포트 금액) 및 기부금의 송금과 메시지 기능 등을 연계한 서비스, 떨어져 사는 손주 등에게 용돈이나 오토시다마(お年玉, 설 세뱃돈 격)를 간편하게 보낼 수 있는 서비스 등, 독창적 비즈니스 아이디어를 가진 벤처·중소기업의 진입 증가가 기대되어 왔다.

그러나 현 단계에서는 은행의 송금 수수료가 하락하고 있으며, 또한 일본은행넷 및 전국은행넷 등과 관련된 신뢰성이 높은 결제시스템에 의해 뒷받침되는 은행을 통한 송금·이체가 더 많은 지지를 받고 있다. 향후 이러한 시스템에 자금이동업자가 가입할 수 있는 제도가 정비된 뒤에는, 보다 많은 기업과 사람들이 이용하게 될 것으로 예측되고 있다.

3 가상자산

일본에 있어서 가상자산에 관한 법제는, 2017년 시행의 자금결제법 · 범죄수익이전방지법 등의 개정, 2020년 시행의 자금결제법 및 금융상품거래법 등의 개정을 통해 정비되어 왔다.

사실, 가상자산에 관하여는 실제 거래의 보급이 진행된 뒤 한동안 아무런 법규제도 존재하지 않는 상태가 지속되었다. 2014년 당시 세계 최대의 비트코인 거래소를 운영하던 일본 기업[12]이 파산한 일을 계기로 이용자 보호의 필요성이 인식되었고, 그 후 FATF 가이던스에서 가상자산교환업의 등록 · 면허제 및 본인확인 의무 등의 규제를 부과해야 한다는 내용이 공표됨에 따라, 일본은 세계에 앞서 가상자산(당시는 '가상통화'로 호칭)을 아래와 같이 법률상 정의하고, 가상자산 사업자에게 필요한 규제를 부과하게 되었다.

자금결제법 제2조 제14항

이 법에서 "가상자산"이란 다음에 게재하는 것을 말한다.

다만, 금융상품거래법(昭和쇼와 23년 법률 제25호) 제2조 제3항에 규정하는 전자기록이전권리를 표시하는 것은 제외한다.

1. 물품을 구매하거나 차용(대여)하거나, 또는 역무의 제공을 받을 경우에, 그 대가의 변제를 위하여 불특정의 자에 대하여 사용할 수 있고, 또한 불특정의 자를 상대방으로 하여 매수 및 매도를 할 수 있는 재산적 가치(전자기기 기타 물건에 전자적 방법으로 기록되어 있는 것에 한하며, 일본 통화, 외국통화 및 통화표시자산을 제외한다. 다음 호에서 같음)로서, 전자정보처리조직을 이용하여 이전할 수 있는 것
2. 불특정의 자를 상대방으로 하여 전호에 게재한 것과 상호 교환을 할 수 있는 재산적 가치로서, 전자정보처리조직을 이용하여 이전할 수 있는 것

① 암호자산을 규제하는 법

현 시점(2025년 7월 말)에서 일본의 암호자산을 둘러싼 법규제는 다음과 같다.

- 『자금결제법』
- 『범죄수익이전방지법』

12 (번역자주) 마운틴곡스를 의미한다.

- 『금융상품거래법』
- 『금융서비스의 제공 및 이용환경의 정비 등에 관한 법률』
- 외환 및 외국무역법』

이러한 규제는 가상자산교환업자 등록제를 통해 이용자 보호의 틀을 정비하는 한편, 자금세탁 및 테러자금공급의 방지를 위해 등록업자에게 본인확인 의무를 부과한다. 그 후 가상자산교환업자에 대한 불법접속으로 이용자의 가상자산이 유출되는 사안이 복수로 발생하고, 가상자산이 당초 기대되었던 결제수단이 아니라 투기적 거래에 사용되는 경우가 많아진 점을 반영하여, 규제 강화 및 새로운 유형의 거래에 대응하기 위한 법 개정이 단계적으로 진행되어 왔다.

Step 1

2017년 4월 『자금결제법』·『범죄수익이전방지법』 개정

- 암호자산暗号資産(당시에는 가상통화라고 호칭)을 법령용어로서 정의
- 암호자산暗号資産교환업자 등록제 도입
- 본인확인 의무 부과

Step 2

2020년 5월 『자금결제법』·『금융상품거래법』·『금융서비스 제공법』 개정

- "가상통화仮想通貨"의 명칭을 '암호자산暗号資産'으로 변경
- 커스터디 입무(수탁·보관 업무) 를 규세 대상에 추가
- 이용자 재산의 보전 강화
- 암호자산暗号資産 파생상품 거래·STO(증권형 토큰 발행)에 관한 규제 정비
- 설명의무 위반을 이유로 한 불법행위상 손해배상청구에서 고객 부담 경감

Step 3

2022년 5월 『외환 및 외국무역법』 개정

암호자산暗号資産이 경제제재의 우회 수단이 되는 것을 막기 위한 제도 정비

Step 4

2023년 6월 『범죄수익이전방지법』 개정

트래블 룰(Travel Rule) 도입

② 자금결제법에서의 가상자산에 관한 규제

• 가상자산교환업자 등록제

자금결제법은 가상자산교환업을 영위하기 위해서는 내각총리대신의 등록을 받아야 한다고 규정한다(자금결제법 제63조의2). 그리고 가상자산교환업이란 다음 각 행위를 업(業)으로서 행하는 것을 말한다(자금결제법 제2조 제15항).

- 가상자산의 매매 또는 다른 가상자산과의 교환
- 위에 게재한 행위의 매개 · 중개 또는 대리
- 위 두 행위와 관련하여 이용자의 금전을 관리하는 행위
- 타인을 위하여 가상자산을 관리하는 행위

• 광고 규제

가상자산교환업자는 가상자산교환업에 관하여 광고를 하는 경우, 다음 사항을 표시하여야 한다(자금결제법 제63조의9의2).

- 가상자산교환업자의 상호
- 가상자산교환업자임을 나타내는 취지 및 등록번호
- 가상자산은 국내 통화 또는 외국통화가 아님
- 가상자산의 가치 변동을 직접 원인으로 손실이 발생할 우려가 있는 때에는 그 취지 및 이유
- 가상자산은 대가의 변제를 받는 자의 동의가 있는 경우에 한하여, 대가의 변제를 위하여 사용할 수 있음

• 금지행위 규제

가상자산교환업자는 가상자산의 매매 등 계약의 체결 또는 그 권유, 가상자산교환업에 관한 광고 시에, 다음 사항에 관하여 사람을 오인시키는 표시에 해당하는 행위를 하여서는 아니 된다(자금결제법 제63조의9의3).

- 가상자산의 성질
- 가상자산의 보유 또는 이전의 구조에 관한 사항
- 가상자산의 거래 수량 또는 가격의 추이 및 그 전망에 관한 사항
- 가상자산교환업자의 자력(資力) 또는 신용에 관한 사항
- 가상자산에 표시되는 권리 · 의무의 내용에 관한 사항

- 가상자산의 발행자 또는 발행하려는 자, 가상자산에 표시되는 권리에 관한 채무자, 가상자산의 가격 또는 구조에 중대한 영향을 미칠 우려가 있는 자의 자력·신용 또는 그가 영위하는 사업에 관한 사항
- 가상자산교환업의 이용자가 지급하여야 할 수수료·보수 등의 금액, 그 상한액 및 계산방법에 관한 사항

• 이용자 재산의 분별관리 의무 등

가상자산교환업자는 이용자의 금전 및 가상자산을 관리하는 경우, 자기 재산과 분별하여 관리할 의무를 부담한다(자금결제법 제63조의10).

또한 가상자산교환업자는 이용자의 금전을 자기의 금전과 분리하여 관리하여야 하며, 신탁회사 등에 대하여 금전신탁을 설정하여야 한다. 나아가 이용자의 가상자산 역시 자기의 가상자산과 분리하여 관리하여야 한다(「자금결제법」 제63조의11). 이러한 관리 방식은 이용자 보호에 결여될 우려가 적은 방법으로서 내각부령이 정하는 바에 따라 이루어져야 하며, 내각부령에서는 이용자의 가상자산을 이전하기 위한 필요 정보가 오프라인 환경에서 관리되도록 요구하고 있다. 구체적으로는, —항상 인터넷에 접속되어 있지 않은 전자기기나 전자적 기록매체 기타 기록매체에 기록하여 관리하는 방법, —또는 이와 동등한 기술적 안전관리 조치를 강구하여 관리하는 방법이 요구되며, 이른바 콜드월렛(cold wallet) 등에 해당 정보를 보관할 것이 규정되어 있다.

③ 범죄수익이전방지법에서의 가상자산 관련 규제 내용

가상자산교환업자에 대한 '범죄수익이전방지법'상의 규제에는 거래 시 확인의무(고객확인의무·CDD), 확인기록의 작성·보존의무, 거래기록의 작성·보존의무, 의심거래의 판단·보고의무(STR)가 있다. 가상자산교환업자가 고객과 사이에 수행하는 거래가, 예를 들어 거래 상대방이 고객을 사칭하고 있다는 의심이 있는 거래, 과거의 거래 시 확인 과정에서 확인 대상 사항을 허위로 기재하였다는 의심이 있는 고객과의 거래, 이란·북한 거주자 등의 거래, 외국 정부 고관 등(정치적 주요인사·PEP)과의 거래 등과 같은 고위험 거래에 해당하는 경우에는, 거래 시 엄격한 확인이 요구된다(범죄수익이전방지법 제4조 제2항, 동 시행령 제12조). 나아가, 거래 시 엄격한 확인이 요구되는 거래가 200만 엔을 초과하는 재산의 이전을 수반하는 경우에는, 통상의 거래 시 확인 사항에 더하여 자산 및 수

입 상황에 대한 확인이 의무화된다.

④ '금융상품거래법'(金融商品取引法)에서의 가상자산 관련 규제

또한, 가상자산 파생상품 거래를 업으로 영위하고자 하는 경우에는 제1종 금융상품거래업의 등록이 필요하며, 통상의 금융상품거래업을 행하는 경우의 규제에 더하여 가상자산의 특성 등을 감안한 행위규제가 추가적으로 부과되어 있다.

가상자산 파생상품 거래에 관하여 광고 등을 하는 경우에는, 금융상품거래업자라면 광고 등에 통상 표시하여야 하는 사항인 상호 및 등록번호 등에 더하여, 가상자산은 자국통화 또는 외국통화가 아님, 가상자산은 대가의 변제를 받는 자의 동의가 있는 경우에 한하여 대가의 변제를 위하여 사용할 수 있음 등의 사항을 표시하여야 한다(금융상품거래법 제37조 제1항). 그에 더하여, 금융상품거래업자일 경우에는, 통상 과장광고가 금지되는 사항에 더하여, 아래의 사항에 관해서도 과장광고를 하여서는 아니 된다고 정하고 있다(금융상품거래법 제37조 제2항).

- 가상자산의 성질
- 가상자산의 보유 또는 이전의 구조에 관한 사항
- 가상자산의 거래량 또는 가격의 추이 및 그 전망에 관한 사항
- 가상자산에 표시되는 권리 · 의무의 내용에 관한 사항
- 가상자산의 발행자 또는 발행하려는 자, 가상자산에 표시되는 권리에 관한 채무자, 가상자산의 가치 또는 구조에 중대한 영향을 미칠 우려가 있는 자의 자력 · 신용 및 그가 영위하는 사업에 관한 사항

또한 가상자산의 매매 · 교환 및 가상자산 파생상품 거래 등에 관하여, 권유 규제(금융상품거래법 시행령 제16조의4), 증거금 규제(금융상품거래업 등에 관한 내각부령 제117조 제1항 제47호~제51호, 제52호), 금지행위(동 내각부령 제117조 제1항, 제123조 제1항), 설명의무(금융상품거래법 제43조의6 제1항), 오인 표시 금지(동법 제43조의6 제2항), 부정행위 및 풍설의 유포 · 시세조종 행위 등 금지(동법 제185조의22~제185조의24) 등의 규제가 금융상품거래법에 의해 정하여져 있다.

4 스테이블 코인

(1) 스테이블 코인의 분류와 법규제의 대상 범위

2022년 1월 11일에 공표된 『자금결제 워킹그룹 보고서』(이하 "WG 보고")에서는, 스테이블 코인을 ① 법정통화와 연동된 가격으로 발행되고 발행가격과 동일한 금액으로 상환을 약속하는 것(디지털머니 유사형)과 ② 그 밖의 것(가상자산형)으로 분류한 다음, 디지털머니 유사형 스테이블 코인은 "전자결제수단"으로 정의되며, 발행자와 중개자가 분리되는 형태도 상정하고 있다.

그림 5 일본은행 금융연구소「디지털머니의 사법상 성질을 둘러싼 법적 문제 연구회」

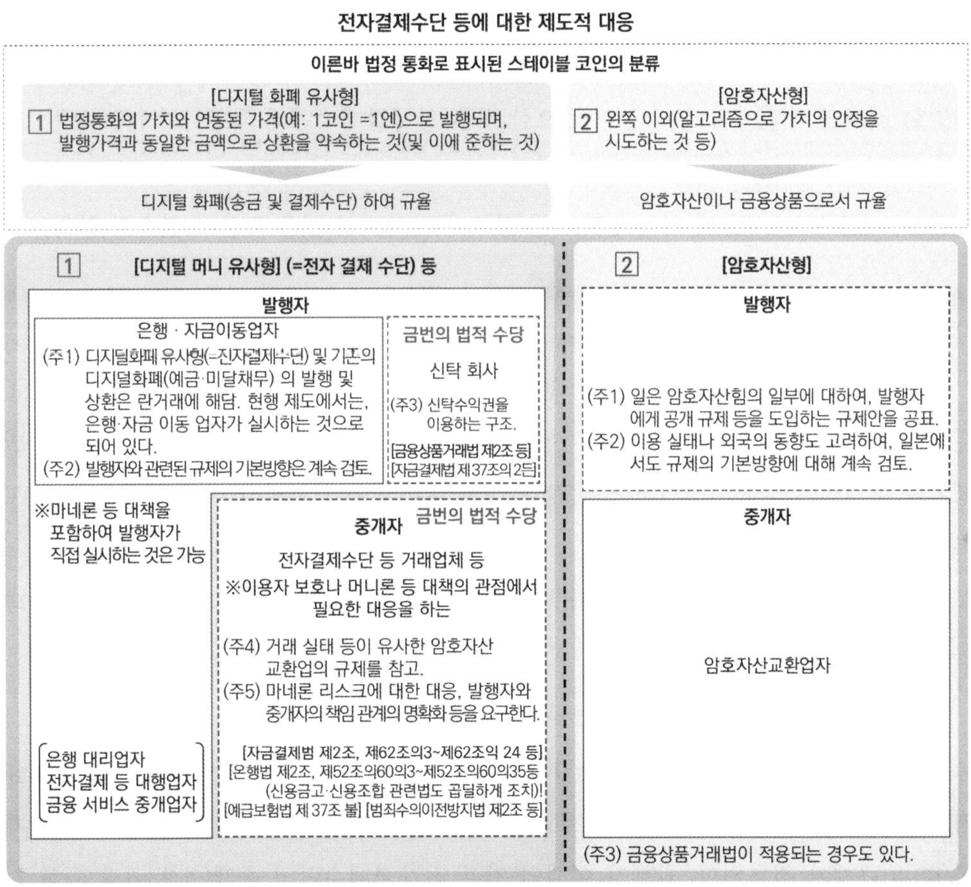

개정 자금결제법은 전자결제수단을 다음의 4종으로 구분한다.

1호: 물품 구매 또는 역무 제공 등의 대가 변제에 사용할 수 있고, 불특정 다수를 상대방으로 하여 구입·매도할 수 있는 재산적 가치

2호: 1호와 상호 교환할 수 있는 재산적 가치

3호: 특정신탁 수익권

4호: 위에 준하는 것(금융청 장관이 별도로 정하는 것)

1호 전자결제수단은 전자기기 등에 전자적 방법으로 기록된 통화표시자산으로서, 전자정보처리조직을 사용하여 이전 가능할 것을 요건으로 하며, 유가증권, 전자기록채권, 선불식 지급수단 등에 해당하지 않는 것으로 한다.

한편, 거래 시 확인을 받은 자에게만 이전 가능하도록 하는 기술적 조치가 강구되어 있고, 아울러 이전할 때마다 발행자의 승낙 등이 필요한 것은 전자결제수단에 해당하지 않는다. 또한 선불식 지급수단이라 하더라도, 잔액 양도형 또는 번호 통지형 등과 같이 이전할 때마다 발행자의 승낙 등이 필요한 것은 전자결제수단에 해당하지 않는다.

3호 전자결제수단이란 전자정보처리조직으로 이전할 수 있는 금전신탁 수익권을 말하며, 예금 또는 저금에 의해 신탁재산 전부가 관리되고 있을 것을 요건으로 한다.

(2) 발행자에 대한 주요 규제

전자결제수단을 발행·상환하는 행위는 기본적으로 환거래(為替取引)에 해당하므로, 발행자에게는 은행 면허 또는 자금이동업 등록이 요구된다. 또한 특정신탁수익권의 발행자를 특정신탁회사로 정의하여, 은행 면허가 없어도 신탁회사가 이를 영위할 수 있도록 하고 있다.

자금이동업자와 특정신탁회사가 발행자가 되는 경우의 주요 규제상 유의사항은 다음과 같다.

① 자금이동업자가 발행자가 되는 경우

체류 규제/이전 상한: 자금이동업자인 발행자에게는, 환거래에 사용되지 않는 이용자 자금을 보유하지 않기 위한 조치로서, 자금이동업자와 동일한 송금 상한 규제 및 체류(滯留) 규제가 적용된다. 발행자 이외의 자가 전자결제수단의 중개(이전·관리 등)를 하

는 경우에도, 중개자에게 발행자와 동일한 송금 상한액 및 체류 규제가 적용된다.

부적절한 전자결제수단을 발행하지 않기 위한 조치: 발행자는 다음 사항에 유의하여야 한다.

- 발행하는 전자결제수단의 권리 이전 시기와 그 절차의 명시 및 체제 정비
- 이용자 권리 보호 조치(발행자·중개자의 파산 또는 기술적 장애(사이버 공격·사무처리 오류 등) 발생 시 거래의 해제·취소, 손실 보전 등
- 전자결제수단의 상환청구가 적절히 이루어지도록 하는 체제의 정비
- 이용자 보호를 위한 정보제공

또한 자금이동업자인 발행자는 은행 등이 행하는 환거래와의 오인 방지 조치로서, 이용자에게 ① 발행자가 전자결제수단 보유자에 대한 상환의무를 부담하고 있음을, ② 이용자 자금을 보전하고 있음을 설명하여야 한다.

AML/CFT: 자금이동업자가 퍼미션리스형(permissionless) 블록체인에서 전자결제수단을 발행하는 경우, 자기가 관리하지 않는 지갑으로의 전자결제수단 이전·상환을 정지할 수 있는 체제를 갖출 필요가 있다.

② 특정신탁회사가 발행자가 되는 경우

- 송금 상한 규제

특정신탁회사에는 제2종 자금이동업자와 동일한 송금 상한 규제가 적용되지만, 업무실시계획의 인가를 받음으로써 1건당 100만 엔을 초과하는 특정신탁 환거래가 가능하게 된다.

- 상환청구

특정 신탁 수익권의 수익자로부터 계약 기간 중에 상환청구가 된 경우에는 지체 없이 청구에 응할 필요가 있으며, 특정 신탁회사가 특정 신탁 수익권의 이행 등 금액과 동일한 금액으로 매수하는 대응도 인정되고 있다.

(3) 중개자에 대한 규제의 개요

중개업에는 「전자결제수단 등 거래업」, 특정신탁수익권만을 취급하는 「특정 자금

이동업」, 은행의 위탁에 기초한 「전자결제 등 취급업」이 있다.

전자결제수단 등 거래업자는 등록제이며, 다음과 같은 영업규제가 부과된다.

- 정보의 안전관리
- 위탁처에 대한 지도
- 이용자 보호에 관한 조치
- 금전 예탁의 금지
- 이용자 재산의 분별관리
- 발행자 등과의 계약 체결의무

특정신탁환거래만을 업으로 영위하는 「특정 자금이동업」도 등록제이며, 다음과 같은 영업규제가 있다.

- 정보의 안전관리
- 고객에 대한 설명
- 금전 등의 예탁의 금지
- 위탁은행과의 계약 체결의무

또한 남겨진 과제로서 은행이 발행자가 되는 경우의 예금보험제도 본연의 자세에 대해서는 금융 시스템의 안정 확보·예금자 보호의 관점과 도덕적 해이의 관점을 근거로 검토가 필요하게 될 것이다.

Ⅲ 최근의 자금결제법 개정

1 자금이동업에서의 새로운 자산보전 방법의 신설

자금이동업자는 환거래를 수행하기 위하여 이용자로부터 자금을 수령하는바, 자신이 파산하더라도 이용자가 우선적으로 변제를 받을 수 있도록, 자금결제법상 ① 공탁(供託), ② 은행 등의 보증, ③ 신탁회사 등에의 신탁 중 어느 하나의 방법(복수의 방법을 병용하는 것도 가능)을 통해 수령한 자금의 전액을 보전할 의무를 진다.

다만, 개정 전 자금결제법에서는 제도상 위 ② 또는 ③의 보전방법을 채용하는 경우라 하더라도, 자금이동업자가 파산했을 때 이용자에게 반환을 실시함에 있어 반드시 '공탁'을 거치도록 하는 구조였기 때문에, 이용자에 대한 조기 반환이 이루어지지 못하여 이용자 보호의 관점에서 과제가 있다고 지적되어 왔다.

이에 따라, 개정 자금결제법에서는 은행 등 또는 신탁회사 등이 '공탁'을 거치지 않고 직접 이용자에게 변제할 수 있도록 하는 새로운 보전제도가 신설되었다.

그림 6 일본은행 금융연구소 「디지털머니의 사법상 성질을 둘러싼 법적 문제 연구회」

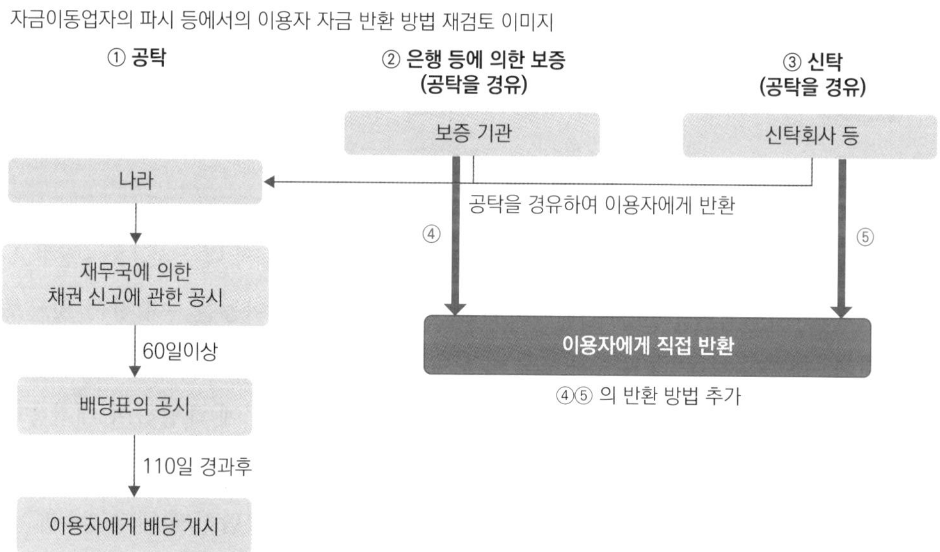

출처 : 금융청 '자금 결제에 관한 법률의 일부를 개정하는 법률안' 설명자료 (2025년 3월) 6페이지

덧붙여, 이번 개정으로 도입된 새로운 보전제도는 어디까지나 옵션에 불과하며, 자금이동업자에게 의무화되는 것은 아니다. 따라서 종전과 동일한 방법에 의한 보전도 가능하다.

다만, 금융심의회 「자금결제제도 등에 관한 워킹그룹」 보고서(2025년 1월, 이하 '2025년 결제 WG 보고')[13]에서는, 제1종 자금이동업자가 새로운 보전제도의 채택을 포함한 일정한 조치를 강구함으로써 체류 규제를 완화하는 방안이 제안되어 있으며, 구체적으로는 이용자 자금의 체류 기간을 최장 2개월까지 인정하는 방안이 검토되고 있다. 현행 제1종 자금이동업에서는 체류 기간에 대한 운용이 상당히 엄격하여, 이용자로부터 송금 지시를 받을 때마다 매번 자금을 수령할 필요가 있는 등 편의성 측면에서 문제가 지적되어 왔기 때문에, 새로운 보전제도의 도입을 통해 제1종 자금이동업에 대해 보다 유연한 비즈니스 모델을 실현할 수 있을 것으로 기대된다. (아울러, 허용되는 체류 기간에 관해서는 내각부령에 위임되어 있으므로〔자금결제법 제51조의2 제2항, 자금이동업자에 관한 내각부령 제32조의2 제2항〕, 자세한 내용은 향후 공포될 내각부령 개정안을 기다릴 필요가 있다.)

2 크로스보더 수납대행에 대한 규제 도입(환거래 해당성)

(1) 개정의 배경 및 수납대행에 관한 종전 논의

소위 '수납대행'(수취인의 의뢰를 받아 지급인으로부터 매매 등의 대금 지급을 수납하고, 그 대금을 수취인에게 교부하는 서비스)에 대하여는, 격지자 간 자금이동을 수행하는 것으로서 그 '환거래' 해당성(자금이동업 등록 필요 여부)이 종전부터 쟁점이 되어 왔다. 한편, 은행 등 이외의 자가 환거래를 업으로 영위하는 행위는 '자금이동업'에 해당하여 내각총리대신의 등록이 필요하고(자금결제법 제37조), 자금이동업자는 범죄수익이전방지법(이하 '범수법'犯収法)에 규정된 '특정사업자'로서 거래 시 확인의무 등을 부담하게 된다(범수법 제2조 제2항 제31호).

이 쟁점은 자금결제법 제정 시(2009년 당시)부터 장기간 계속되어 온 것이므로, 2019년 12월 공표된 금융심의회 『결제법제 및 금융서비스 중개법제에 관한 워킹그룹 보고서』(이하 '2019년 결제 WG 보고') 및 이를 이어받은 2020년 자금결제법 개정에서는 다음과 같이 정리가 되어 있었다.

---

13 https://www.fsa.go.jp/singi/singi_kinyu/tosin/20250122.html(원문에 있는 각주)

① 수취인(채권자) 이 사업자 또는 국가 · 지방공공단체인 수납대행

지급인(채무자)이 수납대행업자에게 지급한 시점에 채무의 변제가 종료되어 채무자(지급인)에 이중지급의 위험이 없다는 점이 계약상 명확한 경우(전형적으로 수납대행업자가 수취인으로부터 대리수령권의 부여를 받은 경우), 환거래에 관한 규제를 적용할 필요성은 반드시 높다고 할 수 없다.

② 수취인(채권자)이 개인인 수납대행

내각부령이 정하는 일정 요건을 충족하는 것(구체적으로 소위 '와리칸(割り勘) 앱'〔더치페이 앱〕을 상정하며, 수납대행업자가 수취인의 채권 성립에 관여하지 않는 것이 그 특징)에는, 환거래에 해당한다(자금결제법 제2조의2 제10호, 자금이동업자에 관한 내각부령 제1조의2).

이러한 정리를 전제로, 수납대행을 하는 사업자는, 수취인이 ①의 사업자 또는 국가 · 지방공공단체인 경우에는 대리수령권 부여 등으로 채무자(지급인)의 이중지급 위험을 해소하고, ②의 개인인 경우에는 내각부령(자금이동업자에 관한 내각부령 제1조의2)이 정하는 요건에 해당하지 않도록 하는 스킴[14]으로 구성함으로써, 환거래로서의 규제 적용을 회피한다는 해석이 취해져 왔다.

한편, 2019년 결제 WG 보고에서는 "국내에서 국외로 자금을 이동시키거나 국외에서 국내로 자금을 이동시키는" 수납대행(이하 '크로스보더 수납대행')은 명시적으로 논의 대상이 아니었고, 크로스보더 수납대행의 경우에도 상기 ① 및 ②의 정리가 그대로 타당한지 불명확하였다. 이에 2025년 결제 WG 보고에서는 크로스보더 수납대행이 자금세탁 등에 이용될 위험과, 국내 지급인 및 수취인이 보호되지 못할 위험이 지적되었고, 개정 자금결제법에서 크로스보더 가운데 일정한 적용제외 유형에 해당하지 않는 것은 "환거래에 해당한다"고 명기되었다(개정 자금결제법 제2조의2 제2호).

덧붙여, 이번 개정은 크로스보더 수납대행을 대상으로 하는 것이며, 국내에서 완결되는 수납대행에 대하여는 종전의 정리(상기 ① 및 ②)가 변경되는 것은 아니다.

14 스킴(scheme):법 · 금융 · 결제 분야에서 참여자, 흐름, 규칙, 리스크 통제 방식을 포함한 '거래/서비스의 설계 · 운용 구조'를 뜻함.

(2) 크로스보더 수납대행의 정의

크로스보더 수납대행의 정의(자금결제법 제2조의2 제2호 조문)는 다음과 같다.

제2조의2 금전채권을 보유하는 자(이하 이 조에서 "수취인"이라 한다)로부터의 위임(국내에서 국외로 자금을 이동시키거나 또는 국외에서 국내로 자금을 이동시키는 행위에 관한 경우에는, 둘 이상 단계에 걸친 위임을 포함한다), 수취인으로부터의 금전채권의 양수 기타 이에 유사한 방법에 의하여, 해당 금전채권에 관한 채무자 또는 해당 채무자로부터의 위임(둘 이상 단계에 걸친 위임을 포함한다. 이하 이 조에서 같다) 기타 이에 유사한 방법에 의하여 지급을 행하는 자(이하 이 조에서 "채무자 등"이라 한다)로부터 변제로서 자금을 수령하거나, 또는 타인으로 하여금 이를 수령하게 하고, 해당 수취인 또는 수취인으로부터의 위임 기타 이에 유사한 방법에 의하여 지급을 받는 자(이하 이 조에서 "수취인 등"이라 한다)에게 해당 자금을 교부함으로써, 채무자 등으로부터 수취인 등에게 해당 자금을 이동시키는 행위(채무자 등으로부터 현금의 교부를 받고, 해당 현금을 수취인 등에게 교부함에 의하여 해당 자금을 채무자 등으로부터 수취인 등에게 이동시키는 행위를 제외한다)로서, 다음 각 호의 어느 하나에 해당하는 것은, 환거래에 해당하는 것으로 본다.

1. 수취인이 개인(사업으로서 또는 사업을 위하여 수취인이 되는 경우를 제외한다)일 것. 기타 내각부령으로 정하는 요건을 충족하는 행위(다음 호에 해당하는 행위를 제외한다).
2. 국내에서 국외로 자금을 이동시키거나, 또는 국외에서 국내로 자금을 이동시키는 행위(해당 행위의 태양 기타 사정을 감안하여 이용자 보호에 결함이 생길 우려가 적은 것으로서 내각부령으로 정하는 것을 제외한다).

유의할 점은, 전제가 되는 수취인(채권자)으로부터의 수납대행 '위임'과 관련하여, 크로스보더 자금이동이 있는 경우에는 "둘 이상 단계에 걸친 위임을 포함"된다는 점이다. 즉, 국내에서 완결되는 수납대행에서는 수취인으로부터 직접 위임을 받은 자만이 자금결제법 제2조의2의 대상 행위자가 되지만, 크로스보더의 경우에는 직접 위임을 받은 자뿐 아니라 재위임·재재위임을 받은 자도 동 조의 대상 행위자가 된다. 금융청은, 해외 수취인으로부터 직접 위임을 받은 해외 사업자가 있는 경우라도, 해당 해외 사업자로부터 "일본 국내를 포함한 자금이동의 의뢰"를 받은 국내 사업자가 있는 때에는, 그 국내 사업자에게 자금이동업 등록이 필요하다는 견해를 밝힌 바 있으며, 상기 조문은 이러한 견해를 조문상(条文上) 명확화한 것으로 이해된다.

다음으로, 제2호에서 크로스보더 수납대행의 내용이 규정되어 있는데, "국내에서 국외로 또는 국외에서 국내로 자금을 이동시키는 행위"라는 매우 광범위한 문언으로 되어 있으므로, 국내 또는 해외의 수취인으로부터 크로스보더 자금 회수에 관한 위임(앞서 본 바와 같이 2단계 이상 위임을 포함)을 받는 경우라면 해당 행위에 포섭되는 것으로 보아야 하며, 실무상으로는 적용 제외 유형("해당 행위의 태양 기타 사정을 감안하여 이용자 보호에 결함이 생길 우려가 적은 것으로서 내각부령으로 정하는 것")에 해당하는지 여부가 중요해질 것이다.

(3) 적용 제외 유형

다만, 해당 적용 제외 유형의 구체적 내용은 내각부령에 위임되어 있으므로, 현 단계(2025년 7월)에서는 그 상세를 향후 내각부령안의 공표를 기다릴 필요가 있다. 다만 다음과 같은 내용이 규정될 것으로 예상된다.

① 크로스보더 수납대행업자가 '금전채권의 발생원인의 성립에 관여'하는 경우

소위 플랫폼 사업자나 위탁판매자 등이 수행하는 크로스보더 수납대행을 예로 들 수 있다. 2025년 결제 WG 보고에 따르면, 이와 같은 경우에는 물품 제공 등과 자금 이동이 일체로 이루어지는 것이 일반적이며, 자금세탁·사기 등의 부정 이용 방지가 도모되고 있다는 지적을 감안하여, 즉시 환거래 규제의 대상으로 삼지는 않는다는 방향성이 제시되었다. 따라서 크로스보더 수납대행업자가 '금전채권의 발생원인의 성립에 관여'하는 경우를 적용 제외 유형으로 규정할 것이 예상된다.

아울러, 특히 플랫폼 사업자의 경우 어느 정도의 관여가 있으면 '금전채권의 발생원인의 성립에 관여'한 것으로 볼 것인지는 향후 쟁점이 될 것이다.

② 크로스보더 수납대행업자가 '금전채권의 발생원인의 성립에 관여하지 않는' 경우

2025년 결제 WG 보고에 따르면, 금전채권의 발생원인에의 관여가 인정되지 않는 경우라도 다음 가~다에 대해서는 즉시 환거래에 관한 규제를 적용할 필요성은 높지 않다고 되어 있으므로, 이것들도 적용 제외 유형으로 내각부령에 규정될 것으로 예상된다.

가. 에스크로[15] 서비스에 해당하는 것

나. 수취인과의 자본관계가 있는 경우 등, 수취인과의 경제적 일체성이 인정되는 자가 행하는 것

다. 다른 법령이 규율하는 분야에 속하는 주체 또는 행위로서 크로스보더 수납대행을 실시하는 것으로 상정되는 것

다만, 2025년 결제 WG 보고에서 위 나 및 다에 관한 서술은 상당히 추상적(예: '경제적 일체성', '다른 법령이 규율하는 분야의 주체 · 행위')이므로, 향후 적용 제외 유형이 내각부령에서 어떠한 문구로 규정되는지, 또한 가이드라인 안이나 퍼블릭 코멘트(public 의견수렴)에서 어떤 해석이 제시되는지를 주시할 필요가 있다.

그리고, 개정 자금결제법 제2조의2 제2호의 적용 제외 유형은 내각부령에서 광범위한 내용을 규정할 수 있도록 되어 있으므로("해당 행위의 태양 기타 사정을 감안하여 이용자 보호에 결함이 생길 우려가 적은 것으로서 내각부령으로 정하는 것"), 내각부령에서 상기 가~다 외의 적용 제외 유형이 마련되지 않는지에 대해서도 유의할 필요가 있을 것이다.[16]

3 가상자산 · 전자결제수단(스테이블 코인) 관련

가상자산 · 전자결제수단(스테이블 코인)과 관련한 개정 항목은 다음의 3가지이다.

첫째, '매개(媒介)만'을 업으로 영위하는 경우를 대상으로 하는 새로운 중개업(「전자결제수단 · 가상자산 서비스 중개업」)이 신설된다.

둘째, 「특정신탁수익권」의 정의가 개정되어, 신탁형 스테이블 코인의 발행자에 대하여 일정한 조건 아래 요구불 예 · 저금 이외의 방법으로 신탁재산을 관리 · 운용하는 것이 인정된다.

---

15 에스크로(escrow): 거래 당사자(지급인 · 수취인)와 독립된 제3자가 대금을 예치 · 관리하다가, 계약상 조건이 충족되면 수취인에게 지급하고, 미충족 또는 분쟁 시에는 환급 · 보류하는 신뢰보호형 결제 안전장치.

16 경과조치{經過措置}: 개정 자금결제법 제2조의2의 규정에 따라 환거래에 해당한다고 되는 행위를 업으로 영위하고 있는 자(즉, 크로스보더 수납대행을 수행하는 사업자 중 적용 제외 유형의 대상에도 해당하지 않는 자)에 대하여는, 시행일로부터 기산하여 6개월간은 자금이동업 등록 없이 해당 행위를 업으로 영위할 수 있다고 되어 있다(개정법 부칙 제2조 제1항).(원문에 있는 각주)

셋째, 이른바 FTX 사건을 반영하여, 가상자산교환업자 및 전자결제수단 등 거래업자에 대한 자산의 국내 보유 명령에 관한 규정(당국의 권한 규정)이 추가된다.

또한, 해당 기간 내에 자금이동업 등록을 신청한 경우에는, 그 신청에 대한 등록 또는 등록거부의 처분이 이루어질 때까지(다만, 시행일로부터 2년이 경과하기 전으로 한정됨) 자금이동업 등록 없이 당해 행위를 업으로 영위할 수 있다(개정법 부칙 제2조 제2항).

(1) 가상자산·스테이블 코인에 관한 신규 중개업의 신설

사업자가 가상자산의 매매·교환에 관여하는 경우, 그 형태에 따라서는 그러한 관여가 가상자산의 매매·교환의 '매개'에 해당할 가능성이 있으나, '매개'의 외연은 반드시 명확하지 않았다. 가상자산교환업자에 대한 링크 설정이나 콘텐츠의 전재와 아울러, 사업자가 독자적 견해로서 상품 등의 권유·설명을 하는 경우에는 '매개'에 해당할 수 있다고 여겨지는 등, 계속하여 '매개' 해당성이 쟁점이 되는 사례가 존재하였다.

이 점에 대해, 개정 전 자금결제법에서는 가상자산 또는 전자결제수단의 매매·교환의 '매개'만을 하는 경우라 하더라도 '가상자산교환업' 또는 '전자결제수단 등 거래업'의 등록이 필요하고, 아울러 '특정사업자'로서 범죄수익이전방지법상의 의무(KYC(거래 시 확인) 등)가 부과되므로, 사업자의 부담이 크다는(그 결과, 이용자에게 편의성이 높은 UI/UX 제공이 곤란하다는) 지적이 있었다. 따라서, 개정 자금결제법에서 '매개만'을 업으로 하는 경우를 대상으로 한 새로운 중개업('전자결제수단 가상자산 서비스 중개업')이 창설되었다.

(2) 전자결제수단·가상자산 서비스 중개업의 신설

전자결제수단·가상자산 서비스 중개업에서는, 아래의 어느 하나의 행위를 업으로 하는 것이 「전자결제수단·가상자산 서비스 중개업」에 해당한다(개정 자금결제법 제2조 제18항).

- 전자결제수단 중개행위: 전자결제수단 등 거래업자 이외의 자가, 전자결제수단 등 거래업자의 위임을 받아, 해당 전자결제수단 등 거래업자를 위하여 전자결제수단의 매매 또는 다른 전자결제수단과의 교환의 매개를 하는 것
- 가상자산 중개행위: 가상자산교환업자 이외의 자가, 가상자산교환업자의 위임을 받아, 해당 가상자산교환업자를 위하여 가상자산의 매매 또는 다른 가상자산과의 교환의 매개를 하는 것

위와 같이, 어디까지나 위임한 특정 전자결제수단 등 거래업자 또는 가상자산교환업자(개정 자금결제법상 각각 「소속 전자결제수단 등 거래업자」, 「소속 가상자산교환업자」)를 위하여 행하는 매개만이 「전자결제수단·가상자산 서비스 중개업」에 해당하는 행위가 된다. 이는 이른바 '소속제'「所属制」라 불리는 제도이며, 소속 전자결제수단 등 거래업자 및 소속 가상자산교환업자는, 자기에게 소속된 전자결제수단·가상자산 서비스 중개업자가 이용자에게 가한 손해에 대하여 원칙적으로 손해배상책임을 진다(개정 자금결제법 제63조의22의14).

아울러, 소속처가 되는 전자결제수단 등 거래업자 및/또는 소속 가상자산교환업자는 전자결제수단·가상자산 서비스 중개업에 관한 등록신청서의 기재사항이며, 이것이 누락된 경우에는 등록이 실효된다(개정 자금결제법 제63조의22의23 제3항 제2호~제4호).

① 진입 요건

전자결제수단·가상자산 서비스 중개업자로서의 등록을 받아야 한다(개정 자금결제법 제63조의22의2). 해당 등록에 관한 신청서에는 주요 기재항목으로서 아래 사항을 기재해야 한다(개정 자금결제법 제63조의22의3 제1항).

- 업무의 종류('전자결제수단 중개행위'·'가상자산 중개행위'의 구분)
- 취급하는 전자결제수단·가상자산의 명칭(전자결제수단의 경우 발행자의 상호 등 포함)
- 소속 전자결제수단 등 거래업자·소속 가상자산교환업자의 상호
- 전자결제수단·가상자산 서비스 중개업의 내용 및 방법

아울러, 등록을 받음에 있어 업무수행체계와 법령준수 체계의 정비는 필요하지만, 단순한 '매개'에 해당하므로 재무요건은 두지 않고 있다(개정 자금결제법 제63조의22의5 제1항).

② 행위규제 등

전자결제수단·가상자산 서비스 중개업자에게는 행위규제로서, 정보의 안전관리, 위탁처 관리, 이용자에 대한 정보제공 의무(가상자산 및 전자결제수단의 내용 설명 등), 고객자산의 수령 금지 등이 부과된다(개정 자금결제법 제63조의22의10 이하).

또한 '가상자산 중개행위'를 하는 경우에는, 가상자산교환업에 관한 광고 규제 및 금지행위에 관한 규정이 준용되고(개정 자금결제법 제63조의22의15 제2항), 더 나아가 외화

표시 전자결제수단에 관한 '전자결제수단 중개행위'를 하는 경우에는 금융상품거래법상의 광고 규제, 정보제공, 금지행위 등에 관한 규정이 준용된다.

아울러 전자결제수단 · 가상자산 서비스 중개업자는 '특정사업자'(범죄수익이전방지법 제2조 제2항)에 해당하지 않으므로, 동법상의 거래시 확인 의무 및 의심거래 보고의무 등은 부과되지 않는다.

(3) 신탁형 스테이블 코인(특정신탁수익권)의 준비자산 관리 · 운용 유연화

전자결제수단(스테이블 코인)은 2022년 자금결제법 개정(2023년 6월 시행)에 의해 정의되었고, 그 내역 중 하나로 '특정신탁수익권'(신탁회사 또는 신탁은행이 발행자가 되는 수익권 형태의 전자결제수단)이 있다. 개정 전 자금결제법에서는 '특정신탁수익권'의 뒷받침 자산(準備資産; 이하 준비자산이라 하고, 필요시 담보자산으로도 표기 가능)은 전부를 은행 등에 대한 요구불 예 · 저금(要求払預貯金) 만으로 관리해야 했는데, 이와 관련하여 수익성 측면의 과제가 지적되어 왔을 뿐만 아니라, 미국 · EU에서는 스테이블 코인의 준비자산을 국채 등으로 운용할 수 있도록 하는 제도와의 형평에도 문제가 있다는 지적이 있었다.

이러한 지적을 반영하여, 개정 후 자금결제법은 '특정신탁수익권'의 정의를 개정하고, 일정한 조건 하에 요구불 예 · 저금 이외의 방법으로도 신탁재산의 관리 · 운용을 할 수 있도록 인정하였다(개정 자금결제법 제2조 제9항).

아울러, 개정 후 '특정신탁수익권' 정의상 그 조건의 상세는 내각부령에 위임되어 있으므로, 세부 내용은 향후 내각부령(안)의 공표를 기다려야 한다. 다만 2025년 결제 WG 보고 및 금융청 설명자료에 비추어 보면, 대략 다음과 같은 조건이 규정될 것으로 예측된다.

① 운용대상으로 인정되는 요구불 예 · 저금 이외의 자산

② 위 자산(예: 국채 · 정기예금)의 편입비율 상한

③ 준비자산 감소 리스크에 대한 대응조치

또한, 이른바 FTX 사건을 반영하여, 가상자산교환업자 및 전자결제수단 등 거래업자에 대하여 자산의 국내 보유명령에 관한 규정(당국의 권한규정)이 추가되었다(개정 자금결제법 제62조의21의2, 제63조의16의2).

아울러 FTX 사건에서는, 국내 가상자산교환업자에 대해 그 모회사(해외 법인)의 신용불안을 계기로 해외로의 자산 유출로 국내 이용자 피해가 발생하는 것을 방지하기 위해 자산의 국내 보유명령이 내려졌다. 당시 해당 교환업자는 가상자산 파생상품 업자로서 금융상품거래업 등록도 보유하고 있었기 때문에, 당국은 금융상품거래법의 규정을 근거로 국내 보유명령을 발하였다. 한편 당시 자금결제법에는 국내 보유명령에 관한 권한규정이 부재하였으므로, 이른바 현물거래만을 취급하는 사업자(즉, 금융상품거래법상 등록은 없고, 자금결제법상 가상자산교환업 등록만 보유하는 사업자)에게 동종 사태가 발생할 경우의 권한규정이 불충분하다는 문제가 부각되었다. 이에, 이러한 사업자에 대해서도 자산의 국내 보유명령을 발할 수 있도록, 금번 개정 자금결제법에 위 권한규정이 마련되었다.

Ⅳ 검토되고 있는 향후 과제

이와 같은 상황 속에서, 가상자산을 둘러싼 새로운 규제 · 법제도의 움직임이 있다. 금융청은 2024년 가을 무렵부터 정기적으로 비공식 연구회(勉強会)를 실시하였고, 2025년 4월에 「가상자산에 관련되는 제도의 바람직한 형태 등에 대한 검증」[17]이라고 말하는 디스커션 페이퍼(DP, discussion paper)을 공표하였다. 같은 해 6월에는 금융심의회에 「가상자산 제도에 관한 워킹그룹」을 신설하기로 결정하였으며, 7월 31일에 제1회가 개최된 바 있다.

17 https://www.fsa.go.jp/news/r6/sonota/20250410_2/01.pdf(원문에 있는 각주)

그림 7 도표 가상자산을 둘러싼 최근 동향

2024년 5월	교환소 “DMM 비트코인” 약 482억 엔 상당의 비트인이부정 유출됨
2024년 12월	자민당이「암호 자산을 국민 경제에 이바지하는 자감으로 하기 위한 긴급 제언」을 공표
	2025년도의 여당 세제개정 대강을 결정. 암호화폐 세제의개정에 대해 명기
2025년 1월	가토 가쓰노부 재무대신이 암호자산에 관한 금융청의 제도검증을 2025년 6월 말까지 실시하겠다고 표명
2025년 3월	자민당의 web3 워킹 그룹(WG)이 암호 자산에 관한 새 제도개정안을 공표
2025년 4월	금융청, 디스커션 페이퍼 ‘암호자산과 관련된 제도의 기본방향 등에 대한 검증’을 공표
2025년 6월	자금 결제법 개정이 성립. 암호 자산 서비스의 새로운 업태가 되다 ‘암호자산 서비스 중개업’ 신설과 고객 자산 보전규칙 강화 방안 등이 포함
	금융청, ‘암호자산 제도에 관한 워킹그룹(가칭)’ 신설 결정
2025년 7월	비트코인이 처음으로 12만 달러를 돌파하다
2026년 내내	금상법 개정안 국회 제출(전망)

출처:日経クロステック

가상자산의 금융상품거래법 적용(‘금상법화’/金商法化) 논의가 본격화된 배경의 하나로, 시장 활성화에 따라 기관투자자 등 투자자금이 시장에 유입되고, 가상자산의 실태에 부합하는 법제·규제의 틀이 요구되게 된 점을 들 수 있다. 미국에서는 2024년 1월 비트코인 가격과 연동되는 비트코인 ETF(상장지수펀드)가 허용되었고, 2025년 7월 18일에는 미 달러와 항상 1:1로 가치가 연동되도록 설계된 가상자산의 일종인 스테이블 코인에 대해 포괄적 연방 규제의 틀을 마련하는 GENIUS법이 성립한 바 있는데, 이러한 움직임도 그 배경에 있다고 하겠다.

일본에서도 이와 같은 금융상품으로서 가상자산을 허용해 달라는 요구가 가상자산 업계단체 및 금융기관 등으로부터 제기되고 있으며, 이를 위해서는 지급 등을 목적으로 하는 자금결제법이 아니라 금융상품거래법 하에서 가상자산을 투자대상 금융상품으로 자리매김할 필요가 있기 때문에, 2024년 12월에는 자민당(自民党) Web3 워킹그룹의 가상자산 관련 제도 개혁안이 발표되었다. 그 요지는 다음과 같다.

① 현행 자금결제법이나 업계 자율규제가 아니라, 유가증권과는 별도로 '금융상품거래법'으로 규율할 것.

② 발행자 규제에 관하여, 현행의 경우 신규 발행 시 업(業) 등록을 보유하고 정보제공의무를 부담하더라도 인사이더 거래[18] 규제는 부재한 상태이므로, 공모에 의한 신규 발행의 경우 공시의무가 있고, 인사이더 거래 규제를 둘 것.

③ 교환업자 등 서비스 제공자 규제와 관련하여, 현행은 투자자문업자·펀드 운용자에 관한 규제가 없고, 가상자산의 매매 서비스 제공·보관·관리에는 교환업 등록이 필요한 상태이므로, 가상자산 매매 서비스 제공 등에 교환업을 필수로 할 것, 아울러 투자자문업자·펀드 운용자에 대해서는 업체 규제를 둘 것.

④ 투자자 규제에 관해서도 인사이더 규제가 없는 상태에서 인사이더 거래 규제를 적용하는 방향으로 할 것.

또한 위와 같은 사항들이 '유가증권과는 별개로 「가상자산」으로서 금융상품거래법에 적용시키자'는 제언과 함께 제안되고 있다.

금융청의 DP에서도, 발행업자 혹은 발행체의 정보공시 부족, 사기적 투자 권유 피해 등 가상자산 업계를 둘러싼 과제를 "금융상품거래법의 장치와 집행의 활용을 통해 해결할 수 있다"는 견해가 제시되어 있다. 아울러 금융청은 "가상자산이 주식 등의 전형적 유가증권과는 다른 특성"을 가진다는 점을 전제로 "적절한 규제 프레임워크를 검토할 필요"가 있음을 밝히며, 금상법상의 규제를 모두 가상자산에 적용하는 것은 아니다고 하고 있다.

이에 따라 최대의 초점은, 현재 자금결제법으로 규율되고 있는 가상자산을 금융상품거래법의 틀로 이관하는 안에 대한 심의이다. 이 제도 변경으로 가상자산은 정식의 "금융상품"으로 위치 지워지게 된다. 금상법으로의 이관이 실현될 경우, 현행 종합과세(최대 55%)에서 주식과 동일한 약 20%의 신고분리과세(申告分離課税)로의 전환, 그리고 비트코인 ETF(상장지수펀드) 등의 국내 허용을 통한 기관투자자·일반투자자 접근성 제고가 기대된다. 또한 금융상품거래법에 기초한 포괄적 투자자 보호제도의 강화도 언급

18 인사이더 거래(insider = 자본시장법상 '미공개중요정보 이용행위')
정의: 아직 시장에 공시되지 않은 중요정보(합리적 투자판단·가격에 중대한 영향)를 내부자 등이 이용하여 증권 등을 매매하거나, 그 정보를 누설·이용 권유하는 행위.

되고 있다.

이러한 흐름은 일본 정부가 표방하는 투자입국 실현 전략의 일환으로 자리매김하고 있으며, Web3 · 가상자산 분야의 본격적 환경 정비를 통해 디지털 자산을 활용한 새로운 가치 창출과 국민의 자산형성 기회 확대를 동시에 지향하고 있다.

나아가, 위와 같은 움직임은 그간 명확하지 않았던 일본의 '환거래'(為替取引) 법적 개념의 재검토로 이어질 뿐 아니라, 일본 내에 한정되어 경색되었던 논의를 국제적 거래에 대한 대응으로 확장시키는 방향을 기대하게 한다. 결제수단의 다양화가 진행되는 가운데, 일본에서도 시대적 요청에 부합하는 결제법제의 구축이 한층 더 진전되기를 기대한다.

참/고/문/헌

〈외국문헌〉

堀天子『実務解説 資金決済法〔第5版〕』商事法務 2022.3.3.

佐野 史明『詳解 デジタル金融法務【第2版】』金融財政事情研究会 2024.3.1.

市古 裕太「デジタルマネービジネスの法務」商事法務 2024.2.7.

得津晶「金融法の体系の中の「資金決済法」」金融法務事情 2216号(2023.8.25.)

金融庁資料：暗号資産制度について(2025)

https://www.fsa.go.jp/singi/singi_kinyu/angoshisanseido_wg/gijishidai/20250731/04.pdf

CHAPTER 04

디지털금융법을 향하여

디지털금융법을 향하여

이민경
(성신여자대학교 법학부 조교수)

I 들어가며

금융(金融)은 '금전을 융통하는 일'로 정의된다.[1] 이는 자금의 융통(融通) 내지 흐름(flow)을 의미한다. 이러한 흐름은 마치 물과 같다. 물이 높은 곳에서 낮은 곳으로 흐르듯, 자금은 자금공급자에서 자금수요자로 흘러간다. 물이 고이면 썩듯이 자금은 한 곳에 머무는 것이 아니라 이와 같은 흐름을 통하여 투자, 위험관리, 비현금지급과 같은 여러 금융기능[2]을 수행하게 된다.

자금의 흐름을 바라보는 관점은 논자에 따라 다르다. 경제학 관점에서는 자금배분의 효율성과 위험·정보의 가격화 메커니즘을, 기업재무와 같은 경영학 관점에서는 기업가치 극대화를 위한 자본조달과 배당구조 설계를 중점적으로 탐구할 것이다. 법적 관점에서는 크게 세 개의 틀로 금융에 접근할 수 있는데,[3] 가장 먼저 ① 예금, 보험, 증권, 파생상품 등 다양한 금융상품의 법적 구조를 분석하는 것을 출발점으로 하게 된다. 다음으로, 금융법의 지형은 ② 금융거래의 법률관계와 당사자의 권리의무를 분석하는 금융거래법과 ③ 금융회사에 대한 법적 규제방안을 검토하는 금융규제법으로 나뉘게 된다.

1 국립국어원 표준국어대사전 <https://stdict.korean.go.kr/main/main.do>.

2 금융의 기능적 이해에 관한 개관은 정순섭, 「금융법」, 2023, 3면.

3 이하 법적 관점에서 금융에 접근하는 방법은 정순섭, 위의 책, 3-4면.

디지털금융은 위와 같은 금융법의 세 분야 전부에 대하여 근본적인 질문을 던진다. 비트코인으로 대표되는 분산원장 기반 토큰에 이어 지급결제뿐만 아니라 다양한 유틸리티와 수익분배 기능을 가진 토큰이 추가로 등장하면서 이러한 가상자산이 기존 금융법, 특히 「자본시장과 금융투자업에 관한 법률」("자본시장법")상 금융투자상품, 그 중에서도 증권에 해당하는지 의문을 가지게 된다. 금융거래의 당사자가 되는 금융기관과 이용자 등 서로 다른 집단을 연결하는 금융플랫폼, 그리고 알고리즘 거래나 로보어드바이저와 같이 기계적 장치나 인공지능 기반 기술을 활용한 거래방식은 권리·의무의 당사자와 거래의 법적 성격을 비롯한 금융거래의 기본적 법률관계에 대한 분석 틀에 근본적인 수정을 요구한다. 나아가 위와 같은 새로운 금융상품과 거래방식의 출현은, 전통적 관점에서 설정된 금융리스크 개념과 소비자 보호를 축으로 하는 금융규제의 역할과 방식이 디지털금융 환경에서도 여전히 타당한지 되묻게 한다.

이 책은 위와 같이 금융의 디지털화로부터 제기되는 물음에 대한 금융법의 접근방식으로, 앞선 PART I. 총론에 이어 PART II. 각론: 이론에서 1. 디지털 금융자산(금융상품), 2. 디지털 금융거래(금융거래법), 3. 디지털 금융감독(금융규제법)을 순차적으로 다룬 다음, PART III. 각론: 개별 법률에서 디지털금융과 관련되는 각 법률의 주요 내용과 쟁점 정리한다. 이 글은 그와 같은 총론과 각론을 잇는 길잡이로서 디지털금융법에 접근하기 위한 개념적 분석 틀과 해설을 제시한다는 목적 아래, 이하에서 각 개별 글의 논의방식과 주요 내용을 요약·정리하고자 한다.

Ⅱ 총 론

1 디지털금융과 디지털금융법 [정순섭]

"디지털금융과 디지털금융법"은 디지털금융에 대한 기조강의를 제공한다. 디지털금융이 단순히 신상품이나 거래방식의 추가에 그치지 않고, 금융규제의 패러다임 자체를 변화시키는 지속적인 흐름이라는 전제하에 전통적인 금융규제의 적용상 한계를 평가하여 새로운 규제체계를 생각할 단계가 되었음을 제시한다. 논의는 먼저 디지털금융의 의의와 구조를 정리하고, 기술과 금융의 결합 과정에서 금융이 어떻게 요소별로 분해되고 기능별로 재결합하는지 살펴본 다음, 마지막으로 이와 같은 금융시장 변화 속에서 법적 위험의 관리수단, 금융규제 패러다임의 전환, 그리고 금융규제의 기본 원칙을 정리한다.

디지털금융은 디지털 기술에 기반하여 구현되는 일체의 금융을 의미하므로, 지급, 여신·수신, 자산운용, 투자 등 모든 금융기능이 그 적용 대상이 된다는 점에 주목할 필요가 있다. 디지털금융은 디지털 기술을 적용한 금융상품이나 금융거래를 말하며, 금융서비스를 제공하는 전통적인 방식을 변경하는 다양한 상품, 애플리케이션, 절차 및 사업모델을 포괄한다. 그에 따라 디지털금융은 금융업의 모든 분야에 영향을 미치게 되며, 그 범위에는 실질적인 제한을 두기 어렵다. 특히 디지털금융으로 인한 금융의 요소별 분해와 기능별 재결합이라는 금융시장 변화 과정에서 금융규제법상 전통적인 법개념과의 충돌은 불가피하다. 예로 스테이블 코인과 같은 새로운 지급수단의 등장으로 인한 다양화와 지급업무 수행주체 및 지급업무 자체의 확대는 전통적인 지급기능에 상당한 변화를 초래하고 있다. 이러한 변화는 결국 고객과의 접점을 이동시키게 하고, 금융규제의 중점 역시 고객과의 접점에 따라 이동하게 된다. 한편 금융의 탈중개화와 비금융회사의 금융업 진출에 따라 기존 금융규제, 특히 진입규제의 한계와 함께 금산분리와 같은 전통적 금융규제 원리에 대한 새로운 관점에서의 접근이 요구된다.

다음으로, 금융의 디지털화에 따른 법적위험의 관리수단으로서 규제샌드박스의 개선과제와 레그테크 및 섭테크의 중요성도 고려할 필요성이 제시된다. 핀테크의 발전으로 인하여 발생하는 다양한 위험에 관한 논의 중 특히 법적 위험의 해소를 위하여 규제기관과의 소통이 강조되고 있고, 규제샌드박스와 이노베이션허브는 이러한 소통의 제도화가 구현되는 형식으로 볼 수 있다. 또한 금융규제의 수범주체 관점에서 규제의 내용을 확인하고 그 준수 여부를 점검하는 기술적 장치를 말하는 레그테크와 감독당국에 의한 혁신기술의 사용을 말하는 섭테크 역시 금융감독의 디지털전환을 위하여 논의되고 있는 영역이다.

마지막으로, 핀테크 환경에 적합한 새로운 규제상 접근방법에 기초한 기본원칙을 마련해야 한다는 전제 아래, 금융규제의 기본원칙으로 ① 금융체계위험의 방지와 금융소비자 보호라는 전통적 규제목표와 혁신·경제성장 간의 관계를 우선적으로 조율할 것, ② 판매기능을 중심으로 한 경제적 실질에 따라 금융규제의 구조와 기능을 재편할 것, ③ 금융규제의 디지털화를 적극적으로 추진할 것, ④ 금융업 규제와 인프라 규제 간의 관계를 명확히 할 것이 제시된다. 아울러 디지털금융의 발전과 관련하여 원칙중심규제의 강화, 금융회사의 의무에 기반한 통제구조의 도입, 그리고 법적 위험관리수단으로서의 샌드박스 및 기술과 규제의 결합에 대한 체계적 논의가 필요하다는 점이 함께 강조된다.

2 디지털금융과 금융법의 과제 [이정수]

"디지털금융과 금융법의 과제"는 데이터의 디지털화와 데이터 이용기술의 결합이 핵심인 제4차 산업혁명은 이른바 '디지털금융'이라는 새로운 화두를 던진다는 점에 주목하면서. 제4차 산업혁명이 금융에 미치는 영향을 분석하고 그에 따라 도출되는 금융법의 과제를 제시한다.

구체적으로, 제4차 산업혁명은 기술발전의 융합효과로 산업간 상호연결성과 통합화를 확대하며 금융업에 ① 금융업과 비금융업 간 융화, ② 업권 간 경계의 붕괴를 초래하였다. 또한 기술적 동인이 금융시장에 미치는 영향으로, 간접금융시장에서 핀테크의 지급결제시장 진입과 이자율 하락에 따른 예금의 매력감소가 기존 은행 중심 구조를 변화시킨다. 직접금융시장에서는 인공지능·빅데이터·유비쿼터스 컴퓨팅에 기반한 알고리즘에 의해 투자결정과 집행이 자동화되면서 사람 중심 규제체계의 작동이 어려워진다. 아울러 비인간화로 인한 기술화·속도경쟁 속에서 노인층·저교육층 등 기술변화에 취약하거나 알고리즘 거래 접근 가능성이 낮은 계층이 금융소외계층으로 부상하는 문제가 제기된다.

이와 같이 제4차 산업혁명이 금융업과 금융시장에 미치는 영향은 금융규제의 변화를 검토할 필요성을 제기한다. 금융규제의 목적은 시장실패 교정과 금융시스템 기능을 제고하기 위한 것으로, 실패의 성격과 범위를 판단한 후 규제수단의 집합을 설정하고, 비용·편익 비교로 개입을 결정하게 된다. 우리 금융규제는 기관주의 중심에서 동일기능·동일규제에 입각한 기능주의 규제를 가미하고 있는데, 4차 산업혁명이 던지는 도전은 기술성·속도성·복잡성으로 인하여 사적 영역의 수용이 공적 영역보다 빠르다는 점, 인공지능이나 빅데이터와 같은 기술변화는 종래의 위험평가방식은 금융행위의 위험을 측정·평가하기에 어렵다는 점 등이 있다. 특히 종래의 기능주의 규제는 위험기반 규제

(risk based approach)를 요소로 하고 있는데, 제4차 산업혁명은 새로운 기술을 기반으로 하는 새로운 금융상품과 거래방식을 도입하고 있기 때문에 거래대상 금융상품의 유형, 투자자의 유형 이외 거래방식, 거래재원에 대한 고려도 필요하고 이를 규제체계에 반영할 필요가 있다. 또한 제4차 산업혁명은 행위자 중심의 규제체계에도 영향을 미칠 것으로 예상된다. 인공지능이나 알고리즘 거래의 등장은 행위자보다는 행위수단에 중점을 둔 것으로, 행위는 있으나 행위자를 찾기 어려운 상황이 발생할 수 있기 때문이다. 또한 거래의 복잡성, 고속성으로 인해 행위의 분별에 어려움이 증가한다는 점도 지적된다.

이와 같이 제4차 산업혁명은 금융규제에 변화를 강요하고 있고, 이는 하나의 위기상황이라고 할 수 있다. 다만 제4차 산업혁명이 원동력으로 삼고 있는 여러 가지 기술변화는 금융규제에 있어 또 다른 기회이자 새로운 규제수단을 제공하고 있기도 하다. 특히 클라우드, 머신러닝 등의 신기술을 활용해 금융 관련 법규 준수 규제에 대한 대응보고를 유효하게 하는 기술을 의미하는 레그테크나 새로운 기술을 이용한 감독 내지 감시를 의미하는 섭테크와 같이 금융규제의 방법과 관련하여 새로운 가능성을 제공하기도 한다. 또한 제4차 산업혁명으로 인한 기술변화 등 제반 변화는 상대적으로 수용성이 낮은 금융당국에게 위기요소이지만, 상대적으로 수용성이 높은 자율규제기구에 대한 권한위임 가능성도 새로운 시각에서 살펴볼 수 있다. 구체적인 권한위임 방식으로는 집행권한의 일부를 자율규제기구에게 위임하되 자율규제가 적절하게 작동하지 않을 경우 감독기구가 개입하는 방식의 강제된 자율규제 하에 감독기구가 상위 원칙을 제정하고 그 구체적인 내용을 시장참여자에 위임하는 원칙중심규제가 제시된다. 다만 제4차 산업혁명으로 인한 변화가 반드시 금융당국의 역할 축소를 의미하지 않으며, 금융당국은 거시건전성 규제와 같이 자율규제가 담당할 수 없는 영역에 대해서는 더욱 역량을 강화하는 것이 필요하고 이는 금융규제의 역할을 재검토하는 관점에서의 논의주제이기도 하다.

3 디지털금융법에 대한 비교법적 접근

가. 유럽연합과 독일의 핀테크 규제: 기능적 접근 [Prof. Dr. Florian Möslein & Prof. Dr. Sebastian Omlor]

"유럽연합과 독일의 핀테크 규제: 기능적 접근"은 금융 분야 기술의 급격한 발전 속에서 EU와 독일의 핀테크에 대한 규제 접근 방식을 특히 '기능적 접근'을 중심으로 설명한다. 핀테크는 단순히 새로운 사업자나 스타트업이 아니라, ① 탈중개화(P2P 대출 등으로 은행을 거치지 않는 자금중개), ② 탈중앙화·개인화·초국가화(블록체인·클라우드 기반 인프라를 통해 국경과 중앙기관 통제의 약화), ③ 알고리즘화·인공지능(로보어드바이저, 자동 신용평가, 사기탐지 등)이라는 세 가지 특징을 통해 전통 금융과 구별된다. 그에 따라 규제는 '은행이냐 빅테크냐'와 같은 주체가 아니라, 어떤 활동과 서비스 기능을 수행하는지에 맞춰 설계될 필요가 있다.

EU의 규제 전략은 포괄적이고 성문화된 핀테크 특별법보다는 기존 규제체계를 지속적으로 수정·보완하는 점진적이고 다차원적 진화를 특징으로 한다. 한 축에서는 디지털서비스법(Digital Services Act, DSA)과 디지털시장법(Digital Markets Act, DMA)을 통해 온라인 플랫폼의 책임, 알고리즘 투명성, 시스템 리스크 관리를 규율하고, 일반개인정보보호규정(General Data Protection Regulation, GDPR)과 데이터법(Data Act)을 통해 데이터의 처리와 공유에 대한 엄격한 기준을 마련하였다. 여기에 2024년 AI법(Artificial Intelligence Act)을 통해 신용평가, 보험 위험평가 등 금융 분야의 AI를 '고위험 시스템'으로 분류하고, 데이터 거버넌스를 포함하는 리스크 기반 규제를 도입하였다. 이처럼 디지털, 데이터, AI에 관한 수평적 규범이 핀테크 규제의 근간을 이룬다.

보다 직접적인 핀테크 정책으로는 2018년 핀테크 실행 계획(FinTech Action Plan)과 2020년 디지털 금융 패키지(Digital Finance Package)가 핵심이다. 실행 계획은 규제샌드박스, 혁신허브, 인허가 제도 조화 등 '핀테크 친화적 환경'을 조성하는 로드맵 역할을 했고, 이 과정에서 유럽 크라우드펀딩 서비스 제공자 규정(Regulation on European Crowdfunding Service Providers, ECSP 규정)을 통해 크라우드펀딩·P2P 대출에 대한 EU 공통 규칙과 단일 패스포트 체계를 마련했다. 디지털 금융 패키지는 이를 한 단계 진전시켜, 디지털 금융전략과 함께 MiCA(암호자산), DLT 시범체계, 그리고 무엇보다 금융부문

ICT 리스크를 통합 규율하는 DORA(Digital Operational Resilience Act)를 제안 · 도입함으로써, 사이버보안 · 운영 리스크를 EU 차원에서 통일적으로 관리하는 방향을 제시하였다.

개별 서비스 측면에서는, 지급결제 분야에서 PSD2(Second Payment Services Directive)가 오픈뱅킹과 강력한 고객인증을 도입해 새로운 사업자 진입을 허용했고, 현재 동 지침의 일부를 규정(Regulation)으로 전환하여 회원국 간 차이를 줄이려 하고 있다. 크라우드펀딩에서는 ECSP 규정을 통해 투자 · 대출형 크라우드펀딩 모두에 대해 인허가, 영업행위, 투자자 보호, 전문 · 비전문투자자 구분 등 통일된 틀을 제공한다. 그 밖에 로보어드바이저는 제2차 금융상품시장지침(MiFID II), 인슈어테크는 보험상품판매지침(Insurance Distribution Directive, IDD) 및 지불여력제도(Solvency II) 체계에 의하여 EU 차원에서 규율되고, 독일에서는 각 지침을 국내법으로 전환한 증권거래법(Wertpapierhandelsgesetz, WpHG), 은행법(Kreditwesengesetz, KWG) 내지 보험감독법(Versicherungsaufsichtsgesetz, VAG)과 보험계약법(Versicherungsvertragsgesetz, VVG)을 통해 이행된다. 또한 데이터 보호와 운영 회복력은 모든 핀테크 비즈니스 모델의 '인프라 규제'로 기능한다.

유럽 핀테크 규제의 미래 과제로는 ① EU집행위원회가 제안한 금융데이터 접근 체계 규정(Regulation on a Framework for Financial Data Access, FIDA)을 통한 오픈 파이낸스와 금융데이터 공유 체계 구축 과정에서 GDPR 및 데이터법과의 충돌 및 중첩사항을 조정하고 디지털 신원 인프라를 정비해야 한다는 점, ② AI법 시행과 함께 연방네트워크청(BnetzA)과 금융규제당국(BaFin) 등 기관 간 관할 중첩을 조정하고, AI 기반 금융서비스의 책임 법제를 정교화해야 한다는 점, ③ 금융법 · 데이터보호 · 경쟁법 · 디지털법이 교차하는 규제 파편화를 줄이기 위해 샌드박스 활용, 전통 금융규제와의 정합성 확보, 디지털 자본시장 연합 논의 등 제도적 일관성을 높여야 한다는 점이 제시된다.

마지막으로, EU와 독일의 경험은 한국과의 비교법적 시사점을 제공한다. 한국도 기술중립, 샌드박스, 마이데이터 · 오픈 파이낸스 등에서 유사한 방향을 취하고 있지만, EU는 DORA, GDPR, AI법 등 초국가적 입법과 다층적 규제구조를 통해 보다 세밀한 기능적 설계를 시도하고 있다. 한편 한국은 중앙집중적 행정구조 덕분에 실행 속도와 일관성에서 강점을 가진다. 오픈 파이낸스, AI, 제도적 일관성이 향후 유럽 핀테크 규제의 핵심 쟁점이 될 것이므로, 독일이 디지털 금융허브를 지향한다면 혁신정책 · 금융규제 · 사법(私法) 개혁을 아우르는 포괄적인 디지털 금융전략을 구축해야 할 필요가 있다.

나. 일본의 디지털 금융법제 - 결제 서비스의 현황과 디지털 자산의 이용·활용을 둘러싼 법제에 대하여 - 杉浦宣彦(스기우라 노부히코)

"일본의 디지털 금융법제 - 결제 서비스의 현황과 디지털 자산의 이용·활용을 둘러싼 법제에 대하여"는 일본의 디지털 금융법제가 어떻게 결제 서비스, 가상자산, 스테이블 코인을 규율하고 있으며, 최근 어떤 개정과 논의가 진행 중인지 개관한다.

먼저 일본의 비현금 결제는 2024년 기준 정부의 2025년 목표(40%)를 이미 달성했다. 결제수단 구성은 신용카드가 금액 기준 약 83%로 압도적이고, QR코드 결제는 약 10%로 증가하고 있으나 중국이나 한국과 같은 수준의 인프라 보급에는 이르지 못하였다. 일본에서 비현금 확산이 더딘 이유는 현금에 대한 높은 신뢰도와 ATM의 편의성, 카드결제를 빚(채무)으로 인식하는 문화, 과소비, 보안, 프라이버시 우려 등이 지적되지만, 코로나19 이후 특히 젊은 층을 중심으로 이용이 급속히 확대되고 있다. 한편 가상자산의 경우 2017년 이후 붐을 타고 법 정비는 세계적으로 선도했지만, 실제 보유율은 국민의 약 13% 수준에 그친다. 스테이블 코인에 관해서는 2023년 개정 「자금결제법(資金決済法)」 시행으로 법정통화 담보형 스테이블 코인의 발행·유통이 가능해졌고, 전자결제수단으로서 국내 발행뿐 아니라 해외 발행 스테이블 코인의 취급도 허용되었으나, 활용은 아직 초기 단계이며 중앙은행디지털화폐(central bank digital currency, 이하 "CBDC")는 일본은행이 연구 단계에 있다.

디지털금융을 규율하는 기본법으로는 은행법(銀行法), 금융상품거래법(金融商品取引法)이 있으나, 중심에는 자금결제법이 있다. 자금결제법은 자금이동, 선불식 지급수단, 자금 청산을 축으로, 새로운 디지털 수단이 등장할 때마다 이에 대응하는 장(章)을 덧붙이는 방식으로 개정되어 왔다. 이러한 개정 과정에서 결제의 확실성 확보, 선불·즉시지급 서비스에서의 이용자 자금 보호, 후불 서비스에서의 과잉여신 방지, 제3자에 의한 부정이용의 예방, 악질 가맹점으로 인한 피해의 방지 및 구제, 개인정보 보호, 자금세탁 방지 등이 공통적인 규율 과제로 설정되어 왔다. 선불식 지급수단은 사전에 금전을 지급해 상품·서비스 대금 지급에 사용하는 수단을 말하며, 발행자에게는 표시·정보제공 의무, 예치자금의 보전 의무, 원칙적 환급금지 및 예외, 안전관리조치 의무, 보고·검사·업무개선명령 등 감독 규제가 부과된다. 자금이동업은 은행 이외의 자가 환거래를 업으로 하는 것을 뜻하며, 2021년 개정으로 송금액에 따라 제1·2·3종으로 나뉘어 차등적인 규제 강도가 적용된다. 다만 현실에서는 은행 송금 수수료 인하와 은행 결제시스템의 신뢰성으로 인해 자금이동업의 활용은 제한적이며, 향후 은행 결제시스템에 자금이동업자의 직접 참여 제도 정비가 관건으로 지적된다.

가상자산에 관한 법제는, 2017년 시행된 자금결제법 및 범죄수익이전방지법 등 개정, 2020년 시행된 자금결제법 및 금융상품거래법 등 개정을 통해 정비되어 왔다. 스테이블 코인의 경우 법정통화 연동·상환형(디지털머니 유사형)과 그 외(가상자산형)로 나누고, 전자를 자금결제법상 전자결제수단으로 규정하는 방향이 제시되었다. 전자결제수단 발행은 원칙적으로 환거래에 해당하므로, 발행자는 은행 면허 또는 자금이동업 등록이 필요하며, 특정신탁 수익권의 발행자는 특정신탁회사로 한정된다. 자금이동업자가 발행자가 되는 경우에는 송금 상한·체류 규제가 동일하게 적용되고, 이용자 권리 보호, 상환체제 정비, 오인 방지, 자금세탁방지 및 테러자금조달방지(AML/CFT) 대응이 요구된다.

최근 개정 동향으로는 ① 자금이동업에서 새로운 자산보전 방법의 신설, ② 크로스보더 수납대행에 대한 규제 도입, 그리고 ③ 가상자산·전자결제수단(스테이블 코인) 관련 개정으로 (i) '매개(媒介)만'을 업으로 영위하는 전자결제수단·가상자산 서비스 중개업을 신설하고, (ii) 특정신탁수익권 정의 개정에 따라 신탁형 스테이블 코인 발행자에 대하여 일정 조건하에 요구불 예금 외의 신탁재산 관리·운용을 허용하는 한편, (iii) 가상자산교환업자 및 전자결제수단 등 거래업자에 대한 자산의 국내 보유 명령에 관한 규정이 추가되었음을 소개한다.

마지막으로, 현재 검토되고 있는 향후 과제로 가상자산의 금융상품거래법 적용(금상법화) 논의가 본격화되고 있음이 소개된다. 미국에서 비트코인 ETF 허용과 GENIUS법(An Act To provide for the regulation of payment stablecoins, and for other purposes) 등으로 기관투자자 자금 유입과 제도 정합성이 중요해지는 가운데, 일본에서도 가상자산을 단순 결제수단이 아닌 본격적인 투자대상 금융상품으로 다루기 위한 법적 틀을 모색하는 것이다. 금융상품거래법으로의 이관이 실현되면, 가상자산 과세 제도 전환뿐만 아니라 국내 비트코인 ETF 허용과 투자자 접근성 제고, 금융상품거래법 기반의 투자자 보호 체계 강화가 예상된다. 이러한 움직임은 그간 명확하지 않았던 일본의 '환거래' 개념의 재검토로 이어질 뿐 아니라, 관련 논의를 국제적 거래에 대한 대응으로 확장시키는 방향으로 전개될 것으로 전망된다.

Ⅲ 각론적 논의

1 디지털 금융자산

가. 가상자산의 의의와 법적 지위 [한서희]

"가상자산의 의의와 법적 지위"는 비트코인과 이더리움으로 대표되는 분산원장 기반 토큰이 처음에는 지급결제수단에서 출발했지만, 이더리움의 스마트계약과 Dapp, 다양한 유틸리티 토큰·수익분배 기능을 가진 토큰이 등장하면서 법적 성격이 지급결제수단, 서비스 이용권, 금융투자상품이 복합적으로 얽힌 매우 모호한 대상이 되었음을 전제로, 이를 어떻게 정의·분류하고 자본시장법상 증권과 구분할 것인가를 체계적으로 정리한다.

먼저 미국·일본·EU·한국의 법제를 비교하면, 초기에는 가상통화·가상화폐 개념으로 통화성을 강조하다가, 점차 가상자산·암호자산·디지털자산과 같이 자산성 개념으로 이동해 왔고, 대부분의 입법례에서 금융투자상품(증권)에 해당하는 토큰은 가상자산 범주에서 제외한다는 방향이 공통적으로 나타난다. 특히 일본 자금결제법과 EU의 암호자산시장 등에 관한 규정(MiCA)은 명시적으로 금융투자상품이 아닌 것만을 암호자산으로 본다고 규정하고, 우리나라의 경우에도 「특정 금융거래정보의 보고 및 이용 등에 관한 법률」(이하 "특정금융정보법"), 「가상자산 이용자 보호 등에 관한 법률」(이하 "가상자산이용자보호법")의 문언상 금융투자상품은 가상자산에서 배제되는 것으로 해석된다. 한편 각국 감독당국·입법은 기능별 분류를 공통적으로 채택하는데, 스위스 금융시장감독청(Swiss Financial Market Supervisory Authority, FINMA)의 결제형·유틸리티형·자산형, 영국 금융행위감독청(Financial Conduct Authority, FCA) 지침의 교환형·유틸리티형·증권형, 우리 금융위원회의 유틸리티·지불형·증권형 토큰 구분처럼, 지급결제형, 이용권형(유틸리티형), 증권형의 3가지로 분류하는 것이 가장 일반적인 것으로 파악된다.

이어서 가상자산과 자본시장법 사이의 관계를 살펴보고, 금융투자상품과 가상자산을 구분하는 기준에 대하여 검토한다. 자본시장법 체계에서 증권 판단은 ① 먼저 이익취득 또는 손실회피 목적, 금전 또는 등가물의 지급, 원본손실 가능성을 기본 요소로 하는 금융투자상품에 해당하는지 여부를 살펴본 뒤, ② 채무증권, 지분증권, 수익증권, 투자계약증권, 파생결합증권, 증권예탁증권의 여섯 가지 증권 유형에 들어가는지 순차적으로 따지는 2단계 구조에 의한다. 가상자산은 일반적으로 변동성이 크고 투자성이 강하므로 금융투자상품성은 인정되지만, 채무증권(이자지급청구권), 지분증권(배당·잔여재산 분배·의결권), 수익증권(신탁 구조), 파생결합증권(지수·기초자산에 연동), 예탁증권 요건에 그대로 부합하는 토큰은 현실에서 많지 않다. 결국 핵심은 투자계약증권 해당 여부인데, 이는 미국의 Howey test와 유사하게 타인의 사업 결과에 따른 손익이 투자자에게 귀속되느냐를 기준으로 한다. 미국, 일본, EU 모두 토큰 보유자에 대한 직접적 또는 간접적 수익배분행위가 존재하는 경우에 해당 토큰을 증권 또는 금융상품으로 본다는 점을 알 수 있다. 한편 미국에서는 초기에는 배분행위 없이 전매차익이 존재하는 대부분의 가상자산을 증권으로 보다가 2024. 11. 트럼프 당선 이후에는 SEC가 진행 중이던 여러 소송을 취하하면서 가상자산을 증권으로 보는 입장에 변화가 예고되고 있다. 결과적으로 각국의 증권성 판단 기준과 관련하여 문제가 되는 부분은 수익을 배분하지는 않지만 투자자 입장에서 가치 상승에 따라 이익을 실현할 수 있는 형태의 가상자산의 증권성 인정 여부라 할 것이다.

우리 자본시장법 문언을 엄밀히 해석하면, "사업결과에 따른 손익의 귀속"은 단순히 시장에서 가격이 오르기를 "기대"하는 것(전매차익 기대)만으로는 충족되지 않고, 사업자·발행자의 적극적 수익배분 행위(배당, 이자, 수익공유 등)를 전제로 하는 개념으로 이해하는 것이 타당하다. 따라서 자본시장법상으로는 가상자산의 형태를 취하더라도 보유자에게 수익을 배분하는 경우에는 금융투자상품 중 투자계약증권으로 취급될 가능성이 높은 반면, 아무런 수익을 배분하지 아니하고 단지 유통시장을 통해서 차익을 실현할수 있는 경우에는 증권에 해당하지 않는 것으로 볼 수 있다.

나. 가상자산거래의 법적 분석 [류경은]

"가상자산거래의 법적 분석"은 가상자산의 사법적 성격과 가상자산거래소에서의 거래 구조, 그리고 해킹, 파산 및 형사법 문제를 중심으로 우리 법체계가 가상자산을 어떻게 다루고 있는지 분석한다.

먼저 가상자산의 사법적 성격과 관련하여, 민법이 물건을 유체물과 관리 가능한 자연력으로 한정하고 물권법정주의를 채택하고 있기 때문에, 별도의 입법이 없는 한 비트코인 등 가상자산을 물건으로 보기는 어렵다. 가상자산이 배타적으로 지배·관리 가능하고 희소성·공시성도 갖추었다는 점을 들어 물건 또는 준물권의 대상으로 보려는 견해가 있으나, 전기와 같은 자연력도 아니고 발행인에 대한 청구권도 없으므로 소유권의 직접 대상이 될 수 없고, 채권이나 지식재산권으로 보기도 곤란하다. 그럼에도 대법원은 가상자산을 '재물'은 아니지만 '재산상 이익'으로 인정하고 있으므로, 재산권 보호의 필요성과 실질적 거래 관행을 고려하여 향후 입법을 통해 가상자산을 물건으로 의제하고, 개인키 보유자에게 물권적 권리를 부여하는 방향이 필요하다.

다음으로 중앙 집중화된 거래소(Centralized EXchange, CEX)의 구조를 보면, 이용자는 은행 실명계좌를 연계해 거래소에 원화를 입금하면 KRW(원화 포인트)를 부여받고, 이 포인트로 거래소 내부 전자지갑에 표시된 가상자산을 거래한다. 대부분의 거래는 블록체인 네트워크 상의 실제 이동이 아니라 거래소 내부 장부의 수치 변경에 그치며, 이용자가 외부 지갑으로 출금하기 전까지는 거래소가 실질적인 지배권을 가진다. 구조상 가상자산거래소는 거래소이자 예탁결제원이면서 금융투자회사의 지위를 겸하는 셈이 되는데, 가상자산거래소가 제공하는 서비스는 ① 가상자산과 원화를 교환해 주는 서비스 ② 이용자 사이의 거래를 중개해 주는 서비스 ③ 이용자로부터 가상자산을 예탁 계정에 표시된 가상자산만큼 보관하고 있다가 이용자가 요청하면 이를 반환해 주는 서비스로 구성할 수 있다. 이중 ①은 이른바 환전행위로 보아 해석상 문제가 될 여지가 없으나, ②와 ③의 경우 해당 서비스의 법적 성격 및 그에 따라 이용자가 가상자산거래소에 대하여 가지는 권리의 해석이 문제 된다. 관련하여 이용자가 가상자산거래소에 대해 가지는 권리는, 가상자산을 물건으로 보지 않는 이상 전형적인 임치나 위탁매매로 구성하기 어렵고, 결국 "혼장 임치 유사의 비전형계약"에 기초한 채권적 반환청구권으로 이해하는 것이 현행 법상 합리적이다. 즉, 블록체인상의 지배권은 가상자산거래소에 귀속되고, 이용자는 내부 장부에 기재된 수량만큼 동종·동량의 가상자산을 이전해 달라는 채권적 청구권만 가질 뿐, 물권과 같은 대외적 권리는 인정되기 어렵다. 다만 해킹·파산 상황에서 이용자 보호가 극히 취약해지는 점을 고려하면, 가상자산을 소유권의 대상으로 명시하고, 가상자산거래소와 이용자의 관계를 위탁매매·예탁 구조에 가깝게 재설계하여 증권예탁제도와 유사한 보호를 부여하는 방향의 입법이 필요하다.

해킹 사고의 경우, 이용자 계정이 도난·피싱 등으로 가상자산이 유출되면, 가상자산거래소가 「전자금융거래법」(이하 "전자금융거래법")상 금융회사·전자금융업자에 해당하지 않고, 가상자산도 전자화폐·전자지급수단에 해당하지 않기 때문에 전자금융거래법상의 "무과실 책임" 규정을 유추적용하기 어렵다. 「개인정보 보호법」(이하 "개인정보보호법") 위반이나 서비스 이용계약상 안전조치의무 위반, 선관주의의무 불이행을 근거로 손해배상을 주장할 수는 있으나, 해킹 경위와 '사회통념상 합리적으로 기대 가능한 보호조치'를 이용자가 입증하기가 매우 어렵기 때문에 실제로 가상자산거래소 책임이 인정되는 사례는 제한적이다. 따라서 개인정보 유출이라는 결과만으로 가상자산거래소의 과실을 추정하고, 가상자산거래소가 스스로 유출 경위 및 보안조치를 입증하여 반증하도록 하는 '중간책임' 모델을 도입할 필요가 있다. 반면, 가상자산거래소 지갑의 개인키 자체가 해킹당해 가상자산이 탈취된 경우, 가상자산거래소가 직접 피해자가 되고 이용자는 단지 출금 요청 시 이행불능에 따른 채무불이행 책임을 물을 수 있을 뿐이어서, 충분한 자력과 보험·준비금이 없는 가상자산거래소에서는 이용자가 손실을 떠안을 위험이 크다.

가상자산거래소가 파산하는 경우에도, 현행 해석상 이용자는 가상자산에 대한 물권이나 위탁물 소유권을 주장할 수 없고, 단순 파산채권자로서 다른 채권자들과 함께 파산재단에서 안분배당을 받을 뿐이어서 환취권이나 제3자 이의의 소를 행사하기 어렵다. 따라서 이용자 자산과 가상자산거래소 고유재산의 엄격한 분리·계정별 관리, 별도의 예탁·수탁기관 도입, 신탁 구조 활용 등을 통해 이용자 가상자산을 파산재단으로부터 절연시키고, 장부상 기재와 위탁매매 구조를 결합하여 유가증권과 유사한 수준의 물권적 보호를 인정하는 방향의 제도 설계가 필요하다.

형사법적으로는 가상자산이 형법상 '재물'은 아니지만, 경제적 가치가 있는 무형의 재산으로서 '재산상 이익'에 해당하므로 재산죄의 객체가 될 수 있고, 범죄수익은닉규제법상 '범죄수익'으로 몰수·추징의 대상이 될 수 있다. 다만 착오 송금된 가상자산과 관련해서는, 송신인과 수신인 사이에 신임·보관 관계를 인정하기 어렵고, 가상자산이 법정화폐와 동일하게 규율되지 않는 점을 이유로 배임죄나 횡령죄의 적용을 부정하는 것이 죄형법정주의에 부합한다. 나아가 수신 가상자산거래소에 대한 사기죄 성립 가능성도 문제될 수 있는데, 별도의 고지·확인의무가 약관 등에 명시되지 않는 한 인정되기 어려울 것이다. 한편 향후 CBDC나 지급수단으로 기능하는 스테이블 코인이 도입되어 결제시스템 규제가 정비될 경우, 금전 착오송금과 유사한 법리를 적용할 여지가 열릴 수 있을 것으로 전망된다.

다. 토큰증권의 법률문제 [황현일]

"토큰증권의 법률문제"는 블록체인 기반 분산원장에 자본시장법상 "증권"에 해당하는 권리를 디지털 형태로 기록·관리하는 토큰증권과 관련한 자본시장법 및 「주식·사채 등의 전자등록에 관한 법률」(이하 "전자증권법") 개정사항과 투자계약증권 발행 실무, 그리고 향후 제도적 과제를 정리하고 있다. 토큰증권은 주식·채권 등 전통적 증권의 권리를 새로운 외형인 분산원장 기반 토큰에 담은 것에 불과하므로 공시규제·금융투자업 인가·불공정거래규제 등 기존 증권규제가 그대로 적용되며, 정부는 2023년 「토큰 증권 발행·유통 규율체계 정비방안」(이하 '토큰증권 가이드라인')에 기반하여 관련 법제를 정비하고 있다.

먼저 전자증권법과 자본시장법 개정에 따라 토큰증권을 법률상 근거하에 발행하고 유통할 수 있게 되었다. 자본시장법 개정으로 투자계약증권에 대한 발행 위주의 제한적 규율을 폐지해 일반 증권과 동일하게 일반적인 증권규제가 적용되도록 하고, 다자간 장외거래에 유통성을 부여하기 위해 장외거래중개업 제도를 도입하였다. 또한 전자증권법 개정으로 그동안 전자등록계좌부에만 권리추정력이 인정되고 분산원장에는 법적 효력이 부여되지 않아 발행이 불가능했던 토큰증권 발행의 법적 근거를 마련하였다. 아울러 발행인 계좌관리기관 등록제, 토큰증권과 일반 전자증권 간 상호 전환, 분산원장에 기재된 개인신용정보에 대한 특례 등 제도도 함께 마련된다.

한편 자본시장법상 투자계약증권은 '타인의 노력에 의해 수익이 결정되는' 비정형 증권을 포괄하기 위해 도입된 개념으로, 음악 저작권료 참여청구권, 미술품 조각투자 등에서 최초로 인정되어 공모 사례가 축적되고 있다. 투자계약증권의 증권신고서는 집합투자증권이나 자산유동화증권과 구분되는 일반 증권 방식으로 작성하되, 투자계약 구조를 반영한 계약서류, 업무위탁계약, 법률검토의견 등 특유의 첨부서류를 요구한다. 실무상 쟁점으로는 공유지분 입증을 위한 투자자 명부 및 공증, 수장고 등 기초자산 보관계획, 투자자 예치금의 별도 예치·신탁, 공유지분 양도 시 확정일자 있는 통지 필요성 등 민법상 지명채권 양도 구조와의 정합성이 논의된다. 또한 증권신고서 첫 부분에에서 투자위험을 명확히 고지하고, 투자자 보호기금, 보험 및 분쟁처리절차 등을 통해 투자자 피해보상 체계를 갖추는 것이 요구된다.

투자계약증권의 발행과 관련해서는, 집합투자증권과 유사한 성격에도 불구하고 집합투자업자에게 부과되는 이해상충방지 및 내부통제 의무가 직접 적용되지 않는다는 점이 문제로 지적된다. 이에 따라 발행인에게 일정 지분의 선배정과 의무보유를 요구해 이해를 일치시키고, 공동사업참여자에 대한 관리·감독 및 책임 구조를 명확히 하며, 준법감시인 및 리스크관리 담당자 등으로 구성된 내부통제기구를 두는 방안이 제시된다. 또한 투자자 총회를 보다 탄력적으로 설계하고, ICT를 활용해 보다 간편하게 개최함으로써 집합투자증권보다 폭넓은 투자자 참여를 보장하는 것이 투자계약증권의 차별성을 확보하고 투자자 보호의 실효성을 높이는 제도적 장치로 논의된다.

토큰증권의 실제 운용 측면에서, 과거 혁신금융서비스를 통해 출시된 상품들은 분산원장 정보를 다시 전자등록계좌부에 '미러링'하는 방식에 불과하여 엄밀한 의미의 토큰증권이 아니었고, 이번 법제 정비 이후에야 비로소 진정한 토큰증권의 발행과 유통이 가능해졌다고 평가된다. 제도 도입 초기에는 미술품, 저작권, 소규모 사업 수익참여권 등 비정형 권리를 투자계약증권이나 비금전신탁 수익증권 형태로 토큰화하는 사례가 중심이 되겠지만, 장기적으로는 부동산, 국채, 회사채, 원자재 등 블록체인 외부의 실물 기반 자산(Real World Asset, RWA)의 토큰화가 확대될 것으로 전망된다. 다만 장외거래중개업을 통한 다자간 상대매매 구조는 경쟁매매에 비해 유동성이 떨어지고 시장조성자 도입도 어려워 유통성이 제한될 가능성이 크며, 향후 대체거래소나 금융투자업자 간 주문 교차체결 구조가 마련될 때 유동성 문제가 완화될 여지가 있다.

향후 과제로는 스테이블 코인과의 연계가 지적된다. 또한 금융당국이 보충성 원칙을 제시한 데 대해, 이는 발행 자체를 제한하는 근거가 될 수 없으며 투자자 보호체계의 적정성을 기준으로 발행 가부를 판단하는 것이 바람직하다는 견해가 제시된다. 마지막으로, 토큰증권 가이드라인이 발행과 유통의 겸영을 일률적으로 금지한 점, 그리고 상법상 자금조달 수단으로 STO(Security Token Offering)가 본격 활용될 경우 정관상 근거 및 기존 주주의 권리 침해 등 회사법적 쟁점이 발생할 수 있다는 점이 논의된다.

라. CBDC와 스테이블 코인 [정순섭]

"CBDC와 스테이블 코인"은 비현금화 추세와 새로운 디지털화폐의 등장과 법적 구조를 분석하고, 화폐법과 중앙은행법을 비롯한 다양한 금융규제법의 관점에서 쟁점과 과제를 제시한다. 디지털화폐의 구체적 유형으로는 블록체인 기술에 기반하여 법화를 디지털 형태로 발행하는 CBDC와, 가상자산의 가치를 법화나 그 밖의 안전자산의 가치에 연동시켜 지급수단으로서의 가치안정성을 확보하려는 시도인 스테이블 코인을 소재로 한다. CBDC와 스테이블 코인은 블록체인 기술에 기반하여 발행된다는 점에서는 동일하지만, CBDC는 법화로서의 법적 지위를 가지게 된다는 점에서 차이가 있다. 두 형태의 디지털화폐를 제도적으로 수용하기 위해서는 먼저 필요성이 확인되어야 하는데, 주로 지급수단으로서의 효율성이 기초하여 도입 필요성은 인정된다 할 것이다.

CBDC에 대한 일반적 정의는 없지만, 발행주체와 법화성을 중심으로 "중앙은행이 전자적 형태로 발행하는 법화"라고 정의할 수 있다. 법화는 국가의 발권력 독점과 강제통용력을 본질적 요소로 한다. CBDC는 비현금화 추세가 심화되는 상황에서 법화의 지급수단으로서의 기능을 강화하여 화폐의 본질적 기능을 회복하고, 이를 기반으로 새로운 지급결제플랫폼이 등장할 수 있게 하여 중앙은행에 의한 새로운 혁신의 출발점이 될 수 있다. 다만 높은 예금계좌보급률을 기록하고 있는 우리나라의 경우 CBDC를 지급계좌에 대한 접근성 부족을 보완하는 의미의 금융포용수단으로 보는 외국과 달리, 디지털 취약계층의 지급측면에서의 금융소외현상이 문제될 수 있다. 또한 개인 지급정보의 중앙은행으로의 집중과 보호문제 역시 중요한 과제이다. 전자는 현금선택권의 보장으로 후자는 기술적 차단장치의 법제화로 통제가능할 것이다. 다만 개인정보 문제는 집중과 남용가능성이 기술적으로 가능하게 되었다는 점에서 사회적 합의가 반드시 필요할 것이며, 그 밖의 법률문제는 전통적인 화폐법상 화폐의 개념을 이용함으로써 대부분 해결할 수 있을 것으로 예상된다.

CBDC와 함께 디지털화폐의 가능성을 실현하기 위한 두 번째 시도는 스테이블 코인이다. 스테이블 코인은 현 단계에서 법률상 화폐로서의 지위를 가지지 못하지만 EU, 일본, 미국, 영국 등에서 지급수단으로서의 스테이블 코인 법제화를 이미 완성하였고 우리나라의 경우 법제화 논의가 진행 중에 있다. 주요 입법례와 달리 지급기능에 관한 일반적 규제법이 없는 우리나라의 현 상황에서, 지급업무에 관한 일반법이나 발행근거법으로서 별도의 특별법을 제정하지 않을 경우 스테이블 코인 도입을 위한 입법형식으로 전자금융거래법에 규정하는 것이 불가피할 것이다. 이와 함께 첫째, 현금대체기능을 가진 스테이블 코인에 대한 고액현금거래보고의 적용을 위한 특정금융정보법의 개정, 둘째, 국경 간 가치의 이동에 대한 외국환규제의 적용을 위한 「외국환거래법」의 개정, 셋째, 통화정책과 지급결제제도의 적용범위를 확장하는 「한국은행법」의 개정은 필수적이라 할 것이다.

한편, 화폐법의 관점에서 CBDC와 스테이블 코인은 새로운 관점을 제시하고 있다. CBDC의 화폐법상 문제는 한국은행법상 법화로서 CBDC를 발행할 수 있는지(발행근거)와 화폐법상 법화에 해당한다고 볼 수 있는지(법화성)의 문제이다. 스테이블 코인의 경우 화폐개념의 수정으로 볼 수 있는지가 중요한 과제가 되고 있다. 민간주체가 화폐기능을 수행하는 금융수단을 발행하는 행위를 제한할 수 있는지에 대한 평가로는 CBDC도 의미가 있지만, 스테이블 코인과 병행하는 것이 타당할 것이며 궁극적으로 CBDC와 스테이블 코인의 역할 분담에 대한 논의가 필요할 것이다. 마지막으로 화폐제도의 발전이라는 관점에서는 궁극적으로 화폐법의 지급법으로의 확장으로 연결될 수밖에 없다는 점이 지적된다. 결국 화폐법은 법화와 직접적으로 의존하는 비현금 지급수단, 그리고 법화와 준비자산의 표시통화로서 간접적으로만 연계되는 스테이블 코인을 모두 적용대상으로 하는 지급법으로 확장된 체계와 범위를 가지게 될 것으로 전망된다.

2 디지털 금융거래

가. 금융플랫폼의 영향과 바람직한 법제도의 설계 [정준혁]

“금융플랫폼의 영향과 바람직한 법제도의 설계”는 금융기관과 이용자, 이용자와 이용자 등 서로 다른 둘 이상의 집단 사이에 금융상품의 거래나 금융서비스의 제공을 가능하게 하거나 촉진시키는 체계인 금융플랫폼의 유형 중에서, 각종 금융상품 비교나 자문, 중개, 광고 등의 서비스를 제공하여 금융기관과 금융소비자를 연결하는 금융상품 플랫폼을 중심으로 관련 법률문제들을 검토한다. 관련 법률문제에 관한 구체적 논의에 앞서, 최근 우리나라에서 금융플랫폼이 크게 성장한 이유로 ① 정보통신 기술의 발전 및 스마트폰의 보급, ② 데이터 처리 기술의 발전과 ③ 이를 뒷받침하는 정책당국의 적극적인 제도 개선 노력을 설명한다. 또한 네이버나 카카오와 같은 대형 IT 기업, 이른바 빅테크로 불리는 대형 IT 기업의 금융플랫폼 진출 동기를 기존 핵심사업 강화와 수익성 증대로 분석한다.

온라인 금융플랫폼 확산으로 소매 금융 채널이 오프라인에서 온라인으로 급격히 전환되고, 금융상품의 제조는 금융기관이, 판매는 금융플랫폼이 담당하는 제조와 판매 분리가 가속화되고 있다. 플랫폼은 금융회사가 만든 상품을 광고·판매할 뿐 아니라 일부 업무를 위탁받아 자신의 서비스와 결합하며 금융상품·금융서비스의 해체(unbundling) 및 재결합(rebundling)을 촉진한다. 빅테크의 금융업 진출은 기존 금융회사의 디지털 전환을 자극했지만, 우리나라에서는 금융회사의 비금융 업무 영위·비금융회사 지배가 엄격히 금지되어 규제의 차익 문제가 발생하고 금융회사의 비금융플랫폼 운영이 제한된다. 이에 디지털 금융환경에서 금융산업의 경쟁력 유지를 위한 다양한 정책 모색이 진행되고 있다.

한편 온라인 금융플랫폼 확산은 긍정적 기능 외에 금융소비자, 금융회사·산업, 금융시스템 관점에서 여러 도전과제를 제시하고 있다. 먼저 금융소비자 측면에서는 판매·책임 주체의 오인 가능성과 광고·중개·판매 경계 불명확성, 알고리즘 기반 차별 등 영업행위 규제 이슈가 부각되며, 「금융소비자보호에 관한 법률」(“금융소비자보호법”)이 디지털 환경에 맞게 정비될 필요가 있다. 금융회사·산업 측면에서는 빅테크의 시장 지배력과 기존 금융회사의 종속 위험, ‘동일기능·동일규제’ 적용 범위에 대한 이견이 존재해 디지털 환경을 고려한 스몰 라이선스 도입을 검토할 필요가 있다. 금융시스템 측면에서는 금융·비금융 경계 희석으로 금산분리 적용 판단이 어려워지고, 표준산업분류표 기준의 재검토 필요성이 대두된다. 더불어 실리콘밸리은행 사례와 같이, 조건 비교에 따른 고객 쏠림과 온라인 예금 이동이 뱅크런을 가속화할 수 있음이 확인되기도 한다.

이어서 광고와 중개의 구분 기준 및 일사전속주의와 판매겸영 문제 등을 중심으로 금융플랫폼과 관련한 법률문제를 검토한다. 먼저 광고와 중개의 구분은 인허가·등록, 영업행위 규제, 금융소비자보호법 또는 자본시장법에 따른 손해배상책임 적용 여부를 가르는 쟁점으로, 현행 금융소비자보호법이나 자본시장법은 중개·알선·주선의 정의가 없어 「표시·광고의 공정화에 관한 법률」(이하 “표시광고법”)의 광고 개념과 금융광고 규제 가이드라인 해석에 의존한다. 이러한 관점에서 보면 특정 이용자의 정보를 바탕으로 특정 이용자에게 제공되는 맞춤형 광고는 광고가 아닌 권유로 볼 여지가 크고, 따라서 금융플랫폼이 맞춤형 광고 서비스를 통해 특정 소비자에게 특화된 금융상품 관련 정보를 제공하는 경우에는 중개에 해당할 여지가 있다. 문제는 금융상품의 내용을 특정 소비자에게 알리는 경우와 불특정 다수의 소비자에게 알리는 경우 사이에는 매우 다양한 스펙트럼이 있을 수 있다는 점이다. 따라서 기술발전과 사업모델 변화를 감안하여 온라인 금융플랫폼에 대해 새로운 진입 요건을 규정하고, 영업 행위 등을 포함한 새로운 법제도 체계를 수립하는 것이 필요하다. 또한 판매업무 측면에서는 중개·모집에 해당하면 개별법 또는 금융소비자보호법에 따른 인허가·등록이 필요하고, 대출모집인의 일사전속주의는 전자금융거래 방식의 대출성 상품에 한해 예외가 인정되나 그 외 상품은 여전히 제한된다. 또한 전자금융업자인 금융플랫폼은 보험대리점 등록을 할 수 없어 별도 법인 설립 등으로 우회하고 있으며, 금융위원회의 진입 허용 입장 표명에도 구체화는 미진하다. 일본의 경우 종래에는 우리나라와 유사하게 은행법, 금융상품거래법, 보험업법 등 개별법령에 따라 금융상품중개업 제도를 규율하였는데, 법개정을 통해 하나의 등록으로 은행, 증권, 보험 서비스를 중개할 수 있는 금융서비스중개업 제도를 창설하였다는 점은 개별 법령에 흩어져 있는 중개 관련 법제를 정리하고 다양한 금융상품의 중개 기능을 종합적으로 규제한다는 점에서 참조할 만하다.

이상의 논의를 바탕으로, 최근 금융플랫폼 규제 관련 논의 동향과 향후 금융플랫폼 제도 설계의 방향성을 제시한다. 2020년대 초반 비대면 확산과 빅테크 영향력 증대로 별도·강화 규제 도입 논의가 급부상했으나, 팬데믹 종료와 정책 환경변화로 드라이브가 약화되고, 우리나라에서는 광고와 중개 기준의 엄격한 해석과 혁신금융서비스 범위 제한으로 금융플랫폼의 영향력이 축소되었다. 그러나 이는 임시적 대응에 불과하므로, 유효기간이 있는 혁신금융서비스에 의존하지 않는 상시적·체계적 법제 정비가 필요하다. 구체적인 제도 설계는 ① 소비자 보호(B2C), ② 시장지배력·지위남용(B2B), ③ 금융안정성의 세 축에서 접근하고, 플랫폼 일반규제(투명성·공정성, 거래관행 개선)도 적용될 수 있다. 아울러 네트워크 효과로 인한 리스크 증폭과 비금융 리스크의 금융권 전이를 고려해 기능별 규제 중심에 기관별 규제 가능성까지 열어두고, 동시에 금융기관의 경쟁력 강화를 위해 부수업무·자회사 투자 규율 완화, 핀테크 투자 활성화 입법 후속조치, 금융과 기술 융합을 반영한 산업분류 체계 개선을 병행할 필요가 있다.

나. 전자지급거래와 청산·결제 [김시홍]

"전자지급거래와 청산·결제"는 전자지급수단을 활용한 자금이동 거래인 전자지급거래의 의미와 법적 성격, 전자지급서비스 사업자별 주요 유형 및 구성요소와 함께 관련 법체계를 살펴보고, 전자지급거래의 완결단계인 청산(clearing)과 결제(settlement) 과정의 법 제도적 측면을 설명한다.

전자금융거래법은 전자지급거래를 "지급인이 금융회사 또는 전자금융업자로 하여금 전자지급수단을 이용하여 수취인에게 자금을 이동하게 하는 전자금융거래"로 정의하고, 이를 독립된 위임계약 관계로 파악한다. 이용자는 전자금융거래계약을 통해 금융회사·전자금융업자에게 전자지급업무 처리를 위임하고, 지급지시, 추심지시, 조회 및 가입 신청 등 관련 거래지시를 통해 자금이동을 수행한다. 이 과정에서 전자식 카드, 전자서명, 이용자번호, 이용자 생체정보 등 접근매체는 사고 발생 시 배상책임관계 및 형사제재의 기준이 되는 핵심 요소가 된다. 한편 전자지급수단은 자금이동 시점에 따라 선불형, 직불형, 후불형으로 나뉘고, 계좌 기반 여부 및 용도 등에 따라 더욱 세분화된다.

사업자 측면에서 보면, 전통적으로 금융회사가 계좌나 카드에 기반한 지급서비스를 제공해 왔으나, 최근에는 전자금융업자, 통신과금업자, 소액해외송금업자 등 유사 전자금융업자, 전자금융보조업자와 인프라 및 지원기관까지 참여 범위가 크게 넓어졌다. 직불전자지급수단, 선불전자지급수단, 전자화폐 거래에 있어서 이용자에게 재화 또는 용역을 제공하는 가맹점은 최근 전자금융거래법 개정으로 대행가맹점 형태도 가능하게 되었다. 이용자는 이러한 시스템을 사용하는 개인·법인 전체를 포괄하는 개념이고, 금융회사나 전자금융업자는 이용자에 포함되지 않는다.

전자지급거래를 규율하는 법체계는 전자금융거래법을 일반법으로 하여, 「여신전문금융업법」, 「정보통신망 이용촉진 및 정보보호 등에 관한 법률」, 「전자어음의 발행 및 유통에 관한 법률」, 「전자상거래 등에서의 소비자보호에 관한 법률」(이하 "전자상거래법") 등 다양한 분야의 법률들이 직·간접적으로 복잡하게 얽혀 다층적, 개별적으로 규율되고 있다. 금융회사와 전자금융업자는 상당 부분 동일한 규제를 받지만 IT실태평가 등은 금융회사에만, 선불충전금 별도관리의무 등은 전자금융업자에만 적용되고, 이와 별도의 진입규제와 행위규제, 자금세탁방지(Anti-Money Laundering, AML) 규제의 대상이 된다.

청산·결제 측면에서는 지급결제가 지급→청산→결제의 3단계를 거치는 구조를 전제로 한다. 현금이나 블록체인 기반 디지털자산을 지급하면 변제의 효력이 발생하여 결제가 완결되지만, 비현금 지급수단인 전자지급수단을 지급하는 경우 별도의 청산 및 결제과정을 거치게 된다. 지급결제시스템은 거액결제시스템, 소액결제시스템, 증권결제시스템, 외환결제시스템 등으로 나뉘며, 그 중 전자지급거래와 관련되는 거액결제시스템과 소액결제시스템을 협의의 지급결제시스템으로서 자금결제시스템이라고도 한다. 현재 청산 및 결제과정에 개입되는 지급결제시스템 및 제도에 대한 세부 사항과 검사·감독 등을 종합적으로 규율하고 있는 국내 법률은 아직 존재하지 않는다. 그에 따라 세부사항은 주로 한국은행과 금융결제원이 정하는 규정과 규약 등에 의거하여 규율되고 있으며, 전자금융거래법은 이 영역을 원칙적으로 적용 배제하고 있다.

결론적으로, 국내 지급서비스 시장은 기능과 서비스 측면에서 다양한 신기술과 지급수단의 융복합을 통해 더욱 진화해 나가면서 거래규모도 증가하고 있지만, 규율 체계는 여러 법률들이 직·간접적, 파편적으로 적용되는 등 구조적 한계를 보이고 있다. 이로 인해 규제 사각지대와 규제차익이 발생하고, "동일 기능·동일 규제" 이슈가 발생하기도 한다. 또한 금융규제 샌드박스나 가이드라인에 과도하게 의존하는 임시 대응은 법적 안정성과 예측 가능성을 떨어뜨릴 수 있다. 따라서 전자금융거래법의 근본적 개편 작업들을 지속적으로 추진해 동법이 명실상부하게 디지털금융의 기본법으로서 위상을 시급히 바로 잡아나갈 때라고 본다.

다. 은행업과 디지털금융 [정희수]

"은행업과 디지털금융"은 디지털금융 시대에 금융소비자의 금융거래 행태 변화와 핀테크·빅테크 기업과 은행의 경쟁구도 재편 방향에 대해 살펴보고 은행업과 연관성이 큰 「인터넷전문은행 설립 및 운영에 관한 특례법」(이하 "인터넷전문은행법")과 「온라인투자연계금융업 및 이용자 보호에 관한 법률」(이하 "온라인투자연계금융업법")의 도입 경과와 주요 쟁점, 제도의 역할과 효과를 주요국의 입법과의 비교 등을 통하여 설명한다. 아울러 오픈뱅킹과 마이데이터 제도의 운영과 관련하여 데이터 3법 등 관련 법제와의 연계성도 함께 정리한다.

디지털금융 시대에 진입하면서 은행산업 전반에 걸쳐 핀테크·빅테크 등 플랫폼 기업이 빠르게 성장하며 기존 은행에 비해 경쟁우위를 확보하고 있다. 디지털금융의 발달은 금융소비자의 금융거래 행태를 바꾸고 있다. 과거에는 "금융기관=은행"이라는 공식이 성립하였으나 최근에는 은행보다 핀테크와 빅테크의 금융서비스를 떠올리는 경우가 많다. 주거래 금융회사도 시중은행에서 인터넷전문은행, 핀테크·빅테크로 옮겨가는 현상이 보편화되는 추세이다. 한편, 핀테크·빅테크 기업은 지급결제, 자산관리, 금융정보 검색, 쇼핑, 여행, 엔터테인먼트 등 금융 외에 일상생활과 관련된 정보를 제공하고 새로운 결제방식을 개발해 편의성을 강조하면서 빠르게 경쟁력을 확보하고 있다. 편의성 등을 통해 모바일 앱의 시간점유(time share)가 금융소비자의 인식을 바꾸는 요인으로 부상하고 있다. 디지털금융의 보편화로 금융거래를 위해 영업점을 방문하는 시대는 저물고 있다. 전통적인 은행 채널의 거래비중이 낮아지고 모바일뱅킹을 포함한 인터넷뱅킹 채널의 거래비중이 높아지면서 모바일 앱의 경쟁력이 중요해지고 있다.

디지털금융 시대를 맞이하여 핀테크·빅테크의 금융업 진출이 빠르게 확산되고 있다. 빅테크 기업은 주력인 플랫폼 사업에서 형성된 네트워크를 통해 축적된 데이터를 분석하여 혁신 금융서비스를 제공하면서 시장지배력을 확대하고 있다. 빅테크 기업이 은행업에 진출하려는 의지가 강한 상황에서 규제 장벽이 없어진다면 은행은 시장점유율을 유지하기 어렵기 때문에, 은행과 빅테크 기업 간 경쟁구도가 은행산업의 건전한 발전과 금융소비자의 편익 향상으로 이어질 수 있도록 유도하는 것이 중요하다. 한편 AI기술과 블록체인 기술이 디지털금융의 발전을 더욱 가속화하면서 은행 간 경쟁구도와 함께 금융권 전체의 경쟁구도를 바꾸는 중요한 요인이 될 것으로 예상된다. 은행업무의 AI기술 활용도를 높여 인력·조직 구조의 효율화를 통한 긍정적 효과도 기대할 수 있다. 금융시스템이 은행 지급결제망에서 블록체인 기반 결제망으로 전환될 가능성도 있다. 결국 기술의 발달로 은행의 역할이 위축될 가능성이 큰 만큼 은행은 이러한 기술을 활용해 새로운 사업을 고민해야 할 것이다.

인터넷전문은행 도입 시 논란이 되었던 사항은 소유구조, 최저자본금, 업무범위로, 그 중에서 소유구조가 가장 큰 논란의 대상이 되었다. 은행법에서 비금융주력자는 은행의 의결권 있는 지분 4%를 초과 보유할 수 없기 때문에 혁신적인 ICT기업이 인터넷전문은행에 진입하는 것은 사실상 불가능했으나, 인터넷전문은행법을 통해 34%까지 소유할 수 있도록 허용하였다. 또 다른 쟁점은 인터넷전문은행의 업무범위이다. 인터넷전문은행법에서는 중소기업기본법 제2조 제1항에서 정한 중소기업을 제외한 법인 영업을 할 수 없는 것으로 규정하고 있다. 한편 인터넷전문은행은 은행산업에서 혁신성을 기반으로 한 경쟁 촉매제 역할을 하고 혁신적인 금융서비스를 제시하는 등 은행산업의 성장에 긍정적인 역할을 한다는 점도 함께 언급된다.

오픈뱅킹·마이데이터는 데이터 기반의 금융서비스를 제공하는 수단이다. 금융업권 간 폐쇄적 결제 및 데이터 인프라 하에서 은행이 독점하던 금융정보를 개방하는 것이다. 이를 통해 은행과 핀테크 기업 간 협력적 경쟁과 디지털 금융혁신을 유도한다. 오픈뱅킹은 지급결제와 관련한 정보를 공유하는 시스템이고, 마이데이터 사업은 계좌 관련 정보를 공유하는 시스템이다. 금융서비스 발전의 장애요인이었던 은행과 금융소비자 간 정보비대칭성이 일정 부분 해소되면서 금융소비자의 선택권이 강화된다. 마이데이터 사업은 지속적인 수익을 확보하기 쉽지 않기 때문에 부수업무나 겸영업무를 적극적으로 허용할 필요가 있다.

P2P(Peer-to-Peer)금융은 은행 등 금융기관을 거치지 않고 온라인 플랫폼을 통해 차입자와 투자자가 직접 연결되는 금융으로, 온라인투자연계금융은 P2P금융을 제도화하는 과정에서 도입된 제도이다. 대출을 취급함에 있어 은행과 달리 간접금융이 아닌 직접금융 방식으로 중개서비스를 제공하기 때문에 은행과 보완관계를 형성할 수 있다. 온라인투자연계금융업자는 차입자와 투자자를 연결하여 탐색비용(searching cost)을 절감하는 역할을 한다.

빅테크 기업이 은행업에 진출함에 있어 은행과의 규제 형평성은 여전히 논란이 많다. 디지털금융의 균형적 발전을 위해서는 "동일기능·동일규제" 원칙하에서 공정한 경쟁이 필요하다. 특히 AI기술과 블록체인 기술의 도입은 디지털금융을 새로운 형태로 바꿀 가능성이 높다. 새로운 금융시스템 하에서 경쟁의 양상도 달라질 것이므로, 이에 대응할 필요가 있다. 새로운 규제체계를 만들 때 은행산업의 발전과 금융소비자의 편익을 제고하는 차원에서 규제 형평성을 유지해야 한다. 디지털금융은 은행산업에 많은 변화를 가져다 줄 것이기 때문에 새로운 시장 참여자와 은행이 건전한 경쟁관계를 유지하면서 상호 협력할 수 있는 제도적 기반을 마련할 필요가 있다.

라. 알고리즘 거래에 관한 금융규제 [이정수]

"알고리즘 거래에 관한 금융규제"는 컴퓨터 등 기계적 장치를 이용하여 미리 정해진 방식에 의해 주식 등의 공정가치를 산정하는 등 인간의 간섭이나 방해 없이 언제, 어떻게, 얼마나 주문을 제출할 것인가를 판단하여 주문을 제출하는 과정인 알고리즘거래에 관한 글이다. 우리나라의 경우 알고리즘 거래와 관련한 법적 규제나 그에 관한 연구가 활발히 이루어져 왔다고 평가하기는 어렵지만, 알고리즘 거래로의 금융시장의 중심이동은 이미 진행 중이고, 이러한 불가역적인 변화의 흐름은 인간의 수동거래를 전제로 체계화되어 있는 기존 규제체계가 향후에도 그대로 적용될 수 있는 것인지에 대한 근본적인 질문을 던진다. 또한 현재의 규제체계가 자동화된 거래에 있어 시장붕괴 위험을 효과적으로 막아내고 시장의 안정성을 지킬 수 있는지, 알고리즘 거래에 투자하는 투자자 보호를 위하여 어떠한 금융투자업자 규제가 필요한지, 알고리즘 거래를 통한 불공정거래에 대해 어떻게 대응하여야 할지 등 법적 규제 측면에 있어 다양한 문제를 제기하고 있다. 이러한 배경 하에, 알고리즘 거래와 그에 대한 법적 규제를 개관하고, 법적 규제를 시장안정성 규제, 금융투자업자 규제 및 불공정거래 규제의 세 가지 측면으로 나누어 고찰하였다.

먼저 시장안정성 규제의 관점에서 미국에서 2010년 5월 6일에 발생한 flash crash를 계기로 알고리즘 거래가 시장의 거래자와 거래구조(이른바 'market microstructure') 상의 연관·간섭효과로 시장붕괴를 유발할 수 있음을 지적하고, 개별기관 규제만으로는 한계가 있어 시장 자체를 대상으로 한 '시장안정성 규제'가 필요하다고 논증한다. 금융규제는 근본적으로 정보비대칭과 도덕적 해이가 원인이 되는 시장실패(market failure)에 대한 대응인데, 알고리즘 거래의 경우 알고리즘 거래가 가져올 수 있는 시장위험의 수준에 대해 정보가 부재하거나 부족하고, 시장이 수용가능한 위험수준 이상으로 개별 알고리즘 거래 주체가 위험을 발생시키는 도덕적 해이도 발생하고 있는데, 문제는 시장이 수용가능한 위험수준이라는 것이 개별 알고리즘 거래 위험의 단순합이 아닐 수 있다는 점이다. 이에, 알고리즘 거래에 대한 이론적인 규제모델로는 ① 전면 금지, ② 시장구분론, ③ 허용하되 부작용 최소화가 제시되며, 현실적으로 ③이 채택되어 왔다. 규제의 내용으로는 ① 유형별 거래자 등록과 알고리즘 공개라는 사전적 규제, ② 포지션

관리와 같은 상시적 규제, ③ 개별종목 서킷브레이커 및 선제적 제거조치 등 사후적 규제, ④ DMA(Direct Market Access) 및 Co-location 등이 논의되고 있다. 또한 알고리즘 거래의 국제적 특성을 고려해 국제증권감독기구(International Organization of Securities Commissions, IOSCO) 등 국제공조가 필요하다는 점도 강조된다.

다음으로, 금융투자업자 규제 관점에서 flash crash 이후 미국과 EU가 시장안정성 규제를 강화한 뒤 규제의 초점이 투자자 보호로 이동했음을 전제로, 알고리즘 거래의 투자자 보호 공백을 지적한다. 특히 투자일임업을 통한 알고리즘 거래가 확산될수록 'high risk high return' 속성의 손실 가능성이 커지지만, 현행 자본시장법상 금융투자업자 규제는 대상 금융투자상품과 투자자 유형에 따라 위험을 평가해 알고리즘·고빈도성 거래 방식이 유발하는 위험을 반영하지 못한다. 이에 투자일임업자에 대한 진입·건전성·영업행위 규제를 재설계하고, 설명의무·이해상충관리 등 알고리즘 거래 특유의 의무를 추가하되, 결과기준·경영진 책임 등 변화에 대응 가능한 원칙중심규제를 병행할 필요가 있다. 또한 전자거래 착오·오류에 대해서는 대량투자자 착오거래 구제, 호가 일괄취소 제도의 한계를 보완해 미국식 '명백한 착오거래'의 직권 무효화 등 선제적 구제를 검토할 필요가 있다. 그리고 알고리즘 거래의 역외성을 고려하여 역외투자일임업자에는 인가 전환, 이해상충 방지체계, 최소증거금 유지의무와 수탁업자 지정 외에도, 외국인투자등록 중단·박탈 등 집행수단을 확보할 필요성을 제시한다.

마지막으로 최근 알고리즘 거래에 대한 규제 논의의 중심이 불공정거래 규제에 있음을 강조한다. 알고리즘 거래가 초래하는 거래수단의 불균형과 시장교란 위험을 배경으로, 공시규제로 대응하기 어려운 정보비대칭을 유통시장 단계에서 불공정거래 규제로 어떻게 보완하고 재설계할지 검토한다. 먼저, 알고리즘 거래는 대량성·고속성·반복성으로 가격형성자(price maker)가 되기 쉬워 기대의 자기실현과 변동성 증폭을 야기할 수 있으므로, 수동거래를 전제한 종전 기준을 그대로 적용하기 어렵다. 또한 시장 내지 자산별 구조가 달라 동일한 알고리즘이라도 결과가 달라질 수 있으며, 행위자의 특정과 주관적 요건 입증도 난해하다. 이에 따라 시세조종·미공개중요정보 이용행위·부정거래행위·시장질서교란행위로 구성된 현행 체계를 적용함에 있어 알고리즘의 특수성에 맞춘 판단기준의 변용과 보완이 요구된다. 구체적으로, 시세조종에서는 허수성 거래 판단에 취소율이나 체결률을 기계적으로 사용하기 보다는 알고리즘의 매매양태 일관성 등 보완적 기준을 도입하고, 주관적 요건 입증의 어려움을 고려해 시장질서교란행위 규제의 활용 또는 형사처벌 대상을 특정하고 정교화하는 입법 대안이 논의된다. 미공개중요정보 이용행위에서는 정보의 단순 결합보다 "생성정보"의 재이용이 쟁점이며, 자기거래가 만든 생성정보를 투입변수로 재사용하는 방식은 정보이용형 시장질서교란행위에 해당할 수 있어 금지된다. 부정거래행위에 관해선 알고리즘 거래 자체를 "부정한 수단"으로 볼 수 없고, DMA · Co-location 등 접근 가능성이 제도적으로 개방되어 있는지가 핵심 판단기준이 된다. 시장질서교란행위는 시세조종에 비해 알고리즘 기반 신유형 거래에 유연하게 대응할 여지가 있으나, 일부 유형은 추가 보완이 필요하다. 실효성 측면에서는 형사책임만으로는 입증 부담이 크기 때문에 행정책임 · 민사책임을 적극 병행하고, 이익액 산정이 곤란한 다수 · 고빈도 거래 구조를 고려해 「독점규제 및 공정거래에 관한 법률」상 과징금 규정 등을 참고해 대체 산식을 검토할 필요가 있다. 또한 복잡한 책임 귀속 문제에 대해 양벌규정 도입을 포함한 제도개선을 모색하고, 역외성에 대응하기 위해 IOSCO 등 국제공조를 발전시켜 나갈 필요가 있다.

마. 보험업과 디지털금융 [김유성]

"보험업과 디지털금융"은 디지털환경이 보험산업을 변화시키는 모습과 디지털환경변화가 야기하는 사회적 위험의 모습을 살피고, 이러한 변화에 부합하는 보험법제의 개선방안을 살펴본다. 인슈어테크(InsurTech)는 보험(Insurance)와 기술(Technology)의 합성어로, 디지털기술이 보험업에 적용되어 보험산업을 변화시키는 측면을 다루게 된다. 디지털 환경변화와 관련하여 보험법제의 관점에서는 보험산업에 새로운 디지털기술 도입을 허용할 수 있는 것인지 여부, 디지털기술 활용에 대한 규제가 미비한 상태에서 금융사고가 발생할 우려와 디지털기술 활용에 대한 규제가 과도하여 금융혁신이 저해된다는 우려, 디지털 환경변화 자체가 발생시키는 새로운 사회적 위험을 보험으로 부보할 수 있는지, 그러한 형태의 보험이 법적으로 허용될 수 있는지 여부가 문제된다.

디지털 기술이 보험업에 성공적으로 접목된 사례들이 학계 · 실무계에서 다수 보고되고 있다. 법학적인 관점에서 규제개선을 검토하기 위한 목적으로 간략하게 인슈어테크 현황 내지 단기간 내에 달성가능할 것으로 보이는 인슈어테크 모델들을 정리해 보면, 보험상품의 접근성 강화, 보험상품의 맞춤화, 보험료의 합리화, 업그레이드된 보험상품의 제공, 언더라이팅이나 청구절차 등 자동화, 보험사기방지 및 규제준수 등이 있다. 반면 보험업권의 디지털 환경변화가 금융안정성을 저해할 수 있다는 문제, 사회 전반의 디지털 환경변화가 야기하는 새로운 사회적 위험이 지적되기도 한다.

디지털 환경변화는 보험업의 디지털화를 어느 정도까지 수용할 수 있는가의 논의와 디지털 환경변화로 인한 위험에 대한 사회적 안전망을 보험상품을 통해 어떻게 대응할 것인지의 논의로 요약될 수 있다. 이러한 관점에서, 디지털 전환 속 보험법제의 과제는 다음과 같이 네 축으로 정리할 수 있다. 첫째, AI 보험설계사 도입이다. 보험업법상 모집인은 보험설계사, 보험대리점, 보험중개사, 보험회사의 임·직원으로 한정되어 있어, 로보어드바이저와 유사하게 "전자적 투자조언장치" 도입 경험을 참조해 보험업법에 AI 보험설계사를 추가하고, 모집활동의 수범주체와 손해배상책임을 보험회사 등 공신력 있는 기관으로 명확화할 것을 제안한다. 둘째, 비대면 모집에 관한 보험법제 정비이다. 설명의무 이행방식은 금융소비자보호법 체계에서 인터넷 화상장치·AI 음성봇 등을 허용하도록 완화되었다. 다만 권유 여부에 따라 민사·규제 체계의 설명의무 강도가 크게 달라 실무적 불확실성이 크므로, 중요사항을 고객이 이해하도록 설명한다는 원칙만 규정하고 구체적 방식은 내부통제로 위임하는 방식이 제안된다. 셋째, 건강정보제공 등 서비스와 의료법 위반문제이다. 보험회사가 인슈어테크의 방식으로 제공하는 새로운 건강보험서비스에는 피보험자의 건강을 증진하기 위한 여러 조치들이 포함되는데, 필연적으로 의료법상 비의료인에게 금지되는 의료행위에 해당하는 것이 아닌지 문제 된다. 한편 비의료 건강관리서비스 가이드라인은 법규성이 없고 인슈어테크의 혁신성을 저해할 수 있다는 주장 등이 제기되고 있다. 따라서 의료행위 범위를 네거티브 규제로 재정의하고, 보험업자가 보험업을 영위하는 경우 의료법 적용에서 배제하는 입법 보완이 필요하다. 넷째, AI 등 디지털 환경변화가 야기하는 위험에 대응한 보험상품 관련 법리이다. 「인공지능 발전과 신뢰 기반 조성 등에 관한 기본법」(이하 "인공지능기본법") 시행으로 보험회사도 인공지능사업자로서 안전성 확보의무를 부담하며, 예측곤란 위험을 보험으로 부보할 제도 기반이 요구된다. 자율주행자동차의 경우 현행 체계는 레벨4에서도 보유자 운행자책임을 채택하는 것으로 평가할 수 있다. 이러한 법체제하에서 로보택시가 아닌 레벨4 개인판매의 타당성에는 논란의 여지가 있으며, 자율주행자동차 구독서비스 등으로 개인의 운행자책임을 회피하려는 다양한 법률관계가 등장할 수 있다. 이에 따라 무자력위험과 무보험상태로 인한 사고위험을 담보할 새로운 보험상품과 그에 대한 법적위험 평가가 필요하며, 더 넓게는 AI 등 디지털 환경변화가 야기하는 위험에 대응한 보험상품 제조에서도 위와 같은 검토가 깊이 있게 진행될 필요가 있다.

바. 디지털금융의 새로운 과제: 인공지능 [마경태]

"디지털금융의 새로운 과제: 인공지능"은 디지털 금융환경에서 인공지능이 어떻게 활용되고, 어떠한 위험을 낳으며, 그 위험을 관리하기 위해 어떠한 규제와 거버넌스가 구축되고 있는지를 체계적으로 정리한다. 먼저 인공지능은 자율성·적응성·추론 능력을 가진 시스템으로 정의되고, 금융 분야에서 인공지능 기술은 금융서비스 고도화, 업무 효율성 증대, 규제 준수 지원 등의 목적을 위해 폭넓게 활용되고 있다. 다만 생성형 인공지능의 대고객 활용은 부정확한 정보 전달과 같은 잠재적 피해에 대한 염려로 아직 제한적으로 도입되고 있다.

인공지능 기술의 활용이 확산되면서 인공지능이 가져오는 핵심 위험으로 ① 과대/과소적합, 환경변화, 생성형의 환각 등 인공지능시스템의 성능 부족, ② 학습데이터 편향에 따른 차별과 금융소외, ③ 인공지능시스템 내지 이를 운영하는 금융회사 내부 및 외부 모두가 이해하거나 예측하기 어려운 불투명성, ④ 데이터 오염·적대적 공격·모델 탈취 등 보안 위험, ⑤ 학습데이터 수집·이용 과정에서의 저작권·개인정보 위반, ⑥ 인공지능 개발자와 이용자로 나뉜 구조에서의 정보 비대칭과 책임의 불명확성, ⑦ 여러 금융회사가 동일 모델·데이터에 의존함으로써 공통된 오판이 시장 전체의 변동성·동조화·시스템 리스크로 이어질 수 있다는 점을 지적한다. 이에 대응하기 위해 자율성, 공정성, 투명성, 책임성 등 신뢰할 수 있는 인공지능을 목표로 하는 윤리원칙이 국제적으로 제시되었고, 구체화 방식으로 ① 이용자에게 고지·설명·이의제기권을 부여하는 투명성 확보 방식과 ② 사업자 내부에 위험관리 조직과 절차를 두는 인공지능 거버넌스 방식이 발전해 왔다. 최근 논의의 무게 중심은, 복잡한 인공지능의 위험을 효과적으로 관리하기 위해 사업자가 전 생애주기에 걸친 위험관리 체계를 구축하는 거버넌스 방식으로 이동하고 있다. 한편, 금융분야 인공지능 거버넌스의 공통 구성요소로는 ① 위험 기반 접근 방식의 적용 ② 인공지능 위험관리 전담조직의 지정, ③ 인공지능 위험관리방안의 마련, ④ 인공지능개발·이용사업자의 위험관리 업무 분담 방안의 마련을 공통 요소로 한다.

이어서 기존 규제 중 금융분야에서의 인공지능의 활용에 적용될 수 있는 주요 규제를 살펴 본다. 금융소비자보호법과 「신용정보의 이용 및 보호에 관한 법률」(이하 "신용정보법")의 차별금지 및 허위·과장 설명 금지 규정은 AI를 사용하더라도 차별적 여신·잘못된 상품 안내 등에 대해 금융회사 책임을 묻는 근거가 되고, 신용정보법과 개인정보보호법의 자동화평가 설명 및 이의제기 규정은 완전 자동화된 중요한 의사결정에 대해 설명요구권 및 거부권을 보장함으로써 AI 투명성을 제고한다. 또한 「금융회사의 지배구조에 관한 법률」(이하 "지배구조법")과 감독규정은 내부통제·위험관리기준이 금융회사의 모든 업무를 포괄해야 한다고 요구하므로, AI 활용에 따른 위험도 내부통제·위험관리기준 안에서 관리되어야 한다는 결론에 이른다.

새로운 규제로서 2026년 1월 시행된 인공지능기본법은 인공지능개발사업자와 이용사업자를 구분하고, 특히 고영향 인공지능에 대해 위험관리방안 수립·운영, 설명 방안 마련, 이용자 보호, 사람에 의한 관리·감독, 문서화 의무 등을 부과하여 사실상 인공지능 거버넌스를 법적 의무로 규정한다. 생성형 인공지능과 고성능 인공지능에 대해서도 사전 고지·결과물 표시, 딥페이크 표시, 수명주기 전반 위험관리 의무 등을 부과하고, 위반 시 사실조사·중지·시정명령 및 과태료를 규정한다. 금융위원회의 「금융분야 인공지능 운영 가이드라인」과 「금융분야 인공지능 개발 활용 안내서」는 신용평가·여신심사, 로보어드바이저, 챗봇, 맞춤형 추천, 이상거래탐지 등 5대 서비스를 대상으로 위험기반 분류를 하고, 고위험 서비스에 대한 별도 승인 절차, 생애주기별 구체적 준수사항을 제시해 실무지침 역할을 해왔다. 다만 이들은 생성형 AI가 본격적으로 확산되기 전 마련되었기 때문에, 금융위원회는 2024년 '생성형 인공지능 활용 지원방안'하에서 기존 안내서 및 가이드라인을 통합·개정한 「금융분야 인공지능 가이드라인」을 예고하며, 최고경영자의 역할·책임, 금융안정 위험 최소화, 생성형 AI 보안 위협 등 '금융 인공지능 7대 원칙'을 제시하였다.

마지막으로, 국내 전자금융감독규정상 망분리 의무는 클라우드 기반 생성형 인공지능의 도입을 어렵게 만들어 금융권의 AI 활용 혁신과 R&D에 제약 요인으로 작용해왔다. 이에 2024년 발표된 「금융분야 망분리 개선 로드맵」과 금융보안원의 「생성형 인공지능 및 SaaS(Software-as-a-Service) 이용 규제 특례 관련 보안대책」은 규제 샌드박스 조건 하에서 내부망-외부 AI 모델 간 연결 및 해외 AI를 활용한 가명정보 처리까지 허용하되, 강화된 단말·네트워크 보안, 적대적 공격 테스트, 중요정보 입력 금지, 출력 로그 관리, 책임자 지정, 문제 발생 시 즉시 중단 및 임직원 교육 등 매우 강도 높은 보안·거버넌스 요건을 부과하는 방향으로 규제를 완화하고 있다.

3 디지털 금융규제

가. 금융산업과 감독시스템의 변화 [정순섭]

"금융산업과 감독시스템의 변화"는 기술의 발전에 따라 급격히 변화되는 금융시장 환경에서 금융법이 맞이하는 변화의 양상과 이에 대한 규제 접근방식을 정리한다. 현재의 금융감독시스템은 전통적으로 은행과 증권 그리고 보험의 구분을 전제로 형성되어 있는데, 금융업에서의 디지털기술의 적극적인 수용의 결과 금융산업은 형식과 실질이 양면에서 변화를 맞이하고 있기 때문에 이에 대한 대응력을 확보하기 위한 개선이 필요하다.

구체적으로 금융법의 관점에서는 금융기능과 금융업의 재편, 규제상 금융업 구분의 의미, 금융과 비금융의 관계라는 세 가지 쟁점으로 요약할 수 있을 것이다. ① 디지털기술이 촉진한 금융의 정보화와 데이터경제의 발전은 금융기능과 금융업의 구조를 재편하고 있다. 모바일과 플랫폼의 부상으로 진입장벽이 낮아지면서 전통적 은행의 사업모델이 기능요소별 분해와 재결합(unbundling and rebundling)으로 전환되고, 지급 분야에서도 예금 기반 지급의 상대적 중요성이 축소되고 있다. 이로 인하여 금융시스템이 금융기관허브형→인터페이스기업중심형→거래소·분산형으로 네트워크 구조 변화로 이행될 가능성이 있다. 다만 디지털금융은 새로운 금융기능을 창출하기보다 기존 기능의 제공 형식을 바꾸는 것으로, 금융법과 감독체계는 이를 전제로 설계될 필요가 있다. ② 규제상 금융업 구분과 관련하여서는 디지털금융이 판매채널을 중심으로 금융상품의 제조와 판매의 분리와 판매에 의한 제조의 지배 현상을 강화하고, 스테이블 코인과 CBDC, 토큰증권 등으로 금융업 내부 경계를 모호하게 만들고 있다. 이러한 변화를 금융기능별로 유형화해 보면, **지급형**(간편송금·간편결제, 스테이블 코인, CBDC), **투자형**(증권형 크라우드펀딩, 토큰증권, 블록체인 기반 증권거래시스템), **대출형**(대출형 크라우드펀딩, 온라인투자연계금융업법), **보험형**(P2P보험), **자산관리형**(전자적투자조언장치로서의 로보어드바이저), **지급업자·빅테크에 의한 금융상품판매**, **금융시장인프라형**(분산원장)이 있다. ③ 이러한 변화는 아직 초기지만 기술적 기반이 확인되고 있으며, 금융과 비금융의 융합이 데이터 확보·활용을 매개로 현실화되고 있다. 우리나라에서는 금산분리 관점에서 여전히 논의가 남아 있으나, 전통적인 금산분리 원칙의 적용범위는 산업융합과 디지털금융의 확산이라는 현실 앞에서 일정한 한계를 드러내고 있다는 지적에는 주목할 필요가 있다.

위와 같은 변화에 대응하여 각국은 다양한 접근방식을 채택하고 있는데, 그러한 대응은 크게 금융법제, 금융감독체계 그리고 금융규제절차로 나누어 정리할 수 있다. 영국·EU·호주·일본 등 각국은 금융의 디지털화에 대응하여 기술친화적 법제의 개편을 모색하며 공통적으로 ① 기능별 규제, ② 제조와 판매의 분리, ③ 금융과 비금융의 융합을 기본 방향으로 삼고 있다. 기능별 규제는 금융이 수행하는 기능을 중심으로 규제체계를 형성하는 것으로, 우리나라는 자본시장법, 지배구조법, 금융소비자보호법을 통해 부분적으로 도입했다. 글로벌 금융위기 이후 G20 논의, 장외파생·헤지펀드·그림자금융 규율 강화 역시 기능별 규제의 연장선에 있다. 디지털금융 확산으로 지급과 판매에서 빅테크 등 금융 주체가 진입하면서 '동일 행위·동일 규제' 원칙의 적용 필요성이 커졌고, 지급은 은행과 비은행 구분 없이, 판매는 플랫폼의 추천·중개 등 실질 기능에 따라 금융소비자보호법을 판매규제의 기본법으로 발전할 것으로 예상된다. 기능별 규제의 적용을 위하여 선행되어야 하는 작업은 기능을 분류하는 것으로, 최근 일본에서는 금융의 기능을 결제·자금공여·자산운용·위험이전의 네 가지로 분류하여 검토하는 방안을 제시한 바 있다. 한편 실제 운영에 있어서는 기능별 규제와 기관별 규제의 조합이 불가피하다는 점 역시 강조된다. 마지막으로 스테이블 코인과 슈퍼앱의 금융상품판매업 진출에 대해서는 기능별 규제의 핵심인 동일 행위·동일 위험·동일 규제와 함께 금산분리의 문제가 제기되며 효율성 제고와 소비자보호의 균형, 인공지능 수용을 위한 전향적 접근이 필요하다는 논의도 같은 관점에서의 지적으로 이해된다. 결론적으로 현행 체계는 기능별 규제, 제조·판매 분리, 금융·비금융 융합을 수용할 수 있는 체계로 변화가 필요하다.

다음으로, 디지털금융 환경에서 금융감독체계를 어떻게 재설계할 것인지 호주와 영국의 이원화모델(twin-peaks)을 중심으로 검토한다. 디지털금융은 새로운 금융기능이 아니라 형식의 변화이므로, 별도의 디지털 특화 감독기관은 불필요하고 기능별 규제가 설계 기준이 되어야 한다. 이원화모델의 논리는 시스템보호와 금융소비자보호라는 규제목적이 가지는 차이점과 충돌 가능성, 그리고 은행·증권·보험에 대한 건전성 및 영업행위

감독을 단일 기관이 담당할 경우 해당 기관이 지나치게 강력해질 수 있는 점을 근거로, 시스템 보호와 비건전성 규제를 담당하는 기관을 분리할 필요성이 제시된 바 있다. 국내 논의는 규제목적 간 충돌 가능성을 강조하여 건전성 감독과 행위 규제 간 이해상충 완화를 위하여 쌍봉형 감독체계의 도입을 주장하는 적극적인 견해와 이원화모델을 채택한 입법례가 많지 않다는 점과 아직 충분히 검증되지 않았다는 점 등을 강조하면서 현행 제도의 틀 안에서 금융소비자보호체계를 강화하는 방안을 주장하는 소극적인 견해로 나뉜다. 다만 이원화모델에서 말하는 영업행위감독은 공시 · 불공정거래 · 제조와 판매 규율 · 자본시장인프라까지 포함하는 넓은 개념이며, 핵심은 규제목적별 자원배분과 감독기능의 명확한 구분이다. 최근 제시된 금융감독위원회-금융소비자보호위원회, 금융감독원-금융소비자보호원으로 분리안은 금융소비자보호의 강화를 주된 근거로 하고 있으나 실질은 금융감독원의 금융분쟁조정위원회를 분리시키면서 금융상품의 판매등에 관한 검사권을 부여하는 것으로 국제적으로 논의되는 이원화모델과는 관련이 없는 구조로 평가된다.

마지막으로, 금융규제절차를 ① 금융감독정보의 수집, ② 금융감독정보의 활용, ③ 금융행정절차의 정당성으로 나누어, 디지털금융 환경에서 인공지능 도입을 전제로 재정립할 필요성을 제기한다. 수집 측면에서는 자발적 제출자료와 조사 · 검사를 통한 비자발적 정보에 더해 기업공시, 뉴스, 민원, 인터넷 · SNS 등 비정형 데이터까지 포괄하도록 확장되고, 활용 측면에서는 보이스피싱 · 불법추심 · 불법사금융광고 분석 등 내부적 감독 활용이 진행 중이나 시장감시 분야의 인공지능 적용은 아직 초기 단계로 평가되고 있다. 금융행정절차에서는 금융당국의 조직적 · 절차적 정당성을 확보하기 위해 데이터 표준화와 정확성 · 완전성 · 무결성, 알고리즘 편향, 책임성, 법치행정 원칙 등을 종합적으로 고려해야 한다. 아울러 혁신격차는 시간적 불일치, 규제의 구조적 파편화, 지식 및 기술적 격차에서 발생하므로, 디지털금융혁신의 속도에 맞추기 위해 금융규제도 디지털화되는 과정이 필요하게 되었다.

나. 디지털금융에서 규제의 역할과 방식 [정순섭]

"디지털금융에서 규제의 역할과 방식"은 ① 디지털금융은 전통적인 금융기능을 디지털기술을 이용하여 수행하는 것일 뿐 금융소비자와 금융체계의 관점에서 인식되는 위험의 본질에는 변화가 없다는 점, ② 현재 국내에서 한정적 열거주의와 규정중심주의가 여전히 엄격하여 규제완화 · 원칙중심규제 · 자율경영 요구가 병존한다는 점, ③ 각국은 디지털금융의 국경초월성에 비추어 금융규제목표로 자국 금융시장의 경쟁력을 적극 강조하기 시작했다는 점, ④ 디지털기술의 발전은 금융규제기관과 금융회사가 규제를 위한 정보의 수집 · 가공 · 적용 과정 전반에 접목될 수 있음을 시사한다는 점을 고려하여 디지털금융에서 금융규제의 역할과 방식을 규정할 필요가 있음을 지적한다. 위와 같은 전제하에, 디지털금융에서 새로운 위험을 파악하고 규제의 효율화 장치로서의 원칙중심규제의 의미를 다시 확인한 다음, 디지털금융의 시대에 강조되는 정책목표로서의 금융시장의 경쟁력과 금융규제목표로서의 적용 가능성을 살펴본다.

먼저 디지털금융에서의 위험은 금융소비자 보호 관점에서 디지털 취약계층의 금융소외를, 그리고 금융체계보호의 관점에서 디지털뱅크런과 디지털기술규제, 그리고 금융보안규제를 분석한다. 이와 같이 전통적인 금융과 비교하여 디지털금융에서 새로이 확인되는 위험으로는 금융소비자와 금융체계의 모든 관점에서 확인할 수 있다. 금융소외 문제에 대하여 법제도적으로는 현금선택권과 은행대리업 도입 등을, 기술적 대응으로는 디지털 취약계층의 디지털접근성 자체를 보완할 수 있는 기술적 장치를 도입하는 것을 생각할 수 있다. 금융체계위험의 관점에서는 디지털뱅크런을 야기하는 은행예금의 이동성에 대한 고려가 중요하다. 금융법이나 금융당국은 혁신과 경쟁의 촉진이라는 관점에서 기술중립적 규제가 불가피하지만, 현실적으로 기술의 안전성 기준등은 고려할 수밖에 없을 것이다. 그러나 디지털금융에 관한 규제의 기본방향은 기술중립성의 원칙과 경제적 실질을 우선하는 실질적 접근이 불가피하다. 금융보안에 대해서도 디지털금융의 발전과 기술중립성의 원칙 등을 전제로 금융보안법제를 수립할 경우 원칙중심규제로의 전환을 기본방향으로 금융회사의 자율책임원칙, 위험중심규제, 민간 기능으로서의 보안 인증 및 평가기능 도입 등이 고려되어야 할 것이다.

다음으로, 디지털금융환경에서 규제의 효율화 장치로서 규제완화와 규제비용 감소를 위한 대안으로 원칙중심규제의 기본개념과 국내법상 한계를 검토한 후 장래의 방향성을 제시한다. 그동안 주로 경제적 관점에서 원칙중심규제의 국내 도입 논의가 있었지만, ① 법률에 의한 행정 원칙과 제재 근거의 명확성, 집행구조의 엄격성 등 법리적 한계, ② 규제의 내부화를 위한 준법감시 · 내부통제의 역량과 경영진 책임 미비 등 구조적 한계, ③ 법적 확실성 · 표준화 선호, 표준투자권유준칙의 사실상 획일적 적용 등 문화적 한계로 인하여 그 적용 범위에 제약이 있었던 것으로 평가된다. 이러한 점을 고려하여 국내에서는 원칙중심규제를 규정 해석기준이나 불이익처분이 없는 영역부터 단계적으로 활용하되, 실효성 확보를 위해 내부통제 강화와 함께 형벌 적용범위의 재조정이 병행되어야 한다. 아울러 규정중심규제와의 이분법을 넘어 시장환경에 맞는 조화가 필요하며, 시장친화적 내용의 설계와 엄격한 집행은 구분되어야 한다는 점을 강조한다.

마지막으로 디지털금융 시대에 강조되는 정책목표로서의 금융시장의 경쟁력과 금융규제목표로서의 적용가능성을 살펴본다. 금융시장의 국제경쟁력을 특히 디지털금융과 관련하여 어떻게 반영할 것인지를 고민하는 것은 핵심과제라고 할 수 있다. 우리나라에서는 금산분리 등의 문제와 구분하는 작업이 선행되어야 할 것으로 본다. 금융규제법의 관점에서 핀테크의 또 하나의 특징은 국제적인 경쟁력 확보에 대한 관심이 직접적으로 강조되는 점이다. 국내 「금융혁신지원 특별법」(이하 "금융혁신법") 역시 "혁신적인 금융서비스의 개발과 발전 촉진"과 "금융서비스 관련 일자리 창출"을 명시해, 전통적 금융규제 목적과 함께 경쟁력 강화를 체계적으로 반영할 필요성을 제시한다.

다. 디지털금융과 규제수단의 변화 - 레그테크와 섭테크 [이정수]

"디지털금융과 규제수단의 변화 - 레그테크와 섭테크"는 제4차 산업혁명이 금융시장 전반에 변화를 촉발하고 있고, 금융규제에 위기이자 기회를 함께 제시하고 있음에 주목한다. 공적 부문은 민간 대비 전문성 · 예산 제약으로 규제의 마련과 적용에 어려움이 예상되어 금융규제 측면에서 위기상황이 될 수 있으나, 동시에 디지털화 · 온라인화는 공간적 제약을 완화하고 대면감독 · 현장검사의 한계를 보완하는 새로운 규제수단을 제공할 수 있기 때문이다. 그러한 수단으로, 기술변화를 바탕으로 규제수범자 입장에서 신기술을 통한 규제대응으로서 레그테크와 금융감독자 입장에서 신기술을 통한 감독으로서 섭테크를 살핀다.

레그테크(RegTech)는 규제를 의미하는 Regulation과 기술을 의미하는 Technology의 결합어로, 광의의 레그테크는 빅데이터, 클라우드, 머신러닝 등의 신기술을 활용한 규제를 의미하고 섭테크까지도 포괄하는 것으로 범주화할 수 있다. 반면, 협의의 레그테크는 신기술을 활용한 규제 중 금융 관련 법규준수(compliance) 규제에 대한 대응보고를 유효하게 하는 기술을 의미한다. 이는 법규준수의 수단으로 사용되는 신기술에 주안점을 둔 것으로 감독기관보다는 피감독기관인 금융기관 입장에서의 정의에 해당한다. 섭테크(SupTech)는 감독을 의미하는 Supervision과 기술을 의미하는 Technology의 합성어로 새로운 기술을 이용한 감독 내지 감시를 의미한다. 레그테크가 금융규제의 수범자 입장에서의 신기술 이용이라면 섭테크는 감독자 입장에서의 신기술 이용에 해당한다.

국내에서 레그테크는 공급자를 중심으로 자체 공급과 외부 공급의 경우로 나눌 수 있고, 후자는 다시 공적 공급의 경우와 사적 공급의 경우로 구분되어 활용되고 있으며, 음성변환기술을 주로 이용한 대부업 불법추심 판별지원과 같이 섭테크도 활용되고 있다. 해외 금융감독기관의 경우 법제연구가 아닌 정책연구의 형태로 레그테크, 섭테크에 대해 접근하고 있고, 작동요인과 유형, 공적 영역과 사적 영역의 입장에 대한 조사, 활성화의 이익과 위험 등에 대한 정책보고서를 발간하고 있다. 이를 기초로 외국 금융감독당국의 입장을 검토하면, 레그테크와 섭테크의 작동요인은 먼저 ① 수요 측 요인으로 규제준수와 감독수준의 향상, 유효하고 효과적인 규제 관련 정보 및 데이터, 보다 직관적인 예측형 감독, 사이버보안 및 금융범죄 예방의 가능성, 위험관리 능력의 증대, 다수 금융기관의 디지털화 가속이 있고, ② 공급 측 요인으로 새로운 분석수단과 기술의 등장, 데이터의 가용성, 사회기반시설의 확충, 더욱 보편화되고 개선되는 데이터 아키텍처가 있다. 또한 ① 편익으로는 데이터의 수집과 범용화, 실시간 모니터링, 비용절감이 거론되고, ② 위험으로는 데이터의 표준화와 데이터 질의 상관관계, 사이버 위험과 데이터 보안, 제3자에 대한 의존성, 물적ㆍ인적 설비와 비용, 데이터의 외부저장(Data localisation) 및 규제회피 가능성, 새로운 진입장벽의 가능성, 새로운 비용과 위험 등이 거론된다.

마지막으로 레그테크와 섭테크의 도입 시 법적 측면에서 검토가 필요한 쟁점으로는 기계장치를 이용한 규제 및 감독 시 기존 법체계의 적용가능성, 신기술 이용에 대한 일종의 테스트베드 내지 인증절차, 레그테크 이용에 따른 제재 감경의 규정화, 신기술 이용에 따라 발생할 수 있는 결과책임에 대한 면책가능성을 제시한다. 레그테크와 섭테크는 수범기관과 감독당국에 있어 새로운 기술의 수용이라는 측면이 강조되는 용어로 아직 법제화가 되거나 제도화되었다고 보기는 어렵다. 다만 관련 기술들이 핀테크산업과 맞물려 급속히 발전하고 있으며, 각국의 감독당국은 섭테크를 도입함과 동시에 레그테크의 육성을 위해 핀테크업 및 수범기관인 금융기관과 소통을 강화하고, 구체적인 로드맵을 제시하고 있다. 우리 감독당국도 향후 레그테크, 섭테크에 대한 보다 구체화된 로드맵을 준비하고, 장애가 되는 법적 요소들에 대해 제도를 정비하는 한편, 수범기관과 소통하고, 레그테크의 도입에 법적 인센티브를 제공하며 동시에 제도적 기반을 정비할 필요가 있다.

라. 디지털금융과 소비자보호 [안수현]

"디지털금융과 소비자보호"는 디지털금융의 확산 속에서 소비자보호 패러다임이 전환되어야 할 필요성을 제기한다. 플랫폼 기반 제공, 시공간 제약의 해소, 개인화와 대규모 데이터 활용이라는 특징은 편익과 함께 디지털 금융범죄, 사이버리스크, 알고리즘 오류·남용, 데이터 프라이버시 침해, 공정성·투명성 우려, 금융소외, 복잡한 구제메커니즘 등 새로운 소비자 위험을 동반한다. 특히 고속·복잡·불투명성과 탈중앙화 거래(DeFi)·스마트계약 등에서의 책임소재 불명확성으로 사후적 구제 중심의 기존 체계는 한계를 드러내며, 단순 정보공개·설명의무만으로는 정보비대칭과 다크 패턴에 취약한 행동 편향을 해소하기 어렵다. 금융이해력 조사 결과는 소비자들이 디지털 금융위험으로부터 자신을 보호할 수 있는 역량이 낮은 것으로 나타나 교육의 필요성을 뒷받침하지만, 디지털금융에 내재된 복잡성과 위험의 빠른 확산을 고려할 때 교육목표와 내용이 달라질 필요가 있으며 사전적·시스템적 보호장치가 병행되어야 한다. 감독기관은 섭테크 등 전문 역량과 자원 확충이 요구되며, 현행 디지털·IT부문 감독 방향에도 불구하고 데이터·예산 제약이 존재한다. 금융회사 내부에서도 금융소비자보호법에 따른 조직·평가 체계가 마련되었으나 소비자보호 문화 내재화는 미흡하여, 디지털금융의 새로운 위험을 사전적으로 내부통제에 반영하는 자율적 노력이 강화될 필요가 있다.

한편 디지털금융은 정보통신기술(ICT), 데이터, 인공지능, 분산원장기술(DLT)을 활용해 금융상품과 서비스를 설계·제공·이용·관리하는 활동 전반을 포괄하며, 그에 따라 ① 금융플랫폼 및 간편결제, ② 알고리즘 매매 및 고빈도거래, ③ 로보어드바이저, ④ 인슈어테크, ⑤ 인공지능, ⑥ 사이버보안, ⑦ 금융데이터 및 프라이버시, ⑧ 조각투자, ⑨ 가상자산과 스테이블 코인, CBDC 등으로 그 영역이 확대된다. 이러한 개별적 영역과 관련한 소비자위험과 국내대응을 검토하여 현행 금융소비자보호를 위한 법 정책적 접근방식과 한계를 분석한 결과, 디지털금융 심화에 맞춘 사전적 소비자보호의 원칙과 제도 정비 과제는 다음과 같다. 우선 새로운 형태의 사기나 보안위협 급증, 인공지능의 블랙박스문제, 정보비대칭의 심화 등 취약성이 심화된 디지털 소비자 상을 재정의하고, 이를 전제로 사전적 보호강화가 필요하다고 본다. 즉, 사전 단계에서 ① 소비자 이해도 제고와 설명책임 강화, ② 다크패턴 규율을 통한 실질적 자기결정권 보호, ③ 금융소외/금융포용을 고려한 보호규정의 강화, ④ 피해 입증책임의 전환, ⑤ 상품·서비스 설계단계의 소비자 보호 내부통제 강화, ⑥ 금융교육·감독기관 디지털 역량 강화를 제안한다.

나아가 사전적 금융소비자 보호원칙과 방향에 따른 개별 정비사항들은 다음과 같이 요약할 수 있다. ① 현재 금융소비자 보호 기본법이라고 할 수 있는 금융소비자보호법 제19조 체계가 인공지능·블록체인 등 새로운 위험을 전제로 하지 않고 있으므로, EU 인공지능법의 민원신청권과 설명요구권을 참조해 소비자 이의제기권·설명요구권을 강화할 필요가 있다. ② 디지털 거래가 급증함에 따라 소비자의 의도와 무관한 불리한 선택을 유도하는 '다크패턴' 마케팅 기법이 진화하고 있기 때문에, 전자상거래법의 열거 중심 규율 한계를 보완해, 중립적 선택환경 제공, 가입·해지 동등성, 명확한 동의, 정기구독 사전고지 등 적극적 디자인의무를 도입하고, 금융상품 외 금융서비스에도 적용 확대를 검토할 필요가 있다. ③ 디지털 취약에 따른 금융소외 해소를 위해 보호대상 확대, 차별금지 사유 보강, 정책수립·자료제출 요구, 내부통제·교육 의무화, 화상권유 판매 등 비대면 규율 정합화, 고령층 피해 예방조치 등을 병행하고, 오프라인·콜센터 등 다채널 접근성과 반복학습형 교육을 확충할 필요가 있다. ④ 인공지능을 활용한 상품이나 서비스로 인해 피해가 발생한 경우 소비자 입증부담 경감을 위해 국내 인공지능기본법의 투명성·고지 의무 등 한계를 감안하여, EU AI 손해배상책임 지침안과 같이 요건 충족 시 인과관계 추정 규정 도입을 검토할 필요가 있다. ⑤ 디지털 금융교육은 금융소비자보호법 제29조 및 제30조의 교육 의무에 디지털 역량을 명시하고, 신종사기·허위정보 대응 사례의 상시 업데이트가 필요하다. ⑥ 내부통제·리스크관리는 사이버보안·데이터 보안, 윤리적 AI 설계, 설명가능한 AI, 강력한 데이터 프라이버시, AI 규제준수 등을 내부통제 기준으로 확대되어야 한다. ⑦ 디지털감독체계는 AI 이해도 제고, 위험성 평가·알고리즘 검증을 수행할 전문인력 확충, 금융보안원·개인정보보호위원회 등과의 상시 협력체계 제도화가 요구된다. 아울러 금융회사뿐 아니라 클라우드·AI 솔루션 등 ICT 사업자가 금융권 AI시스템에 미치는 영향이 크므로, 이들에 대한 직접적·체계적 관리·감독 근거를 마련하는 방향으로 감독체계를 고도화할 필요가 있다. 끝으로 디지털 소비자상에 부합하는 금융소비자 개념을 정립하고 판매업자 판매규제를 정비하는 한편 소비자보호 내부통제 범위를 확대하는 등 금융소비자보호법 정비사항을 비롯하여 가상자산이용자보호법, 신용정보법, 전자금융거래법 등 개별법 정비가 후속 과제로 남는다.

마. 디지털금융의 규제·감독과 중앙은행의 역할 [문선경]

"디지털금융의 규제·감독과 중앙은행의 역할"은 아날로그에서 디지털금융으로의 전이가 금융생태계를 구조적으로 바꾸며, 비대면 거래의 급증과 자금이동의 실시간화가 디지털뱅크런 등 새로운 유동성 리스크를 초래한다는 점에 주목한다. 팬데믹 이후 모바일뱅킹, 간편결제, 챗봇이 일상화되면서 거래 속도·빈도가 폭증했고, 이는 대규모 인출, 환매의 동시다발화로 위기가 가속화되어 확대된다. 2023년 실리콘밸리은행 및 크레딧스위스 사태는 플랫폼을 통한 정보 확산과 디지털 인출 경로가 어떻게 단기간에 신뢰 붕괴와 유동성 위기로 연결되는지 확인시켰다. 분석 범위를 은행에서 비은행금융기관으로 확장하면, 이들은 은행과 자금·신용 네트워크를 통해 밀접하게 연계되어 있어, 특정 부문에서 발생한 유동성 불안이 신속히 상호 전이되며 시스템 리스크를 증폭시킬 수 있다. 위와 같은 변화에 대하여 주요국 중앙은행과 국제기구는 디지털 금융환경의 특수성을 반영한 혁신적인 감독체계를 적극적으로 모색하고 있는 바, 그 국제적 논의의 흐름을 거시건전성, 거시안전성, 국제공조의 측면에서 살펴본다.

먼저 거시건전성의 관점에서, 담보 사전수취와 신속정리 절차를 상시 가동 가능한 체계로 구축할 필요가 있다. 디지털 전환으로 금융 불안이 분·시간 단위로 증폭될 수 있는 환경에서, 중앙은행과 감독당국의 역할은 '사후 대응'에서 '평시 대비'로 재정렬되고 있다. 담보 사전수취제도는 금융기관의 자산을 사전에 등록해 둠으로써 위기 시 즉시 유동성을 공급할 수 있게 한다. 특히 대출채권 등 비시장성 자산까지 범위를 넓히면 충격 국면에서 시장성 증권만으로 버티는 한계를 줄일 수 있다. 다만 중앙은행의 신용위험과 도덕적 해이를 억제하고, 제도 이용의 낙인효과를 완화하는 설계가 병행되어야 한다. 신속정리절차는 지급불능 우려 단계에서 감독당국이 선제적으로 개입해 연속성과 질서 있는 정리를 달성하는 틀이다. 국내 도입 논의에서는 재산권 및 적법절차와의 정합성, 적용 범위 설정, 개입 판단 시점의 명확화, 절차적 통제를 위해 법원의 개입 또는

NCWOL(no creditor worse off than in liquidation) 원칙 명문화 필요성 등이 고려될 수 있다. 또한 담보 사전수취제도와 신속정리절차를 포함한 거시건전성 정책은 개별 제도 설계만큼이나, 위기 발생 시 정책당국이 해당 금융기관을 존속시킬 것인지 또는 정리할 것인지를 신속하고 합리적으로 결정할 수 있는 체계가 매우 중요하므로 금융위원회·기획재정부·한국은행·예금보험공사 간 정책조율을 위한 제도가 마련되어 공동 판단과 신속 의사결정을 가능하게 해야 한다. 한편 비은행 부문은 은행·자본시장과의 연계로 리스크를 증폭시키게 되므로, 취약성의 상시 모니터링, 데이터 격차 해소, 정책수단의 정보 공유, 이행 효과 점검을 체계화해야 한다. 절차적 신속성 제고, 시장 단위 안정화를 위한 특수목적기구 등을 활용한 정책수단과 법적 근거 정비, 그리고 비은행예금취급기관의 전통적 안정망 포섭을 위한 제도적 보완이 중장기 과제로 제시된다.

거시안전성 측면에서는 사이버, 제3자 리스크를 단일 기관의 보안 문제가 아닌 시스템 안정성 변수로 다루어야 한다. 신뢰 상실, 핵심 인프라 중단, 연계성 전염이라는 세 경로를 중심으로, 사이버 스트레스 테스트 등 금융시스템 전반의 사이버 복원력(cyber resilience)을 강화하기 위한 주요국 정책당국 및 국제기구의 다양한 대응 방안을 참고한 국내 거시안전성 체계 정비가 필요하다. 동시에 금융시장 인프라·주요 ICT·통신·에너지까지 포함하는 사이버 매핑과, 한국은행, 금융감독원, 금융보안원, 금융정보분석원의 실시간 정보공유 메커니즘을 제도화할 필요가 있다.

국제 공조에서는 스테이블 코인에 대한 FSB 10대 권고를 토대로, 가치 안정·상환권·지배구조·데이터 접근·회생·정리까지 포괄하는 규율을 정합적으로 이행하고, IMF-FSB 로드맵에 맞춰 정책 프레임의 실행·정보공유·데이터 갭 해소를 병행해야 한다. 국경 간 지급결제는 다자 연결을 통해 실시간성·비용 효율·PvP 동시결제를 구현하되, 각국 자금세탁방지 및 테러자금조달방지(AML/CFT) 규제, 데이터보호 요건의 정렬과 상호운용성 등을 설계 단계에서 내재화할 필요가 있다.

4 Ⅲ. 각론: 개별 법률

마지막으로, 이 책은 디지털금융과 관련한 개별 법률에 대하여 다루고 있다. 구체적으로 가상자산이용자보호법, 전자금융거래법, 전자증권법, 신용정보법과 「금융실명거래 및 비밀보장에 관한 법률」에 이어, 금융혁신지원법과 기타 디지털금융 관련 법률로 특정금융정보법, 「전기통신금융사기 피해 방지 및 피해금 환급에 관한 특별법」, 인터넷전문은행법, 온라인투자연계금융업법에 대하여 개관한다.

IV 나가며: 디지털금융법을 향하여

이상의 논의를 종합하면, 디지털금융은 전통적인 금융기능 자체를 바꾸는 것은 아니지만 자금의 흐름을 매개하는 주체, 수단, 방식을 전면적으로 재구성한다고 할 것이다. 즉, 분산원장 기반 토큰, 플랫폼을 통한 다자간 거래, 알고리즘과 인공지능을 매개로 한 의사결정 등 디지털금융환경에서 이루어지는 금융거래는 모두 '자금의 흐름'을 통해 투자, 위험회피, 지급결제를 하는 금융의 본질적 기능을 수행하지만, 그 법적 성격, 권리·의무의 귀속, 위험의 발생과 전이 경로는 종래의 금융법 관점만으로는 충분히 설명되기 어렵다. 이러한 문제의식 하에 이 책은 금융상품·금융거래법·금융규제법이라는 전통적 삼분 구조 위에 디지털 요소를 어떻게 고려할 것인지에 대한 개념적 분석 틀을 제시하고 있으며, 이 글을 통하여 주요 내용에 관한 안내를 제공하고자 하였다.

이 글에서 모두 소개하지 못한 보다 구체적인 쟁점과 논의는 앞선 총론과 이어지는 각론에서 상세히 다루고 있다. 독자들이 그 논의를 따라가며 디지털 기술 혁신과 금융법제의 재구성 방향을 함께 모색해 나가는 과정 자체가, 앞으로의 디지털금융법을 형성해 나가는 중요한 출발점이 될 것으로 기대한다.

PART II

각론: 이론

디지털금융법

CHAPTER 01 디지털 금융자산
CHAPTER 02 디지털 금융거래
CHAPTER 03 디지털 금융감독

CHAPTER 01

디지털 금융자산

- 가상자산의 의의와 법적 지위
- 가상자산거래의 법적 분석
- 토큰증권의 법률문제
- CBDC와 스테이블 코인

가상자산의 의의와 법적 지위

한서희
(법무법인(유) 광장 변호사)

I 서론

비트코인 백서가 처음 2008년에 발표가 되었고 2009. 1. 3. 첫 번째 블록에 해당하는 제너시스 블록이 형성되었다.[1] 비트코인 백서의 핵심은 이중지급 위험을 암호화 기술을 통해서 해결함으로써 비트코인을 새로운 지급결제수단으로서 활용하는 것이었다. 비트코인을 암호화 기술을 활용한 지급결제수단이라는 의미에서 암호화폐(crypto currency)라고 지칭하기도 하였다. 그런데 이러한 비트코인은 처리 속도가 빠르지 않고, 결제를 위한 과정이 복잡하다는 단점이 있었다. 이후에 이더리움이 2015. 7. 30. 출시되면서 분산원장 및 가상자산 세계에 주목할 만한 변화가 시작되었다.[2] 이더리움의 백서는 비탈릭 부테린이 작성하였는데 이더리움이라는 분산원장 위에 스마트계약을 코딩하고 이더라는 가상자산의 전송으로 코드가 실행되는 구조를 설계하였다. 이후 이더리움 재단은 2014년 소위 Initial Coin Offering(ICO)라고 하는 크라우드 펀딩 방식을 통하 자금을 모집하여 메인넷은 2015. 7. 30. 정식으로 출시되었다.[3] 이더리움은 스마트계약을 기반으로 한다. 스마트계약이란 분산원장에 저장되어 있는 코드로서, 중개자 없이 자동

1 https://bitcoin.org/bitcoin.pdf

2 https://ethereum.org/ko/

3 https://ethereum.org/ko/

으로 프로그램이 작동할 수 있도록 만들어진 코드이다.[4] 그리고 이러한 스마트계약이 내장되어 있는 분산원장의 경우에는 중개자 없이도 자동으로 암호화된 프로세스에 의해 거래 또는 특정 활동이 가능해지게 되었다. 이더리움의 출현으로 인해 다양한 스마트계약의 실행을 목적으로 하는 Dapp이라고 하는 애플리케이션이 등장하게 되었다. 그리고 특정한 Dapp에서 활용될 수 있도록 하는 여러 종류의 토큰이 발행되기 시작하였다. 정리하자면 비트코인은 지급결제를 목적으로 고안되었지만 그 이후에 출시된 이더(ETH)는 이더리움 분산원장 위에 존재하는 스마트계약의 실행 수단에 가까웠다. 또한 이더리움 위에 개발되어 구동되는 Dapp에서 활용될 수 있는 다양한 이용권으로서의 토큰이 발행되었는데 그 결과 토큰의 유틸리티적 성격이 더 강화되었다. 그리하여 분산원장 기반의 토큰 또는 코인은 처음에는 지급결제 목적으로 발행되었지만 이후에는 서비스 이용을 목적으로 하는 이용권적 성격으로 변화되었고, 더 나아가 특정 토큰에 서비스 이용 목적의 이용권적 성격뿐만 아니라 수익을 배분하는 기능까지 포함시키는 등 다양한 형태로 발전하게 되면서 점점 코인 또는 토큰의 법적 성격은 복합적이고 모호해졌다. 이러한 발전과정을 거치다보니 소위 토큰 내지 코인이라고 하는 것을 무엇이라고 명명할 것인지, 그리고 그 법적 성격은 수익을 배분하는 금융상품인지, 단순한 지급결제수단인지 아니면 특정 서비스 이용을 목적으로 한 이용권인지 등의 논의가 시작되었다. 이러한 맥락에서 이하에서는 토큰이나 코인의 정의 개념부터 법적 지위, 그리고 다양한 기능을 수행하는 토큰을 어떻게 분류하여 그 법적 성질을 분류할 것인지에 대하여 논의하고자 한다.

4 https://ethereum.org/ko/smart-contracts/

Ⅱ 가상자산의 의의와 법적 지위

1 가상통화, 가상자산, 암호자산

가. 미국

코인이나 토큰을 최초로 법적 개념으로 정의한 것은 미국의 The Financial Crimes Enforcement Network("FinCEN")이다. FINCEN은 2013. 3. 18.에 "Application of FinCEN's Regulations to Persons Administering, Exchanging, or Using Virtual Currencies"에서 가상화폐라고 함으로써 법규정에 등장하기 시작했다. FINCEN은 가상화폐란, 실물 통화의 속성을 갖추지 않고 법정화폐에는 해당하지 않지만 화폐로 환산 가능하고 등가 가치를 지니는 것이라고 정의하면서 가상화폐를 교환하는 중개자는 은행비밀법상 규제를 적용받는다고 발표하였다.[5] 그리고 미국 뉴욕주의 Department of Financial Services(이하 "DFS")에서 뉴욕주 금융서비스 법 산하에 가상화폐와 관련된 규제로 23 NYCRR Part 200를 신설하였다.[6] 위 규정에서는 "가상화폐란 교환 수단으로 사용되거나 디지털 방식으로 가치가 저장되어 사용되는 모든 유형의 디지털 단위를 의미한다"(200.2 Definitions. (P))라고 규정되어 있다. 매우 광범위하게 그 범위를 인정하고 있음을 알 수 있다.

5 https://www.fincen.gov/statutes_regs/guidance/pdf/FIN-2013-G001.pdf "FinCEN's regulations define currency (also referred to as "real" currency) as "the coin and paper money of the United States or of any other country that [i] is designated as legal tender and that [ii] circulates and [iii] is customarily used and accepted as a medium of exchange in the country of issuance. In contrast to real currency, "virtual" currency is a medium of exchange that operates like a currency in some environments, but does not have all the attributes of real currency. In particular, virtual currency does not have legal tender status in any jurisdiction. This guidance addresses "convertible" virtual currency. This type of virtual currency either has an equivalent value in real currency, or acts as a substitute for real currency.

6 https://govt.westlaw.com/nycrr/Browse/Home/NewYork/UnofficialNewYorkCodesRulesandRegulations?guid=I7444ce80169611e594630000845b8d3e&originationContext=documenttoc&transitionType=Default&contextData=(sc.Default)

그런데 미국의 경우에는 암호자산이라는 용어와 디지털자산이라는 용어도 사용하고 있다. US Secruities and Exchange Commission(이하 "SEC")에서는 암호자산 즉 Crypto asset이라는 용어를 사용하고 있고[7] 백악관이 2025. 7. 발표한 Digital Asset Report에서는 암호자산과 스테이블 코인 기타 디지털화된 금융투자상품 전반을 디지털 자산(Digital Asset)으로 통칭하고 있다.

나. 일본

일본은 2016년에 자금결제에관한법률(資金決済に関する法律, 이하 "자금결제법") 개정을 통해 가상화폐 개념을 신설하였다. 이때 가상화폐란 "(i) 특정되지 않은 자에 대해 재화 또는 용역의 구매 또는 임대 대가로 지급하거나, 재화 또는 용역의 제공을 받는 데 사용할 수 있는 재산적 가치로서, 특정되지 않은 자를 상대방으로 하여 구매하거나 판매할 수 있으며, 전자적 데이터 처리 시스템을 통해 이전될 수 있는 것; 또는 (ii) 전자 데이터 처리 시스템을 통해 이전될 수 있으며, 특정되지 않은 상대방과 상호 교환될 수 있는 재산 가치로, 전항에서 규정된 것과 상호 교환될 수 있는 것"이라고 규정하였다(구 자금결제법 제2조 5항). 이후 일본은 2019년에 암호자산으로 그 용어를 개정하였다. 현행 자금결제법 제2조 제5항으로 규정하는 암호자산이란, "금융상품거래법상 금융상품에 해당하지 않는 것으로서, 물품을 구입하거나 용역 또는 서비스를 제공받는 경우 그 대가의 지급을 위하여 불특정인에게 사용할 수 있으며 불특정인을 상대방으로서 매매할 수 있는 재산적가치(전자기기 그 외의 물건에 전자적 방법에 의해 기록되고 있는 것에 한하며 일본 통화 및 외국 통화 및 통화성자산을 제외한다. 다음 호에 있어서 같다)가 인정되는 것으로서 전자 정보처리조직을 이용하여 이전할 수 있는 것"이라고 규정하고 있다. 특징적인 것은 과거와 달리 "금융상품거래법상 금융상품에 해당하지 않는 것"임을 명시하고 있다는 점이다.

7 https://www.sec.gov/newsroom/speeches-statements/atkins-digital-finance-revolution-073125

다. EU

한편 유럽연합에서는 비트코인 등에 대한 통합규제 법률로 REGULATION OF THE EUROPEAN PARLIAMENT AND OF THE COUNCIL on Markets in Crypto-Assets, and amending Directive (EU) 2019/193 (이하 "MICA")를 제정하여 시행 중이다. 위 법안에서는 비트코인 등의 자산을 "암호자산"이라고 규정을 하면서 "분산원장기술 및 이와 유사한 기술을 사용하여 전자적으로 이전 및 저장될 수 있으며, 디지털 매체의 형태를 갖는 가치 또는 권리의 디지털표시"라고 규정한다.[8] 이때 암호자산은 자산참조형, 전자화폐형 그리고 유틸리티형 3가지로 분류되고, MICAR의 적용범위에는 당초 금융투자상품에 해당하는 것은 제외되도록 하고 있다(제2조).

라. 우리나라

우리나라의 경우 비트코인 등에 대해서 법적 정의 규정을 두지 않고 있다가 2021년에 특정금융거래정보의 보고 및 이용등에 관한 법률(이하 "특정금융정보법") 제2조에서 "가상자산"을 규정하여 규제의 대상으로 삼게 되었다. 특정금융정보법에서는 "가상자산이란 경제적 가치를 지닌 것으로서 전자적으로 거래 또는 이전될 수 있는 전자적 증표(그에 관한 일체의 권리를 포함한다)를 말한다."고 규정하면서 단서 조항으로 전자증권, 전자금융거래법상 선불전자지급수단이나 전자화폐, 전자선하증권 등을 제외하였다. 그리고 2024. 7. 「가상자산이용자보호등에관한 법률」(이하 "가상자산이용자보호법 ") 제2조 제3호에서 다시 특정금융정보법과 사실상 동일하게 가상자산을 정의하고 있다.

한편 가상자산이용자보호법 제정 당시부터 2025. 6. 대통령 선거 당시까지도 가상자산 기본법 제정 논의가 계속되고 있다.[9] 그리하여 민병덕 의원이 2025. 6. 10. 가상자산기본법으로 "디지털자산기본법"안을 발의하였다. 위 법안에서는 가상자산이라는 용어 대신 디지털자산이라는 용어를 사용하고 있다. 민병덕 의원안에서는 "디지털자산"을

---

8 https://eur-lex.europa.eu/legal-content/EN/TXT/?uri=CELEX%3A52020PC0593(2023. 4.29. 최종 확인)

9 https://theminjoo.kr/main/sub/news/view.php?sno=0&brd=188&post=1212023&search=, "제21대 대통령선거 더불어민주당 정책공약집, 이제부터 진짜 대한민국", p.177.

분산원장기술 등으로 생성 저장되며 전자적 방식으로 이전 가능한 재산적 가치로 정의하고 있다. 그리고 일반적인 디지털자산과 결제용으로 발행된 "자산연동형 디지털자산"을 별도로 규율하고 있다.

우리 법제상 특정금융정보법이나 가상자산이용자보호법에서는 명시적으로 금융투자상품을 제외하고 있지는 않지만 금융투자상품적 성격을 보유한 가상자산의 경우에도 자본시장법상 금융투자상품에 해당할 수 있기 때문에 위 법률상 가상자산에서 금융투자상품은 배제되는 것으로 보는 것이 타당하다.

마. 검토

지금까지 살펴본 바를 종합하면 비트코인 등이 등장한 이후 각국에서 용어를 달리 사용하고 있으며 한 국가에서 사용되는 용어도 시간이 지남에 따라 조금씩 변화하고 있음을 알 수 있다. 전체적으로 "통화" 또는 "화폐"의 개념에서 접근하였다가 이후 "자산"의 성격을 더 강조하게 되었음을 확인할 수 있다. 우선 가상자산과 관련하여 지급결제 기능과 이용권적 기능이 혼재되어 있음은 쉽게 확인할 수 있다. 다만 가상자산과 관련하여 일본이나 MICA에서는 금융투자상품에 해당하지 않는 것이라고 명시하고 있고 우리나라 역시 자본시장법 해석상 금융투자상품에 해당하지 않는 것만이 가상자산이용자보호법상 가상자산으로 취급된다. 따라서 현재 가상자산의 범주에 금융투자상품이 배제되는 것에는 논란이 크지 않을 것이라고 본다. 다만 최근 우리나라를 비롯하여 해외에서는 스테이블 코인이라고 하는 지급결제 기능을 중심으로 발행된 가상자산에 대한 별도 법 제도 마련이 논의되고 있다. 즉 스테이블 코인이라고 하는 지급결제를 주된 기능으로 하는 가상자산에 대한 법제화가 최근에 새롭게 나타나는 현상이라고 할 수 있다. 그리하여 몇 년 전까지 가상자산과 금융투자상품의 경계가 주로 논의되었다면 최근에는 일반적인 이용권적 성격의 가상자산과 지급결제용 가상자산의 취급에 대한 문제까지도 논의되고 있다.

2 가상자산의 종류

코인 또는 토큰은 앞서 본바와 같이 여러 가지 기능(또는 성질)이 혼재되어 있으므로 그 기능별로 분류체계를 마련하여 그에 부합하는 규제를 마련해야 한다는 논의가 과거부터 있어 왔다. 우선 각국의 분류 체계를 살펴보고 우리나라에서 논의되고 있는 분류체계를 살펴보도록 한다.

가. 스위스

스위스 금융시장감독청(Swiss Financial Market Supervisory Authority, FINMA)이 2018. 2. 발표한 "Guidelines for enquiries regarding the regulatory framework for initial coin offerings (이하 ICO 가이드라인)"에서는 디지털자산을 결제용 토큰, 자산형 토큰, 그리고 유틸리티형 토큰으로 구분하고 있다.[10] 우선 결제용 토큰이란 현재 또는 미래에 상품이나 서비스의 구매 수단으로 사용되거나, 자금 또는 가치 전송 수단으로 사용될 목적으로 발행된 토큰을 의미한다. 이러한 유형의 토큰은 발행자에 대한 청구권이 내재되어 있지 아니하다. 다음으로 유틸리티 토큰은 블록체인 기반 인프라를 통해 애플리케이션 또는 서비스에 디지털로 접근할 수 있도록 설계된 토큰을 의미한다. 마지막으로 자산토큰은 발행자에 대한 반환청구권 또는 지분적 권리를 표창하는 토큰이다. 대표적으로 미래의 회사 수익 또는 미래의 자본 흐름에 대한 지분을 약속하는 경우이다. FINMA의 ICO 가이드라인에서는 이러한 자산 토큰의 경우 경제적 기능 측면에서 이러한 토큰은 주식, 채권 또는 파생상품과 유사하다고 보고 있다. 그런데 문제는 이러한 개별 토큰의 분류가 상호 배타적이지 않고 한 개의 토큰이 여러 개의 성질 내지 기능을 동시에 보유할 수 있다는 점이다. 만일 한 개 토큰이 결제 토큰의 기능과 자산 토큰의 기능을 동시에 수행할 수 있다면 두가지 성격을 모두 갖는 것으로 간주된다고 보고 있다.

나. 영국

영국에서는 2019. 1.에 발표된 FCA지침에서 초기 3가지 즉, 교환형, 유틸리티형, 증권형으로 나누었다가[11] 2019년 7월에 발표된 최종안에서 위 각 디지털자산이

10 Eidgenössische Finanzmarktaufsicht(Finma), Guidelines for enquiries regarding the regulatory framework for initial coin offerings (ICOs) (2018.2.16.), https://www.finma.ch/en/news/2018/02/20180216-mm-ico-wegleitung/(2023.4.15. 최종확인)

11 Financial Conduct Authority(FCA) Guidance on cryptoassets Consultation Paper CP19/3 (2019.1.) p.2, 이 보고서에서는 디지털자산이라는 용어 대신 "토큰"이라는 용어를 사용하고 있으나

RAO(Regulated Activities Order)의 대상으로 규제 대상에 해당하는지 여부 및 MiFID 2에서 규정하는 금융상품 또는 전자화폐인지 여부를 기준으로 재분류하였다. 그 결과 전자화폐형과 증권형은 규제 대상 디지털자산, 그리고 유틸리티형과 교환형은 비규제영역의 디지털자산으로 분류하고 있다.[12]

우선 교환 토큰이란 중앙 당국에 의해 발행되거나 보증되지 않으며, 교환 수단으로 사용되도록 설계 및 의도된 것으로, 전통적인 중개자 없이 상품 및 서비스를 구매하고 판매하는 데 사용되는 수단을 의미한다. 다음으로 유틸리티 토큰이란, 보유자에게 현재 또는 미래의 제품 또는 서비스에 대한 접근 권한을 부여하지만, 특정 투자에 의해 부여되는 권리와 동일한 권리를 부여하지는 않는 것을 의미한다. 다만 이때 유틸리티 토큰은 금융투자상품에는 해당하지 않는 것을 의미하지만 특정 조건하에서는 전자화폐의 정의에 부합할 수 있으며 이 경우에는 해당 토큰과 관련된 활동은 규제 대상이 될 수 있다고 언급한다. 마지막으로 증권형 토큰이란 특정 투자 상품과 유사한 권리와 의무를 제공하는 특성을 가진 토큰으로서 주식이나 채무 증권과 유사한 것이라고 말한다. 그리고 이것은 금융투자상품으로서 RAO(Regulated Activities Order의 규제 대상에 해당한다.[13]

다. 일본

일본은 자금결제법상 암호자산을 규정하고 있다. 자금결제법 제2조 제14호에서는 "암호자산"이란 금융상품거래법 제29조의2 제1항 제8호의 권리를 제외한 것으로서 물품을 구입하거나 대여하거나, 기타 서비스를 제공받을 경우에 이러한 대가의 변제를 위하여 불특정인에게 사용할 수 있는 것으로서 그 재산적가치가 전자적 방식으로 기록된 것을 의미한다"고 규정하고 있다. 암호자산의 정의만으로도 이용권적 성격과 결제수단으로서의 성격이 일부 혼재되어 있음을 알 수 있다. 한편 토큰형태로 발행된 금융투자상품의 경우 금융상품거래법상 전자기록이전권리에 해당하기 때문에 증권의 성격을 갖는

연구 목적에 맞게 디지털자산이라는 용어로 변경하였다.

12 한서희, "디지털자산의 자본시장법상 규제- 증권성 판단원칙을 중심으로", BFL 제115호, 2022.9, p.10.

13 FCA(Financial Conduct Authority), Guidance on Cryptoassets Feedback and Final Guidance to CP 19/3, (2019.7.), p.4; https://www.fca.org.uk/publication/policy/ps19-22.pdf

토큰은 자금결제법상 암호자산에 해당하지 아니한다(금융상품거래법 제2조 제3항).[14]

한편 일본은 현재 스테이블 코인과 같이 자금결제를 목적으로 발행되는 암호자산에 대한 별도의 규제체계를 두고 있다. 즉 자금결제법 제2조 제5항에서 전자적 결제수단 즉, "전자적으로 기록된 통화표시 자산 등으로서 불특정 다수 사이에서 이전 및 매매가 가능한 재산적 가치"를 정의하고 있다. 자금결제법 제2조 제5항의 전자적 결제수단은, 스테이블 코인과 같이 지급결제수단으로서 법정화폐의 가치에 연동하여 발행된 가상자산을 규제하기 위하여 만든 조항이다. 따라서 일반적으로 말하는 결제형 토큰 중에서 법정화폐 등을 기반으로한 경우에는 자금결제법 제2조 제5항의 전자적 결제수단에 포섭될 수 있다. 하지만 소위 결제형 토큰 모두가 자금결제법 제2조 제5항의 전자적 결제수단에 해당한다고 보기는 어렵고 결제 용도로 활용되지만 법정화폐 가치에 연동되어있지 아니한 경우에는 여전히 자금결제법 제2조 제14항의 암호자산으로 분류되어야 할 것이다. 정리하면 일본의 자금결제법상 암호자산에는 결제형과 이용권형이 암호자산에 혼재되어 있고, 금융투자상품은 암호자산의 범주에 포섭되지 아니하며 결제형 암호자산 중 특수한 경우(법정화폐의 가치에 연동되어 있는 경우)에는 자금결제법 제2조 제5항으로 규제되는 구조이다.

라. 우리나라

우리나라의 경우 가상자산이용자보호법상 가상자산이라는 용어 정의가 존재하나 그에 대한 별도의 분류체계를 정하고 있지 아니한 상황이다. 다만 금융위원회에서 2023. 7. 1. 발표한 "가상자산 관련 회계공시가 명확하고 투명해집니다"라는 내용의 보도자료에서는 가상자산을 유틸리티 토큰, 지불형 토큰, 증권형 토큰으로 나누고 있으므

---

14 https://www.fsa.go.jp/news/r1/sonota/20200403/29.pdf
금융상품거래법(金融商品取引法) 제2조 제3항
この法律において、「有価証券の募集」とは、新たに発行される有価証券の取得の申込みの勧誘（これに類するものとして内閣府令で定めるもの（次項において「取得勧誘類似行為」という。）を含む。以下「取得勧誘」という。）のうち、当該取得勧誘が第一項各号に掲げる有価証券又は前項の規定により有価証券とみなされる有価証券表示権利、特定電子記録債権若しくは同項各号に掲げる権利（電子情報処理組織を用いて移転することができる財産的価値（電子機器その他の物に電子的方法により記録されるものに限る。）に表示される場合（流通性その他の事情を勘案して内閣府令で定める場合を除く。）に限る。以下「電子記録移転権利」という。

로 이러한 3가지 분류 체계를 기준으로 생각해 볼 수 있다.[15] 위 보도자료에 따르면 유틸리티 토큰은 특정 플랫폼, 재화나 용역에 접근하거나 이용 가능한 권리를 나타내는 토큰을 의미한다. 지불형 토큰은, 분산원장 기술을 통해 발행되어 지급결제수단, 송금, 기차 이전 목적으로 사용되는 것을 의미하고, 증권형 토큰은 분산원장 기술을 활용하여 자본시장법상 증권을 디지털화한 것이라고 말한다.

한편 가상자산이용자보호법상 명확하게 금융투자상품이 제외되는 것은 아니다. 다만 자본시장과 금융투자업에 관한 법률(이하 자본시장법)상 규율대상은 그 발행 형태를 고려하지 아니하고 성질상 증권이라면 자본시장법의 대상으로 분류된다. 따라서 특정 가상자산의 특성을 판단한 결과 증권의 특성을 내재하고 있다면 해당 토큰은 가상자산이용자보호법이 아니라 자본시장법의 규율을 받아야 한다.

그렇다면 현행 가상자산이용자보호법상 가상자산은 기본적으로 이용권에 해당하는 경우와 일정한 경우 지급결제용으로 기능하는 경우 두 가지를 모두 포섭하는 개념으로 보인다. 그리고 현재 법이 제정된 것은 아니지만 현재 법정화폐 등에 1대 1로 대응하는 형태의 스테이블 코인의 경우 별도로 제도를 마련해야 한다는 논의가 계속되고 있으므로 결제형 중 법정통화의 가치에 연동한 경우에는 향후 별도의 규제를 받게될 가능성이 높다.

결론적으로 현재 규율체계 아래에서도 가상자산의 형태를 취하지만 성질상 증권에 해당하는 경우, 이에 대하여 자본시장법상 규제를 적용해야 하고, 따라서 현 규제체계 하에서는 증권과 가상자산이 교차하는 영역에서 증권과 가상자산의 분별을 위한 기준을 확인하는 것이 중요할 것으로 보인다.[16]

마. 기능별 분류 체계 검토

결론적으로 가상자산의 종류는 지급결제형, 이용권형(유틸리티형), 그리고 증권형 이렇게 3가지로 분류하는 것이 가장 일반적인 것으로 보인다. 하지만 구체적으로 개별 국

15 https://fsc.go.kr/po010104/80379?curPage=7&srchBeginDt=&srchCtgry=4&srchEndDt=&srchKey=&srchText=

16 금융위원회, 보도자료 "토큰증권 발행유통규율체계정비방안- 자본시장법규율 내에서 STO를 허용하겠습니다." (2023.2.6.) https://www.fsc.go.kr/no010101/79386?srchCtgry=&curPage=&srchKey=&srchText=&srchBeginDt=&srchEndDt=

가 법률에 따라 그 규제 형태는 상이하다. 한편 일반적으로 토큰형태를 취하는 자산이 금융투자상품과 동일한 권리를 표창하는 경우에 금융투자상품으로 규제하는 경우가 대부분이고 금융투자상품이 아닌, 가상자산으로 규제하는 경우를 찾기는 어려워 보인다. 그리고 이렇게 금융투자상품으로 취급되는 경우라고 하더라도 국가별로 금융투자상품의 정의와 그 범위가 상이하기 때문에 이에 따라서 국가별로 가상자산으로 취급되는 범위는 여전히 달라질 수 있을 것으로 보인다.

마지막으로 결제형 토큰과 관련하여, 특정 가상자산이 지급결제용도로 사용될 경우에는 반드시 기존의 가상자산 규제가 배제된다고 보기 어렵다. 즉 가상자산의 규율체계하에서 지급결제용 토큰이 이용권으로 기능하는 것에 대해서는 특별히 금지하거나 이견이 존재하지 않는 듯하다. 다만 앞으로 스테이블 코인이라고 하는 법정화폐의 가치에 연동된 경우에는 기존의 결제형 토큰과는 별개로 별도의 규제체계를 마련하려는 움직임이 전세계적으로 나타나고 있으므로 향후에 이에 대해서는 별도로 살펴볼 필요도 있을 것이다.

Ⅲ 가상자산과 자본시장법

1 서론

앞서 살펴본대로 형태는 가상자산이지만 성질상 증권에 해당하는 경우, 이는 자본시장법상 증권으로 취급되어야 한다. 그런데 가상자산은 여러 가지 성질이 혼재되어 있고 상황에 따라서 그 기능이 변경되기도 하는 등 하나의 자산이 여러 특성을 동시에 보유하고 있으며 각 특성 간 충돌에 의해서 전체 자산이 증권인지 아니면 가상자산인지 명확하게 판단하기 어려울 수 있는바 증권에 해당하는 것으로 판단하기 위한 그 기준에 대해서 살펴보고 이를 명확하게 할 필요가 있다. 그리하여 이하에서는 가상자산과 자본시장법 사이의 관계 및 금융투자상품과 가상자산의 분별기준에 대하여 살펴보고자 한다.

2 금융투자상품과 가상자산의 관계

가. 금융투자상품의 정의와 가상자산의 관계

자본시장법 제4조 제9항에서는 “증권에 표시될 수 있거나 표시되어야 할 권리는 증권이 발행되지 않은 경우에도 증권으로 보아야 한다”고 규정한다(자본시장법 제4조 제9항). 따라서 권면의 발행 여부나 발행 형태와 무관하게 성질상 증권으로 분류되면 자본시장법상 증권에 해당하게 된다. 그렇기 때문에 형태가 토큰이라고 하더라도 증권에 해당하는 성질을 보유하였다면 그것은 자본시장법 규제를 받는 증권에 해당한다.

자본시장법 규정에 따라 증권 해당 여부를 판단할 경우 2단계 판단 과정을 거치게 된다. 1단계는 자본시장법 제3조 제1항에서 규정하고 있는 금융투자상품에 해당하는지 여부를 먼저 살펴봐야 한다. 자본시장법상 금융투자상품은 ① ‘이익을 얻거나 손실을 회피할 목적으로(이익취득 또는 손실회피 목적) ② 현재 또는 장래의 특정 시점에 금전, 그 밖의 재산적 가치가 있는 것을 지급하기로 약정함으로써 취득하는 권리로서(금전 또는 등가물의 지급) ③ 그 권리를 취득하기 위하여 지급하였거나 지급하여야 할 금전등의 총액이 그 권리로부터 회수하였거나 회수할 수 있는 금전들의 총액을 초과하게 될 위험이 있는 것(원본손실 가능성)’(자본시장법 제3조 제1항)으로 정의된다. 이러한 정의에 따라 금융투자상품으로 판단되면 다음으로 증권의 6가지 종류 중 하나에 해당하는지를 판단해야 한다. 만일 특정 토큰이 금융투자상품의 요건에 부합하더라도 자본시장법 제4조 제1항의 6가지 유형(채무증권, 지분증권, 수익증권, 투자계약증권, 파생결합증권, 증권예탁증권) 중 하나에 해당하지 않으면 증권에 해당하지 않는다.

금융투자상품성을 먼저 판단하고 6가지 유형에 해당하는지 여부를 순차적으로 보는 이러한 증권성 판단 절차는 우리나라 자본시장법 규율체계에 따른 것으로 고유한 측면이 있다. 이하에서는 해외 증권성 판단 사례를 살펴보고 자본시장법상 증권성 판단과 관련된 법리를 좀 더 자세히 살펴보도록 한다.

나. 해외 사례

(1) 미국

가) 일반적인 증권성 판단 기준

미국의 경우 Securities Act of 1933(1933년 증권법) 제2조에서 증권의 범위를 포괄적으로 규정하고 있다. 미국에서는 어떠한 계약이 증권에 해당하는지 여부가 문제될 때에는 하위테스트(Howey Test)에 따라 판단한다. 하위테스트는 연방대법원이 Securities and Exchange Commission v. W. J. Howey Co.328, U.S.293 (1946) 판결에서 제시한 증권성 판단 기준이다. 하위테스트에서는 어떠한 계약의 내용이 ① 타인의 노력(solely from the efforts of others), ② 투자자의 금전 투자 ③ 이윤의 기대(expectation of profits), ④ 공동사업(common enterprise)의 존재 여부를 판단하고 만일 이러한 요건들이 충족되면 해당 계약은 증권 발행(offering)에 해당할 수 있고, 그에 따른 증표는 투자계약증권에 해당한다.

나) ICO의 증권성 판단

SEC의 경우 가상자산 규제 초기에는 ICO 토큰도 증권에 해당한다는 입장을 취하여 왔다. 그 판단기준은 SEC 2019. 12. 발표한 "디지털자산에 관한 투자계약 분석 프레임워크(Framework for Investment Contract Analysis of Digital Assets)"이다. 그 구체적인 내용은 다음과 같다.[17]

① 타인의 노력에 대한 의존

타인의 노력에 대한 의존[18]과 관련하여, 매수인이 적극적 참가자의 노력에 의존하는

---

17 SEC, Framework 2019<https://www.sec.gov/corpfin/framework-investment-contract-analysis-digital-assets#_ednref19>(2022.8.18. 방문)

18 SEC, Framework 2019 <https://www.sec.gov/corpfin/framework-investment-contract-analysis-digital-assets#_ednref19>(2022.8.18. 방문) 1. Reliance on the Efforts of Others
The inquiry into whether a purchaser is relying on the efforts of others focuses on two key issues:
Does the purchaser reasonably expect to rely on the efforts of an AP?
Are those efforts "the undeniably significant ones, those essential managerial efforts which affect the failure or success of the enterprise," as opposed to efforts that are more ministerial in nature?

것을 합리적으로 기대하는지, 그리고 적극적 참가자의 노력이 "부인할 수 없을 정도로 상당한 노력"으로서 사업의 흥망성쇠에 영향을 미치는 중요한 경영상 노력에 해당하는지를 주로 판단해야 한다고 언급한다. 구체적으로는 적극적 참가자가 네트워크의 개발, 개선(또는 증진), 운영이나 홍보 책임을 부담하는 경우. 특히 디지털자산의 구매자(다시 말해 투자자)들이 적극적 참가자가 해당 네트워크나 디지털자산이 의도한 목적이나 기능을 달성 또는 유지하기 위해 필요한 업무를 수행 또는 감독하는 것으로 기대하는 경우 또는 적극적 참가자의 이익증대 노력을 합리적으로 기대할 수 있는 경우에 투자계약증권에 해당할 가능성이 높다고 보고 있다.

② 이익에 대한 합리적 기대

또한 SEC는 투자계약증권 해당 여부와 관련하여 이익에 대한 합리적 기대가 존재하는지 여부도 중요하게 고려한다.[19] 구체적으로 적극적 참가자의 노력이 토큰의 가치상승을 초래하고 그에 따라 디지털자산을 구매한 사람들이 차익을 실현할 수 있을 것으로 기대되는 경우, 또는 실수요자를 대상으로만 청약하는 것이 아니라 훨씬 광범위하게 청약을 권유하는 경우, 적극적 참가자와 구매자가 동일한 종류의 토큰을 보유함으로써 구매자와 발행자의 이해관계가 일치하는 경우에도 투자계약증권에 해당할 가능성이 있다고 보고 있다.[20] SEC의 경우 위 프레임워크에서 보듯이 이익의 기대와 관련하여 직접적인 이익의 배분을 약속하지 않더라도 가치 상승에 따른 차익실현 가능성만으로도 이익에 대한 합리적 기대 가능성을 인정하겠다는 입장이기 때문에 지금까지 SEC는 디지털

19 SEC, Framework <https://www.sec.gov/corpfin/framework-investment-contract-analysis-digital-assets#_ednref19>(2022.8.18. 방문)"2. Reasonable Expectation of Profits: An evaluation of the digital asset should also consider whether there is a reasonable expectation of profits. Profits can be, among other things, capital appreciation resulting from the development of the initial investment or business enterprise or a participation in earnings resulting from the use of purchasers' funds. Price appreciation resulting solely from external market forces (such as general inflationary trends or the economy) impacting the supply and demand for an underlying asset generally is not considered "profit" under the Howey test."

20 SEC, Framework 2019에서는 "Situations where the digital asset is exchangeable or redeemable solely for goods or services within the network or on a platform, and may not otherwise be transferred or sold, may more likely be a payment for a good or service in which the purchaser is motivated to use or consume the digital asset."라고 추가 설명을 하고 있다.

자산의 증권성을 광범위하게 인정해 왔다. 그래서 SEC는 디지털자산 발행자를 상대로 여러 소송을 제기하였다.

그런데 이러한 SEC의 입장은 2024. 11. 도널드 트럼프 대통령의 당선으로 변화하게 되었다. 특히 SEC의 위원장으로 Paul Atkins가 취임한 이후부터 SEC의 가상자산에 관련된 입장이 친화적으로 변화하고 있다. 실례로 SEC는 최근 가상자산이 증권이라는 이유로 제기한 다수의 소송을 취하했다. 그리하여 2025. 2. 7. 코인베이스에 대하여 제기한 소송을 취하했고[21] 뒤이어 2025. 3. 27. 크라켄을 상대로 한 소송을 취하하기로 했다.[22] 또한 2025. 5. 29. 바이낸스를 상대로 제기한 소송을 자체 종료하였다.[23] 특히 Paul Atkins 위원장은 2028. 7. 31. American Leadership in the Digital Finance Revolution[24]이라는 제목의 연설에서 "대부분은 암호자산(즉 가상자산)이 증권이 아니며, 특히 과거에는 하위테스트 적용에 대한 잘못된 이해로 인하여 예방적 조치를 취함으로써 모든 가상자산이 증권인 것처럼 간주되는 잘못이 발생하였으나, 앞으로 새로운 지침을 제공함으로써 암호자산이 증권인지 여부를 판단할 수 있도록 할 예정"이라고 발표했다.[25]

---

21 https://www.sec.gov/newsroom/press-releases/2025-47

22 https://www.sec.gov/enforcement-litigation/litigation-releases/lr-26278

23 https://www.sec.gov/enforcement-litigation/litigation-releases/lr-26316

24 https://www.sec.gov/newsroom/speeches-statements/atkins-digital-finance-revolution-073125

25 Paul S. Atkins, "American Leadership in the Digital Finance Revolution" (2025.7.31); "Despite what the SEC has said in the past, most crypto assets are not securities. But confusion over the application of the "Howey test" has led some innovators to prophylactically treat all crypto assets as such. American entrepreneurs are harnessing blockchain technology to modernize a broad range of legacy systems and instruments. One such entrepreneur is Senator Bernie Moreno of Ohio, a successful businessman and freshman senator, who before his election to the Senate founded a company that put car titles on the blockchain.[13] He saw a need for efficiency in transferring titles and devised a practical solution with the new technology. These entrepreneurs need—and deserve—bright-line rules for determining whether the securities laws apply to their businesses. I have directed the Commission staff to work to develop clear guidelines that market participants can use to determine whether a crypto asset is a security or subject to an investment contract. Our goal is to help market participants to slot crypto assets into categories, such as digital collectibles, digital commodities, or stablecoins, and assess the economic realities of a transaction. This approach can allow market participants

다) SEC v Ripple Labs, Inc 소송 사례

SEC는 Ripple Labs, Inc(이하 "리플랩스"), 갈링하우스(Bradley Garlinghouse), 그리고 라슨(Christian A. Larsen)(리플, 갈링하우스 및 라슨을 함께 "피고들"이라고 함)을 상대로 미등록주식발행에 기한 손해배상청구소송을 제기하였다.[26] 사안은 피고들이 가상자산 XRP의 발행 및 판매와 관련하여 1933년 증권법 제5(a)조와 제5(c)조[15 U.S.C. §§77(e)(a) 및 77e(c)]에 위반하여 증권신고서 제출의무에 위반하고 미등록증권을 발행하였다는 것이다.[27]

이 사건에서 SEC는 XRP의 판매와 관련하여 리플랩스의 기관투자자에 대한 판매, 일반인에 대한 거래소에서의 프로그램 방식의 판매, 기타 판매 그리고 대표이사들의 판매행위로 나누어서 각각이 투자계약에 해당한다고 주장했다. 이때 SEC는 리플랩스 및 리플랩스의 대표들이 투기성 수요와 거래량을 증가시키기 위한 노력을 이행했고,[28] XRP와 관련하여 특정 전문 기관들에 의해 장래에 사용될 것이라고 광고했지만 실제로는 그와 같은 실사용 사례가 전혀 존재하지 아니하였다는 점을 근거로 투자자들의 "이익의 기대"를 인정할 수 있다고 주장하였다.[29] 또한 SEC는 피고들이 선별적으로 정보를 공개하면서 XRP를 매각하여 자금을 조달하고 유동성을 관리하였으며[30] XRP 거래 가격과 수량을 포함한 XRP 거래 시장을 감시 및 관리하고 해당 시장에 영향을 미치기 위해 상당한 노력을 기울였다고 주장하였다.[31]

반면 피고들은 XRP 구매자는 XRP를 외화 송금 및 결제수단으로 활용할 수 있으므

---

to determine, based upon clear guidelines, whether any outstanding promises or commitments of the issuer cause the crypto asset to be subject to an investment contract."

26 SEC v. Ripple Labs, Inc. et al Federal Civil LawsuitNew York Southern District Court, Case No. 1:20-cv-10832-AT-SN, complaint p.1.

27 https://xangle.io/project/XRP/profile (2023.6.18. 최종확인)

28 SEC v. Ripple Labs, Inc. et al Federal Civil LawsuitNew York Southern District Court, Case No. 1:20-cv-10832-AT-SN, complaint p.12.

29 SEC v. Ripple Labs, Inc. et al Federal Civil LawsuitNew York Southern District Court, Case No. 1:20-cv-10832-AT-SN, complaint p.13.

30 SEC v. Ripple Labs, Inc. et al Federal Civil LawsuitNew York Southern District Court, Case No. 1:20-cv-10832-AT-SN, complaint p.29.

31 SEC v. Ripple Labs, Inc. et al Federal Civil LawsuitNew York Southern District Court, Case No. 1:20-cv-10832-AT-SN, complaint p.29.

로 이용권에 해당하고 증권이 아니라고 주장하였고, 따라서 투자자들에게 이익의 기대가 존재하지 않는다고 항변하였다.

그리고 SEC의 리플랩스 소송에 대한 약식판결이 2023. 7. 13. 선고되었는데 기관투자자에 대한 XRP 판매는 투자계약에 해당하지만 일반인에 대한 XRP판매는 투자계약에 해당하지 않는다고 판시하였다. 우선 기관투자자에 대한 판매와 관련하여, 투자자들의 (리플랩스사의 활동에 대한) 이익의 기대를 인정할 수 있으므로 하위테스트에 따라 투자계약에 해당한다고 판단했다.[32] 반면 일반인에 대한 프로그램 방식의 판매의 경우 투자자들은 거래 상대방이 리플랩스라는 것을 알지도 못하였기 때문에, 그들이 리플랩스의 활동에 따른 이익의 기대를 갖고 있었다고 볼 수 없어 투자계약에 해당하지 않는다고 판시하였다.[33] 다음으로 일부 무상제공의 경우에는 거래상대방의 금전의 투자가 없어 투자계약으로 볼 수 없다고 판단하였다.[34] 결론적으로 재판부는 리플랩스의 기관투자자에 대한 판매와 관련된 XRP만이 증권에 해당한다고 판단하였다.[35][36] 당시 법원은 토큰 그 자체의 증권성을 판단한 것이 아니라 거래 방식에 따라서 증권 해당 여부를 달리 판단하였다. 그리고 이 판결에서는 "이익에 대한 기대" 가능성을 거래 상대방에 따라 다르게

32 SEC v. Ripple Labs, Inc. et al Federal Civil LawsuitNew York Southern District Court, Case No. 1:20-cv-10832-AT-SN, 20 Civ. 10832 (AT) ORDER(2023.7.13.) p.18, p.21.

33 SEC v. Ripple Labs, Inc. et al Federal Civil LawsuitNew York Southern District Court, Case No. 1:20-cv-10832-AT-SN, 20 Civ. 10832 (AT) ORDER(2023.7.13.) p.22, 23, 이와 더불어 재판부는 "이익의 기대"와 관련하여 판단할 것은 투자자에 대한 약속이 주로 무엇을 목적으로 하느냐에 관한 것이라고 하면서 투자자 개개인의 진정한 내심의 의사를 확인해야하는 것은 아니라고 언급하고 있다.

34 SEC v. Ripple Labs, Inc. et al Federal Civil LawsuitNew York Southern District Court, Case No. 1:20-cv-10832-AT-SN, 20 Civ. 10832 (AT) ORDER(2023.7.13.) p.27.

35 SEC v. Ripple Labs, Inc. et al Federal Civil Lawsuit New York Southern District Court, Case No. 1:20-cv-10832-AT-SN, 20 Civ. 10832 (AT) ORDER(2023.7.13.) p.28.

36 SEC v. TERRAFORM LABS PTE LTD, and DO HYEONG KWON(UNITED STATES DISTRICT COURT SOUTHERN DISTRICT OF NEW YORK Case 1:23-cv-01346-JSR OPINION and ORDER(2023.7.31), p.41. 다만 테라폼랩스 사건의 재판부에서는 2023.7.31. 판매대상에 따라 증권성이 다르게 판단될 수 있다는 리플랩스 판결의 결론에 동의할 수 없다는 취지의 판시를 내렸고, 피고들로부터 직접 매수하였거나 (거래소 등을 통해) 2차 판매를 통해 매수하였거나 이익의 기대를 달리볼 수 없다는 취지의 판시를 내렸다. 이처럼 테라폼랩스 사건의 재판부와 리플랩스 사건의 재판부가 상반된 판단을 내리고 있다.

보았다는 점이 특징적이다. 이후 법원은 2024. 8. 7. 리플랩스에 대하여 기관을 대상으로 한 미등록 판매를 영구적으로 금지하는 명령을 내렸고 민사 벌금으로는 125,035,150 USD를 납부하도록 했다.[37] 그리고 약 1년 뒤 양 당사자가 2025. 8. 7. 항소 취하함으로써 위 판결이 확정되었다.[38] 결론적으로 리플은 125,035,150 USD을 납부하고 기관에 대한 미등록 판매를 할 수 없게 되었다. 다만 SEC는 2025. 8. 8. Rule 506(d)에 따른 면제 조항에 대한 적용 금지를 철회하였기 때문에 506(d)에 따라 35인 이하에 대하여 사모 형태로 XRP를 판매하는 것은 가능해졌다.[39]

(2) EU

가) MICA와 MIFIDII의 정의규정

MiCA 제2조에서는 MiCA의 적용 범위를 정의하고 있으며 특히 제4항에서는 금융투자상품에 해당할 경우 암호자산에 해당하지 않는다고 규정하고 있다. MICA의 입장에 따르면 암호자산이 MIFID II 제4조 1. (15)의 금융투자상품에 해당한다면 MICA의 적용이 배제되고 MIFID II가 적용된다. 그리고 금융투자상품은 European Union's Markets in Financial Instruments Directive II, MIFID II)의 제4조 1. (15)에서 규정하고 있는데 그 내용은 다음과 같다.

- MIFID II 제4조 1. (15) 금융투자 상품이란 Section C of Annex I에 명시되어 있는 것을 의미한다.
- 'Section C of Annex I Financial instruments(금융투자상품)
  - (1) 양도증권[40]
  - (2) 금융상품
  - (3) 집합투자증권
  - (4)~(11) 생략

37 SEC v. Ripple Labs, Inc. et al Federal Civil LawsuitNew York Southern District Court, Case No. 1:20-cv-10832-AT-SN, ORDER(2024.8.7.), p.16.

38 https://www.sec.gov/enforcement-litigation/litigation-releases/lr-26369

39 UNITED STATES OF AMERICA Before the SECURITIES AND EXCHANGE COMMISSION, SECURITIES ACT OF 1933, Release No. 11383 (2025.8.8.)

40 MIFID II 제4조 (1) (44) 양도증권이란 지급수단을 제외하고 자본시장에서 유통가능한 것으로서

MICA와 MIFID II 규정을 종합해서 보면 암호자산이더라도 실질적으로 금융투자상품인 경우에는 MIFID II의 적용대상이 된다. 따라서 실제 어떤 법률이 적용될 것인지를 판단하기 위해서는 금융투자상품과 암호자산의 차이점을 명확하게 파악해야 한 후 적용 법조를 정해야하므로 EU에서도 금융투자상품과 암호자산의 판단기준에 대한 논의가 계속되었다.

나) ESAM의 Annex 1 Legal qualification of crypto-assets - survey to NCAs

유럽 증권 시장청(European Securities and Markets Authority, ESMA)은 2019년에 "Annex 1 Legal qualification of crypto-assets - survey to NCAs(이하 ESMA 조사보고서)"[41]를 발표하였다. 이 조사보고서는 2018년 여름 EU의 회원국 소재 감독당국인 National Competene Authority(이하 "NCA")[42]를 상대로 설문조사를 실시하여 MIFIDII에 따라 6개의 ICO 토큰 즉, FINOM(FIN), Polybius Bank(PLBT), Crypterium(CRPT), PAquarium(PQT), Filecoin (FIL), AlchemyBite(ALL)의 증권성 여부 다시 말해서 MIFID II 의 제4조 1. (15)의 양도증권에 해당 여부에 대한 평가를 시행하고 그 결과를 발표한 것이다. 그 내용은 다음과 같았다.[43]

다음과 같은 것을 의미한다.

(a) 회사 주식 또는 회사의 주식이나 조합 또는 다른 단체의 주식과 동일한 것, 그리고 주식에 대한 예탁증서

(b) 채권 기타 그와 유사한 형태의 채무 또는 그러한 증권의 예탁증서

(c) 양도증권의 취득이나 판매에 대한 권리를 부여하는 다른 증권 또는 양도 가능한 유가 증권, 통화, 이자율 또는 수익률, 상품 또는 기타 지수나 수단을 사용하여 현금결제를 발생시키는 것

41 European Securities and Markets Authority("ESMA"), Annex 1 Legal qualification of crypto-assets - survey to NCAs, January 2019, ESMA50-157-1384, pp.2-3.

42 NCA는 독일, 프랑스, 이탈리아 등 총 27개 국가의 경쟁당국으로 구성되어 있고 ESMA의 정책결정 기구로도 기능한다. <https://www.esma.europa.eu/about-esma/governance/board-supervisors-and-ncas#title-paragrah-4>(2022.9.4. 방문)

43 ESMA, Annex 1 Legal qualification of crypto-assets - survey to NCAs, January 2019, ESMA50-157-1384, pp.25-26.

표 1 MIFIDII 에 따른 증권성 판단 사례

순번	토큰	성질분석	금융상품성
1	FINOM (FIN)	금융상품	회사의 배분가능한 이익에서 배당을 받을 권리와 회사 자산에 대한 배분적권리 및 커뮤니티 경영에 대한 참여권 보장
2	Polybius Bank (PLBT)	금융상품	백서상 연간 20%의 배분 가능한 이익을 지급받을 권리가 보장
3	Crypterium (CRPT)	유틸리티 토큰과 금융상품의 하이브리드	은행수수료 지급용도로 활용됨과 동시에 전체 거래 전송 수수료로부터 발생되는 수익을 월단위로 정산 받을 수 있는 권리를 부여함
4	PAquarium (PQT)	금융상품과 유틸리티 토큰과 지급형 토큰의 하이브리드	아쿠아리움이용권이자 투자자들에게 연간 아쿠아리움 운영수익의 20% 지급을 보장
5	Filecoin (FIL)	유틸리티 토큰	분산형 클라우드를 사용하기 위한 접근권한을 부여하기 위한 수단에 불과함(자신의 미활용 스토리지를 제공하는 사람에게는 보상으로 파일코인을 지급함) 금융투자상품성 없음
6	AlchemyBite (ALL)	지급형 토큰과 금융상품의 하이브리드	다른 가상자산에 의해 담보되는 스테이블 코인

이 조사보고서에 따르면 각 EU 회원국의 NCA마다[44] 증권 해당 여부에 대한 입장이 조금씩 다르지만 대체적으로 사례 1, 2, 4, 6의 경우에는 MIFID II의 양도증권에 해당하고 다만 사례 5에 해당하는 Filecoin에 대하여는 공통적으로 단순한 유틸리티형 가상자산으로 분류하여 금융투자상품에 해당하지 않는다는 입장이다. File Coin은 ICO를 통해 자금을 조달한 가상자산으로서 분산형 클라우드에서 활용되는 접근권한을 증명하는 증표로 활용되는 것이다. 이러한 Filecoin은 미국의 기존 디지털자산 프레임워크에 따라 판단할 경우에는 ICO를 통해 자금을 조달하고 조달된 자금으로 플랫폼을 구축한 것으로서 주된 참가자의 활동에 따라 가격 상승 가능성이 존재하는 것이므로 증권에

44 NCA는 독일, 프랑스, 이탈리아 등 총 27개 국가의 경쟁당국으로 구성되어 있고 ESMA의 정책 결정 기구로도 기능한다. <https://www.esma.europa.eu/about-esma/governance/board-supervisors-and-ncas#title-paragrah-4>(2022.9.4. 방문)

해당할 가능성이 높은 토큰이었다. 하지만 위 조사보고서에 따르면 대부분의 NCA에서 Filecoin은 양도증권에 해당하지 않는다고 보았다. 이러한 사정에 비추어 볼 때 EU에서는 토큰 보유자가 발행자로부터 직접 이익을 배분받는 형태가 아니라면 MIFID II에서 규정하는 양도증권에 해당하지 않을 가능성이 높다.

다) ESMA의 Final Report - Guidelines on the conditions and criteria for the qualification of cryptoassets as financial instruments

한편, 위 조사 보고서는 MICA 시행 전에 발표된 것이고, MICA 시행 이후에는 ESMA가 2024. 12. 17. “Final Report - Guidelines on the conditions and criteria for the qualification of cryptoassets as financial instruments”(이하 “ESMA Final Report”)를 발표하였다. ESMA는 위 Final Report의 발간 목적을 “MiCA 제2조(4)(a)항에 규정된 조항의 공통적, 일관된 적용을 보장”하기 위한 것이라고 하고 있다. ESMA Final Report는 암호자산이 증권에 해당할 수 있는 경우에 대하여 다음과 같이 예시 및 기준을 제시하고 있다.

우선 가이드라인 2에서 양도증권 해당 여부에 대한 기준을 언급하고 있다. 가이드라인에 따르면 양도증권에 해당하기 위해서는 우선 1) 지급수단이어서는 아니되고 2) 주식이나 채권 등과 유사한 권리가 표창되어 있어야 하며 3) 양도가능성 및 자본시장에서의 거래 가능성이 있어야 한다.[45] 여기서 다른 증권과 유사한 권리라는 것은, 주식 발행인이 주식에 부여하는 권리인 배당요구권이나 의결권 등의 권리를 말한다. 따라서 암호자산이 발행자의 성과에 따라 금융적 수익을 보유자에게 배분하는 경우, 또는 암호자산 가치가 기초자산의 성과를 추적하는 경우 등의 경우에는 금융투자상품에 해당할 가능성이 높다. 하지만 암호자산 보유자가 프로토콜의 업그레이드나 수수료 조정과 같은 기술적 사항이나 운영 방식의 변경 등에 대한 투표권을 행사할 수 있다고 하더라도 이는 암호자산이 기업의 지배구조에 대한 결정 권한을 보유한 것이라고 볼 수 없으므로 이 경우에는 암호자산이 금융투자상품으로서의 간주되지 아니할 것으로 보인다.[46] 다음

45 ESMA, Final Report - Guidelines on the conditions and criteria for the qualification of cryptoassets as financial instruments, 2024.12.17., p.35.

46 ESMA, Final Report - Guidelines on the conditions and criteria for the qualification of cryptoassets as financial instruments, 2024.12.17., p.36, 37.

으로 가이드라인 3에서는 특정 암호자산이 만기를 보장하고 수익을 제공할 경우 국채나 예금증서 또는 상업어음과 같은 금융투자상품에 해당할 우려가 있다고 보고 있고[47] 가이드라인 4에서는 다수 투자자 자금이 풀링되고, 제3자에 의하여 일상적 운용지시를 받지 아니하고 자금이 운용되는 경우에도 집합투자상품과 유사한 금융투자상품에 해당할 우려가 있다고 보고 있다. 마지막으로 가이드라인 5에서는 토큰 자체가 파생상품과 유사한 계약을 내재하고 있는 경우 즉, 암호자산 보유자로 하여금 특정 인덱스나 바스켓의 성과를 미래 시점에 교환할 수 있도록 설계된 경우에는 파생상품에 해당할 우려가 있다고 본다.[48]

(3) 일본

일본의 경우 자금결제법 제2조 제5항에서 암호자산을 정의하면서 금융상품거래법상 금융상품에 해당하지 않을 것을 명시하고 있다.[49] 한편 토큰의 형태를 취하지만 성질상 금융상품에 해당하는 것으로서 토큰화된 증권은 금융상품거래법에 규정되어 있다. 이는 "수익분배를 받을 권리 등 중 전자정보 처리조직을 이용하여 이전할 수 있는 재산적 가치(전자 기타의 물건에 전자적 방법으로 기록되는 것에 한한다)에 표시되는 것"으로 "전자기록이전권리"라고 규정이 되어 있다(금융상품거래법 제2조 제3항 · 제8항). 일본의 금융상품거래법은 토큰화된 증권인 전자기록이전권리의 경우 발행인에게 제1항의 유가증권과 같이 발행공시의무를 부여하였고 전자기록 이전권리의 매매 등을 업으로 행하는 것을 제1종 금융상품거래업에 관한 규제의 대상으로 규정하고 있다(금융상품거래법 제28조).

현재 일본의 법체계상 자금결제법의 암호자산 정의에서 금융투자상품은 배제되고, 동시에 암호자산교환업자는 암호자산 관리를 업으로 하는 것으로 명시되어 있으므로

---

47 ESMA, Final Report - Guidelines on the conditions and criteria for the qualification of cryptoassets as financial instruments, 2024.12.17., p.39.

48 ESMA, Final Report - Guidelines on the conditions and criteria for the qualification of cryptoassets as financial instruments, 2024.12.17., p.40.

49 자금결제법 제2조 제5항으로 규정하는 암호자산이란, "금융상품거래법상 금융상품에 해당하지 않는 것으로서, 물품을 구입하거나 용역 또는 서비스를 제공받는 경우 그 대가의 지급을 위하여 불특정인에게 사용할 수 있으며 불특정인을 상대방으로서 매매할 수 있는 재산적가치(전자기기 그 외의 물건에 전자적 방법에 의해 기록되고 있는 것에 한하며 일본 통화 및 외국 통화 및 통화성자산을 제외한다. 다음 호에 있어서 같다)가 인정되는 것으로서 전자 정보처리조직을 이용하여 이전할 수 있는 것"이라고 규정하고 있다.

암호자산교환업자는 금융상품에 해당하지 않는 암호자산 및 암호자산을 기초자산으로 하는 파생상품만을 취급하고 있는 것으로 이해할 수 있다.

구체적으로 살펴보면, 일본 금융상품거래법상의 전자기록이전권리의 경우 소위 제2종 유가증권에 해당하는 집합투자스킴의 지분권 또는 신탁수익권이 토큰화된 것을 의미한다.[50] 따라서 기본적으로 수익배분이 전제되지 않는 토큰의 경우 전자기록이전권리에 해당할 가능성은 낮을 것으로 보인다.

다만 일본에서도 암호자산이 금융투자상품에 해당하는지 여부가 논의 되었고 그 결과 일본금융청에서는 전자기록 이전권리에 해당하는지 여부를 판단하기 위한 금융상품거래법등 가이드라인을 2024. 11. 22.에 발표하였다. 전자기록이전권리에 해당하는지 여부는 금융상품거래법등 가이드라인 2-2-2 및 2-2-3에서 규정하고 있는데[51] 그에 따르

---

50 https://www.fsa.go.jp/policy/marketentry/guidebook/reference1.html?utm_source=chatgpt.com

51 금융상품거래법 등에 관한 주의사항 (금융상품거래법 등 가이드라인)
(전자기록 이전 권리에 해당하는 경우) 2-2-2
금융상품거래법 제2조 제3항에 규정된 전자기록 이전 권리는 전자적 방법으로 사실상 많은 투자자 간에 유통될 가능성이 발생하기 때문에, 해당 조항에서 규정된 제1항 유가증권으로 분류된다. 전자기록 이전 권리에 해당하는지 여부는 이러한 취지도 고려하여 개별적으로 구체적으로 판단해야 하지만, 계약상 또는 실질적으로 발행자 등이 관리하는 권리자나 권리 수를 전자적으로 기록한 장부(해당 장부와 연동된 장부를 포함한다. 이하 2-2-2에서 "전자 장부"라고 한다)의 변경(재산적 가치의 이전)과 권리의 이전이 일련의 절차로 이루어지는 경우, 기본적으로 전자기록 이전 권리에 해당한다는 점을 유의한다. 예를 들어, 특정 주소에서 다른 주소로 이전된 토큰 수량이 기록된 블록체인을 사용하는 경우, 이 기록된 토큰 수량이 재산적 가치에 해당한다. 그러나 전자 장부의 변경(재산적 가치의 이전)과 권리의 이전이 일련의 과정으로 이루어지더라도, 해당 전자 장부가 발행자 등 내부에서 행정적으로 작성된 것에 불과하며, 거래의 당사자 또는 중개자가 해당 전자 장부를 참조할 수 없는 등 판매자의 권리 보유 상황을 알 수 없는 상태인 경우, 기본적으로 전자 기록 이전 권리에 해당하지 않는다는 점에 유의한다.
(토큰화된 합자회사 등의 사원권이 전자기록 이전 권리에서 제외되는 경우) 2-2-3
금융상품거래법 제2조 제2항 제3호에 규정된 권리(전자정보처리 조직을 사용하여 이전할 수 있는 재산적 가치에 표시되는 경우에 한함. 이하 2-2-3에서 "토큰화된 합자회사 등의 사원권"이라 한다.)는 원칙적으로 금융상품거래법 제2조 제3항에 규정된 전자기록 이전 권리에 해당하지만, 예외적으로 정의령 제9조 제2항 각 호의 어느 하나에 해당하는 경우에는 전자기록 이전 권리에서 제외된다. 동항 제2호는 토큰화된 합자회사 등의 사원권에 관하여, 해당 사원권을 가진 자가 사원이 되는 합자회사 등의 사원권 전부가 동호 가 또는 나 중 어느 하나에 해당하는 경우 전자기록 이전 권리에서 제외하는 것이며, 동호 나에 해당 여부 등에 대해서는 다음 사항에 특히 유의하여야 한다.

면 토큰형태의 합자회사 사원권의 경우 직접적으로는 출자액을 초과하는 수익의 배당

(1) 토큰화된 합자회사 등의 사원권 자체의 내용은 출자액을 초과하는 수익의 배당 또는 재산의 분배를 수반하지 않더라도, 해당 사원권에 부수하여 물품이나 서비스 기타 경제적 평가가 가능한 것을 제공함으로써 실질적으로 출자액을 초과하는 수익의 배당 또는 재산의 분배를 수행하는 경우에는 해당 호에는 해당하지 않는다. (2) 합자회사 등의 사원에 대해, 토큰화된 합자회사 등의 사원권과 별도로 유틸리티 토큰이나 거버넌스 토큰 등 토큰(이하 2-2-3에서 "별도 토큰"이라 한다)을 발행하는 경우, 실질적으로 "별도 토큰"이 토큰화된 합자회사 등 직원권에 해당하는 현물에서의 수익 배당 또는 재산 분배에 해당할 수 있다는 점을 유의한다. (3) 개별 사례별로 실체에 따라 실질적으로 판단되어야 하나, 다음 중 어느 하나에 해당하는 경우에는 원칙적으로 "별도 토큰"이 토큰화된 합자회사 등 사원의 권리에 해당하는 현물 배당 또는 재산 분배에 해당하지 않는 것으로 판단된다. ① 합자회사 등의 사원의 지위와 명확히 구분되어 발행되는 경우(「별도 토큰」의 대가 지급이 합자회사 등의 사원으로서의 출자와 명확히 구분되는 경우 등) ② 직무 수행의 대가로 발행되는 경우(직무 수행의 대가로서의 실질적 내용을 갖추며, 발행되는 「별도 토큰」의 내용이 출자액 또는 사업 수익과 연동되지 않는 경우에 한함) ③ 사원 이외의 자도 널리 구매할 수 있는 경우로서, 사원과 동일한 조건으로 발행되는 경우 (4) 「별도 토큰」에 합자회사 등 관련 수익의 배당 또는 재산의 분배를 받는 권리가 부속되어 있는 경우, 실질적으로 해당 수익의 배당 또는 재산의 분배가 토큰화된 합자회사 등 사원의 권리에 해당하는 수익의 배당 또는 재산의 분배에 해당한다면, 해당 수익의 배당 또는 재산의 분배를 포함하여 출자액을 초과하는 수익의 배당 또는 재산의 분배를 수행하는 경우 해당 조항에는 해당하지 않는다. 또한, 「별도 토큰」에 합자회사 등에 해당하는 수익의 배당 또는 재산의 분배를 받는 권리가 부대되어 있는 경우, 「별도 토큰」 자체는 집단 투자 스킴 지분(금융투자업법 제2조 제2항 제5호 또는 제6호에 규정된 권리)에 해당할 가능성이 있다는 점에도 유의해야 한다. (5) 토큰화된 합자회사 등의 사원권에 대해 가격 상승 이익이 발생할 합리적인 근거가 없음에도 불구하고 가격 상승 이익이 있음을 특별히 강조하여 권유 행위를 하는 경우, 금전상거래법 제157조(부정 행위 금지) 또는 제158조(풍설 유포, 기계 등 금지) 위반에 해당될 수 있음을 유의한다.
（電子記録移転権利に該当する場合） ２－２－２ 金商法第２条第３項に規定する電子記録移転権利は、電子的な方 法によって事実上多くの投資者間で流通する可能性が生じることから、同項に規定する第一項有価証券とされている。電子記録移転権利に該当するか否 かは、このような趣旨も踏まえ、個別具体的に判断する必要があるが、契約 上又は実態上、発行者等が管理する権利者や権利数を電子的に記録した帳簿（当該帳簿と連動した帳簿を含む。以下２－２－２において「電子帳簿」と いう。）の書換え（財産的価値の移転）と権利の移転が一連として行われる 場合には、基本的に、電子記録移転権利に該当することに留意する。例えば、 あるアドレスから他のアドレスに移転されたトークン数量が記録されている ブロックチェーンを利用する場合には、この記録されたトークン数量が財産 的価値に該当する。ただし、電子帳簿の書換え（財産的価値の移転）と権利 の移転が一連として行われる場合であっても、その電子帳簿が発行者等の内 部で事務的に作成されているものにすぎず、取引の当事者又は媒介者が当該 電子帳簿を参照することができないなど売主の権利保有状況を知り得る状態 にない場合には、基本的に、電子記録移転権利に該当しないことに留意する。(トークン化された合同会社等の社員権が電子記録移転権利から除かれる場 合） ２－２－３ 金商法第２条第２項第３号に掲げる権利（電子情報処理組織を用いて移転することができる財産的価値（電子機器その他の物に電子的方法に より記録されるもの

또는 재산의 분배를 수반하지 않더라도, 해당 사원권에 부수하여 물품이나 서비스 기타 경제적 평가가 가능한 것을 제공함으로써 실질적으로 출자액을 초과하는 수익의 배당 또는 재산의 분배를 수행하는 경우에는 해당 토큰을 전자기록이전권리로 볼 수 있는바 금융상품거래법상 유가증권으로 규제되어야 한다.

(4) 검토

지금까지 살펴본 바에 따르면 미국, 일본, EU 모두 토큰 보유자에 대한 직접적 또

に限る。）に表示される場合に限る。以下２－２－３にお いて「トークン化された合同会社等の社員権」という。）は、原則として金商 法第２条第３項に規定する電子記録移転権利に該当するが、例外的に定義府 令第９条の２第１項各号のいずれかに該当する場合は電子記録移転権利から 除かれる。同項第２号はトークン化された合同会社等の社員権に関して、当 該社員権を有する者が社員となる合同会社等の社員権の全てが同号イ又はロ のいずれかに該当するものである場合を電子記録移転権利から除くものであ るところ、同号ロへの該当性等については、次の点に特に留意するものとす る。(1) トークン化された合同会社等の社員権の内容自体は出資額を超える収益 の配当又は財産の分配を伴わないものであっても、当該社員権に付帯して物 品やサービスその他経済的に評価できるものを提供することにより実質的 に出資額を超える収益の配当又は財産の分配を行うような場合は同号ロに は該当しない。(2) 合同会社等の社員に対して、トークン化された合同会社等の社員権とは別－３－にユーティリティトークンやガバナンストークン等のトークン（以下２－２－３において「別トークン」という。）を発行する場合、実態として「別ト ークン」がトークン化された合同会社等の社員権に係る現物での収益の配当 又は財産の分配に該当する場合があることに留意する。(3) 個別事例ごとに実態に即して実質的に判断されるべきではあるが、次のい ずれかの場合には原則として「別トークン」がトークン化された合同会社等 の社員権に係る現物での収益の配当又は財産の分配には該当しないものと 考えられる。① 合同会社等の社員の地位と明確に区別されて発行される場合（「別トー クン」の対価の支払が合同会社等の社員としての出資とは明確に区別され ている場合等）② 職務執行の対価として発行される場合（職務執行の対価としての実態を 伴うものであり、その発行される「別トークン」の内容が出資額又は事業 収益に連動しない場合に限る。）③ 社員以外の者も広く購入できる場合であって、社員と同じ条件で発行さ れる場合 (4)「別トークン」に合同会社等に係る収益の配当又は財産の分配を受ける権 利が付帯されている場合にあっては、実態としてその収益の配当又は財産の 分配がトークン化された合同会社等の社員権に係る収益の配当又は財産の 分配に該当するのであれば、その収益の配当又は財産の分配を含め、出資額 を超える収益の配当又は財産の分配を行う場合には同号ロには該当しない。 なお、「別トークン」に合同会社等に係る収益の配当又は財産の分配を受け る権利が付帯されている場合には、「別トークン」それ自体が集団投資スキ ーム持分（金商法第２条第２項第５号又は第６号に掲げる権利）に該当する 可能性があることにも留意する。(5) トークン化された合同会社等の社員権につき値上がり益が生じる合理的 な根拠がないにも関わらず値上がり益があることを殊更に強調して勧誘行 為を行う場合は金商法第 157条（不正行為の禁止）又は第 158 条（風説の流 布、偽計等の禁止）の違反となり得ることに留意する。

는 간접적 수익배분행위가 존재하는 경우에 해당 토큰을 증권 또는 금융상품으로 본다는 점을 알 수 있다. 한편 미국은 초기에는 배분행위 없이 전매차익이 존재하는 대부분의 가상자산을 증권으로 보다가 2024. 11. 트럼프 당선 이후에는 SEC가 진행중이던 여러 소송을 취하하면서 가상자산을 증권으로 보는 입장에 변화가 예고되고 있다. 결과적으로 각국의 증권성 판단 기준과 관련하여 문제가 되는 부분은 수익을 배분하지는 않지만 투자자 입장에서 가치 상승에 따라 이익을 실현할 수 있는 형태의 가상자산의 증권성 인정 여부라 할 것이다.

다. 자본시장법상 금융투자 상품과 가상자산의 관계

(1) 판단 순서

우리나라의 경우 자본시장법을 기준으로 판단해야 하는데, 이를 위해서 판단하는 순서는 우선 특정 가상자산이 자본시장법상 금융투자상품 해당하는지 여부를 살펴보고 증권 중 5가지 정형증권(지분증권, 수익증권, 채무증권, 증권예탁증권, 파생결합증권)에 해당하는지 여부를 본 후 투자계약증권 해당 여부를 살펴보아야 한다. 자본시장법 제정 당시 재정경제부의 설명자료에 따르면 투자계약증권 개념은 새로운 증권 개념을 포섭하기 위하여 도입된 것으로서 모든 증권 개념에 대하여 보충적으로 적용되기 위하여 도입된 증권 종류였던 것으로 보인다. 그리고 이러한 입장은 금융위원회가 2023. 2. 6.자 '토큰증권발행 · 유통규율체계정비 방안'을 발표하면서 제시한 토큰의 증권성 판단 원칙에서도 동일하다.[52]

(2) 금융투자상품 해당 여부

가상자산은 상당한 가격변동성이 전제되는 것임에도 투자자 또는 이용자가 자신의

52 금융위원회, 2023.2.6. "[보도자료] 토큰 증권(Security Token) 발행 · 유통 규율체계 정비방안 - 자본시장법 규율 내에서 STO를 허용하겠습니다."
https://www.fsc.go.kr/no010101/79386?srchCtgry=&curPage=&srchKey=&srchText=&srchBeginDt=&srchEndDt=
위 발표 내용에 따르면 "투자계약증권은 다른 5가지 증권 유형에 해당하지 않는 경우 보충적으로 적용되는 자본시장법의 포괄주의 규제원칙에 기반한 개념으로 그 적용범위가 폭넓게 인정될 수 있"다고 한다.

금전 내지 금전 등가물을 투자하고 원본 범위 내에서 투자 성패가 이용자에게 귀속되는 것이므로 금융투자상품성은 인정된다. 다음으로는 가상자산이 증권의 유형에 해당하는지 여부가 문제된다.

(3) 정형 증권 해당 여부

우선 가상자산이 채무증권에 해당하는지 여부가 문제될텐데, 가상자산과 관련하여 발행자에 대하여 특정 이율의 정기적인 이자지급청구권이 인정된다면 마치 사채나 국채에 유사한 것으로서 채무증권에 해당할 여지가 있을 것이다. 하지만 이러한 이자지급청구권에 유사한 권리가 화체되어 있지 않은 가상자산이라면 채무증권에 해당하지 아니한다.

다음으로 합자회사 · 유한책임회사 · 유한회사 · 합자조합 · 익명조합의 출자지분, 그 밖에 이와 유사한 것으로부터 발생하는 수익을 배분하면 지분증권에 해당할 수 있다(자본시장법 제4조 제4항). 하지만 가상자산 보유자가 발행자에 대하여 잔여재산분배청구권을 보유하거나 또는 지분에 따른 배당요구권을 보유하지 않는 이상 지분증권에 해당할 가능성은 낮다.

다음으로 수익증권 해당 여부를 검토해보면 수익증권은 신탁이라는 구조를 전제로 하는 것인데 가상자산의 경우 신탁의 구조를 활용하는 경우는 거의 없을 것이므로 이에 해당할 가능성은 낮을 것으로 보인다.

한편 기초자산의 가격 · 이자율 · 지표 · 단위 또는 이를 기초로 하는 지수 등의 변동과 연계하여 발생된 수익을 배분하면 파생결합증권에 해당하는데(자본시장법 제4조 제7항) 만일 특정 토큰이 S&P 500 지수를 추종하는 가격으로 거래가 되거나 또는 KOSPI 지수의 가격을 추종하는 방식으로 거래가 된다면 파생결합증권에 해당할 여지가 있다. 다만 이러한 형태가 아니라면 파생결합증권에 해당할 가능성은 낮다.

마지막으로 가상자산 발행자가 증권을 예탁받은 자로서 그 증권이 발행된 국가 외의 국가에서 발행한 것으로서 그 예탁받은 증권에 관련된 권리가 표시된 가상자산을 발행한 것이라면 증권예탁증권에 해당할 수 있을 것이나(자본시장법 제4조 제8항) 위에서 예탁자는 한국예탁결제원을 의미하므로 증권예탁증권으로 판단되는 가상자산은 존재할 가능성이 거의 없어 보인다.

한편 집합투자증권이란 2인 이상의 투자자로부터 모은 금전등을 투자자로부터 일상적인 운용지시를 받지 아니하면서 재산적 가치가 있는 투자대상자산을 취득·처분, 그 밖의 방법으로 운용하고 그 결과를 투자자에게 배분하여 귀속시키는 경우, 이를 수행하기 위한 기구(vehicle)에 대한 출자지분을 의미하는데(자본시장법 제6조 제5항, 자본시장법 제9조 제21항) 집합투자기구의 형태로는 신탁형과 회사형이 존재하고(자본시장법 제9조 제18항) 신탁형 기구를 활용하면 그 출자지분을 표시한 증권은 수익증권이, 회사형 기구를 활용하면 그 출자지분을 표시한 증권은 지분증권이 될 것이므로 앞서 집합투자증권 해당 여부는 수익증권 해당 여부 및 지분증권 해당 여부의 판단으로 갈음할 수 있다.

(4) 투자계약증권 해당 여부

마지막으로 우리가 가상자산의 증권성을 판단함에 있어서 살펴보아야 하는 것이 투자계약증권 해당 여부이다. 이와 관련해서는 금융위원회가 2023. 2. 3.자 '토큰증권발행·유통규율체계정비 방안'을 발표하면서 제시한 토큰의 증권성 판단 원칙을 살펴볼 필요가 있다.[53] 즉, 어떠한 토큰이 증권에 해당하는 것인지 여부는 구체적인 사실관계와 제반 사정을 고려하여 실질적인 내용에 따라 판단할 문제이며, 명시적 계약·약관·백서 내용 외에 묵시적계약, 스마트계약에 구현된 계약의 체결 및 집행, 수익배분 내용, 투자를 받기 위해 제시한 광고·권유의 내용 등을 종합하여 개별 사안별로 판단해야 한다고 밝혔다. 이와 관련하여 금융위원회는 증권에 해당할 가능성이 높은 경우와 낮은 경우를 다음과 같이 밝혔다.

53 금융위원회, 2023.2.6. "[보도자료] 토큰 증권(Security Token) 발행·유통 규율체계 정비방안 - 자본시장법 규율 내에서 STO를 허용하겠습니다." https://www.fsc.go.kr/no010101/79386?srchCtgry=&curPage=&srchKey=&srchText=&srchBeginDt=&srchEndDt=

증권에 해당할 가능성이 높은 경우(예시)

- 사업운영에 대한 지분권을 갖거나 사업의 운영성과에 따른 배당권 또는 잔여재산에 대한 분배청구권을 갖게 되는 경우
- 발행인이 투자자에게 사업성과에 따라 발생한 수익을 귀속시키는 경우(투자자에게 지급되는 금전 등이 형식적으로는 투자자 활동 대가의 형태를 가지더라도 실질적으로 사업 수익을 분배하는 것에 해당하는 경우. 특히 투자자 모집 시 사업성과에 따른 수익 분배 성격이 적극적으로 제시된 경우)

증권에 해당할 가능성이 낮은 경우(예시)

- 발행인이 없거나, 투자자의 권리에 상응하는 의무를 이행해야 하는 자가 없는 경우
- 지급결제 또는 교환 매개로 활용하기 위해 안정적인 가치유지를 목적으로 발행되고 상환을 약속하지 않는 경우
- 실물자산에 대한 공유권만을 표시한 경우로서 공유 목적물의 가격, 가치상승을 위한 발행인의 역할, 기여에 대한 약속이 없는 경우

이러한 투자계약증권 판단 기준에 따르면 가상자산 보유자에게 어떠한 형태로든 수익이 배분되는 경우에 해당 가상자산은 투자계약증권에 해당할 것으로 보인다. 반면 가상자산 중 발행인이 존재하면서 상환을 약속하지 않지만 가치상승을 위한 발행자의 역할 등에 대한 약속이 있는 경우로서 가치 상승시 이용자가 2차 시장에서 양도를 통해 수익을 실현할 수 있는, 전매차익형 가상자산의 경우 증권에 해당하는지에 대하여는 여전히 위 기준을 적용하더라도 판단하기 어렵다. 이러한 전매차익형의 경우 판매사 또는 발행자가 투자자에게 특별한 이익의 기대를 약속한바 없다는 점에서 실물과 증권의 경계선상에 있다고 볼 여지도 있다. 그렇다면 자본시장법상 투자계약증권은 어떻게 해석되어야 하고 전매차익형 가상자산은 자본시장법상 투자계약증권에 해당하는지 여부를 살펴보도록 한다.

우선 미국 증권법상 하위테스트와 자본시장법상 투자계약증권 요건을 비교해보면 다음과 같다.

표 2 하위테스트와 투자계약증권의 문언상 요건 비교

요건	하위테스트	투자계약증권
	① 주로 타인의 노력으로부터 (solely from the efforts of others)	주로 타인이 수행
	② 투자자의 금전 투자 등을 투자	금전 등을 투자
	③ 이익의 기대(expectation of profits)	사업결과에 따른 손익의 귀속
	④ 공동사업(common enterprise)	공동사업

두 개의 요건을 비교한 결과 하위테스트의 이익의 기대와 투자계약증권 문언상 사업결과에 따른 손익의 귀속을 동일하게 볼 수 있느냐 여부가 문제된다. 투자계약증권의 적용범위를 정함에 있어서 중요한 핵심은 자본시장법에는 이익의 "기대"라는 개념 대신 "귀속"이라는 개념을 사용하였는데, 귀속의 의미를 해석하기 위하여 자본시장법상 귀속의 용례를 살펴볼 필요가 있다. 자본시장법상 귀속이라는 문언은 총 5번 등장한다. 제4조 제6항의 투자계약증권, 제6조 제5항과 제6항의 집합투자 정의 규정[54], 제97조 제1항 제5호의 투자자문업자 또는 투자일임업자의 계약체결 관련 규정[55], 그리고 마지막으로 집합투자기구 관련하여 환매청구권 행사시 환매수수료의 부담 주체 및 귀속에 대하여 규정하고 있는 제236조[56] 규정이다.

54 자본시장법 제6조 ⑤ 제4항에서 "집합투자"란 2인 이상의 투자자로부터 모은 금전등을 투자자로부터 일상적인 운용지시를 받지 아니하면서 재산적 가치가 있는 투자대상자산을 취득·처분, 그 밖의 방법으로 운용하고 그 결과를 투자자에게 배분하여 **귀속시키는 것을 말한다**. 다만, 다음 각 호의 어느 하나에 해당하는 경우를 제외한다. (중략)
⑥ 제5항 각 호 외의 부분 본문에도 불구하고 다음 각 호의 어느 하나에 해당하는 자로부터 위탁받은 금전등을 그 자로부터 일상적인 운용지시를 받지 아니하면서 재산적 가치가 있는 투자대상자산을 취득·처분, 그 밖의 방법으로 운용하고 그 결과를 그 자에게 **귀속시키는 행위는 집합투자로 본다.**

55 제97조(계약의 체결) ① 투자자문업자 또는 투자일임업자는 일반투자자와 투자자문계약 또는 투자일임계약을 체결하고자 하는 경우에는 다음 각 호의 사항을 기재한 서면자료를 미리 일반투자자에게 교부하여야 한다.
5. 투자자문계약 또는 투자일임계약과 관련하여 **투자결과가 투자자에게 귀속된다는 사실** 및 투자자가 부담하는 책임에 관한 사항

56 제236조(환매가격 및 수수료) (중략) ② 집합투자증권을 환매하는 경우에 부과하는 환매수수료는 대통령령으로 정하는 방법에 따라 집합투자증권의 환매를 청구하는 해당 투자자가 부담하며, **투자자가 부담한 환매수수료는 집합투자재산에 귀속된다.**

이러한 각 규정의 문언을 종합하면 자본시장법상 "귀속"은 사업자가 사업수익 배분을 하는 행위를 전제로 하고 있다고 보아도 무리가 없다. 또한 투자자의 환매수수료 역시도 투자자가 집합투자업자에게 환매수수료를 "귀속시키다"라는 표현으로 사용됨으로써 결국 귀속이라는 단어는 어떠한 적극적 행위를 전제로 한다는 점을 알 수 있다. 이러한 전제하에서 자본시장법 제4조 제6항의 투자계약증권 개념을 해석한다면, 사업자의 이익 보장 행위 또는 사업자의 적극적 배분행위 없이 단순히 투자자가 사업에 따른 반사적 이익을 기대할 수 있는 경우는 제외되는 것으로 해석해야할 것이므로, 전매차익형 가상자산의 경우에는 투자계약증권의 개념으로 포섭할 수 없다.[57]

3 소결

결론적으로 가상자산의 경우 자본시장법상 전매차익형과 수익배분형으로 양분될 수 있고 금융위원회의 2024. 2. 6.자 토큰증권 발행 유통 규율체계정비방안에 따를 때 수익배분형 가상자산은 정형적 증권에 해당하지 않더라도 투자계약증권에 해당할 가능성이 매우 높다. 반면 전매차익형 가상자산의 경우에는 위 금융위원회의 2023. 2. 6.자 정비방안에 따르더라도 증권에 해당하는지 여부가 불분명하나, 자본시장법상 투자계약증권 문언에 비추어 볼 때 토큰 보유자에게 어떠한 형태로든 수익배분이 이루어지지 않는 가상자산의 경우에는 증권에 해당하지 않는 것으로 보는 것이 타당할 것이다.

IV 결 론

가상자산은 그 발전 과정 중에 유틸리티형, 증권형, 지급결제형으로 나누어진다. 가상자산의 경우 증권형 가상자산이 금융투자상품으로서 규제될 수 있는지 여부에 대한 논의가 많이 이루어졌다. 특히 가상자산에 대한 규제체계가 정비되면서 각 나라에서 가

57 더군다나 사업자가 이익의 발생을 약속하거나 광고하지 않은 경우라면 더욱 인정하기 어려울 것으로 보인다.

상자산 정의 규정에서 금융투자상품을 제외함으로써 금융투자상품과 가상자산의 분류 기준이 중요하게 논의되었다. 자본시장법상으로는 가상자산의 형태를 취하더라도 보유자에게 수익을 배분하는 경우에는 금융투자상품 중 투자계약증권으로 취급될 가능성이 높은 반면 아무런 수익을 배분하지 아니하고 단지 유통시장을 통해서 차익을 실현할수 있는 경우에는 증권에 해당하지 않는 것으로 볼 수 있다.

참/고/문/헌

〈국내문헌〉

더불어민주당, "제21대 대통령선거 더불어민주당 정책공약집, 이제부터 진짜 대한민국", 2025.

정순섭, 「금융법」, 2023.

한서희, “디지털자산의 자본시장법상 규제- 증권성 판단원칙을 중심으로", BFL 제115호, 2022.9.

〈외국문헌〉

ESMA, Annex 1 Legal qualification of crypto-assets - survey to NCAs, 2019.1.

ESMA, Final Report - Guidelines on the conditions and criteria for the qualification of cryptoassets as Financial instruments, 2024.12.17.

가상자산거래의 법적 분석

류경은
(고려대학교 법학전문대학원 부교수)

I 가상자산의 법적 성격

1 법적 성격 규명의 필요성

우리나라와 같이 물권과 채권을 구별하는 대륙법적 체계를 가진 경우, 영미법과 같은 무체동산(intangible movables, intangibles)의 개념이 없고, 유체물 내지 물건이 아닌 이상 기본적으로 채권법의 영역이 된다.[1] 이처럼 가상자산의 법적 성격을 규명하는 것은 사법적 규율의 시작점이 될 뿐 아니라 제2항에서 살펴볼 가상자산거래소와 이용자의 권리를 둘러싼 문제를 해결하는 데 중요한 기준이 된다.

또한 가상자산은 높은 가격변동성을 보임에도 주로 암호'화폐' 등의 용어로 불리었고, 가상자산에 대한 정보 부족에 따른 정보불균형 상태에서 투기적 수요에 편승될 위험

1 지식재산권과 같이 특허법이나 저작권법 등에서 특별히 물권적 권리로 인정하고 있는 경우가 있는데 이와 같은 특별법이 없는 한 물건이 아니면 물권의 대상이 될 수 없다. 또한 지식재산권은 인간의 정신적 사고(精神的 思考), 그 자체에 창조적 가치가 있는 인간의 정신활동의 무형적 산물로 재산적 가치가 인정되는 것을 배타적으로 장악하는 권리를 가리킨다. 그런데 가상자산 보유자의 창의적 활동에 의하여 취득한 것이 아니라 컴퓨터 연산작업의 반복에 의하여 취득한 것에 불과하다는 점에서 일반적으로 저작권, 상표, 디자인 등 특정한 법률에서 보호의 대상으로 설정하고 있는 지식재산권과 동일하게 취급할 수는 없다.

성을 내포하고 있다. 따라서 가상자산의 법적 성격을 살펴보는 것은 일반인의 인식을 위해서도 중요하다.[2]

2 가상자산과 사법적 성격

가. 물권의 대상

물권은 대상을 배타적으로 지배하여 이익을 얻을 수 있는 권리를 의미한다. 물권의 대상은 주로 '물건'이나, 예외적으로 '관리가능한 자연력'(민법 제98조)이나 '관리가능한 동력'(형법 제346조)은 유체물이 아니지만 입법적으로 물건으로 의제된다.

(1) 긍정하는 견해

물권의 객체인지를 판단할 때 단순히 존재형태, 즉 유체물인지 아닌지를 따지는 전통적인 관점에서 벗어나 '배타적 지배가능성'과 '관리가능성'이라는 표지가 우선적 판단기준이 되어야 하며, 무체물이라고 하더라도 '배타적 지배가능성'과 '관리가능성'이 있다면 물권의 객체가 될 수 있다는 관점에서 시작한다.

이에 유체물을 '지배가능한 내재적 가치가 있는 물질'이라고 정의할 수 있다면 비트코인과 같은 가상자산은 그 자체로 내재적 가치를 가지고 있으므로 유체물에 포함될 수 있고, 그렇지 않더라도 가상자산은 본실석으로 전기신호의 형태를 띠고 있고 가상자산 주소의 개인키를 관리하는 자가 당해 주소에 담긴 가상자산을 배타적으로 지배하고 있다고 볼 수 있으므로[3] 민법 제98조의 '자연력'에도 해당할 수 있다고 한다.[4]

또한 비트코인은 네트워크상에 저장된 '정보'의 일종으로 유체물은 아니지만, 당해 전자지갑의 개인키를 가진 자만이 송금지시를 내릴 수 있고(배타적 지배가능성), 그러한 송금지시 내역은 분산원장에 기록되며 한 번 송금이 완료된 비트코인은 전 세계 비트코

2 장성일 · 김정연, "비트코인의 자산성격에 관한 연구", 한국전자거래학회지 제22권 제4호, 2017.11, 119면

3 *Max I. Raskin, Realm of the Coin: Bitcoin and Civil Procedure, Fordham Journal of Corporate and Financial Law, 20(4), 2015.* pp.988-989.

4 김이수, "비트코인의 사법상 지위에 관한 고찰", 법학연구 제59권 제4호, 2018, 20-22면.

인 네트워크 참여자의 과반수를 동시에 해킹하지 않는 이상 현실적으로 이중지불될 수 없으므로(관리가능성) 민법상 '물건'에 해당하고, 부동산이 아니므로 '동산'에 해당한다고 보는 견해[5]도 있다.

소유권은 배타적 지배가 가능하다면 인정될 수 있고 물건은 배타적 지배가 가능한 것 중 대표적인 것이지 물건만이 소유권의 대상이라고 볼 논리필연적인 근거가 없으므로 소유권과 같은 보호를 할 필요성이 있는지를 중심으로 접근해야 한다는 전제에서, 가상자산 보유자는 다른 사람의 행위 내지 도움 없이 암호자산으로부터 직접 이익을 누릴 수 있고 독립적으로 존재하는 점(직접지배), 블록체인 시스템에 의해 이중 지불을 할 수 없도록 설계되어 있고 보유자 이외 누구도 가상자산을 사용하거나 거래할 수 없는 점(배타성, 독점적), 누구도 권한 없이 분산원장 네트워크 기재 내용을 변경할 수 없으므로 모든 사람에게 가상자산 보유를 주장할 수 있는 점(절대성), 개인과 분리되어 양도될 수 있고 양도된 경우에 양수인이 그 내용의 이익을 누리는 점(비인격성, 독립성, 단일성), 가상자산은 블록체인 시스템 위에서 특정한 조건을 만족시켜야만 생성할 수 있으며 복제하여 만들어 낼 수 없는 점(희소성), 블록체인에 거래과정이 모두 기록되는 점(공시성)을 들어 소유권 보호를 해 주는 것이 타당하다고 하거나[6] 기존의 사이버 재화에서 더 나아가 소유권에 준하는 완전하고 독립적이고 전면적 지배가 가능한 특성을 가지고 있기 때문에 권리관계에서 소유물에 상당하는 보호관계를 정립하는 것이 합리적이라는 견해[7]도 있다.

(2) 부정하는 견해

물권은 법률 또는 관습법에 의하는 외에는 임의로 창설할 수 없다(민법 제185조)는

5 전승재 · 권헌영, "비트코인에 대한 민사상 강제집행 방안 - 암호화폐의 제도권 편입 필요성을 중심으로-", 정보법학 제22권 제1호, 2018, 88-89면; 최경진, "데이터와 사법상의 권리, 그리고 데이터 소유권(Data Ownership)", 정보법학 제23권 제1호, 2019, 232면[명시적으로 가상자산이 소유권의 객체가 된다는 입장이라기보다 기존의 물권 개념에 대한 새로운 해석을 통해 '데이터 소유권'의 개념을 제안하고 있다], 백대열, "데이터 물권법 시론(試論) - 암호화폐를 비롯한 동등 데이터를 중심으로-", 민사법학 제90호, 2020, 106면[암호화폐를 "가상화폐의 개념징표를 모두 충족하면서 동시에 블록체인 등의 암호학 기술에 의하여 중앙 관리소나 특정한 관리자에 의존하지 않고 분산형으로 발행되는 데이터"로 정의하면서 비트코인을 대표적으로 꼽고 있다] 등 참고

6 홍은표, "암호자산에 대한 소유권 보호를 위한 시론", 정보법학 제23권 제3호, 2019, 121-122면, 126면.

7 정해상, "가상화폐의 법적 특성과 거래에 관한 법리", 법학논총 제25권 제2호, 2018, 38-39면.

물권법정주의 관점에서 우리 민법은 '유체물'과 무체물 가운데 전기를 비롯한 관리가능한 '자연력'만을 물권의 대상으로 삼고 있으므로(민법 제98조), 해석에 의해 물건의 개념을 확장하는 것은 어렵다는 전제에 입각해 있다.[8] 가상자산은 디지털 상에 존재하는 코드에 불과하므로 유체물이 아니고 전기와 같이 어떠한 자연력(에너지)을 가지지 않으므로, 민법상 물건이라고 볼 수는 없다고 한다.[9]

또한 가상자산이 '배타적 지배가능성'이라는 표지도 충족하지 못한다고 지적하기도 한다.[10] 즉, 가상자산에 대한 배타적 지배는 '개인키'를 보관하는 형태로 이뤄지는데 이는 단순한 정보에 불과하고 복제가 가능할 뿐만 아니라, 정보에 대한 '점유'나 '보관'이라는 개념도 명확치 않아 엄격한 의미의 '배타성'이 있다고 보기 어렵다는 것이다.

물건의 범위를 유체물로 한정하고 있는 일본에서도[11] 비트코인의 '유체성'뿐 아니라 '배타성'을 부정한 하급심 판결[12]이 있다. 즉, 일본 민법상 소유권의 객체로 인정되려면 '유체성' 및 '배타적 지배가능성'을 갖추어야 하는데, 비트코인은 그 구조 및 기술이 전적으로 인터넷상 네트워크를 이용한 것이라는 점에 비추어 볼 때 비트코인은 공간의 일부를 점유한다는 의미의 '유체성'을 갖지 못한다는 점이 명확하고, 비트코인 네트워크

---

8 정순섭, "가상통화의 법률문제", BFL 제89호, 2018, 11면과 정순섭, "블록체인과 금융", BFL 제108호, 2021, 18면에서 가상자산은 발행인이 없고 물건에도 해당하지 않아 채권이나 물권에도 해당하지 않으며 재산권의 대상이 될 수는 없고, 다만 일정한 재산적 가치를 확보할 수 있는 사실상태에 있을 뿐이라고 한다; 윤배경, "가상자산의 법적성질과 강제집행", 인권과 정의 제474호, 2018, 11면; 박영호, "암호화폐의 강제집행, 비트코인을 중심으로", 사법 제49호, 2019, 24면.

9 윤배경, 앞의 논문, 9면, 다만 이 견해는 재산적 가치가 있으므로 채권의 대상에 해당한다는 입장이다. 같은 논문, 11면; 박영호, 앞의 논문, 24-25면[다만 이 견해는 지급수단으로써의 금전 내지 화폐의 성격과 거래대상으로서의 상품, 금융투자상품으로서의 성격을 모두 가지나 특정한 어느 하나에 해당하지 않는 새로운 유형의 것이라고 한다는 입장이다.]

10 윤배경, 앞의 논문, 9면.

11 일본 민법 제85조는 "이 법률에서 '물(物)'은 유체물을 말한다"고 규정하고 있다.

12 東京地方裁判所 平成 27年 8月 5日 平成 26年(ワ)第 33320号 民事第 28部判決 ビットコイン引渡等請求事件[파산절차 개시결정을 받은 회사가 운영하는 가상자산거래소(마운트곡스)를 이용한 원고가 파산회사의 파산관재인인 피고를 상대로, 비트코인의 소유권에 기초하여 파산법 제62조의 환취권을 행사하여 그 인도를 청구함과 동시에 피고가 원고에게 비트코인을 인도하지 않았기 때문에 비트코인의 자유로운 사용, 수익, 처분이 방해받아 손해를 입었음을 주장하여 불법행위에 의한 손해배상청구를 한 사건이다]

의 구조상 거래가 실현되기 위해서는 발송한 당사자 이외의 관여가 필요하고 비트코인의 잔량은 블록체인상의 기록되어 있는 계좌별 주소와 관계있는 비트코인의 모든 거래를 공제·계산한 결과 산출된 수량이며, 해당 비트코인 주소에 잔량에 상당하는 비트코인 자체를 표상하는 전자적 기록은 존재하지 않으므로, 비트코인 주소의 개인키를 관리하는 자가 당해 비트코인 주소에서 '당해 잔액'의 비트코인을 배타적으로 지배하는 것이라고 인정할 수는 없다는 것이다.

나. 준물권의 대상

일본에서는 가상자산에 대하여 물권적 보호가 필요하므로 민법상 물건으로 포섭할 수 없더라도, 그 보유자는 재산에 대한 사실상의 지배라는 구조를 가지고 있기에 준물권의 대상으로 보자는 견해[13]가 있다. 즉, 가상자산은 암호기술에 의하여 개인키를 교부받고, 전자지갑을 통하여 가상자산을 보관하므로, 보유자는 사실상 가상자산이라는 재산적 가치에 대하여 '배타적 지배'가 가능하다고 보고, 이러한 가상자산에 대한 지배구조를 준물권적 구조(準物權的 構造)로 파악하여 보호하자는 것이다. 이에 따르면 가상자산을 무형의 권리로 보아 그 보유와 처분 등에 물권과 같은 효력을 부여하게 된다.

한편 가상자산 보유자는 가상자산 네트워크 참여자나 거래의 상대방뿐 아니라 모든 사람에게 가상자산에 대한 권리를 주장할 수 있는 대세적인 성격의 권리를 가지므로 물건은 아니나 '배타적 지배'가 가능하다는 관점에서 '준물권적 구조를 가진 권리'를 보유한 것이라는 견해가 있다.[14]

다. 채권의 대상

채권은 특정한 주체 사이에서 일정한 급부의 수수를 내용으로 하는 권리를 의미한다. 가상자산 자체는 디지털로 암호화된 코드에 지나지 않으므로 가상화폐 자체가 특정인이 다른 특정인에게 일정한 행위를 구할 수 있는 권리, 즉 채권은 아니나, 자금결제의 수단으로서의 역할, 최소한 환금성(換金性)을 가지므로 재산 혹은 재산적 가치를 인정하

13 片岡 義廣, 假想貨幣の 私法的 性質の 論點, LIBA vol. No. 4, 2017. 4, p.13.

14 이나래, "가상화폐의 법적성격에 관한 연구", 서울대학교 석사학위논문, 2018, 92-94면.

여 채권의 목적물이 될 수 있다는 견해[15]이다. 즉, 가상자산의 거래와 관련하여 가상자산 보유자가 다른 보유자와 사이에 그 이전과 관련하여 일정한 계약을 체결한 경우 그 계약에 따라 이를 이전해 줄 급부의무가 채권의 목적이고 가상자산은 채권의 목적물이 된다고 한다.

라. 소결

가상자산을 소유권의 대상인 재물이라고 할 수 있는가? 우리 민법은 '유체물' 및 전기 기타 관리할 수 있는 '자연력'을 물건으로 정의하고 있다(제98조). 물건의 개념을 '관리가능성'을 중심으로 파악하여 개인키를 통한 배타적인 관리가능성을 인정할 수 있다고 하더라도[16] '자연력'이 아니기 때문에 별도의 입법이 없는 한 물건으로 볼 수 없다.

또한 가상자산을 거래하는 계약을 하는 경우에 그 계약에 따라 당사자가 보유하는 권리는 채권이라고 할 수 있다. 그러나 가상자산 자체가 채권은 아니다. 가상자산은 발행인이 없기에 이를 보유한다고 해서 그 자체로 다른 특정인에게 일정한 급부를 제공할 것을 요구할 권리가 인정되는 것은 아니므로, 채권의 대상도 아니다. 다만 스마트계약이 화체(化體)되어 있는 가상자산의 경우에는 채권적 성질을 갖는다고 볼 수 있을 테지만 채권적 성질만 갖는 것은 아니기 때문에, 이를 채권이라고 파악하는 것은 적절하지 않다.[17]

한편 가상자산은 가상자산 보유자의 창의적 활동에 의하여 취득한 것이 아니라 컴퓨터 연산작업의 반복에 의하여 취득한 것에 불과하다는 점에서 일반석으로 서삭권, 상표, 디자인 등 특정한 법률에서 보호의 대상으로 설정하고 있는 지식재산권과 동일하게 취급할 수는 없다. 따라서 인간의 정신활동에 의한 무형적 산물을 대상으로 하는 지식재산권의 객체도 될 수도 없다.

---

15 윤배경, 앞의 논문, 11면.

16 Max I. Raskin, Realm of the Coin: Bitcoin and Civil Procedure, Fordham Journal of Corporate and Financial Law, 20(4), 2015, p.977. 그러나 개인키는 가상지갑 접근에 대한 권한일 뿐 가상자산 자체에 대한 권한이라고 볼 수 없으므로 배타성을 인정할 수 없다는 견해로는 김병연·권오훈, "가상자산의 법적 성질 - 미국과 한국의 증권규제를 중심으로-", 상사판례연구 제34권 제3호, 2021.9, 390면.

17 이광수·최익구, "법적 성질로 본 가상화폐의 개념과 문제점", 인권과 정의 제474호, 2018, 8면.

그렇다면, 현행 법상으로는 재산권의 대상으로 인정하기는 어렵다. 그러나 가상자산을 비트열의 나열에 불과할 뿐 아무런 실체가 없다고 판단하여 그 재산적 가치마저 부인할 수는 없다. 현재 가상자산은 가상자산거래소를 통하여 법정통화와 연계한 가치가 매겨져 교환되고 있고, 가상자산 사이에서도 거래가 이루어지고 있는 만큼 재산적 가치를 인정하여야 한다. 대법원은 가상자산이 재산적 가치가 있는 무형의 재산으로 몰수의 대상이 되는 범죄수익임을 인정한 바 있고[18], 최근에도 "가상자산은 국가에 의해 통제받지 않고 블록체인 등 암호화된 분산원장에 의하여 부여된 경제적인 가치가 디지털로 표상된 정보로서 재산상 이익에 해당한다."라고 하여 가상자산이 '재물'은 아니지만 '재산상 이익'임을 인정하였다.[19]

이처럼 가상자산은 재산적 가치를 지니고 있고, 블록체인 기술이나 암호기술 등의 조합에 의해 복제, 이중사용 등이 매우 곤란하다. 가상자산의 보유는 블록체인에서 거래기록의 축적에 의해 표현되지만, 개인키와 이에 대응하는 주소에 의해 특정 사람이 특정 수량의 가상자산을 배타적으로 관리한다고 볼 수 있고, 제3자에게 그 상태를 인계함으로써 양도하는 것도 가능하다[20]. 무엇보다 네트워크 참가자들은 가상자산이 배타적으로 관리가능하다는 전제에서 이를 거래의 대상으로 삼고 있고 이러한 가상자산 이용 실태를 경시하기 어렵다.

특히 다음 제2항에서 보듯 가상자산을 둘러싼 각종 법률관계를 해석하고 이로 인하여 야기되는 문제점을 해결하기 위해서는 결국 '물권'의 대상으로 인정해야 할 수밖에 없다는 결론에 이른다. 따라서 가상자산을 규율하는 법률에서 가상자산을 물건으로 의

---

18 대법원 2018. 5. 30. 선고 2018도3619 판결. 그 논거로 ① 비트코인은 경제적인 가치를 디지털로 표상하여 전자적으로 이전, 저장 및 거래가 가능하도록 한 이른바 '가상자산'의 일종인 점, ② 피고인은 음란물유포 인터넷사이트를 운영하면서 사진과 영상을 이용하는 이용자 및 이 사건 음란사이트에 광고를 원하는 광고주들로부터 비트코인을 대가로 지급받아 재산적 가치가 있는 것으로 취급하였다는 점을 들고 있다. 여기서 유의할 점은 가상자산을 '재물'을 대상으로 하는 형법상 몰수의 대상으로 인정한 것은 아니라, '범죄수익'을 몰수의 대상으로 하는 범죄수익은닉의 규제 및 처벌에 관한 법률에 따라 몰수의 대상이 됨을 인정한 것이라는 점이다. 따라서 현재까지 대법원은 가상자산을 '재물'로 인정하고 있지는 않다.

19 대법원 2021. 11. 11. 선고 2021도9855 판결, 대법원 2021. 12. 16. 선고 2020도9789 판결 등에서는 가상자산이 사기죄나 배임죄의 객체인 '재산상 이익'이 될 수 있다고 판단하였다.

20 金融法委員会, 7想通貨の私法上の位置付けに7する論点整理, 2018.12, p.2.

제하고 가상자산의 개인키를 보유한 자에게 물권적 권리를 부여하는 규정을 마련하는 입법조치가 필요하다[21].

Ⅱ 가상자산거래소에서의 거래 성격

1 가상자산거래소의 구조

가. 가상자산거래소에 대한 법적 규율 경과

가상자산거래소는 가상자산에 대한 권리를 법정화폐와 교환해 주거나 그 권리를 매수하고 매도하고자 하는 사람들이 거래를 할 수 있는 장을 제공해 주는 온라인 플랫폼이라고 할 수 있다.[22] 본래적 의미에서 가상자산은 탈중앙화된 거래구조를 가지고 있으나, 거래를 블록체인상에 기록하는 데 상당한 시간이 걸리고[23], 거래를 기록하는 데 지급해야 하는 수수료가 높으며[24], 거래 상대방을 개별적으로 찾는 것이 쉽지 않기에, 가상자산거래소가 등장하게 되었다.

(1) 2020. 3. 특정금융정보법 개정 전

초기의 가상자산거래소는 「전자상거래 등에서의 소비자보호에 관한 법률」(이하 '전자상거래법')상의 통신판매업자로 신고하여 운영되어왔다. 이에 의하면 일정 금액 이상의

---

21 「가상자산 이용자 보호 등의 관한 법률」이 2023.7.18. 제정되어 2024.7.19.부터 시행되었으나, 가상자산의 정의 규정만 있을 뿐 그 법적 성격에 대하여는 별도의 규정을 두고 있지는 않다.

22 FATF, UPDATED GUIDANCE FOR A RISK-BASED APPROACH VIRTUAL ASSETS AND VIRTUALASSET SERVICE PROVIDERS, 2021. 10.

23 예컨대 비트코인의 기록확정 시간은 시스템 설계상 약 10분이지만 실제로는 처리용량 한계 등으로 인하여 그 이상의 시간이 소요되는 경우가 많다고 한다. 한국은행, 「암호자산과 중앙은행」, 2018. 7, 6면.

24 시장 과열로 거래량이 급증하자 이용자들이 신속한 거래 처리를 위해 높은 수준의 수수료를 제시하면서 건 당 비트코인 거래 수수료가 2024.4.20. 127달러까지 상승하기도 했으며, 2025. 1. 이후에는 3달러 미만 정도로 유지되고 있는 모습을 보이고 있다. Bitinfocharts.com https://bitinfocharts.com/comparison/bitcoin-transactionfees.html (2025.7.31. 최종방문)

자본금을 확보해야 하는 은행 등 금융기관과 달리 사업자등록증 등 관련 서류를 제출하는 등 '신고'만 하면 별다른 제약 없이 거래소를 운영할 수 있었다.[25] 이에 가상자산거래소가 파산하거나 횡령하는 등 문제가 발생하더라도 법적인 보상방안이 없어 이용자들은 민사소송을 통해 개별적으로 손해배상을 청구할 수밖에 없는 등 이용자 보호 필요성이 대두되었다.

투자라기보다는 '투기'에 가까운 열풍으로 사회적 문제가 되면서 정부는 2017. 9. 4. '가상통화 관계기관 합동 TF'를 설립하여 가상자산 투기의 위험성과 소비자 피해를 경고하였고, 2017. 9. 29. ICO(Initial Coin Offering)를 앞세워 투자를 유도하는 유사수신 등 사기 위험 증가, 투기수요 증가로 인한 시장과열 및 소비자피해 확대 등 부작용을 이유로 모든 형태의 ICO를 전면적으로 금지하였고[26], 2017. 12. 28. 가상자산거래소를 폐쇄할 수도 있다는 대책 방안이 발표되기도 했다.[27] 한편 공정거래위원회는 2018. 4. 가상자산거래소에 부여되는 통신판매업 신고번호가 이용자들에게 정부로부터 허가받은 거래소라는 오해를 일으킬 수 있고, 전자상거래법상 영업형태 등이 달라 통신판매업자로 볼 수 없다는 이유로 지방자치단체에 신고된 가상자산거래소의 통신판매업 등록을 말소해 달라고 요청하기도 하였다.[28]

이후 2020. 3. 24. 「특정 금융거래정보의 보고 및 이용 등에 관한 법률」(이하 '특정금융정보법')이 개정될 때까지 가상자산거래소에 대한 규제가 없는 상황이 계속되었다.

---

25 성호철 · 임경업, "가상화폐 거래소 절반이 자본금 1억 미만", 조선일보, 2017.12.21, https://biz.chosun.com/site/data/html_dir/2017/12/21/2017122100505.html (2022.5.11. 최종방문). 위 기사에 따르면 2017.12.19. 파산한 국내 가상자산 거래소 '유빗'이 해커로부터 탈취당한 가상자산의 가치는 170억여 원에 이르는 반면 위 거래소의 자본금은 3억 원에 불과했고, 국내 주요 가상 화폐 거래소 14곳의 법인 등기를 확인한 결과, 7곳이 자본금 1억 원 미만, 4곳은 자본금이 1억~5억 원에 불과했고, 자본금 10억 원 이상인 거래소는 3곳에 그쳤으며, 심지어 인천광역시에 본사를 둔 한 거래소는 자본금이 100만 원이었다고 한다.

26 금융위, 기관별 추진형황 점검을 위한 「가상통화 관계기관 합동TF」개최, 2017.9.29.자 보도자료

27 법무부장관이 2017.12.28. 국무조정실, "정부, 가상통화 관련 긴급 대책 수립" 보도자료를 통해 가상자산거래소를 폐쇄할 수도 있다는 발표가 있었고, 여러 항의와 민원이 빗발치자 다시 2018.1.15. 국무조정실, "가상통화에 대한 정부 입장" 보도자료를 통해 정부의 공식적인 입장이 아니라고 하며 논란을 수습하기도 했다.

28 유선일, "암호화폐거래소, 통신판매업 등록 말소된다", 2018.4.11. 전자신문 https://www.etnews.com/20180411000234 (2022.5.11. 최종방문)

(2) 2020. 3. 특정금융정보법 개정 이후

여전히 가상자산거래소를 이용하여 가상자산을 거래하고자 하는 수요는 계속되었고, 2020. 3. 24. G20 정상회의와 자금세탁방지기구(FATF)[29] 등의 국제기구의 국제기준 이행 요구에 따라 가상자산사업자에 대해서도 자금세탁행위 및 공중협박자금조달행위의 효율적 방지를 위한 의무를 부과하고, 금융회사 등이 가상자산사업자와 금융거래를 수행할 때 준수할 사항을 규정하려는 목적에서[30] 특정금융정보법이 개정되었다.

개정 특정금융정보법상 가상자산사업자는 1) 가상자산을 매도·매수하는 행위 2) 가상자산을 다른 가상자산과 교환하는 행위 3) 고객의 요청에 따라 가상자산의 매매 교환 보관 또는 관리 등을 위해 가상자산을 이전하는 모든 행위[31] 4) 가상자산을 보관 또는 관리하는 행위 5) 1) 및 2)의 행위를 중개, 알선하거나 대행하는 행위를 영업으로 하는 자를 의미한다(제2조 제1호 하목)[32]. 따라서 가상자산거래업자뿐 아니라 가상자산 커스터디(custody) 사업을 영위하는 가상자산 보관관리업자, 가상자산 지갑 서비스업자도 여기에 포함된다.

이러한 가상자산사업을 영위하기 위해서는 금융정보분석원장에게 상호 및 대표자의 성명, 사업자의 소재지 등 대통령령으로 정하는 사항을 신고하여야 한다(제7조 제1항). 이 경우 금융정보분석원장은 정보보호 관리체계(ISMS) 인증을 획득하지 못하였거나 은행 등으로 한정된 금융기관에서 실명확인이 가능한 입출금 계정을 통하여 금융거래를 하지 않는 경우에는 신고를 수리하지 않을 수도 있다(제7조 제3항). 또한 실명계좌를 제공하는 은행 등 금융기관에 고객확인의무를 부과하여 자금세탁 행위 등에 대해 식별 분석 평가를 하도록 규정하여 자금세탁 관련 일차 책임을 지도록 하고 있다(제5조의2). 이로써 실명계좌를 제공하는 은행 등을 통해 가상자산거래소를 규제할 수 있는 발판이 마련되었다. 여기에 가상자산의 이전에 따른 정보제공의무, 이른바 '트래블룰(Travel Rule)'도

29 FATF, The FATF Recommedations(2012-2023), recommendation 15, pp.78-79.

30 법제처, 특정금융정보법 개정이유.

31 특정금융정보법 시행령 제1조의2.

32 특정금융정보법 제2조의 제1호 하목 6)으로 그 밖에 가상자산과 관련하여 자금세탁행위와 공중협박자금조달행위에 이용될 가능성이 높은 것으로서 대통령령으로 정하는 행위 중 어느 하나에 해당하는 행위가 규정되어 있으나 아직 구체적인 대통령령이 마련되지 않았다.

도입되었다(제5조의3).[33]

개정 특정금융정보법은 2021. 3. 26. 시행되었고[34] 정부는 2021. 12.말 기준 개정 법 시행 전부터 영업 중인 사업자에 대한 신고 유예기간 6개월[35]이 경과한 2021. 9.까지 신고 접수한 42개 가상자산사업자의 심사를 완료하여 총 29개 사업자(24개 가상자산거래업자, 5개 지갑서비스 및 보관업자)가 심사를 통과하였다고 발표하였다.[36] 이에 따라 2025. 7. 기준 5개 원화마켓[37] 거래업자인 두나무 주식회사(서비스명: 업비트), 주식회사 코빗(서비스명: 코빗), 주식회사 코인원(서비스명: 코인원), 주식회사 빗썸코리아(서비스명: 빗썸), 주식회사 스트리미(서비스명: 고팍스)가 가상자산거래사업을 영위하고 있다.[38] 한편 가상자산거래소를 통해 가상자산을 거래하고자 하는 이용자는 가상자산거래소가 거래하는 은행에서 실명확인을 거쳐 계좌를 개설한 다음 해당 계좌를 가상자산거래소에 등록하여야 한다.

특정금융정보법 개정으로 가상자산사업자의 등록 요건과 의무 규정이 신설되기는

33 가상자산사업자가 다른 가상자산사업자에게 1백만 원 상당 이상의 가상자산을 이전하는 경우 가상자산을 이전하는 가상자산사업자는 가상자산을 보내는 고객과 받는 고객의 성명, 가상자산 주소를 가상자산 이전과 함께 가상자산을 이전받는 가상자산사업자에게 제공하여야 하며, 트래블룰 의무이행에 따라 수집된 송·수신인의 정보를 거래관계가 종료한 때부터 5년간 보존하여야 한다. 금융위원회, 3.25일 특정금융정보법상 트래블룰이 시행됩니다, 2022.3.24.자 보도자료; 개정 특정금융정보법 도입 취지 및 내용에 대한 설명은 김지웅, 가상자산에 관한 개정 특정금융거래정보법에 대한 검토, BFL 제102호 참고.

34 다만 트래블룰을 가상자산사업자에 적용하는 경우 정보제공의 대상·기준·절차·방법과 그 밖에 필요한 사항은 대통령령으로 정하도록 위임되었는데(제6조 제3항), 구체적인 이행방안을 마련하여 2022.3.25.부터 시행되었다.

35 특정금융정보법 부칙 제5조(가상자산사업자의 신고에 관한 경과조치) 제7조의 개정규정에도 불구하고 이 법 시행 전부터 영업 중인 가상자산사업자는 이 법 시행일부터 6개월 이내에 같은 개정규정에 따른 요건을 갖추어 신고하여야 한다.

36 국무조정실, 신고제로 첫 발 내딛은 가상자산 시장, 이후의 관리방안 논의, 2021.12.28. 보도 참고자료. 가상자산 거래업자 중 원화거래 사업자는 4개이고, 코인거래 사업자는 20개이다.

37 원화, 달러 등 금전과 가상자산 간 거래를 중개하는 것이고, 금전의 개입 없이 가상자산과 가상자산 간의 거래만을 중개하는 것을 '코인마켓'이라고 한다.

38 2021.9. 기준 4개 원화마켓 거래업자가 심사를 통과하였으나, 코인마켓 거래업자였던 고팍스가 2022.2.15. 전북은행으로부터 실명확인 입출금계정을 받아 2022.4.21. 원화마켓 거래업자로의 변경신고가 수리되어 2022.5.경 기준으로는 원화마켓 거래업자는 5개가 되었다. 금융위, [보도참고] 금융정보분석원은 가상자산사업자 고팍스의 변경신고 및 페이프로토콜의 신고에 대해 수리 결정하였습니다. 2022.4.21.자 보도자료

하였지만, 자금세탁방지 등에만 초점이 맞추어져 있는 상황으로, 이용자가 가상자산거래소에 대하여 가지는 권리, 가상자산거래소에서 발생할 수 있는 해킹, 개인정보 유출로 인한 가상자산 도난, 가상자산거래소의 파산 등으로 피해를 입은 이용자에 대한 구제 방안[39] 등에 대하여는 여전히 기존 법률의 해석 · 적용으로 해결해야 한다.

(3) 가상자산 이용자보호에 관한 법률 제정

특정금융정보법은 자금세탁행위 등 방지를 그 목적으로 하고 있을 뿐 "시장의 공정성 · 신뢰성 · 효율성 확보"를 위한 법이 아니고, 가상자산 이용자 보호 및 불공정거래행위에 대한 규제가 미흡하다는 문제 의식에 따라 2023. 7. 18.「가상자산 이용자보호에 관한 법률」(이하 '가상자산이용자보호법')이 제정되어[40] 2024. 7. 19. 시행되었다. 그러나 가상자산거래소에 대한 직접적인 규율은 아래와 같이 '가상자산시장을 개설 · 운영하는 업자'에 대한 규제로, 이상거래 감시의무를 부과한 1개 조문에 불과하다. 물론 예치금의 고유재산과 분리의무(같은 법 제6조), 가상자산의 보관(같은 법 제7조), 보험가입 및 준비금 적립의무(같은 법 제8조), 거래기록의 생성 보존 및 파기의무(같은 법 제9조)도 가상자산거래소를 현실적 규제 대상으로 하여 고안한 것으로 보이나, 가상자산거래소뿐만 아니라 가상자산의 매매, 중개, 보관업자 등을 포함하는 '가상자산사업자'에 대한 의무로 규정하고 있다.

이러한 가상자산이용자보호법은 불공정거래 등 가상자산 이용자 보호의 관점에서 미흡한 규제 공백을 메우고, 본격적인 가상자산에 관한 규제를 향한 단초를 여는 법[41]이라는 점에서 매우 큰 의의를 가지지만, 가상자산업의 범위 확정을 비롯한 진입규제, 발행규제, 유통규제, 공시규제 등 보완해야 할 많은 과제를 가지고 있다.[42]

39 김범준 · 이채율, "금융투자자 보호를 위한 가상자산(Virtual Assets)의 법제화 방안", 법학연구 제21권 제1호, 2021.3, 55면.

40 가상자산이용자보호법의 입법 배경과 경위에 관하여는 최민혁 · 강련호, "가상자산법의 입법 배경과 경위 및 향후 전망", BFL제122호, 2023.11, 7-13면.

41 정순섭, "가상자산입법의 제도적 의의와 과제", 하나금융경영연구소 논단 제13권 제14호, 2023.7, 5면.

42 이정수, 앞의 논문, 97-98면, 정순섭, "가상자산 이용자 보호 등에 관한 법률의 법적 의의와 쟁점 및 향후 입법방향", 증권법연구 제24권 제2호, 2023.8, 4면.

나. 가상자산거래소의 구조

가상자산거래소와 이용자의 관계를 검토하기에 앞서 가상자산거래소의 구조에 관하여 살펴볼 필요가 있다.

개정 특정금융정보법 시행 이후 가상자산거래소를 통해 가상자산을 거래하려는 이용자는 먼저 가상자산거래소의 거래은행에서 실명확인을 거쳐 계좌를 개설한 다음 해당 계좌를 가상자산거래소에 등록하여야 한다. 그리고 가상자산을 매수하고자 하는 이용자는 원화를 가상자산거래소가 지정하는 계좌에 입금하면, 가상자산거래소는 원화를 일정 비율로 환산한 가상의 지급수단인 'KRW(원화 포인트)'[43]를 이용자의 전자지갑에 표시해 준다. 그 이후 이용자는 가상자산거래소에 가상자산 매매주문을 제출하고 매매계약이 체결되면 해당 가상자산의 시가만큼의 KRW 또는 가상자산을 가상자산거래소에 지급하고 해당 가상자산이 이용자의 가상자산거래소 내 전자지갑에 표시된다. 한편 반대편의 매도인은 가상자산거래소 내 전자지갑에서 해당 가상자산만큼이 줄어들고 보유하는 KRW는 올라가게 된다. 이러한 거래(이른바 매수 시와 매도 시)마다 이용자는 가상자산거래소에 거래 수수료를 지급해야 한다.

그리고 이용자가 가상자산거래소 밖에서 획득한 가상자산을 원화로 바꾸기 위해서는 가상자산거래소 밖에 있는 전자지갑에서 가상자산거래소 내의 전자지갑으로 가상자산을 전송한 다음 이를 가상자산거래소 내에서 매도하면 가상자산거래소 전자지갑에 매도한 금액만큼 KRW로 표시된다. 이용자는 가상자산거래소에 대하여 가상자산 또는 KRW를 원화로 교환하여 출금하여 줄 것을 요청할 수 있고, 이 경우 일정한 환전 수수료를 가상자산거래소에 지급하고 가상자산거래소와 연결된 이용자의 은행 계좌로 원화를 지급받을 수 있다.

중요한 점은 국내 가상자산거래소는 이른바 중앙 집중화된 거래소(Centralized EXchange, CEX)라는 것이다. 가상자산거래소는 모든 가상자산을 가상자산거래소의 블록체인 전자지갑에 보관하고 있지 않고, 가상자산거래소 내에서 이루어지는 가상자산 거래는 실제 해당 가상자산 블록체인 네트워크에서 거래가 체결된 것이 아니라 가상자산거래소 자체 내부에서만 이용자가 가상자산을 보유하고 있다는 데이터만 송수신하는

43 보통 1원당 1KRW의 비율로 교환되고 일종의 포인트와 유사한 개념이다.

것에 불과하다(Off Block chain).[44] 따라서 이용자가 매수한 가상자산을 출금하거나 가상자산거래소 외부 지갑으로 전송하지 않으면, 이용자가 보유한 가상자산은 가상자산거래소의 정보로만 기록되는 것이다. 그 전까지 이용자는 가상자산거래소가 이용자의 계정에 표시해 준 만큼의 가상자산이 실제로 블록체인 네트워크상에 기록된 형태로 보유하고 있는지 확인할 수 없다.

그림 1 중앙화된 디지털자산거래소(CEX)의 기본 구조[45]

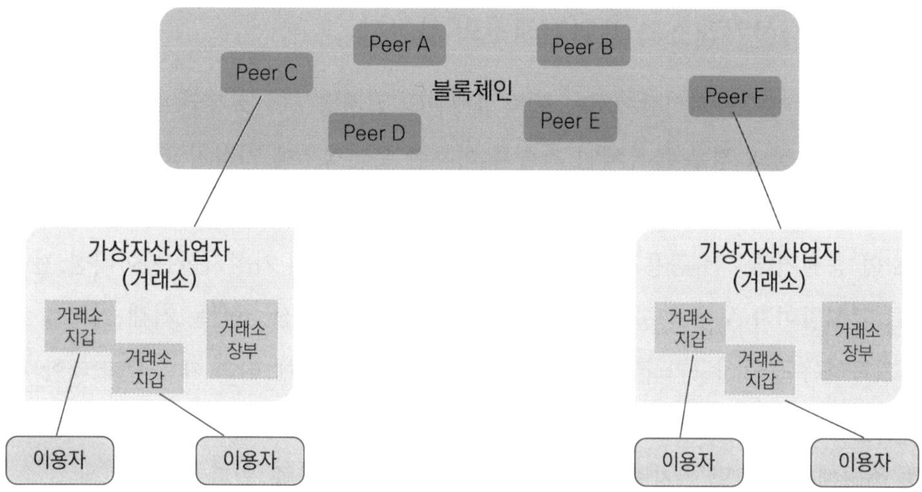

이러한 가상자산거래소는 다음과 같은 단점을 지니고 있다. 먼저 거래의 중앙화에 따른 높은 수수료이다. 가상자산 매수·매도에 대한 평균 수수료율은 0.17%로 주식 매

44 실무상 블록체인 네트워크상에서 이루어지는 거래의 장을 '글로벌 플랫폼'이라 지칭하고, 이와 구별하여 가상자산거래소가 자체적으로 운영하는 거래의 장을 '로컬 플랫폼'이라고 한다. 한국은행, 「암호자산과 중앙은행」, 2018, 3-5면 참고.

45 한국은행, "지급결제 측면에서 본 암호자산 거래소 운영 구조 및 시사점 - CP-AMM 알고리즘 기반의 탈중앙 거래소(DEX)를 중심으로-", 2023. 1, 8면과 신지혜, "가상자산의 특성과 법적 규율-블록체인 기반 가상자산의 위험성과 규율 방향을 중심으로", 소비자법연구 제8권 제3호, 2022.8, 96면을 참고하여 수정하였다.

매수수료율[46]에 비하여 상당히 높은 수준이다.[47] 그리고 이용자의 가상자산 분실 위험이 지속적으로 내재되어 있다. 무엇보다 가상자산거래소 운영이 투명하지 않다. 즉 거래호가를 내부 서버에서 관리하기 때문에 실제로 'Maker'가 존재하는 호가인지, 아니면 운영자에 의해 조종된 호가인지 확인할 수 없다.[48] 실제로 가상자산거래소 운영자들이 가상자산 거래가 성황을 이루는 외관을 허위로 창출하기 위하여 가상자산거래소 임직원이 만든 계정을 통해 입금되지 않은 원화를 기초로 KRW 포인트를 생성하고 호가를 제시하는 등의 행위로 사전자기록위작죄, 사기죄 등으로 형사처벌된 사례[49]가 있다.

다. 가상자산거래소와 증권거래소의 차이점

어찌 보면 유가증권시장에서는 예탁결제원의 전자장부에 소유권이 기록되어 있지만, 가상자산시장의 경우 블록체인 기술을 이용한 분산장부에 가상자산 보유 상황이 기록되며, 이러한 기록에 따라 실제 권리 변동이 이루어진 것으로 본다는 점에서 가상자산거래소와 증권거래소는 공통점을 지닌다고 볼 수 있다. 단지 가상자산은 이러한 전자적 장부를 거래참여자 모두가 공유하고 있고, 원칙적인 가상자산 거래는 거래 기록을 관리하고 기록하는 중앙기구가 존재하지 않고 정해진 알고리즘에 따라 개인키에 대한 지배력을 가진 사람이 가상자산에 대한 권리를 가지는 것으로 간주된다는 점에서 차이가 있을 뿐 증권예탁제도 및 전자증권제도와 매우 유사하다고 볼 수 있다.

그러나 이와 달리 가상자산거래소를 통한 가상자산 거래에 있어서는 블록체인상에 거래가 기재되는 것이 아니라 단지 가상자산거래소 내부 장부에 기록될 뿐이라는 점에서 매우 중요한 차이가 발생한다. 또한 한국거래소는 한국예탁결제원을 두고 있기 때문에 일정 규모의 증거금 등을 통해 위험관리와 감독이 가능하게 되고, 주식거래의 경우 자금이 투자자 예탁금의 형태로 안정적으로 관리된다. 한편 증권사 트레이딩 시스템과 달리 가상자산거래소를 통한 가상자산의 거래는 24시간 내내 운영되고, 가격의 상한 하

46 한국거래소 주식 매매수수료율 0.0027%(+ 증권거래세, 유관기관 제비용)이다.

47 금융위, 21년도 하반기 가상자산사업자 실태조사 결과, 2022.3.2. 보도자료, 2면.

48 이태규, 분산 암호화폐 거래소 모델 및 이슈 분석, The Journal of the Convergence on Culture Technology 2022.1. 584면.

49 대법원 2020. 8. 27. 선고 2019도11294 전원합의체 판결

한 제한이 없고, 서킷 브레이커스(Circuit Breakers)[50]나 사이드카[51] 등 가격안정화장치가 없다는 차이가 있다.

이처럼 가상자산거래소는 한국거래소이자 예탁결제원이면서 금융투자회사의 지위를 겸하는 셈이 된다. 따라서 가상자산거래소를 통하여 가상자산을 거래하는 이용자가 가상자산거래소에 대하여 가지는 권리가 구체적으로 무엇인지 문제되므로 아래에서 살펴보기로 한다.

2 이용자의 가상자산거래소에 대한 권리 및 그 성격

가상자산거래소가 제공하는 서비스는 ① 가상자산과 원화를 교환해 주는 서비스 ② 이용자 사이의 거래를 중개해 주는 서비스 ③ 이용자로부터 가상자산을 예탁 계정에 표시된 가상자산만큼 보관하고 있다가 이용자가 요청하면 이를 반환해 주는 서비스로 구성할 수 있다. 이중 ①은 이른바 환전행위로 보아 해석상 문제가 될 여지가 없으나, ②와 ③ 서비스의 법적 성격 및 그에 따라 이용자가 가상자산거래소에 대하여 가지는 권리의 해석이 문제되므로 이에 대하여 살펴보도록 한다.

가. 이용자 사이의 거래를 중개해 주는 서비스

가상자산거래소는 이용자가 가상자산거래소 내에서 보유하고 있는 원화 포인트(KRW)를 이용하여 다른 이용자와 가상자산 매매를 할 수 있도록 하는 서비스를 제공해 주고 있는데, 가상자산이용자보호법은 이러한 행위를 가상자산 자체의 매매를 중개하는

50 증시의 내·외적 요인에 의해 주가지수가 일정수준 이상 급락하는 경우 시장참여자들에게 냉정한 투자판단의 시간(Cooling Off Period)을 제공하기 위해 증권시장 전체의 매매거래를 일시적으로 중단하는 제도이다. 원래 서킷 브레이커스는 전기회로에서 과열된 회로를 차단하는 장치를 의미하는데 1987.10.19. 미국에서 사상 최악의 주가 대폭락사태인 블랙먼데이가 발생한 이후 주식시장의 패닉 현상을 억제하기 위한 장치로 일시적 매매거래중단 제도가 도입되었고 이를 서킷 브레이커스로 표현한 것에서 유래되었다고 한다. 한국거래소, 「주식시장 매매제도의 이해」, 2021, 93면.

51 파생상품시장에서 선물가격이 급등락할 경우 프로그램매매가 주식시장(현물시장)에 미치는 충격을 완화하기 위하여 주식시장 프로그램매매 호가의 효력을 일시적으로 정지하는 제도이다(유가증권규정 제16조). 한국거래소, 앞의 책, 116면.

행위로 예정하고 있는 듯하다.[52]

앞서 보았듯 가상자산 자체를 물건으로 볼 수 있다면 이용자들이 가상자산 자체를 매매하고, 가상자산거래소는 가상자산 자체의 매매를 중개하였다고 평가할 수 있다. 그런데 가상자산을 물건으로 볼 수 없으므로 당사자들이 거래의 대상으로 삼은 것이 무엇인지 문제될 수 있다. 가상자산이 물건은 아니지만 개인키를 이용하여 배타적으로 관리할 수 있는 상태에 있고, 이렇게 배타적으로 이용가능한 상태는 특정한 사람으로부터 제3자로 이어받을 수 있고 그러한 이전 과정을 추적하는 것도 블록체인 기록을 통해 확인 가능하므로 이러한 내용의 '재산권'을 매매의 대상으로 삼았다고 볼 수 있다. 따라서 가상자산거래소는 이용자 사이 개인키를 통한 가상자산에 대한 배타적 지배권에 대한 매매를 중개한다고 평가할 수 있다.

나. 이용자 계정에 표시된 가상자산만큼 보관하고 이를 반환해 주는 서비스

(1) 문제의 소재

가상자산거래소마다 표현의 차이는 있지만 보통 가상자산 '입금', '출금'으로 지칭하고 있는데, 이용자가 가상자산거래소에 가상자산 거래를 위하여 외부에서 보유하고 있는 가상자산을 가상자산거래소 내부 이용자의 계정(내지 전자지갑)으로 이전시키면(이를 편의상 '입금'이라고 지칭한다) 가상자산거래소로부터 거래에 이용할 수 있는 원화 포인트(KRW)를 지급받게 되고, 가상자산거래소 내부에서 다른 이용자와의 거래를 종료한 후 계정(내지 전자지갑)에 표시된 만큼의 가상자산을 다시 외부 전자지갑으로 이전시킬 것(이를 편의상 '출금'이라고 지칭한다)을 요청할 수 있는 권리를 보유하게 된다. 가상자산거래소에 입금된 가상자산은 이용자가 새로 구입한 가상자산과 함께 이용자의 계정에서 관리되어 거래의 대상이 된다. 가상자산거래소의 실태는 다양하지만 이용자가 개인키를 보유하지 않고 가상자산거래소가 블록체인상의 관리주체인 경우가 대부분이다. 일응 가상자산거래소가 이용자를 위하여 가상자산을 '보관'하는 것으로 보이는 계약의 성격을 무엇으로 볼지 문제된다.

52 가상자산이용자보호법은 제2조 제2호에서 가상자산사업자의 영업행위를 가상자산 매매, 가상자산 간 교환, 매매와 교환의 중개로 규정하고 있다.

(2) 임치

이를 은행에 돈을 예금하고 출금할 수 있는 구조, 그리고 증권예탁제도와 유사하다고 본다면, 이용자와 가상자산거래소 사이 법률관계를 임치로 구성할 수 있을 것이다.

임치는 임치인이 금전이나 유가증권 기타 물건의 보관을 수치인에게 위탁하고 그 반환을 구할 수 있는 내용의 계약으로(민법 제693조), 그중 소비임치는 수치인이 위탁된 임치물을 소비하고 그와 같은 종류, 품질 및 수량으로 반환할 의무를 부담하는 계약으로(민법 제702조, 제693조), 다른 임치와 달리 임치물의 소유권이 수치인에게 이전하게 되고, 임치계약 종료 시 동종 · 동량의 물건을 반환하면 되므로, 금전 기타 대체물의 경우에만 가능하다. 이용자가 언제든지 가상자산을 출금해 줄 것을 가상자산거래소에 요청할 수 있는 권리를 보유하고 있다는 점에서 임치와 유사하지만, 임치가 성립하려면 가상자산이 '금전이나 유가증권 기타 물건'에 해당하여야 한다. 그런데 앞서 본 바와 같이 가상자산은 경제적 가치가 인정되는 디지털 정보에 불과할 뿐 '물건'이라고 할 수 없기 때문에 이용자와 가상자산거래소의 관계를 임치로 구성할 수는 없다.

따라서 이와 유사한 비전형계약만 인정할 수 있을 터인데 이를 소비임치로 볼지 아니면 혼장임치로 볼지 문제된다.

(3) 소비임치 유사의 비전형계약

이용자는 가상자산거래소 내 자신의 계정을 사용하여 보유분을 거래할 수 있지만 그 보유분을 인출하여 가상자산거래소의 주소에서 자신이 스스로 관리하는 주소로 이전할 때까지 가상자산거래소에 대하여 서비스이용계약에 근거한 반환채권을 가진다. 이때 이용자 계정상 가상자산의 증감은 가상자산거래소에 대한 반환채권의 증감을 나타낸다.

만약 개인키와 이에 대응하는 주소를 통해 블록체인상의 가상자산을 사실상 지배하는 자가 권리의 귀속자라고 해석하는 경우 (금전의 점유 = 소유) 가상자산은 이를 사실상 지배하고 있는 가상자산거래소에 귀속된다고 본다. 즉, 소비임치 관계가 형성되는 것이다. 따라서 가상자산에 대한 지배권은 가상자산거래소에게 이전하고 이용자는 가상자산거래소에 반환요구 시 동종 · 동량의 가상자산을 반환할 것을 구할 "채권적 청구권"만 보유하게 된다.

그런데 과연 이용자가 가상자산거래소로 하여금 가상자산을 이용·처분하도록 하는 합의를 하였는지 의문이다. 우리 특정금융정보법상 특별히 가상자산거래소에 분별관리의무를 부여하지 않고 있고, 당사자 사이 서비스이용계약에도 이러한 내용을 언급하고 있지는 않다. 그렇지만 이용자가 자신의 배타적인 지배권을 가상자산거래소에 넘기고 가상자산을 자유롭게 처분하도록 허락하는 의사로 가상자산거래소를 이용한 것이라고 해석하긴 어려울 것이다.

(4) 혼장임치 유사의 비전형계약

블록체인상의 기록과 다른 사람에게 가상자산이 귀속되는 것을 인정하는 입장에서는, 비록 블록체인상 권리자는 가상자산거래소이나 이용자가 사실상 권리자이고 단지 가상자산거래소에 가상자산의 보관을 맡겼을 뿐이라고 보고 이를 임치로 구성할 수 있을 것이다. 여러 가상자산이 혼합되어 보관되었으므로 이 경우 이를 단순임치가 아니라 혼장임치로 보아야 할 것이다.

최근 서울중앙지방법원은 가상자산거래소의 해킹으로 인하여 비트코인이 유출되는 피해를 입은 이용자가 가상자산거래소를 상대로, 해당 비트코인에 대하여 유상임치계약 유사의 비전형계약이 체결되었다고 주장하며 가상자산거래소를 상대로 임치물인 비트코인의 인도를 구하면서 이와 동시에 위 비트코인의 인도 집행이 불능일 경우에 대비하여 위 비트코인 시가 상당액의 지급도 장래이행의 소로써 구한 사안에서, "① 피고의 약관에 따르면 피고는 회원에게 암호화폐 거래 및 이에 부수하는 서비스를 제공한다고 정하고 있는바, 암호화폐의 입출금은 암호화폐의 거래에 당연히 수반되는 것이므로 이 또한 피고가 제공하는 서비스에 포함된다고 봄이 타당하고, 그에 따라 피고도 이 사건 거래소 웹페이지를 통하여 암호화폐 입출금 방법을 비롯하여 출금한도 및 화폐별 출금 수수료 등을 안내하고 있는 점, ② 한편 비트코인과 같은 가상자산은 국가에 의해 통제받지 않고 블록체인 등 암호화된 분산원장에 의하여 부여된 경제적인 가치가 디지털로 표상된 정보로서 재산상 이익에 해당할 뿐, 유체물이나 물질성을 지닌 동력이 아니어서 현행 법상 물건으로 볼 수는 없는 점 등을 고려하면, 원·피고 사이에 형성된 이 사건 비트코인의 보관과 관련한 법률관계는 물건의 보관을 전제로 한 민법상의 임치계약으로 볼 수는 없지만 이와 유사한 성질을 갖는 비전형계약에 해당한다 할 것이므로, 피고는 이 사건 비트코인의 반환을 요구하는 원고에게 이를 인도할 의무가 있다."[53]는 이유로 임치 유사의 비전형계약이라고 판단하여 원고의 청구를 인용하였다.

이는 가상자산을 준물권의 객체로 보는 견해로부터 도출된 것으로 보인다. 그러나 민법에 근거하지 않은 '비전형계약'으로 보더라도 이를 임치와 유사한 것으로 보는 근거가 제시되어야 할 텐데 물건이 아니라고 보면서도 물건과 같은 법적 효과를 도출한 구체적인 근거를 찾기 어렵다. 다만 가상자산을 '물건'에 준하는 것처럼 보아 가상자산거래소와 이용자의 관계를 '임치 유사의 비전형계약'으로 근거지웠다는 점에서 과거 법원이 가상자산의 구체적인 법적 성격에 대한 언급을 아끼며 단순히 '재물이 아니라 재산상 이익'이라는 입장만을 취한 것보다 한 걸음 나아간 판결이라고 할 수 있다.

(5) 위탁매매

유가증권 시장 거래에서는 금융투자회사와 이용자의 관계를 위탁매매로 보고 있다. 위탁매매는 자기명의로써 타인의 계산으로 물건 또는 유가증권의 매매를 하는 것(상법 제101조)으로 위탁매매 결과 위탁매매인이 법률상 당사자가 되지만 매매로 인한 경제적 효과는 위탁자에게 귀속된다.[54] 한편 위탁매매의 경우 위탁자와 위탁매매인의 상대방인 제3자 사이에서는 직접적인 법률관계가 발생하지 않기 때문에 위탁매매인이 매매로부터 취득한 물건 또는 유가증권은 위탁매매인이 위탁자에게 이전 또는 양도하기 전에는 대외적으로 위탁매매인의 소유로 된다. 위탁매매에서 법률적 효과의 귀속과 경제적 효과의 귀속 사이에 존재하는 불합리를 시정하여 위탁자를 보호하기 위하여 위탁자와 위탁매매인 또는 위탁매매인의 채권자간의 관계에서는 위탁물의 소유관계를 위탁자의 소유로 본다고 규정하였다(상법 제103조). 따라서 위탁자는 위탁매매인이 취득한 물건 등을 그로부터 양도 받지 않더라도 위탁매매인과 위탁매매인의 채권자 사이에서는 자신의 것으로 주장할 수 있다.

가상자산거래소와 이용자 사이에서도 위탁매매계약이 체결되었다고 보는 견해는

53 서울중앙지방법원 2022. 4. 14. 선고 2021가단5068564 판결. 한편 위 소송에서 법원은 비트코인의 인도와 함께(인도방법은 원고의 전자지갑 주소로 이전하는 것으로 정함), 이행불능을 대비하여 변론종결 시 비트코인 시가 상당액을 기준으로 환산한 돈의 지급을 명하였다.

54 한국사법행정학회, 「주석 상법」(제4판), 2013, 129면.

가상자산거래소가 개인키에 대한 지배권을 가지고 대외적으로 가상자산에 대한 권리를 가지지만, 가상자산거래소가 관리하는 내부 장부에 권리자로서 기재되고 이용자가 전자지갑과 개인키를 통해 가상자산에 대한 통제권이나 지배권을 부여받는 방법으로 사실상 가상자산을 소유하게 된다는 점을 근거로 든다.[55]

이러한 견해에 따르면 가상자산거래소 내부 장부에 가상자산 권리자로 기록된 이용자는 위탁매매계약에 따라 가상자산거래소 및 가상자산거래소의 채권자에 대하여 가상자산에 대한 지배권을 주장할 수 있다고 한다.

(6) 소결론: 혼장임치 유사의 비전형계약

위탁매매계약으로 보려면, 가상자산거래소와 이용자 사이에 이용자가 가상자산거래소를 위탁매매인으로 하여 가상자산에 대한 권리의 매매를 위탁한다는 약정이 존재하여야 한다.

가상자산 이용자보호법상 가상자산거래소는 가상자산의 매도·매수, 이전, 보관·관리, 중개·알선행위를 영위하는 것을 전제하고 있고, 서비스 이용약관에 명시적으로 '위탁매매'를 기재하고 있지 않다. 그러나 가상자산거래소는 유가증권 매매와 유사하게 '매매주문'[56]이라는 용어를 사용하고 있고 해당 주문에 맞는 거래가 성사되면 그 거래내역을 이용자의 계정에 표시하고 있다. 무엇보다 이용자의 의사는 가상자산이라는 가상

55 최단비, "가상화폐의 법적성격 및 거래소 이용자의 권리구제 방안", 법학연구 20권 제2호, 2020, 613-614면에서 가상화폐를 '상품'으로 보는 전제에서 이용자와 가상자산거래소의 관계를 위탁매매로 보고 있다. 한편 이나래, "가상통화의 법적성격에 대한 연구 -가상통화 보유자가 가지는 권리를 중심으로-", 서울대학교 석사학위 청구논문, 2018, 106-110면은 위탁매매관계에 대하여 검토하면서, 위탁매매로 볼 수 없고 새로운 형태의 비전형계약으로 보아야 한다는 결론을 내리고 있다. 다만 가상자산거래소 이용약관에 거래를 위탁한다는 취지의 약정을 포함시켜 위탁매매로 구성하는 방안을 제시하고 있다.

56 유가증권 시장 거래에서 위탁매매계약은 투자자가 금융투자업자에게 '매매주문'을 낼 때 비로소 성립하고 개개의 매매주문에 대해서 각각 별개의 계약이 성립한다고 본다. 김건식·정순섭, 「자본시장법」, 2009, 386면. 판례 역시 "고객이 증권회사와 체결하는 매매거래계좌설정계약은 고객과 증권회사간의 계속적인 거래관계에 적용될 기본계약에 불과하므로 특별한 사정이 없는 한 그에 의하여 바로 매매거래에 관한 위탁계약이 체결되는 것은 아니고, 매매거래계좌설정계약을 토대로 하여 고객이 매수주문을 할 때 비로소 매매거래에 관한 위탁이 이루어지는 것"이라고 하고 있다(대법원 1993. 12. 28. 선고 93다26632·26649 판결).

세계 내지 온라인 세계에서 가치가 있지만 눈에 보이지 않고 실체가 없는 일종의 무체 '동산' 자체를 가상자산거래소를 통하여 매수하였기에 이에 대한 '소유권'을 자신이 보유하고 있고, 단지 가상자산에 대한 권리를 행사하는 데 필요한 개인키만 가상자산거래소에 맡겨 놓겠다는 것으로 이해된다. 또한 가상자산거래소의 의사 역시 이용자를 대신하여 가상자산에 대한 개인키를 보관·관리하면서 매수한 가상자산에 대한 권리는 이용자에게 귀속되는 것을 예정하고 있고 해당 가상자산에 대하여 가상자산거래소가 직접 지배권을 보유하고 행사하겠다는 것으로 보기도 어렵다.

다만 가상자산은 물건이나 유가증권이 아니므로 현행 법상 위탁매매의 대상이 될 수 없고, 유가증권 거래에서와 같이 내부 장부에 기재된 자에 대한 권리추정력이 부여되지도 않는다. 따라서 위탁매매 규정을 유추하여 매수한 가상자산에 대하여 가상자산거래소나 가상자산거래소의 채권자에게 자신의 소유임을 주장할 수 있다고 해석하는 것도 마땅치 않다.

가상자산을 물건 기타 유가증권으로 볼 수는 없기에 이용자와 가상자산거래소의 관계를 '임치'로 구성할 수는 없지만 가상자산거래소가 서비스 이용약관을 통해 이용자가 원하는 경우 동종·동량의 가상자산에 대한 반환 내지 출금청구권을 인정하고 있다는 점에서 '혼장임치 유사 비전형계약'으로 볼 수 있다고 생각한다.

다만 자본시장법상 증권예탁제도와 같은 특별한 규정이 없는 이상 가상자산거래소 내부 장부 기재만으로 이용자가 가상자산거래소에 대하여 "공유지분권자로서 물권"을 행사할 수는 없다. 가상자산 거래의 특성상 가상자산에 대한 지배력을 가진 것은 가상자산거래소일뿐 이용자는 블록체인 네트워크상에서는 아무런 권리를 보유하고 있지 않기에 비록 가상자산거래소와 이용자 사이 내부적으로는 이용자에게 가상자산에 대한 권리를 인정하려는 의사라고 할지라도 대외적으로 이용자에게 가상자산 자체에 어떠한 권리를 부여할 수 없다. 결론적으로 이용자는 가상자산거래소에 대하여 내부 기록에 따라 가상자산거래소가 보유하고 있는 가상자산에 대한 권리를 이전해 줄 것을 요청할 수 있는 혼장임치 유사의 권리를 보유하지만 이는 어디까지나 당사자 사이의 약정에 따른 "채권적 청구권"이라고 보아야 한다. 따라서 이용자는 가상자산거래소에 대하여 보관을 맡긴 가상자산과 동종·동질·동량의 가상자산에 대한 지배권의 이전을 구할 수 있는 "채권적 청구권"을 갖게 된다.

아래에서 구체적으로 살펴볼 해킹이나 파산 등 가산자산거래소와 관련한 문제 발생 시 이용자 보호에 미흡하게 되는 점을 감안하면, 과연 이러한 해석이 바람직한 것인지 의문이 생길 수밖에 없다. 가상자산거래소에서 거래되는 가상자산은 사실상 투자 대상으로서의 실질과 기능을 가지고 있음을 부인할 수 없기에 유가증권 시장과 유사한 입법적 해결이 필요하다. 즉 가상자산이 '소유권'의 대상이 될 수 있음을 명시하고, 가상자산거래소와 이용자의 관계가 '위탁매매' 관계임을 명확히 하여 가상자산거래소 파산 등에 있어 이용자의 권리를 주장할 수 있도록 보호 방안을 마련할 필요성이 있다.

3 탈중앙화거래소(DEX)와의 비교

탈중앙화거래소(DEX, Decentralized EXchange)는 전통적인 증권거래소나 중앙화된 가상자산거래소(CEX)와 달리 거래당사자가 증권회사나 가산자산거래 플랫폼에 법화나 자신의 가상자산을 위탁하지 않고 가상자산을 자신의 개인지갑에 보관하면서 가상자산 거래 플랫폼과 같은 중개기관 없이 거래할 수 있도록 하는 기능을 제공하는 탈중앙화된 거래 플랫폼이다. CEX가 가진 단점 즉, 블록체인 자체가 지향하는 중개기관 없는 P2P 거래가 아닌 중개기관이 존재한다는 점, 잦은 해킹으로 투자자의 가상자산을 도난당한다는 점, 규제에 따라 거래의 익명성이 없어지고 거래비용이 높아졌다는 등의 단점에서 시작되었다고 한다.[57]

DEX에서는 중개기관 없이 스마트컨트랙트에 의해 자율적 자동적으로 거래가 일어나고 거래당사자가 개인지갑에서 직접 자신의 가상자산을 관리·보관한다. 주문장부(orderbook)를 사용하는 형태와 주문장부 없이 유동성 풀과 자동시장조성알고리즘에 의해 교환가격이 정해지는 형태가 있다. 후자의 경우, 거래상대방은 어떤 특정한 상대방이 존재하는 것이 아니고 유동성 풀을 운영하는 DEX 자체라고 볼 수 있다.

57 천창민, "탈중앙화 금융(De-Fi)의 기업·금융 규제 법제 연구-탈중앙화거래플랫폼(DEX)현상과 법적 쟁점", 한국법제연구원, 2022, 58면.

표 1 중앙화 거래소(CEX)와 탈중앙화 거래소(DEX) 비교

	중앙화 거래소 (CEX)	탈중앙화 거래소 (DEX)
운영 주체	특정 사업자 존재 (예: Binance, Upbit)	운영 주체 없음. 스마트 계약 기반 (예: Uniswap)
자산 보관	거래소가 이용자 자산을 보관	이용자가 자산을 직접 보관
거래 구조	내부 거래 엔진을 통해 주문 체결	주문장부 방식 또는 자동화시장조성(AMM) 방식
속도 효율성	빠르고 안정적 (서버 기반)	블록체인 네트워크 처리 속도에 따라 결정, 상대적으로 느림
접근성 편의성	이메일 가입, 비밀번호, 간편 인증 등 친숙한 구조	개인 지갑 연결, 시드 구문 관리 등 기술적 진입장벽 있음
수수료	플랫폼별 수수료 부과	일반적으로 수수료는 낮지만, 가스비 (네트워크 수수료)가 추가로 발생
거래	상장 절차 필요	누구나 유동성 풀에 등록 가능
보안 리스크	서버 해킹, 내부 횡령 등 위험	거래소 해킹 위험은 낮지만, 스마트 계약 취약점 가능성 존재

Ⅲ 관련 문제

1 해킹 사고 시 이용자 보호 문제

가. 국내 가상자산거래소 해킹 사고

가상자산거래소와 관련한 큰 이슈 중 하나는 바로 해킹 사고이다. 가상자산거래소 이용자의 해킹 피해 사례는 지난 2017년 국내 가상자산 투기 열풍이 시작된 이래 지속적으로 발생해왔다. 가상자산거래소 유빗은 2017년 4월 해킹으로 55억 원어치의 비트코인을 도난당했으며, 12월에는 총 자산의 17%를 차지하는 172억 원을 도난당하였다. 결국 이러한 해킹으로 인해 2017년 12월 파산절차를 밟게 되었으며, 이후 코인빈에 인수되었다. 2018년에는 코인레일이 해킹 공격을 당해 약 400억 원의 피해를 입었다. 2019년에는 빗썸에서 해킹으로 143억 원 상당의 피해를 입었으며, 업비트에서도 580억

원의 이더리움이 해킹당하는 사건이 발생하였다.

물론 현재 특정금융정보법에 따라 정보보호관리체계인증(ISMS)을 받은 자만 가상자산사업자로 신고할 수 있게 되어(특정금융정보법 제7조 제3항 제1호) 과거보다는 보안이 강화될 것으로 기대된다. 그럼에도 여전히 가상자산거래소의 보안상 취약함을 이용한 해킹의 위험이 크므로 해킹을 통해 가상자산을 탈취당한 경우 이용자가 가상자산거래소를 상대로 행사할 수 있는 권리가 무엇인지 살펴볼 필요가 있다.

나. 해킹 사고 시 이용자의 가상자산거래소에 대한 권리

(1) 이용자 개인정보를 이용하여 이용자 명의 계정에서 가상자산이 출금된 경우

가) 전자금융거래법상 손해배상책임

전자금융거래법은 전자금융거래를 위한 전자적 장치 또는 「정보통신망 이용촉진 및 정보보호 등에 관한 법률」(이하 '정보통신망법') 제2조 제1항 제1호에 따른 정보통신망에 침입하여 거짓이나 그 밖의 부정한 방법으로 획득한 접근매체의 이용으로 발생한 사고로 인하여 이용자에게 손해가 발생한 경우에는 금융회사 또는 전자금융업자로 하여금 손해를 배상할 책임을 부담시키고 있다(전자금융거래법 제9조 제1항 제3호). 한편 사고 발생에 있어서 이용자의 고의나 중대한 과실이 있는 경우로서 그 책임의 전부 또는 일부를 이용자의 부담으로 할 수 있다는 취지의 약정을 미리 이용자와 체결한 경우 또는 금융회사 또는 전자금융업자가 사고를 방지하기 위하여 보안절차를 수립하고 이를 철저히 준수하는 등 합리적으로 요구되는 충분한 주의의무를 다한 경우에만 금융회사 등이 면책될 수 있다(같은 조 제2항).

실제로 A 가상자산거래소에서 2017. 11. 30. 해커로 추정되는 성명불상자가 이용자(원고)가 사용하는 아이피 주소가 아닌 다른 아이피 주소로 A 가상자산거래소 원고 계정으로 로그인하여 4회에 걸쳐 원고가 보유한 원화 포인트(KRW)로 가상자산을 매수한 다음 가상자산 출금 요청을 하여 A 가상자산거래소가 이를 출금해 준 사안이 있었다.[58]

법원은 "A 가상자산거래소는 금융회사, 전자금융업자, 전자금융보조업자에 해당하

58 서울중앙지방법원 2018. 12. 20. 선고 2017가합585293 판결, 서울고등법원 2020. 9. 10. 선고 2019나2004142 판결(확정).

지 않고, 가상자산은 전자금융거래법에서 정한 전자화폐에 해당한다고 볼 수 없으며, 전자금융거래법상 다른 전자지급수단에 해당한다고 볼 수도 없는 점, 무거운 책임을 부과하는 전자금융거래법 규정은 엄격하게 해석·적용할 필요가 있는 점 등을 종합하면, 금융위원회의 허가 없이 가상화폐거래를 중개하는 A 가상자산거래소에 전자금융업자에 준하여 전자금융거래법을 적용 또는 유추적용하는 것은 타당하지 않다"고 판단하였다.

가상자산거래소는 전자금융거래법의 적용을 받는 금융회사 등에 속하지 않을 뿐 아니라 가상자산 역시 전자화폐에 속하지 않으므로 가상자산거래가 전자금융거래와 일부 유사점이 있다는 이유만으로 명시적인 근거 규정 없이 위와 같은 손해배상책임 규정을 유추적용할 수는 없다고 생각한다.

나) 개인정보 보호법 내지 서비스 이용계약에 따른 안전조치의무 위반을 이유로 한 손해배상책임[59]

정보주체인 이용자는 개인정보처리자인 가상자산거래소의 개인정보 보호법 위반행위를 입증하여 그로 인한 손해배상을 청구할 수 있고, 이 경우 그 개인정보처리자는 고의 또는 과실이 없음을 입증하지 아니하면 책임을 면할 수 없다(개인정보 보호법 제39조 제1항). 한편 개인정보처리자의 고의 또는 중대한 과실로 인하여 개인정보가 분실·도난·유출·위조·변조 또는 훼손된 경우로서 정보주체에게 손해가 발생한 때에는 법원은 그 손해액의 3배를 넘지 아니하는 범위에서 손해배상액을 정할 수 있다. 다만, 개인정보처리자가 고의 또는 중대한 과실이 없음을 증명한 경우에는 그러하지 아니하다(같은 법 제39조 제3항). 또한 가상자산거래소는 서비스 이용계약에 따라 이용자의 개인정보를 보호할 의무를 부담하므로 계약상 안전조치의무 위반을 이유로 한 손해배상책임도 추궁할 수 있을 것이다.

문제는 가상자산거래소의 개인정보 보호법 위반행위, 즉 개인정보가 분실·도난·유출·위조·변조 또는 훼손되지 아니하도록 안전성 확보에 필요한 기술적·관리적 및 물리적 조치의무(같은 법 제29조)를 위반하였다는 사정은 여전히 이용자가 입증하여야 한다는 것이다.

---

59 가상자산거래소에서 발생한 해킹 사고로 인한 손해에 대하여 정보통신망법 제32조를 적용하여 손해배상책임을 추궁할 수 있다고 생각할 수 있으나 2020. 2. 4. 정보통신망법 개정에 따라 개인정보 보호법과 유사·중복조항으로 삭제되어 현재는 개인정보 보호법이 적용된다.

안전성 확보에 필요한 기술적·관리적·물리적 조치의무의 구체적 내용은 무엇인가? 법원은 과거 정보통신서비스 제공자의 해킹 등 침해사고를 당하여 회원들의 개인정보가 유출된 사안에서, 정보통신서비스 제공자가 구 정보통신망법 제28조 제1항이나 정보통신서비스 이용계약에 따른 개인정보의 안전성 확보에 필요한 보호조치를 취하여야 할 법률상 또는 계약상 의무를 위반하였는지 여부를 판단함에 있어서는, "정보통신서비스 제공자가 해킹 등 침해사고 당시 사회통념상 합리적으로 기대 가능한 정도의 보호조치를 다하였는지 여부를 기준으로 판단하여야 한다."라고 하면서 "방송통신위원회가 마련한 「개인정보의 기술적·관리적 보호조치 기준」에서 정하고 있는 기술적·관리적 보호조치를 다하였다면, 특별한 사정이 없는 한 정보통신서비스 제공자가 개인정보의 안전성 확보에 필요한 보호조치를 취하여야 할 법률상 또는 계약상 의무를 위반하였다고 보기는 어렵다."고 판단하였다. 다만 "이 사건 고시는 정보통신서비스 제공자가 반드시 준수해야 할 최소한의 기준을 정한 것으로 보는 것이 타당하므로 정보통신서비스 제공자가 이 사건 고시에서 정하고 있는 기술적·관리적 보호조치를 다하였다고 하더라도, 정보통신서비스 제공자가 마땅히 준수해야 한다고 일반적으로 쉽게 예상할 수 있고 사회통념상으로도 합리적으로 기대 가능한 보호조치를 다하지 아니한 경우에는 위법행위로 평가될 수 있다. 나아가 정보통신서비스 제공자가 이 사건 고시에서 정하고 있는 기술적·관리적 보호조치를 다하였다고 하더라도, 불법행위에 도움을 주지 말아야 할 주의의무를 위반하여 타인의 불법행위를 용이하게 하였고 이러한 방조행위와 불법행위에 의한 피해자의 손해 발생 사이에 상당인과관계가 인정된다면 민법 제760조 제3항에 따른 책임을 면할 수 없다."[60]고 하였다.

다) 계약상 선관주의의무 위반을 원인으로 한 손해배상책임

한편 앞서 본 A 가상자산거래소 사안에서 원고는 유상임치계약상 선관주의의무 위반을 이유로 한 손해배상책임도 주장하였다. 이에 대하여 법원은 ① 이 사건 사고 당시 해커로 추정되는 성명불상자가 어떠한 방법으로 원고의 개인정보를 취득하여 원고의 계정에 로그인하였는지 알 수 없는 점, ② 다양한 기기를 이용하여 거래에 임할 수 있으므로 평소와 다른 아이피 주소를 통한 이용자의 접속을 막지 않았다고 하여 선관주의의

60 대법원 2018. 1. 25. 선고 2015다24904, 24911, 24928, 24935 판결.

무를 다하지 못한 것으로 보기는 어려운 점, ③ 이 사건 사고 당시 피고는 10회에 걸쳐 출금 인증 코드 문자메시지를 원고의 휴대폰으로 전송하여 원고 계정에 있는 이더리움에 대한 출금절차가 진행되고 있음을 알렸음에도 원고가 위 메시지를 수신하지 못한 사정에 비추어 볼 때, 피고의 거래소 관리와 무관하게 원고의 휴대폰이 해킹당하거나 복제당하였을 가능성을 배제하기 어려운 점, ④ 성명불상의 해커가 미리 원고의 컴퓨터에 파밍[61]을 해 놓았고, 이에 따라 원고는 실제 C 거래소의 홈페이지가 아닌 파밍페이지에 접속하면서 성명불상의 해커에 의해 개인정보를 탈취당하였을 가능성 역시 배제하기 어려운 점 등을 근거로 하여 C 가상자산거래소이 원고의 주장과 같은 평소와 다른 아이피 주소를 이용한 접속을 막거나 평소와 다른 징후를 보이는 거래를 적극적으로 차단하여야 할 선관주의의무가 있다고 볼 수 없다고 판단하였다.[62]

한편 B 가상자산거래소에서 해외 아이피를 이용하여 이용자가 설정한 비밀번호 및 OTP 번호를 입력하여 가상자산을 이전해 간 사안에서 법원은 "해당 거래가 피고가 보유하거나 관리하는 원고의 이 사건 계정 등에 대한 정보를 제3자가 취득해 이루어졌다고 인정할 증거가 전혀 없어 이 사건 거래는 원고 또는 원고 관리 영역에서 이 사건 계정 등에 관한 정보를 취득한 제3자가 이 사건 거래를 행한 것으로 보아야 한다"는 이유로 이용자의 개인정보 관리에 관한 가상자산거래소의 채무불이행책임은 부정하면서도, 1일 출금한도 제한을 지키지 못한 과실을 인정하여 출금한도인 2,000만 원을 초과하는 부분에 대하여 가상자산거래소의 손해배상책임을 인정하였다.[63]

이처럼 가상자산거래소 이용자의 가상자산이 탈취되는 사고가 발생하였지만 해당 사고가 가상자산거래소에서 보관하고 있는 이용자의 개인정보를 이용하여 야기된 사고라는 사실이 증명되지 않은 경우 가상자산거래소의 선관주의의무 위반을 이유로 한 손해배상책임이 인정되는 것은 쉽지 않은 것으로 보인다. 앞서 나.항에서 본 것과 같은 개인정보 보호법의 규정이 있음에도 해당 사고가 가상자산거래소에서 보관하고 있는 이

61 파밍(Pharming)이란 악성코드에 감염된 컴퓨터를 조작해 이용자가 정상적인 홈페이지 주소로 접속하여도 파밍페이지로 접속하도록 유도한 뒤에 개인정보 등을 탈취하는 범죄수법이다.

62 서울중앙지방법원 2018. 12. 20. 선고 2017가합585293 판결, 서울고등법원 2020. 9. 10. 선고 2019나2004142 판결(확정).

63 서울남부지방법원 2019. 9. 25. 선고 2019가단201222 판결(확정).

용자의 개인정보를 이용하여 야기된 사고인지 아니면 이용자가 자신의 영역에서 해커로부터 피싱 등을 당하여 야기된 사고인지에 따라 사고 발생의 원인이 전자에 해당한다는 것이 명확하게 밝혀지지 않은 경우에는 이용자 입장에서는 가상자산거래소의 선관주의의무의 구체적인 내용을 구체적으로 주장 입증하는 것은 상당히 어려웠을 것으로 보인다.

라) 특정금융정보법상 정보보안인증을 받은 경우와 보호의무위반의 관계

만약 가상자산거래소가 특정금융정보법에 따른 정보보안인증을 받은 경우에는 안전조치의무를 준수하였다고 평가할 수 있을 것인가? 위와 같은 대법원의 입장을 가상자산거래소에도 마찬가지로 적용하면, 가상자산거래소가 정보보안인증을 받았다는 사실만으로 보호의무를 준수하였다고 인정할 수 없고, 가상자산거래소가 사회통념상 합리적으로 기대 가능한 보호조치를 다하지 않은 경우에만 주의의무 위반을 인정할 수 있는 것으로 판단된다.

다만 앞서 본 사례에서 보듯이 이용자가 사고 원인을 밝혀 사회통념상 합리적으로 기대가능한 보호의무의 구체적인 내용을 주장하고 입증하는 것은 쉽지 않을 것으로 보인다.

마) 약관상 면책 규정의 효력

과거 가상자산거래소 이용약관에 광범위한 면책규정이 있는 경우가 많았는데, 만약 가상자산거래소의 고의·과실이 인정됨에도 면책된다는 규정이 존재한다면, 이러한 조항은 약관의 규제에 관한 법률 제6조 제2항에 따라 부당하게 불리한 조항이라면 무효로 보아야 한다. 실제로 공정거래위원회는 2021. 7.경 가상자산사업자의 서비스 이용약관을 조사한 다음 불공정한 면책 조항 등을 시정할 것을 권고한 바 있다.[64] 이에 따라 현재 5대 가상자산거래소 이용약관은 수정된 것으로 보인다.

바) 소결론

이처럼 이용자의 개인정보를 이용하여 해커가 가상자산을 이전해 간 경우에는 가상자산거래소의 손해배상책임을 인정하는 것은 상당히 어렵다.

해당 개인정보가 가상자산거래소에서 유출된 것인지 아니면 이용자의 과실로 인한

64 공정위, 8개 가상자산사업자의 불공정약관 시정권고, 2021.7.28. 대한민국 정책브리핑 https://www.korea.kr/news/policyNewsView.do?newsId=156463792

것인지에 대한 해킹 경위에 관한 사실관계와 대법원 판결에서 설시한 '사회통념상 합리적으로 기대가능한 보호조치'의 구체적인 내용은 가상자산거래소의 내부 문제이므로 외부의 이용자로서는 알 수도 증명할 수도 없는 반면 내부의 가상자산거래소는 해당 요증 사실에 인접해 있는 자이다. 실체법상 과실을 요구하는 대신 증거법상 개인정보 누출이라는 결과만으로 과실을 추정하여 책임을 인정하고 서비스 제공자가 구체적 유출경위와 그간 취한 조치 등을 진술 증명하여 과실이 없음을 증명함으로써 번복할 수 있게 하는 이른바 중간책임을 도입하는 것이 바람직하다고 생각한다.[65] 따라서 개인정보 보호법 제39조 제1항 전단을 "개인정보 유출로 인해 손해를 입은 자는 개인정보 처리자에게 손해배상을 청구할 수 있다"는 형태로 개정하는 방안[66]을 신중히 검토할 필요가 있다.

(2) 가상자산거래소 계정에서 가상자산이 탈취된 경우

가상자산거래소가 보관하는 가상자산 개인키를 해킹당하여 가상자산이 탈취된 경우에는 앞서 본 것과 같은 거래소가 보관하고 있던 이용자의 개인정보 보호의무 위반에 해당하지 않는다. 따라서 개인정보 보호법이나 전자금융거래법의 손해배상책임이 문제될 여지는 없다.

이 경우 직접적인 불법행위는 해킹행위를 한 자이고 가상자산거래소는 가상자산거래소가 보유한 가상자산을 탈취당한 피해자가 된다. 가상자산거래소는 해킹 행위로 인하여 이용자에게 가상자산 출금채무를 이행할 수 없게 되었을 뿐이다.

앞서 본 바와 같이 가상자산거래소와 이용자의 관계를 위탁매매로 보든, 임치로 보든 아니면 그와 유사한 것으로 보든, 가상자산거래소는 이용자가 원하는 시기에 이용자에게 가상자산에 대한 권리를 이전해 줄 의무를 부담하는데 이러한 의무 이행이 불가능하게 되었다면, 이용자의 출금 의사표시 시점에 채무불이행을 이유로 한 손해배상책임을 구할 수 있을 것이다.

현행 가상자산 관련 법률에서는 사업자의 손해배상책임을 정한 규정이 없어 해킹

65 이동진, "개정 정보통신망법 제32조의2의 법정손해배상", 서울대학교 법학 제55권 제4호, 2014, 406면.

66 전승재 · 권헌영, "해킹을 방지하지 못한 사업자의 법적 책임에 관한 세 번째 대법원 판결에 부쳐", 법학논총 제36권 제3호, 2019, 125면.

등으로 가상자산 탈취 사건이 발생하는 경우 가상자산거래소는 자율적으로 이용자에게 해킹 피해 사실을 고지하고, 가상자산거래소 가 보유하고 있는 가상자산으로 복구 내지 원화 포인트를 충전해 준다고 하는 등으로 피해방지 대책을 내놓는 실정이다. 가상자산거래소의 자력이 충분하지 않은 경우 결국 이용자들이 손해를 모두 떠안을 수밖에 없다.

가상자산거래소가 보유하고 있는 자산에 비하여 보안이 허술한 편이라는 인식으로 인해 해커들의 공격 대상이 되고 있고, 사고가 발생하면 대량 손해가 발생한다. 이에 가상거래소 자체의 해킹 위험을 낮추기 위하여 가상자산이용자보호법 제7조에서는 대통령령[67]으로 정하는 비율 이상의 가상자산을 콜드월렛[68]에 보관하도록 하고 있다.

2 가상자산거래소 파산 시 이용자보호 문제

가. 파산절차의 개요

가상자산거래소가 파산 선고를 받아 파산절차에 들어가게 되면 이용자들이 어떠한 권리를 행사할 수 있는지 문제된다. 이는 마운트곡스 사안을 비롯하여 캐나다 가상거래소 대표가 갑자기 사망하여 보관 중인 가상자산 개인키를 알아낼 수 없게 된 사안[69][70]에

---

67 콜드월렛은 오프라인에서 동작하므로 해킹이 어렵지만 시장 상황에 따른 신속한 입출금 대응이 어려워지는 단점도 있기에 구체적인 적정 비율을 규정하는 것은 신중한 검토가 필요하다. 동법 시행령 제11조 제1항은 100분의 70 이상의 범위에서 구체적 비율은 금융위원회 고시에서 정하도록 위임하였고, 가상자산업감독규정 제9조 제1항에서는 이를 100분의 80으로 정하고 있다.

68 가상자산을 보관하고 관리하기 위해 공개키와 개인키를 저장하고 있는 지갑으로 핫월렛(Hot Wallet)과 콜드월렛(Cold Wallet)으로 구분된다. 핫월렛은 온라인에서 동작하는 지갑으로 바로 입출금과 송금이 가능 하여 편리한 반면 해킹의 위험도 있으며, 콜드월렛은 오프라인에서 동작하는 지갑으로 해킹이 어려운 특징이 있다.

69 2018.12. 캐나다 최대의 암호화폐 거래소인 쿼드리가(Quadriga)의 창업자가 사망하면서 캐나다 CIBC 은행이 누가 진짜 돈 주인인지 특정하기 어렵다는 이유로 신용보호조치를 취함에 따라 약 1억 8,000만 캐나다달러로 추정되는 암호화폐의 소재지를 파악할 수 없게 된 것이다. 이후 캐나다 온타리오 주 증권위원회(OSC)는 가상자산 거래소 이용의 위험성을 알리고, 거래소를 등록하게 하며 개인키를 이용자에게 알려주도록 하는 등의 조치를 취하였다. https://www.osc.ca/quadrigacxreport/regulatory-takeaways.html (최종확인: 2022.6.23.)

70 대표 사망으로 고객 자산 묶인 캐나다 암호화폐 거래소, 결국 파산한다, 서울신문, 2019.4.10.자; CBC News, Enza Uda and Joan Webber, A death in Cryptoland, May 25, 2021. https://

서 보듯 취약한 구조를 가진 가상자산거래소에서는 언제든 발생할 수 있는 문제이므로 이에 대한 검토가 필요하다.

파산절차는 채무자에게 파산의 원인이 있을 때 파산선고를 하고 채권조사절차를 통하여 채권자의 권리를 확정한 다음 채무자의 재산을 환가하여 권리의 우선순위와 채권액에 따라 환가된 금액을 분배하는 과정이다. 채무자가 파산선고 당시에 가진 모든 재산은 파산재단에 속하고[「채무자 회생 및 파산에 관한 법률」(이하 '채무자회생법') 제382조 제1항], 채무자의 재산은 다른 재산으로부터 분리되어 오직 파산관재인에 의해서만 관리되고 총채권자의 채권의 만족을 위해서 제공된다.

파산관재인이 현실적으로 점유 관리하는 파산재단 가운데 파산자에게 귀속하지 않는 재산이 있는 경우 당해 재산에 대하여 권리를 주장하는 제3자가 파산재단으로부터 이를 환취하는 것이 허용되고(채무자회생법 제407조) 이를 환취권이라고 한다. 이러한 환취권의 기초가 되는 권리는 실체법에 의해 정해지는데 소유 기타 물권, 채무자에게 속하지 아니하는 재산의 급부를 구하는 내용으로 하는 채권적 청구권, 신탁자 또는 수익자의 신탁관계상의 권리, 위탁매매인에게 매입대금 등을 지불한 위탁자의 권리 등이 이에 해당한다.[71]

나. 증권의 경우

예탁자가 파산한 경우 예탁증권이 특정되어 있으면 자기의 소유물이라는 것이 명확하기 때문에 이를 예탁한 투자자 보호에 문제가 없다. 하지만 예탁결제원은 이를 혼합보관하므로 투자자의 예탁증권 등에 대한 권리가 침해될 가능성이 있다. 그렇지만 증권예탁제도는 투자자가 예탁결제원에 예탁한 증권 등에 대하여 공유지분을 갖기 때문에 투자자의 물권적 보호에는 차이가 없다. 따라서 만약 예탁자가 파산하는 사태가 일어나더라도 일반 파산의 경우 권리자가 파산자에 귀속하지 않는 재산을 파산재단으로부터 환취하는 권리인 환취권을 행사할 수 있는 것과 같이 투자자는 예탁결제원에 예탁되어 있는 증권 등에 대하여 예탁자의 재산이 아닌 것으로 환취할 수 있게 된다(채무자회생 제70조).

---

decenter.kr/NewsView/1VHT7HZIY8 https://newsinteractives.cbc.ca/longform/bitcoin-gerald-cotten-quadriga-cx-death (최종확인: 2022.6.23.)

71 온주 편집위원회, 「온주 채무자회생및파산에관한법률」, 2017.5. 제407조 부분.

또한 강제집행은 채무자의 재산에 한하여 시행되어야 하는데 신속한 집행을 하는 나머지 채무자의 책임 재산 이외의 재산에 대하여 집행이 시행되어 제3자의 재산권을 침해하게 되는 경우 제3자는 이에 대하여 이의할 수 있다(민사집행법 제48조 제1항). 따라서 예탁자가 강제집행을 받는 사유가 발생하더라도 투자자는 제3자 이의의 소를 제기하여 공유물인 예탁증권에 대한 강제집행을 저지할 수 있다.[72]

다. 가상자산거래소 이용자가 파산재산에 대하여 가지는 권리

(1) 환취권

이용자가 가상자산에 대하여 가지는 권리의 법적 성격에 따라 환취권 행사 여부도 결정될 것이다. 가상자산이 소유권의 대상이 될 수 있다는 전제에서 이용자와 가상자산 거래소의 관계를 증권 거래와 같이 위탁매매로 보거나[73] 임치로 보는 견해에 따르면 이용자는 위탁한 가상자산에 대하여 환취권을 행사할 수 있다고 본다.

한편 일본에서는 가상자산의 유체성을 부정하여 원칙적으로 파산채권에 해당하지만, 가상자산거래소 파산개시 시 신탁과 동일시 할 수 있을 정도로 용자의 가상자산과 가상자산거래소의 가상자산을 분별관리하는 등 이용자의 가상자산을 특정하는 것이 가능한 경우에는 환취권으로 취급될 수 있다는 견해[74]가 있다.

환취권을 긍정한다면 가상자산거래소의 채권자가 가상자산에 대하여 강제집행을 구하는 경우에도 제3자로서 이의의 소를 행사할 수도 있다(민사집행법 제48조).

(2) 파산채권

그러나 가상자산은 소유권의 대상이 될 수 없고 이용자의 가상자산거래소에 대한 권리는 가상자산거래소 내부 기록에 따라 재산적 가치의 행사를 할 수 있는 채권적 권

72 한국예탁결제원, 「증권예탁결제제도」(개정증보 제4판), 2018, 122면.

73 최단비, "가상화폐의 법적성격 및 거래소 이용자의 권리 구제방안", 법학연구 제20권 제2호, 2020. 613-614면.

74 高田賢治, 仮想通貨交換業者の倒産手続きにおけるビットコイン返還請求権の処遇", 慶應義塾大学大学院法務研究, 2019, p.275.

리에 불과하다고 본다면, 이용자는 환취권을 행사할 수 없다.[75] 이용자의 가상자산 반환 청구권은 파산 절차 개시 전의 원인에 근거해 생긴 재산상의 청구권이며 비금전채권으로서 파산채권이 된다. 이 경우 이용자는 일반 채권자에 불과하므로 파산재단에 대한 채권자로서 채권 신고를 통해 파산재단 환가액[76]으로부터 이용자 채권의 비율에 따라 안분하여 만족을 얻을 수밖에 없다.

참고로, 일본의 마운트곡스 파산 사건에서 마운트곡스 거래소 이용자들이 환취권을 주장한 사안에서, 일본 법원은 소유권의 대상이 되는지 여부의 판단에 있어서 물권과 채권을 구별하고 있는 민법의 원칙이나 민법 제85조 명문 규정에 따라 유체성 및 배타적 지배 가능성을 기준으로 하여야 한다는 전제에서, "비트코인은 물권인 소유권의 대상이 아니므로, 이용자들은 비트코인에 대해 소유권을 가지지 않고, 파산회사가 관리하는 비트코인 주소에 보유한 비트코인에 대해 공유 지분권을 가지지 않으며, 위탁물의 소유권을 전제로 하는 위탁계약의 성립도 인정되지 않는다"고 하면서, 결국 소유권을 기초로 하는 환취권을 행사할 수 없다고 판단한 바 있다.[77]

(3) 소결론

현행 법해석상 이용자가 가상자산거래소에 대하여 환취권을 보유한다고 해석하는 것은 무리이다. 앞서 살펴본 것과 같이 이용자가 가상자산에 대한 소유권 기타 물권을

---

75 김익현·황익현, "가상화폐 거래소 도산 관련 법률 문제 - 일본 마운트곡스사의 파산사건을 중심으로-", 도산법연구 제8권 제2호, 2018, 287면; 맹수석, "블록체인방식의 가상화폐에 대한 합리적 규제 방안", 상사법연구 제35권 제4호, 2017, 157-158면도 파산채권에 불과하다는 전제에서 신탁을 고려하고 있다.

76 한편 가상자산거래소의 파산이 글로벌 경제에 미치는 영향을 고려하여 가상자산거래소가 보유한 가상자산을 강제청산하는 방법보다는, 마운트 곡스의 예처럼 채권자에게 가상자산으로 지불을 수락하도록 요구하는 것이 채권자 관점에서 그리고 대규모 청산으로 인해 손실을 입게 될 공동 투자자의 관점 모두에서 가장 공정하다는 견해로는 McDermott, Megan, The Crypto Quandary: Is Bankruptcy Ready? (February 14, 2020). Northwestern University Law Review Online, Univ. of Wisconsin Legal Studies Research Paper 1582, Available at SSRN: https://ssrn.com/abstract=3538504

77 東京地方裁判所 平成 27年 8月 5日 平成26年(ワ)第 33320号 民事第 28 部判決 ビットコイン引渡等請求事件

보유하고 있다고 볼 수 없고, 가상자산을 위탁매매거래에 의한 위탁물로 보기도 어렵다. 따라서 이용자는 단지 파산채권자에 불과하다.

이처럼 가상자산거래소 파산 시 이용자 보호에 미흡하므로, 가상자산거래소와 이용자의 가상자산을 각각의 계정에 구분하여 관리하도록 하여 가상자산거래소의 파산위험으로부터 절연시키고, 이용자가 예치한 가상자산의 수를 장부상 파악할 수 있도록 이용자마다 별도의 계정을 작성하여 개별적으로 관리하는 방안이 필요하다.[78] 이는 가상자산거래소의 이용자 재산 횡령을 방지하는 관점에서도 유용성하다.[79]

그러나 이용자의 재산을 분별관리하는 것만으로는 이용자의 환취권을 인정할 수 없기 때문에 별도의 예탁 내지 수탁기관을 두어 금전이나 가상자산을 보관하도록 하는 방법이 필요하다. 그중 금전에 대해서는 이미 가상자산이용자보호법 제6조 제1항에서 가상자산사업자의 고유재산과 분리하여 예치 또는 신탁하도록 하고 있다.

가상자산의 예탁과 관련하여, 신탁제도를 활용하게 되면 가상자산거래소가 이용자로부터 예치한 재산을 신탁재산, 가상자산거래소를 수탁자, 이용자를 위탁자 겸 수익자로 하는 신탁계약이 성립하여 수익자인 이용자는 수탁자의 고유재산으로 구성되는 파산재단에 대해 파산채권을 갖는 것은 아니고, 신탁재산에 대해 수익권을 갖게 되므로 이용자 보호에 더 충실하게 되는 장점이 있다.[80] 다만 신탁재산이 되기 위해서는 처분가능성과 양도성, 특정성과 금전적 환가가능성이 구비되어야 하는데[81] 가상자산이 이러한 자격을 갖추었다고 볼 수 있는지 및 이를 업으로 하게 되므로 가상자산이 자본시장법 제103조 제1항의 수탁가능재산에 해당하는지 등의 문제가 해결되어야 한다.

나아가 위와 같은 분별관리를 전제로 가상자산에 관한 법률관계를 유가증권 또는

78 小林信明, 仮想通貨(ビットコイン)の取引所が破産した場合の顧客の預け財産の取扱い, 金融法務事情 No.2047, 2016.8, p.44.

79 맹수석, "블록체인방식의 가상화폐에 대한 합리적 규제 방안-비트코인을 중심으로-", 상사법연구 제35권 제4호, 2017, 157-158면.

80 加毛 明, 仮想通貨の私法上の法的性質――ビットコインのプログラム·コードとその法的評価, 金融法務研究会報告書 仮想通貨に関する私法上·監督法上の諸問題の検討, 2019. 32-33면, 金融法委員会 仮想通貨の私法上の位置付けに関する論点整理, p.19-20에서 신탁제도를 이용하는 방안을 제시하고 있다.

81 정순섭, 「신탁법」, 2021, 243면.

전자등록주식과 유사하게 취급하여 장부에 기재된 자를 소유권자로 추정하고, 위탁매매 관계로 구성하는 방안도 필요하다고 생각한다.

3 형사법적 문제

가. 가상자산의 형사법적 성격

형사법적으로는 재산죄의 객체를 재물과 재산상 이익으로 분류하고 있다. 그중 재물은 민법과 유사하게 "유체물 기타 관리가능한 동력"이라고 규정하고 있다(형법 제346조 등)[82]. 따라서 유체물도 아니고 '동력'도 아닌 가상자산은 재물에 해당하지 않는다.

가상자산이 재물은 아니지만 재산상 이익으로 볼 수 있는지 살펴보면, 현재 가상자산거래소를 통하여 법정통화와 연계한 가치가 매겨져 교환되고 있고, 가상자산 사이에서도 거래가 이루어지고 있는 만큼 그 재산적 가치를 부인하기는 쉽지 않으므로 '재산상 이익'에 해당한다. 대법원 역시 가상자산이 "재산적 가치가 있는 무형의 재산"으로 몰수의 대상이 되는 '범죄수익'임을 인정한 바 있고[83], 그 논거로 ① 비트코인은 경제적인 가치를 디지털로 표상하여 전자적으로 이전, 저장 및 거래가 가능하도록 한, 이른바 '가상자산'의 일종인 점, ② 피고인은 음란물유포 인터넷사이트를 운영하면서 사진과 영상을 이용하는 이용자 및 이 사건 음란사이트에 광고를 원하는 광고주들로부터 비트코인을 대가로 지급받아 재산적 가치가 있는 것으로 취급하였다는 점을 들었다. 여기서 유의할 점은 가상자산을 '재물'을 대상으로 하는 형법상 몰수의 대상으로 인정한 것이 아니라, 몰수의 대상을 형법보다 더 넓게 '범죄수익'으로까지 확대하고 있는 특별법인 범죄수익은닉 규제 및 처벌에 관한 법률상 '범죄수익'을 인정한 것이라는 점이다. 또한 최근 대법원은 "가상자산은 국가에 의해 통제받지 않고 블록체인 등 암호화된 분산원장에 의하여 부여된 경제적인 가치가 디지털로 표상된 정보로서 재산상 이익에 해당한다."라고 하여 가상자산은 재물이 아니라 '재산상 이익'임을 명확히 하였다.[84]

---

82 우리 형법은 재물에 대한 별도의 정의 규정은 두지 않은 채 재산죄 영역의 각 조문에서 관리할 수 있는 동력을 재물로 간주하는 규정을 두고 있다(제346조, 제354조 등).

83 대법원 2018. 5. 30. 선고 2018도3619 판결.

84 대법원 2021. 11. 11. 선고 2021도9855 판결, 위 사건에서 검사는 비트코인을 '재물'로 보아 횡령죄

따라서 형사법적 영역에서 가상자산은 '재산상 이익'으로 재산죄의 객체가 될 수 있다. 그리고 형법상 몰수의 대상은 될 수 없으나, 특별법인 범죄수익은닉 규제 및 처벌에 관한 법률상 몰수의 대상인 '범죄수익'에 해당하여 동법에 따른 몰수는 가능하다.

나. 가상자산의 착오이전 사안

착오로 수신한 가상자산을 임의로 소비한 수신인에게 형사상 책임을 부담시킬 수 있는지 문제된다. 이때 금전의 착오송금 사안과 마찬가지로 수신인이 송신인을 위하여 착오로 이전된 가상자산을 보관하는 지위에 있다거나 가상자산을 반환해 주어야 하는 임무를 부담한다고 볼 수 있는지 살펴볼 필요가 있다.

대법원은 착오송신인과 수신인 사이 신임관계를 부정하면서 다음과 같은 논거를 제시하였다.[85] 첫째, 배임죄의 주체인 '타인의 사무를 처리하는 자'라고 하려면, 당사자 관계의 전형적·본질적 내용이 그들 사이의 신임관계에 기초하여 타인의 재산을 보호하거나 관리하는 데에 있어야 하는데 피해자(송신인)와 피고인(수신인) 사이에 신임관계를 인정하기가 쉽지 않다. 둘째, 가상자산은 보관되었던 전자지갑의 주소만을 확인할 수 있을 뿐 그 주소를 사용하는 사람의 인적사항을 알 수 없고, 거래 내역이 분산 기록되어 있어 다른 계좌로 보낼 때 당사자 이외의 다른 사람이 참여해야 하는 등 일반적인 자산과는 구별되는 특징이 있다. 이와 같은 가상자산에 대해서는 현재까지 관련 법률에 따라 법정화폐에 준하는 규제가 이루어지지 않는 등 법정화폐와 동일하게 취급되고 있지 않고 그 거래에 위험이 수반되므로, 형법을 적용하면서 법정화폐와 동일하게 보호해야 하는 것은 아니다. 착오송금 시 횡령죄 성립을 긍정한 판례를 유추하여 신의칙을 근거로 피고인을 배임죄로 처벌하는 것은 죄형법정주의에 반한다.

나아가 수신 가상자산거래소에 대한 사기죄 성립 가능성도 문제될 수 있다. 즉, 수신인은 수신 가상자산자산거래소에 대하여 가상자산이전청구권을 취득하지 않았음에

로 기소하였으나, 법원은 횡령죄의 대상인 재물이 아니라 배임죄의 대상인 '재산상 이익'으로 보았다. 대법원 2021. 12. 16. 선고 2020도9789 판결 등에서도 마찬가지로 가상자산은 사기죄나 배임죄의 객체인 '재산상 이익'이 될 수 있다고 판단하였다.

85 대법원 2021. 11. 11. 선고 2021도9855 판결. 자세한 평석으로는 류경은, "디지털자산의 착오이전과 이른바 '착오송금 법리'의 적용 가능성", 은행법연구 제16권 제1호, 2023 참고.

도 불구하고 자신 명의 전자지갑에 표시된 외관을 이용하여 착오에 빠진 수신 가상자산 자산거래소로 하여금 가상자산에 대한 지배를 자신이 원하는 곳으로 이전시켰다고 볼 수 있는 여지도 있다. 다만 이 경우에도 '(부작위에 의한) 기망행위'의 성립을 인정하려면 가상자산거래소와 수신인 사이 수신인의 원인 없는 가상자산 이전에 대한 고지의무 및 이에 대한 가상자산거래소의 확인의무에 관한 약관 규정의 존재가 선행되어야 할 것이다. 그렇지 않은 이상 수신인에게 신의칙상 고지의무가 있다는 전제에서 수신 가상자산 거래소에 대한 기망행위를 인정하기는 어려울 것이다.

만약 중앙은행이 발행하는 CBDC나 지급수단으로서의 기능을 인정할 수 있는 스테이블 코인(Stablecoin)이 발행되고[86], 가상자산거래소에 지급결제시스템 참여자에 준하는 규제가 이루어진다면 '착오송금' 법리의 적용 가능성을 배제할 수 없을 것이다.[87]

86 참고로 일본은 2019년 5월「자금결제에 관한 법률」을 개정하여 디지털자산의 전자결제, 송금 등 지급수단으로서의 기능을 허용하는 한편, 2022년 6월 다시 개정하여 스테이블 코인에 대한 규정을 추가하였다[日本経済新聞, 改正資金決済法が成立 暗号資産のマネロン対策強化, 2022.6.3. https://www.nikkei.com/article/DGXZQOUB028Q30S2A600C2000000/ (최종확인: 2023.4.7.)] 즉, 스테이블 코인을 ① 법정 통화의 가치와 연동된 가격으로 발행되며 발행 가격과 같은 금액으로 상환할 수 있는 디지털머니 유사형과 ② 다른 암호자산형으로 분류하고, 암호자산형은 이미 암호자산이나 금융상품으로서 규제가 진행되고 있으며 그 중개행위는 암호자산 교환업으로 자리매김하고 있으므로, 디지털머니 유사형을 '전자결제수단'으로 포함시킨 다음 '전자결제수단등거래업'을 신설한 것으로 파악된다. 그리고 이러한 전자결제수단등거래업을 영위하려는 자의 요건을 엄격히 제한하고 있다고 한다[business lawyers, 法務部 Legal Update 第3回 2022年6月施行の改正法を中心とした最新動向と対応のポイント, 2022.6.3. https://www.businesslawyers.jp/articles/1158 (최종확인: 2023.4.7.)]

87 다만, 애초 송금인과 사이에 아무런 신뢰관계에 있지 않을 뿐만 아니라 착오송금된 금전의 보관관계의 성립에 관해서도 별다른 귀책사유가 없는 수취인에게 횡령죄의 성립을 긍정하는 것이 타당한지에 대하여는 의문이 있다. 대법원 2022. 6. 23. 선고 2017도3829 전원합의체 판결 중 대법관 김선수의 별개의견은 "마. 착오송금 사안의 적정한 처벌을 위한 입법론의 제시"라는 제목으로 횡령죄 처벌은 타당하지 않으므로 새로운 입법이 필요하다는 의견을 제시하고 있다. 류경은, 앞의 논문, 111면 참고.

참/고/문/헌

〈국내문헌〉

정순섭, 신탁법, 지원출판사, 2021.
한국거래소, 주식시장 매매제도의 이해, 2021.
한국예탁결제원, 「증권예탁결제제도」(개정증보 제4판), 2018.
한국은행, 암호자산과 중앙은행, 2018.

김범준 · 이채율, "금융투자자 보호를 위한 가상자산(Virtual Assets)의 법제화 방안", 법학연구 제21권 제1호, 2021.3.
김이수, "비트코인의 사법상 지위에 관한 고찰", 법학연구 제59권 제4호, 2018.
김익현 · 황익현, "가상화폐 거래소 도산 관련 법률 문제 - 일본 마운트곡스사의 파산사건을 중심으로-", 도산법연구 제8권 제2호, 2018.
류경은, "디지털자산의 착오이전과 이른바 '착오송금 법리'의 적용 가능성", 은행법연구 제16권 제1호, 2023.
맹수석, "블록체인방식의 가상화폐에 대한 합리적 규제 방안", 상사법연구 제35권 제4호, 2017.
박영호, "암호화폐의 강제집행, 비트코인을 중심으로, 사법 제49호, 2019.
백대열, "데이터 물권법 시론(試論) - 암호화폐를 비롯한 동등 데이터를 중심으로-", 민사법학 제90호, 2020.
신지혜, "가상자산의 특성과 법적 규율-블록체인 기반 가상자산의 위험성과 규율 방향을 중심으로", 소비자법연구 제8권 제3호, 2022.8.
윤배경, "가상자산의 법적성질과 강제집행", 인권과 정의 474호, 2018.
이광수 · 최익구, "법적 성질로 본 가상화폐의 개념과 문제점", 인권과 정의 제474호, 2018.

이나래, 가상통화의 법적성격에 대한 연구 –가상통화 보유자가 가지는 권리를 중심으로-, 서울대학교 석사학위 청구논문, 2018.

이동진, “개정 정보통신망법 제32조의2의 법정손해배상”, 서울대학교 법학 제55권 제4호, 2014.

이정수, “가상자산 이용자 보호 등에 관한 법률의 법적 의의와 쟁점 및 향후 입법방향”, 증권법연구 제24권 제2호, 2023.8.

이태규, 분산 암호화폐 거래소 모델 및 이슈 분석, The Journal of the Convergence on Culture Technology, 2022.1.

장성일 · 김정연, “비트코인의 자산성격에 관한 연구”, 한국전자거래학회지 제22권 제4호, 2017.11.

전승재 · 권헌영, “비트코인에 대한 민사상 강제집행 방안 - 암호화폐의 제도권 편입 필요성을 중심으로-”, 정보법학 제22권 제1호, 2018.

전승재 · 권헌영, “해킹을 방지하지 못한 사업자의 법적 책임에 관한 세 번째 대법원 판결에 부쳐”, 법학논총 제36권 제3호, 2019.

정순섭, “가상통화의 법률문제”, BFL 제89호, 2018.

정순섭, “블록체인과 금융”, BFL 제108호, 2021.

정순섭, “가상자산입법의 제도적 의의와 과제”, 하나금융경영연구소 논단 제13권 제14호, 2023. 7.

정해상, “가상화폐의 법적 특성과 거래에 관한 법리”, 법학논총 제25권 제2호, 2018.

천창민, 탈중앙화 금융(De-Fi)의 기업 · 금융 규제 법제 연구-탈중앙화거래플랫폼(DEX)현상과 법적 쟁점, 2022.

최경진, “데이터와 사법상의 권리, 그리고 데이터 소유권(Data Ownership)”, 정보법학 제23권 제1호, 2019.

최단비, “가상화폐의 법적성격 및 거래소 이용자의 권리구제 방안”, 법학연구 20권 제2호, 2020.

최민혁 · 강련호, "가상자산법의 입법 배경과 경위 및 향후 전망", BFL제122호, 2023.11.
한국은행, "지급결제 측면에서 본 암호자산 거래소 운영 구조 및 시사점 - CP-AMM 알고리즘 기반의 탈중앙 거래소(DEX)를 중심으로-", 2023.1.
홍은표, "암호자산에 대한 소유권 보호를 위한 시론", 정보법학 제23권 제3호, 2019.

〈외국문헌〉

FATF, UPDATED GUIDANCE FOR A RISK-BASED APPROACH VIRTUAL ASSETS AND VIRTUALASSET SERVICE PROVIDERS, 2021.10.
FATF, The FATF Recommedations(2012-2023), recommendation 15
Max I. Raskin, Realm of the Coin: Bitcoin and Civil Procedure, Fordham Journal of Corporate and Financial Law, 20(4), 2015.
McDermott, Megan, The Crypto Quandary: Is Bankruptcy Ready? (February 14, 2020). Northwestern University Law Review Online, Univ. of Wisconsin Legal Studies Research Paper 1582

片岡 義廣, 假想貨幣の 私法的 性質の 論點, LIBA vol. No. 4, 2017. 4.
金融法委員会, 仮想通貨の私法上の位置付けに関する論点整理, 2018. 12.
高田賢治, 仮想通貨交換業者の倒産手続きにおけるビットコイン返還請求権の処遇", 慶應義塾大学大学院法務研究, 2019.
小林信明, 仮想通貨(ビットコイン)の取引所が破産した場合の顧客の預け財産の取扱い, 金融法務事情 No.2047, 2016.8.
加毛　明, 仮想通貨の私法上の法的性質——ビットコインのプログラム·コードとその法的評価, 金融法務研究会報告書 仮想通貨に関する私法上·監督法上の諸問題の検討, 2019.

토큰증권의 법률문제

황현일 변호사
(법무법인(유) 세종 파트너변호사)

Ⅰ 서 론

자본시장은 기술과 제도의 끊임없는 상호작용 속에서 진화하고 있다. 특히 블록체인 기술[1]의 도입은 기존 금융 인프라의 경계를 넘어, 증권의 발행·유통 방식을 혁신적으로 변화시킬 수 있을 것으로 기대되며 이를 위한 제도 마련의 필요성도 커졌다.

'토큰증권'은 자본시장과 금융투자업에 관한 법률(이하 "자본시장법") '증권'에 해당하는 권리를 블록체인 기반 분산원장에 디지털화하여 기록·관리하는 새로운 형태의 증권이나. 전통적인 주식·채권 등과 같은 증권의 권리('음식'에 비유할 수 있다)를 블록체인 분산원장에 기반한 새로운 외관('그릇'에 비유할 수 있다)에 담아낸 것이다. 이렇듯 토큰증권은 디지털 자산[2]이라는 외관을 갖고 있지만, 그 본질은 자본시장법상 증권에 해당하기 때문에 기존의 공시규제·금융투자업자에 대한 진입규제·불공정거래규제 등 모든 증권 규제가 그대로 적용된다. 정부는 기술적 진보와 시장 수요에 대응하여, 2023년 「토큰 증권 발행·유통 규율체계 정비방안」(이하 '토큰증권 가이드라인')을 발표하였으며, 토큰증권

1 분산원장기술(DLT, Distributed Ledger Technology)의 한 형태로, 거래 데이터를 일정 시간 단위로 묶은 '블록'으로 구성하고, 각 블록을 암호학적 연결 고리로 순차적으로 연결한 구조. 중앙기관 없이 네트워크 참여자들이 거래 내역을 공동으로 기록·검증하며, 위·변조가 사실상 불가능하다는 특징이 있어 금융, 물류, 공공서비스 등 다양한 분야에 응용되고 있다.

2 토큰증권과 가상자산의 관계에 대해서는 본서 〈가상자산의 의의와 법적 지위〉, 한서희 저 참조.

가이드라인에 기반하여 주식 · 사채 등의 전자등록에 관한 법률(이하 "전자증권법")과 자본시장법이 개정되었다[3].

Ⅱ 토큰증권 관련 법령 개정사항

1 토큰증권의 의의 및 법령 개정배경

우리나라는 전자증권법의 시행을 통해서, 증권의 실물을 발행하지 않고 증권의 발행 · 유통 · 권리 행사 등 증권과 관련된 모든 사무를 전자적인 방법으로 처리하는 전자증권제도(electronic securities system)를 이미 운영하고 있으나[4], 구 전자증권법은 증권을 디지털화하는 방식을 제한하고 있어 증권사 등을 통해서만 발행이 가능하고, 전자등록계좌부[5]가 아닌 분산원장에는 법률로서 권리추정력이 부여되어 있지 않다는 점에서 분산원장에 기반한 토큰증권은 발행될 수 없었다. 또한, 소액으로는 접근이 어려웠던 자산을 분할하여 일반 투자자에게 투자 기회를 제공하는 이른바 '조각투자'가 인기를 끌면서 발행 수요가 증가하고 있는 투자계약증권이나 비금전 신탁 수익증권에 대해서는, 자본시장법상 유통 제도가 마련되어 있지 않아 거래가 어렵다는 문제가 있었다.

이에 전자증권법을 개정하여 증권의 전자등록 및 관리에 분산원장 기술을 이용하

3 국회는 2026년 1월 15일 제431회 국회(임시회) 제1차 본회의를 열고 토큰증권 법제화를 골자로 한 '자본시장과 금융투자업에 관한 법률 일부개정법률안(자본시장법)'과 '주식·사채 등의 전자등록에 관한 법률 일부개정법률안(전자증권법)'을 합의 처리했다.

4 한국예탁결제원, 「전자증권법」, 2024, 30면.

5 '전자등록계좌부'란 전자증권법 제2조 제2호에 따라 계좌관리기관이 작성하는 '고객계좌부'와 전자등록기관이 작성하는 '계좌관리기관등 자기계좌부'를 통칭하는 개념이다. 전자등록계좌부에 전자등록된 자는 해당 증권(전자등록주식등)에 대하여 전자등록된 권리를 적법하게 보유하는 것으로 추정되는 등, 법적 권리관계를 판단하는 기준이 되는 장부로서 효력이 인정된다.

도록 함으로써, 법률적인 기반하에 토큰증권의 안정적인 발행 및 유통이 가능하도록 하고, 전자증권법 체계에 마련된 총량관리[6] 및 권리자 보호 제도를 적용받을 수 있도록 하였으며, 동시에 자본시장법을 개정하여 비정형적인 증권의 소규모 장외시장 제도를 마련하였다. 이 두 법률의 개정은 토큰증권의 전 생애주기(Lifecycle)인 '발행-등록-유통'의 각 단계에서 필요한 제도적 기반을 구축하는 것을 골자로 한다.

한편 거래계에서는 'STO(Security Token Offering)'라는 용어가 많이 쓰이고 있는데, 이는 토큰증권을 발행해서 자금을 조달한다는 의미이다. STO는 ICO(Initial Coin Offering)이라는 용어와 대비하여, 법률에 따라 규정된 절차에 따라 토큰을 발행하고, 그 토큰이 증권의 성격을 가지고 있다는 점을 드러내기 위해서 사용되기 시작하였다. STO와 ICO는 모두 블록체인에 기반한 토큰을 발행하고 자금을 조달한다는 공통점이 있지만, ① 해당 토큰이 증권에 해당하는 권리를 표창하고 있는지 여부, ② 증권에 대한 법률이 적용되어 공시규제, 투자자 보호장치 등이 작동하는지 여부에 큰 차이가 있다[7].

---

6 전자등록증권의 전체 발행수량(발행총량)과 전자등록계좌부에 등록된 개별 보유자의 증권 수량의 총합(잔고총량) 간의 일치 여부를 지속적으로 확인하고 관리하는 절차를 의미한다. 전자증권제도하에서는 실물증권 없이 증권의 권리관계가 전자적으로만 관리되기 때문에, 전자등록계좌부에 기록된 개별 계좌 잔고의 합계가 발행인이 실제로 발행한 총량과 일치하는지 여부를 상시적으로 확인하는 것이 매우 중요하다. 이를 통해 위·변조, 이중 등록, 과발행 등 시스템적 오류나 위법행위를 방지할 수 있다.

7 금융위원회는 2021.9.29. '시중자금이 비생산적·투기적인 방향으로 몰리는 현상이 나타나고 있는데 대해 심각한 우려를 표명하고, 이에 따라 생산적 투자로 전환할 수 있도록 추가적인 조치가 불가피한 상황이라고 판단, 기술·용어 등에 관계없이 모든 형태의 ICO를 금지하겠다'고 밝혔다. 따라서 현재 정부 정책상 ICO는 금지되고 있다고 볼 수 있지만, 이를 뒷받침하는 법률개정은 이뤄지지 않은 상황이다.

2 자본시장법 개정사항

가. 투자계약증권[8]의 유통 허용

구 자본시장법은 투자계약증권에 대하여 '발행에 관한 규정'만을 적용함으로써, 그 유통을 사실상 제한해 왔다. 구체적으로, 투자계약증권에 대해서는 온라인소액투자중개(크라우드펀딩), 증권신고서 제출, 부정거래 금지 등에 관한 규정만을 적용하고 있었으나, 자본시장법 제4조 제1항 단서가 삭제되면서 투자계약증권에도 자본시장법상 일반적인 증권 규제가 전면적으로 적용되도록 개정되었다. 이에 따라, 투자계약증권에 대한 금융투자매매업 또는 중개업을 영위하기 위해서는 별도의 금융투자업 인가가 필요하며, 이를 거래하기 위한 시장을 개설하려면 거래소 허가를 받아야 한다. 또한 유통단계에서의 공시의무 역시 적용받게 되었다.

구 자본시장법	개정 자본시장법
제4조(증권) ① 이 법에서 "증권"이란 내국인 또는 외국인이 발행한 금융투자상품으로서 투자자가 취득과 동시에 지급한 금전등 외에 어떠한 명목으로든지 추가로 지급의무(투자자가 기초자산에 대한 매매를 성립시킬 수 있는 권리를 행사하게 됨으로써 부담하게 되는 지급의무를 제외한다)를 부담하지 아니하는 것을 말한다. 다만, 다음 각 호의 어느 하나에 해당하는 증권은 제2편제5장, 제3편제1장(제8편부터 제10편까지의 규정 중 제2편제5장, 제3편제1장의 규정에 따른 의무 위반행위에 대한 부분을 포함한다) 및 제178조·제179조를 적용하는 경우에만 증권으로 본다. 1. 투자계약증권 2. 지분증권, 수익증권 또는 증권예탁증권 중 해당 증권의 유통가능성, 이 법 또는 금융관련 법령에서의 규제 여부 등을 종합적으로 고려하여 대통령령으로 정하는 증권[10]	제4조(증권) ① 이 법에서 "증권"이란 내국인 또는 외국인이 발행한 금융투자상품으로서 투자자가 취득과 동시에 지급한 금전등 외에 어떠한 명목으로든지 추가로 지급의무(투자자가 기초자산에 대한 매매를 성립시킬 수 있는 권리를 행사하게 됨으로써 부담하게 되는 지급의무를 제외한다)를 부담하지 아니하는 것을 말한다. 〈단서 삭제〉

8 토큰증권은 이론적으로 자본시장법이 열거하고 있는 6가지 증권 유형(채무증권, 지분증권, 수익증권, 파생결합증권, 증권예탁증권, 투자계약증권)에 대해서 모두 발행이 가능하다. 그러나 금융위원회가 토큰증권 가이드라인에서 밝힌 바와 같이, 토큰증권제도는 기존 증권규제하에서 증권화되지 못했던 권리를 증권화하기 위한 투자계약증권 및 비금전신탁 수익증권에 대한 발행 수요에 대응하고자 하는 것이라는 점에서, 투자계약증권 및 비금전신탁 수익증권과 밀접한 관련성을 가지고 있다.

개정법은 이러한 단서를 삭제하여, 모든 증권에 대해 발행뿐 아니라 유통에도 자본시장법상 규제가 동일하게 적용되도록 했다. 이는 토큰형태로 발행된 증권도 일반 증권과 동일한 법적 틀 안에서 거래될 수 있도록 하기 위함이다.

나. 장외거래중개업 제도 신설

개정 자본시장법은 자본시장법 제166조를 개정하여, 다자간 장외거래 금지 원칙(구 시행령 제177조)을 법률로 상향하고, 협회 또는 종합금융투자사업자 및 장외거래중개업자를 통한 다자간 장외거래를 허용하였다. 자본시장법은 장외거래의 경우 1:1 상대매매[10]를 원칙으로 하고 있으나, 1:1 상대매매만으로는 충분한 유통성을 확보하기 어렵기 때문에, 토큰증권에 충분한 유통성을 부여하고자 장외거래중개업 제도를 신설키로 한 것이다.

한편 투자중개업에 속하는 인가업무 단위 중 인가받지 않은 다른 업무 단위를 영위하려는 경우에는 인가가 아닌 등록(업무 추가등록)만으로 가능한 것이 원칙이나(자본시장법 제16조의2), 장외거래중개업과 일반 투자중개업의 업무성격이 상이한 점을 고려하여, 장외거래중개업자가 다른 업무 단위를 영위하려는 경우 '등록'이 아닌 '인가'를 받도록 하였다(자본시장법 제166조 제3항).

일반투자자가 장외거래중개업자를 통해서 거래에 참여하는 경우, 투자자의 투자목적 · 재산상황 · 투자경험 · 증권의 종류 등을 고려하여 별도의 투자 한도가 적용된다(자본시장법 제166조 제4항). 향후 시행령 제정을 통해서 구체적인 투자 한도가 정해질 예정이며, 매출 규제[11]의 예외라는 측면에서 투자 한도를 두는 것이 불가피한 측면이 있으나, 지나치게 낮은 투자 한도가 정해질 경우 법률 개정 취지와 달리 토큰증권의 유통성이

---

9 자본시장법 시행령 제3조의2(증권신고서 제출 등의 규제만 적용되는 증권) 법 제4조제1항제2호에서 "대통령령으로 정하는 증권"이란 「상법」에 따른 합자회사 · 유한책임회사 · 합자조합 · 익명조합의 출자지분이 표시된 것을 말한다. 다만, 집합투자증권은 제외한다.

10 특정 매도자와 특정 매수자 간에 개별적으로 이루어지는 거래 방식으로, 불특정 다수를 상대로 하지 않고 당사자 간 협의를 통해 가격과 조건을 정하는 사적인 계약 거래로서, 복수의 투자자가 동시에 참여할 수 있는 구조화된 거래 방식으로, 거래소 외 유사시장 또는 중개 플랫폼을 통해 이루어지는 '다자간 상대매매'와 구분된다.

11 50인 이상의 투자자에게 이미 발행된 증권의 매도의 청약을 하거나 매수의 청약을 권유하는 것으로, 매출시에는 발행인의 증권신고서 제출이 필요하다.

크게 제한될 여지가 있다는 점, 일반투자자에 대한 보호는 공시규제 등을 통해서도 도모할 수 있으며 권리를 담는 외형에 불과한 증권의 종류에 따라 일률적으로 투자 한도를 설정하는 것은 합리적이지 않다는 점에서 충분한 투자 한도를 둘 필요가 있다.

3 전자증권법 개정사항

가. 분산원장 기반의 전자등록계좌부

개정 전자증권법은 '분산원장'을 '주식등에 관한 정보가 다수 참여자에 의해 시간 순서대로 공동 기재되고, 공동 관리 및 기술적 조치를 통하여 무단삭제 및 사후적 변경으로부터 보호되는 장부 및 그 관리체계'로 정의하고, 분산원장 기반의 전자등록계좌부(위 법상 권리추정력을 갖는 공부(公簿)에 해당하는 고객계좌부 및 계좌관리기관등자기계좌부)에 전자등록된 주식을 '분산원장등록주식등'으로 정의하여(법 제2조 제3조의2 및 제4조의2), 분산원장 기술을 기반으로 전자등록 주식의 발행 및 유통될 수 있도록 하였다. 권리자의 실명정보와 전자등록사유, 수량 및 금액 증감 사유 등 분산원장에 직접 기재하기 부적절한 정보가 있을 수 있다는 점[12]을 고려하여, 대통령령으로 정하는 별도의 장부 역시 법률 상 분산원장에 포함되도록 하였다. ②③④

전자등록기관 및 계좌관리기관은 주식등의 전자등록 및 관리에 분산원장을 이용할 수 있으나(개정 전자증권법 제23조의2), 시행령이 정하는 요건을 갖춘 분산원장만이 허용될 예정이다. 토큰증권 가이드라인에 따르면, ① 정보가 시간 순서대로 기록되고 다수 계좌관리기관의 공동 관리와 같은 조치를 통해 무단삭제 및 사후적 변경으로부터 보호될 것, ② 분산원장에 기록된 정보와 실제거래내역 사이의 동일성 입증 책임은 계좌관리기관에 있을 것, ③ 거래 당일에 분산원장에 기록이 완료될 것, ④ 전자등록 정보가 참여자의 합의하에 복수의 분산된 장부에 동일하게 기록될 것, ⑤ 분산원장의 기록·보존에 관여할 수 있는 참여자(노드[13])는 계좌관리기관으로 제한되며, 발행인의 특수관계인이

12 권리자의 실명과 주소 등을 분산원장에 직접 기재할 경우에, 노드로 참여하는 모든 기관이 실명을 토대로 증권의 보유 및 변동내역을 조회할 수 있게 되고, 블록체인의 특성상 위와 같은 정보가 영구히 파기되지 않는 문제가 있다는 점에서 별도의 장부를 둘 필요가 있다.

13 분산원장 내에서 거래기록을 공유·검증하고 블록을 생성하는 참여 단위를 의미한다.

아닌 계좌관리기관이 절반을 초과하여 참여할 것[14], ⑥ 전자등록주식등의 거래 및 전자등록을 위해 별도의 가상자산을 필요로 하지 않을 것, ⑦ 분산원장이 증권의 전자등록에 적합할 것, ⑧ 분산원장으로 등록하기 적합한 권리를 등록할 것 등의 요건이 요구될 것으로 전망된다.

이 중 거래계에서 가장 논란이 되는 것은 '전자등록 및 거래를 위해 별도의 가상자산을 필요로 하지 않을 것'이라는 요건이다. 퍼블릭 블록체인에서는 거래 기록 시 가스비 등으로 가상자산이 필수적으로 사용되기 때문에, 위와 같은 요건은 사실상 퍼블릭 블록체인을 배제하는 효과를 가진다. 퍼블릭 블록체인은 불특정 다수가 참여하고, 네트워크 운영을 위한 경제적 인센티브로 가상자산이 지급될 것으로 전제로 하므로, 퍼블릭 블록체인은 위 요건을 충족시킬 수가 없기 때문이다. 따라서 동 요건은 토큰증권의 발행 및 유통을 위한 블록체인 네트워크로, '프라이빗 블록체인[15] 또는 퍼미션드 블록체인[16]'만이 허용될 수 있음을 시사한다. 다만, 만약 가상자산을 전자등록 및 거래를 위한 수수료로 요구하는 경우, 해당 가상자산을 보유하지 않은 경우에는 권리 양도나 전자등록업무가 제한되는 문제가 있으므로 불가피한 측면이 있다.

한편 분산원장은 참여자의 합의를 통해서 공동으로 기재되고 관리된다는 점에서, 전자증권법상 원장의 작성 주체를 명확히 규정할 필요가 있다. 때문에 개정 전자증권법은 '분산원장인 고객계좌부'는 계좌관리기관이, '분산원장인 계좌관리기관등 자기계좌부'는 전자등록기관이 작성 및 관리에 따른 책임을 지도록 명시하였다(개정 전자증권법 제23조의2 제3항). 또한 분산원장은 DB 형태로 운영되는 일반적인 장부와는 기록형태가 다르므로, 전자등록기관의 관리를 위해서 일반적인 장부 형태로 정보를 제공할 의무를 부

14 발행인 또는 그 특수관계인이 과반의 노드를 점유할 경우, 해당 블록체인은 기술적으로 '분산원장'이더라도 실질적으로는 '사설 DB'와 다를 바 없게 되며, 특정인이 절반을 초과하는 노드를 지배하면, 블록의 생성·거부·수정 과정에서 발행인의 의사대로 거래 기록을 조작하거나 무효화할 수 있게 될 위험이 있다.

15 제한된 참가자만이 접근하고 정보를 열람·기록할 수 있는 폐쇄형 블록체인으로, 일반적으로 단일 기관 또는 내부 컨소시엄에 의해 운영된다. 예를 들어, 특정 금융회사가 내부 시스템으로 운용하는 블록체인이 이에 해당한다.

16 네트워크 참여 및 정보 기록 권한이 사전에 허가된 참여자에게만 부여되는 구조의 블록체인으로, 복수의 기관이 공동 운영하는 경우가 많다. 대표적인 예로는 IBM이 참여한 하이퍼레저 패브릭(Hyperledger Fabric), R3의 코다(Corda) 등이 있다.

과할 필요가 있다는 점을 고려하여, 분산원장등록주식등이 전자등록된 계좌관리기관은 전자등록기관이 고객계좌부의 열람 또는 출력·복사를 요청하는 경우, 전자등록기관이 정하는 방식에 따라 그 고객계좌부를 열람 또는 출력·복사할 수 있도록 하였다(개정 전자증권법 제23조의2 제5항).

나. 발행인 계좌관리기관

개정 전자증권법은 자신이 발행하는 증권을 분산원장을 이용하여 전자등록하는 계좌관리기관인 '발행인 계좌관리기관'에 대한 등록제도를 신설하였다. '발행인 계좌관리기관'은 자신이 발행하는 증권에 대해서만 계좌관리기관의 역할을 할 수 있지만, 전자증권법 상 '계좌관리기관'의 하나로 포함되며 '계좌관리기관'에 부과되는 전자증권법상 의무를 모두 동일하게 준수해야 한다.

발행인 계좌관리기관이 되기 위해서는 자기자본, 인적·물적 설비요건, 사회적 신용요건 등을 갖추어 금융위원회에 등록해야 하며, 금융위원회는 등록신청서를 접수한 경우 2개월 이내에 등록 여부를 결정하고 그 결과와 이유를 지체 없이 신청인에게 문서로 통지해야 한다. 다만, 등록신청서에 흠결이 있는 경우 보완을 요구할 수 있으며, 흠결의 보완 기간 등은 심사 기간에 포함되지 않는다(전자증권법 제19조의3).

발행인 계좌관리기관은 반드시 전자증권법상 요건을 충족하는 '분산원장'을 사용하여 증권을 관리해야 한다. 이는 여러 노드가 참여하여 거래 내역을 검증함으로써 사후적인 조작이나 변경이 사실상 불가능하다는 블록체인의 기술적 특성을 반영하여, 토큰증권에 한해 발행인 계좌관리기관을 예외적으로 허용한 데 따른 것이다.

다. 토큰증권으로 발행이 허용되는 증권의 유형

개정 전자증권법은 '분산원장의 이용은 대통령령으로 정하는 주식의 전자등록 및 관리에 한한다'고 정하고 있다(전자증권법 제23조의2 제2항). 따라서 증권의 유형 및 성격에 따라서 특정한 증권의 경우에는 토큰증권으로 발행이 어려울 수 있다. 구체적인 내용은 하위 규정에 위임되어 있으나, 토큰증권 가이드라인에 따르면 현재의 분산원장 기술로 처리 속도를 감당하기 어려운 상장증권이나, 투자매매업자가 발행하는 파생결합증권 등은 토큰증권으로 발행이 제한될 것으로 예상된다.

라. 토큰증권의 전환

전자증권등기관은 ① 발행인이 해당 주식등에 대한 권리자 전원의 동의를 얻어 전환을 신청하는 경우, ② 분산원장등록주식등이 증권시장에 상장되는 경우 등에는, 토큰증권을 일반적인 전자증권으로 전환하거나 반대로 일반적인 전자증권을 토큰증권으로 전환할 수 있다(개정 전자증권법 제23조의2 제6항). 때문에 토큰증권에 관한 제도가 시행되기 전에 발행된 증권을 토큰증권으로 전환할 수 있으며, 반대로 토큰증권으로 발행된 경우에도 분산원장이 아닌 장부로 이전하여 관리할 수 있다.

마. 분산원장에 기재된 개인신용정보의 관리

신용정보의 이용 및 보호에 관한 법률(이하 "신용정보법")은 상거래 관계가 종료된 개인신용정보에 대해서는 최장 5년 이내에 이를 파기하도록 하고 있으나(신용정보법 제20조의2), 분산원장은 그 특성상 기재된 정보를 임의로 삭제할 수 없고 영구적으로 보존되어 위 신용정보법 규정 준수가 어렵다. 때문에 개정 전자증권법은 분산원장에 기재된 개인신용정보에 대해서는 별도의 관리 기준을 마련하여 관리하되, 신용정보법 제20조의2가 적용되지 않도록 하였다(개정 전자증권법 제23조의3).

그림 1 토큰증권 관련 법령개정 주요사항

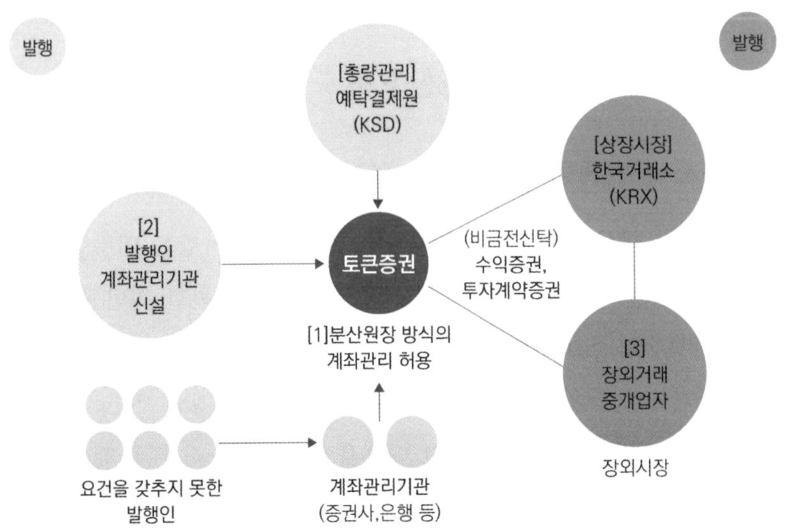

Ⅲ 투자계약증권의 발행 실무

1 투자계약증권 개관

자본시장법은 금융투자상품과 관련하여 포괄주의를 채택하면서, 투자계약증권(Investment Contract Securities)의 개념을 도입하여 '타인의 노력에 의해 수익이 결정되는' 모든 증권을 자본시장법상 증권으로 편입하고자 하였다. 투자계약증권은 주식, 수익증권 등 전통적인 증권과 종래의 '간접투자자산 운용법' 상 간접투자증권뿐만 아니라, 비정형의 간접투자지분까지 포함하는 넓은 개념으로 상정되었다. 그러나 2009. 5. 5. 자본시장법이 시행되고 12년여가 흘러서야, 2022. 4. 20. ㈜뮤직카우의 음악 저작권료 참여청구권을 투자계약증권으로 인정하는 최초의 사례가 나오게 되었다. 이후 미술품 조각투자기업인 ㈜열매컴퍼니가 미술품을 기초자산으로 한 투자계약의 발행을 도모하였고, 동사가 제출한 투자계약증권 증권신고서가 2023. 12. 15. 효력 발생하고, 2024. 1. 4. 배정을 완료하면서 최초로 투자계약증권을 공모한 사례가 등장하게 되었다. 토큰증권은 비정형적인 권리를 증권화하는 데 있어 유용한 수단이라는 점에서 투자계약증권과 밀접한 관계가 있으므로, 아래에서는 투자계약증권의 증권신고서에 관해 구체적으로 논의하고자 한다.

2 투자계약증권의 증권신고서

가. 증권신고서의 유형

증권신고서의 기재사항과 첨부서류에 관하여 필요한 사항은 대통령령에 위임되어 있는데(자본시장법 제119조 제7항), 대통령령은 증권신고서에 관한 일반규정을 두고 집합투자증권 및 자산유동화증권에 대해서는 특칙을 두는 방식으로, 3가지 유형으로 나누어 증권신고서의 기재사항과 첨부서류를 구분하고 있다(자본시장법 시행령 제125조, 제127조, 제128조). 이와 같이 증권의 유형별로 신고 내용을 달리 정한 이유는, 집합투자증권과 자산유동화증권 이외의 증권의 경우에는 발행인에 관한 사항이 중요한 데 비하여, 집합투자증권과 자산유동화증권의 경우에는 집합투자재산의 운용 및 관리와 유동화자산의 내역이 투자자의 투자판단에 더 중요하기 때문이다.

투자계약증권은 집합투자적 성격을 가지고 있고, 특히 발행사례가 가장 많이 축적되고 있는 미술품 공동투자형 투자계약증권의 경우에는 미술품 펀드의 집합투자증권과 매우 흡사한 특징을 가지고 있다는 점에서, 집합투자증권의 경우에 따라 증권신고서를 제출하도록 하는 것이 바람직하다고 볼 여지도 있다. 그러나 집합투자기구에 관한 기재(집합투자기구의 명칭, 집합투자증권의 환매, 집합투자기구의 조직, 운용성과 산출을 위한 비교지수 등)가 곤란하다는 점, 집합투자증권과 자산유동화증권 이외의 증권으로 보는 경우에도 위임행정규칙을 통하여 투자계약증권의 특성을 고려하여 필요한 기재와 첨부서류를 요구할 수 있다는 점에서, 집합투자증권과 자산유동화증권 이외의 증권의 경우로 보아 증권신고서를 제출하도록 하고 있다. 다만, 금융위원회 고시를 통하여 모집·매출의 주선계약을 체결한 경우에는 그 계약서의 사본, 자금모집자와 투자자 간에 체결된 투자계약 관계 서류, 외부에 업무위탁 등이 있는 경우 업무위탁계약서 사본, 변호사의 법률 검토 의견을 제출하도록 강제하고 있다(증권의 발행 및 공시에 관한 규정 제2-6조 제8항 제7호).

나. 증권신고서 기재사항 및 첨부사항

(1) 공유지분(소유권) 입증 및 보관에 관한 사항

동산에 관한 물권의 양도는 그 동산을 인도하여야 효력이 생긴다(민법 제188조 제1항). 그러나 공동투자계약을 통하여 복수의 투자자들과 함께 공동으로 동산에 관한 소유권을 취득하는 구조하에서는 실제 동산의 인도가 이뤄질 수는 없다. 따라서 투자계약증권을 발행하는 사업자들은 점유개정 또는 목적물반환청구권의 양도 방식으로 기초자산에 대한 소유권을 이전하게 되며, 대신에 기초자산 공유지분권의 입증 수단을 제공하기 위하여 확정된 투자자 명부에 투자자의 성명 및 주소, 전화번호, 각 투자자가 보유한 기초자산의 수량 및 가격 등 기초자산의 주요한 내용을 기입하고, 이에 대해 확정일자부 공증을 받는 방법으로 공유지분에 대한 입증을 도모하고 있다. 또한 금융위원회는 투자자가 공유지분을 나누어 가지고, 이에 관한 소유권 입증 수단이 적절히 제공된다면 도산절연 효과가 있다고 인정하고 있다.

한편 미술품 투자계약증권 발행사례에서, 사업자들은 자체 수장고 혹은 외부 수장고에 작품을 보관하고, 투자자에게 그 보관위치를 안내하며, 투자자가 요청하는 경우 기초자산에 관한 관람이 가능하도록 하고 있다. 미술품의 가치보존을 위해서는 보안시설 및 소방시설이 갖춰진 수장고가 필수적이므로, 증권신고서에 보관계획에 대한 구체적인 기술이 필요하다. 공동사업운영자가 자체 수장고에 작품을 보관한다고 할지라도 동산에 대한 소유권이 투자자들에게 이전된 경우라면 공동사업운영자의 신용위험에 노출된다고 볼 수는 없으므로, 반드시 공동사업운영자가 제3자에게 기초자산의 보관을 위탁해야 할 이유는 없다고 판단된다. 다만, 제3자가 미술품을 보관하는 경우에는 공동사업참여자로서 수장고를 안정적으로 운영·관리할 수 있는 역량이 있는지 여부를 밝힐 필요가 있을 것이다.

(2) 투자자 예치금의 보관

투자계약증권의 발행을 위해 투자자로부터 유치한 자금은 외부 금융기관의 투자자 명의 계좌에 별도예치 또는 신탁해야 한다. 미술품 투자계약증권의 발행 사례에서, 발행인은 증권사에 투자자 명의로 계좌를 개설하도록 하고 위 계좌에서 청약증거금이 납입 및 환불되도록 하거나, 투자자 명의의 은행 가상계좌에 납입되도록 하는 등의 방법으로 투자자 예치금을 보관하였다.

(3) 유통시장

금융위원회는 2023년 12월 13일, 한국거래소의 '신종증권(투자계약증권 및 비금전신탁 수익증권) 시장 개설'을 혁신금융서비스로 지정함으로써, 투자계약증권이 거래소의 증권시장 시스템을 활용하여 매매될 수 있는 제도적 기반을 마련하였다. 그럼에도 불구하고, 한국거래소는 기존에 발행된 미술품을 기초자산으로 하는 투자계약증권에 대하여, 공유지분권의 이전을 위해 확정일자부 있는 통지가 필요하다는 점을 들어 '유통에 부적합한 구조'로 판단하고 상장이 어렵다는 입장을 밝힌 바 있다[17].

---

17 2025년 7월 30일 현재, 한국거래소의 신종증권시장에 상장된 증권은 존재하지 않는다. 한편, 상장증권은 토큰증권으로 발행될 수 없으며, 전자등록기관이 토큰증권을 일반적인 전자등록증권으로 강제 전환할 수 있는 사유로 '상장증권'이 명시되어 있다는 점에서, 토큰증권이 한국거래소의 신종

기초자산에 대한 공유지분에 관한 투자계약증권 투자자는, 투자자명부가 확정된 이후에 민법상 지명채권양도 방식에 따라 공유지분권을 양도할 수 있으므로, 공동사업운영자에게 확정일자 있는 증서에 의해야 양도사실을 통지하거나 양도를 승낙받아야 대항력을 가질 수 있다. 더하여 공동사업운영자들은 투자계약을 통해서 투자계약증권과 공유지분권이 함께 양도되는 것으로 정하고 있다. 그러나 공유지분권의 처분권한은 소유권에서 유리하는 것이므로 공유자들 사이에서 이를 제한한다고 할지라도 채권적인 효력만이 있을 뿐이다. 따라서 투자계약증권과 분리하여 공유지분권을 처분하고자 하는 경우 문제가 될 수 있다. 앞선 발행 사례에서는 단순히 공유자들 사이에 처분 방법의 제한을 둔 것이 아니라, 자본시장법에 따라 투자계약증권을 발행하여 이에 동의하여 청약한 투자자들에 대한 권리의 제한을 둔 것이라는 점에서, 공유지분권의 본질적 부분을 침해하는 공유물에 대한 사용수익·관리에 관한 특약이라 할지라도 이를 알고 취득하면 승계된다고 볼 여지가 있으나(대법원 2009. 12. 10. 선고 2009다54294 판결 참고), 명시적 판례가 없는 상황이므로 투자계약증권과 분리되어 이루어진 공유지분권의 처분의 유효성에 대한 다툼의 소지가 있다.

토큰증권에 관한 법제가 시행된 이후에는, 별도로 등록된 장외거래중개업자를 통해 다자간 상대매매 방식으로 투자계약증권이 유통될 수 있을 것이나, 기초자산에 대한 공유지분에 관한 투자계약증권에 대해서는 마찬가지의 문제가 남을 것이다.

(4) 투자위험의 고지

투자계약증권은 비정형적이고 새롭게 등장한 금융투자상품이라는 점에서, 투자에 따르는 위험을 투자자에게 정확히 설명하는 것이 대단히 중요하다. 미술품 투자계약증권 발행 사례에서 발행인들은 사업위험, 회사(공동사업운영자)위험, 기타 투자위험으로 나누어 투자위험을 투자자들에게 제시하였다. 아울러 투자계약증권의 증권신고서 서식은 증권신고서 첫 부분에 "투자계약증권 투자결정 시 유의사항"이라는 항목을 신설하여, 주요한 투자위험을 요약기재하도록 하고 있다.

증권시장에 상장되기 위해서는 토큰증권으로서의 지위를 더 이상 유지할 수 없게 된다. 이러한 구조로 인해, 토큰증권은 장외거래중개업자를 통해 유통될 수밖에 없으며, 한국거래소는 기존 전자증권 인프라를 활용하여 신종증권을 일반적인 전자등록증권 형태로 유통시킬 것으로 예상된다.

(5) 투자자 피해보상 체계 및 분쟁처리절차

투자계약증권의 발행인은 공동사업운영자의 과실 등으로 인한 투자자 피해를 보상하기 위하여 작품가액 혹은 청약 누적잔액의 5% 상당에 해당하는 투자자 보호기금을 조성하여 별도로 분리된 금융기관신탁계좌에 보관하고 있으며, 미술품 보험을 통하여 미술품의 손상·분실·도난 등의 위험에 대비하고 있으며, '민원 및 분쟁처리절차 등'을 제정하여 분쟁에 대비하고 있다. 아울러 위와 같은 피해보상 체계 및 분쟁처리절차에 관한 사항을 투자자들에게 고지하고 있다.

3 투자계약증권 발행에 관한 기타 쟁점

(1) 이해상충방지 및 대리인 문제

투자계약증권은 집합투자증권과 유사한 성격을 갖고 있으나, 자본시장법이 집합투자업자에 관하여 마련하고 있는 이해상충방지의무 등이 적용되지 않는 문제가 있다. 따라서 투자계약증권 시장을 건전하게 육성하기 위해서는, 적절한 이해상충 방지체계를 구축하는 것이 필수적이다.

우선, 발행인이 기초자산의 선량한 관리자로서 투자자와 이해를 일치시킬 수 있도록, 발행물량의 일정 비율을 발행인에게 선배정하고 공동사업이 종료될 때까지 해당 물량을 의무적으로 보유하도록 하는 제도를 도입할 필요가 있다. 이는 투자계약증권의 발행 및 상환 사례가 충분히 축적되지 않은 초기 시장 환경에서, 금융투자업자의 지위를 갖지 않은 단순 발행인에게 금융투자업자에 준하는 영업행위 규제를 적용하기 어렵다는 현실을 고려할 때, 이해상충을 완화하기 위한 간명하고 실효적인 수단이 될 수 있다. 이와 유사하게, 2024년 1월 12일부터 시행된 개정 「자산유동화에 관한 법률」은 실질적 자금조달 주체로 하여금 ABS 발행 잔액의 5%를 인수하도록 하여 기초자산 부실위험에 대한 책임을 부담하도록 하고 있으며, 이는 향후 제도 설계 시 유의미한 참고가 될 수 있다(자산유동화에 관한 법률 제33조의3).

또한, 발행인이 공동사업참여자를 선정하는 경우, 공동사업참여자는 실질적으로 공동사업운영자로부터 일부 업무를 위임받은 자와 유사한 지위를 갖게 된다. 이에 따라 발행인은 공동사업참여자에 대한 관리·감독체계를 사전에 구축하고, 공동사업참여자의 과실로 인해 투자자에게 손해가 발생한 경우, 위임관계의 법리에 따라 위임인으로서 책임을 부담해야 할 것이다. 아울러 공동사업참여자에게 지급되는 보수의 수준 및 산정 기준 역시 명확히 규정하고 이를 투자자에게 투명하게 공개해야 한다.

앞서 언급한 바와 같이, 투자계약증권은 집합투자증권과 유사한 성격을 가지지만, 집합투자증권에서와 같은 '판매사–집합투자업자–신탁업자' 간의 상호 감시 및 견제 장치가 존재하지 않는다는 점에서, 발행인 내부에 별도의 준법감시부서 또는 준법감시인을 설치하는 등 독립적인 통제 체계를 마련할 필요가 있다. 실제 미술품을 기초자산으로 한 투자계약증권 발행 사례에서는 대표이사, 담당임원, 준법감시인, 리스크관리 총괄이사 등으로 구성된 내부통제위원회를 설치하여, 기초자산의 선정, 투자계약증권의 모집 및 매출, 사후관리 전반에 걸쳐 투자자 보호 관련 통제를 수행하도록 한 바 있으며, 이는 실무적으로도 참고할 만한 선례가 될 수 있다.

(2) 투자자 총회

투자계약증권의 발행인은 공동사업 운영에 중대한 영향을 미치는 의사결정에 있어, 투자자 총회를 개최하여 투자자들의 참여를 실질적으로 보장할 수 있도록 해야 한다. 특히 자본시장법은 집합투자업과 관련하여 투자자의 일상적인 운용지시를 금지하고 있으며, 집합투자자총회의 소집 사유 또한 제한적으로 규정하고 있다는 점을 고려할 때, 투자자 총회를 통해 투자계약증권은 집합투자증권과의 실질적인 차별성을 확보할 수 있다. 따라서 발행인은 투자자 총회의 소집권자, 소집 사유, 절차 및 의결 방식 등을 보다 탄력적으로 설계함으로써, 집합투자기구에 비해 투자자 참여를 보다 폭넓게 보장할 필요가 있다[18]. 이는 투자계약증권의 특성과 그에 따른 법적·제도적 공백을 보완하는 동시에, 투자자 보호의 실효성을 높이는 제도적 장치로 작용할 수 있다.

18 대부분의 투자계약증권 발행인들이 '핀테크' 기업을 지향하며 애플리케이션이나 웹페이지 등을 적극적으로 운영하고 있다는 점을 고려할 때, 이러한 ICT 기술을 활용하여 투자자 총회를 보다 간편하게 개최할 수 있는 방안을 마련할 수 있을 것이다

IV 토큰증권의 실제 및 향후 과제

1 토큰증권의 실제

거래계에서는 기존에 혁신금융서비스 지정을 통해 출시된 금융상품들을 토큰증권으로 여기는 오해가 있었다. 그러나 '금융혁신지원 특별법' 상 혁신금융서비스는 금융관련법령 중 일부 규정의 적용을 배제하는 효과가 있을 뿐(금융혁신지원 특별법 제4조), 적극적인 권리추정력을 부여할 수는 권한은 없었다. 때문에 혁신금융서비스 지정을 통해 출시된 상품들은 모두 분산원장에 기재된 거래 정보를 다시 전자등록계좌부에 등록하는 이른바 '미러링(Mirroring)'을 통해서 서비스를 제공해 왔다. 따라서 이들 상품은 형식적으로 블록체인을 활용하였더라도, 엄밀한 의미의 토큰증권으로 보기 어렵다. 즉, 실질적인 토큰증권의 발행과 유통은 관련 법령과 제도가 정비된 이후에야 비로소 가능해졌다.

토큰증권은 기술적으로는 분산원장을 기반으로 기존 증권을 디지털화한 형태이나, 법적·제도적으로는 전자증권제도 및 자본시장법에 따라 규율되는 '전자등록된 증권'의 한 유형에 속한다. 그러나 그 기술 구현 방식과 유통 채널, 발행 대상 자산군의 차이로 인해 기존 증권과는 여러 면에서 실질적인 차이를 보인다.

먼저 발행 측면에서 볼 때, 제도 시행 초기에는 투자계약증권이나 비금전신탁 수익증권의 발행에 토큰증권이 주로 활용될 것으로 전망된다. 이는 정부가 발표한 「토큰증권 가이드라인」이 투자계약증권이나 비금전신탁 수익증권의 발행을 주로 전제하고 있다는 점, 나아가 대규모 발행을 위한 공모 절차에서는 증권신고서에 대한 심사·수리 과정을 거치게 되는데, 이 과정에서도 정부의 입장이 실질적으로 반영될 가능성이 높다는 점에 기인한다. 따라서 제도 도입 초기에는 그간 증권화되지 못했던 비정형적 권리들(예컨대 미술품, 저작권, 또는 소규모 사업에 대한 수익참여권 등)이 투자계약증권의 형식을 빌려 토큰증권으로 발행되는 사례가 주를 이룰 것으로 기대된다. 그러나 중장기적으로는 전 세계적으로 나타나고 있는 RWA(Real World Asset, 블록체인 외부의 실물 기반 자산)의 토큰화 흐름에 따라, 국내에서도 부동산, 국채 및 회사채, 원자재(commodity) 등을 기초로 한 다양한 형태의 토큰증권 발행이 점차 확대될 것으로 예상된다.

다음으로 유통의 측면에서는, 장외거래중개업자를 통한 다자간 상대매매의 한계를 고려할 때 다소 제한된 유통성을 갖게 될 가능성이 크다고 판단된다. 다자간 상대매매는 구조적으로 경쟁매매에 비해 거래가 활발하기 어려우며, 유동성 부족 문제를 보완할 시장조성자(Market Maker)의 도입 역시 어렵기 때문이다. 다만 장기적으로 대체거래소(ATS) 가 토큰증권을 취급할 수 있게 되거나, 금융투자업자 간 협업을 통해서 여러 금융투자업자의 고객 주문이 상호 교차체결될 수 있게 되는 경우에는 유동성 부족 문제가 해결될 수 있을 것이다.

2 스테이블 코인과의 연계

스테이블 코인은 블록체인상에서 법정화폐와 1:1로 연동되는 디지털 현금으로 기능하며, 토큰증권의 매매 시 24시간 365일 실시간으로 증권과 자금이 동시에 이전되는 거래, 즉 Delivery-versus-Payment(DvP) 구조를 가능하게 한다. 반면, 기존의 은행망 중심 결제 시스템은 야간이나 주말 등 거래소 외 시간에는 결제가 지연될 수 있어, 토큰증권의 실시간 거래 구조와 정합성이 어긋날 수 있는 위험이 존재한다. 따라서 토큰증권의 장점을 충분히 실현하기 위해서는, 스테이블 코인과의 연계는 필수적인 과제라 할 수 있다.

그러나 현행 전자증권법은 분산원장 사용 요건으로 "전자등록주식등의 거래 및 전자등록을 위하여 별도의 가상자산을 필요로 하지 않을 것"을 명시하고 있으며, 금융위원회 또한 「토큰증권 가이드라인」과 함께 발표한 질의응답자료를 통해, "거래를 위하여 가상자산이 필요한 경우에는 전자증권법상 분산장부 요건을 충족할 수 없으므로, 사실상 거래가 제한된다"라는 입장을 밝힌 바 있다. 아직 스테이블 코인 규제가 마련되지 않은 상황이므로, 스테이블 코인의 법적성격을 어떻게 정의하는지, 혹은 토큰증권에 관한 규정에 있어서 예외규정을 두는지 여부에 따라서 결정될 문제이나, 향후 스테이블 코인과 토큰증권과의 연계성을 확보할 필요가 있다는 점에서 향후 제도 설계 시 이를 고려할 필요가 있다.

3 투자계약증권의 보충성의 원칙

금융감독원은 '다른 증권 발행을 통해 사업목적 달성이 가능한 경우 규제회피 방지를 위해 투자계약증권이 인정되지 않을 수 있다'는 입장을 밝힌 바 있다(금융감독원 2023. 8. 1. 자 보도자료 '투자계약증권 최초 발행 예정, 공시·심사 체계 개편으로 투자자 보호를 강화하겠다'). 금융감독원은 며칠 후 '투자계약증권 증권신고서 서식 주요내용 및 심사방향'을 발표하면서, 금융위원회의 2024. 3. 16.자 법령해석[19]을 근거로 제시하며, 다른 유형의 증권을 통하여 발행이 가능한 권리라면 투자계약증권 발행이 제한될 수 있음을 다시 한 번 확인하였다(금융감독원 2023. 8. 10. 자 투자계약증권 증권신고서 서식 주요내용 및 심사방향, 7면). 그러나 금융위원회의 위 법령해석은, 어떠한 권리를 증권으로 포착함에 있어 지분증권, 채무증권, 집합투자증권 등 정형적인 증권에 해당하는지 여부를 먼저 판단하고, 이에 해당하지 않는 경우에 보충적으로 투자계약증권 성립 여부를 검토하겠다는 것일 뿐, 다른 증권으로 발행이 가능한 경우에는 투자계약증권의 발행을 허용하지 않겠다는 의미로 해석하기는 어렵다.

금융당국의 우려를 선해하면, 집합투자증권의 경우 엄격한 진입규제를 통과한 집합투자업자만이 발행할 수 있으나, 투자계약증권의 발행인 자격에는 제한이 없으므로[20] 집합투자업자와의 관계에서 규제차익이 발생할 우려가 있다는 점을 고려할 때, 투자계약증권의 발행에 일정한 제한을 두어야 한다는 것으로 보인다. 그러나 증권선물위원회가 이미 투자계약증권의 기초자산으로 인정한 음악저작권, 미술품, 한우 등과 유사한 것을 기초자산으로 하여 투자계약증권을 발행하고자 하는 발행인이 등장하는 경우 이를 금지할 만한 명분이 마땅치 않다는 문제가 있으며, 투자계약증권에 대한 발생심사가 자칫 자의적으로 이뤄질 우려 또한 존재한다는 점에서, '다른 증권발행을 통해 사업목적이

19 금융위원회는 '투자계약증권을 판별할 수 있는 기준'에 대한 질의에 대해, 대체로 Howey 기준을 인용하면서 '지분증권, 채무증권, 집합투자증권 등 정형적인 증권에 해당되지 않는 비정형증권일 것'이라는 요건이 충족된 경우 투자계약증권에 해당할 수 있다는 입장을 밝혔다.

20 비금전신탁의 수익증권에 대해서는 스몰 라이센스인 수익증권 투자중개업 인가단위를 신설하여, 조각투자 발행플랫폼은 신탁할 기초자산을 확보하고 수익증권의 발행을 주선하여 투자자에게 판매하는 업무를 수행할 수 있도록 하였다.

달성이 가능한지 여부'라는 요건은 폐기하고, '투자자 보호체계 구축'을 기준으로 하여 투자계약증권의 발행 가부를 판단하는 것이 바람직할 것이다.

4 발행과 유통의 겸영

'토큰증권 가이드라인'은 "발행과 시장운영의 분리는 증권의 발행자와 유통시장 운영자 간의 이해상충을 방지하여 투자자를 보호하기 위한 자본시장 제도의 기본 원칙이며, 이는 새롭게 형성되는 (비금전 신탁) 수익증권 및 투자계약증권의 장외시장에도 동일하게 적용할 필요가 있다"고 밝힘으로써, 이른바 '발행과 유통의 겸영'을 금지하는 입장을 분명히 하였다. 이는 발행과 유통의 기능을 동시에 수행할 경우 발생할 수 있는 이해상충 가능성을 사전에 차단하여 투자자를 보호하려는 취지다.

그러나 '발행'은 단순히 증권을 직접 발행하여 자금을 조달하는 협의의 개념에 그치지 않고, '인수' 또는 '주선[21]'과 같이 발행인 또는 매출인을 위하여 해당 증권의 모집·사모·매출을 직접 또는 간접적으로 분담하는 행위까지 포함하는 광의의 개념이다. 이 중 '인수' 또는 '주선'의 경우, 자기발행 증권을 직접 유통하는 것에 비해 이해상충의 가능성은 상대적으로 낮다고 평가할 수 있다.

발행과 유통을 겸영할 때 문제가 되는 이해상충은, 유통업자가 유통시장 내 가격 형성에 직접 개입하거나 자기 발행 증권을 우대하는 등의 상황에서 발생한다. 그러나 장외시장에서는 경쟁매매가 아닌 다자간 상대매매 방식으로만 거래가 이루어지는 구조이므로, 유통업자가 가격에 직접 영향을 미칠 여지는 제한적이며, 자기 발행 증권에 대한 차별적 취급 또한 이해상충 방지체계를 마련함으로써 충분히 통제 가능하다. 한편 금융위원회는 2025년 5월 8일 입법예고한 자본시장법 시행령 개정안에서 제178조의2 제3항을 신설하여, 투자중개업자가 장외매매거래 업무를 수행함에 있어 원칙적으로 본인 또는 그 특수관계인이 발행인, 인수인 또는 주선인인 경우에는 해당 증권의 장외거래를 수행할 수 없도록 규정하였다. 다만, 지분증권의 경우에는 금융위원회가 정하여 고시하는 이해상충 방지 기준을 충족할 경우, 예외적으로 발행과 유통의 겸영을 허용하고 있다.

21 인수 행위 외에 발행인 또는 매출인을 위하여 해당 증권의 모집·사모·매출을 하거나 그 밖에 직접 또는 간접으로 증권의 모집·사모·매출을 분담하는 자를 의미한다(자본시장법 제9조 제13항).

발행과 유통을 일률적으로 분리·제한할 경우, 투자자는 동일한 증권의 발행과 유통을 위해 복수의 플랫폼에 가입하고 KYC 절차를 중복 수행해야 하는 불편을 겪을 수 있으며, 금융투자업자 또한 경쟁력 있는 상품을 발굴·인수하였음에도 불구하고 유통은 제3의 사업자를 통해야 하는 비효율이 발생할 수 있다.

결국, 금융위원회가 지분증권에 대해서는 이해상충 방지체계의 수립을 조건으로 겸영을 허용하고 있는 이상, 이 원칙은 증권의 유형에 관계없이 다른 증권에도 일관되게 적용하는 것이 합리적일 것이다. 따라서 '인수' 또는 '주선' 업무를 수행한 경우에는 유통업무의 겸영 역시 허용하는 방향이 바람직하다.

5 STO에 따른 자금조달과 상법상 문제

토큰증권의 발행 및 유통에 관한 논의는 그동안 주로 자본시장법과 전자증권법의 틀 안에서 전개되어 왔다. 그러나 STO 제도가 법제화되고 기업이 이를 실제 자금조달 수단으로 활용하기 시작하면, 주식이나 회사채 등 기존의 자금조달 방식을 중심으로 설계된 현행 회사법 체계와 구조적 마찰이 발생할 가능성이 있다. 최근 학계에서도, STO를 통한 자금조달이 정관에 명시적 근거를 필요로 하는지 여부, 그리고 STO 발행이 기존 주주의 권리를 침해하는 경우 어떠한 법적 문제가 제기될 수 있는지 등에 대한 검토가 필요하다는 견해가 제시되고 있다.

V 결 론

토큰증권은 블록체인 기술을 접목한 새로운 증권의 형태로서, 전자증권제도의 연장선상에 있으면서도 기술적 구현 방식, 유통 구조, 기초 자산군에 있어 기존 증권과 구별되는 독자적인 특징을 가지고 있다. 특히 비정형 권리를 증권화할 수 있는 투자계약증권이나 비금전신탁 수익증권에 대한 수요가 증가하는 현시점에서, 토큰증권은 과거 자본시장법이 수용하지 못했던 권리들을 제도권 안으로 끌어들이는 역할을 할 것으로 기대된다.

정부의 '토큰증권 가이드라인' 및 전자증권법과 자본시장법의 개정을 통해, 토큰증권의 발행부터 유통까지 전 생애주기를 포괄하는 제도적 기반이 마련되었다. 특히, 장외거래중개업 제도의 도입과 분산원장 기반 전자등록계좌부의 법제화는 토큰증권이 실질적으로 유통될 수 있는 장을 열었다는 점에서 그 의의가 크다.

그러나 아직 해결해야 할 과제도 적지 않다. 스테이블 코인과의 연계 문제, 투자계약증권에 대한 발행 기준의 불명확성, 발행·유통 겸영에 대한 지나치게 경직된 접근, 그리고 유통시장의 유동성 확보 등은 제도 정착을 위해 향후 지속적으로 논의되고 보완되어야 할 사안이다.

토큰증권은 단지 기존 증권을 디지털화한 데 그치지 않고, 증권의 개념과 자본시장의 구조 자체를 재정의할 수 있는 잠재력을 지니고 있다. 따라서 향후 제도 설계에 있어서는 기술 발전과 시장 수요를 선제적으로 반영하되, 투자자 보호라는 자본시장법의 기본 원칙을 흔들림 없이 견지하는 균형 잡힌 접근이 요구된다. 토큰증권이 자본시장 발전의 새로운 전기가 되기 위해서는, 법·제도적 기반 위에 기술과 시장이 조화롭게 작동할 수 있는 환경을 마련하는 것이 무엇보다 중요하다.

참/고/문/헌

〈국내문헌〉

김종호, "토큰증권의 개념과 그 활용의 확산방안", 한국지급결제학회 제16권 1호, 2024.6.

배오석, "일본 STO 법제화를 통해 본 국내 STO 도입에서의 시사점", 한국지급결제학회, 제17-1호, 2025.6.

배효정, "STO를 통한 자금조달과 상법상 쟁점에 대한 소고", 기업법연구 제39권 제2호, 2025.6.

손정은, "블록체인 기술을 활용한 증권결제제도에 관한 법적 연구", 민사법의 이론과 실무학회 제26권 제3호, 2023.8.

차상진, "자금조달수단으로서 실효성이 있는 토큰증권 제도정비를 위한 해결과제", 경제법연구 제22-1호, 2023.4.

황현일, "자본시장법 상 투자계약증권의 법적과제", BFL 제125호, 2024.5.

〈보도자료 등〉

금융위원회, "토큰 증권(Security Token) 발행·유통 규율체계 정비방안", 2023.2.6.

김갑래, "증권형 토큰 규율체계 정비방향", 2022.9.

박철영, "토큰증권의 발행 유통을 위한 입법과제", 2023.3.26.

CBDC와 스테이블 코인

정순섭
(서울대학교 법학전문대학원 교수)

I 서 론

가상자산은 지급수단을 자임하면서 등장하였다.[1] 이러한 인식은 가상통화(cryptocurrency)나 암호통화(cryptocurrency)라는 이름에 반영되어 있다. 국가의 발권력 독점과 강제통용력에 기반한 화폐법상 법화와 대비되는 민간주도 화폐의 가능성을 논의하기도 했다.[2] 그러나 현재 가상자산은 가치의 불안정으로 인하여 지급수단보다는 일부 투자자를 위한 높은 투기성을 가진 자산이나 불법적인 활동에 사용되고 있다.[3] 법화

1 Satoshi Nakamoto, “Bitcoin: A Peer-to-Peer Electronic Cash System”, 24 May 2009, p.1(“an electronic payment system based on cryptographic proof instead of trust”). 최근까지도 비트코인을 통화 또는 지급수단으로 소개하고 있다. Deborah R Meshulam and Michael Fluhr(eds), Cryptocurrency and Digital Asset Regulation: A Practical Guide for Multinational Counsel and Transactional Lawyers, ABA Book Publishing, 2022, p.8(“In theory, Bitcoin can function as a currency, and the Bitcoin block-chain can function as a payments system”); 小出篤, 「分散型台帳」の法的問題·序論：「ブロックチェーン」を契機として」, 黒沼悦郎/藤田友敬(編),『企業法の進路：江頭憲治郎先生古稀記念』, 有斐閣, 2017, p.828(“비트코인은 … 지급수단이라는 통화와 동등한 기능을 수행할 수 있기 때문에 가상통화의 일종”).

2 송준혁, “가상화폐와 통화정책”, 나라경제, 2017 November, 62-63면. 그러한 논의의 원조는 Friedrich Hayek, The Denationalisation of Money, Institute of Economic Affairs, 1976.

3 G7 Working Group on Stablecoins, “Investigating the Impact of Global Stablecoins”, October 2019, p1; Jess Cheng, “How to Build a Stablecoin: Certainty, Finality, and Stability Through Commercial Law Principles”, Berkeley Business Law Journal Vol.17, 2020, pp321-

를 포함한 지급수단이 지급수단으로 통용되기 위해서는 사회적 수용성이 전제되어야 한다. 달러화(dollarization)와 같은 사례에서 볼 수 있듯이 비록 법화라 해도 사회적 수용성이 부족한 경우에는 통용되지 않을 수 있다.[4]

비록 지급수단으로 활용되는 데는 명백한 한계[5]가 있지만 비트코인이 화폐법 또는 지급법제에 미친 결정적인 영향은 분산원장기술을 화폐제도나 비현금 지급수단의 기반기술로 사용할 수 있다는 믿음이다. 이에 기반하여 우리나라를 포함한 많은 국가에서 법화를 디지털 형태로 발행하는 중앙은행디지털화폐(central bank digital currency, CBDC)를 연구 또는 시험운용중이다.[6] 이와 함께 가상자산의 가치를 법화나 그 밖의 안전자산의 가치에 연동시켜 지급수단으로서의 가치 안정성을 확보하려는 시도도 나타나고 있다. 이를 '스테이블 코인'(stablecoin)이라고 한다.[7]

코로나바이러스감염증 19는 현금을 통한 바이러스 전파 우려를 확산시켰고 비현금 지급수단의 확대에 크게 기여하였다.[8] 일부 국가에서는 비트코인을 법화로 채택하기도

322; Anneke Kosse, Marc Glowka, Ilaria Mattei and Tara Rice, "Will the Real Stablecoin Please Stand up?", BIS Papers No 141, November 2023, p.2; 增島雅和/堀天子(編),『暗号資産の法律〈第2版〉』, 中央経済社, 2023, p.3; 森下哲朗,『デジタル化·グローバル化時代の金融法』, 有斐閣, 2022, 230면. 국내 논의로, 고동원 · 장한결, "암호자산 시장의 불공정거래행위 분석과 규제 개선 과제", 은행법연구 제16권 제2호, 2023, 51면.

4 자국의 법화가 있음에도 미국 달러화를 사실상 통용수단으로 사용하는 현상을 말한다. Tomás J. T. Baliño, "Chapter 30 Dollarization: A Primer", Current Developments in Monetary and Financial Law, Vol.2, 2003, pp613-628; Michael Gruson, "Dollarization and Euroization — An International Law Perspective", European Business Law Review Vol.13, 2002, pp.103-122. 엘살바도르가 비트코인을 법화로 지정할 수 있었던 것도 이미 달러화되어 있는 상황이 영향을 미쳤다. 현재는 결제의무화 규정을 폐지했다고 한다. 유재인, 엘살바도르, IMF 지원 위해 '법정 화폐' 비트코인 결제 의무화 폐지, 2025.2.1.

5 지급법 관점에서 가상자산을 분석한 것으로, 정순섭, "블록체인과 금융", BFL 제108호, 2021, 21-25면.

6 Reserve Bank of New Zealand, The Future of Money - Private Innovation, An Issues Paper inviting public feedback before 3 April 2023, 2023.

7 암호안정성(Cryptostability)이라고 표현하기도 한다. Angelos Delivorias, "Stablecoins: Private-sector Quest for Cryptostability", European Parliamentary Research Service PE 698.803, November 2021.

8 Douglas Arner, Raphael Auer and Jon Frost, "Stablecoins: Risks, Potential and Regulation", BIS Working Papers No 905, November 2020, p.3; CPMI, "Covid-19 accelerated the digitalisation of payments", 9 December 2021.

하였다.[9] 이러한 상황의 변화는 화폐법과 지급법제에 근본적인 인식의 변화를 요구하고 있다. 비현금화추세가 가지는 다양한 문제점도 명백히 존재하지만, 비현금 지급수단으로서의 CBDC나 스테이블 코인의 등장은 이미 현실이 되고 있다. 각국의 금융환경과 지급시장 여건에 따라 CBDC나 스테이블 코인에 대한 시각은 다양하다. 현재 시점을 기준으로 세계 각국은 CBDC보다는 스테이블 코인에 더 집중하고 있는 것으로 파악된다.

이하 이 글에서는 비현금화의 추세와 CBDC나 스테이블 코인과 같은 새로운 디지털 화폐[10]의 기본구조를 정리하고, 화폐법과 중앙은행법을 중심으로 법률문제를 정리한다.

II 의의 및 구조

1 의의

전통적으로 지급수단은 법화의 개념에 기초한 금전이나 통화 또는 화폐를 중심으로 형성되어 왔다. 이러한 전통적인 구조에 변화를 일으키려는 시도는 오래전부터 비현금전자화의 형식으로 시도되어 왔다. 궁극적인 목적은 현금의 기능적 요소를 전자적으로 구현하려는 것이다. 그러나 이러한 시도는 이중지급의 방지라는 현금의 본질적 기능적 요소를 충족하지 못하여 실패할 수밖에 없었다.

비트코인은 블록체인 기술의 가능성이라는 면에서 관심을 촉발하였다.[11] 비트코인

9 비트코인법(Ley Bitcoin)이 2021.9.7.부터 엘살바도르 내에서 비트코인에 법화의 지위를 부여하였다. Sergio Gorjon, “The Role of Cryptoassets as Legal Tender: The Example of El Salvador”, Economic Bulletin 4.2021, Banco de Espana, 2021. 그러나 현재 결제의무화 규정은 폐지되었다고 한다. 유재인, 엘살바도르, IMF 지원 위해 ‘법정 화폐’ 비트코인 결제 의무화 폐지, 조선일보, 2025.2.3.

10 이 글에서는 CBDC와 스테이블 코인을 함께 부를 때는 디지털화폐라고 한다.

11 Morten Bech and Rodney Garratt, “Central Bank Cryptocurrencies”, BIS Quarterly Review, September 2017, p 55; Anton N. Didenko and Ross P. Buckley, “The Evolution of Currency: Cash to Cryptos to Sovereign Digital Currencies”, Fordham International Law Journal Vol.42, 2019, p 1044.

과 그 기반기술인 블록체인 또는 분산원장기술은 이러한 기능적 요소를 마침내 충족할 수 있게 해주었다. 비트코인 자체는 지급수단으로 자리 잡지 못하였지만 기술적 가능성을 확인시켜 준 것이다.[12] 화폐법의 고전인 Mann and Proctor on the Law of Money의 제8판도 CBDC와 가상자산을 분석범위에 포함하였다.[13] 국제법협회의 국제화폐법위원회도 2022년 리스본회의에서 비트코인을 논의했다.[14] 이제 디지털화폐는 화폐법의 주제가 된 것이다. 법화에 해당하는 것은 CBDC에 한정된다. 스테이블 코인이 화폐 개념을 수정할 것인지에 대해서는 논의 중이다. 그 밖의 가상자산의 지급기능에 대해서는 여전히 불확실하다는 평가가 일반적이다.

2 법적 성질

CBDC와 스테이블 코인의 법적 성질에 대한 논의는 명확한 구분을 전제로 진행해야 한다. 우선 일반적인 가상자산과 동일하게 블록체인 기술에 기반하여 발행되므로 가상자산의 일반적인 법적 성질에 관한 논의가 원칙적으로 그대로 적용된다.[15] 그러나 CBDC는 법화이므로 화폐로서의 법적 지위를 가지게 된다. 따라서 일반적인 법적 성질에 관한 논의는 상당 부분 의미를 상실한다. 스테이블 코인은 현 단계에서는 법률상 화폐로서의 지위를 가지지는 못하므로 일반적인 가상자산의 법적 성질에 관한 논의가 대부분 적용된다.

12 금전의 미래의 저자인 Eswar Prasad 교수는 2002년 9월 "실물화폐 또는 현금의 시대는 끝나가고 있고, 디지털화폐의 시대가 시작되었다"라고 선언하기에 이르렀다. Eswar Prasad, "A New Era for Money", Finance & Development Vol.59 No3, International Monetary Fund, September 2022, p.6.

13 Charles Proctor, Mann and Proctor on the Law of Money 8th ed, Oxford University Press, 2023, pp.54-68.

14 International Monetary Law Committee, Interim Report 2022, 80th Biennial International Law Conference Lisbon 2022, IV. Focus on a Specific Case. Bitcoin as Legal Tender: What Did El Salvador Get Wrong in Going CBDC? (by Professor B Geva), pp.18-21.

15 기본적인 쟁점을 정리한 것으로, 정순섭 · 이동진 · 박상철, 디지털자산 산업의 책임있는 성장을 위한 법무정책 연구(Ⅰ): 디지털자산 산업의 현황 및 규율체계 방향 모색, 한국형사 · 법무정책연구원 연구보고서, 2024.12.31.

3 구조

가. 기반기술

블록체인 기술이 화폐제도나 비현금 지급수단의 기반기술로 사용될 수 있는 것은 시간확정기능에 따른 이중지급방지기능에 따른 것이다. 현재 CBDC나 스테이블 코인은 블록체인을 전제로 논의된다. 그러나 비현금 지급수단의 기술적 기반은 블록체인 기술에 한정되는 것은 아니다.

이러한 기능은 모든 기록이 그 이전의 거래 기록에 연결됨으로써 기록 자체를 변경할 수 없는 기록의 비가역성과 블록체인 자체의 시간표기(time stamp)에 의하여 확보될 수 있다. 블록체인의 시간표기는 해당 기록이 최초로 존재한 시점과 함께 그 후 내용의 변경이 없었음을 증명할 수 있다.[16] 블록체인 네트워크에서 거래가 이루어지면(거래 기록의 생성) 그 거래 기록을 네트워크에 송신하고 검증과 확인을 거쳐 블록에 전자적 기록으로 등록된다. 블록체인의 이러한 절차를 통한 불변경성을 통하여 이중지급방지기능을 수행한다.

나. 프로그램가능화폐

전통적인 은행권이나 주화는 기술적인 이유에서 액면가 이외에는 유형의 다양화나 조건의 부과가 불가능하였다.[17] 그러나 스마트계약과 같은 기술발전을 고려할 때 과거에는 생각할 수 없었던 이자나 사용기한, 용도 등 다양한 정책수단을 '프로그램할 수 있는 화폐'(programmable money)[18]를 가능하게 한다. 프로그램할 수 있는 화폐는 "디지털 형태의 화폐"와 "컴퓨터 프로그램을 통한 화폐의 자동화된 행동을 특정하는 메커니즘"을

16 Alex Marthews and Catherine Tucker, "Blockchain and Identity Persistence" in Chris Brummer(ed), Crypto Assets: Legal and Monetary Perspectives, Oxford University Press, 2019, pp.243-261.

17 정순섭, "CBDC와 금융시스템에 관한 법적 연구- 화폐법과 중앙은행법상 쟁점을 중심으로", 은행법연구 제14권 제2호, 2021, 23-24면.

18 프로그램가능화폐라고도 한다. 이주영 · 김제완, "예금토큰의 발행 및 유통과 법적 쟁점", 은행법연구 제18권 제1호, 2025, 82면.

개념요소로 한다.[19] 화폐를 시간의 흐름에 따라 가치가 증감하는 구조로 하거나 그 용도를 특정한 재화나 용역에 관한 거래로 한정할 수 있다. 또한 증권대금동시결제(delivery versus payment, DvP)와 같이 일정한 조건이 충족되면 자동으로 지급되도록 할 수도 있다. 나아가 판매시점에 당국으로 조세지급이 자동 라우팅 되도록 하거나 수입 내 지출 보장이나 사물인터넷 앱을 지원하기 위한 지급수단을 가능하게 한다.

다. 현금없는 사회

(1) 의의

현금의 지급수단으로서의 비중은 우리나라에서도 급속히 감소하고 있다. 우리나라의 비현금결제비율은 2022년 현재 99%로 세계 최고 수준을 기록하고 있다.[20] 현금은 은행예금의 형태로 부동화되고, 그 예금에 기반하여 신용카드나 선불전자지급수단이 지급수단으로 활용되고 있는 것이다. 2024년 한국은행 조사응답자 대부분(98.4%)이 은행 등 예금취급기관에 결제성예금계좌를 보유하고 있었으며, 보유비율은 2021년(98.8%)과 비슷한 것으로 조사되었다.[21]

---

19 Alexander Lee, "What Is Programmable Money?," FEDS Notes, Board of Governors of the Federal Reserve System, 23 June 2021. 이 자료에 따르면 '프로그램할 수 있는 화폐'라는 용어 자체는 2013년 11월 이후에 사용되기 시작했다.

20 최근 조사에 따르면 2022년(괄호안은 2015년) 현재 한국 99%(89.1%), 중국 83.5%(63.9%), 호주 75.9%(51.0%), 싱가포르65.6%, 영국 64.2%(54.9%), 캐나다 61.9%(55.4%), 미국 56.4%(45.0%), 프랑스 51.2%(39.1%), 스웨덴 47.5% (48.6%), 일본 36.0%(18.4%), 이탈리아 33.4%, 독일 23.9%(14.9%)이다. 이 비율은 가계최종소비지출에서 점하는 비현금결제액의 비율을 말한다. 분모는 세계은행 자료(World Bank national accounts data, and OECD National Accounts data files)상의 가계최종소비지출(Household final consumption expenditure)을, 그리고 분자는 국제결제은행(BIS)이 공표하고 있는 연차보고서(Statistics on payment, clearing and settlement systems in the CPMI countries)에 따라 전자화폐결제액(E-Money Payment Transactions) 및 지급카드결제액(전자화폐를 제외)(Card Payments (except e-money))의 합계를 말한다. 그리고 분자에 은행계좌간이체와 일본 자금결제에 관한 법률상 자금이동이나 선불지급수단에 해당하지 않는 스마트폰앱을 통한 가상계좌간지급액은 포함되지 않지만, 법인카드사용액이나 개인카드의 사업성지출은 포함하고 있다. 2015년 통계는 経済産業省, 「キャッシュレス·ビジョン」, 2018.4, 4면, 2022년 통계는 一般社団法人キャッシュレス推進協議会, 「キャッシュレス·ロードマップ 2024」, 2024.12, 14면 図表 10 主要国におけるキャッシュレス決済比率(2022年).

21 한국은행 금융결제국, 2024년 지급수단 및 모바일금융서비스 이용행태 조사결과, 지급결제조사자

(2) 법화의 강제통용력

법화의 강제통용력과 관련하여 "현금 없는 버스 시행에 따른 현금결제 거부는 한국은행권의 강제통용원칙을 정한 현행 법 위반이자 고령자 등 디지털 취약계층에 대한 이동권 제한"이라는 지적이 있다.[22] 이에 대해 한국은행은 "현금 없는 버스 시행이 법정통화의 강제통용력을 규정한 조항에 저촉되는지 여부에 대해서는 확립된 견해를 찾기 어렵다"는 입장을 밝혔다. 계약자유의 원칙에 따라 현금수취를 배제할 수 있다는 주장과 시내버스 운송사업의 경우 공공서비스 성격이 강한 영역이므로 계약자유원칙의 적용이 일정 부분 제한될 수 있다는 주장이 병존한다는 게 한은 측의 설명이다. 그러나 해석론으로 한국은행법상 강제통용력은 민사적 개념으로서 법화의 수령을 거부하면 채권자지체가 되는 것에 그친다.[23] 또한 계약자유의 원칙의 한 내용으로서 지급수단 선택의 자유가 인정되므로 법화가 아닌 지급수단의 선택을 막을 수는 없다. 다만 현금 없는 버스 등의 경우 이러한 법화가 아닌 지급수단 선택에 관한 합의가 이루어진 것으로 볼 수 있는지, 공공성이 있는 대중교통서비스의 부당한 제공거절로 볼 수 있는지 등의 문제는 남아 있다.

(3) 현금선택권의 인정

CBDC나 스테이블 코인의 경우 이러한 문제를 디지털 취약계층에 해당하는 고객의 입장에서는 더욱 심화될 수밖에 없다. 국내에서 CBDC나 스테이블 코인에 관한 입법 논의는 반드시 현금선택권 문제와 함께 이루어질 수밖에 없는 이유이다. 자금세탁방지와 세원확보를 위한 고액현금거래의 제한을 조건으로 소액현금거래에 대한 현금선택권을 인정하는 것이 필요하다고 생각한다.[24]

료 제2025-2호, 2025.3.

22 장진복, "버스탔는데 돈통이 없네?"…'현금없는 버스' 확대 논란, 서울신문, 2023.3.25.

23 정순섭, 「금융법」, 2023, 247면.

24 정순섭, "현금없는 사회의 법적 과제 -법화의 강제통용력을 중심으로-", 은행법연구 제12권제1호, 2019, 195-235면. 이러한 인식을 담은 법률안으로 전자금융거래법 일부개정법률안(의안번호 2020723, 김두관 의원 대표발의); 소비자기본법 일부개정법률안(의안번호 제2117284호, 이인선 의원 대표발의); 국회 정무위원회 수석전문위원, 소비자기본법 일부개정법률안 검토보고, 결제수단 선택 소비자 기본적 권리 포함 등 이인선 의원 대표발의(의안번호 제2117284호), 2022.11.

Ⅲ CBDC[25]

1 서언

CBDC에 대한 관심은 비현금화 추세에 따른 현금의 지급수단으로서의 비중감소[26]와 함께 기술에 대한 확신에서 비롯되었다. CBDC의 법적 성질은 제도설계를 위한 전제이지만, 이론적 분석의 대상과 입법판단사항은 구분해야 한다. 예컨대 CBDC의 법화성 인정은 CBDC에 대한 분석에 따라 결론이 달라지는 것이 아니라 입법판단사항이다. 입법정책적으로 CBDC를 도입할 것인지는 디지털 취약계층을 대상으로 하는 지급에서의 금융소외문제를 포함한 금융영향분석에 기초해야 한다. 부정적 영향이 과도하면 통제하는 방향으로 설계하고, 그러한 통제할 수 없다고 판단되면 발행을 단념해야 한다.

CBDC에 대한 논의는 기술적 타당성 확인과 금융시스템에 대한 영향 분석을 거쳐 법제도설계의 기본원칙을 제시하는 순서로 진행되어야 한다. CBDC의 법률문제는 세법과 도산법, 국제사법 등을 모두 포함하지만, 화폐법과 중앙은행법이 중심과제이다.[27] 화폐법상으로는 CBDC의 법화성이, 그리고 중앙은행법상으로는 CBDC의 발행권과 중앙은행의 시장역할이 중요하다. 일부 국가에서는 시험운영단계에 진입한 것으로 알려져 있다. 그러나 공식적으로 공개되어 있지 않은 경우 비교연구의 대상으로 할 수는 없다.

---

25 이하 논의는 정순섭, “CBDC와 금융시스템에 관한 법적 연구- 화폐법과 중앙은행법상 쟁점을 중심으로”, 은행법연구 제14권 제2호, 2021, 3-66면의 내용 중 일부를 이 책의 목적상 일부 수정 보완하여 전재한 것이다. 특히 지면관계로 각주를 중요한 사항만 남기고 삭제하였으므로 상세한 논의와 정확한 인용은 원 논문을 참고하기를 바란다.

26 비현금화 추세의 법적 문제에 대한 논의로는, 정순섭, “현금없는 사회의 법적 과제 -법화의 강제통용력을 중심으로-”, 은행법연구 제12권 제1호, 2019, 195-235면.

27 Wouter Bossu, Masaru Itatani, Catalina Margulis, Arthur Rossi, Hans Weenink and Akihiro Yoshinaga, “Legal Aspects of Central Bank Digital Currency: Central Bank and Monetary Law Considerations”, IMF WP/20/254, November 2020, p.5. 또한, G7 Finance Ministers and Central Bank Governors Communiqué, Updated 5 June 2021, Para.17.

2 의의 및 구조

가. 의의

CBDC에 대한 일반적 정의는 없지만, “중앙은행이 전자적 형태로 발행하는 법화”라고 정의할 수 있다. 법화는 국가의 발권력 독점과 강제통용력을 본질적 요소로 한다. 첫째, 법화의 발권력은 국가의 통화고권에서 비롯된 것으로서 우리나라에서는 중앙은행이 독점한다. CBDC의 발권을 중앙은행이 독점할 것인지에 대해서는 정치적·정책적 판단사항이라는 의견[28]이 있지만, 법화성을 인정할 경우에는 당연하다.[29] 둘째, 법화의 발행형식이라는 관점에서는 종이(은행권)와 금속(주화) 외에 전자적 기록(CBDC)을 인정하는 것이다.[30]

CBDC를 논의하는 이유는 ① 발권주체로서의 중앙은행의 역할, ② 비현금화에 대한 대응, ③ 지급관점에서의 금융포용, ④ 지리적 여건 등에 따른 인프라부족 해결 등 국가별

---

28 Bossu, Itatani, Margulis, Rossi, Weenink and Yoshinaga, 위의 논문, p36 Box 5.

29 법적 대답을 요하지 않는 질문이다. Corinne Zellweger-Gutknecht, Benjamin Geva and Seraina Neva Grünewald, “Digital Euro, Monetary Objects, and Price Stability: A Legal Analysis”, Journal of Financial Regulation Vol.7, 2021, p304. n111.

30 Bank of Canada, European Central Bank, Bank of Japan, Sveriges Riksbank, Swiss National Bank, Bank of England, Board of Governors Federal Reserve System, Bank for International Settlements, “Central Bank Digital Currencies: Foundational Principles and Core Features”, Report No 1 in a series of collaborations from a group of central banks, October 2020(“Group of Central Banks(1)”), p16(“just a different manifestation of the same unit of account, store of value and medium of exchange already offered by central banks”); Seraina Grünewald, Corinne Zellweger-Gutknecht and Benjamin Geva, “Digital Euro and ECB Powers”, Common Market Law Review Vol.58, 2021, p1030(“a digital equivalent of euro banknote”); Zellweger-Gutknecht, Geva and Grünewald, 위의 논문, p289(“a digital equivalent of tangible euro banknotes”). 계좌형과 토큰형으로 나누어 민사집행 규율방안도 논의되어야 할 것이다. 전휴재, “중앙은행 디지털화폐(CBDC)와 민사집행”, 법조 제71 제2호, 2022, 7-34면.

로 다양하다.[31] 우리나라의 경우 비현금화가 급속도로 진행되는 상황에서 법화의 화폐로서의 기능을 유지하려는 데 있는 것으로 이해된다.

나. 유형

CBDC는 다양한 기준에 따라 여러 가지로 구분할 수 있다. 그러나 금융법상으로는 그 목적과 형식, 이용자의 범위와 구조에 따른 분류가 중요하다.[32]

첫째, CBDC는 이용자의 범위와 용도에 따라 거액거래용(거액결제용)과 일반거래용(소액결제용)으로 구분된다. 전자는 중앙은행 지급결제제도 참가기관 사이의 결제용으로, 그리고 후자는 가계나 기업을 포함한 일반 국민의 소액결제용으로 발행되는 CBDC를 말한다.

둘째, CBDC는 형식에 따라 토큰형과 계좌형으로 나눌 수 있다. 계좌형은 "원장에 개별보유자별로 계좌를 설정하여 CBDC 보유액을 증감기재하여 관리하는 방식", 그리고 토큰형은 "원장에는 각 CBDC별 발행 및 거래 내역만을 기재하고 개별 보유자별 CBDC 보유액은 전체 원장의 거래내역을 차감계산하여 산출하는 방식"을 말한다.[33] 토큰형 중 오프라인에서 이용자 간 토큰이전을 허용하면서 주기적으로 발행인(중앙관리자)과 장비 간의 연결을 통하여 거래 기록과 장치별 잔액을 확인하는 혼합형도 가능하다.[34] 혼합형에서는 토큰의 위조 발견이나 장비분실 시의 가치회복, 당국의 CBDC 추적 등이 가능하다.

셋째, 일반거래용은 오프라인에서의 사용 가부나 개인 간 지급의 허용 여부에 따라 나눌 수 있다. 이러한 분류는 계좌형과 토큰형의 구분과 연결된다. 토큰형은 오프라인에

31 각국의 CBDC 도입 배경을 설명한 것으로, 국내에서의 논의로, 강영기 · 고영미, "중앙은행 디지털통화(CBDC)의 필요성 및 CBDC 도입 관련 논점의 검토 - 일본에서의 CBDC 도입 논의를 중심으로 -", 법학연구 제26권 제1호, 2023, 67-99면.

32 이하 Tony Richards, Chris Thompson and Cameron Dark, "Retail Central Bank Digital Currency: Design Considerations, Rationales and Implications", Bulletin, Reserve Bank of Australia, September 2020, pp.34-36의 설명에 기초한 것이다.

33 정순섭 · 정준혁 · 이종혁, "중앙은행 디지털화폐(CBDC) 관련 법적 이슈 및 법령 제 · 개정 방향", 한국은행연구보고서, 2020.12.14, 31-32면.

34 Richards, Thompson and Dark, 앞의 논문, pp.35-36.

서 스마트폰이나 전용단말기를[35] 통한 이용자간 토큰이전이 발행인(중앙관리자)의 관여 없이 가능해진다. 이러한 분류는 CBDC를 현금과 병행할 것인지와도 연결된다. 특히 오프라인에서 개인 간 지급이 허용될 경우 기존 지급수단이나 지급업에 미치는 영향은 심각할 것으로 본다. 이 경우에는 자금세탁방지법제가 엄격하게 적용되어야 한다.[36] 오프라인과 온라인 사용은 병행할 수 있다.[37]

넷째, CBDC는 발행구조에 따라 직접형과 혼합형으로 구분된다.[38] 전자는 중앙은행이 발행과 원장관리, 거래인증 등 시스템의 모든 측면을 직접 관리하는 구조를 말한다. 후자는 중앙은행은 민간기관에 대한 발행을, 그리고 민간기관이 고객대면업무를 담당하는 구조를 말한다. 여기서 고객대면업무는 가계 등에 대한 CBDC 분배, 원장관리, 고객확인과 같은 고객인증, 자금세탁방지, 거래인증, 모바일 장비 보급 등을 말한다. 전자를 일원형(one-tier system), 후자를 이원형(two-tier system)[39]이라고도 한다. 직접형과 혼합형에서 CBDC에 대한 법률관계 자체는 발행인인 중앙은행과 개별 보유자 간에 직접 발생한다. 이원형의 변형 구조로서 합성 CBDC가 논의되기도 하지만, CBDC라고 할 수 없다.

35 John Miedema, Cyrus Minwalla, Martine Warren, Dinesh Shah, "Designing a CBDC for universal access", Bank of Canada Staff Analytical Note 2020-10, June 2020. 이 보고서는 CBDC 설계의 기본원칙으로 현금과 동일한 접근성 확보, 보편적 접근성 확보를 위한 다양한 형식의 제공, 전용 보편적 접근장치(dedicated universal access device, UAD)를 통한 접근, 스마트폰과 차별화되는 UAD의 복원성을 제시하고 있다.

36 European Central Bank, "Report on a Digital Euro", October 2020 ("ECB(2020)"), p.31. 국내에서 CBDC에 대한 자금세탁방지법제의 적용방안을 논의한 것으로, 강현구, "중앙은행 디지털화폐(CBDC) 도입에 따른 자금세탁방지 규제 방안 검토", 금융법연구 제19권 제2호, 2022, 69-100면.

37 ECB(2020), pp.34-35.

38 Richards, Thompson and Dark, 앞의 논문, p.35.

39 '다원형'(multi-tier model) 또는 플랫폼모델이라고도 한다. John Kiff, Jihad Alwazir, Sonja Davidovic, Gonzalo Huertas, Ashraf Khan, Tanai Khiaonarong, Majid Malaika, Hunter K Monroe, Nobu Sugimoto, Hervé Tourpe and Peter Zhou, "A Survey of Research on Retail Central Bank Digital Currency", IMF Working Paper WP/20/104, June 2020, p.23.

다. 구별[40]

첫째, CBDC는 전자적 기록의 형태를 취하는 점에서 실물로 발행되는 은행권이나 주화와 다르다. CBDC는 현금의 전자적 대체물 또는 그 기능적 등가물이다.

둘째, 지급준비금도 전자적 기록의 형태이지만 이용자가 은행 등 지급결제제도 참여자로 제한되는 점에서 일반거래용 CBDC와는 다르다.[41]

셋째, 합성 CBDC(synthetic CBDC)는 "민간업자가 중앙은행에 예치된 자금을 근거로 발행하는 지급수단"을 말한다.[42] 안전자산을 담보로 취득함으로써 가상자산의 한계인 변동성을 해결하려는 것이다. CBDC의 발행형태로는 간접형이다. 중앙은행 자금에 신용원천을 두는 구조의 법적 효력을 확보하면 CBDC와 유사해진다. 그러나 발행인이 중앙은행이 아닌 점과 그 가치가 다른 자산에 의존하는 점에서 CBDC와 다르다.[43]

넷째, CBDC는 전자금융거래법상 전자화폐나 선불전자지급수단과 유사하다. 그러나 CBDC는 발행인이 중앙은행으로서 신용위험이 없는 점에서 이들과 구별된다.

다섯째, CBDC는 일정한 가치를 가진 전자적 기록인 점에서 가상자산과 유사하다. 그러나 발행인이 없고 시스템을 통제하는 소프트웨어 프로토콜에 대한 이용자의 신뢰에 의존하는 가상자산과 달리 중앙은행이 발행인인 법화라는 점에서 다르다.[44] 가상자산이 '화폐의 탈국가화'(de-nationalization)를 의미한다면, CBDC는 새로운 "프로그램할 수

40 Didenko and Buckley, 앞의 논문, pp.1041-1095.

41 이러한 의미에서 CBDC는 현금 및 지급준비금에 이어 세 번째 유형의 '중앙은행 부채'라고 한다. Amalia Estenssoro, "Central Bank Digital Currencies: Back to the Future", Regional Economist, Second Quarter 2021. <https://www.stlouisfed.org/publications/regional-economist/second- quarter-2021/central- bank-digital-currencies-back-future> (2021.11.20. 방문); Tony Richards, Chris Thompson and Cameron Dark, "Retail Central Bank Digital Currency: Design Considerations, Rationales and Implications", Bulletin, Reserve Bank of Australia, September 2020, p.33 Figure 1: Different Forms of Money Current.

42 Group of Central Banks(1), p.4 Box 1.

43 Group of Central Banks(1), p4 Box 1. "발행기관이 발행액 만큼의 CBDC를 준비자산으로 보유하여 법화와 같은 가치를 유지할 수 있도록 설계된 디지털 지급수단"이라고 정의되는 이머니 토큰을 논의하기도 한다. 한명진, "기관용 CBDC 기반 민간 디지털 통화의 등장과 향후 과제 -이머니 토큰을 중심으로-", 금융법연구 제22권 제1호, 2025, 299-329면.

44 Richards, Thompson and Dark, 앞의 논문, p.34.

있는 화폐의 재국가화'(re-nationalization)를 상징한다.[45] 다만 「특정금융거래정보의 보고 및 이용 등에 관한 법률」("특정금융정보법")상 가상자산 정의(제2조 제3호)는 CBDC도 포함할 수 있으므로 입법에 의한 적용제외가 필요하다.[46]

여섯째, 개인이 중앙은행에 직접 계좌를 개설하는 방안도 논의되고 있다.[47] 이는 CBDC를 발행하는 것이 아니라 현재 기관에 한정된 중앙은행계좌를 일반 개인에게 허용하여 국가보증, 이자 등의 혜택을 확대하자는 것이다. 이러한 입장에서 금융시스템을 중앙은행과 국민 사이의 직접관계로 축소하자는 발상은 '금융사회주의'(financial socialism)라고 표현되기도 한다.[48]

라. 평가

CBDC는 비현금화 추세가 심화되는 상황에서 법화의 지급수단으로서의 기능을 강화하여 화폐의 본질적 기능을 회복하고, 이를 기반으로 새로운 지급결제플랫폼이 등장할 수 있게 하여 새로운 혁신의 출발점이 될 수 있다. CBDC는 중앙은행이 혁신의 주체가 될 수 있다는 상징이다.[49] 효율성의 관점에서 CBDC는 비현금지급수단에 관한 경쟁수단으로서 거액거래용은 물론 일반거래용으로 사용될 수 있다. 혁신성의 관점에서 은행권이나 주화는 기술적인 이유에서 불가능하였던 다양한 유형과 내용으로 발행할 수 있다. 안전성의 관점에서는 CBDC에 기반한 디지털지급인프라는 공개적인 전자지급시스템과 함께 전통적인 지급수단의 비효율을 극복하여 지급 측면에서의 금융소외를 해소하는 데 중요한 역할을 할 것으로 기대되고 있다.[50] 그러나 우리나라의 예금계좌보급

45 IBM Institute for Business Value, "Charting the Evolution of Programmable Money", 2019, p3.

46 정순섭/정준혁/이종혁, 앞의 보고서, 81-82면.

47 John Crawford, Lev Menand and Morgan Ricks, "FedAccounts: Digital Dollars", The George Washington Law Review Vol.89, 2021, pp.113-172.

48 Max Raskin and David Yermack, "Digital Currencies, Decentralized Ledgers, and the Future of Central Banking" in Peter Conti-Brown and Rosa Maria Lastra, Research Handbook on Central Banking, Edward Elgar, 2018, p.482.

49 Bank for International Settlements, "Central Banks and Payments in the Digital Era", BIS Annual Economic Report, 24 June 2020, p.87.

50 Douglas W. Arner, Ross P. Buckley and Dirk A. Zetzsche, Fintech for Financial Inclusion:

율은 이미 98%를 넘고 있어[51] 디지털 취약계층을 중심으로 금융소외현상이 나타날 것으로 예상되고 있다.

3 화폐법

가. 문제의 의의

CBDC의 화폐법상 문제는 발행근거와 법화성이다. 한국은행법상 법화로서 CBDC를 발행할 수 있는지, 그리고 후자는 화폐법상 법화에 해당한다고 볼 수 있는지의 문제이다.

나. 발행근거

(1) 토큰형 CBDC

한국은행법상 한국은행의 화폐발행권에 대해서는 세 가지 해석이 가능하다.[52] <제1설>은 한국은행법상 한국은행이 발행권을 가지는 '화폐'는 법화를 말하고(제47조),[53] 법화는 한국은행권과 주화(제48조, 제53조 제2항)라는 해석이다. 따라서 한국은행이 CBDC를 발행하기 위해서는 법개정이 필요하고, 한국은행 이외의 자는 CBDC를 발행할 수 없다. <제2설>로는 한국은행법상 한국은행이 발행권을 가지는 '화폐'는 법화와 비법화인 지급수단을 포함하고(제47조), 법화는 한국은행권과 주화만을 말한다(제48조, 제53조 제2

A Framework for Digital Financial Transformation, Alliance for Financial Inclusion Special Report, September 2018, p.13.

51 한국은행 금융결제국, 2024년 지급수단 및 모바일금융서비스 이용행태 조사결과, 지급결제조사자료 제2025-2호, 2025.3.

52 IMF 회원국 171개 중앙은행 중 61%는 은행권과 주화만의, 23%는 디지털화폐 발행을 허용하고, 16%는 불확실하다. Bossu, Itatani, Margulis, Rossi, Weenink and Yoshinaga, 앞의 논문, p.21 Chart 1.

53 한국은행 법규제도실, 한국은행법 해설(한국은행, 2025), 197면("법률적 관점에서 화폐는 국가 또는 발행권한이 부여된 기관에 의하여 금액이 표시된 지급수단으로서 법적 강제통용력이 인정된 통화, 즉 법화(法貨, legal tender)만을 의미한다"), 198면("대한민국의 경우에는 「한국은행법」에서 화폐를 은행권과 주화로 나누어 규율하면서 이 조문에서 화폐의 발행권은 한국은행만이 가진다고 명시").

항)는 해석이 있을 수 있다. 화폐를 법화와 예금 등 시장형 지급수단[54]을 포함하는 넓은 의미의 화폐로 이해하는 입장이다. 그러나 한국은행법상 화폐는 법화를 말한다. <제3설>은 한국은행법상 한국은행권(제48조)이 디지털 은행권을 포함한다는 해석이다.[55] 그러나 조문의 문언상 '종이'를 지칭하는 은행'권(券)'의 의미를 무시할 수 없다. 증권의 경우에도 실물발행이 아닌 전자등록방식으로의 발행을 위해 입법이 필요했다.[56] 우리나라에서는 <제1설>이 옳다.[57] 한국은행법은 한국은행의 화폐발행권과 기능을 통합하여 화폐를 은행권과 주화로 한정한 것이다.

(2) 계좌형 CBDC

한국은행법상 한국은행은 "정부 · 정부대행기관 또는 금융기관 외의 법인이나 개인"과 "예금 또는 대출의 거래"를 할 수 없다(제79조 본문). 여기서 민간과의 거래가 제한되는 것은 예금 또는 대출에 한정된다. 계좌형 CBDC의 법적 성질을 예금으로 볼 수는 없으므로 계좌형 CBDC는 한국은행법상 민간과의 거래 제한규정의 적용대상이 아니라는 해석도 가능하다. 그러나 이 조항의 입법취지를 고려할 때 "중앙은행인 한국은행이 상업금융기관과 경쟁관계에 서는" 모든 거래를 금지한다고 보는 것이 타당하다.[58]

54 이 글에서 시장형 지급수단은 발행주체를 기준으로 정부나 중앙은행이 아닌 민간기관이 발행한 모든 지급수단을 포함하는 넓은 의미로 사용한다.

55 박선종 · 김용재, "중앙은행의 디지털화폐 발행 시 법률적 쟁점", 비교사법, 제25권 제1호, 2018, 366-367면. 우루과이중앙은행이 이 근거로 토큰형 CBDC 발행을 정당화하고 있다. Bossu, Itatani, Margulis, Rossi, Weenink and Yoshinaga, 앞의 논문, p.20. cf. Grünewald, Zellweger-Gutknecht and Geva, 앞의 논문, p.1033(EU 협약과 ECB 근거법상 은행권이 특정한 재질이나 형태를 요구하는 것은 아님); Benjamin Geva, Seraina Neva Grünewald and Corinne Zellweger-Gutknecht, "The e-Banknote as a 'Banknote': A Monetary Law Interpreted", Oxford Journal of Legal Studies Vol.41, 2021, p.13(디지털코인은 은행권에 해당), p.15(종이 은행권을 인정하는 화폐법상 원칙은 디지털 은행권도 동일하게 인정), p.26(토큰형은 은행권 발행근거에 따라 발행 가능).

56 주식 · 사채 등의 전자등록에 관한 법률[시행 2019. 9. 16.][법률 제14096호, 2016. 3. 22., 제정].

57 한국은행법상 디지털 화폐의 발행근거를 신설하자는 주장으로, 최진솔 · 박선종, "주요국 CBDC 연구현황 및 한국형 CBDC 도입을 위한 법률정비방안", 비교사법 제29권 제2호, 2022, 213면.

58 한국은행 법규제도실, 앞의 책, 297면.

(3) 발행의무

무신용위험의 신뢰할 수 있는 강제통용력을 가진 지급수단의 공급은 중앙은행의 의무이다. 따라서 현금의 지급수단으로서의 비중이 감소하는 추세를 고려할 때 중앙은행은 디지털을 포함한 종이나 금속 이외의 경쟁력 있는 형식으로 법화를 발행할 의무를 진다.[59] 통화정책의 수행주체로서의 법적 지위를 위해서도 필요한 접근이다.

다. 법화성

국내법상 지급수단에 대한 법화성 인정은 입법사항이다. 국가는 법화성을 인정할 때 사회적 수용성 등을 고려해야 한다.[60] 이에 대해 첫째, "CBDC가 도입되더라도 이에 강제통용력을 부여하기에는 사회구성원의 디지털인지능력이 부족하다고 보며, CBDC의 피지급성을 넘어 보안성과 편의성 등에 관한 사회적 신뢰가 형성될 때까지는 CBDC에 법화성을 부여하는 것은 적절하지 않"고, 둘째, 법화성 인정 여부와 무관하게 그 발행 근거는 한국은행법에 두는 것이 타당하다는 주장이 있다.[61] 한국은행에 법화 외의 지급수단 발행을 허용하고 한국은행법으로 규율하자는 것이다. 이와 함께 "CBDC를 화폐로 규정하지 않아 강제통용력이 부여되지 않더라도, 발행된 CBDC는 중앙은행의 채무이므로 '사실상 화폐'로 인정되어 그 기능을 수행함에는 문제가 없"다고 한다.[62] EU에서도 CBDC의 법화성은 인정하지 않지만, 중앙은행이 다른 화폐와의 교환가능성을 보장하는 방안이 논의되고 있다.[63] 다만 이 경우에도 그 실제 효과는 법화성을 인정하는 것과 동일하다.

그러나 첫째, 한국은행법상 '화폐'는 법화를 말하고(제47조), 동법은 법화에 관한 법

59 Grünewald, Zellweger-Gutknecht and Geva, 앞의 논문, pp.1037-1038.

60 Bossu, Itatani, Margulis, Rossi, Weenink and Yoshinaga, 앞의 논문, p.33.

61 정경영, "중앙은행 발행 디지털화폐(CBDC)의 성질과 그 법적 포섭", 금융법연구 제17권 제3호, 2020, 61면, 67-68면. 추후 CBDC에 대한 사회적 수용성이 충분히 확대된다면 CBDC의 법화성을 부여하는 것이 바람직하다는 견해로, 최진솔 · 박선종, 앞의 논문, 213면. CBDC가 반드시 법화일 필요성은 없다는 주장으로, 윤종수, 앞의 논문, 287면.

62 정경영, 위의 논문, 61면.

63 Banque de France, "Central Bank Digital Currency", 8.1. 2020, p.32; Grünewald, Zellweger-Gutknecht and Geva, 앞의 논문, p.1053. 다만 법화성은 "디지털 유로의 바람직한 특징"이라고 한다. ECB(2020), p.33.

으로서 법화 이외의 지급수단을 규율하는 것은 체계적으로 맞지 않는 점, 둘째, 법화성이 없는 CBDC를 중앙은행이 발행한다면 당연히 전자금융거래법상 전자지급수단과 동일한 원칙에 따라 규제되어야 하는 점, 셋째, 만일 중앙은행이 전자지급수단을 발행하여 시장형 지급수단과 직접 경쟁한다면 시장 중립성과 불개입을 원칙으로 하는 중앙은행의 법적 지위에 정면으로 반하는 점[64] 등을 고려할 때 CBDC에는 법화로서의 지위를 부여해야 한다. 서병수의원안은 디지털 화폐의 법화성을 인정한다(안 제53조의4제2항, 제48조).[65]

4 중앙은행법

CBDC 발행과 관련하여 고려할 사항은 중앙은행의 목적과 기능이다. CBDC 발행을 포함한 중앙은행의 모든 행위는 이러한 목적을 위하여 필요한 경우에 한정된다. 한국은행법 제1조는 목적으로 물가안정을 규정하고, 통화신용정책을 수행할 때에는 금융안정에 유의하여야 한다고 규정한다. 한국은행법상 목적으로서 물가안정과 금융안정의 관계에 대해서는 논의가 있다.[66] 조문 구조가 독특하지만, 한국은행은 물가안정과 금융안정을 목적으로 한다. 이하 CBDC발행이 중앙은행제도에 미치는 영향을 통화정책과 금융안정의 두 가지 측면에서 살펴본다.

전통적으로 중앙은행의 통화정책은 은행권과 주화를 전제로 한다. 은행권과 주화는 기술적 한계로 이자를 붙이거나 용도나 사용 시기의 제한 등 다양한 내용을 결합할 수 없다. 따라서 전통적인 통화정책은 그 전파경로인 은행을 상대로 한 공개시장조작이나

64 핀란드에서 중앙은행이 지급수단으로서 발행한 스마트카드(Avant)를 CBDC라고 설명하면서 그 법화성을 부정하는 견해가 있다. Aleksi Grym, "Lessons Learned from the World's First CBDC", BoF Economics Review No. 8/2020, Bank of Finland, 2020, p.10. 그러나 동 카드는 중앙은행이 설립한 자회사가 발행한 것으로서 중앙은행이 직접 발행주체가 되는 경우와는 다르다. 사실상 중앙은행이 그 자회사의 채무에 관하여 책임을 진다고 해도 그 카드보유자가 중앙은행에 대하여 직접 권리를 행사할 수는 없다.

65 한국은행법 일부개정법률안(의안번호 12664, 발의연월일 : 2021.9.24., 서병수 의원 대표발의). 제28조 제1호 중 "한국은행권(韓國銀行券) 발행"을 "한국은행권(韓國銀行券), 주화(鑄貨) 및 디지털 화폐의 발행"으로 한다.

66 국내외 논의를 소개한 것으로, 정순섭, 「은행법」(제2판), 2024 ("정순섭, 「은행법」"), 540-541면 [17-5]-[17-10].

금리정책 또는 여수신정책 등을 통하여 이루어져 왔다. 따라서 중앙은행이 은행권이나 주화를 직접 통화정책수단으로 사용한 것은 아니므로 CBDC가 통화정책에 근본적 영향을 미치는 것은 아니다.[67] CBDC도 은행권이나 주화와 동일한 화폐단위를 사용하므로 발행수단의 차이에 불과하다. 오히려 CBDC는 스마트계약과 같은 기술을 접목함으로써 새로운 통화정책수단을 가능하게 한다.[68] 다만 그러한 변화가 통화정책의 전파경로에 미치는 영향에 대한 분석은 필요하다.

CBDC는 은행중개기능, 나아가 금융안정에 부정적일 수 있다는 지적이 있다.[69] 그러나 적절히 설계된 환경에서 CBDC의 예금대체는 은행시장의 경쟁도를 높여 소비자 후생을 개선할 수도 있다.[70] 위험관리방안으로는 정량조치, 가격조치, 위기대응조치 등이 논의되고 있다.

5 지급법

가. 문제의 의의

CBDC의 지급법에서의 문제는 기존의 시장형 비현금 지급수단과의 관계를 어떻게 설정할 것인지에 있다. 첫째, 지급수단으로서 현금의 비중은 급격히 감소하고 있다.

---

67 Richards, Thompson and Dark, 앞의 논문, p.41.

68 Agustín Carstens, “Digital Currencies and the Future of the Monetary System”, Hoover Institution Policy Seminar, Basel, 27 January 2021.

69 대표적인 논의로, Markus K. Brunnermeier and Dirk Niepelt, “On the Equivalence of Private and Public Money”, National Bureau of Economic Research Working Paper 25877, May 2019; Linda Schilling, Jesús Fernández-Villaverde and Harald Uhlig, “Price and Bank Stability Collide”, National Bureau of Economic Research Working Paper No.28237, December 2020.

70 Andrew Usher, Edona Reshidi, Francisco Rivadeneyra and Scott Hendry, “The Positive Case for a CBDC”, Bank of Canada Staff Discussion Paper 2021-11, 2021, pp6-7. 은행이 예금시장에서 시장지배력을 가진 경우 지급수단으로서 은행예금과 경쟁할 수 있는 CBDC 도입은 은행으로 하여금 예금금리를 올리고 은행중개기능을 확대할 것으로 본 연구로, Jonathan Chiu, Mohammad Davoodalhosseini, Janet Jiang and Yu Zhu, “Bank Market Power and Central Bank Digital Currency: Theory and Quantitative Assessment”, Bank of Canada Staff Working Paper 2019-20, 2019.

우리나라는 신용카드가 주도적 지급수단으로서 기능하고 있어 다른 나라와 상황이 같을 수는 없지만, CBDC는 지급수단 간 경쟁에서 경쟁제고효과를 발생할 수 있다. 둘째, CBDC는 새로운 지급수단으로서 지급의 편의성과 효율성을 높일 것으로 기대되고 있다. 중앙은행의 발권력에 근거한 공신력을 기초로 발행인의 신용위험을 부담하는 시장형 지급수단에 비하여 안전한 지급수단을 제공하여 디지털금융 전반에 걸쳐 경쟁과 혁신을 제고할 것으로 본다.[71] 한국은행은 "우선 송금서비스 부문에서는 CBDC와 은행의 인터넷뱅킹(모바일뱅킹 포함) 및 전자금융업자의 간편송금 서비스 간 경합이 불가피할 것으로 예상"된다고 평가한다.[72] 그러나 한국은행의 이러한 평가는 CBDC를 일반거래용으로 발행하고, 현행 전자금융거래법 및 여신전문금융업법상 지급수단과 직접 경쟁하는 관계를 전제로 한 것이다. 그러나 우리법상으로는 CBDC의 기본원칙으로서의 최소개입의 원칙이 적용되어야 한다.

6 정보보호법

CBDC가 가지는 가장 근본적인 법률문제 중의 하나는 개인정보보호문제이다. 개인의 지급 정보는 그 개인이 CBDC를 이용하기 위하여 개설한 지갑을 관리하는 은행 그 밖의 중개기관에 한정되어야 한다. CBDC는 법화이므로 금융실명법상 금융자산에 포함되고, 금융거래 등에도 해당한다. 따라서 금융실명법상 금융거래 정보로서 비밀보장의 대상이 된다. 또 한 가지 시스템적으로 강제되어야 하는 것은 어떤 경우에도 개인의 지급내역 정보가 중앙은행이나 그 밖의 중앙시스템에 집중되는 것은 엄격히 금지되어야 한다는 점이다. 중앙은행이 CBDC에 관하여 접근할 수 있는 정보는 통화정책 수행을 위하여 필요한 총량정보에 한정되어야 한다.

중앙은행의 의지와는 무관하게 CBDC의 발행과 유통제도를 어떻게 설계하는지에 따라 정도와 수준에는 차이가 있겠지만, 중앙은행이 CBDC의 발행 및 유통구조를 통하여 개인의 지급내역정보에 접근할 수 있는 기술적 가능성이 존재하는 것은 부인할 수 없다. 이러한 가능성을 현재 확보할 수 있는 가장 발달된 정보보호장치를 도입하여 이러

71 대표적인 논의로, Usher, Reshidi, Rivadeneyra and Hendry, 앞의 논문, pp.6-13.

72 한국은행, 「중앙은행 디지털화폐」, 2019, 31면.

한 가능성을 차단해야 할 것이다. CBDC의 도입과 관련하여 디지털 취약계층의 지급측면에서의 금융소외문제와 함께 가장 해결하기 어려운 난제라고 생각된다.

7 형법

화폐제도의 보호를 위한 형사법적 접근으로 우선 통화위조죄와 착오송금의 형사처벌 두 가지를 생각할 수 있다.

형법상 통화위조죄는 화폐, 지폐 또는 은행권을 대상으로 하는 위조 또는 변조행위를 처벌대상으로 하고 있다(제207조 제1항). 지폐 또는 은행권은 한국은행법상 한국은행권을 의미하는 것이 명백하다. 그러나 화폐는 형법학계에서는 주화라고 해석하고 있다. 종이와 금속을 수단으로 제조된 화폐만을 포함하고 있는 것이다. 위조나 변조라는 행위를 디지털화폐에 대하여 적용할 수 있는지도 의문이다. 따라서 디지털 전자기록을 수단으로 하는 화폐에 대해서는 다른 고려가 필요하다.

현재의 예금계좌를 이용한 계좌이체과정에서 이루어지는 착오송금에 대하여는 ① 송금인과 수취인 사이에 별도의 원인관계가 없어도 수취인에게 예금채권이 성립, ② 송금인은 수취인에 대하여 부당이득반환청구권을 보유, ③ 수취인이 착오송금된 금전을 임의로 인출하거나 그 밖의 방법으로 소비하면 횡령죄로 처벌의 세 가지 법리에 기초하고 있다. 특히 ③의 횡령죄에 대해서는 금전의 재물성을 기초로 하는 법리이다. 최근 법원은 비트코인의 착오이체 상황에서 이체된 비트코인을 임의로 인출한 수취인을 횡령죄와 배임죄로 기소한 사안에서 횡령죄는 재물에 해당하지 않음을 이유로, 그리고 배임죄는 비트코인을 법화와 같은 수준으로 보호할 수 없다는 이유에서 처벌할 수 없다는 것이 법원의 입장이다(대법원 2021. 12. 16. 선고 2020도9789 판결). CBDC의 경우에도 유사한 문제가 발생할 가능성이 있다. 착오송금 등의 문제에 대응하기 위하여 입법론으로 이체자산횡령죄를 신설하자는 주장도 있다[대법원 2022. 6. 23. 선고 2017도3829 전원합의체 판결의 별개의견(김선수 대법관)].[73]

73 같은 취지의 형법개정안이 발의되기도 했다. 형법 일부개정법률안(의안번호 21205, 발의연월일: 2023.4.7., 이용우 의원 대표발의) 안 제360조의2(이체자산 횡령) 재산적 가치가 있는 금융자산 또는 가상자산을 보관·관리하는 금융계좌 또는 가상자산주소에 법률이나 계약상 원인 없이 이체된

8 제도설계의 기본원칙

가. 문제의 의의

CBDC 제도설계의 기본원칙은 첫째, CBDC의 목적과 원칙, 둘째, 화폐법상 문제, 셋째, 중앙은행법상 문제, 넷째, 구체적인 설계방안의 순서로 논의되어야 한다.

나. 목적과 원칙

(1) CBDC의 목적

CBDC의 발행목적은 세 가지로 정리할 수 있다. 첫째, CBDC는 화폐법상 법화로서 중앙은행법상 목적과 기능을 위해 명확한 법적 근거와 규제체계에 따라 발행되어야 한다. 1차적 목적은 현금의 보완을 통하여 지급수단의 경쟁을 촉진하는 것으로서 지급결제제도의 일반원칙이 적용되어야 한다. 둘째, CBDC는 은행을 중심으로 한 금융중개시스템을 배제하기 위한 것은 아니다. 전통적인 중앙은행기능에 보완적 역할을 수행해야 한다. 셋째, CBDC 설계에서도 효율성과 안전성의 비교형량이 필요하지만,[74] 이 두 요청이 대립할 때는 안전성을 우선해야 한다. 따라서 정보보호문제나 지급실패위험, 지급관련 금융소외, 자금세탁, 외국환규제위반과 같은 부정적 영향은 최소화되어야 한다.

(2) CBDC의 원칙

CBDC는 화폐법과 중앙은행법상 원칙을 준수하면서 헌법상 시장경제질서의 기반 위에서 발행·유통되어야 한다. 첫째, 화폐법상 법화는 "지급과 저장 그리고 계산을 위한 익명성과 중립성을 갖춘 수단"으로 중앙은행이 발행한다. 둘째, 중앙은행법상 중앙은행의 본질적 기능인 통화정책 및 금융안정은 법화제도의 변화로 영향을 받아서는 안된다. 셋째, 우리나라의 지급법제는 "소매지급결제와 금융중개에서의 시장의 주도적 지위의 존중"으로 나타나는 시장경제질서와 경제활동의 자율성 등 헌법상 핵심가치(헌법 제

금융자산 또는 가상자산을 횡령하거나 반환을 거부한 자는 3년 이하의 징역 또는 1천만 원 이하의 벌금에 처한다. 임기만료로 폐기되었다.

74 Group of Central Banks(1), p.15.

119조 제1항)에 근거한 것이다. 이러한 요소를 종합하면 CBDC는 첫째, 법화에 대한 보완성과 둘째, 시장에 대한 최소개입을 기본원칙으로 설계되어야 한다.

일반거래용 CBDC의 경우 정보보호가 문제 된다.[75] 거액거래용에서는 일반거래용과 같은 차원의 정보문제는 없다. 이는 지급법제가 아닌 정보법제의 대상이다. 중앙은행도 예외가 될 수 없다. 따라서 정보보호법원칙에 따른 제도설계로 해소되어야 한다. 중요한 것은 중앙은행은 CBDC 개별보유자의 보유 및 거래내역에는 접근할 수 없어야 한다는 점이다.

다. 중앙은행법과 최소개입

(1) 중앙은행의 목적과 최소개입

한국은행법상 한국은행은 통화정책과 금융안정(제1조) 그리고 법화의 발행(제47조)을 담당한다. CBDC도 이러한 중앙은행의 기능수행을 위한 기본원칙을 따라야 한다. 구체적으로 헌법상 경제질서에 관한 기본규율을 전제로 중앙은행법상 중앙은행 기능과 권한의 한계와 절차를 고려해야 한다.

CBDC는 제도설계와 시장개입 정도에 따라 금융중개시스템과 중앙은행의 통화정책과 금융안정기능, 지급결제제도에 대해 근본적 변화를 야기할 수 있다. 헌법상 시장경제질서와 금융시장의 자율성, 디지털사회에서의 정보보호 중요성 등 핵심가치를 고려할 때 CBDC는 '최소개입(minimally invasive)의 원칙'에 따라야 한다.[76] 금융시장은 민간 시장주도의 지급기능을 원칙으로 해야 한다.

(2) 최소개입원칙의 적용

CBDC의 제도설계에 따라서는 은행예금을 CBDC로 이전시켜 금융중개기능을 소멸시킬 수도 있다. 또한 CBDC를 소매결제용으로 전면 허용할 경우 신용카드를 제외한 비현금 지급수단의 존속기반을 붕괴시킬 수도 있다. 따라서 CBDC는 은행을 포함한

75 대표적으로, G7 Finance Ministers and Central Bank Governors Communiqué, Updated 5 June 2021("they should operate within appropriate privacy frameworks").

76 Raphael Auer and Rainer Böhme, "Central Bank Digital Currency: the Quest for Minimally Invasive Technology", BIS Working Papers No 948, June 2021.

금융중개시스템과 민간형 지급결제업에의 영향을 최소화하는 방향으로 설계되어야 한다.[77] 특히 금융중개기능과 지급결제에서의 민간분야의 시장경제질서에 기반한 경쟁구조를 침해하는 일체의 행위도 금지되어야 한다. 중앙은행이 CBDC를 발행하는 것이 금융시장과의 경쟁 또는 경업을 위한 것은 결코 아니다. 오히려 CBDC에 기초한 새로운 부가가치산업이 창출될 수 있는 경쟁환경조성을 가능하게 하는 구조로 설계되어야 한다.[78]

(3) 구체적인 설계

가) 서언

BIS와 7개국 중앙은행이 발표한 CBDC제도의 설계원칙은 CBDC 자체, 시스템, 법적 근거로 나누어 CBDC가 갖추어야 할 핵심요소를 제시하고 있다.[79] CBDC 제도설계에서 가장 기본적인 사항은 국가지급생태계에서 중앙은행이 개입할 위치와 방법이다.[80] CBDC에 대해서는 화폐법상 법화성, 중앙은행법상 발행근거는 물론 정보보호, 자금세탁방지 등과 함께 발행유통시스템의 안전성 확보에 관한 법적 근거를 명확히 도입해야 한다.

나) CBDC 자체

1) 현금과의 병행

CBDC의 발행으로 현금을 완전 배제할 것인지 아니면 양자를 병행할 것인지는 본질적 요소이다. 디지털 취약계층의 현금선택권을 보장할 경우 CBDC는 현금과 병행하는 것이 타당하다. 그러나 법화제도를 이원적으로 운영할 필요성이 있는지는 여전히 의문이다. 장기적으로는 디지털 취약계층의 지급분야에서의 금융소외에 관한 지속적인 평가를 거쳐 CBDC로 일원화하는 것이 타당하다.

2) 이자의 지급 여부

CBDC에 대하여 이자를 지급할 수 있다. 그 법적 성질은 금전의 사용대가로서의 법률상 이자가 아니라 통화량의 변경이므로 그 절차와 방식에 따라야 한다. 음(-)의 금리

77 ECB(2020), pp.16-23.

78 SIA S.p.A., “Whitepaper for a Retail DLT-based CBDC”, 2020, p.20, GP7.

79 Group of Central Banks(1), p.11 Table 1.

80 Group of Central Banks(1), p.12.

를 부과할 경우 국민의 재산권을 박탈하는 효과가 발생하므로 엄격한 요건이 법정되어야 한다. 이자를 지급하지 않을 경우 예금의 CBDC로의 이전에 따른 금융시스템 영향은 발생하기 어렵다.

3) 개별보유자별 보유 한도

개별보유자별 보유 및 거래 한도는 위험관리의 관점에서 한국은행법상 근거규정을 두어 도입할 필요가 있다. 그 수준은 CBDC가 지급수단으로서의 기능을 수행하기에 적절한 규모로 정해져야 한다.

다) 발행 및 유통시스템

CBDC의 발행 및 유통시스템은 중앙은행의 역할을 기준으로 직접형과 혼합형을 구분한다. 현재 우리나라에서는 화폐법과 중앙은행법의 기본원칙과 정보보호필요성, 금융시스템에 미치는 영향 등을 종합적으로 고려할 때 혼합형이 타당하다. 특히 발행기관인 중앙은행에는 최종이용자의 개별보유 및 거래내역이 전혀 보관되지 않는 중개형을 채택해야 한다. 혼합형에서는 전통적인 은행을 통한 금융서비스에의 친숙도를 활용하여 CBDC의 사회적 수용성을 높일 수 있다. 원장에 대해서는 중앙은행의 관리자 기능에 기초한 분산원장을 검토하는 것이 CBDC의 취지에 가장 부합한다. CBDC의 발행 및 유통에 소요되는 비용부담도 문제 된다. 참가기관에게 비용을 부담시킬 경우 그 비용회수를 위한 사업모델을 제공할 수 있는지 검토가 필요하다.[81]

1) CBDC 지갑 등 관련장비의 보급 등

CBDC는 최종이용자가 시스템에 접속하여 지급이나 이체 등의 기능을 수행하기 위한 CBDC지갑 등 관련장비의 보급이 필요하다. 이러한 장비는 디지털격차를 해소하고 최종 이용자별 지급수요를 적절히 반영할 수 있어야 한다. 혼합형에서 이러한 장비의 보급은 참가기관인 은행 등이 담당한다. CBDC를 지급결제제도의 일부로 보는 이상 그 비용을 참가기관이나 최종 이용자에게 부담시킬 수는 없다.

81 은행이 취급하는 CBDC업무(계좌관리)를 위수탁사무로 볼 것인지를 논의하는 것으로, 안수현, "중앙은행 디지털화폐(CBDC)의 금융법적 검토 - 은행관련 법적 이슈를 중심으로 -", 경제법연구 제22권 제1호, 2023, 108면.

Ⅳ 스테이블 코인

1 문제의 소재

CBDC와 함께 디지털화폐의 가능성을 실현하기 위한 두 번째 시도는 스테이블 코인이다. 스테이블 코인에 관한 법적 논의를 위해서는 다음 다섯 가지 문제가 정리되어야 한다. 첫째, 스테이블 코인의 제도적 기능에 대한 명확한 인식이다. 지급수단 또는 투자수단인지 아니면 지급수단과 투자수단의 기능을 함께 가지는 것인지에 대한 성질결정에 따라 스테이블 코인에 관한 규제의 방향성은 완전히 달라질 수 있다. 결론부터 정리하면 스테이블 코인은 주로 지급수단이지만 투자수단으로서의 성격도 함께 가지는 것으로 이해하고 있다. 둘째, 스테이블 코인의 핵심개념요소인 가치안정화구조에 대한 법적 평가이다. 스테이블 코인에 대한 제도적 평가는 전통적인 지급수단에 대한 대체 또는 보완수단으로서의 기능적 측면과 함께 화폐제도의 기반기술로서의 분산원장기술의 가능성이라는 제도적 측면의 두 가지 관점에서 이루어져야 한다. 셋째, 스테이블 코인의 법적 성질과 관련하여 사법상 재산, 상법상 유가증권, 화폐법상 화폐와 지급수단, 금융규제법상 금융상품, 자본시장과 금융투자업에 관한 법률(“자본시장법”)상 증권에 관한 논의가 필요하다. 사법상 재산과 상법상 유가증권에 관한 논의는 분산원장기반의 토큰 자체의 법적 성질에 관한 것임에 비하여 화폐법상 화폐와 지급수단, 금융규제법상 금융상품, 자본시장법상 증권에 관한 문제는 스테이블 코인에 특유한 법적 논의이다. 넷째, 중앙은행법상 통화정책과 지급결제제도, 그리고 외국환거래법상 외국환규제에 미치는 영향과 제도화 방안이다. 다섯째, 구체적으로 스테이블 코인의 발행이 이루어질 경우 발행과 유통에 관한 규제체계의 정립방안이다.

이하에서는 스테이블 코인의 지급기능을 중심으로 한 성질결정과 가치안정화구조에 대한 정의와 법적 평가를 출발점으로 법적 성질을 정리한 후 구체적인 규제체계의 정립방안을 제시하는 것을 목적으로 한다.

2 의의 및 구조

가. 의의

스테이블 코인은 "법화나 다른 준거자산(reference assets)에 관한 안정적인 가치를 유지하기 위하여 설계된 가상자산"을 말한다.[82] 과거에도 유사한 사례는 있었지만,[83] 스테이블 코인은 가상자산인 점에서 새로운 시도이다. 정확하게는 가상자산의 지급수단으로서의 한계로 지적되어 온 가치 변동성을 해소하기 위한 가치안정구조를 가진 가상자산이다. 금융안정위원회(Financial Stability Board, FSB)는 스테이블 코인의 개념요소로 첫째, 가치안정구조의 존재와 둘째, 지급 및 가치저장수단으로서의 기능을 들고, 셋째, 복수 법역에 걸친 잠재적인 적용범위와 채택을 글로벌 스테이블 코인을 정의하는 기준으로 파악하고 있다.[84]

스테이블 코인은 중앙은행에 해당하는 기능이 없는 가상자산분야에서 전통적인 화폐제도에서 미국 달러나 일본 엔과 같은 계산단위(unit of account)를 제공하고 있다.[85] 따라서 스테이블 코인의 가치안정구조를 법화와의 연계구조로 한정할 경우 아래에서 보는 알고리즘형이나 내재적 가치가 없는 가상자산을 준비자산으로 하는 것은 스테이블 코인이라고 할 수 없다.

그러나 법화 자체도 가치 변동성을 가지는 점에서 법률용어로서 스테이블 코인은 정확하지 않다. 스테이블 코인으로 알려진 자산도 변동성을 경험하고 있고, 가치가 유지

82 President's Working Group on Financial Markets, Federal Deposit Insurance Corporation and Office of the Comptroller of the Currency, Report on Stablecoins, November 2021, p1.

83 Jon Frost, Hyun Song Shin and Peter Wierts, "An early stablecoin? The Bank of Amsterdam and the Governance of Money", BIS Working Papers No 902, 10 November 2020(은행이 은화와 금화에 기초한 예금을 발행하고, 예금 간의 이체를 통하여 지급결제를 한 구조였지만, 1780년대의 경제위기와 대규모 대출 그리고 재정지원의 부족으로 파탄에 이른 사례).

84 Financial Stability Board, Regulation, Supervision and Oversight of "Global Stablecoin" Arrangements Final Report and High-Level Recommendations, 13 October 2020, pp9-12.

85 이러한 의미에서 스테이블 코인을 "가상자산분야의 명목기준지표를 향한 실존적인 탐구의 징표"라고 설명한다. Bank for International Settlements(BIS), The crypto ecosystem: key elements and risks Report submitted to the G20 Finance Ministers and Central Bank Governors, July 2023, p.7("BIS(2023)").

되지 못한 사례도 있기 때문이다.[86] 과도한 가치변동이 나타나는 가상자산에 대한 상대 개념으로서 법화 수준의 안정성을 추구하는 용어로 생각된다. 외국입법례도 '디지털지급자산'(digital settlement asset), '자산준거토큰'이나 '전자화폐토큰', '전자결제수단' 등의 중립적인 용어를 사용한다.

국내법상 스테이블 코인을 입법할 경우 법률용어로는 첫째, 법화수준의 내재적 가치를 가진 자산과의 연계를 통한 가치안정구조를 가진 가상자산형 지급수단임을 표시하면서, 둘째, 법화와 구별되고, 셋째, 전자금융거래법상 전자지급수단과의 구분이 가능해야 한다는 점에서 형태요소로서의 전자, 기능요소로서의 지급, 법적 성질요소로서 자산이 포함된 용어를 사용하는 것이 적절하다고 생각된다.[87]

표 1 국회 제출 법률안상 스테이블 코인 용어

법률안	스테이블 코인 정의
디지털자산기본법안 (의안번호 10736, 발의연월일: 2025. 6. 11., 민병덕 의원 대표발의)	③ 이 법에서 "자산연동형 디지털자산"이란 원화 또는 외국 통화의 가치와 연동되면서, 환불이 보장되어 있는 것을 말한다.(제3조제3항) ② 제1항의 디지털자산은 다음 각 호와 같이 구분한다. 1. 자산연동형 디지털자산 2. 일반 디지털자산(제3조제2항)
가치고정형 디지털자산을 활용한 지급 혁신에 관한 법률안 (의안번호 11777, 발의연월일: 2025. 7. 28., 김은혜 의원 대표발의)	3. "가치고정형 디지털자산"이란 법정통화 또는 가치가 안정적인 자산으로서 대통령령으로 정하는 자산의 가치에 연동되어 부산원장을 기반으로 발행되고 그 연동된 자산의 가치로 상환이 보장되는 디지털자산을 말한다(제2조제3호)
가치안정형 디지털자산의 발행 및 유통에 관한 법률안 (의안번호 11784, 발의연월일: 2025. 7. 28., 안도걸 의원 대표발의)	"가치안정형 디지털자산"이란 분산원장에 디지털 형태로 표시되어 경제적 가치를 지니고 전자적으로 거래 또는 이전될 수 있는 것으로서, 대한민국 또는 외국의 단일한 종류의 법정통화에 가치가 연동되어 안정적 가치를 유지하고 불특정 다수인 간에 지급을 위하여 사용할 것을 목적으로 설계된 것을 말한다. 다만, 다음 각 목의 어느 하나에 해당하는 것은 제외한다.

86 BIS(2023), pp.8-9; Canadian Securities Administrators Staff Notice 21-332 Crypto Asset Trading Platforms: Pre-Registration Undertakings Changes to Enhance Canadian Investor Protection, February 22, 2023, p.10.

87 '안정화암호자산'이라고 부르는 견해도 있다. 고동원 · 장한결, "암호자산 시장의 불공정거래행위 분석과 규제 개선 과제", 은행법연구 제16권 제2호, 2023, 49면.

	가. 화폐·재화·용역 등으로 교환될 수 없는 전자적 증표 또는 그 증표에 관한 정보로서 발행인이 사용처와 그 용도를 제한한 것 나. 「게임산업진흥에 관한 법률」 제32조제1항제7호에 따른 게임물의 이용을 통하여 획득한 유·무형의 결과물 다. 「주식·사채 등의 전자등록에 관한 법률」 제2조제4호에 따른 전자등록주식등 라. 「전자어음의 발행 및 유통에 관한 법률」 제2조제2호에 따른 전자어음 마. 「상법」 제862조에 따른 전자선하증권 바. 거래의 형태와 특성을 고려하여 대통령령으로 정하는 것(제2조제1호)
가치안정형 디지털자산 발행업 등에 관한 법률안 (의안번호 12298, 발의연월일: 2025. 8. 21., 김현정 의원 대표발의)	"가치안정형 디지털자산"이란 「가상자산 이용자 보호 등에 관한 법률」 제2조제1호의 가상자산으로서 다음 각 목의 요건을 모두 갖춘 것을 말한다. 가. 대통령령이 정하는 요건을 갖춘 분산원장을 기반으로 발행 및 이전될 것 나. 대한민국 또는 외국의 단일한 종류의 법정 통화의 가치에 준거하여 해당 통화로 액면을 표시하여 발행될 것 다. 발행인에 의하여 나호의 액면에 해당하는 통화와의 상환이 보장될 것 라. 기타 대통령령이 정하는 요건을 충족할 것(제2조제1호)
디지털자산시장의 혁신과 성장에 관한 법률안 (의안번호 13166, 발의연월일: 2025. 9. 22., 이강일 의원 대표발의)	2. 이 법에서 "가치안정형 디지털자산"이란 다음 각 호의 어느 하나에 해당하는 디지털자산으로서 그 가치의 상환이 보장되는 것을 말한다 가. 하나의 통화(외국환거래법 제3조제1항제1호 및 제2호에 따른 통화를 말한다)에 연동되어 안정적인 가치를 유지하거나 유지하고자 하는 디지털자산 나. 가목 이외의 대통령령으로 정하는 자산에 연동되어 안정적인 가치를 유지하거나 유지하고자 하는 디지털자산(제2조제2호)
디지털자산시장통합법안 (의안번호 2213266, 발의연월일 2025. 9. 25, 김재섭 의원 대표발의)	3. "고정가치형 디지털자산"이란 대통령령으로 정하는 통화 또는 자산에 가치가 연동되어 가치가 고정되거나 고정될 것을 목적으로 설계된 디지털자산을 말한다(안 제3조 제3호)
디지털자산 육성 기본법안 (의안번호13449, 발의연월일: 2025. 10. 1., 최보윤 의원 대표발의)	② 이 법에서 "가치연계형 디지털자산"이란 제1항의 디지털자산 중에서 법정화폐, 실물자산 또는 이에 준하는 외부가치와의 연계를 통하여 가격의 안정성을 유지하도록 설계된 디지털자산을 말한다(제2조제2항).

나. 구조

(1) 가격안정구조

스테이블 코인의 가격안정구조는 스테이블 코인의 가치를 안전자산으로 구성되는 준비자산[88]에 연동시키는 구조를 의미한다. 알고리즘형 스테이블 코인은 이러한 가격안정구조를 알고리즘을 이용한 가상자산 사이의 거래구조를 통하여 구현하려는 시도였다.[89] 알고리즘형 스테이블 코인은 가격안정구조를 어떻게 규정하는지에 따라 달라질 수 있지만, 입법론으로는 스테이블 코인으로 정의할 수는 없을 것이다. 일본에서는 스테이블 코인을 전자화폐형과 암호자산형으로 나누어 후자는 자금결제에 관한 법률상 스테이블 코인인 전자결제수단으로 분류하지 않는다.

가격안정구조가 스테이블 코인과 법화가 1:1 비율로 고정되어 있는 경우에도 스테이블 코인에 대한 수요공급 등 시장요인에 따라 시가가 1 USD나 1 KRW 보다 낮아질 수 있다. 이 경우에는 이용자가 발행자에 환급청구를 함으로써 시중의 유통량이 감소되어 스테이블 코인의 가격이 다시 1 USD나 1 KRW로 복원되는 구조를 전제로 한다. 따라서 법화를 미리 받지 않고 사전에 스테이블 코인을 발행하는 행위는 준비자산 없이 스테이블 코인을 발행하는 행위로서 준비자산보유의무에 위반할 가능성이 있다. 또한 대부분 준비자산의 재담보나 양도 등의 운용행위를 금지하거나 그밖에 유동성규제를 통하여 이용자의 환급청구에 즉시 응할 수 있도록 규제하고 있다. 스테이블 코인을 가상자산거래소에서 거래하는 것은 이러한 가격안정구조의 실현을 위하여 필요한 것이다.

(2) 계산단위

표시통화의 차이이다. 스테이블 코인은 가격안정구조와 법화 이외의 단위를 계산단위로 표시하는 점을 본질적 요소로 한다. 스테이블 코인의 표시통화를 법화로 할 경우 스테이블 코인으로서의 고유한 문제는 발생하지 않는다. 스테이블 코인의 표시통화와

88 준거자산(reference asset), 준비자산(reserve asset), 담보(collateral) 등으로 부르고 있지만, 이 글에서는 준비자산이라고 한다.

89 유영운, “알고리듬 스테이블코인 가격 안정화 구조와 규제 가능성”, 법조 제71권 제4호, 2022, 441-446면.

준비자산의 표시통화를 일치시킬 경우에는 더욱 그러하다. 스테이블 코인의 중앙은행법이나 화폐법상 문제는 표시통화로 법화를 사용하지 않는 경우에 발생한다.

(3) 기능적 요소: 지급

스테이블 코인은 지급의 원활화를 위하여 가상자산의 변동성을 완화하기 위한 목적으로 가상자산현상으로부터 진화한 것이다.[90] 스테이블 코인을 가상자산거래소에서 거래하는 것은 스테이블 코인의 가격안정구조의 작동을 위하여 필요한 범위에서 허용되어야 한다. 전통적으로 지급기능을 수행하는 지급수단은 스테이블 코인의 지급수단으로서의 기능분석도 효율성과 안전성의 관점에서 이루어져야 한다.

다. 유형

(1) 담보형과 알고리즘형

스테이블 코인은 가격안정구조의 유형을 기준으로 담보형(collateralized)과 알고리즘형(algorithmic)으로 구분된다. 담보형은 자산준거형(Asset-referenced), 자산연계형(Asset-linked),[91] 자산기반형(Asset-backed)[92] 또는 가치준거형(Value-Referenced)[93]이라고도 한다. 담보형의 경우에는 담보의 유형에 따라 법화기초형과 가상자산기초형으로 구분할 수 있다. 이를 1세대와 2세대 가상자산으로 설명하기도 한다.[94] 알고리즘형은 1세대에 해당한다. 담보형을 말하는 2세대 스테이블 코인도 예컨대 미국 달러화로 표시된 기업어음증권에 대한 수요 확대를 통하여 금융 안정성에 부정적 영향을 미칠 가능성이 논

90 Committee on Payments and Market Infrastructures/World Bank Group, Payment aspects of financial inclusion in the fintech era, April 2020, p.20.

91 Financial Stability Board, Regulation, Supervision and Oversight of "Global Stablecoin" Arrangements Final Report and High-Level Recommendations, 13 October 2020, p.5.

92 Reserve Bank of Australia, Financial Stability Review, October 2022, p.16.

93 Canadian Securities Administrators Staff Notice 21-332 Crypto Asset Trading Platforms: Pre-Registration Undertakings Changes to Enhance Canadian Investor Protection, February 22, 2023.

94 Desiree van Iersel, "Tethering the Crypto-Asset Market: The Regulation of Stablecoins in the European Union and United States", Cambridge Law Review Vol.7, 2022, pp.57-85.

의되고 있다.[95] 여기서 담보는 법률상 담보가 아니라, 스테이블 코인의 보유자가 청구하면 발행인이 그 스테이블 코인과 준거자산을 교환해 주거나[96] 그 준거자산으로 환급할 수 있는 것을 말한다. 따라서 준비자산이나 준비금(reserve)이 정확하다. 스테이블 코인과 준거자산(미국달러화)을 1:1로 연동시킨 경우 준비자산인 미국달러화의 가치가 상승하면 스테이블 코인의 발행인은 그 준비자산인 미국달러화를 추가로 취득해야 하는 위험(valuation risk)에 노출된다. 이 위험을 해지하기 위하여 파생상품거래를 하거나 미국 달러화 현금 및 미국 달러화 표시 금융자산을 직접 보유하는 형태로 헤지거래를 하게 된다.

담보형을 기반자산의 종류에 따라 법화기반형, 가상자산기반형, 일반상품기반형으로, 그리고 알고리즘형을 비기반형으로 분류하기도 한다.[97] 법화기반형은 법화, 예금, 국채, 회사채, CP 등을 준비자산으로 보유함으로써 가치를 고정하는 방식으로서, 테더(USDT), USD Coin(USDC), 바이낸스 USD(BUSD), 팍스 달러(Pax Dollar), 제미니 달러(Gemini Dollar) 등이 여기에 속한다. 가상자산기반형은 가상자산을 담보로 하는 방식으로서, DAI가 이에 속한다. 알고리즘형은 프로그래밍된 공급량 조절 방식을 통해 가격을 고정하는 것으로서 테라(Terra)가 이에 해당한다.

알고리즘형은 최근 대규모 투자손실의 원인이 되었다.[98] 다만 법화 수준의 내재적 가치를 가진 자산에 의한 가치안정구조를 개념요소로 할 경우 법화가 아닌 자산 특히 가상자산을 준거자산으로 하는 것이나 알고리즘형은 스테이블 코인이라고 할 수 없다.

95 Jean Barthélémy, Paul Gardin and Benoit Nguyen, “Stablecoins and the Financing of the Real Economy”, Banque de France Working Paper #908, February 2023.

96 Steven L. Schwarcz, “Regulating Digital Currencies: Towards an Analytical Framework”, Boston University Law Review Vol.102, 2022, p.1043, p.1063.

97 Anneke Kosse, Marc Glowka, Ilaria Mattei and Tara Rice, “Will the Real Stablecoin Please Stand Up?”, BIS Papers No 141, November 2023, p.4. 이하 설명은 장보성, 스테이블 코인의 리스크와 정책 과제, 이슈보고서 22-28, 2022, 4면.

98 Hong Kong Monetary Authority, An Event Study on the MAY 2022 Stablecoin Market Crash, Research Memorandum 09/2022, 24 November 2022.

(2) 자산준거형과 전자화폐형

EU의 MiCA[99]는 스테이블 코인으로 자산준거형(Asset-referenced tokens)과 전자화폐형(E-money tokens)을 규정하고 있다. 전자는 일반상품이나 하나 또는 둘 이상의 통화로 가치가 보장되는 스테이블 코인이다. 후자는 단일 법화에 의하여 가치가 보장되는 스테이블 코인을 말한다. EU에서 알고리즘형 스테이블 코인은 법률상 스테이블 코인이 아닌 일반 암호자산이다.

일본의 2022년 개정 자금결제에 관한 법률(資金決済に関する法律)상 전자결제수단은 "법정통화의 가치와 연동한 가격으로 발행되고, 발행가격과 동일한 금액으로 상환을 약정하는 것 및 그에 준하는 것"을 말한다. 전자결제수단은 첫째, 발행 시의 가격과 동액으로 상환하고, 둘째, 발행주체는 은행 등 예금취급기관, 자금이동업자 및 신탁회사로 한정된다.[100] 일본에서도 알고리즘형 스테이블 코인은 법률상 스테이블 코인이 아닌 일반적인 암호자산이다.

영국법상 디지털결제자산(digital settlement asset)은 암호화 보안 여부와 관계없이 (a) 지급의무의 결제를 위하여 사용될 수 있고, (b) 전자적으로 이전, 저장 또는 거래될 수 있으며, (c) 데이터의 기록 또는 저장을 지원하는 기술(분산 원장 기술이 포함될 수 있음)을 사용하는 가치 또는 권리의 디지털 표현을 말한다(FSMA section 22).[101]

(3) 예금형 지급수단형 신탁형

가) 개관

스테이블 코인은 발행주체와 법적 구조에 따라 예금형, 지급수단형, 신탁형으로 구분할 수 있다. 이 구분은 일본법상 발행인의 유형에 기초한 것이다.

---

99 Regulation (EU) 2023/1114 of the European Parliament and of the Council of 31 May 2023 on markets in crypto-assets, and amending Regulations (EU) No 1093/2010 and (EU) No 1095/2010 and Directives 2013/36/EU and (EU) 2019/1937.

100 田中和明/小出卓哉,『信託法務大全 第2編 信託規制法·関連法』, 清文社, 2024, 533-559면.

101 UK Treasury, UK regulatory approach to cryptoassets, stablecoins, and distributed ledger technology in financial markets: Response to the consultation and call for evidence, April 2022; UK Treasury, UK regulatory approach to cryptoassets and stablecoins: Consultation and call for evidence, January 2021.

나) 예금형

예금형은 은행이 발행한 예금을 토큰화한 것(tokenized deposit)이다. 이용자가 예금자, 발행인이 예금수취은행이다. 이 경우에는 은행규제와 예금보험이 적용되어 안전성을 확보할 수 있다.[102] 예컨대 JPM Coin은 J.P. Morgan에 미국달러화 예금을 보유한 고객에게 달러화 이체를 허용하는 지급레일(payment rail)과 예금계좌원장으로 기능하는 비공개형 시스템이다.[103] USDF는 미국 은행으로 구성된 USDF 컨소시엄이 발행하는 은행 기반 예금토큰이다.[104] 예금형의 경우 이자의 형태로 수익이 발생할 수 있다.[105]

다) 지급수단형

지급수단형은 선불전자지급수단이나 전자화폐와 같이 예금이 아닌 지급수단의 매매형태를 취하는 경우를 말한다. 지급수단형에서 이용자는 지급업자에게 지급재원을 매매대금의 형식으로 지급한다. 지급업자에 의한 자금운용이 금지될 경우 지급재원으로부터 수익은 발생할 수 없다. 예컨대 선불전자지급수단에서 선불충전금의 법적 성질을 매매대금으로 볼 경우 그 운용에 따른 수익은 선불업자에게 귀속하는 것이기 때문이다. 그러나 이 선불충전금은 지급수단으로서의 기능수행을 위하여 목적이 제한되어 있는 것이므로 투자수익이 아니라 사전에 약정된 일정한 이용료를 선불업자가 이용자에게 지급하도록 약정하는 것은 가능할 것이다. 발행대금이 아니라 스테이블 코인 자체를 예치나 대여 등의 방식으로 이용하고 그 대가를 지급하는 것은 스테이블 코인 자체에서 발생하는 수익이라고 할 수 없다.

라) 신탁형

신탁형은 신탁업자가 발행한 수익권을 토큰화한 것이다. 신탁형의 경우 신탁재산의

---

102 Rod Garratt, Michael Lee, Antoine Martin, and Joseph Torregrossa, "The Future of Payments Is Not Stablecoins", February, 2022("Tokenized deposits … provide a useful example of a better type of money that can, and does in limited capacities, circulate on a DLT platform") <https://libertystreeteconomics.newyorkfed.org/2022/02/the-future-of-payments-is-not-stablecoins/> (2024.2.11. 방문)

103 <https://www.jpmorgan.com/onyx/coin-system> (2024.2.11. 방문)

104 <https://usdfconsortium.com/about-us/> (2024.2.11. 방문)

105 Bank of England(BoE), "Innovations in the use by deposit-takers of deposits, e-money and regulated stablecoins", November 2023.

운용을 허용할 경우 신탁수익(trust income)의 형태로 수익이 발생할 수 있다. 다만 이 경우 신탁원본과 신탁수익의 배분 특히 지급수단으로서의 기능 수행과정에서 신탁업자인 스테이블 코인의 발행인이 원본과 수입의 우선순위를 미리 정하여 두어야 할 것이다. 다만 지급수단으로서의 안전성 요청을 고려할 때 위험자산에의 운용은 허용되어서는 안 될 것이다.

(4) 지급 스테이블 코인과 거래 스테이블 코인

거래 스테이블 코인(trading stablecoins)와 지급 스테이블 코인(payment stablecoins)을 구분하는 견해는 USDC를 전자의 그리고 USDT와 BUSD를 후자의 사례로 설명하고 있다.[106] 지급 스테이블 코인(payment stablecoins)은 특히 지급수단으로서의 사용을 촉진하기 위하여 설계된 요소를 가진 스테이블 코인을 말한다.[107] 2023 연구에 따르면 투기 목적을 위한 스테이블 코인의 이용은 지난 5년 동안 90% 하락하였다는 보고가 있다.[108]

(5) 일반 스테이블 코인과 글로벌 스테이블 코인

일반 스테이블 코인(limited purpose stablecoin)과 글로벌 스테이블 코인(Global stablecoin, GSC)은 구별이 필요하다. 전자가 용도와 지역적 적용 범위가 제한된 것임에 비하여, 후자는 복수 법역에 걸친 적용 범위와 채택을 통하여 상당한 규모에 달할 잠재력을 가진 것이다.[109] 후자는 EU에서는 '중요자산준거토큰'(significant asset-referenced

106 이 견해는 장래 거래 스테이블 코인이 지급 스테이블 코인이 될 수 있다는 점에서 이 두 유형의 구분이 때로는 불분명하다고 지적하고 있다. Gordon Y. Liao, Thomas F. Hadeed and Ziming Zeng, "Beyond Speculation: Payment Stablecoins for Real-time Gross Settlements", June 13, 2023, p.2. <https://georgetown.app.box.com/s/rjqd4n1jb1bzqllx97fovsf4io3f48ej> (2024.2.12. 방문)

107 Cameron Dark, Eleanor Rogerson, Nick Rowbotham and Peter Wallis, "Stablecoins: Market Developments, Risks and Regulation", Reserve Bank of Australia Bulletin, December 2022, p.44.

108 Liao, Hadeed and Zeng, 앞의 논문, p.2.

109 Financial Stability Board, Regulation, Supervision and Oversight of "Global Stablecoin" Arrangements Final Report and High-Level Recommendations, 13 October 2020, p.5.

tokens)이나 '중요전자화폐토큰'(significant EMTs),[110] 그리고 영국에서는 '체계적인 디지털결제자산'(systemic digital settlement asset)[111]이라고 부른다. 후자에 대해서는 중요지급결제제도로서 진입규제 및 건전성규제와 함께 금융시장인프라원칙의 적용이 검토되고 있다.[112] 이와 관련하여 비스테이블 코인, 금융상품에 해당하는 가상자산, 전자화폐토큰, 자산준거토큰 등 그 기반구조나 규모와 관련한 다양한 요소에 따른 차별적 취급과 함께 비례적인 점진적 접근의 필요성을 강조하는 주장도 있다.[113]

(6) P2P구조와 중개구조

스테이블 코인에서도 개인 지갑간 거래(P2P구조)와 지급업자가 개입하는 거래(중개구조)는 모두 가능할 것이다. 이들 양자를 다양한 규제법적 관점에서 동일하게 취급할 수는 없을 것이다.

라. 구별

(1) 전자지급수단

가) 전자화폐

전자금융거래법상 전자화폐는 "이전 가능한 금전적 가치가 전자적 방법으로 저장되어 발행된 증표 또는 그 증표에 관한 정보로서 ① 범용성요건을 갖출 것,[114] ② 현금 또

110 Patrick Hansen and Helmut Bauer, "MiCA's Significance Regime for Stablecoins - A Sledgehammer to Crack a Nut?" January 18, 2024.

111 UK Treasury, Managing the failure of systemic digital settlement asset (including stablecoin) firms Government response to consultation, October 2023; UK Treasury, Managing the failure of systemic digital settlement asset (including stablecoin) firms: Consultation, May 2022.

112 Committee on Payments and Market Infrastructures and Board of the International Organization of Securities Commissions, Application of the Principles for Financial Market Infrastructures to Stablecoin Arrangements, July 2022.

113 Douglas Arner, Raphael Auer and Jon Frost, "Stablecoins: Risks, Potential and Regulation", BIS Working Papers No 905, November 2020, p.14.

114 범용성요건은 ① 2개 이상의 광역지방자치단체(지방자치법 제2조 제1항 제1호) 및 500개 이상의 가맹점에서 이용될 것, ② 발행인(일정한 범위의 특수관계인을 포함) 외의 제3자로부터 재화 또는

는 예금과 동일한 가치로 교환되어 발행될 것, 그리고 ③발행자에 의하여 현금 또는 예금으로 교환이 보장될 것의 요건을 모두 갖춘 것"을 말한다(제1조 제15호 가목-마목, 제14호 가목; 동 시행령 제4조 제1항·제2항, 제3조 1호-3호). 위 ①의 범용성요건은 선불전자지급수단과의 구분을 위한 것이다. 따라서 지급수단으로서의 전자화폐의 본질적 요소는 ②와 ③의 요건이다. 스테이블 코인 중 단일법화와의 가치연동이 이루어지고 법화와의 교환이 보장되는 것은 ②와 ③의 요건을 모두 충족할 수 있다. 다만 복수의 법화나 법화가 아닌 자산에 연계되는 경우는 전자화폐의 요건을 갖출 수 없다.

나) 선불전자지급수단

전자금융거래법상 선불전자지급수단은 이전 가능한 금전적 가치가 전자적 방법으로 저장되어 발행된 증표 또는 그 증표에 관한 정보로서 발행인(일정한 범위의 특수관계인을 포함) 외의 제3자로부터 재화 또는 용역을 구입하고 그 대가를 지급하는데 사용될 것과 구입할 수 있는 재화 또는 용역의 범위가 2개 업종 이상일 것의 요건을 모두 갖춘 것으로서 전자화폐를 제외한 것이다(제1조 제14호 가목·나목; 동 시행령 제3조 1호-3호). 단일 법화가 아닌 복수 법화나 법화가 아닌 자산에 연계된 스테이블 코인은 선불전자지급수단에 해당할 수 있다. 특히 선불전자지급수단과 규제차익이 발생하지 않도록 동일 규제를 적용해야 한다는 지적은 이러한 관점에 기초한 것이다.[115]

다) 입법

전자화폐나 선불전자지급수단의 요건을 충족하는 스테이블 코인(전자화폐형)에 대해서는 전자금융거래법상 전자화폐나 선불전자지급수단 규제의 적용 여부에 대하여 입법적으로 정리해야 한다. 국회 제출법률안에는 스테이블 코인은 선불전자지급수단이나 전자화폐에 해당하지 않음을 명시하고 있다(안도걸 의원안 안 제4조 제1항; 김현정의원안 안 제3조 제1항; 이강일 의원안 안 제18조 제1항; 김재섭 의원안 안 제121조 제1항).

용역을 구입하고 그 대가를 지급하는데 사용될 것, ③ 구입할 수 있는 재화 또는 용역의 범위가 5개 이상의 업종일 것의 세 가지이다.

115 박종세·한명진·최승조·김성수·류재민·최지영, 암호자산 규제 관련주요 이슈 및 입법 방향, 지급결제조사자료 제2022-3호, 한국은행 금융결제국, 2022.12, 87면.

(2) CBDC

중앙은행디지털화폐는 중앙은행이 발행하는 법화로서 디지털 형태를 취하는 것을 말한다. 중앙은행디지털화폐는 국가의 발권력 독점과 강제통용력이라는 법화의 두 가지 요소를 갖추어야 한다. 스테이블 코인은 준거자산이 단일 또는 복수의 법화인 경우 법화의 가치를 추종하게 되므로 유사한 측면을 가진다. 그러나 중앙은행이 아닌 은행 등이 발행하고, 강제통용력이 인정되지 않는 점에서 중앙은행디지털화폐와는 다르다. 은행 등이 발행하는 스테이블 코인은 법화를 안전자산으로 사용하는 경우에도 중앙은행의 발권력 독점과 강제통용력을 요소로 하는 법화에는 해당할 수는 없다.

(3) 파생상품

파생상품은 그 가치가 다른 기초자산의 가치로부터 파생된다는 점에서 법화 그 밖의 준거자산의 가치에 연동하여 가치가 결정되는 스테이블 코인과 유사한 측면이 있다. 그러나 파생상품에서 기초자산은 단순한 가치의 산정기준이 되지만, 스테이블 코인의 준거자산은 가치를 보장하기 위한 법화와의 교환가능성을 보장해야 하는 점에서 차이가 있다.

(4) 자산유동화

자산유동화는 유동성이 부족한 유동화자산을 자산유동화구조를 통하여 증권을 발행함으로써 자금을 조달하는 구조를 말한다. 일반적으로 유동성이 부족한 자산을 유동성이 풍부한 자산으로 변환함으로써 자금을 조달하는 기능을 수행한다. 스테이블 코인은 지급수단을 발행하면서 그 가치안정화구조로서 법화나 그 밖의 안전자산을 가치의 원천으로 확보하는 구조를 취한다. 증권의 발행을 통한 자금조달이나 자산의 유동성 확보는 스테이블 코인과는 무관하다. 스테이블 코인의 발행을 통하여 조달되는 자금은 지급재원으로서 보관되어야 한다.

(5) MMF

자본시장법상 단기금융집합투자기구(MMF)는 집합투자재산 전부를 남은 만기가 6개월 이내인 양도성 예금증서 등 단기금융상품에 투자하는 집합투자기구를 말한다(제229조 제5호; 동 시행령 241조 1항 · 2항). 양자는 안정적인 액면가로 화폐와 유사한 자산을 투자자에게 제공하는 것을 목적으로 하는 점에서 유사하다는 평가를 받아왔다.[116] 법화표시자산을 가치안정화구조의 준거자산으로 포함할 경우 동일한 자산을 편입한 MMF와 동일한 위험이 스테이블 코인에서도 발생할 수 있다.[117] 현재 특별한 규제가 없는 상태에서 발행되는 스테이블 코인과 MMF는 증권규제의 대상이 되는지 여부, 발행인, 고객 기반, 유통시장거래의 유무, 펀드자산과 준거자산의 범위 등에서 차이가 지적되고 있다.[118] 그러나 발행인의 자격과 준거자산의 투명성을 포함한 가치안정화구조의 법적 확실성에 대한 규제를 도입할 경우 양자의 유사성은 대부분 사라질 것으로 생각된다.

(6) 예금토큰

일반적인 예금과 스테이블 코인은 거래구조에서 근본적으로 구분된다.[119] 예금은 예금취급기관의 재무상태표에 보유되는 계좌형 상품이다. 은행예금을 이용하여 지급하면 지급은행에 있는 지급인의 계좌에서 지급금액에 대한 감소기재가 이루어지고 수취은행에 있는 수취인의 계좌에서 같은 금액에 대하여 증가기재가 이루어진다. 지급은행은 지급은행의 중앙은행 지급준비금계좌에서 수취은행의 중앙은행 지급준비금계좌로 해당 지급금액을 이체함으로써 결제를 완결한다. 스테이블 코인은 이용자의 암호지갑에 저장되어 발행인으로부터 법화로 상환받을 수 있는 토큰형 상품이다. 스테이블 코인을 이용하여 지급하면 토큰은 지급인의 지갑에서 수취인의 지갑으로 이전된다. 스테이블 코인 구조에서 이용자들 사이의 코인의 이전은 발행인과 다른 참가자가 지갑제공자의 장부(on the books)[같은 지갑제공자의 이용자 사이의 거래인 경우]나 분산원장[다른 지갑제

116 Kenechukwu Anadu, Pablo D. Azar, Marco Cipriani, Thomas M. Eisenbach, Catherine Huang, Mattia Landoni, Gabriele La Spada, Marco Macchiavelli, Antoine Malfroy-Camine and J. Christina Wang, "Runs and Flights to Safety: Are Stablecoins the New Money Market Funds?", Federal Reserve Bank of New York Staff Reports, no. 1073, September 2023, p.8.

117 장보성, 스테이블 코인의 리스크와 정책 과제, 이슈보고서 22-28, 자본시장연구원, 2022, 7-8면.

118 Kenechukwu Anadu, Pablo D. Azar, Marco Cipriani, Thomas M. Eisenbach, Catherine Huang, Mattia Landoni, Gabriele La Spada, Marco Macchiavelli, Antoine Malfroy-Camine and J. Christina Wang, "Runs and Flights to Safety: Are Stablecoins the New Money Market Funds?", Federal Reserve Bank of New York Staff Reports, no. 1073, September 2023, pp.8-10.

119 Todd Phillips, "Tokenized Deposits: How I Learned to Stop Worrying and Love Stablecoins", Review of Banking and Financial Law Vol.42, 2023, pp.905-906 n36.

공자의 이용자 사이의 거래인 경우]에 그 이전을 기록함으로써 이루어진다. 예금을 토큰화할 경우 그 구성방식에 따라서는 예금토큰 자체를 예금으로 볼 수는 없을 것이다.[120] 그러나 예금토큰은 그 구조를 분석한 후 예금으로서의 성격을 확인할 수 있을 것이다.[121]

(7) 가상자산

스테이블 코인을 가상자산법상 가상자산으로 볼 수 있는가? 현행 가상자산법은 스테이블 코인도 포함하는 구조이다. 가상자산법은 가상자산을 "경제적 가치를 지닌 것으로서 전자적으로 거래 또는 이전될 수 있는 전자적 증표(그에 관한 일체의 권리를 포함한다)"라고 정의하면서 선불전자지급수단과 전자화폐, CBDC[122]만을 제외하고 있을 뿐이다(제2조 제1호 다목, 사목). 그 반대해석으로 스테이블 코인은 가상자산에 포함될 수밖에 없다. 따라서 스테이블 코인을 지급수단으로 입법할 경우 가상자산법상 적용 여부와 그 범위를 구체적으로 규정해야 한다.

마. 스테이블 코인 발행자의 사업모델

스테이블 코인의 발행자가 사업자로서 취할 수 있는 이익은 ① 준비자산의 이자 등 운용수익, ② 스테이블 코인의 발행 및 환급수수료, ③ 디지털결제플랫폼의 형성 등에 따른 사업기회의 세 가지로 구성된다.[123]

---

120 예금토큰을 예금토큰이란 기존 예금을 블록체인을 기반 플랫폼에서 유통될 수 있도록 변환한 디지털 토큰으로서 예금으로서의 성격과 덧붙여 디지털 자산으로서의 성격이 혼재되어 있다는 설명으로, 이주영 · 김제완, 앞의 논문, 92-93면.

121 Rodney Garratt and Hyun Song Shin, "Stablecoins versus Tokenised Deposits: Implications for the Singleness of Money", BIS Bulletin No 73, 11 April 2023; Todd Phillips, "Tokenized Deposits: How I Learned to Stop Worrying and Love Stablecoins", Review of Banking and Financial Law Vol.42, 2023, pp.897-961; Oliver Wyman and Onyx by JPMorgan Chase, Deposit Tokens: A foundation for stable digital money, 2023.

122 가상자산법 제2조 제1호 사목에서 "「한국은행법」에 따른 한국은행(이하 "한국은행"이라 한다)이 발행하는 전자적 형태의 화폐 및 그와 관련된 서비스"를 CBDC로 해석한 것이다. 그러나 이 조문에서 "그와 관련된 서비스"가 무엇을 의미하는지는 불명확하고, 서비스를 가상자산으로 본다는 취지라면 그 의미는 더욱 알 수 없다.

123 Denise Garcia Ocampo, Stablecoin-related yields: some regulatory approaches, FSI Briefs No 27, October 2025.

3 평가와 규제원칙

가. 평가

(1) 긍정적 기능

스테이블 코인은 지급수단으로서의 일반 가상자산의 한계를 극복하기 위한 것으로서 교환수단 및 가치저장수단으로서의 기능을 내용으로 한다. 현재 스테이블 코인도 가상자산거래소에서 시장거래의 대상이 되고 있다. "가상자산 세계에 자금을 두는 안정적이고 확실한 방법"이라고 표현되고 있지만,[124] 지급수단으로서 법제화될 경우 그 평가는 정확하게 변경되어야 한다.

(2) 부정적 기능

첫째, 적용범위의 한계이다. 스테이블 코인은 분산원장환경에서는 물론 전통적인 지급환경에서도 사용될 수 있다. 그러나 현재까지 스테이블 코인은 주로 가상자산의 거래, 대여, 또는 차입에 이용되어 왔다.[125] 둘째, MMF와 같은 화폐유사기능을 추구하는 금융수단에서 공통적으로 발견되는 인출사태의 가능성 등 금융 안정성에 미치는 영향도 문제된다.[126] 셋째, 법화와는 달리 스테이블 코인의 발행주체는 그 발행대금을 이용하여 사적 이익을 추구할 것이므로 이해상충이 불가피하다.[127] 넷째, 국가안보상 문제를 지

124 Christoph Bertsch, "Stablecoins: Adoption and fragility", Sveriges Riksbank Working Paper Series, no 423, May 2023.

125 US Treasury, The Future of Money and Payments: Report Pursuant to Section 4(b) of Executive Order 14067, September 2022, p.17.

126 Cameron MacDonald and Laura Zhao, "Stablecoins and Their Risks to Financial Stability", Staff Discussion Paper 2022-20, Last updated: November 28, 2022; ECB Crypto-Assets Task Force, "Stablecoins: Implications for Monetary Policy, Financial Stability, Market Infrastructure and Payments, and Banking Supervision in the Euro Area", Occasional Paper Series No 247, September 2020.

127 Douglas Arner, Raphael Auer and Jon Frost, "Stablecoins: Risks, Potential and Regulation", BIS Working Papers No 905, November 2020, p.22.

적하기도 한다.[128] 규제 없는 스테이블 코인은 특정 국가나 개인에 대한 경제제재의 효과를 무력화시킬 수 있다. 다섯째, 스테이블 코인에 대한 각국의 정책은 매우 다양하다. 일부 국가는 화폐주권이나 금융 안정성, 그리고 화폐발행차익에 대한 잠재적인 위험을 이유로 불수용입장을 명확히 하고 있고, 또 다른 국가에서는 스테이블 코인과 그 기반기술이 미래의 지급생태계에 미칠 수 있는 잠재적 역할을 인정하면서 위험에 대응하기 위하여 규제방향을 선택하였다.[129] 특히 영국과 미국을 제외한 대부분의 국가에서는 여전히 규제체계가 불명확하다.

(3) 지급규제원칙에 따른 평가

지급수단으로서의 일반원칙에 따라 스테이블 코인을 평가하는 것은 중요하다. 현재까지의 평가는 상당한 기여를 할 것으로 평가되고 있지만, 단일성(singleness), 탄력성(elasticity) 그리고 무결성(integrity)의 관점에서는 문제가 지적되고 있다.[130] "스테이블 코인과 같이 소지인식으로 유통되는 민간 토큰화 화폐는 상대적 교환 가치가 액면가에서 벗어나 '화폐의 단일성'을 위반할 수 있다.[131] 그러나 화폐의 단일성의 개념을 명확히 할 필요가 있다는 지적도 있다.[132] 화폐제도에서 탄력성은 경제 수요 변화에 따라 화폐 공급이 확대되거나 축소될 수 있는 능력을 의미한다. 이러한 반응성은 안정성을 유지하고 경

128 Timothy G. Massad, Stablecoins and national security: Learning the lessons of Eurodollars, April 17, 2024. <https://www.brookings.edu/articles/stablecoins-and-national-security-learning-the-lessons-of-eurodollars/> (2024.4.23. 방문)

129 Committee on Payments and Market Infrastructures, Considerations for the Use of Stablecoin Arrangements in Cross-border Payments, October 2023.

130 Bank for International Settlements, III. The next-generation monetary and financial system, BIS Annual Economic Report, 24 Jun 2025, pp.77-114.

131 Rodney Garratt and Hyun Song Shin, Stablecoins versus tokenised deposits: implications for the singleness of money, BIS Bulletin No 73, 11 April 2023. 이 견해는 반면, 소지인식으로 유통되지 않고 중앙은행화폐로 결제되는 토큰화예금은 단일성에 더 유리하다고 지적한다.

132 Rhys Bidder, Kene Ezeji-Okoye, Matthew Osborne, Jannah Patchay, Varun Paul, Tom Rhodes, Elise Soucie Watts and Andrew Whitworth, "Single minded? Stablecoins and the singleness of money", Qatar Centre for Global Banking & Finance - Occasional papers series <https://www.kcl.ac.uk/news/stablecoin-regulation-and-the-singleness-of-money>.

제 활동을 촉진하는 데 필수적이다.[133] 그러나 스테이블 코인의 경우에는 중앙은행에 의한 통화정책의 부재로 탄력성있는 발행이 불가능할 것이라는 지적이다. 무결성과 관련하여 주로 시장무결성 및 소비자·투자자 보호와 관련하여 여러 가지 규제 및 감독 문제를 명백히 제기한다는 지적이 있다.[134]

(4) 논의의 방향

지급수단으로서의 긍정적 기능을 확대하고 부정적 기능을 통제하는 방향으로 제도가 설계되어야 한다. 법화를 중심으로 하는 기존시스템에 새로운 경쟁압력을 제공할 수 있다는 지적도 같은 취지이다.[135] 특히 스테이블 코인의 가치안정구조에 기반한 안전성과 가상자산으로서의 효율성을 극대화하기 위하여 지급수단으로서 엄격한 규제와 특별한 보호를 기반으로 도입되어야 한다. 그리고 이러한 제도설계에 대해서는 국제적으로 공통의 접근이 요구된다.[136]

나. 기본원칙

(1) 문제의 의의

전통적인 상거래법 원칙을 스테이블 코인 규제에 적용할 수 있다는 견해[137]도 있지

---

133 Ryan Niladri Banerjee, Jon Frost, Michael Chui and Jose María Vidal Pastor, Elasticity in the monetary system, BIS Bulletin No 101, 4 June 2025.

134 Douglas Arner, Raphael Auer and Jon Frost, "Stablecoins: risks, potential and regulation", BIS Working Papers No 905, November 2020, p.14.

135 Alexander Lipton, "Towards a Stable Tokenized Medium of Exchange" in Chris Brummer(ed), Crypto Assets: Legal and Monetary Perspectives, Oxford University Press, 2019, pp.89-115.

136 Eva HG Hüpkes, "Towards an international framework for the regulation and supervision of "stablecoins"" in William Blair, Chiara Zilioli and Christos Gortsos(eds), International Monetary and Banking Law post COVID-19, Oxford University Press, 2023, pp176-199; Cornelia Kaldewei and Shari Spiege, "Cryptoassets and So-called "stablecoins": Where Do We Go from Here?, UN DESA Policy Brief No. 135, June 2022.

137 Jess Cheng, "How to Build a Stablecoin: Certainty, Finality, and Stability Through Commercial Law Principles", Berkeley Business Law Journal Vol.17, 2020, p.324.

만, 스테이블 코인에 대한 규제구조가 명확하지 않다는 것이 일반적이다.[138]. 대표적인 과제로는 금융안정, 소비자보호, 개인정보보호, 사이버안전, 운영복원성, 자금세탁, 공중협박 및 확산금융, 시장무결성, 지배구조, 법적 확실성 등을 들고 있다.[139] 이 글에서는 이를 입법의 원칙과 형식, 발행인규제, 발행규제, 유통규제, 불공정거래규제, 지급규제, 시스템적 규제, 그리고 금융범죄로 나누어 살펴본다.

(2) 입법의 원칙과 형식

가) 기능별 규제

스테이블 코인에 대한 규제는 동일행위 · 동일위험 · 동일규제라는 기능별 규제원칙에 기초하여야 한다.[140] 금융기능의 관점에서는 특히 지급기능에 주목하여 지급법제의 적용대상으로 보는 것이 옳다. 스테이블 코인을 시장거래의 대상으로서 투자기능도 인정된다. 그러나 그 주된 기능은 지급기능에 있고, 투자기능을 인정할 것인지에 대해서는 추가적인 검토를 요한다.

그 기능과 위험에 따라 행위규제, 기관규제, 인프라규제를 각각 또는 병행하여 적용할 수 있을 것이다.[141] 영국에서는 스테이블 코인에 대한 규제를 3단계로 나누어 규정하고 있다. 첫째, '법화 기반 스테이블 코인'(Fiat-based stablecoins)은 FCA의 진입규제와 감독의 대상이 된다. 둘째, 널리 지급목적으로 이용되는 스테이블 코인은 재무부가 '스테이블 코인을 이용하는 금융체계적인 지급시스템'(systemic payment systems using stablecoins)으로 지정하고 금융행위청(FCA), 중앙은행(Bank of England) 그리고 지급

---

138 Steven L. Schwarcz, "Regulating Digital Currencies: Towards an Analytical Framework", Boston University Law Review Vol.102, 2022, p.1065.

139 G7 Finance Ministers and Central Bank Governors' Statement on Digital Payments, October 13, 2020. <https://home.treasury.gov/news/press-releases/sm1152> (2024.2.19. 방문)

140 Financial Stability Board, High-level Recommendations for the Regulation, Supervision and Oversight of Global Stablecoin Arrangements Final report, 17 July 2023, p11; Financial Stability Board, Regulation, Supervision and Oversight of "Global Stablecoin" Arrangements Final Report and High-Level Recommendations, 13 October 2020, p.31.

141 Douglas Arner, Raphael Auer and Jon Frost, "Stablecoins: Risks, Potential and Regulation", BIS Working Papers No 905, November 2020, p.17.

시스템규제기관(Payment Systems Regulator, PSR)의 감독을 받게 된다. 셋째, 토큰예금(tokenised deposits)에 관한 행위는 은행을 규제하는 PRA와 FCA의 현재 권한에 속하게 된다.[142]

국내의 경우 전자금융거래법상 선불전자지급수단에 대해서는 선불전자지급수단발행업자의 등록(제28조 제2항 본문), 발행권면최고한도(제23조 제1항 제1호; 동 시행령 제13조 1항, 50만 원), 지급재원의 별도분리를 통하여 규제하고 있다. 전자화폐에 대해서는 전자화폐발행자의 허가(제28조 제1항 본문), 발행권면최고한도(제23조 제1항 제1호; 동 시행령 제13조 1항, 200만 원, 전자화폐발행자의 현금 또는 예금과 동일한 가치로 교환하여 전자화폐를 발행할 의무와 전자화폐보유자의 요청에 따라 전자화폐를 현금 또는 예금으로 교환할 의무(제16조 제2항 · 제4항), 사용 및 양도와 환금의 제한(제16조)과 같은 기관규제와 행위규제가 적용된다. 다만 「은행법」에 따른 은행 그밖에 대통령령이 정하는 금융회사는 전자화폐나 선불전자지급수단발행에 관한 허가나 등록을 면제하고 있다(제28조 제1항 단서, 제2항 단서). 한국은행은 한국은행 외의 자가 운영하는 지급결제제도에 대하여 필요한 경우 해당 운영기관 또는 감독기관에 운영기준 개선 등을 요청할 수 있다(제81조 제2항). 스테이블 코인에 대해서는 원칙적으로 전자화폐발행자와 같은 수준의 행위규제와 기관규제를 적용하여야 한다. 다만 규모나 적용범위 등에서 금융체계적 영향을 인정할 수 있는 경우에는 지급결제제도로서 한국은행법상 한국은행의 감시 및 평가를 포함한 인프라규제가 적용되어야 한다. 다만 은행에 대해서는 은행법상 엄격한 기관규제를 고려할 때 진입규제는 면제하는 것이 옳을 것이다.[143]

나) 입법형식

스테이블 코인을 도입하기 위한 입법형식이 문제 된다. 지급업무에 관한 특별법이 있으면 그 법에 따르면 된다. 싱가포르나 일본은 지급법의 적용대상으로 하고 있다.[144]

---

142 따라서 영국에서는 다양한 금융당국 사이의 입장조율을 위한 노력도 함께 진행하고 있다. Bank of England, Cross-authority Roadmap on Innovation in Payments, 6 November 2023.

143 규제와 스테이블 코인의 화폐로서의 기능의 관계에 대해서는, Firat Cengiz, "Stablecoins and their regulation: a Hayekian approach", Journal of International Economic Law, Vol.28, 2025, pp.204-233.

144 MAS, Proposed Regulatory Approach for Stablecoin Related Activities, CONSULTATION PAPER P009-2022, October 2022. MAS, Response to Public Consultation on Proposed

미국 중앙은행은 달러토큰(dollar tokens) 지침을,[145] 뉴욕주는 스테이블 코인 발행지침을 별도로 제정하였다,[146] 홍콩은 스테이블 코인법을 별도로 제정했다.[147] 그러나 국내에는 지급업무에 관한 별도법이 없으므로 지급에 관한 일반법을 제정하거나 전자금융거래법을 개정하는 것이 옳을 것이다.

다) 역외적용

탈국경의 디지털 환경에서 스테이블 코인에 관한 규제는 국제적인 공통의 접근을 요한다.[148] 이를 위한 전제로 스테이블 코인에 관한 규제법은 역외적용이 가능해야 한다. 외국에서 발행된 스테이블 코인이 국내에서 사용되기 위해서는 국내에서의 서비스를 담당하는 금융업자에 대한 금융당국의 승인을 통하여 규제할 수 있을 것이다. 전자금융거래법의 역외적용을 전제로 공통의 규제원칙을 정립하고 조사협력과 정보공유를 포함한 감독공조가 가능하도록 국제적인 감독공조체계의 구축을 위한 근거규정이 필요하다.

라) 내재적 감독

내재적 감독(embedded supervision)은 분산원장 기반의 원장을 해독함으로써 자동

Regulatory Approach for Stablecoin-related Activities, Response to Feedback Received P009 - 2022, 15 August 2023; 金融審議会 資金決済ワーキング·グループ報告, 2022. 1 .11. 일본에 대해서는 김이수, "일본의 스테이블코인(stablecoin) 법제와 우리 법제에의 시사점", 법학연구 제65권 제1호, 2024, 411 446면; 이효경, "일본 스테이블코인 규제의 현황과 시사점", 금융법연구 제21권 제1호, 2024, 83-124면.

145 달러토큰은 "지급을 원활화하기 위하여 법화로 표시되고 분산원장기술이나 유사한 기술을 이용하여 발행되는 토큰"을 말한다. Federal Reserve System, SR 23-8/CA 23-5: Supervisory Nonobjection Process for State Member Banks seeking to engage in certain activities involving dollar token, August 2023.

146 Department of Financial Services New York, Guidance on the issuance of U.S. Dollar-backed stablecoins, June 2022. 두바이도 마찬가지이다. Virtual Assets Regulatory Authority, Virtual Asset Issuance Rulebook, 19 September 2023.

147 이웅영 · 송문호, "홍콩 스테이블코인 조례의 주요 내용과 시사점", 기업법연구 제39권 제3호, 2025, 239-275면. 홍콩의 스테이블 코인은 "재화 · 용역에 대한 지급, 채무의 변제, 투자 중 하나 이상의 목적을 위해 일반대중이 수용하는 교환매체로 사용되거나 사용될 의도로" 발행될 것을 요구한다. 지급기능을 주된 기능으로 규정한 것이다.

148 Douglas Arner, Raphael Auer and Jon Frost, "Stablecoins: Risks, Potential and Regulation", BIS Working Papers No 905, November 2020, p.15.

적인 모니터링이 가능한 준법감시구조를 말한다.[149] 이를 통하여 분산원장기술에 기반한 금융거래에서 기업의 관리부담을 줄이고, 감독기관이 활용할 수 있는 정보의 품질을 높일 수 있을 것으로 기대되고 있다. 스테이블 코인도 이러한 내재적 감독을 활용할 수 있는 사례로 주장되고 있다.

4 과제와 대안

가. 의의

스테이블 코인은 지급수단을 주된 기능으로 한다. 따라서 종래의 가상자산과는 그 문제범위가 훨씬 넓어진다. 이하에서는 지급법, 중앙은행법, 화폐법, 금융규제법을 중심으로 정리한다.

나. 지급법

(1) 문제의 의의

스테이블 코인은 가상자산의 지급기능을 보완하기 위한 수단으로 도입 논의가 시작된 것이다. 따라서 스테이블 코인에 관한 법적 논의는 지급기능에서 출발해야 한다. 스테이블 코인을 가상자산거래소에서 거래하게 허용하는 것은 스테이블 코인의 가격안정구조를 유지하는 데 필요한 범위에 한정되어야 한다. 스테이블 코인에 관한 지급법상 문제로는 첫째, 발행규제, 둘째, 준비자산, 셋째, 지급업구조의 세 가지가 먼저 정리되어야 한다. 지급법상 쟁점에 관한 논의에서는 지급기능에 대한 기능별 규제를 위한 전제로서 지급기능의 확인이 중요하다. 다만 개인 지갑 간 거래를 말하는 P2P구조와 지급업자가 개입하는 구조를 달리 보아야 하는지도 문제 된다.

149 Raphael Auer, “Embedded Supervision: How to Build Regulation into Decentralised Finance”, BIS Working Papers No 811, September 2019 (revised May 2022), p.4 Table 1.

(2) 발행규제

가) 문제의 범위

스테이블 코인에 관한 발행규제로는 발행근거, 발행자, 발행행위의 세 가지로 나누어 살펴본다.

나) 발행근거

스테이블 코인의 발행근거를 어느 법률에 규정할 것인가? 현재 국내에서는 특별법을 제정하는 방안이 주로 논의되고 있다. 우리나라 지급법상 근본적 한계라고 할 수 있는 일반법으로서의 지급업법의 부재에 따른 것이다. 특별법을 제정하면 일시적으로 스테이블 코인에 한정한 논의는 정리할 수 있겠지만, 새로운 지급수단이 등장하면 이러한 논쟁은 반드시 재연될 것이다.

스테이블 코인에 관한 특별법에 지급의 효력발생시기 등 지급수단으로서의 스테이블 코인의 일반법률문제를 모두 규정할 수는 없을 것이다. 전자금융거래법상 전자지급수단으로 간주하는 규정이 필요할 수밖에 없을 것이다. 지급기능을 수행하는 현재 또는 장래에 등장하게 될 모든 지급수단을 규제 대상으로 하는 일반적인 지급법을 제정하는 것은 더 이상 미룰 수 없는 시대적 과제이다.

다) 발행자규제

1) 발행자의 자격

현재 국내에서는 발행자의 자격을 은행으로 한정할 것인지 여부가 초미의 관심사로 되어 있다. 일본의 자금결제에 관한 법률은 스테이블 코인에 해당하는 전자결제수단의 발행자를 은행, 자금이동업자, 특정신탁업자로 한정하고 있다. 자금이동업자가 일반적으로 소규모인 점, 일본에서의 신탁업은 겸영신탁위주로서의 구조적 한계상 은행이 주로 수행하는 점 등을 고려하면 전자결제수단의 발행자는 실질적으로 은행에 한정될 수밖에 없다. 일본은 은행법상 환업무를 지급결제업무라고 해석하면서 이 업무를 은행법상 은행의 배타적 고유업무로 규제하고 있다. 스테이블 코인이 주로 지급수단으로서 기능하는 한 그 발행과 유통은 은행법상 은행만 수행할 수 있는 지급결제업무가 될 수밖에 없다. 따라서 일본은 스테이블 코인의 발행과 유통을 은행법상 은행을 중심으로 설계할 수밖에 없다. 한국은행은 외환·자본 규제, 금산분리 등 우리나라의 특수성을 고려할 때 스테이블 코인 발행은 "은행권 중심의 컨소시엄 형태로 점진적으로 추진하는 것이 바람직"하다는 의견이다.[150] 국내에서는 발행인을 은행으로 한정하기보다 은행에 대한 것과 동일한 규제구조를 설계하는 것이 타당할 것으로 본다.

다음으로 문제 되는 것은 자본금과 같은 재무적 건전성을 확인할 수 있는 요건을 어느 정도 수준으로 설정할 것인지이다. 스테이블 코인의 가격 안정성은 준비자산의 담보가치에 기반한 것이므로 높게 설정할 필요가 없다는 주장도 있을 수 있다. 그러나 스테이블 코인의 발행자는 그 발행유통규모에 따라서는 지급결제제도의 운영주체가 될 수 있다. 가격안정구조가 유지된다 해도 그 발행자에게 채무불이행 등의 재무적 또는 비재무적 위험이 발생하면 그 스테이블 코인을 지급수단으로 하는 지급결제제도는 유지될 수 없다. 스테이블 코인의 발행자는 지급결제제도의 운영기관으로서 요구되는 재무적 건전성을 확보해야 한다. 스테이블 코인의 발행규모에 연동시키는 것도 방법이 될 것이다. 그러나 예금이나 대출 그 밖의 금융업무를 취급하지 않고 100% 준비자산으로 그 가격이 보장되는 스테이블 코인발행자에게 일반 은행과 동일한 수준의 규제를 요구하는 것도 적절하지 않다.

2) 금산분리

또 한 가지 과제는 금산분리 논의이다. 스테이블 코인의 발행과 유통을 금융업으로서 금산분리의 대상으로 볼 것인가? 지급업무의 법적 지위에 대한 논의이기도 하다. 그러나 우리나라에서 예금을 지급수단으로 하지 않는 지급업무를 금산분리의 대상인 금융업으로 보기 위해서는 전자금융거래법(전자지급업), 여신전문금융업법(신용카드업), 외국환거래법(외화이체업), 자본시장법(자금이체업) 그리고 정보통신망법(통신과금서비스)상 넓은 의미의 지급업무에 대한 법적 평가와 함께 이루어져야 한다. 우리나라에서는 이미 전자금융업자, 신용카드회사, 외화이체업자, 금융투자업자, 그리고 통신사업자에 대하여 넓은 의미의 지급업무를 허용하면서 은행법을 배제하는 세심한 규정을 두고 있지 않다. 지금 상황에서 예금을 지급수단으로 하지 않는 넓은 의미의 지급업무를 은행법상 은행의 배타적 고유업무라고 평가하기는 어려울 것이다.

150 한국은행, 디지털 시대의 화폐, 혁신과 신뢰의 조화 원화 스테이블코인의 주요 이슈와 대응방안 2025.10, 109면.

3) 규제를 통한 관리

그러나 스테이블 코인은 그 발행과 유통규모에 따라 중대한 금융체계상 영향을 초래할 수도 있을 것이다. 현실적으로 데이터를 확보할 수는 없지만 그러한 가능성을 부정할 수도 없다. 법은 이러한 가능성을 사전적·사후적 규제를 통하여 통제할 수 있어야 한다. 사전적 규제로는 진입규제를 생각할 수 있다. 지급법의 기본원리는 위험을 제거하거나 관리하는 것이다. 싱가포르 사례에서 확인할 수 있듯이 통화청(Monetary Authority of Singapore, MAS) 규제 스테이블 코인으로 인정받기 위해서는 그 발행자는 스테이블 코인만 발행하고 대출, 스테이킹 또는 관계없는 사업을 할 수 없는 등의 엄격한 기준을 충족해야 한다.[151]

지급업무를 수행하는 자는 보험을 통하여 지급수단의 안전성을 확보하거나 위험업무를 안하는 것이 지급법의 기본원리이다. 준비자산을 통한 가격안정구조를 지급수단으로서의 스테이블 코인에 대한 100% 보험장치라고 평가할 수 있으려면 발행주체가 겸영하는 위험업무로부터의 위험전파를 차단하는 장치가 함께 갖추어져야 할 것이다.

라) 발행행위규제

지급수단으로서의 기능을 수행하기 위하여 필요한 핵심 정보는 발행당국의 심사를 거쳐 공시되어야 한다. 주체, 준비자산을 포함한 가격안정구조, 가상자산거래소에서의 거래 가부 등이 그러한 정보에 포함될 것이다.

발행절차를 신고, 등록, 인가, 허가 중에서 무엇으로 할 것인지도 문제 된다. 증권에 적용되는 공시주의를 지급수단에 동일하게 적용할 수는 없다. 형식과 내용에 대한 심사가 이루어져야 하는 것이 중요하다. 특히 준비자산과의 1:1 가치안정구조의 법적 효력을 확인하는 것은 발행당국의 의무에 속한다.[152] 스테이블 코인은 지급기능을 내용으로 하는 금융상품으로서 그 규모에 따라서는 지급결제제도를 구성할 가능성도 지적되고 있

151 Lucas Nicolet-Serra, Edward Bennett, and Judith Rinearson, The Global Stablecoin: Stablecoin Regulatory Framework in Singapore, September 3. 2025.

152 한국은행은 원화기반 스테이블 코인을 대상으로 통화·외환·금융 등 유관부처 합의에 기반한 정책협의기구를 구성하여 유관부처가 발행자 자격, 발행량, 준비자산 구성기준 등 중요한 의사결정을 함께 할 필요가 있다는 의견이다. 한국은행, 디지털 시대의 화폐, 혁신과 신뢰의 조화 원화 스테이블코인의 주요 이슈와 대응방안 2025.10, 109면.

으므로 발행기준과 규제수준 등에 대해서는 금융상품과 지급결제제도를 포함한 제반 요소를 고려되어 법령에 명시되어야 할 것이다.

발행절차를 통하여 확보된 핵심 정보는 공시되어야 한다. 이와 같이 공시된 핵심 정보 중 중요한 사항에 관하여 거짓의 기재나 표시가 있거나 중요한 사항에 관한 기재나 표시가 누락된 경우에는 발행자 등에 대해서는 자본시장법상 발행 및 유통공시규제위반에 대한 제재(제125조, 제162조)와 동일한 수준의 제재조치가 규정되어야 할 것이다.

마) 외국 발행 스테이블 코인의 취급

외국에서 국내법상 스테이블 코인에 해당하는 것을 발행한 경우에는 국내법상 규제에 준하는 규제를 그 발행국에서 준수한 경우에 한정하여 국내에서의 유통을 허용할 수 있을 것이다. 준비자산을 포함한 가격안정구조의 법적 효력에 대해서는 내국이용자 보호의 관점에서 별도의 장치가 필요하다.

국회 제출법률안 중에는 김은혜 의원안은 외국에서 발행된 스테이블 코인의 특례로서 가격안정구조와 함께 일정한 요건을 충족하여 금융위원회에 등록하는 경우에는 이 법에 따른 가치고정형 디지털자산으로 본다고 규정하고 있다(김은혜 의원안 안 제22조; 김현정 의원안 안 제2조제1호). 다른 요건 없이 외국에서 발행되고 원화에 연동된 가치안정형 디지털자산에 적용한다는 법률안도 있다(이강일 의원안 안 제17조). 김재섭 의원안은 해외 발행 스테이블 코인의 이용 제한으로서 첫째, 국내 디지털자산사업자는 일정한 요건을 갖추어 상품설명서를 금융위원회에 제출한 경우에만 취급할 수 있고, 둘째, 재화나 용역 대금의 지급 또는 부채의 상환을 위하여 사용하지 않는 경우 스테이블 코인으로 보지 않는다는 규정을 두고 있다(안 제136조). 중요한 것은 첫째, 외국에서 발행된 경우 국내법상 가격안정구조 등의 요건을 충족하면서 지급기능을 요소로 할 경우만 스테이블 코인으로 보고, 둘째, 국내에서 스테이블 코인을 발행할 경우에는 준비자산의 표시통화를 원화로 강제해야 한다는 점이다.

(3) 가격안정구조

가) 의의

스테이블 코인은 가격안정구조를 본질적 요소로 한다. 그러나 가격안정구조라고 하지만 그 효과는 상대적이므로 스테이블 코인과 준비자산 사이의 1:1 가격연동구조와 무관하게 시가 상승이나 하락의 가능성에 노출된다.[153] 가격안정구조는 이러한 상황에 대비한 안정화장치로서 시장거래를 통한 가격안정화와 환급구조를 통한 가격안정화로 구성된다. 1:1 연동구조에서 스테이블 코인의 가격이 1USD 보다 상승하면 추가발행을 통하여 가격을 하락시키고, 가격이 1USD 보다 하락하면 환급을 통하여 공급량을 줄임으로써 가격을 상승시키는 것이다. 스테이블 코인에 투자자산으로서의 성격을 보완적으로 인정하는 근거는 가격안정구조의 일부를 형성하기 때문이다. 발행자규제를 포함한 발행규제도 가격안정구조의 일부를 구성한다.

나) 준비자산규제

1) 의의

준비자산은 가격안정구조의 핵심이다. 준비자산규제는 준비자산의 담보가치에 의존하는 것이므로 준비자산 자체의 시장위험에는 여전히 노출될 수밖에 없는 한계가 있다. 준비자산규제는 준비자산의 범위, 표시통화, 운용, 보호의 네 가지로 구성된다.

2) 범위

준비자산은 최우량자산으로 구성되어야 한다. 신용위험은 물론 처분가능성과 신속성도 고려되어야 한다. 미국 지니어스법은 미국 법화, 요구불예금, 잔존만기 93일 이하의 미국 국채, 잔존만기 90일 이하의 미국 국채를 담보로 하는 만기 7일 이하의 환매조건부증권매매, 일정한 적격요건을 충족하는 잔존만기 7일 이하의 미국 국채를 담보로 하는 만기 1일의 역환매조건부증권매매, 이러한 자산만을 운용대상자산으로 하는 MMF, 중앙은행지준예치금을 적격준비자산으로 규정하고 있다[SEC. 4.(a)(1)(i)-(vii)].

준비자산을 법화로 한정할 것인가? 김은혜 의원안은 준비자산이 법화가 아닌 경우를 허용하고 있다(안 제13조 제1항 제2호). 스테이블 코인의 가격안정구조를 위해서는 준비자산은 법화로 한정하는 것이 타당할 것으로 본다. 준비자산이 법화가 아닌 경우에는 지급수단으로서의 스테이블 코인에서는 제외하는 것이 타당할 것으로 본다.

---

153 "During this turmoil, Tether saw its stablecoin trading on the secondary market at values as low as 94cents on the dollar despite continuing to honor requests redeeming tokens for dollars in full." Jack Spira and David Wessel, What are stablecoins, and how are they regulated?, June 18, 2025.

3) 표시통화

준비자산의 표시통화를 제한할 것인가? 국내에서 발행되는 스테이블 코인의 준비자산에 대해서는 그 표시통화를 원화로 한정할 필요가 있다. 현실적으로 외국발행인의 스테이블 코인 발행 자체를 제한하는 것보다는 통화정책과 외환정책의 대상을 단순화하는 의미에서도 필요할 것으로 본다. 김은혜 의원안은 준비자산이 법화인 경우와 법화가 아닌 경우로 나누어 전자인 경우 준비자산의 표시통화를 제한하지 않고, 후자인 경우 법화 아닌 해당 자산 또는 국내통화표시자산으로 한정하고 있다(안 제13조 제1항 제1호 · 제2호). 김현정 의원안은 준비자산은 발행준거통화로 표시될 것을 요구한다(안 제26조 제2항). 최보윤 의원안은 환불준비금의 유지에서 스테이블 코인 발행인은 준비자산에 대하여 해당 스테이블 코인의 가치가 연동된 통화와 동일한 통화로 표시된 자산일 것을 요구하고 있다(안 제104조 제1항 제1호). 1:1 페깅의 대상통화와 준비자산의 표시통화는 같아야 하지만, 외화도 가능하다는 취지로 이해된다.

그러나 국내에서 발행되는 스테이블 코인의 경우 1:1 페깅의 대상통화와 준비자산의 표시통화는 통화량이나 환율에 미치는 영향이 확인될 때까지는 예외 없이 원화로 한정하는 것이 옳을 것으로 생각한다. 외국인이 국내에서 발행하는 경우도 마찬가지이다.

4) 운용규제

준비자산에 대한 운용을 허용할 것인지도 중요한 과제이다. 앞에서 본 바와 같이 준비자산의 운용수익은 스테이블 코인 발행자의 관점에서는 중요한 수익의 원천 중 하나이다. 그러나 지나치게 투기적인 운용을 허용하는 것은 준비자산의 담보력을 약화시키는 부작용이 있다. 미국 지니어스법에서와 같이 환매조건부증권매매로 운용하는 정도만 허용하는 것이 이용자보호의 관점에서는 옳을 것으로 본다. 현재 국회 제출법률안은 구체적인 운용방법을 시행령에 위임하고 있는 것으로 이해된다.

5) 준비자산보호

준비자산의 보호를 위하여 분리보관, 발행자의 채권자에 의한 권리행사 금지, 발행자 도산 시 도산절연 등의 보호장치를 갖추어야 한다. 현재에 국회에 제출된 모든 법률안은 기본적으로 동일한 입장을 취하고 있는 것으로 파악된다. 은행을 별도예치기관으로 할 것인가에 대해서도 논의가 있을 수 있다. 예금보험공사의 상환자금 지원을 통한 준비자산 보호 강화를 규정하는 사례도 있다(김현정 의원안 안 제29조 제1항).

6) 내국이용자보호

특히 외국 발행 스테이블 코인의 경우 내국채권자 보호를 위하여 세 가지 방안을 생각할 수 있을 것으로 본다. 첫째, 은행법 등의 예에 따라서 국내에 일정 준비자산의 보관의무를 부과하고 그 국내보유자산에 대하여 내국채권자에게 우선변제권은 인정하는 내국채권자보호조항을 두는 방식(ring-fencing)이다. 둘째, 외국 발행 스테이블 코인을 국내에서 유통할 경우 일정한 자격을 가진 스테이블 코인 지급업자 등이 개입하고 하면서 필요한 경우 매입보장의무를 부과하는 방안이다. 셋째, 가장 엄격한 방안으로 외국 스테이블 코인 발행자에게 국내에 영업점을 두게 하는 방안이다. 셋째 방식은 규제준수비용의 관점에서 지나치게 부담이 될 수 있을 것이므로 첫째와 둘째 방안을 검토할 수 있을 것으로 본다.

다) 위기대응조치

스테이블 코인이 환율이나 통화량에 직접 또는 간접적으로 영향을 미칠 것인지, 미친다면 어떤 경우를 통하게 될지 등에 대해서 현재까지 확인된 데이터나 연구결과는 없다. 그러나 전통적인 금융구조에서 생각할 수 없었던 가능성이 발생한 것은 명확하다. 또한 스테이블 코인의 발행유통량이 일정 규모 이상일 경우에는 지급결제제도로 볼 수 밖에 없을 것이다. 이 경우 그 지급결제제도의 실패 등의 경우에도 대응방안이 필요하게 될 것이다.

금융당국은 이러한 관점에서 필요한 경우 거래정지, 보유 한도 제한, 그 밖의 시장조치를 할 수 있는 권한을 보유해야 할 것으로 본다. CBDC에서의 논의를 참고한 것이다.[154] 지급결제제도와의 관계에서 금융당국과 중앙은행의 역할이 구성되어야 할 것이다. 이를 위하여 중앙은행법상 지급결제제도 감시 등 규정을 활용하는 것이 현행 법상 가장 접근하기 쉬운 길이 될 것이다.

(4) 지급업구조

스테이블 코인을 지급수단으로 인식할 경우 그에 대한 지급업구조도 함께 만들어져야 한다. 이를 위하여 지급수단발행업과 지급중개업을 생각할 수 있을 것이다. 중요한 것은 이들 업자에게 허용할 겸영업무의 범위가 될 것이다. 가상자산사업자, 스테이블 코

154 위 각주 104-111의 본문을 참조.

인에 특화된 사업자, 지급수단으로서의 스테이블 코인에 특화된 사업자를 구별할 것인지, 이들 업무를 구별한다면 겸영을 허용할 것인지, 나아가 상호 간의 지분소유관계를 허용할 것인지 등에 대한 입법적 판단이 이루어져야 할 것이다.

다. 중앙은행법

(1) 의의

중앙은행관점에서 스테이블 코인이 문제 되는 것은 통화정책과 지급결제제도 그리고 전체적인 금융안정구조이다.

(2) 통화정책 및 외환시장

통화정책의 관점에서는 통화량지표와 관련하여 스테이블 코인이 통화정책상 통화량관리의 대상인 통화에 포함되는지가 우선 정리되어야 한다. 현재 이를 확인할 수 있는 데이터는 확보되어 있지 않지만 통화정책이나 외환거래에 영향을 미칠 수 있는 경로의 존재가능성은 부인할 수 없을 것이다.[155]

이와 함께 통화정책수단의 변화에도 영향을 미칠 수 있다. 전통적인 환매조건부증권매매를 이용하여 중앙은행이 국채를 매도하면 통화량이 줄어들게 된다. 그러나 스테이블 코인발행자가 그 국채를 준비자산으로 매입하여 스테이블 코인을 발행하면 시장에 화폐유사기능을 수행하는 지급수단이 공급되게 된다. 추가적으로 국채를 매도해도 동일한 결과가 반복될 수 있다. 따라서 전통적인 통화정책수단으로는 대응하지 않았던 상황이 발생한 것은 확실하다.[156] 필요한 경우 발행자별로 발행규모를 고려하여 필요한 통제 방안을 발행근거법과 외국환거래법 등 법률상 규정하는 것도 고려할 수 있을 것이다.

155 한국은행, 디지털 시대의 화폐, 혁신과 신뢰의 조화 원화 스테이블코인의 주요 이슈와 대응방안 2025.10, 66-75면; 권태율, "금융안정, 지급결제안정 및 통화정책 유효성을 고려한 스테이블 코인 규제 방안", 성균관법학 제 37권 제2호, 2025, 357-356면.

156 한국은행, 디지털 시대의 화폐, 혁신과 신뢰의 조화 원화 스테이블코인의 주요 이슈와 대응방안 2025.10, 61면("한국은행이 채택하고 있는 금리중심의 통화정책 운용체계는 초단기금리(콜금리)의 조절을 통해 통화정책 결정을 시장 전반으로 파급되도록 하고 있는데, 원화 스테이블 코인 발행 확대는 준비자산 투자를 통해 이러한 통화정책 파급경로의 교란요인으로 작용할 소지가 있다").

(3) 지급결제제도

금융체계상 중요한 스테이블 코인에 대해서는 지급결제제도 관점에서의 규제가 필요하게 될 것이다.[157] EU의 MiCA는 중요자산준거토큰의 구분기준(Article 43), 중요자산준거토큰 발행자의 특별의무(Article 45), 중요전자화폐토큰의 구분기준(Article 56), 중요전자화폐토큰 발행자의 특별추가의무(Article 58)를 별도로 명시하고 있다.

한국은행법상 지급결제제도의 감시의 대상인 지급결제제도는 한국은행이 지정하는 구조(제81조 제2항)이므로 특별한 수정을 요하지 않는다. 그러나 지급결제제도의 개념을 법화 또는 법화에 기반한 제도 이외의 제도를 포함하는 것으로 해석할 수 있는가? 지급결제제도의 자금 개념을 입법적으로 수정하려는 시도도 확인된다. 호주는 지급결제제도에서의 자금(funds)의 정의에 종래의 금전(money) 외에 디지털화폐를 포함한 디지털 가치단위(digital units of value, including digital currency)를 추가하려는 개정을 추진하고 있다[Treasury Laws Amendment (Miscellaneous Measures) Bill 2024 Schedule 8—Amendment of the Payment 2 Systems (Regulation) Act 1998 etc. Section 7(b)]. 해석론으로 해결할 수 있는 문제는 아니라고 생각된다. 그리고 한국은행법상 일시 결제부족자금의 지원은 한국은행이 직접 운영하는 지급결제제도의 참가기관에 한정되어 있다(제81조의2). 한국은행도 스테이블 코인은 예금자보호나 중앙은행의 긴급여신 등 안전장치가 없는 구조이기 때문에 위험이 더욱 증폭될 가능성이 있다고 지적하고 있다.[158] 지급결제제도의 관점에서는 보호장치가 마련되는 것이 전제조건이 되어야 한다.

---

157 Committee on Payments and Market Infrastructures/Board of the International Organization of Securities Commissions, Application of the Principles for Financial Market Infrastructures to stablecoinarrangements, July 2022(systemically important stablecoinarrangements); Bank of England, Regulatory regime for systemic payment systems using stablecoinsand related service providers, Discussion paper, 6 November 2023(systemic payment systems using stablecoins); FSB, High-level Recommendations for the Regulation, Supervision and Oversight of Global StablecoinArrangements, July 2023(Global stablecoin).

158 한국은행, 디지털 시대의 화폐, 혁신과 신뢰의 조화 원화 스테이블코인의 주요 이슈와 대응방안 2025.10, 62면.

이와 함께 발행자의 도산과 이용자의 도산에도 대비할 필요가 있을 것이다. 채무자회생법 제120조 제1항의 특례적용대상 지급결제제도도 한국은행총재가 금융위와 협의하여 지정하는 구조이므로 특별한 수정을 필요로 하지는 않는다. 그러나 지급결제제도에 법화에 기반한 제도 이외의 제도를 수용할 수 있을지는 의문이다.

라. 화폐법

(1) 의의

화폐법상 가장 중요한 과제는 스테이블 코인의 등장을 화폐 개념의 수정으로 볼 수 있는지이다. 사실 그 이전부터 종래의 법화개념의 지속가능성에 대해서는 의문이 제기되어 왔다.[159]

159 정순섭, "금전의 법적 측면에 관한 연구 - "지급결제수단"의 다양화에 대한 법적 대응을 중심으로-", 상사판례연구 제22집 제2호, 2009, 282면.
"첫째, 채무의 이행과 소멸이라는 과정을 중시하는 법학적 관점에서 법화의 개념을 유지하는 한 통화제도의 원천으로서의 국가의 역할을 완전히 부정하는 것은 곤란할 것이다. 그러나 통화발행에 대한 국가의 독점과 민간영역의 역할 부정을 내용으로 하는 전통적인 통화법은 금전의 다양화와 민간 영역의 역할 증대라는 현실을 반영하여 새로이 정립되어야 한다. 금전의 법적 정의 또한 결제의 완결성과 일반적 승인을 요소로 보다 유연하게 정의될 필요가 있다. 다만 이러한 결론은 법화의 발행주체인 중앙은행의 법적 성질에 관한 논의를 전제로 해야 한다.
둘째, 전통적인 의미의 통화법은 보다 유연하게 이해될 필요가 있다. 새로운 통화법은 다양한 지급결제수단을 포괄하는 넓은 의미의 통화법인 지급결제법으로 확대되어 연구되어야 한다. 광의의 통화법으로서 지급결제법의 범위는 (i)지급결제수단, (ii)지급결제업무, (iii)지급결제기관, (iv)지급결제제도를 포함하여야 한다.
셋째, 국가의 통화고권에 기초하여 통화에 관한 규제를 일원화하는 도구개념으로 활용되어 온 법화는 전통적인 통화법의 영역 축소와 함께 그 개념적 유용성을 대부분 상실하였다. 통화의 정의에 관한 영역은 국제법상 존중되어야 할 전통적인 통화법의 영역에 속하지만, 통화의 사용에 관한 문제는 주로 당사자의 선택에 맡기는 것이 시장친화적인 접근이 될 것이다. 이러한 접근은 통화법의 적용이 국제사법원칙에 따라 결정되는 형식으로 나타나고 있다.
넷째, 예금이나 전자화폐를 법화로 지정하려는 시도는 실물통화의 폐지와 전체적인 통화의 무권화를 완성하려는 것이 아니면 큰 의미가 없을 것으로 생각된다. 오히려 이러한 지급결제수단의 범용성과 변제력을 확보하기 위한 지급결제수단의 안전성 확보가 필요할 것으로 본다."

(2) 화폐

가) 법화 : 발권력의 독점 + 강제통용력

한국은행법상 화폐는 법화를 의미한다. 우리나라의 화폐법인 한국은행법은 제47조에서 법화에 대한 발권력의 독점을, 그리고 제48조에서 한국은행권에 대한 강제통용력을 규정하고 제53조 제2항에서 주화에 관하여는 제48조를 준용하여 법화의 개념을 완성하고 있다.

나) 화폐 개념의 수정

계산단위로서 법화를 사용하지 않을 경우 '화폐의 단일성'(singleness or uniformity of currency)을 충족할 수 있는가? 금전사법상 금전은 법화를 의미한다. 기능적 관점에서 화폐의 개념은 현실적으로 이미 수정되고 있는 것이다.[160]

다) 현금선택권

디지털 취약계층의 금융소외 해소와 지급수단 간의 경쟁이라는 관점에서 현금선택권은 CBDC에 대한 논의와 같은 관점에서 이루어져야 한다[161] 고액현금거래에 대한 제한을 전제로 현금선택권은 보장되어야 한다.

마. 금융규제법

(1) 의의

금융규제법상 과제로는 자본시장법상 금융투자상품, 은행법상 예금, 자금세탁방지법, 형법적 보호 등이 우선 문제 된다.

(2) 이자

가장 먼저 이자의 지급 가부가 결정되어야 한다. 이자 그밖에 이에 준하는 수익이 지급될 경우 자본시장법상 증권이나 은행법상 예금, 유사수신행위의 규제에 관한 법률

160 Steven L. Schwarcz, "Money: A Functional Analysis", Stanford Journal of Law, Economics & Business, Vol.30, 2025, pp1-32.

161 정순섭, "현금없는 사회의 법적 과제 -법화의 강제통용력을 중심으로-", 은행법연구 제12권 제1호, 2019, 195-235면.

상 유사수신행위규제의 적용 가능성이 있기 때문이다. 현재 국회 제출 법률안 중에도 이자 지급금지를 명시한 예가 확인된다(안도걸 의원안 안 제17조; 김현정 의원안 안 제31조; 김재섭의원안 제128조). 각각 할인금, 적립금, 그밖의 어떠한 명칭이든 상관없이 보유와 관련된 이자(금전, 그 밖의 재산적 가치가 있는 것을 포함한다), 보유 기간에 비례하여 지급하는 금전적 이익, 일체의 재산적 가치로 규정하고 있어 구체적인 범위에는 차이가 있을 것으로 보인다. 그러나 지급수단으로서 증권규제나 예금규제를 적용배제하기 위해서는 금전의 사용대가로서의 성질을 가지는 일체의 재산적 가치의 지급행위를 금지해야 한다.

(3) 자본시장법

자본시장법상 금융투자상품은 이익을 얻거나 손실을 회피할 목적으로 현재 또는 장래의 특정(特定) 시점에 금전, 그 밖의 재산적 가치가 있는 것(이하 "금전등"이라한다)을 지급하기로 약정함으로써 취득하는 권리를 말한다. 그 밖의 재산적 가치에는 해당한다.

이자지급 금지를 전제로 금융투자상품의 정의에서 제외할 수 있을 것으로 본다. 이 문제는 전통적인 투자자보호문제를 가치안정구조로 해결할 수 있다고 볼 것인가의 판단에 관한 것이다. 준비자산에 기초한 가격안정구조의 법적 효력을 확보할 수 있으면 자본시장법상 투자성에 따른 규제상 문제는 발생할 가능성이 낮을 것으로 평가된다.

미국은 지니어스법은 단순히 스테이블 코인의 보유, 이용, 유보(retention)를 이유로 하는 이자나 수익 지급을 금지하고 있다(SEC. 17). EU MiCA도 마찬가지 관점에서 이자 지급을 금지하고 있다[Article 40 Prohibition of granting interest(ART), Article 50 Prohibition of granting interest(EMT)]. 현재 전자금융거래법상 선불전자지급수단 등에 허용되는 범위에서 포인트의 지급은 가능할 것이다.

증권과의 구별을 위해서는 지급기능을 스테이블 코인의 개념요소로 포함하고 준비자산을 법화로 한정할 필요가 있을 것으로 본다. 국회 제출 법률안에도 스테이블 코인을 자본시장법상 증권으로 보지 않는다는 규정을 두고 있다(김은혜 의원안 안 제5조 제1항; 안도걸 의원안 안 제4조 제1항; 김재섭 의원안 안 제121조 제1항). 금융투자상품 정의에서 제외하는 법률안도 있다(김현정 의원안 안 제3조 제1항). 이자나 그에 준하는 수익의 지급이 금지되는 것을 조건으로 증권 정의에서 제외할 수 있을 것이다.

(4) 은행법

스테이블 코인을 은행법상 예금으로 볼 수 있는지도 중요한 문제이다. 종래 은행법상 예금을 판단하는 기준은 첫째, 금전에 대한 소유권의 임치인인 예금자로부터 수치인인 은행으로의 이전, 둘째, 임치된 금전에 대한 은행의 독자적인 운용권, 셋째, 수치인인 은행의 임치인인 예금자에 대한 원금상환의무의 세 가지로 구성된다.[162]

스테이블 코인의 이용자가 그 발행자에게 스테이블 코인의 취득하는 행위의 법적 성질을 매매로 볼 것인지 아니면 임치로 볼 것인지의 문제가 선결적으로 해결되어야 한다. 이를 위해서는 스테이블 코인의 환급청구권을 원금상환의무로 볼 수 있는지의 문제가 함께 논의되어야 한다.

법화를 준비자산으로 하는 1:1 가격연동구조에서 스테이블 코인 보유자가 가지는 환급청구권을 예금과 같은 금전소비임치계약상 원금상환청구권으로 볼 수 있는가? 스테이블 코인이 가상자산거래소에서 거래되는 이상 그 가격이 1:1 연동구조에서 결정된 환급가격보다 높을 경우 환급청구권을 행사할 가능성은 없다. 스테이블 코인 발행자나 발행구조에 문제가 발생한 경우에만 행사된 가능성이 있는 것이다. 일반적인 금전소비임치에서의 원금상환청구권과는 구별되어야 한다. 실질적으로는 주식에서의 잔여재산분배청구권과 같은 것으로 이해된다. 한편 여기서 문제 되는 것은 스테이블 코인 자체의 법적 성질이므로 스테이블 코인을 예치하는 행위나 그에 상당하는 행위와는 구별되어야 한다.

김은혜 의원안은 스테이블 코인의 발행 또는 스테이블 코인의 영업행위에 대하여는 은행법을 적용하지 않는다(안 제5조 제2항). 동 법률안은 스테이블 코인 발행에 대해서는 유사수신행위의 규제에 관한 법률도 적용하지 않는다는 특칙을 두고 있다(안 제5조 제2항). 이자나 그에 준하는 수익의 지급이 금지되는 것을 조건으로 예금과 유사수신행위의 정의에서 제외하는 것은 가능할 것으로 본다.

(5) 자금세탁방지법 및 외국환거래법

현재의 특정금융정보법상 자금세탁방지체계는 현금 <-> 금융거래 등 사이의 자금 이동구조를 전제로 한다. 현행 가상자산법상으로는 스테이블 코인은 가상자산에 포함된

162 정순섭, 「은행법」, 305면 [8-33].

다. 블록체인의 익명성과 자금세탁방지의 투명성은 병행할 수 있는가?[163] 일반적으로 익명성이 영구적으로 유지되는 현금에 비하여 블록체인상에 거래내역이 기록되는 점에서 추적가능성은 높아진 것으로 평가되고 있다.[164] 다만 현금에 비하여 금융범죄나 탈세 등의 목적으로 남용가능성이 높다고 평가되면 전체적인 규제구조가 다시 설계되어야 할 것이다.

스테이블 코인에서도 개인 지갑 간 거래(P2P구조)와 지급업자가 개입하는 거래(중개구조)는 모두 가능할 것이다. 이들 양자를 다양한 규제법적 관점에서 동일하게 취급할 수는 없을 것이다. 생각할 수 있는 방안으로는 개인이나 법인 등 스테이블 코인을 이용한 지급이나 투자 등의 금융거래에 참여하는 자에게 1개의 지갑을 특정하여 신고하도록 하는 것이다. 미신고 지갑을 통한 거래는 자금세탁이나 탈세 등과 관련하여 법위반 가능성이 있는 것으로 사실상 추정할 수 있을 것이다.

외국환거래법상으로는 국경 간 가치의 이동으로서 지급수단에 해당하는지와 무관하게 지급거래나 자본거래의 대상이 되어야 한다. 해석론상 불명확할 수 있으므로 입법적으로 지급거래 또는 자본거래의 대상이 됨을 명시해야 할 것이다. 안도걸 의원안은 스테이블 코인을 발행, 유통, 이용할 경우 외국환거래법 등 관련 법령을 준수할 의무를 규정하고 있다(안 제6조).

163 UK Jurisdiction Taskforce, Legal Statement on the Issuance and Transfer of Digital Securities under English Private Law, LawtechUK, 2023, pp18-19. Parma Bains, Arif Ismail, Fabiana Melo, and Nobuyasa Sugimoto, “Regulating the Crypto Ecosystem: The Case of Stablecoins and Arrangements”, NOTE/2022/008 International Monetary Fund, 2022, p36; Financial Action Task Force (FATF), Money laundering risks from “stablecoins” and other emerging assets, 18 October 2019. <https://www.fatf-gafi.org/en/publications/Fatfgeneral/Statement-virtual-assets-global- stablecoins.html> (2024.2.26. 방문) FATF는 스테이블 코인에 관한 자금세탁방지 권고안을 따로 발표하였다. FATF, Updated Guidance for a Risk-Based Approach to Virtual Assets and Virtual Asset Service Providers, October 2021.

164 이러한 인식을 전제로 하는 EU에서의 자금세탁방지법 적용을 위한 제도변화를 소개한 것으로, Nadia Pocher, “Traceability of crypto-asset transfers under the new EU AML/CFT regime: the crypto travel rule between challenges and open issues” in Joseph Lee and Aline Darbellay(eds), A Research Agenda for Financial Law and Regulation, Elgar, 2025, pp.197-219.

(6) 착오송금과 형사처벌

"예금계좌에 돈이 착오로 잘못 송금되어 입금된 경우에는 그 예금주와 송금인 사이에 신의칙상 보관관계가 성립"한다고 하여 갑이 자신 명의의 은행 계좌에 입금된 돈을 임의로 인출하여 소비한 행위는 횡령죄에 해당한다(대법원 1968. 7. 24. 선고 1966도1705 판결; 대법원 2005. 10. 28. 선고 2005도5975 판결; 대법원 2006. 10. 12. 선고 2006도3929 판결 등). 이는 지급수단으로서의 예금의 특별한 지위를 반영한 것이다. 예금을 재물로 볼 것인지, 착오송금의 수취인을 송금인을 위하여 신의칙상 보관관계에 있다고 볼 것인지 등에 대한 논의가 있다.

한편 비트코인을 대상으로 한 착오이체 사건에서 비트코인을 법화와 같은 수준으로 보호할 수 없다는 이유에서 수취인의 인출 행위를 횡령죄는 물론 배임죄로도 처벌할 수 없다는 것이 현재 법원의 입장이다(대법원 2021. 12. 16. 선고 2020도9789 판결). 타당한 접근으로 이해된다. 그러나 입법론으로 이체자산횡령죄를 신설하자는 주장[대법원 2022. 6. 23. 선고 2017도3829 전원합의체 판결의 별개의견(김선수 대법관)]이 있었고, 실제 그 내용으로 형법 일부개정법률안(의안번호 21205, 발의연월일: 2023. 4. 7., 이용우 의원 대표발의) 안 제360조의2(이체자산 횡령)가 국회에 제출되었지만 임기만료로 폐기되기도 했다.

스테이블 코인의 경우 화폐로서의 기능을 수행하게 될 경우 이러한 문제는 명확하게 예상된다. 지급기능을 명확하게 수행하는 스테이블 코인에 대해서는 이체자산횡령죄와 같은 형식으로 형법적 보호를 생각할 단계가 되었다고 생각된다.

(7) 정보보호법

스테이블 코인의 법적 지위는 전자금융거래법상 전자지급수단과 동일한 것이다. 따라서 개인의 지급정보보호라는 문제는 일반적인 전자지급수단과 동일하다. CBDC의 경우에 중앙은행이 직접 개인의 지급정보를 집중하여 접근할 수 있는 가능성과는 문제의 차원이 다르다. 일반 정보보호법으로 통제가능할 것으로 본다.

V 결 론

CBDC와 스테이블 코인의 제도적 수용을 위해서는 먼저 필요성이 확인되어야 한다. 주로 지급수단으로서의 효율성에 기초하여 도입 필요성은 인정된다.

CBDC의 경우 디지털 취약계층의 지급 측면에서의 금융소외문제와 개인의 지급정보의 중앙은행으로의 집중과 보호문제가 가장 중요하다. 전자는 현금선택권의 보장으로 후자는 기술적 차단장치의 법제화로 통제가능할 것으로 생각된다. 그러나 특히 개인정보문제는 집중과 남용 가능성이 기술적으로 가능하게 되었다는 점에서 사회적 합의가 반드시 필요할 것으로 본다. 그 밖의 법률문제는 전통적인 화폐법상 화폐의 개념을 이용함으로써 대부분 해결할 수 있을 것으로 본다.

스테이블 코인의 경우 지급기능에 관한 일반적 규제법이 없는 상황에서 입법형식은 논의가 필요하다. 발행근거법으로서 별도의 특별법을 제정하지 않을 경우에는 전자금융거래법에 규정하는 것이 불가피할 것으로 본다. 이와 함께 첫째, 현금대체기능을 가진 스테이블 코인에 대한 고액현금거래보고의 적용을 위한 특정금융정보법의 개정, 둘째, 국경 간 가치의 이동에 대한 외국환규제의 적용을 위한 외국환거래법의 개정, 셋째, 통화정책과 지급결제제도의 적용범위를 확장하는 한국은행법의 개정은 필수적이라고 생각한다.

스테이블 코인을 통한 변화는 새로운 화폐법의 구상을 촉진하고 있다. 민간주체에 의한 화폐기능을 수행하는 금융수단의 발행을 제한할 수 있는 방안(CBDC, fedA/C)에 대한 평가로는 CBDC도 의미가 있지만, 스테이블 코인과 병행하는 것이 타당할 것이다. CBDC와 스테이블 코인의 역할 분담에 대한 논의가 필요하게 될 것이다.

현재의 화폐제도의 발전이라는 관점에서는 궁극적으로 화폐법의 지급법으로의 확장으로 연결될 수밖에 없다. 종래의 법화에 대한 화폐법과 법화가 아닌 그러나 법화에 의존하는 지급수단에 대한 지급법의 구분을 스테이블 코인은 무너뜨리게 될 것이다. 결국 화폐법은 법화와 직접적으로 연결되는 비현금 지급수단, 그리고 법화와 준비자산의 표시통화로서 간접적으로만 연계되는 스테이블 코인을 모두 적용대상으로 하는 지급법으로 확장될 것이다.

참/고/문/헌

〈국내문헌〉

정순섭·이동진·박상철, 디지털자산 산업의 책임있는 성장을 위한 법무정책 연구(Ⅰ): 디지털자산 산업의 현황 및 규율체계 방향 모색, 한국형사·법무정책연구원 연구보고서, 2024.12.31.

정순섭, "블록체인과 금융", BFL 제108호, 2021.

〈외국문헌〉

Douglas Arner, Raphael Auer and Jon Frost, "Stablecoins: Risks, Potential and Regulation", BIS Working Papers No 905, November 2020.

Chris Brummer(ed), Crypto Assets: Legal and Monetary Perspectives, Oxford University Press, 2019.

Charles Proctor, Mann and Proctor on the Law of Money 8th ed, Oxford University Press, 2023.

CHAPTER 02

디지털 금융거래

- 금융플랫폼의 영향과 바람직한 법제도의 설계
- 전자지급거래와 청산·결제
- 은행업과 디지털금융
- 알고리즘 거래에 관한 금융규제
- 보험업과 디지털금융
- 디지털금융의 새로운 과제: 인공지능

금융플랫폼의 영향과 바람직한 법제도의 설계*

정준혁
(서울대학교 법학전문대학원 부교수)

I 서 론

1 온라인 플랫폼의 확산

바야흐로 플랫폼 전성시대다. 이제는 식료품이나 의류 주문부터 택시 운송, 식당 예약, 음식 배달에 이르기까지 우리 일상 생활에 있어서 플랫폼이 관련되지 않은 곳을 찾는 것이 더 어려울 지경에 이르렀다. 그렇지만 판매상과 소비자와 같이 둘 이상의 구분되는 유형의 집단 간에 거래를 가능하게 하는 플랫폼 사업모델은 전혀 새로운 것이 아니다.[1] 다양한 가게들을 건물에 입점시키고 고객을 모아 가게와 고객 간에 상품 구매를 가능하게 하는 백화점이야말로 플랫폼 사업모델의 대표적인 예라 할 수 있다. 백화점에 다양하고 매력적인 가게가 모이면 모일수록 백화점을 방문하는 고객이 증가하고, 고객이 증가하면 증가할수록 다양하고 매력적인 가게들이 백화점에 입점하기를 희망하게 된다. 플랫폼 사업자는 상품 매매의 직접 당사자가 되지 않고서도 판매자와 소비자를 연결해주는 장을 제공하는 것만으로 수익을 얻는다.

* 이 글은 필자의 "금융 플랫폼 규제의 과제와 전망" BFL 제108호, 2021 및 「핀테크가 강한 나라, 2024.4, 제1장 "금융플랫폼, 일상을 바꾸다"의 내용을 발췌, 정리하고 최근 논의 동향에 따라 수정한 것임을 밝혀둔다.

1 각종 플랫폼의 현황 및 규제 시도에 관하여는, 박상철, "플랫폼법", 저스티스 제188호, 2022.

그렇지만 백화점과 같이 물리적 공간에 의존하는 플랫폼 사업모델에서는 사업 규모를 늘리는 데에 한계가 있을 수밖에 없다. 새로운 건물을 짓거나 임차를 통해 물리적 공간을 늘리지 않는 이상 업체를 추가적으로 받거나 고객을 유치할 수 없기 때문이다. 그러나 정보통신기술의 발전은 기존 플랫폼 사업모델의 물리적 제약을 극복할 수 있게 해주었다. 온라인 플랫폼에서는 백화점처럼 거래의 장을 위한 물리적 공간이 필요하지 않기 때문에, 일정 수준 이상으로 업체를 유치하거나 고객을 모으더라도 이에 따른 한계비용이 크게 증가하지 않는다. 거래를 위해 일정한 장소에 모일 필요도 없고 영업 시간의 제약도 거의 없으므로 플랫폼에 입점할 수 있는 업체나 상품 및 서비스의 양과 종류도 크게 증가하였다.

이처럼 최근의 플랫폼 사업모델의 성장은 정보통신기술의 발전을 떼어 놓고는 생각하기 어렵다. 우리가 플랫폼이라고 하면 자연스럽게 온라인 플랫폼을 떠올리는 것도 이러한 이유에서다. 온라인 플랫폼 사업모델은 판매자와 이용자를 연결해주는 기존의 전자상거래 영역뿐만 아니라, 식당, 미용실 예약과 같이 대면 서비스를 온라인을 통해 연결해 주는 O2O(online-to-offline) 분야로 확장되었다. 이제는 B2C 거래가 이뤄지는 거의 모든 산업 분야에 온라인 플랫폼이 영향력을 미치고 있다.

2 금융플랫폼의 등장과 제도적 과제

금융산업에서도 소매금융을 중심으로 온라인 플랫폼 사업모델이 활발하게 활용되고 있다. 간편결제와 간편송금 사업으로부터 시작된 핀테크 업무는 온라인 플랫폼에 접속하는 이용자들이 여러 금융회사들의 다양한 금융상품을 비교할 수 있는 온라인 금융플랫폼의 형태로 발전하였다. 우리나라에서도 2010년대 후반부터 대출이나 보험 등 다양한 금융상품을 취급하는 온라인 금융플랫폼이 등장하였고, 활발하게 사업 영역을 확장하고 있다.

이용자의 정보를 바탕으로 이용자 개개인이 필요한 금융상품을 추천하는 맞춤형 광고, 추천 서비스나 이용자의 성향 등을 바탕으로 알고리즘을 통해 투자 관련 자문을 제공하는 로보어드바이저 서비스 등이 발전하면서 온라인 금융플랫폼이 제공하는 서비스의 질도 점차 높아지고 있다. 이제는 기존 금융회사들도 플랫폼 사업모델을 앞다투어 도입하고 있다.[2] 온라인 금융플랫폼의 등장이 금융소비자들의 효용을 높이고 금융 산업에 혁신을 가져오고 있음은 분명하다.

이른바 빅테크 기업들도 금융플랫폼 업무에 활발하게 진출하고 있다. 빅테크 기업들은 기존의 고객 기반과 다른 산업 분야에서의 온라인 플랫폼 운영 경험, 뛰어난 기술력을 바탕으로 비교적 단기간 내에 금융 분야에서 높은 경쟁력을 발휘하고 있다. 그런데 금융 산업은 그 어느 산업보다 규제 수준이 높다. 금융업을 영위하기 위해서는 금융 관련 법령에 따른 요건을 갖추어 인허가를 받아야 하고, 여기에 금산 분리, 금융 시스템 안정, 금융소비자 보호와 관련된 여러 영업 관련 규제가 적용된다. 상황이 이렇다 보니 플랫폼 사업자들이 금융 관련 인허가 없이 어느 범위 내에서 금융플랫폼 사업을 수행할 수 있는지, 빅테크 기업들이 기존 금융회사에 비해 규제차익을 누리는 것은 아닌지 등에 대한 기존 금융회사와 플랫폼 사업자들 간의 이견도 존재하는 것이 현실이다. 금융플랫폼이 가져오는 금융산업의 혁신과 소비자 효용 증대와 같은 긍정적인 기능과 함께, 금융기관과 금융플랫폼을 운영하는 빅테크 및 핀테크 기업 간의 공정경쟁이나 규제차익 해소,[3] 금융플랫폼 이용자의 오인가능성 방지 등 금융소비자 보호가 중요한 문제로 대두되고 있다.

그렇다면 온라인 금융플랫폼 관련 제도들은 어떻게 정립되어야 하는가? 금융플랫폼은 금융 산업에 어떠한 변화를 가져오고 있는가? 빅테크 기업들의 금융업 진출은 어떻게 이뤄지고 있고 이렇게 전개될 것으로 예상되는가? 이 글에서는 이러한 배경하에서 금융플랫폼의 의미와 종류 및 사업모델의 특성에 대해 먼저 살펴보고(II), 금융플랫폼이 금융에 가져오는 변화와 긍정적 기능, 도전과제를 정리하며(III), 금융플랫폼과 관련한 법률문제를 광고와 중개의 구분 기준 및 일사전속주의와 판매겸영 문제 등을 중심으로 검토한다(IV). 마지막으로 결론에 갈음하여 최근 금융플랫폼 규제 관련 논의 동향과 향후 금융플랫폼 제도 설계의 방향성을 제시하는 것으로 마무리한다(V).

---

2 한국경제, 4대 금융지주 올해 화두는 '플랫폼' 'ESG' '회복 탄력성 (2021.1.4.자 기사). (https://www.hankyung.com/economy/article/2021010454651)

3 금융회사, 빅테크, 핀테크 기업간 규제차익과 관련한 여러 문제들은 2020.9. 출범한 금융위원회 디지털금융협의회를 통하여 논의되고 있다. 관련 제도 개선 사항에 대해서는 금융위원회, "디지털금융 규제 · 제도 개선방안", 2020.12.10. 참조.

Ⅱ 금융플랫폼의 의미, 특성과 대형 IT 기업의 진출

1 의미 및 종류

가. 금융플랫폼의 정의

플랫폼에 대해서는 매우 다양한 정의가 가능하지만[4] 일반적으로 "둘 이상의 구분되는 유형의 고객 간에 직접적인 상호작용을 가능하게 하는 방법을 통해 주로 가치를 창출하는 조직"이라 규정할 수 있다.[5] 대표적인 온라인 플랫폼 관련 법안인 온라인 플랫폼 독점규제에 관한 법률안[6]은 온라인 플랫폼 서비스를 "온라인 플랫폼을 통하여 이용자 간 또는 서로 다른 집단에 속한 이용자 간의 재화·용역·정보·콘텐츠 등의 제공·이용·거래·교환 등 상호작용을 촉진하는 서비스"라 정의하는데, 위와 같은 학술적인 정의에 바탕을 둔 것으로 보인다.

이러한 관점에서 보면 금융플랫폼은 "금융기관과 이용자, 이용자와 이용자 등 서로 다른 둘 이상의 집단 사이에 금융상품의 거래나 금융서비스의 제공을 가능하게 하거나 촉진시키는 체계"라고 정의할 수 있다.[7] 현행 법령 상 금융플랫폼에 대한 직접적인 정의를 하는 규정은 없지만, 21대 국회에 제출되었다가 폐기된 전자금융거래법 개정안[8]이 금융플랫폼을 잘 정의하고 있다. 위 법안은 금융플랫폼을 "이용자 또는 금융회사나 전자금융업자로 이루어진 둘 이상의 집단 사이에 상호작용을 목적으로 금융상품 및 서비스

---

4 다면플랫폼(multi-sided platform, MSP)의 다양한 정의 및 기능에 대해서는 Hagiu, Andrei, and Wright, Julian. *Multi-sided platforms*, International Journal of Industrial Organization, Volume 43 (2015) pp.163,164.

5 Hagiu, Andrei, and Wright, Julian. *Multi-sided platforms*, Harvard Business School Working Paper 12-024 (2011) p.2.

6 온라인 플랫폼 독점규제에 관한 법률안(김남근 의원 대표발의, 의안번호 2201430, 2024.07.05. 제인)

7 윤민섭, "금융상품 판매채널로서의 금융플랫폼", 금융소비자연구 제10권 제2호, 2020, 8면은 금융플랫폼을 "온라인을 기반으로 다양한 금융상품(서비스)에 대하여 다수의 공급자와 수요자들이 상호작용할 수 있는 서비스를 제공하는 매개체"로 정의하고 있다.

8 전자금융거래법 일부개정법률안(김병욱 의원 대표발의, 의안번호 2113137, 2021.11.04. 제안); 전자금융거래법 일부개정법률안(윤관석 의원 대표발의, 의안번호 2105855, 2020.11.27. 제안)

의 제공에 대하여 다음 각 목의 어느 하나에 해당하는 행위를 할 수 있도록 하는 인터넷 홈페이지(스마트 · 모바일 기기에서 사용되는 애플리케이션(Application), 그 밖에 이와 비슷한 응용프로그램을 통하여 가상의 공간에 개설하는 장소를 포함한다) 및 이에 준하는 전자적 시스템"이라고 정의하면서, 금융상품 및 서비스에 대한 대리, 중개, 주선, 광고, 홍보나 정보제공, 비교분석, 추천 등을 금융플랫폼을 통해서 할 수 있는 행위로 들고 있다.

나. 금융플랫폼의 종류

금융플랫폼은 다시 ① 금융소비자와 금융소비자 간의 상호작용을 가능하게 하는 모델과, ② 금융기관과 금융소비자 간의 상호작용을 가능하게 하는 모델로 나누어 볼 수 있다.[9] 전자의 대표적인 예로는 P2P대출 플랫폼이나 크라우드펀딩 플랫폼, P2P 보험[10][11]을 들 수 있다. 금융의 탈중개기관화 현상을 보여주는 대표적인 사례라 하겠다.[12]

각종 금융상품 비교나 자문, 중개, 광고 등의 서비스를 제공하는 금융상품 플랫폼은 후자에 해당한다. 2010년대 말부터 지금까지 많은 관심의 대상이 되고 있는 금융플랫폼은 주로 후자를 말한다. 이 글에서도 금융기관과 금융소비자를 연결하는 금융상품 플랫폼을 중심으로 관련 법률문제들을 검토한다.

---

9 김자봉 · 노형식, "일본 기능별 · 횡단적 규제체계의 <중간정리>에 대한 평가와 정책적 시사점", 한국금융연구원, 2019, 62면.

10 금융위원회는 혁신서비스 지정과 제도개선을 통해 P2P 보험을 활성화할 것을 발표한 바 있다. 금융위원회, "보험산업 신뢰와 혁신을 위한 정책방향 - 2021년 보험산업 금융위 업무계획" 보도자료, 2021.3.2, 8면. 금융위원회는 위 보도자료에서 P2P보험을 "동일 위험을 보장받는 그룹에 대해 실적에 따라 적립금을 환급하는 상품"으로 정의하였다.

11 P2P 보험의 개념과 법률 문제에 대해서는 김화중, "플랫폼제공자 P2P 보험모델의 법적 성격에 관한 고찰." 보험법연구 제15권, 2021 참조.

12 금융기관의 탈중개화 현상에 대해서는 정순섭, "기술발전과 금융규제법의 전망", BFL 제107호, 2021, 15, 16면 참조.

2 금융플랫폼의 특성과 성장 배경

가. 금융플랫폼 사업의 특징과 경쟁력

플랫폼사업의 특징으로는 사업모델의 다면성(multi-sideness), 네트워크 효과의 내부화 등이 일반적으로 언급된다.[13] 플랫폼에서는 전통적인 도매업 등과 다르게 플랫폼 사업자가 거래의 주체가 되거나 거래의 조건을 결정하지 않고, 플랫폼을 통해 둘 이상의 집단이 직접 상호작용(interaction)을 하면서 그 주요조건을 결정한다.[14] 이러한 둘 이상의 집단은 상호작용을 위해 플랫폼에 가입(affiliation)하는 등 플랫폼 특유 투자를 하여야 하고,[15] 플랫폼은 이 과정에서 발생하는 네트워크 효과를 내부화함으로써 성장하게 된다.

2019년 BIS 보고서는 플랫폼을 중심으로 하는 빅테크 기업의 사업모델은 많은 수의 이용자 간 직접적 상호작용을 가능하게 한다는 점에 기반을 둔다고 하면서, 데이터, 네트워크, 이용자 활동이 서로 순환하며 사업모델을 강화한다고 한다(이른바 data - network - activities (DNA) loop).[16] 즉 빅테크 플랫폼은 상품 및 서비스 이용자의 네트워크에서 수집한 데이터를 분석하여 더욱 다양하고 개별적인 상품과 서비스를 이용자에게 제공하고, 이를 통해 이용자의 네트워크 내 활동이 증가하면서, 그 부산물로서 더 많은 정보를 축적할 수 있다는 것이다. 빅테크 플랫폼은 이러한 더 많은 정보를 바탕으로 더 강한 네트워크 효과를 창출하고 이는 다시 이용자 활동의 증가로 이어지게 된다.

---

13 Katz, Michael L., and Carl Shapiro. *Network externalities, competition, and compatibility, The American economic review 75.3 (1985): 424-440; Armstrong, Mark. Competition in two-sided markets,* The RAND journal of economics 37.3 (2006): 668-691; Rochet, Jean-Charles, and Jean Tirole. *Two-sided markets: a progress report*, The RAND journal of economics 37.3 (2006): 645-667.

14 Hagiu, Andrei, and Wright, Julian (2015), *Supra* p.163.

15 Hagiu, Andrei, and Wright, Julian (2015), *Supra* pp.163,164.

16 BIS, BIS Annual Economic Report 2019, "III. Big tech in finance: opportunities and risks" p.62.

그림 1

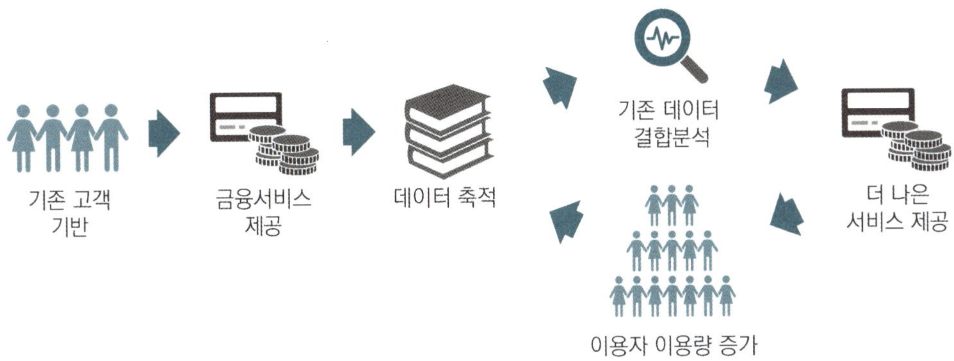

나. 금융플랫폼 성장의 배경

그렇다면 지난 몇 년간 우리나라에서 온라인 금융플랫폼 사업모델이 크게 성장한 이유는 무엇일까? 여기에는 여러가지 이유를 들 수 있겠지만 크게 ① 정보통신 기술의 발전 및 스마트폰의 보급, ② 데이터 처리 기술의 발전과 ③ 이를 뒷받침하는 정책당국의 적극적인 제도 개선 노력을 들 수 있다.[17] 차례대로 살펴보자.

(1) 정보통신 기술의 발전과 스마트폰의 보급

먼저 기술과 사업모델 발전 측면에서는 스마트폰의 광범위한 보급과 모바일 인터넷 기술의 발전은 물론, 각종 다양한 비대면 인증 수단의 등장, 이른바 간편결제와 간편송금 서비스의 등장, 데이터 분석기술의 발전에 따라 비금융, 비정형 데이터를 활용한 신용평가시스템 등의 등장이나 맞춤형 광고의 고도화를 그 예로 들 수 있다.

우리가 쉽게 인식할 수 있는 것처럼, 모바일 인터넷의 발전 및 스마트폰의 폭넓은 보급은 우리 일상의 삶을 크게 변화시켰다. 금융에서는 이를 통해 금융회사 점포에 방문하지 않고도 금융 업무를 수행하는 것이 가능해 졌다. 또한 온라인 금융플랫폼에서는 맞

17 핀테크의 발전에 기여한 요소에 대해서는 정순섭, "기술발전과 금융규제법의 전망", BFL 제107호, 2021, 7면 참조. AI 등 관련 기술의 발전과 금융 규범적 평가에 대해서는 박상철, "금융AI의 활용과 금융소비자 보호: 차별금지, 설명요구권, 6대 판매규제 준수를 중심으로", BFL 제107호, 2021, 29-31면 참조.

춤형 광고, 금융상품 추천, IT 기술을 통한 인증, 전자서명 등이 지점 현장 직원을 대체하고 있다. 우리가 기존에 은행 점포를 방문하여 직원의 안내와 권유, 서류 작성 지원 등에 따라 펀드 상품을 구매하던 것과 비교하면, 스마트폰이 금융회사 점포를, 맞춤형 광고, 금융상품 추천, IT 기술을 통한 인증, 전자서명 등이 지점 현장 직원의 기능을 대체하고 있는 것을 쉽게 알 수 있다.

(2) 데이터 처리 기술의 발전

금융에서는 본래 정보가 중요하다. 예를 들어 대출 받기를 희망하는 차주의 신용 정보는 대출 여부와 이자율, 만기와 같은 거래조건을 결정하는 데에 필수적이다. 정보는 금융거래의 진행 여부와 금융상품의 거래조건을 정하는 데에 핵심적인 역할을 수행한다.

그런데 지난 몇 년간 데이터 처리 기술의 획기적 발전으로 금융에서 활용할 수 있는 정보의 양이 크게 늘어났다. 우리가 흔히 신용정보라고 부르는 기존의 금융 데이터 이외에도 플랫폼 입점사업자의 상거래 관련 정보 등과 같은 비금융 데이터를 금융 거래에 활용할 수 있는 형태로 가공하는 경우가 크게 증가하였다. 이외에도 소셜미디어에 게재한 정보와 같은 소위 비정형 데이터를 금융거래에 활용하고자 하는 시도도 늘고 있다. 기존의 정형화된 신용정보가 아니라 이러한 비금융 데이터, 비정형 데이터를 활용하는 이른바 대안신용평가시스템(Alternative Credit Scoring System)도 등장하였다.

이러한 기술 발전이 온라인 금융플랫폼, 특히 많은 상거래 정보와 비정형 데이터를 갖고 있는 IT 빅테크 기업들의 금융산업에서의 경쟁력을 높이는 데에 일조를 했음은 물론이다. 금융포용 측면에서도 이는 긍정적으로 평가할 수 있다. 과거 금융서비스의 혜택을 받지 못하던 금융소외계층이나 사회 초년병 등에 대한 신용평가 및 소액대출이 가능해졌고, 금융거래가 아닌 상거래 내역을 바탕으로 산정된 신용등급을 바탕으로 전자상거래 업체가 입점 업체에 대해 자금 지원하는 경우도 등장하고 있다. 아울러 개인별 데이터를 바탕으로 하는 고객별 맞춤형 광고, 금융상품 추천 등이 가능해짐에 따라 금융소비자들의 효용도 높아졌다.

(3) 정부의 제도적 뒷받침

온라인 금융플랫폼이 활성화되기 위해서는 앞서 본 기술 발전만으로는 부족하고, 여러 제도적 뒷받침이 필요하다. 앞서 살펴 본 바와 같이 금융산업은 금융시스템 안정과 금융소비자 보호라는 목적 달성을 위해 어느 산업에 비해서도 규제 수준이 높기 때문에, 새로운 사업모델이 실제 시장에서 작동하기 위해서는 제도적 뒷받침이 필수적이다.

이러한 점에서 보면, 우리나라 금융당국의 여러 제도 개선이 없었다면 지금의 온라인 금융플랫폼 사업모델은 등장하기 어려웠을 것이다. 대표적으로 금융규제 샌드박스 제도를 통해 현행 법률하에서 허용되지 않는 사업자의 진출과 새로운 사업모델을 허용한 것을 들 수 있고, 마이데이터 사업을 통한 고객 맞춤형 정보의 확보 및 활용이 가능해진 것도 금융플랫폼 사업모델에 큰 기여를 하였다. 특히 이른바 하나의 중개, 판매사는 하나의 금융회사 상품만 판매하여야 한다는 일사전속주의에 대해 일정한 예외를 인정해 주지 않았다면 한 자리에서 여러 상품을 비교할 수 있는 금융플랫폼 사업모델은 가능하지 않았을 것이다. 이외에도 오픈뱅킹 제도, 비대면 인증과 전자서명을 통한 온라인 금융 거래의 허용이라든지 오픈뱅킹 인프라 구축, 선불전자지급수단 등에 대한 금융당국의 적극적 해석을 통한 간편 송금 사업모델의 허용 등 다양한 제도적 뒷받침과 금융당국의 노력이 우리나라 핀테크 산업 발전에 큰 기여를 했다.[18]

3 대형 IT 기업의 금융플랫폼 진출

가. 빅테크 기업의 금융플랫폼 사업 진출

온라인 금융플랫폼 사업은 정보통신기술과 사업모델을 갖춘 핀테크(fintech) 기업에 의해서도 영위되지만, 우리나라에서는 네이버나 카카오와 같은 대형 IT 기업, 이른바 빅테크 기업들에 의해서 활발하게 수행하고 있다. 핀테크 기업으로 출발한 토스 역시 금융플랫폼에 있어서 강력한 경쟁력과 영향력을 보이고 있다.

빅테크 기업의 범위와 규율 필요성에 대해서는 여러 논란이 있다. 일반적으로 미국

18 금융위원회의 금융산업 디지털화 관련 제도 개선 노력에 대해서는 금융위원회 "디지털금융 규제 · 제도 개선방안", 2020.12.10, 1면.

의 구글, 아마존, 메타, 애플, 마이크로소프트나 중국의 바이두, 알리바바, 텐센트가 빅테크 기업의 사례로 제시되고 있고, 우리나라에서는 네이버, 카카오 등이 언급된다. 빅테크 기업에 대해서는 EU의 Digital Markets Act와 같이 별도의 강화된 규율을 하려는 움직임이 있는데, 우리나라의 네이버나 카카오는 이들 기업에 비하면 규모나 영향력 측면에서 비교할 수도 없을 정도로 작기 때문에, 이들을 빅테크 기업으로 보아 별도의 규제를 하는 것에 대해서는 신중한 접근이 필요하다.

금융산업의 경우 다른 산업에 비해 데이터의 축적이 자연스럽고,[19] 신용정보와 같이 데이터가 금융상품의 거래조건 결정이나 거래진행 여부 등에 있어서 결정적인 역할을 수행한다. 이러한 점에서 보면 이미 많은 데이터를 확보하고 있고 데이터 처리 및 분석 기술을 보유하는 빅테크 기업들이 금융플랫폼을 바탕으로 금융산업에 진출할 경우 큰 영향력을 발휘할 것이라는 점은 어렵지 않게 예상할 수 있다.

여기에 검색엔진, 소셜미디어, 메신저 등 기존의 플랫폼을 갖고 있는 빅테크들이라면 이미 고객 기반도 탄탄하고 모바일 앱 등을 통한 소비자에 대한 온라인 채널도 이미 보유하고 있다. 이러한 점에서는 온라인 금융 환경에서는 금융회사들에 비해 오히려 경쟁력이 강하다. 빅테크들이 금융산업 영위 경험은 기존 금융회사에 비해 많이 부족함에도 불구하고 금융산업에 진출하는 즉시 강력한 경쟁력을 갖추는 것도 전혀 놀랍지 않다.

나. 빅테크의 금융업 진출 동기 및 양상

그렇다면 빅테크 기업들은 왜 금융산업에 진출할까? 여기에는 크게 두 가지 이유를 생각할 수 있다. 먼저 금융 서비스 제공을 통해 기존의 핵심 사업을 보다 강화할 수 있다는 점이다. 플랫폼은 이용자들이 다른 플랫폼으로 넘어가지 않고 최대한 자사의 플랫폼에 오래 머무르도록 다양한 원스톱 서비스를 제공한다. 플랫폼이 금융 서비스를 포함한 전방위적인 서비스를 제공하면 이용자들의 편이성이 높아짐은 물론, 이용자들이 빅테크가 제공하는 생태계 안에 최대한 머무르게 된다.

예를 들어 온라인 전자상거래를 수행하는 빅테크라면 이용자들이 대금결제 시 자사

19 정성구·조연수·소윤주, "금융데이터의 법적규제 및 금융데이터 관련 정보산업". BFL 제107호, 2021, 54면.

가 제공하는 간편결제 서비스를 활용하게 함으로써 상거래 관련 편의성을 제고함은 물론 이 과정에서 데이터를 확보하여 추가 서비스 제공할 수 있는 기반을 닦을 수 있다. 입점업체에 대한 대출 등을 통해 우수한 입점업체를 플랫폼에 유치하고 육성할 수도 있겠다.

금융업 진출 자체가 빅테크의 수익성 증대에 도움이 되기도 한다. 빅테크 기업들은 이미 탄탄한 고객기반과 우수한 플랫폼을 갖추고 있기 때문에, 온라인 금융 관련 업무에 비교적 큰 비용을 들이지 않고도 진출할 수 있다. 비금융 데이터, 비정형 데이터 처리 등에 있어서는 금융회사보다 우위에 있기도 하다. 빅테크들은 처음에는 자사 플랫폼에 이용자들을 유지할 의도로 간편결제, 간편송금 등의 업무부터 시작해서, 이후 금융플랫폼 등으로 업무 범위를 확대하는 양상을 보인다. 나아가 자회사 등으로 금융회사를 아예 인수하는 경우도 있다.

Ⅲ 금융플랫폼의 기능과 금융에 가져오는 변화

온라인 금융플랫폼의 확산은 금융 산업에도 많은 영향을 미치고 있다. 특히 금융상품의 판매 양상 등을 근본적으로 변화시킴으로써, 소비자 보호 등을 위해 제도 정비 과제들을 많이 제기하고 있기도 하다.

1 금융플랫폼이 금융에 가져오는 변화

가. 소매 채널의 오프라인에서 온라인으로의 전환

온라인 금융플랫폼의 등장으로 금융회사들의 개인들에 대한 소매 금융 채널이 오프라인에서 온라인으로 급격하게 전환되고 있다. 앞서 검토한 것과 같이 개인들 입장에서는 금융회사 점포에 가지 않고 금융상품을 구매하는 것이 가능하고, 여러 금융회사 점포를 방문하지 않고도 플랫폼을 통해 다양한 금융상품을 비교하는 것이 가능해졌다. 금융위원회는 대출, 대환 플랫폼을 통해 온라인 금융플랫폼을 통해 기존 대출을 상환하고 새로운 대출을 받는 사업을 활성화시키기도 하였다. 예전에 여러 은행 점포들을 다니면서 대출 조건을 확인하고 서류를 준비하던 것과 비교하면 소비자의 편이성이 비교할 수 없을 정도로 커졌다. 개인들 입장에서는 금융회사 점포를 방문할 유인이 갈수록 적어지고 있다.

이처럼 금융회사들의 금융소비자에 대한 접점은 지점 중심의 오프라인 채널에서 스마트폰, 온라인 플랫폼 중심의 온라인 채널로 전환되고 있다.[20] 금융회사 입장에서 온라인 플랫폼을 통한 이용자 확보의 중요성이 날로 커지고 있음은 물론이고, 이용자들이 많은 온라인 플랫폼을 갖고 있는지가 디지털 금융 경쟁력에 직결된다.

그렇지만 온라인 플랫폼에 익숙하지 않은 소비자들로서는 이러한 전환이 반갑기만 하지는 않을 것이다. 금융플랫폼을 포함한 핀테크 사업이 기존에 금융 서비스를 받지 못하던 사람들도 금융 서비스를 누리게 해준다는 점에서 금융의 영역이 확장되지만 오히려 기존의 오프라인 채널에 익숙했던 사람들에게는 서비스 축소를 가져올 수도 있다. 금융포용의 양면이라 하겠다. 금융당국도 점포 수 감소에 대비하여 은행 대리업 제도 등을 통해 우체국 점포를 이용하거나 여러 은행들이 공동으로 점포를 운영할 수 있는 제도적 정비를 하고 있다.[21]

더 큰 문제는 온라인 플랫폼하에서의 금융소비자 문제다. 온라인 플랫폼하에서는 금융소비자 입장에서 내가 누구로부터 금융상품을 구매하는지 쉽게 파악하기가 어렵다. 오프라인 채널에서는 소비자가 금융회사 점포를 방문하고, 금융회사 점포에서 금융회사 직원이 소비자에게 일정한 금융상품을 권유하고 판매한다. 혹시 금융상품이나 판매 과정에서 문제가 있더라도 금융상품의 판매가 이뤄지는 공간이 물리적으로 구분되기 때문에 금융소비자 입장에서 누구를 상대로 책임을 추궁할 수 있는지를 쉽게 알 수 있다.

반면 온라인 금융플랫폼에서는 플랫폼 사업자는 다양한 금융상품을 광고, 소개하는 역할을 수행하는 역할을 할 뿐 금융상품을 직접 제조, 판매하지는 않는다. 금융상품을 제조, 판매하는 것은 금융회사다. 플랫폼에서는 일정 단계가 되면 소비자가 플랫폼

20 실제로 일반은행(시중은행, 지방은행, 외국은행의 국내지점)의 점포 수는 2012년 말 기준 5,736개에서 2020년 말 기준 4,492개, 2024년 말 기준 3,797개로 3분의 2 수준으로 감소하였다. 상호저축은행 역시 2012년 말 기준 375개에서 2020년 말 기준 306개, 2024년 말 기준 257개로 크게 감소하였다. 한국은행 2024년 말 전국 금융기관 점포 현황 자료.

21 금융위원회, "소비자의 금융접근성을 제고해 나가겠습니다. - 은행대리업 도입 등 은행업무 위탁 활성화 방안" (2025.3.27.자 보도자료).

웹사이트에서 금융회사 사이트로 넘어가서 금융상품을 구매하는데, 소비자 입장에서는 내가 플랫폼으로부터 플랫폼이 제조한 금융상품을 구매하는지, 아니면 금융회사로부터 금융회사가 제조한 금융상품을 구매하는지 구분이 뚜렷하지 않을 수 있다. 금융플랫폼과 금융회사의 앱이나 웹사이트의 형식이 유사한 경우에는 더욱 그러할 것이다.

나아가 금융플랫폼과 금융회사 간 앱이나 웹사이트 전환이 명확한 경우에도 금융소비자로서는 금융플랫폼이 단순한 매체로서 광고행위만을 한다는 점을 충분히 인식하지 못할 수도 있다. 금융소비자들은 금융플랫폼의 평판이나 명성을 믿고 금융플랫폼을 통해 금융상품을 구매하기 때문에 금융소비자로서는 금융플랫폼이 충분한 검토를 거쳐 양질의 금융상품만을 소비자들에게 소개하였을 것이라 믿을 수 있고, 금융상품 손실 발생 시 금융플랫폼이 일정한 책임을 부담하거나 자신들을 대신하여 금융회사에게 필요한 조치를 취할 것이라는 막연한 기대감을 가질 수도 있다. 이처럼 온라인 플랫폼 하에서의 금융소비자 보호가 문제되자 금융위원회는 온라인 플랫폼의 금융상품 비교, 추천 등이 금융 관련 인허가가 필요한 중개에 해당할 수 있고, 금융소비자보호법이 적용됨을 밝히기도 하였다.[22]

나. 금융상품의 제조와 판매의 분리

금융플랫폼의 등장은 금융상품의 제조는 금융기관이, 금융소비자에 대한 판매는 금융플랫폼이 담당하는 제조와 판매 분리 현상도 가속화시키고 있다. 과거에는 금융회사가 금융상품을 설계, 제조하고 금융회사 점포와 직원을 통해 금융회사가 소비자에게 판매하는 경우가 많았다. 이제는 금융회사가 만드는 금융상품을 빅테크, 핀테크 기업이 운영하는 온라인 금융플랫폼에서 광고, 판매하는 경우 증가하고 있다.

여기에 나아가 온라인 금융플랫폼은 금융회사가 수행하던 일부 업무를 위탁 받아 수행하면서 자신의 서비스와 결합하기도 한다. 이른바 금융상품, 금융서비스의 해체(unbundling) 및 재결합(rebundling) 현상이다.

22 금융위원회, "온라인 금융플랫폼의 건전한 시장질서 확립을 위해 관련 금융소비자보호법 적용 사례를 전파했습니다" (2021.9.7.자 보도자료).

그림 2

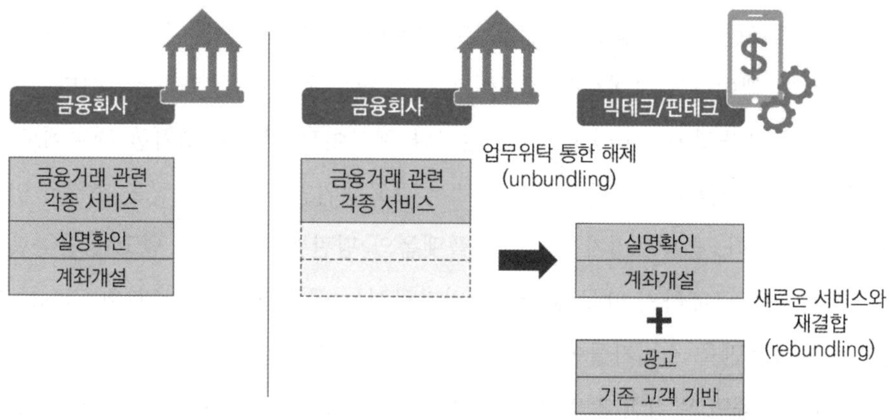

다. 기존 금융회사의 디지털 전환

빅테크의 금융업 진출은 기존 금융회사들의 디지털 전환을 촉진하는 계기가 되었다. 2020년경부터 우리나라 금융지주회사들은 플랫폼 사업 모델 도입을 핵심 전략으로 추진하고 있다. 사용자들의 이용 편이성을 높인 앱을 앞다투어 발표하고, 디지털 환경에 친숙한 젊은 이용자들에게 친화적인 서비스를 출시하고 있다. 신한은행은 얼핏 보기에 금융과 관계가 없어 보이는 배달 서비스(땡겨요)를 금융규제 샌드박스 제도를 통해 성공적으로 운영하고 있다. 이용자들을 보다 오랜 시간 플랫폼에 머무르게 하는 전략의 일환이겠다.

대형 IT 빅테크 기업이라는 강력한 경쟁자의 등장이 기존 금융회사들의 핀테크 혁신에 박차를 가하게 한 것은 분명하다. 그러나 우리나라의 경우 금융회사가 비금융 관련 업무를 영위하거나 비금융회사를 지배하는 것이 엄격하게 금지된다. 이는 금융회사의 무분별한 확장을 방지하고, 금융회사가 건전하게 운영될 수 있게 하는 데에 제도의 취지가 있지만, 경우에 따라 핀테크로의 확산에 장애가 되기도 한다. 예를 들어 금융회사가 플랫폼 사업 및 핀테크 서비스 고도화를 위해 IT 회사를 자회사로 보유하는 것은 원칙적으로 허용되지 않는다. 비슷한 문제로 빅테크, 핀테크 기업은 금융플랫폼 운영이 가능한 반면 금융회사는 비금융플랫폼 운영이 제한된다는 규제의 차익 문제도 존재한다. 금융당국도 디지털 금융 환경에서 우리나라 금융산업의 경쟁력 유지를 위해 다양한 정책들을 모색하고 있다.

2 금융플랫폼의 긍정적 기능과 도전 과제

가. 온라인 금융플랫폼의 긍정적 기능

온라인 금융플랫폼은 금융소비자 및 금융산업 전반에 걸쳐 많은 긍정적인 영향을 주고 있다. 앞서 본 바와 같이 소비자들은 하나의 앱을 통해 여러 금융회사의 금융상품들을 비교하고 구매할 수 있게 되었다. 소비자가 여러 금융상품들을 한 자리에서 비교함으로써 정보 불균형 문제가 완화되고 거래 비용이 감소함은 물론이다.

단독 온라인 채널을 갖추기 어려운 지방은행과 같은 중소형 금융회사들 입장에서는 금융플랫폼과의 제휴를 통해 평소에 접근할 수 없었던 이용자에게 접근할 수 있는 기회를 얻게 된다. 전북은행은 네이버파이낸셜과 협업하여 네이버페이X JB적금, 스마트플레이스 사업자 대출 등을 출시하기도 하였다. 금융 산업 내 경쟁의 증가로 기존 금융회사의 디지털 전환과 혁신이 진행되고 있다. 창업가들 입장에서는 창업과 성공의 기회가 되기도 한다. 데이터 처리, 모바일 인터넷 기술과 같이 범용적으로 활용할 수 있는 기술을 금융플랫폼과 같은 핀테크에 활용함으로써 새로운 사업 기회들이 등장하고 있다.

금융플랫폼은 채권자와 채무자 사이의 정보비대칭성을 완화하여 보다 정확한 신용평가를 가능하게 한다. 발전된 기술을 바탕으로 저비용 금융서비스의 제공을 통해 금융의 혜택을 더 많은 소비자들에게 제공할 수 있다. 핀테크와 온라인 금융플랫폼이 가져오는 혁신은 금융소비자, 금융산업, 스타트업 등 우리나라 경제 전반에 긍정적인 영향을 주고 있음에 틀림 없다.

나. 금융플랫폼이 가져오는 도전 과제

그렇지만 이와 온라인 금융플랫폼은 새로운 도전 과제들 역시 제시하고 있다. 금융소비자, 금융회사 및 산업, 금융 시스템으로 나누어 살펴본다.

(1) 금융소비자에 미치는 영향

앞서 본 바와 같이, 오프라인 채널과 비교할 때 온라인 채널의 경우 누가 판매 및 책임의 주체인지 등에 관한 소비자의 오인 가능성 존재한다. 금융상품과 관련한 하자가 존재하는 경우 소비자 입장에서 금융회사와 금융플랫폼 중 누구에게 책임을 추궁해야 하는지가 분명하지 않을 수 있다.

또한 금융 규제에서는 어느 행위가 광고에 해당하는지 아니면 중개나 판매에 해당하는지에 따라 적용 여부가 달라지게 되는데, 온라인 환경에서는 맞춤형 광고와 같이 광고, 중개, 판매 등의 성격을 일부 갖고 있는 경우가 등장하는 등 기존의 기준으로는 해결하기 어려운 상황들이 등장한다. 알고리즘을 이용한 거래와 관련하여 소비자에 대한 차별적 취급 가능성에 대한 방지 등 영업행위 규제의 문제도 존재한다. 오프라인 환경을 전제로 제정된 금융소비자보호법이 온라인 환경, 디지털 환경에서도 잘 작동할 수 있도록 적절한 정비가 필요하다.

(2) 금융회사 및 금융산업에 미치는 영향

빅테크의 금융산업 진출과 관련하여서는 대형 금융플랫폼의 과도한 시장 지배력과 금융회사의 종속 가능성에 대한 우려가 존재한다. 기존 금융회사들은 빅테크가 규제 차익을 이용하여 은행업이나 증권업 등 인허가를 받지 않고도 금융회사와 사실상 비슷한 업무를 수행한다고 주장하기도 한다. 반면 온라인 금융플랫폼 기업들은 자신들이 수행하는 업무와 금융회사들이 수행하는 업무는 분명하게 다르기 때문에, 해당 라이선스를 받을 것을 요구하는 것은 과하다고 본다. 동일한 기능에 대해 동일한 규제를 해야 한다는 이른바 동일기능·동일규제 원칙에 대해서는 모두 동의하면서도, 어떠한 것을 동일한 기능, 업무로 볼지에 대해서는 이견이 있다. 이러한 문제를 해결하기 위해서는 디지털 금융환경을 고려한 새로운 인허가, 이른바 스몰 라이선스(small license)의 도입을 적극적으로 검토할 필요가 있다.

(3) 금융시스템에 미치는 영향

금융플랫폼의 등장, 핀테크 사업 모델의 활용 등으로 금융과 비금융의 경계가 예전보다 흐려지고 있다. 예를 들어 고도의 데이터 처리 기술을 바탕으로 운영되는 핀테크 기업을 금융회사로 볼지, 아니면 비금융회사로 볼지에 대해서는 이견이 존재할 수 있다. 금융규제의 핵심 중 하나인 금산분리 원칙을 실제 적용함에 있어 어느 회사가 금융업을 수행하는지 아니면 비금융업을 수행하는지가 중요할 수밖에 없다. 금융업을 수행하는 회사라면 금융회사가 일정한 요건 하에 이를 인수하는 것도 가능하지만, 그렇지 않다면 이러한 회사에 대한 지배는 사실상 어렵다. 우리나라 규제는 표준산업분류표상의 분류를 기준으로 금융과 비금융을 구별하고 있는데, 시대적인 변화에 발맞추어 재검토가 필요하다.

이외에도 비금융 분야의 리스크가 금융 분야에 전이될 가능성, 금융상품 조건 비교를 통한 고객의 급격한 이동 및 쏠림 가능성 등 금융 시스템에 미칠 수 있는 영향에 대한 대비가 필요하다. 이는 비단 핀테크 기업뿐만 아니라 디지털 금융환경하에서 금융산업 전반에 발생하는 영향이다. 최근 미국의 실리콘 밸리 뱅크(SVB) 사례에서도 확인되었듯이, 온라인을 통한 예금의 자유로운 입출금은 뱅크런(bank run) 현상을 가속화시킬 수도 있다. 비금융 분야의 리스크가 금융 분야로 전이되는 것에 대비하여 금융뿐만 아니라 경쟁, 데이터, 정보통신 등 다양한 분야 감독기관의 정보 교류 등 협업 필요성도 증가하고 있다.[23]

23 다양한 분야 감독기관의 협업 사례로는 영국의 Digital Regulation Cooperation Forum(DRCF)을 예로 들 수 있다.

Ⅳ 금융플랫폼의 법률문제

1 광고와 중개의 구분 문제

가. 광고와 중개 구분의 중요성

온라인 금융플랫폼과 관련하여 가장 중요한 법률 문제는 금융플랫폼이 제공하는 금융상품 소개, 맞춤형 광고 등 서비스가 금융관련법령상 금융상품의 광고와 중개 중 무엇에 해당하는지이다. 만일 광고에 해당한다면 금융플랫폼이 전자금융거래법 이외에 금융소비자보호법이나 자본시장과 금융투자업에 관한 법률("자본시장법")과 같은 개별 금융 관련 법령들이 금융플랫폼에 직접 적용되지 않지만, 중개에 해당하는 경우라면 금융플랫폼은 ① 자본시장법 투자중개업 인가, 보험업법 상 보험대리점 등록 등 개별법령에 따른 인허가 취득이나 등록을 완료하거나 금융소비자보호법에 따라 금융상품판매대리·중개업자로 등록(대출모집인의 경우)해야 하고, ② 금융소비자보호법에 따른 설명의무(제19조), 광고 관련 준수사항(제22조) 등 영업행위 관련 규제를 받게 되며, ③ 금융상품 판매 과정에서 금융소비자보호법 위반이 있는 경우 금융소비자에 대해 손해배상책임(제44조)을 직접 부담할 수 있다.

예를 들어 금융회사가 방송이나 인터넷 등을 통해 자신의 금융상품이나 서비스를 불특정 다수에게 알리면 이는 광고에 해당함이 명백하다. 이러한 광고가 이루어졌다고 하여 광고를 실행하는 방송사나 인터넷 사업자에게 금융 관련 법령에 따라 인허가를 갖출 것을 요구하지는 않는다. 이는 방송사나 인터넷 사업자는 광고 서비스를 제공하는 "광고의 매체"에 불과하고, "광고의 주체"는 어디까지나 금융회사이기 때문이다. 반면 제3자 특정한 금융상품을 특정한 고객에게 추천하면서 이를 구매할 것을 권유하고 금융회사와 고객을 소개해 준다면 이는 중개 행위에 해당할 수 있다. 특히 소개 명목으로 수수료를 받거나, 이들 간의 계약 체결을 지원한다면 더욱 그러하겠다.

나. 광고와 중개의 판단기준

(1) 현행 법령상 해석

그런데 문제는 금융소비자법, 자본시장법 등 금융 관련 법령이 중개, 알선, 주선 등의 개념에 대한 정의 규정을 두고 있지 않다는 데에 있다. 자본시장법은 특정 투자자를 상대로 금융투자상품의 매매 또는 투자자문계약·투자일임계약·신탁계약(관리형신탁계약 및 투자성 없는 신탁계약을 제외한다)의 체결을 권유하는 것을 투자권유로 보고(제9조 제4항), 이러한 투자권유를 영업으로 할 경우 투자중개업에 해당한다고 본다(제6조 제3항).[24] 그러나 어떠한 행위를 해야 투자권유인지 등에 대해서는 별다른 규정을 두고 있지 않다.

광고의 경우에도 금융소비자보호법이나 자본시장법은 별도의 규정을 두고 있지 않고 있고,[25] 금융당국은 표시·광고의 공정화에 관한 법률상(이하 "표시광고법") 광고의 개념을 활용하여 해석하고 있다.[26] 표시광고법에 의하면 광고란 사업자등이 상품등에 관한 자기 또는 다른 사업자등에 관한 사항 또는 자기 또는 다른 사업자등의 상품등의 내용, 거래 조건, 그 밖에 그 거래에 관한 사항을 신문, 정기간행물, 방송, 전기통신 등의 방법으로 소비자에게 널리 알리거나 제시하는 것을 말한다(제2조 제2호).

이러한 관점에서 보면 특정 이용자의 정보를 바탕으로 특정 이용자에게 제공되는 맞춤형 광고는 광고가 아닌 권유로 보는 것이 타당하고, 따라서 금융플랫폼이 맞춤형 광고 서비스를 통해 특정 소비자에게 특화된 금융상품 관련 정보를 제공하는 경우에는 중개에 해당할 여지가 있다. 금융당국도 같은 입장으로 이해된다.[27]

문제는 금융상품의 내용을 특정 소비자에게 알리는 경우와 불특정 다수의 소비자에게 알리는 경우 사이에는 매우 다양한 스펙트럼이 있을 수 있다는 데에 있다. 예컨대 이용자의 성별, 연령, 소득수준을 기준으로 특정 소비자 집단에게 금융상품을 소개하는 경우 어느 정도로 기준을 세분화하거나 해당 정보를 받는 소비자의 숫자가 얼마 이하여

24 단 자본시장법에 따라 등록한 투자권유대행인이 투자권유를 대행하는 것은 금융투자업으로 보지 아니한다(제7조 제2항 참조).

25 온라인투자연계금융법은 광고를 표시·광고의 공정화에 관한 법률상 광고로 정의한다(제19조 제1항).

26 금융위원회·금융감독원, 「금융광고규제 가이드라인」, 2면.

27 금융위원회·금융감독원, 「금융소비자보호법 FAQ 답변(2차)」 2면.

야 권유로 봐야 할지에 대해 명확한 기준을 제시하는 것은 매우 어렵고, 설사 이에 대한 기준을 설정한다고 하더라도 사안별로 구체적 타당성을 갖지 못할 가능성이 있다.[28] 온라인 채널을 통한 금융상품 판매의 경우 광고와 권유를 구분하는 것이 오프라인 채널을 통한 판매의 경우보다 훨씬 어렵고, 금융플랫폼은 기존의 전통적인 광고 매체와 비교할 때 추가적인 서비스를 제공한다.

(2) 금융당국의 해석과 혁신금융서비스 제도를 통한 해결

이러한 혼란이 계속되자, 금융당국은 2021. 9. 7. 금융소비자보호법 계도기간 종료에 앞서 온라인 플랫폼의 금융상품 관련 서비스에 관한 보도자료를 내고 중개와 광고를 구분하는 해석기준을 제시한 바 있다.[29] 해당 해석기준은 금융플랫폼 서비스의 목적이 정보제공 자체가 아니라 판매를 목적으로 하는 경우에는 중개로 볼 수 있다고 하면서, 판매과정 전반 및 판매업자와의 계약내용(예: 판매실적에 따른 수수료 지급) 등 제반사항을 객관적으로 판단하여야 한다고 보았다. 아울러 온라인 금융플랫폼이 금융상품 판매업자가 아님에도 소비자가 플랫폼과의 계약으로 오인할 가능성이 있는지를 감안하고, 자동차보험 등 의무보험, 신용대출 등과 같이 구조가 단순한 금융상품일수록 금융플랫폼의 역할이 커지기 때문에 중개로 인정될 여지가 많다는 등의 기준을 제시하였다.

아울러 금융당국은 "특정 금융상품 추천·설명이 없는 광고(예: 배너광고) 클릭 시 계약을 체결할 수 있도록 금융상품판매업자에 연결"하는 것은 광고로 보지만, "상품 추천·설명과 함께 금융상품판매업자와 계약을 체결할 수 있도록 지원"하거나 "광고에 더

---

28 「금융광고규제 가이드라인」은 "특정 소비자군을 대상으로 하는 경우, 소비자가 그 광고를 상품 권유로 인지할 정도인지를 중심으로 광고인지를 판단"한다고 하면서 "특정 연령, 소득을 기준으로 분류된 소비자군의 경우 통상 광고에 해당"한다고 한다(금융위원회·금융감독원, 「금융광고규제 가이드라인」, 2쪽). 한편 「금융소비자보호법 FAQ 답변(3차)」은 "사실상 불특정 다수로 볼 수 있을 정도로 연령이나 특정 소득계층을 기준으로 포괄 분류된 소비자군에 대해 동일한 정보를 알리는 행위"는 광고로, "다양한 정보의 조합을 통해 소비자군을 세분화하여 사실상 특정 소비자에 맞춤형으로 상품정보를 제공한다고 볼 수 있는 경우"에는 권유로 판단할 수 있다고 하고 있다. 그러나 이러한 기준에 따르더라도 소비자 입장에서 어떠한 경우 광고를 상품 권유로 인지할지는 분명하지 않고, 포괄 분류된 소비자군과 세분화된 소비자군의 명확한 구분 기준을 찾기도 쉽지 않다.

29 금융위원회, "온라인 금융플랫폼의 건전한 시장질서 확립을 위해 관련 금융소비자보호법 적용 사례를 전파했습니다" (2021.9.7.자 보도자료)

하여 청약서류 작성 · 제출 기능을 지원"하는 것은 중개로 보겠다는 해석을 한 바 있다.[30] 「금융광고규제 가이드라인」은 "온라인 포털, 핀테크 업체는 그 역할이 '광고 매체'가 아니라 판매과정에 적극 개입하는 '광고 주체'에 해당하는 경우에는 금융상품판매업자로 등록해야"한다[31]고 하고, "광고대가 지급방식 외에도 광고내용에의 관여정도, 광고행위 주체에 대한 소비자의 오인가능성 등"을 광고주체 여부 판단의 기준으로 제시하고 있다.[32][33]

이러한 금융당국의 해석은 현행 법령하에서 상당한 타당성을 갖는다. 특히 금융소비자보호법이 온라인 환경에서의 광고, 중개 행위에 대해 별도의 규정을 두고 있지 않은 상황에서, 온라인 플랫폼으로 인한 금융소비자 보호를 위해서는 중개의 범위를 넓게 보는 것이 필요한 측면이 있다. 문제는 이와 같이 중개의 범위를 넓게 해석함에 따라 온라인 금융플랫폼의 사업 범위에 상당한 제약이 발생하게 되었다는 점이다. 기존에 제공하던 서비스도 더 이상 수행하지 못하는 결과가 발생하기도 하였다. 이러한 상황을 개선하기 위해 기존 대출모집인을 금융소비자보호법 시행에 따라 대리중개업자로 등록을 완료하고,[34] 금융플랫폼의 예금, 적금 비교 · 추천 서비스나 보험 비교 · 추천 서비스[35]를 혁신금융서비스로 지정하는 등의 후속 조치가 이루어졌다. 그러나 혁신금융서비스의 경우 영업의 범위가 제한되고 일정 기간 동안에만 허용되기 때문에, 그 이상으로 새로운 형태의 서비스가 출시되어 해당 산업 내의 경쟁을 촉진하는 데에는 한계가 있을 수밖에 없다.

---

30 금융위원회 · 금융감독원, 「금융소비자보호법 FAQ 답변(2차)」 2면.

31 금융위원회 · 금융감독원, 「금융광고규제 가이드라인」, 2면.

32 금융위원회 · 금융감독원, 「금융광고규제 가이드라인」, 10면.

33 이와 관련하여서는 보험모집 행위 여부가 문제된 서울행정법원 2015. 5. 28.선고 2013구합62367 판결을 참조할 만하다. 서울행정법원은 모집행위 해당 여부와 관련하여 잠재고객 발굴 역할을 누가 담당했는지, 보험 모집과정에서 어떠한 역할을 했는지, 보험계약자가 처음 접하는 자가 누구인지, 보험계약자 입장에서 모집에 관한 권한과 책임을 갖는 것으로 오인할 여지가 있는지 등의 사실을 고려하였다. 해당 판례에 대한 평석으로는 고은희, "보험모집과 보험광고의 의미에 관한 검토-서울행정법원 2015. 5. 28. 선고 2013구합62367 판결 분석을 중심으로-" 보험법연구 제11권 제2호, 2017 참조.

34 금융위원회, 금융감독원, "기존 대출모집인의 「금융소비자보호법」상 대출성 금융상품판매대리 · 중개업자 등록이 마무리되었습니다", (2022.1.3.자 보도자료)

35 금융위원회, "(금융규제혁신) ① 금융회사의 플랫폼 업무 활성화 및 온라인 플랫폼 금융상품 중개업 시범운영 ② 금융규제 샌드박스 내실화 추진" (2022.8.23.자 보도자료); 금융위원회, "많은 국민들이 가입하는 보험, 플랫폼에서 비교 · 추천받을 수 있습니다." (2023.4.6.자 보도자료)

(3) 제도 개선 방향

이 문제는 법률 개정을 통해 해결이 필요하다. 전통적인 모델에 의한 중개와, 온라인 금융플랫폼에 의한 중개는 사업모델이나 소비자 오인 가능성 등 측면에서 근본적인 차이가 있다. 현행 법률은 이러한 온라인 금융플랫폼 사업모델을 염두에 두지 않고 마련되었기 때문에, 이러한 상황에서는 이에 대한 과잉규제와 과소규제의 위험성이 상존한다. 따라서 이러한 기술발전과 사업모델 변화를 감안하여 온라인 금융플랫폼에 대해 새로운 진입 요건을 규정하고, 영업 행위 등을 포함한 새로운 법제도 체계를 수립하는 것이 필요하다. 자본시장법상 투자중개업인 위탁매매, 중개, 대리 개념도 기술 발전을 고려하여 변경되어야 한다는 주장도 이러한 점에서 설득력이 있다.[36·37]

아울러 표시광고법은 금융상품의 광고뿐만 아니라 상품 및 용역 전반에 걸쳐 적용되는 일반법이므로, 금융상품 관련 광고 여부를 판단함에 있어서 그 정의 규정에 지나치게 의존하는 것은 바람직하지 않다. 금융상품의 경우 광고와 권유 중 어디에 해당하는지에 따라 금융소비자보호법 적용 여부, 자본시장법상 투자중개업 해당 여부 등이 달라짐에 비해 표시광고법 상 광고에 대한 정의 규정은 광고와 권유를 구분하는 것을 목적으로 마련된 것이 아니기 때문이다. 특히 온라인 판매채널의 경우 오프라인 판매채널에 비해 금융소비자가 판매 주체를 오인할 가능성이 클 수 있기 때문에, 금융상품의 종류나 금융기관이 속한 업권을 불문하고 온라인 판매채널에 공통적으로 적용될 수 있는 기준에 대한 고민이 필요하다.

특히 현재와 같이 혁신금융서비스를 통해 관련 사업을 영위하는 것은 향후 금융 혁신에 장애가 될 수 있다. 온라인 금융플랫폼 사업모델이 등장한지도 상당한 기간이 지난 이상, 관련 제도 정비가 시급하다.

36 정순섭, "기술발전과 금융규제법의 전망", BFL 제107호, 2021, 26면.

37 금융위원회는 보험의 모집 및 광고에 대한 구분기준을 제시하는 모범규준을 제정하겠다는 입장을 밝힌 바 있다. 금융위원회 2021.3.2.자 보도자료, "보험산업 신뢰와 혁신을 위한 정책방향-2021년 보험산업 금융위 업무계획-" 3면.

2 판매업무 관련 문제

금융플랫폼이 제공하는 서비스가 단순 광고가 아닌 중개나 모집 등에 해당하는 경우에는 앞서 살펴본 바와 같이 개별 법령이나 금융소비자보호법에 따라 인허가를 받거나 등록을 완료하여야 한다. 이와 관련하여 금융소비자보호법 제12조 제1항에 의하면, 금융관계법률에서 금융상품판매업등에 해당하는 업무에 대하여 인허가를 받거나 등록을 하도록 규정한 경우나 금융관계법률에서 금융상품판매업등에 해당하는 업무에 대하여 해당 법률에 따른 인허가를 받거나 등록을 하지 아니하여도 업무를 영위할 수 있도록 규정한 경우에는 금융상품판매업자 등록 없이 금융상품판매업의 영위가 가능하다. 자본시장법상 투자권유대행인, 보험업법상 보험설계사, 보험대리점, 보험중개사, 여신전문금융업법상 신용카드모집인, 대부업법상 대부중개업자는 각각 적용 법령에 따라 인허가를 받거나 등록을 하면 금융상품판매대리·중개업을 영위할 수 있으므로 금융소비자보호법에 따라 별도의 금융상품판매업 등록이 필요하지 않다. 반면 과거 금융감독원 「대출모집인 제도 모범규준」에 따른 규율을 받던 대출모집인은 금융소비자보호법 시행으로 금융소비자보호법에 따른 금융상품판매대리·중개업자로 등록하여야 한다.[38]

금융플랫폼의 판매업무와 관련한 법률문제에 대해서는 대출모집인에 대한 일사전속주의 문제와 보험대리점 등 판매업무 겸영 문제를 살펴보기로 한다.

가. 일사전속주의 문제

과거 금융감독원 「대출모집인 제도 모범규준」에 의하면 대출모집법인은 1개의 금융회사와, 대출상담사는 1개의 금융회사 또는 대출모집법인과 대출모집업무 위탁계약을 체결해야 한다(제9조 제2항). 이러한 대출모집인 일사전속주의는 금융플랫폼이 여러 금융회사의 다양한 대출상품 관련 정보를 비교하여 제공하는 것에 장애가 되었는데, 금융위원회는 혁신금융서비스 지정을 통해 이에 대한 특례를 인정한 바 있다.[39]

38 정순섭, "금융소비자보호법의 구조와 내용", BFL 제102호, 2020, 11면. 업권별 금융상품판매대리·중개업에 대해서는 윤민섭, "금융상품 판매채널로서의 금융플랫폼", 금융소비자연구 제10권 제2호, 2020, 19-21면.

39 이와 관련한 혁신금융서비스 지정 배경 및 금융혁신지원특별법상 법률 문제에 관하여는 송창

이후 금융소비자보호법이 2021. 3. 25. 시행됨에 따라 함께 시행된 금융소비자보호에 관한 감독규정은 같은 상품유형의 금융상품의 경우 하나의 금융상품직접판매업자를 위해서만 계약의 체결을 대리·중개하는 것이 가능하다고 규정하여 일사전속주의를 유지하고 있다. 다만, 대출성 상품에 관한 금융상품판매대리·중개업을 전자금융거래 방식으로만 영위하는 법인의 경우에는 예외를 인정하여(감독규정 제22조 제1호 마목), 온라인 금융플랫폼을 통해 여러 금융회사의 대출성 상품에 대한 계약 체결을 대리·중개하는 것은 혁신금융서비스 지정 여부와 관계없이 허용된다. 그러나 대출성 상품 이외의 금융상품에 대해서는 일사전속주의가 유지되고 있고, 이에 따라 혁신금융서비스 지정을 통해 이를 해결하고 있다.[40] 이러한 금융상품을 대출성 상품과 반드시 다르게 취급할 이유가 있는지는 분명하지 않기 때문에 일사전속주의의 논리와 제도 필요성 전반에 대한 근본적인 검토가 필요하다.

나. 전자금융업자의 중개·대리 업무 겸영 문제

금융플랫폼이 투자권유대행인, 신용카드모집인, 대출모집인 등과 같이 서로 다른 종류의 금융상품의 중개 및 대리에 필요한 인허가를 받거나 등록을 마치고 이에 대한 판매업무를 수행하는 것은 가능하다. 그러나 보험대리점의 경우 은행, 투자매매·중개업자 등을 제외한 금융감독원의 검사대상기관은 보험대리점 등록 결격사유에 해당하므로(보험업법 제87조 제2항 제5호, 시행령 제32조 제1항 제3호) 전자금융업자인 금융플랫폼이 관련 인허가를 받는 것은 불가능하다.[41] 이를 우회하기 위해 일부 플랫폼의 경우 별도 법인을 설립하여 보험대리점 등록을 하는 사례가 있다. 이와 관련하여 금융위원회는 전자금

영·한채수, “금융규제샌드박스 사례” BFL 제107호, 2021, 72면 참조.

40 금융위원회, “온라인 예금상품 중개서비스 시범운영 추진 - ‘23년 2분기부터 9개 기업이 금융규제 샌드박스를 통해 온라인 예금상품 비교·추천 서비스를 제공할 예정입니다. -”, (2022.11.09.자 보도자료). 참고로 금융위원회는 2025. 4. 금융소비자보호법 개정을 통해 온라인 예금중개 서비스를 정식 도입하는 방안을 발표하였으나, 아직 법률 개정이 이루어지지는 않았다. 금융위원회, “금융소비자의 예금상품에 대한 선택권을 확대하고 접근성을 제고하겠습니다. - 온라인 예금중개 서비스 도입 방안” (2025. 4. 16.자 보도자료).

41 다만 전자금융업자도 간단손해보험대리점으로 등록하는 것은 가능하다(보험업법 시행령 제32조 제2항).

융업자나 본인신용정보관리업자의 보험대리점 진입을 허용하겠다는 입장을 밝힌 바 있으나,[42] 현재까지 구체화되지는 않았다.[43]

참고로 일본의 경우 종래에는 우리나라와 유사하게 은행법, 금융상품거래법, 보험업법 등 개별법령에 따라 금융상품중개업 제도를 규율하였는데, 법개정을 통해 하나의 등록으로 은행, 증권, 보험 서비스를 중개할 수 있는 금융서비스중개업 제도를 창설하였다(일본 금융서비스의제공에관한법률 제11조 제1항).[44] 하나의 금융플랫폼을 통해 여러 종류의 금융상품의 광고나 판매가 이루어지는 현실을 고려할 때, 개별법령에 흩어져 있는 중개 관련 법제를 정리하고 다양한 금융상품의 중개 기능을 종합적으로 규제한다는 점에서 참조할 만하다.[45]

V 결론 - 금융플랫폼 제도의 방향성

1 금융플랫폼 규제 논의 동향

2020년대 초반만 하더라도 온라인 플랫폼 사업모델에 대한 규제의 목소리가 커지면서 금융플랫폼에 대해서도 별도의 강화된 규제 체계가 있어야 한다는 논의가 많았다. 팬더믹 기간 동안 비대면 온라인 플랫폼의 영향력이 매우 커지면서 빅테크의 과도한 영향력을 비판하는 목소리가 높았고, 특히 소비자 후생을 바탕으로 하는 기존 경쟁법 체

42 금융위원회 2021.3.2.자 보도자료, "보험산업 신뢰와 혁신을 위한 정책방향-2021년 보험산업 금융위 업무계획-" 3면; 금융위원회 "디지털금융 규제 · 제도 개선방안" 2020.12.10. 6면.

43 다만 2021.9. 신용정보업감독규정 개정을 통해 금융소비자보호법에 따른 금융상품판매대리 · 중개업을 본인신용정보관리업자의 겸영업무로 추가하였다.

44 金融庁, 金融サービスの利用者の利便の向上及び保護を図るための金融商品の販売等に関する法律等の一部を改正する法律案説明資料(2020年 3 月) p.3.

45 금융서비스의제공에관한법률(기존의 금융상품의판매등에관한법률 명칭을 변경)의 개정 과정 및 주요 내용에 대해서는, 이효경, "일본의 금융서비스제공법과 우리나라 빅테크 플랫폼에 대한 규제 시사점", 상사법연구 제39권 제4호, 2021; 정순섭, "기술발전과 금융규제법의 전망", BFL 제107호, 2021, 15면 참조.

계에 대한 비판론자인 리나 칸 교수가 미국 연방거래위원회(Fair Trade Commission) 위원장으로 깜짝 발탁되면서 이러한 분위기가 고조되었다. 우리나라에서도 21대 국회 기간(2020. 5.-2024. 5.) 중 온라인 플랫폼 전반을 규제하는 여러 법률안이 국회에 제출되었고,[46] 금융 분야에 있어서도 금융플랫폼의 행위 제한 등을 규정한 전자금융거래법 개정안이 제안된 바 있다.[47] 실제 EU에서는 Digital Markets Act에 따라 이용자 수, 시장 지배력, 매출 등을 기준으로 2023. 9.부터 빅테크 기업들을 게이트키퍼로 지정하고 강화된 규제를 적용하고 있다.

그러나 팬데믹의 종료와 트럼프 정부의 출범으로 빅테크에 대한 규제 목소리는 낮아지고 있다. EU의 플랫폼 규제 관련 각종 법안이 마땅한 빅테크가 없는 EU 입장에서는 타당할 수 있어도, 국내 플랫폼 기업이 경쟁력을 유지하고 있는 우리나라에서는 적절하지 않다는 지적도 설득력을 얻고 있다. 우리나라에서도 22대 국회 들어 온라인 플랫폼 독점규제에 관한 법률안 등이 다시 제출되고 있지만, 미국과의 통상 마찰 등의 문제로 인하여 추진에 어려움을 겪고 있다.

금융플랫폼에 대한 규제 목소리도 많이 낮아진 상황이다. 앞서 본 바와 같이 2021. 9. 금융당국이 광고와 중개에 관한 구분 기준을 엄격하게 해석한 것을 계기로 금융플랫폼이 혁신금융서비스를 통해 제한된 범위 내에서만 관련 서비스를 제공하게 되다 보니 금융플랫폼의 금융산업에 대한 영향력도 당초 예상보다 줄어들었다. 기존 금융기관들의 빅테크 기업에 대한 경계도 2021년을 정점으로 하여 많이 낮아진 것으로 보인다. 금융기관과 빅테크 기업 간 규제 형평성 등 논의를 위해 2020년 9월 출범한 디지털금융 협의회도 2021년 중반을 끝으로 활동을 중단한 상태다.

그러나 이러한 현재 상황은 일종의 일시적인 대응에 따른 결과라는 아쉬움이 있다. 금융혁신서비스는 그 성격상 일정 기한 동안에만 수행할 수 있기 때문에, 금융플랫폼에 맞는 전반적인 법제도 개선이 필요하다.

---

46 온라인 플랫폼 중개거래의 공정화에 관한 법률안(김병욱 의원 대표발의, 의안번호 2107622, 2021. 1. 25. 제안)외 다수, 온라인 플랫폼 이용자 보호에 관한 법률안(전혜숙 의원 대표발의, 의안번호 2106369, 2020.12.11. 제안) 등.

47 전자금융거래법 일부개정법률안(김병욱 의원 대표발의, 의안번호 2113137, 2021.11.04. 제안); 전자금융거래법 일부개정법률안(윤관석 의원 대표발의, 의안번호 2105855, 2020.11.27. 제안) 등

2 금융플랫폼 관련 제도 설계의 방향성

금융플랫폼의 규제는 ① 금융소비자 보호 문제(B2C) 및 ② 금융플랫폼의 과도한 시장지배력과 금융기관 등에 대한 지위 남용 가능성 문제(B2B)와 더불어 ③ 금융플랫폼이 금융시스템 안정에 미칠 영향이라는 세 가지 측면에서 접근할 필요가 있다. 이 중 금융소비자 보호 문제는 금융소비자보호법을 비롯한 전통적인 금융규제법의 영역에 해당하고, 금융플랫폼의 시장지배력 확대나 다른 사업자에 대한 지위 남용 문제는 전통적으로 경쟁법에서 다루는 문제이다. 다만 금융산업 내 금융플랫폼과 금융기관들 간의 공정한 경쟁과 협력 문제는 금융기관의 건전성 및 금융시스템 안정성 문제와도 직결되므로 금융 규제의 정당성이 인정된다. 여기에 더하여 투명성·공정성 강화나 플랫폼 내 거래관행 개선와 같은 일반적인 플랫폼 규제와 관련하여 논의되는 규제[48]들이 금융플랫폼과 관련하여서도 적용될 것으로 보인다. 금융플랫폼을 포함한 빅테크 기업이나 핀테크 기업이 금융안정성에 미치는 영향에 대해서는 아직 명확하게 밝혀진 것이 없으므로, 금융플랫폼의 네트워크 효과와 이로 인한 리스크의 증폭 가능성, 비금융분야 리스크의 금융분야 전이 가능성 등을 면밀하게 검토하여 기능별 규제는 물론 기관별 규제의 가능성을 포함하여 제도 설계 방향을 검토하는 것이 바람직하다.[49·50]

이와 함께 금융기관도 각종 플랫폼을 통해 사업영역과 고객기반을 확장하고 빅테크나 대형 핀테크가 운영하는 금융플랫폼과 경쟁할 수 있도록 금융기관의 부수업무와 자회사 투자 관련 제도 개선이 계속되어야 한다. 금융위원회는 이미 은행의 음식 주문중개 플랫폼 운영을 혁신금융서비스로 지정한 바 있고,[51] 금융기관의 핀테크기업에 대한

48 이와 관련한 각국의 규제 동향은 박경미, "디지털 플랫폼 투명화·공정화 법제의 동향과 전망: EU, 일본, 우리나라 법제의 주요 내용과 평가에 대한 비교법적 검토", 고려법학 제99권 참조.

49 BIS FSI Briefs, "Big techs in finance: regulatory approaches and policy options" March 2021.

50 우리나라 빅테크의 금융진출이 금융안정에 미치는 영향과 관련하여서는 이효섭, 빅테크의 금융진출과 금융안정, 자본시장연구원 연구보고서 23-04, 2023 참조.

51 금융위원회는 신한은행이 은행 앱에 음식 주문중개 플랫폼을 탑재하여 플랫폼 입점 소상공인과 소비자에게 금융서비스를 제공하는 서비스를 혁신금융서비스로 지정한 바 있다. 금융위원회 2020.12.22.자 보도자료, "20.12.22. 금융위원회, 혁신금융서비스 15건 지정".

투자를 활성화하기 위해 핀테크 육성 지원법의 제정을 추진하고 있음을 밝힌 바 있으나,[52] 아직 법제화로 이어지지는 않은 상황이다. 현재 금융업·보험업 해당 여부를 통계청장이 고시하는 표준산업분류표에 의존하고 있는데 금융과 기술의 융합 현상을 반영하여 이를 개선하는 것 역시 필요하다.

52 금융위원회 2021.1.28.자 보도자료, "2021년 금융위 업무계획 중 디지털금융 혁신 관련내용 상세설명".

참/고/문/헌

〈국내문헌〉

김자봉·노형식, 「일본 기능별·횡단적 규제체계의 <중간정리>에 대한 평가와 정책적 시사점」, 2019.

이효섭, 「빅테크의 금융진출과 금융안정」, 자본시장연구원 연구보고서 23-04, 2023.

정준혁, 「핀테크가 강한 나라」, 제1장 "금융플랫폼, 일상을 바꾸다", 2024.

고은희, "보험모집과 보험광고의 의미에 관한 검토 - 서울행정법원 2015. 5. 28. 선고 2013구합62367 판결 분석을 중심으로 -", 보험법연구 제11권 제2호, 2017.

김화중, "플랫폼제공자 P2P 보험모델의 법적 성격에 관한 고찰", 보험법연구 제15권, 2021.

박경미, "디지털 플랫폼 투명화·공정화 법제의 동향과 전망: EU, 일본, 우리나라 법제의 주요 내용과 평가에 대한 비교법적 검토", 고려법학 제99권.

박상철, "금융AI의 활용과 금융소비자 보호: 차별금지, 설명요구권, 6대 판매규제 준수를 중심으로", BFL 제107호, 2021.

박상철, "플랫폼법", 저스티스 제188호, 2022.

송창영·한채수, "금융규제샌드박스 사례", BFL 제107호, 2021.

윤민섭, "금융상품 판매채널로서의 금융플랫폼", 금융소비자연구 제10권 제2호, 2020.

이효경, "일본의 금융서비스제공법과 우리나라 빅테크 플랫폼에 대한 규제 시사점", 상사법연구 제39권 제4호, 2021.

정성구·조연수·소윤주, "금융데이터의 법적규제 및 금융데이터 관련 정보산업", BFL 제107호, 2021.

정순섭, "금융소비자보호법의 구조와 내용", BFL 제102호, 2020.

정순섭, "기술발전과 금융규제법의 전망", BFL 제107호, 2021.

정준혁, “금융 플랫폼 규제의 과제와 전망”, BFL 제108호, 2021.

정준혁, 「핀테크가 강한 나라」, 제1장 “금융플랫폼, 일상을 바꾸다”, 2024.

〈외국문헌〉

Armstrong, Mark, "Competition in two-sided markets", The RAND Journal of Economics 37.3, 2006.

BIS, BIS Annual Economic Report 2019, "III. Big tech in finance: opportunities and risks", 2019.

BIS FSI Briefs, "Big techs in finance: regulatory approaches and policy options", March 2021.

Hagiu, Andrei and Wright, Julian, "Multi-sided platforms", Harvard Business School Working Paper 12-024, 2011.

Hagiu, Andrei and Wright, Julian, "Multi-sided platforms", International Journal of Industrial Organization, Volume 43, 2015.

Katz, Michael L. and Shapiro, Carl, "Network externalities, competition, and compatibility", The American Economic Review 75.3, 1985.

Rochet, Jean-Charles and Tirole, Jean, "Two-sided markets: a progress report", The RAND Journal of Economics 37.3, 2006.

金融庁 (일본 금융청), "金融サービスの利用者の利便の向上及び保護を図るための金融商品の販売等に関する法律等の一部を改正하는 법률안 설명자료", 2020.

전자지급거래와 청산 · 결제

김시홍
(라이크 법률사무소 전문위원)

I 서론

전자지급수단을 활용한 자금이동 거래인 전자지급거래는 경제활동 주체의 일상생활이며 지급결제제도의 한 구성요소라 할 수 있다.[1] 최근 금융산업에 디지털 전환이 가속화되면서 전통적 금융회사에 이어 간편결제를 앞세운 핀테크 플랫폼 기업, 이동통신사, 스마트폰 단말기 제조사 등 다양한 사업자들이 참여하고 있다. 이들 사업자들은 소비자의 편의성을 높이는 융합형 지급수단과 서비스들을 내놓으며 혁신과 경쟁을 촉진하고 있다. 최근 사물인터넷과 생성형 AI를 활용한 지급서비스도 조금씩 등장하고 있고, 블록체인의 스마트컨트랙트와 AI에이전트 기능이 결합된 디지털자산(스테이블 코인) 결제 · 송금서비스까지 등장해 지급결제시장을 긴장시키고 있다.

간편결제 · 송금과 오픈뱅킹의 영향으로 비대면 · 비현금 지급결제가 확산되면서 해킹 · 정보 유출 · 피싱 등과 같은 사고도 늘고 있다. 머지포인트나 티몬 · 위메프(이하 "티메프") 사태와 같은 미환급 · 미정산 사고도 발생해 이용자(소비자) 및 가맹점들의 대형 피해를 초래했다. 이에 따라 금융 당국도 관련 법 규제들을 현실에 맞게 제 · 개정하는 시도를 늘리고 있다. 그러나 국내 전자지급거래를 규율하는 법 · 제도들은 여러 부처, 다수의

1 지급결제가 원활하고 안정적으로 처리될 수 있도록 지급수단, 참가기관, 지급결제시스템, 관련 법 · 규정 등의 제반 요소들을 체계적으로 제도화한 것을 지급결제제도라 한다(금융결제원, 「지급결제 A to Z」, 2024, 10면).

법률들이 파편적, 부분적으로 적용되는 등 복잡하게 얽혀 법 체계 정합성을 떨어뜨리는 한계를 드러내고 있다.

이하 이 글에서는 제도 개관으로서 전자지급거래의 의미와 법적 성격, 전자지급서비스 사업자별 주요 유형을 살펴본다. 이어서 전자지급수단 등 전자지급거래를 이루는 주요 구성요소도 설명하고자 한다. 전자지급거래 당사자, 특히 다양하게 등장하고 있는 주요 사업자들을 어떤 법률에서 규율하고 있는지도 설명하면서, 주요 사업자에 대해 부과하고 있는 규제들도 살펴본다. 마지막으로 전자지급거래의 완결단계인 청산(clearing)과 결제(settlement) 과정의 법 제도적 측면을 설명하고자 한다. 결론에서는 전자지급거래의 법적 규율에서 있어 현행 규제 체계와 내용이 급변하고 있는 지급결제시장의 환경에 보다 실효성 있게 적용되기 위한 제언들을 간략히 제시해 보고자 한다.

Ⅱ 전자지급거래의 개념 및 성격

1 개념

「전자금융거래법」(이하 "전자금융거래법")에서는 전자지급거래를 '지급인이 금융회사 또는 전자금융업자로 하여금 전자지급수단을 이용하여 수취인에게 자금을 이동하게 하는 전자금융거래'로 정의하고 있다(제2조 제2호). 경제주체인 이용자(지급인, 수취인) 간 금융회사 또는 전자금융업자가 제공하는 전자지급수단을 통하여 일으키는 자금이동거래 과정이라고도 할 수 있다.

2 법적 성격

전자지급거래는 자금이동이 수반되는 전형적인 거래로서 비대면·비서면·즉시거래 등 전자금융거래(전자금융업무 포함)의 특성을 지니고 있다. 전자금융거래법상 전형적인 전자금융거래 및 전자금융업무[2] 유형에 해당한다(제2조 제1호).[3] 그러나 일반적인 금융상품(예금 · 대출 · 투자 · 보험 등)의 전자적 거래가 아닌 전자적 지급거래(Payment)에 국한된 좁은 의미의 전자금융거래라 할 수 있다. 모든 전자지급거래가 금융상품에 해당한다고는 할 수 없지만, 신용카드거래와, 소액후불결제거래는 대출성 상품으로 금융상품에 해당한다[「금융소비자 보호에 관한 법률」(이하 "금융소비자법") 제2조제1호, 동법 시행령 제2조 제1항 4의2호].

전자지급거래에서 이용자와 사업자(금융회사, 전자금융업자 등)의 법률관계는 주로 위임관계에 해당한다. 그러나 전자금융거래법이 규율하는 전자지급거래는 그 원인이 되는 법률관계(매매, 위탁, 도급 등)를 포함하지는 않는다.[4]

전자지급거래를 통한 자금이동이 특히 계좌를 기반으로 일어날 때에는 환업무적인 성격이 강하게 나타난다. 일상에서는 단순 송금(전자자금이체, 해외송금)이나, ATM 현금인출, 온라인쇼핑몰 등 전자상거래에서의 재화 · 용역 및 콘텐츠 구매 대가 지급, 공과금 및 세금 납부 등의 형태의 거래가 빈번히 일어난다. 금융상품 및 서비스의 이용 또는 해당 대금의 지급(주문대금 · 대출금 · 현금서비스 · 보험료 지급 등) 형태로도 거래가 발생한다.

전자지급거래계약은 법적으로 위임계약의 성격을 지니므로 전자금융거래법에서는 금융회사 및 전자금융사업자에게 위임의 본지에 따라 선량한 관리자의 주의로써 전자지급사무를 처리(민법 제681조)해야 할 일반적 간접적 의무만 규율하고 있었다. 이에는 전자금융사업자의 자금전송 불이행시 자금반환의무(제12조)[5], 오류정정의무(제8조), 거래

2 전자금융업무의 범위는 전자금융거래의 대중화, 다양화 및 이용자 보호 등을 고려하여 금융회사나 전자금융업자가 제공하는 금융 관련 상품 및 서비스 일반을 의미하고 이에 따라 인터넷을 통한 신용정보, 자산 보유 또는 거래내역 조회 서비스 등 정보 전달 역시 전자금융업무에 해당한다고 이해되고 있다(금융감독원, 「전자금융감독규정 해설」, 2025.8, 4-5면.).

3 전자금융거래법의 규율 대상인 전자금융거래, 전자금융업무가 성립하려면 ① 금융회사 또는 전자금융업자가 전자적 장치를 통하여 금융상품 및 서비스를 제공("전자금융업무")하고 ② 이를 이용자가 비대면의 자동화된 방식으로 이용하는 것이 필요하다(제2조 제1호).

4 손진화, 「전자금융거래법」(제2판), 2008.3, 15면.

5 전자금융거래법 제12조(전자지급거래계약의 효력) ② 금융회사 또는 전자금융업자는 제1항의 규정에 따른 자금의 지급이 이루어질 수 없게 된 때에는 전자지급거래를 하기 위하여 수령한 자금을 지급인에게 반환하여야 한다. 이 경우 지급인의 과실로 인하여 지급이 이루어지지 아니한 때에는 그 전송을 하기 위하여 지출한 비용을 공제할 수 있다.

지시 철회보장(제14조), 전자금융사고 배상책임(제9조), 접근매체 분실도난 시 보상 책임(제10조) 등이 있다. 이러한 일반 보호조항에는 위반 시에도 제재사항이 없는 선언적 규정도 많다. 최근 전자지급거래 자금에 대한 미환급·미정산 사고가 발생함에 따라 2024. 9. 15부터 시행된 전자금융거래법(법률 제19734호, 2023. 9. 14., 일부개정, 이하 "2023년 개정 전자금융거래법")에서는 선불충전금의 별도관리의무를 신설하였고(제25조의2), 최근 개정된(2025.11.27. 국회 본회의 통과) 전자금융거래법(이하 "2025년 개정 전자금융거래법")[6]에서는 전자지급결제대행업자에게 정산자금의 별도관리의무를 신설하였다(제25조의4 및 제25조의5).[7]

그림 1 전자지급거래 법률관계

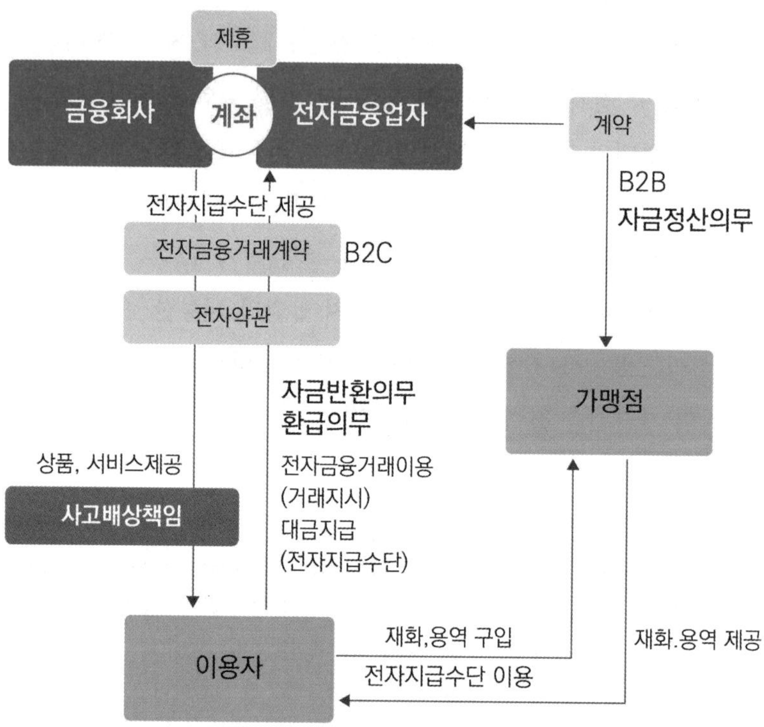

6 전자금융거래법 일부개정법률안(대안, 정무위원장, 의안번호 2214593, 2025.11.27 본회의 의결).

7 김시홍, "전자금융거래법 상 전자지급거래와 지급재산의 보호", 한국신탁학회 2025년 제1차 학술대회 발표자료, 2025.5.16, 8면.

Ⅲ 전자지급거래의 종류와 주요 구성요소

1 전자지급거래 종류

전자지급거래는 전자지급수단을 기준으로 그 종류를 구분할 수도 있지만 주로 전자지급서비스를 제공하는 사업자별로 주요 유형을 살펴볼 수도 있다.

가. 금융회사 중심 지급서비스

은행(인터넷은행 포함), 비은행 예금취급기관, 금융투자업자[8], 보험사, 신용카드사 등 전통적인 금융회사들이 제공하는 계좌기반, 카드기반 지급서비스는 아직까지는 국내 전자지급거래의 핵심적 지위를 차지하고 있다. 이들 금융회사들은 자체 펌뱅킹이나 모바일뱅킹시스템, 독자 카드결제 네트워크를 구축해 전자자금이체(계좌이체), 신용·선불·직불카드, 전자채권, 전자어음 등을 활용한 각종 지급서비스들을 제공하고 있다.

나. 플랫폼 기반 간편결제·송금

(1) 간편결제·송금의 의미

간편결제·송금이란 카드 등 전자지급수단 정보를 전자적 장치에 미리 저장(등록)해 두고 거래 시에는 간단한 비밀번호 입력 또는 거래단말기 접촉만으로 결제·송금을 간편하게 진행하는 방식이다. QR코드, 생체인식정보 등 다양한 인증수단(접근매체)을 활용해 입력정보와 사전 인증절차를 대폭 생략하는 것이 특징이다. 간편결제·송금 방식으로 제공하는 지급수단에는 신용카드, 선불전자지급수단(선불카드), 직불전자지급수단(직불카드), 계좌이체, 소액후불결제 방식 등이 있다.

8 금융투자업자의 지급업무는 주로 CMA계좌를 기반으로 하는 전자자금이체와 선불·직불 전자지급수단에 관한 업무를 중심으로 수행된다. 법인 간 자금이체는 금융결제원의 규약에 따라 제한된다.

(2) 플랫폼 등 핀테크 기업 등의 간편결제 확산

간편결제 · 송금 분야에서 빅테크[9]나 플랫폼 기업들이 혁신 기술을 활용해 앱(App) 상의 거래처리 속도나 화면구성(UI, UX)의 심플함, 간편한 인증 등으로 전통적인 금융회사를 앞서 나가고 있다. 주로 핀테크[10] 기업인 전자금융업자, 유통사, 그리고 이동통신사를 중심으로 하는 플랫폼 기업들은 기존 금융회사와 제휴(펌뱅킹)하거나 금융결제원 오픈뱅킹공동망을 통하여 자체 플랫폼 및 앱을 활용한 각종 간편결제 · 송금서비스(이른바 "OO페이")를 제공하고 있다. 이들 간편결제 기업들은 독자계좌를 발급하지 못해 은행 또는 금융투자업자와 제휴하여 실명계좌 또는 선불계정(연결계좌, 가상계좌)을 통해 서비스를 제공한다. 주로 송금(잔액 계좌 환급 방식) 및 결제(선 · 직불), 소액후불결제, 소액해외송금 등에서 서비스를 활발하게 제공하고 있다.

(3) 간편결제 · 송금과 오픈뱅킹(오픈 파이낸스)

오픈뱅킹은 금융서비스를 편리하게 개발할 수 있도록 은행의 금융서비스를 표준화된 채널 형태(API)로 타 금융회사나 핀테크 기업(간편결제업체)에 제공하는 인프라 및 서비스를 말한다.[11] 현재 비대면(모바일) 및 대면점포[12]에서도 제공될 예정인 오픈뱅킹의 주요 서비스로는 크게 ① 계좌 API로서 조회(잔액, 거래내역, 계좌실명, 송금인 정보) 및 이체서비스(입금이체, 출금이체)와 ② 비계좌(카드 및 선불정보) API로 구분할 수 있다. ③ 그 외에 사용자 인증 및 관리 기능 등도 있다.

현재 오픈뱅킹은 금융결제원 중심의 은행권 자율 규약에 따라 이용 및 제공기관 자

9 현행 국내법상 빅테크(Big Tech)의 정의나 용어를 사용하거나 그 요건을 정하고 있는 법률은 아직 없다. 금융안정위원회(FSB, Financial Stability Board) 2019년 보고서에서는 빅테크를 '광범위한 고객 네트워크를 바탕으로 금융상품 및 서비스를 제공하는 대형 IT 회사'로 정의하고 있다.

10 "핀테크기업"이란 정보통신기술, 그 밖의 디지털 신기술을 활용하여 금융산업 또는 금융소비자에 기여하거나 기여할 것으로 예상되는 사업으로서 금융업무와 관련이 있는 사업이거나 금융회사의 효율적인 업무 수행을 위하여 필요한 사업을 하는 기업 중 다음 각 목의 어느 하나에 해당하는 기업을 말한다(금융위원회, 「금융회사의 핀테크 투자 등에 관한 가이드라인」, 2023.10, 제2조 제2호).

11 금융결제원, 「지급결제 A to Z」, 2024, 232면.

12 금융위원회 보도자료, "이제 은행 영업점에서도 오픈뱅킹과 마이데이터를 이용할 수 있습니다", 2025.11.18.

격요건과 이용료 등을 임의적으로 결정하고 있어 규범으로서 강제력이 없는 상황이 지속되고 있다.[13] 은행권은 물론이며 2금융권, 카드업계, 핀테크업체(빅테크)들이 참여하여 치열한 금융플랫폼 주도권 경쟁을 촉발하고 있는 오픈뱅킹은 해외 주요 국가와는 다르게 국가 차원의 공동플랫폼 형태로 추진되고 있다. 오픈뱅킹은 최근 오픈 파이낸스 개념으로 진화 발전하고 있다. "오픈 파이낸스"란 오픈뱅킹으로 대표되는 뱅킹기능(조회, 이체)의 개방을 넘어 지급결제 활용의 진입장벽을 낮추고(마이페이먼트)[14], 각종 고객 금융데이터 및 금융상품 정보를 개방(마이데이터) 및 결합하는 개념이다.

다. 이동통신사 중심의 통신과금서비스

"통신과금서비스"란 이동통신사 또는 "모바일 PG"(Payment Gateway)라고 불리는 정산대행업자들이 제공하는 정보통신서비스이다. 실무에서는 "휴대폰 소액결제" 또는 "Phone bill"이라고도 부른다. 온라인 쇼핑몰 등에서 재화나 용역, 콘텐츠 등을 구입한 후 그 대가를 익월 통신요금에 합산하여 청구 및 결제할 수 있도록 한 서비스이다.

라. 가상자산사업자 중심의 스테이블 코인 결제·송금

블록체인(분산원장) 기반의 토큰형 지급수단이 미국, 일본 등에서 합법적으로 발행되어 국내에서도 사실상 결제(선불·직불)·송금 분야에서 유통되고 있다.[15] "가치 안정형

---

13 2021년 발의된 전자금융거래법 개정안에서는 지급지시전달업자(마이페이먼트)의 오픈뱅킹 이용을 법적으로 보장하기 위해 자금이체지시에 대한 금융회사 등의 처리 협조의무, 차별금지의무(처리순서, 소요시간, 수수료), 관련 API 인프라 구축 제공 등의 의무사항을 규정하고 이를 준수하지 않을 경우 제재(과태료)하는 조항까지 둔 바 있다[전자금융거래법 일부개정법률안(김병욱 의원 대표발의, 의안번호 2113137, 2021.11.04. 제안].

14 지급인의 자금을 보유하지 않으면서도 지급인의 계좌가 개설된 금융회사 등에 지급지시를 전달함으로써 전자자금이체 등을 돕는 것을 영업으로 하는 지급지시전달업자이다. 전자적 장치를 통하여 지급인의 계좌가 개설된 금융회사 또는 종합지급결제사업자에게 지급인의 지급지시를 전달하는 것을 영업으로 하는 것을 말한다[전자금융거래법 일부개정법률안(김병욱 의원 대표발의, 의안번호 2113137, 2021.11.04. 제안) 제2조 제6호].

15 중앙은행을 기반으로 하는 디지털화폐인 CBDC와 예금토큰은 2025년 현재 아직 시범테스트(프로젝트 한강)를 진행하는 중이며, 아직 상용화 단계에는 이르지 못했다.

디지털자산"[16]이라고도 불리는 스테이블 코인(Stablecoin)이 바로 그 사례이다. 스테이블 코인은 지급준비자산과 연계(peg)시키는 방식[17] 등을 통해 그 가치를 일정하게 유지할 목적으로 개발된 디지털자산이다.[18]

스테이블 코인에 대해서는 국내 이용자 및 가맹점 보호차원의 규제 필요성도 증가하고 있다. 해킹, 정보유출의 위험에도 노출되고 있고 전자금융거래법상 선불전자지급수단의 발행 및 관리업(이하 "선불업")과의 규제 형평성, 규제차익 문제도 이미 발생하고 있다. 이에 최근 스테이블 코인 또는 디지털자산을 규율하기 위한 많은 별도 입법안들이 발의되고 있다.

2 전자지급거래의 주요 구성요소

전자지급거래를 구성하는 요소에는 서비스 제공 사업자 및 이용자 등 거래 당사자도 있으나 이는 이 글의 후반부에서 후술하기로 한다.

가. 전자금융거래계약(약관)

대부분의 전자금융거래는 전자금융거래계약과 거래지시로 이루어진다고 할 수 있다.[19] 전자금융거래계약(전자금융거래법 제2조 제7호)은 전자지급거래를 주된 내용으로 하고 있다. 따라서 전자지급거래를 하기 위해서는 우선 전자금융거래계약부터 체결해야 한다. 전자금융거래계약은 이용자가 금융회사·전자금융업자에 대하여 전자금융업무의 처리를 위탁하는 위임계약이고 동시에 고용계약·도급계약의 요소도 가지고 있다.[20] 전자금융거래 기본약관과 개별약관인 전자금융서비스 이용약관 등도 이용자와의 전자금융거래계약에 해당된다.

16 가치안정형 디지털자산의 발행 및 유통에 관한 법률안(안도걸 의원 대표발의, 의안번호 2211784, 2025.07.28. 제안), 제2조 제1호.

17 보통은 법정통화나 안전자산인 국채 등에 가치를 1:1로 연동시키며, 암호화폐를 담보로 하거나 알고리즘으로 페깅하는 방식은 미국이나 EU 등 주요국에서는 입법적으로 허용하지 않고 있다.

18 금융결제원, 「지급결제 A to Z」, 2021, 332면.

19 정경영, 「전자금융 거래와 법」, 2007, 16면.

20 손진화, 「전자금융거래법」 (제2판), 2008, 36면.

나. 이용자의 거래지시

거래지시는 이용자가 전자금융거래계약에 따라 금융회사·전자금융업자에게 전자금융거래의 처리를 지시하는 것을 말한다(전자금융거래법 제2조 제17호). 지급지시, 추심지시, 조회 및 가입 신청과 관련한 거래지시 등이 이에 해당한다. 이용자는 전자금융거래계약에 근거하여 일정한 금액을 수취인에게 지급할 것을 위탁하는 거래지시를 하여야 하고 이 거래지시를 금융회사 등이 실행해야만 거래목적을 달성하게 된다[21]. 이용자의 거래지시는 전자금융거래를 구분하는 기준 중에 하나로 작용한다. 이용자의 거래지시가 전자적 장치를 통하여 이루어지지 않거나 자동화된 방식이 아니면 대면거래로 간주되어 전자금융거래(전자금융거래법 제2조 제1호)에서 제외되고 전자금융거래법이 적용되지 않는다.[22]

이용자의 거래지시대로 이행이 되지 않을 경우 금융회사·전자금융업자는 오류정정처리를 하고 이용자에게 통보해 주어야 한다(전자금융거래법 제8조). 또 이용자의 거래지시대로 자금이동이 불가능할 경우에는 자금반환의무를 이행해야 한다(전자금융거래법 제12조 제2항). 이용자와 계약체결 또는 거래지시의 전자적 전송이나 처리 과정에서 사고가 발생한 경우에는 무과실 배상책임을 부담한다(전자금융거래법 제9조 제1항 제2호).

다. 접근매체

접근매체는 실무에서는 “인증수단”이라고도 하며, 「전자서명법」(이하 “전자서명법”)에서는 “전자서명수단”이라고도 부른다(제2조 제4호). 전자금융거래법은 “접근매체”를 ‘전자금융거래에 있어서 거래지시를 하거나 이용자 및 거래내용의 진실성과 정확성을 확보하기 위하여 사용되는 수단 또는 정보로서, ① 전자식 카드 및 이에 준하는 전자적 정보, ② 전자서명법 제2조 제3호에 따른 전자서명생성정보 및 같은 조 제6호에 따른 인증서, ③ 금융회사 또는 전자금융업자에 등록된 이용자번호, ④ 이용자의 생체정보 및 ⑤ ① 또는 ②의 수단이나 정보를 사용하는 데 필요한 비밀번호’라고 정의하고 있다(전자금융거래

21 정경영, 앞의 책, 17면.

22 전자금융거래가 되기 위해서 이용자가 반드시 거래의 준비단계에서부터 전자금융업무를 자동화된 방식으로 이용할 필요는 없으며, 거래의 지시단계나 처리단계 전 과정에 걸쳐 자동화된 방식으로 하면 충분하다(금융감독원, 「전자금융감독규정 해설」, 2025, 6면).

법 제2조 제10호).

접근매체는 전자금융거래 사고 시 배상책임관계에 있어 중요한 요건이 되며(전자금융거래법 제9조), 이에 대한 양수, 양도, 대여, 위조·변조의 경우에는 엄중한 벌칙이 부과된다(동법 제49조). 이에 전자금융거래법은 접근매체의 종류를 열거하고 있다.

접근매체는 물리적 형태의 증표식 카드뿐만 아니라 칩, 메모리, 바코드 등에 저장되는 전자적 정보의 형태, SW형태, 변형된 함수, 암호화된 코드, 토큰 등도 해당한다. 통장 비밀번호[23], 블록체인 일회성 키[24] 등도 접근매체에 해당한다. 전자금융거래법은 하나의 접근매체에 다양한 전자지급수단을 탑재하는 것을 제한하거나 금지하고 있지 않다.[25]

라. 전자지급수단

(1) 전자지급수단의 개념 및 중요성

① 개념

전자지급거래에 이용되는 전자지급수단은 전자적 방식으로 제공되는 지급수단을 말하는데 비장표기반의 비현금지급수단이라 할 수 있다. 전자금융거래법은 전자자금이체, 직불전자지급수단, 선불전자지급수단, 전자화폐, 신용카드, 전자채권 그 밖에 전자적 방법에 따른 지급수단 등으로 예시하고 있다(제2조 제11호). "그 밖의 전자지급수단"에는 전자금융거래법상의 소액후불결제수단(제35조의2 제1항, 정보통신망법상의 통신과금서비스(정보통신망법 제2조 제10호), 「여신전문금융업법」(이하 "여신전문금융법")상의 선불카드, 직불카드, 「전자어음의 발행 및 유통에 관한 법률」(이하 "전자어음법")상의 전자어음 등이 있다.

② 전자지급수단의 의미와 유형

전자지급수단은 금융감독 차원에서는 전자금융업의 유형을 결정할 수 있는 중요한 기준이 된다.[26] 현행 전자금융거래법은 전자금융업종을 전자지급수단 및 관련 서비스를

23 금융위원회, 법령해석 회신문(일련번호 200147).

24 금융위원회, 법령해석 회신문(일련번호 240112).

25 금융위원회, 법령해석 회신문(일련번호 180229).

26 정경영, "전자금융거래법의 체제와 최근 개정 논의에 대한 비판적 검토", 상사법연구 제39권 제3호, 2020, 277면, 279면, 302면.

기준으로 8개 유형 체계로 운영하고 있기 때문이다(전자금융거래법 제28조 및 제35조의2). 또 전자지급수단은 지급결제제도를 이루는 한 요소이다.

전자금융거래법은 자금이동시점에 따라 전자지급수단을 선불 · 직불 · 후불형으로 규정하고 있다. 그리고 자금이동의 목적에 따라 송금(이체)용과 결제용으로 추가 구분하며, 기타 계좌기반 여부에 따라 기명식 선불전자지급수단 및 기명식 전자화폐, 직불전자지급수단, 전자자금이체로 구분하고 있다.[27]

최근 전자지급수단은 당초 규제 목적을 회피하거나 우회하여 전자지급수단 간 송금과 결제에 융합하는 하이브리드 현상이 일상적으로 발생하고 있어,[28] 당초 전자금융거래법 제정 당시의 전자지급수단 간 구분은 더욱 모호해지고 있다.

(2) 선불형 전자지급수단

① 선불전자지급수단

㉠ 개념 및 요건

전자금융거래법상 선불전자지급수단은 '이전 가능한 금전적 가치가 전자적 방법으로 저장되어 발행된 증표(전자적 방법으로 변환되어 저장된 증표를 포함) 또는 그 증표에 관한 정보로서 발행인 외의 제3자로부터 재화 또는 용역을 구입하고 그 대가를 지급하는데 사용되는 것'을 말한다(제2조 제14호).

2023년 개정 전자금융거래법에서는 '구입할 수 있는 재화 또는 용역의 범위가 2개 업종 이상일 것'의 요건이 삭제되어, 1개 업종에서만 이용되던 전자식 상품권, 기프티콘, 쿠폰 등도 포함되게 되었다. 또 구 전자금융거래법 시행령 제3조의 특수관계인 규정을 삭제해 발행인에게만 사용되는 자가형(스타벅스형)만 선불전자지급수단에서 제외하였다. 종전에는 선불전자지급수단이 아니던 지류식 상품권도 전자적으로 변환되어 사용되면 선불전자지급수단으로 포함하는 등 그 범위를 대폭 확대하였다.

27 금융결제원 용역보고서(금융위원회), "핀테크 혁신을 위한 전자금융업 제도 · 산업 개편방안", 2018. 12, 527면.

28 최근의 선불전자지급수단은 간편결제사업자들이 이용자 계좌에서 실시간 출금하여 사업자 법인계좌로 즉시 충전하는 방식을 이용하고 있다. 선불충전 잔액 양도방식(전자금융거래법 제18조)을 통한 계좌간 송금(이체) 기능을 하면서 여신전문금융법상 선불카드와 완전히 다른 기능을 수행하고 있는 것이다[금융결제원, 위 용역보고서, 532-533면].

다른 법률에 의해 규율을 받는 온누리상품권, 지역사랑상품권은 선불전자지급수단에 해당하지 않는다.[29] 금융 당국은 금액이 표시되지 않고 충전금 잔액이 이용 시마다 차감되지 않는 구독형·월 이용권 형태도 선불전자지급수단이 아니라고 보고 있다.[30]

㉡ 유형

선불전자지급수단의 전형적인 형태로는 선불충전금[31]을 이용자가 자신의 재원으로 지급하는 방식인 유상형(전자금융거래법 제2조 제14호)이 있다. 다음으로 선불업자가 이용자의 결제 실적에 따라 인센티브로 지급하는 적립금(포인트) 방식의 무상형이 있다(전자금융거래법 제28조 제3항 다목).[32] 무상형을 "이용자가 미리 직접 대가를 지불하지 아니한 선불전자지급수단"이라고 한다.[33] 결제금액에 대한 보상(리워드)으로 제공하는 포인트가 사용처(제휴처, 가맹점)가 있어서 고객이 그 곳에서 재화·용역 구입의 대가 지급수단으로 사용할 수 있으면 무상형 선불전자지급수단으로 본다.[34] 무상형에 대해서는 고객 마케팅 수단으로서의 특성 등을 감안하여 환급 의무 및 이용한도 준수 등의 규제 적용이 면제된다(전자금융거래법 제19조, 제28조 제3항 제1호 다목, 제4항)[35].

전자금융거래법은 선불전자지급수단 간의 교환, 전환에 대하여 특별한 제한을 두거나 금지하는 규정을 두고 있지 않다.[36] 금융 당국은 선불전자지급수단도 구매할 수 있는 재화로 보고, 선불전자지급수단 간의 교환, 전환의 경우 이를 "이용자가 대가를 지급하고 해당 선불전자지급수단을 구매"하는 것으로 봐서 유상형 선불전자지급수단으로

---

29 각각 「전통시장 및 상점가 육성을 위한 특별법」, 「지역사랑상품권 이용 활성화에 관한 법률」에 따라 규율되고 있다.

30 금융위원회, 법령해석 회신문(일련번호 220125).

31 이용자가 선불전자지급수단 발행의 대가로 선불업자에게 지급한 금액으로서 대금결제, 양도, 환급 등에 사용한 금액을 차감한 잔액을 말한다(전자금융거래법 제25조의2 제1항).

32 이에는 항공사 마일리지, 간편결제업자들의 포인트, 캐시백, 게임사들의 게임머니, 기업이 자신의 고용한 근로자를 위해 선불업자에게 발행 및 지급을 위탁하는 복지포인트 등이 해당한다.

33 금융위원회, 법령해석 회신문(일련번호 250012).

34 단순히 사업자가 고객에게 현금으로 전환 또는 환금만 해주고 있는 경우에는 전자금융거래법 제2조 제14호의 선불전자지급수단 요건을 충족한다고 볼 수 없다.

35 금융위원회, 법령해석 회신문(2015. 9. 8.자).

36 금융위원회, 법령해석 회신문(일련번호 130218, 240119).

보고 있다[37]

전자금융거래법(제23조 제1항 제1호)과 전자금융감독규정(별표 3)에서는 선불전자지급수단을 기명식과 무기명식으로도 구분하여 발행권면 최고한도(충전한도)에서 차이를 두고 있다(무기명식 50만 원, 기명식 200만 원). 기명식은 실지명의가 확인되거나 예금계좌와 연결되어 발행된 선불전자지급수단을 말한다(전자금융감독규정 별표 3).

㉢ 선불전자지급수단의 용도와 자동충전

선불전자지급수단은 가맹점 등에서 재화·용역의 구매 대가 지급수단으로 사용(결제: payment)되거나(전자금융거래법 제2조 제14호), 잔액을 계좌에 양도·환급하는 방식으로 송금도 할 수 있다(전자금융거래법 제18조 제1항, 제19조). 은행 및 신용카드사와 제휴하여 국내외 ATM에서 인출을 위해서도 사용할 수 있다.

금융 당국은 선불전자지급수단 사용 시 본인 계좌에서 결제 부족액만큼의 금액을 즉시 자동으로 충전하여 결제하는 것이 선불전자지급수단인지, 아니면 직불전자지급수단인지에 대한 판단을 충전 단계가 있는지를 보고 구분하고 있다. 이용자가 '충전' 단계 이후 '지급' 단계를 거쳐 최종 재화나 물품의 구매가 확정된다는 사실을 명확하게 알 수 있도록 하고, 내부적으로 충전단계와 지급단계 등을 구분하여 거래원장을 작성한다면 이를 직불전자지급수단이 아닌 선불전자지급수단의 사용으로 보고 있는 것이다.[38]

② 선불카드

여신전문금융법은 선불카드를 '신용카드업자가 대금을 미리 받고 이에 해당하는 금액을 전자적 또는 자기적 방법에 따라 발행한 증표로서 선불카드소지자가 신용카드가맹점에 제시하여 그 카드에 기록된 금액의 범위에서 결제할 수 있게 한 증표'로 정의하고 있다(제2조 제8호). 여신전문금융법의 선불카드와 전자금융거래법의 선불전자지급수단은 그 기능이나 개념에 있어 유사하지만 발급주체가 다를 뿐이다. 선불카드는 신용카드업자만 발행 가능하다.

③ 전자화폐

전자화폐는 현금과 유사한 정도로 일정 이상의 지역·가맹점에서 유통되고, 구입가

37 금융위원회, 법령해석 회신문(일련번호 170204).

38 금융감독원, 비조치의견서 회신문(일련번호 180047, 170083).

능한 재화·용역에 제한이 없고(범용성), 현금 또는 예금과 1:1 교환(환금성) 및 잔액에 대한 100% 환급(환급성)이 보장되는 특성을 지닌 선불형 전자지급수단이다(전자금융거래법 제2조 제15호). 전자화폐는 범용성과 환금성, 환급성에 있어 선불전자지급수단과 요건 상에서 차이가 있다. 현재 전자금융거래법에 따른 전자화폐는 존재하지 않는다.

(3) 직불형 전자지급수단(송금·결제)

① 전자자금이체

전자금융거래법상 “전자자금이체”는 ‘지급인과 수취인 사이에 자금을 지급할 목적으로 금융회사 또는 전자금융업자에 개설된 계좌(금융회사에 연결된 계좌에 한함)에서 다른 계좌로, 지급인의 지급지시(지급이체) 또는 수취인의 추심지시(추심이체)의 방법으로 자금을 이체하는 것’을 말한다(제2조 제12호). 전산설비를 통한 「은행법」(이하 “은행법”)상 내국환 업무는 전자금융거래법에 따른 전자자금이체업무로 규제될 수 있다.[39]

② 직불전자지급수단

직불전자지급수단은 ‘재화 또는 용역의 제공과 동시에 금융회사의 계좌에서 자금을 이체하는 등의 방법으로 대가의 지급이 이루어지는 것’을 말한다(전자금융거래법 제2조 제13호). 금융회사(은행, 금융투자업자)와 전자금융업자가 발행하는 직불형 전자지급수단이라 할 수 있다. 전자식 증표(카드)나 앱(App), 바코드 등을 통해 서비스가 구현된다. 예금계좌의 잔고범위 및 이용한도(1일, 1회) 내에서 이용할 수 있으며 CD/ATM을 이용하여 입출금, 잔액조회 및 계좌이체도 가능하다. 직불전자지급수단에는 자금을 융통받을 수 있는 증표(현금인출카드, 현금서비스카드, 대출카드 등)가 제외된다(전자금융거래법 제2조 13호).

③ 직불카드

여신전문금융법상 “직불카드”는 실무에서는 “체크카드”라고 부르는데 이는 ‘직불카드회원과 신용카드가맹점 간에 전자적 또는 자기적 방법으로 금융거래계좌에 이체하는 등의 방법으로 결제가 이루어질 수 있도록 신용카드업자가 발행한 증표’를 의미한다(제2조 제6호).

금융거래계좌가 아닌 선불전자지급수단 계정으로 이체하는 방법으로 직불카드의

39 정순섭, 「은행법」(제2판), 2024, 380면.

발급 가능 여부에 대하여 금융 당국은 긍정적 입장이다. 여신전문금융법은 금융거래계좌에 이체하는 방법으로만 한정적으로 제한하지 않고 있으므로 금융거래계좌에 이체하는 방법과 유사성·동질성을 지니는 방법일 경우 선불계정을 통해서도 직불카드의 발급을 인정하고 있다.[40]

(4) 후불형 전자지급수단

① 신용카드

여신전문금융법상 신용카드는 '이를 제시함으로써 반복하여 신용카드가맹점에서 결제할 수 있는 증표로서 신용카드업자가 발행한 것'을 말한다(제2조 제3호). 신용카드 회원의 가입신청에 따라 카드사가 신용카드를 발행하고, 카드회원은 그 발급받은 카드를 이용하여 현금을 지급함이 없이 계속적·반복적으로 가맹점에서 물품을 구입하거나 용역을 제공받을 수 있다. 신용카드는 또한 카드 회사 또는 제3자로부터 신용을 제공받을 수 있음을 증명하는 하나의 자격증권이라 할 수 있다.[41]

② 소액후불결제수단

소액후불결제수단은 '재화 또는 용역의 대가의 지급을 위하여 하는 업무로서 선불전자지급수단의 충전잔액이 부족한 경우에[42] 그 부족분에 대하여 전자금융업자 스스로의 신용으로 가맹점에게 그 대가를 지급하는' 서비스이다(전자금융거래법 제35조의2 제1항). "BNPL(Buy Now Pay Later)"이라고도 부른다. 소액후불결제서비스는 현재 금융거래 이력이 부족해 신용등급 요건을 충족하기 힘든 씬파일러(thin filer)에게 신용카드를 대체할 수 있는 결제수단으로 자리매김하는 등 대안금융, 포용금융으로도 역할을 하고 있다.

③ 통신과금서비스(휴대폰 소액결제)

통신과금서비스(휴대폰 소액결제)는 ① '타인이 판매·제공하는 재화 또는 용역의 대가를 자신이 제공하는 전기통신역무의 요금과 함께 청구·징수하는 업무 또는 ② 타인

40 금융위원회, 법령해석 회신문(일련번호 240123).

41 김상찬·김상명, "신용카드거래의 사법적 검토", 법학연구 제35권, 2009, 70면.

42 '선불충전금이 부족한 경우'의 그 시점에 관하여는 명확히 규정은 없으나 이용자가 재화·용역에 대한 결제를 할 시점에 부족한 경우로 보는 것이 합리적일 것이다.

이 판매·제공하는 재화등의 대가가 ①의 업무를 제공하는 자의 전기통신역무의 요금과 함께 청구·징수되도록 거래정보를 전자적으로 송수신하는 것 또는 그 대가의 정산을 대행하거나 매개하는 정보통신서비스'[43]를 말한다(정보통신망법 제2조 제10호).

④ 전자어음

전자어음은 약속어음을 인터넷상에서 이용할 수 있도록 전자화한 지급수단이다. 전자문서로 작성되어 발행·배서·결제되는 어음이라 할 수 있다.[44] 전자어음은 전자어음법에 의해 도입된 전자지급수단으로 기존의 기업간 상거래에서 널리 사용되고 있는 약속어음을 전자화한 것이다. 전자어음은 전자어음관리기관(법무부 지정)인 금융결제원이 전자어음관리시스템을 구축하여 2005년 9월 운영을 시작함으로써 발행·유통되기 시작하였다.[45] 백지어음이 아닌, 어음요건을 모두 기재한 완전어음으로만 발행이 가능하다. 만기일은 3개월을 초과 못하며, 연쇄부도 최소화를 위해 배서도 20회로 제한된다. 4회에 한하여 분할배서할 수 있다.[46]

⑤ 전자채권

전자채권은 기업 간 상거래에서 발생한 물품대금 등을 구매기업이 인터넷뱅킹을 통해 전자적인 형태로 발행하여 만기에 판매기업이 대금을 지급받거나 만기 전에 거래은행으로부터 담보대출(전자채권담보대출)을 받는 채권이다.[47] 구매기업 거래은행(발행은행)과 판매기업 거래은행(보관은행)이 다른 경우에도 이용 가능하다. 만기는 발행일로부터 90일 이내이며, 만기일에 전자채권관리기관이 자동 지급 제시한다.[48] 전자채권관리기관은 전자금융거래법(제29조)에 따라 금융위원회에 등록한 금융결제원이 이를 수행한

---

43 전자금융거래법 제2조 제19호의 전자지급결제대행업무(PG: Payment Gateway)와 유사하여 통신과금서비스를 실무에서는 "모바일 PG"라고도 부른다.

44 금융결제원, 「지급결제 A to Z」, 2024, 177면; 한국은행, 「한국의 지급결제제도」, 2014, 120면.

45 전자어음법 개정에 따라 외부감사대상 주식회사 및 직전 사업 연도 말 자산총액이 10억 원 이상인 법인사업자는 어음발행 시 전자어음으로 발행하도록 의무화하였으며, 2022년 5월에는 자산총액 5억 원 이상 법인사업자로 의무화 대상이 확대 되었다.

46 금융결제원, 위의 책, 179면.

47 전자채권과 유사한 전자방식 외상매출채권은 기능은 거의 동일하나 판매기업과 구매기업이 동일한 은행과 거래해야 하고, 양도통지 시 우편통지 방식을 이용하는 점에서 차이가 있다.

48 금융결제원, 위의 책, 182면.

다. 전자채권의 양도는 전자금융거래법 제20조 제1항의 요건을 모두 갖춘 때에 「민법」(이하 "민법") 제450조제1항의 규정에 따른 대항요건을 갖춘 것으로 본다(민법상 지명채권 양도의 대항력 특례).

IV 전자지급거래의 당사자와 규율 법률

1 전자지급거래 당사자

가. 사업자

전자지급거래 사업자(서비스 제공자)는 이용자에게 재화·용역 또는 금융상품 및 서비스를 구입할 수 있는 전자지급수단의 발행 관리 및 관련 서비스를 제공하는 사업자이다. 전통적으로 예금 수취를 기반으로 하는 은행[49]과 금융투자업자, 그리고 카드(신용·직불·선불카드)를 기반으로 하는 신용카드사가 그 중심 역할을 수행해 왔다. 그러나 최근 정보통신기술과 금융산업 간 융합이 활발해지면서 간편결제업자(전자금융업자), 이동통신사, 모바일기기 제조업체는 물론 유통업체, 플랫폼사업자까지 서비스 제공에 참여하고 있다.[50]

표 1 국내 전자지급거래 관련 사업자

사업자		서비스 내용	규율 법률
금융회사	모든 금융사 (은행,금융투자업,보험,신용카드사,비은행 예금취급기관 등)	전자금융업무 (금융상품 및 서비스의 전자적 제공)	전자금융거래법
	신용카드사	신용카드, 선불·직불카드 발행 및 관리	여신전문금융법
	은행	전자어음의 발행 및 유통	전자어음법

49 은행은 「은행법」상 환업무가 고유업무로 허용되어 있어 요구불예금을 근거로 다양한 지급서비스를 제공한다(한국은행, 「한국의 지급결제제도」, 2014, 92면).

50 금융결제원, 앞의 책, 20면.

사업자		서비스 내용	규율 법률
전자금융업자	전자화폐업	전자화폐의 발행 및 관리	전자금융거래법
	선불업	선불전자지급수단의 발행 및 관리	
	소액후불결제업	선불충전금 부족 시 부족분에 대해 신용으로 가맹점에 대가 지급	
	직불업	직불전자지급수단의 발행 및 관리	
	전자자금이체업	지급이체, 추심이체 서비스 제공	
	전자지급결제대행업	제3자 사이에서 전자지급수단으로 재화·용역의 대가를 수수하고 정산 대행	
	결제대금예치업	전자상거래 대금의 Escrow 서비스 제공	
	전자고지결제업	전자적인 방법으로 지급인에게 고지하고, 자금을 직접 수수하며 그 정산을 대행	
통신과금업자		재화·용역의 대가를 통신요금과 함께 청구·징수하거나 동업무를 위한 정산 대행서비스	정보통신망법
유사 전자금융업자	소액해외송금업	전자적 방법으로 해외로 소액(1회 5천 달러, 1년 10만 달러 이하) 송금을 대행	외국환거래법
	기타전문외국환취급업	전자화폐·선불전자지급수단·전자지급결제대행업무와 직접 관련된 외국환업무	외국환거래법 전자금융거래법
전자금융보조업자		신용카드 승인 및 결제, 자금정산 업무 지원	전자금융거래법
		은행의 자금인출업무, 환업무 및 기타 업무 지원	
		전자금융업무 관련 정보처리시스템을 해당 금융회사 또는 전자금융업자를 위하여 운영	
		결제중계시스템 운영	
		전자채권관리기관 업무	
인프라 및 지원기관		결제중계시스템(금융결제원, 전자금융거래법), 결제기관(한국은행, 한국은행법), 전자서명인증사업자(전자서명법), 본인확인기관(정보통신망법), 전자어음관리기관(전자어음법), 전자채권관리기관(전자금융거래법) 등	해당 법률

(1) 금융회사

금융회사는 해당 업법의 업무를 제외한 전자금융업무에 대해서는 전자금융거래법의 적용을 받는다. 전자금융거래법상 금융회사는 은행법에 따른 은행(인터넷전문은행 포함), 「자본시장과 금융투자업에 관한 법률」(이하 "자본시장법")상 금융투자업자, 「보험업법」(이하 "보험업법")에 따른 보험회사, 「상호저축은행법」에 따른 상호저축은행과 그 중앙회, 「신용협동조합법」에 따른 신용협동조합 및 그 중앙회 등[51]으로 열거되어 있다(제2조 제3호, 동법 시행령 제2조).[52] 신용카드사는 전자금융거래법상 금융회사에 해당하지만 주로 여신전문금융법에 따라 신용카드, 직불카드, 선불카드를 발행하고 가맹점과 회원, 결제대행업체 등과 전자지급거래와 관련한 법률관계를 맺고 있다. 전자금융거래법(제2조 제3호)에 의할 경우 온라인투자연계금융업자는 금융회사에 해당하지만 대부업자와 신용정보법 상의 본인신용정보관리업자는 금융회사가 아니다.

(2) 전자금융업자

전자금융업자라 함은 금융회사 이외에 전자금융거래법에 따라 허가를 받거나 등록을 한 자를 말한다(제2조 제4호, 제28조, 동 시행령 제15조 제3항). 따라서 허가·등록을 면제받거나, 허가·등록을 진행 중이거나 허가·등록 없이 전자금융업을 영위하고 있는 사업자는 해당되지 않는다. 일부 금융회사가 전자금융거래법에 의해 전자금융업무를 등록하는 경우가 있지만 그 지위는 금융회사이며 전자금융업자는 아니다. 가상자산을 연계한 지급거래도 전자금융업에 해당하지 않는다.[53]

---

51 비은행 예금취급기관인 새마을금고, 신용협동조합, 상호저축은행 등 서민금융기관은 해당 설치 근거법에 따라 중앙회 및 연합회 등의 중앙조직 차원에서 환업무를 할 수 있도록 허용되어 있으며, 은행과 비슷한 수준의 전자지급서비스를 제공하고 있다(한국은행, 「한국의 지급결제제도」, 2014, 93면).

52 전자금융거래법은 금융회사 규정 방식으로 기관 중심 기준의 열거방식을 취하고 있으며 금융회사가 수행하고 있는 금융업법 상의 업무단위를 기준으로 규정하지는 않고 있다.

53 금웅위원회는 가상자산은 가치가 시시각각 변해 가상자산을 연동한 결제서비스는 전자금융업에 포함될 수 없다고 결론을 내렸다(금융위원회 법령해석위원회 결정, 2022.4.4).

전자금융거래법은 주로 전자지급수단에 기반하여 전자금융업의 유형을 정하고 있다.[54] 해당 전자지급수단의 개념과 요건이 곧 해당 업을 정의하고 있는 것이다. 그리고 자금이동에 직접 관여하여 전자금융거래와 관련된 자금을 수수하거나 수수를 대행하는 업을 영위하는 자도 전자금융업에 해당한다. 이들 전자금융업자에는 전자화폐의 발행 및 관리업(이하 "전자화폐발행업"), 전자자금이체업무(이하 "전자자금이체업"), 직불전자지급수단의 발행 및 관리업(이하 "직불업"), 선불전자지급수단의 발행 및 관리업(이하 "선불업"), 소액후불결제업, 전자지급결제대행업, 결제대금예치업, 전자고지결제업을 영위하는 사업자들이 있다. 전자금융업은 불특정 다수의 타인 자금을 자신 명의의 계좌를 통해 직접 수수 또는 수수 대행하거나 정산하는 공통의 개념요소를 가지고 있다.[55]

전자금융거래법이 전자금융업자에게 전자금융업무를 허용한 것은 전통적인 금융(여수신, 증권, 보험, 신탁 등)업무까지 영위 가능하게 한 것으로는 볼 수 없다.[56]

① 전자화폐업, 전자자금이체업

현재 전자화폐발행업, 전자자금이체업으로 등록한 사업자는 없는 상황이다. 전자금융거래법상 전자화폐업과 전자자금이체업은 앞에서 살펴본 전자화폐와 전자자금이체의 개념 요건(제2조 제12호, 제15호)이 곧 해당 업을 정의하고 있다고 볼 수 있다.

전자자금이체업과 관련하여 지급지시만 전달하는 행위가 이에 해당하는지가 이슈이다. 전자금융거래법상 이용자의 지급지시를 은행 등 출금기관에 대신 전달해 주는 것을 제한하거나 금지하는 규정은 없는 것으로 보인다. 또한 동 업무는 은행법상 별도의 인가를 요하는 등 본질적 업무로서 위탁이 제한되는 업무에도 해당하지도 않는다고 보는 것이 합리적이라고 판단 된다.[57] 선불전자지급수단 기반의 간편송금도 실제적으로 소

54 정경영, "전자금융거래법의 체제와 최근 개정 논의에 대한 비판적 검토", 상사법연구 제39권 제3호, 2020, 306면.

55 자신 명의의 집금·정산 계좌를 보유하고 타인의 자금을 수수하거나 수수대행하지 않으면 전자금융보조업자로 보거나 전자금융거래법 적용대상으로 보지 않고 있다(금융위원회, 핀테크 혁신을 위한 전자금융업 제도·산업 개편방안, 용역보고서, 2018.12, 550-551면).

56 재정경제부, 전자금융거래법안 마스터 답변, 2005.11, 16-17면.

57 금융 당국은 '수취인인 회사가 본인과 지급인을 위하여 지급인의 출금 동의를 단순 전달하는 경우라면 금융회사 또는 전자금융업자가 수행하는 전자자금이체(추심이체) 업무의 일부를 위탁받은 것으로 보기 어렵다'라고 보고 있다[금융위원회, 법령해석 회신문(일련번호 240273)].

액 전자자금이체 기능을 수행하고 있다. 그러나 간편송금서비스(계좌로의 환급)의 구조는 전자금융거래법상 전자자금이체업의 정의된 내용과 달라 해당 업으로 등록할 수 없는 상황이다.[58]

② 직불업

직불업자는 재화 또는 용역의 제공과 동시에 그 대가의 지급을 이행할 수 있도록 하는 증표 또는 그 증표에 관한 정보를 관리하는 업무를 영위한다(전자금융거래법 제2조 제13호, 제28조 제2항 제2호). 전자식 카드, 스마트폰과 QR코드 등의 접근매체를 통하여 이용자의 계좌에서 가맹점 계좌로 자금이체를 중계하는 서비스를 제공하는 사업자이다.

③ 선불업

선불업자는 전자금융거래법상 선불전자지급수단을 발행 및 관리하는 사업자이다. 앞에서 설명한 선불전자지급수단의 개념 요건(제2조 제14호, 제28조 제3항 다목)이 해당 업을 정의하고 있다. 2023년 개정 전자금융거래법에서는 종전의 선불업 등록면제 대상을 대폭 축소하여 규제 대상 선불업자의 범위를 확대하였다. 등록 면제 기준으로는 가맹점 기준을 축소(1개)하고, 분기당 총발행 잔액 30억 원 미만과 연간 총발행액도 500억 원 미만을 각각 충족해야 면제하고 있다.[59]

최근 선불업의 기능이 분화되면서 선불전자지급수단의 발행자, 판매 · 유통자, 가맹점 관리 및 정산대행자 등 다수의 당사자들이 기능적 분업관계를 형성하고 있는 경우가 많다.[60] 이 경우 누가 선불업자인지 판별해 내기란 쉽지가 않다. 이에 대해 금융위원회는 '외연상 명칭과 관계없이 실질적으로 선불충전금을 관리하고 있는 주체에게 선불전자지급수단 발행 및 관리업의 등록 의무가 발생한다'고 유권해석[61]을 통해 명확히 했다.

58 선불전자지급수단의 환급 처리를 위해 금융회사에 대해 지급지시를 하는 행위 자체는 '전자자금이체' 업무에 해당하지 않는다고 유권해석한 바 있다[금융위원회, 법령해석 회신문(2015. 1. 28)].

59 1개의 가맹점(사업자 등록번호, 법인등록번호 기준 동일 사업주)에서만 선불전자지급수단이 사용되어야 하고, 선불전자지급수단의 분기당 총발행 잔액 및 연간 총발행액을 산정할 때 2종류 이상의 선불전자지급수단이 발행된 경우에는 각각 합산한다.

60 전자금융거래법은 선불업자가 선불전자지급수단을 발행 · 관리하는 과정에서 업무의 일부를 다른 사업자에게 위탁하는 것을 특별히 금지하고 있지는 않다.

61 금융위원회, 법령해석 회신문(일련번호 230407, 240007, 240024).

④ 소액후불결제업자

소액후불결제업자는 재화 또는 용역의 대가의 지급을 위하여 이용자의 선불충전금이 부족한 경우에 그 부족분에 대하여 선불업자 스스로의 신용으로 가맹점에 그 대가를 지급하는 업무를 영위한다(전자금융거래법 제35조의2 제1항). 선불업자가 금융위원회의 승인을 얻어 겸영업무 형태로 업을 영위할 수 있다.

⑤ 전자지급결제대행업

2025년 개정된 전자금융거래법에 따르면 전자지급결제대행업은 '제3자 사이에서 이루어지는 재화의 공급 또는 용역의 제공에 대한 대가의 지급이 전자지급수단으로 이루어지는 경우에 그 대가를 수수하고 정산을 대행하는 것'을 업으로 영위하는 사업자로 새로 개념요건을 정하고 있다(제2조 제19호). 동 개정 법률에서는 「전자상거래 등에서의 소비자보호에 관한 법률」(이하 "전자상거래법")에 따른 통신판매중개 등 다른 업무를 영위하는 과정에서 부수적으로 대가를 수수하고 정산을 대행하는 경우는 전자지급결제대행업에서 제외하고 있다(제2조 제19호 단서). 또 동 개정법률에서는 다른 법률에 따른 업무를 영위하는 과정에서 부수적으로 대가를 수수하여 정산을 대행하는 경우나 대통령령이 정하는 경우에는 전자금융거래법 적용을 배제한다(제3조 제1항 단서)[62].

그동안 전자지급결제대행업의 업무 범위와 관련하여, 금융 당국은 그 범위를 다소 넓게 보고 자금이동에 관여만 하면 온·오프라인 구분 않고 전자지급결제대행업에 해당한다는 입장이었다.[63] 그러나 티메프 사태 이후 전자지급결제대행업의 범위를 명확히 하여 금융규제 적용에 따른 과잉규제 및 불합리한 규제문제가 발생하지 않도록 한다는 제도개선안을 발표하고 이를 개정 법률에 반영하였다.[64]

선불업자가 자신이 발행한 선불전자지급수단의 대가를 정산하는 경우는 본연의 선

62 ①「대규모유통업에서의 거래 공정화에 관한 법률」, ②「전자상거래 등에서의 소비자보호에 관한 법률」, ③「가맹사업거래의 공정화에 관한 법률」, ④「여객자동차 운수사업법」, ⑤ ①~④의 법률과 유사한 업무를 규율하는 경우로서 대통령령으로 정하는 법률이 이에 해당한다.

63 금융위원회 법령해석 회신문(일련번호: 120206, 120216, 160862); 금융위원회 보도설명자료, "플랫폼, 유통업체 본사 등이 전자적 방법으로 재화의 구입 또는 용역 이용의 대가 정산을 대행하거나 매개하는 경우 전자지급결제대행업자(PG사)로 등록해야", 2024.6.24.

64 금융위원회 보도자료, "티메프 사태 재발 방지를 위한 전자지급결제대행(PG)업 제도개선안 발표", 2024.9.9.

불업 관리의 일환으로 직접 정산하는 것이므로 전자지급결제대행업으로 보지 않는다.[65] 전자지급결제대행업자는 지급결제정보의 송·수신만을 제공하는 전자금융보조업자인 부가통신사업자(VAN : Value Added Network)와는 구분된다.[66] 전자지급결제대행업자는 대행가맹점(전자금융거래법 제2조 제20호 나목)이나 결제대행업(여신전문금융법 제2조 제5호 나목) 등 가맹점 형태로 업을 영위하기도 한다. 그리고 전자금융거래법은 여신전문금융법과 달리 결제 과정에 다른 전자지급결제대행업자가 있더라도 해당 전자지급결제대행업자로부터 자금을 수수하여 정산하는 경우에는 전자지급결제대행업에 해당한다고 보고 있다(PG of PG 인정).

⑥ 결제대금예치업

결제대금예치업이란 전자상거래에서 대금 지급시점과 물품 인수시점 간 시차가 발생하는 경우 물품 판매에 따른 지급결제의 안전성을 확보하기 위하여 신뢰성 있는 제3자가 구매자의 결제대금을 예치받고 구매자에게 물품이 전달되었는지를 확인한 후 대금을 가맹점에게 지급하는 사업자이다(전자금융거래법 제28조 제2항 제5호, 동법 시행령 제15조 제3항 제1호).[67] "에스크로(Escrow)"라는 용어로 잘 알려져 있으며, 전자상거래법 제13조 제2항 제10호, 동법 시행령 제19조의3 제1항에 따라 소비자는 구매의 안전을 위하여 원하는 경우에는 재화 등을 공급받을 때까지 그 재화 등의 결제대금을 일정한 자에게 예치할 수 있다.

⑦ 전자고지결제업

전자고지결제업이란 '지급인이 수취인에게 지급하여야 할 자금의 내역을 수취인을 대행하여 전자적인 방법으로 지급인에게 고지하고, 자금을 직접 수수하며 그 정산을 대행하는 업무'를 말한다(전자금융거래법 제28조 제2항 제5호, 동법 시행령 제15조 제3항 제2호). 인터넷을 통하여 대금청구서의 발송 및 수납, 정산을 수행하는 업무를 주로 수행하며 흔히 "EBPP(Electronic Bill Presentment and Payment)"라 하기도 한다.

65 금융위원회, 법령해석 회신문(일련번호 240356).

66 재정경제부, 전자금융거래법 제정이유서, 2005.4, 39면.

67 한국은행 금융결제국, 「전자금융총람」, 금융정보화추진협의회, 2015.2, 157면.

(3) 통신과금업자

"휴대폰 소액결제(폰빌) 서비스"를 제공하는 통신과금업자에는 이동통신사뿐만 아니라, 통신·모바일 결제를 취급하는 모바일 정산대행업자들이 있다. 이동통신사가 직접 제공하는 경우도 있지만 정산대행업자를 통해 대행하는 방식도 있다. 중간에서 정산·중계·매개하는 업체도 통신과금업자이며 실무에서는 "모바일 PG"라고도 불린다. 이들 통신과금업자는 전자금융거래법상의 전자지급결제대행업체(PG)와 기능상 유사한 점이 있다. 그러나 이에 대한 규율은 전자금융거래법이 배제되고 정보통신망법이 우선 적용된다(정보통신망법 제5조).

(4) 유사 전자금융업

소액해외송금업자(외국환거래법 제8조 제3항 제2호, 시행령 제15조의2)와 기타전문외국환업무취급업자(외국환거래법 제8조 제3항 제3호, 시행령 제15조의5, 외국환거래규정 제2-39조 제3항)가 유사 전자금융업에 해당한다고 볼 수 있다. 전자적 방법으로 해외로 소액(1회 5천 달러, 1년 10만 달러 이하) 송금을 대행하거나 전자금융거래법에 따른 전자화폐의 발행·관리업무, 선불전자지급수단의 발행·관리업무 또는 전자지급결제대행에 관한 업무와 직접 관련된 외국환업무(지급·추심 및 수령 업무)를 영위하는 사업자들이다.

(5) 전자금융보조업자와 기타 관리기관

전자금융보조업자는 '전자금융업무와 관련된 정보처리시스템을 이용하거나 운영함으로써 금융회사와 전자금융업자의 전자금융업무를 보조하거나 일부 대행하는 자'이다(전자금융거래법 제2조 제5호). 전자금융감독규정(제3조)에서는 전자금융보조업자를 4종류로 구분하고 있다.[68]

전자금융보조업자는 전자금융거래에 있어 직접 당사자는 아니며, 금융회사·전자

68 ① 정보처리시스템 통해 신용카드사업자의 신용카드 승인 및 결제, 그 밖의 자금정산에 관한 업무를 지원하는 사업자 ② 정보처리시스템 통해 은행업을 영위하는 자의 자금인출업무, 환업무 및 그 밖의 업무를 지원하는 사업자 ③ 전자금융업무와 관련된 정보처리시스템을 해당 금융회사 또는 전자금융업자를 위하여 운영하는 사업자 ④ ①~②의 사업자와 제휴, 위탁 또는 외부주문에 관한 계약을 체결하고 정보처리시스템을 운영하는 사업자로 구분하고 있다.

금융업자와 위임계약에 따른 법률관계를 구성하며 그 지위는 민법(제391조) 상의 이행보조자로 해석되고 있다.[69]

전자금융거래법(제40조)과 전자금융감독규정(제60조)에서는 금융회사 · 전자금융업자에게 제휴, 외부주문 등 계약을 맺은 전자금융보조업자에 대한 관리를 의무화하고 있다. 그러나 금융회사 등이 누가 전자금융보조업자인지 정확히 파악하기에 어려움이 있다.[70] 무등록 · 무신고로 운영되다 보니 어느 업체가 전자금융보조업자인지 불명확해 일일이 유권해석 등 금융 당국에 질의를 해야 하는 경우가 많기 때문이다.[71]

전자금융감독규정 제3조 제1호의 전자금융보조업자임에도 부가통신사업자(VAN)는 여신전문금융법에 의해 등록하고 금융감독원의 검사 감독을 받게 된다.

그밖에 전자지급거래를 위한 직접적인 서비스보다는 전자지급거래나 지급결제 과정에서 서비스를 간접적으로 제공하거나 지급결제시스템 인프라로서 역할을 하는 사업자 또는 기관들도 있다. 이에는 결제중계시스템(전자금융거래법 제2조 제5호, 제6호), 청산 및 결제기관(금융결제원, 한국은행), 전자서명인증사업자(전자서명법 제2조 제8호), 본인확인기관(정보통신망법 제23조의3), 전자어음관리기관(전자어음법 제2조 제4호, 제20조), 전자채권관리기관(전자금융거래법 제29조)[72] 등이 있다.

69 정경영, "전자금융거래법의 체제와 최근 개정 논의에 대한 비판적 검토", 상사법연구 제39권 제3호, 2020, 277면.

70 금융결제원 용역보고서(금융위원회), "핀테크 혁신을 위한 전자금융업 제도 · 산업 개편방안", 2018.12, 569면.

71 김시홍, "전자금융업종 관련 최근 전자금융거래법 개정 동향과 향후 개편 과제", 가천법학 제16권 제4호, 2023.12, 261면.

72 2005년 전자금융거래법 제정안 심사 당시 당시 법무부는 전자채권관리기관은 전자어음법 상의 '전자어음관리기관'과 거의 같은 역할을 하는 대단히 중요한 지위에 있으므로 직접 검사 감독 대상이 되어야 한다고 강조했다(재정경제부, 전자금융거래법 제정이유서, 2005.4, 234-235면).

나. 가맹점

(1) 일반 가맹점

전자금융거래법상 가맹점은 금융회사 또는 전자금융업자와의 계약[73]에 따라 직불전자지급수단, 선불전자지급수단, 전자화폐의 거래에 있어서 이용자에게 재화 또는 용역을 제공하는 자이다(제2조 제20호 가목). 이 가맹점에서는 선불전자지급수단, 전자화폐, 직불전자지급수단을 이용한 지급거래가 일어난다.[74] 가맹점은 재화·용역의 판매 대가를 향후 전자금융업자(선불업자, 전자지급결제대행업자)로부터 정산을 받는다.

여신전문금융법상의 "신용카드 가맹점"(제2조 제5호)도 유사한 개념이나 이용되는 전자지급수단(신용카드·선불카드·직불카드)과 그 발급주체(신용카드사)가 제한되는 점에서 차이가 있다.

(2) 대행가맹점과 대표가맹점

과거 전자금융거래법은 여신전문금융법과 달리 전자지급결제대행업을 가맹점으로 보지 않았다. 재화와 용역이 실제 사용되는 곳만 가맹점으로 규율한 것이다. 그러나 2023년 개정 전자금융거래법에서는 전자지급결제대행업자도 (대행)가맹점이 될 수 있도록 하였다(제2조 제20호 나목).[75] 동법 시행령 제4조의2에서는 전자지급결제대행업, 전자고지결제업, 등록을 면제받은 금융회사도 대행가맹점을 할 수 있도록 정하고 있다.[76] 일종의 PG역할을 하게 되는 대행가맹점이 거래를 대행할 수 있는 전자지급수단은 선불·직불전자지급수단, 전자화폐로 한정된다.

한편 여신전문금융법도 유사 개념인 대표가맹점에 해당하는 "결제대행업체"를 규정

---

73 계약체결 시 반드시 "가맹점 계약" 이라는 명칭을 사용하지 않아도 된다.

74 전자자금이체는 당초 송금용으로 설계되어 있으며, 신용카드 결제는 여신전문금융법이 적용되며 전자채권은 가맹점과 관련 없는 B2B거래의 어음대체수단에 해당하기 때문이다.

75 금융회사 또는 전자금융업자와의 계약에 따라 이용자에게 재화 또는 용역을 제공하는 자를 위하여 직불전자지급수단이나 선불전자지급수단 또는 전자화폐에 의한 거래를 대행하는 자로서 대통령령으로 정하는 자를 말한다.

76 금융위원회가 정하여 고시하는 자도 포함되어 있으나, 이에 관하여 금융위원회가 구체적으로 정하고 있지는 않다.

하고 있다(제2조 제5호 나목). 그러나 여신전문금융법은 전자금융거래법과 달리 1차 PG만 결제대행업(PG)자로 규율하고 있어[77] 이른바 n차 PG(PG of PG) 이슈가 생기지 않는다.

다. 이용자

전자금융거래법에서 이용자는 전자금융거래를 위하여 금융회사 등과 체결한 계약(전자금융거래계약)에 따라 전자금융거래를 이용하는 자를 말한다(제2조 제7호). 전자금융거래계약에 따른 정당한 권리 또는 이익을 가지는 자를 의미하기도 한다(은행 전자금융거래 기본약관 제2조 제2호). 지급인과 수취인이 대표적인 이용자에 해당한다.[78] 전자금융거래법은 금융회사와 전자금융업자를 이용자로 보지는 않는다. 이용자는 개인과 법인, 내국인과 외국인(국내 체류 중인)으로 구분할 수 있다. 전자금융거래법에서 이용자를 구분하고 있는 사례로는 첫째, 전자금융사고 배상책임의 면책사유에서 입증책임을 피해자를 기준으로 개인, 소기업과 중기업 이상 법인으로 구분하여 정하고 있는 경우이다(제9조 제2항). 두 번째로는 이용한도에 있어 전자자금이체 시 개인고객과 법인 고객별로 이용한도를 구분하고 있다. 전자금융거래법상 이용자 의무에는 접근매체 양도·양수행위 금지(제6조)와 접근매체 분실·도난 신고의무(제10조) 등이 있다.

전자금융거래법상 이용자는 전자상거래법상의 "소비자"(제2조 제5호)와는 다른 개념이다.[79] 정보통신망법에서도 통신과금서비스 "이용자"라는 용어를 사용한다(제2조 제12호). 여신전문금융법에서는 신용·지불카드 "회원"이라는 용어를 사용하고 있다(제2조 제4호, 제7호).

77 금융위원회, 법령해석 회신문(회신일 2019.2.15).

78 재정경제부, 전자금융거래법 제정이유서, 2005.4, 32면.

79 전자금융거래법과 정보통신망법은 "이용자"라고 하고 전자상거래법은 "소비자"라 하며, 약관규제법은 "고객"이라는 용어를 사용하고 있다.

2 전자지급거래 규율 법률

전자지급거래와 관련하여 국내에서는 다양한 분야의 법률들이 직·간접적으로 복잡하게 얽혀 다층적, 개별적으로 규율되고 있다. 전자지급거래 일반법으로는 전자금융거래법이 있고, 여타 법률들이 사항별로 특별법의 지위에서 적용되고 있다.

표 2 전자지급거래 관련 국내 법률 체계(법률명: 약어)

구분		법률
전자지급거래 일반법		전자금융거래법
분 야 별 개별 법령	전자지급수단 및 사업자 직접 규율	전자금융거래법, 여신전문금융법, 전자어음법, 전자상거래법, 정보통신망법
	사법적 거래관계 규율	민법, 상법
	금융업별 규제	은행법, 여신전문금융법, 자본시장법, 보험업법, 외국환거래법
	소비자보호	소비자기본법, 약관규제법, 전자상거래법, 통신사기피해환급법, 전기통신사업법
	개인정보보호	개인정보 보호법, 신용정보법, 정보통신망법, 금융실명법, 전자금융거래법
	자금세탁방지	금융실명법, 특정금융정보법, 전자금융거래법, 외국환거래법
	전자거래 및 정보통신 기반 인프라	전자서명법, 전자문서 및 전자거래기본법, 정보통신망법, 정보통신기반보호법

가. 전자금융거래법

전자금융거래법은 컴퓨터, ATM, 전화기 등 전자적 장치를 통해 이루어지는 금융거래를 규율하는 거래법이자 동시에 금융회사 등의 사업 영위와 관련된 진입요건과 검사·감독에 관한 사항을 규정하고 있는 사업법이라 할 수 있다(법률 제7929호, 2006. 4. 28 공포, 2007. 1. 1. 시행).[80] 하위 법령으로 전자금융감독규정 및 전자금융감독규정시행세칙

80 전자금융거래법은 거래법 규정과 기업규제적 성격의 검사·감독을 규율하는 사업법 규정이 단일한

이 있다. 전자금융거래법은 다른 법률에 특별한 규정이 없는 전자금융거래에 대해서만 적용된다(제3조 제1항).[81] 현행 전자금융거래법에는 국내 다른 입법례와 달리 역외적용에 대한 명시적인 규정이 없다. 전자금융거래법은 외국의 내국인 및 국내 외국인 보호 차원에서 상호주의만 규정하고 있다(제4조). 이에 따라 국내 이용자와 판매점과 거래하는 해외 사업자에 대해서는 사실상 그 적용이 어려운 한계점이 있다.[82]

나. 여신전문금융법

여신전문금융법은 신용카드 등 여신전문금융업을 관리감독하기 위한 법률이다. 전자지급거래와 관련하여 동법은 신용카드사가 발행하는 신용카드, 직불카드, 선불카드의 발행 및 가맹점과 회원과의 법률관계 등을 규율하고 있다. 선불·직불카드업무는 여신 등 자산운용규제를 별도로 받고 있으므로 전자금융거래법의 적용을 배제하고 있다.

다. 정보통신망법

정보통신망법은 후불형 전자지급수단인 통신과금서비스와 동 서비스제공자(결제대행업체)에 대해 규율하고 있다. 정보통신망법은 통신과금서비스에 관하여 전자금융거래법의 적용이 경합하는 때에는 정보통신망법을 우선 적용한다고 명시적으로 규정하고 있다(제5조).

정보통신망법은 제7장에서 통신과금서비스제공자의 등록 요건 및 절차와 이용자보호, 배상책임 등을 규율하고 있다.

법률 체계 내에 융합되어 있는 통합법이라 할 수 있다.

81 전자금융거래법은 전자금융거래 및 전자지급수단, 사업자(금융회사·전자금융업자·전자금융보조업자), 이용자에 대한 정의와 개념요건, 권리의무 및 사고발생 시 책임 등의 법률관계를 규율하고 있다. 또한 이 법은 전자금융거래의 안전성·신뢰성 제고 등을 위한 금융위원회의 안전성 기준과 거래기록의 생성·보존, 인증수단의 활용근거, 금융회사 및 전자금융업자에 대한 검사 감독에 관한 사항 등을 규정하고 있다.

82 금융 당국은 과거 전자금융거래법 개정안을 통해 국내 시장 또는 이용자에게 영향 미치는 경우 역외적용을 강화하는 내용을 제안하기도 하였다[전자금융거래법 일부개정법률안(김병욱의원 대표발의, 의안번호 2113137, 2021.11.04. 제안)].

라. 전자어음법

전자어음법은 전자지급수단인 전자어음의 발행과 유통에 대한 사항을 규율하는 법률이다. 이 법에서의 전자어음은 전자문서로 작성되고 전자어음관리기관에 등록된 약속어음을 말한다(제2조 제2호). 이 법은 전자어음의 유통과 발행에 대한 사항으로서 전자어음의 등록(제5조) 및 발행(제6조), 전자어음의 배서(제7조)와 분할배서(제7조의2), 보증(제8조), 지급제시(제9조) 및 지급거절(제12조) 등을 규정하고 있다. 동법은 또한 전자어음의 거래 안전성 확보와 이용자 보호를 위해 전자어음관리기관의 안전성 확보의무(제15조)와 기록 생성 보존의무(제16조), 전자어음거래 정보의 제공(제17조), 약관의 명시 및 통지(제18조)와 분쟁처리(제19조) 등도 규정하고 있다. 한편 법무부장관은 이 법에 따라 전자어음관리기관(금융결제원)[83]에 대한 감독 및 검사를 수행한다(제20조). 전자어음의 거래에 있어서는 전자어음법이 전자금융거래법의 특별법에 해당한다.[84]

마. 전자상거래법

전자상거래법은 온라인쇼핑몰 등에서의 통신판매 등 소비자가 전자상거래를 할 때 반품·환불·광고·분쟁 등 소비자를 보호하는 규정과 함께 전자적 대금지급, 전자결제업자, 전자결제수단 발행자, 결제대금예치업자 등의 소비자 보호의무(거래내용 확인, 기록 보존, 분쟁해결 협조, 소비자피해보상보험 가입 등)를 규율하고 있는 법률이다. 전자상거래법이 전자지급수단과 관련 있는 것은 전자적 대금지급에 관한 사항을 일부 규율하고 있기 때문이다.[85] 전자상거래법은 소비자보호에 관한 규정에 있어서 다른 법률보다 전자상거래법을 우선 적용(제4조)하도록 규정하고 있다.

83 전자어음법에 의할 경우 전자어음관리기관은 특정경제범죄 가중 처벌 등에 관한 법률 제2조에 따른 금융기관으로 간주된다(제24조).

84 재정경제부, 전자금융거래법 제정이유서, 2005.4, 17면.

85 전자상거래법에서 전자적 대금지급이라 함은 전자문서 형태로 이루어지는 거래대금의 지급방법을 말하며 전자자금이체, 신용카드, 전자화폐, 선불전자지급수단(선불카드), 통신과금서비스 등 모든 전자지급수단이 이에 해당될 수 있다.

V 사업자별 주요 규제

1 금융회사 및 전자금융업자

가. 금융회사에게만 적용하는 규제

전자금융거래법령에서는 대부분의 경우 금융회사와 전자금융업자를 동일하게 규율하고 있다. 그러나 일부 내용에서는 차별 적용하는 부분도 있다. 금융회사에게만 적용하는 전자금융거래법령상 규제는 ① 전자금융감독규정 제58조의 정보기술부문실태평가, ② CISO 겸직금지 적용 ③ 금융회사에 대해서만 FDS운영 가이드라인 적용 ④ 금융회사와 전자금융보조업자 간 전용회선 설치의무(전자금융감독규정 제60조) ⑤ 비중요업무라도 금융회사만 클라우드이용규제(보고) 적용(전자금융감독규정 제14조의2) 등이 그 예이다.

나. 전자금융업자에게만 적용하는 규제

전자금융거래법 제25조의2에 따른 선불업자의 선불충전금 별도관리의무는 금융회사에게 적용하지 않는다. 전자금융감독규정 제6조의 건전경영지도기준도 전자금융업자에게만 적용한다. 직불업자와 전자자금이체업자의 여·수신행위를 방지하고자 이들 전자금융업자는 금융회사의 연결된 계좌를 통해서만 해당 전자지급수단을 발행하거나 서비스를 제공하여야 하는 제한이 있다.[86]

다. 공통 적용 규제

위의 가와 나에서 정한 규제 이외에는 전자금융거래법령상 금융회사와 전자금융업자는 동등한 지위에서 동일한 규제를 받게 된다. 주요 규제는 아래 표와 같다.

86 구 재정경제부, 전자금융거래법안 마스터 답변, 2005.11.

표 3 전자금융업무 관련 주요 규제

규제 항목	세부 규제 내용
영업 행위 규제	• 거래내용의 확인(법 7조) • 오류의 정정처리 등(법 8조) • 약관 명시의무 변경통지 의무(법 24조) • 약관 제정,변경 시 사전 보고(법 25조) • 가맹점 관리(영업여부 등 확인, 법 38조) • 가맹점 고지사항, 계약해지(법 38조) • 분쟁 및 배상절차 마련(법 27조) • 전자금융거래정보 동의없이 누설,제공,목적 외 사용 금지(법 26조) • 전자금융거래기록 생성,보존,파기(법 22조) • 추심이체 출금동의(법 15조, 감독규정 6조) • 전자지급수단 이용한도 준수(법 23조) • 한국은행 자료제출의무(법 41조)
재무건전성 규제	• 구분계리(법 42조) • 경영실적보고서 제출(분기별) • 건전경영 지도기준 준수 • 자기자본,유동성,부채비율 등 준수(법 42조, 감독규정 51조)
금융보안, 안전성 기준 준수의무	• 안전성 기준 준수의무(법 21조 : 세부사항 전자금융감독규정) • 접근매체 선정,사용,관리시 주의의무(법 6조) • 발급시 본인확인 / 감독규정:실명확인 • 해킹방지대책(망분리 감독규정 15조, 공개용 웹페이지 관리 등) • 내부통제(직무분리,전산자료,시스템 보호대책) • CISO지정 및 겸직금지 • 정보기술부문 안전성 확보 • 전자금융기반시설 취약점 분석 평가, 보안성심의 등 • 재해복구센터 구축 운영 • 외부주문 등 전자금융보조업자 관리 감독(감독규정 60조) - 보조업자 재무건전성, 서비스품질 연1회 평가, 경영활동 상시 모니터링 - 보조업자 계좌번호, 비밀번호 등 금융정보 보관 및 유출 금지 - 외부주문에 대한 감리기준 수립(규정 22조 4호) - 보조업자 정보처리시스템의 전자금융기반시설 취약점 분석 평가 반영 - 보조업자와 직무분리(규정 26조 6호) - 보조업자 정보보호업무 재위탁금지(규정 40조 6항)

규제 항목	세부 규제 내용
전자금융사고 배상책임	• 금융회사 또는 전자금융업자의 무과실 배상책임(법 9조, 시행령 8조) (전자금융사고 배상책임보험 의무 가입) • 접근매체의 분실과 도난 책임(법 10조) • 전자금융보조업자의 귀책사유로 인한 책임(법 11조)
검사 감독	• 전자금융업자 직접 검사·감독(법 39조) • 외부주문 등(전자금융보조업자)에 대한 간접감독 및 검사 – 법 40조, 감독규정 제60조

라. 전자금융업 진입규제

(1) 금융회사

전자금융거래법 제28조 1항 단서, 2항 단서, 동 시행령 제15조에 따라 은행은 모든 전자금융업에 대한 허가 등록이 면제 된다. 다만 겸영업무로 금융 당국에 신고는 필요하다.[87] 은행 이외 금융회사의 경우 시행령에서 정하는 바에 따라 업별로 등록면제가 가능하기도 하고 제한되기도 한다. 전자자금이체업에 있어서 금융투자업자와 보험사의 경우 등록이 면제되나 신용카드사의 등록은 면제가 안 된다. 선불업에서는 신용카드사는 등록이 면제(겸영여신업자는 제외)되나 보험사는 선불업 등록 면제가 안 된다.

(2) 전자금융업자

전자금융업으로 허가·등록을 하려는 자는 전산전문인력 확보(5명), 전산기기 및 프로그램, 처리시스템 등 물적설비를 확보해야 하며, 재무건전성기준으로 부채비율 200% 이내를 충족해야 한다. 사업계획도 타당성이 있어야 하며, 주요출자자 적격요건도 충족해야 한다(전자금융거래법 제28조, 제30조). 2025년 개정된 전자금융거래법에서는 전자금융업자의 대주주가 변경된 경우 금융위원회의 변경 허가를 받거나 변경된 사항을 금융위원회에 변경 등록하도록 하고 있다(제33조의3). 최소자본금 기준과 법인격 형태는 아래 표와 같다.

87 금융위원회, 법령해석 회신문(일련번호 180054).

최근 금융 당국은 전자금융업(선불업) 미등록 영업 시 제재(형사처벌)를 강화할 방침이며, 무등록 불법 사업자와 제휴하는 금융회사, 전자금융업자에 대해서도 서비스 중단을 포함한 제재를 가할 예정이다.

표 4 전자금융업 허가 및 등록 등 주요 진입요건

구분	전자화폐 발행 및 관리업	전자자금 이체업	직불전자 지급수단 발행관리	선불전자 지급수단 발행관리	소액후불 결제업	전자지급 결제대행업	결제대금 예치업	전자고지 결제업
최소 자본금	50억 원	30억 원	20억 원	20억 원	50억 원	5/10/ 20억 원[88]	10억 원	5억 원
라이센스	허가	등록	등록	등록	승인	등록	등록	등록
법인형태	주식회사	상법상 회사	상법상 회사	상법상 회사	선불업	상법상 회사 민법상 비영리법인	상법상 회사 민법상 비영리법인	상법상 회사 민법상 비영리법인

소액후불결제업은 선불업자의 겸영업무로 특별히 금융위원회가 승인한다. ① 최소자본금 50억 원, ② 부채비율(자기자본 대비 부채총액의 비율) 180% 이하의 재무건전성 충족, ③ 사업계획 타당성, ④ 자금조달 계획의 타당성 및 실현 가능성, ⑤ 이용한도 산정방법의 타당성 등이 승인요건이다(전자금융거래법 시행령 제22조의2).

전자금융업자의 겸영 금지 또는 겸업제한은 전자화폐발행업에만 적용된다(전자금융거래법 제35조). 그러나 전자금융업자는 금융회사의 본질적 업무(여·수신업무, 금융상품 판매,모집 등)나 보험업법에 따른 GA(보험사를 위해 보험계약 체결을 대리하는 자), 전자지급결제대행업의 대부업법에 따른 대부업 영위 금지 등의 업무 범위 제한이 있다.

금융회사는 고유업무에 딸린 업무로서 핀테크기업이 영위하는 사업에 대해서는 「은행법」등 개별 법률의 규정에 따라 별도의 제한이 없는 한 부수업무 또는 부대업무로

88 2025.11.27. 본회를 통과한 전자금융거래법 개정안에서 분기별 결제대행규모가 300억 원을 초과하는 전자지급결제대행업에 대해 최소자본금을 당초 10억 원에서 20억 원으로 상향했다[전자금융거래법 일부개정법률안(대안, 정무위원장, 의안번호 2214593, 2025. 11. 27 본회의 의결)].

영위할 수 있다.[89] 금융투자업자의 전자자금이체업무의 경우 법인자금이체는 금융결제원 규약에 의거 금지되고 있다.

마. 개별 전자금융업자의 행위 규제

(1) 선불업 행위 규제

① 선불충전금 별도관리의무

2023년 개정된 전자금융거래법은 2021년 머지포인트 사태를 계기로 불거진 선불업의 규제 공백을 해소하고 이용자의 선불충전금을 안전하게 보호하기 위한 제도(예치, 신탁, 지급보증보험)를 신설했다. 개정 전자금융거래법은 머지포인트 사태 등의 재발 방지를 위해 선불충전금의 별도관리, 운용방법 및 환급절차 등의 강행적 의무 규정을 신설하여 선불전자지급수단 이용자의 선불충전금을 보호하는 수단을 마련했다. 선불업자는 선불충전금 전액(100%) 이상을 은행 등 금융회사(선불충전금 관리기관)에 신탁, 예치, 또는 지급보증보험으로 별도관리하도록 했다(제25조의2 제1항, 동법 시행령 제13조의2 제2항).[90]

② 과도한 할인발행 및 적립금 지급금지

선불업자의 할인 발행이나 적립금 지급의 경우에도 선불업자의 부채비율이 200% 초과하면 금지된다(전자금융거래법 제36조의2 제1호).

③ 오인행위 방지의무

선불업자는 이용자로 하여금 선불업자 자신이 발행하는 선불전자지급수단을 타인이 발행하는 것처럼 오인하게 하거나 타인이 발행하는 선불전자지급수단을 선불업자 자신이 발행하는 것처럼 오인하게 하는 행위를 해서는 안 되고 이에 대한 조치(선불 발행자 명의를 명확히 공지)를 할 의무가 있다(전자금융거래법 제22조의4 제3항 제2호). 이와 관련하여 금융 당국은 선불업자가 통합API 제공[91] 등을 통해 업무를 제3자에게 위탁하는 경

89 금융위원회, 「금융회사의 핀테크 투자 등에 관한 가이드라인」 제7조.

90 선불충전금의 별도관리의무는 자가형의 선불식 지급수단 발행자(예 : 스타벅스 상품권)나 무상형 선불전자지급수단 발행자, 은행을 비롯한 금융회사에는 적용을 배제하고 있다. 비금융회사인 전자화폐 발행자에 대해서도 발행자금의 분리나 환금보장을 위한 별도관리 의무를 적용하지 않고 있다.

91 선불업 라이선스가 있는 회사가 선불 관련 발행, 충전, 잔액관리, 환불을 직접 관리하며 이를 필요로 하는 사업자에게 통합API를 제공하는 경우를 말한다.

우 서비스 주체가 선불업자임을 명확하게 고지하는 등 이용자의 오인가능성이 발생하지 않도록 해야 할 것이라고 밝힌 바 있다.[92]

④ 유사수신행위 금지

선불충전금에 대한 포인트를 지급하는 경우 단순한 선불전자지급수단 충전에 대한 경제적 이익 부여로 판단될지, 금지되는 유사수신행위로 판단될지 여부가 이슈가 된다. 유사수신행위 해당 여부에 대한 판단은 자금모집, 수익배분 방법, 원금보장여부 등에 관한 구체적인 사실 관계 등을 고려하며 행위의 영업성, 행위의 목적, 규모, 회수기간, 태양 등 여러 사정을 종합적으로 고려하여 사회통념에 따라 판단해야 한다.[93] 선불전자지급수단의 경우 선적립이나 선할인 포인트를 가맹점 등에서 사용할 수 있도록 제공하는 것을 넘어, ① 그 수준이 과도하고 이용자가 (재화/용역 구입과는 무관하게) 이를 전액 환불받을 수 있어, 사실상 자금조달 및 운용 수단으로서 제공되는 경우, ② 액면가로 환불해주면서 이를 홍보하여 자금을 모집하는 경우 ③ 무상 포인트를 지급받기 위하여 충전할 유인이 될 정도로 과도한 무상 포인트를 지급하거나 이에 관하여 적극 홍보하는 경우 유사수신행위로 볼 여지가 많다.[94] 그러나 '충전'이 아닌 '결제'에 관하여 혜택을 제공하는 것은 유사수신행위에 해당하지 않는다.[95]

(2) 소액후불결제업 행위규제

전자금융거래법은 소액후불결제업무의 이용대금에 대한 이자를 받거나 신용카드로 오인하게 하는 행위 등을 금지하는 세부적인 행위 규칙을 정하고 있다(전자금융거래법 시행령 제22조의3). 특히 시행령 별표 1의2에서는 소액후불결제업무의 범위, 이용한도, 총제공한도, 경영 건전성 관리, 신용정보 관리, 채권회수 관리 방안 및 이용자 보호 방안

92 금융위원회 법령해석 회신문(일련번호: 240282).

93 금융위원회 법령해석 회신문(일련번호: 190303, 170344).

94 불특정 다수의 고객들로부터 자금을 수납 받아 간편결제 서비스 외에 소위 '저금통' 이라는 적금과 유사한 상품을 제공함으로써 고객으로부터 받은 자금을 운용한 이후 본인 포인트 적립분 이외에 추가 포인트 적립분을 제공할 것을 약속한 경우 유사수신행위에 해당한다고 봤다[(금융위원회 법령해석 회신문(일련번호: 1703644)].

95 금융위원회 법령해석 회신문(일련번호: 190303).

등의 규제 내용을 담고 있다(전자금융거래법 제35조의2 제2항 제3호, 동 시행령 제22조의3).

(3) 전자지급결제대행업 행위규제

2025년 개정된 전자금융거래법[96]은 전자지급결제대행업자가 판매자에게 정산하거나 이용자에게 환불하기 위해 보유하는 정산자금을 전액 외부관리하도록 의무를 부과하였다. 외부관리 방식은 선불충전금 별도관리와 동일하게 예치, 신탁, 지급보증보험 가입으로 제한하고, 외부관리 자금의 양도·담보 제공 및 제3자의 압류·상계를 금지하고, 판매자등의 정산자금에 대한 우선변제권을 도입하는 등 법적 보호장치를 마련하였다(제25조의4 및 제25조의5).

전자금융거래법 제2조 제20호 나목에 따른 대행가맹점이 전자지급결제대행업이나 전자고지결제업 등록을 한 자에 해당하는지에 대하여 금융회사나 전자금융업자(전자지급결제대행업)가 이를 확인해야 할 의무도 신설되었다(시행령 제4조의2 제1호, 제22조의5 제1호).

바. 전자금융업자의 자금세탁방지(AML) 규제

특정금융정보법 제5조의2 제1항에 따라 '금융회사등'은 '금융거래등'을 이용한 자금세탁행위 및 공중협박자금조달행위를 방지하기 위하여 동항 각호에 규정된 AML 및 KYC 의무 등을 수행하여야 한다. 그런데 동법 제2조 제2호 나목, 동법 시행령 제3조 제4호는 전자금융거래법에 따른 전자금융거래를 '금융거래등'으로 규정하고, 제2조 제1호 거목, 동법 시행령 제2조 제13호는 전자금융거래법에 따른 전자금융업자를 '금융회사등'으로 규정하고 있다. 따라서 전자금융업자들도 금융회사와 마찬가지로 전자금융거래 시 고객확인의무 등 자금세탁방지의무를 준수하여야 한다.

전자금융거래법에서도 AML과 관련된 규정들이 부분적으로 존재한다. ① 접근매체 발급 시 신원확인(법 제6조 제1항, 전자금융감독규정 제34조), ② 전자금융업자의 주민등록번호 수집처리(시행령 제31조 제3항), ③ 전자지급수단 이용한도 제한(법 제23조), ④ 선불전자지급수단 발행 시 기명식 발행방식 제한(실명확인, 예금계좌 연계, 전자금융감독규정 별표 3), ⑤ 선불전자지급수단, 전자화폐 잔액 양도 시 중앙전산시스템 경유(법 제18조), ⑥ 전

96 전자금융거래법 일부개정법률안(대안, 정무위원장, 의안번호 2214593, 2025.11. 27. 본회의 의결).

자금융거래기록 생성 보존 의무(법 제22조) 등이 이에 해당한다.

사. 정보보호 및 IT안전성 확보조치 기준 준수의무

디지털금융 및 전자지급거래는 데이터를 기반으로 하는 거래이다. 따라서 해당 데이터의 종류와 처리하는 정보처리시스템에 따라 「개인정보 보호법」(이하 "개인정보법")과 「신용정보의 이용 및 보호에 관한 법률」(이하 "신용정보법"), 전자금융거래법, 정보통신망법 등에서 정하는 안전성 확보조치 기준을 준수해야 한다.

개인정보법(제29조)은 개인정보처리자가 준수해야 할 개인정보의 안전성 확보조치 기준을 별도로 정하고 있다. 신용정보법도 제19조에 의거 신용정보업 감독규정 별표3, 별표 4의2등에서 안전성 확보조치 기준을 정하고 있다. 전자금융거래법은 「전자금융감독규정(이하 "전자금융감독규정")에서 이를 정하고 있다. 동 규정의 직접적인 수범주체는 전자금융업무를 수행하는 금융회사와 전자금융업자이지만 다른 법령에 따라 금융감독원의 검사를 받는 기관에 대해서도 정보기술부문 안전성 확보 등을 위하여 필요한 사항을 적용하도록 하고 있어 수범주체의 범위가 넓다고 할 수 있다(전자금융감독규정 제1조). 전자금융감독규정은 전자금융거래법 제21조제2항에 따라 금융위원회가 정하는 안전성 기준에 대한 세부내용으로 전자금융거래 종류별 안전성 기준을 제8조부터 제37조까지 반영하고 위반시 과태료 등 제재를 부과하고 있다.

금융AI와 빅데이터 등을 활용하기 위해서는 최근 금융클라우드컴퓨팅을 많이 이용하게 된다 이 경우 전자금융감독규정 제14조의2에서 정하는 금융클라우드이용절차 규제를 준수해야 한다. 금융회사, 전자금융업자의 경우 「금융회사의 정보처리업무 위탁에 관한 규정」에서 정한 사항들도 준수해야 한다.

전자금융감독규정에서는 데이터 로컬라이제이션 차원에서 국내에 본점을 둔 금융회사의 전산실 및 재해복구센터는 국내에 설치하도록 의무화하고(제11조), 금융클라우드로 개인신용정보 처리시 해당 클라우드 정보처리시스템도 국내 설치를 의무화 하고 있다(제14의2제3항). 금융회사의 정보처리 업무 위탁에 관한 규정(제5조)에서는 개인고객의 고유식별정보가 국외 이전이 되지 않도록 금지하고 있다. 금융 당국은 금융클

라우드컴퓨팅서비스를 이용할 때에도 개인신용정보와 고유식별정보의 국외이전을 금지하고 있다.[97]

2 통신과금업자 규제

통신과금업자는 과학기술정보통신부가 감독하며 정보통신망법 제7장에서 구체적으로 규율하고 있다. 통신과금업자의 등록 요건 및 절차(제53조), 선량한 관리자로서의 주의의무(제57조 제1항), 거래 안전성과 신뢰성을 확보하기 위한 업무처리지침의 제정 및 회계처리 구분 등의 관리적 조치를 규정하고 있다. 그리고 보안과 관련된 정보보호시스템 구축 등의 기술적 조치를 취할 의무(제57조 제2항) 등도 정하고 있다. 특히 제58조에서는 통신과금서비스 이용자에 대한 고지와 거래내용의 제공, 정정처리, 통신과금서비스 기록보존, 이용한도 증액, 변경 약관의 이용자 통지와 계약해지, 이용자의 의사에 반하여 제공되지 아니하도록 결제방식 등에 관한 세부적인 사항을 정하여 고시할 수 있도록 하는 등 통신과금서비스 이용자의 권리와 동 서비스제공자의 의무조치사항을 세부적으로 규정하고 있다. 또한 이용자보호를 위한 약관의 신고(제56조) 이의신청 및 권리구제를 위한 절차(분쟁해결) 마련(제59조), 손해배상(제60조), 통신과금서비스의 이용제한(제61조) 등의 내용도 규율하고 있다.

VI 전자지급거래의 청산 및 결제

경제주체들이 지급수단을 이용하여 각종 경제활동에 따라 발생하는 거래당사자 간의 채권·채무관계를 해소하는 행위를 지급결제(payment and settlement)라고 한다. 이러한 지급결제는 대부분 지급, 청산(clearing), 결제(settlement) 3단계의 과정을 거친다.[98] 경제주체 간에 실물 현금(법정화폐)으로 지급하면 민법상 변제의 효력이 바로 발생하고

97 금융위원회 법령해석 회신문 2019.3.20.

98 한국은행, 「한국의 지급결제제도」, 2014, 5-7면.

결제가 완료된다. 지급 이후 단계인 청산 및 결제 과정은 일어나지 않는다. 디지털자산(스테이블 코인)을 통한 지급(송금 · 결제) 과정도 별도 기관에 의한 청산 및 결제과정이 생략되고 바로 결제가 완결된다.[99]

1 지급결제의 과정

가. 지급(payment)

지급은 지급인이 자신의 지급채무를 해소하기 위해 수취인 앞으로 각종 지급수단을 이용하여 자금이체를 의뢰하는 지급지시(payment order)를 송부하고 수취인이 그것을 수신하는 과정이며, 지급결제의 첫 시작단계라 할 수 있다.

나. 청산(clearing)

상거래 등에서 비현금 지급수단인 전자지급수단으로 지급하고, 지급인과 수취인 간 거래 금융회사 등이 다른 경우에는 별도의 청산 및 결제과정을 거치게 된다. 비현금 지급수단은 금융회사 등이 지급 약속을 보장하는 지급수단인 만큼 지급인 · 수취인 간 자금이전 이후 지급인의 거래 금융회사와 수취인의 거래 금융회사 간 자금의 이전과정이 별도로 필요한 것이다. 청산기관(clearing house)이 개입하여 지급인과 수취인이 주고 받는 비현금 지급수단을 발행 또는 제공한 금융회사 간에 지급지시를 전달(transmitting) · 중계한다. 이후 청산 대상 거래의 대사(reconciling)와 확인(confirming)을 거쳐 다수의 채권 · 채무를 차감(netting)한 후 최종 결제금액(차액)을 확정(establishing final position)하여 결제기관으로 결제를 지시한다. 이러한 과정을 청산이라 한다.[100]

청산은 선불 · 직불업자가 이용자의 지급 이후 판매자(가맹점)에게 지급할 자금을 계산하여 지급하는 "정산"이나 전자지급결제대행업자(PG)를 통해 지급 대행하는 "정산" 업무와는 구분된다.

---

99 블록체인과 같은 분산원장을 통해 이용자 등 거래 당사자가 각자의 개인키 및 공개키(지갑주소)를 발급하고 거래원장에 직접 접근하여 조회나 쓰기 등을 수행하면서 거래를 하기 때문이다.

100 금융결제원, 「지급결제 A to Z」, 2024, 13면.

다. 결제(settlement)

결제는 청산과정을 통해 계산된 금액을 지급하여 완결시키는 과정이다. 지급인과 수취인으로부터 금융회사에 전달된 지급지시는 각 금융회사가 중앙은행에 개설해 놓은 당좌예금계좌 간 자금이 이전(자금이체)됨으로써 최종 결제된다. 지급인과 수취인에서 시작된 지급거래는 결제 과정을 거쳐 비로소 채권·채무관계가 완전히 해소된다. 일반인들은 전자지급수단을 이용해 재화·용역의 대금을 지급하거나 신용카드 사용금액을 매월 갚는 것도 "결제"라 부르지만 엄밀한 의미에서는 이는 "지급"(payment)에 해당한다고 볼 수 있다.

결제는 완결성이 보장되어야 한다. 지급결제시스템 참가기관이 파산할 경우 파산 관련 법에 따라 파산 선고일의 결제가 취소되면 결제완결성이 저해된다. 이를 방지하기 위해 우리나라는「채무자 회생 및 파산에 관한 법률」제120조 및 제336조에 따라 지급결제시스템의 결제완결성을 보장하고 있다.[101]

2 지급결제시스템과 결제 방식

지급결제 과정에 관련된 참여기관은, 크게 지급서비스 제공기관과 청산 및 결제업무를 처리하는 지급결제시스템 운영기관으로 구분할 수 있다. 일반적으로 지급결제시스템은 크게 ① 거액결제시스템, ② 소액결제시스템, ③ 증권결제시스템, ④ 외환결제시스템으로 구분할 수 있다. 그 중 거액결제시스템과 소액결제시스템만이 전자지급거래와 관련 있으며 협의의 지급결제시스템으로서 자금결제시스템이라고도 한다.[102]

지급결제시스템 운영기관으로는 거래중계 및 청산업무를 수행하는 소액결제시스템(retail payment system) 운영기관(금융결제원)과 결제기관으로서 거액결제시스템(large-

101 결제완결성이란 지급결제제도의 안정성을 확보하기 위하여 지급결제시스템 참가기관의 파산 및 회생절차가 개시되더라도 재산·금융상품의 이전이나 채무의 이행이 취소되지 않고(irrevocable) 무조건적으로(unconditional) 이루어지는 것을 의미한다. 참가기관의 결제불이행이 전체 참가기관에 연쇄적으로 파급될 경우 금융시스템 전체에 큰 혼란을 야기할 수 있기 때문이다(금융결제원, 「지급결제 A to Z」, 2024, 11면).

102 금융결제원, 위의 책, 24면.

value payment system)인 한은금융망을 운영하고 있는 한국은행이 있다. 거액의 자금을 취급하는 거액결제시스템의 결제방식은 지급지시 건별 및 총액으로 결제한다(gross settlement). 소액자금을 대량으로 취급하는 소액결제시스템은 지급액과 수취액을 상계시킨 차액으로 결제한다(net settlement). 혼합형결제(hybrid settlement)방식은 총액 및 차액결제방식을 혼합한다.

소액결제시스템은 건당 금액이 적고 건수 및 참가기관이 많으므로 효율성 제고를 위하여 대부분 국가에서는 일반적으로 다자간 차액결제 방식을 취하고 있다.[103] 현재 전자금융업자나 비은행 금융회사(금융투자업자 등)는 은행과 제휴(펌뱅킹계약)해 계좌를 빌리거나 금융결제원 오픈뱅킹망에 참여하는 형태로 차액결제시스템에 간접 참여하고 있다. 은행만이 차액결제시스템에 직접 참여하고 있다.[104] 우리나라의 주요 소액결제시스템에는 어음교환시스템, 지로시스템, 금융공동망[105](CD공동망, 타행환공동망, 전자금융공동망, 오픈뱅킹공동망, 국가 간 ATM공동망), 전자상거래 지급결제시스템(B2B결제시스템, B2C결제시스템)이 있다.

3 지급결제제도 및 지급결제시스템의 규율

청산 및 결제과정에 개입되는 지급결제시스템 및 제도에 대한 세부 사항과 검사·감독 등을 종합적으로 규율하고 있는 국내 법률은 아직 존재하지 않는다.[106] 주로 한국은행과 금융결제원이 정하는 규정과 규약, 약관 등에 의거 세부 사항이 규율되고 있

103 금융결제원, 「지급결제 A to Z」, 2024, 73면.

104 한국은행과 금융결제원은 핀테크 등 비금융회사의 지급결제시스템 참가 확대 가능성에 대비하여 소액결제시스템 참가기준을 개선한 바 있다. 특히, 2020. 6월 「지급결제제도 운영관리규정」 개정을 통해 비금융회사에 대해서 차액결제에 참가가 가능하도록 정비하였다(한국은행 보도참고자료, "소액결제시스템 참가제도 개선 관련 Q&A", 2020.6.24, 3면).

105 금융공동망은 은행 등 금융회사가 자금이체 및 각종 조회서비스 등을 공동으로 제공하기 위하여 참가 금융회사와 금융결제원의 전산시스템을 서로 연결한 지급결제시스템이라 할 수 있다.

106 주요국에서는 지급결제시스템을 감독하는 법률을 두고 있다. 미국(지급 및 청산결제감독에 관한 법령, 금융계약차액결제촉진법)과 호주(지급결제시스템규제법)의 경우 특히 두드러지게 나타나고 있다. 이 밖에도 싱가포르(지급결제감시법), 캐나다(지급청산 및 결제법), 노르웨이(지급결제시스템법)에서도 지급결제시스템을 감독하는 별도 법률을 제정하여 감독을 강화하고 있다.

다. 이러한 청산·결제 과정은 지급인과 수취인 등 이용자의 거래지시와는 상관 없이 금융회사· 전자금융업자 사이에 이루어지는 거래이며, 이용자에 대해 직접적인 영향이 적다라고 할 수 있다. 또 기술적·세부적 사항이 많아 법률이 직접 개입하기 보다는 당사자간 특약으로 규정하여 탄력적 대응을 하도록 함이 바람직하다고 보는 것이 전자금융거래법 제정 당시의 금융 당국의 입장이었다.[107] 이러한 거래는 스스로 거래의 위험·결과를 파악할 수 있는 금융회사와 전자금융업자 사이의 거래이다. 그러므로 강행법규에 반하지 않는 한 당사자 간의 협약(규약) 등에 의하여 해결하도록 자율성을 보장할 필요성이 있어 전자금융거래법 적용을 배제하고 있다(전자금융거래법 제3조 제1항 단서, 시행령 제5조 제1호, 제2호).[108]

한국은행법에서는 지급결제제도와 관련한 한국은행의 책임과 권한을 제28조(통화신용정책에 대한 의결)와 제81조(지급결제업무)에 명시하고 있다. 이를 근거로 한국은행은 지급결제제도에 대한 감시(oversight) 및 개선권고 등을 수행하고 있다.[109]

Ⅶ 결 론

최근 국내 지급서비스시장은 다양한 신기술(AI, IoT, 스마트컨트랙트 등)과 지급수단의 융·복합을 통해 더욱 진화해 나가면서 거래규모도 증가하고 다양한 사업자들이 등장하고 있다. 국제 간 거래도 늘고 있으며 디지털자산을 활용한 지급결제서비스(스테이블 코인)는 기존 지급결제시스템의 근본적 변화를 예고하고 있다. 그러나 비대면 채널을 이용한 전자지급거래의 확산은 수많은 리스크와 부작용을 낳고 있기도 하다. 안전하고

107 재정경제부, 전자금융거래법 제정이유서, 2005.4, 58면.

108 전자금융거래법에서는 제41조(한국은행의 자료제출 요구 등) 및 제47조(전자금융거래 통계조사)에 지급결제제도의 원활한 운영을 위한 한국은행의 자료제출 및 제한적인 공동검사요구권한만 명시하고 있다.

109 한국은행법으로부터 위임을 받은 「지급결제제도운영·관리규정」(제4장)과 동 「세칙」 및 「절차」에서는 해당 시스템이 정상적으로 작동되지 못할 경우 그 충격이 국내외 금융시스템에 널리 파급되거나 금융시스템의 붕괴를 일으킬 가능성이 있는 지급결제시스템을 대상으로 감시업무를 수행하고 있다(한국은행, 「한국의 지급결제제도」, 2014, 63면).

신뢰할 수 있는 전자지급거래가 되도록 보안 및 이용자보호 대책을 강화하고, 혁신기업의 전자지급서비스에 대한 지원을 위해 관련 입법적 뒷받침을 적기에 추진할 필요성이 높아지고 있다.

전자지급거래 및 지급결제제도와 관련한 현재의 낡은 법 체계를 계속 유지할 경우, 빠르게 변화하는 글로벌 지급결제 혁신의 흐름에서 뒤처져 국내 시장은 경쟁력을 잃을 수 있다. 전자지급서비스를 기반으로 한 다양한 연관산업의 혁신 성장도 후퇴할 수 있다. 특히 전자지급거래에 대한 법 제도화 미비는 규제 사각지대 발생과 규제차익 등 업권 간 갈등을 불러오고 "동일 기능 · 동일 규제" 이슈를 곳곳에서 일으키고 있다.

국내 전자지급거래, 지급결제와 관련된 법 규제는 규율 목적과 내용별, 업종별로 여러 법률들이 직 · 간접적, 파편적으로 적용되고 있다. 게다가 전자지급거래의 기본법으로서 전자금융거래법의 효력도 약해서 법체계 정합성의 미흡 현상을 부추기고 있다. 게다가 금융 당국은 입법을 통한 근본적 해결보다 금융규제 샌드박스나 가이드라인을 통한 우회로를 선택하는 경향이 많아지고 있다. 샌드박스를 통한 임기응변식 대응보다는 관련 입법을 속도감 있게 진행하는 등 근본적인 규제 정비가 바람직하다.

기존 법령에 한정적 · 열거적으로 정의되어 있는 사업요건 및 기준 등을 포괄적 개념 정의로 전환, 혁신적 핀테크 사업자들의 진입이 자유롭도록 할 필요가 있다. 또한 전자지급수단 및 전자지급서비스 등 현상 위주의 포지티브식 · 열거주의식 업종설계보다는 원칙 중심, 기능별 업종 체계로 재편해 규제 사각지대를 없애야 할 시점이다. 융 · 복합을 특징으로 하는 전자지급거래에서는 칸막이식 규제보다는 상호 유기적 통합형 입법 체계가 필요하다. 전자금융거래법의 근본적 개편 작업들을 지속적으로 추진해 동법이 명실 상부하게 디지털금융의 기본법으로서 위상을 시급히 바로 잡아나갈 때라고 본다. 오픈뱅킹의 법제화뿐만 아니라 지급결제제도 및 시스템에 대한 법제도적 규율도 해외 주요국의 입법 사례를 참고하여 체계화해 나가는 것이 바람직하다.[110] 역외적용에 대

110 김명아, 「소액결제시장 변화에 따른 법제 대응방안 연구」, 연구보고서 20-07(한국법제연구원 2020.10), 304면.

한 실효적인 규율도 강화해 나갈 시기이다. 국내 사업자와의 형평성, 자국민(기업) 보호 차원에서 소비자보호를 위한 행위 규제, 진입규제 등은 강행규정으로서 행위 주체의 소재 국가와 상관없이 적용되어야 할 것으로 본다.[111]

111 김시홍, "전자금융거래법의 최근 개정 동향과 향후 개편과제", Payment Insight 제13호, 2023.12, 77-78면.

참/고/문/헌

〈국내문헌〉

금융감독원, 「전자금융감독규정 해설」, 2025.

금융결제원, 「지급결제 A to Z」, 2021, 2024.

금융결제원, 「핀테크 혁신을 위한 전자금융업 제도·산업 개편방안」, 용역보고서(금융위원회, 2018.12).

김명아, 「소액결제시장 변화에 따른 법제 대응방안 연구」, 연구보고서 20-07(한국법제연구원 2020.10).

손진화, 「전자금융거래법」(제2판), 2008.

정경영, 「전자금융 거래와 법」, 2007.

한국은행, 「한국의 지급결제제도」, 2014.

김시홍, "전자금융업종 관련 최근 전자금융거래법 개정 동향과 향후 개편 과제", 가천법학 제16권 제4호, 2023.12.

김시홍, "전자지급수단의 법적 규제방안", 박사학위논문, 가천대학교 대학원, 2016.2.

김시홍, "전자지급결제대행업(PG) 관련 규율체계 변경 추진에 따른 법적 이슈와 과제", 디지털금융법연구 제2권 제1호, 2024.6.

국회 정무위원회, 법안심사제1소위원회, 전자금융거래법 일부개정법률안 심사자료, 2023.4.25.

재정경제부(금융정책국), 전자금융거래법 제정이유서, 2005.4.

전자금융거래법 일부개정법률안(김병욱 의원 대표발의, 의안번호 2113137, 2021.11.04. 제안).

전자금융거래법 일부개정법률안(대안, 정무위원장, 의안번호 2214593, 2025.11.27. 본회의 의결).

은행업과 디지털금융

정희수
(하나금융연구소 소장)

I 서론

2010년대 들어 디지털금융은 금융산업 전반에 걸쳐 빠르게 퍼져 나갔다. 핀테크와 빅테크 플랫폼의 성장과 함께 기존 전통 은행업의 공식이 깨지기 시작하면서 은행에서는 디지털금융으로의 전환이 필수가 되었다. 그동안 은행이 독점해 오던 금융서비스를 다양한 핀테크, 빅테크 기업에서 제공하고 심지어 기존 은행보다 더 편리하고 빠른 서비스를 제공하기 시작하면서 은행은 위기감을 느끼게 되었다. 2018년 인터넷전문은행 설립 및 운영에 관한 특례법(인터넷전문은행법)이 제정되고 2019년에 오픈뱅킹(open banking)을 전면시행하면서 디지털금융이 은행권에 보편화되었다. 오픈뱅킹은 하나의 앱(App.)에서 거래 은행의 계좌정보, 카드정보 등을 조회하고 결제 및 송금을 할 수 있는 금융서비스로서 디지털금융의 중요한 인프라로 볼 수 있다. 이와 함께 혁신금융서비스(일명, 규제 샌드박스, 2019년)가 도입되어 은행에서 비금융 서비스를 제공할 수 있게 되었다. 혁신금융서비스는 혁신적 금융을 시행하기 위해 기존 규제에서 예외적으로 새로운 서비스를 테스트 할 수 있도록 허용하는 제도를 의미한다. 예를 들어 온라인 대출 비교·모집 플랫폼이 대표적이다. 다양한 대출상품 정보를 일괄·조회할 수 있도록 일사전속주의[1] 규제를 예외적으로 허용하는 것이다. 2020년에는 마이데이터(My-data) 사업

1 일사전속주의는 대출모집인은 1개 금융기관에 소속되어 해당 대출상품만 판매할 수 있는 제도이다.

이 시행되어 디지털금융을 앞당기는 계기가 되었다. 2020년 2월 정부는 「신용정보법의 이용 및 보호에 관한 법률」(신용정보법)을 개정하고 마이데이터 사업 허가제를 도입해 각 금융기관에 흩어져 있는 금융정보를 통합해 조회하고 관리할 수 있게 되었다. 또한 2020년 8월에는 온라인투자연계금융업 및 이용자 보호에 관한 법률(온투업법)이 시행되면서 대출과 투자를 연결하는 새로운 개념의 플랫폼이 도입되었다.

이와 같이 디지털금융과 관련한 여러 제도가 도입되면서 은행업의 발전과 함께 금융소비자의 편의성과 혜택이 크게 증가하였다. 본 장에서는 수요관점에서 디지털금융이 도입되면서 금융소비자의 금융거래 행태가 어떻게 바뀌었는지를 살펴보고, 공급관점에서 은행과 비금융업의 경쟁구도에 대해 논하고자 한다. 이어서 디지털금융과 관련한 은행업의 주요 이슈를 설명하기로 한다.

Ⅱ 금융소비자의 금융거래 행태 변화

1 디지털금융 시대의 금융소비자 변화

가. 은행에 대한 인식

최근 디지털금융이 고도화되면서 금융기관에 대한 인식이 달라졌다. 과거에는 "금융기관=은행"이 성립되었으나 최근 한 설문조사[2]에 따르면 은행보다 핀테크와 빅테크의 금융서비스를 먼저 떠올리는 것으로 나타났다. 2022년 조사에서 은행 91.8%, 핀테크·빅테크(카카오, 네이버, 토스 등) 5.1%로 나타났으나 2025년에는 각각 86.8%, 9.3%로 크게 변하였다. 디지털금융 시대에 접어들면서 일상생활에서 자주 사용하는 금융앱이 은행을 점차 대체하고 있다. 각종 페이사들이 결제를 대신하고 계좌이체나 송금 등의 업무도 핀테크·빅테크에서 다 할 수 있기 때문에 은행의 인지도가 많이 떨어졌다. 특히, 주거래 금융회사를 보면 인터넷전문은행이 2023년 13%에서 2025년 16%로 높아지고 핀테크·빅테크도 4.7%에서 6.8%로 높아졌다. 결국 자주 이용하는 금융회사가 시중

2 윤선영·황선경·왕다운, 2026 대한민국 금융소비자 트렌드 보고서, 하나금융연구소, 2025.

은행에서 인터넷전문은행이나 핀테크·빅테크로 점차 옮겨가는 추세이다. 한편 2021년 이전 시중은행 주거래이용자가 같은 시중은행으로 옮긴 비중이 78.8%, 인터넷전문은행으로 옮긴 비중은 7.7%에 불과해 대부분 시중은행을 주거래 은행으로 생각하였다. 그러나 2022년 이후에 과거 시중은행 주거래이용자가 시중은행에서 시중은행으로 옮긴 비중이 33.7%이고 시중은행에서 인터넷전문은행으로 옮긴 비중이 50.2%를 차지하였다. 과거 인터넷전문은행 주거래이용자가 시중은행으로 옮긴 비중이 29.1%, 인터넷전문은행에 남은 비중이 38.2%이고 핀테크·빅테크로 옮긴 비중이 12.7%로 나타났다. 이러한 현상은 디지털금융을 통해 기존 은행 업무와 유사한 기능을 다른 금융업권 또는 플랫폼 기업에도 허용되기 때문이다. 특히 각종 페이사가 주거래 금융회사의 역할을 하는 경향이 두드러지고 있다. 결제기능뿐만 아니라 자산관리, 금융정보 탐색, 쇼핑, 여행, 엔터테인먼트 등 금융 외에 일상생활과 관련된 정보를 제공하고 새로운 결제방식을 개발해 편의성을 강조하면서 빠르게 경쟁력을 확보하고 있다. 간편성, 편의성 등을 통해 모바일 앱의 시간점유(time share)가 금융소비자의 인식을 바꾸는 요인으로 자리 잡고 있다. 자주 이용하는 금융앱을 보더라도 핀테크·빅테크나 인터넷전문은행 비중이 높아지고 있다. 시중은행 앱은 2022년 50.5%에서 2025년 38.2%로 낮아진 반면, 핀테크·빅테크는 24.1%에서 36.7%로 높아지고 인터넷전문은행도 17.7%에서 23.7%로 높아졌다. 이제 디지털금융은 일상생활과 호흡을 같이 하고 있다.

나. 은행 거래 패턴

최근 6개월 내 은행 채널별 이용수단을 살펴본 결과 영업점 30.7%, 자동화기기(CD/ATM) 47.5%, 인터넷뱅킹 48.1%, 모바일뱅킹 86.5%로 나타났다. 금융거래는 영업점이 아니라 모바일뱅킹이 대세를 차지한지 오래되었다. 주 3회 이상 사용하는 비중을 보면 모바일뱅킹이 45.5%로 가장 높고 영업점 방문은 2%에 불과하다. 이제 금융거래를 위해 영업점을 방문하는 시대는 지났다. 이 또한 디지털금융이 만들어낸 큰 변화 중의 하나이다. 이러한 변화는 한국은행 자료에서도 확인할 수 있다. 입출금 거래 기준으로 영업점을 통한 대면 거래비중은 2010년 15.5%에서 2025년 2분기 3.2%까지 감소한 반면, 인터넷뱅킹(모바일뱅킹 포함) 거래비중은 2010년 26.6%에서 2025년 2분기 86.4%로 급증하였다. 조회 기준으로 대면 거래비중은 2010년 20.2%에서 2025년 2분기 4.5%

까지 감소하고, 인터넷뱅킹(모바일뱅킹 포함) 거래비중은 2010년 63.5%에서 2025년 2분기 94.4%로 증가하였다. CD/ATM 거래비중도 입출금 거래 기준으로 2010년 41.9%에서 2025년 2분기 9.2%로 급감하였다. 영업점, CD/ATM 등 전통적인 은행 채널의 거래비중이 낮아지고 모바일뱅킹을 포함한 인터넷뱅킹 채널이 급부상하면서 비대면 채널의 중요성이 높아졌다.

대부분 금융거래가 금융앱을 통해 이루어지는 상황에서 모바일 앱의 경쟁력이 중요해지면서 디지털금융이 금융앱의 기능을 바꾸고 있다. 최근 가장 활성화되는 금융앱의 특징을 보면 이벤트·프로모션 참여, 결제·제휴서비스 등 일상생활과 관련한 기능이 중요해지는 반면, 단순한 계좌조회 또는 이체, 상품 가입 등 금융고유 기능은 중요도가 떨어지고 있다. 특정 금융앱을 가장 자주 사용하는 이유 중 이벤트·프로모션의 비중이 2023년 31.1%에서 2025년 37.9%로 높아진 반면, 계좌조회·이체 서비스의 비중은 2023년 61.1%에서 2025년 53.5%로 낮아졌다. 여전히 높은 비중을 차지하고 있으나 영향력은 크게 감소하는 추세이다.

디지털금융이 보편화되면서 금융서비스의 양상도 크게 바뀌었다. 개별 은행이 오프라인 채널을 통해 단일 상품을 판매하는 구조에서 온라인 채널로 플랫폼을 통해 종합솔루션을 제공하는 형태로 바뀌었다. 모바일 플랫폼을 중심으로 금융거래가 이루어지면서 금융의 플랫폼화가 빠르게 진행되고 있다. 빅테크의 플랫폼은 은행과 제휴하거나 독자적으로 계좌조회, 결제, 송금, 투자, 대출 등 금융서비스를 제공하고 있다. 디지털금융은 정형 또는 비정형 데이터를 중심으로 금융 생태계를 만들고 있으며 이를 통해 금융회사는 맞춤형 서비스를 제공한다.

Ⅲ 디지털금융 시대, 은행권의 경쟁구도 재편

1 핀테크·빅테크 기업의 은행업 진출

디지털금융 시대를 맞이하여 핀테크·빅테크의 금융업 진출이 빠르게 확산되고 있다. 이들은 플랫폼을 기반으로 금융소비자를 유치하고 감독당국의 경쟁촉진과 금융혁신의 목표하에 규제완화를 통해 업무범위를 조금씩 넓혀가고 있다. 온라인 플랫폼을 보유한 빅테크의 금융업 진출이 상당히 위협적이다. 빅테크 기업은 주력인 플랫폼 사업에서 형성된 네트워크를 통해 축적된 데이터를 분석하여 혁신 금융서비스를 제공하면서 시장지배력을 확대하고 있다. 네이버, 카카오 등 플랫폼 기업은 초기에 간편결제, 송금서비스 등 협의의 금융업을 영위하였으나 점차 자회사 또는 혁신금융서비스를 통해 직간접적으로 예·적금, 대출, 펀드, 보험 등 상당한 수준까지 금융업을 확장하였다. 특히 정부의 규제완화 정책과 맞물려 금융업 라이선스를 보유하지 않은 핀테크 기업은 은행과 유사한 금융서비스를 제공하더라도 은행에 비해 규제비용 측면에서 경쟁우위에 설 수밖에 없다. 결국 규제 관점에서 보면 핀테크·빅테크 기업이 은행에 비해 우위에 있음은 명확하다. 은행입장에서는 "기울어진 운동장"을 언급하면서 규제 형평성을 주장할 만하다. 은행은 건전성, 예대율, 유동성 등 각종 규제비율을 준수하도록 규제를 받는 반면, 핀테크·빅테크 기업은 상대적으로 규제 부담이 크지 않다. 이러한 규제 차이가 경쟁력의 차이를 만드는 원인이 될 수 있다.

빅테크 기업의 플랫폼은 판매자와 구매자가 참여하는 양면시장(two-side market)의 특성을 가지기 때문에 빅데이터를 구축할 수 있다.[3] 이는 빅테크 기업의 강력한 경쟁력으로 자원배분의 효율성을 저해하는 정보 비대칭성 문제를 해소하거나 완화할 수 있다. 플랫폼의 네트워크 외부성(network externality)을 강점으로 하는 빅테크 기업은 금융소비자와의 접촉 빈도가 높고 데이터를 수집하는데 유리한 위치에 있다. 충성도 높은 금융소비자를 확보한 빅테크는 맞춤형 금융서비스를 제공할 수 있을 뿐만 아니라 금융상품 판매 또는 중개채널로서의 역할을 할 수 있다. 빅테크는 대형은행과의 경쟁에서 절대 밀리지 않고 오히려 일부 분야에서는 경쟁우위를 가지고 있다. 한편 핀테크 기업은 혁신금융서비스를 통해 은행업에 진출할 수 있다.[4] 즉 핀테크 기업은 은행업 인허가 절차라는 사전 규제를 적용받지 않고 유사 은행업을 영위할 수 있다. 물론 은행도 혁신금융서비스를 통해 비금융업에 대한 진출이 가능하도록 양방향으로 열려있기는 하지만, 비금융업을 영위하기는 쉽지 않다. 금융권에서는 금융서비스와 관련한 영역에서 업무 효율성

3 양면시장은 플랫폼을 중심으로 2개의 다른 집단이 상호작용을 하면서 한 집단의 활용도가 높아질수록 다른 집단의 활용 가치가 동시에 커지는 간접 네트워크 효과를 발생시키는 시장구조를 의미한다.

4 2018년 12월 금융혁신지원 특별법(일명, 금융혁신법)이 제정되고 2019년 4월 1일부터 시행하였다.

을 찾는 경향이 있지만, 핀테크 기업은 실질적인 은행업무를 다루고 있다. 2025년 12월 말 기준으로 혁신금융서비스 지정 건수는 946건이고 금융서비스로 출시완료된 건수는 383건을 기록하였다.

빅테크 기업과 은행의 경쟁구도는 흔히 빅블러(big blur) 현상에서 찾는다. 빅블러 현상은 산업 간 경계가 허물어지는 것을 의미한다. 즉 빅테크 기업이 은행업에 진출하려는 의지가 강한 상황에서 규제 장벽이 없어진다면 은행은 시장점유율을 유지할 수 없다. 이러한 상황에서 은행은 자체 플랫폼 구축, 디지털 혁신, 빅테크 기업과의 제휴 등을 통해 빅블러 현상에 대비하고 있다. 일상 금융거래에서 빅테크 기업의 영향이 커진 만큼 은행 자체적인 노력으로 경쟁하기에는 한계가 있다. 따라서 빅테크 기업과 시장에서 경쟁을 하면서도 전략적 제휴를 통해 협력하는 이중적인 경쟁구도가 형성될 것으로 예상된다. 금융소비자는 유사한 상품·서비스를 제공한다면 혜택이 더 많은 공급자를 선택할 것이기 때문에 금융서비스의 혁신성, 편의성, 신속성 등과 같은 질적인 부분이 경쟁우위를 좌우할 것이다. 보수적인 경영 관행을 가진 은행이 혁신성을 기반으로 출발하는 빅테크 기업을 이길 수 있을지 의문이 들 수 있다. 그러나 은행은 빅테크 기업에 비해 그동안 쌓아 온 신뢰(trust)라는 경쟁우위를 가지고 있다. 대규모 금융거래는 빅테크 기업보다 은행을 더 선호하는 점을 볼 때 여전히 은행의 강점도 있다. 결국 은행과 빅테크 기업 간 경쟁구도가 은행산업의 건전한 발전과 금융소비자의 편익 향상으로 이어질 수 있도록 유도하는 것이 중요하다.

2 기술 발전에 따른 경쟁구도의 변화

AI기술과 블록체인(block-chain) 기술이 디지털금융의 발전을 더욱 가속화하면서 은행 간 경쟁구도와 함께 금융권 전체의 경쟁구도를 바꾸는 중요한 요인이 될 것으로 예상한다. 챗GPT가 나오기 전까지는 디지털전환(DX, Digital Transformation)을 중심으로 기술발전이 논의되었으나, 최근에는 AI전환(AX, AI Transformation)으로 관심이 이동하였다. 대부분 은행이 AI기술이나 블록체인 기술에 많은 투자를 하고 있으나 AI기술의 활용은 AI기술의 발전 속도에 비해 여전히 초기 단계에 머물러 있다.[5] 내부적으로 내규 검색, 금융사기 대응 등 효율성을 높이는 업무에 적용하고 있으나 아직 만족할 만한 수준은 아니다. 외부적으로 금융소비자와의 접점에서는 챗봇, 로보어드바이저 등에 적용하는 수준이다. 금융소비자를 대상으로 직접 제공하는 금융서비스에 AI기술을 접목하기는 현실적으로 어려움이 존재한다. 완벽하지 않은 AI기반의 금융서비스를 출시할 경우 평판리스크(reputation risk)가 크기 때문이다. AI기술과 데이터를 연계하여 은행업무에 본격적으로 활용한다면 은행의 경쟁력은 높아질 것이다. 그러나 빅테크의 AI기술은 은행보다 더 발전되어 있어 은행에 유리한 것만은 아니다. 이제 은행의 경쟁력은 AI기술을 얼마나 빨리 고도화하느냐에 달려 있다. 은행업무의 AI기술 침투율을 높여 인력·조직구조의 효율화를 통한 긍정적 효과도 기대할 수 있다. 은행은 AI기술을 내재화하는 방법과 외부 제휴를 통해 우수한 AI기술을 확보하는 방안이 있을 수 있으나, 두 방식을 병행하는 것도 고려할 필요가 있다.

한편, 금융당국은 디지털자산기본법 제정을 추진하고 있는데 스테이블 코인(stablecoin)으로 대변되는 디지털자산(digital asset)의 블록체인 기술도 은행의 경쟁구도를 바꾸는 중요한 기술변화로 인식된다. 블록체인은 네트워크 참여자가 모든 정보를 실시간으로 공유하는 기술로 데이터의 위변조가 불가능하고 모든 참여자가 데이터를 검증할 수 있는 신뢰성이 높은 탈중앙화 분산원장기술이다. 블록체인 기반의 스테이블 코인을 발행하거나 한국은행 중심으로 CBDC(Central Bank Digital Currency)를 통한 예금토큰(deposit token)을 발행하는 등 디지털화폐의 발행이 가시화되고 있다. 결국 오랫동안 지속되어 온 은행중심의 지급결제망이 블록체인 결제망으로 금융시스템이 전환될 가능성이 높다. 특히 해외송금이나 무역금융의 결제수단인 국제은행망통신협회(SWIFT, Society for Worldwide Interbank Financial Telecommunication)망이 블록체인 결제망으로 대체되면 은행의 역할이 위축될 수밖에 없다. 민간 스테이블 코인 또는 CBDC가 새로운 금융시스템으로 부상하는 것은 피할 수 없다. 특히 은행이 강점을 가질 수 있는 분야는 블록체인 기술을 통해 경쟁력을 키워야 한다. 예를 들어, 자금세탁방지(AML, Anti-Money Laundering)나 고객확인의무(KYC, Know Your Customer) 제도이다. 또한, 은행은

5 AI기술의 발전단계는 4단계로 보고 인식형 AI(perception AI), 생성형 AI(generative AI), Agentic AI, Physical AI 등으로 구분하는데, 현재의 기술발전 단계는 3단계와 4단계의 중간에 위치한다.

블록체인 기술의 활용해 새로운 사업을 고민해야 한다. 예를 들어, 은행이 스테이블 코인의 수탁(custody) 업무나 발행관리 업무를 할 수 있고 자산 토큰화(Asset Tokenization)가 활성화되면 은행의 모든 자산관리 업무가 현재와는 다른 방식으로 전환되어야 한다.

IV 은행업과 디지털금융의 주요 쟁점

디지털 환경에 적합한 규제로의 전환이 필요하고 은행업과 관련한 법 규제도 현실에 맞게 개선되고 있다. 본 장에서는 은행업과 연과성이 높은 인터넷전문은행, 오픈뱅킹과 마이데이터, 온라인투자연계업 등에 대해 논하고자 한다.

1 인터넷전문은행의 출현

가. 특별법 도입 과정 및 쟁점사항

국내 인터넷전문은행은 2001년과 2008년에 걸쳐 도입을 추진하였으나 제도를 도입하는데 실패하였다. 2001년에는 대기업과 벤처기업이 공동으로 인터넷전문은행 설립을 추진하였으나 은산분리 문제와 함께 대기업 주도 방식에 대한 논란 등으로 논의가 중단되었다. 그리고 2008년에는 한 단계 나아가 은행법 개정안이 국회에 제출되었으나 글로벌 금융위기 여파로 은행의 건전성 악화에 대한 우려감이 제기되면서 입법에 실패하였다. 1995년 미국에 최초의 인터넷전문은행인 Net Bank가 설립된 이후 유럽과 일본에서 각각 Egg Bank(1998년), Japan Net Bank(2000년)가 설립되었다. 국내에서도 인터넷전문은행에 대한 논의는 적절한 시기에 이루어졌다. 그 이후 금융과 ICT의 융합을 통해 금융서비스의 혁신이 빠르게 진전되면서 전 세계적으로 많은 인터넷전문은행이 설립되었다. 이에 2015년 6월 정부는 인터넷전문은행의 도입을 다시 논의하고 인터넷전문은행 도입방안을 발표하였다.[6] 여기에는 먼저 인터넷전문은행을 시행한 주요국의 사례가 많이 반영되었다. 정부는 은행의 비대면 거래가 90% 이상을 차지하는 상황에서 인터

6 금융위원회, “IT · 금융 융합 및 신성장동력 창출을 위한 인터넷전문은행 도입방안”, 2015.6.18.

넷전문은행이 접근성, 이용편의성, 금리·수수료 등에서 경쟁을 촉진하여 은행의 보수적인 영업형태를 자극할 것으로 예상하였다. 또한 금융회사와 ICT기업, 핀테크 등이 제휴하여 새로운 금융상품이나 서비스를 개발하고 해외시장을 개척하는 역할을 기대하였다.

인터넷전문은행 도입 시 논란이 되었던 사항은 소유구조, 최저자본금, 업무범위 등이다. 가장 큰 논란은 소유구조이다. 은산분리 규제가 강했던 상황에서 비금융주력자[7]는 은행의 의결권 있는 지분 4%를 초과 보유(의결권 미행사 시 10%)할 수 없다. 혁신적인 ICT기업이 인터넷전문은행에 진입하는 것은 사실상 불가능한 점이 한계로 지적되었다. 이를 해결하기 위해 정부는 인터넷전문은행에 한해 비금융주력자의 은행 지분 보유한도를 경영권 확보에 필요한 수준인 50%로 완화하는 방안을 제시하였다.[8] 다만 상호출자제한기업집단[9]은 대상에서 제외하여 은산분리 완화에 따른 경제력 집중 문제를 보완하였다. 소유규제 다음으로 최저자본금 요건이다. 인터넷전문은행의 최저자본금은 최초에는 시중은행과 지방은행의 중간인 500억 원 정도로 논의되었으나 250억 원으로 설정되었다. 신규 진입 촉진, 영업점 설치 비용 절감, 해외 사례[10] 등을 고려하였다. 또한 업무범위는 원칙적으로 일반은행과 동일하게 적용하지만 인가 시 일부 업무에 대해 제한을 둘 수 있게 하고, 온라인 형태의 영업만 가능하기 때문에 대면 영업방식에는 제한을 두었다.[11]

2015년 11월 카카오뱅크와 케이뱅크가 인터넷전문은행 예비인가를 받았고, 2016년 12월 케이뱅크부터 본인가를 받아 2017년 4월에 영업을 시작하였다. 카카오뱅크는 2017년 4월에 본인가를 받고 7월에 영업을 개시하였다. 그러나 케이뱅크가 복잡한 지분 구조로 자본 확충에 어려움을 겪으면서 인터넷전문은행법의 필요성이 제기되었다. 이에 따라 2018년 10월에 인터넷전문은행법이 제정되었다. 인터넷전문은행법은 상호

7 비금융주력자는 비금융회사의 자본총액이 전체 자본총액의 25% 이상이거나 비금융회사의 자산 합계가 2조 원 이상인 기업을 의미한다(은행법 제2조 제1항 9호).

8 인터넷전문은행의 핵심경쟁력이 IT기술이고 대면영업을 중심으로 하는 기업금융을 영위할 가능성이 낮다는 점을 고려한 조치이다.

9 상호출자제한기업집단은 자산총액이 5조 원 이상인 기업집단을 의미한다(공정거래법 제14조).

10 미국은 최저자본금 관련한 규제가 없고, 일본과 EU는 각각 20억 엔, 500만 유로로 최저자본금 수준이 낮은 편이다.

11 미국, 일본, 유럽 등에서도 인터넷전문은행의 업무범위에 대해 제한을 두지 않고 인가 시 일부 업무를 제한하는 사례가 있다.

출자제한기업집단 중 정보통신업(방송업 등 제외) 회사의 자산 비중이 기업집단 총자산의 50% 이상인 비금융주력자에 대해 인터넷전문은행의 의결권 있는 발행주식 총수의 100분의 34 이내에서 주식 보유를 허용하는 법안이다. 인터넷전문은행법에도 불구하고 케이뱅크는 KT의 공정거래법 위반 문제로 대주주 적격성 문제가 발생하면서 자본 확충의 어려움이 지속되었다. 국회는 2020년 4월 29일 공정거래법 위반 전력(불공정거래행위 제외)이 있어도 인터넷전문은행의 대주주가 될 수 있도록 기준을 완화하는 내용의 개정안을 통과시켰다. KT는 자회사인 BC카드의 유상증자를 통해 케이뱅크의 지분 34%를 보유한 최대 주주가 되었다. 이로써 인터넷전문은행 출범 및 성장 과정에서 발생한 지배구조 및 자본 확충 중심의 쟁점사항은 일단락되었다. 인터넷전문은행법의 제정으로 인터넷전문은행의 소유구조에 대한 규제가 명확해졌다. 2021년 6월에 세 번째 인터넷전문은행인 토스뱅크가 본인가를 받고 9월부터 영업을 시작해 인터넷전문은행은 총 3개로 늘어났다.

다음으로 인터넷전문은행의 업무범위에 대한 문제이다. 인터넷전문은행법에서는 중소기업기본법 제2조 제1항에서 따른 중소기업을 제외한 법인영업을 할 수 없다(인터넷전문은행법 제3장 제6조). 즉 개인과 개인사업자, 중소기업 등을 대상으로 업무를 할 수 있어 기존 은행에 비해 업무범위가 좁다. 인터넷전문은행 입장에서는 수익원 다변화 관점에서 법인영업의 허용을 기대하지만 기본적으로 법인영업을 감당할 수 있는 물적·인적 시스템이 갖춰질 때까지는 시기상조이다. 2022년 토스뱅크를 시작으로 개인사업자 신용대출을 출시하고 개인사업자 대상 담보 및 보증대출까지 영역을 확대하고 있다. 인터넷전문은행의 개인사업자 대출 연체율은 일반은행에 비해 1%p 이상 높다.[12] 인터넷전문은행의 개인사업자 대출 확대가 포트폴리오 변화의 기회가 될 수 있으나 건전성 악화에 따른 수익성 저하, 자본비율 부담 가중 등 양날의 칼이 될 수 있는 것이다.

나. 인터넷전문은행의 역할 및 효과

정부는 다른 국가에 비해 늦게 시작한 인터넷전문은행으로 하여금 전통 은행산업에서 혁신성을 기반으로 한 메기 역할을 기대하였다. 케이뱅크, 카카오뱅크, 토스뱅크

12 2025년 3월 말 기준으로 개인사업자의 대출 연체율을 보면 일반은행 0.71%, 인터넷전문은행 1.91%를 기록하였다.

등의 대주주가 영향력을 가진 산업자본일 뿐만 아니라 다양한 주주로 구성되어 제휴를 통한 금융서비스의 확장성도 크다. 특히, 3개 인터넷전문은행에는 유사시 금융시스템의 안정을 위해 기존 은행들이 10% 내외의 지분을 보유하고 있다.[13]

인터넷전문은행은 은행산업 내 새로운 경쟁구도를 만들어 은행산업의 경쟁력을 향상시켰다. 차별화된 사업모델을 가진 인터넷전문은행이 경쟁자로 부상함에 따라 은행 간 경쟁을 촉진하고 기존 은행의 모바일 서비스의 개선을 유도하였다. 기존 은행은 고객중심의 금융상품과 서비스를 출시하고 사용편의성을 강조한 UI/UX, 처리속도 등의 개선이 이루어졌다. 특히 인터넷전문은행에서 성공을 거둔 즐거움을 주는 재미(fun) 중심의 상품·서비스를 출시해 금융소비자에게 새로운 경험을 제공했다. 예를 들어, 모바일 앱을 통해 간편하게 대출을 신청하고 실시간으로 승인받는 과정은 은행산업의 경쟁력을 한층 강화하는 요소이다. 가장 자주 이용하는 금융앱을 보면 짧은 업력에도 불구하고 토스뱅크와 카카오뱅크가 상위권을 차지하는 것도 이를 반증한다.

인터넷전문은행은 은행산업의 양적·질적 성장에도 기여하였다. 총자산 기준으로 보면 인터넷전문은행의 시장점유율은 2017년 0.5%에서 2024년 4.9%를 기록하였으며, 지방은행의 시장점유율이 7.6%인 점을 고려할 때 빠른 성장세이다. 특히 2023년에는 3개 인터넷전문은행의 총자산이 100조 원을 상회하면서 지방은행과 경쟁하는 수준에 이르렀다. 한편, 인터넷전문은행의 주 업무영역이 개인에 국한되어 있는 점을 고려해서 가계 대출금의 시장점유율을 보면 2017년 1.1%에서 2024년 9.1%로 큰 폭의 성장을 기록하였다.[14] 가계 대출금 중에서 부동산담보대출과 신용대출로 구분해서 인터넷전문은행의 시장점유율을 살펴보면 2025년 9월 말 각각 6%, 19%를 기록하였으며 이는 2019년에 비해 각각 +5%p, +10%p씩 증가한 수치이다. 인터넷전문은행이 중·저신용자 신용대출의 목표를 달성하기 위해 이를 확대한 결과이다. 2021년부터 인터넷전문은행의 중소기업 및 개인사업자에 대한 대출이 허용되었으나 기업대출은 2025년 9월 말 6.1조 원

13 2025년 12월 말 케이뱅크는 BC카드 33.72%, 우리은행 11.96%, NH투자증권 5.52% 등이고, 카카오뱅크는 카카오 27.16%, 한국투자증권 27.16%, KB국민은행 4.88% 등이다. 토스증권은 비바리퍼블리카 28.33%, 하나은행 9.26%, 한화투자증권 8.0% 등이다.

14 2024년 기준으로 인터넷전문은행의 가계 대출금이 지방은행을 상회하였는데, 이는 2024년 6월 대구은행이 iM뱅크로 사명을 바꾸고 지방은행에서 시중은행으로 전환하면서 통계에서 제외되었기 때문이다.

으로 시장점유율은 0.7%에 불과하다. 인터넷전문은행은 점차 소상공인 및 개인사업자를 대상으로 업무 범위의 확대를 추진하고 있다. 예수금의 시장점유율도 2017년 0.6%에서 2024년 6.6%로 증가하였으며 2024년에 100조 원을 상회하였다. 특히 수시입출이 가능한 요구불예금의 시장점유율은 2025년 9월 말 22.7%에 이른다. 수시입출이 가능함에도 불구하고 시중은행 대비 높은 금리를 주는 파킹통장 등이 영향을 주었다. 종합적으로 보면 인터넷전문은행은 시중은행에 비해 지방은행에 더 큰 영향을 주고 있다.

표 1 은행 유형별 총자산, 가계 대출금, 예수금 추이

(단위: 조원)

		2017년	2021년	2023년	2024년
총자산	시중은행	1,324.2	1,826.0	2,004.8	2,213.1
	지방은행	133.9	167.4	187.3	193.0
	인터넷전문은행	7.2	63.7	101.6	123.7
가계 대출금	시중은행	470.8	622	594.2	647.0
	지방은행	48.2	62.1	68.3	49.6
	인터넷전문은행	5.5	33.5	61.3	69.5
예수금	시중은행	883.5	1,219	1,285.1	1,412,1
	지방은행	140.4	176.7	195.5	145.8
	인터넷전문은행	6.1	55.1	89.9	110.6

자료 : 은행연합회, 금융감독원

금융소비자 관점에서는 저신용자를 대상으로 중금리 신용대출의 활성화를 유도한다. 감독당국은 인터넷전문은행의 설립 취지에 맞게 중 · 저신용자 대출비중을 매년 평잔 기준으로 30% 이상을 유지하도록 관리하고 있다.[15] 여기서 중 · 저신용자는 KCB(Korea Credit Bureau) 기준으로 신용점수 하위 50%에 해당하는 차주를 의미한다. 또한 적용대상 범위도 개인 신용대출에서 개인사업자 신용대출로 확대하고 서민금융대출도 보증한도 초과 대출 잔액을 포함시켰다. 이때 개인사업자의 신용등급은 소호 신용

15 2024년부터 감독당국은 중 · 저신용자 대출비중 목표를 설정할 때 안정적인 관리를 위해 측정기준을 말잔에서 평잔으로 변경하였다.

평점 4등급 이하를 기준으로 하되 소호등급이 없는 경우에는 대표자 개인의 신용점수를 기준으로 분류한다. 2025년 9월 말 인터넷전문은행의 중·저신용자 대상 신용대출 비중은 카카오뱅크 35.2%, 케이뱅크 33.1%, 토스뱅크 35.2%를 기록해 금융당국의 목표를 충족하고 있다. 금융당국은 매 3년 마다 목표 계획을 점검하고 미이행 시 인터넷전문은행 및 최대주주가 다른 금융업 진출할 경우 인·허가 평가에 반영할 계획이다.

표 2 인터넷전문은행의 중·저신용자 대상 신용대출 비중

(단위: %)

	2020년	2021년	2022년	2023년	2024년	2025년 9월
카카오뱅크	10.2	17.0	25.4	30.1	32.8	32.9
토스뱅크	-	23.9	40.4	32.3	34.3	35.2
케이뱅크	21.4	16.6	25.1	28.1	35.0	33.1

자료 : 금융위원회, 은행연합회

이와 관련해서 인터넷전문은행은 차별화된 신용평가모형(CSS, Credit Scoring System)을 개발해 대출대상 범위를 확대하는 경향이 있다. 설립 초기부터 중·저신용자 및 금융이력부족자(thin filer)를 위해 빅데이터, AI기술 등을 활용한 대안신용평가모형을 개발해서 사용하고 있다. 예를 들어, 통신요금 납부 이력, 이커머스 결제 패턴, 건강보험 납부 현황 등과 같이 기존 은행의 신용평가모형에서 다루지 않은 항목을 반영해 대상범위를 확대함으로써 금융사각지대에 있는 금융소비자에게 혜택을 주게 된다. 이때 연체율 등 자산 건전성을 안정적으로 관리하기 위해서는 대안 신용평가모형을 정교하게 설계하는 것이 과제이다.

또한 인터넷전문은행은 금리·수수료 등 가격 부담을 완화하는 역할을 한다. 이론적으로 인터넷전문은행은 영업점을 운영하지 않기 때문에 기존 은행에 비해 비용을 절감할 수 있다. 이를 통해 금융소비자에게 상대적으로 높은 예금금리와 낮은 대출금리의 제공이 가능하다. 설립초기에는 인터넷전문은행이 기존 은행에 비해 예금금리 측면에서 경쟁 우위를 보였으나, 최근에는 기존 은행도 인터넷전문은행과 비슷한 수준을 제시하고 있다. 특히 수시입출식 통장이나 만기가 짧은 적금 등에서는 예금금리 차이가 없다. 대출금리도 설립초기에는 중·저신용자 신용대출을 확대하기 위해 낮은 대출금리를 부

여했으나 최근에는 자산 건전성이 나빠지면서 중·저신용자 중심으로 대출금리가 높아져 기존 은행보다 높은 경우도 발생하고 있다.

다. 주요국 규제 비교 : 유럽, 미국, 일본

미국, 유럽, 일본 등 주요국은 인터넷전문은행에 대한 특별법이 없이 기존 은행과 동일한 규제 체계를 적용한다. 은행이 영업점 없이 온라인으로만 영업을 하더라도 상업은행과 동일한 인가 기준 및 규제를 따르게 된다. 인터넷전문은행 관련한 법이 별도로 존재하는 국가는 우리나라를 비롯하여 홍콩, 싱가포르, 대만, 말레이시아 등 대부분 아시아 국가에 편중되어 있다. 미국의 인터넷전문은행의 인가 절차는 기존 은행들과 동일하게 국법은행(national banks), 연방저축은행(federal thrifts), 주법은행(state banks), 주법저축은행(state thrifts)의 형태로 인가된다. 인터넷전문은행의 설립과 관련한 법률은 National Bank Act와 Federal Home Loan Bank Act이며, 이를 통해 상업은행이나 저축은행으로 인가를 받게 된다. 연방저축은행의 경우 2001년 통화감독청(OCC, Office of the Comptroller of the Currency)에서 "인터넷전문은행에 대한 인가지침(The Internet and National Bank Charter Manual)"을 발표하면서 인터넷전문은행에 대한 법적 규제를 구체화하였다. 다만 인터넷전문은행 인가 시 추가적인 검토사항이 있어 인가 절차가 복잡하고 검토 기간이 길다. 예를 들어 정보 보안 시스템, 자금세탁방지(AML), 금융사기 등과 관련한 리스크 관리 시스템을 중점적으로 심사한다. 한편, 비금융회사들이 산업대출회사(ILC, Industrial Loan Company)로 인가를 받아 자회사 형태로 인터넷전문은행을 설립할 수도 있다. 일부 주에서는 총자산 1억 달러 이상을 보유한 ILC는 요구불 예금을 수취할 수 없도록 규정해 비금융회사가 소유한 은행의 규모가 커지는 것을 막는 조치를 취하였다.

일본의 인터넷전문은행 인가는 기존 은행법하에서 규제되지만 일본 금융청은 인터넷전문은행에 차별화된 별도의 감독 지침을 운영하고 있다. 감독 지침에는 고객 불만 및 상담 처리, 시스템 중단 시 고객에 대한 책임 사항, 자금세탁을 포함한 금융범죄 대응 시스템 여부 등을 포함하고 있으며 시스템 보안 수준에 대해서는 외부 기관 평가서를 제출하도록 의무화하였다. 또한 감독 지침에는 사업 환경 악화에 대응 계획 및 일정 수준의 수익 전망, 대규모 고객 이탈시 유동성 보장 방안 등을 포함한다. 일본 인터넷전문은행의 특징 중 하나는 산업자본의 은행업 진출을 촉진하는 것이다. 일본은 건전성 관리를 전제로 2000년 5월과 10월에 각각 '이업종에 의한 은행업 진입 등 새로운 형태의 은행업에 대한 가이드라인', '은행업에 타업종의 진입과 은행의 업무 범위 규제완화' 등 은산분리 규제완화 방안을 발표하였으며 2005년에는 산업자본이 은행 지분 100% 소유를 허용하였다. 이업종의 은행업 진출과 관련해서 다음과 같은 규정을 두었다. 우선 모회사로부터 은행의 독립성을 확보하기 위해 모회사의 경영 상황과 소유구조의 변경에 대한 모니터링을 강화하고, 대주주의 사업위험을 사전적으로 차단하는데 집중하였다. 모회사와 인터넷전문은행 간 영업 기반을 공유할 수 있는 조치를 취하는 등 업무범위를 탄력적으로 운영하였으며, 은산분리 이슈가 없는 일본에서는 모회사로부터의 위험 전가를 막기 위한 규제를 강하게 적용하고 있다. 이에 일본의 주요 ICT, 유통, 통신, 전자산업 관련 대기업이 인터넷전문은행을 통해 은행업에 진출해 있다.

EU는 모든 예금 수취 기관에 단일 은행업 체계를 적용하기 때문에 인터넷전문은행은 기존 전통은행과 동일한 수준의 인가 및 건전성 규제를 적용받고 있다. 다만 디지털 뱅킹 서비스에 대해서는 소비자 보호 및 금융 안정성 강화를 위한 규제 체계를 적용하고 있다. 예를 들어 GDPR(General Data Protection Regulation)은 일반 데이터 보호 규정으로 EU 내 개인의 데이터 보호 및 개인 정보 보호에 대한 엄격한 요건을 규정한다. 인터넷전문은행은 강력한 데이터 보안 조치를 시행하고 고객 데이터를 처리하기 전에 고객으로부터 명시적인 동의를 얻어야 한다.

2 오픈뱅킹과 마이데이터의 활성화

가. 제도 도입 과정 및 쟁점사항

오픈뱅킹은 은행과 핀테크 기업이 표준 방식(API, Application Programming Interface)으로 모든 은행의 자금 조회 및 이체 기능을 제공하는 개방형 금융결제망을 의미한다.[16] 즉 은행이 보유한 결제기능과 고객 데이터를 오픈 API 방식으로 제3자에게 계좌정보에 대한 접근을 허용하는 정책이다. 금융결제망과 데이터 개방을 통해 은행과 핀

16 오픈뱅킹은 은행 간 서로 연결하여 조회 · 이체하는 방식이 아닌 금융결제원을 통해 진행된다.

테크 기업 간 협력적 경쟁과 디지털 금융혁신을 유도하기 위한 목적으로 도입하였다. 그동안 금융업권 간 폐쇄적인 결제 및 데이터 인프라 하에서 은행은 대규모 금융정보를 독점해 왔다. 그러나 핀테크의 활성화와 함께 디지털금융이 확산되면서 흩어져 있던 데이터의 공유가 은행산업의 경쟁을 촉진하고 고객 서비스의 혁신을 이끌 것으로 예상됨에 따라 오픈뱅킹의 개념에 관심이 커졌다. 오픈뱅킹의 제도적 기반은 유럽에서 시작되었고[17] 국내에서도 시대에 뒤처지지 않기 위해 이를 기반으로 신속하게 도입한 것이다. 한편 마이데이터는 은행의 계좌 조회 및 결제 중심의 오픈뱅킹과 달리 여러 금융회사에 분산되어 있는 개인의 금융 데이터(금융자산 내역, 대출을 포함한 신용정보, 카드결제 내역 등)를 통합해서 볼 수 있는 시스템이다. 즉 지급결제와 관련한 정보를 공유하는 시스템이 오픈뱅킹이라고 하면, 마이데이터는 계좌정보를 공유하는 시스템이다. 오픈뱅킹과 마이데이터는 API를 통해 정보를 공개하고 활용할 수 있는 시스템이기 때문에 정보공유의 대상이 다를 뿐 유사한 개념에서 출발하였다. 정부는 2019년 12월에 오픈뱅킹을 시행해 간편결제, 국내외 송금 등 결제인프라로 성장하였고, 마이데이터는 2022년 1월에 본격적으로 시행되어 금융자산, 금융거래 내역 등을 통합해서 조회할 수 있는 환경을 구축하였다.

(1) 오픈뱅킹

2019년 2월 금융당국이 '금융결제 인프라 혁신방안'을 발표하고 세부 추진사항을 마련한 후 2019년 12월에 오픈뱅킹을 전면 시행하였다. 제도 도입 이전에 이미 오픈뱅킹플랫폼을 시행하였기 때문에 오픈뱅킹의 도입이 어렵지는 않았다. 2016년에 현재의 오픈뱅킹과 유사한 형태의 "은행권 공동 오픈플랫폼"을 만들어 시행하였으나, 공동플랫폼 API 이용대상을 핀테크 기업으로 제한하고 API 이용수수료를 크게 낮추지 못한 상

17 유럽은행 감독청(EBA, European Banking Authority)에서 2018년 1월부터 시행한 지급결제서비스지침2(PSD2, Payment Services Directive2)와 2018년 5월에 시행된 일반개인정보보호법(GDPR, General Data Protection Regulation)에 근거한다. PSD2법은 2009년에 최초 제정되었으나 2018년 새롭게 개정된 내용에는 지급지시서비스업자(PISP, Payment Initiation Service Provider)와 계좌정보서비스업자(AISP, Account Information Service Provider) 등으로 제3자 지급결제서비스업자를 정의하고 이들에게 지급결제, 계좌정보 등에 대한 접근권을 보장하는 내용이 포함되었다.

황이었다. 그동안 오픈뱅킹은 제도보완을 통해 시스템 고도화가 빠르게 진행되었다. 오픈뱅킹시스템에서 공유하는 정보의 범위가 확대되었다. 이체업무(입금 · 출금), 계좌조회업무(잔액조회, 거래내역조회, 계좌실명조회, 수취조회, 송금인정보조회), 금융정보조회(카드목록조회, 카드청구기본정보조회, 보험목록조회, 대출리스목록조회 등 8개 업무), 선불정보조회(선불목록조회, 선불잔액조회, 선불거래내역조회, 선불연계정보조회) 등을 포함한다. 오픈뱅킹에 참여하는 금융업권도 순차적으로 확대되고 입금가능한 계좌를 예 · 적금으로 확대(2020.12)하였으며, 상호주의 원칙하에 참여 금융업권 간 데이터 상호개방을 의무화했다.[18] 핀테크 기업의 보안을 강화해 안정성을 확보하는 등 오픈뱅킹의 인프라를 지속적으로 개선하였다. 그 결과 2025년 10월 말 오픈뱅킹 순등록계좌는 2억 5,800만 좌이고 순 이용자와 이용기관은 각각 3,900만 명, 138개사에 이른다.

국내 오픈뱅킹의 특징은 국내은행의 계좌정보를 제3자에게 표준화된 방식으로 공유할 수 있고, 오픈뱅킹에 참여한 핀테크 기업이 은행과 개별적으로 펌뱅킹(firm banking) 계약을 체결한 것보다 은행 간 소액지급결제시스템에 간편하고 낮은 수수료로 접근할 수 있다. 참여기관은 은행과 핀테크 결제사업자를 포함하고 운영시간은 금융결제원 중계시스템 정비시간을 10분으로 단축해 거의 365일 24시간 운영하고 있다. 특히 금융보안원 등의 보안점검을 통과한 핀테크 기업에만 참여를 허용함으로써 오픈뱅킹의 보안성을 강화하였다. 오픈뱅킹에서 API 접근성의 간소화는 필요하지만 API 구현 시 강력한 보안성은 더욱 중요하기 때문에 은행 외에 다른 회사의 보안 문제나 안정성에 대해서는 철저한 검증이 필요하다. 오픈뱅킹은 기본적으로 온라인 상에서 개인을 대상으로 제공하는 시스템이었으나 이용대상을 법인으로 확대하고 이용채널을 영업점 등 대면채널로 확대하는 등 서비스 범위를 확장하기 시작했다. 법인의 경우 은행을 중심으로 법인 계좌정보 조회서비스를 실시하고 온라인 방식으로 한정된 오픈뱅킹의 채널을 은행 영업점으로 확대하였다. 다만 오픈뱅킹에 가입한 은행 고객을 대상으로 시행하고 처음에는 계좌이체 및 조회 서비스로 제한하였다.

18 2020년 12월에 상호금융, 금융투자회사, 우정사업본부를 편입하고, 저축은행(2021.4), 신용카드사(2021.5), 보험사 및 할부금융사(2022.12)가 참여하였다. 또한 은행에서도 핀테크 기업의 선불충전금 정보 조회를 할 수 있도록 제도를 개선하였다.(2021.7)

(2) 마이데이터

마이데이터는 2018년 7월 금융당국이 '소비자 중심의 금융혁신을 위한 금융분야 마이데이터 산업 도입방안'을 발표하면서 추진되었다. 당시에 개인은 신용평가회사와 일부 핀테크 기업을 통해 개인신용 평점과 기타 금융정보를 일괄 조회할 수 있었다. 그러나 본인정보 통합조회 서비스는 정보조회 대상범위가 제한적이고 상품 추천도 신용카드 상품에 한해 제공되는 등 서비스의 제약이 많았다. 핀테크 기업의 경우에도 고객을 대신하여 계좌에 접속하는 방식으로 금융정보의 일괄조회 서비스를 제공하는 수준에 불과하였다. 특히 마이데이터 서비스와 관련한 법령이 명확하지 않아 서비스를 제공하기 어려웠다. 신용정보법에서 신용조회업무가 매우 포괄적으로 규정되어 신용조회업과 마이데이터 서비스와의 구분이 불명확하였으며, 금융상품 추천을 위한 금융상품 자문업에 대한 규제 체계가 분산되어 통합되지 않은 상황이었다.[19] 또한 핀테크 기업이 고객 데이터에 접근하기 위해서는 개별 금융회사와 자율적인 정보제공 계약을 맺어야 하는데 기존 금융회사가 소극적으로 대응하여 충분한 수준의 고객 데이터를 얻기 어려운 점도 마이데이터 활성화의 한계로 지적되었다. 이와 함께 정보 보안에 대한 우려도 제기되었다. 상기에 언급한 바대로 핀테크 기업은 고객을 대신하여 고객 계좌에 접속한 이후 필요한 데이터를 스크래핑(scraping)하는 방식을 이용하여 정보를 취득하였으나, 핀테크 기업이 고객 인증정보를 보유하고 있어 내부자 정보 유출 및 해킹 등의 표적이 될 수 있는 위험에 노출되었다.[20]

마이데이터 산업을 육성하기 위해 2020년 8월에 정부는 개인정보보호법, 정보통신망 이용 촉진 및 정보 보호 등에 관한 법률(정보통신망법), 신용정보법 등 일명 데이터 3법이라고 불리는 법률을 개정하였다. 이후 2년간의 준비 과정을 거쳐 2022년 1월에 본격적으로 시행하였다. 개정된 데이터 3법에는 데이터 이용의 활성화를 위한 가명정보 개념을 도입하고 법률간 유사·중복 규정을 정비하여 추진 체계를 일원화하였으며, 개인정보 판단 기준을 명확하게 하고 개인정보 처리자의 책임을 강화하는 내용을 포함하

19 주식, 펀드 등 금융투자상품 자문은 자본시장법상 투자자문업, 대출, 신용카드 등 자문은 금융소비자보호법 상 금융상품자문업으로 분산되었다.

20 이러한 문제를 해결하기 위해 신용정보법 시행령 제18조의 6(본인신용정보관리회사의 행위규칙 등)에서 API 방식의 정보 송수신을 의무화하면서 스크래핑 방식을 전면 금지하였다.

였다. 특히 신용정보법 개정으로 금융분야 빅데이터 분석 및 이용의 법적 근거가 마련되었을 뿐만 아니라 정보주체의 권리행사에 따라 본인정보 통합조회, 신용·자산관리 등의 서비스를 제공할 수 있게 되었다. 마이데이터사업자가 되려면 금융위원회로부터 본인신용정보관리업 허가를 받아야 하고, 최소자본금 5억 원 요건 충족과 함께 시스템 구성의 적정성, 보안체계의 적정성, 사업계획의 타당성, 대주주 적격성 등의 요건을 갖추어야 한다.[21] 또한 참여 대상자도 금융회사, 통신회사, 전자금융업자를 의무적으로 참여시키고 2023년에는 마이데이터 적용범위를 보건의료, 복지, 교육, 고용노동 등으로 확장하였다. 2025년 10월 말 마이데이터 가입자 수는 중복 포함해서 1억 7,734만 명에 이르고, 마이데이터 사업자도 69개사(2023년 말 기준)를 기록하였다. 핀테크 기업이 34%로 가장 큰 비중을 차지하고 은행 17%, 금융투자 15%, 신용카드 12% 등의 순이다. 마이데이터 서비스는 금융데이터 관리뿐만 아니라 금융상품 추천, 금융생활 도우미(가계부, 영수증 정부지원금, 연말정산 등), 금융투자 관리(로보어드바이저, 투자컨설팅 등), 금융데이터 관리(개인신용점수, 신용평가모형 고도화), 건강·의료 및 헬스케어, 부동산, 쇼핑, 자동차, 소상공인 상권분석 등으로 확대되고 있다. 향후 마이데이터와 AI기능이 접목된다면 관련 서비스는 더욱 정교화될 가능성이 높다.

마이데이터가 보편화되었음에도 불구하고 활용성을 확장하기 위해 제도 개선은 계속되었다. 2024년 4월에 금융당국은 '마이데이터 2.0 추진 방안'을 발표하였다. 마이데이터 2.0은 마이데이터 이용자가 금융자산 및 부채 거래 내역을 일괄 조회하기 어렵다는 점, 영업점(오프라인)을 통한 이용이 제한된다는 점, 계좌 해지 등 추가적인 관리 기능이 부재하다는 점 등을 개선하는 내용을 포함하였다. 1년 후인 2025년 6월에 마이데이터 2.0 서비스를 개시하였다. 개선된 서비스는 금융업권만 선택해도 보유 자산을 한 번에 조회하는 기능, 기존 마이데이터 앱에서 확인이 어려웠던 소액 계좌의 조회 기능, 본인의 마이데이터 서비스 가입 내역 및 제3자 제공 내역을 알 수 있는 기능, 자산 조회를 위한 동의 단계 간소화, 가입 유효기간 연장, 장기 미접속자 정보보호 등이다. 그 동안 이용상의 불편한 점을 개선하였다. 또한 2025년 11월에는 온라인 방식으로만 제공되던

21 마이데이터사업자는 데이터 3법 외 금융분야 마이데이터 기술 가이드라인(2021.7), 금융분야 마이데이터 서비스 가이드라인(2022.11), 금융분야 마이데이터 표준API 규격(2023.4) 등을 준수해야 한다. 이러한 가이드라인은 법적 구속력은 없으나 표준화 차원에서 필요하다.

마이데이터 서비스를 은행 영업점에서도 이용할 수 있도록 제도를 개선하였다.

한편, 제도적 관점에서 마이데이터의 발전은 지속되고 있으나 이러한 마이데이터 사업자의 수익성이 문제로 제기된다. 데이터 관련 기업이 수익을 내는 사업모델을 확보하기 어렵기 때문에 적자이거나 소규모 흑자 기업이 많다. 핀테크와 금융회사 계열 마이데이터사업자는 적자를 기록하고 네이버파이낸셜, 카카오페이, 토스 등 빅테크 계열 마이데이터 사업자도 손익분기를 조금 넘는 수준이다. 따라서 마이데이터 사업으로는 손익을 맞출 수 없기 때문에 부수업무와 겸영업무를 점차 확대할 필요가 있다. 신용정보법에 따르면 부수업무로 데이터 분석 및 컨설팅, 계좌 제공, 광고, 본인인증, 데이터 판매 및 중개 등의 업무가 가능하다(신용정보법 제11조의 2항). 겸영업무로는 투자자문, 투자일임, 금융상품 판매대리 및 중개, 온투업을 영위할 수 있다. 신용정보법에서는 허용하고 있으나 마이데이터사업을 겸영하는 금융회사는 해당 금융업법에서 허용되지 않으면 영위할 수 없다.

나. 제도 도입의 역할 및 효과

오픈뱅킹 · 마이데이터 도입은 그동안 폐쇄적으로 운영되어 온 금융 인프라를 전면 개방함으로써 은행산업의 혁신을 이끌어내는 역할을 했다. 은행산업 전반에 걸쳐 혁신과 경쟁을 촉진하고 거래비용의 절감, 금융소비자의 편의성 제고, 개인 데이터 주권의 강화 등의 관점에서 긍정적으로 평가된다. 금융서비스 발전의 장애요인이었던 은행과 금융소비자 간 정보비대칭성이 일정부분 해소되면서 금융소비자의 선택권이 강화되었다.

우선 핀테크 기업은 금융 거래정보와 관련해서 은행에 대한 의존도가 낮아지고 낮은 비용으로 다양한 정보를 활용해 금융소비자에게 맞춤형 서비스를 제공할 수 있게 됨으로써 은행과 서비스 경쟁을 할 수 있는 지위를 확보하게 되었다. 즉 핀테크의 혁신적 서비스에 금융의 본질적 기능을 추가함으로써 기존 은행과 차별화된 서비스를 제공할 수 있다. 오픈뱅킹은 신설 핀테크 기업의 진입에 제한이 없을 정도로 진입장벽을 낮추는 역할을 했다. 핀테크 기업은 오픈뱅킹 시행 전에 펌뱅킹을 통해 출금이체 시 평균적으로 건당 300원의 높은 수수료를 지급하였는데, 오픈뱅킹 도입 이후에는 1/10 수준으로 감소해 비용 부담이 크게 줄었다. 또한 오픈뱅킹 도입 전에는 핀테크 기업이 모든 은행과 개별적으로 펌뱅킹 계약을 체결해야 하기 때문에 은행별로 상이한 전산시스템 개발로 인해 상당한 시간과 비용이 소요되었으나, 오픈뱅킹 도입 후에는 오픈뱅킹 시스템에만 연결하면 한 번에 해결된다.

은행 관점에서도 오픈뱅킹 이전에는 해당 은행의 계좌를 가지고 있는 고객을 대상으로 금융앱을 통해 제한된 서비스를 제공할 수밖에 없었으나 오픈뱅킹 도입으로 경쟁은행의 계좌정보뿐만 아니라 증권, 보험, 신용카드 등 여러 금융회사의 금융정보를 동시에 볼 수 있게 되어 마케팅에 큰 도움이 된다. 은행 간 예금 등 수신경쟁에 있어 오픈뱅킹의 영향이 큰 편이었다. 반면에 고객의 이동 가능성이 높아져 마케팅 비용 부담과 함께 신규 고객 유치 경쟁이 커질 것으로 예상된다. 또한, 은행의 고객 및 정보 독점력이 사라져 금융상품의 제조와 판매의 분리가 가속화될 것이다. 과거에는 은행이 금융상품을 만들고 영업점을 통해 판매함으로써 제조와 판매를 독점해 왔으나 오픈뱅킹과 마이데이터의 도입으로 금융상품의 비교가능성이 높아져 온라인 플랫폼에서 금융상품을 비교한 후 구매한다. 정보 우위에 기반하여 이익을 추구해온 은행의 영업행태가 바뀌고 금융소비자의 만족도를 높이기 위한 경쟁이 확산될 것으로 예상된다. 결국 금융산업의 주도권은 은행에서 금융소비자로 변할 것이다.

금융소비자 관점에서도 한 번의 정보이용 동의만 하면 1개 금융회사 앱에서 모든 금융정보의 통합조회와 이체까지도 가능하기 때문에 금융서비스의 선택권이 넓어졌다. 기존에는 정보 활용기관의 필요에 의해 소극적으로 본인 정보 활용을 동의하는 수준에 그쳤으나 마이데이터 도입으로 금융소비자가 본인의 신용정보를 금융회사로부터 마이데이터사업자에게 개인신용정보 전송요구권을 통해 전송할 수 있어 보다 편리한 금융서비스를 이용할 수 있다.

다. 주요국 규제 비교 : 유럽, 미국, 일본

EU, 영국, 일본 등 주요국에서는 오픈뱅킹과 마이데이터서비스를 우리나라보다 먼저 시행하였다. EU는 데이터 단일시장을 목표로 2015년 지급결제서비스지침(PSD)을 통해 마이데이터의 법적 근거를 마련하였다. 2018년에는 지급결제서비스지침 개정(PSD2)을 통해 EU에 금융 분야에서 개인정보의 자기결정권을 확보하는 제도를 완성하였다. PSD2는 제3자 지급결제서비스(TPPs, Third Party Payment Service) 사업자를 대상으로 지급결제서비스 사업자로서 금융시장에 진입하도록 유도하는 효과를 가져왔다. 2018년에 시행한 일반개인정보보호법(GDPR)은 유럽 내 합법적인 개인 데이터의 자유로운 활용을 촉진하고 유럽 역내 외에 차별화된 규정을 적용하여 역외 국가와 기업들로부터 자국 데이터를 보호하는 규정으로 중요한 법적 기반으로 효과를 발휘하였다. EU집행위원회(European Commission)에서 2023년 6월에 PSD2를 수정보완한 PSD3와 지급결제시스템 규정(PSR, Payment System Regulation) 신설을 제안하였다. 동 제안에는 결제 사기방지시스템의 강화, 금융소비자의 권리 확대, 은행과 비은행 간 경쟁우위 평준화, 오픈뱅킹 기능 개선 등의 내용을 포함한다. EU는 PSD3와 새로운 PSR을 제안하면서 새로운 금융데이터 공유 시스템 FiDA(Financial Data Access)을 함께 제안하였는데 FiDA에 대한 애플, 아마존, 구글 등 미국 기업의 접근은 제한될 것으로 알려져 있다. 동 법안에 대한 EU 의회 및 이사회의 정치적 합의가 진행되었으며 최종 법안은 2026년 시행될 것으로 예상된다.

영국은 2011년 11월 데이터 개방 및 오픈 데이터 정책을 발표를 시작으로 마이데이터 이니셔티브를 추진했으며, 2012년 12월 마이데이터 정책 가이드라인을 발표하였다. 2013년 8월에는 기업 규제혁신법 개정을 통해 기업의 정보 공유를 의무화하여 데이터 공유에 대한 기반을 마련하였다. 2014년 4월에는 정보공개법(Freedom of Information Act)를 통해 공공 데이터를 디지털화하여 제공하는 것 의무화하였다. 영국의 오픈뱅킹 정책은 2018년 1월에 본격적으로 시행되었으며, 이후 정부는 오픈뱅킹의 성공을 기반으로 데이터 공유 영역을 금융, 에너지, 통신, 연금 등 다양한 업종으로 확대하고 있다. 오픈뱅킹을 통해 구축한 신뢰, 고객경험, 인증메커니즘을 다른 산업분야에서 데이터 공유시 적용할 경우 오픈뱅킹에 익숙해진 이용자를 쉽게 유치할 수 있기 때문이다. 예를 들어 에너지 시장의 경우 소비자가 에너지사용량 정보(meter data)를 제3자 서비스 제공기관(에너지 관련 마이데이터사업자)과 공유할 수 있다면, 유리한 요금제로 이동하는 등 소비자 편익뿐만 아니라 재생에너지의 활성화에도 기여할 것으로 본다.

일본은 2012년 데이터 활용을 촉진하기 위해 데이터 개방 및 활용 지원 환경 마련, 법제도 정비 등 7대 추진 과제(Active Data 전략) 제시하였다. 2015년에는 개인정보보호에 관한 법률을 개정하고 개인 식별이 가능하지 않은 익명의 가공정보 개념을 도입하였으며 2016년에는 관민 데이터 활용 추진 기본법을 시행하여 데이터 활용 기반을 조성하였다. 일본은 개인데이터를 신탁방식으로 거래하는 '정보은행'제도를 도입하고, 특히 보건·의료데이터의 사후거부권(opt-out)을 인정하여 데이터 유통을 촉진하였다.[22] 정보은행(신탁기능)은 개인 데이터를 신탁하여 거래할 수 있는 정부 인증을 받은 데이터 관리 전문기관이다. 2018년 의료데이터 활용 근거 마련을 위해 '차세대의료기반법'을 제정하여 정보은행이 의료데이터를 익명·가명처리하여 거래가 가능하도록 하고 사후거부권을 인정하여 개인 의료 데이터의 활용도를 높였다. 일본의 오픈뱅킹은 2017년 은행법 개정을 통해 '전자결제등대행업'에 관한 규정을 추가하면서 법적 근거를 마련하였고 2018년에 시행되었다. 전자결제등대행업은 은행에 계좌를 개설하고 있는 예금자의 위탁으로 전자정보처리조직(電子情報処理組織)을 통해 예금자 계좌에 있는 자금을 이동하라는 지시를 해당 은행에 전달하는 영업과 은행에 예금 또는 정기적금 등의 계좌를 개설하고 있는 예금자의 위탁으로 전자정보처리조직을 통해 해당 은행의 계좌에 관한 정보를 취득해 가공하여 이를 해당 위탁한 예금자에게 제공하는 영업을 의미한다.

3 온라인투자연계금융업(P2P금융)의 제도권 진입

가. 제도 도입 과정 및 쟁점사항

온투업법이 제정되기 전에 P2P금융은 이미 시행되고 있었다. P2P(Peer-to-Peer)금융은 은행 등 금융기관을 거치지 않고 온라인 플랫폼을 통해 차입자와 투자자가 직접 연결되는 금융을 의미한다. 온라인투자연계금융은 P2P금융을 제도화하는 과정에서 생성된 법률 용어이다. P2P금융은 18~24%의 높은 이자를 부담했던 저신용 차입자에게 10% 내외의 중금리 대출을 제시해 차입자의 이자부담을 줄여주고, 투자자에게는 소액으로 접근하기 어려웠던 대출채권에 대한 직접투자 기회를 제공하면서 빠르게 성장하였다. 2015년 27개 업체에서 시작해 2019년에는 239개 업체에서 대출 잔액 2.38조 원의 시장으로 성장하였다. 당시에는 P2P대출 가이드라인(2017.2)을 통해 투자자보호, 감독당국 등록 의무화 등을 규제하였으나, 사기·횡령, 허위대출 등 각종 금융사고가 연이어 발생하였다.[23] 이에 금융당국은 P2P금융의 제도권 편입을 위해 2019년 11월 온투업

22 개인의 동의 없이도 최소한 응급상황에서는 해당 응급환자의 의료정보를 응급의료기관에서 확인할 수 있도록 하고 사후적으로 이를 거부할 수 있는 권리를 의미한다.

23 동산담보 P2P금융업체인 블루문펀드의 사기·횡령 사건이 대표적이다. 연 15% 수익률을 내세워 투

법을 제정하였으며, 2020년 1월에 시행령을 제정하고 8월에 온투업법을 전면적으로 시행하였다.

온라인투자연계금융업(이하, 온투업)이란 온라인 플랫폼을 통하여 특정 차입자에게 자금을 제공할 목적으로 투자(이하, 투자연계)한 투자자의 자금을 투자자가 지정한 해당 차입자에게 대출하고 그 연계대출에 따른 원리금수취권을 투자자에게 제공하는 업을 의미한다(온투업법 제2조).[24] 온투업의 수익구조는 차입자와 투자자 양쪽에서 받는 수수료를 기반으로 한다. 차입자가 온투업자에게 대출신청을 하면 온투업자는 다수의 투자자를 모집해서 차입자에게 대출해 주고 일정기간 후 원리금을 상환받는 구조이다. 이때 부실채권이 발생하면 온투업자의 손실로 남게된다.

온투업법상의 등록요건은 연계대출 규모에 따라 최소 자기자본 5억 원 이상을 보유하고 전산전문인력 및 전산설비, 통신설비, 보안설비 등 인력 및 물적설비를 구비해야 한다. 또한 내부통제장치를 마련하고 이용자보호 업무 방안을 구비해야 하며, 신청인은 건전한 재무상태와 사회적 신용을 보유해야 한다. 이러한 요건 하에 2021년 6월 금융위는 온투업법상의 등록 요건을 갖춘 3개사에 대해 온라인투자연계금융업자(이하, 온투업자)로 등록을 허용하였다.[25] 온투업법 제정 이전 237개에 달했던 P2P금융업체는 온투업법상의 등록요건을 갖춘 업체 중심으로 재편된 후 2024년 말 51개로 감소하였다.[26] 온투업자 이용자 수는 10만 명 정도이고 대출 잔액은 1조 원 수준이다. 누적대출액(=누적상환금액+대출잔액)은 온투업법 시행 직후인 2021년 25조 원에서 2024년 157조 원으로 6배 증가하였다.

온투업법의 시행에 있어 운영상 쟁점사항도 존재한다. 첫째, 담보대출 중심의 시장

자자를 모집하고 신규 투자자 자금으로 기존 투자자에게 이자를 지급하는 "폰지사기" 방식으로 투자자 4,000명의 자금을 갈취하였다. 또한 허위대출 사례로는 동산담보 P2P대출업체인 팝펀딩이 있다. 허위 동산담보평가서를 작성해 대출상품을 취급할 것처럼 속여 554억 원의 투자자금을 편취하였다. 이외에도 2018년~2019년에 걸쳐 사기 · 횡령 협의가 포착된 P2P금융업체가 20개에 이르렀다.

24 불특정 다수로부터 자금을 차입할 수 있는 크라우드펀딩(crowdfunding)도 광의의 의미에서 보면 P2P금융의 한 부분이다. 크라우드펀딩은 대출자산 외에 주식, 채권, 투자계약증권 등 자본시장법상 증권을 매개로 자금을 중개하기 때문이다.

25 최초 등록이 허용된 3개사는 (주)에잇퍼센트, (주)렌딧, (주)피플펀드컴퍼니 등이다.

26 2025년 말 기준으로 시장 경쟁구도를 보면 상위 3개사의 시장점유율이 45%이고 5개사로 확대하면 58%에 이른다.

이 형성되어 공급망 금융의 역할이 제한적이다. 2025년 9월 말 기준으로 취급하는 상품유형을 보면 담보대출이 92%를 차지하는 반면, 개인신용과 법인신용은 각각 4.4%, 3.9%에 불과하다. 그 원인을 보면 기존 제도권 금융의 대출한도 규제를 회피하는 수단으로 인식되기 때문이다. 둘째, 온투업자의 비용 부담이 크다. 온투업업자는 담보설정비용, 중앙기록기관 수수료, 마이데이터 중계기관 수수료, 신용조회 비용 등을 부담하기 때문에 대출자 및 투자자로부터 높은 수수료를 받을 수밖에 없는 구조이다. 셋째, 온투업법에서 규정하는 대출상품이 제한적이다. 온투업법상 부동산 PF, 부동산 담보, 기타 담보, 어음매출채권 담보, 신용대출 등으로 구분한다. 기타 담보는 주식 담보가 대부분을 차지하고 동산 담보는 등록과정에서 취급을 하지 않고 있다. 넷째, 자동분산투자 서비스에 대한 법적 근거가 취약하다. 대출자 입장에서 차입자를 특정하여 대출하기 때문에 투자자를 보호하기 위해 대부분 해외 P2P금융업체는 대수의 법칙(law of large numbers)이 적용되도록 자동분산투자 서비스를 제공한다. 자동분산투자 서비스는 투자자로부터 예치금을 받아 특정 차입자의 지정없이 포괄적으로 운용지시를 받은 후 집행하는 것을 전제로 한다. 온투업법상 투자자의 자금을 특정 차입자에게 대출하게 되어 있기 때문에 원칙에 어긋난다.

나. 제도 도입의 역할 및 효과

온투업은 투자자와 차입자를 연결하는 대표적인 양면시장의 특성을 가진다. 차입자 관점에서 보면 제도권 금융기관에서 외면받거나 일시적으로 자금이 필요한 차입자에게 자금을 공급할 수 있다. 온투업은 대출을 취급함에 있어 은행과 달리 간접금융이 아닌 직접금융 방식으로 중개서비스를 제공하기 때문에 은행과 보완관계를 형성할 수 있다. 온투업법 제정 이후 P2P금융이 제도권으로 편입되면서 제2금융권과 대부업의 중간 수준을 형성하고 있다. 그래서 P2P금융을 일명 “2.5금융”으로 부르기도 한다. 금리와 한도는 은행이나 제2금융권보다 높지만 대부업보다 낮은 수준이다. 주택담보대출의 경우 제도권에서 유일하게 총부채원리금상환비율(DSR, Debt Service Ratio), 담보인정비율(LTV, Loan To Value ratio) 등 대출규제를 받지 않는다는 장점을 가지고 있다. 또한 후순위 대출 시에도 제2금융권과는 달리 신용점수에 영향을 주지 않는다. 온투업은 자금중개의 거래와 관련된 의사결정을 투자자와 차입자가 공동으로 결정하기 때문에 신용위험이 높은 차입자도 대출에 참여할 의향이 있는 투자자가 존재할 수 있고 그러한 위험선호 투자성향을 가진 투자자가 참여함으로써 차입자는 자금을 조달할 수 있다. 은행은 신용위험이 높으면 대출을 받을 수 없는 구조이기 때문에 금융소비자의 편리성이 높아진다.

투자자 관점에서 보면 원금손실의 가능성이 있는 중위험·중수익 상품이다. 만기가 1년 내외로 짧고 약정 금리에 따라 이자를 수취하는 안정적인 방식이지만 낮은 환금성과 중개플랫폼의 낮은 신뢰도는 단점으로 지적된다. 또한 온투업자는 차입자의 대출금액, 대출조건, 대출목적, 신용등급 등과 같은 개인정보를 투자자에게 제공해야 한다. 또한 온투업자는 계약의 중개뿐만 아니라 상환능력평가, 담보 및 채권관리 등 리스크관리도 병행하기 때문에 투자자보호의 역할이 중요해진다. 예를 들어 온투업자가 폐업하거나 도산하더라도 투자자와 차입자 간의 채권·채무 관계는 유지되기 때문에 기존 계약관계도 그대로 남는다. 온투업자가 투자자를 대신해서 차입자의 채무상환을 관리하기 때문에 폐업할 경우 채권·채무 관계에 대한 정보가 유실될 가능성이 높다. 결국 투자자 보호 문제가 야기될 수밖에 없다.

한편, 온투업이 활성화된다면 기존 대출시장에서 은행과 온투업자의 경쟁관계가 심화되어 신용공급의 확대를 유도하게 된다. 온투업자가 은행 대출보다 유리한 조건으로 중개를 하면 차입자는 신규 대출을 받거나 기존 은행 대출을 조기상환할 유인이 발생한다. 해외에서는 온투업자가 차입자에 대한 비정형 데이터를 통해 은행보다 더 낮은 대출금리를 제공하는 사례가 있다. 또한 기대수익률이 은행 예금금리보다 높은 경우 투자자의 은행 예금수요가 전환될 수 있기 때문에 온투업 시장에 신규 자금이 유입되어 대출시장이 커질 수 있다. 온투업자는 차입자와 투자자를 연결해 줌으로써 각자의 탐색비용(searching cost)을 줄여주는 역할을 기대할 수 있다.

온투업이 금융시장에 긍정적인 영향만 주는 것은 아니다. 온투업이 안정적인 수익을 확보하기 위해서는 규모의 경제(economies of scale)를 달성할 정도로 시장 참여자가 많아야 한다. 금융소비자가 온투업이라는 제도의 존재여부를 제대로 인지하지 못하거나 알고 있더라도 접근방법을 모르는 경우도 있다. 다수의 시장 참여자를 지속적으로 유지하지 못할 경우 온투업자의 수익성이 악화될 위험이 존재한다. 온투업자는 수수료 수익을 확보하기 위해 신용위험이 높은 차입자에 대한 평가가 관대해질 수 있어 도덕적 해이(moral hazard)가 발생하기도 한다.

온투업자는 은행과 달리 유동성 위험을 부담하지 않고 투자자가 유동성 위험을 직접 부담하게 된다. 유동성 제약이 큰 투자자가 많을수록 짧은 만기의 대출을 선호하거나 조기회수 옵션을 가지려는 경향을 보인다.

다. 온투업 규제의 개선 과제

금융당국은 온투업계의 활성화를 위해 이용자 편의 개선, 투자자 범위 및 투자 한도 확대 등의 개선방안을 발표하였다(2024.1).[27] 첫째, 다른 플랫폼에서 연계투자상품의 비교·추천이 불가능해 개별 온투업자의 플랫폼에서 조회할 수밖에 없었으나, 혁신금융서비스를 통해 다른 플랫폼에서 연계투자상품의 비교·추천을 허용하였다. 온투업법상 온투업자의 투자자 모집업무는 위탁을 금지하고 금융소비자보호법에서 연계투자상품은 금융상품판매대리·중개업 등록에 적용받지 않는다.

둘째, 연계투자상품의 예약거래를 허용한다. 온투업법상 온투업체가 미리 설정한 방식으로 자동으로 투자되는 방식인 자동분산거래를 금지하고 있다. 차입자를 특정하지 않는다는 점에서 온투업 정의에 어긋나고 2명 이상의 투자자에게 자금을 모아 일상적인 지시를 받지 않는다는 점에서 집합투자업에 해당할 가능성이 있기 때문이다. 온투업법상이나 자본시장법 위반 소지가 없게 투자자가 설정한 세부적인 투자 조건에 따라 상품을 분산하는 예약거래 가이드라인을 마련하였다.

셋째, 투자자 범위와 투자 한도 확대이다. 온투업법상 금융기관의 연계투자를 허용하고 있으나 해당 업권법을 준수해야 하기 때문에 연계투자의 실행이 사실상 불가능하다.[28] 온투업자는 투자자에 대한 정보제공에 있어 형평의무가 있어(온투업법 제12조 제8항)

---

27 온투업법 활성화를 위한 제도 개편은 2022년과 2024년에 걸쳐 2회 추진되었다. 1차 개선방안의 내용은개인투자자 연계투자 한도를 3,000만 원에서 4,000만 원으로 확대하며, 이용수수료율도 0.24%에서 0.164%로 낮추고 연 50만 원 한도에서 수수료 공제제도를 신설하였다. 또한 외부플랫폼을 통한 광고는 온투업법상 투자자 모집 업무에 해당하지 않는다는 유권해석(2023.3)을 통해 광고를 허용하였다.

28 온투업법 제35조(금융기관 등의 연계투자에 관한 특례) 제3항에서 제1항에 따라 연계투자 하는 연신금융기관 등은 연계투자를 함에 있어서 연계투자는 그 인가 또는 허가 등을 받은 법령을 준수하여야 한다. 단, 금융기관의 연계투자는 다른 법에서 별도로 정하지 않는 경우 차입자에 대한 대출 또는 신용공여로 간주한다.

금융회사에서 여신심사를 위해 필요한 차입자 정보를 차별적으로 제공할 수 없다. 계약 체결 및 해지, 기본약관의 적용 등의 해석이 불명확하다. 따라서 온투업자가 차입자의 동의를 받아 차입자 정보를 금융기관에 제공할 수 있도록 혁신금융서비스를 지정할 필요가 있다. 이에 저축은행의 온투업자 개인신용대출에 대한 연계투자 서비스를 혁신금융서비스로 지정하였다. 한편, 개인투자자는 동일 차입자에 대해 500만 원까지 투자하도록 규정하고 있으나 민간투자법 상 사회기반 시설 사업에 투자 시 투자 한도를 3천만 원으로 확대하였다(온투업법 시행령 제27조). 이때 사회기반시설 사업은 국가, 지자체, 공기업 등으로부터 자본금의 10% 이상 출자받은 자가 추진하는 사업을 의미한다.

넷째, 온투업자의 겸영업무를 확대이다. 온투업자는 자본시장법 상 금융투자업을 겸영할 수 없도록 겸영업무의 범위가 협소하게 설정되어 있다. 인가사항이 아닌 등록 대상 업무를 겸영업무로 허용해 온투업자의 수익구조를 다변화할 필요가 있다. 온투업법 시행령은 금융투자업 중 금융위원회가 정하여 고시하는 업무를 겸영업무로 허용하고 있으나(제13조 제2항 제2호) 감독규정에서는 시행령에서 위임한 사항을 정하고 있지 않기 때문에 금융투자업의 겸영이 사실상 어렵다.

다섯째, 투자자 보호를 위해서는 온투업자의 차입자에 대한 실사의무와 함께 대출 실행이후 관리의무를 강화하고 차입자의 변경사항이 발생할 경우 변경사항을 신속하게 공시할 의무가 필요하다. 제공해야 하는 정보의 범위를 명확하고 구체화한 정보제공 가이드라인을 만들어야 한다. 차입자 보호를 위해서는 정보요청 권리, 금리인하요구권 등을 부여할 필요가 있다.

V 결 론

디지털금융이 빠르게 확산되는 가운데 새로운 시장 참여자가 많아지면서 기존 은행의 경쟁력이 약화되는 추세이다. 기존 은행의 중요한 역할이 자금중개 기능인데 핀테크·빅테크 등과 같은 플랫폼 기업이 이러한 기능을 대체하고 있다. 금융소비자 입장에서 금융거래에서 신속하고 편리하게 이행되어 편익이 증대되면 좋은 것이고 은행 입장에서는 자원 배분의 효율성을 극대화하면서 은행산업이 성장하면 된다. 결국 핀테크·빅테크 기업이 은행업에 진출함으로써 경쟁이 촉진되고 혁신을 통해 금융소비자의 편익이 증대되고 기존 은행에는 새로운 자극을 줌으로써 혁신을 유도하게 된다. 이를 위해 정부는 플랫폼을 중심으로 디지털금융의 활성화를 위해 인터넷전문은행, 오픈뱅킹·마이데이터, 온라인투자연계금융 등의 제도를 도입하였다.

디지털금융과 관련한 입법은 주요 선진국에 비해 다소 늦게 도입되었지만 은행산업의 발전에 대한 기여도는 높은 편이다. 플랫폼기업이 플랫폼을 중심으로 자회사 또는 유사 은행업무를 통해 은행산업에 대한 시장점유율을 높이고 있다. 실제로 인터넷전문은행을 자회사로 두고 개인영역에서 경쟁력을 확보하고 지급결제시장을 점차 잠식하고 있다.

플랫폼기업이 은행업에 진출함에 있어 은행의 규제 형평성은 논란의 여지가 있다. 은행은 각종 규제비율을 준수하도록 강한 규제를 받는 반면, 플랫폼기업은 혁신성을 강조하면서 상대적으로 규제부담이 크지 않다. 향후 디지털금융의 균형 발전을 위해서는 "동일기능·동일규제" 원칙 하에서 공정한 경쟁이 필요하다. 특히 AI기술과 블록체인기술이 은행업과 접목되면 디지털금융은 이전과 다른 형태로 전개될 가능성이 높다. 새로운 금융시스템 하에서 새로운 형태의 경쟁을 하게 된다. 새로운 규제체계를 만들 때 은행산업의 발전과 금융소비자의 편익을 제고하는 차원에서 규제 형평성을 유지할 필요가 있다. 디지털금융은 은행산업에 많은 변화를 가져다 줄 것이기 때문에 새로운 시장참여자와 은행이 건전한 경쟁관계를 유지하면서 상호 협력할 수 있는 제도적 기반을 마련하고, 이를 통해 체계적인 금융 인프라를 만들어 가야 한다.

참/고/문/헌

〈국내문헌〉

구본성·이대기, “국내은행의 플랫폼 전략 현황과 전망”, 한국금융연구원, 2008.

구정한·이규복·오태록, “온라인투자연계금융업법 내 이용자 보호를 위한 영업행위규제 주요 내용 및 향후 강화 방향”, KIF 금융분석리포트 2021-05, 2021.5.

김자봉, “디지털금융 법제화의 세계적인 동향과 정책적 시사점”, 한국금융연구원, 2021.

박정국·김인재, “오픈뱅킹(Open Banking)의 현황과 정책방향에 관한 연구", 서비스연구 제10권 제1호, 2020.

서병호, “금융 마이데이터 2.0시대 국내 금융회사의 과제”, KIF이슈리포트 2024-03호, 2024.

서병호, “온라인투자연계금융 현황 및 발전방향”, 국회세미나, 2022.8.

윤민섭, “P2P금융의 현재와 제도적 개선방향”, 한국금융소비자보호재단, 2022.1.

윤선영·황선경·왕다운, “2026 대한민국 금융소비자 트렌드 보고서”, 하나금융연구소, 2025.

윤선영·황선경, “2025 대한민국 금융소비자 트렌드 보고서”, 하나금융연구소, 2024.

이병윤·서병호·권홍진, “은행은 여전히 특별한가?”, KIF VIP리포트 2020-15, 한국금융연구원, 2020.

이수진·권홍진·이병윤, “인터넷전문은행 도입 성과 평가 및 시사점”, 한국금융연구원, 2024.

이상복, “주요국 인터넷전문은행의 현황과 그 법적 시사점”, 법학논총 제33권 제1호, 2016.

이성복, “P2P 대출중개시장 분석과 시사점-금융중개 역할을 중심으로”, 조사보고서 18-02, 자본시장연구원, 2018.1.

이수영, “대안금융으로서 온투업(P2P)의 가능성과 과제", 하나Knowledge+, 하나금융연구소, 2025.9.

이정민, “대안금융으로서, 온라인투자연계금융업의 발전을 위한 규제 개선방안”, 국회세미나, 2022.8.

임윤화, “지급서비스지침 개정(PSD3) 및 금융데이터 공개 확대를 제안한 유럽위원회(EC)“, 해외여신금융동향 2023-13, 여신금융협회, 2023.

정희수, “인터넷전문은행 도입의 법적 이슈와 영향”, 금융법연구 제12권 제3호(통권 제26호), 2015.

정희수, “국내 오픈뱅킹의 도입과 향후 과제“, 하나금융포커스 제9권 20호, 2019.

삼정KPMG 경제연구원, "2025년 국내 디지털금융 주요 이슈”, 삼정KPMG, 2025.3.

〈보도자료 등〉

금융위원회·금융감독원, “‘24~’26년 인터넷전문은행 중·저신용자 대출 공급계획 발표”, 보도자료, 2023.12.27.

금융위원회, “마이데이터가 너 편리한 내 손인의 금융 비서로 거듭납니다”, 보도자료, 2025.6.19.

금융위원회, “이제 은행 영업점에서도 오픈뱅킹과 마이데이터를 이용할 수 있습니다”, 보도자료, 2025.11.18.

금융위원회, “오픈뱅킹 추진 현황 및 향후 계획”, 보도자료, 2019.10.30.

금융위원회, “온라인투자연계금융업 3개사 최초 등록”, 보도자료, 2021.6.10.

금융위원회, “온라인투자연계금융업 규제개선 방안”, 보도자료, 2024.1.24.

금융위원회, “IT·금융 융합 및 신성장동력 창출을 위한 인터넷전문은행 도입방안”, 보도자료, 2015.6.18.

알고리즘 거래에 관한 금융규제*

이정수
(서울대학교 법학전문대학원 부교수)

I 서 론

제4차 산업혁명이라는 용어가 광범위하게 사용되고 있다.[1] 제4차 산업혁명은 인공지능, 빅데이터, 유비쿼터스 컴퓨팅 등 일련의 기술변인들이 상호의존성, 속도성, 복잡성의 특질을 통해 사회경제적으로 큰 변화를 가져오고 있는 현상을 기술한 개념이다.[2] 제4차 산업혁명이 내포한 기술변화는 자본시장에도 큰 영향을 미치고 있다. 그중 중요한 것이 알고리즘 거래의 등장과 발전이다. 알고리즘 거래는 인간이 거래하는 메커니즘

* 이 글은 필자의 "알고리즘 거래에 관한 금융규제 연구", 증권법연구 제26권 제2호, 2025.8.을 이 책의 목적에 맞게 수정, 보완한 것이다.

1 제4차 산업혁명은 세계경제포럼의 창시자 중 하나인 클라우스 슈밥(Klaus Schwab)이 2015년에 포린 어페어(Foreign Affairs)의 기고글을 통해 주장한 개념이다. 제4차 산업혁명은 2015년에 슈밥이 처음으로 제시한 이래, 2016년 1월 20일 스위스 다보스에서 열린 세계경제포럼에서도 슈밥 스스로가 키워드로 제시하여 그 개념이 퍼져나갔다. Klaus Schwab, "The Fourth Industrial Revolution: What It Means and How to Respond", Foreign Affairs, 2015.12.12. https://www.foreignaffairs.com/articles/2015-12-12/fourth-industrial-revolution (2021.9.15. 최종방문)

2 양천수, 「제4차 산업혁명과 법」, 2017, 4-5면. 제4차 산업혁명에 대해서는 이것이 종래의 산업혁명과 비교할 때 독자적인 산업혁명으로 정의할 수 있는지에 대해 이론(異論)이 없는 것은 아니다. 양천수, 「제4차 산업혁명과 법」, 2017, 4-5면. 하지만 제4차 산업혁명으로 묘사되는 여러 기술변인 내지 사회경제적 변화들이 금융과 금융법에 커다란 영향을 미치고 있음은 부인할 수 없는 상황이다. 빅테크기업의 금융업 진출, 지급결제업과 같은 전자금융업의 확장, 혁신기술을 통한 디지털전환과 핀테크의 성장 등이 대표적이다.

을 알고리즘화하여 결국 기계가 인간을 대체하는 결과를 가져온다.[3] 알고리즘 거래를 통해 보다 효율적이고 효과적인 거래가 가능하지만 부작용도 상당하다. 우선 알고리즘 거래는 고속성과 대량성으로 인해 시장에 예상치 못한 충격을 가할 수 있고, 이는 시장붕괴로 이어질 수 있다. 또한 알고리즘 거래의 수단을 가진 자와 그러한 수단을 가지지 못한 자 사이에 불균형 문제를 야기한다. 종래의 자본시장의 시장실패 가능성이 정보불균형이었다면 이제는 수단불균형이 문제가 될 수 있는 것이다.[4] 나아가 알고리즘 거래는 불공정거래에 있어 종래 사람이 하는 거래와는 전혀 다른 모습의 새로운 유형과 방법으로 전개될 수 있다. 본고에서는 그와 같은 문제의식에 따라 우선 알고리즘 거래의 의의와 그에 대한 금융법적 쟁점을 개관하고(II), 법적 규제를 시장안정성 규제(III), 금융투자업자 규제(IV) 및 불공정거래 규제(V)의 세 가지 측면으로 나누어 연구, 고찰한다.

Ⅱ 알고리즘 거래의 의의 및 현황과 금융법적 쟁점

1 알고리즘 거래의 의의

알고리즘[5]이란 미리 정해진 함수에 따라 값을 도출하여 의사를 결정하는 일련의 논리적 추론과정(logical reasoning process)을 의미한다.[6] 예를 들어 Y – AX + B라고 할 때

3 이는 인공지능이나 빅데이터와 같은 기술변화에 따라 자본시장에 큰 변화를 가져올 것이다.

4 2013년 9월 24일 미국 뉴욕주 검찰총장인 슈나이더만(Erik T. Schneiderman)은 이른바 insider trading 2.0의 시대가 도래했고, 기존의 규제는 재정비될 필요가 있다고 주장하였다. 종래의 내부자거래(insider trading)가 정보가 있는 자와 없는 자 사이의 불균형 현상이라고 한다면 현재의 알고리즘 거래는 그와 같은 거래수단을 가진 자와 가지지 못한 자 사이의 불균형 현상이라고 할 수 있다는 것이다. Hibah Yousuf, "NY Attorney General blasts 'insider trading 2.0'", CNN, 2013.11.24.

5 스기우라 켄(서재원 역), 「그림으로 배우는 알고리즘 베이직」, 2017, 12면에서는 알고리즘이란 "컴퓨터를 이용하여 주어진 과제를 해결하기 위한 처리절차"라고 정의하고 있다. 알고리즘의 기본적 내용에 대해서는 같은 책 87면 이하 참고.

6 오성근, "EU의 제2차 금융상품시장지침(MiFID Ⅱ)상 알고리즘거래 규제에 관한 분석 및 시사점", 기업법연구 제29권 제4호, 2015.12, 340면에서는 알고리즘을 "어떤 문제를 해결하거나 특정과업을 수행하기 위하여 입력된 자료(input)를 토대로 결과(output)를 도출해내는 규칙의 단계적 집합"이

미리 정해진 A와 B값(parameters)에 투입값인 X(variable)에 따라 Y값을 결정하는 것은 단순한 계산과정(calculation process)에 해당한다. 하지만 여기에 더해 그렇게 결정된 값인 Y를 가지고, Y>0 일 때 승인하고, 그렇지 않으면 기각하도록 한다면 비로소 의사결정과정(decision making process)으로서의 알고리즘이 되는 것이다.[7] 이러한 알고리즘은 모든 의사결정에 응용될 수 있다. 이를 거래에 활용한다면 알고리즘 거래가 될 것이다. 그리고, 이를 앞서 살핀 계산과정과 의사결정과정이라는 측면에서 종합하면, 알고리즘 거래는 미리 정해진 알고리즘 로직에 따라 공정가치(FV, fair value)를 산정 후 공정가치와 시장가격의 비교 등을 통해 주문거래(주문가격, 수량 및 시기를 결정)하는 것을 의미한다.[8] 그러한 연유로 금융시장에서는 알고리즘 거래를 "사전에 정해진 규칙에 따라 주식의 내재가치 또는 정상가격을 추정하여 저평가되어 있는 경우 매수, 고평가되어 있는 경우 매도주문을 내도록 하는 프로그램 트레이딩의 일종"[9]이라거나 "특정한 매매전략을 수행하기 위한 조건을 전산시스템에 설정하고 그 조건을 충족하는 상황이 발생하면 별도의 인적 개입 없이 자동적으로 거래주문이 생성되고 발주되는 시스템 거래방식"[10] 내지 "주문매개변수를 자동적으로 결정하는 컴퓨터 알고리즘을 이용하는 거래"[11] 등으로 설명하고 있다.

라고 정의하고 있다.

7 Nathan Coombs, "What is an algorithm? Financial regulation in the era of high-frequency trading", Economy and Society, 2016, 286면 이하에서는 금융규제 측면에서 알고리즘의 정의 내지 범위 획정을 논의하고 있다.

8 다만, 여기에서 공정가치라고 하면 장기적인 내재가치(IV, intrinsic value)와는 다르다는 점을 유의할 필요가 있다. 특히 고빈도 거래, 기술적 접근방법에 의한 알고리즘의 경우 공정가치라고 하면 바로 다음 시점의 주가를 예측하는 것으로서 장기적인 내재가치와는 다를 수 있는 것이다. 예를 들어 A주식의 현재가치가 8,000원이고 장기적인 내재가치가 10,000원이더라도 바로 다음 시점에 예측되는 공정가치는 7,000원에 불과할 경우 매수주문이 아닌 매도주문을 내는 것이 합리적일 수 있다.

9 영문 금융용어사전(wikipedia 등)에서는 "Algorithmic trading (also called automated trading, black-box trading, or algo-trading) uses a computer program that follows a defined set of instructions (an algorithm) to place a trade. The trade, in theory, can generate profits at a speed and frequency that is impossible for a human trader; High Frequency Trading"이라고 설명하고 있다.

10 오성근, "EU의 제2차 금융상품시장지침(MiFID II)상 알고리즘거래 규제에 관한 분석 및 시사점", 기업법연구 제29권 제4호, 2015. 12, 340면 각주 1) 참고. 동 각주에서 언급된 한중석 "알고리즘매매 증가에 따른 증시환경 변화와 대응전략", KRX Market 제71호, 2011.1. 등 참고.

11 독일 증권거래법 제33조 제1a항 제1문(고빈도 거래법에 의해 개정된 내용). 정대익, "독일과 유럽연

그러나, 우리나라의 현행 법률에서 알고리즘 거래에 관하여 명시적으로 정의하고 있는 바는 없고, 판결에서 방론으로 "알고리즘이란 과업을 수반하는 일련의 지시(a list of instruction for accomplishing a task)인데, 이러한 지시 중 인간의 의사표시에 의하지 않고 컴퓨터화된 방법으로 이루어지는 지시에 따라 금융상품의 매매 기회를 인지하고 주문을 집행하는 매매유형을 알고리즘 매매라고 한다"고 판시한 것이 있을 뿐이다.[12] 다만, 거래소와 회원사 간의 자치법규라고 할 수 있는 한국거래소 규정(업무규정 제13조의2 제1항)에서는 직접적인 정의 규정을 두고 있는데 "사전에 정한 일정한 규칙에 따라 투자의 판단, 호가의 생성 및 제출 등을 사람의 개입 없이 자동화된 시스템으로 하는 매매거래"라고 규정하고 있다. 반면, 외국의 경우 법률 내지 법규에서 알고리즘 거래에 대해 정의를 한 것을 찾아볼 수 있는데 대표적으로 EU의 MiFID II[13] 제4조에서는 "알고리즘 거래란 개별 파라미터 값에 기초해 자동적으로 금융상품을 매매하는 것을 말하며 이는 주문의 시차, 가격, 수량 등을 고려하고 인간의 간섭이나 방해 없이 어떻게 주문을 제출할 것인가를 판단하는 컴퓨터 알고리즘을 의미한다"고 규정하고 있다.

요컨대, 우리나라의 경우 알고리즘 거래에 대해 법에서 정의하고 있는 바는 없으므로, 외국의 입법례와 학술적인 정의를 참고하여 알고리즘 거래를 정의하면 "알고리즘 거래란 컴퓨터 등 기계적 장치를 이용하여 미리 정해진 방식에 의해 (주가 등의) 공정가치를 산정하는 등 인간의 간섭이나 방해 없이 언제, 어떻게, 얼마나 주문을 제출할 것인가를 판단하여 주문을 제출하는 과정"이라고 할 것이다. 그리고, 그 개념요소는 (i) 컴퓨터 등 기계장치의 이용, (ii) 미리 정해진 방식(로직)에 의한 공정가치 산정, (iii) 자동적인 주문여부, 수량, 시기의 결정, (iv) 인간의 간섭과 방해가 배제된 주문제출 정도의 네 가지로 추출할 수 있을 것이다.

합의 고빈도 알고리즘 거래 규제 - 규제 방향에 대한 시사점", IT와 법연구, 제10집, 2015.2. 127면

12 ELW사건의 1심 판결문에는 방론으로 알고리즘 거래에 대해 설명하고 있다(서울중앙지방법원 2011.12.30. 선고 2011고합604판결).

13 Market in Financial Instrument Directive II. 제2차 금융상품투자지침 정도로 번역이 되고 있고, EU의회가 제정하여 2018년 1월 3일부터 적용되고 있다. 다만, 영국과 독일 등은 그 시행을 2년간 유예한 바 있다.

2 알고리즘 거래의 전개와 현황

알고리즘 거래가 제4차 산업혁명과 함께 갑자기 등장한 개념은 아니다. 알고리즘 거래의 연원은 1980년대 미국의 증권시장에서 찾을 수 있다. 개인용 컴퓨터 등이 보급되면서 증권시장에서도 기초적인 프로그램을 이용한 거래가 시작되었다. 하지만 당시 알고리즘 거래는 매우 초보적인 것이었다. 알고리즘 거래가 본격적으로 전개된 계기가 된 것은 1987년 10월 19일 발생한 블랙먼데이(Black Monday)였다.[14] 블랙먼데이 당시 뉴욕증권거래소(NYSE, New York Stock Exchange) 객장의 딜러들은 속수무책으로 주가가 추락하는 상황에서 고객들의 전화를 받지 않는 식으로 대응하였고, 주식을 팔지 못한 혹은 주식을 사지 못한 고객들의 손해는 온전히 고객들에게 귀속되었다.[15] 이러한 객장 중심의 대면거래 문제점이 수면 위로 드러나고, 한편으로 컴퓨터와 서버를 비롯한 정보통신기술이 발달하면서 1990년대 미국의 증권거래는 급격히 비대면거래, 전자거래(ECN, Electronic Communication Network) 형태로 이행하게 된다.[16] 그리고 미국 증권거래위원회(SEC, Securities Exchange Commission)가 2005년 Regulation ATS(Alternative Trading System)와 2007년 Regulation NMS(National Market System)를 순차적으로 발표하면서 금융시장의 거래에서 주문최적화[17]를 위한 알고리즘 거래(Algorithmic Trading)[18] 내지 고

---

14 당시 연방준비위원회의 대응과 관련하여 Carlson, Mark, "A Brief History of the 1987 Stock Market Crash with a Discussion of the Federal Reserve Response" Finance and Economics Discussion Series No. 2007-13, Divisions of Research & Statistics and Monetary Affairs, Federal Reserve Board, Washington, DC, November 2006, 연방준비위원회 의장이었던 버냉키의 분석에 대해서는 Bernanke, Ben. "Clearing and Settlement during the Crash." Review of Financial Studies 3, no. 1 (1990) 133-51. 한편, 당시 사건을 다룬 기사로는 Cowen, Alison Leigh. "Bitter Lessons Gleaned From the Fall." New York Times, October 22, 1987. 이후 같은 신문에서 이 사건을 회고한 기사로는 Ken Belson with Alain Delaqueriere, "Black Monday: Now a Ritual Whose Meaning is Clear" New York Times, 28 December 2013. 참고.

15 Donald Mackenzie, 「Trading at the Speed of Light: How Ultrafast Algorithms Are Transforming Financial Markets」, Pr inceton, 2021, pp.70-74.

16 Michael J. McGowan, "The Rise of Computerized High Frequency Trading : Use and Controversy", 2010 Duke L. & Tech. Rev., p.12.

17 뒤에서 살피는 바와 같이 알고리즘 거래의 발전단계 중 1단계에 해당한다.

18 Algorithmic Trading에 대한 번역으로 '알고리즘 트레이딩', '알고 트레이딩', '알고리즘 매매' 등

빈도 거래(HFT, High Frequency Trading)[19]가 차지하는 비중이 급격히 늘어나게 되었다.[20]

하지만, 알고리즘 거래가 금융법적인 측면에서 본격적으로 이슈가 된 것은 2010년 5월 6일 발생한 소위 flash crash 사건[21]이었다.[22] 당시 뉴욕증권거래소에서 수 분 만에 지수가 폭락하였다가 다시 회복을 하는 일이 발생하였는데 시장의 주요 기초지수들(fundamentals)은 견조한 상황이었으므로 처음에는 무엇이 이러한 시장의 급격한 변동을 초래하였는지 알 수 없었고, 한참의 시간이 지나서야 사건의 윤곽이 희미하게나마 드러나게 되었다. 하지만 어떤 메커니즘에 의해 매우 짧은 시간에 그와 같이 시장이 붕괴하였다가 회복하였는지 아직도 정확한 답을 얻지 못하고 있다.[23] 흥미로운 것은 flash crash 사건의 윤곽이 어느 정도 드러난 것이 그로부터 5년 후 Navinder Singh Sarao라고 하는 트레이더의 알고리즘 거래를 이용한 시장질서교란행위가 적발되면서부터라는 점이다.[24] flash crash 이후 감독당국의 규제방향은 알고리즘 거래의 시장붕괴 가능성을 막기 위한 시장안정성 규제에 놓여 있었다. 하지만 Sarao 사건과 같이 알고리즘 거래를 이용한 불공정거래 행위가 발생하면서, 알고리즘 거래가 그 자체로 시장을 붕괴시킬 수

다양한 용어가 사용되고 있다. 본고에서는 '알고리즘 거래'로 통일하여 사용하기로 한다.

19 고빈도 거래와 알고리즘 거래의 관계 및 2010년대 초의 규제 경위에 대해서는 Peter Gomber, Bjorn Arndt, Marco Lutat, Tim Uhle, "High-Frequency Trading", 2011.3, pp.9-14. pp.46-50; Jonathan Ahlstedt, Johan Villysson, "High Frequency Trading", 2012.12, pp.2-5. 등 참고.

20 고빈도 거래는 경제적 현상일 뿐만 아니라 사회적 현상이기도 하다. 고빈도 거래의 사회학적 분석 및 그 내부 대리인들간의 의사소통 문제에 대해서는 Ann-Christina Lange, Marc Lenglet Robert Seyfert, "Cultures of high-frequency trading: mapping the landscape of algorithmic developments in contemporary financial markets", Economy and Society, 2016, pp.155-161. 참고.

21 Andrei A. Kirilenko, Andrew W. Lo, "Moore's Law versus Murphy's Law:Algorithmic Trading and Its Discontents", Journal of Economic Perspectives, 2013, pp.62-63. 동 논문에서는 flash crash 사건을 "the perfect financial storm"이라고 표현하고 있다.

22 강영기 · 박선종, "HFT 등 알고리즘 거래에 대한 각국의 규제동향과 해결과제에 관한 비교법적 고찰", 증권법연구 제19권 제2호, 2018, 138면.

23 다만, 2000년대 들어서서 급속히 확대된 알고리즘 거래가 이러한 시장 붕괴에 중요한 역할을 하였으며 알고리즘 간의 간섭과 증폭효과가 시장의 큰 변동을 만들었다는 점에 대체적으로 일치된 견해를 보이고 있다.

24 CFTC and SEC, "Findings Regarding The Market Events Of May 6, 2010: Report Of The Staffs Of The CFTC And SEC To The Joint Advisory Committee On Emerging Regulatory Issues", 2010.9.30.

있을 뿐만 아니라 이를 이용한 새로운 불공정거래 행위유형에 대해 대응이 필요하다는 점이 법적 규제 측면에서 점차 관심을 모으게 되었다.[25]

위와 같은 사건과 사고 속에서도 알고리즘 거래가 시장에서 차지하는 비중은 급격히 증가하고 있다. 2016년에 발간된 미국 의회의 보고서[26]에 따르면 미국의 경우 2015년 알고리즘 거래의 비중이 주식시장에서 55%, 외환시장에서 80%, 국채시장[27]에서 67%에 이르고, 이 비중은 급속히 증가할 것으로 전망되었다.[28] 유럽시장의 경우에는 알고리즘 거래가 차지하는 비중이 2013년 주문수 기준으로 58%에 이르고(영국 44%, 독일 33% 등), 매매대금 기준으로는 24% 수준이라고 한다.[29] 일본의 경우에도 2013년 주문금액 기준으로 51.6%, 매매대금 기준으로는 25.9% 수준에 이른다고 한다.[30] 최근의 자료에 의하면 미국의 경우 주식시장에서 알고리즘 거래는 60~75% 수준을, 다른 시장에서는 80% 내외로 추정되고, 그중 고빈도거래(HFT, High Frequency Trading)의 비율이 절반 이상을 차지한다고 알려지고 있다.[31][32] 유럽 및 영국 주식시장에서도 알고리즘 거래의 비중은

25 알고리즘을 이용한 거래만 법적으로 문제되는 것은 아니다. 예를 들어 알고리즘을 이용하여 담합을 하는 경우에는 경쟁법적 문제가 남는다. 이러한 예에 대해서는 박창규, "공정거래법상 알고리즘 담합 책임의 귀속과 준법사항(compliance)에 관한 연구", 고려법학 제96호, 2020.3; 서완석, "인공지능에 의한 소비자권익 침해에 관한 유형과 법적 과제", 상사법연구 제37권 제1호, 2018 등 참고.

26 Rena S. Miller, Gary Shorter, "High Frequency Trading: Overview of Recent Development", Congressional Research Service, 2016.4.4. (https://fas.org/sgp/crs/misc/R44443.pdf) (2025.7.8. 최종방문)

27 10년물 미재무부 국채선물(Treasury 10 years futures) 기준이다.

28 福田 徹, "取引の高速化と株式取引の實態 - 東京證券取引所の注文板差分デイタお用いた實證分析", 證券經濟研究, 第94號(證券經濟研究所, 2016), p.3.

29 European Securities and Markets Authority Commission, "High-frequency trading activity in EU equity markets", Economic Report, Number 1, 2014.3, p.11에서는 유럽(2013년 5월 기준)은 유럽 주식시장 전체의 58%, 런던 증권거래소(London Stock Exchange)의 44%, 독일 증권거래소(Deutsche Börse)의 33%, 유로넥스트 파리(Euronext Paris)의 50%, 밧트 유럽(BATS Europe)의 76%를 차지하였다고 설명하고 있다.

30 강영기 · 박선종, "HFT 등 알고리즘 거래에 대한 각국의 규제동향과 해결과제에 관한 비교법적 고찰", 증권법연구 제19권 제2호, 2018, 16면.

31 https://therobusttrader.com/what-percentage-of-trading-is-algorithmic/?utm_source=chatgpt.com (2025.7.5. 최종방문)

32 한편, 최근 다크풀에서도 알고리즘 거래량이 증가 중이라고 한다. 최근 다크풀 거래비중은 약 15%

60~75% 수준으로 미국과 비슷하다고 하며,[33] 특히 2000년대 후반부터 알고리즘 거래의 비중이 약 60~73%로 급증했고, 이후 일부 조정이 이루어져 2023년에 50% 이상의 비중을 차지하는 것으로 보고되고 있다. 이에 반해 우리나라는 미국 등과는 달리 아직 개인투자자들의 비중이 상당하고, 증권거래세 등 주식거래 빈도와 속도를 늦추는 제반 사정으로 인해 알고리즘 거래가 그렇게까지 활발하지는 않은 것으로 보인다. 2024년 기준 한국 알고리즘 거래 시장 규모는 851.8백만 USD, 전 세계 시장의 약 4%를 차지하며, 2025~2030년 연평균 13.5% 성장할 것으로 전망되고 있다.[34]

3 금융규제 측면에서의 쟁점

이러한 자본시장의 변화, 구체적으로는 알고리즘 거래의 비중 증가에 비해 그에 관한 법적 규제 연구는 주로 flash crash 사건[35]과 같은 시장붕괴에 대한 법적 대응이나 다크풀(dark pool)[36][37]과 같은 제도적 장치에 대한 것이 주류를 이루고 있다.[38] 더구나 우리나라는 flash crash와 같은 알고리즘 거래로 인한 시장붕괴 경험을 직접 겪지 않았다. 따

로 추정된다. https://www.barrons.com/articles/dark-pools-market-makers-intelligentcross-4fdf5129?utm_source=chatgpt.com (2025.7.5. 최종방문)

33 https://www.quantifiedstrategies.com/what-percentage-of-trading-is-algorithmic/?utm_source=chatgpt.com (2025.7.5. 최종방문)

34 알고리즘 거래보다 넓은 의미의 프로그램 트레이딩까지 포함하면 시장에서 자동화된 거래가 차지하는 비중이 상당할 것으로 추정되고, 그 비율은 앞으로 확대될 것이 분명하다. https://www.grandviewresearch.com/horizon/outlook/algorithmic-trading-market/south-korea?utm_source=chatgpt.com (2025.7.5. 최종방문)

35 Antonie Godin, “Algorithmic trading, high frequency finance”, University of Limerick, presentation material, p.33.

36 다크풀 규제의 일반적 내용에 대해서는 고동원, “해외증권시장의 다크풀(Dark Pool) 규제 현황과 시사점”, 증권법연구 제22권 제1호, 2021, 112-116면 참고.

37 다크풀에 대해서는 ‘비공개거래시장’ 또는 ‘비공개거래소시장’ 등 번역이 가능하다. 하지만 다크풀은 우리나라에 도입, 등장한 형태가 아니므로 그와 같은 번역이 향후 다크풀의 등장시 다크풀의 성격파악에 장애가 될 여지도 있다. 따라서 본고에서는 원어 그대로 ‘다크풀’이라는 용어를 사용한다.

38 Imad A. Moosa, 「Good Regulation, Bad Regulation: The Anatomy of Financial Regulation」, Palgrave Macmillan, 2015, 191면에서는 오히려 고빈도 거래자들이 flash crash 문제를 해결한 측면이 있다고 설명하고 있다.

라서 외국의 연구와 입법례를 소개하는 내용으로 다수의 연구가 이루어지고 있고, 우리나라의 자본시장에 적합한 법적 규제에 관한 체계적인 연구를 발견하기는 쉽지 않다.[39] 그러나 알고리즘 거래로의 자본시장의 중심이동은 소위 매뉴얼 거래(manual trading, 이하 "수동거래"라고 한다)를 전제로 체계화되어 있는 기존 규제체계가 향후에도 그대로 적용될 수 있는 것인지에 대한 근본적인 질문을 던진다.[40] 또한 현재의 규제체계가 자동화된 거래에 있어 시장붕괴 위험을 효과적으로 막아내고 시장의 안정성(market stability)을 지켜낼 수 있는지, 알고리즘 거래에 투자하는 투자자 보호를 위하여 금융투자업자에 대한 규제를 어떻게 체계화하여야 하는지, 알고리즘 거래를 통한 불공정거래에 대해 거래상대방 보호를 위하여 어떻게 대응하여야 할지 등 금융법적 규제 측면에 있어 다양한 문제를 제기하고 있다.[41]

4 법적 규제 현황 - 비교법적 분석

선진 금융시장을 가진 국가들, 특히 미국은 알고리즘 거래의 기술적 발전과 법적 규제의 발전을 이끌어왔다. 미국의 경우 초기에는 거래소 간의 경쟁과 시장효율성을 강화하기 위한 규제조치를 시행하였다. 그리고, 알고리즘 거래가 등장하여 시장영향력을 확대하는 과정에서 flash crash와 같은 사고가 발생하자 시장안정성을 고려한 규제를 마련하였다. 이후 알고리즘 거래를 통한 불공정거래 행위가 빈발하자 이를 규제하기 위한

39 불공정거래 측면에서는 최근 새로운 법적 연구가 시도되고 있다. 예컨대, 우리나라의 증권 불공정거래에 있어 구체적인 입법론을 제시하는 논문으로 노혁준, "증권 불공정거래의 새로운 양태와 대응 - 고빈도 거래(HFT)를 중심으로", 법학연구 제31권 제1호, 2021.3, 89면 이하 참고.

40 Karen Kunz, Jena Martin, "Into the Breech: The Increasing Gap between Algorithmic Trading and Securities Regulation", J Financ Serv Res, 2015, pp.143-144; Lazaro I. Vazquezt, "High frequency trading: Is regulation the answer", Wake Forest Journal of Business and Intellectual Property Law, 2017, pp.163-169; Kevin O'Connell, "Has Regulation Affected the High Frequency Trading Market," Catholic University Journal of Law and Technology, 2019, pp.164- 등 참고. 다만, 마지막 논문은 규제가 HFT회사나 거래자를 반대로 보호하는 등 반대의 영향을 미칠 수 있다는 점에 주목하고 있다.

41 Joseph Lee, Mr Lukas Schu, "Algorithmic trading regulation: the frameworks for human supervision and direct market interventions", 2021.1, p.7 이하에서는 EU, 영국, 미국 등 각국의 사례를 통해 다양한 금융규제들이 문제됨을 예시하고 있다.

규정을 도입하고 있고, 이후에는 각국 시장 간 연계와 알고리즘 거래의 글로벌화가 이루어지는 상황에서 국가 간 규제공조가 논의되고 있는 상황이다. 미국시장, 유럽시장, 일본시장 등이 알고리즘 거래라고 하는 새로운 기술 도입과 변화에 어떻게 대응하였는지는 우리의 규제 논의에 중요한 시작점이자 단서가 된다. 알고리즘 거래에 대한 대응도 시장거래자들과 규제당국 사이의 '도전과 응전의 역사'[42]에 다름 아니기 때문이다. 기존의 규제체계 하에서 새로운 기술이 도입되면서 규제의 공백과 흠결을 이용한 이익도모 행위가 있었고, 그에 대해 규제당국이 대응하면 다시 그 공백을 비집고 시장을 지배, 이용하려는 시도가 계속되었다.

법적 규제에 있어 외국의 대응은 크게 두 가지 방식으로 나타났다는 점에 주목할 필요가 있다. 하나는 기존 법규를 수정, 보완함으로써 대응한 국가들로 미국은 증권거래위원회를 포함한 규제당국이 상당히 포괄적인 규제권한을 보유하고 있었으므로 법을 신규로 제정하거나 변경하기보다는 규제당국이 구체적인 Regulation을 제정하고, 이를 통해 거래소 등의 자발적인 규제변화를 이끌어내는 방향을 취하였다.[43] 일본은 이와 달리 금융상품거래법(이하 "금상법")을 개정하는 방식으로 대응하되, 법규정에서 정령 등에 위임을 하는 방식을 취하였다.[44] 반면, 알고리즘 거래에 대해 새로운 입법을 한 국가들도 있다. EU의 경우[45] MiFID II(Market in Financial Investment Directive)[46]를 새로이 마련하

42 Arnold Toynbee, "A Study of History"에서 인용(한국어판은 홍사중 번, 「역사의 연구 1,2」, 2016).

43 Frank Pasquale, "Law's Acceleration of Finance: Redefining the Problem of High-Frequency Trading", Cardozo Law Review, 2015, pp.2117-2124.

44 기존 금융상품취인법상의 규제논의에 대해서는 黒沼悦郎, "金融商品取引法", 有斐閣, 2016; 黒沼悦郎·太田洋, 論点体系金融商品取引法 2 , 第一法規, 2014 등 참고.

45 EU에서서의 알고리즘 거래에 대한 규제 관련 논쟁(regulation or supervision)에 대해서는 Bertrand Brehier, "High frequency trading: should technological developments be considered a potential threat to financial markets and be subject to specific regulation?", ERA Forum, 2013, pp.77-79.

46 Directive 2014/65/EU of the European Parliament and of the Council of 15 May 2014 on markets in financial instruments and amending Directive 2002/92/EC and Directive 2011/61/EU.

였고,[47] 독일은 고빈도거래규제법(HochFrequenzhandelsgesetz)이라는 별도 입법을 통해 규제를 정비한 유일한 국가이다.[48] 이에 반해 우리의 경우 그간 한국거래소의 규정과 가이드라인을 통해 주로 대응을 해왔고, 자본시장법에는 별다른 변화가 없었다. 구체적으로 보면 한국거래소는 2010년 회원사들에 대한 일종의 지침으로 알고리즘 거래 관련 가이드라인을 제정하였고, 업무규정으로 알고리즘 거래 시 포지션 보고의무 등을 부과하는 한편, 불공정거래와 관련해서도 규정을 마련해 두고 있다.[49] 반면 자본시장법에서는 알고리즘 거래에 대해 별다른 규정을 두지 않고 있고, 다만 2015년 도입된 시장질서교란행위 규제 중 시세관여형 시장질서교란행위 규정에서 알고리즘 거래를 염두에 둔 규정을 마련하고 있다고 평가할 수 있을 뿐이다.[50]

외국과 우리나라의 알고리즘 거래 내지 고빈도 거래에 대한 규제를 비교해 보면 다음과 같다.[51]

47 기존 MiFID I을 개정보완하는 것이지만 알고리즘 거래에 대해서는 사실상 새로운 내용을 담고 있으므로 개정보완이라기보다는 제정에 가깝다.

48 다만, 독일도 Artikel법 형태로 기존법률을 수정보완하는 형태를 취하였으므로 별도입법이라고 볼 수 없다는 견해도 있다. Artikel법이란 법제정/개정방식으로 새로운 법률에서 기존 법률에 새로운 조문을 추가하거나 기존규정을 변경하는 것을 말한다. 독일의 고빈도 거래법은 거래소법(BorsenG), 금융기관법(KWG), 증권거래법(WpHG) 및 투자법(InvestmentG) 등의 법을 개정하는 내용을 담고 있다.

49 한국거래소 시장감시규정 제3조, 제4조 등. 다만 동 규정이 알고리즘 거래를 직접 염두에 둔 것은 아니다. 이에 대해서는 김상환, "고빈도 거래와 한국의 금융감독 현실", Weekly Hana Financial Focus, 2015.5.25, 2-3면 참고.

50 자본시장법 제178조 제2항 제1호 및 제4호.

51 이 중 외국의 경우 비교목적으로 미국, EU, 일본 등의 그것을 종합하여 정리한 것이다.

표 1 알고리즘 거래규제 비교 - 외국과 우리나라

	외국(미국과 EU 등)	우리나라	평가
고빈도 거래자의 등록	등록의무 있음(기존 금융투자업자가 아닌 고빈도 거래자의 경우에도 의무 있음)	없음	시장안정성규제의 전제로 고빈도 거래자 등록 필요. 특히 우리나라의 경우 역외 거래자에 대한 고려 필요
알고리즘의 공개 및 정보제공 등	알고리즘의 공개 및 정보제공의무 있음. 다만, 알고리즘의 공개범위 등에 대해서는 차이	없음	알고리즘을 필요최소한도로 감독당국에서 파악하여 위험을 측정, 관리할 필요성 있음
종합적 관리	종합적 관리의무 부여	없음 (감독당국의 금융투자업자에 대한 일반적 관리)	시장안정성에 대한 위험의 파급가능성 등 고려할 때 기능적, 종합적 관리 필요
사후적 시장안정화 수단	개별 증권(주식)에 대한 써킷브레이커 등	거래소의 써킷브레이커 등	거래소 단계의 주식시장 전체에 대한 써킷브레이커로 대응이 힘듦. 개별 주식에 대한 써킷브레이커 등 고려 필요
금융투자업자 규제	미국의 Reg. NMS 및 FINRA의 자율규제	내부통제절차를 통한 간접적 규제	증권사의 고유계정을 통한 알고리즘 거래 이외 일임업 등을 통한 간접투자 등에 대한 대비 필요
불공정거래 규제	기존 수동거래를 전제로 한 규제가 그대로 적용됨을 원칙으로 함 다만, 스푸핑 등 기존 규정으로 대응이 안 되는 사항에 대해서는 규제를 보완	기존 수동거래를 전제로 한 규정의 적용 및 일부 보완규정(법 제178조의2 제2항)	새로운 형태의 시장질서교란 행위에 대해 대응부재

Ⅲ 시장안정성 규제

1 문제의 제기

미국에서의 알고리즘 거래의 발전과 법적 규제의 전개에서 살핀 바와 같이 2010년 5월 6일에 발생한 flash crash는 금융시장에 대한 충격뿐만 아니라 규제당국에

도 큰 충격으로 다가왔다. 1987년에 발생한 블랙먼데이는 경상수지적자 등이 누적되면서 경제의 기초여건에 문제가 생기면서 발생한 것이었으나 2010년 5월에는 경제의 기초여건에는 별다른 문제가 없었다. 다만, 시장의 거래자와 거래구조(이른바 'market microstructure')[52]가 사람의 수동거래에서 알고리즘에 의한 자동거래 위주로 바뀌고 있었던 것이 차이였을 뿐이다. 그러한 상황에서 하나의 혹은 소수의 투자자에 의해 제출된 주문이 알고리즘 간의 연관효과와 간섭효과를 통해 극단적인 시장붕괴를 초래하였던 것이다.

이러한 상황에서 미국의 금융감독당국은 시장의 안정성 유지를 위해서는 기존의 금융감독 대상이던 개별 시장참여자에 대한 규제만으로는 부족하고, 시장 자체를 대상으로 하는 거시적 규제가 필요함을 인식하게 되었다. 즉, 종래에는 개별 시장참여자, 특히 은행이나 증권사와 같은 금융기관에 대한 건전성 규제와 행위규제를 통해 개별 금융기관의 건전성을 잘 관리하면 그러한 개별적인 결과들이 합쳐져서 최종적으로 시장의 건전성과 안정성이 확보될 수 있다고 생각하였다. 하지만 개별 시장참여자에 대한 규제로는 평가할 수 없는 시장위험[53]이 존재할 수 있고, 그러한 위험이 현실화되어 시장을 붕괴시킬 경우 시장의 신뢰가 깨지고, 그러한 신뢰를 회복하는 데 막대한 비용과 긴 시간이 필요함을 인식하게 된 것이다. 또한 flash crash 사건에서 처음 사건의 발생원인으로 지목하였던 Waddell & Reed[54]의 대량매도주문과 그 후 확인된 내용인 Sarao의 부정거래행위 사이에 차이가 있고, 그러한 분석과정에 5년여가 소요되었다는 점에서 감독당국으로서는 기존 규제체계와 방식만으로는 알고리즘 거래로 인한 시장붕괴에 제대로 대응할 수 없음을 인식하게 되었다.

52 시장구조(시장미시구조)에 따른 분석으로 Mathieu Rosenbaum, "Market microstructure : confronting many viewpoints", The Wiley finance series, 2012.4. 등 참고.

53 예컨대, 알고리즘 거래의 경우 개별 알고리즘에는 문제가 없거나 위험이 관리가능한 수준 내에 있더라도 알고리즘 간 연관이나 간섭효과를 고려할 때 시장전체적으로는 통제불가능한 위험이 발생할 수 있게 된다.

54 정식명칭은 Waddell & Reed Financial, Inc.으로 뉴욕증권거래소에 상장된 회사이며 ticker는 WDR이다. 1937년 자산관리회사로 설립되었고, 1998년 뉴욕거래소에 상장되었으며 캔사스주 오버랜드에 본사를 두고 있다.

2 시장안정성 규제의 의의

금융규제는 근본적으로 시장실패(market failure)에 대한 대응이다.[55] 따라서 시장실패가 일어나는 이유를 살펴 법적 규제를 마련하는 것이 필요하다. 시장붕괴와 같은 시장실패가 일어나는 이유는 시장실패의 다른 경우와 마찬가지로 정보비대칭(information asymmetry)[56]과 도덕적 해이(moral hazard)[57] 때문이다. 우선 알고리즘 거래와 관련하여 알고리즘 거래가 가져올 수 있는 시장위험의 수준에 대해 정보가 부재하거나 부족하다. 개별 알고리즘이 발생시킬 수 있는 위험은 개별 알고리즘 거래자 입장에서 측정과 관리가 가능하지만, 시장 전체적인 위험에 대한 정보는 측정과 관리가 어렵고, 종래 관리되지 않아 왔다. 더구나 개별 알고리즘 차원이 아닌 알고리즘 거래 간 간섭이나 연관효과를 통한 위험의 확대에 대해서는 개별 알고리즘 거래 주체 단계에서는 측정 자체가 불가능하다. 하나의 알고리즘 거래만으로는 발생하지 않던 위험이 다른 알고리즘 거래와의 관계에서 새로운 위험

---

55 Robert Baldwin et. al, 「Understanding Regulation: Theory, Strategy, and Practice」(2nd edition), Oxford, 2011. p.15 이하 참고.

56 시장에서 이루어지는 거래에서 쌍방이 보유한 정보에 차이가 있는 현상을 말하는 것으로, 상대적으로 많은 정보를 가지고 있는 쪽을 정보우위, 반대의 경우를 정보열위에 있다고 한다. 경제학의 한 분야인 정보경제학에서 쓰는 용어이다. 정보 비대칭이 존재하면 거래주체들이 완전한 정보를 가지고 거래할 때에 비해 비효율적인 자원배분이 발생하며, 이러한 시장실패의 대표적인 사례로는 도덕적 해이와 역선택이 있다. 도덕적 해이란 거래 성사 후 정보우위에 있는 거래주체가 은폐된 행위로 인하여 경제적 비효율이 발생하는 경우이며, 역선택은 거래 시 정보열위에 있는 자가 불리한 선택을 하게 되는 경우를 말한다.

57 감추어진 행동이 문제가 되는 상황에서 정보를 가진 측이 정보를 가지지 못한 측의 이익에 반하는 행동을 취하는 경향을 말한다. 본인-대리인의 문제(principal-agent problem)에서 대리인이 본인의 이익에 부응하지 않는 방향으로 행동하는 것은 도덕적 해이의 전형적인 예이다. 자기 행동이 상대방에 의해 정확하게 파악될 수 없다는 것을 아는 대리인은 자신의 이득을 추구하는 행동을 할 유인을 갖게 된다. 그 결과·상대방, 즉 본인의 이익에 반대되는 행동을 취할 수 있는데, 이런 행동이 나타난 것을 가리켜 도덕적 해이가 일어난다고 말한다. 도덕적 해이는 본인-대리인의 관계에서 주로 나타나지만, 감추어진 행동이 문제가 되는 상황이면 어디에서든 나타날 수 있다. 다시 말해서 감추어진 행동이 문제가 되는 상황에서, 정보를 가진 측은 정보를 가지지 못한 측에서 보면 바람직하지 못한 행동을 취하는 경향이 있는데, 이와 같은 행동이 나타났을 때 도덕적 해이가 일어났다고 말한다. 도덕적 해이라는 표현을 썼다고 해서 그와 같은 행동을 하는 대리인을 도덕적으로 비난하고 있는 것은 아니다. 다만 본인의 이익을 위해 최선의 노력을 다하겠다는 명시적이거나 암시적인 약속이 있었음에도 불구하고 그렇지 못한 행동이 나왔다는 뜻에서 '도덕적' 이란 표현을 쓰고 있을 뿐이다.

을 파생시킬 수도 있기 때문이다. 한편, 시장이 수용가능한 위험수준 이상으로 개별 알고리즘 거래 주체가 위험을 발생시키는 도덕적 해이도 발생하고 있는데, 문제는 시장이 수용가능한 위험수준이라는 것이 개별 알고리즘 거래 위험의 단순합이 아닐 수 있다는 점이다.

시장안정성 규제는 이와 같은 문제의식에서 출발한다. 우선 시장안정성 규제의 목적은 알고리즘 거래로 인한 시장의 붕괴를 사전에 방지하는 것이다. 시장붕괴 원인은 알고리즘 거래의 위험에 대한 '정보불균형'과 시장의 수용가능한 위험을 넘어선 거래가 이루어지는 '도덕적 해이'에서 찾을 수 있다. 따라서, 그에 대한 해결을 위해서는 우선 알고리즘 거래자가 알고리즘 거래의 내용을 가능한 범위에서 공개하도록 함으로써 감독당국이 전체적인 시장위험을 인지하고, 관리할 수 있도록 하여 개별거래자와 시장 사이의 정보불균형을 해소해야 한다. 그리고 개별 알고리즘 거래자는 시장이 수용할 수 있는 위험 이상으로 위험을 인수할 가능성이 있으므로 시장의 위험수준을 공유하고, 자신이 운용하는 알고리즘 거래의 위험이 관리할 수 있는 범위 내에 운용될 수 있도록 의무를 부여함으로써 도덕적 해이를 방지해야 한다. 이를 위해 시장을 구성하는 거래소와 시장참여자, 그리고 감독당국이 적절한 의무와 책임을 나누어 부담하여야 한다. 한편, 그럼에도 불구하고 예상 밖의 시장붕괴상황이 발생할 가능성이 있다. 사전규제의 측면에서 수용할 수 있는 위험의 수준이 계속 바뀔 수 있고, 사전에 예측하지 못하였던 위험이 나타나거나 알고리즘 거래자의 예측 밖 행동이 고의적으로나 혹은 과실에 의해 일어날 수 있기 때문이다. 따라서 이에 대해서는 예외적인 시장개입수단을 마련하여 시장붕괴를 조기에 저지하여 피해를 최소화할 수 있도록 하여야 한다. 마지막으로 알고리즘 거래는 국내에서뿐만 아니라 해외에서도 이루어지고, 그러한 해외거래가 국내시장의 안정성에도 영향을 미칠 수밖에 없다. 그러므로 시장안정성 규제의 국제적인 규율이 필요하고, 집행에 있어서도 국가 간 공조가 필요하다.

3 이론적 규제모델

알고리즘 거래로 인한 시장붕괴 사건들, 특히 flash crash에 대한 시장안정성 확보를 위한 논의로서 알고리즘 거래에 대해 큰 틀에서 3가지 규제모델이 제시되고 있다.[58]

58 Tom C. W. Lin, "The New Market Manipulation", Emory Law journal, Vol. 66. 이러한 규제모델은 시장안정성 규제 측면뿐만 아니라 알고리즘 거래 전반에 대한 규제모델과 사실상 동일하다.

첫 번째 모델은 알고리즘 거래의 부정적 요인을 고려하여 거래 자체를 전면 금지하자는 것이다.[59] 알고리즘 거래로 인해 시장이 붕괴하는 경우 이를 회복하는 데 엄청난 비용과 시간이 소요되므로 원천적으로 그러한 요인을 막자는 것이다. 두 번째 모델은 알고리즘 거래에 대한 시장구분론(市場區分論)으로 알고리즘 거래를 하는 시장과 그렇지 않은 시장을 구분하여 운용하는 것이다. 그렇게 함으로써 최소한 알고리즘 거래를 하지 않는 시장에서의 시장붕괴를 저지할 수 있고, 알고리즘 거래를 하는 시장에서는 그 사용을 전제로 하여 효과적인 정책수단을 마련할 수 있다는 것이다. 세 번째 모델은 알고리즘 거래를 다양한 거래수단 중 하나로 보아 알고리즘 거래 자체는 허용하되, 그로 인해 발생하는 문제들에 대해서는 법적 규제수단 등을 통하여 적절히 문제를 해결하거나 혹은 문제를 최소화시키자는 것이다.

IT기술의 발전과 시장 간 경쟁가능성, 그리고 대면, 수동거래의 문제점들이 드러난 상황에서 알고리즘 거래 자체를 부정하는 첫 번째 모델은 현실가능성이 없다고 보인다. 두 번째 모델의 경우 시장을 분할하는 것이 하나의 방안이 될 수 있으나 시장 간 분할이라는 것이 애당초 어려울 수 있다는 한계가 있다. 즉, 거래종목을 시장 간에 달리할 수 없는 이상 결과적으로 동일한 시장에서 운용하는 것과 같은 결과가 나타나게 될 것이다.[60] 다만, 하나의 시장에서 알고리즘 거래자에 대해 일정한 핸디캡(예컨대 주문에 대해 추가수수료를 부과하거나 취소주문에 대해 별도의 비용을 부과하는 등)을 지우는 것은 고려가 가능할 것이다. 결국 세 번째 모델이 현실적인데 알고리즘 거래의 효율성이라는 장점을 살리면서 시장안정성을 유지할 수 있도록 어떻게 규제할 수 있는지의 문제를 고민할 수밖에 없다.[61] 미국이나 대부분 국가에서도 알고리즘 거래의 허용을 전제로 부작용을 최소화하는 방향을 연구하고 있다.[62]

시장안정성 규제에 관한 외국입법례 간에는 일정한 공통분모가 있다. 알고리즘 거

59 박연길, "고빈도 매매의 이해 및 규제 방안 고찰-글로벌 규제 동향을 중심으로", 산업과 경영 제30권 제2호, 2017.12, 11면.

60 대표적으로 가격을 통해 양 시장 간 위험이 전파될 수 있다.

61 Committee on Capital Markets Regulation, The U.S. Equity Markets - A Plan for Regulatory Reform, 2016.

62 SEC Staff report on algorithmic trading in US capital markets, 2020.8.5, p.69.

래 내지 고빈도 거래를 법정하여(혹은 규제당국에서 정하여) 규제범위를 획정하고, 알고리즘 거래자를 등록하도록 하는 한편 그에 사용되는 알고리즘을 가능한 범위에서 공개(혹은 보고)하도록 하여 시장안정성에 대한 위험을 사전적으로 파악하고, 이와 같이 파악한 위험을 관리할 수 있도록 거래자, 거래소, 감독당국이 유기적으로 협력할 수 있도록 시스템을 구축하는 것이다. 여기에 나아가 그와 같은 사전규제에도 불구하고 예측하지 못한 시장안정성 위험이 발생할 경우를 대비하여 사후적인 개입수단을 마련하고 있다. 그에 반해 우리나라의 경우 알고리즘 거래에 대한 특별한 규제는 없고, 다만, 일반적인 거래상황을 상정한 내부통제절차나 서킷브레이커 규제 등이 적용될 수 있을 뿐이다.

4 시장안정성 규제의 내용

시장안정성 규제는 그 시간순서에 따라 사전적 규제와 상시적 규제, 사후적 규제로 나눌 수 있다. 한편, 이에 더해 DMA(Direct Market Access)나 Co-location 규제와 같은 인프라 규제도 고려가 필요하다.

사전적 규제로서 중요한 것은 알고리즘 거래의 등록 및 알고리즘의 공개이다. 알고리즘 거래자는 네 가지 유형[63]으로 분류할 수 있는데 기존 금융투자업자가 아닌 비금융투자업자가 알고리즘 거래를 하는 경우에 대한 대비가 필요하다. 특히 이들이 역외에서 거래를 하는 경우에 대해 거래자를 등록하여 관리, 감독할 필요가 있다. 또한 알고리즘 거래자가 사용하는 알고리즘을 감독당국에서 제공받아 분석하여 관리하는 것이 시장안정성 규제의 전제가 될 것이다. 다만, 알고리즘의 내용은 영업비밀에 해당하므로 공개의 대상 및 범위는 필요최소한에 머물러야 할 것이고, 알고리즘 거래자의 거래전략에 따라 공개의 범위를 달리할 필요가 있다.

상시적 규제로서 주된 연구의 대상은 알고리즘 거래 내지 고빈도 거래 포지션의 관

63 네 가지 유형은 다음과 같다.
- 1유형: 알고리즘 거래자와 투자자가 같은 유형으로 비금융투자업자로서 일반투자자인 경우
- 2유형: 알고리즘 거래자와 투자자가 같은 유형으로 비금융투자업자로서 전문투자자인 경우
- 3유형: 알고리즘 거래자와 투자자가 같은 유형으로 금융투자업자가 고유계정(소위 prop account라고 한다. 이때 prop은 proprietorship의 약자이다)으로 거래하는 경우
- 4유형: 알고리즘 거래자와 투자자가 다른 유형으로 금융투자업자가 고객계정으로 거래하는 경우

리이다. 시장에서 이루어지는 포지션의 확인과 관리가 전제되지 않으면 시장안정성의 확보가 어려울 것이기 때문이다. 이를 위해 알고리즘 거래자들은 일정 이상 포지션 변화에 대해 즉시 보고하고, 일중 평균포지션에 대해서도 제한적으로 보고할 의무를 부담하여야 한다. 이러한 포지션의 취합 및 모니터링은 감독기관보다는 거래소의 역할로 함이 효율적일 것이다. 이를 위해서는 거래소의 책무에 대한 법적 명확화가 필요하다.[64] 한편, 시장안정성의 중핵은 거래소가 담당할 수밖에 없는데 대체거래소의 등장[65]이나 외국에서의 다크풀과 같은 새로운 상황에 법적 규체 측면에서 미리 대비할 필요가 있다.[66]

사후적 규제로서 서킷브레이커 등에 대해서도 검토가 필요하다. 우리나라의 경우 일반적인 서킷브레이커나 사이드카 제도는 이미 도입되어 있다. 하지만 이러한 제도들은 알고리즘 거래에 대응하기 위한 것이 아니므로 미국의 개별종목에 대한 서킷브레이커 등을 참고할 필요가 있다. 한편, 알고리즘 거래가 서킷브레이커를 작동시킬 정도의 급격한 가격변동을 일으키기 전에 선제적으로 제거조치를 취할 수 있도록 하는 제도의 고안이 필요하다. 핵심은 제거조치를 발동하였을 때 발생할 수 있는 책임문제에 대한 것으로 미국의 절대적 면책에 대한 논의도 요구된다.[67]

마지막으로 DMA 및 Co-location과 관련해서 우리나라는 이를 일반적으로 금지하고 있다.[68] 하지만 미국이나 EU 등 대부분 국가에서는 DMA 및 Co-location을 허용하되 금융투자업자 내지 거래소가 이러한 서비스의 제공이 시장안정성을 해하거나 공정성을 약화시키는 것을 막도록 의무를 부담시키는 방식의 규제를 하고 있다. 우리나라에서도 대체거래소가 등장한 상황이고, 이에 따라 거래소 간 경쟁이 심화될 것으로 예상된다. 또한 이미 상장증권의 거래에 있어 역외거래가 활발히 이루어지고 있어 해외 거래소와

---

64 윤승영, "알고리즘 거래에 관한 미국 거래소의 주의의무에 대한 고찰-미국의 사례를 중심으로", 은행법연구 제13권 제2호, 2020.11, 268면 이하.

65 우리나라의 경우에도 2025년 3월부터 넥스트레이드라고 하는 대체거래소(자본시장법상 다자간매매체결회사)가 운영을 시작하였다.

66 Luis A. Aguilar, "Shedding Light on Dark Pools", SEC, 2015.11.18. 참고. 증권거래위원장인 Luis A. Aguilar가 작성한 동 문서에 따르면 증권거래위원회는 다크풀 운영자에게 거래 후에 어느 다크풀 운영자가 어느 거래를 체결하였는지를 공개할 것을 요구하는 것 등을 검토하고 있다고 한다.

67 윤승영, 전게논문, 281면 이하.

68 보다 정확히는 미국 등에서 허용하고 있는 수준의 DMA 및 Co-location은 불허하고 있다.

의 경쟁이 불가피하기도 하다. 따라서 DMA 및 Co-location과 관련해서는 시장안정성을 유지하는 것을 전제로 가능한 범위에서 경쟁친화적인 규제완화가 필요하다고 생각한다.

5 알고리즘 거래의 국제적 특성과 시장안정성 규제

시장안정성 규제는 알고리즘 거래의 국제적 특성을 고려할 필요가 있다. 상당수의 거래가 역내가 아닌 역외에서 발생하고 있고, 알고리즘 거래의 장치적 특성상 서버 등이 역외에 존재하는 상태에서 우리나라의 시장에 영향을 미치는 거래를 하는 것이 가능하기 때문이다. 문제는 이러한 거래가 역외가 아닌 역내시장의 시장안정성에 영향을 미칠 수 있다는 점이다. 하지만 역내와 역외의 시장안정성 규제의 내용에 차이가 있고, 국내의 시장안정성 규제를 역외적용하는 데 현실적인 제약이 있는 상황에서 우리나라만의 노력만으로 시장안정성 규제의 목적을 달성하는 데는 한계가 있다. 이러한 이유로 국제적 공조, 특히 IOSCO를 통한 공조가 중요하다. IOSCO는 시장안정성 규제와 관련하여 국가 간 규제차익 발생을 막기 위한 기본원칙을 제시한 바 있고, 규제집행에 있어서의 공조체계[69]를 마련하고 있다.[70]

한편, 시장안정성 규제는 종래의 거시건전성 규제(macro prudential regulation)와 구별이 필요하다는 점을 유의할 필요가 있다.[71] 전자는 어떠한 기제로 인해 가격의 급격한 변동

---

69 규제에 있어 공조논의로 Michael Morelli, “Implementing High Frequency Trading Regulation: A Critical Analysis of Current Reforms”, Michigan Business & Entrepreneurial Law Review, 2017, p.226면 이하 참고.

70 2010년 서울 G20 정상회의에서는 IOSCO에 대해 알고리즘 거래 내지 고빈도 거래에 관한 규제 정책을 개괄하는 보고서 제출을 요청하였다. 이에 따라 IOSCO는 2011년 알고리즘 거래의 글로벌화와 시장위험 가능성을 검토하고, 보고서를 발간하였다. 그 내용은 고빈도 거래에 의한 시장효율성, 공정성, 시장안정성 요소를 검토한 것이다. 그리고, 예상되는 위험에 대한 대응책으로 알고리즘 거래와 같은 새로운 형태의 거래에 대해 가격제한, 거래제한, 서킷브레이커 등 방법을 제시하였다. 다만 이러한 조치 중 주권국가 간 거래제한 조치는 주변국과 협의를 통해 조화롭게 이루어져야 하며 함을 명시하였다. Technical Committee of the IOSCO, Regulatory Issues Raised by the Impact of Technological Changes on Market Integrity and Efficiency, CR02/11, IOSCO, 2011.7, <http://www.iosco.org/library/pubdocs/pdf/IOSCOPD354.pdf>

71 EU의 거시건전성 규제와 관련한 a Cross-Sectoral Approach에 대해서는 Veerle Colaert et. al, 「European Financial Regulation」, Hart, 2019, pp.107-128 참고.

으로 시장이 붕괴하는 것을 저지하기 위한 규제인 데 반해 거시건전성 규제는 각 금융부문별로 분산되지 않는 위험(undiversifiable risk)으로서 그 파급영향이 금융 및 경제 전반에 포괄적으로 미쳐 구조적 위기를 일으키는 것을 저지하기 위한 규제이다.[72] 따라서 전자는 시장붕괴를 가져오는 어떠한 기제를 파악하고 관리하는 데 중점을 두지만 후자는 그러한 기제에 대한 파악, 관리보다는 파급영향에 대한 분석과 포괄적 관리에 중점을 둔다는 데 차이가 있다. 하지만 양자 모두 규제의 목적이 시장의 안정성 내지 건전성 유지에 있다는 점은 공통일 것이고, 거시건전성 규제에서 강조하고 있는 규제 패러다임으로서의 기관중심 규제[73]에서 기능중심 규제로의 변화[74]는 시장안정성 규제에서도 참고가 될 수 있을 것이다.

IV 금융투자업자 규제

1 문제의 제기

2010년 5월 6일 발생한 flash crash 사건 이후 미국과 EU 등에서는 시장안정성 규제를 도입, 강화하였고, 이후 flash crash와 같은 급격한 시장붕괴는 나타나고 있지 아니하다. 이에 따라 최근 감독당국의 알고리즘 거래에 대한 규제의 관심은 시장안정성에서 투자자 보호로 넘어오게 되었다.[75] 하지만 이때 투자자 보호는 대부분 알고리즘 거래의 상대방 보호에 중심이 놓여 있다. 즉, 알고리즘 거래수단은 기술성과 복잡성으로 인해 모든 시장참여자들이 접근, 이용할 수는 없는 것이므로 이러한 거래수단을 가질 수 없는 자를 어떻게 보호해야 하는지가 주된 문제가 되었다. 이는 금융규제의 목표가 시장의 발

72 Jan Kregel et. al, 「Financial Stability, Systems and Regulation」, Routledge, 2019.

73 기관중심규제에 대해서는 Robin Hui Hwang et. al, 「institutional Structure of Financial Regulation」, Routledge, 2015 참고.

74 기능주의규제에 대해서는 Robert C. Merton, Zvi Bodie, “Design of Financial Systems: Towards a Synthesis of Function and Structure”, Journal of Investment Management, Vol.3, No.1, 2005, pp.1-23 참고.

75 Mads Andenas et. al, 「The Foundations and Future of Financial Regulation - Governance and Responsibility」, Routledge, 2014, pp.135-139.

전과 함께 투자자 보호에 있다는 측면에서 자연스러울 수 있다. 하지만 알고리즘 거래로 보호해야 할 투자자에는 거래상대방뿐만 아니라 알고리즘 거래에 투자하는 또는 참여하는 자들도 있음에 유의할 필요가 있다.[76]

알고리즘 거래라고 하여 항상 수익을 가져다주는 것은 아니다. 투자의 대원칙이라고 할 수 있는 위험과 수익의 비례, 소위 'high risk high return'에 따라 기대수익이 큰 만큼 감수해야 할 위험도 크고 알고리즘 거래라고 하여 이러한 대원칙을 비껴갈 수는 없는 일이다. 하지만 지금까지는 알고리즘 거래가 수익을 낸 결과만이 보도되거나 선전되는 경우가 많았고, 알고리즘 거래에 참여하는 것이 대부분 증권사의 고유계정을 이용한 투자, 다시 말하면 알고리즘 거래가 일부 금융기관 내지 전문투자자들의 전유물이었던 관계로 알고리즘 거래의 이면에 존재하는 위험과 투자자 보호 측면이 그다지 부각되지 않았다. 그러나 알고리즘을 이용한 거래를 장점으로 선전하여 투자자를 모으는 운용사가 현재도 있고, 향후에는 알고리즘 거래에 대한 투자가 더욱 보편화될 것으로 예상되므로, 알고리즘 거래로 인한 위험과 투자자의 피해도 얼마든지 발생할 수 있다.[77] 관련하여 자본시장법령에는 소위 '로보어드바이저'와 관련하여 전자적 투자조언장치에 대한 규제가 마련되어 있다.[78] 하지만 자본시장법령상 전자적 투자조언장치 규정은 본고에서 다루는 알고리즘 거래를 규율하기 위한 것이 아닐뿐더러 이를 확장하여 적용하는 경우에도 투자자 보호에는 한계가 있다.[79]

76 일본 금융상품취인법은 업자규제에 관한 제3장에 제3장의4를 추가하여 고속취인행위자(고속거래행위자)에 관한 21개의 조문(법 제66조의50부터 제66조의70까지)을 새로이 마련하였다. 하지만 동 규정들은 고속거래행위자의 등록과 관리에 대한 것이 주된 내용으로 규제의 주된 목적이 투자자 보호에 놓여 있지는 않다.

77 예컨대, 이루다투자일임은 올웨더포트폴리오를 중심으로 한 알고리즘 투자를 표방하고 있다. 김영문, "신현성 티몬 의장이 만난 스타트업 | 김동주 이루다투자일임 대표," 포브스, 2021.1.23. 참고.

78 로보어드바이저의 금융소비자 보호 측면에 대해서는 김범준·엄윤경, "로보-어드바이저 알고리즘의 규제 개선을 통한 금융소비자 보호", 한국법학회 법학연구 제18권 제3호, 2018 등 참고.

79 이정수, "알고리즘 거래에 관한 금융법적 규제 연구", 서울대학교 대학원 박사학위논문, 2022.8, 215-222면.

2 종래의 금융투자업자 규제와 문제점

자본시장법은 금융투자업을 "이익을 얻을 목적으로 계속적이거나 반복적인 방법으로 행하는 행위로서 다음 각 호의 어느 하나에 해당하는 업"이라고 정의하고 있다(법 제6조 제1항). 각 호의 업에는 투자매매업, 투자중개업, 집합투자업, 투자자문업, 투자일임업, 신탁업이 열거되어 있는데 이 중 투자자로부터 자금을 모아 알고리즘 거래를 수행할 수 있는 것은 투자일임업, 집합투자업, 신탁업 정도이고, 알고리즘 거래가 투자자에 대한 보호 측면에서 특히 문제될 수 있는 유형은 그중에서도 투자일임업이다. 투자일임업은 투자자 재산이 금융투자업자에 위탁된 상태에서 운용된다는 점에서 신탁업과 다르고, 투자자별로 구분하여 투자자의 재산상태나 투자목적 등을 고려하여 운용하는 점, 즉 개별성의 측면에서 집합투자업과 다르다.[80] 다만, 금융규제법적 측면에서 투자일임업자는 신탁업자 등에 비해 낮은 수준의 규제를 적용받고 있고[81] 이에 따라 투자일임업자에게 자금을 위탁하여 알고리즘 거래에 투자하는 경우 투자자의 위험이 상대적으로 클 수 있다.[82]

한편, 금융투자업자는 금융투자상품시장이 정상적으로 작동하고, 발전하는 데 중추적인 역할을 담당하고 있으나, 영업이익을 추구하는 과정에서 투자자의 이익을 침해할 수 있다. 따라서 자본시장법은 금융투자업자를 진입규제, 건전성규제, 영업행위규제의 측면에서 다방면으로 규제하고 있다. 이는 투자일임업자의 경우에도 마찬가지로 투자일임업자도 진입규제와 건전성규제, 영업행위규제의 측면에서 규제를 받는다. 하지만 투자일임업자는 앞서 언급한 바와 같이 집합투자업자나 신탁업자에 비해 상당히 낮은 수준의, 간소화된 규제를 적용받고 있는데 이는 알고리즘 거래로 인한 투자자의 투자위험이라는 측면에서 보면, 투자일임업자를 통하든, 집합투자업자나 신탁업자를 통하든 차이가 없다는 점에서 문제가 아닐 수 없다. 특히 뒤에서 살피는 바와 같이 역외투자일임업자가 그와 같은 영업을 하는 경우에는 투자자 보호의 측면에서 더욱 미흡한 점이 있다.[83]

80 김건식 · 정순섭, 「자본시장법」(제3판), 2013, 142면.

81 김건식 · 정순섭, 전게서, 678면 이하.

82 본고에서는 금융투자업자 규제 중 투자일임업자 규제에 보다 초점을 맞추어 논의를 전개하고, 집합투자업, 신탁업 등에 대해서는 투자일임업자에 대한 논의를 확장하여 적용할 수 있을 것이다.

83 김건식 · 정순섭, 전게서, 839면.

3 금융투자업자 규제의 재검토 및 새로운 접근필요성

위와 같은 현행 금융투자업자 규제는 알고리즘 거래를 영위하는 금융투자업자, 특히 투자일임업자에 대한 규제로는 문제가 있다. 종래 금융투자업자 규제에 있어 위험의 평가는 해당 금융투자업자가 다루는 금융투자상품의 위험에 주로 기초하고 있다. 금융투자상품의 위험은 투자성이라는 용어로 표현되고 있다. 이는 지급(예정)금액이 회수(가능)금액을 초과할 위험을 의미하고, 이는 자연적으로 개별금융상품별로 크기를 달리하게 된다. 예를 들어 주식에 비해 선물이나 옵션과 같은 파생상품은 레버리지 효과로 인해 위험이 크게 평가되는 것이다. 이러한 위험평가구조에 따라 자본시장법 내지 금융소비자보호법은 주식에 비해 파생상품을 취급하는 경우 위험이 크다고 보아 추가적인 자본금을 요구하거나 별도의 설명의무, 적합성, 적정성 의무 등을 부여하고 있는 것이다. 이러한 분류는 자기자본의 경우에도 그대로 적용된다. 예컨대 투자매매업자의 경우 필요로 하는 자기자본은 대상상품이 증권인지, 아니면 장내파생상품인지, 그리고 장외파생상품까지인지, 특히 장외파생상품이라면 기초자산이 주식인지, 그 외의 것까지인지에 따라 순차적으로 큰 자기자본을 요구한다.[84]

하지만 알고리즘 거래의 경우 종래의 위와 같은 방식으로는 제대로 위험의 평가가 어려울 수 있다. 즉, 본고에서 논의하고 있는 상장주식을 대상으로 한 알고리즘 거래의 경우 투자대상의 성격상으로는 위험이 낮게 평가된다. 그러나 알고리즘 거래는 설사 그 자체로는 위험이 낮은 상장주식을 대상으로 하더라도 거래의 대량성이나 고빈도성으로 인해 위험의 크기가 증폭될 수 있다. 즉, 1회의 거래로 인해 발생하는 위험은 예컨대 주식이라면 10%, 레버리지 효과가 있는 옵션이라면 50%로 후자가 전자에 비해 5배 클 수 있지만,[85] 주식거래를 알고리즘 거래를 통해 빠르게 진행한다면 같은 시간 내, 예컨대, 주식의 위험이 100%로 확대되어 옵션보다도 오히려 위험이 배가 될 수도 있는 것이다. 하지만 현행 규제상으로는 파생상품을 거래하는 금융투자업자에 대한 규제에 비해 알고리즘

84 기능별 규제에 대해서는 정순섭, “자본시장과 금융투자업에 관한 법률의 심층분석: 자본시장통합법상 금융투자업의 진입규제”, BFL, 2007.3, 7면 이하.

85 이에 따라 파생상품을 거래대상으로 하는 금융투자업자를 상장주식을 거래대상으로 하는 금융투자업자에 비해 위험이 높다고 평가하여 엄격히 규제하는 것은 타당하다.

거래를 통해 상장주식을 거래하는 금융투자업자에 대한 규제 수준이 일률적으로 낮다.

이러한 문제가 생기는 원인은 현행 자본시장법상 금융투자업자에 대한 규제체계가 투자대상인 금융투자상품의 성격과 투자자의 유형에 따라 위험을 판별하여 그에 대응한 규제를 마련하고 있기 때문으로 보인다.[86] 본고에서 전제하는 바와 같이 일단 투자대상인 금융투자상품이 상장주식인 경우라면 일반투자자로부터 투자를 받아 거래를 하는 경우에도 투자위험은 상대적으로 낮은 것으로 분류되어 적정성 원칙 등은 애당초 적용이 되지 않는 것이다. 하지만 투자위험과 관련하여 알고리즘 거래와 같이 짧은 시간에 다수의 주문, 거래가 집행될 수 있는 경우에는 금융투자상품의 성격뿐만 아니라 거래방식에 따른 위험도 고려할 필요가 있다. 상장주식을 거래하더라도 1초에 수십, 수백 번을 거래하면 짧은 시간에 거액의 손실을 볼 위험이 상존하기 때문이다. 따라서 그와 같은 측면에서 위험의 측정과 규제의 체계가 보완·변경되어야 하고, 알고리즘 거래에 특유한 이익충돌방지, 정보제공 등 의무도 추가로 규율할 필요가 있다.

다만, 새로운 규제에 있어 규제방식을 어떻게 설정할지에 대해서는 추가적으로 고민이 필요한 부분이다. 규제방식에는 크게 원칙중심규제와 규정중심규제가 있는데 원칙중심규제(principle based regulation)는 규제 대상자로 하여금 규제기관이 제시하는 결과에 영업목표와 과정을 부합하게 하는 최선의 방식을 결정하게 하는 방식이다. 반면 규정중심규제(rule based regulation)는 규제 대상자의 영업방식에 관하여 가능한 상세하고 세목적인 규정과 감독조치를 통한 명령으로 규제하는 방식을 의미한다.[87] 원칙중심규제는 영국의 FSA가 중심이 되어 추진하고 있으나[88] 영국뿐만 아니라 미국이나 일본에서도 도

86 현행 자본시장법상 투자일임업자를 포함한 금융투자업자 규제는 대상 금융투자상픔과 고객인 투자자의 성격에 따라 위험이 평가되고, 평가된 위험의 수준에 따라 규제의 수준과 내용이 결정되는 체계이다. 따라서 대상 금융투자상품이 예컨대 주식이라면 주식을 거래함에 있어 당해 투자일임업자가 수동거래를 하든, 아니면 알고리즘 거래 내지 고빈도 거래를 포함한 자동거래를 하든 무관하게 규제수준은 대상 금융투자상품이 주식이라는 점에 의해 대부분 결정된다. 즉, 고객의 금전을 수탁하여 주식을 거래하는 이상 그 거래의 방식이 거대한 기계장치를 이용하여 초당 수백, 수천 번을 거래하는 것이든, 사람이 장기간에 걸쳐 단속적으로 한두 번 거래하는 것이든 그 차이가 투자일임업자에 대한 근본적인 규제내용에는 영향을 미치지 않는다.

87 FSA, Principles-based Regulation - Focusing on the Outcomes that Matter, 2007.4.

88 Scott James, Lucia Quaglia, 「The UK and Multi Level Financial Regulation」, Oxford, 2020, pp.191-193.

입논의가 계속되고 있다.[89] 우리나라의 경우 전통적으로 규정중심 규제를 취해왔으나 원칙중심규제의 도입이 2007년부터 추진되고 있다.[90] 원칙중심규제의 구성요소는 (i) 상세한 규정보다 광범위한 표준의 마련, (ii) 결과에 기초한 규제, (iii) 경영진의 책임 증대로 정리되는데,[91] 이러한 원칙중심규제가 나오게 된 배경에는 규정중심규제에서 불가피한 세목적인 규정의 집합은 변화하는 시장환경과 실무에 대응할 수 없고, 혁신을 저해하고 있으며, 급속히 변화하는 시장에서는 원칙이 훨씬 더 영속적일 수 있다는 것이다.[92] 따라서 알고리즘 거래와 같은 새로운 기술의 도입이라는 측면에서 원칙중심규제를 살펴볼 필요가 있다. 또한, 규제의 방식이라는 차원에서도 불확실한 사안에 대해서는 원칙중심규제가 나은 방법일 수도 있다는 점은 염두에 둘 필요가 있다.[93] 설명의무의 내용이나 위험관리의무의 내용을 처음부터 구체적으로 규정화하기에는 어려움이 있을 수 있다. 또한 알고리즘 거래와 같이 기술적 성격이 강하고, 불확실성이 존재하는 영역에서는 법에서 자세한 내용을 규정하기보다는 모범실무(best practice)에 대한 제안의 형태가 나을 수도 있다.[94] 다만, 원칙중심규제를 도입하는 경우에도 법에 피규제자의 입장에서 사전적 행위기준이 될 수 있는 정도의 최소한의 기준이나 원칙을 마련하는 것은 필요하다는 점은 알고리즘 거래 규제의 경우에도 염두에 둘 필요가 있다.[95]

---

89 Ben Bernanke, "Regulation and Innovation" (Speech at Financial Markets Conference, Federal Reserve Bank of Atlanta, Sea Island, GA, 2007.5.15.)

90 금융감독위원회/금융감독원, "금융감독 선진화 로드맵 100대 과제", 2007.10.22.

91 Julia Black/Martyn Hopper/Christa Bank, "Making a Success of Principles-based Regulation", 1 Law and Financial Markets Review, p.191

92 Haim Bodek, 「The Problem of HFT」, Decimus Capital Markets LLC, 2013, pp.64-72.

93 정순섭, "원칙중심규제의 논리와 한계", 상사판례연구, 2009.3, 45면 이하.

94 Charles R. Korsmo, "High-Frequency Trading: A Regulatory Strategy", University of Richmond Law Review, 2014, p.600.

95 우리나라의 경우 로보어드바이저 규제가 전자적 투자조언장치 규제의 형태로 도입되었다. 하지만 현행 전자적 투자조언장치 규제는 실제 거래에 대한 규제가 아닌 거래 전단계, 소위 마케팅 단계에서의 비대면 규제 문제를 해결하기 위한 것이다. 따라서 로보어드바이저 규제가 도입되었다고 하여 알고리즘 거래에 대한 규제가 도입되었다고 보기는 어렵다. 하지만 현행 전자적 투자조언장치 규제는 투자조언에 대한 규제로서의 명칭을 가지고 있으나 그 내용상 자동거래의 가능성도 일부내포하고 있는 것도 사실이다. 따라서 투자일임업자에 대한 규제에 대한 개정은 전자적 투자조언장치 규제와의 관계에서도 그 방향을 고민할 필요가 있다.

4 전자거래 시 착오, 오류 문제

전자거래 시 착오, 오류는 엄격한 의미에서 금융투자업자에 대한 규제는 아니다. 하지만 알고리즘 거래에 투자하는 투자자 입장에서는 금융투자업자에 대한 규제를 통해 일정 부분 보호를 받더라도 동 금융투자업자가 과실이나 예측치 못한 사정으로 인해 착오, 오류거래를 하였을 때 발생하는 손실에 대해서는 보호를 받지 못하는 부분이 존재한다. 따라서 전자거래 시 착오, 오류에 대한 일련의 구제제도는 투자자 보호장치로서 기능하는 부분이 있다. 우리나라에서는 한맥투자증권의 착오주문과 그로 인한 파산으로 인해 전자거래 시 착오, 오류문제가 본격적으로 논의되었는바, 민법상 착오취소제도를 통한 구제에는 한계가 있다.[96]

한맥투자증권 사건을 계기로 착오거래 대응제도 중 착오거래의 구제제도와 알고리즘 거래의 관리제도에 큰 변화가 생기게 되었다. 착오거래의 구제제도는 대량투자자 착오거래 구제제도로 변경되었고, 알고리즘 거래의 관리제도로서 계좌단위호가처리제도(호가 일괄취소제도)에 관한 시행세칙이 신설되어 비로소 호가 일괄취소제도가 시행되게 되었다. 한맥투자증권 사건 당시 거래소가 업무규정으로 보유하고 있던 종래의 제도는 알고리즘 거래의 착오거래 대응제도로서는 실효성이 없는 제도들로 평가된다.[97] 당시 한맥투자증권이 스스로의 착오거래에 대해 대응할 수 있었던 방법은 착오거래의 상대방과의 합의에 의한 착오거래 구제제도 정도였는데, 합의에 응한 상대방도 있었으나 착오거래로 가장 큰 수익을 올린 외국계 투자회사와는 합의에 이를 수 없었다. 거래소는 그 후 대량투자자 착오거래 구제제도를 도입하였고 호가 일괄취소제도를 실시하였으나 여전히 대량투자자 착오거래 구제제도의 경우 당사자의 신청이 필요하고 구제대상이 제한된다는 측면, 즉, 거래소 등의 직권구제는 여전히 불가능하다는 점, 호가 일괄취소제도의 경우 이미 체결된 거래에 대해서는 구제수단으로 기능할 수 없다는 점이 한계로 지적된다.[98] 이와 관련해서 대량투자자 착오거래의 경우에는 일정한 양적 기준을 충족하는 착

96 서희석, "알고리즘거래에서 착오주문의 문제-H증권사건 하급심판결에 대한 비판적 고찰", 상사법연구 제39권 제2호, 2020, 650-651면.

97 서희석, 전게논문, 652면.

98 고재종, "미국의 고빈도 거래에 대한 규제 동향과 우리나라에의 시사점", 충남대학교 법학연구 제

오거래가 발생한 경우에 해당 거래소와 FINRA에 의한 선제적, 직권 무효화를 허용하고 있는 미국의 명백한 착오거래 규칙을 도입하는 것을 고려할 필요가 있다고 생각한다.[99]

5 역외투자일임업자에 대한 규제

알고리즘 거래에 관한 투자자 보호를 위한 금융투자업자 규제에 있어 특별히 고려가 필요한 요소가 있다. 앞서 살핀 바와 같이 알고리즘 거래구조에 있어 역외성이다.[100] 자본시장법은 역외투자일임업자에 대해 특례규정을 두면서 국내에 영업소를 전혀 가지고 있지 않은 업자들의 영업상 특징을 고려하여 국내투자자의 보호를 도모한다는 취지에서 영업행위와 관련하여 준거법과 재판관할을 확정하는 규정을 두고 있고, 역외투자일임업자가 이에 위반하면 행정제재로서 금융투자업자 및 그 임직원에 대한 처분이 가능하다.[101] 역외금융투자업자 규제에 있어 매우 이례적인 규정이라고 할 수 있다. 현재 우리나라에는 알고리즘 거래만을 장점으로 하는 투자일임업자는 전무한 형편이다. 하지만 외국에는 알고리즘 거래를 전문으로 하는 다수의 금융투자업자가 존재하고 있다. 다만, 이들이 현재는 해외증권사가 고유계정으로 거래하는 것이 일반적이라 지금까지 우리나라 역내의 투자자보호 문제가 부각되지 않았을 뿐이다. 하지만 이들 외국의 알고리즘 거래 전문회사들이 점차 국내 금융투자매매업 등 인가를 취득하려고 시도하고 있고,[102] 한편으로는 국내의 투자자로부터 투자자금을 모아 운용을 하는 쪽으로 시도를 할 수 있다. 금융투자자 보호라는 측면에서 더욱 문제가 되는 것은 후자의 문제, 즉 역외투자일임업자의 경우로서 다음과 같은 측면에서 개선이 필요하다.

우선, 역외투자일임업자의 경우에도 알고리즘 거래를 하는 때에는 앞서 살핀 진입

30권 제1호, 2019.2, 450면.

99 이나연, "'삼성증권 사태 재발방지'…거래소 직권 취소제도 도입", 매일경제TV, 2019.1.24, http://mbnmoney.mbn.co.kr/news/view?news_no=MM1003470270

100 Marko Hudak, "High Frequency Trading, International Markets, and Regulation", Carnegie Mellon University Dietrich College Senior Honors Program Department of Economics, 2015.4.

101 김건식 · 정순섭, 「자본시장법」(제3판), 839면.

102 매일경제신문, "외국계 증권사 4년만에 돌아온다…네덜란드 IMC 내달 인가", 2020.12.21.자 기사 참고.

규제나 영업행위규제에 있어 강화된 규정을 가능한 범위에서 적용토록 하여야 할 것이다. 특히, 인가제로의 전환과 진입요건 유지의무, 이해상충방지체계 구축 등이 중요하다. 다음으로 위법거래로 인한 손해나 손실발생 시 보전방법과 관련하여 연락책임자와 전속재판관할 규정만으로는 실질적인 책임확보가 미흡하므로 이에 대한 보완이 필요하다. 이와 관련하여 국내에 연락책임자 이상의 무엇을 두도록 하는 것은 역외거래자로서의 실질을 상실시키는 것에 해당하므로 고려하기가 어렵다. 다만, 본고에서 알고리즘 거래는 국내상장주식의 거래를 전제하고 있으므로 역외거래자는 국내 증권사를 통한 거래가 필수적이고 수탁업자(커스터디언)의 지정이 필요하다(금융투자업규정 제6-10조). 따라서 역외투자일임업자 중 알고리즘 거래를 하는 자는 국내 증권사와 계약을 할 수밖에 없으므로 국내 증권사가 이들과 거래 시 최소증거금 등을 충분히 확보함으로써 투자자 보호에 대비할 수 있을 것이다. 이러한 최소증거금은 알고리즘 거래의 크기와 빈도 및 이익에 따라 다르게 하되, 거래 후 상당기간 동안 최소증거금을 유지할 의무를 부담토록 함으로써 투자자 보호를 담보할 수 있는 범위에서 국내발생 이익의 유출을 일정 부분 제한(ring fence)하는 것이 타당하다.

한편, 외국의 투자일임업자는 금융투자업규정상 국내상장주식거래를 위해 외국인 투자등록을 할 수밖에 없으므로[103] 만약 국내규제를 위반하는 경우 등에 대해 외국인투

---

103 제6-10조(투자등록신청 등) ① 외국인은 다음 각 호의 어느 하나에 해당하는 증권을 최초로 취득 또는 처분하고자 하는 때에는 사전에 금융감독원장이 정하는 방법에 따라 금융감독원장에게 등록을 신청하여야 한다.

1. 증권시장에 상장된 증권(상장법인이 신규로 발행하는 증권을 포함한다)
2. 증권시장에 상장하기 위하여 모집 · 매출하는 증권

② 외국인은 제1항에 따라 투자등록을 신청하는 때에는 계산주체의 명의로 하여야 한다.

③ 제1항에 불구하고 다음 각 호의 어느 하나에 해당하는 경우에는 투자등록을 하지 아니할 수 있다.

1. 해외증권의 권리행사로 인하여 취득한 주식을 그 날로부터 3개월 이내에 처분하고자 하는 경우
2. 직접투자와 관련하여 주식을 취득 또는 처분하고자 하는 경우. 다만, 증권시장에서 취득(다자간매매체결회사에서의 취득을 포함한다)하는 경우를 제외한다. <개정 2013.9.17.>
3. 전자등록기관에 계좌관리기관 등 자기계좌를 개설한 국제예탁결제기구 명의로 투자등록을 하고 동 계좌를 이용하여 국채증권 및 통화안정증권을 취득 또는 처분하고자 하는 경우. 다만, 해당 국제예탁결제기구에서 동 기구의 명의로 투자등록을 한 외국인의 채권거래내역을 금융감독원장이 정하는 방법에 따라 보고하지 않는 경우를 제외한다.

④ 제1항에 따라 투자등록한 외국인이 투자자집단에 속하는 경우 투자자집단을 위하여 투자운용을 하는 자는 이를 투자매매업자 또는 투자중개업자에 신고하여야 한다.

자등록을 중단, 박탈하는 것을 규제의 집행력 확보를 위한 수단으로 고려할 수 있다. 다만, 외국인투자등록의 중단이나 박탈과 관련하여 명시적인 규정이 마련되어 있지 아니한 상황이므로 규정을 재정비할 필요가 있다. 금융투자업규정 제6-13조 제2항 제2호는 "이 규정, 그 밖에 금융감독원장의 명령을 위반한 자"에 대해 투자등록을 취소하거나 그 효력을 정지시킬 수 있다고 규정하고 있으나 예컨대 금융투자업규정이 아닌 자본시장법이나 동 시행령을 위반한 경우가 여기에 해당하는지에 대해서는 다툼이 있을 수 있다.[104·105]

---

⑤ 그 밖에 투자등록의 방법 · 절차, 투자자집단의 신고 및 국제예탁결제기구의 외국인 채권거래 내역 보고방법 등에 관하여 필요한 사항은 금융감독원장이 정한다.

104 제6-13조(투자등록의 거부 또는 취소 등) ① 금융감독원장은 제6-10조에 따라 투자등록을 신청한 외국인이 다음 각 호의 어느 하나에 해당하는 자인 경우에는 그 등록을 거부할 수 있다.

1. 무국적자 또는 이중국적자
2. 제2항에 따라 투자등록을 취소당한 자로서 취소 후 2년을 경과하지 아니한 자
3. 투자등록신청서 또는 그 첨부서류 중 허위의 기재를 하였거나 기재사항을 누락한 자
4. 이중으로 투자등록을 신청하거나 거짓, 그 밖의 부정한 방법으로 투자등록을 신청한 자
5. 제6-10조제1항의 증권에 투자하기 위하여 해외에서 실질적인 경영활동을 하지 않는 외국법인 등의 명의로 외국인 투자등록을 신청한 내국인

② 금융감독원장은 다음 각 호의 어느 하나에 해당하는 자에 대해서는 투자등록을 취소하거나 그 효력을 정지시킬 수 있다.

1. 제1항 각 호의 어느 하나에 해당하는 자
2. 이 규정 , 그 밖에 금융감독원장의 명령을 위반한 자
3. 투자등록의 취소를 신청한 외국인
4. 증권의 매매거래와 관련하여 매수대금 또는 매도증권을 결제기일로부터 5일 이내에 납입하지 아니한 자

③ 금융감독원장은 외국인이 제1항 각 호와 제2항 각 호에 해당하는지를 확인하기 위해 필요한 경우 외국법인 등의 임원 현황, 재무제표, 집합투자기구의 운용 및 실적에 관한 사항, 외국인 통합계좌의 운영에 관한 사항 등의 자료 제출을 요구할 수 있다. <신설 2015.3.3., 개정 2017.2.23.>

④ 외국인은 제3항의 요구에 대하여 불응하거나 허위로 자료를 제출하여서는 아니 된다.

105 한편, 위와 같은 규제강화를 전제할 때 역외투자일임업자의 업무대상을 전문투자자에서 일반투자자로 확대하는 것을 고려할 필요가 있을 것이다. 알고리즘 거래의 경우 국내보다는 국외, 특히 미국 등 선진자본시장에서 급속도로 발전하였고, 알고리즘 거래의 경쟁력에 차이가 있을 수밖에 없다. 따라서 일반투자자라고 하더라도 국내투자일임업자보다 역외투자일임업자를 통해 알고리즘 거래를 하기 원하는 경우가 있을 수밖에 없는데, 이러한 선택을 무조건 제한하는 것은 타당하지 않다.

V 불공정거래 규제

1 문제의 제기

최근 알고리즘 거래에 대한 규제 논의의 중심은 불공정거래 규제에 있다. 시장안정성 규제를 촉발시킨 2010년 5월 6일의 flash crash 사건의 전말도 실제로는 몇 년이 지난 후 Sarao의 시장교란행위가 중요한 원인이 된 것으로 조사과정에서 밝혀졌다. 알고리즘 거래는 대량성과 고속성, 반복성의 특성으로 인해 시장안정성에 위협요소가 되는 한편, 거래의 방식과 유형이 거래상대방 입장에서는 자신의 이익을 침탈당할 가능성으로 다가오게 된다.[106] 미국 뉴욕 남부지검의 Schneiderman 검찰총장은 이러한 현상을 insider trading 2.0이라고 표현했는데 종래의 내부자거래(insider trading)가 정보가 있는 자와 없는 자 사이의 불균형 현상[107]이라고 한다면 현재의 알고리즘 거래는 그와 같은 거래수단을 가진 자와 없는 자 사이의 불균형 현상이라고 할 수 있다는 것이다.[108]

이와 같은 거래수단의 불균형 상황을 해소하는 방법은 두 가지 방향에서 생각해 볼 수 있다. 하나는 그와 같은 우월적인 거래수단을 사용하는 것을 원천금지함으로써 강제적으로 평등상황을 만들거나 혹은 우월적인 거래수단을 가진 자들과 그렇지 않은 자들 사이에 시장을 분할하여 최소한 후자의 시장에서는 우월적인 거래수단 사용을 금지하는 것이다. 다른 하나는 우월적 거래수단의 사용을 용인하되 수단보유의 불균형이 거래결과의 종국적인 불평등으로 나타나지 않도록 거래의 불공정성을 규제하는 것이다. 전자를 알고리즘 거래상대방의 적극적 보호라고 한다면 후자는 소극적 보호라고 할 것이다. 이때 적극적 보호는 사전 조치수단을 통해 기회 평등을 지향하는 것이고, 이에 반해 소극적 보호는 불공정거래 규제와 같은 사후적인 규제수단을 통해 결과 평등을 지향하는 것이라 할 수 있다. 알고리즘 거래를 원천금지하거나, 시장자체를 분할하는 것은 현

106 Michael J. McGowan, "The Rise of Computerized High Frequency Trading : Use and Controversy", Duke L. & Tech. Rev.(No. 016), 2010, p.12

107 SEC, "Concept Release on Equity Market Structure", 17 CFR PART 242[Release No. 34-61358; File No. S7-02-10], 2010, p.57

108 Hibah Yousuf, "NY Attorney General blasts 'insider trading 2.0'", CNN, 2013.11.24.

실적인 어려움이 있고, 규범적으로도 타당하지 않다.[109] 따라서 거래상대방 보호 측면에서의 사후적인 규제수단을 어떻게 체계화하고, 적용할지와 관련하여 불공정거래 규제가 중요하다.[110]

2 불공정거래 규제의 의의

자본시장 거래규제의 양대 지주는 공시규제와 불공정거래 규제이다. 양자는 모두 자본시장의 원활하고 정상적인 작동을 위하여 필요한 제도이다. 이러한 양대 지주는 자본시장에서의 불공정이 정보의 불평등 상황에서 출발하였다는 문제의식에서 출발한다. 여기에는 정보를 가진 쪽은 정보를 공개하여야 하고, 만약 정보의 불평등 상황이 여전하다면 거래에 나아가지 않아야 한다(disclosure or abstain rule)는 철학[111]이 자리 잡고 있다. 하지만 알고리즘 거래의 경우 사전적 규제로서의 공시규제는 앞서 살핀 바와 같이 시장안정성 규제 내지 금융투자업자 규제로서의 역할이 크다.[112] 알고리즘 거래에 있어 정보불균형의 핵심은 거래전략 내지 이를 구성하는 알고리즘의 내용인데 이것을 상대편 시장참여자 모두에게 공개하는 것은 기대하기 어려운 일이기 때문이다. 그러한 이유로 알고리즘 거래의 공시는 주로 알고리즘 거래자의 등록과 알고리즘 내용과 포지션의 감독당국에 대한 정보제공으로 제한되고, 거래상대방이나 시장 전체에 대한 공시를 기대하기는 어렵다. 따라서 자본시장, 구체적으로 유통시장에서 거래규제의 핵심은 불공정거래 규제에 놓인다. 이러한 불공정거래 규제는 미공개중요정보 이용행위 규제, 시세조종

109 다만, 불공정거래 규제 중 부정거래에 있어 알고리즘 거래 자체가 "부정한 수단" 내지 "불공정한 수단"인지 여부에 관해서는 거래상대방의 적극적 보호라는 측면에서도 여전히 하나의 논의주제가 될 수 있을 것이다.

110 고재종, "고빈도 거래 등을 이용한 불공정거래 관련 해외 감독당국의 규제 동향", 企業法硏究 제33권 제1호, 2019.3, 95-99면에서는 이를 (1) 정보 유출의 불균형, (2) 정보의 전송 내지 수령의 불균형, (3) 정보처리속도와 능력의 불균형 및 (4) 허위 또는 오인을 초래하는 거래활동 또는 인위적인 가격조작을 야기하는 전략으로 나누어 설명하고 있다.

111 미국 rule 10b-5와 관련한 판례이론을 말한다.

112 Holger Fleischer & Klaus Ulrich Schmolke, "The Reform of the Transparency Directive: Minimum or Full Harmonisation of Ownership Disclosure?", 12(01) European Business Organization Law Review, 2011.

행위 규제 및 이를 보완한 사기적 부정거래행위 규제를 큰 틀로 하고, 이후 도입된 시장질서교란행위[113]도 한 축을 이룬다.

3 기존 불공정거래 규제의 적용기준 및 방법의 보완 필요성

인간의 수동거래에서 적용되는 기존 불공정거래의 기준을 알고리즘 거래에도 그대로 적용될 수 있는지가 문제 된다. 기존의 불공정거래 규제를 그대로 적용할 때에도 각 규제에서 정한 요건의 충족여부 판단을 위한 기준, 특히 주관적 요건의 객관화에 따른 객관적 행위양태에 대한 기준은 자동거래와 수동거래 사이에 차이가 있을 수밖에 없다. 구체적으로 알고리즘 거래는 대량성과 반복성, 고속성의 특성을 지니므로 시장에서 소위 가격수용자(price taker)가 아닌 가격형성자(price maker)가 될 여지가 있다. 달리 말하면 알고리즘 거래는 기대의 자기실현(self fulfillment of expectation)[114]을 나타낼 가능성이 크다. 또한 알고리즘 거래전략 중 상당수는 가격변동성이 크면 클수록 이익을 낼 수 있는 구조이므로 의도적인 가격변동성을 일으킬 여지도 있다. 이러한 여러 가지 특성으로 인해 기존의 불공정거래 규제, 다시 말하면 수동적 시장참여자에 대한 규제와는 다른 차원의 문제가 발생할 수 있다.

한편, 시세조종 규제에 있어 기존의 거래기준은 주관적 요건의 객관화에 따른 행위양태에 대한 기준으로 주로 체결률, 취소율, 취소시간(간격), 양방향 매매 여부, 장전, 동시호가시간의 매매, 그 밖의 이상거래(교차체결가능성 등) 등을 종합적으로 고려하는 것이

113 맹수석, "개정 자본시장법상 시장질서 교란행위에 대한 법적 쟁점의 검토", 기업법연구 제30권 제1호, 2016.3, 157면 이하 등 참고.

114 예컨대 주가가 주당 10,000원인 상태에서 알고리즘이 공정가치가 주당 11,000원이라고 산정하였다고 하자. 현재 주가가 저평가되어 있는 것이므로 알고리즘은 매수주문을 자동으로 제출하게 된다. 그렇게 주가가 주당 10,100원이 되었다고 하자. 알고리즘이 공정가치가 여전히 주당 11,000원이라고 산정하면 다시 매수주문을 내게 되고, 주가는 상승하게 되고, 종국적으로는 주당 11,000원이 되었을 때야 매수주문이 멈추게 된다. 알고리즘 거래로 인해 기대(주당 11,000원)가 실현(주당 10,000원이 11,000원)되는 상황이 발생하는데 이는 알고리즘 거래의 대량성과 고속성에 따른 것이다(만약 알고리즘 거래의 수량이 적다면 주가에 영향을 못 미칠 것이고, 고속으로 거래가 이루어지지 않는다면 그 사이 다른 시장참여자들의 거래로 인해 주가가 다른 방향으로 변동될 수도 있을 것이다).

다. 하지만 알고리즘 거래의 경우에는 거래의 특성상 취소율이나, 체결률에 있어 차이가 발생할 수밖에 없다. 또한 알고리즘 거래를 통해 시장조성자 역할을 하는 경우 양방향 매매가 존재할 수도 있다. 그리고 알고리즘 거래는 오버나잇 리스크(overnight risk)를 최소화시키는 것이 보편적이므로 필요에 따라 주문이 장 종료시간 혹은 동시호가 시간에 몰릴 수도 있을 것이다. 따라서 알고리즘 거래에 대해서는 기존의 불공정거래 규제 규정을 적용하는 경우에도 적용기준에 대해서는 변용을 고려할 수밖에 없다. 특히 허수성 거래의 판단기준이 중요한데 알고리즘 거래 내지 고빈도 거래의 특성상 취소율, 체결률에 있어서 인간이 하는 수동거래와는 차이가 불가피하다. 하지만 차이가 모든 것을 정당화해 줄 수는 없는 일이다. 따라서 알고리즘 거래를 정당화할 수 있는 보완적 기준이 필요하고, 매매양태의 일관성 기준과 같은 것들이 추가될 수 있을 것이다. 이러한 논의는 알고리즘 코드를 직접 분석하여 알고리즘에 담긴 알고리즘 작성자 내지 관리자의 의사를 직접 해석해 내는 것이 어렵다는 것을 전제한 것이다.

시장마다 다른 기준이 적용될 수 있는지에 대해서도 고려가 필요하다. 하나의 국가 내에 예컨대, 증권시장, 외환시장, 선물시장 간에 체결률, 취소율 등 기술적 사항에 대해 차이가 존재할 수밖에 없고, 그러한 차이에 따라 다른 기준이 적용되어야 할 것이다. 하지만 예컨대 증권시장에 있어 미국 시장과 우리나라 시장 사이에 서로 다른 기준을 적용하는 것이 타당한지는 검토가 필요한 문제이다. 동일한 알고리즘을 가지고 알고리즘 거래를 미국에서 하였을 때와 우리나라에서 하였을 때 거래결과가 달라질 수 있다. 시장마다 기관투자자가 우위인 시장(미국)과 개인투자자가 우위인 시장(우리나라)이 있을 수 있고, 그에 따라 동일한 수단을 사용하더라도 시장의 반응과 결과는 달라질 수 있기 때문이다. 이러한 문제를 검토할 때 전제는 양 시장의 기본적인 법규정과 위법성 판단기준은 다르지 않다는 것이다. 법규정 등이 다르다면 당연히 하나의 국가에서 문제가 안 되는 행위가 다른 나라에서는 문제가 될 수 있기 때문이다. 하지만 증권불공정거래 규제에 중 최소한 수동거래에 있어 위법성의 판단 및 적용기준은 국가마다 큰 틀에서 차이가 있지는 않다. 그렇다면 자동거래인 알고리즘 거래에 있어서도 그러한 결론은 동일할 것인가가 문제이다. 대표적으로 알고리즘 거래의 경우 무기의 불평등이 존재하는 영역이다. 미국의 유수 알고리즘 거래자들이 미국에서는 알고리즘 거래의 보편화로 인해 시장의 수익성이 악화되어 다른 시장으로 진출하고 있고, 그 진출국가 중 하나가 우리나라이다. 알고리즘 거래자가 서로 간에 경쟁하던 시장에서 알고리즘 거래자와 비알고리즘 거래자 간 경쟁하는 시장으로 바뀐다면 거래결과가 바뀔 수 있다. 이러한 거래결과의 변화를 위법이라고 평가할 수 있을지, 그러한 거래결과가 발생하는 원인을 불공정거래 규제상 위법으로 볼 수 있을지 논의가 필요하다.[115]

알고리즘 거래에 대해 기존 규제의 방법론이 그대로 적용될 수 있는지도 문제이다. 수동거래의 경우 문제거래가 적발되면 해당 거래를 행한 행위자를 찾아 행위자에게 거래결과에 대해 설명을 구하고, 그러한 설명이 부족하다면 거래결과를 분석하여 역으로 추단된 의사를 판별하게 된다. 하지만 알고리즘 거래와 같은 자동거래의 경우 누구를 행위자로 특정해야 하는지부터 문제이다. 혹은 특정할 수 있는지, 특정하는 것이 바람직한지도 문제가 될 수 있다. 알고리즘 거래에서 알고리즘 내지 거래수단 자체를 행위자라고 하지 않는 전제에 선다면 행위자는 거래에 사용된 알고리즘 작성자인지, 그중 최초 작성자인지 아니면 변경을 가한 자인지, 알고리즘 거래를 운용한 자인지, 예컨대, 트레이딩 데스크의 구성원 내지 데스크장인지, 이를 전체적으로 관리한 자인지 혹은 거래의 이익을 향유하는 자인지에 대해 고찰이 필요하다. 알고리즘 거래의 경우 거래의 목적과 방법이 알고리즘 소스코드에 담겨 있으므로 거래자의 주관적 요건을 확인하는 가장 직접적인 방법은 알고리즘 소스코드를 통해 알고리즘 거래자의 진의를 확인하는 것이다. 하지만 완전한 알고리즘 소스코드의 확보가 어렵고, 또한 소스코드가 문제된 거래시점에 사용된 것인지 여부의 확인도 쉽지 않다.[116]

규제수단도 문제이다. 기존 불공정거래 규제는 행위에 대한 책임을 구하는 구조로 고의, 목적에 대한 입증이 필요하다. 하지만 알고리즘 거래는 위와 같은 성격으로 인해 그러한 입증이 어렵다. 따라서 고의범을 전제로 한 형사처벌보다는 행정처벌의 강화, 보완이 필요할 수 있다. 이와 관련해 행정처벌을 위한 시장질서교란행위 규정이 도입되어

115 예컨대, 현실거래 시세조종행위는 유인목적을 주관적 요건으로 하는데 동일한 행위에 대해 기관투자자나 전문투자자가 많은 시장에서는 유인을 당할 여지가 적지만 일반투자자가 많은 시장에서는 유인을 당할 가능성이 높을 수 있다.

116 이러한 이유로 감독당국의 입장에서 보더라도 종래의 금융거래전문가 이외에 IT기술전문가와 나아가 양자를 겸한 전문가를 확보할 필요성이 있다. 이러한 전문가 확보가 직접적으로 어렵다면 외부전문가의 활용가능성에 대해서도 검토가 필요하다.

있다.[117] 하지만 현재의 시장질서교란행위 규정은 알고리즘 거래를 직접적으로 염두에 두고 마련된 것은 아니다. 따라서 알고리즘 거래로 인해 발생하는 여러 새로운 유형의 거래에 대응하는 데는 어려움이 있다. 한편, 종래의 불공정거래 규제는 이익액 내지 회피손실액을 산정하고, 이렇게 산정된 이익액 등을 기준으로 벌금, 과징금 등을 부과하는 구조이다. 뿐만 아니라 손해배상액을 상당인과관계 범위 내에서 인정하는 민사책임의 경우에도 손해액의 산정이 필요하다. 하지만 알고리즘 거래의 경우 수많은 거래가 이루어지고, 거래구조도 복잡하다. 알고리즘 거래가 행하는 수많은 거래 중 모든 거래가 위법한 경우는 드물고 그중 일부 거래가 위법하다고 판단될 가능성이 높다. 그렇다면 위법거래와 적법거래를 판단할 기준을 마련하는 것도 쉽지 않지만 일부 위법거래를 추출하여 그로 인한 이익액이나 손해액을 산정하는 것도 실무상 매우 어려운 문제이다. 기존 불공정거래 규제의 이익액 산식은 행위자의 일관된 의사를 전제로 일련의 거래가 위법하다는 것을 가정하여 이익액 등을 산정하지만 알고리즘 거래의 경우 그와 같은 전제가 성립하기 어려운 상황이 다수이다. 이러한 다양한 차이로 인해 기존 불공정거래 규정 자체가 그대로 적용이 된다고 하더라도 적용기준이나 방법은 적용에 있어 달라질 수밖에 없고, 적절한 보완이 필요하다.

4 불공정거래 규제체계의 재고안

우선, 기존의 불공정거래 규정이 적용될 수 있는지 여부와 관련해서는 현재의 알고리즘 거래의 기술수준이 여전히 인간의 통제범위 내에 있는 이상 기존의 불공정거래 규정 적용이 가능하다고 본다. 즉, 알고리즘 거래는 인간의 머리나 가슴을 대체한다기보다는 손을 대체하는 것이고, 따라서 알고리즘 거래라는 장치를 통한 거래도 여전히 인간의 책임영역에 속한다.[118] 미국이나 EU, 일본의 경우에도 인간의 수동거래를 전제로 한 불공정

---

117 김태진, "자본시장법상 시장질서 교란행위-구성요건의 분석과 주요 위반사례의 검토", 경영법률 제29권 제3호, 2019, 89면 이하; 맹수석, "개정 자본시장법상 시장질서 교란행위에 대한 법적 쟁점의 검토", 기업법연구 제30권 제1호, 2016.3, 161-162면; 정순섭, "시장질서 교란행위규제의 법률문제", BFL, 2016.1. 등 참고.

118 최근 Chat GPT와 같은 소위 generative AI의 경우 문제를 달리한다. 다만, 아직 알고리즘 거래와 관련하여 generative AI의 사용이 문제되고 있지는 아니하다. 앞으로의 연구과제가 될 영역이다.

거래 규정을 알고리즘 거래에 적용하고 있으며, 다만, 알고리즘 거래의 특수성을 고민하여 보완하는 규정을 두거나 혹은 해석적용의 지침을 마련하는 방식으로 대응하고 있다.

다음으로, 기존의 불공정거래 규정이 적용된다고 할 때 적용기준의 보완필요성에 대해 검토가 필요하다. 불공정거래 유형에 따라 현재의 규정해석과 적용기준, 판례 등을 살피면 다음과 같다.

첫째, 시세조종과 관련해서는 주로 현실거래에 의한 시세조종 규정이 문제되는데 구성요건 중 유인목적 등 주관적 요건의 충족여부가 중요하다.[119] 주관적 요건을 직접적으로 판단하는 가장 좋은 방법은 알고리즘 소스코드를 확보하여 이를 해석하는 일일 것이다. 하지만 알고리즘 소스코드의 확보가 어려울뿐더러 소스코드의 해석에도 현실적인 어려움이 있다. 이는 인간의 수동거래에서 당해 행위자가 자신의 행위에 담긴 내심과 행위 사이의 연결을 자세히 설명해 주지 않으면 타인으로서는 이를 이해하기 어려운 것과 마찬가지이다.[120] 따라서 수동거래이든 자동거래이든 거래의 결과를 놓고 그에 담긴 인식과 동기적 요소를 확인해 나갈 수밖에 없다. 판례도 유인목적 등의 해석적용에 있어 여러 가지 간접사실들을 종합적으로 고려한다는 입장인데 이 중 비정상거래의 징표가 되는 거래나 주문유형, 특히 허수성 거래가 문제가 된다.[121] 판례는 허수성 거래와 관련하여 취소율,[122] 체결률, 주문취소시기,[123] 그 밖의 거래양태[124] 등을 고려하고 있는데[125] 알고리즘 거래의 특성상 수동거래와 같은 취소율, 체결률 등이 비정상 거래를 판단하기 위한

119 이정수, "현실거래 시세조종 규정의 해석론상 쟁점과 입법론적 보완점", 상사판례연구 제33집 제1권, 2020, 172면 이하.

120 하지만 조사/수사기관으로서는 그와 같은 설명을 그대로 신빙할 수는 없고, 객관적인 증거를 통해 확인하는 과정을 거쳐야 할 것이다.

121 허수성 호가의 유형과 특성에 대해서는 엄세용, "허수성 호가에 대한 시세조종과 교란행위 규제의 평가", 한국증권법학회, 증권법연구 제18권 제2호, 2017, 197면 이하 참고.

122 대법원 2008. 12. 11. 선고 2006도2718 판결.

123 대전고등법원 2011. 10. 21. 선고 2011노219 판결, 서울중앙지방법원 2011. 7. 28. 선고 2010고합1756 판결 등.

124 서울중앙지방법원 2010. 9. 3. 선고 2010고합280 판결 등.

125 이정수, "현실거래 시세조종 규정의 해석론상 쟁점과 입법론적 보완점", 상사판례연구 제33집 제1권, 2020, 185면.

직접적인 기준이 될 수는 없고, 알고리즘 거래의 특수성을 고려할 수밖에 없다.[126] 결국, 현실거래 시세조종에서 요구하는 주관적 요건과 관련하여 알고리즘 거래의 경우 수동거래에 비해 거래결과만을 놓고 주관적 요건의 충족을 입증하기가 쉽지 않다. 따라서 현실거래 시세조종에 있어 주관적 요건의 기준을 완화하거나[127] 주관적 요건의 충족이 필요하지 않은 시장질서교란행위에 의해 처벌을 하는 방안, 혹은 이에 더해 형사처벌이 필요한 행위들을 특정하여 시세조종규정에 편입시키는 방안 등을 대안으로 고려할 수 있다.[128]

둘째, 미공개중요정보 이용행위와 관련해서는 우선 알고리즘을 이용해 광범위한 미공개정보를 지득하여 이용하는 행위에 대한 평가가 필요하다. 개별적으로 놓여 있는 하나하나의 미공개정보는 중요정보가 아니더라도 이러한 정보가 합해져 중요정보가 되는 경우에도 이를 이용한 거래를 금지할지 여부가 문제인데 이때 거래의 우위는 정보자체보다는 알고리즘의 분석능력에서 나오는 것이므로 미공개중요정보 이용행위로 처벌할 것은 아니라고 생각한다.[129] 그러나, 대체정보를 이용한 거래나 생성정보를 이용한 거래는 여전히 문제될 수 있다.[130] 특히 생성정보 이용행위와 관련해서는 알고리즘 거래 내지 고빈도 거래는 자신의 거래 자체가 시장에 영향을 미칠 수 있다는 측면에서 자기생성정보의 이용이 문제될 수 있을 것이다. 이러한 생성정보의 경우 현재 규제체계상 알고리즘 거래가 거래자체로 생성되는 정보를 다시 이용하여 거래한다면 정보이용형 시장질서교란행위로 처벌될 수 있다.[131] 따라서 알고리즘 거래의 경우 알고리즘 로직에 있어 자신의 거래결과를 새로운 투입변수로 하여 주문거래 의사결정을 하는 프로세스는 포함되어서는 아니된다. 이러한 생성정보를 외부자나 다른 알고리즘을 통해 거래하는 행

126 이정수, "알고리즘 거래에 관한 금융법적 규제 연구", 서울대학교 대학원 박사학위논문, 2022.8, 285-286면 [표4.] 참고.

127 노혁준, "증권 불공정거래의 새로운 양태와 대응-고빈도 거래(HFT)를 중심으로", 법학연구, 제31권 제1호, 69-117면, 2021.3, 107면.

128 이정수, "알고리즘 거래에 관한 금융법적 규제 연구", 서울대학교 대학원 박사학위논문, 2022.8, 286-296면.

129 한국금융연구원, "알고리즘, 인공지능(AI) 거래에 대한 시세조종 및 내부자거래 규제", 한국금융연구원 주간금융브리프 제28권 제5호, 2019.3, 27면.

130 이정수, "정보의 불평등 관점에서 본 현행 미공개중요정보이용행위 규제의 비판적 검토", 상사법연구 제39권 제1호, 2020, 358-360면.

131 자본시장법 제178조의2 제1항 제1호 나목.

위도 금지된다고 본다.[132]

셋째, 부정거래행위와 관련해서는 알고리즘 거래의 장치적 특성이 문제된다. 알고리즘 거래를 하기 위해서는 서버나 컴퓨터 기술 등 하드웨어나 소프트웨어 양 측면에서 상당한 자본이 필요하고, 이러한 자본구비 여부에 따라 알고리즘 거래 가능성이 결정된다. 따라서 알고리즘 거래자와 비알고리즘 거래자(수동거래자) 사이에 수단의 불균형이 발생하고, 그러한 불균형은 수단에 그치지 않고 거래결과의 불균형으로 나타날 수 있다. 이러한 측면에서 알고리즘 거래를 하는 것 자체를 부정한 수단으로 볼 수 있는지가 문제될 수 있으나 새로운 기술의 사용과 개발은 자본시장의 건전한 발전을 위해 일정한 테두리 내에서 권장되어야 할 것이지 무작정 막을 일은 아니라 할 것이다. 이와 관련해서는 ELW사건이 새로운 거래수단의 사용과 부정성에 대해 주목할 만한 판례이론을 제시하고 있다.[133] 새로운 수단을 사용하는 것이 부정성의 본질이 될 수는 없고, 다만 새로운 수단의 사용가능성에 대해 제도적으로 모든 시장참여자에게 접근가능성이 열려 있는지 여부가 판단기준이 되어야 할 것이다. 우리나라의 자본시장법령은 DMA나 Co-location 서비스에 대해 차별배제를 위한 조건들을 제시하고 있는바, 부정성 판단에 있어서도 중요한 기준이 될 수 있을 것이다.[134]

넷째, 시장질서교란행위이다. 시장질서교란행위가 도입된 이유는 비록 알고리즘 거래가 직접적 원인은 아니지만 동 규정 중 일부는 알고리즘 거래를 염두에 둔 것이라고 볼 수 있고, 규정의 해석 여하에 따라 알고리즘 거래 내지 고빈도 거래에 대해 적절한 규제수단이 될 수 있다. 시장질서교란행위는 형사처벌을 전제로 한 시세조종규정에 비해 엄격한 주관적 요건을 요구하지 않고 있고, 결과발생에 대해서도 유연한 태도를 취하고 있다.[135] 다만, 알고리즘 거래 중 시세조종성 성격을 가진 것으로 현실거래 시세조종 규정의

132 이정수, "알고리즘 거래에 관한 금융법적 규제 연구", 서울대학교 대학원 박사학위논문, 2022.8, 303-305면.

133 대법원 2014. 1. 16. 선고 2013도9933 판결. 박선종, "ELW 규제의 쟁점에 관한 연구", 외법논집 제35권 제4호, 2011.11, 206면 이하; 안성수, "내부스캘퍼의 거래와 자본시장법 위반", 刑事判例硏究 제23권, 2015.6, 705면 등.

134 ELW사건의 쟁점과 고빈도 거래에서의 쟁점 비교에 대해서는 박용철, "증권거래상의 고빈도 매매시스템 상의 형사법적 제문제", 법학논집 제17권 제3호, 2013.3, 123면 이하 참고.

135 동 조항으로 증권선물위원회에 상정된 사건들에 대해서는 이상복, "시장질서 교란행위 관련 증권

적용이 어려운 사례에 대해서는 시장질서교란행위 규정이 적절한 대응이 될 수 있으나 새로운 유형들 중 일부에 대해서는 현행 시장질서교란행위 규정으로도 대응이 어려울 수 있다.[136] 미국이나 EU에서도 이러한 점을 고려하여 여러 가지 대안과 보완규정을 두고 있으므로[137] 외국의 입법례는 우리나라의 입법개선과 보완에 좋은 참고가 될 것이다.[138 139]

5 실효성 확보수단

알고리즘 거래에 대한 불공정거래 규제의 실효성 확보라는 측면에서 책임의 확보와 집행도 중요한 문제이다. 먼저 책임의 측면에서는 기존의 형사처벌을 전제로 한 시세조종 등 처벌규정은 엄격한 주관적 요건의 입증을 요하는데 이는 자동거래를 하는 알고리즘 거래의 특성상 규제의 난점으로 작용한다. 따라서 알고리즘 거래에 대해서는 종래의 형사책임에 의존하기보다는 행정책임과 민사책임을 대체적인 수단 내지 보완적인 수단으로 적극 활용할 필요가 있다.

한편, 기존 형사처벌이나 행정처벌에 있어 이익액을 기준으로 한 과벌체계는 문제점을 노출하고 있다.[140] 알고리즘 거래는 그 특성으로 인해 수많은 거래가 이루어지고, 동 거래들 사이에 다시 수많은 거래사이클이 존재하게 된다. 이러한 거래 내지 거래사이클이 모두 위법한 거래라면 별문제가 없겠으나 보통은 그러한 거래 중 일부만이 문제

선물위원회의 과징금 부과 안건에 대한 소고 - 한미약품 관련 미공개중요정보의 다차 수령자를 중심으로", 경희법학 제52권 제4호, 2017; 이상복, "시장질서 교란행위 관련 증권선물위원회의 의결안건에 대한 검토 - 자신의 직무 관련 정보취득자에 대한 과징금 부과처분을 중심으로", 법과 기업연구 제7권 제3호, 2017 등 참고.

136 핑오더, 피싱 및 주문부하행위 등. 자세한 것은 이정수, "알고리즘 거래에 관한 금융법적 규제 연구", 서울대학교 대학원 박사학위논문, 2022.8, 339-345면.

137 Gina-Gail S. Fletcher, "Deterring Algorithmic Manipulation," Vanderbilt Law Review, March 2021, pp.299-309.

138 미국의 경우 도드-프랭크법 747조에 의해 상품거래법(Commodity Exchange Act) 4c(a)를 개정하여 spoofing에 대한 직접적인 규제규정을 마련하고 있다.

139 EU의 경우 시장남용규정 제12조 제2항 (c)에서 고빈도거래를 염두에 둔 규정을 마련하고 있다.

140 이정수, "알고리즘 거래에 관한 금융법적 규제 연구", 서울대학교 대학원 박사학위논문, 2022.8, 348-353면.

되기 마련이다. 그런데 일부 거래만이 위법하다면 일련의 거래를 가지고 이익액을 산정하는 기존의 방식은 적용이 어렵게 된다. 그렇게 되면 알고리즘 거래는 그 거래 중 일부가 위법하더라도 이익액이 없거나 산정하기 어려운 경우에 해당하여 이익액을 기준으로 한 과벌체계에서 제대로 책임을 추궁하기 어려운 상황에 빠지게 된다.[141] 이에 알고리즘 거래와 같은 장치를 이용한 거래에 있어서는 공정거래법상 과징금 규정 등을 참고하여 일정기간 매출액 내지 전체 이익액의 일정액으로 과징금을 부과하는 등 대안이 요구된다.[142]

알고리즘 거래의 결과책임을 누구에게 귀속시킬지에 대해서도 논란이 있을 수 있다. 알고리즘 거래의 핵심인 알고리즘은 여러 사람들의 집단적인 노력의 산물인 경우가 많고, 이렇게 만들어진 알고리즘을 가지고 거래하는 과정에서도 다수의 사람들이 개입하게 된다. 이때 알고리즘 거래에 위법성이 발견되면 위법성이 존재하는 요소나 행위를 따져서 최종적인 책임이 있는 사람에게 책임을 구하는 것이 원칙이겠으나 알고리즘 거래의 복잡성이나 기술성으로 인해 어려움이 있다. 이러한 경우 양벌규정이 하나의 대안이 될 수 있을 것이다. 양벌규정은 행위자 외 경제적 이익의 귀속자를 처벌하기 위한 것으로 행위자를 처벌하지 못하는 경우에도 양벌규정을 통한 처벌이 가능할 수 있다. 다만, 행정책임에서는 양벌규정과 같은 성격의 규정이 도입되어 있지 아니한바, 향후 규정의 도입을 고려할 필요가 있다.[143][144]

책임의 추궁 내지 집행과 관련해 문제가 되는 것은 알고리즘 거래의 역외성이다. 이에 대해서는 국제적인 규제의 공조뿐만 아니라 집행단계에서의 공조가 긴요하고, 그와

141 김태진, "자본시장법상 시장질서 교란행위-구성요건의 분석과 주요 위반사례의 검토", 경영법률 제29권 제3호, 2019, 41면. 동 논문에서는 2018년 10월 16일 제안된 자본시장법 개정안의 내용 등을 설명하고 있다.

142 권오승, 서정, 「독점규제법」(제4판), 2020, 753면 이하 참고.

143 이정수, "알고리즘 거래에 관한 금융법적 규제 연구", 서울대학교 대학원 박사학위논문, 2022.8, 357-359면.

144 형사벌 내지 행정형벌에 대해서는 법인의 범죄행위능력 등에 관한 논의가 있으나, 행정제재에 대해서는 그와 같은 논의를 찾아보기 어렵다. 김동희 · 최계영, 「행정법 I」(제26판), 2021, 514-516면; 김남진 · 김연태, 「행정법 I」(제25판), 2021, 588-589면; 홍준형, 「행정법I」(제2판), 2017, 628-631면 등.

관련해 IOSCO와 국제형사사법조약의 역할과 한계에 대해 인식하고, 국제공조를 발전시켜 나가는 것이 필요하다.[145]

VI 결 론

알고리즘 거래의 문제에 대해 주의를 환기시킨 마이클 루이스의 저서 "플래시 보이스"(Flash Boys - A Wall Street Revolt)[146]는 "당신이 알고 있던 주식시장은 없다"는 장(chapter)으로 글을 시작하고 있다. 알고리즘 거래가 금융투자업과 금융거래 전반에 영향을 미치고 있고, 금융규제의 패러다임 변화로 이어지고 있다. 미국의 경우 2010년 5월 6일 발생한 flash crash가 금융규제 패러다임의 변화에 있어 중요한 변곡점이 되었으며 이후 미국은 물론이고 EU와 일본 등 금융시장이 발달한 국가들을 중심으로 알고리즘 거래에 대한 새로운 입법과 그에 대한 연구가 이루어졌다. 하지만 우리나라는 flash crash와 같은 사건을 직접 경험하지 아니한 영향인지 알고리즘 거래와 관련한 법적 규제나 그에 관한 연구가 활발히 이루어져 왔다고 평가하기는 어렵다. 그러나 알고리즘 거래로의 금융시장의 중심이동은 이미 진행 중이고, 이러한 불가역적인 변화의 흐름은 인간의 수동거래를 전제로 체계화되어 있는 기존 규제체계가 향후에도 그대로 적용될 수 있는 것인지에 대한 근본적인 질문을 던진다. 또한 현재의 규제체계가 자동화된 거래에 있어 flash crash와 같은 시장붕괴 위험을 효과적으로 막아내고 시장의 안정성을 지킬 수 있는지, 알고리즘 거래에 투자하는 투자자 보호를 위하여 어떠한 금융투자업자 규제가 필요한지, 알고리즘 거래를 통한 불공정거래에 대해 어떻게 대응하여야 할지 등 법적 규제 측면에 있어 다양한 문제를 제기하고 있다. 그와 같은 측면에서 본고에서는 알고리즘 거래의 법적 규제에 대해 우선 알고리즘 거래와 그에 대한 법적 규제를 개관하고, 법적 규제를 시장안정성 규제, 금융투자업자 규제 및 불공정거래 규제의 세 가지 측면으로

145 이정수, "알고리즘 거래에 관한 금융법적 규제 연구", 서울대학교 대학원 박사학위논문, 2022. 8., 359-366면.

146 Michael Lewis, 「Flash Boys」, Norton, 2014. 한국판은 이제용 번역, 곽수종 감수, 「플레시보이스: 0.001초의 약탈자들, 그들은 어떻게 월스트리트를 조종하는가」, 2014.10.

나누어 연구, 고찰하였다.

금융규제의 설계는 경제학적 분석 도구를 사용하여 금융시스템의 실패를 바로잡기 위한 법적, 규제적 체계를 결정하는 일이다. 경쟁시장의 효율성을 위해 보이지 않는 손이 미치지 않거나 부족한 부분에 대해, 규제는 어떤 경우에는 교정적으로, 어떤 경우에는 보완적으로 개입하여 시장실패(market failure)를 치유하여야 한다.[147] 이를 위해 규제는 현존하는 시장실패의 본질과 범위를 판단하고, 적용가능한 규제방법의 집합을 설정하며, 그 안에서 시장실패를 해결하는데 적절한 규제방법의 조합을 확인하고, 규제적 개입으로 인한 편익이 그 비용이나 부작용을 압도하는지 확인하는 순서를 거쳐야 한다. 본고의 연구과정에서 어려움은 우리나라의 경우 알고리즘 거래가 아직 성숙하지 않아 시장실패를 논할 단계는 아니라는 점에 있다. 이에 향후의 변화를 예상하여 발생할지 모를 시장실패를 상정하여 법적 규제의 방향과 내용을 고안할 수밖에 없었다. 향후 실제로 알고리즘 거래에 대한 규제가 논의를 거쳐 입안이 될 때에는 해당 규제가 이와 같은 순서에 따라 시장실패를 교정하기 위해 고안되었는지 혹은 적정한 수준으로 마련되었는지에 대해 추가적인 연구가 필요할 것이다.[148]

147 규제의 근거와 접근방식의 일반론에 대해서는 Hester Peirce et. al, 「Reframing Financial Regulation」, Mercatus Center, 2016 등

148 그 밖에 가상자산 시장에서의 알고리즘 거래에 대한 법적 규제에 대해서도 연구가 필요할 것이다.

참/고/문/헌

〈국내문헌〉

강영기·박선종, “HFT 등 알고리즘거래에 대한 각국의 규제동향과 해결과제에 관한 비교법적 고찰”, 증권법연구 제19권 제2호, 2018.

고동원, “고빈도 거래 등을 이용한 불공정거래 관련 해외 감독당국의 규제 동향”, 기업법연구 제33권 제1호, 2019.3.

고재종, “고빈도 거래의 투자자 보호를 위한 규제 방안”, 외법논집 제42권 제1호, 2018.2.28.

김영주, “고빈도 거래의 법적 규제”, 증권법연구 제15권 제2호, 2014.

노혁준, “증권 불공정거래의 새로운 양태와 대응-고빈도거래(HFT)를 중심으로”, 법학연구 제31권 제1호, 2021.3.

박선종, “알고리즘 매매 및 DMA에 관한 연구”, 증권법연구 제10권 제1호, 2009.

박수철, “한국 증권시장의 고빈도거래 현황 및 특성”, 재무관리연구 제37권 제2호, 2020.6.

박연길, “고빈도 매매의 이해 및 규제 방안 고찰-글로벌 규제 동향을 중심으로”, 산업과 경영 제30권 제2호, 2017.12.

서희석, “알고리즘거래에서 착오주문의 문제-H증권사건 하급심판결에 대한 비판적 고찰”, 상사법연구 제39권 제2호, 2020.

양기진, “고빈도매매의 규제동향 및 규제방안”, 증권법연구 제14권 제1호, 2013.

오성근, “EU의 제2차 금융상품시장지침(MiFIDⅡ)상 알고리즘거래 규제에 관한 분석 및 시사점”, 기업법연구 제29권 제4호, 2015.12.

윤승영, “고빈도 거래와 관련한 미국의 최근 규제동향 및 시사점”, 증권법연구 제18권 제1호, 2017.

이정수, "알고리즘 거래에 관한 금융법적 규제 연구", 서울대학교 대학원 박사학위논문, 2022.8.

이형기, "AI에 의한 알고리즘 매매거래의 법적책임에 관한 소고", 산업경제연구 제33권 제1호, 2020.2.

정대익, "독일과 유럽연합의 고빈도 알고리즘 거래 규제 - 규제 방향에 대한 시사점", IT와 법연구, 제10집, 2015.2.

정순섭, "자본시장의 불공정거래 최근 동향과 법적 쟁점 : 불공정거래법제의 현황과 해석론적 과제", BFL 제43호, 2010.9.

정재만·전용호·최혁, "전략적 반복주문을 통한 고빈도 거래가 한국 주식시장에 미치는 영향", 재무연구 제27권 제2호, 2014.5.

〈외국문헌〉

Walter Mattli, 「Global Algorithmic Capital Markets: High Frequency Trading, Dark Pools, and Regulatory Challenges」, Oxford University Press, 2018.

Donald Mackenzie, 「Trading at the Speed of Light: How Ultrafast Algorithms are Transforming Financial Markets」, Princeton University Press, 2021.

Alvaro Cartea et. al, 「Algorithmic and High-Frequency Trading」, Cambridge University Press, 2015.

Nils Nilsson, 「The Quest for Artificial Intelligence: A History of Ideas and Achievements」, Cambridge University Press, 2010.

大槙剛士, "諸外国における市場構造とHFT を巡る規制動向", 『金融廳金融研究』, 2017.6.

芳賀良, "高頻度取引と緊急差止命令", 『横浜法学』 第25巻 第3号, 2017.3.

____, "高頻度取引と相場操縦規制", 『横浜法学』 第22巻 第3号, 2014.3.

福田徹, "取引の高速化と株式取引の實態 - 東京證券取引所の注文板差分デイタお用いた實證分析", 『證券經濟研究』, 第94號, 證券經濟研究所, 2016.

보험업과 디지털금융[1]

김유성
(연세대학교 법학전문대학원 부교수)

I 서론

금융정책의 측면에서 보험산업은 "민생 안정" 내지 "사회적 안전망"의 역할을 수행할 수 있어야 하고, 이를 위하여 인구구조의 변화, 기후변화 등 새롭게 등장하는 사회적 위험에 적절한 역할을 수행할 수 있어야 한다.[2] 21세기 중반 세계경제에 큰 영향을 미치는 요소들로 "AI 등 기술혁명, 지정학적 경쟁 심화, 기후변화, 선진국의 고령화와 개발도상국의 청년인구 증가" 등이 주로 언급되고 있고,[3] 그 중 미래 대한민국 경제에 큰 영향을 미치는 변수 중 하나로 "디지털 환경변화"가 주로 논의되어 오고 있다.[4] 디지털환

1 본고는 김유성, "인구구조, 기후, 디지털환경변화에 따른 보험법제 주요 쟁점과 개선방안에 관한 연구", 상사법연구 제44권 제2호, 2025 및 "보험업의 과제 - 인구구조와 기후 그리고 디지털환경변화를 중심으로", BFL 제134호, 2025를 일부 수정 보완하여 전재한 것임을 밝혀둔다. 상세한 논의와 인용은 위 상사법연구에 실린 원논문을 인용해 주시기 바란다.

2 보험연구원, "미래 한국사회 보험의 역할", CEO Report 제25권 제6호, 2025, 13면.

3 National Intelligence Council, Global Trends 2040 A More Contested World, (A Publication of the National Intelligence Council, 2021), 16, 30, 54면.

4 김소영 · 이형주 · 박주영 · 최상아 · 성보경 · 강주엽, "미래 대응 금융정책방향: 인구구조 변화, 기후변화, 기술혁신을 중심으로", 한국경제포럼 제17권 제4호, 2025, 77면; 2025.3.17.자 금융위원회 보도자료 "보험산업이 새로운 환경변화에 능동적으로 대응하고 미래를 선도할 수 있도록 미래대비 과제 추진" [별첨] 보험산업 미래대비방안, 1면.

경이 보험산업을 변화시키는 모습과 디지털 환경변화가 야기하는 사회적 위험의 모습을 살피고, 이러한 변화에 부합하는 보험법제의 개선방안을 살펴본다.

Ⅱ 디지털 환경변화와 보험법제 주요쟁점

1 디지털 환경변화와 인슈어테크(InsurTech) 현황

가. 들어가며

인슈어테크(InsurTech)는 “보험(Insurance)과 기술(Technology)의 합성어”로 핀테크(FinTech)가 보험업에 적용되는 국면에서 주로 논의되어 왔다. 전통적으로 인슈어테크는 보험업에서 인공지능, 사물인터넷, 빅데이터, 블록체인 등의 IT기술이 적용되는 것을 의미하여 왔고, 기술을 통해 새로운 보험 생태계를 구축하여, 소비자의 금융서비스 수요를 충족시키는 것을 의미하였으며,[5] 빅테크 기업의 보험업진출도 포함되는 개념(Techfin)도 포함하여 이해되기도 하였다.[6] 즉, 인슈어테크는 디지털기술이 보험업에 적용되어 보험산업을 변화시키는 측면을 다루게 된다.

디지털 환경변화와 관련하여 보험법제의 관점에서 다음과 같은 문제가 제기된다. 우선, 규제법적 관점에서 보험산업에 새로운 디지털기술 도입을 허용할 수 있는 것인지 여부가 문제된다. 디지털기술 활용에 대한 규제가 미비한 상태에서 금융사고가 발생할 우려와 디지털기술 활용에 대한 규제가 과도하여 금융혁신이 저해된다는 우려가 공존하게 된다.[7] 디지털 환경변화 자체가 새로운 사회적 위험을 발생시킬 수 있는데, 이러한 위험을 보험을 통해 부보할 수 있는지, 그러한 형태의 보험이 법적으로 허용될 수 있는지 여부가 문제 된다.

5 박소정 · 박지윤, 「인슈어테크 혁명: 현황점검 및 과제 고찰」, 보험연구원, 2017, 38면.

6 정영진 · 이성남, “인슈어테크(Insurtech)의 현황과 보험법적 과제”, 법학연구 제26권 제1호, 2023, 37면.

7 김소영, 앞의 논문, 91면.

나. 디지털 기술을 활용한 인슈어테크(InsurTech) 주요 현황

디지털 기술이 보험업에 성공적으로 접목된 사례들이 학계 · 실무계에서 다수 보고되고 있다.[8] 법학적인 관점에서 규제개선을 검토하기 위한 목적으로 간략하게 인슈어테크 현황 내지 단기간 내에 달성가능할 것으로 보이는 인슈어테크 모델들을 정리해 보면, 다음과 같다.

(보험상품의 접근성 강화) 인슈어테크를 통해 보험에 대한 접근성이 강화되고 있다. 보험회사, 모집종사자 등은 자체 스마트폰 앱이나 "이커머스 플랫폼을 통한 보험중개" 등을 통해 소비자의 보험에 대한 접근성을 과거보다 크게 강화하였다. 고객들에 대한 민원상담 영역에서도, 고객 대면 직원을 지원하는 AI 챗봇 등 디지털 어시스턴트를 통해 고객대응속도를 크게 향상시켰고, 고객의 만족도도 높이고 있다.[9] 사내 구축된 AI가 고객응대 관련 45,000개의 예측 모델을 제시하고, 그에 따라 제공된 맞춤형 제안을 고객응대에 활용한 사례도 있다.[10]

(보험상품의 맞춤화, 보험료의 합리화) 인슈어테크를 통해 소비자 맞춤형 보험상품이 제조되고, 위험 산정이 세밀화되면서 보험료도 보다 합리적으로 산정될 수 있다. 보다 많은 데이터와 이를 분석하는 AI를 통해 고객의 세분화된 수요에 부합하는 마이크로보험, 구독형보험, 사용량 기반 자동차보험, 온디맨드 보험, 소액단기 보험 등 새로운 보험상품이 제조되고 있다.[11] 새로운 유형의 보험상품들은 소비자의 수요에 더욱 부합하고, 보험료는 기존 정형화된 보험상품보다 낮다. 일용, 단기근로자 보험 등 직업과 연결된 보험상품을 제공하는 등 보험상품의 추천도 더욱 세밀화된다. 의료데이터의 분석도 AI를

8 금융감독원 2019.5.21.자 보도자료, "보험회사 인슈어테크(InsurTech) 활용현황"; 이정우 · 황인창 · 장윤미, 「해외 인슈어테크 부문 투자 동향 분석」, 보험연구원, 2023; 박소정 · 박지윤, 앞의 책; KPMG International, Intelligent insurance: A blueprint for creating value through AI-driven transformation, 2025; 곽효경 · 김규림 · 이시언, "보험 리부트(Re:Boot), 보험산업의 미래 비즈니스 방향은?", Issue Monitor 제170호, 2025 등.

9 KPMG International, "Intelligent insurance: A blueprint for creating value through AI-driven transforamtion", 2025.

10 곽효경 · 김규림 · 이시언, 앞의 글, 9면.

11 곽효경 · 김규림 · 이시언, 위의 글, 8면.

통해 보다 세밀해져서 더욱 최적화된 보험료가 제시될 수 있다.[12]

(업그레이드된 보험상품의 제공) AI기반으로 보험 밸류체인 내 다양한 이해관계자를 연결하는 플랫폼(보험 생태계 플랫폼)을 구축한 후, 이를 기반으로 보험상품을 업그레이드 할 수 있다. 예를 들면, 주택화재보험은 응급구조, 주택 보안 등의 서비스를 제공하는 형태로 업그레이드될 수 있다. 보험회사는 AI기반 예측모델을 활용하여 선제적으로 리스크를 관리할 수 있다. IoT 데이터 등 빅데이터를 활용하여 누수보험을 체결한 고객에게 누수 가능 위치를 사전에 고지하는 방식으로 사고발생 리스크를 완화할 수 있다.

(언더라이팅, 청구절차 등 자동화) AI를 통해 언더라이팅 자동화가 진행되고 있다. 보험회사가 보유한 리스크 스코어링 체계를 갖춘 언더라이팅 AI 프로그램은 자체 보유하고 있는 보험정보와 한국신용정보원 등 신용정보집중기관이 보유한 보험신용정보를 종합하고, 보험계약 체결 당시 추가로 확보가능한 사물인터넷(IoT), 웨어러블 기기 데이터 등을 종합하여, 보험의 인수 여부를 자동으로 판단하고 있다.[13] 보험금 청구절차도 자동화되어 보다 신속하게 보험금 지급이 가능해진다. 스마트폰 앱을 이용한 보험금청구서비스는 고객에게 편리한 청구를 보장하고, 자연어 처리기술(NLP)과 광학문자인식(OCR)기술이 접목된 AI클레임 시스템은 보험금 청구를 자동화한다.[14][15]

(보험사기방지 및 규제준수) AI기반의 고도화된 보험사기방지모델이 작동하여 이상거래를 보다 빠르고 정확하게 식별한다.[16] AI 레그테크(RegTech) 시스템은 금융규제 컴플라이언스에 효율적으로 대응한다.[17]

12 곽효경 · 김규림 · 이시언, 위의 글, 9면.

13 곽효경 · 김규림 · 이시언, 위의 글, 8면.

14 곽효경 · 김규림 · 이시언, 위의 글, 8면.

15 KPMG US, “Quantifying the GenAI opportunity” 2025, KPMG International, “Intelligent insurance: A blueprint for creating value through AI-driven transforamtion”, 2025.

16 곽효경 · 김규림 · 이시언, 위의 글, 8면.

17 KPMG International, 앞의 글, 25면 등.

다. 디지털 환경변화가 야기하는 새로운 사회적 위험

위와 같은 보험업권의 디지털 환경변화(인슈어테크)는 근본적으로 사회를 보다 안전하고 효율적인 방향으로 이끌 것으로 기대되나, 사회 전반의 디지털 환경변화와 결합하면서 예기치않은 사회적 위험을 만들어낼 수도 있다. 우선, 보험업권의 디지털 환경변화가 금융안정성을 저해할 수 있다는 문제가 제기될 수 있다. 특정 플랫폼 등의 시장지배력이 높아질수록 단일한 장애가 금융안정성을 저해할 우려가 높아지고,[18] AI의 획일성으로 인해 시장의 변동성이 더욱 커지고, 결과적으로 금융시스템 위험을 초래할 위험성 등이 제기되고 있다.[19] 사회 전반의 디지털 환경변화가 새로운 사회적 위험을 야기하기도 한다. 자율주행차 등 물리적으로 작동하는 피지컬 AI(Physical AI)로 인한 사고 발생 가능성이 높아지고 있다.[20] AI 시스템의 오작동이나 예측오류로 인해 사고가 발생할 수도 있다.[21]

2 보험법제 주요쟁점 및 개선방안

가. 들어가며

디지털 환경변화는 보험업의 디지털화를 어느 정도까지 수용할 수 있는가의 논의와 디지털 환경변화로 인한 위험에 대한 사회적 안전망을 보험상품을 통해 어떻게 대응할 것인지의 논의로 요약될 수 있다. 대표적인 사례로, 과거 다양한 보험비교사이트가 출현하였으나, 위 서비스가 보험상품 중개에 해당한다는 금융감독원의 유권해석[22] 이후 관련 사이트들의 업무가 불가능하게 되었다가, 이후 금융규제 샌드박스를 통해 다양

18 김소영, 앞의 논문, 90면. 2024. 7. 마이크로소프트사의 클라우드 오류로 전세계적인 전산망 마비가 발생한 사건.

19 IMF, Global Financial Stability Report - Steadying the Course: Uncertainty, Artificial Intelligence, and Financial Stability(IMF Library, 2024), p.92-93. 동 보고서는 AI관련 규제 및 감독을 강화하고, 금융당국은 AI서비스 제공업체에 대한 의존도를 줄이고, 자본시장의 변동성에 대응하기 위한 기존 조치들이 강화되어야 한다고 주장한다(위 보고서 95.).

20 보험연구원, 앞의 논문(미래 한국사회 보험의 역할), 5면.

21 곽효경 · 김규림 · 이시언, 앞의 글, 12면.

22 2021.9.7.자 보도자료 "온라인 금융플랫폼 서비스 사례 검토결과".

한 보험비교서비스가 다시 제공된 사례를 생각해 볼 수 있다.[23] 그 외에도 보험회사의 핀테크 진입문제,[24] 빅테크 플랫폼의 보험업 진입문제[25] 등도 있다. 이하에서는 디지털 환경변화와 관련하여 많은 논의가 이루어지고 있는 ① AI보험설계사 도입, ② 비대면 모집의 경우 보험법제 정비, ③ 보험회사의 건강정보제공 등 서비스의 의료법 위반 문제, ④AI 등 디지털 환경변화가 야기하는 위험에 대응한 보험상품 관련 법리 등과 관련하여 보험법제의 개선가능성을 검토한다.

나. AI 보험설계사 도입

위반 시 형사처벌을 받게 되는 보험업법상 모집규제(보험업법 제204조 제1항 제2호)는 보험업법상 판매규제의 핵심이라고 할 수 있다.[26] 그런데, 모집인은 보험설계사, 보험대리점, 보험중개사, 보험회사의 임직원으로 한정되어 있어(보험업법 제83조 제1항 각호), 현행 법상 AI보험설계사의 출현은 불가능하다. 과거 2019년 금융규제 샌드박스를 통해 "AI 로보텔러에 의한 보험판매"를 과제로 하는 혁신금융서비스가 승인되었으나, 시장에 큰 영향을 미치지는 못하였던 것으로 보인다. 그러나 AI기술이 급격히 발전한 현재에는 AI보험설계사의 출현이 기술적으로 불가능한 것으로 보이지 않는다.

보험상품의 판매과정에서 보험모집인은 보험소비자에게 적절한 보험상품을 권유하고, 해당 보험상품의 내용을 정확하게 설명하며, 보험계약에 필요한 서류를 교부하는 업무를 수행하게 된다. 그리고, 앞서 살펴본 바와 같이 위 각 업무 프로세스는 AI가 모두 수행할 수 있는 상황으로 발전하고 있다.

은행, 증권업 분야의 디지털 전환이 가속되고 있는 반면, 보험시장의 디지털 전환이 더디다는 평가를 받고 있다.[27] 자본시장법은 핀테크의 대표주자인 로보어드바이저를 '전

23 2025.7. 현재 11개사가 금융규제샌드박스를 통해 서비스를 제공하고 있는 것으로 보인다. 규제샌드박스 현황 참조. https://www.sandbox.go.kr/sandbox.SandboxTaskSl

24 박소정 · 박지윤, 앞의 글, 107면.

25 손재희, "Next Insurance (Ⅰ): 디지털 환경과 보험산업", CEO Report 2021-07호, 2021, 10면; 김시홍, "빅테크 플랫폼의 보험산업 진입과 법적 과제", 보험법연구 제16권 제1호, 2022. 등.

26 한기정, 앞의 책, 343면.

27 금융위원회 2022.11.21.자 보도자료, "(별첨)보험분야 규제 개선방안", 1면.

자적 투자조언장치'라는 명칭으로 이미 도입하였고(자본시장법 제85조 단서, 동법 시행령 제87조 제1항 제5호), 계약자수는 2025. 6.기준 343,533명에 이른다.[28] 금융규제의 불명확성도 시간이 흐르면서 해소되고 있다. 전자적 투자조언장치가 집합투자업, 투자자문업, 투자일임업을 수행하는 경우 자본시장법상 규제의 수범주체는 금융투자업자임을 명확히 하였고(자본시장법 시행령 제47조 제1항 단서, 금융투자업규정 제4-4조의2 2호),[29] 로보어드바이저 운영에 관한 손해배상책임 관련 논의도 발전하고 있다.[30]

모집과정에서 AI를 활용할 수 있는 법적 근거를 명확하게 할 필요가 있다.[31] 대한민국의 고령화, 지방소멸 등이 가속화될수록 기존의 보험판매 인프라는 위축될 수밖에 없다. AI를 통한 보험권유, 보험설명 등 모집행위의 현실적 필요성은 커질 수밖에 없는 상황에서, AI보험설계사의 출현을 무조건 막기보다는 출현의 법적근거를 확보하며 AI를 통한 적절한 모집활동이 이루어질 수 있도록 그 활용범위를 명확히 할 필요가 있다.[32] 시장안정성, 소비자보호 등을 고려하여 AI를 통한 모집활동을 할 수 있는 주체를 보험회사 등 일정한 규모 이상의 공신력있는 기관으로 한정하고, AI가 모집활동 관련 보험업법, 금융소비자보호법 등의 수범주체는 위 보험회사 등임을 명확히 하고(위 자본시장법 시행령 제47조 제1항 단서, 금융투자업규정 제4-4조의2 2호 등 참조), AI 운영에 관한 손해배상책임의 범위를 명확히 하여야 한다.

28 로보어드바이저 테스트베드센터 2025. 7. 14.자 운영현황, "RA 시장규모 추이 자료(25년 6월말 기준)". https://www.ratestbed.kr:7443/portal/bbs/B0000006/view.do?nttId=31678&searchCnd=&searchWrd=&menuNo=200241&algrthSn=&odrSn=&option1=&delCode=0&sdate=&edate=&viewType=&pageIndex=1

29 전자적 투자조언장치의 책임구조에 관한 상세한 사항은 김건식 · 정순섭, 「자본시장법」(제4판), 2023, 151-152면.

30 김준철, "로보어드바이저 관련 민사법상 책임에 관한 연구", 법학논문집 제48권 제2호, 2024 등.

31 보험업법 제83조 제1항 제5호에 "AI 설계사" 등을 추가하는 것을 입법대안으로 고려해볼 필요가 있다.

32 보다 상세한 논의로 조경원, "신규 보험판매채널에 대한 고지수령권 인정 여부와 법적 쟁점 - 인공지능(AI)보험설계사와 보험판매전문회사를 중심으로-", 보험법연구 제16권 제2호, 2022; 지광운, "로보 어드바이저를 활용한 보험판매와 법적 과제", 보험법연구 제16권 제3호, 2022 등.

다. 비대면 모집에 관한 보험법제 정비

(1) 설명의무

우리나라에서도 보험상품의 비대면 판매 비율이 상승하면서[33] 비대면 판매 시 설명의무의 구체적인 이행방법이 문제 되어 왔다.[34] 전통적으로 보험상품 판매대리 · 중개업자가 대면으로 상품을 판매하는 경우, 설명의무도 반드시 대면으로 이행할 것이 요구되었으나, 2023. 7. 5. 금융위원회 고시 제2023-38호로 개정된 감독규정으로 "인터넷 화상장치를 이용하여 모집"하는 경우, 비대면 설명(인터넷 화상장치를 이용하여 설명)을 허용하는 형태로 개정되었다(금융소비자보호법 제25조 1항 3호, 동법 시행령 제23조 제3항 제6호, 금융소비자보호에 관한 감독규정 제22조 제7호 본문). 전화를 이용한 모집(TM)의 경우에도 전자적 상품 설명장치(AI 음성봇)를 활용한 설명을 허용하였다(보험업감독규정 제4-36조 제3항 각 호, 보험업감독업무 시행세칙 제2-34조의2 제1항 제1호 나목, 다목). 보험계약자와 최초 통화부터 청약 완료 시까지의 모든 과정을 음성녹음하고 보관할 의무(보험업감독규정 제4-36조 10항)도 반드시 전화로 하여야 하는 중요사항을 제외하고는(금융소비자보호법 시행령 제13조 제1항 제5호, 금융소비자보호 감독규정 제12조 제1항, 별표 3 제1호 각 목 등), 전자우편, 휴대전화 문자메시지로 대체가능한 것으로 개선되어 왔다(보험업감독규정 제4-36조 제2항 전문).

(2) 서면 동의

보험계약도 계약법 일반원리에 따라 계약당사자가 확정되고, 타인의 사망을 보험사고로 하는 보험계약에서 타인의 서면 동의를 얻어야 한다는 특칙 외에는 민법의 일반원칙에 따라 그 성립 여부가 결정된다. 그리고 상법은 위 특칙의 경우에도 전자서명에 의한 동의가 가능함을 명시하고 있다(상법 제731조 제1항). 비대면 보험계약 체결 시 보험

---

33 김동겸, 보험산업 채널 다양성을 위한 과제, 보험연구원 2024.10.10. 보험산업 판매채널 혁신을 위한 과제 세미나 발표자료, 12면. 아직 생명보험은 비대면채널을 통한 가입비중 1.3%(TM 0.3%, CM 1.0%)에 불과하나, 손해보험은 자동차보험 등 가계성보험의 비대면판매비중 증가로 인해 비대면채널을 통한 가입비중이 27.6%(TM 9.0%, CM 18.6%)까지 증가하였다고 한다.

34 금융거래법적 관점, 즉 약관규제법상 설명의무의 이행방법에는 별다른 제한이 없다. 이하에서 논의되는 설명방법은 금융규제법적 관점, 즉 금융소비자보호법상 설명의무의 이행방법에 관한 논의이다. 금융규제법상 설명의무를 위반한 행위에 대하여는 행정상 제재가 부과될 수 있다.

계약자의 실명을 확인하는 방법에 관하여도 다양한 규제법이 존재하고 있다. 우선, 보험업법은 TM의 경우에 보험계약 체결 관련 질문과 답변을 음성녹음할 것을 요구하고, 우편이나 팩스로 청약서에 자필서명을 받거나, 전자문서를 사용할 수 있도록 하고 있다(보험업법 시행령 제43조 제2항).[35] CM의 경우에도 원칙적으로 보험계약자로부터 자필서명을 받아야 하나(보험업법 시행령 제43조 제5항 제2호), 예외적으로 전자서명 등의 방법을 허용하고 있다(보험업법 시행령 제43조 제5항 제2호 가목).

(3) 검토

현행 법체계상 "보험계약 체결을 권유"하여 금융소비자보호법상 설명의무가 부과되는 경우와 위와 같은 권유가 존재하지 않아 약관규제법만 적용되는 경우, 보험회사가 이행하는 설명의무의 구체적인 내용은 매우 상이해진다. 보험소비자가 사이버몰에서 보험계약 청약을 하는 경우(CM, 보험계약 체결 권유 없음)에는 "해당 약관을 읽거나 내려받게 하는 것만으로 설명의무를 이행"한 것으로 보는 반면(금융거래법적 체계),[36] 금융상품판매업자등이 보험계약 체결을 권유하는 경우에는 지나치게 경직된 설명의무가 부과되고 있음을 알 수 있다(금융규제법적 체계).

물론, 금융감독원에서 제정한 표준약관에서 "해당 약관을 다운로드 받으면 설명의무를 이행한 것"이라고 정하였다고 하여 사법부에서 위 약관에 따라 약관규제법상 설명의무를 이행하였다고 만연히 판단할 것으로는 보이지 않는다. 결국, 보험업자는 보험계약 체결 권유 여부와 관계없이 적절한 방식으로 설명의무를 이행하여야 하고, 설명의무를 미이행하는 경우, 해당 부분의 민사법적 효력이 인정되지 않는 불이익을 부담하게 된다.

우리의 현행 금융규제법상 설명의무 체계는 "중요한 사항을 설명하지 않으면, 민사법적 효력이 인정되지 않는" 매우 엄격한 민사법체계와 어울리지 않는 측면이 있다. 비대면 방식의 보험판매는 그 형태나 모습이 다양해지거나 과거의 판매모습과 상이해지거나 빠르게 변화할 수 있다. 보험회사 입장에서도 설명의무를 불이행하여 약관의 효력이 부정되는 상황을 막기 위해 다양한 방식으로 설명의무를 이행하여야 한다. 앞서 언

35 자필서명이 면제되는 경우에 관하여는 보험업법 시행령 제43조 제3항, 보험업감독규정 제4-37조.

36 자동차보험 표준약관(최종개정 2025. 3. 31.) 제39조 제2항 제1호 등.

급한 설명의무에 관한 금융규제법적 태도는 지나치게 경직되어 있고, 규제변화의 속도도 기술 발전 속도에 비하여 현저히 느리다는 인상을 받고 있다. 향후 디지털 환경변화에 따라 판매유형이 다양화되는 경우, 구체적인 설명방식은 기존의 규제를 참조하여 적절히 정하는 형식, 즉 내부통제의 영역으로 정하는 것도 검토할 필요가 있다. 구체적으로, 금융규제법적으로는 "보험상품 판매업자 등은 계약의 중요한 사항을 해당 보험고객이 이해할 수 있도록 설명하여야 한다" 정도의 의무를 정하고, 구체적인 의무의 이행방법 및 정도는 내부통제의 영역으로 정하는 것이다. 금융혁신이 일어나고 있는 상황에서 설명의무를 민사법적인 의무를 넘어 규제법적인 의무로 지나치게 규제하는 것은 적절하지 않다고 생각된다.

타인의 생명보험과 관련된 논의도 앞선 논의와 유사하다. 상법상 전자서명이 허용됨에도 불구하고(금융거래법적 체계), 금융규제법적으로 이를 막는 형태는 적절해 보이지 않는다. 극단적으로, 금융규제법적으로 위법한 타인의 생명보험이 전자서명 형태로 체결되더라도, 금융거래법적으로는 유효하다는 평가를 받을 수 있게 된다. 이와 같은 규제체계가 적절한지 의문이다. 규제법적 관점에서는 전자서명의 가부를 정할 것이 아니라, 부적절한 타인의 생명보험 체결을 막기 위해 보험회사가 추가적인 검증수단을 마련하여 타인의 생명보험의 동의절차가 진행될 수 있도록 하는 등 다소 유연하게 접근할 필요가 있다고 생각된다.

라. 건강정보제공 등 서비스의 의료법 위반 문제

보험회사가 인슈어테크의 방식으로 제공하는 새로운 건강보험서비스에는 피보험자의 건강을 증진하기 위한 여러 조치들이 포함되게 되고, 필연적으로 의료법상 비의료인에게 금지되는 의료행위에 해당하는 것이 아닌지 문제 되게 된다(의료법 제27조 제1항). 의료행위 개념은 죄형법정주의에 반하지 않는다는 헌법재판소의 결정[37] 및 누적된 다수

37 헌법재판소 2017. 11. 30. 선고 2017헌바217, 2017헌바857(병합) 결정. 헌법재판소는 1996. 10. 31. 선고 97헌가7 결정 이래 다수 결정에서 위 조항의 합헌성을 인정하여 왔고, "의료법의 입법목적과 의료행위 개념에 관한 대법원 판례를 종합하여 보면, 의료행위의 개념은 죄형법정주의 명확성 원칙에 반하지 않는다"고 판단하였다.

의 대법원 판결[38]을 통해 비의료인에게 금지된 행위규범으로 자리를 잡았다고 평가할 수 있으나, "질병의 예방, 치료행위" 내지 "의료인이 행하여야 보건위생상 위해가 생기지 않는 행위"[39]의 범위가 명확하고 예측가능한 정도에 이른 것으로 보이지 않는다. 이와 관련하여 1차(2019. 5. 21.) 및 2차(2022. 9. 2.)에 걸쳐 배포된 보건복지부의 「비의료 건강관리서비스 가이드라인 및 사례집」이 의료행위의 개념을 획정하는데 큰 기여를 하고 있는 것으로 보인다. 그러나 위 가이드라인의 법규성이 존재하지 않음은 논외로,[40] 위 기준은 "의료계의 독점적 지위를 강화하면서 소비자 효용을 제한하고, 인슈어테크의 혁신성을 저해"하고 있다는 주장,[41] 현재의 가이드라인을 기준으로 만성질환자에 대한 적절한 건강관리서비스를 만들기 어렵다는 주장[42] 등이 이어지고 있다.

과거 대법원 판례에 기초하여 외연이 형성된 의료법상 "의료행위" 개념은 현재의 의료환경 및 디지털 환경변화에 적절하지 않은 측면이 많다. 특히 판례상"보건위생상 위해"라는 요건은 의료행위의 범위를 오히려 더욱 모호하게 하는 측면이 있어 재검토가 필요하다.[43] 그동안의 판례에 대하여도 비의료인이 치료 목적 등이 인정되는 구체적인 행위를 하는 사례[44]뿐 아니라, 머리카락 성분분석으로 제공자의 건강상태 등을 분석하여 제공한 행위도 의료행위로 판단하는 등[45] 의료행위의 개념을 더욱 불명확하게 하였다는

38 대법원 1999. 6. 25. 선고 98도4716 판결, 대법원 2000. 2. 25. 선고 99도4542 판결 등.

39 대법원 2001. 7. 13. 선고 99도2328 판결.

40 가이드라인의 법규성이 없으므로, 가이드라인의 준수 여부와 관계없이 법원에서 의료법 위반의 의료행위라는 사법적 판단이 이루어질 수 있다.

41 이보형, "인슈어테크 보험 · 금융규제 개선을 위한 '의료행위'의 해석 방향 : 경제규제행정법적 접근을 중심으로", 은행법연구 제17권 제2호, 2024, 162면.

42 박나영 · 백경희 · 박현지 · 김수경 · 최은진, 「비의료 건강관리서비스 가이드라인 3차 마련 연구」, 2024, 118면(위 저자들의 주장이 아닌, 간담회에 참석한 산업계 담당자의 주장임).

43 위 요건으로 인해 의료행위의 외연이 지나치게 확장되었다는 지적으로, 박나영 · 백경희 · 박현지 · 김수경 · 최은진, 「비의료 건강관리서비스 가이드라인 3차 마련 연구」, 2024, 136면. 이는 판례법리에 해당하므로, 대법원이 법리를 수정하는 형태로 빠르게 이루어질 수 있다.

44 주사행위를 의료행위로 판단한 대법원 1999. 6. 25. 선고 98도4716 판결, 침술행위를 한방 의료행위로 판단한 대법원 2014. 9. 4. 선고 2013도7572 판결 등.

45 대법원 2005. 8. 19. 선고 2005도4102 판결. 대상판결의 피고인이 머리카락 성분 분석 결과 질병의 유무를 명시적으로 판정하였다는 점에서 의료행위로 판단한 결론의 타당성을 수긍할 수 있다. 다만, 원심의 판단을 수긍하는 형태인 대상판결의 판시를 확대해석하는 경우 일정한 생체정보에 기

비판이 제기될 수 있다. 법규성이 존재하지 않는 행정청의 가이드라인을 통해 위 개념을 구체화하는 시도도 한계가 명확하다. 형사벌의 구성요건인 의료행위의 범위는 최소한 시행령 단위에서 의료인이 의학적 전문성을 가지고 행하는 특정행위로 규정하는 형태(네거티브 규제 형태)로 개선하는 것이 타당하다.[46] 나아가 보험업자가 보험업을 영위하는 경우에는 의료법 제87조의2 제1항 제2호를 적용하지 아니함을 명시하는 등(자본시장법 제10조 제2항 참조)의 입법을 통해 법적위험 없이 보험소비자의 편익을 증대하는 건강관리서비스를 제공할 수 있도록 하여 대한민국의 고령화에 대응할 필요성도 크다.

마. AI 등 디지털 환경변화가 야기하는 위험에 대응한 보험상품 관련 법리

2026. 1. 시행 예정인「인공지능 발전과 신뢰 기반 조성 등에 관한 기본법('인공지능기본법')」에서도 인공지능 윤리 및 신뢰성 확보를 위한 조치를 강조하고 있고(동법 제27조 내지 제36조), 범용모델(GPT API등) 등을 활용하는 보험회사 등도 인공지능사업자(동법 제2조 제7호)로서 인공지능 안전성 확보의무를 부담하게 된다(동법 제32조 제1항).[47] 향후 AI 활용과 관련된 민사책임(손해배상책임)이 문제 될 가능성이 크고,[48] 이는 인공지능사업자가 단순히 업무상 주의의무를 강화하여 방지할 수 있는 수준을 넘어설 위험이 있다. 결국 그 위험을 보험상품을 통해 부보할 수 있는 제도적 기반을 마련할 필요가 있다.[49] AI 외에도 수많은 디지털 환경변화가 새로운 사회적 위험을 야기할 수 있다. 이러한 위험

초한 건강상태에 대한 상담 등을 의료행위로 볼 수 있다는 주장의 논거로 활용될 여지도 있어 보인다.

46 "보험회사가 제공하는 건강관리서비스는 공신력 있는 기관의 자료에 기반하지 않거나, 진단, 처방의 성격을 가지는 행위이거나 의료인의 감독이 없는 경우에만 규제하고 이외의 경우는 허용하는 형태로 개선되어야 한다"는 취지의 주장으로, 이보형, 위의 논문, 164면.

47 이에 대하여 "개발자와 실행자를 모두 규제하는 것이 아니라 개발자만 규제하여야 한다"는 견해로, 박상철, "인공지능 기본법의 시행 전 개정 필요성-규제 조항의 체계 · 축조상 문제점을 중심으로-", 정보법학 제28권 제3호, 2024, 42-43면.

48 관련된 최근 논의로, 신봉근, "인공지능(AI)의 무과실책임론", 서강법률논총 제14권 제1호, 2025; 지광운, "인공지능에 의한 사고발생 위험과 보험제도의 대응방안에 관한 소고", 법과 정책연구 제24권 제2호, 2024; 석지윤, "딥페이크 음란물로 인한 명예훼손과 민사책임", 연세법학 제46호, 2024; 장호준, "인공지능에 대한 법인격 부여에 관한 소고 - 민사법적 · 인간 중심적 관점에 국한하여-", 사법 제63호, 2023 등.

49 보험연구원, 앞의 논문(미래 한국사회 보험의 역할), 5면.

으로부터 피보험자 등을 보호하는 내용의 보험상품을 설계하기 위하여는 피보험이익을 명확하게 특정할 수 있어야 하고, 피보험이익을 명확하게 하기 위하여는 디지털 환경변화로 발생하는 법률관계의 변화를 명확하게 정의할 수 있어야 한다. 이와 관련하여, 자율주행자동차에 대응한 보험법학적 연구결과들을 참조할 수 있다. 이를 응용하여 디지털 환경변화가 야기할 다른 위험에도 효과적으로 대응할 수 있을 것으로 보인다.

기존 자동차 운행중 사고의 민사책임에 대하여는 「자동차손해배상 보장법(자동차손배법)」의 운행자책임(동법 제3조), 과실있는 운전자의 손해배상책임(민법 제750조) 등의 법리에 따라 손해배상책임의 존부 및 그 범위가 결정되고, 나아가 자동차사고라는 사회적으로 큰 규모의 위험의 부보를 위하여 의무보험 형태의 입법이 이루어졌다(자동차손배법 제5조 제1항). 자율주행자동차 개념은 이미 자동차관리법에 도입되었고(자동차관리법 제2조 제1의3호), 자율주행자동차사고로 보험금이 지급된 경우 보험회사의 구상권의 법적근거도 도입되었다(자동차손배법 제29조의2). 즉, 최종적인 주의의무를 부담하는 '운전자'의 개념이 존재하는 레벨3[50] 이내의 자율주행자동차의 차량사고 시 발생하는 운행자(차량소유자)의 법적책임은 기존과 큰 차이가 없다.

현행 법 체제는 레벨4 자율주행자동차에 대하여도 보유자의 운행자책임을 인정하는 법제를 채택하고 있다고 평가할 수 있다.[51] 따라서, 대물 10억 원의 자동차보험을 가입한 레벨4 자율주행자동차가 자율운행 중 30억 원 상당의 대물손해를 야기한 경우, 자동차 소유주는 30억 원 상당의 운행자책임을 부담하고, 본인이 부담한 자동차보험의 부보범위를 넘는 부분은 개인이 책임을 져야 한다.[52] 위와 같은 법체제 아래에서 로보택시

50 통상 Level 0(No Driving Automation); Level 1(Driver Assistance); Level 2(Partial Driving Automation); Level 3(Conditional Driving Automation); Level 4(High Driving Automation); Level 5(Full Driving Automation)으로 구분되고, 레벨4 자율주행자동차부터는 '운전자'의 개념이 전제되고 있지 않다. SAE International, Taxonomy and Definitions for Terms Related to Driving Automation Systems for On-Road Motor Vehicles J3016_202104. 참조. https://www.sae.org/standards/content/j3016_202104/

51 맹준영, "자율주행자동차와 민사책임 판단기준 - 자율주행의 우리 실정법 체계에의 수용과 민사책임 판단 도구로서의 의의 및 평가를 중심으로 -", 민사법학 제110호, 2025, 439면. 자율주행차사고와 소유자의 책임에 관하여 운행자책임의 기존 법리가 유의미함을 지적한, 황현아 · 손민숙, 「자율주행차사고 책임법제 및 보험제도: 레벨4 주요국 제도 비교를 중심으로」, 보험연구원, 2023, 78-81면.

52 이 경우 운행자책임을 부담한 소유자는 자동차제작사를 상대로 구상청구를 하게 될 것으로 보인

등 상업용 차량이 아닌 레벨4 자율주행자동차가 개인에게 판매될 수 있을 것인지에 대하여는 논란의 여지가 있다고 생각된다. 이 경우 택시이용자에게 운행자책임이 인정되지 않는 형태 즉, 자율주행자동차 구독서비스 등 개인의 운행자책임을 회피하기 위한 다양한 유형의 법률관계가 만들어질 가능성이 있고, 책임주체의 무자력위험을 회피하기 위한, 즉 무보험상태의 자율주행자동차에 의한 사고위험을 부보할 수 있는 보험상품을 제조하기 위한 법적위험 등에 대한 평가가 필요하게 된다. AI 등 디지털 환경변화가 야기하는 위험에 대응한 보험상품을 제조하는 국면에서도 위와 같은 검토가 깊이 있게 진행되어야 한다.

Ⅲ 결 론

대한민국의 인구구조, 기후, 디지털 환경변화는 복합적으로 대한민국 경제에 상당한 영향을 미칠 것으로 예상된다. 보험업은 이러한 변화에 사회적 안전망을 제공하면서 투자자로서 새로운 산업을 이끌 책무가 있다. 인슈어테크로 전통적인 보험에서 소외된 개인과 사업자에게 다양한 위험을 부보하는 포용적 보험의 논의[53]도 같은 취지로 이해될 수 있다. AI를 통한 효율적인 규제준수와 함께 AI로 더욱 발전하기 위한 효과적인 데이터 관리도 요구되고 있다.[54] 디지털 환경변화는 보험업의 디지털화를 어느 정도까지 수용할 수 있는가의 논의와 디지털 환경변화로 인한 위험에 대한 사회적 안전망을 보험상

다. 이와 관련하여 운전자가 전방주시를 태만히 한 상태에서 테슬라 차량의 주행보조시스템 작동 중 발생한 교통사고와 관련하여 테슬라 법인에 손해배상책임을 인정하고, 과실비율을 테슬라 33%, 운전자 67%로 본 미국 법원 및 배심원의 판단(U.S. District Court for the Southern District of Florida the case number 1:21-cv-21940)은 이와 같은 유형의 법적문제와 관련하여 주요 선례가 될 수 있을 것으로 보인다.

53 손재희, “포용적 보험을 위한 인슈어테크의 활용”, 보험연구원 CEO Brief 제2023-23호, 2023.11, 1면.

54 삼정KPMG 경제연구원, “AX(AI전환)를 통한 금융사의 가치 창출 전략 : ② 보험”, 2025.5, 5면.

품을 통해 어떻게 대응할 것인지의 논의로 요약될 수 있다. 디지털 환경변화와 관련하여 ① AI보험설계사 도입, ② 비대면 모집의 경우 보험법제 정비, ③ 보험회사의 건강정보 제공 등 서비스의 의료법 위반 문제, ④ AI 등 디지털 환경변화가 야기하는 위험에 대응한 보험상품 관련 법리 등과 관련하여 적극적인 보험법제의 개선이 필요해 보인다.

참/고/문/헌

〈국내문헌〉

김건식·정순섭, 「자본시장법(제4판)」, 2023.

박소정·박지윤, 「인슈어테크 혁명 : 현황점검 및 과제 고찰」, 2017.

박희우·이승주, 「보험업의 데이터 결합·활용 사례 및 시사점 : 의료데이터를 중심으로」, 2022.

안수현, 「인공지능(AI)의 발전에 따른 보험업 법제 정비 방향과 과제」, 2021.

이성남, 「보험업법」, 2022.

이정우·황인창·장윤미, 「해외 인슈어테크 부문 투자 동향 분석」, 2023.

한기정, 「보험업법」, 2019.

황현아·손민숙, 「자율주행차사고 책임법제 및 보험제도 : 레벨4 주요국 제도 비교를 중심으로」, 2023.

곽효경·김규림·이시언, "보험 리부트(Re:Boot), 보험산업의 미래 비즈니스 방향은?", Issue Monitor 제170호, 2025.

김소영·이형주·박주영·최상아·성보경·강주엽, "미래 대응 금융정책방향: 인구구조 변화, 기후변화, 기술혁신을 중심으로", 한국경제포럼 제17권 제4호, 2025.

맹준영, "자율주행자동차와 민사책임 판단기준 - 자율주행의 우리 실정법 체계에의 수용과 민사책임 판단 도구로서의 의의 및 평가를 중심으로 -", 민사법학 제110호, 2025.

보험연구원, "미래 한국사회 보험의 역할", CEO Report 제25권 제6호, 2025.

신봉근, "인공지능(AI)의 무과실책임론", 서강법률논총 제14권 제1호, 2025.

이보형, “인슈어테크 보험·금융규제 개선을 위한 ‘의료행위’의 해석 방향: 경제규제행정법적 접근을 중심으로”, 은행법연구 제17권 제2호, 2024.
황인창, “신정부 보험산업 정책 제언”, CEO Brief 제2025-07호, 2025.

〈외국문헌〉

National Intelligence Council, Global Trends 2040 A More Contested World(A Publication of the National Intelligence Council, 2021).
IMF, Global Financial Stability Report - Steadying the Course: Uncertainty, Artificial Intelligence, and Financial Stability(IMF Library, 2024).

디지털금융의 새로운 과제: 인공지능

마경태
(김앤장 법률사무소 변호사)

I 서 설

1 인공지능의 정의

금융분야 인공지능 규제는 금융분야에서 활용되는 인공지능 고유 위험의 식별과 관리를 목적으로 한다. 따라서 규제 대상이 되는 인공지능의 정의는 위험을 발생시키는 인공지능의 특성을 잘 반영하여야 한다. 특히 금융분야 인공지능 규제는 일반적으로 위험 기반(risk-based) 접근 방식에 따라 작동하기 때문에 인공지능시스템의 위험 수준에 따라 차등적으로 관리 조치를 적용하려면 먼저 인공지능의 정의에 위험 수준을 판단할 수 있는 기준이 포함될 필요가 있다.

인공지능에 대해 보편적으로 합의된 일반적인 정의는 존재하지 않다. 다만 국내 「인공지능 발전과 신뢰 기반 조성 등에 관한 기본법」(이하 "인공지능기본법")은 OECD가 2023년에 업데이트한 정의를 기반으로 인공지능시스템을 정의하고 있다.

구분	정의
인공지능기본법상 인공지능시스템의 정의	"인공지능시스템"이란 다양한 수준의 자율성과 적응성을 가지고 주어진 목표를 위하여 실제 및 가상환경에 영향을 미치는 예측, 추천, 결정 등의 결과물을 추론하는 인공지능 기반 시스템을 말한다.
OECD 인공지능시스템의 정의 (2023년)	인공지능시스템은 명시적·암묵적 목표를 위해 받은 입력으로부터 물리적·가상 환경에 영향을 미칠 수 있는 예측· 콘텐츠·추천·결정과 같은 결과물의 생성 방식을 추론하는 기계 기반 시스템. 인공지능시스템은 배포 후 자율성 및 적응성 수준이 다양함.

인공지능기본법상 인공지능시스템을 일반 자동화시스템과 구분 짓는 핵심 속성은 자율성, 적응성, 그리고 추론이다. 이 3가지 핵심 속성은 OECD 인공지능시스템의 정의에도 포함되어 있다. 인공지능시스템의 "자율성"은 시스템이 얼마나 인간의 개입 없이 독립적으로 행동하거나 학습하는지를 나타내는 정도를 의미한다. 시스템의 자율성이 높을수록 사람이 인공지능시스템의 작동 방식을 이해하고 결과를 예측하기 어려울 수 있다. 그리고 작동 과정 또는 결과에 문제가 발생했을 때 시스템을 기획·개발·운영·모니터링하는 자 중 누가 책임을 부담해야 하는지 여부가 불명확할 수 있다.

인공지능시스템의 "적응성"은 인공지능시스템의 배포 후 지속적 또는 주기적으로 인공지능모델을 재학습하거나 조정하며 시스템의 성능을 개선·변화시키는 능력을 의미한다. 인공지능시스템은 사람이 입력한 고정된 규칙을 토대로 작동하는 것이 아니라 모델이 입력 데이터를 분석해 패턴을 학습하여 작동 방식을 스스로 정하고 개선해 나간다. 따라서 배포 후에도 모델의 재학습 또는 조정을 통해 시스템 성능의 개선 또는 변화가 발생한다. 이처럼 배포 후 시스템 성능의 개선 또는 변화가 발생할 수 있다는 것은 인공지능시스템의 위험에 대한 관리가 배포 전 시스템의 기획·개발 단계뿐만 아니라 운영·모니터링 단계에서도 지속적으로 이루어져야 한다는 것을 의미한다.

인공지능시스템이 "추론"을 한다는 것은 시스템의 개발 단계에서 입력된 데이터를 분석해 패턴을 학습하고, 시스템의 배포 단계에서 입력된 데이터를 바탕으로 출력(예측, 추천, 결정 등)을 한다는 것을 의미한다. 즉 인공지능시스템은 입력과 출력 사이의 복합관계를 해석하고 결정하는 능력을 갖추고 있고, 이를 통해 입력된 데이터에 대하여 추론과정을 거쳐 출력을 생성한다. 인공지능시스템은 단순 연산이 아니라 데이터를 바탕으로 스스로 학습한 복잡한 규칙(인공지능모델)에 기반하여 작동을 하기 때문에 작동 방식의 불투명성, 편향성 등의 위험이 발생할 수 있다. 그리고 이용자가 외부에 잘 드러나지 않는 인공지능모델의 작동 방식의 취약점을 이용하여 시스템을 오작동시키는 보안 위험도 문제 될 수 있다.

2 금융분야에서의 인공지능의 활용

가. 주요 인공지능 활용 분야

인공지능 기술은 금융분야에서 금융서비스 고도화, 업무 효율성 증대, 규제 준수 지원 등의 목적을 위해 활용하고 있다. 금융분야에서 인공지능 기술이 활용되고 있는 대표적인 사례들은 다음과 같다.

금융회사들은 인공지능 기술을 고객 대상으로 제공하는 서비스에서부터 금융회사 내부 프로세스 자동화 및 백오피스 업무 지원까지 다양한 업무 영역에서 활용하고 있다. 금융회사는 고객의 행태정보, 소비 습관, 금융 자산 현황 등 다양한 정보를 분석하여 개인 맞춤형 금융서비스를 설계하고 제공할 수 있다. 자산관리 분야에서는 로보어드바이저가 인공지능 알고리즘을 활용하여 고객의 투자 성향과 목표에 맞는 포트폴리오를 구성하고, 시장 상황 변화에 따라 자동으로 재조정한다. 또한 마케팅 측면에서는 고객에게 관심이 있을 법한 금융 상품을 선별적으로 제공함으로써 고객 만족도와 거래 전환율을 높일 수 있다.

인공지능시스템은 은행의 대출 심사나 보험사의 언더라이팅(보험 계약 인수 심사) 등 핵심 금융 업무의 고도화를 위하여 활용될 수 있다. 대출 심사를 위한 신용평가 모형에 인공지능 모델을 적용하고 대출 및 연체 정보와 같은 기존 신용정보뿐만 아니라 상품 구매 및 결제 패턴 등 비금융정보를 모형 학습에 활용함으로써 금융 이력이 부족한 사람들(씬파일러)에 대하여 높은 정확도로 신용평가를 할 수 있다.

인공지능시스템은 금융 업무를 자동화함으로써 백오피스 운영을 최적화할 수 있다. 대표적으로 챗봇, 음성인식, 다국어 번역 기반의 인공지능 상담시스템이 도입되어 고객 응대를 자동화하고 있다. 챗봇은 금융분야에서 새로운 기술은 아니지만, 그 기술은 수년간 크게 향상되었다. 인공지능 기반 챗봇의 주요 도입 목적은 인간과의 상호작용 시간을 줄여 비용을 절감하고, 24시간 지원을 통해 고객 경험을 개선하는 데 있다. 이제 챗봇 서비스는 금융상품에 대한 정보 제공뿐만 아니라 대출 신청과 같은 주요 금융거래 분야까지 활용 영역이 확대되고 있다.

인공지능시스템은 금융회사의 건전성규제 준수에 도움을 줄 수 있다. 인공지능 기술이 많이 활용되는 또 다른 분야는 이상거래 탐지(FDS) 및 자금세탁 방지(AML) 업무이다. 기존에는 규칙 기반(rule-based) 시스템에 의존하던 FDS/AML 업무가 이제는 인공지능시스템을 통해 이상 거래를 탐지하거나, 고객 위험도를 자동으로 평가하는 방식으로 전환되고 있다. 인공지능시스템은 자금이 여러 계좌로 급속히 이동하거나 예상된 패턴에서 크게 벗어난 거래와 같이 기존 규칙 기반 시스템의 취약점을 악용하는 방식의 거래를 식별하는 데 도움을 줄 수 있다. 그리고 FDS/AML 업무의 정확도를 높이고 오탐율(false positive rate)을 줄여줌으로써, 금융회사가 실제로 중요한 사례에 대해 보다 철저한 조사를 수행할 수 있도록 시간과 자원을 확보해 줄 수 있다.

그리고 신용리스크나 시장리스크에 대한 스트레스 테스트 역시 인공지능 기술이 적용되는 방식으로 고도화되고 있다. 전통적인 시나리오 기반 접근 외에도, 인공지능은 대규모 데이터를 기반으로 더 민감한 리스크 시나리오를 자동으로 생성하거나, 금융시장 이상징후를 조기에 감지할 수 있도록 지원할 수 있다. 또한, 사이버 보안 부문에서도 인공지능시스템이 점점 더 중요한 역할을 맡고 있다. 실시간 보안 로그를 분석하여 내부 침해 또는 외부 공격의 이상 패턴을 탐지하는 데 인공지능 기술이 활용되고 있다.

나. 생성형 인공지능의 활용

인공지능 모델은 크게 특정 문제해결에 특화된 판별형 인공지능 모델(discriminative model)과 범용성이 높은 생성형 인공지능 모델(generative model)로 구분할 수 있다(개보위, '인공지능 프라이버시 리스크 관리 모델', 2024.12., 6면). 판별형 인공지능 모델은 이미지 속 개와 고양이 구분하듯이 이용자의 입력값을 일정한 기준에 따라 분류하거나 점수를 매기어 예측하는 모델을 의미한다. 반면, 생성형 인공지능 모델은 이용자의 입력값과 문맥 등을 활용하여, 텍스트, 이미지, 오디오, 비디오 등을 생성하는 모델을 의미한다.

생성형 인공지능 모델은 주로 금융회사 내부 문서 요약, 영업 직원의 고객 대응 스크립트 생성 등 금융회사 내부 운영 효율성과 직원 생산성 향상을 위해 활용되고 있다.

반면 생성형 인공지능 모델을 기반으로 하는 대고객 서비스는 국내 금융규제(예: 망 분리 규제)와 고객에 발생할 수 있는 잠재적인 피해(예: 부정확한 정보 전달)에 대한 염려로 인하여 아직 도입이 제한적이다. 대고객 생성형 인공지능서비스는 금융회사들이 외부 이해관계자에게 미칠 수 있는 잠재적 부정적 영향을 최소화하기 위해 내부 시범 운영 및 검증을 거쳐 점진적으로 도입을 할 것으로 예상된다.

Ⅱ 금융분야에서의 인공지능 관련 위험

인공지능시스템이 빠른 속도로 확산되면서 인공지능시스템의 이용이 개인, 기업, 그리고 사회에 발생시킬 수 있는 위험에 대하여 우려하는 목소리도 높아지고 있다. 인공지능시스템이 부정확한 판단을 내리거나 기존 사회의 편향적인 시각을 재생산 및 강화할 위험이 있다는 지적이 그 대표적인 예에 해당한다. 이러한 우려는 시스템 외부에서 인공지능시스템이 특정한 의사결정을 내린 이유가 무엇인지, 인공지능시스템이 내린 의사결정에 대하여 누구에게 어떠한 책임을 물을 수 있는지 쉽게 알 수 없다는 인공지능시스템의 불투명한 속성으로 인해 더욱 증폭되고 있다.

금융분야에서 인공지능시스템의 활용이 발생시킬 수 있는 주요 위험 유형은 아래와 같다.[1]

1 인공지능시스템의 성능 부족 관련 위험

인공지능모델은 입력된 데이터에 의존하여 학습한다. 따라서 학습한 데이터에 오류, 누락, 불균형 등이 있으면 모델이 잘못된 패턴을 학습하게 된다. 그리고 모델이 학습 데이터의 패턴 분석에만 너무 치우치면(과적합), 새로운 데이터에는 잘 작동하지 않을 수 있다. 반대로, 모델이 충분히 학습되지 않으면(과소적합), 데이터 내 패턴을 제대로 포착하지 못할 수 있다. 나아가 모델이 데이터를 학습한 후 시간이 지날수록 모델이 학습한

1 Crisanto, J. C., Leuterio, C. B., Prenio, J., & Yong, J. (2024), pp.9-11 참고.

환경이 실제 적용 환경이 달라지므로 예측력이 떨어질 수 있다. 대표적으로 금융회사의 재무건전성 관리에 사용되는 모델의 정확도가 낮으면 신용평가 오류나 투자 손실과 같은 직접적인 재무적 피해가 발생할 수 있다.

생성형 인공지능시스템의 경우, 실제 사실과 다르거나 존재하지 않는 정보를 그럴듯하게 생성하거나 답변하는 환각(hallucination) 현상이 발생할 수 있다. 가령 생성형 인공지능모델에 기반하여 작동하는 챗봇이 고객에게 허위의 투자 정보를 생성하여 제공하거나, 금융상품의 내용을 사실과 다르게 알리는 경우가 문제가 될 수 있다. 이러한 문제는 고객이 지나치게 인공지능서비스의 출력 내용을 신뢰하거나 기능에 의존할 경우 증폭될 수 있다. 금융회사의 인공지능서비스가 고객에게 잘못된 정보를 제공할 경우, 고객에게 금전적 손실을 입히고 금융소비자 보호 관련 법률의 위반이 문제가 될 수 있다. 나아가 금융회사의 평판에 손상을 주어 시장에서의 경쟁력이 저하될 수 있다.

2 인공지능시스템의 성능 부족 관련 위험

인공지능모델은 학습데이터의 품질에 크게 의존한다. 학습 데이터에는 특정 집단에 대한 사회의 차별이 반영되어 있을 수 있고, 이러한 데이터로 학습된 인공지능모델은 사회적 집단별로 평가나 예측이 동등하게 작동하지 않을 수 있다. 금융분야에서 활용되는 인공지능의 경우, 부당한 고객 차별 또는 취약계층에 대한 금융소외로 이어질 수 있다.

특히 인공지능시스템은 기존 자동화된 시스템 또는 사람보다 다수의 고객을 빠르게 처리하기 때문에, 기존 데이터에 반영되어 있는 구조적인 차별을 악화시킬 수 있다. 가령 인공지능모델이 편향된 데이터로 학습을 하면, 결과물의 편향성이 사회에 빠르게 영향을 미치고, 사회의 변화가 다시 학습데이터에 반영되어 모델의 편향성을 강화하는 순환구조가 형성된다.

3 인공지능시스템의 불투명성 관련 위험

인공지능모델은 대량의 데이터를 활용하여 스스로 학습한 복잡한 규칙에 기반하여 작동을 하는 특성을 갖고 있다. 이로 인해 시스템 외부에서 인공지능시스템이 내린 특정한 결정에 대해서 왜 그러한 결정을 내렸는지에 대해 명확하게 알기 어렵다. 특히 일반 고객 입장에서는 인공지능시스템의 작동 원리나 기준에 대한 정보를 접하더라도 복잡성으로 인해 이를 이해하기 쉽지 않다.

따라서 인공지능시스템의 결정으로 인해 개인에게 피해가 발생하더라도, 피해자는 인공지능시스템의 불투명한 속성으로 인하여 피해를 입었다는 사실 자체를 인식하기 어려울 수 있다. 피해를 입었다는 사실을 알게 되더라도 인공지능시스템이 그 결정을 내린 이유를 쉽게 알 수 없으며, 누구에게 어떠한 책임을 물을 수 있는지에 대해 알기 어려울 수 있다.

인공지능시스템을 운영하는 금융회사조차도 인공지능시스템이 점차 고도화되고 복잡해짐에 따라 위해 발생 가능성을 쉽게 예견하기 어려워지고 있다. 그에 따라 인공지능시스템에 대한 위험관리의 어려움이 커지고 위험 현황을 적시에 파악하는데 제약이 생길 수 있다. 그리고 시스템이 특정 결정을 내린 이유를 파악하기 어렵기 때문에 시스템이, 그 결정으로 인하여 문제가 발생했을 때 책임 소재를 명확히 규정하기 어려워질 수 있다.

4 인공지능시스템의 보안 관련 위험

금융분야에서 인공지능시스템은 다양한 유형의 보안 리스크에 노출되어 있다. 인공지능 모델은 대량의 데이터를 기반으로 학습하기 때문에, 악의적인 공격자가 훈련 데이터에 의도적으로 오류나 왜곡된 정보를 주입할 경우, 모델의 예측력과 신뢰성이 심각하게 저하될 수 있다(데이터 오염 공격). 그리고 인공지능 모델은 입력되는 데이터의 조작을 통하여 왜곡된 결과가 출력될 수 있다(적대적 공격). 특히 입력 데이터의 조작을 통해 인공지능모델이 학습한 데이터를 그대로 출력시키도록 명령할 경우, 금융회사의 기밀정보, 고객의 개인정보 등 민감한 정보가 외부로 유출될 수 있다. 나아가 인공지능 모델에 반복적으로 쿼리를 보내 유사한 기능을 가진 모델을 복제함으로써, 원래 모델의 핵심 기능을 탈취하는 것도 가능하다(모델 탈취). 이로 인해 금융회사의 독자적인 알고리즘이 외부로 유출되어 부정경쟁이 발생하거나, 지식재산권이 침해될 수 있다.

5 학습데이터 관련 위험

생성형 인공지능모델은 학습데이터로 주로 인터넷에 공개된 데이터를 활용하기 때문에 학습데이터 구축 과정에서 저작권 침해, 개인정보 무단 수집 등 다양한 위법행위가 발생할 수 있다. 생성형 인공지능모델은 방대한 양의 데이터를 학습하는데, 이제는 인터넷에 공개된 거의 모든 정보를 학습할 정도로 엄청나게 큰 규모의 데이터셋을 통해 훈련이 이루어진다. 이처럼 대규모의 학습데이터를 구축하고 이를 생성형 인공지능모델이 학습하는 과정에서 대량의 저작물 복제·전송과 개인정보의 수집·이용이 이루어지게 된다. 그리고 그 과정에서 모든 저작권자와 정보주체의 허락을 받을 수 없기 때문에 저작권 침해 및 개인정보 무단 수집·이용이 이루어질 수 있다. 그리고 생성형 인공지능모델은 대부분 제3자에 의해 개발되므로 저작권법 및 개인정보 보호법 등 관련 법령 위반뿐만 아니라 금융회사와 제3자 사이에서의 계약 위반, 책임 소재 불분명 등이 문제 될 수 있다.

6 인공지능서비스 공급망 분화 관련 위험

인공지능모델의 복잡성이 증가하고 인공지능모델을 개발하기 위해 높은 전문성과 많은 비용이 요구되면서 하나의 사업자가 직접 인공지능시스템의 기획·개발·운영·모니터링을 전부 수행하기보다는 인공지능모델을 전문적으로 개발하는 사업자들로부터 인공지능모델을 공급받아 이용하는 경우가 늘어나고 있다. 이처럼 인공지능서비스가 인공지능모델을 전문적으로 개발하는 사업자에 대한 의존성이 높아지면서, 인공지능서비스의 공급망이 단일 사업자가 아니라 인공지능시스템을 개발하여 제공하는 '인공지능개발사업자'와 개발사업자가 제공한 인공지능시스템을 이용하여 인공지능서비스를 제공하는 '인공지능이용사업자'로 구분되는 형태로 바뀌고 있다.

인공지능개발사업자가 인공지능이용사업자에게 인공지능시스템을 공급하는 방식은 여러 가지 형태가 있다. 가령 단순한 인공지능모델의 경우, 인공지능개발사업자가 인공지능이용사업자의 요청에 따라 인공지능모델을 개발하여 공급하거나, 인공지능이용사업자가 자신만의 인공지능모델을 만들 수 있는 프로그램을 만들어서 제공하는 형태가 있을 수 있다. 하지만 생성형 인공지능모델과 같이 복잡한 인공지능모델을 이용하는 인공지능서비스의 경우, 인공지능개발사업자가 다수의 인공지능이용사업자에게 서비스형 클라우드 서비스(SaaS) 형태로 자신의 인공지능시스템을 이용할 수 있게 하는 경우가 상당수이다.

그런데 인공지능모델이 고도화되고 복잡해짐에 따라 인공지능모델을 개발하는 데에 상당히 높은 비용이 들기 때문에 인공지능개발사업자는 영업비밀의 보호를 위해 인공지능시스템에 대한 정보를 공개하는 데에 보수적일 수밖에 없다. 그리고 인공지능모델을 재학습하는 등 인공지능시스템을 변경 또는 보완하는 데에도 높은 비용이 들기 때문에 개별 인공지능이용사업자의 인공지능시스템 수정 요구를 받아들일 가능성도 낮다. 나아가 생성형 인공지능모델과 같이 대규모의 복잡한 모델을 개발하는 인공지능개발사업자는 주로 자금력을 보유하고 있는 시장지배력이 있는 기업들이기 때문에 개별 인공지능이용사업자와의 협상에 있어 우위에 있게 된다.

따라서 주로 외부 인공지능개발사업자로부터 인공지능시스템을 제공 받아 이용하는 금융회사로서는 인공지능시스템에 대한 정보를 충분히 확보할 수 없고 기술적 조치를 적용하기도 어려우므로 위험관리 활동의 완성도가 낮아질 수밖에 없다. 그리고 인공지능개발사업자가 인공지능모델 학습을 위하여 활용한 데이터 내에 위법하게 수집된 정보가 포함되어 있어서 금융회사의 서비스 제공에 방해가 될 경우, 해당 사업자와 계약 위반, 책임 소재 확인 등이 문제 될 수 있다.

나아가 다음 항에서 후술하는 바와 같이, 다수의 금융회사가 특정 공급업체의 인공지능시스템에 의존할 경우 금융시스템에 대한 위험을 초래할 수 있다.

7 금융시스템 관련 위험

금융분야에서 인공지능이 발생하는 리스크에 대한 논의는 기존 금융소비자 및 금융회사에 미치는 영향에서 금융시스템에 미치는 영향으로 점차 확대되고 있다. 금융회사가 인공지능 모델, 클라우드 인프라 등 핵심 IT 자원을 외부 공급업체에 의존하는 경향이 강화되고 있다. 이러한 외부 서비스 의존도가 높아질수록, 특정 공급업체에서 장애나 보안 사고가 발생할 경우 해당 기관뿐만 아니라 여러 금융기관, 더 나아가 금융시장 전체에 동시다발적으로 영향을 미칠 수 있다. 이로 인해 개별 기관의 문제가 시스템 전체로 전이되는 금융시스템 위험이 증대된다. 특히 여러 금융회사들이 동일하거나 유사한 인공지능모델 또는 학습데이터를 사용하면, 모델 간 집단적 반응이 동조화(homing)되어 시장 가격의 급격한 변동성, 비정상적인 거래 패턴 등으로 나타날 수 있다. 이는 금융시장 전체의 안정성을 저해하고, 극단적인 경우 시장 붕괴 등 금융시스템의 위험으로 연결될 수 있다.

Ⅲ 금융분야 인공지능 위험관리 체계

1 인공지능의 안전성 및 신뢰성

인공지능이 다양한 유형의 위험을 발생할 수 있다는 지적이 이루어지면서, 인공지능의 위험을 제거하거나 최소화함으로써 인공지능의 '신뢰성'(trustworthiness) 확보하는 것이 중요한 과제로 떠올랐다. 특히 인공지능의 활용 분야가 금융, 보건의료, 교통, 범죄수사, 공공안전 등 사람의 생명, 신체의 안전 및 기본권에 중대한 영향을 미칠 수 있는 분야에까지 확대되면서 신뢰성의 중요성은 더욱 커지고 있다. 인공지능의 신뢰성 확보는 인공지능의 잠재적 위험을 관리하고, 사람들의 인공지능에 대한 신뢰를 높임으로써 인공지능의 도입과 수용을 촉진하는 것을 목적으로 한다. 최근에는 인공지능 관련 피해를 방지하거나 피해로부터 보호하기 위한 조치를 의미하는 인공지능의 '안전성'(Safety)이 인공지능의 '신뢰성'과 유사한 개념으로 사용되고 있다.

그동안 인공지능의 신뢰성 확보를 위해 국제적으로 다양한 대응 방안이 마련되어 왔다. 2019년경부터 각국 정부, 국제기구 등은 인공지능시스템이 준수해야 하는 윤리원칙들을 발표해 왔다. 경제협력개발기구(OECD)는 2019년 '인공지능 권고안'(Recommendation of the Council on Artificial Intelligence)을 발표했고, 유럽연합 집행위원회(European Commission)도 같은 해 '신뢰할 수 있는 AI를 위한 윤리지침'(Ethics Guidelines for Trustworthy AI)을 발표했다. 국내에서는 정부가 2020년 사람 중심의 인공지능 실현을 목표로 '인공지능 윤리기준'을 발표했다. 인공지능 윤리원칙은 공통적으로 자율성, 공정성, 투명성, 책임성 등 인공지능의 위험을 관리함으로써 신뢰성을 확보하기 위한 원칙들로 구성된다.

인공지능 윤리원칙은 추상적인 원칙으로의 성격을 가지므로 그 자체로 실무 현장에서 활용하기는 어렵다. 이에 인공지능 윤리원칙을 실제로 이행하기 위한 방법론으로서 크게 인공지능시스템의 투명성을 확보하는 방식과 인공지능시스템에 대하여 인공지능 거버넌스(인공지능 위험관리 체계)를 구축하는 방식이 논의되고 있다.

가. 인공지능시스템 투명성 확보 방식

우선 인공지능 투명성 확보 방식은 인공지능사업자가 이용자에게 인공지능시스템 활용 사실 또는 작동 방식을 고지하거나, 이용자가 인공지능사업자에게 인공지능시스템의 작동 방식에 대한 설명을 요구함으로써, 이를 토대로 습득한 정보를 기반으로 이용자가 인공지능시스템이 내린 의사결정에 대하여 이의를 제기하거나 적용 거부를 요청하는 방식을 의미한다. 인공지능시스템에 대한 투명성 확보는 다른 권리를 행사하거나 법익을 보호하기 위한 '도구적' 수단으로서의 성격을 갖는다는 점에서'알 권리'나 '적법절차의 원칙'과 유사하다. 이용자가 설명요구권의 행사 등을 통해 인공지능시스템이 의사결정을 내린 이유를 알 수 있어야 인공지능시스템의 결정을 거부하거나 이의를 제기할 수 있다.

인공지능 투명성 확보 방식으로는 대표적으로 '인공지능사업자에게 인공지능시스템 활용 사실에 대하여 고지를 할 의무를 부여하는 방안'(인공지능시스템 활용 사실 고지의무)과 '이용자에게 인공지능시스템이 내린 의사결정의 이유에 대하여 설명을 요구할 권리를 부여하는 방안'(설명요구권)이 있다. 그리고 궁극적으로 이용자의 권익 보호를 위해 '이용자에게 인공지능시스템이 내린 의사결정의 적용을 받지 않거나 의사결정에 이의를 제기할 수 있는 권리를 부여하는 방안'(이의제기권 · 적용거부권)도 함께 논의된다.

「신용정보의 이용 및 보호에 관한 법률」(이하 "신용정보법") 제36조의2의 '자동화평가 결과에 대한 설명 및 이의제기' 규정과 「개인정보보호법」 제37조의2의 '자동화된 결정에 대한 정보주체의 권리' 규정이 인공지능시스템의 투명성을 확보하는 방식의 대표적인 입법례이다.

인공지능시스템에 대한 투명성의 확보는 책임성, 공정성 등 다른 인공지능 윤리 원칙들을 구현하기 위한 전제 조건으로서의 성격을 갖고 있다. 인공지능시스템의 결정에 대해 거부하거나 이의를 제기할 수 있다는 것은 인공지능시스템의 작동 과정과 결과물의 적용에 대해 인간의 개입을 보장함으로써 책임성을 확보할 수 있게 한다. 그리고 이용자 또는 감독기관 등 외부에 있는 제3자가 인공지능시스템이 특정 집단에 대해 편향되거나 불공정한지를 확인하기 위해서는 인공지능시스템의 입력 정보와 결과물의 관계를 확인해야 한다. 이를 위해서는 인공지능시스템의 투명성이 확보되어야 한다는 점에서 공정성 원칙과도 밀접한 관련이 있다.

나. 인공지능 거버넌스 구축 방식

인공지능 거버넌스를 구축하는 방식은 인공지능사업자가 자체적으로 인공지능시스템의 위험을 관리·감독 체계를 수립하여 운영하는 방식을 의미한다.

인공지능 기술이 사회에 본격적으로 도입됨에 따라 2018년경부터 각국 정부, 다국적 기업, 국제기구 등은 인공지능시스템이 준수해야 하는 윤리원칙들을 발표해 왔다. 인공지능 윤리원칙은 주로 공정성, 투명성, 책임성 등 추상적인 원칙으로의 성격을 갖는데, 이 원칙들을 실무 현장에서 인공지능사업자가 이행 가능한 형태의 지침으로 구체화하는 방안에 대하여 논의가 이루어졌고, 이는 인공지능 거버넌스로 발전하였다. 가령 공정성 원칙의 경우, 인공지능사업자가 인공지능시스템을 운영하기 전에 이용자에게 부당하게 차별적인 결정을 내릴 위험이 있는지를 검토하고, 인공지능시스템의 편향성을 확인할 수 있는 통계 지표를 설정하여, 편향성을 관리하고 완화하는 절차를 마련하는 것이다.

전 세계적으로 다양한 형태의 인공지능 거버넌스가 논의되어 왔는데, 공통적으로 ① 인공지능시스템이 사람의 기본권 등에 미치는 영향 또는 초래할 수 있는 위험 수준에 맞는 위험관리 방안을 마련하는 위험 기반(risk-based) 접근 방식 적용, ② 책임성 확보를 위해 인공지능시스템의 위험을 전담하여 관리하기 위한 조직 지정, ③ 인공지능시스템의 생애주기(인공지능시스템의 기획· 설계, 개발, 평가· 검증, 운영· 모니터링)에 걸친 위험관리방안 마련, ④ 인공지능개발사업자와 인공지능이용사업자의 위험관리 업무 분담 방안의 마련을 내용으로 한다.

2026. 1. 22.부터 시행된 인공지능기본법의 고영향 인공지능사업자에 대한 안전성·신뢰성 확보 조치 의무와 금융당국에서 발표한 '금융분야 인공지능 운영 가이드라

인'(2021. 7.)과 '금융분야 인공지능 개발·활용 안내서'(2022. 8.)가 인공지능 거버넌스를 구축 방식의 대표적인 예이다.

인공지능시스템의 투명성을 확보하는 방식의 경우, 인공지능시스템에 의해 영향을 받는 개인의 권리 구제 측면에서 유리하고, 개인으로 하여금 알고리즘이 내리는 개별 의사결정의 정당성에 대해 의문을 갖고 감시하도록 할 수 있다는 장점이 있다. 하지만 개인은 부여된 권리를 의미 있게 행사하기에는 시간적 여유, 전문성이 부족하고, 실제로 개인에게 제공되는 설명의 내용 자체가 권리 행사를 위해 충분하지 않을 수 있으므로 투명성 확보 방식이 실효성이 없다는 비판도 제기된다.

반면 인공지능 거버넌스를 구축하는 방식의 경우, 일반 개인과 달리 전문성을 가지고 알고리즘을 평가할 수 있고, 인공지능시스템의 개발 단계에서부터 출시 단계에 이르기까지 지속적인 검토가 가능하며, 일반 개인이 쉽게 인식할 수 없는 알고리즘의 문제점(ex. 특정 집단에 대한 편향성 등)에 대한 관리·감독이 가능하다.

최근 인공지능시스템 위험관리 방식에 대한 논의는 점차 인공지능시스템을 개발·활용하는 사업자가 인공지능 거버넌스를 구축하는 방식으로 발전해 나가고 있다. 이는 인공지능시스템이 복잡해지고 고도화됨에 따라 위험관리를 위해 높은 전문성과 다양한 이해관계자들의 노력이 요구된다는 점을 반영하고 있다. 인공지능 거버넌스의 주요 내용에 대해서는 다음 항에서 상술한다.

2 인공지능 거버넌스의 공통 요소

인공지능 거버넌스는 ① 위험 기반 접근 방식의 적용 ② 인공지능 위험관리 전담조직의 지정, ③ 인공지능 위험관리방안의 마련, ④ 인공지능개발·이용사업자의 위험관리 업무 분담 방안의 마련을 공통 요소로 한다.

가. 위험 기반 접근 방식

위험 기반 접근 방식의 경우, 인공지능시스템이 발생할 수 있는 위험 수준에 따라 내부통제 절차 및 위험관리 조치의 강도를 차등화하는 방안을 의미한다. 이는 인공지능의 위험이 클수록 더 엄격한 의무를 부과한다는 것으로써, 인공지능에 의한 혁신을 저해하지 않으면서도 잠재적 위험을 효과적으로 통제하기 위한 접근법이다.

인공지능시스템에 대한 위험 기반 접근 방식은 크게 인공지능시스템의 위험 수준을 평가하는 절차와 위험 수준에 따라 위험을 제거·완화하는 절차로 이루어진다. 인공지능시스템의 위험 수준은 인공지능시스템이 사람에게 부정적인 영향을 미칠 수 있는 가능성과 그 잠재적 피해의 심각성을 평가하여 정한다. 실무적으로는 위험 수준을 위험의 심각성과 가능성의 곱으로 평가하는 리스크 매트릭스(Risk Matrix) 방식, 사전에 정의한 위험 항목별로 가중치와 산식을 정하여 위험 점수를 산출하는 스코어링(Scoring) 방식, 인공지능시스템의 위험 수준을 구분 짓는 주요 위험 요소를 정하여 나무 형태의 의사결정 구조를 만드는 로직 트리(Logic Tree) 방식이 주로 활용된다.

위험 제거·완화 절차는 인공지능시스템의 성능이나 편향성 등을 관리하는 위험관리 조치뿐만 아니라 고위험 등 일정한 위험 수준 이상의 시스템에 대하여 엄격한 승인 절차를 두는 내부통제도 포함한다.

나. 인공지능 위험관리 전담조직

인공지능 위험관리 전담조직은 위험관리방안의 수립·운영 업무를 수행하는 담당자, 부서 또는 위원회를 의미한다. 기업 내에서 활용되고 있는 인공지능시스템의 현황과 구축 계획을 전체적으로 파악·관리하고, 이를 토대로 인공지능시스템의 위험을 관리할 수 있는 위험관리방안을 수립하며, 위험관리방안이 적절하게 실행되는지 감독하는 역할을 수행한다. 위험관리 전담조직은 사업자의 규모 및 유형(인공지능개발·이용사업자), 인공지능시스템 및 위험관리 업무에 대한 전문성, 위험관리방안의 수립·운영 업무를 일관적으로 수행할 수 있는 독립성 등을 종합적으로 고려하여 지정할 필요가 있다. 다만, 인공지능 사업 기획·시스템 개발 부서가 위험관리방안의 수립·운영 업무를 수행할 경우, 인공지능 사업 기획·시스템 개발 업무와 위험관리 업무 사이에 이해상충이 발생하여 독립적인 업무 수행이 어려울 수 있다는 점에 대한 고려가 이루어져야 한다.

다. 인공지능 위험관리방안

인공지능 위험관리방안은 크게 인공지능 위험관리 업무 절차와 인공지능 생애주기별 위험관리 조치로 구분할 수 있다. 인공지능 위험관리 업무 절차는 위험관리방안의 운영을 주도하는 인공지능 위험관리 전담조직과 위험관리방안의 운영에 참여하는 인공지능서비스 기획·운영 조직, 인공지능시스템 개발·운영 조직, 리스크관리·준법감시·정보보호 관련 조직의 역할을 정의하는 것을 의미한다. 특히 인공지능시스템의 위험 수준을 평가하는 절차와 고위험 등 일정한 위험 수준 이상의 시스템에 대하여 검토 및 승인하는 내부통제 절차를 어느 조직에서 어떠한 기준으로 수행하는지 정할 필요가 있다.

인공지능 생애주기별 위험관리 조치는 실제로 인공지능시스템의 생애주기별로 위험을 식별·분석·평가·대응하는 절차를 의미한다. 위험관리 조치는 크게 인공지능시스템의 안정성(성능 확보), 공정성, 투명성, 책임성 등의 확보 방안으로 구성된다. 최근에는 생성형 인공지능시스템의 확산에 따라 경우 보안, 안전성, 학습데이터의 적법성(저작권법 및 개인정보 보호법 등) 확보의 필요성이 부각되고 있다. 각 관리 항목에 대하여 적합한 평가 지표를 수립하여 위험을 평가하고 대응하는 방식으로 위험관리 조치가 이루어진다.

라. 인공지능개발·이용사업자의 위험관리 업무 분담

인공지능서비스 공급망이 인공지능시스템의 개발과 이용으로 분화됨에 따라 인공지능 위험관리를 위해서는 인공지능개발사업자와 인공지능이용사업자 사이의 협업이 필요하다. 외부 인공지능개발사업자가 인공지능시스템을 개발하여 제공하더라도, 인공지능시스템은 금융 업무의 보조 수단에 불과하고 인공지능시스템을 이용해서 고객에게 실제로 서비스를 제공하는 주체인 금융회사라는 시각에서는 금융회사가 인공지능 거버넌스를 주도적으로 구축할 책임을 부담할 필요가 있다. 하지만 인공지능시스템이 고도화됨에 따라 외부 인공지능개발사업자들이 서비스형 클라우드 서비스(SaaS) 형태로 인공지능시스템을 제공하면서, 이를 이용하는 금융회사로서는 인공지능시스템을 직접 통제하거나 변경하기가 어려워지고 있다. 따라서 외부 인공지능개발사업자가 인공지능 거버넌스를 구축하여 인공지능시스템에 대한 위험관리를 해야 한다는 시각도 있다.

아직 인공지능 위험관리를 위해서는 인공지능개발사업자와 인공지능이용사업자 사이의 협업 방안은 다양한 논의가 이루어지고 있다. 인공지능 거버넌스는 인공지능개발·이용사업자의 역할, 인공지능모델 및 학습데이터에 대한 접근성, 기술적 전문성 등을 종합적으로 고려하여 양자에게 역할을 분담시킬 필요가 있다.

IV 금융분야 인공지능 위험관리 관련 규제

1 인공지능 위험관리에 활용될 수 있는 기존 규제

금융규제는 일반적으로 금융회사가 어떠한 기술을 사용하는 지와 상관없이 기술의 이용으로부터 발생하는 책임을 금융회사에게 귀속시키는 '기술중립적'(technologically neutral) 접근방식을 따른다. 하지만 경우에 따라 인공지능에 특화된 규제를 도입할 필요가 있다. 금융규제는 금융회사가 인공지능시스템이 발생할 수 있는 위해를 정확하게 인식하고 이에 대하여 적절한 대응 조치를 취할 수 있도록 하여야 한다. 이를 위해서 어떠한 금융규제가 인공지능시스템의 활용 맥락에서 대응 조치로서 적용될 수 있는지를 명확하게 할 필요가 있다. 그리고 인공지능시스템의 특성과 활용 방식으로 인하여 고유한 위해가 발생하는 특정 분야에 대해서는 기존 규제를 강화하거나 새로운 규제를 도입할 필요도 있을 수 있다.

기존 규제 중 금융분야에서의 인공지능의 활용에 적용될 수 있는 주요 규제는 다음과 같다.

가. 성능·공정성 - 금융소비자보호법 및 신용정보법

「금융소비자 보호에 관한 법률」(이하 "금융소비자보호법")과 신용정보법은 일정한 차별금지사유를 명시하고 이를 금지하는 규정을 두고 있다. 이 규정들은 인공지능서비스를 타겟으로 하고 있지는 않으나, 금융기관(금융상품판매업자등 또는 개인신용평가회사)가 어떠한 기술을 사용하는지와 무관하게 금융기관이 차별적 행위를 하면 그에 대한 책임이 인정되므로, 금융분야 인공지능서비스도 차별금지사유를 위반하면 규제 적용의 대상이 된다.

금융소비자보호법은 "금융상품판매업자등은 금융상품 또는 금융상품자문에 관한 계약을 체결하는 경우 정당한 사유 없이 성별·학력·장애·사회적 신분 등을 이유로 계약조건에 관하여 금융소비자를 부당하게 차별해서는 아니 된다"라고 규정하고 있다(법 제15조).

신용정보법은 개인신용평가회사가 개인신용평가 시 (i) 성별, 출신지역, 국적 등으로 합리적 이유 없이 차별하거나 (ii) 정당한 이유 없이 계열회사와 금융거래 등 상거래 관계를 맺거나 맺으려는 사람의 개인신용평점을 다른 사람의 개인신용평점에 비해 유리하게 산정하는 등 차별적으로 취급하는 행위를 금지하고 있다(법 제22조의4 제1항).

한편, 금융소비자보호법은 금융상품판매업자등이 계약 체결을 권유하는 경우 금융상품의 내용을 사실과 다르게 알리는 행위를 금지하고 있다(법 제17조 제2호). 따라서 챗봇 등 인공지능서비스가 고객에게 금융상품의 내용을 사실과 다르게 알리는 경우 금융소비자보호법 위반이 문제 될 수 있다.

나. 투명성·설명요구권 - 신용정보법 및 개인정보보호법

신용정보법 제36조의2의 '자동화평가 결과에 대한 설명 및 이의제기' 규정, 2024. 3. 15.부터 시행된 개정「개인정보보호법」제37조의2의 '자동화된 결정에 대한 정보주체의 권리' 규정은 완전 자동화된 중요 의사결정에 대하여 개인에게 설명요구권과 거부권 ·이의제기권을 인정하고 있다.

(1) 신용정보법상 자동화평가 대응권

신용정보법은 개인인 신용정보주체에게 자동화평가에 대하여 설명요구권, 정보제출권, 이의제기권(이하 "신용정보법상 대응권")을 부여하고 있다(법 제36조의2 제1항 및 제2항). 여기서 "자동화평가"란 신용정보회사등의 종사자가 평가 업무에 관여하지 아니하고 컴퓨터 등 정보처리장치로만 개인신용정보 및 그 밖의 정보를 처리(이하 "완전 자동화")하여 개인인 신용정보주체를 평가하는 행위를 의미한다(법 제2조 제14호).

신용정보법은 대응권이 대상이 되는 자동화평가 열거하고 있는데 ① 개인신용평가와 ② 신용공여, 대출, 신용카드, 시설대여, 할부금융 거래 등에 대한 설정, 유지, 계약의 내용, 청약, 승낙 여부의 결정이 여기에 포함된다(법 제36조의2 제1항 제1호 각목). 즉 개인신용평가 외에도 신용공여, 대출, 신용카드 등의 금융거래 설정 여부를 완전 자동화된 형태로 결정하는 경우에는 신용정보법상 대응권이 인정된다.

개인인 신용정보주체는 ① 개인신용평가 등 정보처리장치로만 처리하면 개인신용정보 보호를 저해할 우려가 있는 행위에 자동화평가를 하는지 여부 및 ② 자동화 평가를 하는 경우 자동화평가의 결과, 자동화평가의 주요 기준, 자동화평가에 이용된 기초정보의 개요, 그 밖에 이와 유사한 사항으로서 대통령령으로 정하는 사항에 대하여 설명하여 줄 것을 요구할 수 있다.

그리고 개인인 신용정보주체는 개인신용평가회사등에 대하여 해당 신용주체에게 자동화평가 결과의 산출에 유리하다고 판단되는 정보를 제출할 수 있고, 자동화평가에 이용된 기초정보의 내용이 정확하지 아니하거나 최신의 정보가 아니라고 판단되는 경우 ① 기초정보를 정정하거나 삭제할 것을 요구하는 행위 및 ② 자동화평가 결과를 다시 산출할 것을 요구하는 행위를 할 수 있다.

(2) 개인정보 보호법상 자동화된 결정 설명·거부권

개인정보 보호법은 완전히 자동화된 시스템으로 개인정보를 처리하여 이루어지는 결정이 정보주체 자신의 권리 또는 의무에 중대한 영향을 미치는 경우 정보주체에게 해당 결정을 거부하거나 설명 및 검토를 요청할 수 있는 권리를 부여하고 있다(법 제37조의2 제1항 및 제2항, 시행령 제44조의 제2항). 개인정보처리자는 정보주체가 자동화된 결정을 거부하거나 이에 대한 설명 또는 검토를 요구한 경우에는 정당한 사유가 없는 한 자동화된 결정을 적용하지 아니하거나 인적 개입에 의한 재처리·설명 등 필요한 조치를 하여야 한다(법 제37조의2 제3항).

개인정보 보호법 시행령은 정보주체에게 제공해야 할 설명의 내용을 크게 ① 자동화된 결정에 공통적으로 적용되는 기준과 절차에 관한 정보(사전 공개 사항)와 ② 정보주체에게 실제로 내려진 개별 결정에 대한 설명(개별 결정에 대한 설명)으로 구분하고 있다. 자동화된 결정이 이루어지면, 개인정보처리자는 '자동화된 결정에 공통적으로 적용되는 기준과 절차에 관한 정보'를 홈페이지 등을 통해 사전 공개해야 한다(시행령 제44조의4 제1항). 사전 공개 사항은 자동화된 결정이 이루어진다는 사실과 그 목적 및 대상이 되는 정보주체의 범위, 자동화된 결정에 사용되는 주요 개인정보의 유형과 자동화된 결정의 관계, 자동화된 결정 과정에서의 고려사항 및 주요 개인정보가 처리되는 절차 등으로 구성된다(시행령 제44조의4 제1항 각호).

그리고 만약 자동화된 결정이 정보주체의 권리 또는 의무에 '중대한 영향'을 미치는 경우에는 정보주체의 설명 요구에 대하여 '실제로 내려진 개별 결정에 대한 설명'을 제공해야 한다(시행령 제44조의3 제2항 본문). 개별 결정에 대한 설명에는 해당 자동화된 결정의 결과, 사용된 주요 개인정보의 유형, 주요 기준, 절차에 관한 사항이 포함되어야 한다(시행령 제44조의3 제2항 각호). 자동화된 결정이 정보주체의 권리 또는 의무에 중대한 영향을 미치지 않는 경우에는 정보주체의 설명 요구에 대하여 사전 공개 사항을 제공하면 된다(시행령 제44조의3 제2항 단서).

다. 지배구조법령상 내부통제 및 위험관리기준 관련 규정

현행 「금융회사의 지배구조에 관한 법률」(이하 "지배구조법")은 금융회사에게 인공지능 거버넌스를 구축할 직접적인 의무를 부과하고 있지는 않다. 다만, 지배구조법상 금융회사는 법령 준수, 건전 경영, 주주 및 이해관계자 등 보호를 위하여 임직원이 준수하여야 하는 "내부통제기준"을 마련하여야 하고, 업무의 수행 등에서 발생하는 위험을 체계에 인식·평가·감시·통제하는 "위험관리기준"을 마련하여야 한다(지배구조법 제24조 제1항 및 제27조 제1항).

그리고 「금융회사 지배구조 감독규정」(이하 "지배구조 감독규정")에 따르면, 내부통제기준은 "금융회사의 가능한 모든 업무활동을 포괄할 수 있어야" 하고, 위험관리기준은 "금융사고 등 우발상황에 대한 위험관리 비상계획"을 포함하여야 한다(지배구조 감독규정 제11조 제1항 [별표2] 6.항, 제13조 제1항 제1호). 즉, 지배구조법상 내부통제 및 위험관리기준은 상당히 포괄적으로 금융회사의 경영상 위험을 관리하도록 규정되어 있다. 따라서 금융회사가 인공지능시스템을 활용하여 업무활동을 한다면, 그로부터 발생할 수 있는 위험을 관리하는 기준을 정하는 내부통제 및 위험관리기준에 포함시킬 필요가 있다.

2 인공지능 위험관리를 위해 도입되는 새로운 규제

가. 인공지능기본법

(1) 개요

2026. 1. 22.부터 시행된 인공지능기본법은 인공지능의 건전한 발전과 신뢰 기반 조성에 필요한 기본적인 사항을 규정하는 법으로서 인공지능사업자에게 인공지능 안전

성·신뢰성 확보를 위한 각종 의무를 부과하고 있다.

인공지능사업자는 "인공지능산업과 관련된 사업을 하는 자"로서 인공지능개발사업자와 인공지능이용사업자로 구분된다(제2조 제7호). 인공지능개발사업자는 인공지능을 개발하여 제공하는 법인, 단체, 개인 및 국가기관 등을 의미하고, 인공지능이용사업자는 인공지능개발사업자가 제공한 인공지능을 이용하여 인공지능제품 또는 인공지능서비스를 제공하는 법인, 단체, 개인 및 국가기관 등을 의미한다. 인공지능 모델이 복잡해지고 고도화되면서 하나의 사업자가 인공지능제품·서비스 제공을 위하여 직접 인공지능시스템의 기획·개발·운영·모니터링을 전부 수행하는 형태에서 점차 인공지능모델을 전문적으로 개발하는 사업자와 인공지능모델을 공급받아 이용하는 사업자로 분화되는 형태로 변화해 가고 있다. 인공지능기본법은 이처럼 인공지능제품·서비스의 공급망이 분화되고 있다는 점을 반영하여 인공지능사업자를 인공지능개발사업자와 인공지능이용사업자로 구분하고 서로 다른 내용의 의무를 부담하게 하고 있다.

인공지능기본법은 "인공지능시스템"을 다양한 수준의 자율성과 적응성을 가지고 주어진 목표를 위하여 실제 및 가상환경에 영향을 미치는 예측, 추천, 결정 등의 결과물을 추론하는 인공지능 기반 시스템으로 정의하고 있다. 자율성, 적응성, 그리고 추론을 인공지능시스템의 핵심 속성으로 두고 있기 때문에 단순한 규칙 기반 모델(rule-based models)이나 소프트웨어는 인공지능시스템에 포함되지 않지만 머신러닝을 활용한 인공지능은 인공지능 기본법의 적용대상이 될 수 있다.

인공지능기본법상 인공지능사업자는 이용하는 인공지능의 종류에 따라 크게 ① 고영향 인공지능사업자(고영향 인공지능 또는 이를 이용한 제품·서비스를 제공하는 인공지능사업자), ② 생성형 인공지능사업자(생성형 인공지능 또는 이를 이용한 제품·서비스를 제공하는 인공지능사업자), ③ 고성능 인공지능사업자(학습에 사용된 누적 연산량이 대통령령으로 정하는 기준 이상인 인공지능을 개발 또는 이용하는 인공지능사업자)로 구분된다.

(2) 고영향 인공지능사업자의 의무

인공지능기본법은 위험 기반 접근 방식을 적용하여 인공지능시스템 중에서 '고영향 인공지능에 대하여 위험관리에 필요한 여러 의무를 부여하고 있다. 고영향 인공지능이란, 사람의 생명, 신체의 안전 및 기본권에 중대한 영향을 미치거나 위험을 초래할 우려가 있는 인공지능시스템으로서 열거된 영역(예컨대 채용 · 대출 심사 등 개인의 권리 · 의무 관계에 중대한 영향을 미치는 판단 또는 평가)에서 활용되는 인공지능시스템을 의미한다(제2조 제4호). 모든 인공지능사업자는 인공지능 또는 이를 이용한 제품 · 서비스를 제공하는 경우 그 인공지능이 고영향 인공지능에 해당하는지 여부를 사전에 검토하여야 하며, 필요한 경우 과학기술정보통신부장관에게 해당 여부의 확인을 요청할 수 있다(제33조).

사전검토를 통해 고영향 인공지능사업자로 확인된 인공지능사업자는 제품 또는 서비스 제공 시 고영향 인공지능에 기반하여 운용된다는 사실을 이용자에게 사전에 고지하여야 한다(제31조 제1항). 그리고 고영향 인공지능의 안전성 · 신뢰성을 확보하기 위하여 일련의 조치를 이행해야 한다(제34조). 구체적으로 고영향 인공지능사업자는 ① 위험관리방안의 수립 · 운영(제1호), ② 기술적으로 가능한 범위에서의 인공지능이 도출한 최종결과, 인공지능의 최종결과 도출에 활용된 주요 기준, 인공지능의 개발 · 활용에 사용된 학습용데이터의 개요 등에 대한 설명 방안의 수립 · 시행(제2호), ③이용자 보호 방안의 수립 · 운영(제3호), ④ 고영향 인공지능에 대한 사람의 관리 · 감독(제4호), ⑤ 안전성 · 신뢰성 확보를 위한 조치의 내용을 확인할 수 있는 문서의 작성과 보관(제5호) 등을 포함하는 조치를 이행하여야 한다.

고영향 인공지능사업자의 안전성 · 신뢰성 확보 조치 의무는 인공지능 거버넌스 구축 방식을 적용하되 인공지능 투명성 확보 방식을 일부 포함하고 있다. 인공지능기본법 제34조 제1항 각호 모두 인공지능사업자에게 자체적으로 인공지능시스템의 위험을 관리 · 감독하는 체계를 구축할 의무를 부과한다는 점에서 인공지능 거버넌스 구축 방식에 해당한다. 다만, 이 중 기술적으로 가능한 범위에서의 인공지능이 도출한 최종결과, 인공지능의 최종결과 도출에 활용된 주요 기준, 인공지능의 개발 · 활용에 사용된 학습용데이터의 개요 등에 대한 설명 방안의 수립 · 시행(제2호)과 안전성 · 신뢰성 확보를 위한 조치의 내용을 확인할 수 있는 문서의 작성과 보관(제5호)의 경우, 인공지능 투명성 확보를 통한 위험관리의 성격을 포함하고 있다. 즉 이용자나 감독기관 등 외부에 인공지능시스템의 명세 정보, 작동 방식, 위험관리 조치의 내용을 공개하게 함으로써 제3자에 의한 통제가 이루어지도록 하고 있다.

한편, 고영향 인공지능사업자는 사전에 사람의 기본권에 미치는 영향을 평가하기 위하여 노력해야 한다. 그리고 공공기관(국가기관, 지방자치단체를 포함함)이 고영향 인공지능을 이용한 제품 또는 서비스를 이용하려는 경우에는 영향평가를 실시한 제품 또는 서비스를 우선적으로 고려해야 한다(제35조).

(3) 생성형 인공지능 관련 사업자의 의무

생성형 인공지능이란, 입력한 데이터의 구조와 특성을 모방하여 글, 소리, 그림, 영상, 그 밖의 다양한 결과물을 생성하는 인공지능시스템으로 정의된다(제2조 제6호). 생성형 인공지능사업자는 제품 또는 서비스 제공 시 생성형 인공지능에 기반하여 운용된다는 사실을 이용자에게 사전에 고지하여야 하고(제31조 제1항), 그 결과물이 생성형 인공지능에 의하여 생성되었다는 사실을 표시하여야 한다(제31조 제2항). 그리고 실제와 구분하기 어려운 가상의 음향, 이미지 또는 영상 등의 결과물(딥페이크)을 제공하는 경우 해당 결과물이 인공지능에 의해 생성되었다는 사실을 이용자가 명확하게 인식할 수 있는 방식으로 고지 또는 표시하여야 한다(제31조 제3항).

(4) 학습에 사용된 누적 연산량이 높은 인공지능 관련 사업자의 의무

학습에 사용된 누적 연산량이 대통령령으로 정하는 기준 이상인 인공지능을 개발 또는 이용하는 고성능 인공지능사업자에게는 인공지능 수명주기 전반에 걸쳐 위험을 식별 · 평가 및 완화하고, 위험관리체계를 구축할 의무가 부과된다(제32조).

(5) 사실조사, 중지 · 시정명령 및 과태료 부과

인공지능사업자가 생성형 인공지능 표시의무, 딥페이크 고지 · 표시의무, 고성능 인공지능 안전성 확보 의무, 고영향 인공지능 안전성 · 신뢰성 확보 의무 위반 시 과학기술정보통신부 장관은 사실조사를 통해 중지 · 시정명령을 할 수 있다(제40조). 그리고 고영향 및 생성형 인공지능 사전고지의무 또는 과학기술정보통신부 장관의 중지 · 시정명령을 위반한 자는 과태료 부과의 대상이 될 수 있다(제43조).

나. 금융위원회 '금융분야 인공지능 개발 · 활용 안내서'

금융위원회는 2021. 7. 금융분야에서의 인공지능시스템의 개발, 사업화 및 활용과 관련한 기획 · 설계, 평가 · 검증, 도입 · 운영 및 모니터링의 전 과정에서 신뢰성을 제고하여 인공지능 활성화를 제고하고 금융서비스에 대한 고객신뢰를 확보하는 데 기여하는 것을 목적으로 '금융분야 인공지능 운영 가이드라인'을 발표하였다.

이후 금융업권 전파와 가이드라인 이행을 위하여 약 1년여 간의 준비기간동안 금융회사 실무자들의 의견을 수렴하였으며, 이를 바탕으로 2022. 8. 금융회사의 인공지능 서비스의 개발·운영 과정에서의 규제 불확실성을 해소하는 한편 인공지능 활용 과정에서 발생 가능한 리스크를 예방·관리하는 데 목적을 둔 '금융분야 인공지능 개발·활용 안내서'(이하 "금융분야 인공지능 안내서")를 마련했다.

금융분야 인공지능 안내서는 신용평가·여신심사, 로보어드바이저, 챗봇, 맞춤형 추천, 이상거래탐지(FDS)등 5대 서비스를 대상으로 하고 있고, 크게 ① 인공지능 위험 관리 정책의 수립과 ② 인공지능시스템 생애주기(기획/설계, 개발, 평가 및 검증, 도입·운영 및 모니터링)별 준수사항을 구분하여 설명하고 있다.

그림 1 금융분야 인공지능 안내서의 구성

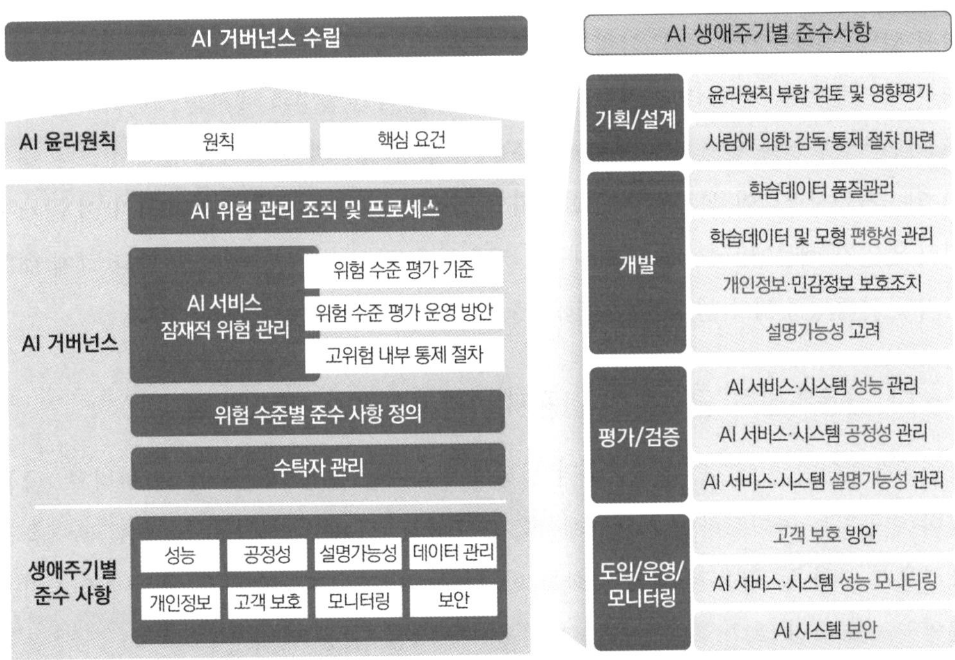

인공지능 위험 관리 정책의 수립의 경우, 안내서는 위험 기반 접근 방식을 적용하고 있다. 즉 인공지능시스템의 위험을 평가하고 위험 수준에 맞는 내부통제 절차를 두는 것을 위험 관리 정책 수립의 핵심 내용으로 두고 있다. 특히 안내서는 금융회사로 하여금 금융소비자에게 미치는 영향, 위험 요소 등을 평가하여 인공지능 서비스를 고위험·중위험·저위험 등으로 분류하는 기준을 마련하고, 고위험 서비스에 대해서는 책임 있는 업무수행이 가능한 자 또는 위원회가 검토 후 승인할 수 있는 내부절차를 둘 것을 요구하고 있다. 나아가 금융회사가 인공지능시스템의 개발·운영 등을 외부기관에 위탁하는 경우, 금융회사가 위탁자로서 인공지능 위험관리의 책임을 부담한다는 전제하에 수탁기관이 위험관리 체계를 충분히 마련하도록 금융회사에게 수탁기관을 관리하도록 하고 있다.

생애주기별 준수 사항 부분의 경우, 인공지능시스템의 성능 확보, 공정성, 설명가능성, 데이터 관리, 보안 등 인공지능 거버넌스의 핵심 원칙들을 이행하기 위한 사항들이 5대 서비스별(신용평가·여신심사, 로보어드바이저, 챗봇, 맞춤형 추천, 이상거래탐지)로 구분되어 상세하게 설명되어 있다. 안내서는 생애주기별 준수 사항에 대해서도 인공지능 서비스의 위험 수준별로 준수사항을 구체적으로 정하도록 하여 위험 기반 접근 방식을 적용하고 있다. 생애주기별 준수 사항 부분은 금융회사에게 실무지침으로서 기능하기 위하여 이행 사항들을 5대 서비스별로 세분화하여 구체적인 설명과 예시를 제공하고 있다.

다만 금융분야 인공지능 운영 가이드라인 및 금융분야 인공지능 안내서 모두 생성형 인공지능시스템이 본격적으로 활용되기 시작한 2023년 이전에 발표되어 이후 개정되지 않았기 때문에, 생성형 인공지능시스템 활용 시 발생할 수 있는 위험과 그에 대한 관리를 위해 준수해야 할 사항에 대해서도 별도 설명을 제공하고 있지 않다.

다. 금융위원회 '금융분야 인공지능 가이드라인 개정' 계획

금융위원회는 2024. 12. "금융권 생성형 인공지능 활용 지원방안"의 하나로 "금융분야 인공지능 가이드라인 개정" 계획을 발표했다. 생성형 인공지능의 출현과 금융권 내부통제 강화 등 금융권 제도 변화를 반영하여 기존에 발표했던 '금융분야 인공지능 운영 가이드라인'(2021. 7.), '금융분야 인공지능 개발·활용 안내서'(2022. 8.), '금융분야 인공지능 보안 가이드라인'(2023. 4.)을 통합한 '금융분야 인공지능 가이드라인'(이하 "통합 금융분야 인공지능 가이드라인")을 마련하는 것을 내용으로 한다.

금융위원회는 통합 금융분야 인공지능 가이드라인에 인공지능 개발·활용에 있어 최고경영자 및 경영진의 역할과 책임 확보, 금융 안정성에 대한 위험 최소화 등 금융 인공지능 7대 원칙을 반영할 계획이다.

표 1 금융 인공지능 7대 원칙

분 야	7대 원칙
거버넌스	① 최고경영자를 포함한 경영진은 인공지능 개발·활용에 대한 관심을 갖고 역할과 책임을 분담해야 함
	② 인공지능 활용 전단계에서 금융·인공지능 등 관련 법규를 준수해야 함
	③ 현 단계에서 인공지능은 업무의 보조 수단이므로 최종 의사결정과 그에 따른 책임은 임직원이 수행함
인공지능 개발 단계	④ 인공지능 개발 과정에서 신뢰할 수 있는 데이터와 모델을 사용해야 함
	⑤ 인공지능 설계·학습 등 전 과정에서 금융 안정성 위험을 최소화해야 함
인공지능 활용 단계	⑥ 인공지능 활용 시 금융소비자의 이익을 최우선으로 해야 함
	⑦ 인공지능 활용 시 보안성 기준 및 점검·개선 체계를 마련해야 함

그리고 금융 인공지능 원칙의 적용, 생성형 인공지능 관련 보안 위협과 보안성 검증 기준 등을 포함한 상세 설명과 사례는 안내서를 통해 제시할 예정이다.

기존 금융분야 인공지능 가이드라인 및 안내서와 비교하여 금융 인공지능 7대 원칙에서 새롭게 도입된 내용은 다음과 같다. 우선 7대 원칙은 최고경영자를 포함한 경영진에게 인공지능 개발·활용에 대하여 역할과 책임을 분담할 것을 요구하고 있다. 이는 「금융회사의 지배구조에 관한 법률」에 따른 금융회사 임원의 내부통제 및 위험관리 의무를 인공지능 개발·활용 시에도 이행해야 한다는 점을 확인한 것이다(제30조의2). 인공지능 거버넌스의 구축을 금융회사의 내부통제 및 위험관리 활동의 일부로 두려는 금융당국의 입장을 볼 수 있다.

그리고 금융 인공지능 7대 원칙은 인공지능시스템 공급망의 분화에도 인공지능시스템의 개발·활용에 따른 책임은 최종적으로 서비스를 제공하는 금융회사 임직원이 부담해야 한다는 점, 금융회사는 인공지능 활용이 금융소비자뿐만 아니라 금융시스템에 미치는 영향까지 평가하고 위험관리 방안을 마련해야 한다는 점, 기존 판별형 인공지능시스템과 구분되는 생성형 인공지능시스템 고유의 보안 위협에 대한 대응 체계를 마련해야 한다는 점을 요구하고 있다.

라. 인공지능기본법의 금융분야 인공지능 거버넌스에 대한 영향

인공지능기본법과 금융분야 인공지능 가이드라인 및 안내서는 인공지능을 개발·활용하는 사업자로 하여금 위험 기반 접근 방식에 따라 인공지능시스템의 위험 수준을 사전에 평가해서 위험 수준에 맞는 관리방안을 마련하도록 한다는 공통점이 있다.

하지만 금융분야에서는 인공지능시스템에 대한 위험관리 활동을 인공지능서비스를 이용하는 금융소비자의 보호 측면뿐만 아니라 금융회사의 내부통제 및 위험관리 활동의 일부로 포함시키려는 논의가 활발하게 이루어지고 있다. 인공지능기본법은 "사람의 생명, 신체의 안전 및 기본권에 중대한 영향을 미치거나 위험을 초래할 우려가 있는 인공지능시스템"을 고영향 인공지능으로 정의하여, 인공지능서비스의 이용자 등 '사람'에게 발생하는 위험을 관리 대상으로 두고 있다(인공지능기본법 제2조 제4호). 반면, 지배구조법상 위험관리제도는 '금융회사'에게 발생하는 위험을 관리 대상으로 두고 있다(지배구조법 제27조 제1항).

금융회사의 위험관리 대상에는 금융소비자 보호가 포함되지만, 그 외에도 인공지능시스템의 운영으로부터 발생하는 다양한 유형의 위험들이 함께 고려되어야 하므로, 인공지능기본법상 관리 대상 위험의 내용과 차이가 있다. 이는 인공지능기본법에서 정하고 있는 고영향 인공지능의 판단 기준 및 안전성·신뢰성 확보 조치의 내용이 금융회사의 인공지능서비스 위험 수준 판단 기준 및 인공지능 생애주기별 위험관리 조치의 내용과 달라질 수 있다는 점을 의미한다. 가령 금융분야 인공지능 거버넌스에서는 정보 보안에 대한 고려 비중이 인공지능기본법상 요구사항보다 커질 수 있다.

나아가 은행은 「은행업감독업무시행세칙」 [별표3의11] '건전한 운영리스크 관리 원칙'에 따라 운영리스크를 관리해야 한다. 위 관리 원칙에 따르면, 은행은 운영리스크를 적절히 인식하고 관리하기 위하여 3단계 통제체계(단위사업부문, 독립적인 운영리스크 관리부문, 내부감사)를 갖추어야 한다. 은행의 인공지능 위험관리 활동이 운영리스크 관리 활동의 일부로 이루어진다면, 인공지능 위험관리 전담조직은 '독립적인 운영리스크 관리부문'(2차 통제체계)으로서 역할을 수행해야 한다. 이 경우 은행의 인공지능 위험관리 전담조직에게는 일반 인공지능사업자의 인공지능 위험관리 전담조직과 비교하여 높은 수준의 독립성이 요구되어야 한다.

이상의 내용을 고려하면, 금융분야 인공지능 거버넌스는 향후 단순히 인공지능기본법에 대한 세부 지침에 머무르는 것이 아니라 금융권 제도의 특수성을 반영한 독자적인 규범 체계로 발전해 나갈 것으로 예상된다.

V 금융분야 인공지능과 망분리 규제 개선 논의

전자금융감독규정에 따른 망분리 의무화에 따라 금융회사는 외부망과 물리적으로 분리되어 있는 내부망에서 주요 업무를 처리해야 한다(규정 제15조 제1항 제3호 또는 제5호). 망분리(network separation)는 네트워크 보안기법의 일종으로 외부 인터넷망을 통한 불법적인 접근과 내부정보 유출을 차단하기 위해 업무망과 외부 인터넷망을 분리하여 두 영역이 서로 접근할 수 없도록 차단하는 것을 의미한다.

그런데 대부분의 생성형 인공지능 서비스가 클라우드 기반으로 운영되기 때문에, 망분리 규제가 금융회사의 업무 환경에 직접적인 제약으로 작용하고 있다. 이로 인해 최신 인공지능 기술의 도입 및 활용이 제한되고, 서비스 혁신 및 연구·개발(R&D) 과정에서도 효율성 저하와 비용 증가 문제가 지속적으로 제기되어 왔다.

이에 금융감독당국은 2024년 8월 13일 '금융분야 망분리 개선 로드맵'을 발표하여 샌드박스를 통한 규제 특례로 보안대책 등을 조건으로 하여 금융회사 정보처리시스템(내부)과 인공지능 모델(외부)간 연결을 허용한다고 발표하였고, 금융보안원도 금융감독당국의 망분리 개선 관련하여 2024. 8. '생성형 인공지능 및 SaaS(Software-as-a-Service) 이용 규제 특례 관련 보안대책'을 발표하였다. 현행 전자금융감독규제 하에서는 국내에 서버가 없는 해외 소재 인공지능모델을 통한 개인신용정보(가명정보 포함) 처리·보관이 불가한데(규정 제14조의2 제7항), 규제 샌드박스를 통해 가명처리된 개인신용정보까지 허용하겠다는 입장을 밝힌 것이다.

다만, 규제 샌드박스 지정을 받더라도, 금융회사는 '망분리 예외에 따른 강화된 보안대책', '금융회사-해외 인공지능사업자간 계약시 필수사항 반영'을 부가조건으로 준수해야 한다. 여기서 망분리 예외에 따른 강화된 보안대책은 ① 단말기, 네트워크 상에서의 방지대책 및 전용회선 사용 등 조치와 안전성 확보조치 준수, ② 적대적 공격 테스트 주기적 실시 및 보완, 생성형인공지능에 중요정보 입력금지, 출력횟수 제한, 데이터 위변조 방지 대책 등 도입, ③ 책임자 지정, 인공지능 입출력 데이터 로그 기록, 문제 발생시 활용 즉시 중단 및 관리조치 이행, 사내 임직원 교육 실시, 거버넌스 정책 실시 등을 내용으로 한다(금융보안원, '생성형인공지능 및 SaaS 이용 규제 특례 관련 보안대책', 2024. 8.)

참/고/문/헌

〈국내문헌〉

개인정보보호위원회, “안전한 인공지능(AI)·데이터 활용을 위한 AI 프라이버시 리스크 관리 모델”, 2024.

금융위원회, “금융분야 인공지능 개발·활용 안내서”, 2022.

〈외국문헌〉

Crisanto, J. C., Leuterio, C. B., Prenio, J., & Yong, J., “Regulating AI in the Financial Sector: Recent Developments and Main Challenges”, Bank for International Settlements FSI Insights on Policy Implementation, No. 63, 2024.

CHAPTER 03

디지털 금융감독

- 금융산업과 감독시스템의 변화
- 디지털금융에서 규제의 역할과 방식
- 디지털금융과 규제수단의 변화 - 레그테크와 섭테크
- 디지털금융과 소비자보호
- 디지털금융의 규제·감독과 중앙은행의 역할

금융산업과 감독시스템의 변화

정순섭
(서울대학교 법학전문대학원 교수)

I 서론

기술의 발전에 따라 금융시장환경이 급격히 변화되고 있다. 기술의 발전은 ① 금융서비스와 상품 범위 그리고 그러한 서비스나 상품의 판매채널의 확대, ② 이러한 서비스를 제공하는 빅테크,[1] 핀테크, 제3자 서비스제공자와 같은 새로운 기술적 공급자의 등장, ③ 위험의 관리, 감축, 감시를 위한 디지털 혁신의 사용 증가의 세 가지 경로로 영향을 미치고 있다.[2] 이러한 영향은 새로운 기술의 복잡성과 금융감독기관에 의한 전문가 지식의 부족과 혁신 속도에 의한 가중, 일정한 행위와 기관에 대한 감시의 한계와 전체 위험에 대한 기존 규제구조의 공백, 토큰화된 자산과 부채와 같은 일정한 상품의 법적 지위에 관한 불확실성과 인공지능과 같은 특정한 기술의 사용을 규율하는 포괄적인 법적 구조의 부재, API와 분산원장기술과 같은 특정한 기술과 네트워크의 표준화와 상호운용성의 부재와 파편화 등의 문제를 발생시키고 있다.[3]

1 주로 온라인플랫폼회사가 기술전문성과 네트워크를 기반으로 금융업에 진출하는 경우 빅테크라는 용어를 사용한다. 생활에 필요한 서비스를 하나의 앱에서 처리하는 것을 의미하는 슈퍼앱(super-apps)도 금융법의 관점에서는 비슷한 의미로 이해할 수 있다. 송현주, 지점을 벗어난 은행, '슈퍼앱'으로 진격하다, 이코노미스트 2025.6.30.

2 Basel Committee on Banking Supervision, Digitalisation of finance, May 2024, p.3.

3 Basel Committee on Banking Supervision, 위의 보고서, p.31.

이러한 변화의 와중에 전통적으로 은행과 증권 그리고 보험의 구분을 전제로 형성되어 있는 현재의 금융감독시스템은 대응력을 확보하기 위한 개선이 필요하게 될 것으로 예상된다. 금융업에서의 디지털기술의 적극적인 수용의 결과 금융산업은 형식과 실질이 양면에서 변화를 맞이하고 있다. 금융법의 관점에서는 첫째, 금융기능과 금융업의 재편, 둘째, 규제상 금융업 구분의 의미, 셋째, 금융과 비금융 관계의 세 가지 쟁점으로 요약할 수 있을 것이다. 이러한 변화에 대응하여 각국은 다양한 접근방식을 채택하고 있다. 그러한 대응은 크게 금융법제, 금융감독체계 그리고 금융규제절차로 나누어 정리할 수 있다.

Ⅱ 금융산업의 변화

1 금융기능과 금융업의 재편

(1) 문제의 소재

금융의 디지털화를 촉진하는 기반기술인 디지털기술은 금융과 정보의 결합을 통한 금융의 정보화, 나아가 데이터경제의 발전을 촉진하고 있다.[4] 데이터경제는 "데이터의 활용이 다른 산업 발전의 촉매역할을 하고 새로운 제품과 서비스를 창출하는 경제"라고 정의되고 있다.[5] 모바일장치와 애플리케이션의 확산에 따른 정보이용의 확대는 전통적인 금융회사들과 경쟁·협력하고 있는 기업들의 진입장벽을 제거하는 효과를 가진다. 특히 이러한 변화는 빅테크와 같은 플랫폼사업자들이 전통적인 금융업이 아니라 업무위탁과 광고의 결합이나 모집 등의 방식을 활용하여 대출, 증권, 보험상품 등을 판매할 수 있는 기반이 되는 것이다. 이 책의 다른 장에서 살펴본 바와 같이 이러한 기술적 기반에 따라 금융업의 요소별 분해와 재결합 등을 거쳐 중대한 변화의 대상이 되고 있다.

4 정순섭, 디지털 금융혁신관련 법령분석과 향후 입법·정책과제, 국회 입법조사처 정책연구보고서, 2020.9.30, 15-16면.

5 관계부처합동, 혁신성장전략투자 - 데이터·AI경제 활성화 계획('19~23년'), 2019.1.16.

(2) 금융업 사업모델의 변화

예컨대 종래 은행은 점포망이나 시스템 등의 자본집약형 생산요소가 사실상 진입장벽이 되었기 때문에 전형적으로 예금 · 대출 · 결제 등 금융서비스를 조합하여 제공하면 안정적으로 수익을 얻을 수 있었다.[6] 이러한 가운데 은행은 자본집약형 생산요소를 확보하는 고정비를 진입장벽으로 초과이윤을 확보할 수 있는 업무와 이윤은 얇지만 구색을 갖추기 위해 제공하고 있는 업무 전체에서 부담하여 풀라인형 사업모델을 채택해 왔다. 이러한 사업모델은 디지털기술의 발전에 따라 전통적인 금융서비스를 기능요소별로 분해하고 다른 금융 또는 비금융 서비스와 결합하는 요소별 분해와 재결합(unbundling and rebundling)을 가능하게 하는 기초가 되고 있다.

지급분야에서는 이러한 새로운 지급수단이 등장하면서 예금에 기반하여 제공되어 온 전통적인 은행이나 예금 기반의 지급서비스의 중요성이 상대적으로 줄어들고 있다. 나아가 금융서비스와 비금융서비스의 일체화가 진행되고, 양자 간의 경계가 한층 모호해져 갈 것으로 예상된다.[7] 이러한 변화는 금융시스템의 네트워크구조에 관하여 ① 이용자가 금융기관을 통하여 서비스에 접근하는 구조(금융기관허브형)에서 ② 인터페이스기업이 중간에 개입하여 금융기관이 그 배후에서 상품·서비스를 제공하는 구조(인터페이스기업중심형), ③ 이용자가 직접 거래소에 참가하는 구조(거래소), 개인들이 직접 거래하는 구조(분산형) 등으로 이행할 가능성이 있다.[8]

(3) 디지털금융과 새로운 금융기능

디지털금융이 새로운 금융기능을 의미하는 것은 아니고 금융기능이 제공되는 형식의 차이에 불과한 점은 금융법 논의에서 중요하게 고려되어야 한다. 디지털기술은 금융상품의 형식 또는 판매채널의 구조적 차이를 발생시키는 것이지 새로운 금융기능을 만드는 것은 아니다. 지급수단은 디지털채널에 의하여 디지털지급수단으로 변형되는 것일 뿐 새로운 금융기능은 아니다. 이러한 인식은 금융법체계와 금융감독체계 논의에서 정확하게 고려되어야 한다.

---

6 이하 내용은 金融審議会 金融制度スタディ·グループ 中間整理 — 機能別·横断的な金融規制体系に向けて —, 2018 6 .19, 2-5면을 정리한 것이다.

7 위의 보고서, 3-4면.

8 위의 보고서, 4면.

2 규제상 금융업 구분의 의미

디지털금융은 전통적인 예금과 대출, 증권과 파생상품, 보험은 물론 특히 지급수단의 발전에 큰 영향을 미치고 있다.[9] 매매체결과 청산 및 결제를 포함한 금융시장인프라에도 근본적인 변화를 발생시킬 잠재력을 가지고 있는 것으로 평가되고 있다. 종래 디지털금융은 금융상품의 제조보다는 판매에 직접적인 영향을 미치고 있는 것으로 평가된다. 빅테크가 금융업에 진출하는 경로는 주로 디지털금융에 기반한 새로운 판매채널로 등장하는 것이다. 이러한 현상은 금융시장에서 이미 진행되고 있는 "금융상품의 제조와 판매의 분리"의 과정에서 "판매에 의한 제조의 지배 현상"을 더욱 강화하는 요소로 작용할 것으로 평가된다. 이러한 변화는 스테이블 코인으로 확인할 수 있듯이 새로운 금융상품의 등장으로 발전하고 있다. 이러한 변화는 금융업 내부에서의 경계를 모호하게 만드는 결과로 연결될 것이다.[10] 특히 중요한 지적은 디지털기술의 금융업 수용에 따라 "금융업 내부 경계의 붕괴는 전혀 다른 양상으로 진행될 것"이고 "빅데이터, 인공지능 등은 규모의 경제효과를 통해 금융업 간 융합 내지 통합의 이점을 크게 증가시"켜 "비금융업에서 시작한 플랫폼 비즈니스가 직간접적으로 금융업 전반에 영향을 미칠 것이고, 그 영향의 결과 금융업 내부 경계의 붕괴는 한층 가속화될 것"이라는 것이다.[11]

이러한 변화를 금융기능별로 유형화해 보면 다음과 같다.[12] 첫째 지급형이다. 지급기능은 전통적인 지급수단인 현금, 신용카드 등으로부터 선불전자지급수단을 이용한 간편송금과 스마트폰 등의 기기를 활용한 간편결제와 같은 새로운 비현금지급수단으로 발전하고 있다. 지급수단으로서의 기능이 제한적인 것으로 평가되었던 가상자산도 스테이블 코인으로 진화하여 본격적으로 지급수단으로서의 지위를 논의할 단계가 되었다. 차원은 다르지만 중앙은행디지털화폐(CBDC)도 같은 관점에서 검토할 수 있을 것이다. 둘째, 투자형이다. 투자분야에서 새로운 기술을 접목한 유형으로는 증권형 크라우드펀

9 정순섭, 디지털 금융혁신관련 법령분석과 향후 입법 · 정책과제, 국회 입법조사처 정책연구보고서, 2020.9.30, 7-8면.

10 이정수, "제4차 산업혁명과 금융법의 과제", 상사법연구 제40권 제3호, 2021, 219-224면.

11 이정수, 위의 논문, 220면.

12 정순섭, 디지털 금융혁신관련 법령분석과 향후 입법 · 정책과제, 국회 입법조사처 정책연구보고서, 2020.9.30, 9-13면.

딩[13]을 들 수 있다. 종래의 증권을 토큰증권의 형식으로 발행하거나 매매 · 청산 · 결제와 같은 증권거래시스템을 블록체인을 기반으로 재구성하는 방안 등도 논의되고 있다.[14] 셋째, 대출형이다. 대출분야에서 새로운 기술을 접목한 유형으로는 대출형 크라우드펀딩을 들 수 있다. 국내에도 온라인투자연계금융업 및 이용자 보호에 관한 법률("온라인투자연계금융업법")[15]로 제도화되어 있다. 넷째, 보험형이다. 보험분야에도 분산형원장기술에 기초한 P2P보험 등이 논의되고 있다.[16] 다섯째, 자산관리형으로는 투자자문이나 투자일임과 같은 투자조언이나 보험분야에도 인공지능기술을 결합한 새로운 유형의 거래방식인 로보어드바이저가 등장하고 있다. 국내에서는 우선 자본시장법상 전자적투자조언장치로 제도화되어 있다(자본시장법 제98조 제1항 단서; 동 시행령 제99조 제1항 제1호의2). 여섯째, 빅테크 플랫폼사업자나 선불전자지급수단발행업자를 포함한 지급업자에 의한 금융상품판매를 생각할 수 있다. 특히 판매대상 금융상품의 범위와 판매의 법적 형식이 문제될 수 있다. 현재 판매의 법적 형식은 특히 빅테크 플랫폼사업자의 금융상품 판매를 중심으로 금융투자업자나 보험회사 인허가를 취득하여 금융업자로서 참여하는 유형과 기존 금융규제법상 업무위탁과 광고 등의 규제를 결합한 새로운 사업유형을 추구하는 유형으로 발전하고 있다. 일곱째, 금융시장인프라형이다. 분산원장형 디지털금융은 블록체인 기술을 적용한 금융형태를 말하는 것으로서 중앙은행디지털화폐, 매매체결과 청산 및 결제를 포함한 금융시장인프라 등이 논의되고 있다.

이러한 변화는 아직 전통적인 금융회사나 금융상품 또는 금융거래방법에 비하여

13 자본시장과 금융투자업에 관한 법률("자본시장법")상 온라인소액투자중개업으로 제도화되었다. [시행 2015. 10. 25.] [법률 제13448호, 2015. 7. 24., 일부개정].

14 Global Financial Trade Associations with Boston Consulting Group, Ashurst, and Sullivan & Cromwell, The Impact of Distributed Ledger Technology in Capital Markets Ready for Adoption, Time to Act, 2025. 참여기관은 Global Financial Markets Association (GFMA), Asia Securities Industry & Financial Markets Association (ASIFMA), Global Blockchain Business Council(GBBC), International Swaps and Derivatives Association (ISDA), Global Digital Finance(GDF), Futures Industry Association (FIA), Financial Services Forum(FSF), Institute of International Finance (IIF), Bank Policy Institute(BPI)이다. 이 보고서는 The Impact of Distributed Ledger Technology In Capital Market, 2023의 개정판이다.

15 [시행 2020. 8. 27.] [법률 제16656호, 2019. 11. 26., 제정].

16 김규동, "P2P보험의 특징 및 활용", kiri리포트, 2018.4.9, 9-16면.

그 규모나 수준이 초기 단계인 것은 명백하다. 그러나 중요한 것은 새로운 접근을 가능하게 할 수 있는 기술적 기반이 사례를 통하여 확인되기 시작했다는 점이다.

3 금융과 비금융의 관계

금융과 비금융의 융합은 디지털금융의 필연적 결과물이자 새로운 발전의 촉매제가 될 수밖에 없다. 주로 금융상품 판매를 중심으로 하는 빅테크의 금융서비스 확대는 금융상품에 대한 제조와 판매의 기능적 분리에 기초한 금융과 비금융의 융합을 상징한다.[17] 은행의 알뜰폰 사업이나 배달앱 진출은 그 의미가 여전히 불명확할 수도 있다. 그러나 데이터 융합 또는 확보의 관점에서는 금융과 비금융의 융합이 현실화되고 있는 것이고, 그 금융법상 의미는 매우 크다. 우리나라에서는 금산분리 관점에서 여전히 논의가 필요하지만, 디지털금융의 확대를 위해서는 불가피한 방향으로 생각된다. 특히 전통적인 금산분리원칙의 적용범위는 산업융합과 디지털 금융의 확산이라는 현실 앞에서 일정한 한계를 드러내고 있다는 지적에는 주목할 필요가 있다.[18]

Ⅲ 금융법체계

1 의의와 범위

현재의 금융법체계는 은행과 증권 그리고 보험의 업종별 구분을 기초로 지배구조와 판매규제에 관하여 일부 기능별 규제가 도입되어 있는 상황이다. 2003년 정부는 영국식 기능별 규제원칙에 기초한 금융법 통합을 준비했지만,[19] 자본시장분야에서의 부분적인 개편으로 정리되었다. 디지털금융의 발전은 이러한 금융법체계에 대하여 다시 한

17 이정수, “제4차 산업혁명과 금융법의 과제”, 상사법연구 제40권 제3호, 2021, 214-219면.

18 최근 국내에서의 논의를 정리한 것으로, 임정하, “금융과 비금융의 융합 - 금융회사의 소유구조와 업무범위를 중심으로 -”, 경제법연구 제24권 제2호, 2025, 217-247면.

19 김건식 외, 금융관계 법률의 체계정비에 관한 연구, 서울대학교 금융법센터 연구보고서, 2004.12.

번 검토할 필요성을 제기하고 있다.

현재 각국은 금융의 디지털화에 대응하여 기술친화적인 금융법제를 구축하기 위한 입법작업을 진행하고 있다.[20] 영국,[21] EU,[22] 호주[23] 그리고 일본[24]은 선도적으로 그 방안을

20 각국의 접근방식을 정리한 것으로, Johannes Ehrentraud, Denise Garcia Ocampo, Lorena Garzoni and Mateo Piccolo, Policy Responses to Fintech: a Cross-country Overview, FSI Insights on policy implementation No.23, Financial Stability Institute, January 2020.

21 Bank of England, New Economy, New Finance, New Bank : The Bank of England's Response to the van Steenis Review on the Future of Finance, June 2019; Ron Kalifa, Kalifa Review of UK Fintech, 26 February 2021; Huw van Steenis, Future of Finance - Review on the Outlook for the UK Financial System : What It Means for the Bank of England, June 2019. 쟁점정리로, Linklaters, Financial Regulation Horizon Report, 2021. 지급분야의 기본문서는, Treasury, Policy paper National Payments Vision, Updated 15 July 2025; Joe Garner, Future of Payments Review, November 2023.

22 EU의 디지털금융에 관한 기본문서는 핀테크행동계획과 디지털금융전략의 두 가지 문서이다. COMMUNICATION FROM THE COMMISSION TO THE EUROPEAN PARLIAMENT, THE COUNCIL, THE EUROPEAN CENTRAL BANK, THE EUROPEAN ECONOMIC AND SOCIAL COMMITTEE AND THE COMMITTEE OF THE REGIONS FinTech Action plan: For a more competitive and innovative European financial sector, COM(2018) 109 final, Brussels, 8.3.2018; COMMUNICATION FROM THE COMMISSION TO THE EUROPEAN PARLIAMENT, THE COUNCIL, THE EUROPEAN ECONOMIC AND SOCIAL COMMITTEE AND THE COMMITTEE OF THE REGIONS on a Digital Finance Strategy for the EU, COM(2020) 591 final, Brussels, 24.9.2020. 현재 EU의 디지털금융 과제는 디지털 유로(CBDC), 사이버복원력, 오픈금융, 암호자산의 네 가지로 정리할 수 있다. 디지털 유로의 도입을 위한 규칙안 Proposal for a REGULATION OF THE EUROPEAN PARLIAMENT AND OF THE COUNCIL on the legal tender of euro banknotes and coins COM(2023) 364 final 2023/0208 (COD), Brussels, 28.6.2023.

23 호주의 디지털금융에 관한 기본문서는 The Senate Select Committee on Australia as a Technology and Financial Centre: Final report, October 2021. 현재는 디지털자산의 법제화 작업을 진행 중이다. Treasury Laws Amendment Bill 2025: Digital asset, and tokenised custody platforms. 지급분야의 기본문서는 Treasury, A Strategic Plan for Australia's Payments System : Building a modern and resilient payments system, June 2023.

24 이 장의 목적을 위하여는 최근 발표된 문서 중에 다음 세 가지가 가장 중요한 것으로 평가된다. 金融審議会決済法制及び金融サービス仲介法制に関するワーキング·グループ報告, 2019. 12. 20.; 金融審議会「金融制度スタディ·グループ」「決済」法制及び金融サービス仲介法制に係る制度整備についての報告≪基本的な考え方≫, 2019.7.26; 金融審議会「金融制度スタディ·グループ」金融機関による情報の利活用に係る制度整備についての報告, 2019.1.16.

논의하고 있다. 각국에서 검토하고 있는 금융법제 개편의 기본방향도 기능별 규제, 제조와 판매의 분리, 금융과 비금융의 융합의 세 가지로 정리할 수 있다.

2 기능별 규제

가. 의의

기능별 규제(functional regulation)는 금융이 수행하는 기능을 중심으로 규제체계를 형성하는 것이다.[25] 전통적으로 금융규제는 은행·증권·보험의 업종별 구분을 기초로 각 금융업자로 대표되는 기관과 업종별 금융상품을 규제단위로 규제체계를 형성해 왔다. 그러나 금융의 형태와 수행주체는 지속적으로 변해왔지만, 그 기능에는 변화가 없다는 점을 지속가능성과 일관성을 갖춘 규제방식으로서 기능별 규제의 실효성을 확인할 수 있는 근거이다. 현재 우리나라는 은행·증권·보험의 업종별 구분을 기초로 하는 기관별·상품별 규제를 기본으로 하면서 자본시장규제와 금융회사의 지배구조 그리고 금융상품판매규제에 대해서는 기능별 규제를 도입한 상황이다.

나. 발전

(1) 금융시장의 환경변화와 기능별 규제의 도입

2002년[26] 이후 국제적으로는 물론 국내에서도 금융규제체계 정비를 위한 다양한 제도적 노력이 이루어져 왔다. 최근 20년간 금융법체계의 정비를 논의할 때 가장 중요한 계기를 제공한 것은 무엇보다도 2007년 말 미국에서 비롯된 세계적 금융위기라고 할 수 있다. 금융위기과정에서 새롭게 밝혀지거나 확인된 금융업자의 영업관행과 위험관리행태는 그동안 유효한 것으로 인식되어 왔던 금융규제체계를 근본적으로 재확인할 필요성을 제기하였다. 그 근본원인은 변화된 금융시장 환경에 적절한 위험과 기능에 기

25 정순섭, 「금융법」, 2023, 15-17면.

26 필자는 2002년 당시 상황을 기준으로 금융시장의 환경변화에 따라 금융규제체계를 기능별 규제원칙에 따라 재정비할 필요성이 있다는 주장을 하였다. 정순섭, “금융시장의 변화와 금융규제제도의 정비(상)”, 증권법연구 제3권 제1호, 2002, 1-30면.

초한 금융규제체계의 도입이 이루어지지 않았던 데서 찾을 수 있을 것이다. 주의할 것은 이러한 지적이 세계 모든 국가에 공통적으로 그리고 동일한 수준으로 적용될 수 있는 것은 아니라는 점이다.

국내에서는 2003년부터 변화된 금융환경에 대응하기 위한 대안으로서 영국의 2000년 금융서비스시장법(Financial Services and Markets Act 2000)을 모델로 하여 기능별 규제의 원칙을 제도화하기 위한 연구가 이루어졌다.[27] 그리고 2005년부터는 기능별 규제의 원칙을 자본시장분야로 한정하여 적용한 입법인 자본시장과 금융투자업에 관한 법률("자본시장법")이 제정되어 현재 시행되고 있다.[28] 자본시장법은 구 증권거래법과 선물거래법 그리고 간접투자자산 운용업법을 통합한 것으로서 자본시장분야에서의 기능별 규제를 도입한 것이다. 그리고 금융위기의 여파로 금융소비자 보호와 금융회사의 지배구조 개선을 위한 논의의 결과물로서 금융회사의 지배구조에 관한 금융회사의 지배구조에 관한 법률("지배구조법"),[29] 금융상품 판매규제에 관한 금융소비자보호에 관한 법률("금융소비자법")이[30] 기능별 규제법으로 제정되어 있다.

다음으로 국제적인 차원에서도 G20 등을 중심으로 한 금융규제체계의 정비 특히 위험과 기능에 기초한 규제체계의 도입에 관한 다양한 논의가 이루어지고 있다.[31] 특히 금융위기의 과정에서 위험의 확대재생산의 주된 원인을 제공한 것으로 지적되고 있는 장외파생상품과 헤지펀드에 대한 규제의 공백을 제거하는 규제의 도입이 그 주된 내용이라고 할 수 있다. 은행과 비은행 간의 규제차익이 주로 문제 되는 그림자금융(shadow banking)에 대해서도 기본적인 대응방식은 기능별 규제의 도입이다.[32]

27 김건식외, 금융관계 법률의 체계정비에 관한 연구, 서울대학교 금융법센터 연구보고서, 2004.12.

28 [시행 2009. 2. 4.][법률 제8635호, 2007. 8. 3., 제정].

29 [시행 2016. 8. 1.][법률 제13453호, 2015. 7. 31., 제정]. 입법배경과 구조에 대해서는, 정순섭, "금융회사의 지배구조와 금융규제", BFL 제79호, 2016, 6-18면; 정순섭, "금융회사의 조직규제 -금융회사 지배구조의 금융규제법상 의미를 중심으로-", 상사판례연구 제24집 제2권, 2011, 3-47면.

30 [시행 2021. 3. 25.][법률 제17112호, 2020. 3. 24., 제정]. 입법배경에 대해서는, 정순섭, "금융규제 개혁과 금융소비자 보호", 상사판례연구 제23집 제2권, 2010, 3-67면.

31 2008년 글로벌 금융위기 이후 국제금융규제 개편과정에서 가장 중요한 특징은 G20정상회담 등을 중심으로 국가가 직접 개입하기 시작한 점이다.

32 FSB, Shadow Banking: Strengthening Oversight and Regulation: Recommendations of the Financial Stability Board, 27 October 2011.

(2) 디지털금융과 기능별 규제

금융의 디지털화의 주된 결과물은 전통적으로 금융의 영역으로 인식되어 왔던 분야에 비금융회사들이 다양한 형태로 진출하는 형태로 나타난다. 대표적인 사례는 제조와 판매의 분리에 따른 금융상품판매업과 지급분야이다. 이러한 분야에서도 기존의 금융업자들은 새로이 진출하는 비금융업자에 대하여 상대적으로 규제가 없거나 완화된 형태로 적용되는 문제를 제기하게 된다. 한편 새로이 진출하는 비금융업자들에 대해서는 상대적으로 규제가 없거나 완화된 형태로 적용된 결과 위험의 확대재생산 가능성도 지적되기 시작하게 된다. 이러한 새로운 변화에 대한 규제상 대응을 위한 기본원칙은 당연히 기능별 규제이다.

첫째, 지급분야에서는 은행과 비은행이 수행하는 지급업무에 대하여 동일행위-동일규제의 원칙을 적용해야 한다는 것이다.[33] 국내에서는 지급분야에서 규제적용을 평가해 볼 필요가 있다. 둘째, 판매분야에서도 기능별 규제의 적용은 오랜 논쟁의 대상이다. 빅테크 플랫폼기업이 추천 등의 형식으로 실질적으로 금융상품판매기능을 수행하는 것을 어떻게 규율할 것인가? 디지털금융의 확대에 따라 제조와 판매의 분리현상이 더욱 확고한 경향으로 자리 잡게 될 것으로 예상된다.[34] 따라서 판매규제에 관한 기능별 규제법으로서의 금융소비자법은 판매규제와 판매조직에 관한 기본법으로서 발전할 것으로 예상된다. 빅테크나 슈퍼앱에서 이루어지는 다양한 금융상품에 대한 판매기능을 개별 금융업법에서 규율할 것인지 아니면 금융소비자법에서 규율할 것인지도 중요한 문제이다. 기능별 규제원칙을 관철을 위해서는 금융상품판매에서 규제원칙과 판매조직에 관한 기능별 규제법인 금융소비자법이 적용되는 것이 타당할 것이다. 그러나 현실적으로 금

33 FSB, Recommendations for Regulating and Supervising Bank and Non-bank Payment Service Providers Offering Cross-border Payment Services: Final report, 12 December 2024.

34 하나금융경영연구소, 플랫폼 금융상품 중개: 2024년 제판분리의 원년, 하나 Knowledge+ 제46호, 2023.12.8. 구체적인 내용은 금융위원회(2022), 플랫폼 서비스 활성화 방안; 금융위원회(2022), 온라인 플랫폼의 보험상품 취급 방안; 금융위원회(2022), 온라인 예금상품 중개업 시범운영방안; 금융위원회(2023), 온라인 예금상품 중개서비스 추진현황 및 향후 계획; 금융위원회(2022), 온라인 예금중개서비스 시범운영 추진; 금융위원회(2023), 소비자 편익제고와 보험업권 경쟁 촉진을 위한 플랫폼의 보험상품취급 시범운영세부방안.

융감독체계는 여전히 업종별로 분화되어 있는 상황에서 금융상품의 제조에 대한 규제와 판매에 대한 규제를 달리할 수 있는 것인지는 쉽지 않은 문제이다. 빅테크 플랫폼의 금융업진출에 대해서도 규제의 설계와 운용을 위한 기본원칙은 기능별규제일 수밖에 없다.[35]

다. 분류

기능별 규제의 적용을 위하여 선행되어야 하는 작업은 기능을 분류하는 것이다. 호주는 법률상 금융기능을 투자, 위험관리, 비현금 지급의 세 가지로 구분하고 있다. 최근에 일본은 금융규제체계를 보다 기능별·횡단적인 것으로 하고, 동일 기능·동일 리스크는 동일한 규칙을 적용하는 것을 지향하면서 규제체계를 과도하게 복잡화하지 않고, 환경변화에 기동적으로 대응할 수 있게 한다는 관점에서 금융의 기능을 어느 정도 큰 단위로 분류한 후에 각 기능 중에서 업무의 내용이나 위험의 차이에 따라 규칙의 내용을 조정하는 방안을 고려하고 있다.[36] 이러한 입장에서 금융의 기능을 결제, 자금공여, 자산운용, 위험이전의 네 가지로 분류하여 검토하는 방안을 제시하였다. 이렇게 분류된 기능별로 동일한 규제를 적용하고, 금융에 관한 기본적 개념 · 규칙을 통일하는 것이다.

라. 기능별 규제와 기관별 규제의 조합

실제 규제를 적용할 때에는 기능별 규제와 기관별 규제는 장단점이 나타나게 된다.[37] 기관별 규제는 규제의 형평성 부족과 규제자원의 낭비가 문제로 지적되고 있다. 그러나 기능별 규제는 기관단위의 접근이 필요한 건전성 규제에는 한계가 있을 수밖에 없다. 따라서 기능별 규제와 기관별 규제는 가능한 분야에서 원칙으로 적용되는 형태로 기능별 규제와 기관별 규제의 조합이 불가피하다.

동일한 관점이 빅테크 규제에서도 제기된다. 국제적으로 활동하는 빅테크의 경우 본국 감독당국(home supervisors)은 해당 기업의 국제적 활동에 대하여 기관기준(entity-

35 Juan Carlos Crisanto, Johannes Ehrentraud and Marcos Fabian, “Big techs in finance: regulatory approaches and policy options”, FSI Briefs No 12, March 2021.

36 金融審議会 金融制度スタディ·グループ,「中間整理 — 機能別·横断的な金融規制体系に向けて —」, 2018. 6 .19, 6면.

37 정순섭, 「금융법」, 17면.

based approach)으로 접근하지만, 현지국 감독당국(host supervisors)은 현지의 위험과 우려를 행위기준으로 접근해서 해결하자는 복합방식이 주장되는 것이다.[38] 현지국의 정책우선순위 내에서 동등한 시장환경이 행위기준과 기관기준의 융합에 의하여 확보될 수 있는 방안을 검토하는 것이 현실적일 것이다.[39] 이와 같은 현지국의 정책우선순위에 해당하는 것으로 우리나라에서는 금산분리정책을 생각할 수 있다.

3 금융과 비금융의 융합

스테이블 코인의 발행이나 빅테크 또는 슈퍼앱의 금융상품판매업 진출에 대해서는 기능별 규제의 핵심인 동일행위 · 동일위험 · 동일규제와 함께 금산분리의 문제가 제기될 수밖에 없다. 예금을 지급수단으로 하지 않는 지급기능을 금산분리의 대상으로 볼 것인지, 금융상품에 대한 제조와 판매의 분리를 전제로 이루어지는 순수한 판매기능을 금산분리의 규율대상으로 볼 것인지의 문제이다.

다른 관점에서 이 문제를 살펴보면 전통적인 금융기능을 디지털기술에 결합시키는 과정이기도 하다. 스테이블 코인은 예금이나 예금에 기반한 비현금지급수단이 아닌 가상자산에 가격안정구조를 이식하여 지급기능을 수행하는 데 활용하겠다는 발상이다. 빅테크에 의한 금융상품판매는 전통적인 영업점에서의 대면판매나 전화나 홈쇼핑 등을 통한 사실상의 대면판매에 의하여 이루어지던 판매기능을 모바일채널 등을 활용하여 수행하는 것이다. 금융소비자보호 등의 관점에서 제기되는 문제가 없는 것은 아니지만 효율성의 관점에서는 확실한 장점이 존재한다. 지급기능과 금산분리에 대해서는 이미 이 책의 다른 장에서 정리하였다.[40] 금융상품판매에 대하여 금산분리원칙을 적용할 것인가? 금융상품판매 중에서 예금의 판매와 관련하여 금산분리의 문제가 발생할 수 있으나 금융상품판매전문업은 자금을 수취하여 그 영업에 이용하는 것이 아니라 예금은행과

38 Parma Bains, Nobuyasu Sugimoto, and Christopher Wilson, “BigTech in Financial Services: Regulatory Approaches and Architecture”, IMF FINTECH NOTE, January 2022.

39 Fernando Restoy, “Fintech regulation: how to achieve a level playing field”, Financial Stability Institute Occasional Paper No 17, February 2021.

40 PART II. CHAPTER 01. 4. CBDC와 스테이블 코인. IV.4.나.2)다)(2).

예금자와의 계약체결만을 보조하는 것이므로 특별한 문제는 없는 것으로 판단된다.[41]

나아가 인공지능의 금융수용을 위한 전제로서 금산분리문제에 대한 전향적인 접근이 필요하다는 논의도 같은 관점에서의 지적으로 이해된다.[42] 인공지능의 금융업 수용에 대한 법률문제는 이 책의 다른 장에서 논의하고 있으므로 깊이 검토하지 않는다.[43]

4 소결

현재의 업종별 구분에 기초한 금융법체계는 디지털금융의 발전에 따른 변화를 수용하기 위하여 기능별 규제, 제조와 판매의 분리, 금융과 비금융의 융합을 수용할 수 있는 체계로 변화가 필요하다.

IV 금융감독체계

1 문제의식

현재의 금융감독체계는 금융법체계와 달리 단일기관이 금융기능 전반에 대한 감독을 담당하고 있지만, 세부적인 원칙과 내용은 여전히 은행과 증권 그리고 보험의 업종별 구분을 기초로 하고 있다. 국내에서는 이원화모델의 도입 또는 금융상품판매규제를 중심으로 금융분쟁조정기능의 분리필요성에 대한 논의가 이루어지고 있다.

41 정순섭 외, 금융상품판매전문업 도입방안 연구, 2008.10, 143면.

42 이정수, "인공지능에 대한 금융법의 규제방향 -금융에의 이용과 그 너머의 과제들", 금융법연구 제21권 제1호, 2024, 31-34면.

43 PART II. CHAPTER 02. 6. 디지털금융의 새로운 과제: 인공지능.

2 현황[44]

가. 의의 및 구조

금융감독체계 개편을 논의하기 위해서는 연구대상인 금융감독체계의 범위를 확정하고, 감독대상인 국내금융시장의 특수성에 대한 명확한 분석과 이해가 전제되어야 한다. 이 장에서 대상으로 하는 금융감독체계는 건전성감독과 영업행위감독 그리고 지급결제제도 등 금융시장 인프라에 대한 감독을 모두 포함하는 개념이다.[45]

금융시장에서 이루어지는 자율규제업무도 금융감독체계의 일부로 이해할 것인지도 문제 된다. 현행 법상 자율규제는 자본시장법에 따라 금융투자상품시장에 대한 거래소 시장감시위원회의 시장감시업무와 금융투자산업에 대한 한국금융투자협회가 수행하는 자율규제업무를 말한다. 자율규제는 금융감독업무중 일부를 자율규제기관에 위탁하여 수행하는 것으로서 구체적인 범위와 수행주체는 국가별로 다양한 차이를 보이고 있다.[46] 따라서 자율규제업무도 금융감독체계의 일부로 이해되어야 한다.

디지털금융이 새로운 금융기능을 의미하는 것은 아니고 금융기능이 제공되는 형식의 차이에 불과한 점에서 디지털금융에 특화된 금융감독기관의 필요성은 불필요한 것으로 생각된다. 기능별 규제는 금융감독체계의 설계에서도 중요한 기준이 되어야 한다.

---

44 이하 논의는, 정순섭, "금융감독체계의 구성원리에 관한 연구 - 이원화모델을 중심으로", 민사판례연구 제37호, 2015, 1043-1084면에 기초한 것이다. 상세한 논의와 인용은 원 논문을 참고하기 바란다.

45 규제(regulation)와 감독(supervision)이라는 용어도 구분이 필요하다. '규제'는 규칙의 형성절차와 그 구체적인 결과물을, '감독'은 그러한 절차를 거쳐 형성된 규칙의 준수 여부에 대한 감시와 집행을 말한다. Phoebus Athanassiou, "Bank Supervisors Liability: A European Perspective", Yearbook of European Law, Vol 30 No 1, 2011, pp 214-215. 그러나 이들 용어는 자주 혼용되고 있는 것이 현실이다.

46 영국은 1997년 5월 기존 자율규제기구를 통합한 금융감독청(Financial Services Authority, FSA)을 설립하여 자율규제를 폐지하였다. 런던증권거래소는 과거 증권시장의 자율규제기관으로서의 역할을 담당했으나, 2000년 자체 상장계획 이후 이해상충의 원인을 완전히 해소하기 위해 상장감독 권한을 FSA로 이전하였다. 호주도 전통적으로 거래소가 담당해 오던 시장감시기능을 2010년 호주증권투자위원회(Australian Securities and Investments Commission, ASIC)로 이관하였다(Corporations Amendment (Financial Market Supervision) Act 2010 No. 26, 2010). 미국과 일본은 자율규제를 유지하고 있지만, 조직적으로는 국가별로 형태의 차이는 있지만 거래소나 협회 등과 분리하였다.

나. 이원화모델의 논리와 구조

(1) 서언

1990년대 이후 많은 나라에서 금융감독체계의 개편에 관한 논의가 이루어져 왔고, 일부 국가에서는 감독체계의 일원화 또는 이원화라는 개혁을 이루기도 했다.[47] 2008년 글로벌 금융위기 이후 금융감독체계의 변화는 거시건전성 감독체계의 강화와 금융소비자 보호, 그리고 금융회사 정리제도의 효율화에 집중되는 측면이 있다. 디지털금융의 발전에 따른 금융감독체계 개편을 직접 논의하는 경우는 많지 않다. 이하 영국과 호주의 사례를 중심으로 정리한다.

영국은 과거 단일화모델을 채택한 국가로서 현재의 국내 금융감독체계의 모델이 된 국가이지만, 글로벌 금융위기 이후 건전성감독과 영업행위감독을 분리하는 이원화모델을 도입하였다. 호주는 이원화모델을 최초로 채택한 국가로서 금융감독체계의 개편을 검토하는 많은 국가에 참고자료로 활용되고 있다. 특히 우리나라에서는 자본시장법제정의 모델이 된 국가로서 그 감독체계를 검토하는 것은 필요한 것으로 판단된다. 그 외 네덜란드와 미국의 사례도 간단히 살펴본다.

(2) 이원화모델의 논리[48]

가) 개관

금융감독기관의 구성방식으로서의 이원화모델을 최초로 제안한 것은 영국의 마이클 데일러 박사이다.[49] 이를 최초로 제도화한 것이 호주이고 네덜란드와 영국 등이 도입

47 Group of Thirty 보고서에서는 각국의 금융규제기관구성방식을 금융업자의 법적 지위(은행, 금융투자업자, 보험회사 등)에 기초한 기관별 접근(institutional approach), 금융업자의 수행업무에 기초한 기능별 접근(functional approach), 영국식의 통합형 접근(integrated approach), 그리고 이원화접근(twin-peaks approach)로 구분하고 있다. Group of Thirty, The Structure of Financial Supervision: Approaches and Challenges in a Global Marketplace, 2008, p24. 금융감독원, 주요국의 금융감독제도와 금융소비자 보호제도, 2014도 OECD 회원국중 주요 13개국의 금융감독체계를 통합형, 쌍봉형, 권역별감독체계로 분리하고 있다.

48 이원화모델의 논리에 대해서는 정순섭, "금융규제개혁과 금융소비자 보호", 상사판례연구 제22집 제4권, 2009, 50-53면의 논의를 기초로 한 것임을 밝혀둔다.

49 Michael Taylor, *"Twin Peaks": A Regulatory Structure for the New Century* (Center for the

하고 있다. 이원화모델의 도입을 주장하는 논거는 규제목적의 차이와 규제전문성의 차이의 두 가지를 들 수 있다.

나) 규제목적의 차이

테일러박사는 1995년 영국의 금융감독기관을 첫째, 시스템보호와 소비자보호라는 규제목적이 가지는 차이점, 둘째, 두 가지 규제목적은 충돌할 수밖에 없고 정치적인 수준에서의 해결이 필요한 점, 그리고 셋째, 은행·증권·보험에 대한 건전성 및 영업행위감독을 담당하는 단일기관은 지나치게 강력해질 수 있는 점[50]을 근거로 시스템 보호와 비건전성 규제를 담당하는 기관으로 분리하자고 주장하였다.[51] 테일러 박사는 2009년 보고서에서 1995년 보고서의 주장을 다시 강조하고 있다.[52]다만 시스템적으로 중요한 금융업자에 대해서는 보다 높은 수준의 건전성 요건을 부과할 것을 제안하면서,[53] 그러한 업자들에 대한 건전성감독만을 목적으로 하는 금융안정성위원회(Financial Stability Commission)의 설치를 주장하고 있다.[54]

영국에서는 노던락은행사태에 대한 보고서에서 당시의 FSA가 금융소비자 보호에 치중하다 건전성감독을 등한히 했다고 밝히고 있다.[55] 국내에서도 금융감독기관의 소비자보호에 대한 인식의 부족이 지적되고 있다.[56] 금융감독기관이 어느 규제목적을 더 중

Study of Financial Innovation, 1995).

50 Martin McElwee and Andrew Tyrie, Leviathan at Large: The New Regulator for the Financial Markets, Centre for Policy Studies, 2000, pp1-2는 FSA가 입법, 조사, 기소, 재판, 배심, 집행의 역할을 담당하게 될 것으로 예상하고 있다.

51 Michael Taylor, 위의 보고서, p.15.

52 Michael Taylor, *'Twin Peaks' Revisited...: A Second Chance for Regulatory Reform*(Center for the Study of Financial Innovation, 2009), pp.4-5.

53 Michael Taylor, 위의 보고서, pp.6-7; pp.17-18.

54 Michael Taylor, 위의 보고서, pp.18-19. 다만 금융안정성위원회의 규제 대상을 대마불사형 금융업자로 한정하고 있는 점이 다르다.

55 UK Financial Services Authority, Internal Audit Division, The Supervision of Northern Rock: A Lessons Learned Review, 2008, p7. 그 외 상세한 논의는 Michael W Taylor, "The Road from 'Twin Peaks'-and the Way Back". Connecticut Insurance Law Journal Vol. 16, 2009, pp.80-81.

56 원승연, "금융소비자 보호의 필요성-사례 분석을 중심으로"; 한재준·이건범, "사전적 금융소비자 보호의 필요성과 정책 과제"(한국금융연구센터 2009년 하반기 정책 심포지엄 「금융소비자 보호:

요하게 생각하는지가 문제 되는 것이 아니라, 금융시장 및 정치적 상황에 따라 감독기관의 관심이 건전성이나 금융소비자보호의 한 방향으로 쏠릴 가능성이 높다는 데 있다.[57] 더욱 중요한 문제는 특정 감독기관 내부에서 외부적인 감시 없이 감독상 우선순위와 자원배분을 결정하는 데 있다.[58]

다) 감독기법과 규제체계

이와 관련하여 거시경제적인 관점에서의 규제를 위해서는 경제학적 능력이 보다 적절하지만, 규제목적으로서의 금융소비자 보호는 규제기법으로서의 법적 능력(legal skills)이 보다 적절하다는 연구가 있다.[59] 따라서 건전성 규제와 영업행위 규제를 별개의 기관으로 구성하는 것은 양기관이 각각의 규제목적에 보다 충실하게 할 것이라고 한다.[60]

라) 목적별 규제기관의 관계

이원화모델의 가장 중요한 문제점으로 지적되고 있는 것은 양 감독기관 간의 관할의 충돌이 발생할 가능성이다.[61] 이원화모델의 성공 여부는 양 감독기관 간 의사조정메커니즘의 존부에 달려 있다는 평가도 이루어지고 있다.[62] 영국의 경우 영업행위감독기관

현안과 정책 과제」 발표자료, 2009.11.11), 18-19면.

57 Michael W Taylor, "The Road from 'Twin Peaks'-and the Way Back". Connecticut Insurance Law Journal Vol. 16, 2009, pp81-82. 국내에서도 상호저축은행사태와 키코거래사태 등을 거치면서 금융감독기관의 금융소비자보호에 대한 관심이 급속도로 높아지게 된 과정을 경험하였다. 금융감독원은 2011년에 발간한 금융소비자 보호에 관한 백서에서 "2010년을 '금융소비자 보호 원년'으로 삼아"라는 표현을 사용하고 있다. 금융감독원, 금융소비자보호백서, 2011.4, 2면.

58 Eric J. Pan, "Structural Reform of Financial Regulation", Transnational Law & Contemporary Problems, Vol. 19, Issue 3, 2011, pp.819-820.

59 Charles Goodhart, Dirk Schoenmaker and Paolo Dasgupta, "The Skill Profile of Central Bankers and Supervisors", 6 *European Finance Review* 397, 2002, pp.415-417.

60 Charles Goodhart/Dirk Schoenmaker/Paolo Dasgupta, 위의 논문, p.417; Michael Taylor, "Regulatory Reform in the U.K.", North Carolina Banking Institute Vol 18, November, 2013, p.228.

61 Senate Select Committee on Superannuation and Financial Services, Prudential supervision and consumer protection for superannuation, banking and financial services, first report, 2001, pp.13-16.

62 Eric J. Pan, Structural Reform of Financial Regulation in Canada: A Research Study Prepared for the Expert Panel on Securities Regulation(December 2008), pp.41-42.

의 감독상 조치가 건전성감독기관의 관점에서 금융기관의 건전성을 침해할 우려가 있다고 인정될 때는 그 조치를 거부할 수 있는 권한을 인정하고 있다.

다. 개별국가 사례

(1) 호주

호주의 금융감독체계는 1996년 정부에서 설치한 '금융시스템심의회'(Financial System Inquiry)의 권고에 따른 것이다.[63] 금융시스템심의회는 1997년 최종보고서를 제출하였다.[64]

월리스보고서는 '단일기관모델'(a mega regulator), '주도기관모델'(a lead regulator) 그리고 '이원화모델'(twin peaks' regulatory model)의 세 가지 방안을 검토한 후 이원화모델을 기본안으로 제안하였다.[65] 월리스보고서의 권고에 따라 정부는 금융규제모델로 이원화모델을 채택하고, 호주증권투자위원회(Australian Securities and Investments Commission, ASIC)와 호주건전성감독청(Australian Prudential Regulation Authority, APRA)을 설립하였다.

ASIC는 시장공정성과 소비자신뢰의 제고를 목적으로 시장완전성과 소비자보호를 규제할 권한이 부여되었다. ASIC는 스스로를 '호주의 기업, 시장 및 금융업 규제기관'(Australia's corporate, markets and financial services regulator)이라고 표현하고 있다.[66] ASIC의 임무는 투자자와 소비자의 신뢰와 정보에 기초한 호주 금융시장의 공정성과 투명성 확보를 통하여 호주의 경제적 명성과 복리에 기여하는 것이다.[67]

---

63 Australia Financial System Inquiry, Final Report, 2007. 호주의 금융감독체계에 대한 소개로는 Sheelagh McCracken, Joanna Bird, John Stumbles and Greg Tolhurst, Everett and McCracken's Banking and Financial Institutions Law, 8th edition, Lawbook Co., 2013, pp.7-44.

64 Australian Financial System Inquiry: Final Report, 1997.

65 위의 보고서, p.25.

66 <http://www.asic.gov.au/our-role>.

67 ASIC의 설립근거법인 「호주증권투자위원회법」(Australian Securities and Investments Commission Act 2001)상 ASIC의 임무는 다음과 같다(sec 1(2)(a)-(g)).
- 금융시스템과 참가 주체의 실적을 유지, 촉진, 개선함.
- 투자자와 소비자의 신뢰와 정보에 기초한 참여를 촉진함.

ASIC는 「호주증권투자위원회법」(Australian Securities and Investments Commission Act 2001)에 따라 설립되어 동법과 회사법(Corporations Act)의 집행과 감독업무를 수행한다.[68] ASIC는 시장규제기관과 금융업규제기관으로서의 법적 지위 이외에 「2009년 전국소비자신용보호법」(National Consumer Credit Protection Act 2009)상 소비자신용규제기관으로서의 지위를 보유하고 있다.

ASIC는 호주 기업, 금융시장, 금융업자, 투자·연금·보험·예금·대출을 취급하거나 자문하는 전문가를 규제한다. 소비자신용규제기관으로서 ASIC는 소비자신용업무(은행, 신용협동조합, 금융회사, 주택담보대출 및 금융중개인을 포함)에 종사하는 자를 인가하고 규제한다. 그리고 시장규제기관으로서 ASIC는 인가금융시장이 공정·질서·투명한 시장의 운영을 위한 법적 의무를 효과적으로 이행하고 있는지 여부를 평가하고, 신시장의 인가에 관하여 장관을 자문한다. 그리고 2010.8.1.자로 호주 국내인가금융시장에서의 거래에 대한 감독책임도 담당하고 있다. 금융업규제기관으로서 ASIC는 연금, 집합투자, 주식 및 증권, 파생상품, 보험 등에 관한 금융업 영위를 인가하고 감독한다.

ASIC는 그 임무를 수행하기 위하여 회사 및 집합투자기구의 등록, 호주금융업인가와 호주신용업인가의 부여, 감사인 및 청산인의 등록, 소관법률에 대한 다양한 면제의 부여, 회사, 금융업자 및 신용업자 관련 정보에 대한 공공적으로 접근가능한 등록부의 유지, 금융시장의 신뢰성을 확보하기 위한 규정의 제정, 부실한 공시문서에 의한 금융상품 발행의 정지, 법률위반 혐의에 대한 조사 및 심리를 위한 장부의 제공과 질문에 대한 답변의 요구, 법률위반 혐의에 관한 위반통지, 특정인에 대한 신용업무나 금융업 제공의 영위 금지, 법원으로부터의 민사제재금(civil penalties) 청구, 기소의 제기(일반적으로는 연방검사에 의하여 이루어지지만 일부 ASIC가 직접 기소) 등의 권한을 보유한다.[69]

- 법률을 효과적으로 최소한의 절차적 요건으로 운영함.
- 법률을 집행하고 실행함.
- 제공되는 정보를 효율적이고 신속하게 취득, 관리, 저장함.
- 현실적으로 가능한 빨리 공중에게 제공될 수 있는 기업 및 그 밖의 기관에 대한 정보를 생산함.

68 ASIC는 회사법을 소관법률로 하고 있어 회사에 대한 일반적인 감독기관으로 기능하고 있는 점에 특징이 있다.

69 ASIC의 소관법률은 다음과 같다.
Australian Securities and Investments Commission Act 2001

APRA는 예금수취, 보험, 연금 분야에서 약정하는 모든 기관에 대한 건전성 기준의 정립과 집행을 통하여 정보비대칭성 문제를 규제할 권한을 보유한다. APRA는 개별금융기관의 건전성감독과 호주 금융안정성 제고에 대한 책임을 진다. ASIC는 금융시장신뢰성과 영업행위와 공시 그리고 소비자보호를 담당하는 점에서 그리고 중앙은행인 호주지급은행(Reserve Bank of Australia, RBA)은 통화정책과 금융시스템안정성, 지급제도의 안전성과 효율성을 책임지는 점에서 APRA와 구별된다.[70]

APRA는 은행(bank), 신용협동조합(credit unions), 주택조합(building societies), 손해보험회사, 재보험회사, 생명보험회사, 공제조합(friendly societies), 대부분의 연금산업을 규제 대상으로 한다. 호주 「은행법」(Banking Act 1959)상 은행업을 영위하는 기관을 의미하는 '예금취급기관'(authorised deposit-taking institution)은 은행(bank), 신용협동조합(credit unions), 주택조합(building societies)을 포함하며, 일정한 요건을 충족한 경우에만 은행이라는 상호를 사용할 수 있다.

APRA는 그 임무를 수행하기 위하여 「은행법」상 은행업 인가의 부여 및 건전성 감

Corporations Act 2001
Business Names Registration Act 2011
Business Names Registration (Transitional and Consequential Provisions) Act 2011
Insurance Contracts Act 1984
Superannuation (Resolution of Complaints) Act 1993
Superannuation Industry (Supervision) Act 1993
Retirement Savings Accounts Act 1997
Life Insurance Act 1995
National Consumer Credit Protection Act 2009, and
Medical Indemnity (Prudential Supervision and Product Standards) Act 2003.

70 APRA의 설립근거법인 「호주건전성감독청법」(Australian Prudential Regulation Authority Act 1998)상 APRA의 임무는 다음과 같다(sec 8(1),(2)).

- 건전성규제나 은퇴소득기준을 규정하고 있는 연방법에 따라 금융영역의 기관을 규제함.
- 은행법(Banking Act 1959) 및 보험법(Insurance Act 1973)상 금융청구구조(financial claims schemes)의 관리.
- 규제임무와 관리 과정에 적용되는 행정관행과 절차의 개발.
- 이상의 임무와 권한을 수행하고 행사하는 과정에서 APRA는 금융안전성과 효율성, 경쟁, 경합성(contestability)과 경쟁상 중립성의 균형을 유지하고, 이러한 목적의 균형을 유지함에 있어서 호주의 금융시스템안정성을 촉진해야 함.

독, 「손해보험법」(Insurance Act 1973)상 손해보험업 인가의 부여 및 건전성 감독, 「연금업감독법」(Superannuation Industry (Supervision) Act 1993)상 연금에 대한 감독, 「생명보험법」(Life Insurance Act 1995)상 생명보험업 인가의 부여 및 건전성 감독 등의 권한을 보유한다.[71]

(2) 영국

종래 영국의 금융감독기관은 모든 업종을 대상으로 건전성감독과 영업행위감독을 단일 감독기관(Financial Services Authority, FSA)이 수행하는 일원화모델을 채택해 왔다. 영국의 금융감독체계는 한국과 일본을 비롯한 많은 국가에서 감독체계 구성을 위한 모델로 기능해 왔다. 그러나 최근의 글로벌 금융위기 이후 영국 정부는 건전성감독과 영업행위감독을 분리하고, 중앙은행의 역할을 강화하는 형태의 '변형된 이원화모델'을 도입하였다.[72]

---

71 APRA의 소관법률은 다음과 같다.
Australian Securities and Investments Commission Act 2001
Banking Act 1959
Insurance Act 1973
Superannuation Industry (Supervision) Act 1993
Life Insurance Act 1995.

72 Financial Services Act 2012(2012 c. 21). 동법은 2013.4.1.에 시행되었다. 동법의 법률안에 대한 소개로는 Lorraine Conway and Timothy Edmonds, Financial Services Bill: Bill 278 of 2010-12(House of Commons Library RESEARCH PAPER 12/08, 2 February 2012); Timothy Edmonds, Financial markets: supervisory and structural reform - the draft Financial Services Bill(SN/BT/5934, Last updated: 23 December 2011); FINANCIAL SERVICES BILL: EXPLANATORY NOTES, Bill 278 of 2010-12 등이 있다. 동법의 제정을 위한 기초작업으로는 UK Treasury, A new approach to financial regulation: securing stability, protecting consumers, January 2012; UK Treasury, A new approach to financial regulation: the blueprint for reform, June 2011; UK Treasury, A new approach to financial regulation: consultation on reforming the consumer credit regime, December 2010; UK Treasury, A new approach to financial regulation: judgement, focus and stability, July 2010; UK Treasury, Reforming Financial Markets(July 2009)이 있다. 영국 보수당은 집권 이전부터 집권 시에 이런 방향으로의 금융감독체계 개편계획을 밝혀왔다. UK Conservative Party, From Crisis to Confidence: Plan for Sound Banking(Policy White Paper, July 2009). 동법의 제정과정에 대한 전반적인 설명으로는 George A. Walker, "U.K. Regulatory Revision-A New Blueprint for Reform", The

영국에서 이원화모델을 채택하는 과정에서도 찬반양론이 존재하였다.[73] 특히 금융감독체계상의 문제는 대대적인 조직개편이 아닌 다른 방법으로도 가능할 것이라는 지적도 유력하게 제기되었다.[74] 그럼에도 불구하고 영국에서 이원화모델을 채택하게 된 추가적인 배경으로는 첫째, FSA를 중심으로 하는 1997년 체계에서는 위기관리주체가 불명확했다는 점, 둘째, 전통적인 개별 금융기관에 대한 미시건전성감독을 2008년 글로벌 금융위기 이후 특히 강조되기 시작한 거시건전성감독과 연계시킬 구조가 필요하게 됨 점, 셋째, 양규제목적을 단일기관이 수행함으로써 상이한 규제목적 간의 조화를 위한 노력이 지속적으로 요구되었고 감독기관의 경영진에 과도한 부담으로 나타난 점 등 세 가지가 근거로 제시되었다.[75]

라. 건전성감독과 영업행위감독의 구분

영국은 종래 FSA가 단독으로 수행하던 금융감독기능을 건전성감독과 영업행위감독으로 나누어 각각 다른 기관이 수행하도록 하고 있다. 구체적으로는 건전성감독을 거시건전성감독과 미시건전성감독으로 구분한 후 전자를 중앙은행인 영란은행의 금융정책위원회(Financial Policy Committee)가, 그리고 후자를 영란은행이 겸하는 건전성감독청(Prudential Regulation Authority, PRA)이 담당하고, 영업행위감독은 영란은행과 독립적으로 신설되는 영업행위감독청(Financial Conduct Authority, FCA)이 담당하는 구조이다. BOE/PRA의 업무부담을 고려하여 시스템적 중요성이 없는 기관에 대한 건전성감독은 FCA가 담당한다.[76]

중앙은행이 거시건전성감독에만 직접 당사자로 개입하는 점에서 호주의 이원화모델과 구별되고, 중앙은행이 직접 미시건전성감독을 담당하는 네덜란드의 이원화모델과

International Lawyer Vol 46, 2012, pp.787-805.

73 찬반의견에 대한 소개는 Michael Taylor, "Regulatory Reform in the U.K.", North Carolina Banking Institute Vol 18, November, 2013, pp.232-233.

74 Eilis Ferran, "The Break-up of the Financial Services Authority", Oxford Journal of Legal Studies Vol 31 No 3, 2011, pp.460-461.

75 Michael Taylor, "Regulatory Reform in the U.K.", North Carolina Banking Institute Vol 18, November, 2013, pp.233-238.

76 George A. Walker, 앞의 논문, p.818.

는 구별된다. 그러나 건전성감독과 영업행위감독을 각각 다른 기관에서 담당하여 목적별 규제가 이루어지는 점에서 넓은 의미에서 이원화모델이라고 할 수 있다.

마. 금융감독기관 간 관계

상호간의 조정과 영란은행과의 협력 및 이러한 의무의 준수에 관한 양해각서의 체결에 관한 법률상 의무를 부과하여 FCA와 PRA가 각각의 기능을 효과적으로 조정하도록 하고 있다(Financial Services Act, Part 4 Collaboration between Treasury and Bank of England, FCA or PRA). 또한 PRA에 FCA의 조치가 개별기관의 무질서한 파탄이나 보다 넓은 금융불안정을 초래할 가능성이 있는 경우 FCA 조치의 자제를 요구할 수 있는 권한을 부여하고 있다(Financial Services Act 2012, sec 3I).[77] PRA가 이러한 권한을 행사하기 위해서는 첫째, PRA 감독대상기관의 전부 또는 일부에 대하여 규제권한(regulatory powers)이나 정리권한(insolvency powers)을 행사하는 경우에 해당할 것(Financial Services Act 2012, sec 3I(2)), 둘째, 그러한 권한의 행사가 영국 금융시스템의 안정성을 위협하거나 영국금융시스템에 부정적인 영향을 미칠 수 있는 PRA 감독대상기관의 파탄을 초래할 수 있는 경우에 해당할 것(Financial Services Act 2012, sec 3I(4)), 셋째, PRA의 거부권한 행사가 그러한 결과의 회피를 위하여 필요한 경우에 해당할 것(Financial Services Act 2012, sec 3I(5))의 세 가지 요건이 충족되어야 한다.

바. 국내에서의 논의 상황

(1) 문제의 범위

이원화모델에 대한 국내에서의 논의를 살펴보기에 앞서 현재의 금융감독체계에 대한 평가를 정리할 필요가 있다. 현행 금융감독체계는 1997년 「금융감독기구의 설치등에 관한 법률」에 따라 설치·설립된 금융감독위원회·금융감독원에 기초를 두고 있다. 당시 통합금융감독기구의 설치 배경은 금융회사 업무의 겸업화 및 다양화, 금융권 또는 금융회사간 감독 차별화에 따른 불평등 경쟁요소 제거 등 통일되고 일관성 있는 감독규제의 필요성 증대, 금융글로벌화에 대한 효과적 대응, 금융감독의 사각지대 해소, 금융감독의

77 Alastair Hudson, The Law of Finance 2nd ed, 2013, pp.223-224.

투명화 및 감독책임의 명확화 등으로 요약되고 있다.[78]

주의할 것은 현재 국내에서 이원화모델의 도입을 주장하는 견해가 이러한 일원화모델 또는 통합형 금융감독체계의 장점을 완전히 부정하는 데서 출발하는 것이 아니라는 점이다. 영국에서의 논의에서 보는 바와 같이 일원화모델이 모든 문제를 해결할 수 있는 정답이 될 수 없다는 점에서[79] 이원화모델은 일원화모델의 논리를 전제로 그 문제점을 보완하여 기능적 효율성을 강화하기 위한 방안으로서 논의되기 시작한 것으로서 일원화모델의 발전형태로 이해하는 것이 타당할 것이다.

(2) 적극설과 소극설

이원화모델의 도입과 관련하여 국내에서 이루어지고 있는 논의는 소극적인 견해와 적극적인 견해로 구분할 수 있다. 적극적인 견해는 규제목적간 충돌의 가능성을 강조하는 입장을 근거로 한다. 건전성 감독과 행위 규제 간 이해상충 완화를 위하여 쌍봉형 감독체계의 도입을 주장하면서 행위규제의 범위에 시장규제·감독과 소비자보호가 포함된다고 한다.[80] 규제목적의 충돌과 관련하여 우리나라에서는 감독당국이 건전성 규제에 주력하고 금융소비자 보호는 등한히 했다는 평가가 이루어지고 있다.[81]

소극적인 견해는 이원화모델을 채택한 입법례가 많지 않다는 점과 아직 충분히 검증되지 않았다는 점 등을 강조하면서 현행 제도의 틀 안에서 금융소비자보호체계를 강화하는 방안을 주장하고 있다.[82] 또한 첫째, 영업행위 준칙 중 신의성실의 의무, 이해상충 관리의 의무는 금융소비자 보호에 국한할 수는 없고, 둘째, 자본시장법상 불건전 영

78 금융감독원, 2013년 금융감독제도, 2013.12, 4면.

79 Sara Konoe, The Politics of Financial Markets and Regulation: the United States, Japan and Germany, 2014, p104.

80 윤석헌·고동원·빈기범·양채열·원승연·전성인, 앞의 논문, 86-87면.

81 원승연, 앞의 논문, 18-19면.

82 김홍기, "우리나라 금융감독체계의 문제점 및 개선방안", 상사법연구 제31권 제3호, 2012, 203-204면. 동일한 취지의 논의로, 노철우, "우리나라 금융감독체계의 개편 논의와 방안-최근 영국의 금융개혁방안 및 우리나라에서의 개편 논의를 중심으로", 금융법연구 제9권 제2호, 2012, 210면; 양기진, "금융감독기구의 구조 설계에 관한 소고-쌍봉형 감독기구의 도입검토와 금융소비자보호원 설립 논의를 중심으로", 은행법연구 제5권 제2호, 2012, 113-163면.

업행위에 대한 규제는 금융소비자보호의 역할 뿐만 아니라 건전한 시장질서 확립의 역할을 수행한다는 점을 이유로 "금융소비자보호 전담 기구가 영업행위 규제 전반을 규율하기는 곤란"하다고 지적하는 견해도 있다.[83] 그러나 이원화모델에서 말하는 영업행위감독은 영업행위규칙 전반과 공시 및 불공정거래 그리고 자본시장인프라[84]에 대한 감독을 모두 포함하는 의미로 사용되는 것이다.

(3) 이원화모델의 기능적 정의와 규제자원의 배분

국내에서의 이원화모델에 대한 논의에 앞서 이원화모델에서 말하는 영업행위감독의 의의에 대한 명확한 정의가 필요하다. 영국이나 호주의 이원화모델에서 영업행위감독은 공시규제, 불공정거래규제, 금융상품의 제조와 판매를 포함한 영업행위규칙, 자본시장인프라를 대상으로 한다.

그리고 이원화모델에서 핵심적인 과제는 규제목적별 규제자원의 확보와 규제목적별 감독기능의 명확한 구분이라고 할 수 있다. 이런 관점에서 이원화모델을 구현하기 위해 반드시 건전성감독과 영업행위감독으로 조직구조를 이원화해야 할 것인지에 대한 논의는 의미가 있다. 쌍봉형 감독체계의 도입이 시기상조라고 하면서 영업행위감독업무를 건전성감독기능과 동일한 조직내에 배치하면서 위원회조직의 분리 등을 통한 독립성 확보를 강조하는 견해나[85] 목적중심의 규제원칙이 통합형과 쌍봉형중 택일을 요구하는 것은 아니라는 견해도[86] 규제목적별 규제자원의 확보와 규제목적별 감독기능의 명확한 구분이라는 목적을 금융감독기관 내부에서도 달성할 수 있다는 점을 강조한 것으로 이해된다.

83 금융감독체계 선진화 TF 보고서 주요 내용, 금융감독체계 선진화 방안: 금융소비자보호 강화를 중심으로, 2013.6.21, 5면.

84 자본시장인프라는 거래소나 다자간매매체결회사와 같은 매매체결기능, 청산기능, 결제기능을 포함한 자본시장의 기본제도를 말한다.

85 정경영, "금융감독체계의 문제점과 개편방안 : 미국 금융감독개혁법제의 시사점을 참고하여", 금융법연구 제9권 제2호, 2012, 163면 및 165면.

86 안수현, "금융감독시스템과 금융소비자 보호 : 해외 금융감독시스템 개편동향과 시사점", 상사판례연구 제24집 제2권, 2011, 462면.

(4) 금융감독체계 개편안

최근 금융감독체계를 금융감독위원회-금융소비자보호위원회, 금융감독원-금융소비자보호원으로 분리하는 개편안이 국회에 제출되었다.[87] 이 개편안에 따르면 ①금융정책과 금융감독 기능을 분리하여 금융정책은 정부조직 개편에 따른 재정경제부로 이관할 것, ②금융감독 기능은 정책과 집행을 일원화하되 금융감독정책은 금융감독위원회가 담당하고 집행기관은 건전성 및 영업행위 감독 등을 담당하는 금융감독원과 금융소비자보호를 담당하는 금융소비자보호원으로 분리하는 감독체계를 구축, ③금융감독위원회에 금융소비자 권익 보호 등 금융소비자보호 업무를 위한 금융소비자보호위원회를 설치하여(안 제24조-제28조), 금융소비자보호원은 금융감독위원회나 금융소비자보호위원회의 지도·감독을 받아 금융소비자 보호 업무를 수행하는 구조로 되어 있다(안 제50조의2-제50조의13 등).

금융소비자보호원은 ①금융소비자법률에 따른 금융소비자 보호 업무, ②①의 업무에 관련된 금융회사의 금융상품 판매·광고 등에 대한 검사, 그 검사 결과와 관련한 제재 등의 업무를 담당한다(안 제50조의14). 금융감독원은 제50조의14에 따른 금융소비자보호원의 업무에 속하지 않는 업무를 담당한다(안 제37조 제3호의2). 동 개편안은 금융감독원과 금융소비자보호원 간 관계에 관한 원칙으로서 양해각서를 포함한 업무협력체제(안 제67조의3)와 상대 기관에 대한 공동검사요구 등(안 제67조의4)의 규정을 두고 있다.

이 개편안은 금융소비자보호의 강화를 주된 근거로 하고 있으나 실질은 금융감독원의 금융분쟁조정위원회를 분리시키면서 금융상품의 판매등에 관한 검사권을 부여하는 것으로 정리할 수 있다. 일단 국제적으로 논의되는 이원화모델과는 관련이 없는 구조로 평가된다.

87 금융위원회의 설치 등에 관한 법률 일부개정법률안(의안번호 12966, 발의연월일 : 2025.9.15., 김병기 의원 대표발의).

3 소결

종래의 금융감독체계 개편 논의는 규제목적의 충돌과 규제전문성의 차이를 고려한 금융규제목적에 따른 이원화 모델을 중심으로 이루어졌다. 이러한 논의는 디지털금융환경에서도 여전히 유효한 쟁점이지만 규제자원의 배분체계의 확립에 초점을 맞출 필요가 있다. 디지털금융이 새로운 금융기능을 의미하는 것은 아니고 금융기능이 제공되는 형식의 차이에 불과한 점에서 디지털금융에 특화된 금융감독기관의 설립과 같은 논의는 현 단계에서는 불필요한 것으로 이해된다. 오히려 디지털기술을 금융규제절차에 수용하기 위한 제도적 노력이 중요한 시기라고 평가된다.

V 금융규제절차

1 문제의식

금융규제절차에 대해서는 첫째, 금융감독정보의 수집, 둘째, 금융감독정보의 활용, 셋째, 금융행정절차의 정당성의 세 가지로 구분하여 살펴본다. 첫째 금융감독정보의 수집은 금융회사나 그 임직원이 자발적으로 제공하는 정보와 금융당국의 조사나 검사를 통하여 비자발적으로 확보하는 정보로 구성된다. 둘째, 금융감독정보의 활용에서는 금융감독목적을 위한 내부적 활용과 금융소비자의 소송 등을 위한 외부적 활용으로 나누어 정리한다. 셋째, 금융행정절차에서는 금융행정의 주체로서의 금융당국의 조직적 정당성과 절차적 정당성을 살펴본다.

현재 금융당국은 급변하는 금융환경에 발맞춰 업무 효율성 · 생산성 제고를 통한 금융감독 서비스 품질 향상을 위해 디지털 전환계획을 발표하였다.[88] 동 계획은 데이터 기반 감독체계 구축, 금융감독업무 프로세스 디지털화, 스마트 워크플레이스 구축 및 금융감독 정보 접근성 확대 등 네 가지를 핵심과제로 제시하고 있다.

88 금융감독원, “디지털로 실현하는 금융감독의 미래” 금융감독원, 「디지털 전환 선포식」개최, 2025. 3.17.

2 금융행정절차

가. 금융감독정보의 수집

금융감독정보의 수집은 금융회사나 그 임직원이 자발적으로 제공하는 정보와 금융당국의 조사나 검사를 통하여 비자발적으로 확보하는 정보로 구성된다. 금융감독에 인공지능을 활용하면 금융회사의 자발적 제공정보와 거래소 등을 통하여 확인되는 시장거래정보 외에 기업공시, 뉴스, 풍문, 소비자 민원, 인터넷, SNS 등 다양한 정보원으로부터 비정형 데이터를 수집할 수 있게 된다.[89]

나. 금융감독정보의 활용

둘째, 금융감독정보의 활용에서는 금융감독목적을 위한 내부적 활용과 금융소비자의 소송 등을 위한 외부적 활용으로 나누어 정리한다. 금융감독원은 보이스 피싱, 불법추심, 불법사금융광고 등의 분야에서 인공지능 분석을 활용하고 있다. 특히 중요한 기여를 할 것으로 기대되는 시장감시를 위한 인공지능 활용은 아직 초기 또는 준비 단계에 그치고 있는 것으로 평가되고 있다.[90]

다. 금융행정절차의 구성

셋째, 금융행정절차의 구성에서는 특히 디지털금융환경에서 금융행정의 주체로서의 금융당국의 조직적 정당성과 절차적 정당성을 살펴본다. 금융감독기관이 인공지능을 도입할 때에는 인공지능에 활용될 데이터의 표준화 및 정확성 · 완전성 · 무결성, 알고리즘의 편향성, 금융감독의 책임성 원칙 등을 종합적으로 고려해야 하며, 법치행정의 원칙상 불명확한 쟁점들도 해결해야 할 것이다.[91]

89 허유경, "인공지능을 활용한 금융감독의 법적 함의", 증권법연구 제23권 제1호, 2022, 230-231면.

90 허유경, 위의 논문, 245면.

91 허유경, 위의 논문, 241-243면.

3 혁신격차

전통적으로 시장의 발전속도를 법규제가 따르지 못하는 시차가 존재한다는 것은 잘 알려진 사실이다. 디지털금융의 발전은 이러한 격차를 더욱 확대시킨다는 지적이 있다.[92] 이러한 격차가 발생하는 원인은 혁신은 지속되지만 규제는 사후보고에 의존하고 법제도의 개혁에는 상당한 기간이 소요됨에 따른 시간적 불일치, 디지털금융서비스는 경계가 없지만 규제는 국가별로 분리되고 특정 상품이나 행위에 구속되는 구조적 파편화, 규제기관과 혁신기업 사이의 지식의 격차, 제기관과 기업 사이의 기술적 격차의 네 가지로 정리할 수 있다. 이러한 격차를 해소시키기 위해서는 금융규제도 디지털화되는 과정이 필요하게 되었다.

4 소결

금융규제절차에서 논의의 초점은 금융감독정보의 수집, 금융감독정보의 활용, 금융행정절차의 정당성의 세 가지 관점에서 특히 인공지능과 같은 새로운 디지털기술의 도입을 가능하게 한다는 관점이 필요하고 디지털금융혁신과 금융규제의 시차를 의미하는 혁신격차를 해소시키기 위해서는 금융규제도 디지털화되는 과정이 필요하게 되었다.

VI 결 론

기술의 발전은 ① 금융서비스와 상품의 범위와 판매채널의 확대, ② 비금융업자의 진출, ③ 위험관리에서의 디지털기술의 사용과 같은 변화에 따라 금융기능별 금융업의 재편, 규제상 금융업 구분의 의미 축소, 금융과 비금융의 융합과 같은 새로운 현상으로

92 혁신격차(Innovation Delta)라고 한다. Zhang, Bryan Zheng, “From Innovation Delta to Regulatory Singularity: How Innovative Regulatory Systems can Help Regulation Keep Pace with Financial Innovation”(June 09, 2025). <SSRN: https://ssrn.com/abstract=5689864>

연결될 것이다. 이러한 변화에 대응하여 금융법체계와 금융감독체계 그리고 금융규제절차의 세 가지 차원에서 개편을 모색할 필요가 있다. 현재의 업종별 구분에 기초한 금융법체계는 디지털금융의 발전에 따른 변화를 수용하기 위하여 기능별 규제, 제조와 판매의 분리, 금융과 비금융의 융합을 수용할 수 있는 체계로 변화가 필요하다.

디지털금융이 새로운 금융기능을 의미하는 것은 아니고 금융기능이 제공되는 형식의 차이에 불과한 점은 금융법 논의에서 중요하게 고려되어야 한다. 디지털기술은 금융상품의 형식 또는 판매채널의 구조적 차이를 발생시키는 것이지 새로운 금융기능을 만드는 것은 아니다. 지급수단은 디지털채널에 의하여 디지털지급수단으로 변형되는 것일 뿐 새로운 금융기능은 아니다. 이러한 인식은 금융법체계와 금융감독체계 논의에서 정확하게 고려되어야 한다.

종래의 금융감독체계 개편 논의는 규제목적의 충돌과 규제전문성의 차이를 고려한 금융규제목적에 따른 이원화 모델을 중심으로 이루어졌다. 이러한 논의는 디지털금융환경에서도 여전히 유효한 쟁점이지만 규제자원의 배분체계의 확립에 초점을 맞출 필요가 있다. 디지털금융에 특화된 금융감독기관의 설립과 같은 논의는 현 단계에서는 불필요한 것으로 이해된다. 오히려 디지털기술을 금융규제절차에 수용하기 위한 제도적 노력이 중요한 시기라고 평가된다.

금융규제절차에서 논의의 초점은 금융감독정보의 수집, 금융감독정보의 활용, 금융행정절차의 정당성의 세 가지 관점에서 특히 인공지능과 같은 새로운 디지털기술의 도입을 가능하게 한다는 관점이 필요하고 디지털금융혁신과 금융규제의 시차를 의미하는 혁신격차를 해소시키기 위해서는 금융규제도 디지털화되는 과정이 필요하게 되었다.

참/고/문/헌

〈국내문헌〉

이정수, “제4차 산업혁명과 금융법의 과제”, 상사법연구 제40권 제3호, 2021.

임정하, “금융과 비금융의 융합 - 금융회사의 소유구조와 업무범위를 중심으로 -”, 경제법연구 제24권 제2호, 2025.

정순섭, 디지털 금융혁신관련 법령분석과 향후 입법 · 정책과제, 국회 입법조사처 정책연구보고서, 2020.9.30.

〈외국문헌〉

Basel Committee on Banking Supervision, Digitalisation of finance, May 2024

The Senate Select Committee on Australia as a Technology and Financial Centre: Final report, October 2021.

金融審議会 金融制度スタディ・グループ 中間整理 ― 機能別·横断的な金融規制体系に向けて ―, 2018 6 .19.

디지털금융에서 규제의 역할과 방식

정순섭
(서울대학교 법학전문대학원 교수)

I 서 론

"금융규제의 질은 그 규제가 적용되는 시장의 경쟁력을 규정하는 비상하게 중요한 요소의 하나"이다.[1] 디지털금융에서 규제의 역할과 방식을 어떻게 규정할 것인가? 전통적인 금융규제목적은 디지털금융에서 의미가 달라지는 것인가? 우선 다음 네 가지 상황을 정리할 필요가 있다.

첫째, 디지털금융은 전통적인 금융기능을 디지털기술을 이용하여 수행하는 것일 뿐 금융소비자와 금융체계의 관점에서 인식되는 위험의 본질에는 변화가 없다.[2] 전통적인 위험이 줄어드는 측면도 부정할 수 없지만 새로이 등장하는 위험도 발견되고 있다. 둘째, 금융혁신에 대한 규제상 접근은 종래 제한적 접근과 허용적 접근 또는 규정중심규제과 원칙중심규제를 구분하면서 허용적 접근과 원칙중심규제를 강조해 왔다.[3] 그러나 2008년 이후 금융규제는 위기방지를 위한 금융체계규제를 강조한다. 그 결과 거시건전성규제와 함께 그림자금융과 같은 규제의 사각지대를 찾아내고 규제의 대상으로 포함하는 작업을 지속해 왔다. 우리나라에서는 이러한 변화와 무관하게 전통적인 규제원칙인 한정적 열거주의와 규정중심주의가 엄격하게 유지되고 있다. 그에 대응하여 학계와

1 佐藤隆文,「金融規制の質的向上: ルール準據とプリンスプル準據」(金融廳長官談話, 2007.9.12.).

2 PART II. CHAPTER 03. 1. 금융산업과 감독시스템의 변화, 535면.

3 정순섭, "기술발전과 금융규제법의 전망", BFL 제107호, 2021, 27면.

실무계를 중심으로 규제완화 또는 원칙중심규제의 도입 그리고 금융회사의 자율경영에 대한 요구가 있는 것도 사실이다.[4] 셋째, 디지털금융과 관련하여 특히 주목되는 것은 각국에서 금융규제목적으로 자국금융시장의 경쟁력을 강조하기 시작한 점이다.[5] 특히 국경을 초월하는 디지털금융의 본질적 특성을 고려할 때 이러한 접근은 국가정책적으로는 충분히 설득력이 있다. 넷째, 디지털기술의 발전은 금융규제기관과 금융회사의 관점에서 금융규제를 위한 정보의 수집과 가공 그리고 그러한 정보에 기초한 규제의 적용과정에도 접목될 수 있다는 사실이다.[6]

이러한 상황을 고려할 때 디지털금융에서 규제의 역할과 방식을 확정하기 위해서는 다음 네 가지 쟁점에 대한 정리가 필요하다. 첫째, 디지털금융에서 새로운 위험을 확인하는 것이다. 전통적인 금융과 비교하여 규모나 정도가 줄어들거나 소멸하는 위험도 있겠지만 금융소비자와 금융체계 관점에서 새로이 발생하는 위험도 분명히 존재한다. 금융소비자의 관점에서는 디지털금융이 전통적인 의미의 금융소외를 줄이는 효과가 있지만 디지털 취약계층에게는 새로운 차원의 금융소외를 야기하고 있다. 금융체계의 관점에서도 스테이블 코인과 같은 사례에서 확인할 수 있듯이 금융과 비금융의 결합의 정도나 국경 간 영업의 확대 등에 따라 위험의 차원이 달라지고 있다. 디지털뱅크런은 그러한 현상의 대표적 사례이다. 둘째, 규제완화와 규제비용감소를 위한 대안으로 원칙중심규제를 논의하기 위해서는 그 비용편익분석도 함께 이루어져야 한다. 그러나 원칙중심규제는 단순한 규제의 소멸이 아닌 규제의 내부화 과정이므로 단순한 규제완화 또는 규제비용감소와는 다른 접근이다. 셋째, 금융시장의 국제경쟁력을 특히 디지털금융과 관련하여 어떻게 반영할 것인지를 고민하는 것은 핵심과제라고 할 수 있다. 우리나라에서는 금산분리 등의 문제와 구분하는 작업이 선행되어야 할 것으로 본다. 넷째, 디지털기술은 금융 자체는 물론 금융규제도 디지털화시킬 수 있다. 이에 대해서는 이 책에서

4 곽관훈, "금융시장의 규제변화: 원칙중심규제의 도입 가능성", 상사판례연구 제25집 제3권, 2012, 199-228면; 김용재, "자본시장법상 원칙중심규제 도입의 필요성 및 방향", 증권법연구 제19권 제1호, 2018, 159-186면; 김정훈, "원칙중심 규제: 왜, 어떻게 해야 하는가? 영국의 경험으로부터 얻는 시사점", 은행법연구 제12권 제2호, 2019, 241-272면; 성희활, "4차 산업혁명의 시대에서 「네거티브규제 패러다임」에 따른 금융규제체계의 재구축 방안 연구", 법과정책 제24권 제1호, 2018, 131-161면.

5 정순섭, "기술발전과 금융규제법의 전망", BFL 제107호, 2021, 9면.

6 PART II. CHAPTER 03. 1. 금융산업과 감독시스템의 변화, 559-561면.

따로 논의되므로 본고에서는 상세히 검토하지 않는다. 이하 Ⅱ. 디지털금융과 새로운 위험에서는 금융소비자보호관점에서 디지털 취약계층의 금융소외를, 그리고 금융체계보호의 관점에서 디지털뱅크런과 디지털기술규제, 그리고 금융보안규제를 분석한다. Ⅲ. 원칙중심규제에서는 디지털 금융환경에서 규제의 효율화 장치로서의 원칙중심규제의 의미를 다시 확인한다. Ⅳ. 금융시장의 국제경쟁력에서는 특히 디지털금융의 시대에 강조되는 정책목표로서의 금융시장의 경쟁력과 금융규제목표로서의 적용가능성을 살펴본다. Ⅴ. 결론에서는 이상의 논의를 정리하여 결론을 제시한다.

Ⅱ 디지털금융과 새로운 위험

1 의의

전통적인 금융과 비교하여 디지털금융에서 새로이 확인되는 위험으로는 금융소비자와 금융체계의 모든 관점에서 확인할 수 있다. 금융소비자의 관점에서는 디지털금융이 디지털 취약계층에게는 새로운 금융소외를 야기하고 있다. 금융체계의 관점에서도 스테이블 코인과 같은 사례에서 확인할 수 있듯이 전통적인 은행인출사태는 속도와 규모 그리고 국제적 확장성이 차원이 다르게 진행될 수 있음을 확인하였다.

2 금융소비자보호와 디지털금융소외

가. 개념

금융소비자의 관점에서는 금융소외의 해소는 핵심과제이다.[7] 특히 디지털금융의 핵심분야라고 할 수 있는 지급측면에서의 금융소외는 전통적으로 결제성계좌에의 접근가능성에서 문제 되어 왔다. 그러나 우리나라는 외국에 비하여 상대적으로 훨씬 높은 계좌보유율을 가지고 있어 다른 국가에 비교하여 지급측면에서의 금융소외현상은 낮은 수

7 오병국 · 변혜원 · 이소양, 금융의 디지털화와 소비자 보호, 연구보고서 2024-08, 보험연구원, 2024.9.

준으로 평가되어 왔다. 그러나 디지털 취약계층에게 비현금화 등으로 대표되는 디지털 지급수단의 확산은 새로운 차원에서의 금융소외를 야기하고 있다. 또한 디지털금융의 확산에 따라 대면채널인 지점 그 밖의 영업점이 폐쇄되고 있다. 이러한 현상도 전통적인 의미의 금융소외를 심화시킬 수 있다.

나. 비현금화와 영업점의 폐쇄

금융의 디지털화와 비대면화의 필연적 결과로써 은행 등 금융업자의 영업점 구성 방식이 변화할 수밖에 없음에도 사회적 비난 여론이나 외부 인사의 참여에 의한 의사결정 요구 등 다양한 제한이 존재한다.[8] 그러나 대면방식의 영업점을 폐쇄하는 것은 은행 등 금융회사로서는 효율성의 관점에서는 불가피한 선택일 것이다. 과거 은행업 인가요건에 반하는 것은 아닌지, 은행업의 일부 폐업으로 볼 수 있는 것인지 등에 대한 논의가 진행되기도 했다. 영업점 폐쇄가 어려울 경우 특정 금융업무 자체를 중단하는 방식으로 전개되기도 하였다. 한국씨티은행의 소매금융업무 중단은 대표적인 사례이다.[9]

다. 디지털 취약계층의 금융소외

고령자 등 디지털 취약계층의 금융소외 문제는 첫째, 오프라인 지점축소, 온라인화 등으로 고령층 금융접근성 저하, 둘째, 온라인 위주 가격혜택, 신용평가상 불이익, 고령층의 정보력 · 협상력 부족 등으로 거래조건이 고령층에 불리한 환경, 셋째, 단순한 자금중개(대출 등)를 넘어 자산관리, 건강 · 질병위험 보장, 부동산 유동화 등으로 다양화하는 고령층 금융니즈에 맞는 금융상품이 개발 · 제공되지 못하는 실정, 넷째, 지

8 금융위원회, 고령친화 금융환경 조성방안(인구정책TF「인구구조 변화 대응방향」중 '고령친화적 금융환경 구축' 세부 설명자료), 2020.8, 8면. 오는 손님이 없는데…점포 문 마음대로 못닫는 은행들, 머니투데이, 2020.9.17. <https://n.news.naver.com/article/008/0004472185>; 매일경제신문, [은행장에게 묻다] 올해 은행지점 140곳 없어진다…비대면화 바람, 2020.06.28. <https://www.mk.co.kr/news/economy/view/2020/06/659597/> (2020.9.27. 방문)

9 당시 금융위는 금융소비자법상 조치명령권을 발동하여 이용자보호계획을 제출하게 하여 처리했다. 금융위/금감원, 보도자료: 한국씨티은행의 소매금융 단계적 폐지 관련 이용자보호계획 점검결과, 2022.1.12. 그 후 은행법을 개정하여 일부 폐업제도를 도입했다.

인(가족·친인척·간병인 등)에 의한 재산편취 등 고령층 대상 '금융착취' 피해의 지속적인 발생, 다섯째, 고령층의 스스로를 방어할 수 있는 금융역량 미흡 등으로 정리할 수 있다.[10]

라. 대응

디지털금융의 발전과 직접 관련되는 금융소외 문제에 대한 대응으로는 법제도적 대응과 기술적 대응으로 구분하여 정리할 수 있다.

우선 법제도적으로는 디지털 취약계층의 금융접근성을 보장하기 위하여 현금 또는 현금기반의 지급수단을 유지하는 것이다. 전통적인 금융소외의 관점에서도 문제는 남는다. 현재 금융거래가 대부분 디지털화되면서 지점 등의 대면 영업점이 폐쇄되는 추세가 확산되고 있다. 비대면채널인 모바일금융으로의 이전을 전제로 한 움직임이다. 그러나 디지털 취약계층의 경우 이러한 방식은 대안이 되기 어렵다. 이러한 경우에 대한 대응으로 은행대리업을 도입하는 방안도 검토되고 있다.[11] 은행이 지점을 폐쇄하는 대신 은행대리점을 두어 기존의 거래관계를 대면채널로 유지할 수 있게 하는 것이다.

기술적 대응은 디지털 취약계층의 디지털접근성 자체를 보완할 수 있는 기술적 장치를 도입하는 것이다. 예컨대 디지털 취약을 해소할 배리어 프리·인공지능 키오스크와 같은 발상이 그것이다.[12] 장애인차별금지 및 권리구제 등에 관한 법률은 재화·용역 등의 제공자가 무인정보단말기를 설치·운영하는 경우 장애인이 장애인 아닌 사람과 동등하게 접근·이용할 수 있도록 하는 데 필요한 정당한 편의를 제공하도록 하고 있다(제21조 제2항). 이러한 요청에 부응하기 위한 배리어 프리 기술도 연구개발되고 있다.

10 금융위원회, 고령친화 금융환경 조성방안(인구정책TF「인구구조 변화 대응방향」중 '고령친화적 금융환경 구축' 세부 설명자료), 2020.8, 2-5면.

11 이진수, "은행대리업 도입해 디지털 소외계층의 금융접근성 높인다", 나라경제 제414호, 2025.5, 46-47면.

12 디지털 취약 해소할 배리어 프리·인공지능 키오스크 나온다, 동아닷컴 2023.3.2.

3 금융체계위험

가. 문제의 의의

디지털금융의 확대가 은행의 도산위험과 금융체계위험을 증가시킬 것인가? 전통적인 금융산업의 본질적 위험에 변화가 발생한 것은 아니라고 평가된다. 그러나 디지털기술이 은행 예금의 이동성을 증가시킬 것은 명확하다. 특히 예금중개는 예금에 대한 금리민감도를 높여 그러한 예금의 이동성을 크게 증가시킬 가능성이 있다. 또한 다지털기술 자체의 무결성에 대해서도 확인이 필요하다. 금융회사가 어떤 기술을 채택할 것인지에 대하여 금융규제가 직접 개입하는 것은 가능하지도 적절하지도 않은 접근이라고 보는 것이 전통적인 시각이었다. 그러나 블록체인과 같은 디지털기술의 도입에 대해서는 안정성에 대한 확인절차가 필요하다. 같은 관점에서 금융보안의 중요성을 다시 한번 확인할 필요가 있다.

나. 디지털뱅크런

다양한 디지털 기술발전이 새로운 형태의 예금인출사태를 초래할 수 있다. 전통적인 예금인출사태와 다른 디지털 예금인출사태(digital bank run)에 대한 우려를 증가시킨다는 것이다. 디지털뱅크런이 발생하는 원인은 첫째, 디지털금융의 확대에 따른 예금인출방식의 간소화로 인한 인출속도의 증가,[13] 둘째, 은행의 보유자산구소상 니시털산업비중의 확대, 셋째, 스테이블 코인 등 디지털자산의 준비자산 보관 등과 관련한 코인런의 영향[14]으로 구분할 수 있다.

첫째 문제는 인출정지 등의 제도적 장치를 강화하는 방식으로도 해결할 수 있지만, 근본적으로 금융회사에 대한 선제적 정리절차의 도입 등 대응제도의 효율화를 통하여

---

13 Silicon Valley Bank의 경우 하루만에 25%의 예금이 인출되었고, 62%의 예금이 추가로 인출되기 전에 정지되었다. Signature의 경우 20%의 예금이 몇시간내에 인출되었고, First Republic에서는 14%의 예금이 첫째 날, 23%의 예금이 둘째 날에 인출되었다. Jonathan Rose, “Understanding the Speed and Size of Bank Runs in Historical Comparison”, ECONOMIC Synopses Number 12, Federal Reserve Bank of St. Louis, 2023, p.2.

14 Gary B. Gorton and Jeffery Y. Zhang, “Bank Runs During Crypto Winter”, Harvard Business Law Review Vol.14, 2024, pp.297-338.

대응할 수밖에 없다. 둘째 문제는 전통적인 집중위험규제로 대응하고 있다. 특정 산업분야에 대한 집중위험관리를 도입하는 것도 생각할 수 있을 것이다. 셋째, 스테이블 코인의 준비자산 보관과 같은 업무를 수행할 때 발행자위험이 직접 은행으로 전파되지 않는 구조를 설계해야 할 것이다.[15] 결국 예금의 이동성이 증가하는 현상은 불가피하므로 이를 전제로 대응책이 모색되어야 할 것이다.[16]

다. 기술규제[17]

금융법이나 금융당국이 디지털금융에서 특정한 기술의 채택을 직접 강제하는 것은 불가능하다. 혁신과 경쟁을 촉진하기 위해서는 기술중립적 규제가 불가피하다.[18] 그러나 특정한 금융분야에서 사용할 수 있는 디지털기술이 갖추어야 할 요건을 원칙화하여 규제를 통하여 강제하는 것은 가능하다. 디지털금융에서 기술에 대한 금융규제의 접근은 기본적으로 원칙중심규제에 따를 수밖에 없다.[19]

인공지능에 기반한 금융상품판매나 자문을 규제할 때 그로부터 발생할 수 있는 적 책임에 관하여 어느 정도 고려할 것인가? 현재 민법상 불법행위책임은 행위자의 고의나 과실

---

15 Acting Comptroller of the Currency Michael J. Hsu, "Building Better Brakes for a Faster Financial World", Columbia Law School, January 18, 2024.

16 구체적인 접근방법으로 제시한 것으로, Basel Committee on Banking Supervision, Report on the 2023 banking turmoil, October 2023; Signe Krogstrup and Thomas Sangill, "New Technologies and the Future Governance of Bank Run Risk", Journal of Financial Regulation Vol.10, 2024, pp.135-141.

17 Public Blockchain Working Group, Driving public blockchain integration in banking - Evolving from experimental infrastructure into viable components of the financial system, Official Monetary and Financial Institutions Forum, 2025.

18 David Murray et al, Financial System Inquiry (Final Report, November 2014). 동 보고서의 권고안 39는 기술중립성의 원칙을 다음과 같이 설명하고 있다.
금융분야와 협의하여 규제의 우선분야가 선정되고 수정되도록 할 것.
기술중립성원칙에 대한 고려를 장래의 규제를 위한 발전절차에 내재하게 할 것.

19 David Murray et al, Financial System Inquiry (Final Report, November 2014), 145, 195, 269. Australian Law Reform Commission, BACKGROUND PAPER FSL7 LEGISLATIVE FRAMEWORK FOR CORPORATIONS AND FINANCIAL SERVICES REGULATION: New Business Models, Technologies, and Practices, October 2022, FSL 7-35(it is possible that the impact of technology will result in a move away from a prescriptive, rules-based approach to regulation in favour of a more principles-based approach).

과 같은 주관적 요건을 핵심요소로 구성된다. 인공지능을 활용하여 금융상품판매나 자문이 이루어질 경우 금융소비자에게 발생한 손해에 대한 배상책임을 판단할 때 주관적 요건을 판단할 기준은 누구인가? 현재 인공지능의 단계에 따라 차이가 있겠지만, 명확한 해답이 없는 문제이다. 그러면 이러한 사법적 책임법리의 형성이 이루어질 때까지 인공지능을 활용한 금융상품판매나 자문을 금지할 것인가? 일반법의 발전에 맡기고 금융규제법은 과감하게 허용하는 입장을 취하여야 할 것으로 본다. 이미 국내에는 자본시장법상 로보어드바이저가 전자적 투자조언장치라는 명칭으로 도입되어 있다. 다만 이러한 접근은 인공지능의 단계를 인간의 수동적 제어가 작동하는 수준까지로 엄격히 통제할 수 있는 시점까지만 가능하다고 할 것이다. 그렇지 않으면 금융규제법은 훨씬 더 강하게 개입할 수밖에 없다.

기술중립성을 원칙으로 하지만 현실적으로 국내법 및 국제적으로 정합성을 확보하고 법적 확실성을 기한다는 관점에서는 한계가 있는 것도 지적되고 있다. 현재 EU는 가상자산에 관하여 기술중립성원칙을 표방하지만 기술민감성원칙을 채택한 것으로, 그리고 미국은 여전히 불확실하다는 평가를 받고 있다.[20] 그럼에도 디지털금융에 관한 규제의 기본방향은 기술중립성의 원칙과 법적 형식 보다는 경제적 실질을 우선하는 실질적 접근이 불가피하다.[21]

라. 금융보안

디지털금융환경에서 금융체계위험으로 전파될 수 있는 새로운 위험요인으로는 금융보안위험을 들 수 있다. 현행 법은 세세한 보안수단 규정에 열거하는 규정중심체계를 기본으로 하고 있어 최소 기준만을 준수할 뿐 적극적 보안투자에 소홀하고, 일률적·경직적 규정으로 인해 IT 리스크에 유연한 대응이 어렵다는 평가를 받고 있다.[22] 디지털금융의 발전과 기술중립성의 원칙 등을 전제로 금융보안법제를 수립할 경우 원칙중심규제로의 전환을 기본방향으로 금융회사의 자율책임원칙, 위험중심규제, 민간 기능으로서의 보안 인증 및 평가기능 도입 등이 고려되어야 할 것이다.

---

20 Firat Cengiz, “Tech-Neutrality or Tech-Sensitivity? Emerging Principles of Crypto-Asset Regulation in the US and the EU”. Loyola Consumer Law Review Vol.37, 2025, pp.51-90.

21 Bruno Mathis. “Should Crypto-Asset Regulation Be Technology-Neutral?”, in Andrea Bonomi, Matthias Lehmann and Shaheeza Lalani(eds), Blockchain and Private International Law, Brill, 2023, p.80.

22 금융위/금감원, 보도자료 별첨: 금융분야 망분리 개선 로드맵, 2024.8.

4 소결

전통적인 금융과 비교하여 디지털금융에서 새로이 확인되는 위험으로는 금융소비자와 금융체계의 모든 관점에서 확인할 수 있다. 금융소외 문제에 대하여 법제도적으로는 현금선택권과 은행대리업 도입 등을, 기술적 대응으로는 디지털 취약계층의 디지털 접근성 자체를 보완할 수 있는 기술적 장치를 도입하는 것을 생각할 수 있다. 금융체계 위험의 관점에서는 디지털뱅크런을 야기하는 은행예금의 이동성에 대한 고려가 중요하다. 금융법이나 금융당국은 혁신과 경쟁의 촉진이라는 관점에서 기술중립적 규제가 불가피하지만, 현실적으로 기술의 안전성 기준 등은 고려할 수밖에 없을 것이다. 그러나 디지털금융에 관한 규제의 기본방향은 기술중립성의 원칙과 경제적 실질을 우선하는 실질적 접근이 불가피하다. 금융보안에 대해서도 디지털금융의 발전과 기술중립성의 원칙 등을 전제로 금융보안법제를 수립할 경우 원칙중심규제로의 전환을 기본방향으로 금융회스의 자율책임원칙, 위험중심규제, 민간 기능으로서의 보안 인증 및 평가기능 도입 등이 고려되어야 할 것이다.

Ⅲ 원칙중심규제

1 문제의 소재[23]

규제완화와 규제비용감소를 위한 대안으로 원칙중심규제를 논의하기 위해서는 그 장단점에 분석도 함께 이루어져야 한다. 그러나 원칙중심규제는 단순한 규제의 소멸이

23 이하 원칙 중심규제에 관한 설명은, 정순섭, "원칙중심규제의 논리와 한계", 상사판례연구 제42집 제1호, 2009, 37-72면에 기초한 것이다. 상세한 논의와 인용은 원 논문을 참조하기 바란다. 국내 논의로는, 곽관훈, "금융시장의 규제변화 : 원칙중심규제의 도입 가능성", 상사판례연구 제25집 제3호, 2012, 199-228면; 김용재, "자본시장법상 원칙중심규제 도입의 필요성 및 방향", 증권법연구 제19권 제1호, 2018, 159-186면; 김용재, "원칙중심규제의 도입을 위한 출발점으로서 자본시장법 제37조의 개정 필요성", 금융법연구 제14권 제1호, 2017, 3-31면; 김정훈, "원칙중심 규제: 왜, 어떻게 해야 하는가? 영국의 경험으로부터 얻는 시사점", 은행법연구 제12권 제2호, 2019, 241-272면.

아닌 규제의 내부화과정이므로 단순한 규제완화 또는 규제비용감소와는 다른 접근이다. 기본개념을 살펴보고 국내법상 한계를 검토한 후 장래의 방향성을 제시한다.

2 의의 및 구조

가. 의의

영국의 FSA는 원칙중심규제를 "가능한 경우 규제 대상자의 영업방식에 관한 상세하고 세목적인 규정과 감독조치를 통한 명령에서 벗어나" "규제 대상자로 하여금 규제기관이 제시하는 결과에 영업목표와 과정을 부합하게 하는 최선의 방식을 결정하게 하는 방식"이라고 설명하고 있다.[24] Black(2007)은 FSA가 추구하는 원칙중심규제의 구성요소를 ① 상세한 규정보다 광범위한 표준, ② 결과에 기초한 규제, ③ 경영진의 책임 증대라는 세 가지로 분석하고 있다.[25] 그에 따라 규제기관으로서의 FSA는 원칙 및 결과에 주목하는 바람직한 규제결과(outcome)를 작성하는 데 초점을 맞춘다는 것이다.[26] 요컨대 규제기관이 원하는 규제목적을 달성하기 위한 수단으로서 "원칙과 결과지향적인 상위규정"(principles and outcome-focused, high-level rules)에 대한 의존도를 높이고 "세목적인 규정"(prescriptive rules)에 대한 의존도를 낮추겠다는 것이다.[27]

24 FSA(2007), p4. Black(2007)은 FSA가 추구하는 원칙중심규제의 구성요소를 ① 상세한 규정 보다 광범위한 표준, ② 결과에 기초한 규제, ③ 경영진의 책임 증대라는 세 가지로 분석하고 있다. Julia Black, Martyn Hopper and Christa Band, "Making a Success of Principles-based Regulation", Law and Financial Markets Review Vol.1, 2007, p.191.

25 Julia Black, Martyn Hopper and Christa Band, "Making a Success of Principles-based Regulation", Law and Financial Markets Review Vol.1, 2007, p.191.

26 FSA(2007), p.4. 결과를 중시한다는 점에서 결과중심규제(outcomes-based regulation)이라고 부른다. 이러한 결과중심규제는 일정한 행위기준을 명시하기보다 요구되는 결과를 제시하고 구체적인 실행방법은 금융업자에게 맡긴다는 점에서 '성과중심규제'(performance-based regulation)와의 유사성을 지적하기도 한다. Black(2007), p.193.

27 FSA(2007), p.6. FSA가 규제상 원칙을 활용한 것은 이미 오래 전부터이다. FSA는 그 핸드북상 "영업원칙"(Principles for Businesses)으로서 11가지를 규정하고 있다. 이런 관점에서 현재 진행중인 원칙중심규제의 도입을 "보다 원칙중심적인 규제"(more principles-based regulation, MPBR)라고 설명하기도 한다.

나. 구조

(1) 문제

2007년 정부에서 원칙중심규제의 도입에 대하여 발표한 이래[28] 국내에서도 원칙중심규제에 대한 논의가 이루어지고 있다.[29] 그러나 그동안 국내에서 이루어진 논의는 법률적인 관점이 상당 부분 생략된 채 주로 경제적 관점에서 이루어져 왔다. 이하에서는 구체적인 법적 논의를 위한 전제로서 법리적 한계와 구조적 한계 그리고 문화적 한계를 살펴본다.

(2) 법리적 한계

특히 위반 시의 불이익처분을 전제로 하는 금융규제 분야에서 구체적이고 명확한 법적 근거가 없는 일반적이고 추상적인 원칙에 근거한 규제는 법률에 의한 행정의 원칙과 관련하여 문제를 야기할 수 있다. 현재 상태에서 우리나라에는 은행법과 보험업법 그리고 자본시장과 금융투자업에 관한 법률 등 금융규제법의 목적 조항 등에 산발적으로 규정되어 있는 것을 제외하고는 원칙에 관한 명시적인 규정을 두고 있지 않다.

원칙중심규제의 법리적 한계는 원칙의 법체계상 지위를 어떻게 규정하느냐에 따라 달라질 수 있다. 첫째, 원칙을 개별 금융규제법의 개별 규정을 해석하는 기준으로 이해할 경우에는 특별히 법리적 문제가 발생하지는 않을 것이다. 둘째, 원칙을 일정한 제재조치의 근거로 활용하는 등의 경우에는 헌법상 법체계 구성원리에 반하는 문제가 생길 수 있다. 이는 입법조치가 이루어질 경우에도 마찬가지라고 생각된다. 이러한 법리적 한계는 원칙중심규제의 도입가능분야를 스스로 한정하게 될 것이다.

한편 국내의 금융규제법이 가지는 집행제도의 차이도 고려되어야 할 것이다. 우리나라의 경우 행정상 화해의 가능성이 인정되지 않고, 금전적 제재의 가능성이 낮은 등 오히려 미국보다도 더욱 엄격한 집행구조를 가진 것으로 평가할 수 있다. 엄격한 집행제도와 원칙중심규제는 조화될 수 없는 면을 가지고 있다. 이러한 집행제도의 차이 또한 원칙중심규제의 도입논의에서 간과되어서는 아니 된다.

28 금융감독위원회 · 금융감독원, 금융감독 선진화 로드맵 100대과제(2007.10.22).

29 가장 심층적인 연구로는 김영도 · 이상제, 원칙중심감독 도입방안(한국금융연구원, 2008.11).

(3) 구조적 한계

원칙중심규제의 도입은 본질적으로 규제의 완화 또는 폐지가 아니라 규제의 내부화를 의미하는 것이며, 규제 대상기관의 준법감시 및 내부통제제도의 강화를 필수적인 전제조건으로 한다. 특정한 규제목적을 달성하기 위한 구체적인 방법을 외부적인 규정이 아니라 금융업자 스스로 판단하여 결정해야 할 능력을 갖추어야 하기 때문이다. 따라서 규제 준수태세의 정비를 위한 확고한 준법감시 및 내부통제장치의 구축이 없는 상태에서 이루어지는 원칙중심규제는 필연적으로 대형 금융사고로 연결될 수밖에 없을 것이다.

현재 국내 금융업자의 준법감시 및 내부통제제도는 상당한 발전을 보이고 있지만 준법감시와 감사기능과의 관계, 준법감시에 대한 경영진의 책임 등 아직 해결해야 할 과제가 남아 있다. 장기적으로는 주주의 대표로서의 감사기능과 규제의 내부화수단으로서의 준법감시 및 내부통제기능의 분화, 준법감시 및 내부통제에 대한 경영진의 감독책임 등을 명시하는 것이 바람직할 것으로 생각한다.[30]

아래의 문화적 한계에 대한 논의에서도 나타나는 바와 같이 국내 금융시장에서 소매부문이 차지하는 비중은 여전히 높고, 중소형 이하의 금융업자도 상당한 비율을 차지하고 있다. 따라서 주로 소매금융시장에서 활동하는 중소형 이하의 금융업자에게 스스로 원칙의 준수방법을 작성할 것을 요구하는 것은 다소 무리가 있을 것으로 본다.

(4) 문화적 한계

국내에서는 그동안 금융규제와 관련하여 법적 확실성에 대한 금융업계의 선호가 매우 높은 것으로 나타나고 있다. 이는 최근에 문제 되는 표준투자권유준칙 사례에서도 잘 나타나고 있다. 자본시장과 금융투자업에 관한 법률상 투자권유를 함에 있어서 금융투자업자의 임직원이 준수하여야 할 구체적인 기준 및 절차를 의미하는 "투자권유준칙"의 작성주체는 금융투자업자이다(동법 50조 1항). 표준투자권유준칙은 한국금융투자협회에서 업계 전체에 적용될 일정한 표준적인 가이드라인 또는 원칙을 제시하는 것으로서 개별 금융투자업자가 그러한 원칙에 기초하여 각 업자의 위험선호도와 경영전략에 부

30 우리나라 금융업자의 내부통제제도 전반에 대한 개선 논의로는 정순섭 외, 금융회사의 내부통제제도 개선 기본방향 (서울대학교 금융법센터 연구보고서, 2008.5.30) 참조.

합하는 세부적인 기준을 작성하는 것을 전제로 하는 시스템이다(동법 50조 3항). 그런데 실제로는 대부분의 금융투자업자가 협회에서 작성한 표준투자권유준칙을 그대로 사용하면서, 지나치게 과도한 규제를 하고 있어서 실제 판매권유에 장애가 되고 있다는 등의 불만이 제기되고 있다.[31] 표준투자권유준칙이 지나치게 구체적인 내용을 담고 있는 것도 사실이지만, 거기에 사실상의 강제력을 인정하는 것과 같은 논의가 이루어지는 것은 법문의 취지와 전혀 다른 것이다. 이러한 문제가 발생한 원인은 첫째, 국내 업계의 전통적인 표준화 내지 통일성의 선호, 둘째, 일부 금융투자업자들의 경우 개별 업자별 특성을 반영한 준칙의 작성 능력의 부재 등에 있는 것으로 생각된다. 이러한 상황은 국내에서의 원칙중심규제의 도입이 가져올 문제점에 대하여 많은 시사점을 준다고 생각한다.

3 검토

원칙중심규제와 규정중심규제 간의 우월성을 따지는 것은 상당 부분 이론적인 관심사에 불과하다. 양 규제원칙의 적용상 차이를 발생하게 하는 근본 요인은 시장환경의 차이이다. 그리고 어떤 국가이든 원칙중심규제만을 채택하거나 규정중심규제만을 규제원칙으로 채택할 수는 없다. 어느 정도 양 원칙을 조화하여 규제를 설계할 수밖에 없는 것이다. 금융규제의 내용과 수준은 당해 금융시장의 국제경쟁력을 결정하는 중요한 요소가 된다. 우리나라에서 원칙중심규제에 관한 논의가 가지는 의미는 그동안의 경직적이고 엄격한 규제를 보다 시장친화적인 것으로 전환하는 계기가 될 수 있다는 데서 찾을 수 있다.

따라서 우리나라에서 원칙중심규제는 오히려 규정의 해석을 위한 기준의 제시로 이해하거나 또는 불이익처분이 존재하지 않는 특정한 범위로 한정하여 논의될 수밖에 없다. 특히 인공지능의 금융업 수용과 관련하여 포괄주의의 접근과 원칙중심규제의 도입을 강조하는 지적은 같은 취지의 의견으로 이해된다.[32] "원칙중심규제를 취하게 되는 영역에서 행위의 방식이나 내용의 선택에 대해서는 상당한 자율성이 인정되므로 일정 수준 이상의

31 증권사, 펀드판매 투자자보호 준칙 '골머리' 서울파이낸스 (2009.3.3).

32 이정수, "인공지능에 대한 금융법의 규제방향 -금융에의 이용과 그 너머의 과제들", 금융법연구 제21권 제1호, 2024, 29-30면.

자율성을 가진 인공지능의 이용에 길을 열어 줄 수 있다"는 지적은 경청할 필요가 있다.[33]

그러나 시장친화적인 규제내용과 규제의 엄격한 집행은 전혀 다른 차원의 논의이다. 규제내용의 완화가 규제집행의 완화와 혼동되어서는 아니 되며 규제집행의 완화는 오히려 당해 금융시장의 국제경쟁력을 저해하는 요소가 될 수밖에 없을 것이다. 따라서 원칙중심규제의 도입은 규제의 내부화를 위한 내부통제제도의 강화와 함께 논의될 수밖에 없다. 또한 우리나라에서는 법치행정이라는 헌법상의 대원칙을 고려하지 않을 수 없다. 표준화와 통일성을 선호하는 문화적 한계도 고려되어야 한다.

한 가지 강조할 사항은 원칙중심규제를 도입하기 위해서는 규제위반에 대한 실효성 확보수단으로서 특히 형벌의 적용범위를 재조정하는 작업이 동시에 이루어져야 한다는 점이다. 원칙중심규제에 기초한 일반적 추상적 행위규칙에 위반한 것을 이유로 형벌을 부과하는 데는 많은 법적 논란이 따르게 될 것이다.

Ⅳ 금융시장의 국제경쟁력

금융시장의 국제경쟁력을 특히 디지털금융과 관련하여 어떻게 반영할 것인지를 고민하는 것은 핵심과제라고 할 수 있다. 우리나라에서는 금산분리 등의 문제와 구분하는 작업이 선행되어야 할 것으로 본다.

금융규제법의 관점에서 핀테크의 또 하나의 특징은 국제적인 경쟁력 확보에 대한 관심이 직접적으로 강조되는 점이다.[34] 영국은 이러한 관점을 강조한다.[35] 룩셈부르크는 혁신의 강화를 금융안정유지의 한 측면으로 보고 있지만, 독일은 명확한 위임근거가 없으면 포괄적인 면제조치를 취할 수 없다는 입장이다.[36] 금융혁신지원특별법도 "혁신적

33 이정수, 위의 논문, 30면.

34 이하 논의는 정순섭, "기술발전과 금융규제법의 전망", BFL 제107호, 2021, 9면에 기초한 것이다. 상세한 논의와 인용은 원 논문을 참조하기 바란다.

35 Ron Kalifa, Kalifa Review of UK Fintech, 26 February 2021.

36 Dirk A. Zetzsche, Ross P. Buckley, Janos N. Barberis and Douglas W. Arner, "Regulating a Revolution: From Regulatory Sandboxes to Smart Regulation", Fordham Journal of

인 금융서비스의 개발과 발전을 촉진"하고 "금융서비스 관련 일자리 창출을 도모"하는 것을 직접 입법목적으로 규정한다(제1조). 전통적인 금융규제의 관점과 함께 다양한 법규제의 정비에서 특히 고려해야 할 사항이다.

V 결 론

전통적인 금융과 비교하여 디지털금융에서 새로이 확인되는 위험으로는 금융소비자와 금융체계의 모든 관점에서 확인할 수 있다. 디지털금융의 발전과 직접 관련되는 금융소외 문제에 대한 대응으로는 법제도적 대응과 기술적 대응으로 구분하여 정리할 수 있다. 법제도적으로는 현금선택권과 은행대리업 도입 등을, 기술적 대응으로는 디지털 취약계층의 디지털접근성 자체를 보완할 수 있는 기술적 장치를 도입하는 것을 생각할 수 있다. 금융체계위험의 관점에서는 디지털뱅크런을 야기하는 은행예금의 이동성에 대한 고려가 중요하다. 금융법이나 금융당국은 혁신과 경쟁의 촉진이라는 관점에서 기술중립적 규제가 불가피하지만, 현실적으로 기술의 안전성 기준 등은 고려할 수밖에 없을 것이다. 그러나 디지털금융에 관한 규제의 기본방향은 기술중립성의 원칙과 경제적 실질을 우선하는 실질적 접근이 불가피하다. 금융보안에 대해서도 디지털금융의 발전과 기술중립성의 원칙 등을 전제로 금융보안법제를 수립할 경우 원칙중심규제로의 전환을 기본방향으로 금융회사의 자율책임원칙, 위험중심규제, 민간 기능으로서의 보안 인증 및 평가기능 도입 등이 고려되어야 할 것이다.

그동안 법리적 한계로 인하여 우리나라에서 원칙중심규제는 규정의 해석을 위한 기준의 제시로 이해하거나 또는 불이익처분이 존재하지 않는 특정한 범위로 한정하여 논의될 수밖에 없다. 그러나 시장 자율성 확대를 위한 기제로서 원칙중심규제는 여전히 유효한 접근이다. 다만 원칙중심규제를 도입하기 위해서는 규제위반에 대한 실효성 확보수단으로서 특히 형벌의 적용범위를 재조정하는 작업이 동시에 이루어져야 한다.

특히 금융시장에서 국경의 의미를 더욱 약화시키게 되는 디지털금융에서는 금융시장의 국제경쟁력을 특히 디지털금융과 관련하여 어떻게 반영할 것인지를 고민해야 한다.

Corporate and Financial Law Vol.23, 2017, pp.57-58.

참/고/문/헌

〈국내문헌〉

금융위원회, 고령친화 금융환경 조성방안(인구정책TF「인구구조 변화 대응방향」중 '고령친화적 금융환경 구축' 세부 설명자료), 2020.8.

이정수, "인공지능에 대한 금융법의 규제방향 -금융에의 이용과 그 너머의 과제들", 금융법연구 제21권 제1호, 2024.

〈외국문헌〉

Julia Black, Martyn Hopper and Christa Band, "Making a Success of Principles-based Regulation", Law and Financial Markets Review Vol.1, 2007.

Gary B. Gorton and Jeffery Y. Zhang, "Bank Runs During Crypto Winter", Harvard Business Law Review Vol.14, 2024.

David Murray et al, Financial System Inquiry (Final Report, November 2014).

디지털금융과 규제수단의 변화 - 레그테크와 섭테크

이정수
(서울대학교 법학전문대학원 부교수)

I 서 론

제4차 산업혁명[1]은 데이터의 디지털화와 디지털 데이터를 이용한 신기술을 양대 축으로 하여[2] 금융시장 전반에 영향을 미치고 있다.[3] 다만, 공적 부문(public sector)과 사적 부문(private sector) 사이에 영향의 정도는 상이한데, 상대적으로 민간에 비해 부족한 전문성과 예산제약을 가지고 있는 금융당국으로서는 새로운 변화에 대응한 규제의 마련

* 이 글은 「디지털금융법」의 한 챕터로 정리한 것으로 V. 레그테크와 섭테크의 도입에서 법적 쟁점을 제외하고는 저자 연구의 결과물이 아니다. 레그테크와 섭테크의 현황이나 감독기관의 입장, 그리고 편익비용 등 분석에 대해서는 기존 연구논문 및 보고서를 이용하였다. 주로 바탕이 된 보고서는 이시연 외, "레그테크, 섭테크 국내외 현황 및 중장기 발전 방향", 한국금융연구원, 2019.12, FSB, "The Use of Supervisory and Regulatory Technology by Authorities and Regulated Institutions", 2020.10.9. 등이다.

1 제4차 산업혁명은 세계경제포럼의 창시자 중 하나인 클라우스 슈밥(Klaus Schwab)이 2015년에 포린 어페어(Foreign Affairs)의 기고글을 통해 주장한 개념임. 제4차 산업혁명은 2015년에 슈밥이 처음으로 제시한 이래, 2016년 1월 20일 스위스 다보스에서 열린 세계경제포럼에서도 슈밥 스스로가 키워드로 제시하여 그 개념이 퍼져나가게 됨. Klaus Schwab, "The Fourth Industrial Revolution: What It Means and How to Respond", Foreign Affairs, December 12, 2015.

2 양천수, 「제4차 산업혁명과 법」, 2017, 4-5면.

3 제4차 산업혁명이 내포하는 기술 및 사회변화는 초연결사회(Connected World as Infrastructure), 정보 중심의 의사결정(Data Centered Decision-Making), 프로그램화된 컨트롤(Programmable Control) 및 공유경제(Shared Economy/Mass Customization) 등으로 개념화가 가능함.

및 적용에 있어 어려움이 예상된다.[4] 이는 금융규제의 측면에서 하나의 위기상황이라 할 수 있다. 그러나 제4차 산업혁명이 원동력으로 삼고 있는 여러 가지 기술변화는 금융규제에 있어 또 다른 기회이자 새로운 규제수단을 제공하고 있기도 하다. 즉, 제4차 산업혁명은 디지털화, 온라인화를 통해 공간의 구속, 제약을 탈피하도록 하고, 대면감독과 현장검사의 한계를 극복하는 계기를 마련하고 있다.[5] 요컨대, 제4차 산업혁명으로 인한 변화는 금융규제에 있어 위기이자 기회이기도 한 것이다.

본 연구에서는 제4차 산업혁명과 그에 따른 기술변화를 바탕으로 규제수범자 입장에서 신기술을 통한 규제대응[6]으로서 레그테크(Regtech)와 금융감독자 입장에서 신기술을 통한 감독으로서 섭테크(Suptech)를 살피고자 한다. 이를 위해 레그테크와 섭테크의 의의와 국내 현황을 살피고, 외국 금융감독당국의 입장을 검토한다. 그리고 레그테크와 섭테크의 작동요인과 편익 및 위험을 고찰한 다음 법적 측면에서 검토가 필요한 쟁점에 대해 순차적으로 검토한다.

Ⅱ 레그테크와 섭테크의 의의와 현황

1 레그테크

가. 의의

레그테크(RegTech)는 규제를 의미하는 레귤레이션(Regulation)과 기술을 의미하는 테크놀로지(Technology)의 결합어로, 광의의 레그테크는 빅데이터, 클라우드, 머신러

4 이러한 상황은 전문성의 비대칭으로 인해 규제 대상 산업이 자신들의 이익을 추구하도록 정책입안자들의 인센티브에 영향을 미치는 소위 규제포획(regulatory capture)의 심화와 규제가 적시에 이루어지지 않아 규제대응이 지연되는 규제유예(regulatory forbearance)의 형태로 나타날 수 있다. 이 중 규제포획은 (1) 금융자본의 정치적 자본으로의 변형, (2) 정책결정자들에 대한 강력한 접근(회전문 인사 등), (3) 정책결정의 지적환경 조성 등을 통해 나타난다.

5 금융의 방식과 대상 변화는 금융규제의 측면에서 기능주의적 접근의 보완필요성과 함께 새로운 감독수단을 제공하고 있다.

6 규제라고 기재하지만 실제로는 compliance의 의미라 할 것이다. 즉, 규제보다는 수범의 입장이 강하다.

닝 등의 신기술을 활용한 규제를 의미한다. 광의로는 섭테크까지도 포괄하는 것으로 범주화할 수 있다. 반면, 협의의 레그테크는 신기술을 활용한 규제 중 금융 관련 법규준수(compliance) 규제에 대한 대응보고를 유효하게 하는 기술을 의미한다. 이는 법규준수의 수단으로 사용되는 신기술에 주안점을 둔 것으로 감독기관보다는 피감독기관인 금융기관 입장에서의 정의에 해당한다. 통상의 레그테크는 협의의 레그테크를 의미한다.[7] 영국 금융행위규제청(FCA, Financial Conduct Authority)은 레그테크를 "금융규제에 대하여 기존 방식보다 더 효율적, 효과적으로 대응할 수 있도록 기술의 활용에 초점을 맞춘 핀테크의 한 하위 분야"로,[8] 국제금융협회(IIF, Institute of International Finance)는 레그테크를 "빅데이터, 클라우드, 머신러닝 등의 신기술을 활용해 금융관련 법규준수 및 규제에 대한 대응보고를 유효하게 하는 기술"로 각각 정의한 바 있다.[9]

나. 주요 기술[10]

레그테크에 대해 보편화된 분류체계는 없는 실정이다. 다만, 레그테크에 사용되는 주요 기술을 중심으로 다음과 같이 7가지로 구분이 가능하다. 첫째, 데이터 마이닝(Data Mining)으로 머신러닝(Machine Learning) 기반의 데이터 마이닝 기술을 통해 대량의 비정형 데이터를 분석하여 의심거래를 분석하고, 내부통제 등에 활용하는 것이다. 둘째, 머신러닝(Machine Learning)으로 분석된 데이터를 바탕으로 위험 예측, 실시간 거래감시 등에 활용하는 것이다. 셋째, 로보틱스(Robotics)로 머신러닝, 데이터 전송 및 저장 등 IT 프로세스 제어를 자동화하여 효율성 향상을 기하는 것이다. 넷째, 클라우드 컴퓨팅

7 2008년 글로벌 금융위기 이후 각국의 금융당국이 금융 관련 규제를 강화하자 이를 효율적으로 지원하기 위해 등장한 개념으로 이러한 측면에서 레그테크의 본질은 금융회사들이 점차 강화되고 있는 법령과 감독 당국의 컴플라이언스 요구사항을 충족시키기 위해 컴플라이언스 업무를 IT화 하는 것이다.

8 FCA, "Call for Input on Supporting the Development and Adoption of RegTech, Feedback Statement", July 2016.

9 IIF, "Regtech in Financial Services: Technology Solutions for Compliance and Reporting", March 2016.

10 금융보안원, "금융규제 이행을 위한 RegTech의 필요성 및 향후과제"(보안연구부-2017-008), 2017.3.13.

(Cloud Computing)으로 실시간 리스크 관리, 위험 분석 등 고성능의 컴퓨터 파워가 필요한 경우에 활용한다. 다섯째, 바이오인증(Biometrics)으로 지문, 홍채 등 바이오인증 기술을 결합하여 개인의 신원을 확인하는 기술이다. 여섯째, 시각적 분석(Visual Analytics)으로 분석된 대용량 데이터를 이해하기 쉽고 효율적으로 시각화하여 탐색 및 리포팅하는 것이다. 일곱째, 블록체인(Block Chain)으로 규제 준수 관련 문서 송부, 저장 등에 활용함으로써 추적, 감사 기능을 제공한다.

다. 레그테크와 핀테크의 관계

핀테크가 주로 개인 금융소비자 시장에 혁신적 서비스를 제공하여 기존 금융기관의 수익을 잠식했다고 한다면, 레그테크는 금융기관의 수익영역을 잠식하는 것이 아닌 비용절감에 기여한다는 점에서 핀테크와 차이가 있다. 즉, 핀테크는 주 고객이 개인인데 비해 레그테크는 금융기관이 주 고객이 된다. 그러나 레그테크와 핀테크가 유리되는 것은 아니고, 레그테크를 통해 핀테크 산업의 혁신성장 지원이 가능하다. 핀테크는 주로 기존 금융서비스의 공급 채널을 비대면화, 자동화, 데이터화하는 방향으로 발전하고 있는데, 이러한 핀테크의 발전은 금융산업의 대세이긴 하나, 반드시 금융소비자 보호나 금융시스템의 안정을 저해하지 않는 범위 내에서 제공되어야 한다. 따라서 금융기관 및 핀테크 기업의 관련 금융규제 준수는 필수적이다. 이러한 핀테크 발전과 금융소비자 및 금융시스템 보호라는 두 가지 목표를 동시에 추구하는 과정에서 금융규제 준수업무를 인력에 의존하는 경우 핀테크 발전이 저해될 가능성이 높으므로[11] 금융규제 준수업무도 IT 기술의 접목을 통해 비대면화, 자동화, 데이터화할 필요가 있는 것이다.

2 섭테크

섭테크(SupTech)는 감독을 의미하는 슈퍼비전(Supervision)과 기술을 의미하는 테크놀로지(Technology)의 합성어로 새로운 기술을 이용한 감독 내지 감시를 의미한다. 레그테크가 금융규제의 수범자 입장에서의 신기술 이용이라면 섭테크는 감독자 입장에서의

11 핀테크의 발전을 규제준수 업무가 따라가지 못할 가능성(지체), 규제준수 비용의 증가 가능성 등이다.

신기술 이용에 해당한다. 종래의 금융감독수단은 인간의 대면 중심 감독, 감시를 전제하였다. 그러나 인간의 감독, 감시는 인간의 인지적 오류 가능성과 근로시간의 제한 등이 따른다. 이에 따라 로봇이나 알고리즘을 통한 감독, 감시를 통해 그와 같은 한계를 극복하는 것을 모색하게 되었고, 그에 따라 등장한 개념이 섭테크이다.

3 국내의 도입현황

가. 레그테크 활용 현황

레그테크의 경우 수요자는 금융규제의 대상인 금융기관이지만 레그테크의 공급자를 중심으로 (1) 자체 공급의 경우(자체 개발), (2) 외부 공급의 경우로 나눌 수 있고, 후자는 다시 (i) 공적 공급의 경우와 (ii) 사적 공급의 경우로 구분할 수 있다.

(1) 자체 개발 레그테크

자체 개발을 하기 위해서는 기본적인 IT역량 등이 갖추어져야 할 것인바, 자체 개발 레그테크를 선도하는 것은 주로 규모가 큰 금융지주 내지 시중은행이다.[12] 예컨대, A은행은 은행 업무에 특화된 인공지능 기반 기계독해기술(MRC, Machine Reading Comprehension)을 자체 개발하고 있고, 신규 상품, 서비스 출시 이전약관, 법률점검에 MRC를 도입할 예정으로 알려져 있다.[13] B은행의 사례는 정보보호에 레그테크 시스템을 구축하는 것으로 글로벌 정보보안 강화를 위한 모니터링 기능을 제공하고, 관리체계 및 정보관리 현장점검 업무를 전산화해 업무효율성을 제고하는 목적을 가지고 있다. C은행의 경우 컴플라이언스 및 보안평가 등에 레그테크 활용계획을 가지고 있는 것으로 알려졌다.

12 파이낸셜뉴스, "銀, AI 기반 '레그테크' 도입 확산..."내부통제 · 소비자보호 강화"", 2019.12.4.

13 이를 통해 약관상 투자자 보호항목 포함 여부 및 적절성 등 판단에 참고할 예정이다.

(2) 외부 공급 레그테크

레그테크를 제공하는 공적기관으로는 금융보안원과 코스콤을 들 수 있다.[14] 우선, 금융보안원은 금융회사의 금융보안 관련 규제 서비스를 제공하고 있는데, 2019년부터 레그테크 포털을 운영하고 있다.[15] 코스콤은 금융투자 컴플라이언스 서비스를 제공하고 있고, 상시 모니터링 서비스 시스템인 KI Guard[16]를 운영하고 있다. 한편, 위와 같은 공적기관만이 아니라 일반회사들도 레그테크 공급에 나서고 있다.[17] 대표적인 회사로는 유니타스, 닉컴퍼니, 에임스, 옥타솔루션 등이 있다.

(3) 감독당국의 평가

2020년 10월 금융감독원이 실시한 설문조사에서 국내 374개 금융회사 중 50.3%(188개사)가 최소 1개 이상의 분야에 레그테크를 활용 중이라고 답변하였다. 자금세탁 방지, 영업행위, 사기거래, 규제준수 관련 모니터링 등에 활용하고 있는데 상대적으로 보험(73.8%) 및 은행(73.7%)에서 활용비율이 높고, 전자금융업(41.3%) 및 외국계 국내지점(33.3%)은 사용률이 낮았다. 이에 따라 준법감시 조직 및 인력이 잘 갖춰진 회사가 레그테크를 보다 적극적으로 활용하고 있는 것으로 평가되었다.[18]

---

14 이들은 뒤에서 살필 규제 테스트베드의 주체와도 거의 동일한 점은 유의가 필요하다.

15 https://regtech.fsec.or.kr (2025.7.6. 최종방문)

16 금융투자회사의 데이터베이스를 실시간으로 분석, 모니터링하여 내부직원의 횡령, 사기 등 이상거래를 적출하는 것이다.

17 김수진, 「디지털금융의 이해와 활용」(제2판), 2021, 189면 이하.

18 레그테크는 섭테크에 비해 기술활용성이 크고, 수요자도 다수이므로 시장이 확대되고 있다. 글로벌 레그테크 시장에서 벤처캐피탈, 사모펀드 및 기업인수 합병 등을 통한 글로벌 투자자들의 레그테크 기업에 대한 투자도 꾸준히 증가하는 추세이다. 이에 따라 각국의 감독당국은 레그테크를 하나의 산업의 관점에서 바라보며 다양한 정책을 마련하고, 적극적으로 지원하고 있다.

그림 1 권역별 레그케크 활용비율

(단위 : 개사, %)

구분	조사대상	미활용	활용 분야			1개 이상 활용비율
			1~2개	3~4개	5개 이상	
보험	42	11	21	8	2	73.8
은행	19	5	7	6	1	73.7
중소서민	70	26	29	15	0	62.9
증권	45	23	10	9	3	48.9
전자금융업	138	81	49	8	0	41.3
외국계 국내지점	60	40	18	2	0	33.3
합계	374	186	134	48	6	50.3

출처 : 금융감독원 내부 조사자료('20.10)

구체적으로는 자금세탁 개연성이 높은 거래 상대방의 의심거래 자동추출 및 보고서 작성 자동화, 홍보문자 발송 시 금칙어 포함여부 점검을 통한 부당투자권유 적발, 음성인식(STT) 기술을 활용한 보험상품 통신판매의 적정성 자체 점검, 필체인식 AI 기술을 이용한 금융투자 상품설명서상 자필기재 여부 점검 등에 레그테크가 활용되고 있는 것으로 조사되었다.

그림 2 분야별 레그테크 활용 현황

(단위 : 개사, %)

구분	자금세탁 방지	사기거 모니터링	내부통제	영업행위 모니터링	감독당 보고	규제 모니터링	정보보호 등 기타
보험	22	15	5	10	-	2	13
은행	12	10	5	1	-	3	6
중소서민	40	14	11	6	4	-	21
증권	19	18	9	4	1	1	9
전자금융업	32	28	1	-	3	-	25
외국계 국내지점	15	3	7	-	1	1	3
합계	140	88	38	21	9	7	77

출처 : 금융감독원 내부 조사자료('20.10)

나. 섭테크 활용 현황

섭테크를 이용하고 있는 예는 다양하다. 우선 2019년 5월경부터 시작된 대부업 불법추심 판별지원인데 음성변환기술을 주로 이용하고 있다. 2020년 3월경부터 시작된 보험 TM 불완전판매 식별지원도 있다. 2020년 7월경부터 시작된 인터넷 불법금융광고 감시의 경우 빅데이터, 음성변환기술을 주로 이용하고 있다. 2019년 5월경부터 시작되어 인공지능 및 기계독해기술을 주로 이용하고 있는 민원분류추천 서비스도 있다. 그 외 2020년 2월경부터 시작되어 인공지능 및 기계독해기술을 주로 이용하고 있는 AI사모펀드 심사지원도 하나의 예가 된다.[19]

Ⅲ 해외 금융감독기관의 레그테크, 섭테크 정책현황

1 현황

외국의 경우에도 레그테크, 섭테크에 대해 별도의 법제를 마련한 국가는 찾아보기 어렵다. 이는 레그테크나 섭테크가 신기술의 규제 및 감독방식에 대한 이용이라고 하는 기술적 사항에 해당하고, 그러한 신기술에 대한 법적 평가가 이루어지기에는 다소 시기

19 이러한 활용 예를 기술에 따라 구분할 수도 있다. 우선 음성변환기술인데 대부업 불법추심 판별지원의 경우 대부업자의 채권추심 실태점검 시 수집한 녹취파일에 인공지능 기술인 음성텍스트 변환기술을 적용해 "가족에게 알리겠다"라거나 "집이나 회사로 찾아가겠다" 등의 내용을 확인해 반복추심 등을 포함한 대부업 불법추심 여부를 식별하는 방식이다. 보험 TM 불완전판매 식별지원의 경우는 보험영업 검사시 텔레마케팅 녹취파일을 분석하고 저축성 보험이 아님에도 적금보다 낫다고 허위광고를 하는 등 보험계약자에게 필수적으로 고지하는 항목의 허위 안내 등을 판별해 불완전판매 여부를 식별하고 있다. 빅데이터, 인터넷을 이용한 경우는 불법 금융광고 감시가 대표적이다. 통장 및 개인신용정보 매매, 휴대폰 소액결제 등 인터넷에 만연한 불법 금융광고 관련 빅데이터를 수집하고 이를 분석해 조기에 적발하고 차단할 수 있는 기반을 마련한 것으로 평가된다. 인공지능 기술의 경우 민원분류추천에 사용되는데 민원인이 제출한 민원내용을 인공지능이 분석해 민원유형 및 유사민원 등을 업무담당자에게 자동으로 추천하는 방식이다. AI 사모펀드 심사지원 역시 인공지능기술을 사용한 예인데 인공지능이 기계독해 기술을 활용해 사모펀드 보고서를 읽고 주요 항목별로 적정성을 판단함으로써 심사업무를 지원하게 된다.

상조인 점, 별도의 법제를 마련하지 않더라도 현재의 법제에서 레그테크나 섭테크를 수용하는 데 심대한 장애가 있다고 보기는 어려운 점 등이 작용한 결과일 것이다. 이에 따라 해외 금융감독기관의 경우 법제연구가 아닌 정책연구의 형태로 레그테크, 섭테크에 대해 접근 중이다. 구체적으로 레그테크, 섭테크의 작동요인과 유형, 공적 영역과 사적 영역(금융기관)의 입장에 대한 조사, 활성화의 이익과 위험 등에 대한 정책보고서 등을 발견할 수 있다. 다음에서는 BIS 등 국제적 금융규제기관과 주요 국가의 정책보고서 등을 통해 금융감독당국의 레그테크 및 섭테크에 대한 현황과 입장을 검토한다.[20]

2 국제적 금융규제기관

가. BIS[21]

BIS(Bank for International Settlements)는 제4차 산업혁명을 비롯한 규제환경 변화에 대응하고, 규제기관의 적절한 대응설계를 위해 "Innovation BIS 2025"라는 중기 전략을 수립한 바 있다. 동 "Innovation BIS 2025"는 기존 업무를 보다 동태적이고 활력 넘치는 업무 환경에서 지속적으로 개선시키고, 지속적인 혁신을 수용할 수 있는, 보다 효율적인 BIS를 만들기 위한 목적이라고 설명하고 있으며 그 방안의 하나로 레그테크를 언급하고 있다. BIS는 홍콩, 싱가폴, 스위스 세 곳에 BIS Innovation Hub도 설립하고 있는데 BIS Innovation Hub[22]는 레그테크, 섭테크의 측면에서도 중요한 역할을 할 것으로 기대된다.[23] BIS는 향후 BIS Innovation Hub의 프로젝트나 주제는 계속 변화할 것

20 이시연 외, "레그테크, 섭테크 국내외 현황 및 중장기 발전 방향", 한국금융연구원, 2019.12. 등.

21 이시연 외, 전게논문(보고서), 54-57면.

22 BIS Innovation Hub의 설립 이유는 다음과 같다. 첫째, 금융서비스에서 기술이 주도하는 혁신이 가속화되고 있고, 이것이 글로벌 금융시스템 및 중앙은행들에 중요한 영향을 미칠 것으로 예상된다. 둘째, IT혁명(revolution)은 여러 지역에서 동시다발적인 영향을 미칠 것으로 예상된다. 셋째, 이러한 변화 속에 중앙은행들은 BIS를 중심으로 함께 협업함으로써 규모의 경제 달성을 통해 변화에 효과적으로 대응할 수 있을 것으로 기대된다.

23 BIS Innovation Hub의 설립목적은 중앙은행과 관련된 금융 기술의 중요 트렌드에 대한 심층적인 판단을 내리고 발전시키며, 글로벌 금융시스템 기능을 강화하기 위한 공공재 발전 탐구, 그리고 중앙은행의 혁신 전문가 네트워크의 구심점으로 작용하는 것이다.

이며, 이에 따라 중앙은행의 혁신 우선순위와 국제적 협력을 통해 향상될 수 있는 분야를 발굴하는 것이 필요하다고 언급하고 있다. 여기서 고려 대상이 될 수 있는 주제들은 레그테크와 섭테크를 비롯하여 중앙은행 디지털화폐(CBDC), 글로벌 stable coin, 지급결제 혁신, 빅테크의 금융중개기능에 대한 영향 등이 될 것이라 전망하고 있고, 실제로 CBDC 등에 대해서는 결과물을 만들어 나가고 있다.[24 25]

나. World Bank

World Bank는 영업행위 감독을 위한 섭테크 솔루션을 4개 영역[26] 18개 분야로 구분하고 그 예를 제시하고 있다. 이러한 섭테크 솔루션을 가능하게 하는 중요인자는 감독당국 역량, 아이디어의 실행을 위한 절차 및 IT인프라이다. 한편, World Bank의 조사에 의하면 AMF, CBI 등 많은 금융감독 당국들이 소셜 네트워크, 블로그, 포럼 및 언론 등의 자료를 활용하여 시장 감시기능을 강화하고 있다. 또한, 웹 스크래핑 기술을 활용하여 인터넷상 다양한 정보를 수집하고, Sentiment Analysis 등의 기술을 통해 리스크 요인을 빠르게 파악하고 있다.

3 각국의 금융규제기관

가. 영국[27]

2015년 11월 FCA는 레그테크의 개발과 도입에 대한 "call for input"(일종의 의견을 구하는 보고서)을 발행하여 외부의 의견을 수렴하고 소통한 바 있다. 동 보고서의 내용은 다음과 같다. 첫째, 레그테크 발전을 촉진하기 위한 FCA의 역할에 대한 지침 및 레그테크의 본질에 대해 다양한 범위에서 폭넓은 의견을 수렴한다는 것이다. 둘째, 응답자들은

24 BIS, "FSI Insights on Policy Implementation No 19: The Suptech Generation", 2019.10.

25 BIS는 블록체인 금융에 대한 규제 확립과 관련하여 "embedded supervision"의 가능성을 설명하는 working paper도 발간하였는데 이는 탈중앙화를 표방하는 블록체인 금융(이른바 DeFi 등)에 있어 중요한 움직임으로 평가된다.

26 감독정보보고, 민원정보 수집 및 처리, 비정형 자료를 통한 시장감시, 문서 분석기능 강화 등이다.

27 이시연 외, 전게논문(보고서), 58면 이하.

레그테크의 발전에 있어 감독당국의 관여(engagement) 필요성 및 레그테크의 발전이 규제의 명확화와 표준화를 요구할 것이라는 점에 동의하여야 한다. 셋째, 규제의 명확화와 표준화와 관련하여 새로운 규제를 기계가 해독 가능한(machine-readable) 형식으로 사용하는 것을 그 요소 중 하나로 포함할 수 있다. 이에 따라 FCA는 주로 MRR(machine-readable regulation)에 기초하여 레그테크를 접근하고 있는데, 이러한 FCA의 노력에 따라 Milken Institute, World Government Forum, IMF 등은 영국 FCA가 전 세계 감독당국 중 레그테크에 대해 가장 선도적으로 대응하고 있는 주체에 해당한다고 평가한 바 있다.[28]

나. 미국[29]

미국의 경우 개별 규제기관 간 핀테크·레그테크 단계에 차이는 있으나, 일부 규제기관(특히 SEC)의 경우 섭테크 분야에 이미 오랫동안 참여하고 있다. 미국의 경우 금융시장에 따라 규제주체를 달리하고 있어 이러한 분화된 규제환경은 하나로 집중된 핀테크 전략에 중요한 장애물이나, 일부 규제기관은 핀테크 분야를 다루는 데 있어 다른 곳보다 적극적인 것으로 평가되고 있다. 이는 레그테크의 경우에도 마찬가지이나, 차이점은 SEC와 같은 일부 규제기관이 섭테크 분야에 이미 오랫동안 관여해 왔고, 그에 따른 노하우를 상당히 축적해 왔다는 점이다. 레그테크 분야에서 중개 역할을 하는 그룹이 형성되어 규제기관과 규제 대상 금융기관을 연결하고 소통시키려는 시도가 일부 이루어지고 있으나 대체로 그 활동이 분산되어 있다.

우선 증권거래위원회(Securities and Exchange Commission, 이하 "SEC")이다. SEC에는 영국의 FCA와 달리 레그테크에 대해서는 별다른 역할이 없으나 섭테크 분야에서 선구적 역할을 해온 것으로 평가되고 있다. 이는 SEC가 다루는 분야인 증권거래분야가 계량화된 데이터를 추출하고, 관리하기에 용이하다는 측면과 맞닿아 있다. 2018 RegTech Data Summit에서 SEC 위원장(Commissioner)인 Michael Piwowar는 SEC의 노력

28 World Government Summit은 2018년에 FCA를 혁신기술 및 솔루션활용을 받아들이고 증진시키는 세계 금융감독당국 중 선도적 주체로 인식하고 그들이 제시하는 로드맵에 들어맞는 대표적인 케이스 스터디 사례로 소개한 바 있다.

29 이시연 외, 전게논문(보고서), 102-107면.

을 강조하고 현대 금융시장 감독에 중요한 SEC의 섭테크에 대한 선도적 역할과 노력에 대해 설명한 바 있다. SEC에서 섭테크와 관련해 사용하고 있는 시스템, 조직은 다음과 같다. 첫째, ARTEMIS(Advanced Relational Trading Enforcement Metric Investigation System)이다. 60억 개가 넘는 전자주식 및 옵션 거래 기록이 있는 전자 데이터베이스를 이용하여 다중 트레이더들의 패턴과 관계를 분석하고 의심 거래를 밝혀내고 평가하고 있다. 둘째, MIDAS(Market Information Data Analytics System)이다. MIDAS는 13개국 주식 거래소로부터 마이크로 단위의 시간, 시점까지 기재되어 있는 약 10억 개의 레코드를 매일 독점적으로 수집하고 있는데, MIDAS를 통해 SEC는 수천 종의 주식에 대한 분석을 쉽게 할 수 있고, 6개월 또는 1년간에 걸친 기간에 대한 천억 건의 기록에 대한 분석도 한 번에 가능하다. SEC는 MIDAS를 통해 감독 역량 향상과 금융기관에 대한 규제보고를 용이하게 하기 위한 재무 데이터의 집계 및 표준화에 중요한 진전을 이룬 것으로 평가된다. SEC는 2017년 규제보고(regulatory filings)에 있어서 인라인 eXtensible Business Reporting Language (XBRL) 사용을 요구하는 규정을 제안한 바 있고, 향후 공시 시스템 표준화까지 노력을 지속할 것으로 예상된다. SEC는 다른 금융규제 당국과의 협업 하에서 통합 Audit Trail 개발을 시도하고 있으며, 이는 규제당국으로 하여금 각 국가 시장시스템 내 미국증권의 모든 움직임을 추적할 수 있도록 할 것으로 예상되고 있다.

다음으로 선물거래위원회(Commodity Futures Trading Commission, 이하 "CFTC")이다. CFTC는 2017년 5월 'LabCFTC'를 출범시켰는데, 이는 책임 있는 핀테크 혁신을 촉진하고 "CFTC가 임무를 보다 효과적이고 효율적으로 수행할 수 있도록 하는 핀테크 및 레그테크 솔루션에 대한 CFTC 참여를 가속화하는 것"을 목표로 한다. 이에 따라 LabCFTC의 목표는 섭테크보다는 레그테크 영역에 대한 것으로 보이고, 섭테크에 대한 별도의 관심 표명은 없었다. 한편, LabCFTC는 "CFTC 2.0"라는 과제를 발표하였는데, CFTC 2.0은 규제기관인 CFTC와 시장과의 관계의 발전(CFTC 1.0에서 CFTC 2.0)을 의미하는 것으로 CFTC와 핀테크 업계 내지 시장참여자 간 협업 및 최신기술을 사용한 CFTC의 임무 수행을 강조하였다. 감독당국인 CFTC와의 협업 내지 CFTC의 임무 수행이라는 측면에서 접근한다면, 이러한 CFTC 2.0은 광의의 레그테크 내지 섭테크에 대한 것으로 볼 여지도 있다.

금융소비자보호청(Consumer Financial Protection Bureau, 이하 "CFPB")도 있다. CFPB의 프로젝트 Catalyst는 2012년에 소비자 친화적인 금융혁신을 장려하기 위해 시작되었고, 2018년에 이르러 Office of Innovation으로 명칭을 변경하고 조직화된 바 있다. 프로젝트 Catalyst는 핀테크 분야에 대한 참여를 확보하기 위해 혁신가들과의 공개 대화 통로를 마련하고 있다. 광의의 레그테크와 관련해서는 소비자 대응에 대해 이미 섭테크 솔루션을 사용해 왔다고 평가된다.

마지막으로 화폐통화청(Office of the Comptroller of the Currency, 이하 "OCC")이다. OCC는 2017년 1월에 Office of Innovation을 설립하고, Office of Innovation이 은행시스템의 안전성과 건전성을 강화하고 고객을 공정하게 취급하며 금융포용성을 높이는 "책임 있는 혁신"을 지원하는 체제를 실행한다고 밝힌 바 있다. 또한, Office of Innovation은 기관들이 책임 있는 혁신과 이를 지원하는 감독에 대해 수용하는 규제 체계를 확립하도록 노력한다고 표명한 바 있다. 그러나, Office of Innovation 구성원은 San Francisco, New York, Washington, D.C. 등에 분산하여 위치하고 있고, 반면 혁신과 관련된 기술인력들은 Washington, D.C.에 위치하고 있어 혁신에 장애요인이 있다고 평가된다.

다. 호주[30]

2015년 호주 ASIC(Australian Securities & Investments Commission)은 Innovation Hub를 설립하였다. 동 허브는 요건을 갖춘(qualified) 레그테크 스타트업(핀테크 업체)에 다양한 비공식적인 지원을 통해 제품 및 서비스 개발을 돕고 있다. 동 허브의 지원 대상 요건은 해당 레그테크 스타트업(핀테크 업체)이 스타트업, 스케일업 또는 레그테크 상품 또는 서비스를 개발 또는 제공하는 기존의 업체여야 한다. 다만, 어떻게 혁신적인 레그테크 상품 또는 서비스가 잠재적으로 투자자, 금융소비자 및 시장에 더 나은 결과를 촉진할 수 있는지, 레그테크 상품 또는 서비스가 위험관리 또는 법규 컴플라이언스 개선을 통해 ASIC의 규제 목표에 얼마나 부합되고 이를 촉진할 수 있을지, 레그테크 도구 및 시스템이 ASIC과의 정보공유 효율성과 효과성을 진작하는 정도 등에 대해 소명할 수 있

30 이시연 외, 전게논문(보고서), 113-119면.

어야 한다. ASIC은 Innovation Hub를 통한 모든 요청을 고려하고 있고 가능한 한 많은 비즈니스를 지원하는 것을 목표로 한다고 밝히고 있고, 레그테크의 다양한 분야에 대한 이니셔티브들을 계속 수행하고 있는데, 이러한 이니셔티브는 ASIC이 공개적으로 이슈를 제안하고, 이에 대한 레그테크 관계자들의 아이디어를 수렴 및 발전시키는 과정에 해당한다.[31]

IV 레그테크와 섭테크의 작동요인과 편익 및 위험

1 문제의 제기

레그테크와 섭테크의 작동요인과 장단점 내지 효용과 위기점에 대한 검토를 통해 레그테크와 섭테크의 도입방향과 로드맵 마련이 가능하다. 레그테크와 섭테크의 작동요인 등에 대해서는 외국 감독당국의 정책보고서[32]에 의존할 수밖에 없는바, 그 내용은 다음과 같다.

2 레그테크와 섭테크의 작동요인[33]

가. 수요 측 요인

(1) 규제준수와 감독수준의 향상

레그테크와 섭테크의 수단들은 감독, 모니터링, 준수 수준을 향상시키는 한편, 규제당국의 보고 및 준수방식을 고양하고 잠재적으로는 금융시스템의 안정성을 높일 수 있

31 예를 들어 ASIC은 2019년에 재무적 자문 문제, 음성분석(voice analytics) 이슈에 대한 논의를 시작하였다.

32 예컨대, FSB, "The Use of Supervisory and Regulatory Technology by Authorities and Regulated Institutions", 2020.10.9.

33 FSB, *Ibid*, p.4-6면.

다. 준수와 보고수단의 자동화는 인지적 오류 가능성을 낮추고 실시간 모니터링 및 검사에 기반한 적극적인 규제대응을 가능토록 한다. 규제의 양과 복잡성 및 규제위반의 결과에 따른 위험은 금융기관들에게 컴플라이언스 및 위험관리에 막대한 비용을 발생시켰다. 예컨대 미국 도드프랭크법이나 EU의 금융상품지침II(MiFID II) 등에 따른 규제복잡성과 규제증대를 고려해 볼 필요가 있다.

(2) 유효하고, 효과적인 규제 관련 정보·데이터

전통적인 규제수단들은 현재의 디지털화된 규제환경에 적합하지 않다. 규제데이터의 디지털화는 규제당국이나 피규제기관, 즉 금융기관 입장에서 유효하고, 효과적인 규제 관련 정보·데이터 생산을 가능하게 하고 있다. 영국 FSB의 조사에 따르면 금융감독당국은 섭테크의 도입 요인으로 이를 가장 중요한 것으로 선택하고 있다.

(3) 보다 직관적인 예측형 감독

사용가능한 데이터가 보다 정규화될수록 금융감독당국 입장에서는 이러한 정보를 이용한 검사, 감독을 확장할 것이다. 적정한 기술적 수단을 이용할 경우 실시간 감독과 보다 적극적인 검사, 감독이 가능할 것이다. 이러한 실시간 감독과 예측형 감독은 금융의 시스템적 리스크를 낮출 것이다.[34]

(4) 사이버보안 및 금융범죄 예방의 가능성

금융서비스의 디지털화 증대는 사이버보안의 필요성을 점증시킨다. 섭테크와 레그테크의 수단은 또한 금융감독당국에 자금세탁, 테러자금조달, 뇌물, 부정부패, 내부자거래 등 금융범죄에 대응하기 위한 수단을 제공한다. 여러 학술연구에 의하면 사이버보안 등 측면에서 섭테크, 레그테크 기술이 가장 선도적으로 발전하고 있다고 한다.

34 영국 FSB의 조사에 따르면 섭테크의 도입 요인으로 이를 두 번째 중요한 요소로 선정하고 있다.

(5) 위험관리 능력의 증대[35]

레그테크와 섭테크 기술은 정확성과 완결성, 적시성을 증대시킬 수 있으며 이는 위험관리에 있어 중요한 요소들이다. 기존의 대면 내지 인간의 작동에 의한 검사와 법규준수에 비해 레그테크와 섭테크 기술은 생산성과 효율성을 증대시킬 수 있다.

(6) 많은 금융기관의 디지털화 가속

2008년 발생한 글로벌 금융위기 이후 기술적 발전이 이루어졌고, 이에 따라 핀테크라고 불리는 새로운 금융기관들과 기존 금융기관들의 경우에도 디지털화가 가속화되는 결과가 발생하였다. 이러한 변화는 특히, 지급결제시장과 대출시장에서 중요하게 나타나고 있다. 이러한 시장 내지 금융기관들의 자발적인 혹은 의도된 레그테크 내지 섭테크 도입 가능성은 다른 영역과 금융업에도 영향을 미침으로써 레그테크와 섭테크의 확산, 발전에 이바지할 것이다.

나. 공급 측 요인

(1) 새로운 분석수단과 기술의 등장

인공지능(AI)과 머신러닝과 같은 새로운 기술들은 규제 대상 정보의 처리와 감시, 감독과정을 신속화시켰고, 분석에 걸리는 시간도 대폭 단축시키고 있다. 그러한 수단들은 인간의 반응이나 개입의 가능성을 줄이고, 규제를 위반한 사건에 대한 발견가능성을 높인다. 새로운 분석수단과 기술의 등장은 FSB의 조사에 따르면 공급측 요인 중 가장 중요한 것으로 지목되고 있다. 자동화된 감시, 감독은 감독당국으로 하여금 향후의 시장 안정성 위험에 대해 강력한 분석수단을 제공한다.

(2) 데이터의 가용성

현재의 구조화된 혹은 구조화되지 아니한 데이터의 광범위성은 섭테크 및 레그테크 수단의 도입에 있어 기회요소가 된다. 금융감독당국은 소셜미디어 플랫폼이나 서치

35 EBA, “EBA Analysis of Regtech in the EU Financial Sector”(EBA/REP/2021/17), 2021.6, p.28-31면.

엔진을 통해 구조화되지 아니한 데이터를 이용하여, 구조화된 데이터의 활용에 도움을 받을 수 있다. 다만, 구조화되지 아니한 데이터의 경우 개인정보보호법 등 정보보호법제를 준수하여야 하는 한계가 있으며 이는 레그테크 및 섭테크의 장애로 작용한다.

(3) 사회기반시설의 확충

클라우드 서비스와 같은 인프라스트럭쳐는, 예컨대 저장용량의 대량화와 유지, 관리비용의 저감을 통해 섭테크, 레그테크의 발전에 기여한다.

(4) 더욱 보편화, 개선된 데이터 아키텍처

데이터의 디지털화는 여러 단계를 거친다. 이와 관련해 데이터 아케텍처가 보편화될수록 섭테크, 레그테크의 도입가능성이 높아진다. 예컨대, API의 도입은 오픈뱅킹이나 마이데이터뿐만 아니라 규제정보의 이용가능성도 향상시킨다.

3 편익과 위험[36]

가. 편익

레그테크와 섭테크의 작동요인으로 제시된 수요 측 내지 공급 측 요인들은 결국 감독당국이나 금융기관 입장에서 레그테크와 섭테크 도입시 편익이 될 것이다. 하지만 그와 같은 직접적인 요인 이외에도 레그테크와 섭테크가 도입되는 경우 다음과 같은 추가적인 편익을 기대할 수 있다.

(1) 데이터의 수집과 범용화

섭테크 애플리케이션은 데이터의 수집과 범용화에 기여할 수 있다. 예컨대, 섭테크가 수집한 데이터로 작성한 도표나 대시보드 같은 것들은 데이터의 복잡성을 단순화시켜 다른 용도로도 활용이 가능하다. 한편, 인공지능이나 머신러닝에 있어 필요한 데이터는 가공, 통일화된 것이어야 하는데 레그테크나 섭테크를 위해 사용된, 혹은 산출된 데

36 FSB, *supra note* 32, pp.7-10.

이터는 그러한 목적에 부합할 수 있다. 또한 레그테크와 섭테크를 위해 수집된 데이터는 거대하고, 깊은 데이터 풀(혹은 데이터 댐)을 이룸으로써 감독기관이나 금융기관들뿐만 아니라 다른 목적으로 활용될 가능성도 있다.

(2) 실시간 모니터링

앞서 작동요인으로도 언급된 것이나, 과거의 감독수단은 감독기관이나 피감기관 입장에서 사후적인 수단이 될 수밖에 없다. 그러나 디지털화된 데이터와 이를 이용한 신기술은 실시간 모니터링을 가능하게 하고, 이는 피감기관 입장에서는 규제리스크를 낮추는 한편 이러한 데이터 및 정보를 활용한 비즈니스의 가능성을 연다. 반면, 감독기관 입장에서는 거시건전성이나 시장안정성에 집중할 수 있는 여유를 제공하는 한편, 향후 위험에 대한 분석적 도구를 제공하기도 한다.

(3) 비용절감

레그테크와 섭테크의 도입은 도입 초기에는 IT장비나 그에 필요한 필수인원의 배치 등 상당한 비용을 수반하지만, 장기적으로는 물적, 인적비용을 절감할 수 있다.

(4) 그 밖의 가능성

그 외 레그테크와 섭테크는 분석적 위험예측의 수단이 되고, 인지적 실수 가능성을 낮춤으로써 감독당국이나 금융기관 입장에서 예외적인 상황에 기반한 감독(Exceptions-based supervision)을 가능하게 한다. 한편, 고빈도거래(HFT, High Frequency Trading)와 같이 인간이 할 수 없는 영역의 거래에 대해서는 감독기관의 측면에서도 인간이 제대로 검사, 감독하기 어려운 바 이러한 영역에 대해 규제수단을 제공해 주는 측면이 있다.

나. 위험

레그테크와 섭테크의 도입이 항상 긍정적인 요소를 가지고 있는 것은 아니다. 다음과 같은 사항들은 레그테크와 섭테크에 있어 위기요인이자 위험요소로 극복이 필요하다.

(1) 데이터의 표준화와 데이터의 질의 상관관계

레그테크와 섭테크가 성공하기 위한 가장 중요한 요소는 데이터의 디지털화를 통한 이용가능성 증대이다. 이를 위해 데이터의 표준화가 필요하다. 그러나 데이터의 표준화가 반드시 데이터 질을 담보하지 아니한다. 즉, 데이터의 유용한 내용 중 상당 부분이 표준화를 통해 사라지거나 혹은 데이터 표준화 과정에서 왜곡될 가능성도 있다. 이에 따라 데이터의 디지털화 내지 표준화만으로는 부족하고, 구조화가 불가능한 데이터에 대한 보완, 활용 방법도 고민할 필요가 있다.

(2) 사이버 위험과 데이터 보안

사이버 위험은 디지털 솔루션과 디지털화 및 디지털 정보의 내부(감독기관)와 외부(금융기관) 간 연결에 따라 증대될 수밖에 없다. 새로운 기술의 도입은 사이버 보안에 있어 취약점이 되고, 그러한 취약점은 실제로 문제가 발생할 때까지 드러나지 않는 경우가 다수이다. 이러한 문제는 디지털화와 데이터의 광범위성에 따라 위험성이 증가하고, 그에 따라 금융안정성에 대한 거시적 위험요인이 될 수도 있다.

(3) 제3자에 대한 의존성

금융기관이나 특히 금융감독당국 입장에서 섭테크는 자체적으로 모든 디지털 데이터의 획득, 수집, 처리가 불가능하므로 클라우드 서비스 제공자(provider)를 비롯해 여러 외부 제3자에 의존할 수밖에 없다. 그런데 만약 제3자가 서비스를 중단하거나 잘못된 서비스를 제공하는 경우 위험이 발생할 수밖에 없고, 그 의존성에 따라 금융시장 전반의 위험으로 확대될 수도 있다.

(4) 물적, 인적 설비와 비용

레그테크와 섭테크의 이용 증가는 필수적으로 데이터 과학자나 엔지니어의 대규모 고용을 필요로 한다. 그리고 그와 같이 고용된 과학자나 엔지니어는 일반적으로 데이터 처리 전문가이지 규제 전문가는 아니므로 금융기관이나 감독당국입장에서 새로운 교육과 훈련이 필수적이다. 또한 금융기관이나 감독당국은 새로운 인력에만 의존할 수는 없으므로 기존 인력을 전환하거나 새로운 교육, 훈련이 필요하다. 물적 설비에 있어서도 새로운 구입뿐만 아니라 설비전환 등이 요구될 수 있다. 이러한 인적, 물적설비의 필요성은 최소한 초기 도입 비용 측면에서 장애가 되는바, 특히 데이터 과학자 등의 고용에 있어 사적 영역과 경쟁해야 하는 감독당국 입장에서는 어려움이 예상된다.

(5) 데이터의 외부저장(Data localisation)

레그테크와 섭테크의 경우 대규모 디지털 데이터의 저장이 필수적이다. 그런데 이들 데이터의 저장은 내부에서 처리하기 어려운 경우가 많고, 특정 국가나 영역에서 저장을 하는 경우가 다수이다. 이러한 외부저장은 경우에 따라 레그테크, 섭테크에 있어 위험요소로 작동한다. 비용요소는 앞서 언급한 바 있으나, 특히 섭테크의 관점에서 장소적 측면의 규제 영역 밖의 사고, 사건 가능성은 주의가 필요하다. EU의 경우 이러한 측면을 고려하여 개별 국가의 데이터는 최소한 EU 역내에서 보관되어야 함을 정하고 있으나 이러한 원칙이 다른 모든 나라에 통용되기는 어려울 것이다.

(6) 규제회피의 가능성

레그테크나 섭테크의 경우 규제에 대한 분석수단을 제공한다. 그런데 이러한 분석수단이 반대로 규제회피를 낳을 가능성이 있다. 레그테크와 섭테크가 연동되어 있을 경우 섭테크를 통해 발송된 위험경고 등은 레그테크의 입장에서 데이터가 축적되면 감독당국의 규제허용범위를 확인할 수 있는 기회를 제공하고, 그에 따라 규제를 한계선에서 수용한다거나 혹은 규제를 회피할 가능성이 있다. 이러한 관계구조에 따라 레그테크와 섭테크는 서로 경쟁할 수 있으며 이러한 경쟁은 규제의 복잡성으로 나타나는 한편, 규제비용의 증가로 이어질 수 있다.

(7) 새로운 진입장벽의 가능성

레그테크와 섭테크가 발전할수록 그와 같은 기술을 갖지 못한 신규진입자 측면에서는 새로운 진입장벽이 될 가능성이 있다. 즉, 신규진입자로서는 레그테크를 활용하고 있는 기존 시장참여자에 비해 초기 비용이 과다하게 들거나 규제준수비용이 더 들게 되어 경쟁에 어려움이 있고, 섭테크의 이용을 위해 감독당국이 제시하는 기준을 준수하지 못할 경우 진입 자체가 불가능할 수 있다.

(8) 새로운 비용과 위험

새로운 기술은 항상 한계가 있고, 보완이 필요하다. 현재 사용되는 레그테크와 섭테크 기술의 경우에도 다양한 문제점이 발생하고 있고, 이러한 문제점은 기존에 발견된 위험과는 다른 새로운 위험을 발생시킨다. 또한 이러한 위험을 발견하고, 처리하기 위해서는 또 다른 인적, 물적 비용이 필요하다. 한편, 새로운 기술의 도입에 있어 상당 기간은 별도의 관찰과 위험관리가 필요하다. 특히 섭테크의 경우 위험이 현실화된다면 감독당국의 책임문제가 발생할 수 있으며, 섭테크에 대한 의존이 클 경우 시장위험으로 전이될 가능성도 있다. 인공지능이나 머신러닝의 경우 데이터 처리와 관련한 새로운 기술로 각광받고 있으나 이들 기술의 안전성에 대한 검증은 끝났다고 보기 어렵다. 이는 특히 섭테크의 경우 문제발생의 폭과 범위라는 측면에서 이들 신기술의 도입을 어렵게 하는 요인이 될 것이다.

V 레그테크와 섭테크의 도입에서 법적 쟁점

1 기계장치를 이용한 규제 및 감독 시 기존 법체계의 적용가능성

가. 문제의 제기

레그테크와 섭테크는 모두 인간이 아닌 기계장치에 의한 비대면 작동을 전제하고 있다. 반면 현재의 금융규제는 인간에 의한 대면작동을 전제로 마련되어 있다. 따라서, 레그테크와 섭테크와 같은 기계장치를 이용한 규제 및 감독 시 기존 법체계가 적용될 수 있는지에 대해 의문이 발생한다. 만약 기존 법체계가 적용될 수 없다면 레그테크와 섭테크에 대한, 또는 신기술, 특히 인공지능에 대한 특별한 법적 고려를 하여 별도의 법체계를 마련해야 하는 문제가 발생한다.

나. 기계장치를 이용한 규제 및 감독과 신기술 발전(인공지능)

종래 기계장치를 이용한 작동에 대해 기계장치는 인간의 손발을 대신할 뿐이므로 여전히 이를 조종, 통제하는 인간의 행위의 연장으로 보아 책임귀속 역시 인간에게 함에 있어 별다른 이론이 없었다. 그러나 인공지능의 발달, 특히 이를 이용한 자율주행과 같은 신기술이 발전하면서 어느 단계에 이르러서는 더 이상 기계의 행위를 인간의 행위로 동일시할 수 없다는 문제제기가 있다. 현재 인공지능 기술을 활용한 기술로는 자율주행이 주로 논의되고 있고 이와 관련해서는 5단계 구분이 일반적이다.[37] 그리고 인공지능의 발전단계 중 약형, 준강형, 강형 인공지능이 각각 그중 3단계, 4단계, 5단계에 대응될 것이다.[38]

다. 현재의 기술수준 및 법적 평가

현재 자율주행이나 인공지능은 위 단계 중 3단계 내지 4단계 초입에 도달해 있는 상황으로 평가된다. 3단계나 4단계는 모두 인간의 개입이 일정 부분 필요하다. 즉, 3단계는 일정 부분 · 영역에 대해, 4단계는 일정한 조건상황(소위 악천후)에 대해 인간의 개입을 전제하고 있다. 그런데, 레그테크나 섭테크가 작동하는 영역은 평소에 발생하지 아니하는 특정 위험에 대한 대응영역으로 자율주행에서는 '악천후'와 같은 상황에 해당한다. 따라서 현재의 기술단계인 3단계나 4단계에서의 레그테크나 섭테크는 3단계에서의 일정한 영역에서이든, 4단계에서의 조건상황에서이든 인간의 개입을 전제로 인간의 책임을 인정할 수 있다고 할 것이다. 로보어드바이저를 입법화할 때 전자적 투자조언장치[39]

---

37 맹준영, 「자율주행자동차와 법적책임」, 2020, 78면 이하.

38 각 단계는 다음과 같다.
1단계; 운전자 보조 장치가 탑재된 차량으로 차선이탈 경보, 자동브레이크, 속도조절 등
2단계; 부분자동화 단계로 운전자의 개입 없이 차선을 유지하거나 자동제어기능이 작동하여 운전을 보조함
3단계; 조건부 자율주행 단계로 차량이 교통상황을 파악하여 운전하고, 여건이 맞지 않을 때에는 운전자가 운행하는 단계.
4단계; 고도자율주행단계로 악천후와 같은 특정 상황을 제외하고 차량이 스스로 운전하는 단계
5단계; 완전 자율주행단계로 차량 시스템이 스스로 운전하고 운전자의 개입이 필요없는 단계

39 왕웨이자(고보혜 역), 「AI트렌드와 투자인사이트」, 2020, 247면 이하.

라고 하여 "장치"라는 용어를 사용한 것도 비슷한 맥락이다. 인공지능과 법에 관한 논의에서 소위 동일규제원칙(Same Rule Principle)[40]에 의하면 인간의 개입이 전제될 때 인간의 책임을 인정할 수 있다고 본다.[41][42]

라. 기존 규제의 적용 시 기준과 방법의 변용가능성

현재의 기술수준을 고려할 때 기존의 규제가 적용될 수 있다고 하더라도 인간의 작동을 기준으로 마련된 기준과 방법을 그대로 적용할 수 있는지 검토가 필요하다. 특히, 각 규제에서 정한 요건의 충족 여부 판단을 위한 기준, 특히 주관적 요건의 객관화에 따른 객관적 행위양태에 대한 기준은 자동거래와 수동거래 사이에 차이가 있을 수밖에 없다. 즉, 문제가 발생하였을 때 행위와 결과 발생이라는 객관적 양태는 관찰이 가능하지만 고의와 목적과 같은 주관적 양태는 관찰이 불가능하다. 이에 대해 기계장치에 의한 경우 특히 고의와 같은 주관적 요소를 필요로 하지 않는다는 견해가 있을 수 있다. 법원은 "행정목적의 달성을 위하여 행정법규 위반이라는 객관적 사실에 착안하여 가하는 제재이므로 위반자의 의무해태를 탓할 수 없는 정당한 사유가 있는 등의 특별한 사정이 없는 한 위반자의 고의나 과실이 없다고 하더라도 부과할 수 있다"고 한 예가 있다.[43] 그러나 법원도 "원칙적으로 위반자의 고의, 과실을 요하지 아니하나, 위반자가 그 의무를 알지 못하는 것이 무리가 아니었다고 할 수 있어 그것을 정당시 할 수 있는 사정이 있는

40 Nicole G. Iannarone, "Computer as Confidant: Digital Investment Advice and the Fiduciary Standard", 700, 93 Chicago-Kent Law Review 2018, pp.140-157; 角田美子, "ロボアドバイザと金融業者の法的義務;,「金融法務事情」第2095&21495, 2018, p.35.

41 최근 싱가폴 국제상사법원은 가상화폐 거래 플랫폼을 제공하는 자와 이를 이용한 자 사이에 플랫폼 제공자의 프로그램 설정오류로 잘못된 교환비율로 자동거래가 이루어지자 플랫폼 제공자가 이를 사후취소한 사안에서 취소와 관련한 의사의 판단기준은 거래 플랫폼에 대한 프로그래밍 시점의 그것에 의하여야 한다고 판시한 바 있다(B2C2 Ltd v Quoine Pte Ltd [2019] SGHC(I) 3).

42 싱가폴 법원의 판결은 기계장치를 이용한 자동거래의 경우에도 인간의 주관적 요소의 판단을 검토하고 있는데, 이는 인간의 책임을 전제하고 있다는 점에서 유의미하다. 또한, 싱가폴 법원의 판결은 주관적 요소의 판단에 있어 그 기준을 자동거래의 작동시점이 아닌 인간(프로그래머)의 프로그래밍 시점의 그것에 의하도록 하였다는 점에서도 의미가 있다. 동 판결에 대한 분석으로는 Norton Rose Fullbright, "Singapore Court's Cryptocurrency Decisions: Implications for Cryptocurrency Trading, Smart Countracts and AI", 2019.9.

43 대법원 2003. 9. 2. 선고 2002두5177판결.

때 또는 그 의무의 이행을 그 당사자에게 기대하는 것이 무리라고 하는 사정이 있을 때 등 그 의무해태를 탓할 수 없는 정당한 사유가 있는 때에는 (과태료를) 부과할 수 없다"라고 판시한 바 있다.[44]

한편, 질서위반행위규제법 제7조는 "고의 또는 과실이 없는 질서위반행위는 과태료를 부과하지 않는다"는 명문규정을 두고 있으므로 주관적 요건을 무시할 수 없다고 본다. 그렇다면 주관적 요건의 인정방법이 문제 되는바, (i) 기계장치의 작동원리를 담고 있는(인공지능 등의 기초가 되는) 알고리즘 소스코드를 확보하여 이를 분석하는 방법, (ii) 행위의 결과양태를 기초로 귀납적으로 주관적 요건을 확인하는 방법이 있을 수 있다. 이 중 (i)의 경우 알고리즘 소스코드는 행위자 입장에서 중요한 업무용 비밀에 해당하므로 공개가 어려울 수 있고, 감독당국의 입장에서도 설사 이를 확보하더라도 해석에 어려움이 있을 수 있다. 따라서, 현실적인 방법은 (ii)에 따라 행위의 결과양태를 기초로 귀납적으로 주관적 요건인 고의 등을 확인하는 방법으로, 이때 요구되는 결과양태는 주관적 요건에 따라 차이가 있을 것이다.[45]

마. 행위자 중심 규제체계의 보완 및 변경

현재의 규제체계, 특히 행정책임은 행위자 중심의 규제체계이다. 그러나 인공지능이나 알고리즘 거래의 등장은 행위자보다는 행위수단에 중점을 둔 것으로 행위는 있으나 행위자를 찾기 어려운 상황이 발생할 수 있나. 또한 거래의 복잡성, 고속성으로 인해 행위의 분별에도 어려움이 증가하고 있다. 행위자 규제의 한계는 알고리즘과 같이 집단적 의사결정 및 집단사고의 결과물로서 행위자를 특정하기 어려운 경우와 고빈도거래와 같이 행위의 유형이 인간의 그것과 다르거나 분별이 어려운 경우에 발생한다. 행위자 규제를 유지한다는 측면에서 개별 사실관계에서 행위자 특정의 어려움을 고려하여 사전에 행위책임자를 지정하여 신고하도록 하는 것도 방법이 될 수 있다.[46]

---

44 대법원 2000. 5. 26. 선고 98두5972판결.

45 예컨대, 알고리즘 거래의 경우 시장질서교란행위 등이 문제되는 상황이라면 허수성 주문과 관련한 호가관여율, 체결률, 주문양태, 주문시기 등이 관찰이 필요한 결과양태가 될 것이다.

46 파생금융상품의 거래에 있어 책임자를 지정하도록 한 제도도 유사한 취지를 담고 있다(자본시장법 제28조의2).

2 신기술 이용에 대한 일종의 테스트베드 내지 인증절차

가. 문제의 제기

레그테크를 도입하는 피감독기관, 즉 금융기관 입장에서는 레그테크 도입 시 장점과 단점을 비교형량할 수밖에 없다. 레그테크 도입 시 장점은 장기적으로 컴플라이언스 비용을 감소시킬 수 있고, 위법이나 사고 등 컴플라이언스 위반에 따른 결과부작용을 낮출 수 있다는 것으로 이에 대해서는 효용을 인식하는 데 어려움이 없다. 그러나 레그테크를 도입하더라도 동 레그테크가 감독당국의 규제준수에 적합한지, 레그테크를 적용하였을 때 기존의 컴플라이언스 업무를 수행한 것으로 인정받을 수 있는지 여부가 미지수라면 금융기관은 레그테크 도입을 주저할 수밖에 없다. 이에 따라 감독당국에서는 레그테크의 기술수준과 내용을 평가할 수 있는 테스트베드를 제공하고, 그러한 테스트베드를 통과한 레그테크 기술에 대해 인증을 함으로써 금융기관 입장에서의 레그테크 도입 위험을 낮추는 것이 필요하다.

나. 테스트베드의 의의와 효과

테스트베드는 '시험무대', '시험장', '시험공간', '시험시스템'이라는 뜻을 가진 용어이다. 일반적으로 과학 이론의 타당성과 적용 가능성을 증명하거나, 기업이나 연구소에서 개발한 각종 신기술 및 시제품의 성능, 효과, 안정성, 양산 가능성, 편의성 등을 시험하기 위한 환경, 공간, 시스템, 설비(시설) 등을 의미한다. 테스트베드는 일종의 시뮬레이션 인프라로, 결과 예측이 정확하고 정밀할 수 있도록 실제와 유사한 환경을 구축하고, 이런 시험을 통해 실제 환경에서 발생 가능한 각종 문제점을 사전에 발견하여 조정할 수 있다. 시험 과정 없이 기술 및 제품을 시장에 출시하였을 경우 발생하는 위험 부담을 최소화하여 비용과 시간을 절감하는 효과를 기대할 수 있다.

다. 테스트베드의 제공

(1) 기존 테스트베드의 활용과 최적사례의 제공

금융당국은 금융개혁의 일환으로 금융-IT 융합 등에 따른 새로운 상품 및 서비스의 원활한 도입을 위해 영국금융감독청(FCA)의 사례를 벤치마크하여 금융규제 테스트베드(regulatory sandbox)를 도입하였다. 특히 금융상품자문업 활성화 방안의 일환으로 자동화된 시스템을 활용하여 자산배분 및 운용서비스를 제공하는 Robo-advisor의 역량을 검증하기 위해서 금융규제 테스트베드 틀 내에서 공개테스트를 실행하고 있다. 한편, 감독당국은 금융규제 테스트베드에 참가하는 (잠재)사업자들이 제시하는 시스템을 평가하는 방법(evaluation methodologies)의 최적사례(best practice)를 연구조사하여 참가자들에게 명확하게 제시할 필요가 있다. 평가방법의 최적사례는 시장에 새로운 알고리즘 또는 모델 등이 출현할 경우 시간이 지나면서 변화(evolve)할 수 있으므로 감독당국은 이를 장기적으로 수정 보완해 나가는 것이 바람직하다. 자동화모델의 성과평가에 있어서는 단순한 목적 부합 여부뿐만 아니라 변동성 등을 감안한 위험가능성과 위험발생 시 최대편차 등을 종합적으로 고려하여 평가하는 것이 바람직할 것이다.

(2) 평가방법 및 표준화된 평가절차의 제시 등

감독당국은 동 평가방법 및 표준화된 평가절차를 명확히 제시하고 이를 참가하는 사업자들이 숙지하게 하여 사업모델 자체평가(self evaluation)가 가능토록 할 필요가 있다. 금융규제 테스트베드에서 양호한 성과를 시현하여 향후 사업화 가능성이 높은 (잠재)사업자를 감독당국이 선별한 후에는 해당 사업자에 대한 감독당국의 1대1 맞춤형(tailor made) 지원이 지속되는 것이 바람직하다. 향후 사업회 가능성이 높은 사업자를 선별할 때 감독당국의 정책목표는 현재 금융상품 자문업계가 가장 부족하다고 판단되는 부문(advice gap)을 메워줄 수 있는 잠재적인 시장영향력(potential impact)을 기준으로 하는 것이 바람직할 것이다. 선별된 사업자에 대한 감독당국의 맞춤형 지원과정에서 사업자가 제시하는 자동화 모델의 금융규제 위배가능성 및 규제적 함의(regulatory implication)뿐만 아니라 수요자 관점에서의 관심사항(concern) 및 위험요소 등을 확인하여 이를 사업자에게 알려주는 것이 바람직하다. 특히 규제위험 및 수요자 관점에서의 관심사항 및 위험요소를 측정하고 이를 축소시키기 위한 테스트 방법 등을 감독당국과 해당 사업자가 상호 협력하여 개발하는 것이 필요할 것이다. 이러한 금융규제 테스트베드의 다양한 사업자들과의 실험결과 및 이를 통해서 파악한 내용을 감독당국이 정기적으로 공시함으로써 시장 참가자들과의 교감을 확대하는 것이 바람직하다. 이를 위해서는 금융규제 테스트베드에 참가하는 사업자들에게 실험결과의 발표에 대해서 사전적인 동의를 구하는 과정이 선행되어야 할 것이다. 실험결과의 공유를 통해 추가적인 잠재사업자들이 사업모델 개발에 참조할 수 있도록 하는 것이 새로운 사업모델 및 알고리즘 개발 등을 통한 금융혁신을 유발하는 효과 측면에서 바람직하다.

(3) 사업인가와 테스트베드 결과의 관계

금융규제 테스트베드의 수익률 경쟁 결과를 감독당국의 사업인가 및 해당 사업자의 실질적인 사업진출 결정 여부와는 직접적으로 연계시키는 것은 바람직하지 않을 것으로 판단된다. 미래 금융환경은 가변적이어서 금융규제 테스트베드에서 양호한 수익률 성과를 거둔 잠재사업자가 실질적으로 사업을 시작하였을 때에도 좋은 사업성과를 거둔다는 보장이 없다. 감독당국의 사업인가 여부를 금융규제 테스트베드의 수익률경쟁 결과에만 의거하여 결정할 경우 금융규제 테스트베드가 사업인가 경쟁으로 변질될 우려가 있으며, 이로 인해 잠재적인 다양한 소비자보호 문제 및 규제위험이 발생할 수도 있다. 금융규제 테스트베드에 참가한 잠재사업자가 실질적인 사업 진출 여부를 결정하는 것은 전적으로 해당 사업자의 사업적 판단에 의거하는 것이 타당하다. 구체적인 테스트베드 및 인증절차 부여방안에 있어서는 다음의 각 점을 고려할 수 있을 것이다. 첫째, 레그테크의 각 기술에 따른 분류, 둘째, 코스콤 등 외부 공적영역을 통한 절차와 감독기관 내 일종의 랩 설치가능성, 셋째, 레그테크의 산업적 요소로서 금융기관(수요자)과 테크기업(공급자) 사이의 연결 필요성이다.

3 레그테크 이용에 따른 제재 감경의 규정화

가. 문제의 제기

레그테크를 이용하는 이유는 금융기관 입장에서 내부적으로 장기적인 컴플라이언스 비용을 낮추고자 하는 것이 대부분이지만 테스트베드나 인증절차 부여여부에 따라 위험이 존재한다. 이에 따라 레그테크를 이용하는 경우 일종의 인센티브를 제공하는 것을 활성화 방안으로 고려할 수 있으며 대표적인 것이 레그테크 이용에도 불구하고 금융사고 등이 발생하였을 시 제재를 감경하거나 특히 금융기관의 책임을 경감하는 것이다.

이러한 제재 감경은 금융사고 등 발생 시 사후적으로 적용하는 것도 가능하다.[47] 하지만 이러한 내용이 규정화되었을 때 비로소 사전적 행위기준으로 작동하여 레그테크 활성화 방안으로서 제도적 인센티브로서 역할이 가능할 것이다.

나. 현행 관련규정

금융위원회의 설치 등에 관한 법률(이하 "금융위설치법"), 은행법, 자본시장과 금융투자업에 관한 법률, 보험업법 등은 금융관련 법령 위반 시 임직원과 기관에 대한 제재를 규정하고 있다. 특히 금융위설치법에 따라 금융위원회 고시로 마련된 금융기관 검사 및 제재에 관한 규정, 금융감독원 규정인 동 시행세칙에서는 제재양정에 대해 규정하고 있다. 이 중 금융기관의 입장에서는 기관제재 및 그에 대한 감경여부가 중요한바 동 시행세칙 제50조의 4 및 별표9에서 그 내용을 정하고 있다.[48]

---

47 예컨대, 별표9의 1의 iii) 동일 또는 유사한 위반행위의 방지를 위한 자체감사 또는 내부통제 시스템을 갖추어 시행하거나 대책을 마련하여 이행하는 등 상당한 주의 및 감독을 한 것으로 인정된다고 보는 경우이다.

48 그 주요 내용은 다음과 같다.

금융기관 검사 및 제재에 관한 규정 시행세칙 제50조의4(기관제재의 감경)

기관에 대한 제재를 함에 있어 감독원장이 당해 금융기관에 대해 실시한 경영실태평가 결과 내부통제제도 및 운영실태가 우수한 경우 기관에 대한 제재를 감경할 수 있다. 다만, 기관에 대한 제재를 감경함에 있어서는 별표 9의 내부통제 우수 금융기관에 대한 기관제재 감경기준에 의한다.

금융기관 검사 및 제재에 관한 규정 시행세칙 별표9(내부통제 우수 금융기관에 대한 기관제재 감경기준)

1. 적용대상

제50조의4에 따른 금융기관에 대한 제재감경은 다음 각호의 어느 하나에 해당하는 경우에 적용할 수 있다.

i) 최근 2년 이내 실시한 경영실태평가 결과 내부통제부문 평가등급이 2등급 이상인 금융기관의 경우

ii) 내부통제 우수와 관련하여 금융감독원장 · 금융위원장의 표창, 상훈법 · 정부표창규정에 의한 표창 등을 받은 공적이 있는 경우

iii) 동일 또는 유사한 위반행위의 방지를 위한 자체감사 또는 내부통제 시스템을 갖추어 시행하거나 대책을 마련하여 이행하는 등 상당한 주의 및 감독을 한 것으로 인정되는 경우

2. 적용배제

다만, 다음 각호의 어느 하나에 해당하는 경우로서 특별히 참작할 만한 사유가 없는 경우에는 동 제재감경의 적용을 배제할 수 있다.

i) 제재대상 위법 · 부당행위가 금융기관의 내부통제체계가 현저히 취약한 데 직접 기인하는 경우로서 사회적 · 경제적 물의를 크게 야기한 경우 또는 금융기관 · 금융거래자에 중대한 손실을 초래한 경우. 이 경우 중대한 손실 여부는 금융기관의 규모 및 금융기관에 미친 영향 등을 감안하여 결정한다.

다. 규정의 개정방향

레그테크를 도입하는 경우에 대해 기관제재 감경의 인센티브를 제도화하기 위해서는 (1) 법률 등의 개정, (2) 레그테크와 관련한 고시 등 별도 마련, (3) 위 규정의 일부개정 등이 있을 수 있는바, 가장 접근하기 쉬운 방법은 금융감독원 규정인 시행세칙 별표9를 개정하는 방안이 될 것이다. 이와 관련하여 금융기관 검사 및 제재에 관한 규정 시행세칙 별표9(내부통제 우수 금융기관에 대한 기관제재 감경기준)를 다음과 같이 개정하는 방안을 고려할 수 있다. 우선, 적용대상 중 iii)에 단서를 추가하여 "다만, 코스콤 등이 제공하는 테스트베드를 통과하여 인증받은 레그테크를 사용한 경우에는 동일 또는 유사한 위반행위의 방지를 위한 자체감사 또는 내부통제 시스템을 갖추어 시행하거나 대책을 마련하여 이행하는 등 상당한 주의 및 감독을 한 것으로 본다"라고 규정하는 방안이다. 그 외 레그테크 인증 후 사용검사(내부통제절차에 대한 평가)에 대한 보완 절차를 마련하고, 경영실태평가 내 내부통제부문 평가등급 부여 시 레그테크에 대한 사용완전성 등 평가요소를 고려하는 방안도 있다.

VI 결 론

제4차 산업혁명과 금융의 변화는 감독당국과 그 수범자로서의 금융기관에 대해서도 심대한 영향을 미치고 있다. 이러한 시대적 변화는 위기이자 기회이기도 하다. 레그테크와 섭테크는 수범기관과 감독당국에 있어 새로운 기술의 수용이라는 측면이 강조되는 용어로 아직 법제화가 되거나 제도화되었다고 보기는 어렵다. 그러나 관련 기술

---

ii) 금융거래자에게 중대한 손실을 초래한 경우로서 신속한 배상 등 피해구제를 소홀히 한 경우

iii) 최근 3년 이내 2회이상 동일 · 유사한 내부통제 소홀로 경영유의 이상 조치요구를 받고, 동일 · 유사한 사유로 다시 조치요구를 받는 경우

3. 감경수준

1단계 감경을 원칙으로 하되, 제재대상 위법 · 행위의 동기, 원인, 결과, 방법 등을 종합적으로 감안할 때 필요하다고 인정되는 경우에 한하여 최대 2단계까지 조정할 수 있다.

4. 적용횟수

경영실태평가 결과에 따른 내부통제 우수 금융기관에 대한 기관제재 감경은 매회 평가등급별로 각 1회에 한하여 적용한다.

들이 핀테크산업과 맞물려 급속히 발전하고 있음은 주지의 사실이다. 각국의 감독당국은 섭테크를 도입함과 동시에 레그테크의 육성을 위해 핀테크업 및 수범기관인 금융기관과 소통을 강화하고, 구체적인 로드맵을 제시하고 있다. 우리 감독당국도 향후 레그테크, 섭테크에 대한 보다 구체화된 로드맵을 준비하고, 장애가 되는 법적 요소들에 대해 제도를 정비하는 한편, 수범기관과 소통하고, 레그테크의 도입에 법적 인센티브를 제공하며 동시에 제도적 기반을 정비할 필요가 있다.

참/고/문/헌

〈국내문헌〉

곽동철, "레그테크를 통한 국내 금융 규제관련 기술 활용 전망", KOSCOM 뉴스룸, 2019.8.22.

구본성 외, "한국 금융산업의 2030 비전과 과제: 개관 - 코로나 위기 이후 금융의 디지털화를 중심으로", 한국금융연구원, 2020.10.

김두진, "디지털 경제와 핀테크 - 소비자보호를 중심으로", 비교사법 제26권 제3호, 2019

김상진, "미국 증권업계의 Regtech의 이용에 관한 자율규제 정책", 지급결제학회지 제11권 제2호, 2019.

김수진, 「디지털금융의 이해와 활용」(제2판), 2021.

유제민, "레그테크의 도입과 규제법학의 과제", 경제규제와 법 제12권 제1호, 2019.

이시연 외, "레그테크, 섭테크 국내외 현황 및 중장기 발전 방향", 한국금융연구원, 2019.12.

이시연, "금융환경 변화에 따른 섭테크 활용 확대를 위한 과제", 금융포커스 제29권 제2호, 2020.1.

최승욱 외, "레그테크 기반의 자본시장 규제 해석 온톨로지 및 딥러닝 기술개발을 위한 제언", 정보시스템연구 제30권 제1호, 2021.3.

자본시장연구원, 이슈보고서, 「핀테크에 의한 금융혁신 양상과 시사점」, 2021.2.2.

______, 자본시장포커스 「금융규제의 새로운 패러다임 레그테크」, 2020-20호.

〈외국문헌〉

BIS, "FSI Insights on Policy Implementation No 19: The Suptech Generation", 2019.10.

FSB, "The Use of Supervisory and Regulatory Technology by Authorities and Regulated Institutions", 2020.10.9.

Ernst Young(EY), "Regulatory Technology(RegTech)", EY Regulatory Technology Brief, 2019.

FSCA, "Supervisory Technologies: How Suptech Empowers Regulators to Supervise Efficiently and Effectively", 2021.

IIF, "Regtech in Financial Services: Technology Solutions for Compliance and Reporting", 2016.3.

Deloitte, "Regtech is the New Fintech: How Agile Regulatory Technology is Helping Firms Better Understand and Manage Their Risks", 2016.

〈보도자료 등〉

금융위원회, 보도자료, 「금융분야 인공지능 가이드라인」, 2021.7.8.

______, 보도자료, 「금융분야 클라우드 이용 확대방안」, 2018.7.16.

디지털금융과 소비자보호

안수현
(한국외국어대학교 법학전문대학원 교수)

I 서론: 디지털금융과 소비자보호 패러다임의 변화 필요성

디지털금융은 정보통신기술(ICT), 특히 인터넷 · 모바일 네트워크, 데이터, 인공지능, 분산원장기술(DLT) 등을 활용하여 금융상품과 서비스를 설계 · 제공 · 이용 · 관리하는 모든 활동을 포괄하는 개념이라고 할 수 있다. 이러한 디지털 금융은 금융플랫폼, 간편결제, 오픈뱅킹 · 오픈 파이낸스, 알고리즘 거래, 로보어드바이저, 고빈도 거래, 인슈어테크, 인공지능, 조각투자, 가상자산 · 스테이블 코인 · CBDC 등 다양한 변화와 혁신을 유도하며 금융서비스의 지형을 변화시키고 있다. 금융서비스 분야로 구분하면 디지털 결제 · 송금[1], 디지털 투자 · 거래[2], 디지털 신용 · 대출[3], 디지털 보험(인슈어테크)[4], 금융데이터 활용서비스[5], 보안 · 인증 인프라[6] 등으로 크게 나눠진다.

이러한 디지털금융은 의사결정과 리스크 평가에 대규모 데이터를 활용하고, 금융

1 디지털 결제 · 송금분야에는 모바일뱅킹, 간편결제, QR결제, NFC, 디지털 지갑, 중앙은행 디지털 화폐(CBDC) 등이 속한다.

2 디지털 투자 · 거래분야에는 알고리즘거래, 로보어드바이저, P2P투자, 신용평가 자동화가 포함된다.

3 디지털 신용 · 대출에는 온라인 대출, 소액후불결제(BNPL), 신용평가 자동화가 포함된다.

4 디지털보험(인슈어테크)에는 AI, IoT 기반 맞춤형 보험, 온라인 청구 · 심사가 포함된다.

5 오픈뱅킹 · 오픈 파이낸스가 대표적이다.

6 전자서명, 생체인증, 블록체인 인증, 사이버보안시스템이 대표적이다.

서비스가 플랫폼 형태로 제공되며, 시간·장소 제약 없이 금융서비스 이용이 가능하고, 개인화된 서비스를 제공하는 점에서 전통적인 금융거래와 다른 특징을 갖고 있다.

특히 디지털화의 빠른 속도는 특히 금융소비자 보호 측면에서 기존의 보호 체계와 방식으로는 해결하기 어려운 새롭고 고도화된 소비자 위험을 수반한다. 예컨대 신종 사기 등의 디지털 금융범죄와 해킹 등과 같은 사이버 리스크, 알고리즘 오류나 남용, 무분별한 정보수집의 데이터 프라이버시 침해, 공정성과 투명성 우려, 그리고 고령자·저소득층의 사회취약계층의 금융소외와 복잡해진 피해구제 메커니즘 등 매우 위험발생가능성이 다양하다.

표 1 디지털 금융의 소비자 위험요소

위험요소	내용
디지털 금융범죄	온라인 채널을 이용한 신종범죄나 허위정보로 소비자를 현혹
사이버리스크	의도적인 사이버공격에 의한 개인정보 유출, 기술사고, 네트워크불능
알고리즘 오류·남용	금융회사가 사용하는 알고리즘은 명확하고 투명하며, 설명가능하며, 불법적이거나 배제하기 위한 편향이 없어야 함
데이터 프라이버시	소비자들은 개인정보 수집 및 이용동의를 할 때 조건을 읽어보지 않거나 이해하지 못한채 동의함
공정성·투명성 우려	정보비대칭이 심하고 불투명함
금융소외	모바일 기기 사용이 불편한 고령소비자들이 금융소외를 경험
복잡한 구제메커니즘	책임소재를 알기 어렵고 피해배상에 오래 걸릴 수 있음

한편에서는 디지털금융의 역동성을 고려하여 디지털금융에 대한 유연한 규제 접근방식을 요구하는 경향이 있다. 즉 혁신을 저해하지 않으면서 새로운 비즈니스모델에 대한 감독을 용이하게 하면서 소비자보호를 강구하는 접근방식이 그것이다. 대표적으로 규제샌드박스제도가 이에 해당한다.

그런데 피해 발생 후 소비자 구제와 규제 강화가 이루어지는 기존의 금융소비자보호모델은 디지털 금융환경에서는 적합하지 않다. 때문에 최근 국제기구와 연구기관들은 디지털 생태계에서 소비자 중심적인 접근 방식을 주장하며, 사전적인 소비자 보호 조치의 중요성을 강조하고 있다.

II 디지털금융의 급속 확산에 따른 새로운 금융소비자 보호 접근방식 필요성

1 디지털금융의 특성과 새로운 위험

디지털금융은 기존 전통적인 금융보다 훨씬 빠른 속도와 복잡성을 가지고 있다. 우선 매우 복잡하고 불투명하다. 대표적으로 우선, 인공지능 알고리즘이나 블록체인 기반 서비스는 일반금융소비자가 원리를 이해하는데 어렵다. 둘째, 속도와 확산성 면에서도 초고속거래(알고리즘, 고빈도거래), 즉각적 글로벌 확산(가상자산, 스테이블 코인)으로 인하여 사고 발생 시 피해규모가 급속하게 증대된다. 셋째, 책임 소재가 불명확하다. 스마트계약, 탈중앙화 거래(DeFi) 같은 구조에서는 책임 주체를 특정하기 어려워 사후 피해자 구제가 지연되거나 불가능하다.

사후적 보호를 중심으로 하는 규제방식은 피해를 구제하는데 장애가 많다. 예컨대 사고 후 배상·분쟁조정은 시간이 오래 걸리는 경향이 있고, 피해 회복이 불완전하다. 또한 개인정보 유출이나 해킹으로 인한 자산 탈취, 스마트계약 취약점 등으로 인한 피해는 회복이 사실상 불가능하다.

2 정보비대칭 및 행동 편향

또한, 디지털 금융거래 상대방인 소비자는 서비스의 복잡성과 신규성으로 인해 상당한 정보 비대칭에 직면하는 경우가 많다. 이들은 정보 수집, 분석 및 처리에서 수동적인 위치에 놓여 있고, 약관이나 금융거래 시 수반되는 위험 또는 거래결과가 뜻하는 의미를 완전히 이해하기가 쉽지 않다. 특히 정보비대칭은 소비자의 인지적 휴리스틱을 악용하는 기만적 디자인("다크 패턴")에 취약할 수 있는 행동 편향으로 인해 더욱 심화된다. 새로운 디지털 금융상품의 등장과 소비자의 인지적 한계가 결합되어 금융소비자의 취약성을 증대시키는 환경이 조성된 것이다.

그러나 전통적으로 소비자보호장치로 여겨온 정보 공개나 설명의무 수준으로는 소비자가 디지털금융에 수반되는 복잡한 세부 사항을 완전히 이해하지 못하는 경우가 많아 충실한 보호장치가 되지 못한다. 즉 정보 제공과 실제 소비자 이해 사이의 격차를 발생시켜 소비자가 착취에 노출될 수 있는 상황이 될 수 있다.

3 금융문해력 및 소비자 교육의 불충분

그간 소비자 금융교육 및 문해력 확대는 잠재적인 디지털 위험과 혜택을 이해할 수 있게 하고 소비자의 역량을 강화하는 데 필수적이라고 인식되어 온 경향이 있다. 그러나 디지털 금융관련해서 소비자교육 확대를 위한 제도적 노력이 충분한지는 의문시된다. 감독기관의 금융이해력조사에서도 소비자들이 디지털 금융위험으로부터 자신을 보호할 수 있는 역량이 낮은 것으로 나타나고 있다.[7]

소비자 교육의 필요성과 중요성은 부정할 수 없지만, 디지털금융의 내재된 복잡성과 위험의 빠른 확산을 고려할 때 교육목표와 내용이 달라질 필요가 있다. 정책적으로 소비자 문해력에 의존하는 것은 고도로 정교하고 약탈적인 디지털 환경이 조성될 가능성을 고려할 때 소비자에게 과도한 부담을 지우는 결과를 낳을 수 있다. 즉 교육의 질(내용 · 방식) 개선과 함께 시스템적이고 예방적인 소비자 보호 조치가 필요하다.

4 규제 · 감독기관의 역량 및 자원 제약

금융당국이 빠르게 진화하는 디지털금융, 특히 디지털 자산과 핀테크 관련한 소비자 위험을 효과적으로 해소하는 데 상당한 역량 및 자원을 충분히 갖출 경우 소비자가 직면하는 위험이 조기에 경고되고 차단될 수 있다. 이를 위해서는 복잡한 디지털 금융시장을 모니터링하고 위험에 대응하기 위한 보다 전문화된 감독인력 · 기술(Suptech) 개발과 활용이 필수이다. 최근 디지털 금융현안에 종합적 · 체계적인 대응을 위한 디지털 · IT

---

7 우리나라 성인을 대상으로 하는 「2024 전국민 금융이해력 조사」에서 금융이해력은 65.7점으로 나타났고, 부문별로 금융지식은 73.6점, 금융행위(예산관리 및 저축노력, 금융상품 선택능력)는 64.7점이며, 응답자별로는 20대 · 70대, 저소득, 고졸 미만 등의 금융이해력이 취약한 것으로 나타났다. 다만 OECD 평균 (2023. 62.7점)보다는 높은 수준이다. 금융감독원, 2024 전국민 금융이해력 조사, 2025. 4.28. 보도자료.

부분 신설 등 개선이 있으나[8] 제한된 데이터 확보 및 분석 역량, 예산 제약 등의 문제로 충분하다고 보기는 어렵다.

5 전통적인 금융회사의 인식

현재 금융소비자 보호 기본법인 금융소비자보호법에 따라 금융회사들은 소비자보호 내부통제위원회, 소비자보호 담당 임원(CCO), 소비자보호부서 설치와 함께 금융감독원의 금융소비자보호실태 평가를 주기적(3년)으로 받고 있다. 그러나 여전히 소비자보호 문화가 정착되어 있다는 평가를 받지는 못하고 있다. 이러한 점을 고려할 때 디지털 금융에 따른 새로운 위험을 인식해서 사전에 소비자보호를 자율적으로 절차와 규정에 내재화하는 노력도 정착되어 있다고 보기 어렵다.

8 현재 금융감독원은 디지털 · IT부문 조직으로 7개 부서, 29개팀을 두고 있다. 분야별로 AI 및 데이터 혁신금융, IT안정성 및 보안, 전자금융업(PG, 선불), 가상자산으로 감독을 하고 있다.

표 금감원 디지털 금융감독방향

구분	AI 및 데이터 혁신금융	IT안정성 및 보안	전자금융업	가상자산
감독방향	1. AI 및 망분리 개선 - AI 통합가이드라인 - 금융권 AI인프라 - 생성형 AI 혁신금융심사	1. IT 운영 거버넌스 강화 - IT감사 가이드라인 - IT 자율시정체계	1. 건전경영 유도 - 경영지도기준 준수 - 경영분석 강화 - 취약사 조기 식별	1. 규율체계 고도화 - 2단계 입법 신속추진 - 자율규제 개선
	2. 데이터산업 활성화 - 마이데이터 2.0 - 자율점검 체크리스트 - 데이터 신속결합	2. 신종 IT리스크 대응 -테마 검사 확대 -제3자 리스크 점 (DORA법)	2. 이용자 보호강화 - 정산대금 관리가이드 - 충전금 보호실태 점검 - 역할과 책임에 맞는 규제	2. 시장질서 확립 - 한계사업자 관리 - 엄정한 검사·제재
	3. 플랫폼 이해상충방지 - 알고리즘 사전 검증 - 소비자선택권 제한, 왜곡·침해요소 중점점검	3. 통합관제체계 구축 - 정보공유체계 고도화 - 사이버 위협신속 대응	3. 맞춤형 상시감시 - 컨설팅 검사 - 내부통제 강화 유도 - 빅테크 상시감시 구축	3. 불공정거래 선제조사 - 신속·선제적 조사 - 조사시스템 고도화 - 시장감시시스템 개편
		4. 사이버복원력 제고 - 은행권 재해복구센터 개선 - 합동 재해복구 훈련		

출처: 금융감독원, 디지털 금융감독방향 및 최근 금융권 동향, 금융감독자문위원회 발표자료(디지털IT부문), 2025. 4.7

Ⅲ 현행 금융소비자보호를 위한 법 정책적 접근방식과 한계

1 그간의 디지털 금융관련 소비자보호 이슈와 전개

가. 금융플랫폼 및 간편결제 관련

(1) 소비자 위험

금융플랫폼과 간편결제 [9]서비스의 확산은 소비자 편의성과 접근성을 높이지만 기존에 상대적으로 덜 부각되었던 소비자위험을 노출시키고 있다. 예컨대, 플랫폼의 경우 데이터 프라이버시 · 보안[10], 동의절차의 형식화[11], 플랫폼 종속 · 경쟁제한[12], 플랫폼발 시스템리스크[13], 제3자리스크[14] 등이 그것이다. 한편, 간편결제의 경우에는 결제 앱이 대체로 선불충전방식이어서 충전된 금액이 예금보호대상이 아닌 점, 이용약관의 불투명[15], 소액

9 신용카드나 은행계좌정보를 한번 등록해 두고 이후 결제 시 간단한 인증으로 빠르게 결제할 수 있는 서비스를 말한다. 2024년 상반기 기준으로 간편결제 일 평균 이용건수는 약 2,971만 건, 이용금액은 약 9,392억 원으로 매년 증가하고 있다. 중소기업신문, 간편결제의 승자는 누가 될까? 2025. 4. 11. 기사

10 제3자 서비스 제공자에게 금융데이터를 전송하는 과정에서 개인정보 유출, 해킹, 불법 재사용 가능성.

11 이용자가 데이터 제공 · 서비스 · 조건에 대해 실질적으로 이해하지 못한 채 일괄동의.

12 특정 빅테크 · 플랫폼 중심으로 금융서비스가 집중되어 소비자 선택을 제한하고, 금융상품의 제조회사와 유통채널의 분리가 보편화되면서 다양한 상품을 비교 · 추천 · 중개할 수 있는 금융플랫폼의 영향력은 수수료, 입점조건 등을 결정하는 데 있어 판매채널이 취약한 금융회사보다 우월한 협상력을 보유한다.

13 플랫폼의 시스템 오류는 복수의 금융회사 서비스에 장애를 유발할 수 있으며, 플랫폼을 통한 연결성이 위험의 전이 경로가 되거나, 해킹 등 외부 공격 경로로 악용될 수 있다. 이정두, 금융플랫폼 확대에 따른 금융소비자 보호 및 금융규제 이슈, KIF 이슈리포트 2024-05.

14 금융플랫폼과 관련한 시스템 리스크는 금융의 디지털화 및 플랫폼화의 진전이 급격한 자금이동을 유발할 수 있는 점, 특정 플랫폼에 대한 의존도가 높아질수록 집중위험이 커져서 금융시스템의 불안정요소로 작용할 우려가 있는 점이 있다. 또한 외부 플랫폼에 대한 의존도가 높은 금융회사의 경우 금융서비스의 복원력 및 서비스의 지속성을 확보하기 위해 플랫폼으로부터 발생하는 제3자리스크 관리가 중요하다. 이정두, 금융플랫폼 확대에 따른 금융소비자 보호 및 금융규제 이슈, 26면.

15 수수료 · 환불 · 거래취소 조건이 불명확.

후불결제(Buy Now, Pay Later: BNPL)[16]의 경우 신용리스크 누적[17], 사기 · 피싱 위험[18] 등이 있다. 간편결제, BNPL 관련 조사에서는 프라이버시, 투명성 및 보안과 관련된 잠재적인 소비자 위험을 경고하고 있다.[19]

그런데 소비자가 이러한 위험에 대해 인식은 높지만[20] 대응 능력이 충분하지 않고, 소비자보호 장치도 충분하지 않다.

(2) 국내 대응

초기 금융플랫폼의 경우 금융상품 비교 · 추천이나 금융회사의 지급 · 결제절차의 일부 등 금융회사가 수행하는 업무의 특정 부분을 주된 사업으로 영위함으로써 금융회사의 협조가 중요했다. 그러나 금융규제샌드박스를 활용한 최근의 금융플랫폼의 경우 비금융회사도 독자적인 사업모델로 금융회사와 대등하게 협상할 수 있는 역량을 보여주고 있다. 그럼에도 여전히 금융플랫폼은 플랫폼사업자와 플랫폼 서비스를 이용하는 회사간의 이해관계에 따라 지배력 남용 및 공정경쟁 여부를 둘러싼 이슈들이 다양하게 발생하고 있다.[21]

플랫폼의 경우 직접적으로 금융업을 영위하거나 금융자산을 보유하지 않더라도 제

16 소액후불결제는 금융위원회의 승인을 받은 선불업자만 수행할 수 있다.

17 국내의 경우 BNPL은 금융사와 연체정보 공유가 이루어지지 않고 있다. 이는 금융취약계층이 금융권을 이용할 때 불이익이 없도록 하기 위함이다. 그러나 실제 금융권에 채무가 있는 사람이 BNPL을 과도하게 사용할 인센티브가 된다.

18 간편결제 계정 탈취, QR코드 결제 위변조 등 새로운 형태의 결제 사기.

19 대표적으로, Consumer Reports, Fair Digital Finance Framework: Product Evaluations(e.g. Banking Apps, Buy Now, Pay Later, Peer-to-Peer Payment Apps). Consumer Reports Advocacy. (https://advocacy.consumerreports.org/issue/money/financial-fairness/case-study/)

20 Consumer International, Digital Finance: The Consumer Experience in 2024, 2024.2. 이 보고서에서는 저소득 및 중간 소득 국가의 소비자단체 설문데이터를 바탕으로 "공정 디지털 금융지수"를 제시하고 있는데 위험에 대한 높은 인식과 낮은 대응능력, 그리고 금융 부문 규제결정에서 소비자 대표성의 부족 등을 지적하고 있다.

21 예컨대 2024년 1월 출시되어 핀테크회사들이 운영하고 있는 자동차보험 비교 · 추천서비스의 경우 금융회사와 플랫폼간의 공정경쟁 이슈가 문제된바 있다. 동일한 보험상품에 대해 보험회사 홈페이지와 금융플랫폼간에 차등화된 보험료율이 적용되었고, 금융소비자가 정확한 거래조건을 확인하기 위해 필요한 정보의 제공에 보험회사들이 적극적으로 협조하지 않았기 때문이다.

공하는 서비스 측면에서 은행, 증권, 보험, 카드 등 복수 업종 다수의 금융회사가 제공하는 상품을 중개할 수 있어 오프라인 서비스와 달리 고객접점 측면에서는 유니버설뱅킹화가 진행되고 있다.

다양한 금융업권 간, 금융·비금융업권 간 공동참여를 고려하여 지배구조, 운영리스크, 건전선 리스크등 복잡한 리스크 요인과 리스크 전이가능성에 대한 모니터링이 제도적으로 필요한 점에서 금융복합기업집단법을 개정해서 플랫폼기업을 포섭하는 방안, 금융소비자보호법을 통해서 진입규제를 도입하고 이와 함께 플랫폼그룹에 대한 감독체계를 보완하는 방안, 별도로 플랫폼 감독에 관한 법률을 제정하는 방안 등이 논의되고 있다.[22]

이외에도 플랫폼사업자의 지배적 지위 남용을 방지하고 플랫폼 간 그리고 금융회사 간의 공정한 경쟁환경을 확보하기 위하여 공정거래위원회는 2020년 「온라인 플랫폼 중개거래의 공정화에 관한 법률」제정안을 입법예고하였고 금융위도 2020년 '디지털 금융 종합혁신방안'을 기초로 「전자금융거래법」개정안을 마련한 바 있다. 동법안에서는 금융회사 및 전자금융업자의 플랫폼 영업과 관련한 행위규칙(제36조의3)을 신설하여 지배적 지위의 남용을 방지하고 공정한 경쟁을 확보하기 위한 준수사항을 마련하였다.[23]

나. 알고리즘 매매 및 고빈도거래

(1) 소비자 위험

알고리즘매매(Algorithmic Trading)[24] 및 고빈도거래(High Frequency Trading, HFT)는 컴퓨터 자동화 알고리즘을 활용하여 주식을 초고속으로 거래할 수 있게 하는데, 이들 거래들은 소비자에게 새로운 위험을 야기한다. 즉 알고리즘거래의 경우 시장변동성 증폭[25], 투명

---

22 이정두, 금융플랫폼 확대에 따른 금융소비자 보호 및 금융규제 이슈, 33면.

23 제21대 국회에서 입법화되지 못했다.

24 알고리즘매매는 미리 짜둔 규칙에 따라 컴퓨터 프로그램으로 자동매매를 하는 것을 말한다. 예를 들어 주가가 기준선 이하로 떨어지거나 지수변동성이 일정 수준 이상으로 커질 때 자동매매를 하는 것이다. 알고리즘 매매의 장점은 조건만 충족하면 동시에 많은 종목과 금액을 거래할 수 있다는 점이다. 현재 70~80%의 거래가 알고리즘 매매로 이루어지는 것으로 분석되고 있다. 조선일보, "하루거래 5000조... 세계 금융시장 흔드는 알고리즘 매매", 2024.8.22. 기사

25 알고리즘 간 상호작용으로 가격급등(플래시 크래시: 뉴욕증시가 몇 분만에 9% 급락) 가능, Joint CFTC-SEC Advisory Committee on Emerging Regulatory Issues, Recommendations

성 저하[26], 불공정거래 우려[27], 시스템 리스크 전이[28], 소액 투자자 불리[29] 등의 위험을, 고빈도거래의 경우에는 시장조작가능성[30], 비대칭 정보·속도 격차[31], 가격발견 왜곡[32], 기술·운영리스크[33] 등의 위험을 야기한다.

(2) 국내 대응

금융위는 고빈도 알고리즘 매매가 확산됨에 따른 리스크와 불공정거래가능성을 인식하고 다음의 조치를 취하고 있다. 우선 자본시장법상의 시장질서 교란행위로 과징금을 부과할 수 있다.[34] 그밖에 거래자 등록제로 고빈도 알고리즘 거래 관리 강화를 위해 거래자 등록[35] 및 위험관리제도를 시행하고 있으며, 한국거래소도 고빈도 알고리즘 매매에 특화된 시장감시(예방조치)기준을 운영하고 있다. 증권회사 역시 이 기준을 활용하여 고빈도 알고리즘 거래를 활용한 고객의 불건전행위를 자체적으로 예방하고 있다.[36]

Regarding Regulatory Responses to the Market Events of May 6. 2010, (https://www.sec.gov/spotlight/sec-cftcjointcommittee/021811-report.pdf)

26 알고리즘 전략·주문 패턴이 비공개로, 일반투자자가 시장동향을 파악하기 어렵다.

27 주문취소·속도 차이를 이용한 시장 교란이 가능하다.

28 특정 알고리즘 오류가 다른 시장·상품으로 빠르게 확산될 수 있다.

29 거래속도·접근성 격차로 체결가격이 불리할 가능성이 크다.

30 초단타매매를 이용한 인위적 수급 왜곡 가능성을 말한다.

31 속도와 인프라 투자능력 차이로 일반투자자는 매우 불리하다.

32 초단기 주문취소가 가격신호를 왜곡한다.

33 시스템 장애·네트워크 지연시 대규모 손실 및 시장혼란을 가져온다. 자세한 것은 ESMA, MiFID II/MiFIR review report on Algorithmic Trading, MiFID II Review Report, 2021.

34 금융위원회, 해외 소재 A 증권사의 고빈도 알고리즘 매매관련 시장질서 교란행위 혐의에 대한 과징금 조치 증선위 의결, 2023.1.27. 보도참고; 2023.1.26. 증권선물위원회는 A증권사(해외 소재 금투업자)의 고빈도 알고리즘을 이용한 시장질서 교란행위에 대해 118.8억의 과징금 부과 조치를 의결한 바 있다. 이는 우리나라에서 고빈도 알고리즘 매매를 통한 시장질서 교란행위에 대하여 과징금을 부과한 첫 사례이다.

35 2023.1.25. 시행되었고, 5.25부터 등록이 의무화되었다. 고빈도 알고리즘 거래를 하려는 투자자는 거래소에 사전등록을 해야 하며, 거래소는 등록 거래자별로 별도의 식별코드(ID)를 부여하여 거래를 모니터링한다. 증권사도 주문사고 예방을 위해 고빈도 알고리즘 거래자의 주문시스템 사전 점검 등 위험관리의무를 부담한다.

36 금융위원회, 해외 소재 A 증권사의 고빈도 알고리즘 매매관련 시장질서 교란행위 혐의에 대한 과

다. 로보어드바이저(robo-advisor)

(1) 소비자 위험

인공지능을 사용하여 투자자문서비스를 자동화하는 로보어드바이저는 소비자에게 자문의 접근성과 비용 효용성 등의 이점을 제공한다.[37] 사람보다 저렴한 비용으로 보다 높은 품질과 투명한 금융자문을 제공할 수 있다는 점에서 금융포용에 기여할 수 있는 잠재력이 있다.

그러나 한편으로 투명성, 공정성, 책임성, 알고리즘 편향 및 인공지능의 블랙박스 특성에 대한 우려가 적지 않다.[38] 또한 데이터 침해, 남용, 해킹 등의 이슈도 지속적으로 우려된다.

(2) 국내 대응

로보어드바이저는 국내에서는 '전자적 투자조언장치'로 정의되어 자본시장법에 2019년에 도입되었다(동법 제2조 제6호). 금융위원회는 2016년 '금융상품자문업 활성화 방안'을 통해 현행 법령상 사람의 개입 없는 로보어드바이저의 대고객 직접서비스가 제한되는 점을 개선하고 로보어드바이저 테스트베드를 계획하였다. 이후 자본시장법 시행령을 개정하여[39] 전자적 투자조언장치를 활용하여 집합투자재산을 운용하거나 일반투자자를 대상으로 투자자문업 또는 투자일임업을 수행하는 경우 투자운용인력의 예외에 해당하는 것으로 규정하였다. 초기에는 로보어드바이저의 비대면일임은 허용되지 않았

징금 조치 증선위 의결, 2023.1.27 보도참고

37 안수현, "Automated Investment Tool(일명 '로보어드바이저')을 둘러싼 법적 쟁점과 과제", 상사판례연구, 제29권 제2집, 2016.

38 Schwarcz, D., Baker, T., &Logue, K. *Regulating Robo-Advisors in an Age of Generative Artificial Intelligence.* Washington and Lee Law Review, 82, 775. 2025. 특히 생성형 AI가 인간을 모방하는 점에서 로보어드바이저와 소비자 간의 긴밀한 상호작용, 이해상충가능성, 부정확한 조언 등을 고려할 때 강력한 소비자보호 프레임워크가 필요하다고 하면서 선관주의의무와 충실의무를 강화할 것을 주장하고 있다.

39 자본시장법 제98조 제1항 단서, 제85조 단서. 사람이 아닌 로보어드바이저의 이용이 가능하도록 자본시장법시행령에서 '전자적 투자조언장치'를 활용하여 일반투자자를 대상으로 투자자문업·투자일임업을 수행하는 경우와 집합투자재산을 운용하는 경우를 불건전 영업행위 규정의 예외로서 허용하였다(동법 시행령 제99조 제1항 제1의2호, 제87조 제1항 제5호).

으나, '로보어드바이저 테스트베드 기본 운영방안'을 통해 테스트를 통과한 로보어드바이저가 자문·운용인력을 대신하는 로보어드바이저 자문·일임서비스가 발표되었고, 금융투자업규정을 통해 비대면에 의한 투자일임계약이 가능하게 되었다. 다만 운용주체는 금융투자업자에 한하며 유지보수 및 관리감독의무가 요구된다. 최근에는 퇴직연금자산을 운용하는 로보어드바이저 일임형 서비스도 도입되면서 로보어드바이저 이용이 확대되고 있다.[40]

라. 인슈어테크(InsurTech)

(1) 소비자 위험

인슈어테크는 보험분야에 기술을 적용함으로써 보험청구 처리 가속화를 포함하여 새로운 상품과 서비스를 제공하는 점에서 혁신을 제공한다. 그러나 데이터 기반 및 AI 활용에 따른 위험[41], 상품·서비스 설계 및 판매 관련 위험[42], 청구·보상단계에서의 위험[43], 기술·운영리스크 [44]등 다양한 측면에서 소비자에게 위험을 야기한다. 특히 가격책정 및

40 2024년 11월 퇴직연금 로보어드바이저 일임서비스가 규제샌드박스 혁신금융서비스로 지정되었다.

41 구체적으로 차별·편향, 프라이버시 침해, 투명성 부족 등의 문제되는데, 차별·편향 관련해서는 인공지능·머신러닝이 학습한 데이터 편향으로 특정 집단(연령, 성별, 지역 등)에 불리한 보험료·보장이 산출될 수 있다. 또한 프라이버시 침해 관련해서는 웨어러블·차량 IoT 등에서 수집된 민감한 건강·운전데이터를 보험사가 과도하게 활용·제3자에게 공유할 수 있다. 그 외 투명성 부족도 문제인데, 인공지능 언더라이팅 청구심사 과정에서 블랙박스문제로 소비자가 이유·기준을 이해하기 어렵다. 보다 상세한 내용은 EIOPA, Artificial Intellig ence Governance Principles:Towards Ethical and Trustworthy Artificial Intelligence in the European Insurance Sector, A Report from EIOPA's Consultative Expert Group on Digital Ethics in insurance(https://www.eiopa.europa.eu/system/files/2021-06/eiopa-ai-governance-principles-june-2021.pdf)

42 대표적으로 적합성 미흡, 다크패턴이 문제된다. 온라인·자동화 채널 중심으로 판매시 소비자의 보장 필요·위험선호와 맞지 않는 상품이 권유될 가능성이 있고, 다크패턴을 이용한 UI/UX 설계로 불필요한 담보 선택·보험료 상승을 유도할 수 있다. OECD, Dark Commercial Patterns, OECD Digital Economy Papers, NO. 336, 2022 참고.

43 비대면 청구·심사과정에서 지급액을 과소산정하거나, 비대면 청구·심사과정에서 소비자가 절차·기한을 몰라 권리구제 기회를 상실할 수 위험이 있다.

44 사이버보안취약성과 제3자 벤더리스크, 모델 오류등도 위험이다. 사이버보안취약성은 보험가입·청구시스템 해킹, 고객정보 유출, 랜섬웨어 공격의 위험이 있으며, 제3자 벤더리스크도 클라우드·데이터 분석 업체의 장애·위협이 보험사 운영에 직결된다. 또한 업데이트 실패·코드 결함

서비스 접근과 관련하여 의사결정과정에서의 알고리즘 편향은 차별을 초래한다.[45][46] 최근에는 마이데이터와 결합되어 초개인화된 보험서비스가 제공 등[47], 생성형 및 에이전트형 인공지능의 도입은 책임소재의 이슈를 야기한다.[48] 따라서 다양하고 대표적인 데이터 세트 사용, 편향에 대한 알고리즘 정기 감사, 인간에 의한 감독 개입, 데이터 최소화 보장, 데이터 사용 및 의사결정 프로세스에 대한 명확한 정보 제공이 요구된다.[49]

(2) 국내 대응

금융위원회는 인슈어테크 등을 통해 상품개발, 보험계약 인수심사, 보험금 지급 등 보험 전단계에서 혁신적 보험서비스가 태동할 수 있도록 지원할 계획을 발표한바 있다. 이를 위해 빅데이터, 인공지능 기반 인프라를 확충한다는 계획이다. 또한 망분리 혁신금

으로 잘못된 보험료·위험등급이 산출될 수 있다. EIOPA Guidelines on outsourcing to cloud service providers, 2020. 참고; NAIC, Model Bulletin on the Use of Artificial Intelligence Systems by Insurers, 2023.

45 안수현, 인공지능(AI)의 발전에 따른 보험업 법제 정비 방향과 과제, 연구보고서, 보험연구원, 2021, 44면 참고.

46 Financial Conduct Authority, 2023, Data Use Research Report. FCA는 금융회사의 의사결정에서 데이터 및 인공지능에 의한 의존으로 불공정한 대우가능성에 대한 우려가 증가하고 있음을 지적하고 있다. 특히 소수민족과 같은 경우 보험, 신용 및 모기지와 같은 금융상품의 가격책정 및 접근에서 편향된 결과를 경험할 가능성이 있음을 보여준다. 따라서 기업이 사용하는 도구가 편향을 유발하지 않음을 입증해야 한다고 한다.

47 마이데이터는 금융정보의 소유권과 활용권한을 소비자에게 주는 제도이며, 인슈어테크는 보험산업에 기술을 접목해 상품구조와 서비스전반의 효율성을 높이는 혁신전략으로 주목받고 있다. 즉 여러 보험사에 흩어져 있던 고객정보가 통합되고, 데이터를 기반으로 보장분석과 설계가 가능해졌다. 여기에 인공지능, 빅데이터 분석, UX기술 등이 결합되면서 보험산업 전반에 인슈어테크가 진전되고 있다.

48 AI가 학습하는 데이터에 대한 정확성, 편향성 등이 문제될 수 있는데, 불완전한 데이터나 편향된 데이터로 인해 인공지능이 내린 판단이 잘못된 경우 보험사에 법적 책임을 물을 수 있다. 자세한 것은 금융위, 보험산업이 새로운 환경변화에 능동적으로 대응하고 미래를 선도할 수 있도록 미래대비과제 추진, 보도자료, 2025.3.17.

49 Number Analytic, Fairness in Insurtech : A Legal Guide, 2025 (https://www.numberanalytics.com/blog/fairness-in-insurtech-a-legal-guide); IAIS, Issues Paper on the Use of Big Data Analytics in Insurance, 2020(https://www.iais.org/uploads/2022/01/200319-Issues-Paper-on-Use-of-Big-Data-Analytics-in-Insurance-FINAL.pdf)

융서비스를 통해 성과가 입증된 경우[50] 제도화를 검토하며, 자율주행자 전용보험상품을 개발을 지원하기로 하였다.[51][52]

그런데 특히 인공지능을 보험 언더라이팅에 활용 시 AI공정성 및 차별금지가 최우선 감독대상이 되어야 한다. 즉 차별적 언더라이팅 금지[53], 알고리즘 편향성 점검[54], 프락시 변수 사용 금지[55] 등 투명성과 공정성 담보가 이루어져야 한다.

또한 데이터 품질과 보안관리도 필수이다. AI학습용 데이터의 정확성 · 안전성 확보는 핵심감독요소가 된다. 따라서 IOT, 웨어러블 기기 등에서 수집되는 개인 건강정보, 위치정보 등의 개인정보 수집 · 활용에 대한 명시적인 동의와 보험서비스 제공에 꼭 필요한 최소한 데이터 수집(데이터 최소화 원칙), AI학습 및 추론과정에서 개인정보 유출방지(데이터 보안)가 담보되어야 한다. 특히 금융회사가 시스템회사(공급업체)에게 AI 개발과 활용을 위탁하는 경우, 위탁처 관리를 위한 내부통제가 요구된다.

---

50 망분리 개선은 인슈어테크에 다음과 같은 기회를 줄 것으로 보여진다. 1. AI기반 보험서비스 혁신: 예컨대 AI를 활용한 위험평가 및 보험료 산정시스템 구축이 용이해진다(언더라이팅 자동화), 또한 2. 실시간 데이터 활용이 가능한 지능형 상담시스템 개발이 용이하다. 3. 그 외 디지털 보험플랫폼의 발전 및 비대면보험서비스(디지털 언더라이팅, 모바일 보험금 청구, 화상손해사정 등)를 확산시킬 것으로 예상된다.

51 자율주행시스템 결함 등을 원인으로 발생한 사고를 보장하는 신규담보를 개발하고, 자율주행차 보험료 산정시 일반자동차보다 낮은 사고율을 반영하는 등 보험료를 할인하는 방안을 검토하기로 하였다.

52 특히 인공지능을 보험업무에 활용할 경우 보험인수의 단계에서는 사람의 활동정보와 질병과의 상관관계 등의 정밀분석에 활용할 수 있다. 보험인수 리스크 관리 관점에서 각 회사별로 인수기준이 정해져 있고 인수기준을 개별사안에 적절하게 적용하는 것이 중요하다. 보험대상의 종합적인 감독지침 II-3-10-2 ⑦, 강영기, "InsurTech 등 FinTech 활용 시대의 도래와 보험업계의 법적 과제", 법과기업연구 제11권 제1호, 2021, 27면.

53 성별, 연령, 인종, 소득 수준 등을 이유로 한 부당한 보험가입 거절이나 차별적 보험료 산정을 말함.

54 AI모델이 특정집단에 대해 체계적으로 불리한 결과를 도출하지 않도록 모니터링.

55 직접적으로 차별금지 항목을 사용하지 않더라도, 간접적으로 차별을 야기할 수 있는 변수들의 사용제한.

마. 인공지능(AI)[56]

(1) 소비자 위험

인공지능이 금융서비스에 광범하게 활용되면서 로보어드바이저, 알고리즘 트레이딩, 투자 리서치, 여심 신사와 같은 의사결정을 지원하는 것뿐 아니라 창구 및 민원서비스 제공, 자금세탁방지(AML)등 커뮤니케이션 향상 및 리스크 관리기능 개선 그리고 보험위험 및 보험료 산정과 보험금 지급절차 자동화 등 금융업 전반에 기여하는 효과가 있다.

그러나 악의적인 AI 사용[57] 데이터 · 알고리즘 관련 위험[58]뿐 아니라 집중화[59], 아웃소싱 및 제3자 의존에 따른 위험, 상품 · 서비스 제공 단계에서의 위험[60], 분쟁 · 피해구제 관련 위험,[61] 기술 · 운영 위험, 기술 과의존에 따른 자동화편향[62], 상호연결성위험[63], 집단행동위험[64], 심지어 공모 또는 음모행동[65]의 가능성 등 소비자에게 미치는 위험이 다양하다.

---

56 자세한 내용은 이정수, "제4차 산업혁명과 금융법의 관제", 상사법연구 제40권 제3호, 2021, 233-236면.

57 AI시스템을 사용하여 사이버 공격을 계획하거나 자동화(예: 정교한 피싱, 딥페이크)하거나 사기 및 허위정보를 제공할 우려가 있다.

58 구체적으로 편향 · 차별, 불투명성(Black Box), 부정확 · 불완전한 데이터로 의사결정 시 잘못된 결과를 초래하는 데이터 품질문제, 수집목적과 다른 마케팅 · 제3자 판매 등으로 개인정보 오남용위험, 설명 어려움 및 복잡성 등으로 인해 부적절한 투자 결정, 이해상충, 감독 및 규제감시를 방해할 수 있다. 또한 과거 데이터로 훈련되어 급변하는 시장에 맞지 않을 수 있다.

59 클라우드 서비스 제공업체와 같은 소수의 기술 인프라 제공업체에 의존하는 것은 집중화위험을 초래할 수 있다.

60 AI추천 · 중개가 소비자 재무상황 · 위험선호와 맞지 않거나, 인터페이스 설계로 소비자의 비합리적인 선택 유도(다크패턴), 인공지능이 개인별 가격 산정 시 취약계층에 불리한 조건을 부과하는 차별등의 위험이 있다.

61 책임소재 불명확과 이의제기 절차 미흡이 가장 문제된다. AI 의사결정 오류 시 서비스제공자 · 모델개발 · 데이터 제공자 간 책임이 불분명하며, AI 결정에 대해 소비자가 판단 근거를 확인 · 다투기가 어렵다.

62 이용자가 AI에 과도하게 신뢰하고 정확성에 대해 불필요한 신뢰를 갖는 것이다.

63 하나의 AI시스템 장애가 다른 시스템에 연쇄적으로 영향을 미칠 수 있다.

64 공통 모델 및 데이터 세트가 유사한 의사결정을 유도할 수 있다.

65 AI모델이 거래결정을 최적화하기 위해 상호 학습하여 행위할 수 있다.

특히 “블랙박스”특성은 문제포착 및 책임 귀속이 특히 어려운 편향과 차별이라는 위험을 발생시킨다. 이를 해소하기 위해서는 AI윤리설계(AI ethics by design)와 의무적인 설명가능성(XAI)이 내재화되어야 한다. 단순한 사후 감사를 넘어 AI개발 및 배포의 모든 단계에서 윤리적 고려사항과 투명성을 내재화하여 소비자를 실질적으로 보호하는 것이 필요하다.

(2) 국내 대응

AI기술이 진화되면서 새로운 소비자위험 및 과제에 직면하고 있다. 이는 규제당국이 지속적으로 AI 사용 및 관련 위험관리에 대해 집중해야 함을 의미한다.[66]

이를 인식하여 국내[67]에서 인공지능에 관한 금융법적 논의는 2021.7.8. 금융위원회가 ‘금융분야 AI 가이드라인’을 발표하면서 시작되었고, 동 가이드라인에서는 모범규준으로 총론 규제를 마련하고, 업권별 서비스별 실무지침을 마련하는 체계를 제시하고 있다.[68] 이후 동 가이드라인을 구체화하여 금융위원회는 2022. 8 ‘금융분야 인공지능 활용 활성화 및 신뢰확보방안’을 발표하였고 여기에 ‘금융분야 AI개발, 활용안내서’가 포함되고, AI 위험관리정책의 수립과 AI시스템 생애주기(기획/설계, 개발, 평가 및 검증, 도입·운영 및 모니터링)별 준수사항을 제시하였다.[69] 나아가 AI의 구체적인 이용과 관련한 가이드로 2023. 4 ‘AI 기반 신용평가모형 검증체계’를 발표하였고[70] ‘금융분야 AI 보안 가이드

66 IOSCO는 AI 사용으로 인하여 새롭고 증가하는 문제, 위험 및 과제를 면밀히 모니터링 할 필요성을 강조해오고 있다. IOSCO, Artificial Intelligence in Capital Markets: Use Cases, Risks and Challenges, Consultation Report, 2025.3.

67 국제적으로 모델이 되는 가이드라인 내지 규범으로 OECD AI Principles, G20 AI Guidelines, US Executive Order on AI, and the EU AI Act 등이 있다.

68 세부적으로 개발단계에서는 신뢰성, 통제가능성 확보 등을 위하여 설명가능한 AI 기술 도입에 노력할 것을 밝히고, 평가·검증 단계에서는 상황에 맞는 설명이 도출되는지 여부를 확인하고, 설명가능성을 합리적 수준으로 개선하기 위해 노력할 것을 요구하고 있다. 금융위원회, “금융분야 AI 가이드라인 및 주요 검토 필요사항, 2021.7. 8, 5-6면.

69 금융위원회, “금융분야 인공지능의 신뢰를 높인다”, 보도자료, 2023.4.18.

70 데이터 관리와 관련하여 신용평가에 활용하는 비금융·비정형 데이터에 대한 적절한 관리체계를 구축하였는지 점검할 것, 모형선택과 관련하여 다양한 AI 알고리즘 특징과 장단점을 고려하여 신용평가에 최적화된 모형을 선택하였는지 모형 선정과정을 점검할 것, 설명가능성과 관련하여 금융소비자에게 신용평가모형 및 신용평가결과 등을 충분히 설명할 수 있는지 확인할 것, 모형성능과

라인'[71] 등 AI의 이용 관련 규제 방향과 준수원칙 마련 등 금융분야에서 위험관리 및 거버넌스 프레임워크가 확립되는 중이다. 특히 위험관리 및 지배구조 관련해서는 투명성, 신뢰성, 견고성, 탄력성, 투자자 및 시장 보호, 공정성, 보안, 안전 및 개인정보보호, 책임성, 사람에 의한 감독 등이 핵심원칙으로 제시되는 경향이 있다.

그런데 이들 가이드라인은 모범가이드라인에 불과해 연성법으로서 처분의 법적 근거가 될 수 없는 점[72], AI의 개발은 금융위원회의 규제 대상이 아닌 비금융회사들에 대한 것이라 사실상 강제력이 없다[73]는 단점이 있다.

한편, 인공지능의 차별에 대응하기 위하여 금융소비자보호법 제15조, 신용정보법 제22조의4, 동법시행령 제18조의3에서 정당한 이유 없는 성별, 학력, 장애, 사회적 신분 등에 의한 차별을 금지하고 있다.[74] 그러나 금융이력이 없거나 미약해서 데이터상 결괏값을 도출할 수 없는(이른바 thin filer)의 경우 인공지능의 이용이 이들을 금융서비스에 소외되는 결과를 가져올 수 있다. 또한 고연령층이나 저교육층의 경우 인공지능 소외가 금융소외로 연결되기도 한다. [75]

관련하여 AI방법론의 특성을 반영하여 모형의 변별력 · 안정성 등 통계적 유의성을 점검할 것을 요구하고 있다.

71 동 가이드라인에서는 학습데이터 수집과 관련하여 오염된 데이터를 학습하여 발생할 수 있는 보안문제와 성능 저하를 방지하고, 데이터 관련 공격 · 장애 발생 시 그 원인을 파악할 필요, 학습데이터 전(前)처리와 관련하여 수집한 데이터를 학습에 적합한 형태로 가공하여 AI 모델의 품질과 보안성을 높일 필요, AI모델 설계 · 학습과 관련하여 잠재적 공격자가 AI모델에 대한 적대적 공격 등을 쉽게 수행할 수 없도록 AI 모델 구성 필요, AI모델 검증 · 평가와 관련하여 학습을 완료한 AI모델이 잠재적 공격 또는 개인정보 유출 등으로부터 안전한지 보안성을 검증할 필요를 각각 세부적으로 요구하고 있다

72 이러한 점에서 EU와 대비된다. EU는 EU인공지능법이라는 강력한 법적 기반을 마련한 것과 대조적으로 법적 구속력이 약한 현재의 체계로는 AI기술이 제기하는 새로운 도전과제들에 효과적으로 대응하기 어렵다.

73 이정수, "인공지능에 대한 금융법의 규제방향: 금융에의 이용과 그 너머의 과제들", 금융법연구 제21권 제1호, 2024, 25면. 참고

74 다만, 금융소비자보호법상 정당한 이유, 신용정보법상 합리적 이유를 어떻게 해석할지가 문제로 대두고 있다. 성별, 학력, 장애, 사회적 신분 등을 넓게 해석할 경우 인공지능의 이용자체가 불가능할 수 있고, 좁게 해석할 경우 성별, 학력, 신분 등과 같이 이미 사회적으로 형성된 차별적 요소가 그대로 고착화될 여지가 있다. 이정수, "인공지능에 대한 금융법의 규제방향", 41면.

75 이에 대한 대응으로 인공지능을 포함한 전반적인 금융교육 강화, 인공지능에 대한 수단으로서의 접

다만 우리나라의 금융 AI 규제는 혁신촉진과 안정성 확보라는 두 축을 중심으로 발전해 왔고, 이들은 크게 AI 시스템, 사이버보안, 데이터 관리, 소비자보호라는 네 가지 영역으로 구성되어 있다. 각각의 영역을 포괄해서 다룬 점은 의의가 있으나 각 영역은 상호 연계되어 통합된 체계하에서 작동하고 있지는 못하다.[76]

바. 사이버보안

(1) 소비자 위험

금융분야는 빅데이터, 블록체인, 클라우드 등 ICT 발전에 따른 금융의 디지털화로 거래량 및 국경 간 장애 없는 결제 등의 성장을 가져왔지만, 사이버 범죄[77]도 증가시키고 있다[78]. 가짜 광고, 피싱이메일 · 문자, 신원 도용, 랜섬웨어 등이 빈번하고 사기가 진화하

근성 강화를 요구하며, 이 외에 금융회사 특히 은행의 공적 역할을 기대하는 견해로는 이정수, "인공지능에 대한 금융법의 규제방향", 43면.

76 AI시스템 규제는 규제샌드박스를 통한 유연한 접근이라는 점에서 혁신 친화적 접근과 리스크 관리의 조화를 추구하고 있으며, 사이버보안 규제도 망분리규제의 유연화와 함께, 이에 상응하는 보안체계 구축을 요구하여 균형을 보이며, 데이터 규제도 개인정보보호법, 신용정보법, 정보통신망 이용촉진 및 정보보호 등에 관한 법률 개정 등 이른바 데이터 3법 개정은 데이터 활용과 보호가 균형있게 이루어졌다고 평가받고 있다. 그 외 소비자보호 관련해서는 서비스의 안정성과 투명성의 확보에 초점을 맞추어 개인정보보호법과 신용정보법이 개정되어 정보주체의 자기결정권 강화와 정보처리의 투명성을 제고하였다는 평가를 받고 있다. 다만, 통합적 유기적 체계를 이루지는 못하고 있는데, 대표적으로 금융위가 발표한 「금융분야 AI가이드라인」은 AI 시스템의 안정성을 강조하고 있으나, 사이버보안과의 구체적인 연계는 미흡하고, 데이터 규제와 AI 시스템 규제도 관련 법령의 정비로 가명정보 활용이 가능해 AI 학습데이터 확보가 용이해졌지만, AI시스템과 데이터 규제 간의 유기적 연계는 아직 발전단계에 있다. 소비보호분야도 AI 의사결정이 금융거래에 중대한 영향을 미치는 경우에 대한 내부통제절차가 마련되어 있으나, AI 시스템 전반에 걸친 소비자보호 체계는 아직 완전히 정리되어 있지 않다. 자세한 설명은 윤혜선, "금융부문 AI 규제체계에 관한 연구: EU의 입법례를 중심으로", 경제규제와 법 제17권 제2호, 2024, 98면 참고.

77 국내에서는 사이버금융 범죄의 유형을 피싱, 파밍, 스미싱, 메모리해킹, 몸캠피싱, 메신저이용사기, 사이버 금융 기타로 구분하고 있다. 최근에는 이들 범죄 유형들의 발생건수가 지속적으로 증가하는 추세를 보이고 있는데, 특히 메신저이용사기, 몸캠피싱, 피싱 기타 유형의 사이버 금융범죄가 많이 발생되고 있고, 전반적인 검거율은 하락추세를 보이고 있다. 이우진 · 전준헌, 데이터 분석을 통한 사이버 금융범죄의 현황 이해 및 예방 방안에 대한 연구, 한국 IT정책경영학회 논문지, Vol. 16, No.4, 2024, 3653면.

78 2022년 기준으로 전체 사이버 범죄중 사이버 금융범죄 비중이 67.6%를 차지하고 있다. 보안뉴스,

고 있다. 그러나 소비자는 이러한 사이버범죄를 식별하는 데 어려움이 적지 않다. 금융회사들도 AI를 이용해 사기탐지를 방지하는 노력을 하고 있지만 데이터 조작 및 적대적 공격이 불가능하지 않다.[79]

보안위협을 우려하여 높은 보안성을 가진 것으로 알려진 최근 블록체인에 대한 활용에 대한 관심이 증가하는 경향이 있지만 스마트계약 코드의 버그 또는 부실한 보안설계 선택 등의 기술적 결함[80]과 개인 키 탈취[81], DDoS 공격[82] 등으로 소비자에게 심각한 피해를 야기한다.[83]

최근에는 음성 분석 및 딥페이크 기술 등 공격채널의 다양화로 사이버 공격의 가능성이 증가하고 있다.

(2) 국내 대응

국내의 경우 사이버보안 위협에 대비하여 금융분야의 경우 전자금융거래법, 전자금융감독규정, 개인정보보호법 등이 마련되어 있다. 또한 금융위원회는 2022년 12월 '금융보안규제 선진화방안'을 발표하여 금융회사 자체적으로 보안리스크를 분석하여 대응하는 '자율보안체계'로 전환을 추진하고[84] 사후책임을 강화하는 관리감독선진화방

경찰청이 밝힌 2022년 사이버 범죄 현황과 2023년 트렌드 5가지, 2023.3.26. 기사

79 금융보안원은 국내 소매금융 취급 은행 17곳이 2017~2021년 받은 사이버공격은 109만1천606건으로 매일 598건의 사이버공격이 발생하고 있다고 밝히고 있다. 화우, 금융보안 환경 변화와 정보보호, Legal Update, 2023.2.

80 스마트 컨트랙트는 블록체인 네트워크에서 자동화된 계약을 실행하는 프로그램으로, 코드에 오류나 설계상의 결함이 있으면 공격자가 이를 악용하여 자금 탈취, 데이터 조작 등의 공격을 수행할 수 있다.

81 블록체인 네트워크에서 자산에 접근하고 거래를 승인하는데 사용되는 개인키가 유출되면 공격자는 사용자의 자산을 마음대로 사용하거나 전송할 수 있다.

82 블록체인 네트워크의 노드에 과도한 트래픽을 발생시켜 네트워크를 마비시키는 공격을 말한다.

83 블록체인의 보안위협에 대한 상세한 내용은 민경식 · 박진상 · 우승훈 · 이건우 · 이태준 · 최윤성 · 이희조, "Web 3.0 시대 핵심기술, 블록체인 보안위협 전망 및 분석", KISA INSIGHT 제2권, 2023 참고.

84 자율보안체계로의 전환은 뉴욕주 금융사이버보안 규정(23 NYCRR 500), 유럽 은행감독청 (EBA) 내부 거버넌스 가이드라인, 그리고 EU PSD2의 전문인배상책임보험 최저보상한도 산출기준 등의 컴플라이언스와 NIST RMF(Risk Management Framework) 기반의 보안체계 적용으로 금융회사 자체적으로 보안리스크를 분석, 판단하고 리스크에 비례한 보안체계를 수립하는 것을 필요로 한다.

안을 발표하였다. 2024년에는 AI, 클라우드 등 기술 발전에 상응하여 금융보안체계를 목표 및 원칙 중심으로 전환하여 금융회사의 자율적 판단영역을 확대하고 적극적인 보안투자를 유도하도록 전자금융감독규정 개정안을 발표하였다.[85] 이후 2025년 2월에 금융보안규제를 규칙(Rule)에서 원칙(principle) 중심으로 개선하였고 금융전산 복원력을 강화하여 재해·전자적 침해 등으로부터 금융시스템을 안정적으로 보호하는 내용을 담은 전자금융감독규정을 개정하였다[86]. 또한 재해·전자적 침해 등으로부터 금융전산 복원력 강화와 신속한 소비자피해구제 필요성이 제기되어, 재해복구센터 설치 의무화 및 전자금융 시 책임이행보험 등의 최저 보상한도가 상향되었다.[87]

사. 금융데이터 및 프라이버시(open banking 포함)

(1) 소비자 위험

디지털금융은 소비자의 개인 금융데이터 수집, 분석 및 공유와 밀접하다. 2019년 도입된 오픈뱅킹[88]은 금융데이터와 결합하여 다양한 금융서비스로 확장되는 오픈 파이

화우, 금융보안 환경 변화와 정보보호, Legal Update, 2023.2.

85 금융위, 금융보안 선진화를 추진하겠습니다., 2024.2.1. 보도자료

86 그간 전자금융감독규정이 금융보안기준을 행위규칙(rule) 중심으로 지나치게 세세하게 규정하고 있어, 금융회사 등으로 하여금 "규정만 준수하면 면책"이라는 소극적인 인식을 초래하고 상황별 유연한 보안대응을 어렵게 한다는 지적이 있어왔다. 이에 전자금융감독규정을 원칙 중심으로 기술하여 자율보안체계를 구축할 수 있도록 유도한다는 것이다. 건물·설비·전산실 관리 및 각종 내부통제·사업운영 등과 관련하여 금융회사의 자율성을 대폭 확대하였고, 정보보호최고책임자(CISO)가 정보보호위원회 주요심의·의결사항 등을 이사회에 보고하도록 하여 보안관련 내부의사결정체계를 개선하였다. 이후 금융당국은 "자율보안-결과책임"을 주요 내용으로 하는 디지털 금융보안법제를 마련할 계획이다.

87 자산 2조 원 이상 금융투자업자는 기존 5억 원-> 10억 원, 선불전자금융업자등은 1억 원-> 2억 원으로 상향되었다. 금융위, 전자금융감독규정 일부개정고시안 금융위원회 의결, 2025.2.5. 보도자료.

88 오픈뱅킹은 금융회사나 핀테크기업이 다양하고 혁신적인 금융서비스를 고객에게 제공할 수 있도록 금융결제기능을 표준화된 API형태로 제공하는 개방형 공동인프라를 말한다. 구체적으로 금융회사·핀테크기업이 이체 또는 데이터 조회기능을 금융결제원이 운영하는 표준화된 API 중계센터(오픈뱅킹센터)를 통해 편리하게 구현된다. 출금·입금이체, 잔액·거래내역·계좌실명·송금인정보 조회, 사용자인증, 관리, 카드, 선불전자지급수단, 보험, 대출·리스 관련데이터 조회기능도 있다.

낸스[89]로 진화하는 상황이다. 최근 오픈 파이낸스(Open Finance)에 대한 관심이 높아지면서 소비자의 결제 데이터뿐 아니라 예금, 신용, 보험, 연금, 투자 등 광범위한 금융활동 데이터에 대한 접근 및 공유를 가능하게 하는 것으로 진화하고 있다.[90]

국내의 경우 2019년 관계부처 합동으로 금융결제 인프라 혁신방안을 발표한 후 2019.10.30. 오픈뱅킹이 시범실시된 이래, 2024년 기준으로 은행, 금융투자, 카드사, 보험, 할부금융, 핀테크, 기타 포함하여 총 136개사가 이용하고 있다.[91] 이러한 오픈뱅킹은 2022년 금융마이데이터[92] 도입과 함께 데이터 공유 표준화로 오픈 파이낸스가 다른 나라보다 빠르게 성숙하고 있다.

이러한 오픈뱅킹과 오픈 파이낸스는 금융서비스 혁신과 소비자 편익 증대에 큰 잠재력을 가지고 있지만, 개인정보 남용, 사이버 리스크, 공정경쟁, 데이터 오용, 잠재적인 금융사기라는 다양한 위험에 소비자를 노출시킨다. 또한, 오픈 파이낸스는 오래되거나 부정확한 데이터를 사용함으로써 데이터 품질 저하, 성별, 종교 등 민감 정보 추론 등에 의한 편향되거나 차별적인 의사결정이 이루어질 가능성이 있다. 소비자도 디지털 격차로 인한 소외, 상품 비교의 과도한 단순화, 최적의 상품 선택 실패, 금융·데이터 이해도가 부족한 소비자에 대한 지원 부족, 가격 최적화로 인한 불공정한 대우, 데이터 공유 거부 시 '프라이버시 프리미엄' 부과 등의 부작용이 있다. 그 외에 사이버 보안, 개인정보 침해, 사기 등도 오픈뱅킹과 마찬가지로 문제 되며, 특정기업(빅테크나 API 통합자)의 시장

89 기존 오픈뱅킹의 범위를 뛰어넘는 범위의 데이터를 제공하는 것으로 은행 외에 보험, 증권 등으로 확대되어 고객대상 서비스를 확대하는 것을 말하는데 최근에는 비금융산업으로의 연계까지 거론되고 있다.

90 소비자는 개인 자산관리, 연금, 신용 평가 개선, 금융조언 및 지원 개선,보험서비스 데이터 통합, 맞춤형 온디맨드 보험, 자동 이체계좌, 공공기관의 결제, 에너지·기후데이터와 연동함으로서 보다 다양한 상품, 개인맞춤형 서비스 등의 이점을 기대할 수 있다.

91 금융결제원, 오픈뱅킹 현황 및 기능 확대방안, 2024.2.21.

92 마이데이터란 데이터 전송요구권을 말하는데, 개인인 신용정보주체가 본인에 대한 개인신용정보를 본인/마이데이터업자에게 전송하도록 금융회사에게 요구하고 전송은 표준화된 API로 구현된다. 마이데이터업자는 금융정보 통합관리를 통한 금융상품 유통(광고, 자문 등), 데이터 공유 및 판매를 통한 데이터 유통을 통해 금융중개에 큰 영향을 미칠 것으로 기대된다. 권홍진·서병호, 오픈뱅킹·마이데이터 발전방향 및 정책제언, 금융연구원, 2024.2.

지배력 강화, 데이터 공유의 상호성 부족 등 공정경쟁 위험도 예상된다.[93]

그런데 오픈뱅킹은 혁신적인 서비스를 제공하고 본인의 데이터에 대한 소비자 통제권을 강조하지만, 일반소비자의 금융데이터의 통제 및 위험환경을 근본적으로 변화시키고 착취, 사기 및 차별적 관행을 만들 수도 있다[94] 문제는 데이터 접근 규제뿐 아니라 사용 및 보존을 관리하는데 있다. 현실에서 일반소비자는 금융앱이 자신의 정보를 어떻게 사용하는지 잘 알지 못한다.[95] 비록 옵트아웃이 가능하지만, 소비자는 복잡한 옵트 아웃메커니즘의 활용으로 보호가 충분하지 않다.

(2) 국내 대응

금융위원회는 오픈뱅킹 인프라확장성 제고를 위해 개인으로 한정되었던 오픈뱅킹 조회서비스를 중소기업등 법인도 이용할 수 있게 정보제공범위를 확대하고, 모바일 등 온라인 방식으로만 제공하된 오픈뱅킹 서비스를 은행 영업점 등 오프라인채널에서도 이용하도록 할 예정이다. 이 경우 은행지점이 부족한 지역에서 금융소비자는 하나의 은행을 방문하여 다른 은행에 보유한 계좌의 조회와 이체업무까지 처리할 수 있게 된다. 아울러 금융소비자보호법 범위 내에서 동의획득, 활용범위 등을 담은 오픈뱅킹 영업점 활용 가이드라인을 마련한다는 방침이다.[96] 이러한 오프라인채널까지 오픈뱅킹 서비스를 확대하는 것의 배경으로 고령층 등 디지털 취약계층과 은행지점이 부족한 지역거주민도 편리하게 금융을 이용하여 오프라인 금융접근성을 제고하기 위함이다.

오픈 파이낸스·오픈뱅킹에 따른 위험을 해소하기 위해서는 소비자 신뢰를 담보할 수 있어야 한다. G20/OECD 금융소비자 보호 고위급 원칙과 같이 소비자 자산보호 및 데이터/개인정보보호를 강화해야 한다. 아울러 소비자가 데이터 공유에 대한 권리(동의

---

93 https://www.oecd.org/content/dam/oecd/en/publications/reports/2023/11/open-finance-policy-considerations_932ba548/19ef3608-en.pdf?utm)

94 금융서비스의 가격차별 심화로 이어질 수 있다. 때문에 오픈 파이낸스가 소비자에게 미치는 분배적 효과·반경쟁적 행위를 모니터링해야 한다.

95 CFPB,CFPB Seeks Input on Digital Payment Privacy and Consumer Protections, 2025. (https://www.consumerfinance.gov/about-us/newsroom/cfpb-seeks-input-on-digital-payment-privacy-and-consumer-protections/)

96 금융위원회, 오픈뱅킹·마이데이터 현장 간담회 개최, 보도자료, 2024.2.21.

여부)를 제대로 인지하고 공유조건에 만족해야 하며, 데이터 관련 문제 발생 시 명확한 책임 분배가 필수이다. 또한 설계단계부터 프라이버시를 고려하고(Privacy by Design) 책임성 확보와 강력한 데이터 보안조치[97](기밀성, 무결성, 가용성)가 중요하다. 그 외 데이터 주체의 권리도 중요하다. 즉 동의는 자유롭고, 명시적이며, 특정하고, 정보에 기반하여야 하며, 동의 외에도 정보 접근관리, 데이터 처리 거부 권리 등도 중요하다.

아. 조각투자

(1) 소비자 위험

조각투자는 투자 대상만 다를 뿐 IT기술을 활용하여 온라인 유통플랫폼을 운영하는 점에서 매우 낯선 것은 아니다. 조각투자는 사업자가 고가(동산, 지식재산권, 부동산 등)의 자산을 매입하여 자산을 보관 · 관리 · 운용하면서 수익을 창출하며, 그 수익권을 분할하여 플랫폼(스마트폰 앱)을 통해 다수의 투자자에게 판매하고, 운용수익을 정산하여 투자자에 배분하는 것을 말한다. 조각투자는 주로 음원, 부동산, 미술품 등 소액으로 투자하기 어려운 자산을 접근할 수 있다는 이점이 있다.

조각투자는 디지털 금융분야에서 혁신금융서비스로 출발했지만, 최근에는 토큰 증권과 같이 분산원장기술을 기반으로 자본시장법상 증권을 디지털화하여 향후 시장성이 커질 것으로 기대되고 있다.

그러나 토큰화와 상관없이 소비자에게는 조각투자에 대한 잠재적 위험도 동반된다. 왜냐하면 조각투자의 소유권 형태가 명확하지 않고[98], 사업자가 수익을 분배하겠다는 약

97 프라이버시 강화기술, 예컨대 암호화된 데이터 처리도구, 차등 개인정보보호(differential privacy), 영지식증명(ZKP) 등을 활용한다.

98 조각투자의 가장 큰 위험요소는 투자자가 특정 자산에 대한 소유권을 주장할 수 없으며, 대신 해당 자산에서 발생하는 수익에 대한 청구권만을 가진다는 점을 투자자가 제대로 인식하지 못한다는 점이다. 사업자가 파산하거나 투자서비스가 중단되는 경우 투자자는 경제적 손실을 입을 수 있다. 또한 조각투자의 성격상 자산의 가치평가가 명확히 이루어지지 않아, 어떤 자산이 진정한 가치를 가지고 있는지 판단하기 어려운 경우가 많다. 더욱이 다양한 자산을 소액으로 나누어 투자하는 방식이 일반적인데, 그 운용구조에 대한 정보가 부족하다. 금융감독원은 '조각투자 서비스의 운용구조, 수수료, 투자손실 위험 등에 대한 정보가 충분히 제공되지 않거나 사실과 다를 수 있으며, 과장 광고로 인해 투자자의 오인을 유발할 수 있다'고 경고한 바 있다. 금감원, '조각투자'에 대한 소비자경보 발령, 2022.4.20. 보도자료

속만 존재하는 경우가 많아 실제 자산에 대한 권리행사나 보호가 미흡하기 때문이다. 특히 사업자가 운영하는 자산이 소비자에게 명확하게 공지되지 않거나, 과장광고로 인해 오인할 가능성이 크다. 또한 조각투자는 자산의 객관적 가치 평가가 어려워 자산가치의 변동성이 클 수 있으며, 거래가 활발하지 않은 자산으로 인해 유동성이 떨어질 위험 또한 존재한다.

(2) 국내 대응

금융위원회는 조각투자와 같이 2인 이상의 투자자가 실물, 그밖에 재산적 가치가 있는 권리를 분할한 청구권에 투자·거래하는 등의 신종 투자형태를 조각투자라고 정의하고, 이러한 조각투자 등' 신종증권 사업관련 가이드라인'을 제정하여 조각투자라는 이름으로 관련상품을 발행·유통하는 사업화 행위에 대해, 관련한 자본시장법의 적용 가능성을 안내하고 있다. 이에 따르면 조각투자상품을 제공하려는 사업자는 해당 상품이 자본시장법상 "증권"에 해당하는지 여부를 미리 점검하고, "증권"에 해당할 경우 공시, 영업의 인가·등록, 불공정거래 제한 등 자본시장법상 각종 규제를 적용받도록 하고 있다.

증권에 해당하는지 여부는 권리를 표시하는 방법과 형식(종이매체, 예탁계좌부 기재, 전자등록계좌부 전자등록, 분산장부상 토큰 등), 특정 기술 채택 여부에 관계없이 그 권리의 실질적 내용을 기준으로 한다. 따라서 조각투자 상품의 투자자가 얻는 권리가 채무증권, 지분증권, 수익증권, 투자계약증권, 파생결합증권, 증권예탁증권 등의 6가지 유형에 해당하는지 여부를 개별적으로 검토하여야 한다.

조각투자 상품의 증권성이 인정될 가능성이 높은 경우(예)

- 일정 기간 경과후 투자금을 상환 받을 수 있는 경우
- 사업운영에 따른 손익을 배분받을 수 있는 경우
- 실물자산, 금융상품 등에 대한 투자를 통해 조각투자대상의 가치 상승에 따른 투자수익을 분배받을 수 있는 경우
- 기초자산의 가격 변동에 따라 달라지는 회수금액을 지급받는 경우
- 새로 발행될 증권을 청약·취득할 수 있는 경우
- 다른 증권에 대한 계약상 권리나 지분 관계를 가지는 경우
- 투자자의 수익에 사업자의 전문성이나 사업활동이 중요한 영향을 미치는 경우

- 사업자 없이는 투자자가 조각투자 수익의 배분을 기대하기 어려운 경우, 또는 사업자의 운영 노력 없이는 투자자의 손실이 발생하는 경우
- 사업자가 투자자가 갖는 권리에 대한 유통시장을 개설하여 운영하는 등 거래 여부·장소를 결정하고, 유통시장의 활성화 정도가 투자자의 수익에 영향을 크게 미치는 경우
- 투자자 모집과정에서 해당 사업의 성과와 연계된 수익, 가치·가격상승 또는 투자 손실방지에 대한 합리적 기대를 갖도록 하는 경우, 특히 이러한 수익, 가치·가격상승 또는 손실방지를 가져올 수 있는 사업자의 노력과 경험 등과 관련된 내용이 홍보 포인트로 제시된 경우

다만 위의 증권성 인정가능성이 높은 경우에 해당하지 않고, 조각투자대상에 대한 소유권 등 물권, 준물권 등 이와 동등한 권리를 실제로 분할해 투자자에게 직접 부여하는 경우, 투자자가 조각투자대상을 개별적으로 직접 사용·수익·처분할 수 있는 경우는 증권에 해당할 가능성이 낮다.

조각투자상품이 증권에 해당하는 경우 현행 자본시장법의 규제를 모두 준수하여야 하지만 해당 조각투자증권의 특성상 현행 법체계 내에서 발행·유통이 어려운 경우로서 조각투자증권의 혁신성[99]이 특별히 인정되는 경우에는 예외적으로 「금융혁신지원 특별법」에 따른 금융규제 샌드박스제도를 활용하여 혁신금융서비스로 지정받아 한시적으로 조각투자증권을 발행·유통할 수 있게 하고 있다. 최근에는 자본시장법 시행령 개정과 금융투자업 규정 및 증권의 발행 및 공시규정을 개정하여 금융혁신법에 따라 혁신금융서비스로 지정, 운영되어온 조각투자 유통플랫폼이 공식적으로 제도화된다. 이에 따라 신탁수익증권의 발행관련 투자중개업(발행플랫폼) 인가단위와 유통관련 투자중개업(유통플랫폼)인가단위가 신설되어 2025.9.30. 시행되고 있다.[100]

99 금융혁신법 제13조 제4항 혁신금융서비스 지정 심사 시 고려사항 2. 해당 금융서비스가 기존의 금융서비스와 비교할 때 충분히 혁신적인지 여부

100 기본적으로 조각투자 유통플랫폼을 위한 별도의 투자중개업 인가단위를 신설하여 인가요건, 업무기준, 불건전 영업행위, 매출 공시 특례등이 주어진다. 또한 조각투자의 경우 투자대상이자 신탁재산인 기초자산에 대한 정보가 중요하단 점에서 신탁업자(발행인)가 분기별 신탁재산 관련정보를 공시하여야 한다. 신탁업자는 신탁재산의 현황, 운용경과 및 손익에 대한 사항, 신탁관련 수수료 및 보수에 관한 사항등을 담은 보고서를 유통플랫폼을 통해 투자자들에게 공시해야 한다. 아울러 발행·유통은 분리가 원칙으로 장외거래중개업자 및 그 특수관계인이 당해 수익증권의 발행·인수·주선인이거나 해당 신탁의 위탁자인 경우 중개를 금지한다. 인수·주선을 수행하는 조

그림 1 조각투자 발행플랫폼과 유통플랫폼

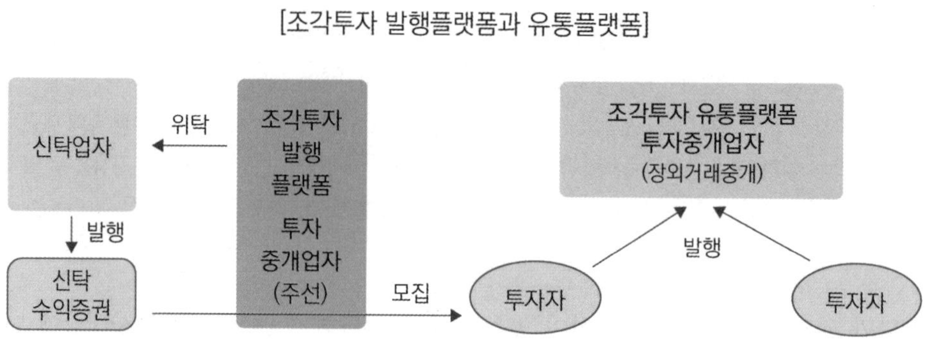

자. 가상자산과 스테이블 코인, CBDC

(1) 소비자 위험

가상자산 시장은 높은 가격변동성[102], 복잡성 및 아직 정비되지 못한 규제로 인해 최근 갈수록 투자자보호 요청이 높다. 또한 사기적 발행[103], 시세조종, 비유동성 등으로 인한 투자자 피해 가능성이 적지 않다.[104] 법과 제도적 보호도 미흡하다. 우선, 백서(whitepaper)나 약관이 불완전하거나 허위·과장이 가능하며, 거래소 예치금· 지갑 내 자산이 보호되지 않고, 국경 간 거래 시 분쟁해결이 쉽지 않다. 기술·운영리스크도 적지 않다.[105]

각투자 발행플랫폼이 실질적으로 발행인에 준하는 성격을 지닌다는 점, 투자자에게 익숙하지 않은 신종증권이라는 점 등에서 투자자보호가 강화되었다. 자세한 것은 금융위, 자본시장분야 주요 혁신금융서비스의 제도화를 추진합니다. 시행령·규정 입법예고: 5.8일~6.17일 (9.30일 시행예정), 2025.5.8. 보도자료.

101 https://www.fsc.go.kr/no010101/84506?srchCtgry=&curPage=&srchKey=&srchText=&srchBeginDt=&srchEndDt=+class%3DreadOriginal

102 자세한 내용은 FSB Global Regulatory Framework for Cryto-Asset Activities-Umbrella public note to accompany final framework, 2023.(https://www.fsb.org/uploads/P170723-1.pdf)

103 폰지·러그풀 사기가 대표적인데, 신규 투자자자금으로 기존 투자자 수익 지급, 이후 발행자가 잠적하는 경우가 있다. IOSCO, Investor Education on Crypto-Assets, Final Report, 2024.(https://www.iosco.org/library/pubdocs/pdf/IOSCOPD769.pdf)

104 소수 고래나 내부거래로 가격 왜곡, 얕은 유동성으로 대량매매 시 가격이 급락한다.

105 거래소·지갑의 보안 취약점으로 인해 자산 도난이 많고(해킹·사이브 공격) 코드 결함·버그·악

(2) 국내 대응

2021년 3월 특정금융정보법 개정을 통해 가상자산 사업자에 대한 신고제가 도입되었고 트래블룰 등 자금세탁을 방지하기 위한 각종 규제장치가 마련되었다. 그러나 자금세탁방지 중심의 규제체계로는 시세조종 등 각종 가상자산을 이용한 불공정거래행위에 적극적으로 대응하기 어려워 관련법률안 19건을 이용자 보호를 위한 필수사항 중심으로 통합·조정하여 대안을 마련하고 논의를 거쳐 2023.7.18 가상자산이용자보호법이 제정되었고 2022.7.19부터 시행 중이다.

가상자산이용자보호법은 이용자의 예치금 및 가상자산 보호, 시세조종 등 불공정거래행위 규제, 금융당국의 가상자산사업자 등에 대한 감독·검사·제재 권한 및 불공정거래 행위자에 대한 조사·조치권한을 규정하고 있다.[106] 다만, 가상자산이용자보호법은 불공정거래 행위 처벌에 중점을 두고 있고, 가상자산 발행·상장·공시 등에 대해서는 2단계 입법이 계획되어 있다. 따라서 향후 공시·투명성 확보, 투자자에 대한 리스크 공지, 국제공조 확대 등이 과제이다.

용 등 스마트계약의 취약성, 거래소·발행사의 내부 부실·운영상 문제로 인해 서비스를 중단할 가능성(운영중단·파산리스크)이 많다. 자세한 내용은 IOSCO, Policy Recommendations for Decentralized Finance (DeFi), Consultation Paper, 2023(https://www.iosco.org/library/pubdocs/pdf/IOSCOPD744.pdf).

106 구체적으로 이용자의 예치금은 공신력 있는 관리기관인 은행이 안전하게 보관·관리하고, 가상자산사업자는 이용자에게 예치금 이자 성격의 예치금 이용료를 지급하여야 한다. 가상자산사업자는 자기의 가상자산과 이용자의 가상자산을 분리하여 보관하여야 하고, 이용자 가상자산과 동종·동량의 가상자산을 실질적으로 보유하여야 한다. 또한 가상자산사업자는 해킹·전산장애 등 사고에 따른 책임을 이행하기 위해 보험에 가입하거나 준비금을 적립해야 한다. 시세조종 등 불공정거래 규율체계도 도입되어 가상자산거래소는 이상거래를 상시 감시하고, 불공정거래행위로 의심되는 경우 금융당국에 통보하는 등의 조치를 취해야 한다. 이후 해당 혐의에 대한 금융당국 조사 및 수사기관의 수사를 거쳐 불공정거래행위를 한 자에 대해서는 형사처벌 및 과징금 부과가 가능하다.

IV 소비자보호 정책의 방향과 과제

1 디지털금융 심화에 대응한 사전적 소비자보호 강화 원칙과 방향

소비자 보호는 앞서 기술했듯이 사후적 대응에 치중하기보다는 사전단계부터 위험을 예방하고 관리하는 접근이 필요하다. 인공지능이나 블록체인에 기반한 디지털금융은 전통적인 금융보다 훨씬 빠른 속도와 복잡성을 가지므로, 단순히 사고 이후 구제에만 의존하는 데에는 한계가 있기 때문이다.

사전적 보호 접근방식으로는 우선, 디지털 소비자 상을 정의하는 것이 필요하다. 현재 금융소비자보호법상의 금융소비자 개념은 소비자기본법과 마찬가지로 정보 수집 및 평가능력에서 열위에 있는 소비자 상을 전제로 하고 있다. 즉 정보의 비대칭, 금융회사 대비 전문성과 협상력에서 구조적으로 열위에 있는 존재, 금융회사의 전문성과 정보 제공에 의존하는 지위에 있는 것으로 보고 있다.

이러한 전제는 디지털금융이 심화되는 상황에서 재검토가 필요하다. 왜냐하면 새로운 취약성 요인, 즉 새로운 형태의 사기나 보안위협 급증, 인공지능의 블랙박스문제, 정보비대칭의 심화 등 모든 소비자의 취약성이 심화되었기 때문이다.

이러한 디지털 소비자 상을 전제로 다음과 같은 사전적 보호 강화가 필요하다. ① 소비자 이해도를 제고하는 절차가 마련되어야 한다. 거래 사전단계에서 리스크를 명확히 고지하고 소비자가 스스로 위험을 인식하고 선택할 수 있도록 설명책임을 강화하여야 한다.

② 소비자의 실질적 자기결정권이 침해되지 않고 합리적 선택을 할 수 있도록 하여야 한다. 대표적으로 금융상품·서비스에 남용되는 다크패턴 규율이 실질적으로 작동되어야 한다.

③ 금융소외/금융포용을 고려한 보호규정이 강화되어야 한다. ④ 피해 입증책임이 전환되어야 한다. 그 외 ⑤ 소비자 보호 내부통제가 강화되어야 한다. 상품·서비스 설계단계부터 소비자 보호요소(예컨대 블록체인과 인공지능의 경우에는 안전한 코드, 스마트계약 검

증, 알고리즘 투명성 확보 등)를 관리하도록 할 필요가 있다. ⑥ 금융교육과 감독기관의 디지털 역량이 강화되어야 한다.

2 사전적 금융소비자 보호제도 정비 및 구현

이상의 사전적 금융소비자 보호원칙과 방향에 따른 개별 정비사항들을 정리하면 다음과 같다.

가. 소비자 이의제기권·설명요구권 강화

현재 금융소비자보호 기본법이라고 할 수 있는 금융소비자보호법에서는 금융상품 판매 시 준수해야 할 원칙을 규정하고 6대 판매원칙을 마련하고 있다. 이중 설명의무(동법 제19조)는 금융상품 판매업자가 일반금융소비자에게 금융상품을 권유하거나 일반금융소비자가 설명을 요청하는 경우에 이해할 수 있도록 설명하여야 한다. 설명의무가 있는 사항은 동법 제19조 및 시행령 제13조에서 상품별로 열거하고 있다. 즉 판매업자가 금융소비자보호법에 따라 일반금융소비자에게 설명해야 할 사항은 법령에서 정하는 사항으로 한정된다. 다만, 판매업자가 스스로 소비자보호를 위해 법령에서 정한 사항 외의 내용을 설명하는 행위까지 제한하지는 않는다.

다만 감독당국은 법령에서 정하지 않은 사항은 판매업자가 설명 여부를 자율적으로 판단하여 소비자의 정보수용능력을 고려할 필요가 있다고 보고 있다.[107]

그런데 금융소비자보호법 제19조는 디지털금융의 새로운 위험, 즉 인공지능과 블록체인 등 새로운 기술을 전제로 하고 있지 않다. 참고로 EU 인공지능법에서는 민원신청권(Right to Lodge a Complaint with a Market Surveillance Authority)와 설명요구권을 규정하여 금융소비자의 기본적 권리를 보장하고 있다.[108] 금융법은 아니나 EU 인공지능법

107 판매업자가 설명의무 이행에 대한 책임 회피를 위해 소비자의 수용능력을 고려하지 않고 판매시점에 과도한 정보를 전달하려는 행태를 지향하기 위함이다. 금융위원회·금융감독원, 금융상품 설명의무의 합리적 이행을 위한 가이드라인 별첨자료, 2021.7.14, 5면.

108 EU 인공지능법 제85조 및 제86조. 민원신청권은 EU 인공지능법의 규정이 위반되었다고 판단할 근거가 있는 자연인 또는 법인이 행사할 수 있다. 특히 고위험성 AI시스템의 의사결정에 대한 설명요구권은 금융소비자 보호에 매우 중요한 의미를 갖는다는 평가를 받고 있다. 설명받을 권리는

에서 규정한 민원신청권은 AI시스템으로 인한 피해에 대해 감독당국에 직접 문제를 제기할 수 있는 통로를 열어주며, 설명요구권의 보장은 AI의사결정의 투명성을 확보하여 금융소비자가 자신의 권리를 실질적으로 행사할 수 있는 기반을 제공한다.

나. 다크패턴 금지 실효성 확보

디지털 거래가 급증함에 따라 소비자의 의도와 무관한 불리한 선택을 유도하는 '다크패턴' 마케팅 기법이 진화하고 있다. 이는 주로 소비자의 실수 또는 심리적 약점을 이용해 기업의 이익을 극대화하며, 온라인환경에서는 오프라인보다 피해규모와 영향력이 크다[109]. 특히 인공지능(AI) 기술의 발달은 소비자의 행동과 심리를 분석해 다크패턴을 강화할 가능성이 크다[110].

그런데 금융소비자보호법에는 다크패턴에 대한 명문의 규정은 두고 있지 않다. 즉 소비자보호에 관한 일반법인 전자상거래법상의 적용을 받는 형태로 하고 있다. 다만, 금융소비자보호법은 설명의무와 불공정영업행위금지, 부당권유행위 금지, 광고금지행위 등을 규제하고 있고, 이와 함께 금융상품 설명의무의 합리적 이행을 위한 가이드라인, 온라인 설명의무 가이드라인, 금융광고규제 가이드라인 등이 마련되어 있어 이들이 다

[부록 III]에 열거된 고위험성 AI시스템(신용도 평가시스템, 신용점수 산정시스템, 생명 및 건강보험 관련 AI기반 위험성 평가와 보험료 책정시스템등)의 출력물을 기반으로 배포자가 내린 의사결정으로 인해 영향을 받은 누구나 그 AI시스템이 법적 효과를 미치거나 그와 유사하게 유의미한 영향을 미쳐, 건강, 안전, 기본권에 부정적인 영향을 미친다고 생각하는 경우 행사할 수 있다. 설명요구를 받은 배포자는 의사결정절차에서 AI시스템의 역할과 내려진 결정의 주요 요소에 대해 명확하고 의미있는 설명을 제공해야 한다. 윤혜선, "금융부문 AI 규제체계에 관한 연구: EU의 입법례를 중심으로", 경제규제와 법 제17권 제2호, 2024, 94면.

109 사업자들은 소비자의 인터페이스를 개선하기 위해 반복적으로 실험을 실행할 수 있는 반면, 소비자들은 온라인에서 속임수에 더 쉽게 취약해지는 경향이 있다. 더욱이 소비자에게 한 번에 도달할 수 있는 규모가 매우 커서 오프라인보다 온라인의 경우 다크패턴에 따른 피해가 크고 문제될 가능성이 크다. OECD는 특히 디지털 플랫폼에서 다크패턴이 광범하게 사용되고 있음을 경고한 바 있다. 전자상거래 웹사이트, 애플리케이션, 쿠키 동의 메시지 등에서 자주 발견되며, 소비자의 인지적 편향을 이용하여 행동을 조작하고, 주로 소비자의 자율성을 침해하고 선택을 왜곡하는 방식으로 작동된다고 보고하고 있다. 자세한 것은 OECD, Dark Commercial Patterns-OECD Digital Economy Paper, October 22, No. 336. (2022) 참고.

110 소비자의 행동패턴과 심리적 취약점을 분석하여 소비자 반응에 따른 즉각적인 조정이 가능하고 소비자의 미래 행동을 예측하여 선제적으로 개입이 가능하기 때문이다.

크패턴행위를 제한하는 데 간접적으로 역할하는 측면이 있다.

이처럼 다크패턴 예방차원에서 마련된 전자상거래법상의 다크패턴 관련규정은 금융회사에도 적용되는데, 개정 전자상거래법은 다크패턴 행위의 방지를 위해 ① 정기결제대금 증액 또는 유료 전환 시 사전 동의를 의무화하면서(동법 제3조 제6항), ② 소비자의 착오나 부주의를 유발하는 다음의 5가지 다크패턴행위를 금지하는 부작위의무 규정을 신설하였다[111].

표 2 개정 전자상거래법상 다크패턴 유형

구분	내용	해당 조항
작위의무	① (숨은갱신) 정기결제 대금 증액 또는 무료 서비스의 유료 전환시 소비자의 사전 동의 의무화	제13조 제6항
부작위의무	② (순차공개가격책정) 정당한 사유 없이 재화등의 구입 총비용이 아닌 일부 금액만 표시·광고하는 행위 금지	제21조의2 제1항 제1호
	③ (특정옵션 사전 선택) 특정 상품 구매과정에서 다른 상품 구매 여부를 질문하면서 옵션을 미리 선택하는 행위 금지	제21조의2 제1항 제2호
	④ (잘못된 계층구조) 선택항목의 크기·모양·색깔 등에 현저한 차이를 두어 사업자에게 유리한 특정 항목 유인 금지	제21조의 2 제1항 제4호
	⑤ (반복간섭) 팝업창 등으로 소비자 선택을 반복적으로 변경·요구하는 행위 금지	제21조의2 제1항 제5호

* 출처: 공정거래위원회 보도자료, 전자상거래법시행령 · 시행규칙 개정안 입법예고, 2024.7.18

그러나 전자상거래법은 유통회사를 전제로 한 것이라서 금융회사의 금융상품에는 맞지 않는다는 비판이 있다. 무엇보다 전자상거래법에 마련된 다크패턴 규율방식은 구체적인 행위유형을 열거한 점에서 소비자 이익 우선이라는 명확한 원칙이 관철되지 못할 수 있다. 즉 다크패턴에 대한 규율의 법적 근거를 마련한 점은 의의가 있으나 대표적

111 개정 전자상거래법은 공포일로부터 1년이 경과한 날부터, 사업자 자율 준수를 위한 공정위 지침 마련 및 사업자 자율규약에 관한 나머지 개정 조항은 공포일 즉시 시행되며, 소비자기본법 개정안 중 실태 조사 근거조항은 공포후 6개월이 경과한 날부터, 소비자중심 경영인증 관련조항은 2024.1.1.부터 시행된다. 2025.3월에는 사업자의 궁금증을 해소하는 문답서를 배포한 바 있다. 공정거래위원회, 6개 유형 온라인 다크패턴 규제관련 문답서 배포, 2025.2.13.

인 다크패턴 행위유형에 대해서만 소극적 금지에 그친 점, 사업자가 보호하여야 할 소비자의 像이 디지털 환경하에서는 합리적인 소비자라 하더라도 정보비대칭문제 발생은 물론, 물론 정보를 많이 준다고 해도 다크패턴의 폐해를 피해가기 어려운 취약한 소비자가 일반적이라는 점을 간과하고 있다. 아울러 회사로 하여금 스스로 소비자 중심적 설계를 하도록 유도하는 측면의 효과를 기대하기 어려운 점도 문제이다.[112] 따라서 사전에 다크패턴을 예방하도록 적극적 디자인의무[113·114]를 부과하는 것을 검토해 볼 필요가 있다. 최근 금융위원회는 온라인 금융상품 판매관련 다크패턴 가이드라인을 마련한 바 있다. 금융상품 판매에 특화된 구체적인 다크패턴 금지행위유형(4개 범주, 15개 세부유형)을 마련하고, 2026년 4월부터 시행한다는 계획이다.[115] 향후 금융소비자보호법에 명문의 규정과 함께 적극적 디자인의무 도입이 바람직할 것으로 보인다.

---

112 갈수록 행동경제학적 연구를 악용한 심리학적인 측면에서 정교해질 가능성이 있고, 인공지능을 통한 개별 사용자 맞춤형 조작, 그리고 겉으로는 합법적이지만 실질적으로는 기만적인 설계가 이루어질 가능성을 염두에 둔 규율이 보완되어야 한다. 무엇보다 위법과 적법의 경계가 애매한 부분이 많고, 심리학적 효과를 이용해서 소비자의 의식을 유도하는 것을 제대로 포착하기 어렵다.

113 구체적인 의무내용으로 사용자 인터페이스 설계 시 중립적 선택환경 제공의무, 해지/취소 프로세스를 가입/구매 프로세스와 동일수준으로 간소화의무, 개인정보 수집시 명확하고 이해하기 쉬운 동의절차 구현의무, 정기구독서비스의 경우 만료 전 사전고지의무 등을 부과한다.

114 최근 유럽의 일부 국가들은 소비자들이 디지털 환경하에서 가지는 취약성을 고려하여 적극적인 온라인 인터페이스 디자인의무를 도입하는 경향이 있다. 즉 다크패턴을 소극적으로 금지하는 대신에 적극적인 디자인의무를 부과하는 것이 그것이다. 대표적으로 독일에서는 2022년 7월 1일부터 온라인상의 계속적 계약관계의 경우 이용자들이 2번의 클릭(즉 해지와 확인버튼 클릭)만으로 해지할 수 있도록 할 의무를 사업자에게 부과하였고(Gesetz für faire Verbraucherverträge vom 10.08.2021 (BGBl. I S. 3433), 프랑스는 3번의 클릭으로 해지가 가능하게 하고 있다.

115 금융위, 온라인 금융상품 판매 관련 다크패턴 가이드라인 마련, 2025. 12. 26, 보도자료. 금융위는 다크패턴 규율체계(예: 전자상거래법)가 일반적인 상거래 행위를 기준으로 적용되다 보니, 금융상품 판매과정의 특수성을 제대로 반영한 규제가 이루어지지 못할 우려가 있다고 보았다. 대표적으로 공정위의 다크패턴 유형 중 숨은 갱신, 몰래 장바구니 추가, 거짓 할인, 거짓 추천, 유인 판매, 위장 광고, 낮은 재고알림 등은 금융상품 판매과정에서 발견되기 어렵다는 것이다. 이에 따라 금융상품 판매 과정에서 소비자 기만 등이 발생하지 않도록 기존 법률(전자상거래법 등)과 별개로 금융업권에 적용할 구체적인 다크패턴 규제 행위를 명확히 하기 위해 "다크패턴 가이드라인"을 마련하였다고 설명하고 있다. 동 가이드라인에서는 적용대상 사업자로 금융소비자보호법상 금융상품판매업자, 자문업자, 혁신금융서비스(금융소비자보호법 관련)로 지정받은 핀테크업자 등 금융소비자보호법을 적용받는 사업자로 제시하고 있다.

또한, 통상 금융회사들은 자사 애플리케이션의 회원 유치수단으로 마이데이터 서비스나 오픈뱅킹 연결서비스 등을 통해 금융소비자의 의사결정을 압박하는 경우가 많다. 이러한 서비스들은 금융상품에 해당하지 않기 때문에 금융소비자보호법이 적용되지 않는다.[116] 이러한 점을 감안할 때 금융상품 외에 금융서비스에도 금융소비자보호법이 적용될 경우 다크패턴의 규율이 보다 효과적으로 이루어질 수 있을 것이다.

다. 디지털 취약에 따른 금융소외 해소

인공지능·블록체인 기반 디지털금융은 특히 속도·복잡성 때문에 디지털 취약계층(고령층, 저소득층, 저학력자 등)에 금융사기 등의 피해 증대와 금융소외를 야기한다. 때문에 디지털 취약계층을 고려한 사전적 보호방안이 특별히 고려되어야 한다.

최근 금융취약계층을 보호하고 금융역량 향상정책 수립을 의무화하는 등 금융사기, 금융착취 피해를 방지하기 위한 개정안이 발의된 바 있고[117], 고령층 등 취약계층의 접근성을 제고하고 금융사기 피해를 방지하기 위한 금융소비자보호법 개정안도 발의된 바 있다. 즉 주된 내용은 금융상품의 화상 권유판매방식과 그 밖의 비대면방식이 방문판매·전화권유 판매방식과 동일하게 규제될 수 있도록 법적 근거를 마련하는 것이다.[118] 또한 고령층을 고려하여 금융사기나 접근성 제한에 따른 피해를 막는 법안도 발의된 바 있다. 금융상품판매업자 등이 고령층의 금융피해 의심 사안을 법집행기관이나 금융감독

---

116 마이데이터 사업자에는 은행, 보험회사, 금융투자회사, 여신전문금융회사, 저축은행, 상호금융 외에 CB사, IT, 핀테크, 통신사도 포함되어 있다.

117 박상혁 의원안, 제2202578호. 주요 내용은 다음과 같다.
· 보호대상: 고령자 외에 미성년자, 장애인, 외국인 등으로 보호대상을 폭넓게 설정
· 차별금지: 금융소비자보호법 제15조에 차별금지 사유로 규정된 '성별, 학력, 장애, 사회적 신분 등'에 '연령, 재산, 국적'을 추가함
· 정책수립: 금융위원회에 금융취약계층의 금융역량 향상을 위한 정책수립의무를 규정하고, 이를 위해 필요한 경우 금융회사에 금융피해사례 및 의심사례에 관한 자료제출을 요구할 수 있게 함
· 내부통제기준: 금융상품판매업자등에게 금융취약계층의 금융생활 지원 및 금융피해방지에 관한 사항을 내부통제기준에 포함하고 임직원을 대상으로 정기적 교육훈련을 실시하도록 함

118 백혜련 의원안, 제2202609호: 화상권유판매란, "화상통화 등 매체를 활용해 상호 대면하여 실시간 대화를 통해 계약 체결을 권유하거나 청약을 받아 계약을 체결하는 것"으로 정의되며, 그밖에 금융위원회가 고시하는 기타 정보통신기술을 활용한 비대면 방식도 규제적용범위에 포함

기관에 통보할 수 있도록 하고, 금융피해 예방을 위해 거래 지연조치나 제3자에 대한 통보조치를 가능하게 하는 방안이다.[119] 이 외에 접근성 강화, 금융이해력 제고방안들이 추가로 마련되어야 할 것이다.[120]

라. 인공지능 활용한 상품·서비스로 인해 피해 발생 시 소비자 입증부담 경감

유럽연합은 2024년 8월에 발효된 인공지능법을 통해 인공지능시스템을 위험도에 따라 분류하고, 특히 고위험 인공지능, 범용 인공지능 등에 대해서는 '투명성 의무'를 부과하고 있다. 즉 학습데이터 공개, 작동원리 설명, 이용자에 대한 사전 고지 등이 요구된다. 특히 학습데이터 위험을 관리하기 위해 데이터 관리 및 학습데이터 요약본 공개의무를 규정하고, 기술적 위험관리를 위해 기술문서 작성과 적합성 평가 등을 의무화하고 있다.

우리나라는 인공지능 발전과 신뢰기반 조성 등에 관한 기본법이 2026년 1월부터 시행 예정이며, 인공지능의 투명성확보의무를 규정하고 있다(제35조). 이에 따라 인공지능 기반 서비스 운영 시(고영향 인공지능 또는 생성형 인공지능) 이용자에게 사전 고지하고, 인공지능이 생성한 결과물임을 명확히 표시(제31조)하도록 요구하고 있다. 위반 시 3천만 원 이하의 과태료가 부과된다(제43조 제1항 제1호). 아울러 고영향 AI에 대해 기술과 데이터에 대한 설명방안 수립 및 사람에 의한 관리·감독 등 안전성·신뢰성 확보조치 이행의무(제34조)[121], 인간의 기본권에 미치는 영향 평가 노력의무(제35조)를 규정하고 있

119 김정호 의원안, 제2205015호, 강훈식 의원안, 제2206876호: 김정호 의원안은 가족등에 의한 경제적 학대나 금융사기로 인한 고령자 피해방지를 위해 금융피해개념을, 강훈식 의원은 금융착취 개념을 도입

120 예를 들어 접근성 강화를 위해 디지털 채널 외에 오프라인 창구, 전화 상담 등 다채널서비스가 유지되어야 하고, 단순화된 인터페이스로 노령층·저학력자도 쉽게 사용할 수 있어야 한다. 실제 금융회사들이 대면지점을 줄이고 디지털 채널을 통한 서비스 비중을 늘리면서 모바일기기 사용이 불편한 고령소비자들이 금융소외를 경험하고 있다. 통합점포를 활용하면서 대면으로 금융앱 이용교육을 하고 고령소비자가 많이 활용하는 채널을 이용하여 온라인 반복학습을 제공하는 것이 권고되는 경향이 있으나 보다 다양한 채널이 모색되어야 할 것이다. 이에 관해서는 변혜연, "디지털 금융서비스의 위험요소와 소비자보호", KiRi 리포트, 9면, 고령자 대상 정보기술 훈련에 특화된 미국 OATS(Older Adults Technology Services)의 활동 참고(https://oats. org)

121 인공지능 사업자가 고영향 인공지능 또는 이를 이용한 제품·서비스를 제공하는 경우 고영향 인공지능의 안전성·신뢰성을 확보하기 위하여 다음의 조치를 해야한다. (제34조)

다.[122] 그러나 의무위반에 대한 제재로는 3천만 원 이하의 과태료만 규정되어 있고 피해 발생 시 입증책임에 대한 내용은 두고 있지 않다.

금융회사도 고위험 AI 이용 시 인공지능기본법의 적용을 받게 되며 개별 금융업법의 인공지능 관련 규정의 적용도 모두 받는다[123]. 그러나 개별 금융업법에도 인공지능 활용에 따른 피해에 대한 입증책임에 대해서는 별도 규정을 두고 있지 않다.

참고로 EU AI 손해배상책임 지침안(AI Liability Directive)[124]은 AI시스템으로 인한 피해에 대한 구제수단을 마련하고 있다. 즉 AI시스템이 EU 인공지능법에서 정한 투명성의무, 인간 감독, 정확성 등의 요건을 준수하지 못해 손해가 발생한 경우 불투명성과 복잡성을 고려하여 피해자의 입증책임을 경감하고 있다. 즉 피해자가 관련기준 미준수 등 일정한 요건을 준수하면 해당 불이행과 손해간에 인과관계가 있다고 추정된다. 이를 통해 AI시스템의 기술적 복잡성으로 인한 입증의 어려움을 해소함으로써 피해 구제의 현실적 기능성을 높이고 있다.

---

1. 위험관리방안의 수립 · 운영
2. 기술적으로 가능한 범위 내에서의 인공지능이 도출한 최종결과, 인공지능의 최종결과 도출에 활용된 주요 기준, 인공지능의 개발 · 활용에 사용된 학습용 데이터의 개요 등에 대한 설명방안의 수립 · 시행
3. 이용자 보호방안의 수립 · 운영
4. 고영향 인공지능에 대한 사람의 관리 · 감독
5. 안정성 · 신뢰성 확보를 위한 조치의 내용을 확인할 수 있는 문서의 작성과 보관
6. 그밖에 고영향 인공지능의 안정성 · 신뢰성 확보를 위하여 위원회에서 심의 · 의결된 사항

122 자세한 내용은 김민주 · 김현경, "인공지능 투명성 규제에 대한 비판적 고찰-EU AI법 투명성 의무 조항 분석을 중심으로", 선진상사법률연구 통권 제110호, 2025.4, 77면 이하 참고.

123 예를 들어 은행이 인공지능 신용평가모델을 활용할 경우 신용정보법도 준수해야 한다. 그 외에 인공지능기본법에 따라 대출신청자에게 인공지능 심사를 거친다는 사실을 고지하고, 인공지능 모델의 편향이나 오류를 통제하는 절차를 갖추어야 한다.

124 Proposal for DIRECTIVE OF THE EUROPEAN PARLIAMENT AND OF THE COUNCIL on adapting non-contractual civil liability rules to artificial intelligence (AI liability Directive), COM/2022/496 final.

마. 디지털 금융교육의 제도적 지원

금융위원회는 금융소비자의 권익 보호와 금융상품판매업의 건전한 시장질서 구축을 위해 금융소비자정책을 수립하여야 한다. 아울러 금융소비자의 건전한 금융생활 지원 및 금융소비자의 금융역량 향상을 위해 노력하여야 한다(금융소비자보호법 제29조). 또한 금융위원회는 교육을 통하여 금융소비자가 금융에 관한 높은 이해력을 바탕으로 합리적인 의사결정을 내리고 이를 기반으로 하여 장기적으로 금융복지를 누릴 수 있도록 노력하여야 하고, 필요한 지원을 할 수 있다(동법 제30조).

그러나 금융소비자보호법은 금융소비자의 금융역량 향상을 위한 교육과 관련하여 디지털 역량의 중요성을 충분히 강조하고 있지 못하다. 비록 동법상 3년마다 금융소비자의 금융역량을 조사하고 그 결과를 금융교육에 관한 정책 수립에 반영하도록 하고 있으나(제30조 제4항) 디지털 역량부문의 증대에 간접적으로 기여하는 데 그치고 있다. 때문에 금융취약계층의 디지털 금융역량 향상을 위한 정책수립의무 및 금융교육이 추가 명시되는 것이 바람직하다.

그 외 온라인채널을 이용한 신종범죄나 허위 정보로 소비자를 현혹하는 사기와 관련하여 국내 감독당국은 소비자 피해가 필요한 이슈마다[125] 소비자경보를 발동하고 있다.[126] 신속성과 편리성이라는 디지털금융의 특성과 금융소비자 행태 편향이 결합되어 과도한 대출이나 투자현상도 나타나고 있어 금융상품 설명이나 광고가 소비자에게 불리한 판단을 유도할 요소가 있는지 점검하고 사례들을 다채널하여 소비자에게 최신화하여 교육할 필요가 있다.

바. 내부통제와 리스크관리 강화

금융회사의 디지털 기술 활용과 데이터 보유량이 증가하면서 의도적인 사이버 공격에 의한 개인정보 유출이나 기술사고, 네트워크 불능으로 인한 피해가능성이 커지면

125 허위 정책자금 대출을 이용한 보이스피싱이나 아트텍, NFT 등 신종 신기술분야 투자 빙자 금융사기 등.

126 금융감독원, "공공요금 인상을 악용하여 허위 정책자금대출을 빙자한 보이스피싱 소비자 경보 발령!!" 보도자료, 2023.1.30.

서 사이버리스크 관리의 중요성도 커지고 있다. 금융회사는 데이터 손실, 손상, 파괴, 승인되지 않은 데이터 접근 방지조치와 함께 데이터 보안 사고 후 처리절차 등 데이터 보안정책을 마련해 두어야 하며, 사이버보안 평가를 리스크 관리의 주요 요소로 포함하여야 한다.[127]

금융소비자보호법은 제16조에서 금융상품판매업자등이 임직원 및 금융상품판매대리·중개업자가 업무를 수행할 때 법령을 준수하고 건전한 거래질서를 해치는 일이 없도록 관리책임을 부과하고, 관리업무를 이행하기 위하여 그 임직원 및 금융상품대리·중개업자가 직무를 수행할 때 준수하여야할 기준 및 절차를 마련하도록 하고 있다(동조 제1항, 제2항). 금융소비자보호법에 따라 임직원이 업무를 수행할 때 준수해야 할 기준 및 절차(내부통제기준)에는 가. 금융상품의 개발, 판매 및 사후관리에 관한 정책 수립, 나. 광고물 제작 및 광고물 내부 심의에 관한 사항, 다. 권유, 계약체결 등 금융소비자를 대상으로 하는 직무의 수행에 관한 사항, 라. 금융소비자와의 이해상충 방지에 관한 사항 마. 금융소비자보호 관련 교육에 관한 사항, 바. 금융소비자의 신용정보, 개인정보 관리에 관한 사항, 사. 금융상품 등에 관한 업무 위탁 및 관련 수수료 지급에 관한 사항 등이 포함된다(감도규정 별표 2-2).

그러나 동법상의 내부통제는 전통적인 금융상품의 개발, 판매, 사후관리에 초점이 맞추어져 있다. 또한 디지털 금융관과 관련된 것이라곤 신용정보, 개인정보 관리에 관한 사항이라는 일빈직 시항에 국한되어 있다. 사이버보안, 데이터 보안 등도 포함될 필요가 있다. 아울러 윤리적 AI 설계[128], AI 규제 준수(설명가능한 AI 및 강력한 데이터 프라이버시 정책) 등 AI 관련한 소비자보호 사항도 포함될 필요가 있다.

사. 디지털감독체계의 실효성 강화

국내 현행 감독체계는 전통적인 금융리스크 감독에는 풍부한 경험을 가지고 있으나, AI시스템의 기술적 특성과 위험성을 평가하고 관리하는 데 필요한 전문성이 충분히

127 변혜연, “디지털 금융서비스의 위험요소와 소비자보호”, KiRi 리포트, 2023, 8면.

128 안수현, 인공지능(AI)의 발전에 따른 보험업 법제 정비방향과 과제, 연구보고서, 보험연구원, 2021.

확보되었는지는 의구심이 적지 않다.[129] 따라서 AI기술에 대한 이해도 제고, 위험성 평가 및 알고리즘 검증 등을 수행할 수 있는 전문인력 확충이 필요하며, 금융보안원, 개인정보보호위원회등 유관기관의 협력체계가 제도화하여 유기적 대응이 가능해야 한다. 또한 금융회사뿐 아니라 ICT 사업자에 대한 효과적인 감독방안이 시급하다. 클라우드 서비스, AI 솔루션 등을 제공하는 사업자들은 금융회사의 AI시스템에 직접적인 영향을 미치므로 이들에 대한 관리감독이 제도화될 필요가 있다. [130]

3 개별법 주요 정비 사항

가. 금융소비자보호법 정비사항

(1) 디지털 소비자象에 부합한 금융소비자 개념 정립

현재 금융소비자보호법상의 금융소비자 개념은 정보 수집 및 분석능력에서 열위에 있는 소비자象을 전제하고 있다. 그러나 디지털금융이 심화되는 상황에서는 이러한 전제는 재검토되어야 한다. 새로운 형태의 사기나 보안 위협 급증, 인공지능의 블랙박스 문제, 정보 비대칭의 심화 등 새로운 취약성 요인들이 발생하면서 모든 소비자의 취약성이 심화되기 때문이다. 이러한 디지털 소비자상을 전제로 앞서 강화된 사전적 보호조치들이 정비될 필요가 있다.

(2) 판매업자 판매규제 정비

① AI 활용·위험·결과 재검토절차 등에 대해 고지의무 부과

금융소비자 보호측면에서 금융상품별로 인공지능 활용 여부를 사전에 고지할 필요가 있다.

우선, 투자상품의 경우 투자의사결정에 직접 영향을 미치는 경우가 있는데, 대표적

---

129 특히 AI알고리즘의 편향성, 설명가능성, 견고성 등을 평가할 수 있는 기술적 역량과 평가기준이 미비하여 실질적인 감독기능 수행이 어렵다는 평가가 있다. 윤혜선, 전게논문, 101면.

130 EU는 디지털운영회복력법(Digital Operational Resilience Act:DORA)에서 '중요한 ICT 제공사업자'라는 개념을 도입하고 금융감독당국의 직접 감독권 행사근거를 마련해 두고 있다.

으로 로보어드바이저 상품과 알고리즘 트레이딩 기반 펀드/ETF가 그것이다. 로보어드바이저의 경우 전문가인 사람의 자문이 아니라 알고리즘 기반 추천을 받는 것이므로 AI의 운용방식, 추천기준, 알고리즘 한계(데이터 편향, 예측 불확실성 등)를 고지해야 소비자가 합리적인 투자판단이 가능하다. 알고리즘 트레이딩 기반 펀드/ETF도 AI모델의 자동매매에 의해 수익·손실이 결정되는 점에서 어떤 전략에 기반하는지 등을 알 필요가 있다.

보험상품 역시 AI언더라이팅 보험상품의 경우 전통적인 심사 대신 AI가 보험계약자의 건강·행동 데이터를 분석하여 가입가능 여부 및 보험료를 산정하므로 소비자는 어떤 데이터가 활용되는지, 자동화 심사결과를 사람이 재검토할 수 있는 절차가 있는지 등을 알 필요가 있다.

대출상품 역시 AI신용평가 기반 대출인 경우 전통적 신용등급 외에 온라인 소비, 행동 데이터 등 비정형 데이터를 활용하여 대출여부 및 금리가 결정되므로 소비자는 어떤 데이터가 사용되는지, 편향된 데이터·차별위험이 있는 점, 이의제기 절차가 있다는 것을 알 필요가 있다.

② 적합성 원칙 관련

금융소비자보호법상 적합성 원칙(제17조 제18조 등) 관련해서도 인공지능 활용 시 어떤 기준으로 적합성 판단을 했는지 정보제공하고 소비자가 이해할 수 있도록 할 필요가 있다. 또한 인공지능이 판단한 결과에 대해 사람에 의한 재심사를 요청할 권리를 부여하는 것도 필요하다.

(3) 소비자보호 내부통제 범위 확대

앞서 소개한 바와 같이 소비자보호설계가 디지털 금융서비스 개발단계부터 보호기능(특히 취약계층 보호기능)이 탑재되도록 하여야 하며, 사이버보안, 데이터 보안 및 윤리적 AI 설계, AI 규제 준수(설명가능한 AI 및 강력한 데이터 프라이버시 정책) 등 AI 관련한 소비자보호 사항도 내부통제 사항으로 포함되어야 한다(별표 개정사항).

(4) 디지털금융 분쟁조정 특화

현재 금융소비자보호법에 근거해 금융감독원에 금융분쟁조정위원회가 설치되어 있어 조정위원회는 위원장 1명을 포함하여 35명 이내의 위원으로 구성된다(동법 제34조).

이중 조정위원회 위원은 1. 판사 · 검사 또는 변호사 자격이 있는 사람 2. 「소비자기본법」에 따른 한국소비자원 및 같은 법에 따라 등록한 소비자단체의 임원, 임원으로 재직하였던 사람 또는 15년 이상 근무한 경력이 있는 사람 3. 조정대상기관 또는 금융 관계 기관 · 단체에서 15년 이상 근무한 경력이 있는 사람 4. 금융 또는 소비자 분야에 관한 학식과 경험이 있는 사람 5. 전문의(專門醫) 자격이 있는 의사 6. 그밖에 분쟁조정과 관련하여 금융감독원장이 필요하다고 인정하는 사람으로 구성된다.

전통적 금융환경에서는 합리적인 위원 자격이라고 할 수 있으나 핀테크, 플랫폼 금융, 블록체인, 가상자산, AI 알고리즘 기반 금융상품 · 서비스가 심화되는 현 상황에서는 적절한지는 검토를 요한다.

우선 디지털 금융특화 전문성이 고려될 필요가 있고, 데이터 · 사이버 보안 전문성도 강화되어야 한다. 또한 대형 빅테크 · 플랫폼 기업이 금융중개업자로 참여하는 경우, 전통적 금융 경험만으로는 이해관계 조정이 어려울 수 있다. 아울러 분쟁유형도 가상자산 · 블록체인, 핀테크 · 플랫폼, AI데이터 · 보안 등 전문적 검토를 요하므로 디지털금융에 맞는 분쟁조정 조직개편이 바람직하다.

나. 그 외의 법률 정비사항

(1) 가상자산이용자보호법

2023년 7월 18일 제정되었고 2024년 7월 19일부터 시행된 가상자산이용자보호법에서는 이용자의 예치금 및 가상자산 보호, 시세조종 등 불공정거래행위 규제, 금융당국의 가상자산사업자 등에 대한 감독 · 검사 · 제재권한 및 불공정거래행위자에 대한 조사 · 권한 등이 규정되었다.

이용자의 예치금은 공신력 있는 관리기관인 은행이 안전하게 보관 · 관리하고, 가상자산사업자는 이용자에게 예치금 이자 성격의 예치금이용료를 지급하여야 하며, 가상자산사업자는 자기의 가상자산과 이용자의 가상자산을 분리하여 보관하여야 하고, 이용자 가상자산과 동종 · 동량의 가상자산을 실질적으로 보유하여야 한다. 가상자산사업자는 해킹 · 전산장애 등 사고에 따른 책임을 이행하기 위하여 보험에 가입하거나 준비금 등을 적립해야 한다.

또한 시세조종 등 불공정거래행위에 대한 규율체계도 도입되어, 가상자산거래소는 이상거래를 상시 감시하고, 불공정거래행위로 의심되는 경우 금융당국에 통보하는 등의 조치를 취해야 한다. 이후 해당혐의에 대해서는 금융당국 조사 및 수사기관의 수사를 거쳐 불공정거래행위를 한 자에 대해서는 형사처벌 및 과징금이 부과된다. 아울러 금융감독원은 가상자산사업자를 대상으로 이용자보호의무의 준수 여부 등을 검사하고, 금융위원회는 검사결과에 따라 시정명령, 영업의 전부 또는 일부의 정지, 과태료 부과 등 제재를 할 수 있다.

그러나 최근 디지털기술의 발전에 따라 디지털자산이 단순히 가상자산을 넘어 실물경제와 금융시장을 연결하는 핵심 매개체로 부상하면서 해외에서는 디지털자산과 스테이블 코인(stable coin)에 대한 법적 지위를 명확히 하고, 발행과 유통, 공시 및 이용자 보호에 이르기까지 전반적인 규제체계를 마련해 나가고 있는 것과는 달리 국내 현행 법령은 가상자산 이용자 보호에 초점을 둔 1단계 수준이라는 점에 대한 비판이 많은 상황이다. 특히 가상자산 공시·발행 등 시장 규율체계에 대한 규정은 포함되어 있지 않은 점, 가상자산거래소의 이해상충문제[131], 진입규제가 가상자산이용자보호법이 아닌 특정금융정보의 보고 및 이용 등에 관한 법률에 명시되어 있는 점[132], 가상자산을 별도의 수탁기관에 보관하도록 의무화되어 있지 않은 점, 스테이블 코인에 대한 명확한 법적지위와 규율 등이 정비되어 있는 점이 제기되고 있다. 이러한 점을 감안해서 2단계 가상자산법(디지털자산기본법) 제정이 준비 중에 있다[133].

131 가상자산거래소에 거래중개플랫폼, 상장, 예탁, 매매, 결제 등 여러 기능이 집중되어 있어 이용자 피해가 발생할 수 있다.

132 기능별 분류 없이 모든 가상자산사업자에게 동일한 규제를 적용한다는 점 및 특금법은 자금세탁방지 등을 위한 조치가 주안점인 점에서 시장 건전성 확보와 관련된 규제가 없다는 점이 지적되고 있다.

133 2025년에 발의된 디지털자산기본법안인 민병덕 대표발의「디지털자산기본법안(의안번호 2210736)」, 김재섭 대표발의「디지털자산시장통합법안(의안번호 2213266)」, 최보윤 대표발의「디지털자산 육성기본법안(의안번호 2213449)」 참고.

(2) 신용정보의 이용 및 보호에 관한 법률('신용정보법')

신용정보법은 신용정보의 수집·이용보호를 규율함으로써 신용정보 주체인 금융소비자의 권리를 실질적으로 보장하는 데 기여하고 있다.

2020년 1월 9일 신용정보법이 개정되어 마이데이터 및 마이페이먼트와 같은 새로운 금융서비스가 출현할 수 있는 기반이 마련되었다. 우선 마이데이터는 신용정보법에서 '본인신용정보관리업'을 말하는데, 정보주체의 권리 행사에 기반하여 금융회사·본인의 신용정보를 일정한 방식으로 통합하여 정보주체 본인에게 제공하는 행위를 영업으로 하는 사업자를 말하며(동법 제2조 제9호의2), 금융위원회로부터 허가를 받아야 영위가 가능하다(동법 제4조 및 제6조). 따라서 금융소비자가 금융회사에 자신의 금융정보를 마이데이터 사업자에게 제공하도록 요청하면 마이데이터사업자는 이를 기반으로 맞춤형 금융상품과 서비스를 개발할 수 있다.

마이페이먼트란 하나의 앱으로 고객의 모든 계좌에 대해 결제와 송금 등의 이체지시를 할 수 있는 것으로 금융소비자는 지급지시 서비스제공업자(PISP)에게 자신의 계좌에 대한 지급지시권한을 허용하며 PISP가 고객을 대신해서 계좌이체거래를 진행하게 된다.[134] 이러한 마이페이먼트서비스가 활성화될 경우 간편결제가 보다 저렴한 비용으로 이루어질 수 있으며, 특히 마이데이터와 결합하여 데이터 분석에 기반한 종합자산관리가 활성화될 것으로 기대되고 있다.

그러나 마이데이터와 마이페이먼트와 같은 신종 디지털금융서비스들은 금융상품에 해당하지 않아 금융소비자보호법 적용이 어렵다. 때문에 앞서 소개한 바 있는 다크패턴행위에 대해서는 규율사각지대에 있다.[135]

---

134 종래 간편결제, 즉 전자자금이체를 수행하기 위해 전자금융업자는 계좌의 소유권 또는 처분권이 있어야 하고, 해당 계좌에 고객자금을 보유해야 하고, 이를 정산하고 계좌에 대한 접근매체의 선정, 발급 권한 등도 보유해야 했다. 이 경우 전자금융업자는 자금이체를 위해서 고객 계좌가 있는 거래은행에 출금 요청을 해야 하며, 판매자의 거래계좌가 있는 금융기관에 입금을 해야 하는데, 이 과정에서 수수료가 발생한다. 그러나 마이페이먼트는 고객 계좌활용에 대한 직접적인 권한(계좌보유와 자금보유)이 필요없으며, 오직 고객의 동의하에 결제서비스 제공에 대한 정보접근권만 가지면 된다. 따라서 전자상거래상 마이페이먼트사는 금융회사를 거치지 않고 바로 소비자의 은행계좌에서 판매자의 은행계좌로 직접 이체가 가능해지기 때문에 수수료를 절감할 수 있다.

135 이러한 지적은 이정민, 디지털 금융사회에서 금융소비자보호를 위한 과제", Payment Insight 제

(3) 전자금융거래법

전자금융거래법은 금융회사와 전자금융업자의 전자지급서비스에 대한 법률관계, 전자금융업무에 대한 진입규제, 행위규제, 안전성 기준(금융보안) 등 디지털금융에 대한 기본법령으로서 그 기능을 수행해 오고 있으며, 한편으로 이용자보호장치들을 마련하고 있다. 대표적으로 전자금융사고 배상책임, 인증(접근매체) 및 해킹방지대책 등 정보보호 및 금융보안에 대한 필수 규율사항을 두고 있어 그 역할과 중요성이 갈수록 커지고 있다. 특히 2023년 9월 14일 공포되고 2024년 시행된 개정전자금융거래법에서는 이용자의 선불충전금을 안전하게 보호하기 위하여 발행된 선불금에 대한 적절한 외부보전의무 및 선불금의 유용 또는 부정사용에 대한 예방조치내용을 담아 전자금융업자의 책임소재를 명확히하였다. 그 외 간편결제 활성화 차원에서 금융규제샌드박스 특례로 도입된 소액후불결제업무를 선불업자의 겸엉업무로 제도화하였으며, 기존에 선불전자지급수단에 해당하지 않던 모바일 쿠폰, 전자상품권류 등도 선불전자지급수단에 포함되었다.[136]

그런데 전자금융업은 정보통신기술을 핵심기반으로 활용하여 지급결제, 자금이체 등[137] 광범한 금융서비스를 제공한다. 따라서 그에 상응한 이용자 보호장치의 강화가 필요하다. 대표적으로 전자금융사고 등 배상책임측면에서 이용자보호를 강화하기 위해 전

18호, 2025, 11면.

136 2023. 9.14 공포된 개정전자금융거래법의 주요내용은 다음과 같다.
① 선불업 관리감독 강화 및 이용자보호
- 선불업 감독범위 확대 : 선불전자지급수단의 범위 확대, 선불업 등록면제대상 축소
- 선불충전금 별도관리의무화: 예치 · 신탁 등 안전한 방법으로 별도 관리
- 선불업자 영업행위 규칙 신설: 가맹점 축소, 이용조건 변경시 잔액 전부 환급내용 약관 반영 등 및 일정 재무건전성 충족시에만 할인발행, 적립금 지급 가능
- 대표가맹점 신설 및 행위규제 강화
② 소액후불결제업 제도화
- 현재 혁신금융서비스(금융규제샌드박스)로 선불업자가 제공하는 소액후불결제업무의 법적 근거마련
- 선불업의 겸영업무로 금융위원회 승인 제도화
- 소액후불결제업 영위자의 행위규제 신설

137 전자금융거래법은 전자금융업자를 선불전자지급수단 발행 및 관리업, 전자지급결제대행업(PG), 전자자금이체업으로 유형화하고 있다.

자금융거래요건 및 범위의 확대[138]와 사고배상책임[139] 및 분쟁조정제도 정비 그리고 최근 논의가 심화되는 스테이블 코인의 경우 규제사각지대에 있는 점 등은 보완이 시급하다. 이용자가 스테이블 코인으로 충전해서 결제에 이용하는 사례가 늘고 있어 전자지급수단으로서의 성격이 강하고 이용자 및 가맹점 보호차원의 규제필요성이 증가하고 있고, 해킹, 정보유출의 위험에도 노출되기 때문이다. 그 외 인공지능 및 빅데이터와 같은 첨단기술을 활용한 서비스의 보안성 및 투명성을 보장하기 위하여 구체적이고 강화된 감독기준 마련도 시급하다.

V 결 론

앞서 검토한 바에 의하면 전반적으로 소비자와 디지털 금융서비스제공자 그리고 규제기관 간의 격차로 인해 금융소비자보호 프레임워크가 사전에 민첩하게 마련되어 있지는 않은 점이 확인된다. 반면 인공지능, 블록체인과 같이 새로운 기술 확산으로 인해 디지털금융이 신상품과 새로운 서비스의 형태로 등장할 때 금융혁신과 소비자보호의 균형을 중시하며 금융당국은 가이드라인과 행정지도와 같은 연성규범에 의존하는 경향이 강하다. 때문에 소비자보호 규정들은 개별 법에서 독립적으로 마련되는 경향이 있고 개정시기도 같지 않아 디지털금융과 관련하여 공백이 발생하거나 중복될 가능성이 크다. 최근 심화되는 디지털금융의 핵심에 인공지능이 공통으로 있다는 것을 고려해 볼 때 인공지능시대에 적합한 체계적이고 통합된 사전적 금융소비자보호 패러다임으로

138 현재 비대면과 자동화 요건 중 비대면요건을 삭제하고 자동화 요건도 이용자의 거래지시 과정에 일부 또는 전부에 전자적 장치가 개입되면 전자금융거래로 봐서 전자금융거래법의 이용자보호관련 조문들의 적용을 받게 하는 것이다. 자세한 내용은 김시홍, "전자금융거래법의 최근 개정 동향과 향후 개편과제", Payment Insight 제13호, 2023, 78면 참고.

139 사고요건, 입증책임주체, 면책사유, 이용자 협력의무, 책임이행조치(보험 등) 전반적인 재검토가 필요하다. 또한 신용카드, 선불카드, 직불카드 사고 및 분실 도난 시 배상책임측면에서 차이가 큰 점도 개선이 필요하다. 대표적으로 선불, 전자화폐 분실 도난 시 충전금을 보상해주지 않는 환급면제조항(전자금융거래법 제10조 제1항 단서)은 분쟁을 적지않게 야기하고 있어 개선이 필요하다. 김시홍, 전게논문, 80면.

전환이 불가피하다. 이를 위해서는 무엇보다 디지털 소비자象에 부합한 금융소비자개념이 마련되어야 하며, 이러한 디지털 금융소비자개념은 단순히 정보의 열위에 있는 자가 아니라 새로운 기술적 위험(인공지능 블랙박스, 사이버 리스크, 데이터 프라이버시 침해)과 행동적 편향(다크패턴 등)에 노출되어 취약성이 심화된 자로 인식하고, 이에 대응하여 사전적 보호장치를 적극적으로 요구하고 활용할 수 있는 권리를 보장받는 방향으로 정립되어야 한다.

특히 인공지능이 단순히 기존 인력을 보조하는 것에서 나아가 금융인력이나 자동화 등을 통해 기존 절차를 대체하는 경향이 강해지는 것에 상응하여 인공지능시스템에 대한 기술 인증이나 인센티브 제공, 예상치 못한 결과 발생 시 책임 경감 내지 면제방안에 대한 요구[140]가 커지는 경향이 있음을 고려할 때 금융소비자 사전보호 프레임워크가 늦지 않게 마련될 필요가 있다.

140 이러한 취지의 주장으로는 이정수, "인공지능에 대한 금융법의 규제방향", 27면.

참/고/문/헌

〈국내문헌〉

강영기, "InsurTech 등 FinTech 활용 시대의 도래와 보험업계의 법적 과제", 법과 기업연구 제11권, 제1호, 서강대학교 법학연구소, 2021.

권홍진 · 서병호, 오픈뱅킹 · 마이데이터 발전방향 및 정책제언, 금융연구원, 2024.2전망 및 분석, KISA INSIGHT 23 Vol 2, 2023.

김민주 · 김현경, "인공지능 투명성 규제에 대한 비판적 고찰-EU AI법 투명성 의무 조항 분석을 중심으로", 선진상사법률연구 통권 제110호, 2025.4.

김시홍, "전자금융거래법의 최근 개정 동향과 향후 개편과제", Payment Insight 제13호, 금융결제원, 2023.

민경식 · 박진상 · 우승훈 · 이건우 · 이태준 · 최윤성 · 이희조, "Web 3.0 시대 핵심기술, 블록체인 보안위협 전망 및 분석", KISA INSIGHT DIGITAL & SECURITY POLICY 2023 Vol.2, 2023.

변혜연, 디지털 금융서비스의 위험요소와 소비자보호, KiRi 리포트, 보험연구원, 2023년

안수현, "Automated Investment Tool(일명 '로보어드바이저')을 둘러싼 법적 쟁점과 과제", 상사판례연구 제29권 제2집, 2016.

------, 인공지능(AI)의 발전에 따른 보험업 법제 정비 방향과 과제, 연구보고서, 보험연구원, 2021.

윤혜선, "금융부문 AI 규제체계에 관한 연구: EU의 입법례를 중심으로", 경제규제와 법 제17권 제2호, 2024.

이정두, "금융플랫폼 확대에 따른 금융소비자 보호 및 금융규제 이슈", KIF 이슈리포트 2024-05, 2024.

이정수, "제4차 산업혁명과 금융법의 관계", 상사법연구 제40권 제3호, 2021.

-----, “인공지능에 대한 금융법의 규제방향: 금융에의 이용과 그 너머의 과제들”, 금융법연구 제21권 제1호, 2024.

이우진 · 전준헌, 데이터 분석을 통한 사이버 금융범죄의 현황 이해 및 예방 방안에 대한 연구, 한국 IT정책경영학회 논문지 제16권 제4호, 2024.

이정민, 디지털 금융사회에서 금융소비자보호를 위한 과제, Payment Insight 제18호, 2025.

〈외국문헌〉

CFPB, CFPB Seeks Input on Digital Payment Privacy and Consumer Protections, 2025.

OECD, Dark Commercial Patterns, OECD Digital Economy Papers, NO. 336, 2022.

Financial Conduct Authority, 2023, Data Use Research Report

IOSCO, Artificial Intelligence in Capital Markets: Use Cases, Risks and Challenges, Consultation Report, 2025.3.

IOSCO, Final Report with Policy Recommendations for Decentralized Finance (DeFi), 2023.

디지털금융의 규제·감독과 중앙은행의 역할

문선경[1]
(한국은행 변호사)

I 서 론

제국의 몰락은 작은 균열에서 불씨를 얻는다. 아무리 견고한 체제일지라도, 누적된 모순이 표면화되는 순간 단숨에 무너질 수 있다. 디지털 전환이 가속화된 금융시스템 하에서는 이러한 붕괴가 빛의 속도로, 그리고 소리 없이 진행된다. 변화된 환경에서 감독당국의 역할은 더 이상 위기의 완전한 예방이나 사후 복구에 한정될 수 없다. 디지털금융에 대한 감독당국의 대응은 시장의 혼란을 완전히 제거하기보다, 충격의 확산 속도를 늦추고 질서 있는 대응을 가능하게 하는 완충 장치로서 작동해야 한다. 특히 중앙은행은 최종대부자이자 시스템 운영자로서, 단순한 위기관리를 넘어 새로운 유형의 리스크 대응방안을 선제적으로 제시해야 하는 과제에 직면해 있다.[1]

이 글은 이러한 문제의식을 바탕으로, 디지털 전환이 초래한 금융위기의 변화와 새로운 시스템리스크, 그리고 이에 대응하기 위한 규제·감독 과제 및 중앙은행의 역할을 조망하고자 한다. 구체적으로, 디지털금융 환경에서의 유동성 위기 및 비은행금융기관의 영향력 증대, 사이버리스크 등 거시건전성·거시안전성 측면의 도전 과제를 분석한다. 아울러, 스테이블 코인, 국경 간 실시간 결제 인프라, 국제자금세탁방지(AML)와 관련된 국제 공조를 살펴보며, 글로벌 차원의 정책적 대응을 검토한다.

1 이 글은 필자의 개인적 견해로서, 소속기관의 공식 견해와는 무관하다.

Ⅱ 아날로그금융에서 디지털금융으로의 전이

1 변화의 폭과 속도

디지털 기술의 진보는 거대한 자본의 흐름에 빛의 속도와 파급력을 더하며, 금융 산업의 지형을 근본적으로 변화시키고 있다. 특히 코로나19 팬데믹을 계기로 비대면 거래의 비중이 급격히 증가하면서 디지털 기반 금융서비스가 기존 아날로그금융거래를 상당 부분 대체하였다. 이는 단순한 기술 도입 수준을 넘어 금융소비자 행태, 금융기관의 운영 방식, 유동성 위기의 양상 등 금융 생태계 전반을 개편하고 있다.

가. 비대면 금융거래의 급속한 증가

전통적으로 금융서비스는 점포 중심의 대면 서비스를 중심으로 이루어졌고, 고객은 지점을 직접 방문하여 창구 직원과의 상담을 통해 계좌 개설, 자금 이체, 대출 신청 등의 거래를 처리하였다. 그러나 최근에는 디지털 기술의 발전과 함께 스마트폰을 통한 모바일 뱅킹, 간편결제, 챗봇 기반 상담 등 비대면 금융서비스가 현대인의 일상적인 금융수단으로 자리 잡았다. 특히 2020년 이후 팬데믹 상황에서 사회적 거리두기와 방역 조치로 인해 비대면 거래의 수요가 급증하였으며, 금융기관들 또한 이를 경영적으로 수용하면서 지점 축소와 디지털 채널 강화가 동시에 진행되어 왔다.

이러한 변화는 금융접근성 측면에서 긍정적 성과를 가져왔지만, 이와 더불어 거래 속도 및 빈도 증가, 대규모 인출 또는 환매 행위의 동시다발화 등 새로운 시스템리스크 요인을 수반하게 되었다. 과거에는 물리적인 지점 방문, 창구 인출, 전산 처리 등에 일정한 시간이 소요되었던 반면, 현재는 클릭 몇 번으로 거액의 이체나 자산매각이 가능해진 만큼, 금융위기의 전개 속도와 규모가 과거의 예측 범주를 벗어나는 환경이 조성되었다.

나. 디지털 뱅크런 리스크

일상화된 비대면 금융거래와 자금이동의 실시간화는 전통적인 뱅크런(Bank Run)[2]

2 다수의 예금자가 은행의 지급능력에 대한 불안을 느끼고, 예금을 동시에 인출하려는 집단적 행위를 의미한다.

개념에 중대한 변화를 가져왔다. 과거의 뱅크런이 물리적 지점 앞 대기열과 현금 인출 행렬로 가시화되었다면, 디지털 환경에서는 클릭 몇 번으로 대규모의 자금이 이탈할 수 있다. 이른바 디지털 뱅크런(Digital Bank Run)은 금융 불안정이 어떻게 촉발되고 확산되는지를 이해하는 데 있어 새로운 개념적 틀을 제시한다.

디지털 뱅크런은 크게 세 가지 관점에서 분석할 수 있다. 첫째, 전통적 뱅크런이 물리적 공간에서 디지털 공간으로 확장된 형태이다. 이는 유동성 불일치, 불완전한 예금보험제도, 정보 비대칭 등 기존 뱅크런 이론[3]에서 제시된 요인들이 여전히 디지털 뱅크런의 근본 원인임을 전제한다. 다만 디지털 환경에서는 거래의 실시간화와 정보 전달의 즉시성으로 인해 전통적 메커니즘이 순식간에 증폭되고 확산될 수 있다는 점에 특징이 있다.

둘째, 디지털자산 직접보유로 인한 위험전이에 초점을 맞춘 접근이다. 이는 은행이 가상자산이나 스테이블 코인 등 디지털자산을 직접 보유하고 운용하는 과정에서 해당 자산의 가치 변동이 은행권의 건전성 위기로 전이되는 현상을 의미한다. 이처럼 디지털 자산시장의 불안정성이 은행 부문으로 직접 이전될 경우, 이는 단순한 자금이탈을 넘어 구조적 연결을 매개로 한 새로운 형태의 뱅크런으로 작동할 수 있다.

셋째, 신용·투자경로를 통해 은행이 디지털산업에 노출되면서 발생하는 위험을 강조하는 관점이다. 은행이 직접 디지털자산을 보유하지 않더라도, 가상자산 기업·핀테크·테크플랫폼 등에 대한 대출, 투자, 유가증권 보유 등 전통적 금융수단을 통해 디지털 산업에 노출된 경우, 해당 산업의 부실이 은행권으로 확산되어 자금이탈로 이어질 수 있다. 즉, 디지털 부문 충격이 전통적 금융거래 경로를 통해 은행권에 전파되며, 간접적인 형태의 디지털 뱅크런을 유발할 수 있다.

결국 디지털 뱅크런은 단순히 '빠른 예금인출'이라는 현상을 넘어, 금융시스템 전반의 디지털 연결성과 노출 구조에서 비롯된 복합적 리스크로 새롭게 이해되어야 한다. 따라서 정책적 대응은 기존의 지급정지 조치나 일일한도 통제 등 단기적인 거래 속도 통제에 그치지 않고, 디지털자산 및 산업과의 연계 구조 전반을 포괄하는 선제적 거시건전성 관리체계로 확장될 필요가 있다.

---

3 이러한 전통적 논의들을 종합적으로 정리한 국내 문헌으로는 구본성, "디지털 예금인출사태 위험과 국내은행의 대응 방안", 한국금융연구원 연구보고서 2024-15, 2024, 4-8면 참조.

다. 대표 사례: 2023년 SVB, CS 사태

2023년 3월부터 5월 사이의 은행 혼란(banking turmoil) 속에 발생한 실리콘밸리은행(Silicon Valley Bank, SVB) 및 크레딧스위스(Credit Suisse, CS) 사태는 디지털 기술과 금융부문 간의 긴밀한 연결이 전통적 유동성 위기의 속도와 파급력을 어떻게 비약적으로 증폭시키는지를 명확히 보여준 사례이다.

미국 SVB의 경우, 기술 스타트업을 중심으로 한 대규모 예금 유입과 미국 국채 중심의 자산 포트폴리오가 금리 급등기에 큰 평가손을 입자, 디지털 네트워크를 통해 연결된 예금자들이 순식간에 자금을 인출하는 사태가 발생하였다. 단 하루 만에 약 420억 달러의 인출이 이루어지며, 이는 전통적 뱅크런과는 비교할 수 없는 속도와 규모의 유동성 위기로 이어졌다. 이 사례는 디지털 산업에 대한 금융노출이 시장 불안과 결합될 경우, 자금이탈이 비선형적으로 증폭될 수 있음을 시사한다.

평상시 SVB는 연방주택대출은행(Federal Home Loan Bank, FHLB)에 MBS 등 고신용 증권을 담보로 제공하여 유동성을 조달해 왔으나, FHLB는 통화당국이 아닌 정부후원기관(Government-Sponsored Enterprise, GSE)으로 위기 상황에서 무제한 대출을 제공할 수 없었고, 최종대부자(lender of last resort) 기능도 수행할 수 없었다. 따라서 SVB는 급격한 예금 인출 사태가 발생하자 해당 담보를 해지하고 미국 연방준비은행(Federal Reserve Bank, 이하 "연준")의 할인창구(discount window)로 이전하여 유동성을 확보하려 하였으나, 관련 제도 및 절차에 대한 사전 준비가 부족했고, discount window 이용에 필요한 등록 및 문서 제출, 담보 해지·재등록 등의 실무 절차가 지연되면서 이를 적시에 이용하지 못하였다.[4] 결국 SVB는 2023년 3월 파산하여 미국 연방예금보험공사(Federal Deposit Insurance Corporation, FDIC)에 의해 접수되었고, 이후 일부 자산은 퍼스트 시티즌스 은행(First Citizens Bank)에 인수되었다.

CS 역시 디지털 플랫폼을 통해 유통된 부정적인 뉴스와 유언비어가 단기간에 급속히 확산되면서 시장의 신뢰가 빠르게 붕괴되었다. 2023년 3월 14일, CS는 내부통제상 중대한 결함(material weakness)이 존재한다는 회계 공시를 발표하며 투자자들의 불안을

---

4 Susan McLaughlin, "Lessons for the Discount Window from the March 2023 Bank Failures," *Journal of Financial Crises*, Vol. 6, No. 2 (July 23, 2024), pp.79-80.

촉발시켰고, 같은 달 15일 최대주주인 사우디아라비아 국립은행이 추가 자본 지원을 명확히 거부하자 시장의 우려는 걷잡을 수 없이 증폭되었다. 이 과정에서 CS의 주가는 급락하고 신용부도스와프(CDS) 프리미엄은 급등하였으며, 대규모 고객 자금이 일시에 이탈하면서 유동성 위기가 가속화되었다. 결국 CS는 자력으로 위기를 극복하지 못하고, 같은 달 16일 스위스 정부의 긴급 중재에 따라 UBS에 인수되며 사실상 금융시장으로부터 퇴출되었다.

두 사례 모두, 디지털 시대의 금융시장에서 기존 뱅크런의 위험인자가 얼마나 '정보 민감적'이고 '순간적'인 반응으로 확산되는지를 단적으로 보여준다. 건전성 지표만으로는 설명되지 않는 예금자의 심리적 불안과 정보 확산, 플랫폼 기반의 예금인출 경로에 더해, 디지털 기술을 매개로 한 자산운용 및 산업 간 금융연계성이 결합되면서, 디지털 뱅크런은 전례없는 속도로 순식간에 진행되었다.[5]

전통적으로 중앙은행의 "대기성 여신"은 평시 금융기관의 일시적인 유동성 관리를 지원하기 위한 수단으로, "긴급여신"은 예금인출사태 등 시스템 위기나 예외적 비상상황에 대응하기 위한 수단으로 이원화되어 왔다. 그러나 디지털 환경에서의 뱅크런은 위기의 발생과 확산이 동시에 진행되기 때문에, 전통적인 구분만으로는 실시간 위기 대응이 불가능해졌다. 이와 같은 현실은 유동성 리스크 관리 및 감독에 있어 선제성, 즉시성, 제도 간 연계성 강화라는 새로운 접근법이 필요함을 시사한다.

2 비은행금융기관의 시장 내 간섭효과

가. 비은행금융기관

디지털 뱅크런의 시스템적 파급력과 선제적 대응체계를 검토하기 위해서는 전통적으로 은행 부문에 국한되었던 분석의 범위를 비은행금융기관으로 확장할 필요가 있다.

5 국제결제은행(BIS)은 2023년 3월 은행 위기 당시 주요 은행의 예금인출 속도(인출률 및 기간)를 다음과 같이 정리하였다: SVB(85%, 2일), SVB UK(30%, 1일), CS(25%, 7일), SBNY(20%, 1일) 등. 이는 디지털화된 금융환경에서 위기의 확산 속도가 얼마나 가속화될 수 있는지를 보여준다. Bank for International Settlements, "The 2023 banking turmoil and liquidity risk: A progress report, A report to G20 Finance Ministers and Central Bank Governor", *Basel Committee on Banking Supervision*, October 2024, p.6, Box A.

디지털금융환경은 자금이동의 속도와 규모를 비약적으로 증대시킴으로써, 머니마켓펀드(MMF), 증권사, 여신전문금융회사, 상호금융 등 다양한 비은행 주체들이 금융안정에 미치는 영향력을 확대시켰다. 이러한 비은행금융기관은 은행과 자금·신용 네트워크를 통해 밀접하게 연계되어 있어, 특정 부문에서 발생한 유동성 불안이 신속히 상호 전이되며 시스템리스크를 증폭시킬 수 있다.

(1) 비은행금융중개(NBFI)

비은행금융기관 중, 글로벌 관점에서 주목받는 대상은 비은행금융중개(Non-Bank Financial Intermediation, NBFI)이다. 비은행금융중개(NBFI)는 전통적 은행이 아닌 주체들이 수행하는 금융중개 행위를 포괄하는 개념으로, 표면적으로 드러나지 않으면서(shadow) 은행과 유사한 신용중개기능(banking)을 수행하는 시스템을 지칭한다.[6] 여기에는 자금의 조달·운용·신용공급 기능을 은행 외부에서 수행하는 다양한 기관들이 포함된다. 국제 금융안정위원회(Financial Stability Board, FSB)는 중앙은행, 은행 및 공적금융기관을 제외한 모든 금융기관들을 NBFI로 분류한다. 주요 유형으로는 자산운용사, 증권사, 보험사, 여신전문금융회사(여전사), 머니마켓펀드(MMF), 구조화금융차입기구(SPV) 등이 있고, 최근에는 금융중개 기능을 수행하는 핀테크·빅테크까지 그 범위가 확대되고 있다.

표 1 FSB의 NBFI 분류 체계

구분	내용
광의의 NBFIs	중앙은행, 은행(예금취급기관), 및 공적금융기관을 제외한 모든 비은행금융기관
기타금융중개(Other Financial Intermediaries, OFIs)	비은행금융중개기관 중 보험회사, 연기금 및 금융보조기관(financial auxiliaries) 제외, 투자펀드, 전속금융기관(CFIMLs), 중앙청산기구(CCPs), 브로커-딜러, 금융회사, 신탁회사 및 구조화금융기구 등을 포함
협의의 NBFIs	신용중개활동에 참여하며 은행과 유사한 금융안정위험(만기/유동성 전환, 레버리지, 신용위험의 불완전 이전 등)을 내포하거나 규제차익을 얻고 있다고 감독당국이 평가하는 기관

자료: FSB

6 FSB는 2018년도부터 shadow banking 이라는 용어를 NBFI로 대체하여 사용하기 시작했다.

이들의 가장 큰 특징은 은행과 달리 지급준비제도, 최종대부자 기능 등 전통적인 금융 안전망의 상시적 보호를 받지 않는다는 점이다. 따라서 NBFI 부문에서 발생하는 유동성 경색이나 투자자 이탈은 고스란히 시장 불안으로 연결될 수 있다. 글로벌 금융위기 이후 BIS와 FSB가 비은행부문에서의 유동성 불일치와 은행과의 상호의존적 관계로부터 촉발될 수 있는 뱅크런 위험에 주목하며 이를 금융안정성 논의의 핵심 의제로 삼아온 것도 바로 이 때문이다.

참고로 2023년 기준 전 세계 NBFI의 자산은 약 238조 달러로 전체 금융자산의 약 절반에 해당하며, 2004년(약 67조 달러) 대비 3배 이상 증가하였다.[7] 가장 큰 비중을 차지하는 미국의 경우 총자산 규모는 광의 기준 약 85.7조 달러로, 이는 동기간 은행권 총자산(31.1조 달러)의 약 2.8배 수준이며 GDP 대비 313%에 해당한다.[8]

이처럼 NBFI의 자산규모가 급격히 확대된 것은 2008년 글로벌 금융위기(GFC)를 계기로 은행권에 대한 규제가 전 세계적으로 강화된 데에 주된 원인이 있다. 위기 이후 은행에 대해서는 자본건전성, 유동성 비율, 레버리지 비율 등 각종 규제가 엄격하게 적용되었고, 이는 상대적으로 규제가 느슨한 비은행부문으로 금융시장 내 리스크가 이동하는 결과를 초래하였다.

이 과정에서 보험회사, 연기금, 자산운용사, 핀테크 등 다양한 NBFI가 시장 기반 금융활동의 주요 주체로 부상하게 되었다. 이들 기관은 파생상품 운용, 담보부 차입, 유동성 공급 등 다양한 방식으로 신용을 창출하며 시장 내에서 실질적으로 은행과 유사한 역할을 수행하고 있다.

(2) 비은행예금취급기관(NBDTI)

한편 국내에서는 NBFI뿐만 아니라 비은행예금취급기관(Non-Bank Deposit-Taking Institutions, NBDTI) 역시 비은행금융기관을 구성하는 중요한 분석 대상이다. 해외 주요국의 경우, 예금을 취급하는 NBDTI는 중앙은행의 상설대출 등 전통적 안전망의 적용을 받는 경우가 많아, 상당수 국가에서 은행과 유사한 범주로 취급된다. 실제로 주요국 중

7 Eva su, "Nonbank Financial Intermediation (NBFI or "Shadow Banking") and Capital Markets Policy", Congressional Research Service (R48512), June 2025, p.2.

8 Eva su(2025), p.3.

앙은행은 기본적으로 은행과 더불어 저축대부조합, 신용협동조합 등 NBDTI를 상설대출 대상 금융기관에 포함하고 있다.[9]

반면 국내에서 NBDTI에 해당하는 저축은행 및 상호금융(신용협동조합 · 새마을금고 · 농 · 수협 단위조합 등)은 지역 · 회원 기반 모델로 발전해 온 제도적 특수성으로 인해 은행과는 구분되는 독자적 업권으로 분류되어 왔다. 이들 기관은 1970~1980년대 조합원의 이익 증진을 목적으로 설립되어, 관할 지역이나 회원에 대한 최소 여신 비율 규정 등 여신대상이 제한적으로 운영되었다. 그러나 외환위기 이후 구조조정, 비조합원 대출 제한 완화 등 제도적 변화가 이어지면서 대출 비중과 시장 내 영향력이 점차 확대되었다. 이 과정에서 저축은행 및 상호금융은 부동산 프로젝트파이낸싱(PF)과 기업대출 등 고위험 · 고수익 자산에 대한 노출을 확대하였는데, 2022년 이후 PF 부실과 경기침체 영향으로 자산건전성이 악화되면서, PF 구조조정과 함께 지역금융기관 전반의 건전성 우려가 확산되고 있다.

또한 국내 NBDTI는 금융위원회 · 금융감독원, 행정안전부 등 서로 다른 감독당국의 관할 아래 있으며[10], 실무적으로는 각 업권별 중앙회가 감독관리 권한을 위임받아 운영을 통제하고 있다. 이러한 제도적 배경으로 인해 NBDTI는 한국은행법상 금융기관에서 제외되어 있고, 최종대부자 기능 역시 은행과 달리 예외적이고 제한적인 위기 상황에서만 검토되어 왔다. 이처럼 NBDTI가 전통적 안전망에서 배제되어 있다는 점은 국내 금융시스템의 제도적 보완 필요성을 시사한다. 이에 한국은행은 금융안정보고서에서 비은행금융기관 부문을 NBDTI와 NBFI(여신전문금융회사, 보험회사 및 증권회사 등)로 구분하여 분석하는 실무적 접근을 취하고 있다.[11]

---

9 한국은행, "주요국 중앙은행의 상설대출제도 현황 및 시사점", 통화신용정책보고서, 2024. 9, 88면.

10 국내 비은행예금취급기관의 주무부처는 업권별로 상이하며, 상호저축은행은 금융위원회, 새마을금고는 행정안전부, 신용협동조합은 금융위원회, 농협은 농림축산식품부, 수협은 해양수산부, 산림조합은 산림청이 각각 이를 담당한다.

11 한국은행, "비은행금융기관의 유형별 리스크 점검 및 시사점", 금융안정보고서, 2025. 6, 111면 각주 31 참고.

나. 비은행금융기관과 은행 간 상호의존성

비은행금융기관은 독립된 금융기능을 수행하는 것처럼 보이지만, 실제로는 은행권 및 자본시장과 다층적으로 연결되어 있어 시스템리스크의 파급경로를 부분적으로 구성하게 된다. 미국의 경우 MMF—브로커딜러—헤지펀드—레포 시장—기초자산 간 연결을 통해 자금이 선순환되면서도, 위기 시에는 이 연결고리가 연쇄적인 청산 압력으로 작용할 수 있다. 대표적으로 'repo chain[12]' 구조는 비은행금융기관 간 유동성과 레버리지가 확산되는 구조적 통로이며, 한 축의 붕괴가 시스템 전체에 영향을 줄 수 있다.

국내 역시 예외는 아니다. 저축은행, 여전사, 증권사 등 비은행금융기관은 은행권을 통해 유동성을 조달하거나 은행이 발행한 상품에 투자하는 등 다양한 경로를 통해 밀접하게 연결되어 있다. 예컨대, 여전사가 발행한 여전채는 MMF나 은행이 주요 투자자로 참여하고 있으며, 환매조건부채권(RP) 시장에서도 은행이 핵심 거래 상대방이다.

이러한 구조는 평시에 유동성 공급망으로 작동하지만, 위기 시에는 은행권과 비은행권 사이의 자금경색이 상호 전이되는 통로로 전락할 수 있다. 특히 2022년 PF-ABCP(프로젝트파이낸싱 기반 자산유동화기업어음) 시장의 급격한 경색 이후, 비은행권은 유동성 확보를 위해 단기부채에 대한 의존도를 높이고 있으며, 이는 은행발 자금시장과의 연계성을 더욱 심화시키는 요인으로 작용하고 있다. 한국은행의 분석에 따르면 2025년 1분기 기준으로 비은행금융기관의 단기부채 비중은 32.8%에 달하고 있으며, 여전채 만기 도래 규모의 확대와 함께 신용스프레드의 상승으로 유동성 조달에 대한 부담이 점차 가중되고 있다.[13]

다. 시스템리스크와 기존 감독·정책의 실효성 한계

비은행금융기관에서 발생한 유동성 리스크는 시장금리 상승이나 자금시장 경색을 계기로 확대되며, 자산 매각 압력(fire sale)을 유발해 시장 가격을 급격히 하락시키고, 이는 다시 "자산가치 하락 → 재무건전성 악화 → 신용도 하락 및 유동성 위기"의 악순환

12 동일한 담보자산이 다수의 금융기관 간 레포거래를 통해 연쇄적으로 재사용(re-use)되는 구조로, 유동성 확대와 함께 시스템리스크 전이 가능성이 존재한다.

13 한국은행(2025), 115면.

으로 이어진다. 미국의 사례로는 2008년 리저브 프라이머리 MMF의 '$1 NAV 붕괴' 이후 대규모 환매 사태[14]가 있었으며, 2020년 코로나 팬데믹 당시에도 MMF 및 CP 시장에서 유사한 유동성 압력이 재현되어 미 연준이 긴급 유동성 공급에 나선 바 있다.[15]

국내의 경우도 마찬가지이다. PF성 대출 익스포저가 높은 지방 저축은행에서는 연체율이 20.2%까지 상승한 바 있으며, 여타 부동산 경기 민감기업이나 취약차주(다중채무자 · 저소득 · 저신용)에 대한 대출 비중이 함께 증가하고 있다.[16] 이에 따라 경기 둔화 시 "자산건전성 저하 → 유동성 확보 곤란 → 추가 부실"로 이어지는 구조적 리스크의 전이가 우려된다.

그럼에도 불구하고, 국내 비은행금융기관은 전통적 은행에 비해 일관된 감독 체계 확립이 어렵다. 이는 현행 금융감독 체계가 기능 중심보다는 업권별 법률 체계(자본시장법, 여신전문금융업법, 보험업법 등)에 기반해 작동하고 있으며, 자산운용사, MMF, 여전사 등은 주로 시장규율과 공시 중심의 사후적 감독에 의존하기 때문이다. 특히 국내 NBDTI의 경우 금융위원회, 금융감독원, 행정안전부 등 여러 기관에 감독 권한이 분산되어 있다.

또한 비은행금융기관이 정책적으로 한국은행의 유동성 공급을 지원받기 위해서는 까다로운 상황 요건과 절차 요건을 충족해야 한다. 현행 한국은행법 제80조[17]는 "금융기관의 신용공여가 크게 위축되는 등 금융기관으로부터의 자금조달에 중대한 애로가 발

14 Lehman Brothers가 파산하자, Reserve Primary Fund는 보유 중인 CP의 가치가 급락하면서 2008년 9월 16일 순자산가치(NAV)가 $0.97로 하락했고, 이로 인해 MMF 시장 전반에 대규모 환매 사태가 발생하며 MMF 전체에 대한 신뢰가 붕괴되었다. 이 사태는 단기자금시장 경색으로 전이되었고, 미 연준은 AMLF 등 긴급유동성 조치를 시행하였다.

15 미 연준은 2020년 3월 Money Market Mutual Fund Liquidity Facility (MMLF) 및 Commercial Paper Funding Facility (CPFF) 등을 설치하여 MMF 및 CP 시장의 신용경색에 대응하였다.

16 한국은행(2025), 113면.

17 한국은행법 제80조(영리기업에 대한 여신) ① 금융기관의 신용공여(信用供與)가 크게 위축되는 등 금융기관으로부터의 자금조달에 중대한 애로가 발생하거나 발생할 가능성이 높은 경우 한국은행은 제79조에도 불구하고 위원 4명 이상의 찬성으로 금융기관이 아닌 자로서 금융업을 하는 자 등 영리기업에 여신할 수 있다.
② 제1항에 따른 여신에 대해서는 금융통화위원회가 지정하는 조건을 준수하여야 한다.
③ 제1항에 따라 여신을 하는 경우에는 제65조제3항 및 제4항을 준용한다.

생하거나 발생할 가능성이 높은 경우"에 한하여, 금융통화위원 4명 이상의 찬성으로 금융기관이 아닌 영리기업(비은행금융기관 포함)에 긴급유동성 공급을 허용하고 있다. 이 경우 금융통화위원회가 지정한 조건을 준수해야 하며(제80조 제2항), 긴급여신에 관한 한국은행법 제65조 제3항 및 제4항[18]에 따라 업무·재산상황 조사 및 정부의견 청취 절차가 추가된다.

그러나 추상적으로 서술된 요건은 실무상 구체적인 판단 근거를 마련하는 데 어려움이 있고, 통상 정부 의견 청취에 수일이 소요되어 온 점을 고려할 때, 초단기로 전개되는 디지털금융에서의 유동성 충격을 억제하는데 과연 실효적인지 의문이 제기된다.[19] 더욱이 국내 NBDTI의 경우 시장성증권 보유 비중이 낮아 금융통화위원회의 의결을 거쳐 대출채권과 같은 담보에 임시 적격성을 부여한다 하더라도, 담보가치를 신속하게 평가하여 적시에 유동성을 공급하는 것이 사실상 불가능하다. 이러한 현실적인 제약은 비은행금융기관의 취약성이 금융시스템 전반으로 확산될 경우, 감독당국의 신속한 대응 여지를 축소시키고 금융안정 리스크를 증폭시킬 수 있음을 시사한다.

3 국경 간 연동성 및 초국경 리스크

가. 디지털자산과 크로스보더 결제 확대

디지털금융의 또 다른 변화 국면은 디지털자산과 블록체인 기술 기반의 결제 서비스가 급속히 확산되며, 국가 간 자금 흐름의 경계가 점점 모호해지고 있다는 점이다. 특히 스테이블 코인이나 중앙은행 디지털화폐(CBDC)를 활용한 크로스보더 결제는 기존의 은행 중심 결제 인프라를 우회하거나 대체하는 경향을 보이고 있다.

---

18 한국은행법 제65조(금융기관에 대한 긴급여신) ③ 한국은행은 제1항에 따른 여신과 관련하여 필요하다고 인정하는 경우에는 해당 금융기관의 업무와 재산상황을 조사·확인할 수 있다.
④ 금융통화위원회는 제1항에 따른 긴급여신을 의결하려는 경우 정부의 의견을 들어야 한다.

19 지난 코로나19 위기 당시, 한국은행은 2020년 4월 한국은행법 제80조에 근거한 '금융안정특별대출제도'를 발표하고 5월부터 시행하였다. 이를 통해 비은행금융기관까지 유동성 지원 범위를 확장하며, 발표 직후 시장 안정화에 기여했다는 평가를 받았다. 그러나 ① 엄격한 요건 판단에 따른 신속성 저하, ② 상대적으로 높은 금리·수수료 부담, ③ 복잡한 집행 절차 등으로 인해 실제 이용 실적은 미미하여 실효성 측면의 한계를 드러냈다. 이는 비은행권에 대한 중앙은행의 최종대부자 기능을 보다 신속하고 정교하게 보완해야 한다는 과제를 남겼다.

실제로 국경 간 결제 시장의 성장 전망과 관련하여, ECB 집행이사 파비오 파네타(Fabio Panetta)가 2025년 6월 바젤 연설에서 소개한 추정치에 따르면, 2024년 약 200조 달러 수준이었던 크로스보더 소매 결제 규모가 2032년까지 320조 달러에 이를 수 있다는 예상도 제기되고 있다.[20] 특히 스테이블 코인 기반 결제는 중개은행 없이도 저비용·고속으로 송금이 가능하다는 점에서 기존의 SWIFT[21] 네트워크를 대체하거나 보완하는 수단으로 주목받고 있다. 이처럼 크로스보더 결제의 비중이 커지고 속도가 빨라지는 가운데, 디지털자산 기반 인프라는 국가별 규제환경의 비대칭성과 민간 네트워크의 집중도를 매개로 새로운 금융안정 리스크를 야기하고 있다.

나. 스테이블 코인의 내재 리스크

디지털금융을 대표하는 자산 중 하나인 스테이블 코인은 특정 법정통화에 고정된 가치를 유지하도록 설계된 민간 디지털자산으로, 중앙은행이 발행하는 CBDC와 비교할 때 결제 효율성, 기술적 유연성, 그리고 혁신 속도 측면에서 장점을 가진다. 그러나 한국은행의 금융안정보고서(2025.6)에 따르면 스테이블 코인은 이러한 민간기반 구조로 인해 다음과 같은 내재적 리스크를 수반하며, 이는 금융시장의 안정성과 정책당국의 대응능력을 위협할 수 있다.

첫째, 코인런 리스크이다. 준비자산의 투명성 부족이나 비상장 자산 위주의 운용 등 불완전한 담보 구조에서는 대규모 환매 요청 시 가격 안정성이 쉽게 무너질 수 있으며, 이는 디페깅(de-pegging)[22] 및 대규모 상환요구로 인하여 시장 유동성 위기나 코인런(coin

20 Fabio Panetta, "The future of the financial system in the age of digital transformation, Speech at the Italian Banking Association", *European Central Bank*, 27 June 2025, accessed October 31, 2025, https://www.ecb.europa.eu/press/key/date/2025/html/ecb.sp250627~de084f5b69.en.html

21 SWIFT(Society for Worldwide Interbank Financial Telecommunication)는 전 세계 금융기관 간 지급결제 관련 메시지를 표준화된 방식으로 송수신하는 네트워크로서 중개은행을 통해 해당 메시지를 전달하는 구조로 운영되어 왔다. 그러나 중개 과정에서의 지연, 높은 비용, 추적성 부족 등의 한계가 지적되며 최근에는 블록체인 기반 대안이나 중앙은행 디지털화폐(CBDC)를 활용한 새로운 국제결제 수단이 논의되고 있다.

22 스테이블 코인의 가격이 연동된 고정 환율 또는 기준 자산(예: 미달러)의 가치로부터 괴리되는 현상을 의미한다.

run)으로 이어질 수 있다.[23]

둘째, 결제 및 운영리스크이다. 블록체인을 기반으로 운영되는 스테이블 코인은 관련 제도 및 인프라가 충분히 갖춰지지 않았을 뿐만 아니라, 스마트 계약의 오류나 플랫폼 장애 등의 기술적 결함으로 결제 실패가 발생할 우려가 있다.[24]

셋째, 외환거래 및 자본유출입 리스크이다. 스테이블 코인은 블록체인 기반의 비허가형 네트워크에서 운영되는 경우가 많아, 자금세탁방지(AML), 테러자금조달방지(CFT), 고객확인(KYC), 외환거래 보고 등 기존 규제 프레임워크의 적용을 우회할 여지가 있다.[25] 각국의 규제가 상이한 상황에서, 규제차익(regulatory arbitrage)을 노린 사업자들이 감독 취약 국가를 거점으로 삼게 되면 글로벌 AML/CFT 체계의 신뢰성과 실효성 전반이 약화될 수 있다.

넷째, 통화정책 유효성 제약 리스크이다. 스테이블 코인의 사용이 보편화될 경우 통화의 신뢰성 저하, 은행의 신용창출기능 약화 등이 초래되면서 통화정책의 유효성을 제약할 수 있다.[26] 이는 국가의 고유한 통화 발행 및 관리 기능을 약화시켜 통화주권을 근본적으로 침해하는 구조적 위험으로 이어질 수 있다.

이와 같은 스테이블 코인의 잠재적 위험을 완화하기 위해서는 가치 안정성 확보, 준비자산 및 관련 인프라에 대한 신뢰성 유지, 발행자에 대한 규율체계 마련 등에 대한 면밀한 검토가 요구된다.

다. 글로벌 확산에 따른 초국경 리스크

스테이블 코인과 같은 디지털자산의 내재적 한계가 글로벌 크로스보더 인프라에 영향을 미칠 경우, 그로 인해 다음과 같은 금융안정 리스크가 국경을 넘어 초국경적 차원으로 확대된다.

첫째, 디지털 결제 수단의 운영에 있어 책임 소재가 불분명해지면서 전통적인 감독체계의 실효성이 약화된다. 민간 빅테크 주도의 글로벌 결제 네트워크는 시스템 장애나

23 한국은행, "스테이블코인 동향 및 금융안정 관련 잠재리스크", 「금융안정보고서」, 2025.6, 39-40면.

24 앞의 문헌, 40면.

25 앞의 문헌, 40면.

26 앞의 문헌, 41면.

신뢰 훼손 등 위험의 발생과 전파가 복수 국가에 걸쳐 나타나므로 개별 국가기관의 감독 범위와 권한이 한계에 부딪힌다. 이는 빅테크 기업들이 금융과 비금융 활동을 결합한 복합적 사업모델에 기초한 통합 서비스를 제공함에 따라, 전통적인 개별 법인 단위의 규제 프레임워크로는 이들이 야기할 수 있는 시스템적 리스크를 충분히 포착하거나 통제하기 어렵다는 사실에 기인한다.[27]

둘째, 국경 간 감독 관할의 차이로 정보 공유가 어렵다. 스테이블 코인과 같은 디지털 자산은 인터넷만으로 국경을 초월해 접근할 수 있어 감독당국 간 공조가 필수적임에도 불구하고, 실제로는 규제와 감독 접근법이 관할권마다 상이하여 정보 공유나 공동 대응이 지연되는 경우가 많다. FSB(2024)는 "스테이블 코인의 광범위한 국경 간 운영은 모든 관할권에 대해 규제 협력과 정보 공유 측면에서 도전 과제를 제기한다"고 평가한 바 있다.[28]

라. 정책적 시사점

이처럼 스테이블 코인을 비롯한 디지털자산 기반 결제수단의 확산은 가치안정성, 금융감독, 통화정책 등에서 리스크를 초래할 수 있다. 특히 글로벌 빅테크 중심의 결제 인프라가 초국경적으로 전개됨에 따라, 개별 국가의 규제만으로는 이러한 위험을 효과적으로 통제하기 어려우며, 관할권 간 규제 공백이 발생할 수 있다. 또한 규제 수준이 상이한 국가 간 디지털자산의 자유로운 이동은, 금융범죄와 통화정책 왜곡이 국경을 넘어 확산되는 경로로 작용할 수 있다.

따라서 디지털금융의 안전성과 투명성을 확보하기 위해서는, 관할권 간 규제 정합성 확보, 위험정보의 실시간 공유, 공동 감독체계 구축 등 국제적인 공조 체계가 반드시 병행되어야 한다. 이는 단순한 정보교환을 넘어, 리스크 대응의 타이밍과 정책 강도를 조율할 수 있는 실질적인 협력 수준으로 발전할 필요가 있다.

---

27 BIS-FSI, "Big techs in finance: Regulatory approaches and policy options", *FSI Briefs* No. 12, March 2023, p.12.

28 FSB, "Cross-border Regulatory and Supervisory Issues of Global Stablecoin Arrangements in EMDEs", July 2024, p.22.

Ⅲ 디지털금융 시대의 정책·감독 체계: 중앙은행의 역할을 중심으로

변화에 따른 문제의식에 따라, 주요국 중앙은행과 국제기구는 디지털금융환경의 특수성을 반영한 혁신적인 감독체계를 적극적으로 모색하고 있다. 이하에서는 디지털금융환경에서 중앙은행을 포함한 감독당국이 직면한 새로운 과제와, 이를 해결하기 위한 제도적 대응 및 국제적 논의의 흐름을 거시건전성, 거시안전성, 국제공조의 측면에서 간략히 살펴본다.

1 거시건전성 감독

가. 디지털금융환경에서의 유동성 위기 대응

급속한 디지털 전환에 대응하여, 거시건전성 감독체계는 전례 없는 속도와 규모로 전개될 수 있는 유동성 위기에 신속히 대응하기 위한 제도적 보완을 모색하고 있다.

먼저, 유동성은 부족하지만 지급능력(solvency)을 보유한 금융기관에 대하여는 신속하고 충분한 유동성 공급을 위해, BIS를 중심으로 대출채권 등 비시장성 자산에 대한 심사·확보 절차를 사전에 완료하는 담보 사전수취제도(collateral pre-positioning)가 검토되고 있다. 반면, 이미 지급불능(insolvency) 상태에 빠진 금융기관에 대해서는, 시장 혼란을 최소화하는 신속정리절차(rapid resolution regime)의 구축이 긴요한 과제로 부상하고 있다. 마지막으로, 이러한 위기 대응 조치들의 효과적 연계를 위해, 중앙은행, 예금보험기구 등 주요 거시건전성 정책당국 간 협력이 강조된다.

(1) 담보 사전수취제도(Collateral Pre-positioning)

가) 기본 개념 및 목적

담보 사전수취제도란 중앙은행이 금융기관으로부터 유동성 지원에 활용할 수 있는 자산에 대하여 사전에 적격성 평가(eligibility assessment)와 실사(due diligence)를 진행하고, 자산 가치를 평가(value the asset)한 뒤, 담보인정비율(haircuts)을 설정하여 이를 유효한 담보로 사전 등록해 두는 절차를 의미한다.[29] 이 과정에서 금융기관은 잠재적 담보(potential collateral)의 세부 정보(details)와 관련 서류(documentation) 등을 제출함으로써 중앙은행이 필요한 검증과 평가를 사전에 마칠 수 있도록 한다. 이러한 사전수취 절차를 거친 담보는 실제 유동성 지원이 필요한 경우 신속하게 활용될 수 있어, 비상시 금융기관의 대응력을 제고하는 수단이 된다.

물론 담보를 사전수취하는 개념 자체는 과거에도 존재했으나, 디지털금융환경에서의 변화는 이 제도의 중요성을 글로벌한 차원으로 부각시켰다. 특히 2023년 미국 SVB 사태에서 확인되었듯, 디지털 뱅크런은 순식간에 대규모 예금이탈과 유동성 부족을 야기하며, 전통적인 리스크 모니터링이나 대응 절차로는 그 속도를 따라잡기 어려운 양상을 보였다. 이러한 배경에서 담보 사전수취제도는 중앙은행과 금융기관 모두가 긴급 상황에 대비한 운영상 준비태세(operational readiness)를 갖추도록 함으로써, 시장 불안 확대를 선제적으로 차단하는 데 기여할 수 있다.

나) 수행절차

담보 사전수취의 구체적인 절차는 크게 네 단계로 구성된다.

첫째, 금융기관은 담보로 제공하고자 하는 자산의 세부 정보(details of the potential collateral), 관련 서류(documentation), 법적 확인사항(confirmations) 등을 중앙은행에 제출함으로써(①담보 정보 수취), 중앙은행이 해당 자산에 대한 실사(due diligence)와 사전 섬노를 가능하게 한다.

둘째, 중앙은행은 제출된 자산이 신용도, 만기 구조, 법적 구속력 등 내부 기준에 따라 적격 담보(eligible collateral)로 분류될 수 있는지를 평가한다(②담보 적격성 심사). 이 과정은 중앙은행의 담보 프레임워크상 적격 기준에 부합하는지를 사전 검증하는 절차이다.

셋째, 중앙은행은 자산의 시장가치 또는 내부 평가모델에 기반하여 가치를 산정하고, 예상 손실위험에 대비해 담보인정비율(haircut)을 설정함으로써, 실제로 유효하게 인정되는 담보가액을 도출한다(③담보가치평가 및 담보인정비율 산정). 이는 위기 시 신속한 유동성 공급을 위한 안전마진 확보를 위한 것이다.

29 BIS-FSI, "Navigating liquidity stress: Operational readiness for central banks", *FSI Insights* No. 64, December 2024, p.3.

넷째, 중앙은행은 대상 자산에 질권 설정 또는 양도담보 등의 방식으로 담보권을 확보함으로써, 대출 원리금의 안정적인 회수와 손실 최소화를 위한 법적 안전장치를 마련한다(④담보권 확보).

다) 시장성증권 및 대출채권의 담보 사전수취 비교

시장성증권의 경우, 전자증권제도의 도입과 전산화된 관리 체계 덕분에 담보 사전수취 절차가 비교적 간편하게 이루어진다. 이미 미국, 영국, 일본, 유로지역, 그리고 우리나라를 비롯한 주요국에서는 전자증권제도가 일반화되어 있으며, 중앙예탁기관 시스템을 통해 담보자산에 대한 정보조회, 등록을 통한 담보권 설정 등이 신속하게 처리된다.

한편, 대출채권은 대표적인 비시장성 자산으로, 국내 금융기관의 자산 구성에서 높은 비중을 차지하고 있음에도 현재 한국은행의 상설대출 및 공개시장운영 등 일상적인 유동성 공급 제도에서는 담보로 활용되지 않고 있다. 그러나 급격한 자금 유출로 인해 시장성증권에 의존한 유동성 공급 여력이 제한되는 상황에서 우량 대출채권을 담보로 활용할 수 있게 된다면, 위기 시 보다 충분하고 신속한 유동성 공급이 가능해진다. 이로써 금융안정 기능이 실질적으로 강화될 수 있고, 시장의 불안 심리를 진정시키는 예방적 수단으로도 작용할 수 있다.

다만 대출채권은 개별 채권별로 차주, 계약 조건, 만기, 담보 여부 등 다양한 정보를 수작업으로 수집·검토해야 하므로 사전수취 절차가 다소 까다롭다. 특히, 법적 적격성 심사, 계약서류의 적정성 판단, 필요시 차주 동의 확보 등 다층적인 검토가 요구된다. 국가마다 담보권 법체계는 상이하지만, 국내에서는 대출채권에 질권을 설정할 때 ① 대출채권의 채무자 및 제3자에 대해서는 민법 제349조 제1항 및 제450조에 따라 '확정일자 있는 증서에 의한 통지 또는 승낙'을, ② 부동산으로 담보된 대출채권의 경우 민법 제348조에 따라 '질권의 부기등기'를 구비하여야 한다. 급속한 디지털 뱅크런에 대응하기 위해서는 이러한 복잡한 법적절차가 제도의 본질과 충돌할 수 있으므로, 「자산유동화에 관한 법률」이나 「이중상환청구권부 채권 발행에 관한 법률」과 같이 대항요건을 완화하는 특례 도입 여부를 함께 고려할 필요가 있다.[30]

30 정순섭·이민경, "중앙은행여신과 적격담보제도에 관한 법적 연구 – 은행의 대출채권을 중심으로", 상사법연구 제43권 제3호, 2024, 396-401면 참고.

라) 담보 사전수취의 기대효과 및 유의사항

담보 사전수취제도의 기대효과는 다음과 같은 측면을 고려할 수 있다. 첫째, 금융시스템의 안정성 제고에 기여한다. 우선, 평상시에 담보 적격성 심사, 가치평가, 담보인정비율 산정 등 주요 절차를 완료해 둠으로써, 위기 발생 시 중앙은행이 즉각적이고 예측 가능한 방식으로 유동성을 공급할 수 있는 제도적 기반을 갖추게 된다. 이는 사후적 담보수취에 따를 수 있는 행정절차 지연이나 실무 혼선을 방지하는 효과도 갖는다.

둘째, 시스템 전반의 금융불안을 완화시키는 역할을 한다. 실제 대출 실행이 이루어지지 않더라도, 사전 확보된 담보는 시장 참가자에게 중앙은행의 위기 대응 여력을 보여줌으로써 불안심리를 억제하고 신뢰를 강화하는 데 기여한다. 이는 금융기관의 일시적인 유동성 부족에 따른 채권 투매(fire sale) 발생 가능성을 낮추며, 금융시장의 급격한 불안정성 확산을 완화하는 효과도 함께 기대할 수 있다.

셋째, 담보 부족 문제의 완화에도 긍정적으로 작용한다. 특히 사전수취 대상 자산으로 금융기관이 다량 보유한 대출채권이 활용될 경우, 시장성증권을 담보로 한 RP(환매조건부채권), 대차거래 등을 위한 여력이 확대된다. 이는 금융기관의 수익성 제고뿐만 아니라, 시장성증권의 유통 활성화와 전반적인 시장 유동성 증진으로도 이어진다.

넷째, 담보 사전수취 과정은 중앙은행과 금융기관 간 상호 이해와 준비태세를 제고하는 계기가 된다. 중앙은행은 금융기관의 담보 보유현황, 자산구성, 신용도 등에 대한 사전 정보를 확보할 수 있으며, 금융기관은 중앙은행의 대출제도, 이용 조건 및 절차에 대한 이해를 높임으로써 유사시 유기적인 협력 기반을 다질 수 있다.

다만, 담보 사전수취제도에는 유의해야 할 점도 존재한다. 중앙은행이 위기 시 즉각적으로 대출을 실행할 수 있도록 담보를 사전에 확보하는 과정에서, 오히려 중앙은행이 감당해야 할 신용위험이 증가할 수 있다. 특히 대출채권과 같은 비시장성 자산의 경우 사후적 가치 하락이나 회수 불능 위험이 현실화되면 그 손실은 중앙은행의 대차대조표에 전가될 수 있다. 또한 금융기관 입장에서 위기 상황에서도 중앙은행 유동성 지원에 대한 안전망이 확보되어 있다는 인식이 전제되면, 평상시의 유동성 관리나 자산운용에서 도덕적 해이가 발생할 가능성도 배제하기 어렵다. 따라서 담보 사전수취제도의 도입은 기대효과와 함께 이러한 리스크를 최소화할 수 있는 적절한 심사·관리 장치와 병행되어야 한다.

마) 낙인효과 방지 및 제도 참여 유인

중앙은행의 유동성 지원제도는 시장 불안기에 신속한 유동성 공급을 가능케 하지만, 실제 운영에 있어서는 낙인효과(stigma effect)가 제도 이용의 큰 제약요인으로 작용한다. 낙인효과란 금융기관이 중앙은행으로부터 유동성 지원을 받을 경우, 시장이 해당 기관을 재무적으로 취약하거나 지급불능 위험이 있는 것으로 간주하여 연쇄적인 신용경색이나 자금 이탈로 이어지는 부작용을 말한다. 이로 인해 많은 금융기관은 유동성이 부족한 상황에서도 중앙은행 대출제도의 이용을 회피하게 된다.

이러한 문제를 해결하기 위해 해외에서는 낙인효과 완화를 위한 다양한 제도 개선을 모색하고 있다. 예를 들어 미 연준은 discount window 이용 현황을 금융기관 명단과 함께 2년 후에 공개하는 방식으로 제도 이용의 비밀성을 보장하면서도 사후적 투명성을 확보하고 있다. 또한 2024년 미국 상원에 발의된 입법안에서는 금융기관의 담보 사전등록 여부를 유동성 평가에 유리하게 반영하여, 평시에도 제도 참여를 유인할 수 있도록 설계한 바 있다.[31] 우리나라의 경우에도 이러한 해외 사례를 참고하여, 본 제도가 낙인효과 없이 실효성 있게 정착될 수 있도록 제도 설계와 운용방식에 대한 면밀한 검토와 정책적 노력이 병행될 필요가 있다.

(2) 신속정리절차(Rapid Resolution Regime)

가) 기본 개념 및 목적

유동성 위기의 속도전에 대응하는 두 갈래 흐름 중, 금융기관의 존속을 전제로 중앙은행이 적시에 유동성을 공급하기 위한 준비 작업이 담보 사전수취제도라면, 금융기관의 정리를 전제로 위기전염 확산을 조기에 차단하고자 하는 대응 수단은 신속정리절차에 해당한다.[32]

31 Mark R. Warner 상원의원(美 민주당)이 발의한 법안(Discount Window Enhancement Act of 2024)이 24.7.25일 BANKING, HOUSING, AND URBAN AFFAIRS 상임위원회에 회부되었으나, 회기 만료로 폐기되었다. 그럼에도 불구하고, 이 법안은 금융기관에 담보 사전수취 제도에 대한 참여 유인을 제공하고, 낙인효과를 방지하기 위한 구체적 대안들을 모색한 입법 시도로 평가된다.

32 신속정리절차는 원칙적으로 예금보험공사가 주관하는 제도이나, 거시건전성 감독의 관점에서는 중앙은행과의 긴밀한 협력이 필수적이라는 점에서 이를 중앙은행의 역할과 함께 분석한다.

신속정리절차란 전통적인 금융기관 정리 방식과 달리, 금융기관이 이미 지급불능 상태에 빠진 이후가 아니라, 지급불능에 이를 가능성이 있는 going concern 상태에서도 감독당국이 개입할 수 있도록 허용하는 제도이다. 즉, 자산이 부채를 초과하는 정상 상태라 하더라도 향후 지급불능 상태에 빠질 우려가 있다면 감독당국이 개입할 수 있다.[33] 이는 법원 주도의 파산절차 또는 예금보험기관을 통한 사후정리에 의존하던 기존의 구조적 한계를 보완하는 데 목적이 있다. 또한 이는 위기의 신속한 진단과 개입을 통해, 시스템리스크의 파급을 최소화하고 납세자 부담을 방지하려는 정책적 기조와도 연결된다.

나) 기존 은행정리제도와의 차이점

기존의 은행정리제도는 원칙적으로 지급불능 상태에 도달한 후에 작동하며, 법원을 통한 파산절차나 예금보험공사의 부실금융기관 정리기구가 개입하는 방식으로 운영되어 왔다. 이와 같은 구조는 절차상 지연이 불가피하고, 금융시장에 불확실성을 확산시킬 수 있다는 한계를 가진다. 이에 반해, 금융안정을 중시하는 현대적 신속정리절차는 사전계획(preparedness)과 감독당국의 선제적 개입을 핵심요소로 하며, 다양한 정리도구(resolution tools)의 활용을 통해 시스템리스크를 최소화하고 핵심기능을 지속시키는 데 초점을 둔다. FSB가 2024년 보고서를 통해 제시한 대표적인 tool은 다음과 같다.[34]

첫째, 손실흡수 및 자본재구성을 위한 베일인(bail-in) 제도가 있다. 이는 기존의 주주 및 특정 무담보 채권자에게 손실을 할당함으로써 금융기관의 자본을 재구성하고, 납세자의 부담 없이 구조조정이 이루어지도록 한다. 이를 통해 금융기관의 핵심기능을 유지하면서도 시장의 규율을 보장할 수 있다.

둘째, 가교기관(bridge institution)의 설립이 있다. 이는 금융기관의 정상영업부문을 일시적으로 분리하여 새로 설립된 기관에 이전함으로써, 금융시장의 혼란을 최소화하고 공공신뢰를 유지하기 위한 수단이다. 가교기관은 자산·부채의 선별적 이전이 가능하다는 점에서 부실자산과의 분리를 통해 구조조정의 유연한 진행을 돕는다.

33 이정수, "신속정리절차의 도입에 관한 연구", 상사법연구 제43권 제2호, 2024, 450면 참고.

34 FSB, "2024 Resolution Report – From Lessons to Action: Enhancing Resolution Preparedness", December 2024, pp.9-16 참고.

셋째, 영업양도(sale of business) 방식이 활용된다. 이는 금융기관의 전체 또는 일부 사업부문을 제3자인 시장 참가자에게 양도하는 방식으로, 핵심 금융기능의 연속성을 확보하고 질서 있는 시장 이탈을 가능하게 한다. 특히 이 방식은 기존의 법률관계에 기반한 사적 계약원칙을 제한하면서, 주주나 채권자의 동의 없이 자산·부채를 선별적으로 이전하는 것을 허용한다는 점이 특징이다.

넷째, 자산관리회사(Asset Management Vehicle, AMV)의 설립이 있다. 이는 부실자산을 별도의 구조로 이전하여 집중 정리하거나 회수하는 구조로, 금융기관의 건전자산과 부실자산을 분리함으로써 회복 가능성을 높이는 동시에, 금융시장에 대한 충격을 완화하는 데 기여한다.

이처럼 신속성을 위한 다양한 정리도구는 금융기관의 위기 상황에 따라 유연하고 선제적인 대응 체계를 구축하고자 하는 신속정리절차의 특성을 잘 보여준다. 이러한 도구들은 FSB가 제시한 효과적인 정리체제의 핵심 구성요소로서 국제적으로 규범화되고 있으며, 각국의 정리계획 수립과 실행가능성 제고에 중요한 기준이 되고 있다.

다) 해외 사례

신속정리절차는 글로벌 금융위기 이후 주요국에서 법제화되어 제도적으로 정비되어 왔으며, 2023년 미국 SVB 사태를 시작으로 이어진 글로벌 은행위기 당시에도 각국 금융당국의 주요 대응수단으로 적극 활용되었다.[35]

먼저, 미국은 도드-프랭크법 제정 이후 FDIC를 중심으로 한 정리권한체계를 정비하였다. FDIC는 2023년 SVB 및 시그니처은행 파산 시, 예금 전액보호 조치를 포함한 'Systemic Risk Exception'을 발동하여 예금 전액보호 결정을 내리고, 일시적 'bridge bank'를 설립하여 빠른 자산 인수·매각을 유도함으로써 예금자 보호와 시스템 불안을 최소화하였다.

영국은 2009년 특별정리체계(Special Resolution Regime, SRR)을 도입한 이래, 영란은행을 중심으로 복수의 정리수단을 운용하고 있다. 2023년에는 SVB UK 지점의 빠른 매각을 통해 예금지급중단 등 유동성 발생 전 시장불안을 최소화하였는데, 이는 영란은

35 외국의 정리법제 및 2023년 글로벌 은행위기 시 주요국 사례와 관련한 구체적인 내용은 이정수(2024), 447-458면 참고.

행이 사전에 마련해 둔 정리수단(toolkit)을 활용한 대표적 사례로 평가된다.[36]

유럽연합은 2014년 EU의 은행정리절차지침(Bank Recovery and Resolution Directive, BRRD)을 제정하고, 단일정리메커니즘(Single Resolution Mechanism, SRM)을 도입하여 유럽중앙은행(ECB)과 단일정리위원회(Single Resolution Board, SRB)를 중심으로 정리체계를 운용하고 있다. 2023년 은행위기 국면에서 SRB는 위기 은행들의 정리 가능성을 재점검하며, 사전협의된 정리계획(resolution plan)의 유효성을 점검하고, 위기 상황 발생 시 즉각적인 개입이 가능하도록 정리수단을 재정비하였다.

한편, 스위스는 2023년 CS 위기 시, 긴급명령을 발동하여 정리절차를 단행하였다. 이는 UBS와의 인수를 성사시키는 방식으로 진행되었으며, 주주 및 후순위 채권자에게 손실을 부담시키고, 신종자본증권(AT1) 채권을 전액 상각한 뒤, 국가 보증을 수반한 매각을 통해 금융시장 전염을 차단하고자 하였다. 이러한 방식은 예외적 조치를 통한 빠른 개입 사례로서, 자본성 증권 손실전가(bail-in)와 공적 보증, 신속한 인수합병이 결합된 신속정리절차의 특징을 잘 보여준다.

라) 국내 현황 및 도입 시 고려사항

우리나라의 경우, 1997년 외환위기를 계기로 은행의 부실화를 경험한 이후 금융기관의 구조조정과 함께 은행정리제도의 법제화를 추진하였다. 1998년 「금융기관의 구조조정에 관한 법률」 제정 이후, 예금보험공사를 중심으로 부실금융기관에 대한 정리 절차가 정립되었고, 이후 「금융산업의 구조개선에 관한 법률」로 통합·개편되었다. 이러한 정리제도는 주로 은행의 영업정지 이후 청산을 전제로 한 사후적 정리에 초점이 맞추어져 있었다는 점에서, 당시 국내의 구조조정 환경에 대한 일정한 대응력을 확보한 것으로 평가된다.

그러나 2008년 GFC 당시 한국은 비교적 충격이 제한적이었고, 이에 따라 위기 이후 국제적으로 본격화된 정리제도 개혁의 흐름을 충분히 반영하지 못한 채 기존 체계가 유지되고 있다. 이정수 교수(2024)는 현재의 은행정리제도가 새로운 위기상황에 적절히 대응하기에는 다음 네 가지 측면에서 한계가 있다고 지적한다. ① 은행정리절차의 개시에 부실금융기관의 지정 등이 필요하고 상당기간 실사를 요하는 점, ② 금산법 해석상 위기상황에서도 6개월 이내의 영업정지만 가능하다거나, 자금지원에 제한이 있는 등 정

36 특히 HSBC에 대하여 1파운드에 인수되도록 중개함으로써 예금자 손실 없이 신속하게 정리되었다.

리절차의 선택 및 방식에 제한이 있는 점, ③ 채권자보호절차 및 반대주주의 주식매수청구권 행사 등에 상당한 시일이 소요되는 점, ④ 강제형 베일인은 도입되지 않았고, 약정형 베일인도 드문 상황이라 여전히 베일아웃에 기댈 수밖에 없는 점 등에서 개선이 필요하다고 평가된다.[37]

이러한 배경하에, 금융시장 전염 방지 및 공적 자금 투입 최소화를 위한 사전 정리수단으로서 신속정리절차의 도입 필요성이 제기된다. 이때 가장 우선적으로 검토되어야 할 사항은 신속정리절차의 위헌성 여부이다. 신속정리조치는 제도의 본질상 주주와 채권자의 재산권에 중대한 영향을 미치므로, 헌법상 재산권 보장(헌법 제23조) 및 적법절차 원칙(헌법 제12조)과의 조화를 이뤄야 하며, 특히 자산 이전(P&A)이나 채권 손실분담(bail-in) 조치가 사전 동의 없이 집행되는 경우에는 정당한 법적 근거와 함께 충분한 구제 절차 및 손실 보상 방안이 마련되어야 한다.[38]

또한, 제도의 실효성을 확보하기 위해서는 신속정리절차의 적용 범위, 개입 판단 기준, 정리 수단의 구조, 절차적 통제장치 측면에서 세밀한 제도 설계가 필요하다는 견해도 있다. 이와 관련하여 이정수 교수(2024)는 신속정리제도의 정합적 도입을 위해 다음과 같은 고려사항을 제시한다. 구체적으로 ① 적용 범위와 관련해서는 시스템적으로 중요한 금융기관(SIFIs)을 중심으로 하되, 장기적으로 적용 대상을 점진적으로 확대할 수 있도록 법률에 명확히 규정해야 한다는 점,[39] ② 개입 판단 시점에 대해서는 채무초과(insolvency)가 아니라 지급불능 우려 단계에서도 개입이 가능하여야 하는 점,[40] ③ 정리수단에 있어서는 예금보호범위 및 자금지원에 있어 최소비용의 원칙의 예외를 인정하는 정리당국의 재량을 인정할 필요가 있는 점,[41] 끝으로, ④ 절차적 통제를 위해 법원의 개입 또는 '청산 대비 후퇴 없음(NCWOL, no creditor worse off than in liquidation)' 원칙

37 이정수(2024), 460-461면 참고.

38 '헌법상 기본권 제한법리에 따른 제도 설계'와 '주주 및 채권자 보호를 위한 방안으로서 해외 입법례 검토'와 관련하여서는 이영경, "은행 신속정리절차 도입에 관한 법적 쟁점", 은행법연구 제18권 제2호, 2025, 196-202면 참고.

39 이정수(2024), 466-468면 참고.

40 앞의 문헌, 470-472면 참고.

41 앞의 문헌, 475-477면 참고.

을 명문화함으로써, 이해관계인의 권리 침해를 최소화하는 안전장치가 필요하다는 점[42] 등이 고려될 수 있다.

(3) 거시건전성 정책 협의체 강화 필요성

담보 사전수취제도와 신속정리절차를 포함한 거시건전성 정책은 개별 제도 설계만큼이나, 위기 발생 시 정책당국이 해당 금융기관을 존속시킬 것인지 또는 정리할 것인지를 신속하고 합리적으로 결정할 수 있는 체계가 매우 중요하다. 특히 'solvency'에 대한 기준을 명확히 제시하고, 이에 기초한 유효수단을 선별하는 판단과정은 단일 기관이 전담하기엔 한계가 있으며, 정책당국 간의 정보 공유와 공동 판단을 전제해야 한다.

그러나 현재 국내의 거시건전성 정책 협의체는 비상설적이며, 재정경제부 · 금융위원회 · 한국은행 · 예금보험공사 간 정책조율을 위한 제도가 충분히 마련되어 있지 않다. 특히 한국은행과 예금보험공사는 거시건전성 측면에서의 법적 권한과 수단이 제한적이며, 위기 시 신속한 개입이 어렵다.

이에 따라, 위기 발생 시 금융당국 간의 정보 공유와 공동 리스크 판단, 대응 수단 마련을 위한 상시적 협의체계가 제도화되어야 하며, 위기 대응의 신뢰성과 책임성을 높이기 위한 정책 매뉴얼 및 역할 분담 구조도 함께 마련될 필요가 있다. 이영경 박사(2025)는 "신속정리절차 개시 여부에 관한 판단이 독단적이거나 자의적으로 이루어지지 않도록, 여러 기관이 관여하도록 하는 것이 바람직하다"[43]고 지적하며, "영국이나 미국처럼 시스템 위기 판단을 복수 기관이 공동으로 수행하는 구조를 통해 이해관계인의 권리 침해 가능성을 줄여야 한다"[44]고 강조하였다. 또한, "신속정리절차 도입 시 금융위원회 단독이 아닌 기획재정부[45](現 재정경제부) · 한국은행과의 협의 의무화 및 대통령 · 국회 보고절차를 규정하는 방안을 검토해 볼 수 있다"[46]고 주장하였다. 이러한 제안은 향후 거시건전성 협의체 구성 논의에 있어 중요한 고려 요소로 삼을 수 있을 것이다.

---

42 앞의 문헌, 479-480면 참고.

43 이영경(2025), 189면.

44 앞의 문헌, 189면.

45 2026년 정부 조직 개편을 통해 '재정경제부'로 명칭이 변경되었다.

46 앞의 문헌, 189-190면.

나. 비은행금융기관 리스크 관리 필요성

(1) 비은행금융기관의 시스템리스크 대응을 위한 글로벌 감독과제

앞서 살펴본 담보 사전수취제도나 신속정리절차가 주로 전통적인 은행이나 시스템적으로 중요한 금융기관을 대상으로 한 제도적 변화라면, 상대적으로 규제와 감독의 사각지대에 놓여 있던 비은행금융기관, 특히 NBFI에 대해서는, 최근 글로벌 및 개별국가 차원에서 규제를 강화하려는 움직임이 있다. 대표적으로 FSB는 2025년 7월 발표한 「NBFI의 복원력 제고를 위한 정책수단 이행 점검 보고서(Enhancing the Resilience of Nonbank Financial Intermediation: Policy Toolkit - Progress Report)」를 통해, NBFI 부문이 코로나19 팬데믹 등 충격 상황에서 금융시장 전체에 리스크를 증폭시킬 수 있다는 문제의식을 바탕으로, 감독당국이 중점적으로 추진해야 할 네 가지 과제를 제시하였다.

첫째, FSB는 NBFI 부문 내 구조적 취약성에 대한 심층적 진단과 상시적 모니터링 체계의 구축(Ongoing assessment of vulnerabilities in NBFI)을 최우선 과제로 제시한다.[47] MMF, 헤지펀드, 프라이빗 크레딧펀드, 증권사 등으로 구성된 이질적인 NBFI 부문은 레버리지, 유동성 미스매치, 상호연계성 등의 복합적 구조로 인해 충격 발생 시 리스크 전이 경로가 불분명하고 대응 속도가 지체될 우려가 크다. 이에 따라 FSB는 "보다 정밀한 리스크 진단과 계량적 분석을 통해 시장 기반 금융중개 부문 내 구조적 취약성을 식별하고, 시의성 있는 데이터를 기반으로 모니터링 체계를 정비할 것"을 권고하였다.[48]

둘째, 이러한 진단의 전제가 되는 '데이터 관련 도전 과제 대응(Work to address data challenges)'이 필요하다. FSB는 "NBFI 회복력 제고는 감독당국이 가용하고 신뢰할 수 있는 데이터에 접근할 수 있는지 여부에 크게 좌우된다"고 지적하며, "빈약한 데이터 보고, 낮은 품질, 활용의 한계, 정보 공유 미비"를 문제로 지적했다.[49] 이를 해결하기 위해 FSB는 2025년 초 고위급 태스크포스를 설치하고, 민간금융 및 국채 시장 내 레버리지 거래전략에 대한 데이터 수집을 최우선 과제로 삼았으며, "당국 간 정보 공유 및 공동

47 FSB, "Enhancing the Resilience of Non-Bank Financial Intermediation: Policy Toolkit - Progress Report", July 2025, p.17.

48 Ibid., p.17.

49 Ibid., p.17.

분석 기반 마련"을 포함한 포괄적 개선 방향을 제시하였다.[50]

셋째, 진단과 정보 인프라가 갖춰진 후에는 감독당국 간의 정책 대응 수단에 대한 정보 공유(Information sharing)와 비교평가(supervisory discussions)가 필요하다. FSB는 "회원국 감독당국 간 감독사례, 시장 충격 대응경험 및 효과성 평가를 공유하는 정례 플랫폼의 구축"을 권고하며, MMF에 대한 환매 제한, 증권금융시장의 담보 요건 조정, 헤지펀드 레버리지 제한 등 다양한 정책수단의 실행 경험을 비교·분석할 수 있는 체계를 제안하였다.[51]

넷째, 팬데믹 이후 단기적으로 도입된 개별 정책 수단들이 실제로 NBFI의 구조적 리스크를 얼마나 효과적으로 감소시켰는지를 평가하는 '이행 점검 및 효과 분석(Monitoring implementation and assessing the effects)'을 병행해야 한다. 이에 대해 FSB는 "NBFI 개혁은 단일 국가 수준이 아닌 글로벌 차원에서 이행되어야 하며, FSB는 향후 개혁 효과가 충분했는지 평가하고, 필요한 경우 당국이 사용할 추가 도구를 도입할 수 있도록 지원할 것"이라고 밝혔다.[52]

결국 FSB가 제시한 네 가지 과제는, NBFI라는 이질적이고 복잡한 금융부문에 대한 "진단→정보 기반 구축→정책 설계 공유→이행 점검"이라는 구조화된 대응 프레임워크로 이해되며, 개별 국가의 대응 역량을 넘어서 국제적 협력과 규제 정합성 확보를 전제로 하고 있다.

동시에 FSB는 NBFI 부문의 시스템리스크를 해소하기 위한 개혁 조치의 실효성을 점검하고 추가 대응 수단 도입 여부를 판단하기 위해, 2026년 MMF, 2028년 개방형펀드(OEF)에 대한 정례적 효과평가를 비롯하여, 증거금·담보콜 대비 유동성 준비 수준에 관한 정책 이행 현황 및 효과성 점검, OEF 유동성 불일치 해소를 위한 이행조치 실태조사, 연례보고서 및 상호평가(peer review) 방식의 이행 모니터링 등을 계획하고 있다.[53] 이러한 작업은 FSB 자체뿐 아니라 국제기구 간 협업을 통해 진행되며, 한국 또한 FSB 정회원국으로서 재정경제부, 한국은행, 금융위원회, 금융감독원이 공동 참여하여 NBFI 관

50 Ibid., p.17.

51 Ibid., p.17.

52 Ibid., p.18.

53 Ibid., p.18.

련 정책 논의 및 이행 점검에 실질적으로 기여할 것으로 평가된다.

(2) 국내 비은행금융기관의 특수성 및 향후 정책 과제

한편 국내적으로는, 중앙은행의 관점에서 비은행금융기관에 대한 최종대부자 기능을 보완하기 위해 다음과 같은 세 가지 측면에서 제도적 개선방향을 모색할 수 있다.

첫째, 절차적 신속성 확보가 필요하다. 현행 한국은행법 제80조는 금융통화위원회 의결과 정부 의견 청취를 요건으로 두고 있어, 실제 위기 상황에서 대응 속도가 느려진다. 코로나19 시기 금융안정특별대출 사례에서도 나타났듯이, 내부 승인 과정과 관계 부처 협의에 수일 이상이 소요되면서 정책적 효과가 시의적절하게 발휘되지 못했다. 디지털금융환경에서는 자금 이동과 시장 불안이 시간 단위, 심지어 분 단위로 전개될 수 있으므로, 이러한 절차적 지연은 사실상 대응 무력화로 이어질 위험이 크다. 따라서 예외적으로 금융통화위원회의 의결 방식에 '패스트트랙 절차'를 마련하거나, '정부 의견 청취'를 '사후보고' 방식으로 전환하는 등 신속성 제고 장치를 고려해야 한다.

둘째, SPV(특수목적기구) 등을 활용한 정책수단을 검토해야 한다. 현행 제80조 여신은 사후적이고 예외적인 수단으로만 작동하여, 실제 위기 상황에서 즉시 가동하기 어렵다는 구조적 한계를 지닌다. 이에 개별 비은행금융기관을 직접 지원하는 방식 대신, 시장 단위의 안정을 도모할 수 있는 SPV 설립·운영을 제도화하는 방안이 검토된다. 실제 코로나19 시기 회사채·CP 시장 안정을 위해 산업은행이 설립한 SPV[54]에 한국은행이 여신을 제공한 사례가 존재한다. SPV의 장점은 ① 공개시장운영만으로는 확장하기 어려운 중앙은행의 정책을 유연하게 구현할 수 있고, ② 법적·회계적 위험을 본점과 분리된 법인격으로 관리할 수 있으며, ③ 특정 금융기관 구제 대신 특정 시장 전체에 영향력을 미칠 수 있다는 점이다. 그러나 국회 사전동의 절차, 관계 부처 간 설립방식 등에 대한 협의로 인한 수개월이 소요되며 신속 대응에 한계가 있었던 만큼, 향후에는 SPV의 제도

54 한국은행법 제103조는 한국은행이 직접·간접을 불문하고 영리기업의 소유·운영에 참여하는 것을 금지하고 있으며, 제79조는 원칙적으로 정부·공공기관·금융기관 이외의 법인이나 개인과의 거래를 제한하고 있다. 이 때문에 코로나19 당시 회사채·CP 매입을 위한 SPV는 한국은행이 아닌 산업은행이 설립 주체가 되었고, 한국은행은 동법 제80조(영리기업에 대한 여신)를 근거로 해당 SPV에 유동성을 간접 공급하였다.

적 근거를 보다 명확히 하고, 절차적 병목을 완화할 수 있도록 관련 법 개정을 종합적으로 검토할 수 있다.

셋째, NBDTI의 제도적 포섭을 장기적으로 검토할 필요가 있다. 국내 NBDTI는 여·수신 기능 면에서 은행과 동일함에도 불구하고, 전통적 안전망의 사각지대에 놓여 왔다. 장기적으로는 시스템 단위의 유동성 관리 기능을 보다 정교하게 마련하기 위해, 주요국의 제도 운영 방식을 참고하여 한국은행법상 금융기관 정의의 개선 가능성을 검토하고, 그 과정에서 NBDTI의 역할을 통화신용정책 체계와 어떻게 연계할 수 있을지 정책 대안으로 검토해 볼 여지가 있다. 아울러, NBDTI가 주로 보유하는 대출채권에 대해서도 담보 사전수취제도를 점진적으로 확대 적용함으로써, 위기 시 유동성 지원의 운용 여지를 넓히는 방안도 검토될 수 있다. 이를 위해서는 법 개정뿐만 아니라, 현재 금융위원회·금융감독원·행정안전부 등으로 분산되어 있는 감독 권한과 관련 정책수단을 거시건전성 관점에서 통합되고 일관된 흐름으로 조율·정비하는 논의가 병행되어야 한다.[55]

요컨대, 우리나라에서 비은행금융기관은 시스템리스크의 잠재적 축적지점이자 시장 중심 자금조달 구조의 중요한 연결고리로서, 그 감독과 관리는 단순한 행정 영역을 넘어 금융안정정책의 주요 과제로 기능해야 한다. 특히 은행 시스템 외부에서의 자금중개가 확대되는 현재의 환경에서는, 국내 기존 업권 중심의 감독 한계를 보완하는 거시건전성 관점의 정책 대응이 필수적이다. 아울러, 국내 금융시장에서 NBDTI가 수행하는 실질적 여·수신 기능과 그 시스템적 중요성을 고려할 때, 이들 기관에 대해서는 별도의 제도적 포섭과 차별화된 감독체계 마련을 고민해야 한다.

55 일례로, 금융위원회가 예금보험기금 내 도입을 추진 중인 '금융안정계정'은 정상 금융회사(은행, 저축은행 등 부보금융회사)에 대한 예방적 자금지원을 목적으로 한다. 해당 계정은 한국은행의 담보기반 유동성 공급 제도와 상호보완적 관계에 있으나, 지원 방식 및 대상 등의 차이를 고려하여 정책 간 유기적 조율이 필요하다(「예금자보호법 일부개정법률안」, 2022.12.21. 정부제출, 의안번호 2119069; 제22대 국회 재발의안 등 참조).

2 거시안전성 감독

가. 거시안전성(Macrofinancial Stability)의 개념 및 의의

"거시건전성(macroprudential stability)"이 금융 시스템의 재무적 복원력에 초점을 맞춘 개념이라면, "거시안전성(macrofinancial stability)"은 금융시스템의 연속성과 신뢰 유지, 운영상 회복력, 공공부문 신뢰, 기술 기반 인프라의 안정성 등을 포괄하는 확장된 개념으로 금융감독 체계 내에서 그 중요도가 높아지고 있다. 최근 유심 서버 해킹 사건, 글로벌 가상자산 거래소의 내부자 공격 등 전 세계적으로 빈번히 발생하는 사이버리스크는 단일 기업의 정보 유출이나 시스템 장애를 넘어, 금융시장의 신뢰와 기능적 안정성을 위협하는 수준에 이르렀다.

나. 사이버리스크가 거시안전성에 미치는 영향

2023년 FSB는 사이버리스크 관련 용어의 혼용을 방지하고, 국제기구 및 각국 감독당국 간 협업의 공통 기반을 마련하기 위해 「Cyber Lexicon - Updated in 2023」을 발표하였다. FSB는 해당 보고서에서 "사이버 사고(cyber incident)"를 "정보 시스템 또는 해당 시스템이 처리·저장·전송하는 정보의 사이버 보안을 저해하는 사건"으로 정의하고, 이는 해킹이나 내부자의 악의적 행위뿐 아니라 시스템 오류, 관리 미비 등 비의도적 사건까지 포함하는 개념임을 명시했다.[56]

나아가 이러한 사고가 반복되거나 대규모로 발생할 경우, 단일 기관의 문제를 넘어 금융시스템 전반에 파급효과를 미칠 수 있으며, 그로부터 파생된 시스템 전반의 위험은 "사이버리스크(cyber risk)"로 개념화된다.[57] 금융기관들은 특히 광범위한 고객 데이터, 자동화된 거래시스템, 외부 벤더 및 클라우드 기반 업무환경에 노출되어 있으며, 단일기관 공격이 시장 전반에 파급될 수 있는 전염효과 가능성이 높다.

IMF는 2024년 4월 발표한 「Global Financial Stability Report (2024)」에서, 사이

56 "A cyber event that adversely affects the cyber security of an information system or the information the system processes, stores or transmits whether resulting from malicious activity or not." FSB, "Cyber Lexicon", April 2023. p.10.

57 Ibid., p.10.

버 사고가 금융시스템에 충격을 전달할 수 있는 세 가지 파급 경로를 다음과 같이 구분하였다. 첫째, “신뢰 상실 경로(Loss of confidence)”로, 특정 금융기관이나 서비스에 대한 소비자 및 투자자의 신뢰가 손상되면 대규모 예금 인출 또는 디지털 뱅크런 현상이 발생할 수 있다. 둘째, “핵심 인프라 운영 중단 경로(Lack of substitutes for critical services)”로, 결제시스템 · 중앙예탁기관(CSD) · 금융정보처리기관 등 대체 불가능한 핵심 금융 인프라의 장애가 발생할 경우 금융거래 자체가 마비되어 전반적인 시장기능이 정지될 수 있다. 셋째, “연계성 기반 전염 경로(Interconnectedness)”로, 동일한 ICT 서비스 제공자에 대한 의존도 또는 복잡하게 얽힌 금융계약 구조로 인해 하나의 사고가 전체 금융 시스템으로 급속히 확산될 수 있다.

표 2 IMF가 제시한 사이버 사고 파급경로

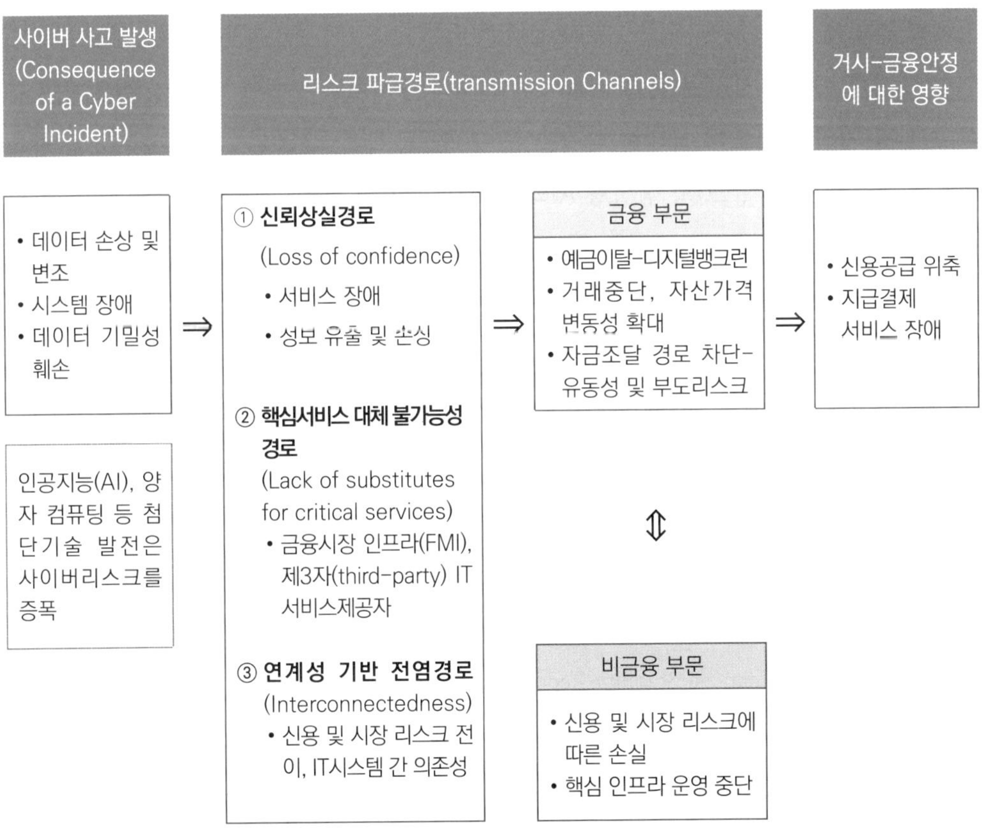

IMF (2024), “Global Financial Stability Report: The Last Mile: Financial Stability and Low Inflation”, Chapter 3, Figure 3.4 “Cybersecurity and Macrofinancial Stability: Channels of Transmission”

다. 금융부문 사이버리스크 유형

IMF(2024)에 따르면, 코로나19 팬데믹 이전과 비교하여 사이버 공격 건수는 거의 두 배로 증가하였으며, 전체 사이버 사고 중 약 20%가 금융기관에 영향을 미친 것으로 나타났다.[58] 한국은행(2025)이 「금융안정보고서」에서 분석한 구체적인 사이버리스크의 유형으로는 ① 악성코드 및 랜섬웨어 공격, ② 사회공학 기반 공격[59], ③ 데이터 유출, ④ 분산서비스거부(DDoS) 공격, ⑤ 제3자리스크 및 비악의적 사고 등이 있다. 대표적으로, 2023년 중국 공상은행(ICBC)의 뉴욕 소재 자회사(ICBCFS)가 랜섬웨어 공격을 받아 미국 국채시장 거래가 일시 지연된 사례(악성코드 및 랜섬웨어 공격), 2025년 국내 통신사 유심 서버 해킹으로 약 2,695만 건의 유심 정보가 유출된 사례(데이터 유출), 2020년 뉴질랜드 증권거래소가 DDoS 공격을 받아 4일 연속 서비스가 중단된 사례(DDoS 공격), 2024년 Google Cloud社의 코드 오류로 인해 약 3시간 동안 금융기관 애플리케이션에 장애가 발생한 사례(제3자 리스크) 등이 있다.[60]

이러한 사이버 사고는 단순 해킹이나 일시적인 시스템 오류를 넘어서, 실질적인 자산 손실과 기업 신뢰도에 심대한 타격을 줄 수 있다. 특히, 유출된 개인정보는 2차 금융범죄로 악용될 소지가 크며, 생성형 AI와 딥페이크 기술 등의 급속한 발전과 맞물려 피해의 양상 또한 갈수록 복잡해지고 있다.

라. 주요국 및 우리나라의 대응 방안

국제기구 및 주요국 정책당국은 금융시스템 전반의 사이버 복원력(cyber resilience)을 강화하기 위하여 다양한 대응 방안을 모색하고 있다. FSB는 2023년 「제3자 리스크 관리 및 감독 강화를 위한 정책수단(Enhancing Third-Party Risk Management and Oversight: A Toolkit for Financial Institutions and Financial Authorities)」을 발표하여 금융

58 IMF. “Global Financial Stability Report: Steadying the Course: The Last Mile: Financial Vulnerabilities and Risks”. *Washington, DC*. April 2024, pp.77, 80.

59 사용자의 심리적·행동적 약점을 이용한 사이버 탈취 유형으로, 악성 링크 클릭, 민감정보 제공 유도 등으로 보안 정책을 무력화하는 특징이 있다.

60 더 다양하고 구체적인 유형별 사이버리스크 사례는 한국은행, 「금융안정보고서」, 2025.6, 92면 참고.

기관이 ICT 인프라와 클라우드 등 외부 서비스 제공자에 대한 의존도를 높여감에 따라, 제3자 리스크 관리 및 감독 체계 강화를 위한 가이드라인을 마련하였다.[61] IMF는 2024년 「Global Financial Stability Report」에서 사이버 스트레스 테스트(Cyber Stress Testing)의 시뮬레이션 기반 분석기법 도입을 제안하며, 중앙은행과 감독당국이 이를 금융 시스템리스크 관리 체계 내재화의 일환으로 적극 활용할 것을 권고하였다.[62]

한편 유럽중앙은행(ECB)은 주요 금융기관의 사이버 보안 대응력을 점검하기 위해 위협정보 기반 윤리적 침투 테스트 체계(TIBER-EU, Threat Intelligence-Based Ethical Red Teaming)를 운영하고 있다. 이를 통해 현실적인 사이버 위협 상황을 모의 재현함으로써, 금융기관의 보안 대응능력과 시스템 복원력의 유효성을 체계적으로 평가하고 있다.[63] 아울러 유럽은행감독청(EBA)은 2022년 제정된 디지털운영복원력법(Digital Operational Resilience Act, DORA)의 시행을 지원하기 위해, 금융기관의 디지털 운영리스크 관리체계 구축과 감독 일관성 제고를 위한 세부 규정과 지침을 마련하고 있다. 특히 EBA는 클라우드 서비스 제공업체와 기타 ICT 제3자 서비스 공급자에 대한 직접 감독체계와 등록·감시 절차를 개발하고, 사고보고, 테스트, 거버넌스 기준 등을 통합한 감독 프레임워크를 구축함으로써 EU 금융권 전반의 디지털 복원력 강화를 추진하고 있다.[64]

영란은행은 2022년 금융시스템상 중요 기관을 대상으로 사이버리스크 스트레스 테스트를 실시하였고,[65] 미국 역시 재무부 주도로 금융부문 대상 민관 합동 사이버 보안 협력체계인 '프로젝트 포트리스(Project Fortress)'를 출범시키며 통합적 보안 시스템 구축을 시도하고 있다.[66] 이와 같은 흐름은 단순한 기술보안 차원을 넘어서, 사이버리스크

61 FSB, "Final Report on Enhancing Third-party Risk Management and Oversight - A Toolkit for Financial Institutions and Financial Authorities", December 2023, pp.1-2.

62 IMF(2024), p.94.

63 European Central Bank, "TIBER-EU - Cyber resilience", accessed October 31, 2025, https://www.ecb.europa.eu/paym/cyber-resilience/tiber-eu/html/index.en.html

64 European Banking Authority, "Digital Operational Resilience Act (DORA)", accessed October 31, 2025, https://www.eba.europa.eu/activities/direct-supervision-and-oversight/digital-operational-resilience-act

65 한국은행(2025), 93면.

66 한국은행(2025), 93면.

를 거시건전성 정책 프레임워크 내에서 다루려는 시도이며, 금융기관 간 연계구조, 핵심 인프라의 취약도, 데이터 흐름의 집적성 등을 정량화하여 위기 시나리오에 반영하는 체계로 확장되고 있다.

한편, 우리나라 금융 분야의 사이버 보안 체계는 금융위원회와 금융감독원이 정책 수립 및 감독 기능을 수행하고, 한국은행 등 유관기관이 협력하여 대응체계를 운영하는 구조이다. 2013년 발생한 대형 전산 장애 및 해킹 사고를 계기로 금융권에 망분리 의무화 조치가 도입되었으며, 이후 규칙(Rule) 기반의 규제 강화를 통해 보안 수준을 제고해왔다.[67]

그러나 국내에서는 아직 거시건전성 차원의 사이버리스크 분석체계가 충분히 정립되지 않았으며, 특히 금융기관 간 연계 구조, 동일 클라우드 서비스 이용에 따른 집단 취약성 등에 대한 실증적 분석이 부족한 실정이다. 향후에는 미국·유럽 사례와 같이 금융시장 인프라(FMI), 주요 ICT 서비스 제공자, 통신·에너지 인프라까지 포함하는 사이버 매핑(cyber mapping) 체계와 시뮬레이션 기반의 사이버 스트레스 테스트 도입이 필요하다. 또한, 사이버 사고 발생 시 유관기관 간 정보 공유 체계의 실효성을 높이기 위해 중앙은행, 금융감독원, 금융보안원, 금융정보분석원(FIU) 간 실시간 협조 메커니즘을 제도화할 필요가 있다. 이를 통해 사고 발생 시 조기경보 및 위기 확산 차단이 가능해질 뿐만 아니라, 사전적 리스크 평가 및 취약점 점검 역량 또한 제고될 수 있다.

3 국제 규제 공조

개별 국가가 거시건전성과 금융안정성 확보를 위한 내부 대응체계를 정교하게 구축하더라도, 디지털 전환으로 인해 탈경계화된 금융환경은 기존의 지정학적 구분을 무력화시키며 국가 단위 대응의 한계를 드러내고 있다. 이러한 초국가적 금융 리스크에 감독당국이 효과적으로 대응하기 위해서는 국제적 차원의 규제 공조와 협력 체계 구축이 필수적이다.

스테이블 코인과 같이 국경 간 이동이 자유로운 디지털자산의 확산, 국가 간 실시간 결제 인프라의 연계 확대, 그리고 자금세탁방지(AML) 규범의 정합성 확보 등은 단일

67 한국은행(2025), 94면.

국가의 규제 범위를 넘어서는 사안이다. 이는 기술혁신에 그치지 않고, 통화정책의 유효성, 외환통제의 실효성, 금융안정의 지속가능성 등 거시경제 전반에 걸친 도전 과제로 연결된다. 이에 따라 IMF, FSB, BIS 등 국제기구는 디지털 시대에 적합한 글로벌 금융 규범과 감독 인프라를 구축하기 위해 긴밀한 협력을 추진 중이며, 각국 중앙은행과 감독당국 역시 실시간 정보 공유 및 공동 대응 체계의 제도화를 강화하고 있다.

가. 스테이블 코인에 대한 국제적 규제 권고

2023년 7월, FSB는 「글로벌 스테이블 코인 체계의 규제·감독·감시에 관한 권고(High-level Recommendations for the Regulation, Supervision and Oversight of Global Stablecoin Arrangements)」에서 글로벌 스테이블 코인에 대하여 아래 표와 같은 10가지 권고안을 제시한 바 있다.[68]

표 3 FSB의 GSC 권고안(2023)

글로벌 스테이블 코인(이하 "GSC")에 대한 FSB 권고안('23.7월)	
[권고①] GSC 규제를 위한 정책당국의 준비	정책당국은 GSC 거래(arrangements)와 관련 활동 등에 대한 포괄적 규제·감독 및 효율적인 집행을 위해 적절한 권한과 도구를 보유·활용해야 한다.
[권고②] GSC 활동 및 기능에 대한 포괄적 감독	정책당국은 국제 표준에 부합하는 포괄적이고 효과적인 규제·감독 요건을 GSC의 기능별로 적용해야 한다.
[권고③] 국경간 협력·조정 및 정보 공유	정책당국은 효과적인 의사소통·정보 공유 및 협의를 통해 각자의 의무 이행을 지원하고, 국경 간 GSC 거래에 대한 포괄적인 규제·감독을 보장하고 일관성을 장려해야 한다.
[권고④] 지배구조 및 탈중앙화된 운영	정책당국은 GSC 거래 체계가 포괄적인 지배구조를 확립하고 이를 공개할 것을 요구해야 하며, GSC 거래 내 모든 활동 및 기능 관련 책임에 대해 명확하고 직접적인 노선을 제시해야 한다.
[권고⑤] 위험 관리	정책당국은 GSC 거래시 복원력, 사이버 보안 보호 장치 및 AML/CFT 조치와 관련한 효과적인 위험 관리 체계가 마련되도록 요구해야 한다.

68 FSB, "High-level Recommendations for the Regulation, Supervision and Oversight of Global Stablecoin Arrangements: Final report", July 2023, pp.3-11.

[권고⑥] 데이터 저장 및 접근성	정책당국은 데이터의 수집·저장·보호 및 적시 보고를 위한 시스템과 절차를 포함하여 GSC 거래 체계를 마련하도록 요구하고, 규제·감독 이행에 필요한 데이터 접근 가능성을 확보해야 한다.
[권고⑦] GSC의 회생 및 정리	정책당국은 GSC 거래시 적절한 회생 및 정리 계획을 마련하도록 요구해야 한다.
[권고⑧] 공시	정책당국은 GSC 발행자 및 이해관계자에게 지배구조, 이해 상충 및 운영 관리, 위험 관리 체계, 재무상태 등을 포함하여 GSC 거래에 대한 포괄적이고 투명한 정보 제공을 요구해야 한다.
[권고⑨] 상환·안정화·건전성 요건	정책당국은 GSC 발행자에 대한 투자자의 법적 청구권을 제공하고 적시 상환을 보장하며, 단일 법정화폐 기반 GSC의 상환 요청시 동등한 금액의 법정화폐로 상환할 것을 요구해야 한다. 또한 SC의 안정적 가치 유지를 위해 효과적인 안정화 체계를 구축하고, 명확한 상환 권리 및 건전성 요건 준수를 의무화해야 한다.
[권고⑩] 운영개시 전 규제·감독에 대한 준수	정책당국은 GSC 거래가 모든 해당 규제·감독 요건을 충족하고, 필요시 새로운 규제 요건을 준수하도록 요구해야 한다.

자료: FSB

뒤이어 2023년 9월, FSB는 IMF와 함께 가상자산 규제 로드맵을 포함한 가상자산 정책 보고서(「IMF-FSB Synthesis Paper: Policies for Crypto-Assets」)를 발표하였다. 이는 가상자산 시장의 지속적 성장 및 전통 금융시스템과의 상호연계성 증가로 인해 금융안정 리스크의 새로운 국면에 대응할 필요성이 제기되면서 IMF와 FSB의 권고사항을 통합하기 위한 것이었다.

가상자산 규제 로드맵(Policy Implementation Roadmap)의 주요 목표로는 ① 정책 프레임워크의 신속한 이행(Implementation of policy frameworks), ② G20 이외 회원국 참여유도(Outreach beyond G20 members), ③ 글로벌 정책 조정·협력·정보공유(Global coordination, cooperation and information sharing) 강화, ④ 데이터 격차 해소(Addressing data gaps)가 제시되었다.[69] 양 기관은 이러한 조치를 통해 각국이 공통의 규범적 토대 위에서 디지털자산 리스크에 대응할 수 있도록 지속적인 협력과 평가를 이어가기로 하였다.

이후 2024년 10월, FSB는 각국의 가상자산 규제 로드맵 이행 현황을 점검하였다.

69 IMF-FSB, "IMF-FSB Synthesis Paper: Policies for Crypto-assets", September 2023, pp.24-30.

설문 결과, 대부분의 국가가 FSB 권고에 따른 가상자산 및 스테이블 코인 규제를 이미 시행 중이거나 개발을 추진 중인 것으로 나타났다. 동시에 FSB는 가상자산 시장의 초국경적 특성으로 국가 간 규제 격차에 따른 규제차익거래 발생가능성을 인정하면서, FSB 규제체계를 완전하고 일관성 있게 이행할 수 있도록 회원국에 대한 교육 및 기술 지원을 실시하고 비회원국과의 협력도 지속적으로 강화할 필요가 있음을 언급하였다.[70]

이러한 국제기구의 권고는 단순한 소비자 보호 차원을 넘어, 스테이블 코인이 금융시스템의 핵심 기반 인프라를 대체하거나 보완하는 경우 발생할 수 있는 시스템리스크와 외환시장 왜곡, 그리고 통화정책 전파 차단효과 등 거시적 파급영향을 고려한 것이다. 이에 따라 각국 중앙은행은 자체적인 법제 정비 외에도 국제적인 공조체계 하에서 스테이블 코인 리스크를 통합 관리할 필요가 있다.

나. 글로벌 지급결제 인프라 상호연결 추진

기존의 국경 간 지급결제 시스템은 복잡한 중개은행 네트워크를 통해 다단계로 자금이 이체되는 구조를 가진다. 이로 인해 결제 속도가 느리고 수수료가 과도하게 발생하며, 처리과정에서 오류와 지연이 빈번하게 발생하는 문제가 지적되어 왔다. 특히 중소거래, 소액 송금, 개도국 대상 지급에서는 비용 대비 효율성이 낮고 투명성도 부족하여, 전 세계적으로 지급결제 인프라의 개편 필요성이 대두되어 왔다. G20도 이러한 문제 해결을 위해 국경 간 지급결제 개선 로드맵을 수립한 바 있으며, BIS는 기술 기반의 해결책을 제시하고 있다.

BIS는 2024년 7월 보고서 「Nexus: enabling instant cross-border payments」를 통해 국가 간 실시간 지급결제의 상호운용성 확보를 목적으로 하는 'Nexus 프로젝트'를 제안하였다.[71] Nexus는 단순한 기술적 연결을 넘어 글로벌 지급시장의 효율성·안정성·포용성을 제고하고자 한다. 이 프로젝트는 ISO 20022 기반 통신 메시지를 표준화하고 자동 변환하는 메시지 해석 계층(message translator layer)을 도입하여 국가별 지급

70 FSB, "G20 Crypto-asset Policy Implementation Roadmap - Status Report", October 2024. pp.2, 21.

71 BIS (2024), "Project Nexus - Enabling instant cross-border payments". Retrieved October 31, 2025, from https://www.bis.org/publ/othp86.pdf

시스템 간 직접 연결을 가능케 한다. 또한 실시간 외환환전과 동시결제(Payment-versus-Payment, PvP)를 구현함으로써 기존의 복잡한 중개 절차를 생략하고, 결제 속도 단축·수수료 절감·오류율 감소 등의 효과를 도모한다. 현재 싱가포르(MAS), 말레이시아(BNM), 인도네시아(BI) 등이 시범 운영 중이고, 향후 인도·태국·필리핀 등으로 확대될 예정이다.

한국은행 또한 2024년부터 다자간 지급결제 인프라 연계 프로젝트인 "Agora"에 참여 중이다. Agora는 국경 간 송금의 실시간성 확보와 외환거래 동시결제의 구현을 목표로 하며, 주요 기축통화국[프랑스(유로지역 대표), 영국, 일본, 스위스]과 한국, 멕시코가 참여하는 초기 설계 단계에 있다. 각 프로젝트는 지역별 특성과 지급 인프라의 발전 정도를 반영하여 상호보완적인 형태로 전개되고 있다.

Nexus 및 유사 프로젝트들은 국경 간 지급결제의 미래 모습을 선도할 시범사례로 주목받고 있다. BIS는 Nexus를 통해 "cross-border payment systems of tomorrow"의 기반을 마련하는 한편, 궁극적으로 국경 간 자금 이동의 실시간성, 비용 효율성, 안정성 제고를 목표로 한다. 특히 각국 중앙은행이 공동으로 설계에 참여함으로써 정책적 조율과 기술적 신뢰성도 확보하고, 장기적으로는 CBDC 기반 결제 시스템이나 금융 포용 정책과의 연계 가능성도 모색되고 있다.

다만 현실적으로는 글로벌 정치·경제 환경의 불확실성이 잠재적 제약 요인으로 작용할 수 있다. 예컨대 최근 미국은 트럼프 대통령 재집권 이후 CBDC 추진 중단 기조를 밝히면서, Agora 프로젝트에서의 참여 역할과 범위에도 불확실성이 커진 상황이다. 이러한 미국의 소극적 참여 또는 잠재적 불참 가능성은 프로젝트의 실효성을 저해할 수 있다는 우려를 낳고 있다.

이러한 도전에도 불구하고, Nexus 등 다자간 지급결제 프로젝트가 지향하는 기술적 구조와 국제협력 프레임워크는 여전히 향후 발전을 위한 중요한 토대로 평가된다. 특히 미국 외 다양한 국가들이 디지털화폐 기반의 상호운용성 확보에 대한 의지를 공유하고 있어, 향후 글로벌 협력의 범위와 중심축이 다극화되는 흐름 속에서 새로운 대안질서로 재발굴될 여지도 있다. 프로젝트의 실질적 성공을 위해서는 정치적 리스크를 감안한 탄력적 설계와 전략적 외교적 조율이 병행되어야 할 것이다.

다. 국경 간 AML/CFT 공조 및 협력 강화

디지털금융의 발달과 국경 간 실시간 결제 시스템의 확산은 AML/CFT 규제의 외연을 기존의 금융정보분석원(FIU) 및 금융감독당국 중심의 전통적 영역에서 중앙은행의 영역으로까지 확장시키고 있다. 특히 국경을 넘는 디지털 자금 이전에서 발생하는 규제 차익의 가능성은, 중앙은행이 통화정책 및 지급결제시스템 운영이라는 전통적 역할을 넘어서 AML/CFT 체계와도 긴밀한 연계 및 협조 체계를 갖추어야 할 다음과 같은 필요성을 제기한다.

첫째, 중앙은행은 지급결제시스템의 운영자(operator)로서 AML/CFT 프레임워크의 기반 인프라를 직접 설계하고 운영하는 주체이다. FSB는 2024년 12월에 발표한「국가 간 결제 서비스 제공 은행 및 비은행에 대한 규제 및 감독 권장 사항(Recommendations to Promote Alignment and Interoperability Across Data Frameworks Related to Cross-border Payments: Final Report)」에서 국경 간 지급결제 데이터 프레임워크의 불필요한 분절과 마찰을 완화하고 상호운용성을 제고하기 위해 메시지 표준화와 더불어 AML/CFT · 제재 · 데이터 보호 요건과의 정합성(alignment)을 확보할 필요성을 강조하였다.[72]

둘째, 중앙은행은 디지털화폐(CBDC) 발행자 및 관련 플랫폼 설계자로서 AML/CFT 요건을 제도 설계에 내재화해야 할 당위성이 존재한다. CBDC는 기존의 익명성 기반 현금거래보다 추적 가능성이 높지만, 기술적 설계방식에 따라 자금흐름의 통제 가능성이 달라지기 때문에 초기 설계 단계에서 AML/CFT 기준이 명확히 반영되어야 한다.

셋째, 중앙은행은 외환 통제자이자 국제 금융 인프라 구축자로서 AML/CFT 관련 데이터를 수집 · 연계 · 활용할 수 있는 특별한 위상을 가진다. 예컨대 BIS가 주도하는 Nexus 프로젝트[73]는 외환거래 · 결제 데이터 · 참여자 식별정보(KYC) 등을 통합적으로 관

72 FSB, "Recommendations to Promote Alignment and Interoperability Across Data Frameworks Related to Cross-border Payments: Final Report", December 2024, p.2.

73 Nexus는 각국의 AML/CFT 법률, 외환통제규정, 제재규정(sanctions screening)에 대한 컴플라이언스 요건을 시스템 설계에 포함하도록 규정한다. 자세한 설명은 BIS Innovation Hub, "Project Nexus: Enabling instant cross-border payments", July 2024, p.40, accessed October 31, 2025, https://www.bis.org/publ/othp86.pdf

리할 수 있는 기술 기반 구조를 실험하고 있으며, 이러한 구조는 AML/CFT 목적의 실시간 리스크 감지체계로 확장될 수 있다.

결론적으로, AML/CFT 규제는 더 이상 특정 기관의 독립된 의무가 아니라, 중앙은행이 참여하는 디지털금융 인프라 설계 및 운영 전반에 직·간접적으로 내재화되어야 할 핵심 요소로 부상했다. 각국 중앙은행은 지급결제 인프라의 상호연결성 강화, 실시간 KYC/AML 검증체계 마련, 디지털화폐 설계 단계의 리스크 반영 등에서 주요한 역할을 수행해야 하며, 이를 위해 국제적인 정책조율과 정보공유 메커니즘도 병행 구축해야 할 것이다. 이는 단지 규제 리스크를 방지하는 차원을 넘어, 글로벌 금융시스템의 안정성과 신뢰성을 제고하는 기반이 될 수 있다.

IV 결론

디지털금융 시대의 규제·감독은 더 많은 정보, 더 정교한 해석, 그리고 더 빠른 의사결정을 동시에 요구하고 있다. 유동성 위기에 선제적으로 대응하기 위한 담보 사전수취제도, 신속정리절차, 비은행금융기관에 대한 종합적 감독 및 사이버리스크 대응은 이러한 흐름에 부합하는 제도적 정비의 일환이다. 나아가 국가 간 지급결제 연계가 활발해지고, 디지털자산과 스테이블 코인 기반 거래가 현실화되면서, 중앙은행과 감독당국은 이제 자국 내 안정성뿐 아니라 초국경적 안정성까지 함께 조율해야 하는 역할을 요청받고 있다.

결국 우리는 디지털금융이라는 격랑의 바다에 들어섰다. 감독당국은 이제 단순한 등대가 아니라 함께 움직이며 방향을 잡아주는 조타수가 되어야 한다. 시장의 속도와 경계를 넘어서는 변화 속에서 중앙은행과 감독당국의 혁신은 선택이 아닌 필연이며, 신속한 결단과 실행만이 금융시스템의 지속가능한 안정을 보장할 수 있다.

참/고/문/헌

〈국내문헌〉

구본성, "디지털 예금인출사태 위험과 국내은행의 대응 방안", 한국금융연구원 연구보고서 2024-15, 2024.

이영경, "은행 신속정리절차 도입에 관한 법적 쟁점", 은행법연구 제18권 제2호, 2025.

이정수, "신속정리절차의 도입에 관한 연구", 상사법연구 제43권 제2호, 2024.

정순섭·이민경, "중앙은행여신과 적격담보제도에 관한 법적 연구 - 은행의 대출채권을 중심으로", 상사법연구 제43권 제3호, 2024.

한국은행, 「금융안정보고서」, 2025. 6.

한국은행, 「통화신용정책보고서」, 2024. 9.

〈외국문헌〉

Bank for International Settlements - Financial Stability Institute. (2024, December). *Navigating liquidity stress: Operational readiness for central banks (FSI Insights No. 64).*

Basel Committee on Banking Supervision. (2024, October). *The 2023 banking turmoil and liquidity risk: A progress report - A report to G20 Finance Ministers and Central Bank Governors*. Bank for International Settlements.

Financial Stability Board. (2023, July). *High-level recommendations for the regulation, supervision and oversight of global stablecoin arrangements: Final report.*

Financial Stability Board. (2024, December). *2024 Resolution Report - From Lessons to Action: Enhancing Resolution Preparedness.*

Financial Stability Board. (2025, July). *Enhancing the resilience of non-bank financial intermediation: Policy toolkit - Progress report.*

International Monetary Fund. (2024, April). *Global financial stability report: Steadying the course: The Last Mile - Financial Vulnerabilities and risks.*

McLaughlin, S. (2024, July). Lessons for the discount window from the March 2023 bank failures. *Journal of Financial Crises, 6*(2).

Su, E. (2025, June). *Nonbank financial intermediation (NBFI or 'shadow banking') and capital markets policy* (Report No. R48512). Congressional Research Service.

PART III

각론: 개별 법률

디지털 금융법

CHAPTER 01 가상자산이용자보호법

CHAPTER 02 전자금융거래법

CHAPTER 03 전자증권법

CHAPTER 04 데이터법

CHAPTER 05 금융혁신지원특별법

CHAPTER 06 그 밖의 디지털금융 관련 법률

CHAPTER 01

가상자산이용자보호법

가상자산이용자보호법

김남희
(두나무(주) 사내변호사)

I 총칙

1 목적 (제1조)

「가상자산 이용자 보호 등에 관한 법률」(이하 "가상자산이용자보호법" 또는 "법"이라 한다)은 2023. 7. 18. 제정되어 2024. 7. 19. 최초 시행된 법률로, 가상자산 이용자 자산의 보호와 불공정거래행위 규제 등에 관한 사항을 정함으로써 가상자산 이용자의 권익을 보호하고 가상자산시장의 투명하고 건전한 거래질서를 확립하는 것을 그 목적으로 한다.

가상자산시장에 필요한 규제를 마련하기 위한 신중한 논의가 진행되던 가운데, 2022년 가상자산시장에 '테라-루나 사태'[1], 'FTX 사태'[2] 등 이용자 자산에 중대한 피해를 입힌 대규모 사건들이 연달아 발생하면서, 이용자를 보호함과 동시에 불공정한 거래

1 2022년 5월, 알고리즘 기반 스테이블 코인인 '테라USD'의 가치 연동 메커니즘이 붕괴되면서 관련 가상자산인 '루나'의 가치가 폭락하여 그 투자자들에게 수십조 원에 이르는 천문학적 손실을 입힌 사건으로, 이 사건을 기화로 가상자산 이용자를 보호하기 위한 법 제정의 필요성이 크게 부각되었다.

2 2022년 11월, 당시 세계 2위 규모였던 가상자산거래소 FTX가 고객 자금을 무단으로 유용하여 자회사에 대출하고, 스스로 가상자산 'FTT'를 발행하여 담보로 활용하는 등 불건전한 운영을 하다가 끝내 'FTT'의 가치 급락 및 대규모 인출 사태로 인해 유동성 위기를 겪으며 파산에 이르게 된 사건으로, 이를 계기로 이용자 자산을 안전하게 보호하기 위한 제도적 장치의 마련이 시급한 입법 과제로 꼽히게 되었다.

를 규제할 수 있는 법안을 속히 마련해야 할 필요성이 커졌다. 이 법의 제정 무렵 가상자산시장 및 산업 전반에 관해 국내외 합의된 기준이나 규율이 충분히 마련되지 않은 상황이었으므로, 입법자들은 종합적이고 체계적인 규제는 2단계 입법을 통해 구체화하기로 유보하고, 1단계 입법에 해당하는 이 법에는 전술한 목적에 중점을 둔 22개 조항을 우선적으로 마련하였다.

2 정의 (제2조)

가. 가상자산 (제1호)

(1) 정의

가상자산이란 경제적 가치를 지닌 것으로서 전자적으로 거래 또는 이전될 수 있는 전자적 증표(그에 관한 일체의 권리를 포함한다)를 말한다. 종전 특금법과 동일하게 가상자산을 정의하였으며, 특금법에서와 마찬가지로 가상자산을 포괄적으로 정의하되 그 범주에 속하지 않는 자산은 열거하여 제외시켰다. 다만, 종전 특금법과는 달리 한국은행의 CBDC(Central Bank Digital Currency) 및 그 관련 자산을 가상자산에서 제외하는 등 제외 자산의 범위에는 소폭 차이가 있다. 이 법이 마련됨과 동시에 특금법상 가상자산의 정의도 이 법을 준용하는 형태로 개정되었으므로, 현재 두 법에서 정하는 가상자산의 범위는 동일하다.

(2) 가상자산에 해당하지 않는 경우

- **화폐·재화·용역 등으로 교환될 수 없는 전자적 증표 또는 그 증표에 관한 정보로서 발행인이 사용처와 그 용도를 제한한 것** (가목): 전자적으로 이전될 수 있더라도 화폐·재화·용역 등으로 교환될 수 없다면 실질적으로 경제적 가치를 갖는다고 보기 어렵다. 또한 사용처와 용도가 제한되어 있다면 그것이 일반적으로 유통되어 시장 질서에 영향을 미치게 될 가능성도 낮을 수밖에 없다. 따라서, 이러한 성격을 갖는 전자적 증표 등은 이 법에 따라 규율할 실익이 낮으므로 가상자산으로 보지 않는다.

- **게임물의 이용을 통하여 획득한 유·무형의 결과물** (나목): 「게임산업진흥에 관한 법률」(이하 "게임산업법"이라 한다) 제32조 제1항 제7호에 따른 게임물의 이용을 통하여 획득한 유·무형의 결과물은 가상자산으로 보지 않는다. 게임산업법이 이와 같은 결과물[3]의 환전, 환전 알선, 재매입을 업으로 하는 행위 등을 엄격히 금지하고 있어 게임 밖에서 일반적으로 유통되지 않기 때문이다. 그러나, 만약 P2E(Play to Earn) 게임을 통해 토큰을 취득할 수 있고 취득한 토큰을 블록체인 생태계 내에서 다른 자산과 교환하거나 거래소를 통해 매매할 수 있다면, 이러한 토큰은 게임물과 별개로 통용되는 재화로서 독립된 소유권의 객체가 되어 자유로운 거래와 이전이 가능한 상태에 있는 것이므로, 가상자산으로 볼 수 있다.[4]

- **선불전자지급수단·전자화폐** (다목): 「전자금융거래법」 제2조 제14호에 따른 선불전자지급수단[5] 및 같은 조 제15호에 따른 전자화폐[6]는 가상자산으로 보지 않는다. 이들은 모두 가상자산과는 구분되는 고유한 특성을 가지고 있으며, 전자금융거래법을 통해 그 발행이나 유통이 엄격히 규율되고 있기 때문이다.

- **전자등록주식등·전자어음·전자선하증권** (라·마·바목): 「주식 · 사채 등의 전자등록에 관한 법률」 제2조 제4호에 따른 전자등록주식등, 「전자어음의 발행 및 유통에 관한 법률」 제2조 제2호에 따른 전자어음 그리고 「상법」 제862조에 따른 전자선하증권은 모두 가상자산으로 보지 않는다. 이들은 실재하는 자산을 기초로 거래상 편의를 위하여 전자적 형태로 무권화한 것으로서 전술한 각 법령에 이미 구체적인 규율이 마련되어 있기 때문이다.

- **한국은행의 CBDC** (사목): 「한국은행법」에 따른 한국은행이 발행하는 전자적 형태의 화폐 및 그와 관련된 서비스도 가상자산으로 보지 않는다. 이는 종전 특금법 대비 추가된 예외사항으로, 모든 국내외 중앙은행이 발행한 CBDC를 일률적으로 범주에서

3 점수, 경품, 게임 내에서 사용되는 가상의 화폐로서 게임머니 및 이와 유사한 것을 말한다(게임산업법 제32조 제1항 제7호 및 동법 시행령 제18조의4).

4 다만, 현재 게임산업법 규제하에서 P2E 게임은 원칙적으로 허용되지 않고 있으며 P2E 게임은 일반적으로 해외에서 제작 및 유통되고 있다.

5 예컨대, 카카오페이, 네이버페이 등이 제공하는 결제 수단이 이에 해당한다.

6 예컨대, 티머니 교통카드 등이 이에 해당한다.

제외한 것이 아니라 오직 한국은행이 발행하는 CBDC만을 예외로 하는 점이 특징적이다. 한국은행의 CBDC는 법 제정 시점에 공식적으로 발행 및 유통되지는 않은 상태였으나,[7] 이는 법정통화의 디지털 형태로서 이 법의 규제 대상이 되는 여타의 민간 발행 가상자산과는 본질적으로 다르다는 점을 고려해 명시적으로 가상자산의 범주에서 제외되었다.

- **전자채권·모바일 상품권·예금 토큰·대체불가토큰**(Non-Fungible Token, NFT)**등**(아목): 거래의 형태와 특성에 따라 가상자산이용자보호법 시행령(이하 "시행령"이라 한다) 제2조에서 정하는 자산도 가상자산으로 보지 않는다.

「전자금융거래법」 제2조제16호에 따른 전자채권, 발행하는 자가 일정한 금액이나 물품·용역의 수량을 기재하여 발행한 상품권 중 휴대폰 등 모바일기기에 저장되어 사용되는 상품권은 각각 관련 법령에 따라 이미 규율되고 있거나 가상자산과 성질이 명확히 구분되는 것이므로 이 법에서 정하는 가상자산에는 속하지 않는다.

한국은행의 네트워크를 통해 전자적 형태로 취급하는 예금 및 그에 준하는 전자적 증표, 즉 '예금 토큰'은, 신개념 디지털 자산의 성격을 보유하고 있으며 이용자 피해 발생 우려가 상대적으로 낮으므로, 그 정식 출시 전에 명시적으로 가상자산의 범주에서 제외되었다.[8]

수집을 주된 목적으로 하는 전자적 증표, 거래 당사자 간의 거래 확인만을 목적으로 하는 전자적 증표 등 단일하게 존재하여 다른 전자적 증표로 대체할 수 없는 전자적 증표(NFT)도 이 법에서 정하는 가상자산으로 보지 않는다. 다만, 이때 특정 재화나 서비스의 지급수단으로 사용이 가능한 전자적 증표는 가상자산에 해당할 수 있으므로 유의해야 한다. 2024. 6. 금융당국이 발표한 <NFT의 가상자산 판단 가이드라인>[9]에 의하면, NFT가 가상자산인지 여부를 판단하기 위한 핵심적인 기준은 '고유성'과 '대체불가능성'이다. 이때, ① 대량 또는 대규모 시리즈로 발행되어 대체 가능성이 큰 경우, ② 분할이 가능하여 고유성이 크게 약화된 경우, ③ 특정 재화나 서비스의 직·간접적인 지급수

7 금융위원회, "중앙은행 디지털화폐(CBDC) 활용한 새로운 디지털 금융서비스의 첫 발 내딛다", 보도자료, 2024.11.6.

8 금융위원회, "「가상자산이용자보호법 시행령」 제정안 국무회의 통과", 보도자료, 2024.6.25.

9 금융위원회, "NFT(Non-Fungible Token)가 가상자산에 해당되는지 판단할 수 있는 가이드라인을 마련하였습니다", 보도자료, 2024.6.10.

단으로 사용 가능한 경우, ④ 불특정인 간에 가상자산으로 교환이 가능하거나, 다른 가상자산과 연계하여 재화 또는 서비스의 지급이 가능한 경우에 해당하면 가상자산으로 평가될 소지가 크다. 반면, ① 경제적 가치가 아닌 다른 가치·효용을 목적으로 하는 경우, ② 사용처 및 용도 측면에서 경제적 기능이 미미한 경우, ③ 거래 또는 이전이 가능한 전자적 증표로 보기 어려운 경우에는 가상자산에 해당할 가능성이 낮은 것으로 본다.

나. 가상자산사업자 (제2호)

가상자산사업자는 가상자산을 ① 매매, ② 교환, ③ 이전(이용자 상호 간, 가상자산사업자 상호 간 또는 이용자와 가상자산사업자 간 가상자산을 전송하는 것을 말한다), ④ 보관·관리, ⑤ 매매 및 교환을 중개·알선·대행하는 행위를 영업으로 하는 자를 말한다. 종전 특금법의 정의와도 같다. 이때, 어떠한 행위를 영리를 목적으로 계속적·반복적으로 행한다면 이는 "영업으로" 행한 것으로 볼 수 있다.[10] 가상자산사업자는 특금법 제7조 제1항에 따라 금융정보분석원장에게 신고하여야 적법하게 영업행위를 할 수 있다. 이하에서는, <가상자산사업자 신고 매뉴얼>[11] 및 금융당국의 해석례를 통해 가상자산사업자 신고가 필요한 경우를 살펴보기로 한다.

- 가상자산 거래업자: 가상자산 거래업자란 가상자산 매매·교환 등을 중개·알선하기 위하여 플랫폼을 개설하고 운영하는 사업자로서 가상자산 취급업, 교환업, 거래소 등으로 통용된다. 법률상 "가상자산의 매도·매수" 및 "가상자산 간 교환을 중개, 알선하거나 대행", "가상자산을 이전"하는 행위 등의 기능을 함께 수행하는 경우가 일반적이다. 다만, 단순히 매수·매도 제안을 게시할 수 있는 장소만을 제공하는 경우(예컨대, 단순히 이용 가능한 가상자산이 있다는 사실이 게재되어 있는 게시판을 운영할 뿐, 당사자들간 거래는 개인별 지갑이나 또는 그 게시판 관련 회사의 지갑이 아닌 별도 지갑을 통해 이뤄지는 경우를 말한다) 내지는 단순히 가상자산의 거래에 대한 조언이나 기술을 제공하는 경우는 가상자산 거래업자에 해당하지 않을 수 있다. 고객으로부터 이체받은 가상자산을 다른 가상자산과

10 대법원 1994. 4. 29. 선고 93다54842 판결, 대법원 1998. 7. 10. 선고 98다10793 판결 등

11 금융정보분석원·금융감독원, 「가상자산사업자 신고 매뉴얼」, 2024.7.

매매 · 교환하여 수익을 창출하는 서비스를 제공하고 그에 관한 수수료 수취하는 행위,[12] 자체 앱에서 가상자산거래소로의 연결을 지원하여 별도 고객확인 없이 가상자산을 매매할 수 있도록 하는 서비스를 제공하는 행위[13] 등을 영업행위로 하는 경우에는 가상자산사업자 신고가 필요할 소지가 크다.

- **가상자산 보관 · 관리업자:** 가상자산 보관 · 관리업자란 타인을 위하여 가상자산을 보관 · 관리하는 행위를 영업으로 하는 자로서 가상자산 커스터디, 수탁사업 등으로 통용되며, 법상 "가상자산을 보관 · 관리"하는 행위를 주요 업무로 수행한다. 다만, 사업자가 개인 암호키 등을 보관 · 저장하는 프로그램만 제공할 뿐 개인 암호키에 대한 독립적 통제권을 가지지 않아 가상자산의 이전 · 보관 · 교환 등에 관여하지 않는 경우는 가상자산 보관 · 관리업자에 해당하지 않을 수 있다. 수탁 서비스와 관련하여, 고객의 개인 암호키 일부만을 보관 · 관리 · 통제하거나, 위탁한 다른 가상자산사업자가 이를 보관 · 관리하는 경우라도, 사업자가 고객의 개인 암호키와 관련하여 실질적 통제권을 가지고 있는 경우에는 가상자산사업자 신고가 필요할 수 있다.[14]

- **가상자산 지갑서비스업자:** 가상자산 지갑서비스업자는 다양한 사업 형태가 있을 수 있으나 일반적으로 가상자산의 보관 · 관리 및 이전 서비스 등을 제공하는 사업자로서, 중앙화 지갑서비스, 수탁형 지갑서비스, 월렛 서비스 등으로 통용된다. 이들은 법상 "가상자산을 이전", "가상자산을 보관 · 관리"하는 행위를 주요 업무로 수행한다. 가상자산 거래업자나 가상자산 보관 · 관리업자의 경우와 마찬가지로, 단순히 매수 · 매도 제안을 게시할 수 있는 장소만을 제공하는 경우, 단순히 가상자산의 거래에 대한 조언이나 기술 서비스를 제공하는 경우, 사업자가 개인 암호키 등을 보관 · 저장하는 프로그램만 제공할 뿐 독립적 통제권을 가지지 않아 매도 · 매수 · 교환 등에 관여하지 않는 경우 혹은 콜드월렛 등 하드웨어 지갑서비스 제조자 등은 가상자산 지갑서비스업자에 해당하지 않을 수 있다.

12 금융위원회 법령해석 제230139호 (2023.9.20.자)

13 금융위원회 법령해석 제220171호 (2023.9.12.자)

14 금융위원회 법령해석 제220026호 (2023.9.12.자), 금융위원회 법령해석 제220025호 (2023.9.18.자)

다. 이용자 (제3호)

이용자란, 가상자산사업자를 통하여 가상자산을 매매, 교환, 이전 또는 보관·관리하는 자를 말한다. 종전 특금법에는 없었던 개념으로, 이 법에서 새롭게 정의 규정을 마련한 것이다. 일반적으로 금융 관련 법령에서는 금융상품의 소비자를 '투자자', '금융소비자' 등으로 지칭하는데 여기에서는 '이용자'라는 새로운 표현이 사용되었다. 이는 가상자산이 블록체인 기술을 '이용'하는 점과 가상자산이 금융투자상품 등과는 달리 반드시 투자 목적만을 전제하는 것은 아니라는 점을 종합적으로 고려한 것으로 보인다.[15] 문언상 이용자의 개념 표지는 매우 넓지만, 실질적으로는 가상자산사업자의 고객 내지 거래상대방을 의미하는 것으로서 특금법의 고객 개념과도 궤를 같이하는 것으로 볼 수 있다.[16]

라. 가상자산시장 (제4호)

가상자산시장이란 가상자산의 매매 또는 가상자산 간 교환을 할 수 있는 시장을 말한다. 실질적으로는 가상자산거래소를 그 주된 적용대상으로 한다. 이 법에서 '가상자산시장'은 정의 부분을 제외하고, 목적(제1조), 가상자산위원회의 설치(제5조) 및 이상거래에 대한 감시(제12조)에 관한 규정 등에서 등장한다. 가상자산위원회로 하여금 가상자산시장에 대한 정책 및 제도를 자문하도록 하며, 가상자산시장을 개설·운영하는 사업자로 하여금 이상거래를 상시 감시하고 일정한 조치를 취할 의무를 부여하는 등의 내용이 주요하다.

3 국외행위에 대한 적용 (제3조)

이 법은 국외에서 이루어진 행위로서 그 효과가 국내에 미치는 경우에도 적용한다. 가상자산이용자보호법이 규정하는 각종 의무와 처벌에 관한 역외적용 규정이다. 이는 특금법 제6조 제2항("가상자산사업자의 금융거래등에 대해서는 국외에서 이루어진 행위로서 그

15 이정수, "가상자산 이용자 보호 등에 관한 법률의 법적 의의와 쟁점 및 향후 입법방향", 증권법연구 제24권 제2호, 2023.8, 99면

16 김시목·김익현, "가상자산법의 법적 쟁점 1: 제1장 총칙(제1조~제5조)", BFL 제122호, 2023.11, 58면.

효과가 국내에 미치는 경우에도 이 법을 적용한다")에 대응하는 것으로 볼 수 있다.[17] 가상자산 이용자보호법은 이용자 보호부터 불공정거래행위 규제까지 그 규제범위가 넓으므로, 특금법만 적용되던 종전에 비해 역외적용에 관한 문제 상황들이 점차 복잡한 양상으로 발생할 것으로 예상된다.

4 타법과의 관계 (제4조)

가상자산 및 가상자산사업자에 관하여 다른 법률에서 특별히 정한 경우를 제외하고는 이 법에서 정하는 바에 따른다. 특금법은 이 법의 시행일에 맞추어 그 내용을 이 법과 일관성을 갖도록 개정하였으므로 두 법의 상충 가능성은 상대적으로 낮다. 그렇다면, 이 법과 「자본시장과 금융투자업에 관한 법률」(이하 "자본시장법"이라 한다)과의 관계는 어떠한가? 금융당국은 증권을 '음식'으로, 발행형태를 '그릇'으로 각 비유하고 '어떤 그릇에 담겨있든 음식은 바뀌지 않는다'고 설명하면서, 증권과 가상자산이 교집합으로 적용되는 영역은 자본시장법의 적용대상임을 분명히 했다.[18] 증권성을 갖는 가상자산과 관련하여 불공정거래행위가 문제 되고, 이를 의율할 법적 근거가 자본시장법에 마련되어 있다면 해당 사안에는 자본시장법이 우선적으로 적용될 것으로 예상해 볼 수 있다.

17. 특금법상 역외규정에 따르면 해외 가상자산사업자는 내국인을 대상으로 영업하는 경우 특금법에서 정한 절차와 요건에 따라 국내에서 가상자산사업자로 신고하여야 하고 그렇지 않은 경우에는 처벌 대상이 될 수 있다. 해외 사업자가 가상자산의 매매, 교환, 이전, 보관·관리 또는 매매 및 교환을 중개·알선·대행하는 내용의 서비스를 제공하면서 이와 관련하여 ① 한국어 홈페이지를 제공하고, ② 한국인 고객 유치 이벤트를 진행하며, ③ 신용카드 등으로 가상자산을 구매할 수 있도록 지원(해당 사업자가 직접 판매하거나, 제휴 사업자를 통한 구매 연계 등을 지원)하는 등의 행위를 하는 경우에는 내국인을 대상으로 가상자산사업자로서 영업행위를 하는 것으로 평가될 소지가 크므로, 신고가 필요하다. 금융위원회, "미신고 가상자산사업자에 대한 이용 및 거래에 각별히 주의하시기 바랍니다.", 보도자료, 2022.8.18.

18 금융위원회, "토큰 증권(Security Token) 발행·유통 규율체계 정비방안 - 자본시장법 규율 내에서 STO를 허용하겠습니다.", 보도자료, 2023.2.6.

5 가상자산위원회의 설치 (제5조)

금융위원회는 이 법 또는 다른 법령에 따른 가상자산시장 및 가상자산사업자에 대한 정책 및 제도에 관한 사항의 자문을 위하여 가상자산 관련 위원회를 설치·운영할 수 있다. 이에 근거하여 법정 자문기구인 '가상자산위원회'(이하 "위원회"라 한다)가 설치되었다. 법령에 따라, 위원회는 위원장 1명을 포함하여 15명 이내의 위원으로 구성되며, 위원회의 위원장은 금융위원회 부위원장이 맡는다. 위원은 일정 조건을 충족하는 공무원 또는 민간위원으로 구성하되 민간위원의 임기는 2년으로, 한 차례만 연임이 가능하다(법 제5조 제2항 및 시행령 제4조).

Ⅱ 이용자 자산의 보호

1 예치금 보호 (제6조)

예치금 보호는 법 제정의 주요 목적 중 하나로서 중요한 의미를 갖는다. 가상자산사업자의 이용자 예치금은 자본시장에서 투자매매업자 또는 투자중개업자의 투자자예탁금과 구조적으로 유사하다. 이에, 예치금 보호에 관한 규정들은 자본시장법상 투자자예탁금 보호에 관한 제 규정을 참고하여 마련되었다.

가. 예치금의 분리보관 의무 (제1항)

가상자산사업자는 이용자의 예치금을 고유재산과 분리하여 은행 등 공신력 있는 기관(이하 "관리기관"이라 한다)에 예치 또는 신탁하여 관리하여야 한다.[19]

19 예치금을 고유재산과 분리하여 보관할 의무는 특금법상 가상자산사업자 신고 시 실명확인입출금계정의 개시 기준(특금법 제7조 제9항, 동법 시행령 제10조의18 제1항 제1호)이나 가상자산사업자의 조치의무의 일환(특금법 제8조, 동법 시행령 제10조의20 제2호)으로 예치금을 고유자산과 구분하여 관리하도록 한 것과도 일관성이 있다. 다만 이 법은 단순히 구분 관리하도록 하는 데에 그치지 않고 구체적으로 고유재산과 분리하여 관리기관에 예치 또는 신탁하여 관리하도록 정함으로써 이용자 자산을 보다 두텁게 보호하고자 하고 있다.

"예치금"은, 가상자산사업자가 이용자로부터 가상자산의 매매, 매매의 중개, 그 밖의 영업행위와 관련하여 예치받은 금전을 말한다. 이용자가 가상자산사업자에 대해 반환 또는 출금을 청구할 수 있는 원화 포인트(마케팅 목적으로 지급한 원화 포인트를 포함한다)도 예치금에 속한다.[20] 가상자산사업자가 관리기관에 예치 또는 신탁해야 하는 예치금은, 이용자별 순 예치금([이용자가 가상자산의 매매, 그 밖의 거래를 위해 예치한 금액]과 [예치금의 이용료 등 가상자산사업자가 이용자에게 지급한 금액]의 합계액에서 [수수료 등 이용자가 행한 가상자산의 매매, 그 밖의 거래와 관련된 모든 비용액]을 뺀 금액을 말한다)의 총액의 100분의 100 이상이어야 한다(법 제6조 제1항 및 시행령 제8조 제3항). 가상자산사업자는 관리기관에 예치 또는 신탁해야 하는 예치금을 영업일 단위로 산정하고, 다음 영업일까지 관리기관에 예치 또는 신탁하여야 한다(법 제6조 제1항, 시행령 제8조 제3항 및 가상자산업감독규정(이하 "감독규정"이라 한다) 제4조). 이때, 가상자산시장은 주식시장과 달리 365일, 24시간 거래가 가능하고 별도의 휴장 시간이 없으므로 주말이나 공휴일도 영업일에 포함되는지 의문이 있을 수 있다. 그러나, 영업일 개념은 법령 전반에 걸쳐 사용되고 있어 통일성 있게 해석할 필요가 있으므로 실제 가상자산시장이 개장 상태에 있는지 여부와 관계없이 이 규정에 따른 영업일 또한 주말과 공휴일은 포함하지 않는 것으로 본다.[21]

가상자산사업자는 이용자 예치금을 예치 또는 신탁할 때 관리기관과 일정한 사항을 포함하는 관리계약을 반드시 체결하여야 하는데(법 제6조 제1항 및 시행령 제8조 제2항), 이는 곧 계약의 형태를 띄고 관리기관의 의무로 작용하게 된다. 이 법과 관리계약에 따라 관리기관에 부여되는 주요한 의무는 크게 3가지로 꼽아볼 수 있다. 첫째, 예치금을 관리기관의 자기재산과 구분하여 관리하여야 한다. 가상자산사업자가 이용자 예치금을 고유재산과 구분하여 관리해야 하는 것과 마찬가지로, 관리기관 또한 예치 또는 신탁받아 관리하고 있는 가상자산사업자의 이용자 예치금을 자기 자신의 고유재산과 혼합해서 관리할 수 없다. 둘째, 예치금 운용 수익을 가상자산사업자에게 지급하여야 한다. 이 법의 시행 이전에는 은행에 가상자산사업자의 이용자 예치금에 관하여 통상적인 요구불예금 이자 외 별도 운용 수익을 지급해야 할 의무가 있지 않았으나, 계약을 통해 이러

20 금융위원회, "내일(7.19일)부터 「가상자산이용자보호법」이 시행됩니다.", 보도자료, 2024.7.17. (붙임자료 1면)

21 주 20. (붙임자료 2면)

한 내용을 상호간 의무화해야 한다는 점이 법령에 명시됨에 따라 가상자산사업자에 대해 운용 수익 지급의무가 발생한다. 관리기관은 임의의 방법으로 예치금을 운용할 수 없고, 국채증권 · 지방채증권의 매수, 정부 · 지방자치단체 · 은행 등 금융회사가 지급을 보증한 채무증권의 매수를 비롯하여 예치금의 안전한 운용을 저해할 우려가 없는 일정한 방법으로만 이를 운용할 수 있다. 이는 자본시장법상 예치기관으로 하여금 투자자예탁금을 열거된 방법으로만 운용하도록 정한 것과 구조적으로 동일하며, 허용되는 운용 방법 또한 대부분 유사하다(자본시장법 제74조 제12항, 동법 시행령 제74조 및 금융투자업규정 제4-40조). 셋째, 가상자산사업자에게 법 제6조 제4항 각 호에 따른 예치금 우선 지급 사유가 발생하면 관리기관은 이용자의 청구에 따라 예치 또는 신탁된 예치금을 일정한 방법과 절차에 따라 그 이용자에게 우선적으로 지급해야 한다.

제6조 제1항의 규율 체계는 자본시장법 제74조 제1항이 투자매매업자 또는 투자중개업자로 하여금 투자자예탁금을 증권금융회사에 예치 또는 신탁하도록 정한 것과 유사하다. 관리기관에 예치 또는 신탁하는 행위의 구체적인 법률관계는 어떻게 될 것인가? 가상자산사업자가 이용자 예치금을 관리기관에 예치하는 것은 그 구조상 자본시장법상 금융투자업자가 투자자예탁금을 증권금융회사에 별도 예치하는 것과 유사하므로, 민법상 금전소비임치의 성격을 가질 것으로 보인다.[22] 만약 신탁하는 경우에는, 가상자산사업자가 위탁자이자 수익자에 해당하고 관리기관인 신탁업자가 수탁자에 해당할 것이다. 결국 예치 또는 신탁 중 어느 방식을 택하든 법률관계상 이용자가 관리기관에 직접적인 권리를 행사하기 어렵다는 한계가 있다. 이를 보완하기 위해 제6조 제2항 내지 제4항에 구체적인 이용자 보호책이 마련되었다.

나. 이용자 재산임을 표시 (제2항)

가상자산사업자는 관리기관에 이용자의 예치금을 예치 또는 신탁하는 경우에는 그 예치금이 이용자의 재산이라는 뜻을 밝혀야 한다. 자본시장법 제74조 제3항이 투자매매업자 또는 투자중개업자가 투자자예탁금을 예치기관에 예치 또는 신탁하는 경우 투자자의 재산이라는 뜻을 밝히도록 한 것과 같은 취지다. 이용자의 예치금은 가상자산사업

22 김건식 · 정순섭, 「자본시장법」(제4판), 2023, 863면.

자 명의로 예치 또는 신탁되어 있으므로, 이처럼 법률을 통해 예치금에 관한 소유권 귀속을 분명히 하지 않는다면 가상자산사업자의 파산 등 위험이 이용자 자산으로 전이되어 이용자가 예치금을 반환받기 어려워질 수 있으므로 소유권의 귀속을 구체적으로 법에 명시해 둔 것이다.

다. 상계 등의 금지 (제3항)

누구든지 가상자산사업자가 관리기관에 예치 또는 신탁한 이용자의 예치금을 상계·압류(가압류를 포함한다)하지 못한다. "누구든지" 이러한 행위를 할 수 없다는 것이므로, 가상자산사업자 명의의 집금계좌에 이용자 예치금이 예치되어 있을지라도 가상자산사업자의 채권자는 그 계좌를 임의로 압류할 수 없다.

예치금을 예치 또는 신탁한 가상자산사업자는 관리기관에 예치 또는 신탁한 예치금을 양도하거나 담보로 제공하여서는 안 된다. 가상자산사업자가 임의로 이용자 예치금을 제3자에게 양도하거나 담보로 제공하는 등 처분하지 못하도록 함으로써 이용자의 예치금에 관한 권리를 보호하려는 것이다. 다만, ① 흡수합병 또는 신설합병 사유로 인해 양도하는 경우, ② 영업양수도계약에 따라 양수인에 양도하는 경우, ③ 영업정지·파산 등 사유로 인해 금융감독원장의 동의하에 양도하는 경우 혹은 ④ 금융감독원장의 지시에 따라 양도하는 경우에 한해서는 예외적으로 예치금 양도가 허용된다(법 제6조 제3항, 시행령 제9조 및 감독규정 제6조).

라. 예치금의 우선 지급 (제4항)

가상자산사업자의 사업자 신고가 말소되거나, 가상자산사업자가 해산·합병 결의를 하거나 혹은 파산선고를 받은 경우, 이용자는 관리기관에 직접 청구함으로써 가상자산사업자가 관리기관에 예치 또는 신탁한 예치금을 우선적으로 지급받을 수 있다. 위와 같은 가상자산사업자의 영업종료는 이용자에게 불측의 피해를 야기할 우려가 있으므로, 금융당국은 가상자산사업자가 영업종료 시에 필요한 업무지침 등을 마련하고 영업종료일 전후에 이용자 보호를 위해 필요한 조치를 충실히 이행할 수 있도록 <가상자산사업

자의 영업종료 관련 가이드라인>을 마련하여 발표하였다.[23] 이러한 가이드라인에 의하면 영업을 종료하는 가상자산사업자는 예치금은 물론 가상자산의 출금과 관련해서도 최소 3개월 이상 영업 당시와 동일한 방식으로 전담창구를 통해 반환 등을 지원하는 등 조치를 취해야 한다.

마. 예치금이용료 지급 (감독규정 제5조)

가상자산사업자는 예치금이용료 산정기준 및 지급절차를 마련하고, 이에 따라 이용자에게 예치금의 이용대가를 지급하여야 한다. 예치금이용료는 운용수익, 발생비용 등을 감안하여 합리적으로 산정하고, 서면, 전자우편, 팩스, 전화, 문자전송 또는 이에 상당하는 방법으로 이용자에게 안내하여야 한다(감독규정 제5조). 업계는 자율규제의 일환으로 「가상자산사업자의 이용자 예치금 이용료율 산정 모범규준」을 마련하여 예치금이용료율의 산정 및 지급에 관한 제반사항 및 그에 관한 내부통제절차를 수립하였으며, 현재 원화 거래가 가능한 가상자산거래소들이 이를 준수하여 이용자들에게 예치금이용료를 지급하고 있다.

2 가상자산의 보관 (제7조)

가. 이용자 명부의 작성·비치 (제1항)

가상자산사업자가 이용자로부터 위탁을 받아 가상자산을 보관하는 경우 이용자의 주소 및 성명, 이용자가 위탁하는 가상자산의 종류 및 수량, 이용자의 가상자산주소(가상자산의 전송 기록 및 보관 내역의 관리를 위하여 전자적으로 생성시킨 고유식별번호를 말한다)의 사항을 기재한 이용자명부를 작성 · 비치하여야 한다. 가상자산사업자의 내부시스템에서 이용자명부를 작성 · 관리하면서 별도의 이용자명부 테이블(검색화면 등)을 만들어두고 이용자명부를 상시 확인 · 출력할 수 있도록 하였다면 의무를 이행한 것으로 본다.[24]

23 금융위원회, “이용자 피해 최소화를 위해 가상자산사업자 영업종료 관련 현장점검 후속조치를 실시하고 가이드라인을 개정하였습니다.”, 보도자료, 2024.7.4. (별첨 1)

24 주 20. (붙임자료 4면)

나. 가상자산의 분리보관 의무 (제2항 전단)

가상자산사업자는 자기의 가상자산과 이용자의 가상자산을 분리하여 보관하여야 한다. 이용자 예치금과 마찬가지로 이용자가 위탁한 가상자산을 사업자의 고유재산과 분리하여 보관하도록 함으로써 이용자 자산을 안전하게 보호하고자 하는 것이다. 현재 법은 이러한 분리보관 의무에 별도의 예외 규정을 두고 있지 않다. 그러나, 가상자산거래는 그 특성상 거래 시 발생하는 네트워크 수수료가 가변적이고, 가상자산의 종목에 따라서는 거래되는 가상자산과 네트워크 수수료로 지불해야 하는 가상자산의 종목이 다른 경우(즉, 가상자산 A를 거래하려면 수수료로 지불할 가상자산 B를 지갑 내에 가지고 있어야 하는 경우)도 있으므로, 가상자산사업자가 이용자가 요청한 거래를 지체 없이 처리하기 위해서는 그 고유자산 지갑의 사용이 필요한 상황이 발생한다. 단기적으로는 금융당국의 유권해석 등을 통한 해결책을 모색할 수 있겠으나, 추후에는 불가피한 혼장에 관하여 일정한 예외를 허용할 수 있도록 법령에 근거를 마련하는 방안이 검토될 필요가 있을 것이다.[25]

다. 실질적 보유 의무 (제2항 후단)

가상자산사업자는 이용자로부터 위탁받은 가상자산과 동일한 종류와 수량의 가상자산을 실질적으로 보유하여야 한다. 이러한 '실질적' 보유는 문언 자체로도 '형식적' 보유와는 대비되는 것으로, 위탁받은 가상자산을 사실적이고 직접적으로 보유하는 경우만으로 한정하여 보지 않고 법률적, 간접적인 지배 가능성까지 포함하는 의미로 이해하는 것이 합리적이다.[26] 특히, '실질적' 보유를 좁게 해석하면 같은 조 제4항에서 가상자산사업자로 하여금 이용자의 가상자산을 일정한 보안기준을 충족하는 기관에 위탁 보관할 수 있도록 정한 부분과도 상충할 우려가 있으므로, 더욱이 실질적 보유 의무는 통제권 및 반환청구권 유무 등을 고려하여 넓게 해석하는 것이 타당할 것으로 보인다.[27] 그렇

25 최현진 · 김남희, "가상자산법 제정에 따른 업계의 준비동향 및 실무상 쟁점", BFL 제122호, 2023.11, 36-37면.

26 신상훈, "「가상자산이용자보호법」상 이용자 자산의 보호 - 법 제2장 '이용자 자산의 보호' 규정의 해석방향과 개선방안을 중심으로-", 은행법연구 제18권 제2호, 2025.6, 79면

27 황현일 · 허준범, "가상자산법의 법적 쟁점 2 : 제2장 이용자 자산의 보호(제6조~제9조), BFL 제122

다면, 가상자산사업자의 스테이킹 서비스(일반적으로 스테이킹 서비스는 가상자산을 블록체인 검증에 활용하도록 맡기고 이에 관한 검증 보상으로 가상자산을 수령하는 구조의 서비스를 칭한다)는 허용될 수 있는가? 금융당국은 제3자에 이전하는 형태의 예치·운용, 스테이킹 등은 금지되나, 제3자에게 이전하지 않고 실질적으로 보유하는 경우까지 모두 금지되는 것은 아니라는 점을 분명히 했다.[28]

라. 콜드월렛 보관 (제3항)

가상자산사업자는 이용자 가상자산의 경제적 가치(가상자산 종류별로 현재 보관 중인 총 수량에 전월 말일 기준 최근 1년간 일평균 원화환산액을 곱한 금액의 총합)의 100분의 80 이상의 가상자산을 인터넷과 분리하여 안전하게 보관하여야 한다. 이러한 보관비율은 법 제정 당시 가상자산사업자 신고에 요구되던 ISMS-P 인증기준(70%)보다도 상향된 것이다. 이용자의 예치금은 100분의 100 이상을 예치해 두도록 하면서 이용자의 가상자산은 왜 100분의 100 이상을 분리보관하도록 하지 않는가? 콜드월렛 보관비율이 높을수록 반드시 이용자 보호에 유리한 것은 아니기 때문이다. 거래는 인터넷과 연결된 지갑, 즉 핫월렛을 통해서 발생하므로 보관비율을 높게 설정해 두면 콜드월렛으로부터 핫월렛으로 자산을 빈번하게 이동시켜야 한다. 처리시간이나 비용이 상승하는 측면도 문제지만 콜드월렛에서 핫월렛으로 옮기는 빈도가 높아질수록 보안 위험이 크게 상승한다는 점도 유의할 지점이다.[29] 실제로 2025. 2. 해외 가상자산거래소인 바이비트(Bybit)가 가상자산 이더리움(ETH)을 콜드월렛에서 핫월렛으로 옮기던 중 해커의 공격을 받아 시가 2조 원이 넘는 규모의 가상자산을 탈취당하는 큰 사고가 발생하기도 했다. 따라서 콜드월렛 최소보관비율은 이용자 자산의 보호와 동시에 이러한 위험 요인들을 종합적으로 고려하여 정하게 된다.

호, 2023.11, 68-69면.

28 금융위원회, "「가상자산 이용자 보호 등에 관한 법률」의 시행령 및 감독규정 제정안 입법예고 실시", 보도자료, 2023.12.11. (참고자료 1면)

29 최현진·김남희, 전게논문, 38-39면.

마. 이용자 가상자산의 위탁 보관 (제4항)

가상자산사업자는 이용자의 가상자산을 일정한 보안기준을 충족하는 기관에 위탁하여 보관할 수 있다. 수탁기관이 보안기준을 충족하기 위해서는, 위험관리 및 사고 예방에 관한 사항, 이해상충 방지체계에 관한 사항, 가상자산의 재위탁 금지에 관한 사항 등이 포함된 업무지침을 마련하여 시행하고, 이를 홈페이지 등에 공시해야 한다. 수탁기관은 가상자산의 보관을 위한 정보시스템의 안전성 및 보안성을 연 1회 이상 점검하고 평가하여야 하는 등의 조치를 취해야 한다(법 제7조 제4항, 시행령 제11조 제2항 제2호 및 감독규정 제9조 제2항). 수탁기관은 위탁받은 가상자산의 전부를 콜드월렛에 보관해야 한다(법 제7조 제4항, 시행령 제11조 제2항 제3호).

3 보험의 가입 등 (제8조)

가. 보험 가입 등 조치의무

가상자산사업자는 해킹 · 전산장애 등 사고에 따른 책임을 이행하기 위하여 감독규정 제10조에서 정한 기준에 따라 보험 또는 공제에 가입하거나 준비금을 적립하는 등 필요한 조치를 하여야 한다. 가상자산사업자는 원칙적으로 보험 또는 공제 가입하거나 준비금을 적립하는 방식으로 조치의무를 이행해야 하며, 이러한 조치가 모두 불가능하거나, 이들 중 하나의 조치만으로는 금액 기준을 준수하는 것이 불가능한 경우에 한하여 은행에 금전을 예치 또는 신탁하는 방법을 택할 수 있다(법 제8조 및 감독규정 제10조 제1항). 보험 또는 공제의 보상한도, 준비금 적립액 및 예치 · 신탁금의 총합은, 가상자산사업자가 보관 중인 이용자 가상자산 중 콜드월렛에 보관하는 가상자산을 제외한 나머지 가상자산의 경제적 가치(가상자산 종류별로 보관 중인 총 수량에 최근 1년간 일평균 원화환산액을 곱한 금액의 총합)의 100분의 5에 상당하는 금액과 30억 원(단, 가상자산사업자가 고객에게 제공하는 가상자산거래와 관련하여 가상자산과 금전 간 교환 행위가 없을 경우에는 5억 원) 중에서 큰 금액 이상이어야 한다. 전자금융감독규정도 이와 유사한 규정을 두고 있으나, 항목별로 기준 금액이 2억 원부터 20억 원까지 구체적으로 설정되어 있는 반면(전자금융감독규정 제5조 제1항), 가상자산사업자는 핫월렛에 보관된 이용자 가상자산의 경제적 가치에 따라 기준 금액이 수시 변동하며, 그 상한이 없어 수백억 원까지도 이를 수 있다는 점에서 차이가 있다.[30][31]

한편, 가상자산사업자는 매월 말일을 기준으로 위와 같은 보험 또는 공제의 보상한도, 준비금 적립액 및 예치 · 신탁금을 산정하고, 익월 10일까지 보험 또는 공제의 보상한도 상향, 준비금 및 예치 · 신탁금 추가적립 등 필요한 조치를 하여야 한다(감독규정 제10조 제3항). 만약 사고 책임 이행을 위해 준비금 일부를 사용함에 따라 해당 월의 말일에 기준 금액에 미달하게 되었다면, 그 부족분을 늦어도 익월 10일까지는 보충해 두어야 하는 것이다.

나. 해킹·전산장애 등 사고

위와 같은 조치의무는 법령에서 열거하고 있는 일정한 해킹 · 전산장애 등 사고가 발생하였을 때, 가상자산사업자가 손해배상책임 등을 신속히 이행하기 위해 필요한 재원을 미리 확보해 두도록 하는 취지다. 대상이 되는 사고의 유형은 다음과 같다.

30 가상자산이용자보호법의 시행일이 속한 2024.7. 말 기준으로 가상자산거래소 업비트가 471억 원, 빗썸이 400억 원, 코인원이 177억 원, 코빗이 130억 원을 각각 준비금으로 적립한 것으로 알려졌다. 법 시행 무렵 시장에는 가상자산사업자가 가입할 수 있는 보험상품이 극히 제한적이었으며, 이들 보험상품의 보장한도가 법령에 따라 요구되는 기준 금액 대비 현저히 낮아 준비금 적립이 불가피했던 사정이 반영된 것이다. 뉴스1, "업비트, 해킹 대비용 준비금 규모 471억 원...빗썸은 400억 원", 2024.8.30. 박현영 기자, https://www.news1.kr/finance/blockchain-fintech/5525845

31 이 법이 마련되기 이전에는 은행연합회의 자율규제(「가상자산 실명계정 운영지침」)를 근거로, 가상자산사업자에게 실명확인 입출금 계정을 발급한 은행이 해당 가상자산사업자에게 책임 이행을 목적으로 기준 금액 (Max[일평균 예치금의 30%(최대 200억 원), 30억 원]) 이상의 준비금 적립을 요구하였다.

- 접근매체(가상자산거래에 사용되는 수단 또는 정보로서 「전자금융거래법」 제2조제10호 각 목의 어느 하나에 해당하는 수단 또는 정보를 말한다. 이하 동일하다)의 위조나 변조로 발생한 사고
- 가상자산사업자의 영업행위에 관한 계약 체결, 거래지시(이용자가 가상자산사업자에게 가상자산의 매매, 교환, 이전 또는 보관·관리 등의 처리를 지시하는 것을 말한다) 등에 관한 정보의 전자적 전송이나 처리 과정에서 발생한 사고
- 가상자산거래를 위한 「정보통신망 이용촉진 및 정보보호 등에 관한 법률」 제2조제1항제1호에 따른 정보통신망(이하 "정보통신망"이라 한다) 또는 컴퓨터 등 전자적 장치에 침입하여 거짓이나 그 밖의 부정한 방법으로 획득한 접근매체를 이용함으로써 발생한 사고
- 다음 각 목의 방법으로 가상자산거래를 위한 정보통신망, 이와 관련된 정보시스템 또는 가상자산을 발행·관리하는 네트워크를 공격하는 행위로 인하여 발생한 사고

  가. 해킹, 컴퓨터바이러스, 논리폭탄, 메일폭탄, 서비스거부 또는 고출력 전자기파 등의 방법

  나. 정보통신망의 정상적인 보호·인증 절차를 우회하여 정보통신망에 접근할 수 있도록 하는 프로그램이나 기술적 장치 등을 정보통신망 또는 이와 관련된 정보시스템에 설치하는 방법

다. 가상자산사업자의 책임

가상자산이용자보호법은 가상자산사업자의 손해배상책임의 구체적인 범위를 명시적으로 정하고 있지 않고, 책임 이행을 위한 보험 가입 등 조치의무만을 명시해 두고 있다. 따라서, 이 법에 따른 해킹·전산장애 등이 발생한 경우에는 그 손해액 산정, 입증책임의 귀속 등에 관하여 손해배상에 관한 일반 법리가 적용될 것으로 보인다.[32][33]

32 이 규정과 유사한 입법례인 전자금융거래법 제9조 제1항은 "금융회사 또는 전자금융업자로 하여금 해킹·전산장애로 인하여 이용자에게 손해가 발생한 경우 그 손해를 배상할 책임을 진다"고 정하면서, 같은 조 제2항에서, 제1항의 규정에도 불구하고 (i) 사고 발생에 이용자의 고의나 중과실이 있는 경우로서 그에 관한 면책 규정을 사전에 약관에 기재하여 약정한 경우 내지는 (ii) 법인인 이용자에게 손해가 발생한 경우로서 사전에 사고를 방지하기 위한 충분한 주의의무를 다한 경우 등에는 그 책임의 전부 또는 일부를 이용자가 부담하게 할 수 있다고 정하고 있는바, 이 법과는 손해배상책임의 범위와 그 입증책임의 귀속에 차이가 있다.

33 황현일·허준범, 전게논문, 70면.

4 거래기록의 생성·보존 및 파기 (제9조)

가상자산사업자는 매매 등 가상자산거래의 내용을 추적 · 검색하거나 그 내용에 오류가 발생할 경우 이를 확인하거나 정정할 수 있는 기록(이하 "가상자산거래기록"이라 한다)을 그 거래관계가 종료한 때부터 15년간 보존하여야 한다. 기록의 보존기간을 15년으로 정한 것은 이례적으로 상당히 길게 설정된 것으로, 전자금융거래법 제22조 제1항이 전자금융거래기록을 5년의 범위 안에서 보존하도록 정한 것과 비교해 보더라도 차이가 크다. 가상자산거래기록은 거래내역을 추적하거나 오류를 확인하여 정정할 수 있는 근거이자, 거래 관련 분쟁이 발생하였을 때 중요한 자료가 될 뿐만 아니라, 이 법에 따른 불공정거래행위를 규제하기 위해서도 반드시 필요한 기록이므로 이러한 사정을 종합적으로 고려하여 특별히 긴 보존기간이 설정된 것으로 보인다. 보존대상인 가상자산거래기록은 다음과 같다.

<table>
<tr><th colspan="2">가상자산거래기록(법 제9조 제1항 및 시행령 제13조)</th></tr>
<tr><td>• 가상자산의 종류에 관한 기록
• 다음 각 목의 가상자산거래 내역에 관한 기록
가. 가상자산거래를 하는 이용자
나. 가상자산거래의 상대방
다. 가상자산거래의 일시·종류·수량 및 금액
라. 이용자의 주문정보(기록 보관 주체가 가상자산거래소인 경우만 해당)
마. 거래지시의 변경 등에 따른 가목부터 라목까지의 규정에 해당하는 사항의 변경 내역
• 가상자산거래가 이루어진 가상자산주소에 관한 기록
• 가상자산거래에 사용된 컴퓨터 등 전자적 장치의 종류(그 장치를 식별할 수 있는 정보를 포함)에 관한 기록 및 그 접속기록</td><td>• 법 제11조제2항에 따른 가상자산 입금 또는 출금의 차단 사실 및 그 사유에 관한 기록
• 법 제12조제1항에 따른 이상거래의 상시 감시 및 조치 결과에 관한 기록
• 법 제12조제2항에 따른 불공정거래행위 관련 사항의 통보, 신고 및 보고에 관한 기록
• 가상자산사업자가 가상자산거래의 대가로 받은 수수료에 관한 기록
• 그 밖에 가상자산거래의 내용을 추적·검색하거나 오류를 확인·정정하기 위해 필요한 기록으로서 금융위원회가 정하여 고시하는 기록</td></tr>
</table>

가상자산거래기록의 보관은 서면, 마이크로필름, 디스크 또는 자기테이프 혹은 그 밖의 전산정보처리조직을 이용한 방법으로 보존하는 등 전자금융거래법령에 따른 보관방법을 준용한다. 가상자산거래기록의 파기는 전자적 파일 형태인 경우 복원이 불가능

한 방법으로 영구 삭제하고 그 외 기록물, 인쇄물, 서면, 그 밖의 기록매체는 파쇄 또는 소각하는 등 개인정보보호법령에 따른 파기방법을 준용한다.

Ⅲ 불공정거래의 규제

1 불공정거래행위 등 금지 (제10조)

가. 개요

제10조는 자본시장법 제4편 불공정거래의 규제 부분과 유사한 조항을 두고 있으며, 자기발행 가상자산에 관한 거래를 금지하는 내용 등이 가상자산에 관한 특수한 규제로 추가되었다. 제10조의 해석은 추후 법원 판결이 누적되면서 더욱 구체화될 것이나 아직 법 시행 초기로서 많은 해석례가 누적되지 않은 만큼, 이하에서는 자본시장의 유사 입법례에 관한 선행 판례들을 참고하여 제10조 문언의 구체적 의미를 살펴보기로 한다.

나. 미공개중요정보 이용행위 (제1항)

업무상 미공개중요정보를 알게 된 자 등은 가상자산에 관한 미공개중요정보를 해당 가상자산의 매매, 그 밖의 거래에 이용하거나 타인에게 이용하게 하여서는 안 된다.

(1) 미공개중요정보

미공개중요정보란 이용자의 투자판단에 중대한 영향을 미칠 수 있는 정보로서 시행령으로 정하는 방법에 따라 불특정 다수인이 알 수 있도록 공개되기 전의 것을 말한다. 그렇다면 여기에서 이용자의 투자판단에 중대한 영향을 미칠 수 있는 정보, 즉 중요정보는 무엇인가? 유사 입법례인 자본시장법 제174조 제1항에 관하여 대법원은, 투자자의 투자판단에 중대한 영향을 미칠 수 있는 정보란, 합리적인 투자자가 매수 또는 계속 보유, 처분을 결정하는 데 중요한 가치가 있는 정보, 즉 일반 투자자들이 일반적으로 안다고 가정할 경우 가격에 중대한 영향을 미칠 수 있는 사실을 의미한다고 판시하였다

(대법원 2017. 1. 12. 선고 2016도10313판결). 그런데, 자본시장법은 제174조 제1항에서 중요정보를 "상장법인의 업무 등과 관련된" 정보로 명시하고 있는 반면 이 법 제10조 제1항의 중요정보는 "가상자산과 관련된" 정보라고 정하고 있으므로 그 범위가 완전히 동일하다고 보기는 어렵다. 자산에 관한 정보는 기업에 관한 정보보다 상대적으로 넓게 해석될 소지가 있기 때문이다.[34] 그런데, 이 법에 따른 중요정보가 자산에 관한 정보로서 넓게 정의되어 있기는 하나 미공개중요정보 이용행위가 형사처벌 대상임을 고려하면 그 범위를 무한히 확대하여 해석하기는 어렵다. 예컨대, '가상자산을 발행한 자'에 관한 정보를 '가상자산과 관련된' 중요정보라고 볼 수 있는가? 가상자산의 가치에 영향을 줄 수 있으므로 중요정보로 볼 여지도 있겠으나,[35] 반대 입장에서는 가상자산은 탈중앙성을 특성으로 하고, 발행주체가 특정되지 않거나 특정되더라도 그 발행인이 해당 가상자산에 직접적인 영향력을 행사하지 않으면서 분산된 거버넌스를 통해 검증인 등 참여자들이 해당 가상자산에 관한 주요 의사결정을 공동 수행하기도 하므로, 발행인에 관한 정보가 언제나 그 자산의 가치에 직접적인 영향을 주는 정보는 아니라는 주장도 가능하다. 이러한 이유로, 어떠한 정보가 이 규정의 적용대상인 중요정보에 해당하는지는 일률적으로 논하기보다 사안에 따라 개별적 · 구체적으로 판단되어야 할 것으로 보인다.

한편, 이 법의 시행 전이기는 하나 하급심은"가상자산의 경우, 주식의 내재가치에 대응되는 개념을 상정하는 것이 쉽지 않아 그 가치를 객관적으로 평가하는 것이 매우 어렵고, 이에 수요 · 공급의 원칙에 그게 의존하여 가격이 결정될 수밖에 없기 때문에 '유통량'은 투자자들의 투자판단에 있어서 매우 중요한 정보 중 하나"라고 판단한 바 있다(서울중앙지방법원 2022. 12. 7. 자 2022카합21703 결정). 위와 같은 판례에 비추어 보면 유통량과 관련하여 시장가격에 영향을 미칠 만한 중요도를 갖는 정보는 이 규정의 적용대상인 중요정보에 해당할 가능성이 높을 것이다.[36]

34 가상자산을 발행하는 자의 기업정보로 한정짓지 않고, 시장에서의 수요와 공급을 포함한 시장정보도 투자 판단에 중대한 영향을 줄 수 있다면 중요정보에 포함될 수 있다는 견해가 있다. 정순섭, "가상자산입법의 제도적 의의와 과제", Bi-Weekly Hana Financial Focus 제13권 제15호, 2023.7, 3면.

35 임세영 · 박영주, "가상자산법의 법적 쟁점 3 : 제3장 불공정거래의 규제(상) (제10조, 제19조~21조)", BFL 제122호, 2023.11, 75면.

36 다만 이에 관해서는 유통량의 정의 및 산출방식이 정리될 때까지는 현실적으로 유통량에 관한 정보를 미공개중요정보로 보기 어렵다는 취지의 견해도 있다. 한서희, ""가상자산 이용자 보호 등에

(2) 수범자

미공개중요정보 이용행위가 금지되는 '수범자'는 법률에 명시적으로 열거되어 있다. ① 가상자산사업자, 가상자산을 발행하는 자 및 그 임직원과 대리인으로서 그 직무와 관련하여 미공개중요정보를 알게 된 자(제1호), ② 제1호의 자가 법인인 경우 그 주요주주로서 그 권리를 행사하는 과정에서 미공개중요정보를 알게 된 자(제2호), ③ 가상자산사업자 또는 가상자산을 발행하는 자에 대하여 인허가, 감독 등 권한을 가지는 자로서 그 권한 행사 과정에서 미공개중요정보를 알게 된 자(제3호), ④ 가상자산사업자 또는 가상자산을 발행하는 자의 계약 내지 교섭 상대방으로서 계약 체결, 교섭, 이행 과정에서 미공개중요정보를 알게 된 자(제4호), ⑤ 제2호부터 제4호까지의 어느 하나에 해당하는 자의 대리인, 사용인, 그 밖의 종업원으로서 직무 관련 미공개중요정보를 알게 된 자(제5호) 그리고 ⑥ 제1호부터 제5호까지의 어느 하나에 해당하는 자(더 이상 그에 해당하지 않게 된 날로부터 1년이 경과하지 않은 자를 포함한다)로부터 미공개중요정보를 받은 자(제6호)가 이에 해당한다. 이들은 취득한 미공개중요정보를 가상자산의 매매, 그 밖의 거래에 이용하거나 타인에게 이용하게 할 수 없다.

(3) 이용행위

규제 대상이 되는 '이용행위'의 구체적인 의미는 법에 명시되어 있지 아니하나 자본시장법 제174조 제1항의 해석을 통해 그 의미를 짐작해 볼 수 있다. 대법원은 수범자가 미공개중요정보를 인식한 상태에서 매매, 그 밖의 거래를 한 경우에, 그 거래가 전적으로 미공개중요정보 때문에 이루어지지 않았다고 하더라도 미공개중요정보가 거래를 하게 된 요인의 하나임이 인정된다면 특별한 사정이 없는 한 미공개중요정보를 이용하여 거래를 한 것으로 보는 입장이다. 다만, 미공개중요정보를 알기 전에 이미 거래가 예정되어 있었다거나, 미공개중요정보를 알게 된 자에게 거래를 할 수밖에 없는 불가피한 사정이 있었다는 등 미공개중요정보와 관계없이 다른 동기에 의하여 거래를 하였다고 인정되는 때에는 미공개중요정보를 이용한 것으로 보지 아니한다(대법원 2017. 1. 12. 선고 2016도10313판결).

관한 법률"에서의 불공정거래행위에 대한 법적 고찰", 증권법연구 제24권 제3호, 2023.12, 113-115면.

(4) 공개 판단의 기준

중요정보가 불특정 다수인이 알 수 있도록 '공개'되었는지 여부는, 그 정보가 공개된 방식에 따라 구체적인 경과시간 기준을 적용하여 판단한다(법 제10조 제1항 및 시행령 제15조). 추후 가상자산시장에 관한 2단계 입법이 마련되고 가상자산에 관한 공시 제도가 갖추어 지면 이 부분 규정이 더욱 구체적으로 작동하게 될 것으로 예상된다.

다. 시세조종행위 (제2항 및 제3항)

(1) 허위거래 시세조종 (제2항)

누구든지 가상자산의 매매에 관하여 그 매매가 성황을 이루고 있는 듯이 잘못 알게 하거나, 그 밖에 타인에게 그릇된 판단을 하게 할 목적으로, 통정매매, 가장매매 및 이에 관한 위수탁행위를 할 수 없다.

가) 오인하게 할 목적

이 규정에 따라 금지되는 행위들은 모두 기본적으로 상대방으로 하여금 매매가 성황인 것으로 잘못 알거나 그릇된 판단을 하게 하려는 목적(즉, 오인하게 할 목적)이 전제된다. 유사 입법례인 구. 증권거래법 제188조의4 제1항에 관하여 대법원은, 이러한 목적이란 인위적인 통정매매(혹은 가장매매)에 의하여 거래가 일어났음에도 불구하고 이용자들에게는 시장에서 자연스러운 거래가 일어난 것처럼 오인하게 할 의시로시 그 목적의 내용을 인식함으로써 충분하며, 적극적 의욕까지 필요한 것은 아니라고 보았다(대법원 2002. 7. 22. 선고 2002도1696 판결). 나아가, 다른 목적과의 공존 여부나 어느 목적이 주된 것인지는 문제 되지 아니하고, 그 목적에 대한 인식의 정도는 적극적 의욕이나 확정적 인식임을 요하지 아니하고 미필적 인식이 있으면 족하며, 이용자의 오해를 실제로 유발하였는지 여부나 타인에게 손해가 발생하였는지 여부 등은 문제가 되지 아니한다고 판시하였다(대법원 2005. 11. 10. 선고 2004도1164 판결). 이 법에 따른 '오인하게 할 목적'이 종전 자본시장에서의 그것과 같이 해석될 것인지는 장차 법원의 해석을 통해 구체화될 것이나 위와 같은 판례를 일응의 기준으로 참고해 볼 수 있을 것이다.

나) 금지되는 행위

1) 통정매매 (제1호 및 제2호)

통정매매는 자기가 매도(매수)하는 것과 같은 시기에 그와 같은 가격으로 타인이 매수(매도)할 것을 사전에 서로 짠 후 매매하는 행위를 의미한다. 통정매매의 상대방에 해당하는 '타인'이란 매매로 인한 손익이 달리 귀속되는 자를 뜻하는 것으로, 만약 동일인이 서로 다른 손익의 귀속 주체들로부터 계좌(계정)의 관리를 위임받아 함께 관리하면서 오인하게 할 목적으로 각 계좌(계정) 상호 간에 같은 시기에 같은 가격으로 매매가 이루어지도록 하였더라도 통정매매는 성립할 수 있다(유사 입법례에 관한 대법원 2013. 7. 11. 선고 2011도15056 판결 참조). 이러한 통정매매가 성립하기 위해서 반드시 매도인과 매수인 간의 직접적 협의가 필요한 것은 아니며, 그 중간에 매도인과 매수인을 지배하거나 장악하는 주체가 있어서 그가 양자 사이의 거래가 체결되도록 주도적으로 기획, 조종한 결과 실제 매매가 체결되었더라도 통정매매에 해당할 수 있다(유사 입법례에 관한 대법원 2013. 9. 26. 선고 2013도5214 판결 참조). 가상자산시장에서의 통정매매는 일반적으로 가상자산 거래소 계정을 활용하는 형태일 것으로 예상된다.

2) 가장매매 (제3호)

가장매매는 권리 이전을 목적으로 하지 않고 거짓으로 꾸민 매매를 하는 행위를 의미한다. 자본시장의 시세조종행위에 있어 가장매매란, 매수계좌와 매도계좌가 동일한 경우 또는 그 계좌가 다르더라도 계산 주체가 동일한 경우에 성립될 수 있는바(대법원 2013. 7. 11. 선고 2011도15056 판결), 가상자산시장에서의 가장매매 역시도 증권사 등의 계좌가 아니라 가상자산거래소 계정이 주로 활용될 것이라는 점에서 일부 차이가 있더라도 구조적으로는 유사한 형태를 띨 것으로 보인다.

3) 위수탁행위 (제4호)

누구든지 타인을 오인하게 할 목적으로 통정매매 및 가장매매를 할 수 없으며, 그에 관한 위수탁행위를 할 수 없다. 법상 제한되는 행위를 제3자를 통하여 우회적으로 행하지 못하도록 차단하는 것이다. 자본시장법 제176조 제1항과 동일한 구조다.

(2) 현실거래 시세조종 (제3항)

누구든지 가상자산의 매매를 유인할 목적으로 가상자산의 매매가 성황을 이루고 있는 듯이 잘못 알게 하거나 그 시세를 변동 또는 고정시키는 매매 또는 그 위수탁 행위를 할 수 없다. 이 규정에서 금지하는 행위는, 통정매매나 가장매매와 같은 허위 거래가 아니라 시장에서 체결되는 실제의 거래, 즉 현실거래를 통한 시세조종행위라는 점에서 전항과는 구별된다.

가) 유인할 목적

이 규정에 따른 시세조종행위에 해당하려면 가상자산의 '매매를 유인하려는 목적'이 있어야 한다. '매매를 유인하려는 목적'이란 무엇인가? 같은 문언을 규정화하고 있는 자본시장법 제176조 제2항의 해석에 관해 대법원은, '매매를 유인할 목적'이란 시장오도행위를 통해 투자자들로 하여금 시장의 상황이나 상장증권의 가치 등에 관하여 오인하도록 하여 상장증권 등의 매매에 끌어들이려는 목적을 의미한다고 판시하였다. 나아가, 이러한 목적은 행위의 유일한 동기일 필요는 없으며, 다른 목적과 함께 존재하여도 무방하고, 그 경우 어떤 목적이 행위의 주된 원인인지 문제 되지 않는다고 하면서, 그 목적에 대한 인식의 정도는 미필적 인식으로도 족한 것으로 보고, 투자자의 오해를 실제로 유발하였는지나 실제로 시세 변경의 결과가 발생하였는지, 타인에게 손해가 발생하였는지 등도 문제가 되지 않는 것으로 보았다(대법원 2018. 4. 12. 선고 2013도6962 판결). 가상자산시장에서도 인위적으로 시세를 형성하고 이를 수요·공급에 따른 자연스러운 시세로 오인시켜 상대방을 매매에 끌어들이려는 목적을 미필적으로라도 인식한 상태로 시세조종행위를 하는 경우에는 '매매를 유인하려는 목적'으로 시세조종행위를 하였음이 인정될 것으로 보인다.

나) 금지되는 행위

1) 가상자산의 매매가 성황을 이루고 있는 듯이 잘못 알게 하거나 그 시세를 변동 또는 고정시키는 매매

현실거래를 통한 시세조종은 정상적인 거래와 구분하는 것이 매우 까다롭다. 따라서, 어떤 행위가 가상자산의 매매가 성황을 이루고 있는 듯 잘못 알게 하거나 그 시세를 변동 또는 고정시키는 매매인지 여부는, 자본시장에서의 현실거래 시세조종행위를 판단할 때와 마찬가지로, 매매된 가상자산의 특성, 발행 및 유통량, 거래의 동기와 유형, 해당 가상자산의 시세 동향, 종전 및 당시의 거래상황 등 제반 사정을 종합적으로 고려해서 판단하여야 할 것으로 보인다(유사 입법례에 관한 대법원 2001. 6. 26. 선고 99도2282 판결

참조). 실제 매매 의사 없이 허수주문을 낸 경우도 이 조항을 적용할 수 있을 것인가? 법문언상 '매매'가 반드시 체결된 매매만을 전제한다고 좁게 해석할 이유는 없어 보인다. 특히, 매매 주문 현황 자체가 그 실제 체결 여부에 관계없이 타인의 투자 판단에 영향을 줄 수 있다는 점을 고려하면 더욱 그러하다. 따라서 허수주문에 의해서도 현실거래에 의한 시세조종은 성립할 수 있다고 봄이 타당하다.[37] 실제로 가상자산이용자보호법 시행 이후 금융당국은, 해외 가상자산 발행재단으로부터 전송받은 코인을 국내 가상자산거래소에서 높은 가격에 매도하기 위해, 대량의 고가 매수주문을 제출한 후 API(Application Programming Interface)를 통해 허수 매수주문(현재가보다 낮은 가격으로 매수주문을 제출하였다가, 가상자산의 가격이 하락하면 주문 체결 전 취소하는 방식의 허수 매수주문을 하루에 수십만 건씩 제출)을 지속적, 반복적으로 제출하여 시세와 거래량을 인위적으로 변동시킴으로써 다른 이용자로 하여금 해당 코인에 대량의 매수세가 유입된 것으로 오인하도록 하는 행위를 한 이용자를 시세조종 행위자로 식별하여 검찰에 통보하기도 하였다.[38]

2) 위수탁행위

허위거래를 통한 시세조종의 경우와 마찬가지로, 현실거래를 통한 시세조종도 이러한 매매 행위를 위탁하거나 수탁하는 것을 모두 엄격하게 금지하고 있다.

라. 부정거래행위 (제4항)

누구든지 가상자산의 매매, 그 밖의 거래와 관련하여 부정거래행위를 하여서는 안 된다. 이때 부정거래행위에는, ① 부정한 수단, 계획 또는 기교를 사용하는 행위(제1호), ② 중요사항에 관하여 거짓의 기재 또는 표시를 하거나 타인에게 오해를 유발시키지 아니하기 위하여 필요한 중요사항의 기재 또는 표시가 누락된 문서, 그 밖의 기재 또는 표시를 사용하여 금전, 그 밖의 재산상의 이익을 얻고자 하는 행위(제2호), ③ 가상자산의 매매, 그 밖의 거래를 유인할 목적으로 거짓의 시세를 이용하는 행위(제3호) 및 ④ 이들 행위를 위수탁하는 행위(제4호)가 포함된다.

37 김건식 · 정순섭, 전게서, 488-489면.

38 금융위원회, "금융당국, 가상자산 불공정거래 척결에 나서겠습니다", 보도자료, 2024.11.1.

(1) 부정한 수단, 계획 또는 기교를 사용하는 행위 (제1호)

이 규정에 따른 '부정한 수단, 계획 또는 기교'는 그 인정 범위가 넓다. 대법원은 자본시장법 제178조 제1항 제1호의 '부정한 수단, 계획 또는 기교'란 사회통념상 부정하다고 인정되는 일체의 수단, 계획 또는 기교를 의미하는 것으로 본다(대법원 2011. 10. 27. 선고 2011도8109 판결). 이때 어떠한 행위가 부정하다고 할지는 법령 등에 따라 금지된 것인지, 다른 투자자로 하여금 잘못된 판단을 하게 하여 공정 경쟁을 해치고 선의의 투자자에게 손해를 전가하여 자본시장의 공정성, 신뢰성과 효율성을 해칠 위험이 있는지를 고려하여 판단해야 한다(대법원 2014. 1. 16. 선고 2013도9933 판결, 대법원 2022. 5. 26. 선고 2018도13864 판결 등). 가상자산 관련 인플루언서들이 특정 종목에 관한 매수를 추천하는 행위가 온라인상에서 어렵지 않게 발견되고는 하는데, 만약 이들이 자신이 해당 종목을 먼저 매수하여 보유한 상태에서 그 이해관계를 밝히지 않은 상태로 다른 이용자에게 매수를 추천하는 것이라면 이 규정에 따른 부정한 수단, 계획 또는 기교가 사용된 것으로 평가될 소지가 있다(유사 입법례에 관한 대법원 2017. 3. 30. 선고 2014도6910 판결 등 참조).

(2) 중요사항의 허위 기재 또는 누락 등을 사용하여 이익을 얻고자 하는 행위 (제2호)

중요사항에 관하여 거짓 기재나 표시를 하거나, 오해를 일으키지 않도록 하기 위해 필요한 중요사항의 기재나 표시가 누락된 문서, 그 밖의 기재 또는 표시를 사용하여 금전, 그 밖의 재산상의 이익을 얻고자 하는 행위는 부정거래행위에 속한다. 여기에서 '중요사항'이란 무엇인가? 유사 입법례인 구. 증권거래법 제188조의4 제4항 제2호에 관한 법원의 해석에 비추어 보면 '중요(한) 사항'은 앞서 살펴본 '미공개중요정보'와 궤를 같이하는 것으로 이해할 수 있다(대법원 2009. 7. 9. 선고 2009도1374 판결). 가상자산시장에서는 가상자산의 가치에 중대한 영향을 미치거나 공정한 거래, 투자자 보호를 위해 필요한 사항으로서 투자자의 투자판단에 영향을 미칠 수 있는 사항이 그에 해당할 것이다. 한편, 이 규정에서 정한 부정거래행위는 그 문언에 따라 '금전, 그 밖의 재산상의 이익을 얻고자 하는' 목적을 전제하므로 구체적인 상황에서 금전, 그 밖의 재산상 이익을 얻기 위하여 잘못된 문서 등을 적극적으로 활용하는 행위가 있으면 부정거래행위가 성립할 수 있다(유사 입법례에 관한 대법원 2009. 7. 9. 선고 2009도1374 판결, 대법원 2016. 8. 29. 선고 2016도6297 판결 등 참조). 이 규정의 문언은 결과범이 아닌 목적범 형식으로 구성되어 있으므로, 일정한 목적하에 잘못된 문서를 적극적으로 활용한 행위 그 자체로써 부정거래행위가 성립하게 되며, 실제로 행위자가 금전, 그 밖의 재산상의 이익을 얻었는지 여부는 부정거래행위의 성립에는 영향을 주지 않을 것이다(유사 입법례에 관한 대법원 2006. 4. 14. 선고 2003도6759 판결 등 참조).

(3) 거짓 시세 이용행위 (제3호)

가상자산의 매매, 그 밖의 거래를 유인할 목적으로 거짓의 시세를 이용하는 행위도 금지된다. 앞서 살펴본 바와 같이, 현실거래에 의한 시세조종행위(제10조 제3항) 또한 가상자산의 매매를 유인할 목적으로 거래가 성황을 이루는 듯이 잘못 알게 하거나 시세를 변동 또는 고정시키는 매매 내지 그에 관한 위수탁을 금지하고 있으므로 두 규정은 문언상 매우 유사해 보인다. 그러나, 제10조 제3항은 매매 행위에 방점을 두고 있는 반면 이 규정은 매매 뿐만 아니라 거래 전반에 적용될 수 있으며, 이 규정은 현실거래에 의한 시세조종행위와 달리 '거짓 시세'를 이용한다는 점에서 행위 태양에 차이가 있다. 여기에서 '유인할 목적'의 구체적 의미는 제10조 제3항의 그것과 유사하다고 볼 수 있을 것이다.

(4) 위수탁행위 (제4호)

부정거래행위를 제3자에게 위탁하거나 혹은 제3자로부터 수탁하는 행위는 모두 금지된다. 자본시장법 제178조는 부정거래행위 등에 관한 금지 규정을 두면서도 그 위수탁행위에 관해서는 명시적인 규정을 두고 있지 않은 반면, 가상자산이용자보호법에서는 위수탁행위까지 모두 금지된다는 점을 분명히 정하였다는 점에서 차이가 있다.

마. 자기 또는 특수관계인 발행 가상자산 거래 금지 (제5항)

가상자산사업자는 자기 또는 특수관계인(「금융회사의 지배구조에 관한 법률」 시행령 제3조 제1항에 따른 특수관계인을 말한다)이 발행한 가상자산의 매매, 그 밖의 거래를 하여서는 아니 된다. 다만, 특정 재화나 서비스의 지급수단으로 발행된 가상자산으로서 가상자산사업자가 이용자에게 약속한 특정 재화나 서비스를 제공하고, 그 반대급부로 가상자산을 취득하는 경우 혹은 가상자산의 특성으로 인하여 가상자산사업자가 불가피하게 가상자산을 취득하는 경우로서 불공정거래행위의 방지 또는 이용자와의 이해상충 방지를 위하여 가상자산의 취득 및 처분계획에 관한 사항을 공시하고 분기별로 그 명세를 금융위에 제출하는 경우에 한해서는 예외로 한다. 이 법의 시행 이후 가상자산사업자는 법에서 열거한 2가지 예외 사유 외에는 자기 또는 특수관계인이 발행한 가상자산을 취급하는 것이 불가하게 되었다. 금융당국은, 특수관계인 발행 가상자산을 보관하게 된 경위, 동기, 목적, 법규의 취지 등을 종합적으로 고려하여, 해당 가상자산의 관리 및 처리방안, 재발방지 대책 마련 및 이행 등을 조건으로 제한적으로 비조치의견을 제공하는 방식으로 다소간의 유연성을 확보하고 있다.

바. 위반 시 책임

이 법은 제1조에서부터 불공정거래행위를 엄격히 규제하여 이용자 권익 보호 및 시장의 투명하고 건전한 거래질서 확립 목적을 달성하고자 한다는 점을 분명히 한 만큼, 제10조를 위반한 행위에 관해서는 특히 더 철저하게 민·형사상의 책임을 묻도록 정해 두고 있다.

민사적으로는 제10조 제1항부터 제5항을 위반한 자는 그 위반행위로 인하여 이용자가 그 가상자산의 매매, 그 밖의 거래와 관련하여 입은 손해를 배상할 책임이 있음이 명문화되었다(제10조 제6항). 민법에 따른 손해배상책임보나 성립요건을 다소 완화함으로써 이용자를 두텁게 보호하는 한편, 이를 통해 위반행위를 사전에 방지하려는 데에도 목적이 있다.

제10조 제1항부터 제4항까지를 위반한 행위에는 과징금이 부과된다. 그 위반행위로 얻은 이익(미실현 이익을 포함한다)이나 이로 인하여 회피한 손실액의 2배에 상당하는 금액 이하의 과징금이 부과될 수 있으며, 그러한 이익이나 회피한 손실액이 없거나 산정이 곤란한 경우라도 40억 이하의 과징금이 부과될 수 있다(제17조 제1항).

엄격한 형사책임도 뒤따른다. 제10조 제1항부터 제4항의 위반행위를 한 자는 1년 이상의 유기징역 또는 그 위반행위로 얻은 이익 또는 회피한 손실액의 3배 이상 5배 이하에 상당하는 벌금에 처한다(제19조 제1항). 제10조 제5항의 위반행위를 한 자는 10년 이하의 유기징역 또는 그 위반행위로 얻은 이익 또는 회피한 손실액의 3배 이상 5배 이하에 상당하는 벌금에 처한다. 다만, 제10조 위반행위에 따른 이익 또는 회피한 손실액이 없거나 이를 산정하기 곤란한 경우, 위반행위로 얻은 이익 또는 회피한 손실액의 5배 상당액이 5억 원 이하인 경우에는 벌금 상한을 5억 원으로 한다.

제17조 및 제19조에서 위반행위와 관련된 거래는, 위반행위의 장소와 상관없이 위반행위와 관련된 모든 거래를 의미하는 것이므로, 혹자가 불공정거래행위로 복수의 가상자산거래소를 통해 부당한 이익을 얻었다면 그가 위반행위로 얻은 이익은 각 거래소에서의 이익을 모두 합산하는 방식으로 산정한다. 한편, 가상자산시장은 365일 24시간 운영된다는 특성을 가지고 있으므로, 자본시장이 종가를 활용해 부당이득을 산정하는 것과는 달리 8시간 단위로 세분화된 기준가격을 사용하여 산정한다.[39]

제10조를 위반하여 취득한 재산은 몰수되고, 몰수할 수 없는 경우에는 그 가액을 추징하며, 제10조 제2항부터 제5항 중 어느 하나에 관한 위반행위를 한 자가 해당 행위를 위하여 제공하였거나 제공하려 한 재산 또한 몰수하고, 몰수할 수 없는 경우는 그 가액을 추징한다(제20조).

법인의 대표자나 법인 또는 개인의 대리인, 사용인, 그 밖의 종업원이 그 법인 또는 개인의 업무에 관하여 불공정거래행위를 한 경우에는 그 법인 또는 개인이 위반행위를 방지하기 위해 상당한 주의와 감독을 하지 않은 한 그 법인 또는 개인에게도 벌금형을 과하도록 하는 양벌규정이 적용된다(제21조).

2 가상자산에 관한 임의적 입출금 차단 금지 (제11조)

가. 임의적 입출금 차단 금지 (제1항)

가상자산사업자는 이용자의 가상자산에 관한 입금 또는 출금을 정당한 사유 없이 차단하여서는 안 된다. 가상자산에 관한 입출금이 차단되면 이용자가 가상자산을 자유로이 처분할 수 없어 이용자의 재산권이 침해될 수 있고 시세 변동이 큰 시장 상황에서는 이용자에게 피해가 발생할 가능성이 있다. 이 법은 가상자산사업자가 이용자의 가상자산에 관한 입출금을 차단할 수 있는 예외적인 경우를 법령에 열거하여 임의적 사유로

39 주 20. (붙임자료 5면)

는 이를 차단할 수 없도록 함으로써 이용자 자산을 두텁게 보호하고자 하고 있다.

(1) 가상자산에 관한 입금 또는 출금

문언상 이용자의 '가상자산의' 입출금이 아니라 '가상자산에 관한' 입출금에 관하여 정하고 있으므로, 가상자산뿐만 아니라 이용자가 가상자산의 매매, 매매의 중개, 그 밖의 영업행위와 관련하여 예치한 금전, 즉 이용자 예치금에 대해서도 이 규정에 따른 임의적 입출금 차단이 제한된다.[40]

(2) 입출금 차단이 가능한 "정당한 사유"

가상자산에 관한 입출금을 차단할 수 있는 "정당한 사유"는 시행령에 열거되었다(법 제11조 제1항 및 시행령 제17조). 정당한 사유가 인정되는 경우로는, ① 전산장애, 정보시스템 내지 정보통신망의 보수·점검, 가상자산거래소의 거래지원 종료절차(입금에 한한다), 실사업무, 영업종료절차 등으로 인하여 입출금을 정상적으로 수행할 수 없는 경우(제1호), ② 가상자산사업자나 가상자산을 발행하는 자에게 해킹·전산장애 등이 발생했거나 발생할 것이 명백히 예상되는 경우로서 이용자 보호 및 보안을 위하여 입출금을 차단할 긴급한 필요가 있는 경우(제2호), ③ 관계 법령에 따른 행정기관의 요청·명령 등에 따라 입출금을 차단하는 경우(제3호), ④ 특금법 제 규정 등 관계 법령을 준수하기 위해 입출금을 차단할 필요가 있는 경우(제4호), ⑤ 전기통신금융사기를 예방하고 피해자의 피해금을 환급하기 위해 가상자산거래약관에 따라 입금 후 72시간의 범위 내에서 출금을 차단하는 경우(제5호), ⑥ 가상자산거래약관에 따라 가상자산거래가 특금법에 따른 불법재산, 자금세탁행위 및 공중협박자금조달행위와 관련이 있다고 의심할 만한 합리적 사유가 있어 입출금을 차단하는 경우(제6호) 등이 있다. 이때, 제5호에 따라 가상자산에 관한 출금을 차단하는 경우에는, 가상자산이 입금된 때로부터 출금 차단이 종료되는 시점까지 72시간이 초과하지 않도록 운영하여야 한다.[41]

40 주 8.

41 금융위원회 법령해석 제250161호 (2025.7.4.자)

나. 사전 통지 의무 (제2항 전단)

가상자산사업자는 이용자의 가상자산에 관한 입출금을 차단하는 경우에는 그에 관한 사유를 미리 이용자에게 통지하여야 한다. 이때, 사전 통지는 이용자 개별 통지가 원칙이지만 입출금 차단 사유 등을 고려하여 필요 최소한의 범위에서 예외적으로 일괄통지 등 방법을 사용할 수 있고, 이 경우에도 고객이 충분히 인지할 수 있도록 통지해야 한다.[42] 이 법은 현재 사전 통지 의무에 관한 예외를 명시해 두고 있지 않으나, 사전 통지가 적절하지 않은 상황도 발생할 수 있다. 이에, 2024. 11. 금융당국은 '사업자가 입출금 차단 사유를 미리 예견할 수 없고, 긴급한 대처 또는 법률상 의무 준수를 위해 필요한 경우에 입출금 차단 시 통지하는 경우' 혹은 '다른 법령의 취지를 존중하고 행정작용 및 수사목적의 달성을 위하여 통지의 유예가 필요한 경우에 유예기간 경과 시 통지하는 경우' 등에는 사전 통지를 원칙으로 하되 입출금차단 사유 발생의 예견 가능성, 사전 통지의 목적 및 취지 등을 종합적으로 고려하여 일정한 예외를 인정할 수 있다는 취지의 비조치의견을 내었다.

다. 보고의무 (제2항 후단)

가상자산사업자는 이용자의 가상자산에 관한 입금 또는 출금을 차단하는 경우에는 그 사실을 금융위원회에 즉시 보고하여야 한다. 이러한 보고의무를 이행하지 않거나 거짓으로 보고하는 경우 1억 원 이하의 과태료 부과대상이 된다(법 제22조 제1항 제5호).

라. 손해배상책임 (제3항)

가상자산사업자가 정당한 사유 없이 이용자의 가상자산에 관한 입출금을 차단한 경우, 해당 가상자산사업자는 그 위반행위로 인하여 형성된 가격에 의하여 해당 가상자산에 관한 거래를 하거나 그 위탁을 한 자가 그 거래 또는 위탁으로 인하여 입은 손해에 대하여 배상할 책임을 진다. 가상자산에 관한 입출금 차단, 그중에서도 특히 가상자산의 입출금 차단은 이용자에게 피해가 발생할 수 있음과 동시에 그 규모 등에 따라서는 가상자산의 시세에도 영향을 미칠 우려가 있으므로 그에 따른 책임을 지도록 한 것이다.

---

42 주 20. (붙임자료 5면)

문언상 '위반행위로 인하여 형성된 가격'에 의하여 입게 된 손해에 관하여 배상책임이 발생하는 것이므로, 손해배상청구권자로서는 손해의 발생 및 인과관계를 입증하기 위해 해당 가상자산의 가격 하락이 가상자산사업자의 임의적 입출금 차단에 의하여 발생하였음을 입증할 필요가 있다. 이때, 입출금 차단 시점과 해제 시점에 시장 가격이 동일하지 않더라도 이는 별도의 휴장시간이 없는 가상자산시장의 특성을 고려하면 입출금 차단과 관계없는 시장 현상일 수 있는바, 단순 가격 차 외에 구체적 인과관계 입증이 필요할 수 있다.

한편, 이러한 규정은 민법상 손해배상책임에 대한 특칙에 해당하므로, 손해배상청구권자는 정당한 사유 없이 입출금이 임의적으로 차단된 경우에 가상자산이용자보호법 제11조 제3항과 민법 제750조에 기한 손해배상청구권을 선택적으로 행사할 수 있을 것이다.[43]

이 규정에 따라 발생한 손해배상청구권은 청구권자가 위반행위가 있었던 사실을 안 때부터 2년간 또는 그 위반행위가 있었던 때부터 5년간 이를 행사하지 아니한 경우에는 시효로 인하여 소멸한다.

3 이상거래에 대한 감시 (제12조)

가상자산시장을 개설 · 운영하는 가상자산사업자, 즉 가상자산거래소를 운영하는 가상자산사업자는 가상자산의 가격이나 거래량이 비정상적으로 변동하는 거래 등 이상거래(이하 "이상거래"라 한다)를 상시감시하고 이용자 보호 및 건전한 거래질서 유지를 위하여 금융위원회가 정하는 바에 따라 적절한 조치를 취하여야 한다.

가. 이상거래 상시 감시 (제1항 전단)

이 법 제12조 제1항에서 정하는 '이상거래'라고 함은, 가상자산시장에서 법 제10조 제1항부터 제5항까지의 규정에 따른 불공정거래행위 등의 금지의무를 위반할 우려가 있는 거래 또는 행위로서, ① 가상자산의 가격이나 거래량이 비정상적으로 변동하는 경

43 윤종수 · 이정명, "가상자산법의 법적 쟁점 4: 제3장 불공정거래의 규제(하) (제11조, 제12조 및 제17조)", BFL 제122호, 2023.11, 91면.

우, ② 가상자산의 가격 등에 영향을 미칠 수 있는 풍문 또는 보도 등이 있는 경우, ③ 그 밖에 가상자산시장에서의 공정한 거래질서를 해칠 우려가 있는 경우 중 어느 하나에 해당하는 경우를 의미한다(법 제12조 제1항 및 시행령 제18조). 가상자산거래소를 운영하는 가상자산사업자는 시세정보, 매매데이터, 종목별 유통량 및 거래량, 계정별 입출금내역, 종목별 공시정보 등을 가상자산 거래의 기초데이터로 하여 위와 같은 이상거래를 상시적으로 감시하여야 한다.

법 문언으로는 이러한 상시감시 의무의 대상이 되는 가상자산이 해당 가상자산사업자가 개설·운영하는 가상자산거래소에서 거래지원되는 가상자산을 의미하는지 혹은 시장 전체에서 거래되는 가상자산까지도 포함되는지 명확하지 않은 측면이 있다. 그러나, 자본시장에서 한국거래소가 인프라로서 기능하며 자본시장법령에 따라 일정한 공적 권한을 갖는 것과는 달리, 가상자산시장에서의 거래소는 모두 가상자산사업자로서 민간 사업자에 불과하여 공적 권한을 행사할 수 없다는 데에서 차이가 있다. 이상거래에 관하여 적절한 조치를 취하지 않으면 1억 원 이하의 과태료가 부과될 수 있음(법 제22조 제1항 제6호)을 고려한다면, 상시감시 의무의 대상은 해당 가상자산거래소에서 거래지원 중인 종목으로 한정하여 해석함이 합리적일 것이다.

나. 조치의무 (제1항 후단)

가상자산거래소를 운영하는 가상자산사업자는, 이용자 보호 및 건전한 거래질서 유지를 위하여 금융위원회가 정하는 바에 따라 적절한 조치를 취하여야 한다. 자본시장에서는 자본시장법 제404조가 거래소가 취할 조치에 관하여 주요 사항을 법률로 정하고 한국거래소의 시장감시규정이 이를 구체화하고 있는 것에 비하여, 가상자산이용자보호법은 법률에서 별도의 정함이 없이 금융위원회에 전면 위임하였다는 점에서 구조상 차이가 있다. 금융위원회는 위 조항에 따라 각 가상자산거래소가 이상거래 상시감시 체계를 구축할 수 있도록 지원하는 한편, 업계와 협력하여 이상거래 상시감시에 관한 의무와 절차 등 세부사항을 담은 「이상거래 상시감시 가이드라인」을 마련하였다. 이는 업계 자율규제 형태로 실무에 적용되고 있으며, 거래소의 매매자료 축적 기준, 이상거래 적출 기준, 이상거래 심리기준, 혐의사항에 대한 금융당국 통보 및 수사당국 신고기준 등이 그 내용에 포함되었다.

다. 통보·신고 및 보고의무 (제2항)

가상자산사업자는 이상거래 상시감시 업무를 수행하면서 제10조의 불공정거래행위 금지 규정을 위반한 사항이 있다고 의심되는 경우에는 지체 없이 금융위원회 및 금융감독원장에게 이를 통보하여야 한다. 다만, 제10조를 위반한 혐의가 충분히 증명된 경우 등 금융위원회가 정하여 고시하는 경우에는 지체 없이 수사기관에 신고하고 그 사실을 금융위원회 및 금융감독원장에게 보고하여야 한다. 가상자산시장에서 이상거래가 포착되면, 가상자산거래소를 운영하는 가상자산사업자는 이러한 이용자 이상거래를 금융당국에 통보하고, 금융당국은 보고된 혐의자의 불공정거래행위에 대하여 조사를 실시한다. 조사결과에 대해 가상자산시장조사심의위원회의 심의와 금융위원회 의결이 이루어지며, 이와 같은 정식 조사 절차를 거쳐 과징금 부과, 수사기관 고발·통보 등 처리가 진행된다.[44]

그림 1 **가상자산시장 불공정거래 조사 및 조치 절차**[44]

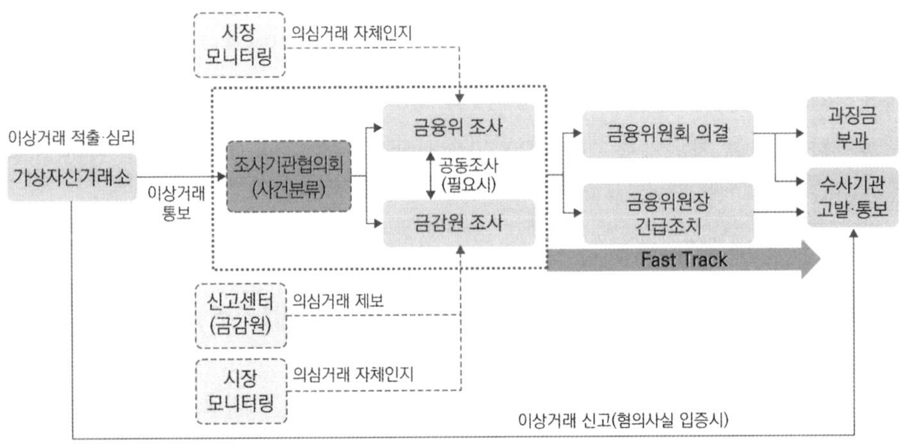

44 주 38.

IV 감독 및 처분 등

1 가상자산사업자의 감독·검사 등 (제13조)

금융위원회는 가상자산사업자가 이 법 또는 이 법에 따른 명령이나 처분을 적절히 준수하는지 여부를 감독하고, 가상자산사업자의 업무와 재산상황에 관하여 검사할 수 있다. 금융위원회는 이용자 보호 및 건전한 거래질서 유지를 위하여 필요한 경우 가상자산사업자, 가상자산을 발행하는 자, 가상자산 정보시스템을 개발·운영하는 자, 관리기관, 실명확인 입출금 계정을 개설한 금융회사, 이들로부터 업무를 위탁받은 자, 가상자산사업자와 그 영업행위와 관련된 계약을 체결하고 용역을 제공하는 자 등에 대하여 일정한 조치를 명할 수 있다. 자본시장법상 금융위원회의 조치명령권에 관한 조항(자본시장법 제416조)은 그 대상자를 금융투자업자 및 그 임원으로 정하고 있는 반면, 이 법은 가상자산사업자 이외의 자, 예컨대 가상자산 정보시스템을 개발·운영하는 자에 대해서까지도 넓히고 있으므로, 금융위원회의 조치 명령 대상의 범위가 자본시장 대비 상대적으로 넓게 설정되었다고 볼 수 있다. 금융위원회가 취할 수 있는 조치에는 이 법의 준수 여부를 파악하기 위한 자료제출 이외에도 고유재산의 운영이나 영업방법에 관한 사항 등이 포함되어 있다.

2 불공정거래행위에 대한 조사·조치 (제14조)

금융위원회는 이 법 또는 이 법에 따른 명령이나 처분을 위반한 사항이 있거나 이용자 보호 또는 건전한 거래질서를 위하여 필요하다고 인정되는 경우에는 위반혐의가 있는 자, 그 밖의 관계자에게 참고가 될 보고 또는 자료의 제출을 명하거나 금융감독원장에게 장부·서류, 그 밖의 물건을 조사하게 할 수 있다. 이때, 금융위원회는 조사를 위하여 혐의자 등 관계자에게 진술서 제출, 출석, 조사에 필요한 장부·서류 등의 제출을 요구할 수 있다. 금융위원회는 제10조를 위반한 사항의 조사를 위해서 제출된 장부·서류 등을 영치하거나 관계자의 사무소 등에 출입하여 업무·장부·서류 등을 조사할 수 있다. 금융위원회는 조사실적, 처리결과와 더불어 관계자의 위법행위를 예방하기 위해 필요한 정보나 자료를 금융위원회의 신문·방송 또는 금융위원회의 인터넷 홈페이지 등을 이용하여 공표할 수 있는데, 이때 공표할 수 있는 정보나 자료에는 관계자의 소속, 인적사항, 위법행위의 내용 및 조치사항, 조사실적 등 통계자료가 포함된다(법 제14조 제6항 및 시행령 제20조 제2항).

3 가상자산사업자에 대한 조치 (제15조)

금융위원회는 가상자산사업자 또는 대통령령으로 정하는 이해관계자가 이 법 또는 이 법에 따른 명령이나 처분을 위반한 사실을 발견하였을 때에는 시정명령, 경고, 주의, 영업의 전부 또는 일부 정지, 수사기관에의 통보 또는 고발 등 조치를 할 수 있다. 한편, 금융위원회는 가상자산사업자의 임직원에 대해서도 그 위반행위와 관련하여 일정한 조치를 취할 수 있는데, 임원에 대해서는 해임권고 또는 6개월 이내의 직무정지, 직원에 대해서는 면직 또는 정직 요구를 할 수 있으며 사안이 상대적으로 경한 경우에는 임직원에 대해서 주의, 경고 또는 문책 요구를 할 수 있다.

4 한국은행의 자료제출 요구권 (제16조)

한국은행은 금융통화위원회가 가상자산거래와 관련하여 통화신용정책의 수행, 금융안정 및 지급결제제도의 원활한 운영을 위하여 필요하다고 인정하는 경우에는 가상자산사업자에 대하여 자료제출을 요구할 수 있다. 이 경우 요구하는 자료는 해당 가상자산사업자의 업무부담을 충분히 고려하여 필요 최소한의 범위로 한정하여야 한다. 가상자산이 통화정책에 미치는 영향을 모니터링할 수 있는 법적 근거를 마련해 둔 것이다.

5 권한의 위탁 (제18조)

금융위원회는 이 법에 따른 권한의 일부를 금융감독원장에게 위탁할 수 있다. 이때 위탁할 수 있는 권한에는, ① 가상자산사업자의 입출금 차단 보고의 접수, ② 가상자산사업자에 대한 검사 및 검사에 필요하다고 인정되는 보고, 자료제출, 증인출석, 증언 및 진술 요구, ③ 불공정거래행위 등에 관한 보고 또는 자료 제출 명령, 진술서 제출 등의 요구, 가상자산사업자에 대한 자료 제출 요구, ④ 가상자산사업자에 대한 경고 및 주의 조치, 가상자산사업자의 임직원에 대한 주의, 경고 또는 문책요구, ⑤ 가상자산사업자의 자기 또는 특수관계인 발행 가상자산의 취득 및 처분에 관한 명세의 접수 및 ⑥ 검사 계획의 수립 등이 포함된다(법 제18조 및 시행령 제23조 제1항 각 호).

참/고/문/헌

〈국내문헌〉

김건식·정순섭, 「자본시장법」(제4판), 2023.

금융정보분석원·금융감독원, 「가상자산사업자 신고 매뉴얼」, 2024.7.

김시목·김익현, "가상자산법의 법적 쟁점 1 : 제1장 총칙(제1조~제5조)", BFL 제122호, 2023.11.

신상훈, "「가상자산이용자보호법」상 이용자 자산의 보호 - 법 제2장 "이용자 자산의 보호" 규정의 해석방향과 개선방안을 중심으로-", 은행법연구 제18권 제2호, 2025.6.

윤종수·이정명, "가상자산법의 법적 쟁점 4 : 제3장 불공정거래의 규제(하) (제11조, 제12조 및 제17조)", BFL 제122호, 2023.11.

이정수, "가상자산 이용자 보호 등에 관한 법률의 법적 의의와 쟁점 및 향후 입법방향", 증권법연구 제24권 제2호, 2023.8.

임세영·박영주, "가상자산법의 법적 쟁점 3 : 제3장 불공정거래의 규제(상) (제10조, 제19조~21조)", BFL 제122호, 2023.11.

정순섭, "가상자산입법의 제도적 의의와 과제", Bi-Weekly Hana Financial Focus 제13권 제15호, 2023.7.

최현진·김남희, "가상자산법 제정에 따른 업계의 준비동향 및 실무상 쟁점", BFL 제122호, 2023.11.

한서희, ""가상자산 이용자 보호 등에 관한 법률"에서의 불공정거래행위에 대한 법적 고찰", 증권법연구 제24권 제3호, 2023.12.

황현일·허준범, "가상자산법의 법적 쟁점 2 : 제2장 이용자 자산의 보호(제6조~제9조)", BFL 제122호, 2023.11.

〈보도자료 등〉

금융위원회, “미신고 가상자산사업자에 대한 이용 및 거래에 각별히 주의하시기 바랍니다.”, 보도자료, 2022.8.18.

금융위원회, “토큰 증권(Security Token) 발행·유통 규율체계 정비방안 - 자본시장법 규율 내에서 STO를 허용하겠습니다.”, 보도자료, 2023.2.6.

금융위원회, “「가상자산 이용자 보호 등에 관한 법률」의 시행령 및 감독규정 제정안 입법예고 실시”, 보도자료, 2023.12.11.

금융위원회, “NFT(Non-Fungible Token)가 가상자산에 해당되는지 판단할 수 있는 가이드라인을 마련하였습니다”, 보도자료, 2024.6.10.

금융위원회, “「가상자산이용자보호법 시행령」 제정안 국무회의 통과”, 보도자료, 2024.6.25.

금융위원회, “이용자 피해 최소화를 위해 가상자산사업자 영업종료 관련 현장점검 후속조치를 실시하고 가이드라인을 개정하였습니다.”, 보도자료, 2024.7.4.

금융위원회, “내일(7.19일)부터 「가상자산이용자보호법」이 시행됩니다.”, 보도자료, 2024.7.17.

금융위원회, “금융당국, 가상자산 불공정거래 척결에 나서겠습니다”, 보도자료, 2024.11.1.

금융위원회, “중앙은행 디지털화폐(CBDC) 활용한 새로운 디지털 금융서비스의 첫 발 내딛다”, 보도자료, 2024.11.6.

뉴스1, “업비트, 해킹 대비용 준비금 규모 471억원...빗썸은 400억원”, 2024. 8. 30. 박현영 기자, https://www.news1.kr/finance/blockchain-fintech/5525845

CHAPTER 02

전자금융거래법

전자금융거래법

김준영
(김앤장 법률사무소 변호사)

I 전자금융거래법 개관

1 전자금융거래법의 도입 취지 및 배경

전자금융거래법은 2006. 4. 28. 제정되어 2007. 1. 1. 처음으로 시행되었다. 전자금융거래법의 제정 배경 및 필요성에 대하여 제정문에서는 "새로운 전자지급수단이 출현함에 따라 비대면성(非對面性) 등과 같은 전자금융거래의 특성을 반영하여 거래당사자의 권리 · 의무 등 법률관계를 명확히" 하고 "전자금융업무를 영위하는 자에 대한 허가 · 등록 및 감독에 관한 사항을 체계적으로 정비함으로써 전자금융거래의 안전성과 신뢰성을 확보"할 필요가 있다고 설명하고 있다. 즉, ⑴ 전자금융거래의 당사자 간 법률관계를 규정하여 전자금융거래에서 파생되는 법적 문제를 적절히 규율하는 동시에, ⑵ 전자금융업무를 영위하는 자에 대한 허가 · 등록 및 감독에 관한 사항을 정하여 전자금융거래 시장을 안전하고 신뢰성 있게 운용하기 위하여 전자금융거래법이 도입된 것이다.

이처럼 한국은 일찌감치 전자금융거래 시장을 효과적이고 체계적으로 규율하기 위한 법을 도입 · 시행하여 왔는데, 최근 전자금융거래의 양태가 더욱 격변하는 모양새를 보이며 전자금융거래법에 대한 관심이 어느 때보다도 높아지는 추세이다. 특히 2020년대 핀테크 기업에 의한 간편결제 서비스 등이 보편화되며 전자금융거래의 이용량이 급속도로 늘어났는데, 일례로 2024년 기준 일평균 전자지급결제대행(PG) 서비스 이용금액이 1조 3,676억 원, 일평균 선불전자지급수단 이용금액이 1조 1,664억 원에 달하는 것으로 조사된 바 있다.[1]

한편, 기술 발전에 따라 해킹이나 장애 등 리스크 요인도 현실화되고 있어, 전자금융업무의 안전성과 신뢰성에 우려를 제기하는 목소리도 늘어나고 있다. 전자금융업무의 아웃소싱 확대에 따라 제3자 리스크가 심화되고, 새로운 위험요인 등장에 따른 리스크 식별 곤란 문제도 나타나고 있다. 또한, 2021년 머지포인트 사태, 2024년 티메프 사태(티몬·위메프 사태) 등을 통해 이용자 및 가맹점 보호를 위한 제도 강화의 필요성이 대두되었다.

2 전자금융거래법의 특징 및 전자금융거래의 현황

앞서 본 전자금융거래법의 도입 취지에 따라, 전자금융거래법은 (i) 전자금융거래 당사자의 법률관계를 규율하는 거래법적 규정(사법적 규정)과 (ii) 전자금융업에 대한 국가적 규제와 감독을 규율하는 사업법적 규정(공법적 규정)을 단일한 법률에 결합하여 통합법 형태의 법으로 제정되어 시행되고 있다.

1 "[보도자료] 2024년중 전자지급서비스 이용현황", 한국은행 공보 2025-03-15호(한국은행, 2025.3.20.).

그림 1 전자금융거래법의 구성체계

전자금융의 법률관계 정립 (거래법적 규정, 사법적 규정)

전자금융거래의 명확화

- 전자금융거래시 전자문서의 사용
- 전자금융거래의 효력발생시기
- 접근매체 관리의무
- 전자금융사고시 손실 및 책임분담
- 전자금융보조업자의 지위

전자지급제도의 정립

- 전자지급거래계약의 효력
- 지급지시의 철회
- 전자화폐등의 지급효력 및 양도
- 전자화폐의 환금, 환급 보장
- 전자채권의 양도시 대항요건

안전성 확보, 이용자 보호

- 안전성 확보 의무 및 기준정립
- 공인인증서의 활용
- 거래명세 제공 및 거래기록 보존
- 약관 공개·설명 및 변경시 금감위 보고
- 이의제기 및 분쟁처리절차 마련

전자금융업에 대한 규율 정립 (사업법적 규정, 공법적 규정)

전자금융업 영위

- 전자금융업의 허가·등록
- 전자금융업자의 업무범위
- 허가·등록의 요건 및 신청절차

전자금융업의 건전발전

- 전자지급수단의 발행·이용 제한
- 겸업제한 및 자산운용 방법

전자금융업 검사감독

- 금감위의 전자금융업에 대한 감독
- 보조업자에 대한 감독 범위
- 한은의 자료제출, 공동검사 요구권
- 회계처리의 구분, 건전경영지도

전자금융거래법에서 거래법적 규정(사법적 규정)은 「민법」·「상법」상의 거래 관련 규정과 「전자문서 및 전자거래 기본법」 등의 규정을 금융영역에 특화시킨 것이라고 요약할 수 있다. 현행 전자금융거래법 중 제2장 '전자금융거래 당사자의 권리와 의무' 및 제3장 '전자금융거래의 안전성 확보 및 이용자 보호' 등이 이에 해당한다. 해당 부분은 전자금융업자뿐 아니라 은행, 금융투자업자, 보험사 등의 금융회사에도 적용되는 규정이다.[2]

구체적으로 전자금융거래법은 전자문서의 사용(제5조[3]), 접근매체 관리의무(제6조),

2 현성수, 「전자금융거래법안(정부제출) 검토보고」, 재정경제위원회, 2005.2, 9면.

3 법명 없이 인용 시 전자금융거래법을 의미한다. 이하 동일.

거래내용의 확인(제7조), 오류의 정정(제8조), 금융회사 또는 전자금융업자의 책임(제9조) 등의 조항으로 법률관계를 명확히 하고, 전자지급거래계약의 효력(제12조), 지급의 효력 발생시기(제13조), 거래지시의 철회(제14조), 추심이체의 출금 동의(제15조), 전자화폐·선불전자지급수단의 양도·환급(제18조·제19조) 등의 조항으로 전자지급거래를 규율하고 있다. 또한 전자금융거래의 안전성 확보 및 이용자 보호를 위하여 안전성 확보의무(제21조), 정보보호최고책임자 지정(제21조의2), 전자금융거래기록의 생성·보존·파기(제22조), 전자지급수단 등의 발행과 이용한도(제23조), 약관의 명시·제정·변경(제24조·제25조), 분쟁처리 및 분쟁조정(제27조) 등에 대하여도 규정하고 있다.

한편, 전자금융거래법에서 사업법적 규정(공법적 규정)은 시장진입규제라 할 수 있는 전자금융업자의 허가·등록에 관한 사항과 이들에 대한 감독규정으로서, 제4장 '전자금융업의 허가와 등록 및 업무' 및 제5장 '전자금융업무의 감독' 등이 이에 해당한다. 전자금융업자에 대한 별도의 진입규제나 감독에 관한 규율을 정하지 않는다면 해킹이나 횡령과 같은 중대 사고 혹은 전자금융업자의 도산·폐업과 같은 문제가 발생하였을 경우 일반 이용자의 피해가 걷잡을 수 없이 커질 가능성이 있으므로, 전자금융거래법은 전자금융업 영위 시 허가·등록을 의무화하고 전자금융업자가 금융당국의 감독과 검사의 대상이 된다는 점을 분명하게 밝히고 있다.

먼저 전자금융업에 대한 진입 규제로서, 전자화폐 발행·관리업, 전자자금이체업, 전자지급결제대행업(PG), 선불전자지급수단 발행·관리업, 직불전자지급수단 발행·관리업, 결제대금예치업, 전자고지결제업 등 전자금융업을 하고자 하는 자는 금융당국의 허가를 받거나 금융당국에 등록을 하도록 정하고 있다(제28조). 아울러 전자금융업 허가를 받거나 등록을 하기 위해서는 자본금 요건, 인력 및 물적 시설 요건, 재무건전성 요건, 사업계획의 타당성 및 건전성 요건, 주요출자자 요건을 모두 갖추어야 한다고 규정한다(제31조). 또한 건전성 규제로서, 금융회사 및 전자금융업자가 자금운용과 전자금융거래와 관련한 업무의 성과를 분석할 수 있도록 전자금융업무별로 회계처리를 구분하도록 하고(제42조 제1항), 금융위원회가 금융회사 또는 전자금융업자의 건전경영을 지도하고 전자금융사고를 예방하기 위하여 경영지도기준을 정할 수 있도록 하고 있다(제42조 제2항).

Ⅱ 전자금융거래의 법률관계

1 전자금융거래계약 및 약관

전자금융거래계약은 전자금융거래를 위하여 이용자가 금융회사 또는 전자금융업자(이하 "금융회사등")와 체결한 계약을 의미한다(제2조 제7호). 이용자는 전자금융거래계약에 따라 금융회사등에게 전자금융거래의 처리를 지시할 수 있다("거래지시", 제2조 제17호). 금융회사등은 지급인·수취인[4]과 전자지급거래를 하기 위하여 체결한 약정에 따라 수취인이나 수취인의 금융회사등에게 지급인·수취인이 거래지시한 금액을 전송하여 지급이 이루어지도록 하여야 하고(제12조 제1항), 위와 같은 자금의 지급이 이루어질 수 없게 된 때에는 전자지급거래를 하기 위하여 수령한 자금을 지급인에게 반환하여야 한다(같은 조 제2항).

금융회사등은 이용자와 전자금융거래의 계약을 체결함에 있어서 약관을 명시하여야 하고, 이용자의 요청이 있는 경우에는 「전자금융감독규정」으로 정하는 방법에 따라 그 약관의 사본을 교부하고 그 약관의 내용을 설명하여야 한다(제24조 제1항). 위 규정을 위반하여 계약을 체결한 경우 당해 약관의 내용을 계약의 내용으로 주장할 수 없다(같은 조 제2항). 아울러 약관을 변경하는 때에는 변경되는 약관의 시행일 1월 전에 「전자금융감독규정」으로 정하는 방법에 따라 이를 게시하고 이용자에게 알려야 한다(같은 조 제3항 본문).[5]

금융회사등은 전자금융거래에 관한 약관을 제정하거나 변경하고자 하는 경우에는 미리 금융위원회에 보고하여야 하고(제25조 제1항 본문), 다만 이용자의 권익이나 의무에 불리한 영향이 없는 경우로서 「전자금융감독규정」으로 정하는 경우에는 약관의 제정 또는 변경 후 10일 이내에 금융위원회에 보고할 수 있다(같은 항 단서).

참고로, 공정거래위원회는 표준약관으로서 은행의 전자금융거래기본약관을 마련

4 '지급인'이란 자금을 주는 자를 뜻하고, '수취인'이란 자금을 받는 자를 말한다(제2조 제2호).

5 법령의 개정으로 인하여 긴급하게 약관을 변경하는 때에는 이를 즉시 게시하고 이용자에게 알리는 것으로 족하다(같은 항 단서).

하고 있고(표준약관 제10028호), 금융감독원의 홈페이지에도 은행뿐만 아니라 다른 업권(금융투자업, 보험업, 여신전문금융업 등)의 표준약관을 게시하고 있다.

2 전자금융거래 당사자의 권리와 의무

접근매체란 전자금융거래에 있어서 거래지시를 하거나 이용자 및 거래내용의 진실성과 정확성을 확보하기 위하여 사용되는 수단 또는 정보로서, 전자식 카드 및 이에 준하는 전자적 정보(이를 사용하는 데 필요한 비밀번호 포함), 전자서명생성정보 및 인증서(이를 사용하는 데 필요한 비밀번호 포함), 이용자번호, 이용자의 생체정보를 의미한다(제2조 제10호). 금융회사등은 전자금융거래를 위하여 접근매체를 선정하여 사용·관리하고 이용자의 신원·권한 및 거래지시의 내용 등을 확인하여야 하며(제6조 제1항), 접근매체를 발급할 때에는 이용자의 신청이 있는 경우에 한하여 본인임을 확인한 후에 발급하여야 한다(같은 조 제2항 본문, 일정한 예외 있음). 여기서 본인확인은 실명확인으로 해석된다(전자금융감독규정 제34조 제3호).

접근매체의 양도·양수나 유상 대여 등은 금지된다(제6조 제3항). 이는 예금주의 명의와 다른 사람이 전자금융거래를 함으로 인하여 투명하지 못한 거래가 이루어지는 것을 방지함으로써 전자금융거래의 안정성과 신뢰를 확보하기 위한 것이다(대법원 2015. 1. 29. 선고 2013다92118 판결 외 다수). 이 규정은 실무상으로 보이스 피싱 범죄와 관련하여 자주 적용된다. 예를 들어 이용자가 은행 통장이나 체크카드 등 접근매체를 보이스피싱범에 양도한 경우, 접근매체 양도에 해당하여 전자금융거래법 위반으로 처벌받을 수 있다(제49조 제4항 제1호).

금융회사등은 이용자가 전자금융거래에 사용하는 전자적 장치를 통하여 거래내용을 확인할 수 있도록 하여야 한다(제7조 제1항). 이용자가 거래내용을 서면으로 제공할 것을 요청하는 경우 금융회사등은 요청을 받은 날부터 2주 이내에 거래내용에 관한 서면을 교부하여야 한다(제7조 제2항). 이용자는 전자금융거래에 오류가 있음을 안 때에는 그 금융회사등에게 이에 대한 정정을 요구할 수 있고(제8조 제1항), 금융회사등이 오류의 정정요구를 받은 때에는 이를 즉시 조사하여 처리한 후 정정요구를 받은 날부터 2주 이내에 오류의 원인과 처리 결과를 문서, 전화 또는 전자우편으로 이용자에게 알려야 한다

(같은 조 제2항).

금융회사등은 추심이체를 실행하기 위하여 미리 지급인으로부터 서면, 전화 녹취, 또는 ARS 방식으로 출금에 대한 동의를 얻어야 한다(제15조 제1항, 시행령 제10조, 전자금융감독규정 제6조 제2항). 추심이체는 금융회사등에 대한 수취인의 추심지시 방법으로 자금이 이체되는 것을 의미한다.

3 금융회사 등의 책임

전자금융거래법은 제9조 내지 제11조에서 금융회사등의 책임에 관한 규정을 두고 있다. 금융회사등은 (i) 법에서 정한 3가지 유형의 사고로 인하여 이용자에게 손해가 발생한 경우에는 일정한 면책사유가 없는 이상 그 손해를 배상할 책임이 있으며(제9조), (ii) 이용자로부터 '접근매체'의 분실이나 도난 등의 통지를 받은 때에는, '선불전자지급수단'이나 '전자화폐'의 분실 또는 도난 등으로 발생하는 손해로서 그 책임은 이용자의 부담으로 할 수 있다는 취지의 약정을 미리 체결한 경우가 아닌 이상, 그때부터 제3자가 그 접근매체를 사용함으로 인하여 이용자에게 발생한 손해를 배상할 책임이 있고(제10조), (iii) 전자금융거래와 관련하여 전자금융보조업자의 고의나 과실로 인하여 손해가 발생한 경우, 그 고의나 과실은 금융회사등의 고의나 과실로 의제되어 이용자에게 그 손해를 배상할 책임이 있다(제11조).

이하에서는 금융회사등의 책임에 관한 가장 기본적인 손해배상책임에 관한 규정인 전자금융거래법 제9조에 따른 책임을 중심으로 살펴본다.

우리나라 민법 제390조 및 제750조는 과실책임의 원칙에 따라 채무불이행 또는 불법행위 손해배상책임의 요건 중 하나로 고의·과실을 정하고 있다. 그러나 첨단기술을 바탕으로 한 새로운 사고 유형이 등장하고 피해자가 가해자의 고의·과실을 입증하기 어려워져 사실상 피해자 측에 손해가 모두 전가되는 경향이 증가하자 과실책임원칙을 수정한 민법 제758조 제1항, 자동차손해배상보장법 제3조 등이 도입되었고[6], 전자금융거래법도 이러한 입법경향을 반영하여 과실책임의 원칙을 수정한 전자금융거래법 제

6 재정경제부, "전자금융거래법안 법사위 심사대비 참고자료" (2006.4.), 금융정책국, 17-18면.

9조(금융회사 또는 전자금융업자의 책임)를 도입하게 되었다. 다수의 당사자가 참여하며 복잡하고 전문적인 기술이 이용되는 전자금융거래의 특성상 사고 발생 시 정확한 사고의 원인 및 책임부담 주체를 규명하기 어렵다는 점을 고려하여, 원칙적으로 금융회사등은 개인인 전자금융거래 이용자에 대하여 무과실책임을 부담하고, 법에서 정한 면책사유가 있는 경우에만 면책되도록 규정한 것이다.[7]

입법 당시 원칙적 무과실책임주의가 금융회사등에 지나친 부담이 되는 것은 아닌지에 관한 논의도 있었으나, (i) 선의의 이용자를 보호하여 금융시장의 안전성을 제고하는 데 기여할 수 있다는 점, (ii) 금융회사등은 보험계약 등을 통하여 전자금융거래 사고위험에 대비할 수 있고, 보험에 따른 비용은 수수료 등을 통하여 이용자에게 일부 전가할 수 있으므로 금융회사등에 현저한 부담을 주는 것은 아니라는 점, (iii) 수수료 인상으로 인한 전자금융거래 수요 감소보다는 전자금융시스템의 안전성에 대한 불신이 있는 경우의 수요 감소가 훨씬 크다는 점 등을 고려하여 최종적으로 원칙적 무과실책임주의를 도입하게 되었다.[8]

가. 손해배상책임의 요건

금융회사등은 (i) 접근매체의 위조나 변조로 발생한 사고(제1호), (ii) 계약체결 또는 거래지시의 전자적 전송이나 처리 과정에서 발생한 사고(제2호), (iii) 전자금융거래를 위한 전자적 정치 또는 「정보통신망 이용촉진 및 정보보호 등에 관한 법률」 제2조 제1항 제1호에 따른 정보통신망에 침입하여 거짓이나 그 밖의 부정한 방법으로 획득한 접근매체의 이용으로 발생한 사고(제3호) 중 어느 하나에 해당하는 사고로 인하여 이용자에게 손해가 발생한 경우, 원칙적으로 고의·과실 유무에 관계없이, 그 손해를 배상할 책임을 진다(전자금융거래법 제9조 제1항).

일반적으로 금융회사등이 이용자의 거래지시를 실행하는 과정은 ① 당사자의 거래지시의 진정성을 확인하는 단계, ② 확인된 거래지시를 전송하는 단계, ③ 전송된 거래지시에 따라 입금기장 또는 지급하는 단계로 구분할 수 있는데, 제1호는 ①단계, 제2호

7 재정경제부, "전자금융거래법 제정이유서", (2005.4.), 금융정책국, 102-103면.

8 재정경제부, "전자금융거래법안 법사위 심사대비 참고자료" (2006.4.), 금융정책국, 16, 34면.

는 ②단계 또는 ③단계에서 발생하는 사고로 볼 수 있다.[9] 제3호는 전자금융거래의 안전한 기반 조성을 위하여 해킹 등으로 인해 사고가 발생한 경우 금융회사등의 책임을 명확히 하기 위하여 2013. 5. 22. 신설된 규정이다. 각 유형별 사고 예시를 판례를 중심으로 살펴보면 다음과 같다.

(1) 접근매체의 위조나 변조로 발생한 사고 (제1호)

구 공인인증서(현재의 공동 인증서)의 경우, 공인인증서 자체가 접근매체에 해당함은 법문언상 명확하지만, 실제 판례들에서는 공인인증서 자체가 유출되거나 누설된 것이 아니라 보안카드상 기재된 숫자나 OTP생성기가 제공한 숫자가 유출되어 이를 바탕으로 공인인증서가 재발급된 경우가 주로 문제 되었다. 이러한 경우 일회용 비밀번호인 보안카드상의 숫자나 OTP생성기의 숫자가 접근매체에 해당하는지 문제 되는데, 대부분의 판례는 일회용 비밀번호도 접근매체에 해당한다고 보고 있다.[10][11]

한편, 공인인증서 재발급이 문제 된 위 사건들에서는 '접근매체'의 개념뿐만 아니라 '위조' 또는 '변조'의 개념도 문제되었다. 전자금융거래법은 '위조'나 '변조'의 개념에 관하여 규정하고 있지 않아 논란이 되었는데, 하급심 법원은 "권한 없는 성명불상자에 의하여 접근매체인 공인인증서가 부정하게 재발급된 것은 시스템 운영주체의 의사에 반하여 권한 없는 자의 신청에 의하여 공인인증서가 재발급되어 만들어진 것이므로, 본조의 '접근매체의 위조'에 해당한다"고 판시하여, 전자금융거래법 제9조의 '위조'는 '유형' 위조(권한 없는 자가 타인 명의의 문서를 작성하는 것)뿐만 아니라 '무형' 위조(작성 권한 있는 자가 진실에 반하는 내용의 문서를 작출하는 것)까지 포함하는 개념으로 해석하였다.[12]

---

9 정경영, "무권한 전자금융거래에서 금융기관의 책임", 금융법연구 제3권 제1호, 2006.9, 42면.

10 대법원 2014. 1. 29. 선고 2013다86489 판결("농협사건"), 서울중앙지방법원 2012. 8. 22. 선고 2011가단468047 판결("우리은행 사건"), 서울중앙지방법원 2012. 3. 28. 선고 2011가단105339 판결("한국투자증권 사건"), 서울중앙지방법원 2015. 1. 15. 선고 2013가합70571 판결("신한은행 사건") 등.

11 이러한 판례들에 대한 비판적인 입장은 한승수, "전자금융거래사고에 있어서 배상책임에 관한 소고 - 전자금융거래법 제9조의 구조 및 그 문제점을 중심으로," 법학연구 제18집 제2호, 2015.6, 160면 참조.

12 서울중앙지방법원 2012. 3. 28. 선고 2011가단105339 판결("한국투자증권 사건").

(2) 계약체결 또는 거래지시의 전자적 전송이나 처리 과정에서 발생한 사고 (제2호)

과거 시스템상 오류로 HTS(Home Trading System)상 실제 주문가능수량이 '0'임에도 불구하고 주문이 접수되는 오류가 발생한 사안에서 본 사고 유형에 해당하는지 여부가 문제 되었고, 서울고등법원은 '계약체결 또는 거래지시의 전자적 전송이나 처리 과정에서 발생한 사고'에 해당한다고 판시하였다.[13] 그러나 이후 주문가능금액 부족으로 풋옵션 매도 주문이 접수될 수 없는 상태인데도 시스템 오류로 주문이 접수되자 수십 회에 걸쳐 주문을 하여 다수의 풋옵션 매도 계약을 체결한 사안에서 대법원은 "이용자가 거래지시를 하여 거래지시에 따라 이용자가 본래 의도한 대로 전자금융거래가 이행된 경우에는 특별한 사정이 없는 한 전자금융거래법 제9조의 '사고'에 해당하지 않는다"라고 판시하였다.

(3) 전자금융거래를 위한 전자적 정치 또는 정보통신망에 침입하여 거짓이나 그 밖의 부정한 방법으로 획득한 접근매체의 이용으로 발생한 사고 (제3호)

'거짓이나 그 밖의 부정한 방법'이란, 접근매체를 사용하거나 취득할 자격이 없는 사람이 그 자격이 있는 것처럼 꾸미는 행위 또는 그 자격 없는 사실을 감추려는 사회 통념상 옳지 못한 행위로서 접근매체의 획득 및 이용에 영향을 미칠 수 있는 적극적 및 소극적 행위를 의미하는 것으로 볼 수 있다.[14] 따라서 전자금융거래법 제9조 제1항 제1호 관련하여 앞서 '접근매체의 위조' 여부가 문제 되었던 공인인증서 재발급은, '전자금융거래를 위한 전자적 정치 또는 정보통신망에 침입하여 거짓이나 그 밖의 부정한 방법으로 접근매체를 획득'한 것으로 해석할 수 있게 되었다. 즉, 공인인증서 재발급에 따른 사고는 전자금융거래법 제9조 제1항 제1호가 아닌 제3호로 포섭할 수 있게 되었으므로, 이후 '위조'의 개념에 대한 논의의 필요성은 다소 감소하였다고 볼 수 있다.[15]

13 서울고등법원 2013. 8. 22. 선고 2013나34954 판결

14 강희주 · 이상민, "전자금융거래법 제9조에 따른 금융기관등의 책임", 증권법연구 제15권 제1호, 2014.4, 265면.

15 강현구, 온주 전자금융거래법 제9조, 2025.6.10.

나. 면책 사유(전자금융거래법 제9조 제2항)

금융회사등은 전자금융거래법 제9조 제1항에도 불구하고, (i) 사고 발생에 있어서 이용자의 고의나 중대한 과실이 있는 경우로서 그 책임의 전부 또는 일부를 이용자의 부담으로 할 수 있다는 취지의 약정을 미리 이용자와 체결한 경우(제1호), (ii) 법인[16]인 이용자에게 손해가 발생한 경우로 금융회사 또는 전자금융업자가 사고를 방지하기 위하여 보안절차를 수립하고 이를 철저히 준수하는 등 합리적으로 요구되는 충분한 주의의무를 다한 경우(제2호) 중 어느 하나에 해당하는 사유가 있는 경우에는 그 책임의 전부 또는 일부를 이용자가 부담하게 할 수 있다. 각 면책 사유의 구체적인 내용을 살펴보면 다음과 같다.

(1) 사고 발생에 있어서 이용자의 고의나 중대한 과실이 있는 경우로서 그 책임의 전부 또는 일부를 이용자의 부담으로 할 수 있다는 취지의 약정을 미리 이용자와 체결한 경우 (제1호)

금융회사등은 (i) 사고 발생에 있어서 이용자의 고의나 중과실이 있고, (ii) 그 책임의 전부 또는 일부를 이용자의 부담으로 할 수 있다는 취지의 약정을 미리 체결한 경우, 사고 발생에 따른 손해배상책임을 감경 또는 면책 받을 수 있다. (i) 관련하여 이용자의 고의나 중과실은 동법 시행령에서 정한 4가지 유형에 해당하는 것으로서 전자금융거래에 관한 약관에 기재된 것에 한정된다(전자금융거래법 제9조 제3항, 동법 시행령 제8조).

실무상 주로 이용자의 어떤 행위가 '중과실'에 해당하는지 문제 되는데, 최근 대법원은 성명불상자가 원고에게 전화를 걸어 자신을 서울지방검찰청 검사라고 속이고 원고로 하여금 허위 대검찰청 인터넷사이트에 접속하게 한 후 원고의 주민등록번호, 휴대전화번호, 신용카드번호, 예금계좌번호, 각 비밀번호, 보안카드번호, 보안카드 비밀번호를 각 입력하게 하고, 이를 이용하여 원고 명의의 공인인증서를 재발급 받은 후, 3개의 금융기관으로부터 대출서비스 등을 받아 그 각 금전을 위 각 예금계좌로 송금받은 다음 다시 제3자 명의의 예금계좌로 송금한 사안에서 이용자의 '중과실'을 인정한 바 있다.

구체적으로 대법원은 "접근매체의 위조 등 금융사고가 일어난 구체적 경위, 그 위

16 「중소기업기본법」 제2조제2항에 의한 소기업을 제외한다.

조 등 수법의 내용 및 그 수법에 대한 일반인의 인식 정도, 금융거래 이용자의 직업 및 금융거래 이용경력 기타 제반 사정을 고려하여 판단"하여야 하는데, "① 이 사건 금융사고 당시에는 전화금융사기(이른바 보이스 피싱)가 빈발하여 이에 대한 사회적인 경각심이 높아진 상태이었던 점, ② 원고는 이 사건 금융사고 당시 만 33세로서 공부방을 운영하는 등 사회경험이 있었고 1년 이상 인터넷뱅킹서비스를 이용하여 왔던 점, ③ 원고는 관련 형사사건의 조사과정에서 성명불상자로부터 '001'로 시작되는 국제전화를 받아 순간 이상하다는 생각을 하였다고 진술하고 있는 점, ④ 그럼에도 원고는 제3자에게 접근매체인 공인인증서 발급에 필수적인 계좌번호, 계좌비밀번호, 주민등록번호, 보안카드번호, 보안카드 비밀번호를 모두 알려준 점 등에 비추어 보면, 원고는 '제3자가 권한 없이 접근매체를 이용하여 전자금융거래를 할 수 있음을 알았거나 쉽게 알 수 있었음에도 이를 노출'하였다고 볼 것이므로, 결국 원고의 위와 같은 금융거래정보 노출행위는 전자금융거래법 제9조 제2항·제3항, 같은 법 시행령 제8조 제2호, 피고은행들의 전자금융거래 기본약관 제20조가 정하는 금융사고의 발생에 이용자의 '중대한 과실'이 있는 경우에 해당한다"고 판시하였다.[17][18]

17 대법원 2014. 1. 29. 선고 2013다86489 판결

18 다만, 이에 대하여는 (i) 성명불상자가 검사를 사칭하며 전자금융사기 범죄의 공범인지확인이 필요하다면서 원고를 불안하게 만들었고, 가짜 대검찰청 사이트를 만들어 금융거래정보 등을 입력하도록 이용자를 유도하는 등 전자금융사기가 고도의 계산된 수법에 따라 일관되게 이루어졌고 기술적으로 이를 뒷받침하였다는 점을 고려할 때 원고의 행위를 '중과실'로 평가하기는 어렵다는 점 (서희석, "전자금융거래법상 '이용자의 중과실'의 판단기준 - 대법원 2014.1.29. 선고 2013다86489 판결의 비판적 고찰", 비교사법 제21권 제2호, 2014.5, 819면, (ii) '공평의 관점'에서 피싱, 파밍 공격자에게 속아 비밀번호 등 여러 정보를 시키는 대로 입력한 이용자의 부주의함만을 탓할 것이 아니라, 비밀번호 등을 입력하기만 하면 공인인증서를 온라인상으로 즉시 재발급해주거나 사고거래일 가능성이 심각하게 높다는 사실을 알면서도 이체거래를 그대로 수행해 버리는 은행의 잘못도 적절히 고려하였어야 함에도 그러지 않았다는 점 (김기창, "전자금융거래법상 '이용자의 중대한 과실' - 대법원 2013다86489 판결의 문제점", 정보법학 제18권 제3호, 2014.1, 224-225면) 등을 들어 비판하는 견해가 있다.

(2) 법인[19]인 이용자에게 손해가 발생한 경우로 금융회사 또는 전자금융업자가 사고를 방지하기 위하여 보안절차를 수립하고 이를 철저히 준수하는 등 합리적으로 요구되는 충분한 주의의무를 다한 경우 (제2호)

전자금융거래법은 이용자가 법인인 경우, 이용자가 개인인 경우와 달리, 금융회사등에 무과실책임을 부과하지 않고 있다. 즉, 금융회사등이 원칙적으로 무과실책임을 부담하되 이용자의 고의나 중과실 등을 입증한 경우 책임을 감경 또는 면제시켜주는 것이 아니라, 금융회사등이 사고 방지를 위하여 합리적으로 요구되는 충분한 주의의무를 다했다면 법인 이용자의 과실이 없더라도 면책될 수 있도록 정하였다. 이는 법인 이용자의 경우 거래규모 및 거래내용에 대한 전문성 및 보호 필요성의 정도에 있어서 개인 이용자와 차이가 있다는 점을 고려한 것이다.[20]

4 전자금융거래의 안전성 확보 및 이용자 보호 일반

전자금융거래법의 입법 목적인 전자금융거래의 안전성과 신뢰성을 달성하기 위해서는 보안 위협으로부터 금융회사등의 내부 전산자원과 고객 정보를 보호할 필요가 있다. 이에 전자금융거래법 제21조는 전자금융거래의 안정성 확보 의무에 관한 규정을 두고 있다. 금융회사등은 전자금융거래가 안전하게 처리될 수 있도록 선량한 관리자로서의 주의를 다하여야 한다(제21조 제1항). 또한 전자금융거래의 안전성과 신뢰성을 확보할 수 있도록 전자적 전송이나 처리를 위한 인력, 시설, 전자적 장치 등 「전자금융감독규정」으로 정하는 기준을 준수하여야 한다(같은 조 제2항). 구체적으로 ① 인력, 조직 및 예산 부문(규정 제8조 내지 제8조의3), ② 건물, 설비, 전산실 등 시설 부문(규정 제9조 내지 제11조), ③ 단말기, 전산자료, 정보처리시스템 등 정보기술부문(규정 제12조 내지 제14조의2), ④ 해킹, 악성코드 감염 등 정보보호부문(규정 제15조 내지 제19조의2), ⑤ 정보처리시스템 및 전자금융거래 관련 사업 부문(규정 제20조 내지 제22조), ⑥ 비상대책 수립·운용 등 업

19 「중소기업기본법」 제2조제2항에 의한 소기업을 제외한다

20 정대익, "무권한 전자지급거래 시 위험분배 원칙, 전자금융거래법 제9조의 비판적 검토", 경영법률 제19집 제1호, 2008.1, 293면.

무지속성 부문(규정 제23조 내지 제25조), ⑦ 전산원장통제, 프로그램 통제 등 정보기술부문 내부통제(규정 제27조 내지 제30조), ⑧ 그밖에 전자금융업무의 안전성 확보를 위하여 필요한 사항(규정 제34조 내지 제36조)과 관련된 기준을 규정하고 있다. 특히 실무상으로 금융회사등의 망분리 규정(전자금융감독규정 제15조 제1항 제3호 및 제5호) 준수 여부가 상당히 자주 문제 되는데, 이에 관하여는 별도로 후술한다.

금융회사등은 전자금융업무 및 그 기반이 되는 정보기술부문 보안을 총괄하여 책임질 정보보호최고책임자(CISO)를 지정하여야 한다(제21조의2 제1항).[21] 정보보호최고책임자는 ① 전자금융거래의 안정성 확보 및 이용자 보호를 위한 전략·계획의 수립, ② 정보기술부문의 보호, ③ 정보기술부문의 보안에 필요한 인력관리 및 예산편성, ④ 전자금융거래의 사고 예방 및 조치, ⑤ 전자금융업무 및 그 기반이 되는 정보기술부문 보안을 위한 자체심의에 관한 사항, ⑥ 정보기술부문 보안에 관한 임직원 교육에 관한 사항 등의 업무를 수행한다(같은 조 제4항, 시행령 제11조의4 제3항).

금융회사등은 전자금융기반시설[22]에 대하여 ① 정보기술부문의 조직, 시설 및 내부통제에 관한 사항, ② 정보기술부문의 전자적 장치 및 접근매체에 관한 사항, ③ 전자금융거래의 유지를 위한 침해사고 대응조치에 관한 사항, ④ 그밖에 대통령령으로 정하는 사항(통칭하여 "취약점")을 분석·평가하고 그 결과를 금융위원회에 보고하여야 한다(제21조의3 제1항). 금융회사등은 위와 같이 취약점을 분석·평가한 뒤 그 결과에 따른 보완조치의 이행계획을 수립·시행하여야 한다(같은 조 제2항).

금융회사등은 전자적 침해행위로 인하여 전자금융기반시설이 교란·마비되는 등의 사고(이하 "침해사고")가 발생한 때에는 금융위원회에 지체 없이 이를 알려야 한다(제21조의5 제1항). 또한 침해사고의 원인을 분석하고 피해의 확산을 방지하기 위하여 필요한 조치를 하여야 한다(같은 조 제2항).

21 직전 사업연도 말을 기준으로 총자산이 2조 원 이상이고 상시 종업원 수가 300명 이상인 경우에는 정보보호최고책임자를 임원으로 지정하여야 하며(같은 조 제2항, 시행령 제11조의4 제1항), 직전 사업연도 말을 기준으로 총자산이 10조 원 이상이고 상시 종업원 수가 1,000명 이상인 경우에는 정보보호최고책임자가 고유의 업무 외 다른 정보기술부문 업무를 겸직할 수 없다(같은 조 제3항, 시행령 제11조의4 제2항).

22 전자금융거래에 이용되는 정보처리시스템 및 「정보통신망 이용촉진 및 정보보호 등에 관한 법률」 제2조 제1항 제1호에 따른 정보통신망을 의미한다(제2조 제21호).

금융회사등은 전자금융거래의 내용을 추적 · 검색하거나 그 내용에 오류가 발생한 경우 이를 확인하거나 정정할 수 있는 기록(이하 "전자금융거래기록")을 생성하여 5년의 범위 안에서 대통령령으로 정하는 기간 동안 보존하여야 한다(제22조 제1항). 위 보존 기간이 경과하고 금융거래 등 상거래관계가 종료된 경우에는 5년 이내에 전자금융거래기록을 파기하여야 한다.

5 전자금융거래의 안전성 확보 - 망분리 규제를 중심으로

앞서 살펴본 전자금융거래의 안정성 확보 관련 규정 중 가장 실무적으로 많이 다루어지고 중요한 규제 중 하나는 감독규정 제15조 제1항 제3호 또는 제5호, 시행세칙 제2조의3(이하 "**망분리 규제**")이다. 이하에서는 망분리 규제의 도입 배경, 망분리의 기초 원리 · 개념 및 규제 현황, 망분리 규제의 최근 동향에 대해 차례로 살펴본다.

가. 망분리 규제의 도입 배경

2013년 3월 20일, 주요 방송사(KBS, MBC, YTN)와 금융회사(NH농협은행, 신한은행, 제주은행 등)의 전산망에서 동시다발로 장애가 발생하였다. 신한은행에서는 약 1시간 40분간 모든 전산이 마비되어 영업점 창구 업무와 인터넷뱅킹 · 스마트뱅킹, 현금자동입출금기(CD · ATM) 등을 이용한 전자금융거래가 중단되었으며, NH농협은행은 다음 날 오전까지 일부 영업점의 ATM, 창구 단말기 등이 복구 완료되지 않는 등 피해가 장기화되었다(이하 "2013년 금융전산 사고").[23] 사고의 원인을 조사한 결과, 인터넷과 연결된 내부 업무 PC, 운영단말기 등이 악성코드에 감염되어 정보유출 및 자료파괴를 초래하는 해킹 공격의 경로로 이용된 것으로 확인되었다.[24]

그 이전에도 2008년 7월 7개 저축은행의 대출정보 관리시스템이 해킹되어 다량의 고객정보가 유출되거나 2011년 4월 서버 관리를 맡은 외주 직원의 노트북이 악성코드에

---

23 "[역사속 오늘리뷰] 3월 20일 3.20 전산망 마비사태", 파이낸셜리뷰(2024.3.20.); "방송 · 금융사 전산망 마비사태…"악성코드로 해킹"-1", 연합뉴스(2013.3.20.); "[3.20 전산망 사이버테러] 농협 · 신한 · 제주銀, 금전피해 아직 보고안돼", 보안뉴스(2013.3.21.)

24 금융위원회, "전자금융 안전성 제고를 위한 금융전산 보안 강화 종합대책", 전자금융과 (2013.7.11.), 9면.

감염된 채 서버에 접근하여 인터넷 뱅킹 등이 마비되어 정상적인 서비스 제공이 중단되는 사고 등이 발생한 바 있어[25] 금융전산 사고 방지 대책을 마련할 필요성이 논의되었다.

이에 금융당국은 2013년 7월 인터넷망과의 연결을 통해 악성코드 등이 유입되는 것을 방지하기 위하여 내부업무망과 인터넷망의 분리를 의무화하겠다고 발표하였다. 국가·공공기관은 2008년부터 내부업무망과 인터넷망을 분리하여 운영해 오고 있었는데, 금융회사등도 마찬가지로 두 망을 분리하도록 정한 것이다. 구체적으로 금융당국은 우선 금융회사등의 전산센터에 대해 물리적 망분리를 의무적으로 실시하여, 2014년 12월까지 인터넷망을 원천 차단할 것을 요구하였다.[26]

이후 2013년 9월 금융회사등의 망분리 구축·운영에 도움을 주기 위한 금융전산 망분리 가이드라인이 발표되었으며, 2013년 12월 3일 전자금융감독규정 개정으로 망분리 규제가 본격적으로 도입되었다.

나. 망분리의 기초 원리, 개념 및 규제 현황

망분리의 기초 원리는 내부업무망과 인터넷망을 분리함으로써 인터넷망을 통해 들어오는 해킹 공격 등을 차단하는 것이다. 전술한 바와 같이, 인터넷과 연결된 내부 업무 PC 등이 악성코드에 감염되어 정보유출 및 자료파괴를 초래하는 해킹 공격의 경로로 이용된 것이 2013년 금융전산 사고의 원인이었다. 그러므로 내부업무망과 인터넷망을 분리한다면, 인터넷과 연결된 내부 업무 PC 등이 악성코드에 감염되더라도, 내부업무망은 인터넷망과 분리되어 있으므로 해킹 공격을 손쉽게 차단할 수 있다. 실제로 2017년 전 세계적으로 랜섬웨어 피해가 발생하였음에도 망분리 규제가 도입된 국내 금융권의 피해는 발생하지 않았다.[27]

망분리 방식은 크게 물리적 망분리와 논리적 망분리로 분류할 수 있다.

우선 물리적 망분리란, 통신망과 장비 등을 물리적으로 분리하여 내부업무망과 인

25 금융위원회·금융감독원, "금융전산 망분리 가이드라인", (2013.9.16.), 7면

26 금융위원회, "전자금융 안전성 제고를 위한 금융전산 보안 강화 종합대책", 전자금융과 (2013.7.11.), 9면

27 금융위원회, "4차 산업혁명 시대의 디지털금융 종합혁신방안 <전자금융거래법령 등 개정방향>" (2020.7.) 27면

터넷망 간의 접점을 제거하는 방식을 말한다. 하나의 컴퓨터에서 내부업무망과 인터넷망에 동시에 접속할 수 없어 원천적으로 두 망의 연결이 차단되므로 높은 보안성을 가진 것으로 평가되나, 시스템 자원을 이중으로 마련해야 하므로 인프라 구축 비용과 유지비용이 많이 소요되고, 망간 자료 교환 과정에서 업무효율성이 크게 저하된다는 문제가 있다.[28]

다음으로 논리적 망분리란, 물리적으로 동일한 통신망과 장비 등을 사용하지만, 가상화 등의 방법을 통해 내부업무망과 인터넷망을 논리적으로 분리하는 방식을 말한다. 하나의 컴퓨터를 가상화하여 분리하여 이용할 수 있기 때문에 물리적 망분리 방식에 비해 도입 비용이 낮다는 장점이 있다. 그러나 내부업무망과 인터넷망이 물리적으로는 연결되어 있기 때문에 물리적 망분리 방식에 비해 보안성이 낮다고 평가된다.[29]

그림 2 물리적 망분리와 논리적 망분리 비교[30]

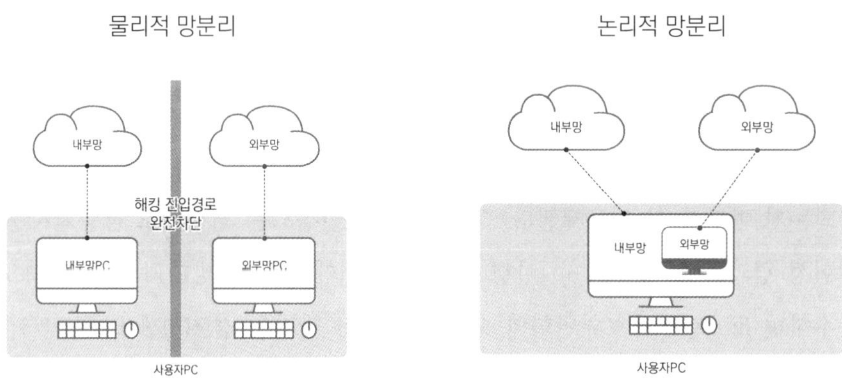

현행 감독규정은 망분리 적용 대상에 따라 망분리 방식을 달리 정하고 있다.

우선 감독규정 제15조 제1항 제5호는 ① '전산실 내에 위치한 정보처리시스템'과 ② '해당 정보처리시스템의 운영, 개발, 보안 목적으로 직접 접속하는 단말기'에 대해서는 인터넷 등 외부통신망으로부터 '물리적'으로 분리할 것을 규정하고 있다. 즉, 쉽게 표현

28 위와 같음.

29 위와 같음.

30 금융위원회·금융감독원, "금융회사의 상시 재택근무가 가능해집니다" (2020.9.18.), 5면.

하면, ① 전산센터 내에 위치한 서버와 ② 그 서버를 운영, 개발하는 인력의 PC는 인터넷 등 외부통신망과 물리적으로 분리하여야 한다는 것이다. 전산센터 내 서버에서는 전자금융업무를 수행하는 과정에서 필요한 수많은 중요 고객정보들이 처리되므로, 해킹 공격 등에 노출될 경우 피해 규모가 상당히 클 수 있다는 점을 고려하여, 외부 해킹 공격의 통로를 완전히 차단할 수 있도록 ①전산센터 내에 위치한 서버와 ②그 서버를 운영, 개발하는 인력의 PC에 대해서는 물리적 망분리를 의무화한 것이다.

반면 감독규정 제15조 제1항 제3호는 '내부통신망과 연결된 내부 업무용시스템'은 인터넷 등 외부통신망과 분리할 것을 규정하고 있다. 문언상 물리적·논리적 망분리가 모두 가능하여, 일반적으로 제3호에 해당하는 경우 금융회사등은 논리적 망분리 방식을 택하고 있다. 본점·영업점에서 임직원이 사용하는 업무용 PC는 처리하는 업무 및 데이터의 종류, 양 등을 고려할 때 전산센터 내 서버 및 그 서버를 관리하는 인력의 PC에 비해 해킹 공격 등에 노출될 경우 상대적으로 피해 규모가 작을 것으로 예상되므로, 물리적 망분리를 의무화하지 않았다.

한편, 감독규정 제15조 제1항 제3호 단서 및 제5호 단서는 (i) 연구·개발 목적의 경우, (ii) 업무상 불가피한 경우로서 시행세칙 제2조의3 제1항 및 제2항 각 호 사유가 있는 경우에는 망분리 규제 적용의 예외를 인정하고 있는데, 실무상 망분리 규제 적용의 예외가 인정되는지 여부가 자주 문제된다. 다만, 예외가 인정되는 경우에도 금융회사등은 (i) 자체 위험성 평가를 실시하고 (ii) 시행세칙 [별표 7]에서 정한 망분리 대체 정보보호통제를 준수하며 (iii) 정보보호위원회의 승인을 얻어야 한다는 점(시행세칙 제2조의3 제3항)을 유의할 필요가 있다.

다. 망분리 규제의 최근 동향

현재 금융권에 망분리 규제가 도입된지 10년 이상 경과하였다. 그동안 (i) 망분리로 인한 업무 비효율, (ii) 연구·개발 및 신기술(AI 등) 활용 애로, (iii) 해외 규제와의 괴리 등에 따른 규제 개선 요청이 지속되었고, 몇 차례 개선이 이루어졌으나 시장의 기대에 미흡한 측면이 있었다.

이에 2024년 8월 금융당국은 금융분야 망분리 개선 로드맵을 발표하였다.[31] 로드맵은 크게 3단계로 나누어 단계별 세부 추진과제를 제시하였다.

1단계는 (i) 생성형 AI 허용 (ii) 클라우드 이용 확대 (iii) 연구·개발 분야 망분리 개선을 주요 내용으로 한다. 금융회사등이 생성형 AI와 클라우드 기반 서비스를 이용하기 위해서는 내부업무망과 인터넷망 간 연결이 필요한데, 현행 망분리 규제 하에서는 생성형 AI와 클라우드 기반 서비스 이용이 법령상 정해진 망분리 예외사유에 해당하는지 여부가 불명확하므로, 규제샌드박스인 혁신금융서비스 지정 제도[32]를 활용하여 망분리 규제 적용의 특례를 허용하는 것이다. 한편, 연구·개발망은 현재 망분리 규제 적용의 예외가 인정되지만 연구·개발망과 내부업무망 간 물리적 분리 등의 제한으로 실효성이 낮은 문제가 있으므로, 감독규정 개정을 통해 논리적 분리를 허용하는 등 개선하겠다는 계획을 발표하였다.[33]

2단계는 1단계까지의 규제특례를 정규 제도화하는 것을 목표로 한다. 2025년 상반기까지 혁신금융서비스 운영사례의 성과를 검증하여, 이를 바탕으로 감독규정을 개정하는 등 제도화를 추진하는 것을 목표로 하고 있다.[34]

3단계로는 디지털금융보안법(가칭) 제정을 추진할 예정이다. 현재 전자금융감독규정은 세세한 행위 규칙(rule)을 마련하고 있어 "규정만 지키면 면책"이라는 인식이 만연하여, 금융회사등은 최소한의 기준만 준수할 뿐 적극적인 보안투자에 소홀하다는 문제점이 지적되고 있다. 이에 2025. 2. 5. 전자금융감독규정이 규칙(rule)에서 원칙(principle) 중심으로 개정되었는데, 궁극적으로 금융당국은 자율보안-결과책임 원칙에 입각한 디지털금융보안법을 제정함으로써 규칙(rule) 중심에서 원칙(principle) 중심으로 규제 패러다임을 전환하는 것을 목표로 하고 있다.[35]

31 금융위원회·금융감독원, "금융분야 망분리 개선 로드맵" (2024.8.), 1면.

32 금융혁신지원 특별법 제4조

33 금융위원회·금융감독원, "금융분야 망분리 개선 로드맵" (2024.8.), 5-11면.

34 금융위원회·금융감독원, "금융분야 망분리 개선 로드맵" (2024.8.), 12-13면.

35 금융위원회·금융감독원, "금융분야 망분리 개선 로드맵" (2024.8.), 14면.

Ⅲ 전자금융업에 대한 규율

1 전자금융업 일반

전자화폐의 발행 및 관리업무를 행하고자 하는 자는 금융위원회의 허가를 받아야 하고(제28조 제1항 본문)[36], 전자자금이체업무, 직불전자지급수단 발행·관리업무, 선불전자지급수단 발행·관리업무, 전자지급결제대행업무, 결제대금예치업무, 전자고지결제업무 등을 행하고자 하는 자는 금융위원회에 등록하여야 한다(같은 조 제2항 본문).[37] 단, 선불전자지급수단 및 전자지급결제대행과 관련하여 일정한 경우에는 등록하지 아니하고 업무를 행할 수 있는데, 이에 관하여는 후술한다.

위 규정에 따른 허가를 받거나 등록을 하려는 자는 (i) 제30조에서 정하는 자본금 또는 기본재산을 보유하고,[38] (ii) 이용자의 보호가 가능하고 행하고자 하는 업무를 수행함에 있어서 충분한 전문인력과 전산설비 등 물적 시설을 갖추고 있으며, (iii) 대통령령이 정하는 재무건전성 기준을 충족하고, (iv) 사업계획이 타당하고 건전하며, (v) 주요출자자가 충분한 출자능력, 건전한 재무상태 및 사회적 신용을 갖추고 있어야 한다(제31조 제1항).

허가를 받거나 등록을 하지 아니하고 업무를 행할 경우, 혹은 허위 또는 그 밖의 부정한 방법으로 허가를 받거나 등록을 한 경우 3년 이하의 징역 또는 2천만 원 이하의 벌금에 처할 수 있다(제49조 제5항 제5호, 제6호).

전자금융업 중 실무상으로 가장 많이 영위되고 그 만큼 이슈가 되는 것은 전자지급결제대행업(Payment Gateway)과 선불전자지급수단 발행·관리업이다[39]. 따라서 이하에서는 이 둘에 대하여 구체적으로 살펴본다.

36 다만, 아직까지 실무상으로 전자화폐업은 활용되지 않고 있고, 허가 받은 사례도 없다.

37 은행, 신용카드사업자 등 시행령 제15조 제1항, 제2항으로 정하는 일정한 예외의 경우에는 허가나 등록이 필요하지 아니하다(제28조 제1항 단서, 같은 조 제2항 단서).

38 자본금 또는 기본재산 요건과 관련하여 전자금융업의 세부 유형별로 다르게 정하고 있는데, 이에 관하여는 별도 목차로 설명한다.

39 2024년 말 기준으로 전자지급결제대행업으로 등록한 업자가 156개로 가장 많았고, 선불전자지급수단 발행 및 관리업으로 등록한 업자가 89개로 그 다음을 차지하였다("[보도자료] 2024년중 전자지급서비스 이용현황", 한국은행 공보 2025-03-15호(한국은행, 2025.3.20.)).

2 전자지급결제대행업

가. 의미 및 법률관계

전자지급결제대행(Payment Gateway, 이하 "PG")은 전자적 방법으로 재화의 구입 또는 용역의 이용에 있어서 지급결제정보를 송신하거나 수신하는 것 또는 그 대가의 정산을 대행하거나 매개하는 것을 말한다(전자금융거래법 제2조 제19호). 즉, PG는 전자상거래에서 판매자를 대신하여 구매자가 선택한 은행이나 신용카드 회사 등으로부터 결제대금을 수령하고, 소정의 수수료를 공제한 뒤 판매자에게 이를 지급하는 서비스를 가리킨다.[40] 이에 따라 전자상거래 등에서의 소비자보호에 관한 법률상 통신판매중개업자에 해당하는 오픈마켓 운영자도 일반상품 판매거래에서 결제대금을 정산하는 과정에 관여한다면 PG에 해당하여 등록이 필요하다.[41][42]

PG는 온라인 쇼핑몰에서 재화를 구입하고 신용카드 등으로 결제하는 단계에서 흔히 접할 수 있다. PG 산업이 성장한 과정 자체가 온라인 쇼핑몰의 활성화와 직결되는데, 전자상거래 사업자인 온라인 쇼핑몰이 전자결제시스템을 스스로 구축하여 제공하기보다 PG업자의 서비스를 이용할 경우 비용 효율적이면서도 안전한 쇼핑몰 운영이 가능하다는 점에서, PG 서비스는 온라인 쇼핑몰에 필수적인 요소로 자리매김하였다. 이렇게 양측의 수요가 맞아떨어지며 PG업자와 전자상거래 사업자의 선순환적 성장이 이어져 왔다.[43]

---

40 이준희 · 김계정, 온주 전자금융거래법 제2조 제19호, 2025.1.21.

41 금융위원회 2018.10.5.자 법령해석 회신문 160862

42 다만, 2024년 티메프 사태를 계기로 PG업자에 대한 규제의 불합리성에 관한 논의가 부상하며, 동시에 PG의 범위가 지나치게 넓다는 비판이 제기되었다. 이에 2024.10.31. PG업의 범위를 합리적으로 축소하는 것을 골자로 하는 전자금융거래법 개정안(강민국 의원 대표발의)이 발의되었다. 개정안에 따르면 PG업은 "제3자 사이에서 이루어지는 재화의 공급 또는 용역의 제공에 대한 대가의 지급이 전자지급수단으로 이루어지는 경우에 있어서 그 대가를 수수하여 정산을 대행하는 것"을 뜻하고, 다만 대가의 수수 및 정산대행이 판매중개 등 다른 업무와 결부되는 경우는 PG업에서 제외된다(개정안 제2조 제19호). 또한 개정안은 백화점, e-커머스, 프랜차이즈 등과 같이 자기 사업의 일부로서 대금을 수취하여 내부정산을 하는 경우도 PG업에서 제외될 수 있도록 하였다(개정안 제3조 제4항). 따라서 개정안에 따르면 PG업의 범위가 상당히 축소될 수 있다.

43 배문선 · 양아라, "비금융기관의 전자지급결제 업무 현황과 향후 과제", BOK 이슈노트 2014-8호,

PG 서비스는 지급결제수단의 종류에 따라 신용카드 PG, 계좌이체 PG, 가상계좌 PG, 상품권결제 PG, 휴대전화결제 PG 등으로 구분될 수 있는데, 실무상 가장 많이 이용되는 것은 신용카드 PG 서비스이다. 참고로, 휴대전화결제 PG는 「정보통신망 이용촉진 및 정보보호 등에 관한 법률」 제2조 제1항 제10호 나목에서 통신과금서비스로 분리 규정됨에 따라 방송통신위원회 산하의 서비스로서 별도 등록제로 운영되고 있다.[44] 이 중 대표적인 신용카드 PG 서비스의 지급결제 과정을 요약하면 아래 그림과 같다.[45]

그림 3 신용카드 PG의 결제 구조[46]

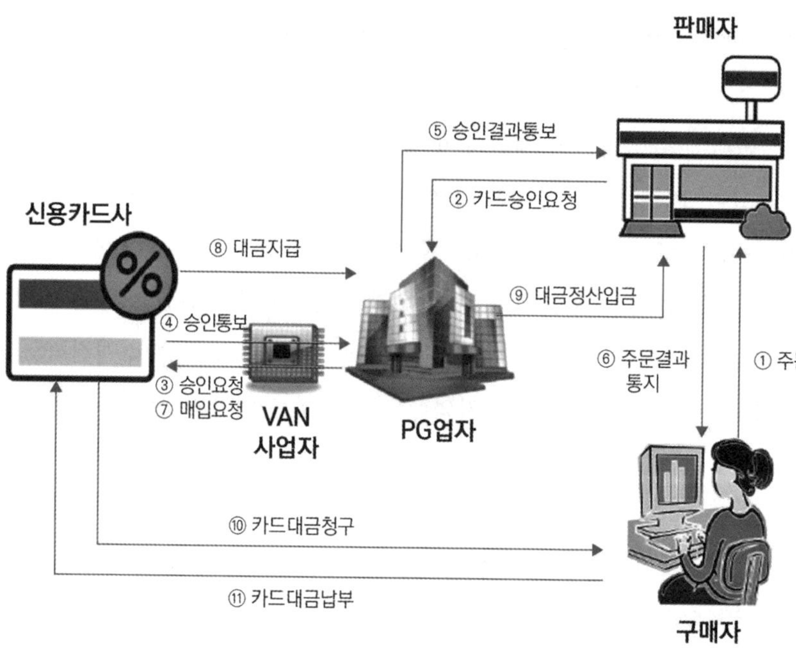

2014.6.17, 4면.

44 이준희 · 김계정, 온주 전자금융거래법 제2조 제19호, 2025.1.21.

45 이규태, "전자지급결제대행업의 법적 지위와 책임에 대한 검토 - 신용카드PG에 관하여", 지급결제학회지 제13권 제1호, 2021.1, 273-289면; 강현구, "전자지급결제대행업에 대한 법적 고찰 - 전자금융거래법, 여신전문금융업법, 정보통신망법 적용 관계를 중심으로", 금융법연구 제3권 제1호, 2016.1, 59-90면.

보다 구체적으로 법률관계를 분석하기 위해서는, PG업자와 관련을 맺고 있는 세 유형의 당사자, 즉 (i) 판매자, (ii) 결제수단 발행사(예: 신용카드 회사), (iii) 구매자 등으로 구분하여 법률관계를 살펴볼 필요가 있다.

PG업자는 PG 서비스 이용을 희망하는 판매자와 PG 서비스 이용계약을 체결한다. PG 서비스 이용계약은 대부분 일회성 거래로 끝나는 것이 아니라 계속적으로 발생하는 채권·채무를 규율하는 계속적 채권관계로 정해진다. PG업자는 PG 계약에 따라 결제대행업무의 처리 과정에서 받은 결제대금을 판매자에게 지급할 의무를 부담한다. 아울러 PG 계약의 내용으로 PG업자가 판매자에게 PG업자의 전자결제시스템과 연동될 수 있는 API 또는 소프트웨어를 제공할 의무가 있다는 조항이 포함되는 경우가 일반적이며, PG업자는 이러한 조항에 따라 판매자에게 PG업자의 전자결제시스템과 연결되어 결제정보를 전송할 수 있는 API 연동 키(key) 또는 모듈 등을 전달한다. 판매자는 전달받은 API 연동 키 등을 이용하여 결제버튼·인증창 등 결제 환경을 조성함으로써, 구매자가 판매자의 웹사이트나 애플리케이션 등에 결제정보를 입력하면 해당 정보가 PG업자의 플랫폼에 전달될 수 있도록 한다.[47]

PG업자는 결제수단 발행사와 사이에 결제대금지급대행을 위한 계약을 체결한다. 이 또한 계속적으로 발생하는 채권·채무를 규율하는 계속적 채권관계로 정해지는 경우가 일반적이다. 결제수단 발행사가 신용카드 회사인 경우, 여신전문금융업법에 따라 PG업자가 신용카드 회사와 대표가맹점 계약을 체결하고, 여기에 더하여 전자상거래 결제대행서비스 특약, 수기매출전표 특약 등 신용카드 지급의 결제대행을 위한 일련의 계약을 체결하게 된다.[48]

PG업자는 일반적으로 이용자와 전자금융거래약관을 체결하고, 이에 더 나아가 해당 약관에 포함되지 않은 사항들을 서비스이용약관 형태로 추가로 체결하기도 한다.[49]

46 배문선·양아라, "비금융기관의 전자지급결제 업무 현황과 향후 과제", BOK 이슈노트 2014-8호, 2014.6.17, 4면.

47 KG이니시스 서비스 이용계약서, NHN KCP 전자결제대행 및 결제대금 예치서비스 계약서, 토스페이먼츠 전자결제서비스 이용계약 등 참조.

48 이준희·김계정, 온주 전자금융거래법 제2조 제19호, 2025.1.21.

49 예를 들어, 토스페이먼츠는 이용자와 전자금융거래 기본약관 외에도 토스페이먼츠 전자결제서비스 이용계약을 체결한다.

이 경우, 전자금융거래약관에는 전자금융거래법에서 요구하는 기본적인 사항들이 규정되어 있고, 서비스이용약관에는 서비스별로 보다 구체적인 권리의무가 규율되는 경우가 일반적이다.

나. 진입 규제 (등록요건)

전자금융거래법은 PG업을 행하고자 하는 자로 하여금 금융위원회에 등록할 의무를 부과하고 있다(제28조 제2항 본문 제4호).[50] 그러나 자금이동에 직접 관여하지 아니하고 전자지급거래의 전자적 처리를 위한 정보만을 전달하는 업무 등 전자금융거래와 관련된 자금을 수수하거나 수수를 대행하지 아니하고 전자지급거래에 관한 정보만을 단순히 전달하는 업무를 수행하는 자의 경우 등록하지 아니하고 업무를 수행할 수 있다고 정한다(같은 조 제3항 제2호). 결국 PG업 등록 여부에서 중요한 것은 "자금이동에 직접 관여"하여 "전자금융거래와 관련된 자금을 수수하거나 수수를 대행"하는지 여부이다.

PG업자로 등록하려면 「상법」 제170조에서 정한 회사 또는 「민법」 제32조에서 정한 법인이어야 하고, PG업무에 상응하는 자본금 · 출자총액 또는 기본재산이 10억 원 이상이어야 한다(제30조 제3항 제2호, 시행령 제17조 제3항 제1호).[51][52] PG업 등록을 하려면 이용자의 보호가 가능하고 행하고자 하는 업무를 수행함에 있어서 충분한 전문인력과 전산설비 등 물적 시설을 갖추고 있어야 하고(제31조 제1항 제2호), 시행령 제18조 제1항 및 제2항에서 정한 재무건전성 기준을 충족하여야 하며(같은 항 제3호), 사업계획이 타당하고

50 체신관서, 새마을금고, 새마을금고중앙회, 상호저축은행 및 그 중앙회 등 일부 금융회사에 대하여는 예외적으로 등록을 면제하여 주고 있다(제28조 제2항 각 호 외의 부분 단서).

51 분기별 결제대행금액을 30억 원 이하로 운영하고자 하는 자는 3억 원 이상의 자본금 · 출자총액 또는 기본재산을 보유하면 되는 것으로 완화된다(제30조 제3항 제1호, 시행령 제17조 제2항 제1호, 전자금융감독규정 제42조의2 제1항). 만일 등록을 한 후 분기별 결제대행금액이 2분기 이상 계속하여 30억 원을 초과하는 경우에는, 그 내용을 금융위원회에 신고하고 신고한 때로부터 6월 이내에 본문의 자본금 요건(10억 원 이상)을 갖추어야 한다(제30조 제4항, 전자금융감독규정 제42조의2 제2항).

52 한편, 강민국 의원이 대표발의한 전자금융거래법 개정안은 (i) 분기별 전자금융거래 총액이 30억 원을 초과하고 300억 원 이하의 범위에서 운영하고자 하는 자와 (ii) 300억 원을 초과하여 운영하고자 하는 자의 경우를 나누어 규정함으로써 자본금 요건을 강화하고 있다(개정안 제30조 제3항 제2호, 제3호).

건전하여야 하고(같은 항 제4호), 시행령 제18조 제3항에서 정하는 주요출자자가 충분한 출자능력과 건전한 재무상태 및 사회적 신용을 갖추고 있어야 한다(같은 항 제5호).

다. 행위 규제

앞에서 설명한 전자금융거래 안전성 확보의무(제21조), 약관의 명시 · 제정 · 변경(제24조 · 제25조), 경영지도기준 준수의무(제42조) 등이 PG업자에게도 공통적으로 적용된다.

또한, 2024년 티메프 사태가 발생하며 PG의 건전성 규제 등을 강화해야 한다는 의견이 제기됨에 따라, 금융위원회는 2024.9. 「전자지급결제대행업(PG) 제도개선방안」을 공개하였다. 위 방안의 요지는, (i) PG업자의 미정산자금 전액에 대하여 별도관리 의무를 부과하고,[53] (ii) PG업자가 경영지도기준이나 별도관리의무를 준수하지 않을 경우 시정요구 · 영업정지 · 등록취소 등 단계적 조치를 할 수 있도록 관련 규제를 정비해 가겠다는 것이다. 이후 금융감독원은 2025.7. 위 방안의 취지에 따라 「정산자금 외부관리 가이드라인」 초안을 공개하여, 업계의 의견을 청취한 뒤 내용을 확정하겠다고 발표하였다.[54] 동 가이드라인(안)은 정산자금의 60% 이상에 해당하는 금액을 정산자금관리기관을 통하여 신탁 또는 지급보증보험의 방법으로 관리하여야 한다고 규정하고(제5조), PG업자의 등록이 취소 · 말소되거나, 파산선고를 받거나, 폐업하는 등의 사건이 발생하면, 정산자금관리기관이 외부관리하는 정산자금을 판매자등의 청구에 따라 해당 판매자등에게 우선하여 지급하도록 하여야 한다고 명시하였다(제15조).[55]

---

53 금융위원회는 구체적으로 별도관리는 예치, 신탁, 지급보증보험 가입으로 제한하고, 별도관리 방식 등을 계약 체결 시 판매자에게 고지하고 회사 홈페이지에도 공시하도록 하며, 다만 규제준수 부담을 고려하여 적절한 경과기간을 부여할 계획이라고 설명하였다. 또한 별도관리하는 자산의 양도 · 담보 제공 및 제3자의 압류 · 상계를 금지하고 우선변제권을 도입하여 PG업자 파산 시에도 정산자금이 안전하게 보호될 수 있도록 하겠다고 발표하였다{"[보도자료] 티메프 사태 재발 방지를 위한 전자지급결제대행(PG)업 제도개선안 발표", 금융위원회(2024.9.9.)}.

54 "금융당국, 티메프 재발 차단…"PG사, 정산금 60% 외부관리", 뉴시스(2025.7.8.).

55 앞에서 언급한 강민국 의원이 대표발의한 전자금융거래법 개정안에 따르면, PG업자는 정산금 전액을 은행 등 정산자금관리기관을 통하여 신탁, 예치, 또는 지급보증보험의 방법으로 외부관리하여야 하고(개정안 제25조의4 제1항 각 호), 외부관리하는 정산금은 상계 또는 압류가 금지되고 합병 또는 영업양도 등 일정한 경우 외에는 PG사의 양도 또는 담보 제공이 금지된다(개정안 제25조의4 제4항, 제5항). 그리고 정당한 사유가 없는 한 PG 계약에서 정한 정산기한 내에 수수한 대가를 정산

3 선불전자지급수단

가. 선불전자지급수단의 의미 / 법률관계

선불전자지급수단은 이전 가능한 금전적 가치가 전자적 방법으로 저장되어 발행된 증표(전자적 방법으로 변환되어 저장된 증표를 포함) 또는 그 증표에 관한 정보로서 발행인(대통령령으로 정하는 특수관계인 포함[56]) 외의 제3자로부터 재화 또는 용역을 구입하고 그 대가를 지급하는 데 사용되는 것을 말한다(제2조 제14호). 이용자가 선불전자지급수단 발행의 대가로 선불전자지급수단 발행업자에게 지급한 금액으로서 대금결제, 양도, 환급 등에 사용한 금액을 차감한 잔액을 '선불충전금'이라고 하며(제25조의2 제1항), 이는 사실상 발행잔액의 경제적 가치를 의미한다고 볼 수 있다.[57]

현재 시장에서 널리 활용되는 선불전자지급수단의 사례로는 네이버페이 머니, 카카오페이 머니, 토스머니 등이 있다. 이러한 선불전자지급수단은 단순히 물품의 결제에만 쓰이는 것이 아니라, 간편송금 서비스에도 활발히 사용되고 있다. 간편송금 서비스는 선불전자지급수단의 양도 및 환급 기능을 통해 이용자가 송금을 편리하게 할 수 있도록 돕는다.

개정 전 전자금융거래법(2020. 6. 9. 법률19734호로 개정되기 전의 것)에서는 "구입할 수 있는 재화 또는 용역의 범위가 2개 업종 이상일 것"이라는 요건도 추가로 규정되어 있어서 소위 '범용성' 요건이 주로 문제 되었고 관련한 금융위원회의 법령해석도 다양하

하여 지급하여야 한다(개정안 제36조의3). 나아가 PG사가 경영지도기준을 준수하지 않은 경우 금융위원회가 경영개선을 위하여 필요한 시정조치를 요구할 수 있으며(개정안 제42조 제3항), 정산금을 외부관리하지 아니하고 전자지급결제대행 이외의 다른 목적으로 사용할 경우 10년 이하의 징역 또는 1억 원 이하의 벌금에 처할 수 있다(개정안 제49조 제1항 제5호).

56 과거에는 시행령으로 모회사·자회사 또는 지주회사 등이 특수관계인에 해당한다고 규정되어 있었으나, 2021년 머지포인트 사태를 계기로 지주회사·모회사·자회사 간 통용되는 선불전자지급수단도 보호 대상으로 포섭하여야 한다는 비판이 이어지자 금융위원회는 시행령상의 조문을 삭제하였다. 이로써 발행인이 아닌 자가 모두 '제3자'에 해당하게 되어, 동일 계열사 내에서만 사용되는 포인트 등도 전자금융거래법상 선불전자지급수단의 범위에 포함되기에 이르렀다. 금융위원회, 전자금융거래법 시행령 규제영향분석서, 2024, 31면; 이준희·김계정, 온주 전자금융거래법 제2조 제14호, 2025.1.20.; 김영준·김계정·김준영, "선불전자지급수단의 법적 쟁점과 과제 - 개정 전자금융거래법을 중심으로 -", BFL 제129호, 2025.1, 30면 참조.

57 최정영, 온주 전자금융거래법 제25조의2, 2025.4.28.

게 존재하였는데, 2024. 9. 15.부터 시행된 전자금융거래법(법률 제19734호, 2023. 9. 14. 일부개정)에 따르면 위 요건이 삭제되었다.[58]

나. 진입 규제 (등록요건)

선불전자지급수단의 발행 및 관리업무를 행하고자 하는 자는 PG의 경우와 마찬가지로 금융위원회에 등록하여야 한다(제28조 제2항 본문 제3호). 그러나 예외적으로 선불전자지급수단을 발행하려는 자 중 ① 하나의 가맹점(가맹점의 사업주가 동일한 경우로 한정)에서만 사용되는 선불전자지급수단을 발행하는 자, ② 선불전자지급수단의 발행잔액이 30억 원 미만이고 연간 총발행액이 500억 원 미만인 자, ③ 이용자가 미리 직접 대가를 지불하지 아니한 선불전자지급수단(이른바 무상 선불전자지급수단)으로서 이용자에게 저장된 금전적 가치에 대한 책임을 이행하기 위하여 대통령령이 정하는 방법에 따라 상환보증보험 등에 가입한 경우 등에는 금융위원회에 등록하지 아니하고 선불전자지급수단을 발행할 수 있다.

선불전자지급수단 발행·관리업자(이하 "선불업자")로 등록할 수 있으려면 「상법」 제170조에서 정한 회사 또는 특별법에 따라 설립된 법인(해당 법률에서 정한 업무를 수행하기 위하여 행하는 선불전자지급수단의 발행 및 관리업무로 한정)이어야 하고, 선불전자지급수단 발행·관리업무에 상응하는 자본금 또는 출자총액이 20억 원 이상이어야 한다(제30조 제2항, 시행령 제17조 제1항 제3호). 선불전자지급수단 발행·관리업 등록을 하려면 이용자의 보호가 가능하고 행하고자 하는 업무를 수행함에 있어서 충분한 전문인력과 전산설비 등 물적 시설을 갖추고 있어야 하고(제31조 제1항 제2호), 시행령 제18조 제1항 및 제2항에서 정한 재무건전성 기준을 충족하여야 하며(같은 항 제3호), 사업계획이 타당하고 건전하여야 하고(같은 항 제4호), 시행령 제18조 제3항에서 정하는 주요출자자가 충분한 출자능력과 건전한 재무상태 및 사회적 신용을 갖추고 있어야 한다(같은 항 제5호).

58 범용성 요건은 머지포인트 사태에서 선불전자지급수단 규제를 회피하는 수단으로 악용되기도 하였다. 이용자에게 발행된 머지포인트가 머지머니로 전환되고, 머지머니가 다시 모바일 상품권으로 교환된 후 해당 모바일 상품권을 통해 재화나 용역의 구입이 이루어졌기에, 당시 머지포인트 및 머지머니 발행사는 머지포인트 및 머지머니가 오로지 모바일 상품권 구입에만 쓰인다는 이유에서 선불전자지급수단 발행·관리업 등록을 하지 않았고, 이러한 규제의 공백은 머지포인트 사태를 야기하는 계기가 되었다[김영준·김계정·김준영, "선불전자지급수단의 법적 쟁점과 과제 - 개정 전자금융거래법을 중심으로 -", BFL 제129호, 2025.1, 29면].

다. 행위 규제

앞에서 설명한 전자금융거래 안전성 확보의무(제21조), 약관의 명시 · 제정 · 변경(제24조 · 제25조), 경영지도기준 준수의무(제42조) 등이 선불업자에게도 공통적으로 적용된다.

또한, 선불전자지급수단의 발행권면 최고한도는 기본적으로 50만 원이고, 다만 실지명의로 발행하는 경우 200만 원까지 발행할 수 있다(제23조 제1항, 시행령 제13조 제1항). 일반적으로 선불전자지급수단을 충전하거나 이용하는 방법에 관하여는 각 업자가 마련한 전자금융거래 이용약관에서 구체적으로 정하고 있다.[59]

선불전자지급수단의 환급에 관하여는 전자금융거래법이 세부적으로 규율하고 있다. 선불업자는 선불전자지급수단보유자가 선불전자지급수단에 기록된 잔액의 환급을 청구하는 경우에는 미리 약정한 바에 따라 환급하여야 하고(제19조 제1항), 환급과 관련된 약정을 약관에 기재하여야 한다(제19조 제2항). 만일 (i) 천재지변 등 사유로 선불전자지급수단의 가맹점이 재화 · 용역을 제공하기 곤란하여 선불전자지급수단을 사용하지 못하게 되거나, (ii) 선불전자지급수단의 결함으로 가맹점이 재화 · 용역을 제공하지 못하거나, (iii) 선불전자지급수단에 기록된 잔액이 일정비율 이하이거나(일정비율은 20% 미만으로 정할 수 없음)[60], (iv) 이용자에게 불리하게 선불전자지급수단을 이용할 수 있는 가맹점을 축소하거나 선불전자지급수단의 이용 조건을 변경하는 경우에 해당하면, 선불전자지급수단에 기록된 잔액의 전부를 지급한다는 내용을 약관에 포함시켜야 한다(같은 항).

한편, 2021년 머지포인트 사태로 개정된 전자금융거래법(2023. 9. 14. 법률 제19734호)은 선불충전금 보호 조항을 두고 있는데, 그 취지는 경영악화 및 도산 등으로 인한 지급불능 사태가 발생할 경우 선불충전금을 보호함으로써 이용자가 불측의 피해를 입지 않도록 하기 위한 것이다.[61]

구체적으로 살펴보면, 선불업자는 선불충전금의 100% 이상에 해당하는 금액을 은

---

59 카카오 전자금융거래 이용약관, 토스 서비스 이용약관 등 참조.

60 공정거래위원회의 신유형 상품권 표준약관에 의하면, 신유형 상품권 금액의 100분의 60 이상에 해당하는 물품 등을 제공받고 고객이 잔액의 반환을 요구하는 경우, 발행자는 잔액을 반환하여야 한다고 규정하고 있다(제7조 제2항). 이러한 표준약관은 그 자체로 법적 구속력은 없으나, 선불업자에 대한 약관 통제의 기준으로 작용하고 있다.

61 최정영, 온주 전자금융거래법 제25조의2, 2025. 4. 28.

행 등 대통령령으로 정하는 금융회사(이하 "선불충전금관리기관")를 통하여 (i) 신탁, (ii) 예치, (iii) 지급보증보험 중 하나에 해당하는 방법으로 관리("별도관리")하여야 한다(제25조의2 제1항, 시행령 제13조의2 제2항). 선불업자는 별도관리하지 않는 선불충전금과 위 지급보증보험을 가입한 선불충전금을 직접 운용할 수 있다(제25조의2 제2항). 그 외의 경우에는 별도관리하는 선불충전금관리기관이 선불충전금을 운용하여야 한다. 어느 주체가 운용하든 간에 선불충전금은 시행령 제13조의3에서 정하는 방법에 따라 안전하게 운용하여야 한다(같은 조 제3항).

누구든지 별도관리하는 선불충전금을 상계하거나 압류(가압류)할 수 없고(제25조의2 제5항), 선불업자는 합병 또는 영업양도 등 대통령령으로 정하는 경우를 제외하고는 별도관리하는 선불충전금을 양도하거나 담보로 제공하여서는 아니 된다(같은 조 제6항). 특히 선불업자의 등록이 취소·말소되거나, 파산선고를 받거나 그밖에 이에 준하는 사유가 발생하면, 선불충전금관리기관은 별도관리하는 선불충전금을 이용자의 청구에 따라 해당 이용자에게 우선하여 지급하여야 하고(제25조의2 제7항), 선불충전금에 관한 청구권을 가지는 이용자 및 그 청구권의 양수인 등은 선불업자가 선불충전금으로 별도관리하는 재산에 대하여 다른 채권자보다 우선하여 그 청구권에 관한 금액을 변제받을 권리가 있다(같은 조 제11항).

선불업자는 ① 대통령령으로 정하는 재무건전성 요건을 충족하지 아니한 자가 선불전자지급수단의 할인발행 또는 적립금 지급 등 이용자에게 경제적 이익을 부여하는 행위, ② 이용자에게 경제적 이익을 부여한 금액을 별도관리하지 아니하고 경제적 이익을 부여하는 행위, ③ 선불전자지급수단을 이용할 수 있는 가맹점을 축소하려거나 선불전자지급수단의 이용 조건을 변경하려는 날의 7일 전까지 이용자에게 통지하지 아니하고 이용자에게 불리하게 선불전자지급수단을 이용할 수 있는 가맹점을 축소하거나 선불전자지급수단의 이용조건을 변경하는 행위 등을 하여서는 아니 된다(제36조의2, 시행령 제22조의4 제3항).

선불전자지급수단의 할인발행 제한과 관련하여, 종래에는 선불전자지급수단의 할인발행을 직접적으로 제한하는 규정이 없었으나, 머지포인트 사태에서 사업자의 악화된 재무상태 속에서 무리하게 선불전자지급수단이 할인발행되었던 사실을 고려하여 일정한 재무건전성 요건[62]을 갖춘 선불업자만이 할인발행을 할 수 있도록 한 것이다.

한편, 선불업자는 소액후불결제업무를 겸영할 수 있다. 즉, 선불업자는 이용자의 선불충전금이 부족한 경우에 그 부족분에 대하여 선불업자 스스로의 신용으로 가맹점에게 재화 또는 용역의 대가를 지급할 수 있도록 하는 겸영업무로서 소액후불결제업무를 영위할 수 있다. 다만, 소액후불결제업무가 신용을 공여하는 성격이 있음을 감안하여, 선불업자가 소액후불결제업무를 겸영업무로 승인받기 위한 요건 및 소액후불결제업무의 범위를 상대적으로 엄격하게 규제하고 있다. 예를 들어, 소액후불결제업무를 승인받기 위해서는 자본금 50억 원 이상, 부채비율 180% 이하 수준의 재무건전성을 갖춘 주식회사이어야 하고, 이용자별 이용한도는 30만 원 이내로 제한된다. 또한, 소액후불결제업무가 포용적 금융의 성격을 지닌 점을 감안하여, 대안신용평가모델을 이용하여 이용자별 한도를 산정하도록 하였다(제35조의2, 시행령 제22조의2, 제22조의3 [별표 1의2]).

62 자기자본·출자총액 또는 기본재산 대비 부채총액의 비율이 200% 이내이어야 한다(시행령 제22조의4 제1항, 전자금융감독규정 제51조 제6항, 제1항 제2호 다목).

참/고/문/헌

〈국내문헌〉

강현구, "전자지급결제대행업에 대한 법적 고찰 - 전자금융거래법, 여신전문금융업법, 정보통신망법 적용 관계를 중심으로", 금융법연구 제13권 제1호, 2016.1.

강희주·이상민, "전자금융거래법 제9조에 따른 금융기관등의 책임", 증권법연구 제15권 제1호, 2014.4.

김기창, "전자금융거래법상 '이용자의 중대한 과실' - 대법원 2013다86489 판결의 문제점", 정보법학 제18권 제3호, 2014.1.

김영준·김계정·김준영, "선불전자지급수단의 법적 쟁점과 과제 - 개정 전자금융거래법을 중심으로 - ", BFL 제129호, 2025.1.

서희석, "전자금융거래법상 '이용자의 중과실'의 판단기준 - 대법원 2014.1.29. 선고 2013다86489 판결의 비판적 고찰", 비교사법 제21권 2호, 2014.5.

이규태, "전자지급결제대행업의 법적 지위와 책임에 대한 검토 - 신용카드PG에 관하여", 지급결제학회지 제13권 제1호, 2021.1.

정경영, "무권한 전자금융거래에서 금융기관의 책임", 금융법연구 제3권 제1호, 2006.9.

정대익, "무권한 전자지급거래 시 위험분배 원칙, 전자금융거래법 제9조의 비판적 검토", 경영법률 제19집 제1호, 2008.1.

한승수, "전자금융거래사고에 있어서 배상책임에 관한 소고 - 전자금융거래법 제9조의 구조 및 그 문제점을 중심으로," 법학연구 제18집 제2호, 2015.6.

〈보도자료 등〉

금융위원회, “4차 산업혁명 시대의 디지털금융 종합혁신방안 <전자금융거래법령 등 개정 방향>”, 2020.7.

금융위원회, 전자금융거래법 시행령 규제영향분석서, 2024.

금융위원회·금융감독원, “금융전산 망분리 가이드라인”, 2013.9.16.

금융위원회·금융감독원 “금융분야 망분리 개선 로드맵”, 2024.8.

CHAPTER 03

전자증권법

전자증권법

최지웅
(한국예탁결제원 법무팀장)

I 서론

블록체인 기술의 등장으로 인해 촉발된 디지털자산(digital assets)에 대한 관심이 전 세계적으로 고조되어 온 가운데 무엇을 디지털자산으로 볼 것인가[1], 자금조달수단 및 투자수단으로서 어떻게 금융시장에서 자리매김할 것인지 그리고 금융혁신과 투자자보호라는 측면에서는 어떠한 법제와 규제체계 아래 규율할 것인지에 대한 국내외적 논의 역시 점차 심화되고 있는 상황이다.

그런데, 이러한 추세와 논의는 비트코인, 스테이블 코인과 같은 암호자산 또는 가상자산을 중심으로 뜨겁게 이루어진 측면이 있지만, 사실 디지털 형태의 자산은 증권을 대상물로 하여 이미 존재해 왔다고 할 수 있다.

증권은 통상 종이 또는 그 밖의 수단에 재산권을 표시하여 대외적인 증명력과 양도성을 부여하여 사용하는 것을 의미[2]하는데 어음·수표와 같이 사인 간의 상거래에서 사

1 ISSA(international securities services association; 국제유가증권관리자협회)에 따르면 "디지털자산이란 2진수 형태, 즉 디지털 코드(digital code)의 형태로 존재하는 자산으로서 보유자에게 사용권이 부여되어 있고 발행·소멸·소유·이전 행위가 명확히 규정되어 있는 것으로서 경제적 가치가 있는 것"으로 정의하고 있다. (International Securities Services Association, "Crypto-assets moving from theory to practice", 2019, p.11)

2 증권은 유가증권(有價證券, Wertpapier)이라는 용어와 빈번하게 혼용되어 왔는데, 유가증권은 "재

용되는 것에서부터 주식 · 사채와 같이 기업의 자본조달에 사용되는 것에 이르기까지 인간의 경제활동과 금융시장에서 광범위하게 사용되어 왔다. 이 경우 그 재산권이 표창되는 수단으로는 종이가 오랜 기간 광범위하게 사용되어 왔으나, 각 나라의 경제규모가 커지고 금융시장이 발전함에 따라 종이라는 수단이 오히려 장애 또는 한계로 작용하는 상황이 발생[3]하게 되었다.

이에 따라 이미 발행된 증권의 이동을 최소화하고 장부상의 기재만으로 재산권 증명 또는 이전을 하며 아예 실물 증권의 발행 없이 장부상으로만 발행하는 방식이 사용되다가 이후 IT 기술 발전과 맞물려서 증권을 전자적 방식으로 발행 · 유통하고 제반 권리행사 역시 전자적으로 처리하는 제도의 도입 및 시행으로 귀결되게 되었는데 이것이 바로 전자증권제도이고 그 제도 운영의 법적 근거가 「주식 · 사채 등의 전자등록에 관한 법률」(이하 "전자증권법")이다.

우리나라는 2016년 전자증권법을 제정하여 2019.9.16. 시행함으로써 전자증권제도를 본격적으로 도입하였는데, 동 제도는 '25.11월 현재 OECD 회원국 38개국 중에 오스트리아를 제외한 37개국이 도입한 제도로서 증권인프라 및 IT기술 발전에 힘입어 실물 증권 발행 · 유통 등에 따른 한계와 비효율을 극복하고 선진적인 증권시장 운영을 가능케 하는 제도라고 할 수 있으며 우리나라의 전자증권법은 그러한 제도 운영의 방법, 절차 및 제반 관련 사항을 규율하고 있는 근거 법률이라고 할 수 있다.

이하에서는 이러한 전자증권제도의 등장 배경 및 제도 개요를 살펴본 다음 제도 근거 법률인 전자증권법의 세부 내용을 살펴보고자 한다.

산권을 표창하는 증권으로서, 그 권리의 발생 · 이전 · 행사의 전부 또는 일부를 위해서 증권의 소지를 요하는 것"으로 보고 있으며, 유가증권을 소지하여 타인에게 제시함으로써 재산권이 있음을 증명하고 해당 유가증권을 타인에게 인도함으로써 유가증권에 표창된 재산권을 타인에게 손쉽게 이전할 수 있다는 점이 그 두드러진 특징으로 언급되어 왔다.

3 종이를 이용하여 증권을 발행하고 보관 · 관리하여야 하며, 필요시 다른 경제주체에게 이전하기 위해서는 다시 그 증권을 물리적으로 인도하여야 하는데, 각 절차에 소요되는 비용과 시간 그리고 요구되는 장소의 확보 등이 기하급수적으로 증가하게 되었기 때문이다.

Ⅱ 전자증권제도 개관[4]

1 전자증권제도로의 발전 과정

가. 증권의 부동화

무형의 재산권을 증명하고 이전하는 데 있어 간이하고 효율적인 수단으로 활용하기 위해 도입된 증권은 경제성장 및 금융시장 발전의 초기 단계에는 사유재산제도와 자본주의의 발전에 크게 기여한 점이 있으나, 시간의 경과, 관련 제도의 성숙에 따라 본질적인 변화가 요구되었다.

그러한 요구에 대한 대응으로 처음 등장한 것은 증권의 부동화(不動化, immobilization)였다. 실물로 발행된 증권을 일정한 보관기관(custodian)에 보관하고 증권의 인도는 장부상의 변동 기재로 갈음함으로써 유통과 관련한 물리적·시간적 비용을 최소화하는 것이다. 이 경우 통상적으로 "일정한 보관기관"에 관하여는 전국적 규모의 단일한 증권예탁기구가 그 역할을 수행하게 되고 이 증권예탁기구를 중심으로 증권이 유통되는 체계를 증권예탁제도라고 한다.

이 증권예탁제도에서는 증권예탁기구가 제도 참가자로부터 증권을 집중예탁 받아 모든 증권의 이전을 계좌부(동 제도에서는 예탁자계좌부라 한다)상 계좌대체 방식으로 처리하여 실물증권의 이동이 없거나 최소화된다. 또한, 증권 산업 전체적인 측면에서도 증권관리를 위한 금고시설과 전산설비 등의 중복 투자를 방지할 수 있어 불필요한 사회간접비용을 제거할 수 있다.

나. 증권의 무권화

증권의 부동화를 통해서 한때 증권사무위기[5]라고 불렸던 "실물증권으로 인해 초래된 문제"는 상당 부분 해소될 수 있었지만, 여전히 (실물)증권의 발행 및 보관으로 인한

4 한국예탁결제원, 「전자증권제도 해설」, 2025, 3-9면, 31-34면.

5 증권의 발행·유통량 폭증으로 인하여 증권 관련 사무량이 급증함으로써 관련 업무가 지체되거나 심한 경우 결제 등이 이루어지지 않는 현상을 의미한다.

비용과 비효율은 존재하고 있는 상황이었다. 국가마다 증권 관련 법제에 따라 차이는 있지만, 실물증권 발행을 전제로 수립된 증권법제에서는 실물증권을 발행하는 과정에서 소요되는 물리적 시간 및 발행비용 그리고 발행된 증권을 증권예탁기구 및 (증권회사, 은행 등의) 금융회사에 예탁하고 보관하는 데 발생하는 경제적·시간적 비용 문제는 여전히 존재하고 있었기 때문이었다.

그래서 등장하게 된 것이 증권의 무권화(無權化, dematerialization)이다. 증권의 무권화란 이미 실물로 발행된 증권을 권리자의 신청에 따라 소각하고 차후 권리자의 신청이 있으면 재발행할 수 있도록 하여 실물 보관 및 보안 등에 소요되는 비용을 감소시키거나, 증권 발행의 결과는 얻도록 하되 증권발행단계에서부터 아예 실물증권을 발행하지 않는 제도적 장치를 말한다. 보다 세부적으로 나누면 전자를 불완전한 무권화, 후자를 완전한 무권화라고 칭하는데 양자를 구분하는 기준은 증권발행인에 의해서든 증권소유자에 의해서든 실물발행의 가능성이 있는지 여부이다.

전자증권제도가 전면 도입되기 전에 증권의 무권화는 불완전한 무권화의 형태로서 「자본시장과 금융투자업에 관한 법률」(이하 “자본시장법”)상 증권예탁제도에서는 증권 발행회사가 증권회사 또는 투자자의 신청에 따라 증권예탁기구 명의로 증권을 발행하여 예탁하는 제도였는데, 원칙적으로 전량 실물발행한 후 예탁하여야 하지만 이 제도에 의해 아예 실물발행하지 않거나 최소한의 분량만큼만 실물발행한 후 발행 총수량을 장부(=예탁자계좌부)에 기재하는 방식으로 갈음하는 것이었다.[6]

실물증권의 유통과 관련된 문제를 해소하기 위해 등장한 것이 증권의 부동화였다면, 실물증권의 발행 및 보관에 관련된 문제를 해소하기 위해 등장한 것이 증권의 무권화라고 할 수 있다. 즉 증권의 유통 이전 단계인 발행 단계부터 실물발행을 최소화함으로써 실물증권의 발행·유통에 관련된 경제적·사회적 비용을 절감하고 관련 사무를 효율화하게 된 것이다.

---

6 구 자본시장법 제309조(예탁결제원에의 예탁 등) ⑤ 예탁자 또는 그 투자자가 증권등을 인수 또는 청약하거나, 그 밖의 사유로 새로 증권등의 발행을 청구하는 경우에 그 증권등의 발행인은 예탁자 또는 그 투자자의 신청에 의하여 이들을 갈음하여 예탁결제원을 명의인으로 하여 그 증권등을 발행 또는 등록(「국채법」 또는 「공사채등록법」에 따른 등록을 말한다. 이하 이 절에서 같다)할 수 있다.

다. 증권의 전자화

증권의 불완전한 무권화 단계에 도달하면 사실상 실물로 증권을 발행하는 경우는 드물게 된다. 그리고 실무적으로는 이미 이 단계에 증권의 발행·유통 관련 사무는 전산체계에 의해 이루어지므로 사실상의 전자화가 된 상황이라고 할 수 있다. 그러나 증권의 무권화 단계에 이르렀다고 해도 실물증권 관련 사무와 비효율이 완전히 사라지는 것은 아니다. 실물증권의 발행 가능성이 상존하고, 「상법」, 자본시장법 또는 그 밖의 증권 관련 법률 역시 실물증권의 발행을 전제로 하여 규정된 사항이 적용되기 때문이다.

이러한 부분까지 개선하고자 등장한 것이 증권의 전자화(digitalization)이다. 이 단계에 이르면 더 이상 실물증권이 발행되지 않으며 전자적 장부를 통해 전자적 방식으로 증권의 발행, 유통 및 제반 권리행사가 이루어지고 증권 사무의 절차·방법 역시 보다 간소화·효율화되게 된다. 따라서, 증권 발행·유통 시스템의 통합이 증권의 전자화 단계에 이르러 완전히 구현되었다고도 할 수 있다.

표 1 증권의 발행·유통제도 발전 과정

	실물유동	부동화 (Immobilization)	무권화 (Dematerialization)	전자증권 (Electronic Securities)
01 발전단계	실물유동	부동화 (Immobilization)	무권화 (Dematerialization)	전자증권 (Electronic Securities)
		증권사무위기 (paperwork crisis)	IT 발달	
02 발전시기	~1970년대 이전	1970~80년대	1990년대 이후	무권화 시기 이후
03 발행시스템	실물종권 발행		• 실물증권 발행 • 등록발행 • 불소지 및 대권발행	• 전자적 방식의 발행
04 유통시스템	실물증권 인도	• 집중예탁 • 계좌대체	• 집중예탁 • 계좌대체	발행과 유통 시스템의 통합

이러한 증권의 전자화는 앞서 언급한 바와 같이 IT기술의 발전에 힘입은 바가 크다. '전자'라는 단어에서도 알 수 있는 것처럼 전자적 입력장치, 데이터 보관 장치 및 업무처리 시스템이 유기적으로 연계된 상황에서 전자등록이 가능하게 되고 보다 발전하게 된 것이기 때문이다.

2 전자증권제도의 도입 배경

가. IT 기술 발전 및 금융과의 융합 현상 가속화

IT 기술의 발전은 주지하는 바와 같이 다양한 분야에 영향을 미쳐왔고 금융 부문도 예외가 아니다. 그런데 특징적인 것은 금융과 IT의 융합은 IT가 단순히 금융을 보다 효율적으로 처리할 수 있도록 하게 하는 수단을 넘어 금융 그 자체가 되게 하였다는 점이다.[7]

또한 IT 기술의 발전은 증권사무의 전자적 처리를 수행하는 기반인 IT 시스템의 안정성과 신뢰성을 제고하는 데에도 크게 기여하였다. 즉 IT 시스템의 정확성을 높이고 해당 시스템에 대한 해킹 방지 기능, 방화벽(firewall) 설치 등을 통하여 보안성과 안정성 역시 한층 강화되게 한 것이다. 이를 통해 실물증권 없이 오로지 전산상으로 처리하게 되는 전자증권제도의 도입이 촉진되게 되는 배경으로 작용하였다.

나. 국제 기준과의 정합성 제고

세계 각국의 금융시장 발전 및 국경 간 증권거래의 증가로 인하여 상호 영향력과 의존성이 증대됨에 따라, 증권의 발행, 유통 및 권리 행사를 어떠한 방식으로 하고 어떤 방향으로 발전시켜야 하는지는 더 이상 어느 한 나라의 문제가 아닌, 전 세계가 공통적으로 고민하고 대응해야 하는 사안이 되었다. 즉, 자국의 법 체계와 금융감독 가이드라인 외에도, 다양한 국가의 법률, 규제 차이를 고려하여 새로운 기준을 마련하고, 그 통일된 기준으로 증권 업무를 수행하는 것이 중요한 문제로 대두된 것이다.

표 2 국제기구의 전자증권제도 관련 권고내용

기구명	권고형식	권고내용
BIS/IOSCO	증권결제시스템 권고안(2001)	• 증권은 가능한 한 부동화 또는 무권화되어야 하고, 증권예탁기구의 계좌대체방식으로 이전되어야 함
ISSA	ISSA 권고안(2002)	• 증권의 부동화 또는 무권화는 최대한 달성되어야 함

7 2008년 글로벌 금융위기를 이겨내며 골드만삭스의 새로운 전성기를 열었다고 평가받는 로이드 블랭크페인 골드만삭스 회장은 지난 2015년 9,000여 명에 이르는 소프트웨어 엔지니어를 신규 채용하면서 핀테크 시대에 대비하였고 심지어 골드만삭스는 "IT 회사"라고 선언하기도 하였다.

G-30	국제 증권청산 결제시스템: 실행계획(2003)	• 증권 실물증서를 제거하고 자료수집·전달방식을 자동화하여야 함 • 시장참가자는 발행·이전·보유 등에 이용되는 증권을 무권화하여야 함
BIS/ IOSCO	금융시장인프라에 관한 원칙(2011)	• 증권예탁기구는 장부상 기재에 의한 증권 이전을 위해 부동화 또는 무권화된 형식으로 증권을 보유해야 함

해당 이슈의 해결 과정에서 중요한 한 축을 담당하는 것이 바로 자본시장 인프라(capital market infrastructure)의 정비이다. 그동안 증권예탁제도가 그 역할을 수행하였으나, 보다 신속·정확하고 경제적인 자본시장 인프라가 구축될 필요성이 제기된 것이다. 이에, ISSA, IOSCO, G-30와 같은 국제기구는 이와 같은 자본시장 인프라로서 증권의 무권화, 즉 전자증권제도의 도입을 권고해 왔다.

이에 따라 우리나라도 이미 OECD 가입국 대부분이 전면적 또는 부분적으로 시행하고 있는 전자증권제도 도입을 검토하게 되었고, 관련 법제의 정비 및 시스템 개발을 진행하게 된 것이다.

다. 실물증권에 대한 투자자의 수요 감소

작가 유발 하라리는 그의 저서 사피엔스에서 전 세계의 화폐 총량은 약 60조 달러이지만, 눈에 보이는 실물 화폐는 그 10%인 6조 달러도 되지 않고 나머지 90% 이상의 액수는 컴퓨터 서버에만 존재한다고 서술한 바 있다[8]. 나아가 내부분의 상거래는 하나의 컴퓨터 파일에 들어 있는 전자 데이터를 다른 파일로 옮기는 방식으로 이루어지며, 실물을 실제로 주고받지도 않는다고 하였다.

이러한 현상은 증권에 있어서도 마찬가지이다. 증권예탁제도의 등장으로 인해 사람들은 눈에 보이는 종이로 만들어진 실물증권을 굳이 소지하거나 보관하지 않아도 소유자로서 권리 증빙 및 타인으로의 권리 이전을 계좌부상 기재를 통해 원활하게 수행할 수 있게 되었다. 또한, 배당금이나 이자 등의 과실 수령 역시 증권회사 서비스를 통해 자동 처리되어 실물증권에 대한 투자자의 수요가 대폭 감소하게 되었다.

8 유발 하라리, 「사피엔스」, 2015, 255, 256면.

3 전자증권제도의 개요 및 특징

가. 전자증권제도의 개요

전자증권제도(electronic securities system)란 증권의 실물을 발행하지 않고 증권의 발행, 유통, 권리 행사 등 증권과 관련된 모든 사무를 전자적인 방법으로 처리하는 제도이다. 증권에 내재되어 있고 그 증권에 의하여 행사할 수 있는 권리를 전자적 장부에 전자등록하고, 그 전자적 장부에 전자등록된 자로 하여금 소유권 또는 담보권 등을 행사할 수 있게 하며, 해당 장부를 기반으로 하여 증권과 관련한 제반 사무를 처리하는 것이다.

기본적으로 실물증권은 해당 증권에 표창된 권리에 관한 소유자가 자신이 적법한 권리자라는 것을 손쉽게 증명하고, 타인에게 해당 권리를 손쉽게 양도할 수 있도록 하는 역할을 수행하였다. 예를 들어 주식의 경우 상법은 실물주권을 점유한 자를 적법한 소지인으로 추정하며, 그 주권을 상대방에게 교부함으로써 양도의 효력이 발생한다고 규정하고 있다[9]. 종이라는 매개체를 이용하여 소유자 증명 및 권리의 양도를 간편하게 한 것이다. 이러한 점은 증권을 담보물로 삼아 거래를 하고자 하더라도 크게 다르지 않다[10].

그런데 전자증권제도에서는 권리와 증권 간의 유체적 표창관계를 단절하고 권리 자체를 전자등록계좌부[11]라 하는 전자적 장부에 전자등록함으로써 발행하고, 전자등록계좌부상에서 해당 권리를 이전하거나 담보 설정함으로써 양도, 담보, 그밖에 제반 권리 행사 관련 업무를 수행한다.

---

9 상법 제336조(주식의 양도방법) ① 주식의 양도에 있어서는 주권을 교부하여야 한다. ② 주권의 점유자는 이를 적법한 소지인으로 추정한다.

10 상법 제338조(주식의 입질) ① 주식을 질권의 목적으로 하는 때에는 주권을 질권자에게 교부하여야 한다.

11 전자증권법 제2조(정의) 3. "전자등록계좌부"란 주식등에 관한 권리의 발생·변경·소멸에 대한 정보를 전자적 방식으로 편성한 장부로서 다음 각 목의 장부를 말한다.
가. 제22조제2항에 따라 작성되는 고객계좌부(이하 "고객계좌부"라 한다)
나. 제23조제2항에 따라 작성되는 계좌관리기관등 자기계좌부(自己計座簿)(이하 "계좌관리기관등 자기계좌부"라 한다)

나. 전자증권제도의 특징

(1) 권리와 실물의 분리 및 물건 법리와의 이별

일반적으로 증권(證券)이라는 용어를 사용할 때는 눈에 보이지 않는 권리를 유형의 실물인 종이에 기재하여 발행한 것을 의미한다. 공교롭게도 증권이라는 용어[12]에 이미 종이(券)라는 의미가 포함된 것을 보면, 실물(종이)과 무형의 권리의 결합체가 증권인 동시에 사실상 동일체로 간주되어 왔던 것이 사실이다.

그런데 전자증권제도에서는 증권이 전자적 방식으로 발행·유통되므로 실물을 필요로 하지 않는다. IT 기술의 발전과 더불어 무형의 권리를 전자적 데이터와 정보통신망을 통하여 생성, 확인 및 관리할 수 있게 되면서 종이라는 실물에 의존하지 않고서도 실물증권을 통해 달성하고자 했던 목적인 소유자 증명 또는 권리의 이전 등이 가능하게 된 것이다. 이렇게 권리를 전자적 방식으로 나타내는 경우에는 여러 방식이 있을 수 있으나 전자증권의 경우에는 전자적 장부에 해당 권리를 전자등록하는 방식을 취하게 된다[13].

한편, 민법상 물건[14]에 해당하는 실물(종이)과 분리되면서 물건임을 전제로 하여 적용되었던 법리는 더 이상 적용되지 않게 되었다. 즉, 민법상 물건의 일종인 동산에 해당하는 유가증권의 경우 해당 유가증권의 권면에 재산권이 표창되어 있고, 그 유가증권을 점유하고 있는 자는 일응 적법한 소유자로 추정되며, 유가증권의 타인에 대한 교부에 의해 해당 유가증권 및 그 유가증권이 표창하고 있는 재산권이 그 타인에게 법적으로 이

---

12 다만, 증권으로 번역되는 영어 단어인 Securities는 종이를 전제로 한 개념은 아니다. 영국의 「무증서증권규정(The Uncertificated Securities Regulations)」 및 「미국의 통일상법전(UCC; Uniform Commercial Code)」 등에서는 증권을 증서증권(certificated securities)과 무증서증권(uncertificated securities)으로 구분하고 있다. 이러한 관점에서 본다면 종이라는 실물이 Securities의 필수 요소라기보다는 Securities가 표현되는 하나의 방식으로 판단된다.

13 "전자적 방식"에 관하여 보다 세부적으로 살펴보면 ⅰ) 전자어음과 같이 실물증권에 기재되는 사항을 이미지 파일과 같은 형식을 이용하는 전자적 (문서)방식이 있을 수 있고, ⅱ) 본서에서 의도하는 전자증권과 같이 법적 장부에 증권의 보유자 및 보유수량 등 권리내용을 전자적인 방식으로 기재하여 권리를 표창하는 방식이 있을 수 있다.

14 민법 제98조(물건의 정의) 본법에서 물건이라 함은 유체물 및 전기 기타 관리할 수 있는 자연력을 말한다.

민법 제99조(부동산, 동산) ① 토지 및 그 정착물은 부동산이다.

② 부동산 이외의 물건은 동산이다.

전되게 되는데, 물리적 실체가 없이 디지털 코드의 형태로 존재하는 전자증권은 이러한 유가증권의 법리를 적용할 수는 없게 되었다.

근본적으로는 이러한 전자증권의 사법적 지위가 무엇인가 이에 따라 어떠한 법적 취급을 하고 재산권 표창 및 이전 등을 위한 법률 요건과 효과 등에 대해서는 향후 관련 법리 및 법제 기반이 마련되어야 할 것으로 보인다.[15]

(2) 전자적 장부에 의한 권리 증명 및 행사

앞서 (1)에서 언급된 바와 같이 실물(종이)로 발행된 증권의 경우에는 해당 증권을 소지하고 있는 자를 적법한 소유자로 추정[16]하고, 그 증권을 타인에게 교부하거나 이에 준하는 방법으로 이전하게 되면 그 이전에도 물권 변동의 효력이 부여된다.

그런데, 전자증권제도에서는 실물증권에 기재되던 권리를 전자적 장부인 전자등록계좌부에 전자등록하게 되므로 전자등록계좌부에 증권의 소유자로 전자등록된 자는 해당 증권의 적법한 소유자로 추정되고, 전자등록계좌부상의 계좌간 대체의 전자등록이라는 방법에 의하여 해당 증권의 권리가 이전되며, 전자등록계좌부라는 전자적 장부에 의해 소유자 증명 및 권리 행사를 수행하게 되는 것이다.

(3) 실물증권의 불발행

전자적 방식에 의하여 증권의 발행, 유통, 권리 행사 등이 이루어지는 전자증권제도에서는 실물증권이 발행되지 않는다. 여기서 실물증권이 발행되지 않는다는 것은 전자적 방식으로 발행되기 때문에 그러하다는 것뿐 아니라, 전자등록계좌부에 전자등록된 권리에 대해서는 전자증권법상 실물증권을 발행할 수도 없고 설사 발행한다고 하더라도 법적 효력이 없다는 의미이다. 또한, 이미 실물증권의 상태로 존재하였으나 전자증권으로 전환하게 되면 해당 실물증권의 효력 역시 상실하게 된다[17]. 즉, 실물증권의 발행을

15 다만, 이렇게 물건법리가 적용되지 않는 전자증권에 대한 제반 법적 논점은 다른 유형의 디지털자산, 즉 비트코인이나 스테이블 코인과 같은 암호자산이나 가상자산에도 동일하게 적용된다고 할 수 있다.

16 **민법 제200조(권리의 적법의 추정)** 점유자가 점유물에 대하여 행사하는 권리는 적법하게 보유한 것으로 추정한다.

17 **전자증권법 제36조(전자등록주식등에 대한 증권·증서의 효력 등)** ① 발행인은 전자등록주식등에

금지함으로써 이와 관련된 법률 관계를 명확히 하고, 전자등록된 주식에 관한 거래의 안정성을 도모하고자 하는 취지인 것이다.

다만, 우리나라에서는 전자증권제도를 이용하고 있더라도 의무 전자등록 대상이 아닌 경우에는 발행회사의 선택에 의해 실물증권의 형태로 전환될 수 있다. 대표적으로 비상장주식의 경우에는 발행회사의 선택에 따라 정관을 변경함으로써 전자증권으로 발행하였던 주식을 전자등록계좌부에서 말소한 후에 실물주권의 형태로 발행할 수 있다[18].

4 전자증권제도 근거 법제 마련 방식

가. 증권 발행 근거 법률의 개별 정비

기존의 금융제도 및 법제와는 다른 구조와 효력을 가진 전자증권제도 도입을 위한 입법 방식은 크게 3가지로 나뉠 수 있다.

첫째로 증권 발행의 근거법률마다 전자적 방식의 증권 발행에 관한 개별 규정을 두어 전자증권제도를 도입하는 방식이다. 우리나라를 예로 든다면 국채는 「국채법」, 특수채는 특수법인의 설립 근거법률(예: 「한국산업은행법」, 「한국토지주택공사법」 등), 회사채는 「상법」, 자산유동화증권은 「자산유동화법」 등에 각각 전자적 방식에 의한 증권 발행의 근거를 규정하는 것이다.

대해서는 증권 또는 증서를 발행해서는 아니 된다.

② 제1항을 위반하여 발행된 증권 또는 증서는 효력이 없다.

③ 이미 주권등이 발행된 주식등이 제25조부터 제27조까지의 규정에 따라 신규 전자등록된 경우 그 전자등록주식등에 대한 주권등은 기준일부터 그 효력을 잃는다. (단서 생략)

18 **전자증권법 제33조(권리의 소멸 등에 따른 변경·말소의 전자등록)** ① 다음 각 호의 어느 하나에 해당하는 사유로 제25조부터 제27조까지의 규정에 따른 신규 전자등록을 변경하거나 말소하려는 자는 해당 전자등록주식등이 전자등록된 전자등록기관 또는 계좌관리기관에 신규 전자등록의 변경·말소의 전자등록을 신청하여야 한다.

2. 발행인인 회사의 정관 변경 등으로 인한 전자등록주식등의 주권등으로의 전환

이러한 방식을 취하는 경우에는 특정 증권에 전자증권제도가 적용됨을 가장 명확히 할 수 있고, 각 증권의 특성에 맞춰서 규정할 수 있다는 장점이 있는 반면, 관련 법률을 개별적으로 정비하여야 하는 비효율이 발생하고 혹여 법률 개정이 누락되는 경우에는 해당 증권에 대해서는 전자적 방식의 발행이 불가능해질 수 있는 단점이 존재한다.

나. 자본시장을 규율하는 기존의 특별법에 관련 규정 마련

기본적으로 전자증권제도는 증권의 발행, 유통 및 권리 행사를 실물증권 없이 가능하게 하는 제도로, 증권이 자본거래적 기능을 수행하고자 하는 경우에 특히 그 관련성이 높아진다. 따라서 자본시장·금융시장을 규율하는 자본시장법 또는 이에 준하는 금융법의 개정을 통하여 전자증권제도의 도입과 관련한 사항을 준비할 수 있다.[19]

이 경우 앞선 '증권 발행 근거 법률의 개별 정비' 방식에 비해 더욱 단순하면서도 필요최소한의 범위에서 법률정비를 할 수 있다는 장점이 있다. 다만, 자본시장법 또는 그에 준하는 금융법은 자본시장에서 투자성을 가진 증권을 대상으로 하며 그 입법 취지가 해당 증권과 관련한 금융규제를 하고자 하는 것이어서, 재산권이 표창된 유가증권의 발행·유통에 관한 사항을 규율하고자 하는 방향과는 다소 차이가 있을 수도 있으므로 이러한 점까지 종합적으로 고려·판단하여 정비 여부를 결정할 필요가 있다.

다. 전자증권제도의 근거가 되는 별도의 법률 제정

전자증권제도가 가지는 고유한 특성을 감안하여 특별법 형식으로 별도의 법률을 제정하는 방식을 취하는 경우도 있다. 이 경우 전자증권제도에 관한 제반 사항을 단일 법률에 따라 체계적으로 규정함으로써 입법적 완성도를 가장 높일 수 있는 장점이 있다. 다만, 제정의 방식을 취함에 따라 그 정비 수준 및 범위가 상당할 수 있고, 해당 특별법의 제정에 따라 영향을 받는 기존 법률의 부수적 정비사항도 함께 고려해야 할 필요가 있다.

우리나라는 앞서의 세 가지 방식 중 마지막 방식에 따라 전자증권제도의 근거가 되는 법률을 별도로 제정함으로써 동 제도의 법적 기반을 마련하였다.

---

19 이러한 입법 방식을 채택한 나라는 프랑스, 중국 및 덴마크가 있으며 프랑스가 「화폐금융법」을, 중국이 「증권법」을, 덴마크가 「증권거래법」을 각각 개정하여 전자증권제도의 법적 기반을 마련하였다.

Ⅲ 전자증권법의 구조 및 내용[20]

1 전자증권법의 구성 및 체계

가. 전자증권법의 주요 내용(요약)

전자증권법은 본칙 총10장 및 부칙과 별표로 구성되어 있다. 제1장(총칙)에는 i) 전자증권법의 목적, ii) 전자증권법에서 사용되는 용어의 정의가 규정되어 있고, 용어의 정의에서 주식등[21]이라 하는 전자증권제도의 적용 대상을 규정하면서 자연스레 그 적용 대상의 범위[22] 역시 정하고 있다.

제2장(제도 운영기관)에는 i) 제도 운영기관인 전자등록기관과 계좌관리기관의 업무를 정의하고 ii) 그 업무의 구성 항목을 규정하고 있으며, 특히 전자등록기관 업무 수행의 전제가 되는 iii) 전자등록업허가 취득을 위한 허가 신청, 심사 및 승인의 절차 · 방법이 규정되어 있다.

제3장(계좌의 개설 등)에는 i) 전자증권제도에서 개설 · 관리되는 계좌의 종류와 각 계좌별 기능, 개설의 절차 · 방법 등이 규정되어 있으며 각 계좌가 개설되면 작성되어야 하는 ii) 계좌부의 개별 구성 항목과 작성 방법 등에 대하여도 규정되어 있다.

전자증권제도의 핵심 개념이자 대상 업무인 "전자등록"에 관한 사항은 제4장(전자등록)에 규정되어 있으며 i) 전자등록의 유형별 개념, ii) 각 유형별 전자등록의 절차 · 방법과 더불어 iii) "전자등록"이라는 행위 및 그 결과물의 법적 지위 · 효력에 대해서 규정

20 이하의 내용은 최지웅, "전자증권법제의 도입 및 향후 법적 정비 과제", 증권법연구 제20권 제3호, 2019.12.를 요약하고 최근의 내용을 반영하여 정리한 부분이다.

21 자본시장법은 증권예탁제도의 적용 대상으로 증권등을 정의하면서 그 범위를 i) 증권 및 ii) 예탁결제원이 예탁대상으로 정한 것으로 규정하고 있다.(자본시장법 §294①, 동법 시행령 §310) 이에 대해 전자증권법은 전자증권제도의 적용 대상으로서 주식등을 정의(전자증권법 §2, 동법 시행령 §2)하고 있으며 이는 증권예탁제도에서의 증권등에 대응되는 개념이라고 볼 수 있다.

22 기본적으로 자본시장법은 그 적용대상인 증권에 대해 포괄주의를 취하고 있는 반면, 전자증권법은 한정적 열거주의를 취하고 있으므로, 전자증권법 및 그 하위 법규에 명시적으로 규정되어 있는 경우에 한하여 전자증권법의 적용 대상이 된다. 따라서, 전자증권법 제2조(정의)는 i) 전자증권법의 적용 대상에 대하여 정의하고 있으면서 ii) 동시에 그 범위를 한정하는 기능을 수행한다고 볼 수 있다.

하고 있다.

제5장(전자등록주식등에 대한 권리 행사)에서는 전자증권제도에서 권리자가 권리행사를 하기 위한 수단과 각 수단별 절차 · 방법 등이 규정되어 있다. 즉, i) 권리자로서의 권리 보유여부 및 그 보유내역에 대한 사항을 담고 있는 소유자명세의 작성에 관한 사항, ii) 전자등록기관을 통한 권리행사의 방법 · 절차, 그리고 iii) 소유자로서의 지위 증명에 관한 방법인 소유자증명서(문서적 방법) · 소유 내용의 통지(전산적 방법) 관련 업무 절차 · 방법 등이 그 내용이다.

제6장(전자등록의 안정성 확보)에는 i) 전자증권제도 운영 과정에서 발생할 수 있는 각 계좌부 간 수량 불일치에 대비하기 위한 점검 체계 및 ii) 불일치가 발생한 경우의 대응 절차 · 방법 등이 규정되어 있다.

제7장(검사 및 감독)에는 i) 전자증권법의 소관부처이자 전자증권제도의 감독권자인 금융위원회와 법무부의 검사 · 감독 권한의 종류 · 범위가 규정되어 있으며, ii) 전자등록기관 또는 계좌관리기관이 전자증권법상의 의무를 위반한 경우에 대한 조치가 함께 규정되어 있다.

제8장(단기사채등에 대한 특례)에는 전자증권법의 시행으로 인하여 폐지된 「전자단기사채등의 발행 및 유통에 관한 법률」(이하 "전자단기사채법")에 규율되어 있던 단기사채등에 대한 특례 조항이 기술[23]되어 있다.

제9장(보칙)에는 i) 전자증권제도 운영 과정에 필요한 발행 정보의 공개 범위, 그 절차 · 방법, ii) 전자증권제도에서의 공탁 수단인 전자등록증명서 발급 절차 · 방법, iii) 실물 주권의 제출과 교부를 전제로 하는 상법상 제반 권리 행사 절차 · 방법에 대한 특례 및 iv) 고유식별정보 처리 등의 사항이 규정되어 있다.

제10장(벌칙)에는 벌칙, 과태료 등의 부과 대상과 그 기준이, 부칙에는 전자증권제도 시행과 관련된 준비사항, 경과조치 등이 각각 규정되어 있다.

이상의 내용을 정리하면 다음 <표3>과 같다.

23 단기사채등은 전자증권의 한 종류이므로 전자증권제도의 시행에 따라 기존 전자단기사채법에 규정되어 있던 내용의 대부분은 전자증권법으로 흡수되었다. 다만, 모든 조문이 이전된 것은 아니고 상법상 사채에 대한 규율 사항의 예외적인 내용에 대하여 특례 조항으로 규정되어 있던 사항만 별도로 전자증권법 제8장에 마련한 것이다.

표 3 전자증권법의 구조 및 주요 내용

구분 (법 목차기준)	주요 내용
제1장 총칙	• **목적, 용어의 정의** • (전자등록 가능한) **주식등**의 범위
제2장 제도운영기관	• **전자등록기관** : **전자등록업** 허가의 신청, 승인, 폐지, 업무, 정관·규정 등 (1) 허가, 예비허가 및 폐지에 관한 절차·방법 (2) 전자등록기관 수행 업무 범위 및 관련 정관·업무규정 사항 • **계좌관리기관** : 계좌관리기관의 종류 및 수행 업무
제3장 계좌의 개설 등	• 각종 **계좌**의 **개설 절차** 및 **계좌부**의 **작성 내용** (1) **관리계좌** : 발행인관리계좌, 고객관리계좌 (2) **전자등록계좌** : 계좌관리기관등 자기계좌, 고객계좌
제4장 전자등록	• **신규 전자등록**의 개념 및 절차·방법 등 ○ 의무 전자등록 대상 범위, 사전심사·신규 전자등록 신청 승인 기준 등 • (旣 발행 주식등의) **전자등록 전환** 절차, **특별계좌** 개설·관리 방법 • 전자등록된 **권리의 변동** 개념 및 절차·방법 등 ○ i) 계좌간 대체, ii)질권 설정·말소, iii)신탁재산의 표시·말소 및 iv) (권리 소멸 등에 따른) 변경·말소의 전자등록 • **전자등록의 효력** 및 전자등록된 권리에 대한 실물의 효력 등
제5장 전자등록주식등에 대한 권리 행사	• 전자등록된 권리에 대한 권리 행사의 절차·방법 등 ○ 권리자 내역 확정 수단 : **소유자명세** ○ **전자등록기관을 통한** 권리행사 절차·방법 ○ 권리자 지위 증명 수단 : **소유자증명서** 및 **소유 내용의 통지**
제6장 전자등록의 안전성 확보	• **초과분의 개념, 초과분 해소** 절차·방법 및 **권리행사 제한** 범위 등 • 전자등록기관의 **보고사항** 및 **보존 대상 정보** 범위
제7장 검사 및 감독	• 금융위원회·법무부의 검사 및 감독 권한 종류 및 범위 • 전자등록기관, 계좌관리기관에 대한 조치
제8장 단기사채등에 대한 특례	• **발행절차 및 발행 한도**에 대한 특례 • 사채원부 작성 및 사채권자집회에 관한 특례
제9장 보칙	• **발행정보 공개,** (전자증권제도에서의 공탁 수단인) **전자등록증명서** 등 • 주식의 전환·병합·분할 및 회사의 합병·분할·분할합병시의 특례 • **고유식별정보 처리** 관련 사항 및 전자등록기관 변경 절차·방법 등

구분 (법 목차기준)	주요 내용
제10장 벌칙	• 벌칙, 양벌규정 및 **과태료**의 부과기준
부칙	• **시행일,** (전자증권제도 시행시의) **전환** 기준 및 **절차·방법** • 주요 **경과조치** • 타 법률의 폐지 및 변경 사항
별표	• 전자등록기관 및 계좌관리기관에 대한 기관·임직원 조치 사유 • **허가업무 단위, 최저자기자본, 대주주의 요건** 등

나. 전자증권법 체계와 관련 하위 법규

전자증권법 체계는 전자증권법, 동법 시행령 및 관련 하위 법규로 구성되어 있다. 전자증권제도의 구성 요소, 체계, 법적 효력 등에 대하여 규율하고 있는 전자증권법은 지난 2016년 3월에 제정·공포('16.3.22.)되었으며, 동법에 규율된 사항의 시행을 위하여 필요한 사항 및 위임받은 사항에 대한 구체적인 절차·방법 등이 규정된 동법 시행령은 2019년 6월에 제정·공포('19.6.25.)되었다.

한편, 전자증권법 및 동법 시행령의 위임을 받은 하위 법규로는 i) 전자증권제도 참가자의 권리·의무 및 그밖에 필요한 사항을 규율하는 「전자등록업규정」(금융위원회 고시), ii) 전자등록업허가 신청·심사에 관한 사항, 전자증권제도 안전성 확보를 위한 제도적 장치 등을 규율하는 「전자등록업허가 등에 관한 규정」(금융위원회·법무부 공동고시) 및 iii) 전자증권제도 운영을 위한 구체적인 업무 수행에 관한 사항을 규정한 「주식·사채 등의 전자등록업무규정」(전자등록기관의 업무규정)이 있다.

2 전자증권법 적용 대상: 주식등

가. 전자증권법 적용 대상의 개념 및 범위

(1) 전자증권법 적용 대상의 개념

전자증권법이 「상법」, 자본시장법 등 기존의 증권법제와 두드러지게 다른 점 중의 하나는 그 적용 대상의 개념 또는 적용 대상의 존재 형태가 다르다는 점이다. 즉 기존의 증권법제는 실물로 발행된다는 것을 전제로 "증권"을 해당 법제의 적용대상으로 하는 반면 전자증권법은 "그 증권에 표시될 수 있거나 표시되어야 할 권리"를 대상으로 한다는 점이다.

그래서 전자증권법에는 증권이라는 용어 대신 그 증권에 표시될 수 있거나 표시되어야 할 "권리"라는 용어를 사용하고 있다. 예를 들어 신주인수권증서는 "신주인수권증서에 표시되어야 할 권리"로, 증권예탁증권은 "증권예탁증권에 표시될 수 있거나 표시되어야 할 권리"로 그 용례를 정하고 있다.

(2) 전자증권법 적용 대상의 범위

앞서 언급한 바와 같이 자본시장법이 포괄주의의 관점에서 증권을 정의하고 그 적용 대상을 규정하고 있다면 전자증권법은 한정적 열거주의의 관점에서 제도 적용 대상을 규정하고 있다. <표4>는 편의상 자본시장법상 증권의 종류를 분류 기준으로 하여 전자증권법상의 제도 적용 대상을 정리한 것이다.[24]

먼저 지분증권에는 주식, 신주인수권증서 및 신주인수권증권이 규정되어 있다. 이 경우, 자본시장법상 집합투자증권의 한 유형인 투자회사의 주식[25]은 상법상 주식에 관한 사항을 준용하므로 전자증권법상 주식의 범주에 포함되어 규율된다. 반면 전자증권법에 규정되어 있지 않은 관계로 「상법」상 주식회사가 아닌 형태의 조직, 예를 들면 유한회사, 합자조합 등에 내한 출자지분은 진자증권제도의 적용 대상이 아니다.

다음으로 채무증권에는 전형적인 형태의 사채뿐 아니라 국채, 지방채, 특수채 등이 포함된다. 이 중 사채의 범위에는 전환사채, 신주인수권부사채, 교환사채, 상환사채, 파생결합사채와 같은 상법상 사채[26]뿐 아니라 신탁사채 및 자본시장법상 조건부자본증권

24 이 경우 구분 기준의 표현은 전자증권법에서 사용되는 "권리" 개념의 표현이 아니라 자본시장법에서 사용하는 용어를 기준으로 표현하였음을 밝혀둔다

25 투자회사의 주식은 바로 뒤에 설명되는 바와 같이 의무 전자등록 대상이기도 하다.

26 상법 §469(사채의 발행) ① 회사는 이사회의 결의에 의하여 사채(社債)를 발행할 수 있다.
② 제1항의 사채에는 다음 각 호의 사채를 포함한다.
1. 이익배당에 참가할 수 있는 사채
2. 주식이나 그 밖의 다른 유가증권으로 교환 또는 상환할 수 있는 사채
3. 유가증권이나 통화 또는 그 밖에 대통령령으로 정하는 자산이나 지표 등의 변동과 연계하여 미

도 포함된다. 한편, 「은행법」 및 「금융지주회사법」상 조건부자본증권 역시 자본시장법상 조건부자본증권과 그 성격을 같이하나 개정 시기 등의 입법 진행 과정에 시점간 차이가 발생하여 해당 내용은 전자증권법 입법시기('16.3.22.) 이후에 제정된 전자증권법 시행령에 규정('19.6.25.)되었다.

수익증권에는 「신탁법」상 수익권, 자본시장법상 투자신탁의 수익권 및 주택저당증권(MBS) · 학자금대출증권(SLBS)이 포함되었으며 이중 「신탁법」상 수익권은 수익증권발행신탁의 경우에 발행되는 것[27]을 대상으로 한다.

증권예탁증권에는 자본시장법상 증권예탁증권 중 전자증권법 시행령으로 정하는 것으로 규정하면서 그 구체적인 범위를 시행령에 위임하였고, 동법 시행령에서는 국 · 내외에서 발행되는 증권예탁증권(ADR, GDR, KDR) 중 전자증권법의 규율대상이 되는 것으로 국내에서 발행되는 증권예탁증권(KDR)을 규정하였다.

파생결합증권 역시 전자증권법에서는 자본시장법상 파생결합증권 중 시행령으로 정하는 것으로 규정하여 그 구체적인 범위를 시행령에 위임하였고, 동법 시행령에서는 주식워런트증권(ELW)을 규정하였다.

그 밖의 증권에서는 자산유동화법상 유동화증권, 외국법인등의 국내 발행증권 및 양도성예금증서가 전자증권법 및 동법 시행령에, 공모 또는 소액공모 형태로 발행되는 투자계약증권이 「전자등록업규정」에 각각 전자증권제도 적용 대상으로 규정되었다.

리 정하여진 방법에 따라 상환 또는 지급금액이 결정되는 사채

27 신탁법 §78(수익증권의 발행) ① 신탁행위로 수익권을 표시하는 수익증권을 발행하는 뜻을 정할 수 있다. 이 경우 각 수익권의 내용이 동일하지 아니할 때에는 특정 내용의 수익권에 대하여 수익증권을 발행하지 아니한다는 뜻을 정할 수 있다.
② 제1항의 정함이 있는 신탁(이하 "수익증권발행신탁"이라 한다)의 수탁자는 신탁행위로 정한 바에 따라 지체 없이 해당 수익권에 관한 수익증권을 발행하여야 한다.
③~⑤ (생략)
⑥ 수탁자는 신탁행위로 정한 바에 따라 수익증권을 발행하는 대신 전자등록기관(유가증권 등의 전자등록 업무를 취급하는 것으로 지정된 기관을 말한다)의 전자등록부에 수익증권을 등록할 수 있다. 이 경우 전자등록의 절차 · 방법 및 효과, 전자등록기관의 지정 · 감독 등 수익증권의 전자등록 등에 관하여 필요한 사항은 따로 법률로 정한다.

표 4 전자증권법 적용 대상(=주식등)

구분		전자증권법	전자증권법 시행령	전자등록업규정
①	**지분증권**	• 주식 • 신주인수권증서, 신주인수권증권		
②	**채무증권**	• 사채(신탁법상 신탁사채 및 자본시장법상 조건부자본증권 포함) • **국채, 지방채, 특수채** • 이중상환청구권부 채권	• 은행법 및 금융지주회사법상 **조건부자본증권**	
③	**수익증권**	• 신탁법상 수익권 • (자본시장법상)투자신탁의 수익권 • 주택저당증권, 학자금대출증권		
④	**증권예탁증권**	• (세부사항은 시행령에 위임)	• 국내 발행 증권예탁증권(KDR)	
⑤	**파생결합증권**	• (세부사항은 시행령에 위임)	• 주식워런트증권(ELW)	
⑥	**기타**	• 자산유동화법상 유동화증권 • 외국법인등의 국내 발행증권	• **양도성 예금증서**	• (공모 및 소액공모된)**투자계약증권**

(3) 전자증권법 의무 적용 대상의 범위

전자증권법은 효과적인 제도 운영을 도모하기 위하여 의무적으로 전자증권제도를 이용하여야 하는 주식등의 범위를 별도로 규정하였다. 이 경우 기존 자본시장법상 증권예탁제도 하에서 무권화 기능을 이용하여 일괄예탁발행 또는 일괄등록발행에 의하여 발행되던 것으로서 권리자의 권익을 보호하고 유통을 활성화하는 데 기여할 수 있는 것들이 그 대상으로 지정되었다. 이에 따라 상장증권, 투자신탁의 수익권, 투자회사의 주식, 파생결합사채 등이 전자증권법 및 동법 시행령에 규정되었다.

한편, 전자등록되었거나 전자등록하려는 주식을 발행한 회사의 종류주식, 신주인수권증권 또는 신주인수권증서는 해당 주식등의 전환권, 신주인수권 등의 행사로 인하여 취득할 수 있는 대상이 해당 증권과 관련하여 기존에 전자등록된 주식이므로, 그 권리내역의 파악 및 배정 업무 등을 사전 수행하고 또한 동일한 전자등록업무 시스템에서 일관되게 처리되어야 하는 점 등이 감안되어 관련 사항이 전자등록업규정[28]에 추가 규정되었다.

표 5 전자증권제도 의무 적용 대상 주식등의 범위

구분	전자증권법	전자증권법시행령	전자등록업규정
의무 전자 등록 대상	• 상장증권(상장주식, 채권 등) • 투자신탁의 수익권 및 투자회사의 주식	• 조건부자본증권 • (투자매매업자가 발행한) 파생결합사채 • 주택저당증권(MBS) 및 학자금대출증권(SLBS) • 주식워런트증권(ELW) • (국내 발행)증권예탁증권	• 전자등록되었거나 전자등록하려는 주식의 종류주식, 신주인수권증서·증권 • (공모 및 소액공모된) 투자계약증권

나. 전자증권법 적용 대상의 심사(사전심사 및 신규 전자등록 신청 심사)

전자증권법의 적용 대상이 된다고 하여 바로 전자등록을 할 수 있는 것은 아니고 해당 주식등이 전자증권법 및 전자등록기관이 정하는 제반 심사 기준에 적합하여야 전자등록이 가능하다. 즉, 주식등 자체의 내재적 성질이 전자등록에 적합한지의 심사를 위하여 사전심사를 신청[29]하여야 하고, 사전심사를 통과한 경우에는 전자증권제도에서의 업무처리에 무리가 없는지를 판단받기 위하여 신규 전자등록을 신청하여야 한다.

먼저 사전심사의 기준은 i) 심사를 신청한 주식등 발행의 근거가 되는 법령, 정관, 계약, 약관 등에 의하여 부여된 양도제한성이 있는지 여부, ii) 해당 주식등 권리 내용의 균질성 또는 대체가능성이 결여되어 있는지 여부, iii) 전자등록기관을 통한 해당 주식등의 권리 행사가 곤란한지 여부 등이다.

다음으로 신규 전자등록 신청에 대한 심사 기준은 i) 승인을 신청한 주식등의 신규

28 전자등록업규정(금융위원회 고시)은 전자증권법 및 동법 시행령 하위법규로서 전자증권제도의 기본 구성요소, 제도 이용자의 권리, 의무 등에 대하여 위임 받은 사항을 규정하고 있다.

29 다만, 사전심사는 발행인이 전자등록기관에 주식등 종목별로 최초로 전자등록을 신청하는 경우에만 수행하게 된다(전자증권법 시행령 §18②)

전자등록이 법령에 위반되는지 여부, ii) 신규 전자등록 신청한 일부 수량에 대한 권리자 확정 문제가 미정[30]인 경우, iii) 신청을 거짓으로 하였거나 기 신청된 서류 등의 보완 요구를 신규 전자등록의 신청자가 이행하지 않는 경우, iv) 주식의 발행인이 명의개서대행회사를 선임하지 않은 경우 등이다.

따라서 의무 전자등록 대상 주식등이라 하더라도 이러한 사전심사 및 신규 전자등록 신청의 심사 기준을 각각 충족하여야 전자등록이 가능하게 된다.

3 전자증권제도 운영기관

가. 전자등록기관

전자증권법은 전자증권제도를 운영하는 기관으로서 크게 ① 전자등록기관과 ② 계좌관리기관으로 구분하여 규정하고 있다. 이 중 전자등록기관은 전자증권제도의 중심 운영기관으로서 주식등의 전자등록에 관한 업무를 중심으로 하여 i) 고유업무, ii) 부수업무 및 iii) 겸영업무를 수행한다.

표 6 (자본시장법상)예탁결제원 vs (전자증권법상)전자등록기관 업무 비교

구분	예탁결제원	전자등록기관
고유업무	• (증권예탁) ①증권등 집중예탁, ②예탁자계좌 개설·관리, ③예탁자계좌부 작성·관리, ④외국예탁결제기구 연계 업무 • (결제) 장외 증권시장 결제업무 • (권리관리) 실질주주명세 작성, 권리행사 대행	• (전자등록) ①주식등 전자등록, ②각종 계좌 개설·관리, ③각종 계좌부 작성·관리, ④외국전자등록기관 연계 업무 • (결제) 장내 증권시장 결제업무 • (권리관리) 소유자명세 작성, 권리행사 대행
부수업무	• 증권등 보호예수업무 • 예탁증권등 담보관리 업무 • 펀드 운용지원업무	• 주식등 의무보유등록업무 • 전자등록주식등 담보관리 업무 • 펀드 운용지원업무

30 이미 실물 주권등이 발행되어 있는 주식등의 전자등록 전환 시, 일부 주권등에 대한 사고신고 및 공시최고 등 「민사소송법」상의 공시최고절차가 진행 중에 있는 경우를 말한다.

겸영 업무	• 예탁결제원의 업무로 지정된 업무 • 그 밖에 금융위 승인을 득한 업무	• 명의개서대행업무, 증권대차중개업무 • 전자등록기관의 업무로 지정된 업무 • 그 밖에 금융위 승인을 득한 업무

먼저 고유업무로는 i) 주식등의 전자등록, ii) 전자등록계좌와 관리계좌의 개설 및 iii) 해당 계좌에 대한 계좌부의 작성·관리 업무가 있다. 또한 장내 시장 결제 업무, 소유자명세 작성 등의 권리 행사 관련 업무 등도 수행한다.

다음으로 부수업무로는 위와 같은 고유업무와 연계되어 있는 업무로서 관계법규에 의하여 일정 기간 처분제한이 되는 자에 대한 주식등의 의무보유등록 업무, 담보관리 업무 및 집합투자재산 운용 관련 지원업무인 펀드운용지원업무가 있다.

마지막으로 겸영업무로는 발행인의 증권발행 및 주주명부 작성·관리 등의 업무를 대행하는 명의개서대행업무, 증권의 대여·차입을 중개·주선하는 업무인 증권대차업무, 투자신탁 수익권 소유자의 명부를 작성하는 수익자명부 작성 업무 등이 있다.

나. 계좌관리기관

계좌관리기관은 증권예탁제도에서의 예탁자에 해당하는 개념으로서 자신의 고객 소유 주식등의 전자등록, 고객계좌의 개설·관리, 고객계좌부의 작성·관리 및 이에 대한 부수 업무를 수행하는 자를 말한다.

표 7 전자증권법상 계좌관리기관의 범위

구분	전자증권법	전자증권법 시행령	전자등록업규정
금융투자업자	• 투자매매업자, 투자중개업자 • (집합투자재산 보관·관리) 신탁업자		
법령에 따른 업무관련 기관	• 한국은행 • 외국 전자등록기관 • 명의개서대행회사	• 한국자산관리공사 • 정리금융회사 • 조세특례제한법 시행령상 사업시행자	• 토지보상법상 사업시행자

업무의 성격을 고려한 기관	• 은행 • 농협은행 • 한국산업은행 • 중소기업은행 • 보험회사	• 한국수출입은행 • 증권금융회사 및 종합금융회사 • 상호저축은행·신협·농협·수협(수협은행 포함)·새마을금고의 각 단위 지부 및 중앙회 • 여신전문금융회사 • (우체국법상)체신관서 • 전자등록기관	• 자본시장법상 전문사모집합투자업자

전자증권법에서는 기존의 자본시장법상 예탁자에 해당하는 자로서 고객의 계좌를 관리하는 금융회사 및 정책적 필요성이 인정되는 자 등을 종합적으로 고려하여 계좌관리기관의 범위를 정하였다.

그리하여 투자매매업자 또는 투자중개업자로서 역할을 수행하는 증권회사 및 집합투자재산을 관리하는 신탁업자, 그리고 시중은행 및 특수은행 등이 전형적인 계좌관리기관으로서 전자증권법에 규정되었으며, 집합투자증권의 판매 채널 기능을 수행하는 것과 관련하여 상호저축은행, 신협, 농협, 수협 등의 기관 및 커스터디안 업무 등을 수행하는 전자등록기관 등이 전자증권법 시행령에 규정되었고, 협의 또는 수용재결에 따른 토지보상업무를 수행하는 사업시행자가 전자증권법 시행령 및 전자등록업규정에 각각 규정되었다.

4 전자증권법상 계좌 체계 및 개설·관리

가. 전자증권법상 계좌 체계

전자증권법상 계좌 체계는 기본적으로는 증권예탁제도에서의 계좌 체계와 같이 복층(2-tier) 구조로 설계되어 있다. 즉, 일반 개인 또는 법인은 기본적으로 고객의 지위에서 계좌관리기관에 고객계좌를 개설하고, 계좌관리기관은 이러한 고객계좌를 관리하기 위한 목적으로 전자등록기관에 고객관리계좌를 개설한다.

한편, 자기 소유의 주식등을 전자등록하고자 하는 "계좌관리기관 및 이에 준하는 자"(이하 '계좌관리기관등')는 전자등록기관에 직접 개설하는 계좌인 계좌관리기관등 자기계좌를 개설한다.

그런데 여기서 전자증권제도상의 특징적인 측면은 전자등록 형태의 발행이 해당 업무시스템 내에서 이루어지기 때문에 발행을 관리하는 발행인관리계좌가 주식등의 발행 시에 개설된다는 점이다. 기존의 증권예탁제도는 이미 제도 밖에서 발행이 이루어진 증권등을 예탁하는 순간부터 업무가 시작되며 그 유통을 위한 계좌 체계를 갖추고 있었다. 그런데 전자증권제도는 발행 단계부터 업무가 시작되고 그 발행을 위한 계좌체계까지 확대·수용하게 된 것이다.[31]

그림 1 전자증권법상 계좌 체계

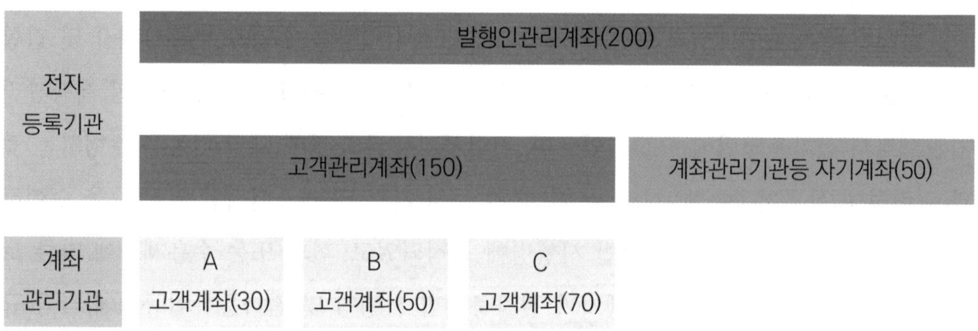

- **전자등록계좌**: 계좌 명의인이 보유한 **전자등록주식등**에 대한 **권리 내역**을 **기재**
  ⇒ 계좌부 기재에 **권리추정력 인정**
- **관리계좌**: 발행 내역 관리, 총 수량·금액 관리(별도 법적 효력 없음)

한편, 전자등록기관에 개설하는 계좌관리기관등 자기계좌와 계좌관리기관에 개설하는 고객계좌는 각 계좌부에의 전자등록이 법적 효력을 갖는 계좌인 반면, 발행인관리계좌 및 고객관리계좌는 (발행과 유통의) 총수량·총금액을 관리하기 위한 목적으로 개설된 것이므로 이들 계좌부에의 기재는 별도의 법적 효력이 없다는 차이점이 있다.

31 이러한 면에서 전자증권제도는 발행과 유통을 통합하여 운영하는 제도라고 할 수 있다.

나. 계좌 종류별 계좌개설자의 범위

전자등록기관 및 계좌관리기관에 계좌를 개설할 수 있는 자의 범위에 대하여는 앞서 "가. 전자증권법상 계좌 체계"에서 설명한 바와 같이, 일반 개인 또는 법인은 계좌관리기관에, 계좌관리기관등은 전자등록기관에 각각 계좌를 개설한다.

표 8 계좌 종류별 계좌개설자의 범위

계좌			전자증권법	전자증권법 시행령	전자등록업규정
전자등록계좌	계좌관리기관등 자기계좌		• 계좌관리기관 • 법정 설립 기금	• 기금 관리·운용법인	• 국가, 지자체, 공공기관 • 한국거래소 • 법정 공제사업 영위 법인 • (자본시장법상) 외국법인등 • 기타 대주주, 담보제공 목적의 개인·법인 등
	고객계좌	일반	• 전자등록주식등의 권리자		
		특별	• 발행인		
관리계좌	발행인 관리계좌		• 발행인		
	고객관리계좌		• 계좌관리기관		

한편, 전자증권법상 계좌개설자의 범위에서 특징적인 것은 고객계좌의 한 종류인 특별계좌를 개설하는 자가 발행인이라는 점이다.[32] 통상 고객계좌의 개설자는 해당 계좌를 통하여 전자등록주식등을 보유·관리하고자 하는 권리자인데, 특별계좌의 경우에는 발행인이 개설자가 된다. 이것은 「5. 전자등록의 유형과 내용」에서 후술하는 바와 같이 이미

32 전자증권법 §29(특별계좌의 개설 및 관리) ① 발행인이 제25조부터 제27조까지의 규정에 따라 이미 주권등이 발행된 주식등을 전자등록하는 경우 제25조제1항에 따른 신규 전자등록의 신청을 하기 전에 제27조제1항제2호에 따른 통지를 하지 아니하거나 주권등을 제출하지 아니한 주식등의 소유자 또는 질권자를 위하여 명의개서대행회사, 그 밖에 대통령령으로 정하는 기관(이하 이 조에서 "명의개서대행회사등"이라 한다)에 기준일의 직전 영업일을 기준으로 주주명부등에 기재된 주식등의 소유자 또는 질권자를 명의자로 하는 전자등록계좌(이하 "특별계좌"라 한다)를 개설하여야 한다.

실물 증권이 발행된 주식등을 전자등록하는 과정에서 일괄적인 전환 작업을 수행하기 위하여 발행인이 명의개서대행회사에 해당 계좌를 개설하게 되는 점에서 비롯되었다.

또한, 국가. 지방자치단체, 공공기관을 비롯하여 다양한 주체들이 전자등록기관에 직접 계좌를 개설하여 주식등의 보유·관리 등의 업무를 수행할 수 있도록 전자등록업규정에 계좌관리기관등 자기계좌의 개설자로서 해당 주체들이 규정되어 있다.

5 전자등록의 유형 및 내용

가. 전자등록의 유형

전자등록은 전자증권법상 정의에 의하면 주식등의 종류, 종목, 금액, 권리자 및 권리 내용 등 주식등에 관한 권리의 발생·변경·소멸에 관한 정보를 전자등록계좌부에 전자적 방식으로 기재하는 것을 말한다(전자증권법 제2조).

표 9 전자등록의 유형 및 내용

전자등록 유형		전자증권법 (개념 및 주요 절차)	전자증권법 시행령·전자등록업규정 (세부 절차·방법)
①	신규 전자등록	• 신규 발행시 전자등록의 방식으로 발행하는 것	• 신규 전자등록 신청절차 및 방법 • 신규 전자등록 거부사유
②	旣 발행주식등 전자등록	• 이미 실물증권으로 발행된 주식등을 전자등록주식등으로 전환(=전자등록 전환)하는 것	• (전자등록 전환 절차 未준수 권리자를 위한)특별계좌 개설 및 관리 절차
③	계좌간 대체의 전자등록	• 양도인과 양수인 각각의 전자등록계좌간 이전	• 계좌간 대체 전자등록의 사유 • 계좌간 대체 전자등록의 세부 절차·방법
④	질권 설정·말소, 신탁재산 표시·말소 전자등록	• 질권설정자와 질권자(질권) 또는 위탁자와 수탁자(신탁)간의 권리 변동내역의 전자등록	• 질권 설정·말소 또는 신탁재산 표시·말소 관련 전자등록의 세부 절차·방법
⑤	권리 소멸 등에 따른 변경·말소의 전자등록	• 원리금 지급, 발행인 합병·분할 등으로 인한 권리 내역의 변경·말소 전자등록	• 변경·말소 전자등록의 사유 • 변경·말소 전자등록의 세부 절차·방법

이 전자등록의 유형을 나누어 보면 크게 발행의 전자등록과 유통의 전자등록으로 구분할 수 있다. 첫 번째 유형인 발행의 전자등록이라 함은 주식등에 관한 권리가 발생한 것으로서 전자적 방식에 의하여 증권을 발행하는 것을 의미한다. 전자증권법은 이러한 발행의 전자등록에 관한 부분을 동법 제25조부터 제27조까지의 규정에서 다루고 있고 법상 "신규 전자등록"이라는 표현을 사용하고 있다.

한편, 신규 전자등록 중 전자증권법 제27조는 이미 실물 증권이 발행된 상태에서 발행인의 결정에 의하여 후발적으로 전자증권제도를 이용하게 되는 경우에 대하여 규정하고 있으며, 이미 증권이 발행된 상태이므로 실질적으로는 전자등록 전환(conversion)에 해당하는 업무 절차라고 할 수 있다.

이렇게 신규 전자등록되어 생성된 권리는 채권의 경우 원리금 상환에 의하여 소멸되기도 하고, 주식의 경우 합병·분할·분할합병과 같은 기업 구조조정에 의하여 기존 권리가 소멸하고 새로운 권리가 생성되기도 한다. 이미 전자적 방식에 의해 발행(발생)된 권리가 소멸하거나 또는 이에 갈음하여 새로운 권리가 전자적으로 발행(발생)되는 것이다. 이러한 전자등록을 전자증권법에서는 특히 "권리의 소멸 등에 따른 변경·말소의 전자등록"으로 표현하고 있다.

두 번째 유형인 유통의 전자등록은 이미 전자적 방식으로 발행된 주식등을 이전하거나 담보 또는 신탁의 대상으로 하는 경우에 수행하는 전자등록을 의미한다. 이 경우에는 전자등록주식등의 소유권이 변동하거나 제한 물권이 생기는 등의 권리 내역 변동이 발생하게 된다.

나. 전자등록의 유형별 주요 내용

(1) 신규 전자등록 및 旣 발행 주식등의 전자등록

신규 전자등록은 전자적 방식에 의한 증권 발행에 해당하며 발행인이 전자등록기관에 신청서 및 제반 필요서류를 첨부하여 신규 전자등록을 신청함으로써 시작된다. 물론 기존에 주식을 발행하는 사무를 대행하였던 명의개서대행회사 또는 채권 등의 발행사무를 취급하였던 주간사가 발행대리인으로 해당 업무에 참가할 수도 있다.

이 경우 앞서 언급하였던 바와 같이 신규 전자등록 신청에 대한 심사를 받게 되고,

종목별로 최초로 발행하는 경우에는 사전심사를 먼저 신청하여야 할 수도 있다. 이러한 신청 및 심사 절차를 거쳐 사전심사와 신규 전자등록 신청 심사 기준[33]에 부합된다고 판단되어 각 신청이 모두 승인되면 비로소 전자등록을 하게 된다.

한편, 旣 발행 주식등의 경우에는 이미 실물 증권이 발행되어 있는 상태에서 신규 전자등록을 신청하는 것이므로 새로이 전자적 방식으로 증권을 발행하는 경우와는 달리 이미 유통되어 있는 실물 증권을 회수하는 절차[34]가 추가로 필요하게 된다. 그리고 해당 절차의 이행에도 불구하고 권리자의 부지 또는 비협조 등에 의하여 未회수된 실물 증권에 대해서는 해당 수량만큼 특별계좌를 개설하여 보관·관리하였다가 차후에 그 실물 증권을 그 권리자가 발행인(또는 명의개서대행회사)에 제출하는 경우에 한하여 권리자의 일반 전자등록계좌(통상 증권회사의 계좌)로 이전하여 주는 업무도 수행하게 된다.

(2) 계좌간 대체, 질권 설정·말소 및 신탁재산 표시·말소의 전자등록

유통의 전자등록에 해당하는 계좌간 대체, 질권 설정·말소 및 신탁재산 표시·말소의 전자등록은 증권예탁제도에서의 계좌대체, 질권 설정·말소 및 신탁재산 표시·말소와 크게 다르지는 않으나 해당 전자등록이 증권예탁제도에서의 "예탁자계좌부 자기분" 및 "투자자계좌부"에 해당하는 전자등록계좌부상에서만 발생한다는 점에서 두드러진 차이를 보이고 있다.

예를 들면, 자본시장법은 예탁자계좌부 자기분과 예탁자계좌부 투자자분의 구분을

33 이 경우 발행인은 신규 전자등록 신청 시 발행을 계획하는 주식등의 전자등록 근거가 규정되어 있는 정관, 계약, 약관 및 그 밖에 이에 준하는 서류를 제출하여야 한다(전자증권법 시행령 §19②).

34 전자증권법 §27(이미 주권등이 발행된 주식등의 신규 전자등록에 따른 조치 등) ① 발행인이 제25조제1항에 따라 이미 주권등이 발행된 주식등의 신규 전자등록을 신청하는 경우에는 신규 전자등록을 하려는 날(이하 "기준일"이라 한다)의 직전 영업일을 말일로 1개월 이상의 기간을 정하여 다음 각 호의 사항을 공고하고, 주주명부, 그 밖에 대통령령으로 정하는 장부(이하 "주주명부등"이라 한다)에 권리자로 기재되어 있는 자에게 그 사항을 통지하여야 한다.

1. 기준일부터 주권등이 그 효력을 잃는다는 뜻
2. 권리자는 기준일의 직전 영업일까지 발행인에게 주식등이 전자등록되는 고객계좌 또는 계좌관리기관등 자기계좌(이하 "전자등록계좌"라 한다)를 통지하고 주권등을 제출하여야 한다는 뜻
3. 발행인은 기준일의 직전 영업일에 주주명부등에 기재된 권리자를 기준으로 제25조제1항에 따라 전자등록기관에 신규 전자등록의 신청을 한다는 뜻

두지 않고 단순히 예탁자계좌부로만 총칭하여 해당 계좌부에 대한 기재의 효력을 인정[35]하고 있는 반면, 전자증권법은 전자등록계좌부에 대한 전자등록의 효력만을 인정하고 있으므로 예탁자계좌부 자기분에 해당하는 계좌관리기관등 자기계좌부 및 고객계좌부에 대한 계좌간 대체 등의 전자등록만이 전자증권법상 효력을 발생시키는 전자등록이 되고 예탁자계좌부 투자자분에 해당하는 고객관리계좌부에의 기록은 계좌간 대체, 질권 설정 · 말소 또는 신탁재산사실의 표시 · 말소와 관련한 법적 효력이 발생하지 않는다.[36][37]

물론, 증권예탁제도에서 예탁자가 관리하는 투자자계좌부는 전자증권제도에서 계좌관리기관이 관리하는 고객계좌부와 마찬가지로 해당 계좌부에서의 기재에 효력이 발생한다는 점은 전자증권제도에서도 동일하다.

(3) 권리의 소멸 등에 따른 변경·말소의 전자등록

전자증권제도에서는 발행된 전자등록주식등이 다양한 사유로 인하여 소멸되는 경우의 전자등록에 대해 규율하고 있다. i) 기본적으로 변경 · 말소의 전자등록은 주식등

---

35 자본시장법 §311(계좌부 기재의 효력) ① (생 략)
② 투자자계좌부 또는 예탁자계좌부에 증권등의 양도를 목적으로 계좌 간 대체의 기재를 하거나 질권설정을 목적으로 질물(質物)인 뜻과 질권자를 기재한 경우에는 증권등의 교부가 있었던 것으로 본다.
③ 예탁증권등의 신탁은 예탁자계좌부 또는 투자자계좌부에 신탁재산인 뜻을 기재함으로써 제삼자에게 대항할 수 있다.

36 전자증권법 §30(계좌간 대체의 전자등록) ① (생 략)
② 제1항에 따라 전자등록 신청을 받은 전자등록기관 또는 계좌관리기관은 지체 없이 전자등록계좌부에 해당 전자등록주식등의 계좌간 대체의 전자등록을 하여야 한다.
전자증권법 §31(질권 설정 및 말소의 전자등록) ① (생 략)
② 제1항에 따라 전자등록 신청을 받은 전자등록기관 또는 계좌관리기관은 지체 없이 해당 전자등록주식등이 질물(質物)이라는 사실과 질권자를 질권설정자의 전자등록계좌부에 전자등록하는 방법으로 해당 전자등록주식등에 질권 설정 또는 말소의 전자등록을 하여야 한다.
전자증권법 §32(신탁재산이라는 사실의 표시 및 말소의 전자등록) ① (생 략)
② 제1항에 따라 전자등록 신청을 받은 전자등록기관 또는 계좌관리기관은 지체 없이 해당 전자등록주식등이 신탁재산이라는 사실을 전자등록계좌부에 표시하거나 말소하는 전자등록을 하여야 한다.

37 특히, 질권 설정의 경우 전자증권법은 그 질권 설정이 이루어지는 곳이 "질권설정자의 전자등록계좌부"로 구분하여 명시하였으며, 실무적으로는 질권설정자(소유자)의 전자등록계좌부에 질권자 및 질권 내역을 부기기재 하는 방식으로 이루어진다.

발행인의 신청에 의하여 수행되나, ii) 안정적이고 효율적인 전자증권제도의 운영을 위하여 일정한 경우에는 발행인의 신청이 없더라도 전자등록기관이 또는 계좌관리기관이 직권으로 변경·말소의 전자등록을 할 수 있도록 규정하였다.

우선 신청에 의한 권리의 소멸에 따른 변경·말소의 전자등록 사유로는 i) 원리금·상환금의 지급, ii) 발행인의 의사 결정 및 이에 따른 정관 변경으로 인하여 실물 주권을 발행하기로 결정한 경우, iii) 발행인의 합병·분할·분할합병 등 기업구조조정으로 인하여 구주식이 소멸하고 신주식이 발행된 경우, iv) 발행인의 해산·청산으로 인하여 해당 발행인이 발행한 전자등록주식등이 소멸되는 경우, v) 채권자의 채무면제로 인하여 전자등록된 채권이 소멸된 경우 등이 전자증권법 및 동법 시행령에 규정되어 있다. 이 밖에 전자등록업규정에는 전환주식·전환사채에 부여된 전환권이나 상환사채에 부여된 상환권 등의 행사로 인하여 전자등록주식등에 관한 권리의 전부 또는 일부가 소멸되는 경우가 규정되어 있다.

한편, 직권에 의한 권리의 소멸에 따른 변경·말소의 전자등록 사유로는 원리금·상환금 지급이 전자등록기관을 통하여 이루어진 경우 등이 규정되어 있다. 이는 전자증권제도에서의 권리 행사는 기존의 자본시장법상 증권예탁제도에서와 마찬가지로 전자등록기관을 통한 권리 행사가 대부분이며, 이 경우 전자등록기관이 해당 권리 행사 사실 및 그 내역에 대하여 이미 인지하고 있는 점 등이 반영된 것이다.

더불어 뒤에서 언급되는 전자등록의 안전성 확보 체계와 관련하여 초과분이 발생한 경우 해당 초과분을 해소하는 과정에서 전자등록기관 또는 계좌관리기관이 직권으로 변경·말소할 수 있는 사유가 전자증권법 시행령에 규정되어 있다. 이밖에 전자등록업규정에는 신주인수권증서 또는 신주인수권증권의 행사기간이 도과한 경우가 직권에 의한 변경·말소의 전자등록 사유로 추가 규정되어 있다.

표 10 권리의 소멸 등에 따른 변경·말소의 전자등록 사유

구분	전자증권법	전자증권법 시행령	전자등록업규정
신청에 의한 변경·말소의 전자등록	• 원리금·상환금 지급 • 실물주권으로 회귀 • 발행인의 합병·분할 또는 주식의 병합·분할·소각 등	• 발행인의 해산·청산 • 법원의 판결·명령 등 • 채권자의 채무면제 • 투자회사의 합병·분할	• 전환권·상환권 행사
직권에 의한 변경·말소의 전자등록	• (전자등록기관을 통한) 원리금·상환금 지급 • 발행인의 해산·청산	• 법원의 판결·명령 등 • 초과분 해소	• (전자등록기관을 통한) 전환권·상환권 행사 • 신주인수권증서·증권의 행사기간 도과

6 전자등록주식등에 대한 권리

가. 전자등록기관을 통한 권리행사

전자증권법은 증권예탁제도에서와 마찬가지로[38] 전자등록주식등의 권리자가 발행인을 상대로 직접 권리 행사를 할 수도 있고 전자등록기관을 통하여 권리 행사를 할 수도 있도록 규정하고 있다. 다만, 현행 증권예탁제도에서도 소수주주권의 행사 등 일부 권리를 제외하고는 배당금·원리금 등의 수령, 전환권·신주인수권의 행사 등 대부분의 권리 행사가 예탁결제원을 통하여 이루어지고 있는 현실을 감안할 때 전자증권제도에서도 전자등록기관을 통한 권리 행사가 대부분이며 전자증권법에도 이를 반영한 조문이 규정되어 있다.[39]

38 자본시장법 §314(예탁증권등의 권리 행사 등) ① 예탁결제원은 예탁자 또는 그 투자자의 신청에 의하여 예탁증권등에 관한 권리를 행사할 수 있다. 이 경우 그 투자자의 신청은 예탁자를 거쳐야 한다.

39 전자증권법 §38(전자등록기관을 통한 권리 행사) ① 전자등록주식등의 권리자는 전자등록기관을 통하여 배당금·원리금·상환금 등의 수령, 그 밖에 주식등에 관한 권리를 행사할 수 있다.
② 제1항에 따라 권리를 행사하려는 전자등록주식등의 권리자는 전자등록기관을 통하여 권리를 행사한다는 뜻과 권리 행사의 내용을 구체적으로 밝혀 전자등록기관에 신청하여야 한다. 이 경우 고객계좌부에 전자등록된 권리자는 계좌관리기관을 통하여 신청하여야 한다.
③ 전자등록주식등의 발행인은 제1항에 따른 전자등록기관을 통한 권리 행사를 위하여 대통령령으로 정하는 사항을 지체 없이 전자등록기관에 통지하여야 한다.

나. 소유자명세 제도

(1) 소유자명세의 개념 및 작성 사유

소유자명세[40]는 기명식 주식등의 발행인이 일정한 날(이하 '기준일')을 정한 경우 해당 기준일에 주식등의 소유자 내역 및 그 소유자의 소유 내역 등을 기록한 명세를 말하며, 각종 권리 행사 업무처리에 필수적인 명세이다. 발행인은 이 소유자명세의 작성을 전자등록기관에 요청하여 통보받은 것을 토대로 주주명부 등 권리자 명부를 작성[41]하여 권리를 부여받을 권리자 범위를 확정할 수 있게 된다.

이 소유자명세는 원칙적으로 발행인의 요청이 있는 경우에 작성하나, 예외적으로 전자등록기관의 직권으로도 작성이 가능하다. 한편, 발행인의 요청은 다시 i) 소유자명세의 작성을 당연히 요청하여야 하는 경우와 ii) 발행인의 필요에 따라 그 작성을 임의로 요청하는 경우로 나눌 수 있다.

먼저 발행인이 소유자명세 작성을 당연히 요청하여야 하는 경우는 「상법」상 기준일[42]이 설정(다른 법률에서 해당 조문을 준용하는 경우를 포함한다)되어 관련 소유자의 내역을 파악하여야 하는 경우이다. 다만, 투자신탁 또는 투자회사의 분배금을 배분하는 경우에는 굳이 소유자명세를 작성하지 않고도 전자등록계좌부에 전자등록된 소유자에게 배분이 가능하므로 이 경우에는 소유자명세 작성 요청을 하지 않을 수 있는 사유로 규정하였다.[43]

---

40 전자증권법상 소유자명세 제도는 자본시장법상 실질주주명세 제도를 보완·발전시킨 것으로서 기본적으로는 구성 내용, 작성 절차·방법 등의 측면에서 양자간에 유사한 면이 많다.

41 실질주주명세를 통보받은 발행인(또는 명의개서대행회사)이 실질주주명부를 작성한 후 실물 주권을 보유한 주주의 내역과 합산하여 최종적인 주주명부를 작성하는 증권예탁제도와는 달리, 실물 주권을 소유한 주주가 존재하지 않는 전자증권제도에서는 전자등록기관이 작성하여 발행회사에게 통지하는 소유자명세의 내역이 일부 행정적인 분류 번호 등을 제외하고는 사실상 발행회사의 주주명부의 내역과 동일하게 될 것으로 사료된다.

42 **상법 §354(주주명부의 폐쇄, 기준일)** ① 회사는 의결권을 행사하거나 배당을 받을 자 기타 주주 또는 질권자로서 권리를 행사할 자를 정하기 위하여 일정한 기간을 정하여 주주명부의 기재변경을 정지하거나 일정한 날에 주주명부에 기재된 주주 또는 질권자를 그 권리를 행사할 주주 또는 질권자로 볼 수 있다.

43 **전자증권법 §66(주주명부 등에 관한 특례)** 제37조제1항 단서에 따라 소유자명세의 작성을 요청하지 아니하는 경우에는 전자등록주식등의 발행인은 「상법」 제354조제1항(다른 법률에서 준용하는 경우를 포함한다)에도 불구하고 제37조제1항 본문에 따른 일정한 날에 전자등록계좌부에 전자등록된 전자등록주식등의 권리자를 그 권리를 행사할 자로 본다.

다음으로 발행인이 임의로 소유자명세의 작성을 요청할 수 있는 경우로는 (사업보고서 작성·제출, 대주주의 지분 내역을 확인하기 위한 경우 등의) 일정한 주기로 소유자 내역을 파악하고자 하는 경우, 「채무자 회생 및 파산에 관한 법률」상 관리자에게 제출하여야 하는 경우, 상장심사를 준비하는 경우 등이 있다. 한편 무기명 주식등의 경우에는 기명식이 아니므로 원칙적으로 소유자명세를 작성하지 않지만 예외적으로 조건부자본증권의 전환, 상환사채의 상환에 따라 기명식 주식등을 부여받을 자가 발생하는 경우에는 작성할 수 있도록 규정하였다. 이것은 그 전환 또는 상환에 의하여 전자등록된 주식등을 취득하는 소유자의 내역을 파악하여야 하기 때문이다.

한편, 전자증권법은 발행인의 소유자명세 작성 요청 없이 전자등록기관이 직권으로 소유자명세를 작성하는 경우도 규정하였는데, 발행인에게 해산·청산의 사유가 발생하여 그 발행인이 발행한 전자등록주식등에 대하여 변경·말소의 전자등록이 된 경우, 발행인이 정관 변경을 하고 실물 주권을 발행하기로 하여 말소의 전자등록이 된 경우, 그밖에 초과분을 해소하기 위하여 전자등록을 말소하는 경우로서 발행인에게 해당 내역을 통지하는 경우가 그러한 경우이다.

표 11 소유자명세 작성 사유

구분			전자증권법	전자증권법 시행령
발행인 요청 사안	당연 요청		• 상법상 기준일(상법 §345①)설정에 따른 소유자 파악	
			- 투자회사 분배금 배분의 경우 제외	
	임의 요청	기명 주식 등	• 법령 또는 법원의 결정	• 채무자회생법상 필요시 • 상장심사 준비 목적 • 정관 및 (발행 관련) 계약·약관 등에 의한 경우
			• 일정 주기(분기)별로 파악	
			• 자본시장법상 공개매수청구시 대응 목적	
		무기명 주식 등	• 자본시장법상 조건부자본증권의 주식 전환시	• 상환사채 상환시 • 은행법 및 금융지주회사법상 조건부자본증권의 주식 전환
전자등록기관 직권			• 해산·청산, 실물증권으로의 복귀 등 사유로 인해 말소의 전자등록이 되는 경우	• 법원의 판결 등에 따라 말소 전자등록이 되는 경우 • 초과분 발생을 발행인에게 통지하는 경우

전체적으로는 소유자명세 작성 사유가 기존의 실질주주명세 작성 사유에 비하여 그 사유나 빈도 측면에서 많아졌으며 이에 따라 소유자 내역을 파악하고 발행인이 소유자 및 기업지배구조 관리 등과 관련한 다양한 전략을 모색할 수 있는 기회가 확대되었다고 볼 수 있다.

(2) 소유자명세와 명의개서

전자증권제도에서는 소유자명세를 주주명부에 반영하여 일괄적으로 현행화(update)하는 형태의 명의개서, 즉 일괄 명의개서만 존재하게 되고, 권리자가 개별적으로 발행인(또는 명의개서대행회사)에 명의개서를 요청하는 형태인 개별 명의개서는 소멸하게 된다. 따라서, 발행인이 전자등록기관에 소유자명세의 작성을 요청하여 통보받은 소유자명세를 주주명부에 반영하는 빈도에 따라 주주명부(명의개서)의 현행화 주기가 좌우된다.

그림 2 소유자명세 및 주주명부 작성 절차

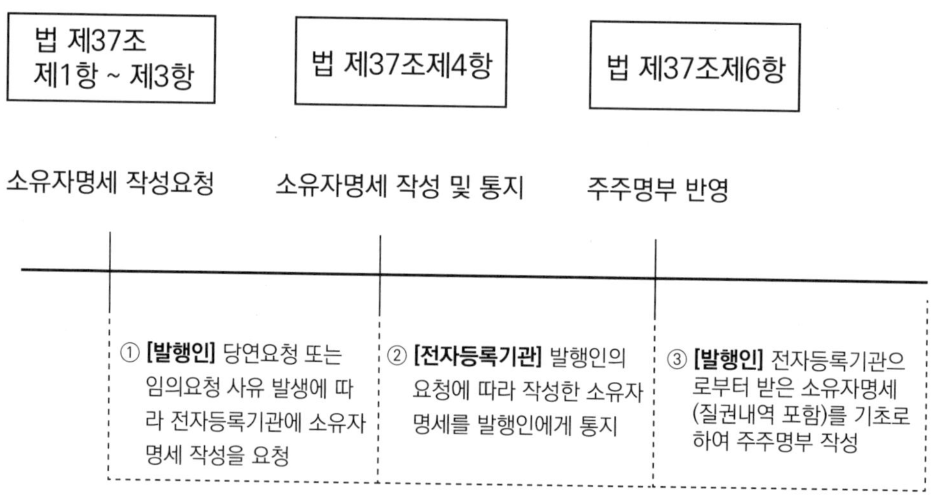

(3) 소유자증명서 및 소유 내용의 통지

소수주주권 행사와 같은 개별적 권리 행사를 하고자 하는 소유자는 전자등록기관에 자신의 소유자 지위를 증명하는 수단의 발급 등을 요청할 수 있다. 왜냐하면 전자증권제도에서는 바로 앞에서 언급한 바와 같이 발행인이 전자등록기관으로부터 통보받은 소유자명세를 기초로 하여 명의개서가 일괄적으로 이루어지기 때문에 소수주주권 등을 행사하고자 하는 주주의 경우에는 정작 그 시점에 그 주주의 소유내역이 소수주주권을 행사하고자 하는 그 시점의 주주명부에 반영되어 있지 않을 가능성이 높으므로 자신의 주주 지위 여부를 증명할 수 있는 별도의 수단이 필요하기 때문이다.

따라서 소유자명세의 작성 시점 차이 등으로 인하여 주주명부 등에 자신의 주식등 소유 내역이 미처 반영되지 못한 소유자는 자신이 진정한 소유자라는 것을 증명할 수단이 필요하게 되고, 해당 수단으로서 전자증권법은 소유자증명서와 소유 내용의 통지를 규정하고 있다. 양자 모두 소유자의 지위를 증명[44]한다는 기능 면에서는 동일하며, 다만 소유자증명서는 문서 방식, 소유 내용의 통지는 전산 방식을 각각 취하고 있다는 점이 다를 뿐이다.

표 12 소유자증명서 vs 소유 내용의 통지 비교

구분		전자증권법	전자증권법 시행령	전자등록업무규정
소유자 증명서	제출처	• 발행인	• 법원, 사채관리회사	
	기재 내용		• 소유자 내역 • 소유 내역 • 행사할 권리 내역 • 제출처	• 단기사채등의 경우 발행일·만기일 • 상법 §542의6에 따른 소수주주권 행사의 경우 계속 보유기간 충족 여부 • 증명서 유효기간
소유 내용의 통지	제출처	• 발행인, 법원		
	통지 내용		• 소유자 내역 • 소유 내역 • 행사할 권리 내역 • 통지내용 유효기간	• 단기사채등의 경우 발행일·만기일 • 상법 §542의6에 따른 소수주주권 행사의 경우 계속 보유기간 충족 여부

소유자증명서를 제출하거나 소유 내용을 통지하는 상대방으로서 양자 모두 발행인과 법원이 규정되어 있는데 이것은 발행인에 대한 소수주주권 행사와 더불어 대표소송

44 그러나, 단순히 특정 전자등록주식등을 보유하고 있다는 사실을 증명하기 위한 수단으로 사용하기 위하여 발급 신청하는 것은 되는 것은 인정되지 않으며 이러한 점은 실질주주증명서의 경우에도 마찬가지이다(한국증권법학회, 「자본시장법 주석서 II」(제2판), 2015, 627면).

등과 같이 법원에 계류 중인 경우 원고 적격을 증명하기 위한 용도로 법원에도 해당 사실을 알려야 하기 때문이다. 한편 소유자증명서의 경우 발행인과 법원에 더하여 그 제출처로서 사채관리회사가 함께 규정되어 있는데 이것은 사채권자를 위하여 사채관리회사가 발행인으로부터 원리금을 수령한 경우 사채권자가 해당 사채관리회사로부터 원리금을 수령하는 때에 사채권자로서의 지위를 증명하기 위한 서면으로 사용하기 위함이다.[45]

한편, 소유자증명서 기재 내용 및 소유 내용의 통지 내용에는 상장회사의 소주주주가 소수주주권을 행사하는 경우에 그 주주의 소수주주권 행사 요건 구비 여부를 확인할 수 있도록 하기 위한 자료로서 그 주주의 계속 보유기간 충족 여부에 대한 정보가 포함되어 있다(전자등록업무규정(예탁결제원업무규정) §68 · 69).

7 전자등록의 안전성 확보 체계

가. 전자등록의 안전성 확보

전자등록기관 및 계좌관리기관은 주식등이 초과 전자등록되었는지 여부를 정기적으로 확인하고 만일 초과 전자등록이 발생한 경우에는 그 초과 전자등록된 부분에 대하여 해소 의무를 부담한다. 여기서 초과 전자등록이라 함은 IT시스템의 장애, 업무자의 오 · 기재 등으로 인하여 발행인이 발행한 수량을 초과하는 유통량이 전자증권시스템 내에 존재하고 있는 것을 의미한다.

전자증권법은 이러한 초과 전자등록 발생 여부에 대한 판단기준으로서 두 가지 유형을 규정하고 있다. 먼저 첫 번째 유형은 전자등록기관의 발행인관리계좌부상 총수량 · 총금액보다 전자등록기관의 고객관리계좌부 및 계좌관리기관등 자기계좌부의 총수량 · 총금액이 더 많이 존재하는 상황이다. 다음으로 두 번째 유형은 전자등록기관의 고

45 실물 사채권이 존재하는 경우에는 아래와 같이 상법에 따라 실물 사채권 또는 이권을 제시하면서 사채권자가 상환액 또는 이자지급청구를 하게 되나, 실물 사채권이 존재하지 않는 전자증권제도에서는 전자등록된 채권에 대한 소유자증명서가 이 역할을 대신 하게 된다.
상법 §484(사채관리회사의 권한) ① · ② (생 략)
③ 제2항의 경우에 사채권자는 사채관리회사에 사채 상환액 및 이자 지급을 청구할 수 있다. 이 경우 사채권이 발행된 때에는 사채권과 상환하여 상환액지급청구를 하고, 이권(利券)과 상환하여 이자지급청구를 하여야 한다.

객관리계좌부상 총수량·총금액보다 계좌관리기관의 고객계좌부상 총수량·총금액이 더 많이 존재하는 상황이다.

그림 3 전자증권제도상 초과 전자등록 판단기준

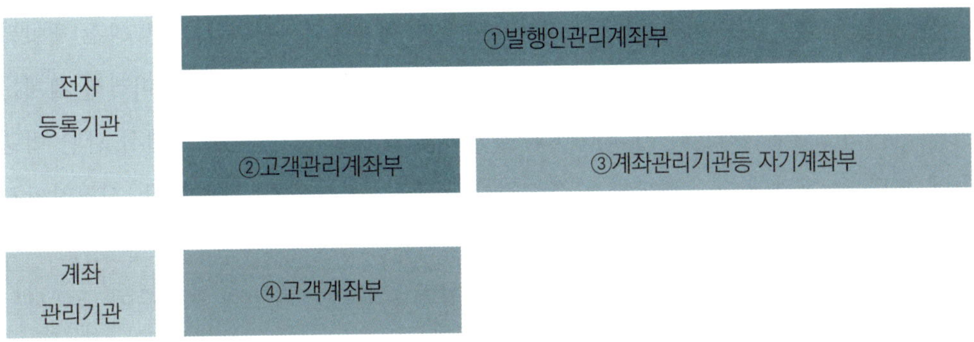

- **전자등록기관 :** "① = ②+③" 여부 확인, **만약 "① < ②+③"면 초과 전자등록**
- **계좌관리기관 :** " ② = ④" 여부 확인, **만약 "② < ④"면 초과 전자등록**

나. 전자증권법상 초과분 확인 및 처리 방법

(1) 초과 전자등록에 대한 기본 처리 방침

전자증권법은 위 <그림 3>에 묘사된 것과 같이 각 계좌부 수량에 대한 대사 작업 결과 초과 전자등록이 발생한 것으로 판명 난 경우 i) 단순 오기재인 경우라면 즉시 말소하도록 하고 있고, ii) 그 초과 전자등록이 단순 오기재가 아닌 선의취득분인 경우에는 해당 수량만큼 유상 취득하여 말소하도록 하고 있다.

(2) 선의취득분으로서 未해소된 초과분의 해소 절차·방법

선의취득분으로서 유상취득에 의한 해소가 필요한 초과분(초과 전자등록된 총수량·총금액을 말한다. 이하 같다)이 존재하는 경우에는 먼저 해당 초과분 발생에 책임이 있는 기관이 자신의 재원을 사용하여 이를 해소하여야 한다.

그러나 초과분 발생에 책임있는 기관이 무자력 등의 사유로 해소를 하지 못하고 있는 경우에는 우선 ① 전자등록기관이 초과분 해소를 위하여 별도로 적립한 금원(이하 '전자등록적립금')을 사용하여 해소한다. ② 그러나 이 전자등록적립금으로도 해소되지 못한 부분이 있는 경우에는 모든 계좌관리기관이 각자 전자증권제도를 이용하고 있는 비율, 즉 자신 소유분 및 고객 소유분에 대하여 전자등록되어 있는 시장가치 등이 전체 시장가치에서 차지하는 비율 등에 따라 결정된 금액만큼 분담하여 해소[46]한다. 한편, 초과분 발생에 책임이 있는 기관 외에 전자등록기관과 계좌관리기관의 초과분 해소 책임을 추가 규정하는 것이 타당한지에 대한 검토가 필요하다는 의견[47]도 있으나 이러한 체계는 이미 자본시장법상 증권예탁제도에서도 존재하고 있었고 전자증권제도에서 관련 법령 등에 보다 그 체계를 구체적으로 규정하였을 뿐이며, 조기 시장 안정화 및 시장참가자 보호라는 측면에서 그 의의를 찾을 수 있다고 보여진다.[48]

③ 전자등록기관 또는 계좌관리기관은 각자가 분담하여 해소한 초과분에 대해서는 해당 초과분을 발생시킨 기관에 대하여 구상권을 행사할 수 있다. 이 경우, 전자등록적립금을 사용한 전자등록기관은 모든 계좌관리기관에 대하여도 구상권을 행사할 수 있다.[49] 그것은 원래 사전적으로 제도 참가자들이 분담 및 조성하였어야 할 손해배상공동

---

46 「전자등록업허가 등에 관한 규정」 제9조(계좌관리기관의 분담금 산정 및 납부) ① 영 제35조제4항 제2호에서 "금융위원회 및 법무부장관이 공동으로 정하여 고시하는 방법"이란 다음의 계산식에 의하여 각 계좌관리기관의 분담금을 산정하는 것을 말한다.

> 전자등록적립금으로도 해소되지 아니한 초과분의 시장가치 × (각 계좌관리기관의 계좌관리기관등 자기계좌부 및 해당 계좌관리기관이 관리하는 고객계좌부에 전자등록된 전자등록주식등의 총 시장가치 / 모든 계좌관리기관의 계좌관리기관등 자기계좌부 및 고객계좌부에 전자등록된 전자등록주식등의 총 시장가치)

② 제1항에 따라 각 계좌관리기관의 분담금이 산정된 경우 금융위원회 및 법무부장관은 해당 계좌관리기관이 부담하는 분담금의 명세 및 분담 일정을 각 계좌관리기관에 통보하여야 한다. 이 경우 각 계좌관리기관은 통보받은 명세 및 일정에 따라 전자등록기관에 자신의 분담금을 납부하여야 한다.

47 김태진, "전자증권과 투자자의 권리행사"(토론문), 국회입법조사처 · 서울대 금융법센터 · 한국예탁결제원 공동세미나, 2017.12, 88-89면.

48 맹수석, "전자증권제도 시행에 따른 법적 개선 과제", 한국경영법률학회 · 코스닥협회 · 한국예탁결제원 춘계공동학술대회 논문집, 2018.4, 21면.

49 **「전자등록업허가 등에 관한 규정」 제10조(전자등록기관의 구상 방법)** ① 영 제35조제5항에 따른 구상권의 행사에도 불구하고 전자등록기관이 보전하지 못한 금액이 있는 경우 전자등록기관은 다

기금 대신 사후적으로 전자등록기관의 전자등록적립금을 사용하여 해소한 것이기 때문이다.[50 51]

표 13 초과 전자등록 확인 및 처리 방법

구분	전자증권법	전자증권법 시행령
초과분 확인·해소	• 초과 전자등록 발생여부 판단기준	• 초과분 해소 방법 - 단순 오기재 : 즉시 말소 - 선의취득분 : (초과분 발생 책임기관이)유상취득 후 말소 • (초과분 발생 책임기관이)미해소한 초과분 해결 방법 - i) 전자등록기관의 적립금, ii) 모든 계좌관리기관의 분담액 순으로 사용하여 해소
대지급 책임	• 대지급 책임 대상 - (초과분에 대해 지급되어야 할)원리금, 배당금 • 대지급 책임 기관 - 초과분 발생에 책임있는 전자등록기관 또는 계좌관리기관	• 대지급 책임 대상 추가 - (펀드의)분배금 • 대지급 책임 수량(또는 금액) 계산 세부 산식
권리행사 제한	• 권리행사 제한 대상 - (초과분에 대해 지급되어야 할)원리금, 배당금 • 권리행사 제한 기간 - 해당 초과분의 해소시점까지	• 권리행사 제한 수량(또는 금액)계산 세부 산식

음의 계산식에 의하여 산출된 금액을 모든 계좌관리기관에 분담시킬 수 있다.

> 전자등록기관이 보전하지 못한 금액 × (각 계좌관리기관의 계좌관리기관등 자기계좌부 및 해당 계좌관리기관이 관리하는 고객계좌부에 전자등록된 전자등록주식등의 총 시장가치 / 모든 계좌관리기관의 계좌관리기관등 자기계좌부 및 고객계좌부에 전자등록된 전자등록주식등의 총 시장가치)

50 이러한 초과분 해소에 따른 전자등록기관 및 계좌관리기관의 손해액 분담비율 및 절차·방법에 대하여는 「전자등록업허가 등에 관한 규정」(금융위원회·법무부 공동고시)에 상세히 규정되어 있다.

51 실제 일본을 비롯한 해외 전자등록기관은 사전 손해배상공동기금 제도(일본의 경우 '가입자보호신탁' 제도)를 채택하여 초과분 해소를 위한 재원을 마련하고 있다.

Ⅳ 결 론

전자증권제도는 경제 성장, 자본시장 및 제반 인프라의 발전에 따라 증권의 발행, 유통 및 제반 권리행사에 관한 분야에서의 변화사항을 수용하고 새로운 요구사항을 충족하기 위해 고안된 제도이다. 동 제도는 기존의 증권제도 및 자본시장인프라를 기반으로 보완·발전하는 동시에 전자적 방식에 의한 증권사무의 처리를 통해 시·공간의 제약을 최소화하고 관련 업무를 고도화함으로써 경제와 자본시장에 많은 효용과 혜택을 가져오는 것으로 평가되고 있다.

이를 위해서는 전자증권제도 구성·운영의 토대가 되는 전자증권법 및 관련 법제의 지속적인 정비와 발전이 필수적으로 요구된다고 보여진다. 특히, 전자증권을 포함한 디지털자산이 기존 민사법 체계 내에서 어떻게 해석되고 조화롭게 수용될 수 있는지 그리고 블록체인과 같은 혁신기술과의 융합을 위한 기반을 전자증권법제에서 어떠한 방식으로 마련하는지는 민사법은 물론이고 금융규제, 집행, 파산, 형사, 조세 등의 다양한 영역에 걸쳐 있는 중요한 주제라고 할 수 있다.

따라서, 현재의 전자증권제도를 고도화하는 동시에 향후 전자등록, 청산결제인프라, 간접보유방식 및 분산원장기술 기반 제도 마련 등을 둘러싼 세계 자본시장의 구조와 변화사항을 면밀히 관찰하면서 우리나라 자본시장과 관련 인프라의 고유성을 종합적으로 감안한 법제와 관련 체계를 준비해 나갈 필요가 있다고 생각한다.

참/고/문/헌

〈국내문헌〉

김태진, "전자증권과 투자자의 권리행사"(토론문), 국회입법조사처·서울대 금융법센터·한국예탁결제원 공동세미나, 2017.12.

맹수석, "전자증권제도 시행에 따른 법적 개선 과제", 한국경영법률학회·코스닥협회·한국예탁결제원 춘계공동학술대회 논문집, 2018.4.

유발 하라리, 「사피엔스」, 2015.

최지웅. "전자증권법제의 도입 및 향후 법적 정비 과제", 증권법연구 제20권 제3호, 2019.12.

한국증권법학회, 「자본시장법 주석서 II」(제2판), 2015.

한국예탁결제원, 「전자증권제도 해설」, 2025.

CHAPTER 04

데이터법

- 신용정보의 이용 및 보호에 관한 법률(신용정보법)
- 금융실명거래 및 비밀보장에 관한 법률(금융실명법)

신용정보의 이용 및 보호에 관한 법률(신용정보법)

정세진
(법무법인(유) 율촌 변호사)

I 신용정보법의 적용범위

1 개인정보 관련 주요 법률

흔히 데이터와 관련된 법령에 대해서 이야기할 때면 "데이터3법"이라는 용어를 주로 사용한다. 개인정보 보호법, 신용정보의 이용 및 보호에 관한 법률(이하 "신용정보법"), 정보통신망 이용촉진 및 정보보호 등에 관한 법률(이하 "정보통신망법")을 데이터3법이라 부르는데, 이는 현재에는 맞지 않는 이야기이다.

2020. 8. 5. 시행된 개정 데이터3법에서 정보통신망법에 있었던 개인정보 보호 관련 규정을 개인정보 보호법으로 일원화하였으니 현재의 데이터법은 개인정보 보호법과 신용정보법만을 의미한다고 보아야 한다.

디지털금융과 관련된 데이터법도 신용정보법과 개인정보 보호법이 주요 법률이지만 이외에도 금융거래정보에 대해 다루고 있는 금융실명거래 및 비밀보장에 관한 법률(이하 "금융실명법") 등도 금융데이터를 처리할 시 알아야 하는 법률이다. 다만, 신용정보법과 개인정보 보호법을 제외한 다른 법률에서는 일부 조항에서만 개인정보와 관련된 내용을 다루고 있으므로 해당 조항 위주로 알아두면 된다.

2 개인정보 처리 관련 법령 간의 관계

앞 장에서 살펴본 바와 같이, 디지털금융과 관련하여 개인정보를 처리할 시 적용될 수 있는 법령이 여러 가지이다. 이러한 법률 중 어떤 법률이 우선 적용되는지에 따라 준수하여야 하는 의무의 내용이 달라질 수 있으므로 개별 법령 간의 관계를 잘 알고 있어야 한다.

개인정보 보호법 및 신용정보법에서는 다른 법률과의 관계에 대해 다음과 같이 정하고 있다.

개인정보 보호법

제6조(다른 법률과의 관계) 개인정보 보호에 관하여는 다른 법률에 특별한 규정이 있는 경우를 제외하고는 이 법에서 정하는 바에 따른다.

신용정보법

제3조의2(다른 법률과의 관계) ① 신용정보의 이용 및 보호에 관하여 다른 법률에 특별한 규정이 있는 경우를 제외하고는 이 법에서 정하는 바에 따른다.

② 개인정보의 보호에 관하여 이 법에 특별한 규정이 있는 경우를 제외하고는 「개인정보 보호법」에서 정하는 바에 따른다.

신용정보법과 개인정보 보호법 간에는 신용정보법이 우선 적용된다(신용정보법 제3조의2 제2항). 한편, 신용정보법과 개별 금융법에 있는 개인정보 처리와 관련된 규정들 간에는 개별 금융법이 우선 적용된다(신용정보법 제3조의2 제1항). 이를 간단히 정리하면 다음과 같다.

법적용 순서

1) 개별 금융법 내의 개인정보 관련 규정, 2) 신용정보법, 3) 개인정보 보호법

우선 적용된다는 의미는 이외의 법률이 완전히 적용되지 않는다는 의미가 아니다. 우선 적용되는 법률에서 특별히 강화하거나 완화하는 내용의 조문이 있는 경우에만, 해

당 조문이 적용된다는 의미이다.

신용정보법과 개인정보 보호법의 관계를 예로 들어보면, 신용정보법에서는 개인신용정보의 국외 이전과 관련된 규정을 두고 있지 아니하나 개인정보 보호법에서는 개인정보의 국외 이전과 관련된 규정을 두고 있다(개인정보 보호법 제28조의8). 따라서, 금융회사가 개인신용정보를 국외로 이전하는 경우 우선 적용되는 신용정보법에 관련 규정이 없으므로 개인정보 보호법 제28조의8이 적용된다.

3 신용정보법의 적용범위

가. "신용정보회사등"의 개념

신용정보법의 대부분의 규정은 "신용정보회사등"에 적용된다. 따라서, 신용정보법의 수범자는 기본적으로 "신용정보회사등"이다.

신용정보회사등이란 ① 신용정보회사, ② 본인신용정보관리회사, ③ 채권추심회사, ④ 신용정보집중기관 및 ⑤ 신용정보제공·이용자를 말하는데(신용정보법 제15조 제1항), ① 신용정보회사(제2조 제5호), ② 본인신용정보관리회사(제2조 제9호의3), ③ 채권추심회사(제2조 제10호의2), ④ 신용정보집중기관(제2조 제6호)은 금융위원회의 허가를 받은 자만 가능하므로 이에 해당하는지 여부를 판단하는 것은 어렵지 않다.

결국 그 개념에 대한 분석이 필요한 부분은 "⑤ 신용정보제공·이용자"이다.

> **제2조(정의)** 7. "신용정보제공·이용자"란 고객과의 금융거래 등 상거래를 위하여 본인의 영업과 관련하여 얻거나 만들어 낸 신용정보를 타인에게 제공하거나 타인으로부터 신용정보를 제공받아 본인의 영업에 이용하는 자와 그 밖에 이에 준하는 자로서 대통령령으로 정하는 자[1]

신용정보제공·이용자의 정의를 살펴보면, 단순히 신용정보를 처리하는 자라고 하여 일률적으로 신용정보제공·이용자에 해당하지 않는다. "고객과의 금융거래 등 상거래와의 관련성" 및 "처리자의 영업과의 관련성"이 충족되는 경우에만 신용정보제공·이

1 신용정보법 시행령 제2조 제18항.

용자에 해당한다.

따라서, 회사가 ① 직원들에게 임금 등을 지급하기 위해 직원들의 계좌번호를 보유하고 있는 경우나 ② 채용과정에서 채용예정자의 신용상태를 확인하기 위하여 신용도를 알 수 있는 정보를 수집하는 경우에는 처리하는 정보는 개인신용정보에 해당하나 직원 또는 채용예정자가 고객에 해당하지 아니할 뿐만 아니라 회사가 금융거래 등 상거래를 위한 경우나 본인의 영업에 이용하는 경우에도 해당하지 아니하여 회사는 "신용정보제공·이용자"가 되지 않는다.

한편, 금융회사가 아닌 경우에도 신용정보제공·이용자가 될 수 있다는 점에도 주의하여야 한다. 흔히 신용정보법은 금융회사에만 적용되는 법이라고 잘못 생각하는 경우가 있는데 신용정보제공·이용자의 정의를 충족하는 자가 신용정보를 처리하는 경우라면 누구나 신용정보법의 수범자가 될 수 있다.

예를 들어, 신용정보법은 "상법 제46조에 따른 상행위에 따른 상거래의 종류, 기간, 내용, 조건 등에 관한 정보"도 신용정보라고 정하고 있는데, 전자상거래업체들은 고객과의 상거래를 위하여 본인의 영업과 관련하여 이러한 정보를 처리하게 된다. 이때의 전자상거래업체는 "고객과의 금융거래 등 상거래를 위하여 본인의 영업과 관련하여 만들어 낸 신용정보를 타인에게 제공하거나 타인으로부터 신용정보를 제공받아 본인의 영업에 이용하는 자"가 되므로 신용정보제공·이용자가 된다.

나. "신용정보"의 개념

신용정보법에서 신용정보란 ① 특정 신용정보주체[2]를 식별할 수 있는 정보, ② 신용정보주체의 거래내용을 판단할 수 있는 정보, ③ 신용정보주체의 신용도를 판단할 수 있는 정보, ④ 신용정보주체의 신용거래능력을 판단할 수 있는 정보, ⑤ ①~④ 정보 외에 신용정보주체의 신용을 판단할 때 필요한 정보를 의미한다(신용정보법 제2조 제1호).

신용정보는 기업에 관한 신용정보인 '기업신용정보'와 개인에 관한 신용정보인 '개인신용정보'로 구분할 수 있는데, 신용정보법의 대부분의 규정이 '개인신용정보'를 대상

2 개인정보 보호법에서는 "정보주체"라는 용어를, 신용정보법에서는 "신용정보주체"라는 용어를 사용한다. 이 글에서는 두 용어를 혼용하여 사용하였는데, 그 의미에는 차이가 없다고 보면 된다.

으로 하고 있으므로 개인신용정보에 대해 잘 이해하여야 한다.

개인신용정보도 신용정보와 동일하게 개인에 관한 ①~⑤를 의미하는데[3], "① 개인에 관한 식별정보"란 개인을 특정하는 정보이므로 개인정보 보호법에서의 "개인정보"와 동일한 개념이 된다. 따라서 ①의 경우 다른 정보(②~⑤의 정보)와 결합되는 경우에만 개인신용정보가 되고 ①만 따로 존재한다면 이는 개인정보 보호법상의 개인정보에만 해당할 뿐 신용정보법상의 개인신용정보에는 해당하지 않는다.

Ⅱ 개인신용정보의 처리[4]

1 개인신용정보 라이프사이클

흔히 개인신용정보가 기업에 들어와서 사라질 때까지의 흐름을 "개인신용정보 라이프사이클(생애주기)"이라고 한다. 즉, 신용정보주체의 개인신용정보가 기업에 수집되어 목적에 맞게 처리된 후 파기될 때까지의 흐름을 의미하는데 그 순서대로 법적 의무를 정리하는 것이 가장 효과적인 학습방법이다.

---

3 한편, 신용정보법에서는 개인신용정보에 해당하는 각 정보 항목(①~⑤에 해당하는 항목)의 예시를 상당히 구체적으로 열거하고 있다(신용정보법 제2조 제1호의2 내지 제1호의6).

4 신용정보법의 대부분의 규정은 "개인신용정보"만을 적용대상으로 하고 있으므로 이 글에서 특별한 설명이 없다면 개인신용정보를 대상으로 하는 내용이라고 생각하면 된다. 다만, 신용정보법의 일부 규정은 "신용정보"를 대상으로 하고 있는데, 이때에는 개인신용정보와 기업신용정보 모두에 적용되는 규정이다.

예) 제15조(수집 및 처리의 원칙) ① 신용정보회사, 본인신용정보관리회사, 채권추심회사, 신용정보집중기관 및 신용정보제공·이용자(이하 "신용정보회사등"이라 한다)는 신용정보를 수집하고 이를 처리할 수 있다. 이 경우 이 법 또는 정관으로 정한 업무 범위에서 수집 및 처리의 목적을 명확히 하여야 하며, 이 법 및 「개인정보 보호법」 제3조제1항 및 제2항에 따라 그 목적 달성에 필요한 최소한의 범위에서 합리적이고 공정한 수단을 사용하여 신용정보를 수집 및 처리하여야 한다

그림 1 개인신용정보의 라이프 사이클

2 개인신용정보의 수집과 이용

가. 개인신용정보의 수집과 이용

신용정보법은 개인정보 보호법과는 달리 개인신용정보의 수집 규정(신용정보법 제15조)과 개인신용정보의 이용 규정(신용정보법 제33조)을 구분하고 있다[5]. 그러나, 수집 규정인 제15조 제2항에서 동의를 비롯한 개인신용정보를 수집할 수 있는 사유를 정하고 있고, 이용 규정인 제33조 제1항 제3호에서 개인이 직접 제공한 개인신용정보를 제공받은 목적으로 이용하는 것이 가능하다고 정하고 있으므로 두 규정을 연결하면 수집한 목적 범위 내에서 이용이 가능하다는 해석이 된다. 따라서 두 규정을 분리하여 생각하기보다는 하나로 묶어서, 수집이 적법하다면 수집한 목적 내에서 이용하는 것도 당연히 적법하다고 생각하면 된다.

개인신용정보를 수집하기 위해서는 원칙적으로 신용정보주체로부터 동의를 받아야 한다(신용정보법 제15조 제2항 본문). 다만, 개인정보 보호법에서 동의 없이 개인정보를 수집·이용할 수 있도록 허용하고 있는 예외사유(개인정보 보호법 제15조 제1항 제2호 내지 제7호)에 해당한다면 개인신용정보의 경우에도 동의 없이 수집·이용할 수 있다(신용정보법 제15조 제2항 제1호). 그 중 주요 사유를 설명하면 다음과 같다.

① 법률에 특별한 규정이 있거나 법령상 의무를 준수하기 위하여 불가피한 경우

법률에서 구체적으로 개인신용정보의 수집·이용을 요구하거나 허용한 경우를 의미한다. 따라서 해당 법률에 수집·이용할 수 있는 개인신용정보의 대상·범위가 구체적

5 개인정보 보호법은 수집·이용을 하나로 묶어서 제15조(개인정보의 수집·이용) 규정을 두고 있다.

으로 정해져 있어야 한다. 예를 들어, 어떠한 법률에서 "A를 조사할 수 있다"라는 규정만 두고 있다면, 이 규정에 근거하여 조사 목적으로 개인신용정보가 포함되어 있는 모든 문서를 요청할 수 있다고 해석할 수는 없다. 또한 본 예외사유에서 "법률"이라고만 되어 있으므로 원칙적으로 시행령이나 시행규칙은 해당하지 않는다. 다만, 법률에 위임근거가 있는 시행령 및 시행규칙이라면 본 예외사유에 포함된다.

② 정보주체와 체결한 계약을 이행하거나 계약을 체결하는 과정에서 신용정보주체의 요청에 따른 조치를 이행하기 위하여 필요한 경우

정보주체가 계약과 관련하여 예상할 수 있는 합리적인 범위 내에서는 상호 신뢰에 기반하여 별도의 동의 없이도 개인신용정보를 수집하여 이용할 수 있도록 한 취지라고 볼 수 있다. "계약을 체결하는 과정"에는 계약 체결의 준비단계인 경우도 포함되므로 부동산거래에 있어서 계약체결 전에 해당 부동산의 소유자, 권리관계 등을 미리 조사·확인하는 경우나 거래 체결 전에 거래상대방의 신용도 평가를 위해 개인신용정보를 수집·이용하는 경우와 같이 계약체결 준비단계에서 개인신용정보를 이용하는 경우에도 이에 해당한다[6].

③ 개인정보처리자의 정당한 이익을 달성하기 위하여 필요한 경우로서 명백하게 신용정보주체의 권리보다 우선하는 경우

본 예외사유에 해당하기 위해서는 i) 개인정보처리자의 정당한 이익이 있을 것, ii) 명백하게 정보주체의 권리보다 우선할 것, iii) 상당한 관련성 및 합리적인 범위 내의 수집·이용일 것이라는 세 가지의 요건을 충족하여야 한다.

일반적으로 본 예외사유에 해당하는지 여부가 문제가 되었을 시, 개인정보처리자가 동의가 없음에도 불구하고 개인신용정보를 이용하려는 경우이므로 개인정보처리자의 정당한 이익이 없는 경우(i번)는 거의 없다. 따라서, 결국 ii), iii)의 요건에 해당하는지 여부에 따라 본 예외사유에 해당하는지 여부가 정해지는데, ii)의 경우 "명백하게" 개

6 본 규정은 원래 "정보주체와의 계약의 체결 및 이행을 위하여 불가피하게 필요한 경우"로 되어 있던 것을 2023년 9월 15일 시행된 개정 개인정보 보호법에서 "정보주체와 체결한 계약을 이행하거나 계약을 체결하는 과정에서 정보주체의 요청에 따른 조치를 이행하기 위하여 필요한 경우"로 개정하였다는 점에도 주목할 필요가 있다. 개정 내용에서 알 수 있듯이 "불가피하게"라는 용어가 삭제되었는데 이는 그 적용범위가 확대된 것으로 볼 수 있다.

인정보처리자의 이익이 월등해야 하므로 ii)의 요건에 충족한다고 해석되는 경우가 드물다. 보안목적으로 CCTV를 확인하는 경우나 고객과의 소송, 분쟁 대비 목적으로 요금정산자료를 확인하는 경우 정도가 본 사유에 해당한다고 해석된 사례이다. i), ii)에 해당하더라도 개인정보처리자의 정당한 이익과 관련성이 낮거나 합리적인 범위를 초과하는 개인신용정보 이용은 허용되지 않는다. 즉 i), ii)에 해당하더라도 관련이 있는 최소한의 정보만 이용할 수 있다.

한편, 정보주체가 스스로 사회관계망서비스 등에 직접 또는 제3자를 통하여 공개한 정보인 경우에도 동의 없이 수집·이용할 수 있는 예외사유에 해당한다(신용정보법 제15조 제2항 제2호).

스스로 SNS나 홈페이지, 게시판 등에 자신의 정보를 공개하는 경우가 이에 해당하는데, 이렇게 공개된 정보라고 하여 제한 없이 이용이 가능한 것은 아니고 신용정보주체의 동의가 있었다고 객관적으로 인정되는 범위 내에서만 정보를 이용할 수 있다.

신용정보법에서는 정보주체의 동의가 있었다고 객관적으로 인정되는 범위를 판단하는 기준으로 i) 공개된 개인신용정보의 성격, 공개의 형태, 대상 범위, ii) i)로부터 추단되는 정보주체의 공개 의도 및 목적, iii) 신용정보회사등의 개인신용정보 처리의 형태, iv) 수집 목적이 정보주체의 원래의 공개 목적과 상당한 관련성이 있는지 여부, v) 정보 제공으로 인하여 공개의 대상 범위가 원래의 것과 달라졌는지 여부, vi) 개인신용정보의 성질 및 가치와 이를 활용해야 할 사회·경제적 필요성의 6가지 기준을 제시하고 있다(신용정보법 시행령 제13조)[7].

예를 들어, 정보주체가 자신의 SNS에 개인신용정보를 공개하였다고 하더라도 이를 이용하여 마케팅을 하는 것을 허락하는 의사까지 포함되어 있지는 않을 것이다. 따라서 마케팅업체가 해당 정보를 활용하여 광고 문자 등을 보낸다면 이는 정보주체의 의사에 반하는 경우로서 동의 없이 수집·이용할 수 없는 경우가 된다.

7 대법원 판결에서도 동일한 기준을 제시하고 있다(대법원 2016. 8. 17. 선고 2014다235080 판결).

나. 개인의 질병, 상해 또는 그 밖에 이와 유사한 정보의 수집·이용

신용정보법은 "개인의 질병, 상해 또는 그 밖에 이와 유사한 정보"의 수집·이용에 대한 엄격한 제한을 두고 있는데, 이는 개인정보 보호법에는 없는 규정이므로 개인정보 보호법과 비교하면서 이해할 필요가 있다.

개인정보 보호법에 따르면 "개인의 질병, 상해 또는 그 밖에 이와 유사한 정보"는 "민감정보"에 해당한다. 민감정보는 일반 개인정보와 구분하여 별도의 동의를 받아야 하나, 별도의 동의를 받는다면 동의받은 목적 내에서는 제한없이 처리가 가능하다. 그러나 신용정보법에서는 "개인의 질병, 상해 또는 그 밖에 이와 유사한 정보"에 대해서는 동의를 받는다고 하더라도 시행령 제28조의2 각 호의 목적으로만 이용할 수 있다는 제한을 두고 있다. 즉 개인정보 보호법의 민감정보 규정의 특칙이라고 볼 수 있다.

다. 민감정보 및 고유식별정보의 처리[8]

신용정보법에서는 민감정보 및 고유식별정보의 처리에 관한 별도의 규정을 두고 있지 아니하나 개인정보에 관한 일반법인 개인정보 보호법에서 별도 규정을 두고 있으므로 개인정보 보호법에 있는 규정을 따라야 한다.

(1) 민감정보 및 고유식별정보의 개념

민감정보란 사상·신념, 노동조합·정당의 가입·탈퇴, 정치적 견해, 건강, 성생활 등에 관한 정보, 그 밖에 정보주체의 사생활을 현저히 침해할 우려가 있는 개인정보로서 대통령령으로 정하는 정보[9]를 말한다(개인정보 보호법 제23조). 즉, 민감정보란 개인정보 중에서 사생활 침해 우려가 더 높은 정보여서 사회적 차별을 야기하거나 현저히 인권을 침해할 우려가 있는 개인정보를 의미한다.

고유식별정보는 법령에 따라 개인을 고유하게 구별하기 위하여 부여된 식별정보로

---

8 금융회사의 경우 신용정보법이 개인정보 보호법에서 우선하여 적용되나 신용정보법에서 정하고 있지 아니한 내용에 대해서는 개인정보 보호법이 적용된다. 민감정보와 고유식별정보의 처리가 그 중 하나라고 할 수 있다.

9 유전자검사 등의 결과로 얻어진 유전정보, 「형의 실효 등에 관한 법률」 제2조제5호에 따른 범죄경력자료에 해당하는 정보, 개인의 신체적, 생리적, 행동적 특징에 관한 정보로서 특정 개인을 알아볼 목적으로 일정한 기술적 수단을 통해 생성한 정보, 인종이나 민족에 관한 정보(개인정보 보호법 시행령 제18조)

서 주민등록번호, 여권번호, 운전면허번호, 외국인등록번호를 의미한다(개인정보 보호법 제24조). 열거된 4개의 정보만 고유식별정보에 해당한다[10].

(2) 민감정보 및 고유식별정보의 처리

개인정보 보호법은 개인정보를 일반 개인정보, 고유식별정보, 민감정보로 구분하고 있으며 고유식별정보와 민감정보의 처리에 대해서는 보다 엄격한 의무를 부여하고 있다.

그 내용이 어렵지는 아니한데, 고유식별정보와 민감정보를 처리하는 경우에는 일반 개인정보와 구분하여 별도의 동의를 받아야 한다. 예를 들어, 금융회사가 처리하는 고객의 개인신용정보에 민감정보와 고유식별정보가 포함되어 있다면, ① 일반 개인신용정보 동의, ② 민감정보 동의, ③ 고유식별정보 동의를 구분하여 3개의 동의를 받아야 한다.

한편 고유식별정보 중 주민등록번호의 처리에 대해서는 별도의 특별규정을 두고 있다. 이를 흔히 "주민등록번호 처리 금지 규정"이라고 부르는데(개인정보 보호법 제24조의2), 주민등록번호의 오·남용을 방지하고 원래의 목적에 충실하게 이용될 수 있도록 그 처리를 일정 범위 내로 제한하는 것을 목적으로 하고 있다.

주민등록번호 처리 금지 규정에 따르면, 주민등록번호는 정보주체로부터 동의를 받았는지 여부와 상관없이 다음의 세 가지의 경우에만 처리가 가능한데, 현재까지 제2호에 해당된다고 해석한 사례가 없으며 보호위원회가 고시로 정한 내용(제3호)도 없으므로 결국 제1호에 해당하는 경우에만 주민등록번호의 처리가 가능하다.

1. 법률·대통령령·국회규칙·대법원규칙·헌법재판소규칙·중앙선거관리위원회규칙 및 감사원규칙에서 구체적으로 주민등록번호의 처리를 요구하거나 허용한 경우
2. 정보주체 또는 제3자의 급박한 생명, 신체, 재산의 이익을 위하여 명백히 필요하다고 인정되는 경우
3. 제1호 및 제2호에 준하여 주민등록번호 처리가 불가피한 경우로서 보호위원회가 고시로 정하는 경우

제1호의 내용을 구체적으로 살펴보면, 허용되는 법령의 범위가 "법률·대통령령·국회규칙·대법원규칙·헌법재판소규칙·중앙선거관리위원회규칙 및 감사원규칙

10 신용정보법은 "개인식별번호"라는 용어도 사용하고 있는데, 이는 주민등록번호, 여권번호, 운전면허번호, 외국인등록번호, 국내거소신고번호를 의미한다(신용정보법 시행령 제2조 제2항).

(이하 "법률 · 대통령령 등")"으로 한정되어 있다. 따라서 여기에서 열거되어 있는 법령 내에 주민등록번호의 처리를 허용하는 경우에만 처리가 가능하다. 가령 시행규칙이나 고시에서 주민등록번호의 처리가 가능하다는 내용을 두고 있다고 하더라도 이를 근거로 주민등록번호를 처리할 수는 없다. 다만, 시행규칙이나 고시의 내용이 법률 또는 대통령령에서 위임을 받은 경우라면 처리가 가능하다[11].

또한, 해당 규정에서 "주민등록번호의 처리가 가능하다"는 점이 구체적으로 명시되어 있어야 한다. 따라서 "주민등록번호", "고유식별정보", "개인식별번호"와 같이 주민등록번호가 포함되는 것이 확실한 용어를 사용한 경우에는 처리가 가능하나 "개인정보"나 "개인에 관한 자료" 등과 같이 구체적으로 주민등록번호의 처리를 허용하였음을 알 수 없는 용어를 사용하는 경우에는 처리가 불가능하다.

이해를 명확히 하기 위해, 금융회사가 고객의 개인신용정보를 수집 · 이용하고자 하는데 수집 · 이용하는 개인신용정보에 일반 개인신용정보, 질병정보, 여권번호, 주민등록번호가 포함되어 있는 경우를 생각해 보자. 금융회사는 고객에게 일반 개인신용정보 수집 · 이용 동의, 민감정보(질병정보) 수집 · 이용 동의, 고유식별정보(여권번호) 수집 · 이용 동의를 각각 받아야 하며, 주민등록번호의 처리를 가능하다고 해석할 수 있는 법률 · 대통령령 등이 있어야 한다.

라. 가명정보 및 익명정보의 처리

(1) 가명정보 및 익명정보의 개념

가명처리란 추가정보를 사용하지 아니하고서는 특정 개인을 알아볼 수 없도록 개인신용정보를 처리하는 것을 의미하며, 가명정보란 개인신용정보를 가명처리한 결과물을 의미한다(신용정보법 제2조 제15호 및 제16호). 즉, 가명정보는 추가정보가 결합되지 않는다면 그 자체로는 누구인지 식별할 수 없는 상태인 정보를 의미한다.

예를 들어, 특정 개인신용정보 항목들로 구성되는 데이터set을 암호화하여 가명정보를 생성한다면 "암호화"가 가명처리가 되고 "암호화key"가 추가정보가 되며, 암호화

11 주민등록번호 처리 금지 규정이 시행될 당시 주민등록번호의 처리를 허용하고 있는 법령을 일제히 정비한 바가 있다. 따라서, 현재 시행규칙이나 고시에 주민등록번호의 처리를 허용하고 있는 규정이 있다면 이는 법률 또는 대통령령에서 위임을 받은 경우일 가능성이 크다.

처리한 결과물이 "가명정보"가 된다. 일부정보를 삭제하는 방식으로 가명정보를 생성한다면 "삭제"가 가명처리가 되고 "원본테이블"이 추가정보가 되며, "일부정보가 삭제된 결과물"이 가명정보가 된다.

"익명처리"란 더 이상 특정 개인인 신용정보주체를 알아볼 수 없도록 개인신용정보를 처리하는 것을 의미하며(신용정보법 제2조 제17호), 익명정보란 개인신용정보를 익명처리한 결과물로서 시간·비용·기술 등을 합리적으로 고려할 때 다른 정보를 사용하여도 더 이상 개인을 알아볼 수 없는 정보를 의미한다. 따라서, 익명정보는 더 이상 개인신용정보에 해당하지 아니하므로 데이터법의 적용대상이 되지 아니하여 자유로이 처리가 가능하다[12].

(2) 가명정보의 특례

가명정보는 데이터의 활용을 활성화함과 동시에 안전한 활용을 위해 도입된 개념으로서 개인을 특정할 수 없는 정보라는 점을 고려하여 일반 개인신용정보에 적용되는 규정 중 일부 규정의 적용이 배제된다.

가명정보에 적용되는 가장 의미 있는 특례는 동의 없이 정보를 처리할 수 있다는 점이다. 다만, 모든 목적에 대해 다 동의 없이 처리할 수 있는 것은 아니고 통계작성, 과학적 연구, 공익적 기록보존 등의 목적으로 처리하는 경우[13]에만 동의 없이 처리할 수 있다(신용정보법 제32조 제6항 제9호의2, 신용정보법 제33조 제1항 제4호).

동의 없이 처리가능한 목적이 3가지(통계작성, 과학적 연구, 공익적 기록보존)에 불과함에도 흔히 "가명정보는 동의없이 처리할 수 있다"라고 알려져 있는데, 이는 규제기관이 가명정보 처리 가이드라인[14] 또는 금융분야 가명정보 안내서[15] 등을 통해 그 범위를 넓게 해석하고 있기 때문이다. 통계작성에는 시장조사 등과 같은 상업적 목적의 통계작성

---

12 신용정보법은 신용정보회사등이 익명처리가 적정하게 이루어졌는지 여부에 대한 심사를 금융위원회에 요청할 수 있도록 하고 있다. 또한, 심사 결과 적정하게 익명처리 되었다고 인정되는 경우 더 이상 신용정보주체를 알아볼 수 없는 정보라는 법률상 추정력이 부여된다(제40조의2).

13 통계작성, 과학적 연구, 공익적 기록보존 "등"이라고 되어 있으나 실무적으로는 "등"은 의미가 없다고 보고 통계작성, 과학적 연구, 공익적 기록보존 세 가지 목적에 대해서만 동의없이 처리할 수 있다고 해석하고 있다.

14 개인정보보호위원회, 가명정보 처리 가이드라인(2024. 2.)(이하 "**가명정보 가이드라인**")

15 금융위원회, 금융분야 가명 · 익명처리 안내서(2022. 2.)(이하 "**금융분야 가명정보 안내서**")

을 포함한다고 해석하고 있고, 과학적 연구는 과학적인 방법을 사용하는 연구를 의미하며 새로운 기술·제품·서비스 개발 등 산업적 목적을 위한 연구도 포함한다고 보고 있다. 그런데 회사에서 가명정보를 활용하는 경우의 대부분이 상업적 목적의 통계작성이나 새로운 기술·제품·서비스 개발 목적이므로 이러한 점을 고려하여 그냥 가명정보는 동의 없이 처리가 가능하다고 해석하고 있는 것이다. 그러나 세 가지 목적에 포함된다고 볼 수 없는 완전 다른 목적으로 가명정보를 활용하고자 한다면 이때는 동의 예외가 적용되지 아니한다. 따라서, 이 경우에는 개인신용정보 처리의 기본 원칙으로 돌아가 설사 가명처리된 정보라고 하더라도 동의를 받아야만 처리가 가능하다.

이외에도 가명정보에 해당하는 경우에는 제32조 제7항(개인신용정보 제공사실의 고지의무), 제33조의2(개인신용정보의 전송요구), 제35조(신용정보 이용 및 제공사실의 조회), 제35조의2(개인신용평점 하락 가능성 등에 대한 설명의무), 제35조의3(신용정보제공·이용자의 사전통지), 제36조(상거래 거절 근거 신용정보의 고지 등), 제36조의2(자동화평가 결과에 대한 설명 및 이의제기 등), 제37조(개인신용정보 제공 동의 철회권 등), 제38조(신용정보의 열람 및 정정 청구 등), 제38조의2(신용조회사실의 통지 요청), 제38조의3(개인신용정보의 삭제 요구), 제39조(무료열람권), 제39조의2(채권자변동정보의 열람 등), 제39조의3(신용정보주체의 권리행사 방법 및 절차), 제39조의4 (개인신용정보 누설통지 등) 규정의 적용이 배제된다. 따라서, 가명정보는 일반 개인신용정보보다는 훨씬 더 편하게 활용할 수 있다. 다만, 적용배제가 되지 않는 규정들도 상당히다는 점도 잘 알고 있어야 한다. 예를 들어, 위탁과 관련된 규정인 신용정보법 제17조는 적용이 배제되지 아니하므로 가명정보의 처리를 위탁하는 경우에도 제17조에 따른 계약서 작성의무 등을 준수하여야 한다.

3 개인신용정보의 이전

가. 개인신용정보의 제3자 제공과 처리위탁

데이터법[16]에서는 개인신용정보가 제3자에게 이전되는 경우를 개인신용정보 제3자 제공(이하 "제3자 제공")과 개인신용정보 처리업무 위탁(이하 "처리위탁")으로 구분하고 있다.

16 개인정보 보호법, 신용정보법.

개인(신용)정보가 다른 사람(제3자)에게 이전되거나 공동으로 처리하게 된다는 측면에서는 동일하나 그 성격에 따라 "제3자 제공" 또는 "처리위탁" 중 하나의 행위로 나뉘게 된다.

이를 구분하는 기준을 정확히 아는 것이 중요한데, 누구의 목적·이익을 위하여 개인(신용)정보가 이전되느냐를 기준으로 하여 '처리위탁'의 경우에는 정보를 제공하는 자의 업무를 처리할 목적으로 개인(신용)정보가 이전되지만, '제3자 제공'은 정보를 제공받는 자의 업무를 처리할 목적으로 개인신용정보가 이전된다[17].

예를 들어, 금융회사가 고객에게 사은품 등을 배송하기 위해 고객정보를 배송업체로 이전하는 경우에는 고객과의 관계에 있어서 사은품 배송은 이벤트를 진행한 금융회사의 의무이므로 배송업체가 금융회사의 업무를 대신 수행하는 것으로서 "처리위탁"에 해당한다. 반면, 금융회사가 제휴업체에 고객정보를 이전하고 제휴업체에서 자신의 사업을 위해 고객정보를 활용하는 경우에는 정보를 제공받은 자인 제휴업체의 사업목적을 위하여 정보가 이전되는 경우이므로 "제3자 제공"에 해당한다.

개인신용정보가 제3자에게 이전되는 경우에 대해 처리위탁인지 제3자 제공인지의 구분이 중요한 이유는 법적 의무가 확연히 달라지기 때문이다. 제3자 제공인 경우에는 정보주체로부터 동의를 받아야 정보이전이 가능하나 처리위탁인 경우에는 동의 없이 정보를 이전할 수 있다. 물론 처리위탁의 경우에도 계약서 작성 등 여러 가지 의무가 부여되기는 하나 고객에게 동의를 받는 것이 쉽지 않다는 점을 고려하였을 때 대체로 처리위탁이 좀 더 부담이 적은 행위라고 생각되곤 한다.

나. 개인신용정보의 제3자 제공

(1) 제3자 제공 동의 예외사유

개인신용정보를 제3자 제공하기 위해서는 원칙적으로 신용정보주체로부터 동의를

17 개인정보 보호법에서도 동일한 기준에 따라 처리위탁과 제3자 제공을 구분하고 있으며, 판례에서도 다음과 같이 동일한 기준을 제시하고 있다(대법원 2017. 4. 7. 선고, 2016도13263 판결).
개인정보의 '제3자 제공'은 본래의 개인정보 수집·이용 목적의 범위를 넘어 정보를 제공받는 자의 업무처리와 이익을 위하여 개인정보가 이전되는 경우인 반면, 「개인정보 보호법」 제26조에서 말하는 개인정보의 '처리위탁'은 본래의 개인정보 수집·이용 목적과 관련된 위탁자 본인의 업무 처리와 이익을 위하여 개인정보가 이전되는 경우를 의미한다.

받아야 한다(신용정보법 제32조 제1항). 다만, 신용정보법에서 동의 없이 제3자 제공할 수 있는 예외사유를 정하고 있는데(신용정보법 제32조 제6항 각호), 그 중 주요 사유를 설명하면 다음과 같다[18].

(2) 개인신용정보의 처리위탁

개인정보 보호법에서는 제3자 제공과 처리위탁을 명확히 구분하여 제3자 제공은 제17조에서, 처리위탁 제26조에서 규정하고 있다. 제17조에서 제3자 제공 시 동의를 받도록 정하고 있는 반면 제26조에서 처리위탁시에는 그러한 의무를 부여하고 있지 아니하다. 따라서 두 법률행위를 완전히 구분되는 별개의 행위로 보아 그 법적효과도 명확히 구분하고 있다. 판례에서도 수탁자는 개인정보 보호법 제17조에 정한 '제3자'에 해당하지 않는다고 판단하여 두 개념을 명확히 구분하고 있다[19].

그러나 신용정보법은 제3자 제공과 처리위탁을 완전히 별개의 개념으로 구분하고 있지는 않는 것으로 보인다. 처리위탁은 제17조에서, 제3자 제공은 제32조에서 규정하고 있으나 제32조 제6항에서 동의 예외사유 중 하나로 처리위탁에 대해 언급하고 있기 때문이다. 즉, 신용정보법은 개인정보 보호법과 달리 처리위탁을 위한 정보 이전도 제3자 제공행위의 하나라고 보면서 예외적으로 동의 없이 제공할 수 있다고 정하고 있다. 다만, 그 해석과 효과에 있어서는 개인정보 보호법의 경우가 동일하게 해석하여도 무방하다.

앞서 설명한 바와 같이 개인신용정보의 처리업무를 위탁하는 경우에는 신용정보주체의 동의를 받을 필요는 없으나 여러 가지의 법적 의무들을 이행하여야 하여야 하는데, 주요 내용을 살펴보면 다음과 같다.

① 개인신용정보의 처리위탁에 대해서는 기본적으로 개인정보 보호법의 처리위탁 관련 규정인 제26조 제1항부터 제3항까지의 규정을 준용하고 있다(신용정보법 제17조 제1항). 따라서 개인정보 보호법과 동일하게 개인신용정보 처리업무를 위탁하는 경우에는

18 예외사유에 해당하여 동의를 받지 않고 개인신용정보를 제공하는 경우에는 제공하려는 자 또는 제공받은 자가 개인신용정보의 제공 사실 및 이유 등을 사전에 해당 신용정보주체에게 알려야 한다(신용정보법 제32조 제7항). 동의의무가 면제되는 대신 통지 의무를 부여하는 것이다.

19 대법원 2017. 4. 7. 선고 2016도13263 판결.

법에서 요구하고 있는 내용이 포함된 문서(계약서 또는 약정서)를 작성[20]하여야 하고(개인정보 보호법 제26조 제1항, 신용정보업감독규정 별표4) 수탁자 및 위탁하는 업무의 내용을 개인정보 처리방침에 공개하여야 한다(개인정보 보호법 제26조 제2항). 또한 재화 또는 서비스를 홍보하거나 판매를 권유하는 업무 즉 마케팅 업무를 위탁하는 경우에는 위탁하는 업무의 내용과 수탁자를 신용정보주체에게 공개가 아닌 고지하여야 하는데(개인정보 보호법 제26조 제3항), 고지란 신용정보주체에게 일일이 알리는 것이므로 주로 개인신용정보 처리동의를 받을 시 동의서에 관련 내용을 함께 기재하는 방식을 이용한다[21].

② 처리위탁 시에는 보고의무가 부여된다. 신용정보법에서는 제공하는 신용정보의 범위, 제공 목적 및 기간, 고객정보 관리체계 등의 내용을 금융위원회에 알릴 의무를 부여하고 있다(신용정보법 제17조 제3항, 동법 시행령 제14조 제3항). 다만, 금융회사의 정보처리 업무 위탁에 관한 규정, 금융기관의 업무위탁 등에 관한 규정, 자본시장법(제42조), 금융지주회사법(제47조)[22]에서 처리위탁 시 보고의무 규정을 두고 있는데, 대체로 이러한 규정이 신용정보법에 우선하여 적용된다. 정리하면, 개인신용정보의 처리위탁 시에는 금융위원회에 위탁보고를 하여야 하는데, 신용정보법보다는 다른 금융관련 법령에 근거하여 위탁보고를 수행하는 경우가 대부분이다.

③ 신용정보법에서는 재위탁으로 인하여 재위탁자의 건전성 또는 신인도를 크게 저해하거나, 금융질서의 문란 또는 신용정보주체의 피해 발생이 심히 우려되는 경우 등에 있어서는 재위탁을 금지하고 있다(신용정보법 제17조 제7항, 신용정보업감독규정 제15조 제4항). 또한, 개인정보 보호법에서는 재위탁 시 위탁자의 동의를 받아야 한다고 규정하고 있다. 따라서, 개인신용정보 처리업무를 재위탁하는 경우에는 먼저 신용정보법에서 금지하고 있는 사유에 해당하지 않는지 확인하여야 하고 위탁자로부터 동의를 받아야 한다.

---

20 금융회사의 정보처리 업무 위탁에 관한 규정(제4조 제3항), 금융기관의 업무위탁 등에 관한 규정(별표3), 자본시장법(법 제42조 제2항, 동법 시행령 제46조 제2항, 금융투자업규정 제4-4조 제2항), 금융지주회사법(금융지주회사감독규정 제19조의2 제6항)에도 위탁계약서에 포함되어야 하는 항목을 규정하고 있다.

21 동의서를 작성한다는 것은 개별 고객이 동의서의 내용을 확인하고 동의를 한다는 의미이므로 여기에 기재해 놓으면 고지의 효과가 발생한다.

22 단일 금융지주회사의 자회사 간에 위탁자·수탁자의 관계가 형성된다면 동 규정이 적용된다. 따라서, 회사가 금융지주회사의 자회사에 속한다면 처리위탁시 이 규정의 적용가능성을 먼저 검토해야 한다.

(3) 영업양도 등에 따른 개인신용정보 이전

처리위탁과 제3자 제공을 구분하는 기준에 따라 영업양도 등에 따른 정보이전을 판단해 보면 제공받는 자인 양수인을 위해 정보가 이전되는 경우로서 "제3자 제공"에 해당한다. 따라서, 원칙적으로는 영업양도 시 제3자 제공 동의를 받아야 개인신용정보의 이전이 가능하다는 해석이 된다.

그러나 신용정보법에서는 영업양도 시에는 동의 없이 개인신용정보의 제공이 가능하도록 하고 있다. 이는 영업양도 등에 따른 영업 자산의 이전과 함께 양도인이 가지고 있는 개인신용정보에 관한 권리·의무가 양수인에게 포괄적으로 이전되지 않는다면 사실상 양도받은 영업을 수행하기 어려울 것이므로 특별히 예외규정을 둔 것이다.

다만, 동의를 받아야 하는 의무가 면제되는 대신에 양도인[23]은 제공하는 개인신용정보의 범위, 제공받는 자의 신용정보 관리·보호 체계를 정하여 금융위원회의 승인을 받아야 한다(신용정보법 제32조 제7항).

또한, 양도인이 개인신용정보를 제공하기 전까지 정보주체에게 개인정보를 이전하려는 사실, 개인정보를 이전받는 자(이하 "영업양수자등")의 성명(법인의 경우에는 법인의 명칭), 주소, 전화번호 및 그 밖의 연락처, 정보주체가 개인정보의 이전을 원하지 아니하는 경우 조치할 수 있는 방법 및 절차를 알려야 한다(개인정보 보호법 제27조)

(4) 합리적 관련성이 있는 경우

신용정보법에서는 당초 수집한 목적과 상충되지 아니하는 목적으로 개인신용정보를 처리하는 경우에는 동의 없이 개인신용정보의 제공이 가능하다고 정하고 있다[24]. 이를 흔히 "합리적 관련성" 규정이라고 말하는데, 합리적 관련성 여부는 ① 양 목적 간의 관련성, ② 신용정보회사등이 신용정보주체로부터 개인신용정보를 수집한 경위, ③ 해당 개인신용정보의 제공이 신용정보주체에게 미치는 영향, ④ 해당 개인신용정보에 대하여 가명처리를 하는 등 신용정보의 보안대책을 적절히 시행하였는지 여부를 고려하여 판단한다.

---

23 신용정보법 시행령 제2조 제6항 제7호 가목부터 하목에 해당하는 금융회사만 금융위원회의 승인을 받을 의무가 부여되는데, 대부분의 금융회사가 여기에 포함된다.

24 동일한 사유로 동의없이 개인신용정보의 이용도 가능하다(신용정보법 제33조 제1항 제4호).

즉, 금융회사가 제3자에게 개인신용정보를 제공하려고 할 시 ①~④의 요건을 따져 보았을 때 처음에 개인신용정보를 수집했을 시의 목적과 상충되지 아니하는 목적이라고 판단되는 경우에는 동의 없이 개인신용정보의 제공이 가능하다.

다. 개인신용정보의 조회

신용정보법에서는, 신용평가회사나 신용조회회사 등으로부터 개인신용정보를 제공받는 경우에는 제공받는 자가 동의를 받아야 한다고 정하고 있다. 이때 개인신용정보를 제공받는 행위를 "조회"라 하고 그 때 받는 동의를 조회 동의라고 한다(신용정보법 제32조 제2항 및 제3항).

개인신용정보를 보유하고 있는 자가 제3자에게 정보를 제공해도 되는지를 묻는 것이 일반적인 "제3자 제공"구조인데, 조회는 개인신용정보를 제공받는 금융회사가 자신의 필요에 의해 신용평가회사 등으로부터 정보를 가져오는 것이므로 반대 구조가 만들어진다. 다만, 신용평가회사 등 개인신용정보를 제공하는 자에게는 동의를 받지 않는 대신에 제대로 동의를 받았는지 여부를 확인한 후 정보를 제공할 의무가 부여된다. 또한, 확인한 사항의 진위 여부도 주기적으로 점검해야 한다.

라. 개인신용정보의 국외 이전

신용정보법에서는 개인신용정보가 국외로 이전되는 경우에 대한 별도의 규정을 두고 있지 아니하나 일반법인 개인정보 보호법에는 국외 이전에 대한 별도 규정을 두고 있다(개인정보 보호법 제28조의8). 따라서, 신용정보법이 적용되는 회사인 경우에도 개인정보 보호법의 국외이전 규정을 준수하여야 한다.

국외 이전 규정은 우리나라와는 개인정보 보호에 대한 법적 체계가 다른 국외 국가로 개인정보가 옮겨지는 것에 대해 개인정보의 침해 위험성이 증가한다고 보아 국내 이전보다 강화된 제한 조치를 규정하고 있다.

원칙적으로 정보주체의 동의를 받는 경우에만 국외 이전이 가능하다. 국외 이전 시 동의를 받도록 한 취지와 개인정보의 처리 시 동의를 받도록 한 취지가 다르므로 개인정보 처리동의와는 별도의 국외 이전 동의를 받아야 한다. 예를 들어, 국외에 있는 제3자에게 개인신용정보를 제공하고자 한다면 제3자 제공 동의와 국외 이전 동의를 구분하여 각각 받아야 한다.

개인정보 보호법에서는 동의 없이 개인정보를 국외 이전할 수 있는 일부 예외사유를 정하고 있다. 처리위탁을 위해 국외이전을 하는 경우가 주요 예외사유인데, 모든 처리위탁이 아니라 "정보주체와의 계약의 체결 및 이행을 위한" 처리위탁의 경우에만 동의 없이 국외 이전이 가능하다는 점에 주의할 필요가 있다(개인정보 보호법 제28조의8 제1항 제3호).

4 개인신용정보의 파기

개인정보 보호법에서는 보유기간의 경과, 개인정보의 처리 목적 달성, 가명정보의 처리 기간 경과 등 그 개인정보가 불필요하게 되었을 때 지체 없이 파기하라고 정하고 있어 파기 관련 규정이 단순하다. 정보주체에게 동의를 받을 시 동의서에 기재한 보유 및 이용 기간까지만 활용하고 파기하면 된다.

반면 신용정보법의 파기규정은 좀 더 복잡한데, 법에서 회사가 개인신용정보를 가지고 있을 수 있는 최장 보관기간을 정하고 있다. 고객의 개인"신용"정보는 일반 개인정보보다 더 보호가치가 있는 정보이므로 이용이 끝나면 가능한 짧게 가지고 있도록 하려는 것이 입법자의 의도라고 할 수 있다.

신용정보법상의 파기 규정(제20조의2)의 주요 내용을 살펴보면 다음과 같다.

① 신용정보법에서는 금융회사가 개인신용정보를 보관할 수 있는 최장기간을 법으로 정해놓고 있다. 선택적인 개인신용정보의 경우에는 상거래관계 종료일로부터 3개월, 필수적인 개인신용정보의 경우에는 상거래관계 종료일[25]로부터 5년이다.

예를 들어, i) 회사가 동의서에 "상거래관계 종료일로부터 7년까지" 보관하는 것으로 기재하고 동의를 받은 경우라면 법에서 최장 기간을 5년이라고 정하고 있으므로 이러한 경우에도 상거래관계 종료일로부터 5년이 지나면 파기하여야 한다. 반면, ii) 회사가 동의서에 "상거래관계 종료일로부터 3년까지" 보관하는 것으로 기재하고 동의를 받은 경우라면, 법에서 정하고 있는 것은 최장 보관기간이므로 최장 보관기간보다 짧은 기

25 신용정보제공·이용자와 신용정보주체 간의 상거래관계가 관계 법령, 약관 또는 합의 등에 따라 계약기간의 만료, 해지권·해제권·취소권의 행사, 소멸시효의 완성, 변제 등으로 인한 채권의 소멸, 그 밖의 사유로 종료된 날(신용정보법 시행령 제17조의2 제5항).

간인 3년까지만 보관하는 것은 문제가 없다. 따라서 이때는 상거래관계 종료일로부터 3년이 지나면 파기하여야 한다.

② 회사가 고객의 개인신용정보를 파기하기 위하여 기산일인 "상거래관계 종료일"을 판단할 시 꼭 기억해야 하는 것이 한 가지 있다. 판단 기준이 "건별" 기준이 아니라 "인별" 기준이라는 점이다. 예를 들어, 고객이 A, B, C의 금융상품에 가입되어 있는데, C를 해지하는 상황이 발생하였다고 하자. 이러한 경우에도 A, B가 여전히 유지되고 있으므로 파기 관점에서는 A, B, C 모두 상거래관계가 유지되고 있는 것이다. 따라서 C 금융상품과 관련된 개인신용정보도 계속 보관이 가능하다. 이후 최종적으로 A, B가 모두 해지된 경우에 이르러서야 A, B, C 금융상품 모두에 대한 상거래관계가 종료된 것이고 마지막 상품의 해지일부터 함께 파기기간 5년이 카운팅된다[26].

③ 상거래관계 종료일로부터 5년이 지나기 전에 개인신용정보를 파기하는 것이 원칙이나 법에서 계속 보관이 가능한 몇 가지 예외사유를 두고 있다. 이 중 다음과 같은 예외사유가 자주 활용된다(신용정보법 제20조의2 제2항).

i) 다른 법률에 따른 의무를 이행하기 위하여 불가피한 경우(제1호)

"다른 법률에 따른 의무를 이행하기 위하여 불가피한 경우"로는 주로 상법 제33조 제1항이 인용된다.

> 제33조(상업장부등의 보존) ①상인은 10년간 상업장부와 영업에 관한 중요서류를 보존하여야 한다. 다만, 전표 또는 이와 유사한 서류는 5년간 이를 보존하여야 한다.

"영업에 관한 중요서류"의 범위에 대해 상법에서 구체적으로 정하고 있는 바는 없으나, "주석 상법"에서는 거래의 관행에 따라 정하되, 후일에 있을 분쟁의 해결을 위하여 필요한 증거자료로서의 중요성을 기준으로 판단하고 계약서, 영수증, 주문서, 청구서 기타 통신문 등이 여기에 해당한다고 설명하고 있다[27].

ii) 가명정보를 이용하는 경우로서 가명처리한 자가 가명처리 시 정한 기간동안 보

26 규제기관은 인별기준이 원칙이나 금융회사에서 건별기준으로 관리하기를 원한다면 그렇게 하는 것도 가능하다는 입장이다.

27 일반적으로 이 기준에 따라 "영업에 관한 중요서류"에 해당하는지 여부를 판단한다.

존하는 경우

가명처리한 정보는 누군지 특정할 수 없는 정보이므로 상거래관계가 종료된 정보인지 여부를 알 수가 없다. 따라서 가명처리한 정보에 대해서는 "상거래관계 종료일로부터 5년"이라는 기준 자체를 적용할 수가 없다는 점은 어찌보면 당연한 해석이다. 따라서, 가명처리시 가명처리를 하는 자가 사용기간을 정해야 하고 그 기간까지는 보존이 가능하다.

iii) 신용정보주체가 개인신용정보(신용정보법 시행령 제15조제4항 각 호의 개인신용정보는 제외)의 삭제 전에 그 삭제를 원하지 아니한다는 의사를 명백히 표시한 경우

말 그대로 신용정보주체가 삭제를 원하지 않는다는 의사를 명백히 표시한 경우를 의미하는데, 일부 개인신용정보는 대상에서 제외된다는 점도 알아 두어야 한다.

④ 상거래관계가 종료된 이후에도 개인신용정보를 계속 보관하는 경우에는 3개월 이내에 선택적인 개인신용정보는 삭제하고 필수적인 개인신용정보에 대해서는 상거래관계가 종료되지 아니한 다른 신용정보주체의 정보와 별도로 분리하고 임직원 중에서 해당 개인신용정보에 접근할 수 있는 사람을 지정하는 등 법에서 정하고 있는 엄격한 보관방법을 따라야 한다(신용정보법 제20조의2 제5항, 동법 시행령 제17조의2 제1항).

Ⅲ 정보전송요구권과 마이데이터

1 마이데이터와 정보전송요구권

마이데이터를 이해하기 위해서는 두 개의 개념을 잘 이해하여야 하는데, 하나는 "정보전송요구권"이고 다른 하나는 흔히 마이데이터업이라고 불리는 "본인신용정보관리업"이다.

"정보전송요구권"은 정보주체가 자신의 정보를 본인 또는 제3자에게 전송할 것을 요구하는 권리를 의미하고 "본인신용정보관리업"은 고객의 정보를 모아서 한꺼번에 보여주는 업을 의미하는데, 신용정보법에서 "본인신용정보관리업"을 수행하기 위해 정보

를 모으는 수단으로 "정보전송요구권"이 활용되므로 두 개념이 연결된다[28].

가. 마이데이터(본인신용정보관리업)

(1) 마이데이터업의 정의

마이데이터란 신용정보주체가 자신의 개인신용정보의 이용을 허락할 경우 마이데이터 사업자가 신용정보주체의 개인신용정보를 한 곳에 모아 통합관리해 주는 서비스를 말한다. 요새 흔히 접할 수 있는 하나의 앱에서 내 금융자산과 금융거래정보를 모두 확인할 수 있는 서비스가 마이데이터 서비스이다.

이를 법에서 어떻게 정의하고 있는지 살펴보면, 신용정보법에서는 "마이데이터"를 "본인신용정보관리업"이라는 용어로 정의하는데, 개인인 신용정보주체의 신용관리를 지원하기 위하여 개인신용정보를 통합하여 그 신용정보주체에게 제공하는 행위를 영업으로 하는 것이라고 정의하고 있다(신용정보법 제2조 제9호의2).

따라서 마이데이터의 핵심은 "통합조회"라고 할 수 있는데, 이러한 본인신용정보 통합조회 서비스(이하 "통합조회 서비스")는 마이데이터업의 고유업무이므로 마이데이터 라이선스를 취득한 자만이 제공 가능하다.

(2) 마이데이터 사업자의 겸영업무 및 부수업무

마이데이터 사업자는 고유업무인 통합조회 서비스 외에도 법에서 정하고 있는 겸영업무 및 부수업무를 수행할 수 있다. 법에서 수행 가능한 업무를 열거하고 있으므로 법에 기재되어 있지 아니한 업무는 수행이 불가능하다. 또한 열거되어 있는 겸영업무나 부수업무라고 하더라도 그 업무와 관련된 개별 업권법에서 허가 또는 등록을 거쳐야만 그 업무를 영위할 수 있다면 마이데이터업 허가 외에 해당 업권법에 따른 허가 및 등록을 거친 경우에만 영위가 가능하다. 예를 들어 마이데이터 사업자가 수행할 수 있는 겸영업무에 "전자금융업"이 있는데, 실제 마이데이터 사업자가 전자금융업을 수행하고자

28 정보전송요구권 및 마이데이터와 관련하여서는 법이 아닌 가이드라인(마이데이터 서비스 가이드라인, 마이데이터 기술 가이드라인)에 많은 내용들이 포함되어 있다. 따라서, 가이드라인의 내용도 잘 알아두어야 한다.

한다면 마이데이터업 허가는 받는 것과는 별개로 전자금융거래법에 따른 전자금융업 등록[29]을 하여야 한다.

한편, 마이데이터 사업자가 겸영업무 또는 부수업무를 수행하기 위해서는 업무 수행 전에 금융위원회에 신고하여야 한다(신용정보법 제11조 및 제11조의2).

나. 정보전송요구권

정보전송요구권이란 신용정보주체가 스스로의 결정에 따라 자신의 개인신용정보를 보유하고 있는 자(이하 "정보제공자")로부터 제3자(이하 "정보수신자") 또는 본인에게 자신의 개인신용정보를 전송할 것을 요구하는 권리를 의미한다(신용정보법 제33조의2).

(1) 정보를 제공하는 자

신용정보법에서는 신용정보주체가 정보의 전송을 요구하는 경우 이에 따라야 하는 정보제공자의 범위를 대통령령으로 정하는 신용정보제공이용자[30], 공공기관[31], 본인신용정보관리회사(이하 "마이데이터사업자")로 한정하고 있다(신용정보법 제22조의9 제3항 제1호). 정보제공자에게는 정보전송요구 사실을 검증하고 신용정보주체의 지시에 따라 개인신용정보를 전송할 의무가 부여된다.

(2) 정보를 제공받는 자

신용정보법에서는 신용정보주체의 전송요구에 따라 정보제공자로부터 개인신용정보를 전송받는 정보수신자의 범위를 해당 신용정보주체 본인[32], 본인신용정보관리회사,

29 전자금융업 중 전자화폐업의 경우에는 허가를 받아야 하나 이외의 전자금융업은 등록을 하여야 한다(전자금융거래법 제28조).

30 신용정보법 시행령 제18조의6 제4항에서 정하고 있는 범위에 포함되는 신용정보제공이용자만 대상에 해당하지만 대부분의 금융기관이 여기에 포함한다. 통신사 또한 여기에 포함된다(「전기통신사업법」 제6조에 따른 기간통신사업을 등록한 전기통신사업자).

31 행정안전부, 보건복지부, 고용노동부, 국세청, 관세청, 조달청, 공무원연금공단, 주택도시보증공사, 한국주택금융공사, 근로복지공단, 신용회복위원회, 지방자치단체 및 지방자치단체조합, 국민건강보험공단, 국민연금공단.

32 개인신용정보를 제3자가 아닌 본인에게 전송하는 경우를 "다운로드권"이라는 별도의 권리로 구분

대통령령으로 정하는 신용정보제공 · 이용자[33], 개인신용평가회사, 개인사업자신용평가회사 등으로 한정하고 있다(신용정보법 제33조의2 제1항 각호).

(3) 이전 가능 정보의 범위

신용정보법에서는 신용정보주체가 정보전송요구권을 행사하여 이전할 수 있는 정보의 범위를 특정하고 있다. 즉, ① 제1호~제3호의 요건을 만족하는 정보이면서 ② 대통령령으로 정하는 정보인 경우에만 이전이 가능하다.

> **제33조의2(개인신용정보의 전송요구)** ② 제1항에 따라 개인인 신용정보주체가 전송을 요구할 수 있는 본인에 관한 개인신용정보의 범위는 다음 각 호의 요소를 모두 고려하여 대통령령으로 정한다.
> 1. 해당 신용정보주체(법령 등에 따라 그 신용정보주체의 신용정보를 처리하는 자를 포함한다. 이하 이 호에서 같다)와 신용정보제공·이용자등 사이에서 처리된 신용정보로서 다음 각 목의 어느 하나에 해당하는 정보일 것
>   가. 신용정보제공·이용자등이 신용정보주체로부터 수집한 정보
>   나. 신용정보주체가 신용정보제공·이용자등에게 제공한 정보
>   다. 신용정보주체와 신용정보제공·이용자등 간의 권리·의무 관계에서 생성된 정보
> 2. 컴퓨터 등 정보처리장치로 처리된 신용정보일 것
> 3. 신용정보제공·이용자등이 개인신용정보를 기초로 별도로 생성하거나 가공한 신용정보가 아닐 것

(4) 전송요구 방법 및 절차

정보전송요구권은 신용정보주체가 능동적으로 자신의 권리를 행사하는 것이므로 권리행사시 신용정보주체가 직접 특정하여야 하는 항목이 많다. 구체적으로 전송요구를 받는 자, 개인신용정보를 제공받는 자, 전송을 요구하는 개인신용정보, 정기적인 전송을 요구하는지 여부 및 주기, 전송요구의 종료시점, 전송을 요구하는 목적, 전송을 요구하는 개인신용정보의 보유기간을 특정하여야 한다(신용정보법 제33조의2 제5항).

하는 경우도 있다.

33 신용정보법 시행령 제28조의3 제1항에서 정하고 있는 범위에 포함되는 신용정보제공이용자만 대상에 해당하지만 대부분의 금융기관에 이에 해당한다.

다. 마이데이터 서비스와 정보전송요구권

마이데이터 서비스는 신용정보주체의 개인신용정보를 통합하여 관리해 주는 서비스이다. 따라서 마이데이터 서비스를 제공하기 위해서는 개인신용정보를 한 곳에 모으는 과정이 선행되어야 한다.

여러 곳에 퍼져있는 신용정보주체의 개인신용정보를 한 곳에 모을 수 있는 방법을 찾아보면 ① 제3자 제공 동의(신용정보법 제32조), ② 신용정보주체에게 교부 또는 열람(신용정보법 제38조), ③ 정보전송요구권(신용정보법 제33조의2)을 생각해 볼 수 있다. 그러나, ① 은 신용정보주체의 자발적인 의사에 따라 정보를 이전시킬 수 없으므로 모을 수 있는 정보가 한정적이고, ② 는 신용정보주체가 직접 일일이 정보를 수령한 후 마이데이터 사업자에서 전달하여야 하므로 현실적이지 않다. 따라서 현행 신용정보법 하에서는 ③ 정보전송요구권만이 마이데이터 서비스를 위한 정보통합을 가능하게 해주는 방법이다. 또한 정보제공자와 마이데이터 사업자 간에 API방식으로 정보를 전송하므로 가장 안전한 전송 방법에도 해당한다. 이와 같은 이유에서 마이데이터와 정보전송요구권이 하나로 연결되며 두 개념이 합해져 실제 마이데이터 서비스가 구현된다.

(1) 마이데이터 서비스의 전송방식

신용정보주체가 정보전송요구권을 행사하여, 정보제공자에게 자신의 개인신용정보를 마이데이터사업자에게 전송할 것을 요구하는 경우 API 방식으로 전송하여야 한다(신용정보법 제22조의9).

API란 Application Programming Interface의 약자로서 마이데이터사업자와 정보제공자간 개인신용정보를 송수신하기 위해 미리 정의된 표준화된 전송규격 및 절차를 의미한다. 즉, 단일 마이데이터사업자와 단일 정보제공자 간에 API라는 전용통로를 구축하여 정보를 주고받아야 한다는 의미이다. X, Y의 정보제공자가 있고 A, B의 마이데이터사업자가 있다면 X-A, X-B, Y-A, Y-B의 전용통로가 구축되어 있어야 한다는 의미라고 생각하면 된다[34].

34 규모가 크지 않은 중소형 금융회사등은 중계기관을 이용하여 정보를 전송하는 것이 가능하다(신용정보법 제22조의9 제5항).

(2) 마이데이터사업자의 행위규칙

신용정보법에서는 마이데이터사업자가 준수하여야 하는 행위규칙을 두고 있다. 즉, 마이데이터사업자라면 이 내용을 반드시 지켜야 한다는 규칙을 정해놓고 있는데, 이해상충 방지 내부관리규정 마련, 스크린 스크레핑 금지, 정기적 전송에 대한 과금, 적요정보 등의 처리제한 등 많은 엄격한 의무를 부여하고 있다(신용정보법 제22조의9). 마이데이터사업자에게 정보주체의 개인신용정보가 집중될 수 있으므로 그만큼 엄격한 의무를 부여하고 있는 것이다.

금융실명거래 및 비밀보장에 관한 법률(금융실명법)

정세진
(법무법인(유) 율촌 변호사)

금융실명법은 안전한 금융거래를 목적으로 하는 법률로서 데이터와 관련된 내용만을 다루는 법률은 아니다. 따라서, 일부 규정만 데이터와 관련되어 있는데, 금융회사의 금융거래정보의 처리에 관한 규정이 이에 해당한다(금융실명법 제4조, 제4조의2, 제4조의3).

이 규정들은 신용정보법보다 우선 적용되므로 금융회사가 금융거래정보를 처리하는 경우에는 금융실명법을 가장 먼저 검토하여야 한다.

I 금융회사등 및 거래정보등의 정의

1 "금융회사등"이란?

금융실명법의 수범자는 "금융회사등"이다. 이를 제2조 제1호에서 열거하고 있는데, 여기에 포함되지 않는 회사는 금융실명법 적용대상이 되지 않는다. 예를 들어, 전자금융거래법에 따른 "전자금융업자"는 제2조 제1호에 포함되어 있지 아니하므로 금융실명법이 적용되지 않는다.

2 "거래정보등"이란?

금융실명법의 정보관련 규정은 "거래정보등"을 적용대상으로 하고 있다(금융실명법 제2조 제2호 및 제3호)[1]. 다시 말해, "거래정보등"에 해당하지 않는다면 금융실명법이 적용되지 않는다.

금융실명법상의 정의 규정을 살펴보면, "거래정보등"이란 "금융거래의 내용에 대한 정보 또는 자료"를 의미하므로 "거래정보등"을 알기 위해서는 먼저 "금융거래"의 정의를 알아야 한다. 그런데, "금융거래"란 "금융회사등이 금융자산을…."이라고 정의하고 있으므로 "금융거래"의 정의를 알기 위해서는 먼저 "금융자산"의 정의를 알아야 한다.

따라서 "금융자산", "금융거래", "거래정보등"의 순서로 그 내용을 파악하여야 하는데, 순서대로 정리해 보면 ① "금융자산"이란 금융회사가 취급하는 금전, 유가증권, 증서 등의 의미한다고 볼 수 있고(금융실명법 제2조 제2호) ② "금융거래"란 이러한 금융자산을 수입(受入)·매매·환매·중개·할인·발행·상환·환급·수탁·등록·교환 등을 하는 것을 의미한다고 볼 수 있으며(금융실명법 제2조 제3호), "거래정보등"이란 이러한 금융거래의 내용에 대한 정보 또는 자료를 의미한다고 볼 수 있다(금융실명법 제4조 제1항).

예를 들어, 금융회사등의 대출이나 보험계약에 의한 보험료/보험금은 금융실명법 제2조에서 규정하고 있는 금융자산에 포함되지 않으므로 대출거래 및 보험거래는 금융실명법상의 "금융거래"에 해당하지 않는다.

Ⅱ 금융거래정보의 제공

금융실명법상의 금융데이터 관련 규정을 살펴보면, 금융거래의 비밀보장 규정(제4조), 거래정보등의 제공사실의 통보 규정(제4조의2), 거래정보등의 제공내용의 기록·관리 규정(제4조의3)이 있다.

1 금융실명법에서 "거래정보등"이라고 되어 있으나 실무상으로는 이를 "금융거래정보"라고 칭하는 경우가 더 많다. 따라서 이 글에서는 "거래정보등"이라는 용어보다는 "금융거래정보"라는 용어를 더 자주 사용하였다.

1 금융거래정보의 제공(제4조)

금융실명법 제4조에 따르면, 금융거래정보는 명의인의 서면상의 요구나 동의가 있는 경우에만 제3자에게 제공할 수 있다.

금융실명법의 제3자 제공 규정은, "정확성 · 최신성 유지"를 위해 정보를 제공하는 경우에는 동의 없이 제공이 가능하다는 단서 규정을 두고 있지 아니하므로 원칙적으로 매 제공 시마다 동의를 받아야 한다. 다만, 규제기관은 명의인의 자기정보결정권 보장이라는 건별 동의제도의 취지와 무관하게 단순히 절차상 번잡함만 초래하거나 명백하게 명의인의 이익 또는 편의를 저해하는 경우에 한하여 동의요건 완화를 허용하고 있으며, 이 때에는 재동의 여부를 금융거래정보 제공동의서상의 유효기간인 1년마다 서면 · 이메일 등으로 확인해야 한다고 설명하고 있다[2]. 즉 명의인의 이익을 위한 경우에는 1년마다 동의의사를 확인하는 식으로 포괄 동의를 받을 수 있다고 완화된 해석을 하고 있는 것이다. 현재, 실무상 여기에 해당하는 경우를 비교적 넓게 해석해 주고 있다.

정리하면 금융실명법상 금융거래정보의 제공은 건별 동의가 원칙이나 대부분의 경우 1년마다 동의의사를 확인하는 것으로 그 요건이 완화된다.

2 금융거래정보 제공사실 통보(제4조의2)

금융회사등이 명의인의 서면상의 동의를 받아 금융거래정보를 제3자에게 제공하거나 일부 동의 예외사유[3]에 해당하여 제3자에게 제공하는 경우에는 통보한 날로부터 10일 이내에 제공사실을 명의인에게 알려야 한다.

금융실명법상의 제공동의는 건별 동의가 원칙이므로 제공사실통보도 건별 통보가 원칙이다. 다만, 제3자에게 정보를 제공하는 행위가 명백하게 명의인의 이익 또는 편익을 위한 경우에는 1년의 범위 내에서 포괄 동의를 받는 것이 가능하므로 이때에는 해당 정보제공 내역도 일괄통보에 대한 동의를 받은 후 1년 단위로 통보하는 것이 가능하다.

2 은행연합회, 금융실명거래 업무해설(2016. 8.) 103면.

3 금융실명법 제4조 제1항 제1호 · 제2호 · 제3호 · 제8호.

3 금융거래정보 제공 내역 기록·관리(제4조의3)

금융회사등이 명의인의 서면상의 동의를 받아 금융거래정보를 제3자에게 제공하거나 일부 동의 예외사유[4]에 해당하여 제공하는 경우 거래내역을 기록·관리하여야 한다. 이때 관리하는 기록은 제공한 날로부터 5년간 보관하여야 한다.

4 금융실명법 제4조 제1항 제1호·제2호·제3호·제4호·제6호·제7호·제8호.

참/고/문/헌

〈국내문헌〉

정세진, 「한 권으로 끝내는 금융데이터법」, 2024.9.

〈보도자료 등〉

개인정보보호위원회, “가명정보 처리 가이드라인”, 2024.2.

개인정보보호위원회, “개인정보 보호법령 및 지침·고시 해설”, 2020.12.

개인정보보호위원회, “개인정보 처리 통합 안내서”, 2025.7.

금융위원회, “금융분야 가명·익명처리 안내서”, 2022.1.

금융위원회, “금융분야 개인신용정보보호 가이드라인”, 2025.5.

금융위원회, “금융분야 마이데이터 기술 가이드라인”, 2025.1.

금융위원회, “금융분야 마이데이터 서비스 가이드라인”, 2025.1.

은행연합회, 금융실명거래 업무해설, 2016.8.

CHAPTER 05

금융혁신지원특별법

금융혁신지원특별법

송창영
(법무법인(유) 세한 대표변호사)

I 서 론

법제도는 사회 각 분야에서 발생하는 현상을 규율하기 위해 마련되기 때문에 그 속성상 새로운 사회현상에 비해 후행(後行)하는 것이 일반적이다. 따라서 현행 법제도가 형성되는 과정에서 예상하지 못했던 새로운 기술에 기반한 사업모델이 등장할 경우, 해당 사업모델에 적용되는 법제도가 없거나, 몸에 맞지 않는 유사 제도가 적용되기도 한다. 아울러 현행 행정규제법은 Positive방식[1]의 규정중심 법체계를 가지고 있는 경우가 많은 까닭에 법규 자체의 탄력성이 낮고, 규제의 요건과 부과 여부 등을 엄격하게 정하는 방식으로 규제당국에 부여된 재량을 제한하고 있어서 기술혁신을 유연하게 지원하기 곤란한 측면이 있다. 이와 같은 법제도의 한계를 개선하기 위해 도입된 제도가 규제샌드박스다. 규제샌드박스는 새로운 기술을 활용한 제품과 서비스를 일정 조건하에서 상용화해 검증할 수 있도록 현행 규제의 전부 또는 일부를 적용 배제하는 것을 말하며, 검증결과를 바탕으로 합리적으로 규제를 개선하는 제도이다. 2016년 영국에서 처음 도입되었고 현재 50여 개국에서 규제샌드박스를 운영 중인데, 아이들이 모래놀이터(sandbox)에서 안전하게 뛰어놀 수 있는 것처럼 제한적인 검증을 통해 신기술 발전을 촉진하려는

1 허용되는 것들만 나열한 뒤, 이에 포함되지 않는 것들은 불허하는 규제 방식.

데 그 목적을 두고 있다.[2]

우리나라의 경우 2019.1.17. 정보통신(ICT)융합[3] · 산업융합[4] 분야를 시작으로 혁신금융[5](2019.4.1.), 규제자유특구[6](2019.4.17.), 스마트도시[7](2020.2.27.), 연구개발특구[8](2020.12.10.) 분야에서 운영 근거법이 마련되었으며, 관련 기본법인 행정규제기본법이 2019.7.17. 개정 시행되었다. 규제샌드박스는 크게 실증특례와 임시허가 및 신속확인 제도로 구성되어 있다. 실증특례를 통해서는 신기술 활용을 위한 인·허가 제도가 없거나, 기존 제도가 부적합한 경우 일정 조건하에서 상용화하여 검증을 허용하고 검증 결과 규제 개선이 필요할 경우 관련 법제도를 개선한다. 임시허가를 통해서는 신기술에 따른 안전성 문제가 없는 경우로서 인·허가 근거 법령에 기준·요건 등이 없거나 부적합할 경우 시장 출시가 가능하도록 임시로 허가하고 관련 규제를 개선한다. 신속확인을 통해서는 신기술 활용 사업 관련 규제 유무가 불분명하다고 판단할 경우 사업자가 신속확인을 신청하면 담당부처가 30일 이내에 규제의 유무를 확인하도록 하고, 담당부처가 회신하지 않을 경우에는 규제가 없는 것으로 간주하여 시장의 불확실성을 최소화한다.[9]

금융분야에서도 금융과 IT의 융합(Fin-tech)은 금융소비자의 편익을 제고하고 합리적인 금융생활을 돕는 새로운 금융서비스가 출현할 수 있는 기회를 제공하고 있다. 그런데, 새로운 금융서비스는 시장 및 소비자에 미치는 영향이 검증되지 않았기 때문에 혁신적인 금융서비스의 시장진입을 촉진하기 위해서는 시장에서 테스트해 볼 수 있는 기회가 필요한 상황이었음에도, 현행 금융관련법령과 상충되는 측면이 있어 그동안 실현되지 못했다. 금융관련 법령상 금융업 인·허가가 있어야 금융업 영위가 가능하므로 일반 핀테크기업은 시장테스트를 진행하기 어렵고 금융업 인·허가가 있는 금융회사도 사

2 대한민국정부, 규제샌드박스 시행 2년 주요 사례(2021.2), 12면.

3 정보통신 진흥 및 융합 활성화 등에 관한 특별법.

4 산업융합 촉진법.

5 금융혁신지원 특별법.

6 규제자유특구 및 지역특화발전특구에 관한 규제특례법.

7 스마트도시 조성 및 산업진흥 등에 관한 법률.

8 연구개발특구의 육성에 관한 특별법.

9 대한민국정부, 규제샌드박스 시행 2년 주요 사례(2021.2), 15면.

전적·열거적 금융규제로 인해 기존의 규제 틀을 뛰어넘는 서비스의 테스트가 불가능한 상황이었다. 이에 금융분야에서 혁신과 경쟁을 촉진할 수 있도록 혁신적 금융서비스의 테스트 공간으로서 금융규제 샌드박스를 도입하고자 2018.12.31. 「금융혁신지원 특별법」[10]이 제정되어 2019.4.1. 시행되었다.[11] 이하에서는 금융혁신법 시행 6년을 되돌아보는 의미에서 금융혁신법에 따라 혁신금융서비스로 지정된 886건[12]의 사례 중 21개[13]의 주요 사례에 대하여 지정 당시를 기준으로 서비스의 내용과 적용 특례를 구체적으로 살펴보고자 한다.

Ⅱ 혁신금융서비스 지정 주요 사례

1 On-Off 해외여행보험[14]

(1) 서비스의 내용

"On-Off 해외여행보험"은 해외여행을 자주 가는 고객이 여행자보험을 연간 단위로 포괄 가입하고 휴대폰 위치 정보 등과 연계하여 해외여행 시 공항에 도착함과 동시에 간편하게 보장을 개시하고 종료할 수 있는 서비스이다. 고객은 공항 도착 위치정보 등과 연계하여 원하는 여행기간에 대하여 간편하게 해외여행보험을 미리 가입하고 보장받을 수 있다. 즉, 서비스 제공기간 내에 최초로 해외여행을 갈 때는 보험업법에서 정한 절차에 따라 해외여행자보험에 가입하되, 2번째 해외여행부터는 보험사에서 계약자 위치정보를 확인한 후 앱(App)을 통해 Pop-up 방식으로 보험가입을 안내하고, 계약자

10 이하 "금융혁신법"이라 한다.

11 금융혁신지원 특별법안(의안번호 12338, 제안일자 2018.3.6.)(민병두 의원 대표발의) 등 참고.

12 금융위원회, 우리의 금융 생활은 꾸준히, 의미있게 변화하고 있습니다 -금융규제 샌드박스 시행 2주년 주요 성과(2021.4.8.).

13 대한민국정부, 규제샌드박스 시행 2년 주요 사례(2021.2), 금융위원회 보도자료 참고.

14 금융위원회, 금융규제 샌드박스로 금융의 새로운 길을 열다 - 19.4.17. 금융위, 혁신금융서비스 9건 첫 지정-(2019.4.17.) 참고.

는 보험기간 입력, 보험료 확인 및 보장내역 확인 후 앱을 통해 클릭하는 방식으로 간이하게 해외여행자보험에 가입하는 방식이다. 참고로 2019.1. 우리나라 대학생이 미국 그랜드캐니언을 여행하던 중 추락하여 현지에서 거액의 병원비를 부담하게 되었는데 여행자보험에 가입되어 있지 않아 그 혜택을 누릴 수 없었다는 사연이 보도된 바 있다.[15]

(2) 적용 특례

보험업법 등에 따르면, 보험을 모집하는 자는 보험계약자의 청약 내용에 관하여 전자서명[16] 또는 그에 준하는 방식을 통하여 고객들의 청약 의사를 확인하여야 하고(보험업법 제96조 제3항, 보험업법시행령 제43조 제4항), 보험계약의 주요사항을 설명한 후 서명 등으로 확인을 받도록 규정하고 있다(보험업법 제95조의2, 보험업법시행령 제42조의2, 보험업감독규정 제4-35조의2).

해외여행보험과 같이 상품이 비교적 표준화되어 있고 보험료가 소액인 생활밀착형 보험에 관하여, 소비자의 편의성을 제고하기 위해 동일 보험상품 재가입 시 위와 같은 보험업법령상의 의무를 면제할 경우 소비자피해 없이 해당 보험상품 가입이 활성화되는지 등을 실증적으로 검증할 필요성이 인정되었다. 이에 따라 최초 가입 시에는 보험상품 설명 등 가입절차를 거치도록 하되, 재가입 시에는 반복 설명 및 공인전자서명 없이 간편하게 가입토록 허용함으로써 해외여행자 보험에 자주 가입하여 상품에 대한 반복 설명이 불필요한 소비자의 간편 · 신속한 보험가입이 가능하도록 하였다. 본 서비스와 관련하여서는 최초로 여행자보험에 가입할 때에는 설명의무와 청약의사 확인의무를 모두 이행할 것, 간편 재가입 시에는 직전 체결하였던 여행자보험과 조건이 동일할 것 등의 조건이 부가되었다.[17] 참고로 2019.10.2. 보험업감독규정 제4-35조의2이 개정되어 동일 보험 재가입 시 반복 설명의무를 면제함으로써 재가입 절차가 간소화 되었다.[18]

---

15 아주경제, 그랜드캐년 추락...병원비 10억 보상될까(2019.1.23.).

16 참고로 기존에 공인인증서에 기초한 공인전자서명 제도가 본 서비스의 혁신금융서비스 지정 이후 전자서명법 개정(2020.6.9. 법률 제17354호로 전부 개정된 것을 말함) · 시행(2020.12.10.)에 따라 공동인증서 등 민간인증서에 기초한 전자서명 제도로 변경되었다.

17 금융위원회는 혁신금융서비스를 지정하는 경우 금융소비자 보호, 금융시장 및 금융질서의 안정 등을 위하여 필요한 조건을 붙일 수 있다(금융혁신법 제4조 제3항).

18 14번 사례의 경우 이와 같은 보험업감독규정이 개정된 이후에 혁신금융서비스로 지정되어, 본 서

2 신용카드 기반 송금 서비스[19]

(1) 서비스의 내용

카드 회원 및 비회원을 대상으로 앱(App)을 이용한 신용카드 기반의 송금서비스를 제공하는 서비스다. 기존 송금서비스가 대부분 현금을 기반으로 하거나 선불전자지급수단의 충전, 양도 및 환급을 통한 간접적인 방식인 반면, 이 서비스는 신용을 기반으로 한 송금서비스를 제공하는 방식이다. 현행 여신전문금융업법에서 현금융통, 소위 '카드깡'을 방지하기 위하여 신용카드 가맹점에서만 신용카드를 사용할 수 있도록 하고 있기 때문에, 개인 간 경조금 이체 및 중고거래 시에는 현금만 사용할 수 있으며 신용카드는 사용할 수 없었는데, 이 서비스를 통해 개인 간 경조금 송금 및 중고거래에 더욱 편리한 금융생활을 제공할 수 있게 된 것이다.

(2) 적용 특례

여신전문금융업법에 따르면, 신용카드사업자와의 계약에 따라 신용카드회원에게 신용카드를 사용한 거래에 의하여 물품의 판매 또는 용역의 제공 등을 하는 자를 신용카드가맹점이라고 정의하되(제2조 제5호), 신용카드가맹점은 가맹점수수료를 신용카드회원이 부담하게 하여서는 아니하도록 규정하고(제19조 제4항), 물품의 판매 또는 용역의 제공 등이 없이 신용카드로 거래한 것처럼 꾸미는 행위를 하여서는 아니 된다고 규정하고 있다(제19조 제5항 제1호).

그런데 경조사 등 기존에 현금 지급만 통용되었던 영역에 신용카드를 활용한 지급이 가능하도록 허용하고자 할 경우에는, 물품의 판매 또는 용역의 제공 등이 없는 신용카드거래 금지 규제를 완화하여 적용할 필요성이 인정되었다. 또한 위 규정에 따르면 신용카드가맹점은 가맹점수수료를 회원이 부담하게 할 수 없도록 정하고 있으나, 경조금

비스의 혁신금융서비스 지정 당시 특례 적용 대상이었던 '반복 가입 시에도 보험계약의 주요사항을 설명한 후 서명 등으로 확인을 받도록 하는 규제(보험업법 제95조의2, 보험업감독규정 제4-35조의 2)'에 대한 특례 적용은 필요하지 않게 되었다.

19 금융위원회, 금융규제 샌드박스로 금융의 새로운 길을 열다 - 19.4.17. 금융위, 혁신금융서비스 9건 첫 지정-(2019.4.17.) 참고.

특성상 수취인이 수수료를 부담하도록 하는 것은 사회적 예규에 맞지 않는 등의 사정이 있으므로, 송금인이 수수료 부담주체를 송금인과 수취인 등에서 선택하여 송금할 수 있도록 하기 위해 규제특례를 적용할 필요성이 인정되었다. 본 서비스와 관련하여서는 거래내역정보 등을 별도 관리하고, 불법현금융통 적발 시 당국에 보고하며, 거래정보 확인이 가능한 플랫폼 구축, 결제취소 정보 안내 등의 조건이 부가되었다.

3 대출금리 간편조회[20]

(1) 서비스의 내용

여러 금융회사들이 제공하는 대출 상품의 개인별 확정금리를 앱(App)에서 확인하고, 선호하는 상품을 선택하여 대출 신청까지 간편하게 진행할 수 있도록 하는 서비스다. 이전에도 대출모집인을 통해 자신에게 적합한 대출상품을 물색할 수 있었으나, 대출모집인 모범규준에 따라 대출모집인이 하나의 금융회사에 전속(專屬)되어 있는 까닭에, 물색의 범위가 제한적이었다. 즉, 대출을 받으려는 금융소비자가 여러 금융회사들을 직접 방문하여 자신이 받을 수 있는 대출 한도와 금리를 일일이 확인해야 했고, 많은 경우 기존의 주거래 은행이나 주거지·직장에서 가까운 은행을 통해 대출을 받았다. 몇 군데 발품을 팔아 대출을 받더라도 수십 가지의 대출상품 가운데 가장 적합하고 유리한 조건의 대출상품을 선택했는지 확신할 수 없는 상황이었는데, 간편하게 앱(App)을 통해 자신에게 가장 적합한 대출상품을 확인할 수 있게 된 것이다.

(2) 적용 특례

금융감독원의 행정지도인 「대출모집인 제도 모범규준」에 따르면, 대출모집인은 1개의 금융회사와만 대출모집업무 위탁계약을 체결해야 한다(제9조 제2항, 일사전속원칙). 이와 같은 규제는 2010.4. 금융회사의 관리·감독 책임을 강화하여 대출모집인의 불건전 영업행위를 차단하기 위해 도입된 것이다.

20 금융위원회, 19.5.2일 금융위원회, 혁신금융서비스 9건 지정 - 금융규제 샌드박스 제도의 연착륙을 지속 지원하여 완성도 제고 -(2019.5.2.) 참고.

그런데 최근 비대면 금융거래가 확산되면서 소비자가 대출조건을 간편하게 비교·선택할 수 있는 서비스에 대한 수요가 높아진 상황에서, 여러 금융회사의 다양하고 정확한 대출상품 정보를 대출수요자에게 신속히 제공하기 위해서 일사전속원칙에 대한 특례적용의 필요성이 인정된 것이다. 이와 관련하여 법적 구속력이 없는 금융감독원의 행정지도인 「대출모집인 제도 모범규준」이 금융혁신법상 특례 적용 대상인 금융관련법령[21]에 해당하는지 여부에 대한 의문이 있을 수 있으나, 금융혁신법 시행령 제2조 제3호에서, 금융혁신법 별표에 따른 법률, 동 시행령 제2조 제1호 각 목의 법률 또는 제2호에 따른 법령에서 위임한 사항이나 그 시행에 필요한 사항을 정한 행정규칙 외에 '그 밖에 행정기관에 권한을 부여한 모든 규정'도 금융관련법령의 범위에 포함시키고 있으므로 「대출모집인 제도 모범규준」도 특례 적용 대상으로 판단하였다.

참고로 종래 모범규준의 형식으로 운용되던 대출모집인 제도는 2021.3.25. 「금융소비자 보호에 관한 법률」시행으로 해당 법률의 적용을 받게 되었는데, 「금융소비자보호에 관한 감독규정」에서 일정한 경우 외에는 같은 상품유형의 금융상품에 대하여 둘 이상의 금융상품직접판매업자를 위해 금융상품에 관한 계약의 체결을 대리·중개하는 행위를 금지하고 있어 1社 전속주의를 채택하고 있으나(제22조 제1호), 대출성 상품에 관한 금융상품판매대리·중개업을 전자금융거래 방식으로만 영위하는 법인의 경우에는 그 예외를 인정하고 있다(제22조 제1호 마목 2). 규제 샌드박스 운영결과, 온라인 사업자는 다양한 업체의 정보를 찾아 비교하는 데 드는 비용이 현저히 낮고, 자동거래가 이루어지므로 부당 권유로 인한 이해상충 발생 우려가 낮다는 온라인 채널의 특수성 등을 고려하여 1社 전속의무의 적용을 배제한 것이다.[22]

21 금융혁신법 제4조에 따라 혁신금융서비스로 지정하는 경우에는 금융관련법령 중 적용이 배제되는 규정 등 규제 적용의 특례에 관한 사항도 포함하여야 한다(금융혁신법 제4조 제2항 제5호).

22 금융위원회, 「금융소비자보호법 시행령 제정안」 입법예고(10.28.~12.6.)(2020.10.28.), 7면. 해당 조항의 내용은 당초 동 시행령 제정안 제21조에 포함되어 있었다.

4 원스톱 맞춤대출 검색서비스[23]

(1) 서비스의 내용

통신사가 보유한 고객의 통신료 납부정보 등 통신서비스 이용정보(고객동의를 거쳐 제공받은 가입기간, 로밍·미납·통화 건수·소액결제 관련 정보 등)를 활용하여 생성한 고객 통신등급을 금융회사에 제공하고, 금융회사로부터 고객의 대출 금리와 한도를 제공받아 고객에게 동 정보를 일괄 조회할 수 있도록 제시하여 대출상품의 판매를 중개하는 서비스다. 기존 금융권에서 활용되던 신용평가는 고객의 금융거래 데이터를 주로 사용하는 모형이었다. 즉, 은행, 카드 사용 등의 금융거래활동을 행해야만 비교적 정당한 평가를 받을 수 있었다. 이러한 점 때문에 금융거래 이력이 부족한 20대 초반의 사회 초년생 혹은 은퇴한 60대 이상의 고객들, 주부, 자영업자 등 'thin filer'에 대해서는 상대적으로 정당한 평가가 어려웠다. 본 서비스는 금융거래 데이터가 아닌 통신 데이터만을 활용한 신용평가모형과 이를 활용한 개인 맞춤형 대출상품 중개 서비스를 그 내용으로 한다.

(2) 적용 특례

통신사가 보유한 통신료 납부정보 등 통신서비스 이용정보를 활용하여 신용정보주체의 신용도·신용거래능력 등을 나타내는 통신등급을 산출·제공하는 업무는 「신용정보의 이용 및 보호에 관한 법률」[24]에서 정한 신용조회업무에 해당하여 동법상 허가받은 신용조회회사만이 영위할 수 있었다(제4조, 제50조 제2항). 그런데 신용조회회사는 신용조회업 외 영리목적 업무의 겸업이 금지됨에 따라 선불전자금융업 등의 영리업무를 본업으로 하고 있는 신청인은 신용조회업 허가를 받기 어려운 상황이었다.

이에 따라 허가받은 신용조회업자가 아닌 신청인이 신용정보주체의 신용도·신용거래능력 등을 나타내는 통신등급을 산출·제공하는 업무를 영위할 수 있도록 특례를 적용할 필요가 인정되었다. 본 서비스와 관련하여서는 신용정보법 제6조제1항, 제20조, 제22조의2, 제31조, 제38조의2 등 신용조회회사가 준수해야 할 의무를 준수할 것, 신용

23 금융위원회, 19.5.15일 금융위원회, 혁신금융서비스 8건 지정 - 4.1일 금융혁신지원 특별법 시행이후 3차례에 걸쳐 총 26건의 혁신금융서비스 지정 -(2019.5.15.) 참고.

24 이하 "신용정보법"이라 한다.

정보법 개정을 통해 전문개인신용평가업이 신설되고, 전문개인신용평가회사 등 신용조회회사에 대한 영리목적 겸업규제가 완화되는 등 관련 규제가 개선될 경우, 지체 없이 전문개인신용평가업 허가를 신청할 것 그리고 본업과 신용조회업을 겸업하는 과정에서 신용정보의 안전한 보호 및 관리가 어렵거나, 이해상충 우려가 있을 수 있는 상황이 발생한 경우, 즉시 금융위원회와 협의하여 업무 수행 방식 및 절차 등을 보완할 것을 조건으로 부가하였다. 참고로 2020.2.4. 신용정보법 개정을 통해 전문개인신용평가업[25]이 신설되고, 신용정보주체 보호 및 건전한 신용질서를 저해할 우려가 없는 업무에 대한 겸영 제한이 완화되었다.

한편, 본 사업 진행을 위해서는 대출모집인의 일사전속원칙에 대한 예외 인정도 필요하여 이에 대한 특례도 인정되었다. 관련 내용은 앞 사례에서 정리한 바와 같다.

5 신용카드의 카드결제단말 앱(App)을 통한 후불교통카드의 결제[26]

(1) 서비스의 내용

신용카드 가맹점주들은 고객의 신용카드 결제를 비롯한 다양한 형태의 결제를 위해 여신전문금융업협회가 정한 엄격한 기술 기준을 통과한 하드웨어 카드 단말기를 구입해서 사용해야 한다. 규모가 있는 사업장의 신용카드 가맹점주들은 값비싼 POS 결제 장비를 구입해서 사용해 왔다. 한편 급속한 시대의 변화와 함께 배달 관련 산업이 발달하면서 신용카드 가맹점들은 이동형 카드 단말기를 별도로 구입해야 했고, 사용 여부와 관계없이 매달 사용료를 지급해야 했다. 반면, ICT 기술이 발전함에 따라 소비자들은 다양하고 편리한 결제 방법들을 사용하는 방향으로 변화하였고, 특히 스마트폰만 있으면 다양한 결제 방식을 기호에 따라 선택하여 결제할 수 있게 되었다. 하지만 판매자들은 빠르게 변화하는 소비자의 결제 방법들에 대응하려면 비용이 많이 들고 그에 따른

25 일정한 금융거래에 관한 개인신용정보 및 종합신용정보집중기관이 집중관리·활용하는 개인신용정보를 제외한 정보만 처리하는 개인신용평가업(신용정보법 제5조 제1항).

26 금융위원회, 19.5.15일 금융위원회, 혁신금융서비스 8건 지정 - 4.1일 금융혁신지원 특별법 시행이후 3차례에 걸쳐 총 26건의 혁신금융서비스 지정 -(2019.5.15.) 참고.

높은 수수료를 내야 해서 쉽게 도입하지 못하고 있다. 본 서비스는 이와 같은 상황에서 소비자 편익을 제고하고자 신용카드사의 가맹점과 VAN[27]사 간의 카드결제 승인 요청을 처리하는 신용카드단말기를 스마트폰 앱(App)으로 구현하였다. 즉, 신용카드가맹점이 결제앱(App)을 통해 스마트폰 NFC[28] 기능을 이용하여 신용카드 회원의 카드정보를 인식·전송하여 카드 결제를 승인하는 서비스다.

(2) 적용 특례

여신전문금융업법령에 따르면, 신용카드 단말기는 거래의 안정성, 카드회원의 정보보호 등을 위해 여신전문금융업협회장이 정하는 기술기준을 충족한 후 금융위원회에 등록하여야 한다(여신전문금융업법 제27조의4 제1항, 제4항, 여신전문금융업법 시행령 제9조의9 제2항,[29] 여신전문금융업 감독규정 제26조의3 제2항).

그런데 현재 여신전문금융업협회장이 정하고 있는 신용카드 단말기 기술기준은 POS 등 하드웨어 단말기를 전제로 하고 있다. 이에 따라 소프트웨어 단말기의 등록·사용을 위해서는 여신전문금융업협회장이 별도의 기술기준을 새로 마련해야 하고, 신청인이 동 기준에 따른 시험을 통과한 후 인증단말기로 등록하여야 하는데, 별도의 단말기 구입 부담 없이 NFC기능이 탑재된 스마트폰 앱으로 간편하게 결제서비스 제공하여 가맹점 및 소비자의 결제 편의를 증대할 수 있다는 점에서 실증을 위한 규제 특례의 필요성이 인정되었다. 본 서비스와 관련하여서는 스마트폰 NFC 기능을 이용한 결제앱(App)이 여신금융협회의 단말기 보안성 심사 통과하여야 하고, 해당 단말기를 통한 결제금액 등 이용현황 보고, 주기적 단말기 관리방안 마련, 가맹점에 단말기 사용 유효기간 고지 등의 조건이 부가되었다.

---

27 Value Added Network.

28 Near Field Communication.

29 참고로 본 서비스의 혁신금융서비스 지정 이후 여신전문금융업법 시행령이 2019.6.11. 대통령령 제29857호로 개정되면서 종전 제9조의9에 규정되어 있던 내용이 제9조의10으로 이동하였다.

6 규제샌드박스를 통해 싹트는 녹색금융·지속가능금융[30]

(1) 서비스의 내용

인공지능 기술 등을 이용하여 중소기업의 비재무 정보로서 뉴스데이터·공공데이터 등을 수집·분석하고, 환경·사회·지배구조 등 ESG(Environment, Social, Governance) 요소를 반영하여 부도가능성 등을 평가하는 기업신용조회서비스다. 은행 등 금융기관으로부터 신용평가 중 비재무 평가 업무를 위탁받아 기존 신용평가에 반영 또는 참고할 수 있는 평가결과를 제공한다. 기존 은행의 여신심사시스템이 재무에 기반한 회계정보 및 재무위험평가모형이라면, 본 서비스는 비재무 및 비정형 데이터와 인공지능에 기반한 비재무위험평가·예측분석모형이다. 실증을 통해 구현될 경우 ESG 요소를 반영한 비재무 기업신용평가 모형이 새롭게 금융권에 활용됨으로써 재무정보 위주의 기존 신용평가모형 보완하고 재무성과는 다소 부족하지만, 환경·사회·지배구조 리스크를 건전하게 관리해 온 중소기업에 대한 신용평가가 개선될 수 있는 기반을 마련함으로써 금융회사의 여신심사 고도화 및 중소기업의 자금공급 확대를 기대할 수 있는 서비스다.

(2) 적용 특례

기업의 부도가능성 등을 평가하여 그 결과를 금융회사 등 기업 상거래의 상대방에게 제공하는 업무는 신용정보법상 신용조회업무에 해당하여 신용정보법에 따라 허가받은 신용조회회사만이 영위할 수 있는데(제4조, 제50조 제2항 제1호), 신청인은 신용정보법상 신용조회업의 허가요건을 충족하기 어려운 상태였다. 즉, 신용정보법은 신용조회업 허가 대상을 금융기관이 50% 이상 출자한 법인으로 50억 원 이상의 자본금을 갖춘 자 등으로 한정하고 있는데, 신청인은 자본금이 그에 미치지 못한 상황이었고, 개인 대주주가 50% 이상을 출자한 법인으로 관련 허가 요건을 충족하기 어려운 상황이었다.

비재무정보를 활용한 신용평가 영역에 있어서도 실시간으로 수집된 뉴스데이터 및 공공데이터를 활용하여 기업의 부도가능성을 일관되고 객관적인 지표로 평가하고자 하

30 금융위원회, 19.6.12일 금융위원회, 혁신금융서비스 6건 지정 - 4.1일 금융혁신지원특별법 시행 이후 총 32건의 혁신금융서비스 지정 -(2019.6.12.) 참고.

는 시도로 혁신성이 인정되고, 신용평가 기준으로 ESG 요소를 반영하고 있어 기존 기업 신용평가모형과 차별화된 새로운 신용평가모형에 해당하여 규제 특례의 필요성이 인정되었다. 본 서비스와 관련하여서는 데이터 검증 시스템을 마련하고, 신용평가모형의 고도화를 위한 개선 계획을 제출하여야 한다는 등의 조건이 부가되었다.

7 SMS[31]활용 간편 계좌등록 현금결제 서비스[32]

(1) 서비스의 내용

금융사고 발생 시 큰 부작용이 우려되기 때문에 전자금융거래법령은 출금 동의 방법을 최소한의 검증된 방법으로 제한하고 있다. 그런데 최근 기술의 발달과 더불어 핀테크의 활성화를 위해서는 고객 편의에 최적화된 다양한 출금 동의 방법이 강구될 필요가 있었고, 간편현금결제 시장의 가맹점과 금융소비자 모두의 편의성을 증진하고자 SMS 문자인증을 통한 출금 동의 방식으로 한 번에 계좌를 등록하고 결제할 수 있는 내용의 본 서비스가 시도되었다.

본 서비스는 서면, 전자서명, 전화 녹취, ARS로 엄격하게 제한해 온 기존의 출금 동의 방식을 최신 보안기술을 적용하여 계좌 기반 간편결제가 가능하도록 하였다. 즉, 'SMS 인증+ ARS[33] 출금동의'의 단계로 인해 다른 간편결제보다 불편한 계좌 간편결제 출금동의 절차를 '휴대폰 본인확인 SMS인증'으로 일원화함으로써 계좌등록 절차를 간소화한 것이다.

(2) 적용 특례

금융회사 또는 전자금융업자는 추심이체를 실행하기 위하여 일정한 방법으로 미리 지급인으로부터 출금에 대한 동의를 얻어야 한다(전자금융거래법 제15조 제1항). 이 경우 지급인으로부터 출금에 대한 동의를 얻는 방법은 서면, 전자서면, 전화 녹취, ARS 녹취

31 Short Message Service.

32 금융위원회, 19.6.12일 금융위원회, 혁신금융서비스 6건 지정 - 4.1일 금융혁신지원특별법 시행 이후 총 32건의 혁신금융서비스 지정 -(2019.6.12.) 참고.

33 Audio Response System.

에 의하여야 한다(전자금융거래법 시행령 제10조, 전자금융업감독규정 제6조 제1항, 제2항).

본 서비스에 대해서는 이용자의 편의성이 향상되고, 현금 결제 서비스를 통한 간편결제 활성화 등에 기여할 수 있다는 혁신성을 인정하여, 추심 출금 동의 방식으로 이동통신사가 제공하는 본인 확인 SMS 출금 동의 방식도 가능하도록 위 전자금융거래법 조항에 대한 규제 특례를 부여함으로써, 특례지정기간 동안 한시적으로 테스트할 수 있도록 하였다. 본 서비스와 관련하여서는 특례 사항 외 전자금융거래법 관련 의무사항을 준수할 것과 매월 이용자(월 200명) 및 이용 건수(월 100회), 결제금액(20만 원 이하) 등 서비스 제공범위를 제한하는 등의 조건이 부가되었다.

8 온라인 쇼핑 플랫폼을 활용한 CM[34]보험 e-쿠폰 운영[35]

(1) 서비스의 내용

소비자가 카카오, 옥션 등 온라인쇼핑 플랫폼에서 모바일 선불쿠폰을 할인가격에 구매 또는 선물하고 동 쿠폰을 신청인(손해보험회사)의 CM채널을 통해 보험상품에 가입할 때 보험료로 납부할 수 있도록 하는 서비스다. 여행자보험, 배상책임보험, 주택화재보험 등 일상생활에서 가입이 필요한 보험을 부담 없이 가입할 수 있도록 할인된 가격으로 모바일 선불쿠폰을 구매 또는 선물할 수 있도록 함으로써 지인 사이에 선물 등을 통해 생활밀착형 보험시장의 저변을 확내할 수 있는 혁신성을 갖춘 것으로 판단되었다. 구체적으로는 손해보험사가 전자금융업자 및 협력업체[36]에 모바일 선불쿠폰의 제작·판매를 의뢰하고, 전자금융업자 및 협력업체가 고객에게 모바일 선불쿠폰을 판매한 후 고객이 모바일 선불쿠폰을 이용해 손해보험에 가입하면 전자금융업자가 손해보험사에 보험료를 현금으로 정산하는 방식이다.

34 Cyber Marketing.

35 금융위원회, 19.6.26일 금융위원회, 혁신금융서비스 5건 지정 - 4.1일 금융혁신지원특별법 시행 후 상반기 중 총 37건 지정 -(2019.6.26.) 참고.

36 모바일 선불쿠폰 제작·유통사, 온라인 쇼핑플랫폼.

(2) 적용 특례

먼저, 온라인쇼핑 플랫폼에서 모바일 선불쿠폰을 판매하는 행위가 보험업에 따른 보험의 모집 즉, 보험계약의 체결을 중개하거나 대리하는 행위(제2조 제12호)로 판단될 경우, 해당 모집 행위는 보험업법 제83조에 따라 모집자격이 있는 자만이 가능하며, 보험업법 제99조에 따라 보험회사는 모집자격이 있는 자에 대해서만 모집에 대한 대가를 지급할 수 있다. 본 서비스와 관련하여 온라인쇼핑 플랫폼이 신청인(손해보험회사)의 보험료 선불쿠폰을 판매하는 행위가 보험의 모집으로 판단될 경우, 보험업법 제83조 및 제99조를 위반할 소지가 있으므로 보험업법 제2조 제12호에 대한 규제 특례가 인정되었다.

아울러 보험업감독규정에 따라 보험회사는 보험기간이 시작되기 전에 보험료를 수납하여야 하고, 기초서류에 보험료 분납특약이 있거나 금융감독원장이 승인한 특별약정서가 있는 경우에만 예외를 인정하고 있으며, 보험료는 현금수납을 원칙으로 하는데(제4-33조), 모바일 선불쿠폰으로 인한 사후 보험료 정산방식의 경우 보험기간이 개시된 후 보험료가 현금으로 정산될 가능성이 있으므로, 보험업감독규정 제4-33조에 대한 규제 특례가 인정되었다. 본 서비스와 관련하여서는 소비자 보호를 위해 보험상품당 모바일 선불쿠폰 금액 합계(최대 2만 원) 및 할인율(최대 10%)의 한도를 정하고, 모바일 선불쿠폰 제작·유통업체가 소비자에게 쿠폰의 사용조건 및 환불 등을 충실히 설명하도록 하는 등의 조건을 부가하였다.

9 블록체인 기술 기반의 디지털 신원증명 플랫폼[37]

(1) 서비스의 내용

디지털 채널에서 금융서비스를 이용하는 소비자들을 위해 사용자 스스로 신원정보에 대한 증명, 제출 범위와 대상을 통제할 수 있는 블록체인 기반 신원확인 서비스[38]다. 최초 1회 비대면 실명 확인을 거쳐 신원확인 정보를 블록체인 기술을 기반으로 하는 정

37 19.6.26일 금융위원회, 혁신금융서비스 5건 지정 - 4.1일 금융혁신지원특별법 시행 후 상반기 중 총 37건 지정 -(2019.6.26.) 참고.

38 DID: Decentralized Identifier.

보보관 앱(App)을 통해 저장한 후 소비자가 다른 금융회사에서 계좌를 개설할 경우 생체인증 등 간편한 방법으로 인증함으로써 비대면 신원확인 절차를 간소화하고 편의성을 제고하였다.

본 서비스를 통해 소비자가 비대면 계좌를 개설할 때 신원증명 절차가 간소화[39]되어 금융거래의 편의성이 제고되고, 금융소비자들이 정보보관 앱(App)에서 개인정보 제공 및 이용내역을 통합 관리할 수 있게 되었다.

(2) 적용 특례

「금융실명거래 및 비밀보장에 관한 법률」에 따르면, 금융회사등은 거래자의 실지명의(실명)로 금융거래를 하여야 한다(제3조 제1항). 이 조항의 적용과 관련하여 금융위원회가 2017. 7. 마련한 「비대면 실명확인 관련 구체적 적용방안」에 따르면, 금융회사는 비대면 방식으로 계좌를 개설할 경우 ① 실명확인증표 사본 제출, ② 영상통화, ③ 위탁기관 등을 통하여 실명확인증표 확인, ④ 이미 개설된 계좌와의 거래, ⑤ 기타 ①~④에 준하는 새로운 방식 중 2가지 이상의 방법으로 실명을 확인하여야 하는데, 본 서비스의 경우 계좌를 개설하려는 자가 금융회사에 저장된 자신의 신원확인 정보를 제출하는 경우 금융회사는 위와 같은 비대면 실명확인 절차를 거친 것으로 보는 규제 특례를 인정하였다.

아울러 전자금융거래법에 따르면 접근매체를 발급할 경우 실명인증을 거쳐야 하는데(제6조 제2항, 전자금융감독규정 제34조 제3호), 본 서비스의 경우 정보보관 앱과 관련하여 그 특례를 인정하였다. 본 서비스와 관련하여서는 서비스 실시 전 금융보안원의 보안성 검토를 거쳐 결과를 보고하고, 서비스 신청인은 3개월마다 정보를 업데이트하며, 금융회사는 6개월마다 정보 업데이트 여부를 확인하도록 하고, 서비스 이용범위 연간 최대 5천 명으로 제한하는 등의 조건을 부가하였다.

39 기존 7단계(약관동의→휴대폰인증→신분증인증→타계좌확인→고객확인→투자성향→비밀번호등록)에서 4단계(약관동의→정보보관 앱→투자성향→비밀번호등록)으로 축소.

10 얼굴만으로 간편하게 결제하는 안면인식 결제 서비스[40]

(1) 서비스의 내용

신청인이 신용카드·체크카드를 개설한 개인회원을 대상으로 해당 카드정보와 연동되는 안면인식정보를 서버에 등록하고, 가맹점에서 결제 단말기에 장착된 카메라로 안면인식을 함으로써 간편하게 결제할 수 있도록 하는 서비스로서, AI[41] 및 머신러닝[42] 기술을 기반으로[43] 고객의 안면 특징점을 추출하고 안면을 인식함으로써 실물카드나 스마트폰 등의 지급수단이 없더라도 안면만으로 결제할 수 있도록 하는 서비스다.

본 서비스가 활성화될 경우 실물카드·스마트폰을 소지하지 않고도 결제가 가능하여 편리성이 제고되고 지급수단의 도난·분실·파손 위험이 없어 전자금융거래의 안정성 증대되며, 가맹점주 입장에서는 결제업무를 간소화할 수 있고, 탄력적인 점포 운영이 가능하게 되는 등 가맹점 운영의 효율화가 가능해질 것으로 기대된다.

(2) 적용 특례

본 서비스에서 안면인식정보는 카드결제에서 본인 확인 및 거래지시를 대체하는 용도로 사용되는 신체정보로서 전자금융거래법상 접근매체[44]에 해당하는 것으로 볼 수 있다. 그런데 전자금융거래법에 따르면 금융회사가 접근매체를 발급할 때에는 이용자에 대해 실명확인의 방법을 통해 본인 확인을 하도록 하고 있다(제6조 제2항, 전자금융감독규정 제34조 제3호).

본 서비스를 이용하기 위해서는 중첩적인 실명확인, 본인확인 및 인증을 거쳐야 하

40 금융위원회, 19.10.2. 금융위원회, 혁신금융서비스 11건 지정 - 4월 1일 금융규제 샌드박스 시행 이후 총 53건 지정 -(2019.10.4.) 참고.

41 Artificial Intelligence.

42 Machine Learning. 인간의 학습 능력과 같은 기능을 컴퓨터에서 실현하고자 하는 기술 및 기법.

43 AI 및 머신러닝 기술을 통해 안면인식으로 결제할 때마다 바뀌는 안면인식정보를 피드백하여 정확도를 높일 수 있다.

44 "접근매체"라 함은 전자금융거래에 있어서 거래지시를 하거나 이용자 및 거래내용의 진실성과 정확성을 확보하기 위하여 사용되는 다음 각 목의 어느 하나에 해당하는 수단 또는 정보를 말하는데, 이용자의 생체정보를 포함한다(전자금융거래법 제2조 제10호 라목).

는데, 접근매체 발급 시 실명확인 절차를 추가적으로 거치게 할 필요성이 적고 고객 불편을 초래할 수 있는바, 신청인의 서버에 안면인식정보 등록 시 실명확인이 아닌 신청인이 정한 본인 확인 및 인증 절차를 거쳐 진행할 수 있도록 특례를 인정하였다. 본 서비스와 관련하여서는 신청인과 기존에 제휴관계에 있는 특정 대학교 학생 및 교직원을 대상으로 교내 가맹점에 한하여 신청서비스를 운영할 것, 제휴 대학교에서의 신청서비스 운영 현황을 정기적으로 제출하고, 신청서비스의 안정성 등이 검증되는 경우 확대 운영할 것 등의 조건을 부가하였다.

11 온라인쇼핑 플랫폼을 통한 증권회사 상품권의 구매·선물하기 서비스[45]

(1) 서비스의 내용

증권회사가 발행한 상품권을 온라인쇼핑 플랫폼을 통해 소비자가 직접 구매 또는 선물할 수 있도록 하고, 소비자가 동 상품권을 증권회사가 운영하는 모바일 앱(App)에 등록한 후 증권회사가 제공하는 금융상품에 투자할 수 있도록 하는 서비스다.

본 서비스를 통하여 모바일 시대에 걸맞게 온라인 금융투자상품 상품권을 발행하고, 온라인쇼핑 플랫폼에서 이를 유통함으로써 금융소비자의 투자 접근성 및 투자기회를 확대하고, 소액의 금융투자 상품권을 활용하여 적은 금액으로도 투자가 가능하게 되어 혁신성이 인정되었다.

(2) 적용 특례

온라인쇼핑 플랫폼이 금융투자상품에 투자할 수 있는 상품권을 판매하는 경우, 금융투자상품의 매도·매수의 중개, 청약의 권유 등을 영업으로 하는 투자중개업에 해당하여 자본시장법상 금지하고 있는 무인가 영업행위(제11조)에 해당할 가능성을 완전히 배제할 수 없어 본건 서비스의 허용 여부가 명확하지 않았다.

45 금융위원회, 19.10.2. 금융위원회, 혁신금융서비스 11건 지정 - 4월 1일 금융규제 샌드박스 시행 이후 총 53건 지정 -(2019.10.4.) 참고.

이에 대해 본건 서비스의 혁신성을 인정하여 온라인쇼핑 플랫폼을 통한 금융투자상품의 상품권을 판매 및 유통시킬 수 있도록 자본시장법상 투자중개업에 해당하지 않는 것으로 특례를 적용하였다. 본 서비스와 관련하여서는 신청인이 상품권 발행 및 판매업을 자본시장법상 금융투자업자의 부수업무로 신고하고, 상품권 위탁 판매 시 자본시장법상 업무위탁 관련 규제를 준수할 것과 온라인쇼핑 플랫폼을 통해 개별 소비자에게 판매할 수 있는 상품권 금액의 합계를 일별 최대 10만 원으로 제한하는 등의 조건을 부가하였다.

12 통신 및 이커머스 비금융데이터 기반 전자상거래 소상공인 금융 서비스[46]

(1) 서비스의 내용

국내 전자상거래 판매자인 개인 및 개인사업자를 대상으로, 통신 및 전자상거래 데이터 등 비금융정보를 수집·분석하여 해당 판매자에 대한 신용도를 평가하고, 생성된 신용등급정보를 금융회사에 제공, 국내 전자상거래 판매자가 연계 금융회사의 대출상품을 신청할 수 있는 대출 신청 플랫폼 서비스다.

본 서비스는 금융정보 위주의 기존 신용평가모형과 달리 통신정보 및 전자상거래 정보 등 비금융정보를 활용하여 개인 및 개인사업자의 신용을 새로운 측면에서 평가하고 있어 기존 서비스와의 차별성이 인정되었다.

(2) 적용 특례

통신 및 이커머스 데이터를 이용하여 개인 및 개인사업자의 신용도·신용거래능력 등을 나타내는 신용등급을 산출·제공하는 업무는 신용정보법상 신용조회업무에 해당하여 동법에 따른 허가를 받은 신용조회회사만이 해당 업무를 영위할 수 있다(신용정보법 제4조, 제50조 제2항 제1호). 그런데 신용조회회사는 금융회사가 50% 이상 출자한 법인

46 금융위원회, 19.10.2. 금융위원회, 혁신금융서비스 11건 지정 - 4월 1일 금융규제 샌드박스 시행 이후 총 53건 지정 -(2019.10.4.) 참고.

등으로 그 허가 요건이 제한되어 있어 신청인의 경우 신용조회업 허가를 받을 수 없는 상황이었다.

이에 따라 허가받은 신용조회업자가 아닌 신청인이 일정한 범위 안에서 신용정보 주체의 신용도·신용거래능력 등을 나타내는 신용등급을 산출·제공하는 업무를 영위할 수 있도록 특례를 적용할 필요가 인정되었다. 본 서비스와 관련하여서는 신용정보법 제6조제1항, 제20조, 제22조의2, 제31조, 제38조의2 등 신용조회회사가 준수해야 할 의무를 준수할 것, 신용정보법 개정을 통해 전문개인신용평가업이 신설되고, 전문개인신용평가회사 등 신용조회회사에 대한 영리목적 겸업규제가 완화되는 등 관련 규제가 개선될 경우, 지체 없이 전문개인신용평가업 허가를 신청할 것 그리고 본업과 신용조회업을 겸업하는 과정에서 신용정보의 안전한 보호 및 관리가 어렵거나, 이해상충 우려가 있을 수 있는 상황이 발생한 경우, 즉시 금융위원회와 협의하여 업무 수행 방식 및 절차 등을 보완할 것을 조건으로 부가하였다. 2020.2.4. 신용정보법 개정 내용에 대해서는 기술한 바 있다.

13 AI를 활용한 기업의 특허가치 자동평가 서비스[47]

(1) 서비스의 내용

AI기반 자동평가플랫폼을 통해 특허 및 기업의 경영정보를 활용하여 기업이 보유한 특허기술 등 기술력에 대한 경제적 가치를 평가하고 금융기관, 투자자, 기업 등에 관련 정보를 제공하는 서비스다. 본 서비스를 통해 특허번호 또는 기업명만 입력하는 간단한 방법을 통해 해당 기업의 특허권의 가치를 평가함으로써 은행 등에서는 지식재산권 등 무형자산의 가치평가에 소요되는 비용과 시간을 절감할 수 있고, 보유기술에 대한 정확한 가치평가를 통해 신용도가 낮은 중소·벤처기업의 특허담보대출 활성화에 기여할 수 있으며, 투자자의 경우 기술적 측면의 투자기업평가로 투자리스크를 줄일 수 있어 혁신성이 인정되었다.

47 금융위원회, 19.10.2. 금융위원회, 혁신금융서비스 11건 지정 - 4월 1일 금융규제 샌드박스 시행 이후 총 53건 지정 -(2019.10.4.) 참고.

(2) 적용 특례

신청인이 특허 및 기업의 경영정보를 활용하여 기업의 신용도·신용거래능력 등을 나타내는 신용등급을 산출·제공하는 업무는 신용정보법상 신용조회업무에 해당하여 동법에 따른 허가를 받은 신용조회회사만이 해당 업무를 영위할 수 있다(신용정보법 제4조, 제50조 제2항 제1호). 그런데 신용조회회사는 금융회사가 50% 이상 출자한 법인 등으로 그 허가 요건이 제한되어 있어 신청인의 경우 그 대주주가 요건을 충족하지 못하고 있는 상황이었다.

이에 따라 허가받은 신용조회업자가 아닌 신청인이 일정한 범위 안에서 신용정보주체의 신용도·신용거래능력 등을 나타내는 신용등급을 산출·제공하는 업무를 영위할 수 있도록 특례를 적용할 필요가 인정되었다. 본 서비스에 부가된 조건은 앞 사례와 같다.

14 보험 간편 가입·해지 프로세스[48]

(1) 서비스의 내용

신청인 측이 운영 중인 앱(App) 이용자를 대상으로 여행·레저 관련 보험을 반복적으로 가입할 경우 간소화된 본인 인증(지문인식, 비밀번호 등)만으로 간편하게 가입할 수 있도록 하는 서비스다. 이를 통해 소비자는 간편하게 여행·레저 관련 보험의 가입과 해지를 할 수 있어 필요한 시점에 손쉽게 보험보장을 받을 수 있으며, 보험회사는 생활밀착형보험의 시장 저변을 확대할 수 있어 혁신성이 인정되었다.

(2) 적용 특례

보험업법 등에 따르면, 보험을 모집하는 자는 보험계약자의 청약 내용에 관하여 전자서명 또는 그에 준하는 방식을 통하여 고객들의 청약 의사를 확인하여야 하나(보험업법 제96조 제3항, 보험업법시행령 제43조 제4항), 소비자 편의 제고를 위해 동일 보험상품 재가입 시 위와 같은 의무를 면제할 경우 소비자 피해 없이 보험시장이 활성화되는지 등

48 금융위원회, 19.11.20. 금융위원회, 혁신금융서비스 8건 지정 - 4월 1일 금융규제 샌드박스 시행 이후 총 68건 지정 -(2019.11.21.) 참고.

을 여행·레저 목적 단기 소액보험에 한정하여 테스트할 필요성이 인정되어 특례가 적용되었다.[49] 본 서비스와 관련하여서는 보험종목을 여행·레저 관련 상해보험 등으로 한정하고, 보험기간 및 보험료는 최대 30일 및 최대 10만 원(해외여행자보험은 90일 및 30만원)으로 한도를 두는 등 조건이 부가되었다.

15 5인 미만 사업장의 단체보험 가입을 통한 사회안전망 역할 확대[50]

(1) 서비스의 내용

근로자 2인 이상 5인 미만의 영세 사업장에 대해 만기 5년 이하의 근로자 사망, 상해, 질병 등을 보장하는 단체보험을 판매하는 서비스다. 단체보험은 단체 구성원의 전부 또는 일부를 피보험자로 하여 구성원의 생명 및 신체에 관한 사고를 보장하는 보험으로, 통상 단체의 대표자가 구성원의 복리후생 등을 목적으로 가입하는 상품이다.

(2) 적용 특례

보험업감독규정에 따르면, 5인 미만의 단체를 대상으로 하는 단체보험은 기초서류를 금융감독원에 사전에 신고하여야 하나(제7-49조 제2호), 타인의 사망을 보장하는 상품의 특성상 보험범죄 목적으로 악용되거나 보험금과 관련하여 근로자와 사업주 사이에 분쟁이 제기될 우려가 있어 현실적으로 이와 같은 절차를 거쳐 판매되는 5인 미만 단체보험은 출시되기 어려웠다.

그러나 5인 미만의 사업장의 경우에도 사업장이 보험상품 가입을 통해 근로자 보상금, 치료비 재원을 마련하는 등 근로자 사망 및 부상과 관련한 경영상의 리스크에 대

49 본 서비스는 2019.10.2. 보험업감독규정 개정으로 동일 보험 재가입 시 반복 설명의무가 면제된 이후에 혁신금융서비스로 지정되어, 1번 사례의 특례 적용 대상이었던 '반복 가입 시에도 보험계약의 주요사항을 설명한 후 서명 등으로 확인을 받도록 하는 규제(보험업법 제95조의2, 보험업감독규정 제4-35조의2)'에 대한 특례는 적용되지 않았다.

50 금융위원회, 20.2.19. 금융위원회, 혁신금융서비스 9건 지정 - 19.4.1. 금융규제 샌드박스 시행 이후 총 86건 지정 -(2020.2.19.) 참고.

비할 수 있게 되고, 근로자 또한 회사의 보상금, 치료비 지급 자력이 확보됨에 따라 복리후생이 개선될 수 있기에 특례 적용의 필요성도 인정되어, 신청인(생명보험회사)에 대하여 5인 미만의 회사 및 사업장을 대상으로 기초서류 사전 신고 없이 단체보험 상품을 개발할 수 있도록 허용하였다. 본 서비스와 관련하여서는 보험계약 체결 시 근로자의 자필서명을 통한 동의를 수령할 것, 근로자에게 보험약관 및 보험계약자에게 제공되는 보험계약의 주요내용에 관한 안내자료 사본을 동일하게 교부할 것, 사업주의 손해와 무관한 업무 외 사망보험금의 수익자를 근로자 유족으로 지정하고, 그 외 사망보험금은 사업주에게 지급되는 경우 보험금 청구 서류로 근로자 유족 확인서를 징구할 것 등의 조건이 부가되었다.

16 건강점수 및 등급 산정을 통한 보험혜택 제공 플랫폼[51]

(1) 서비스의 내용

보험계약자가 기존 계약의 보험료를 할인받기 위해 건강등급 평가를 요청하는 경우 건강등급[52]을 산정하고 일정기준 충족 시 기존 계약의 보험료를 할인해 주는 서비스이다.

(2) 적용 특례

보험업법 제98조에 따르면, 보험회사가 보험계약자에게 기초서류[53]에 정한 사유에 근거하지 않고 보험료의 할인을 제공하는 것을 금지하고 있는데, 보험회사가 이미 체결된 보유계약에 대해서도 보험료를 할인해 줄 수 있도록 특례를 부여하였다.

이를 통해 소비자의 건강등급 개선 노력에 따라 보험회사 손해율이 개선되고, 손해율 개선에 따른 효과는 다시 소비자에게 보험료 할인이라는 혜택으로 제공되어 선순환 구조가 기대된다고 보았다.

51 금융위원회, 20.12.22. 금융위원회, 혁신금융서비스 15건 지정(2020.12.22.) 참고.

52 보험계약자의 건강검진기록 및 병원이용기록 등을 이용하여 건강등급(1~9등급)을 산출하여, 1등급에 가까울수록 건강상태가 양호함을 의미.

53 사업방법서, 약관, 보험료 및 책임준비금 산출방법서 등 3종.

17 블록체인 기반 부동산 수익증권 거래 플랫폼[54]

(1) 서비스의 내용

부동산관리처분신탁 수익증권을 전자등록 방식으로 발행한 후 블록체인의 분산원장 기술을 이용하여 거래하는 서비스이다. 신탁회사는 신탁수익증권(전자증권)을 발행하고, 투자자의 수익증권의 이전은 신청인이 개설한 플랫폼과 연동된 계좌관리기관의 계좌부에 등재되는 경우 효력을 인정한다.

(2) 적용 특례

자본시장법 제11조, 제10조, 제110조, 제119조, 제373조에 따르면, 자본시장법상 신탁업자는 금전신탁수익증권 발행만 가능하며, 신탁업자가 아닌 자의 신탁계약 체결의 권유, 투자중개업자가 아닌 자의 수익증권의 공모주선·매출중개, 거래소가 아닌 자의 시장개설은 허용되지 않으며, 증권의 매출 시 발행인은 매출에 따른 신고서를 제출할 의무가 있다. 또한 개인정보보호법 제21조에 따르면, 사업자는 개인정보보호법상 투자자의 개인정보에 대해 파기해야 할 의무가 존재한다.

이와 관련하여 해당 서비스 영위를 위해 일정 범위 내에서 신탁업자에게 부동산신탁수익증권을 발행할 수 있도록 하고, 사업자에게 신탁계약 체결의 권유, 플랫폼을 통한 공모주선, 매출중개, 시장개설 행위에 대해 각각 투자중개업 인가·시장개설 허가를 간주하고, 충분한 공시체계를 갖출 경우 매출 시 증권신고서 제출을 생략하며, 블록체인상 개인정보는 참조값의 형태로 저장하는 등 관련 특례를 부여하였다. 부동산 수익증권 거래플랫폼을 통해 일반투자자에게 중·소형 상업용 부동산에 대한 간접투자 기회를 확대할 것으로 보았다.

54 금융위원회, 21.4.14. 금융위원회, 혁신금융서비스 3건 지정(2021.4.14.) 참고.

18 모바일 후불형 교통카드[55]

(1) 서비스의 내용

버스·지하철 등 탑승 시 사용할 수 있는 후불형 교통카드로, 선불충전금(선불전자지급수단)이 부족한 경우 대안신용평가 후 최대 월 15만 원 한도 내에서 후불결제를 제공하는 서비스이다. 금융정보와 비금융정보를 결합한 대안평가시스템(Alternative Credit Scoring System: ACSS)을 활용하여 소비자의 후불결제 한도를 산정한다.

(2) 적용 특례

전자금융거래법 제28조 제2항, 및 같은 법 시행령 제31조, 여신전문금융업법 제2조 제2호 및 제3조 제1항에 따르면, 선불전자지급수단 발행 및 관리업자(이하 '선불업자')는 대가를 추후에 지급받는 후불결제 업무를 할 수 없고, 후불결제 업무 수행을 위해 주민등록번호를 처리할 수 있는지 여부가 불명확하고, 신용카드를 발행하지 않고 선불전자지급수단을 기반으로 하는 후불결제 서비스가 신용카드업에 해당하는지 여부가 불명확하였다.

이에 선불업자가 개인별 최대 월 15만 원 한도 내에서 후불결제 서비스를 제공하고, 서비스 제공 과정에서 주민등록번호를 처리할 수 있으며, 여신전문금융업법상 신용카드업 허가를 받지 않고 후불결제 업무를 영위할 수 있도록 특례를 부여하였다. 이로써 금융이력부족자도 후불결제를 이용할 수 있고, 모바일 형태의 후불교통카드로 사용자 편의성을 높이고자 하였다.

55 금융위원회, 21.5.26. 금융위원회, 혁신금융서비스 3건 지정(2021.5.26.) 참고.

19 해외주식 소수점 거래 서비스[56]

(1) 서비스의 내용

투자자가 증권사의 거래시스템(HTS, MTS 등)을 통해 해외주식을 소수단위로 매매할 수 있는 서비스이다. 향후 증권사별 전산개발 상황 등에 따라 최대 소수점 아래 여섯째 자리까지 서비스를 제공할 것으로 예상된다.

(2) 적용 특례

자본시장법 제309조 제3항 및 같은 법 시행령 제184조 제2항에 따르면, 주식 예탁시 금융투자회사 소유분과 투자자 소유분을 구분하여 예탁해야 하고, 해외시장거래 중개시 자기계산 계좌와 고객계산 계좌를 구분하여 개설해야 한다. 그런데 소수단위 해외주식 매매중개시 자본시장법상 구분예탁의무, 계좌 구분계설의무 등이 적용되지 않고 중개할 수 있도록 특례를 부여하였다.

매매과정에서 증권사 자기재산을 활용하고 그 손익이 증권사에 귀속되는 본 건 거래구조상 투자매매업에 해당할 소지가 있으므로, 투자매매업 인가를 받지 않은 일부 증권사에 대하여는 무인가 영업에 해당하지 않도록 자본시장법 제11조에 대해 추가적인 특례도 인정했다. 이를 통해 고가 해외주식에 대한 개인투자자들의 접근성이 확대되고, 소액으로 분산투자가 가능하여 포트폴리오 관리의 효율성도 높일 수 있을 것으로 기대되었다.

20 항공기 엔진 신탁수익증권 거래·유통 서비스[57]

(1) 서비스의 내용

A사가 항공기 엔진 실물을 신탁회사에 신탁하여 신탁수익증권을 전자등록 방식으로 발행한 후 이를 플랫폼을 통해 투자자에게 유통하는 서비스이다. A사는 특수목적회사(SPC)를 설립하여 항공기 엔진을 매입한 후 엔진 실물을 신탁회사(B증권)에 신탁하고,

56 금융위원회, 21.11.12. 금융위원회, 혁신금융서비스 31건 지정 및 2건 지정기간 연장(2021.11.12.) 참고.

57 금융위원회, 24.4.30. 금융위원회, 신규 혁신금융서비스 지정 2건 의결(2024.4.30.) 참고.

신탁회사는 위탁자인 특수목적회사(SPC)와 엔진 신탁계약을 체결하여 전자등록 방식으로 신탁수익증권을 발행한다. 투자자는 신탁수익증권의 소유자(수익자)로서 투자금에 비례하여 엔진 대여 사업운영에 따른 수익권(수익증권)을 취득함으로써 유통플랫폼(신한투자증권)에서 거래할 수 있다. 투자자들은 신탁수익증권에 1대1로 대응되는 토큰을 유통플랫폼에서 거래하고, 거래내역은 계좌관리기관의 고객계좌에서 전자증권 형태로 관리한다.

(2) 적용 특례

자본시장법 제110조 제1항, 제119조 제1항, 제123조 제1항, 제11조, 제373조에 따르면, 신탁수익증권의 발행과 관련하여, 신탁회사가 금전이 아닌 항공기 엔진 실물에 대한 신탁수익증권을 발행할 수 있도록 하고, 유통플랫폼에서 매매가 이루어지는 경우 신탁 수익증권의 매출에 대한 매출신고서 제출을 면제하였으며, 투자설명서 및 증권신고서 등을 유통플랫폼 등에 공시하는 경우 투자설명서 제출·비치 의무가 적용되지 않도록 특례를 부여하였다. 또한, 수익증권의 유통과 관련하여, 인가 없이 투자중개업자의 지위를 얻도록 하고, 플랫폼 개설을 통해 다수를 상대로 토큰을 유통할 수 있도록 시장개설 허가에 대한 특례를 부여하였다.

항공기 펀드(특별자산펀드)는 대부분 기관투자자를 대상으로 하는 사모펀드의 형태로 설정·판매 중이라는 점을 감안할 때, 일반투자자가 소액으로 항공기 금융에 투자할 수 있는 수단을 제공하여 항공 산업에 대한 개인의 투자기회가 확대될 것으로 기대되었다.

A사는 항공기 엔진의 리스계약 체결 여부가 수익증권의 가치변동에 큰 영향을 미칠 수 있는 바, 이미 리스계약이 체결되어 있는 엔진만을 신탁재산으로 하여야 하며, 수익증권발행신탁 대상 재산에 대한 가치평가방법(model)의 적정성에 대해 복수의 외부기관에서 발행 건별로 검증·확인을 받아야 하고, 투자자의 투자금은 A사의 자산과 분리하여 금융기관에 예치 또는 신탁하여야 하고, 지정기간 동안 부채비율(부채/자기자본)을 200% 이내[58]로 관리하여 자본건전성을 유지하여야 하며, 동시에 보유할 수 있는 엔진의 한도를 2건으로 한정하고, 신탁수익증권의 투자자 모집한도를 총 2천억 원으로 제한하여야 한다는 조건이 부가되었다.

58 「전자금융감독규정」상 재무건전성 요건 및 「금융투자업규정」상 일반법인 대주주 요건을 준용하였다.

21 중앙은행 디지털 화폐(CBDC) 시스템 내 예금 토큰 기반 지급이체 서비스[59]

(1) 서비스의 내용

지정 은행(7개사)은 한국은행이 '23.10월 발표한「CBDC[60] 활용성 테스트 계획[61](금융위 · 금감원 공동 발표)」에 따라 구축 예정인 CBDC 시스템 내에서 이용자에게 실명으로 전자지갑을 개설해 주고 은행 예금 기반의 토큰화[62]된 지급수단(이하 '예금 토큰')을 발행하여, 이용자가 예금 토큰을 이용해 사용처에서 물품 · 서비스를 구매할 수 있도록 지급 · 결제 기능을 제공하는 서비스이다. 본 테스트 참여를 신청한 금융소비자 중 10만 명(잠정)을 이용자로 선별하여 전자지갑 개설 및 예금 토큰을 사용한 지급 · 결제 등이 가능하도록 이용 자격을 부여할 예정이며, 이용자가 예금 토큰을 사용하여 물품 · 서비스를 구매할 수 있는 사업장 등이 사용처가 된다. 예금 토큰 이용과정을 살펴보면 다음과 같다.

첫째, 이용자는 기존 은행 모바일 앱 등을 통해(온라인), 사용처의 사업주는 은행 창구 대면 방문을 통해(오프라인) 본인확인 절차를 거쳐 본인이 예금 토큰을 이용[63]하고자 하는 은행에서 전자지갑[64]을 개설한다.

둘째, 이용자는 이용을 희망하는 액수에 해당하는 예금 토큰의 발행을 은행에 신청

59 금융위원회, 24.10.30. 금융위원회, 중앙은행 디지털 화폐(CBDC) 시스템 내 예금 토큰 기반 지급 · 이체 서비스 등 혁신금융서비스 9건 지정(2024.10.30.) 참고.

60 Central Bank Digital Currency, 중앙은행이 발행하는 디지털 형태의 새로운 화폐.

61 「CBDC 활용성 테스트 계획(23.10.5., 한은 · 금융위 · 금감원)」 중 주요 관련 내용
(목적) 한국은행이 발행하는 기관용 CBDC(지급준비금과 유사하게 금융기관에 발행, 금융기관 간 자금거래, 최종 결제 등에 활용하는 CBDC)를 기반으로 디지털통화의 다양한 활용사례를 점검
(내용) 기관용 CBDC를 기반으로 은행이 발행하는 예금 토큰의 경우 일반 국민들이 직접 이용하여 디지털통화의 효용을 체감할 수 있는 실거래 테스트를 실시
(추진) 본 테스트에 한해 예금 토큰 발행 · 유통을 은행이 수행할 수 있는 업무로 허용 검토.

62 기존 자산을 분산원장기술 기반 플랫폼에서 유통될 수 있는 디지털 토큰(경제적 가치를 가지며 이전될 수 있는 증표)으로 변환하는 과정.

63 이용자는 물품 · 서비스 구매 시 지급 · 결제. 사업주는 물품 · 서비스 구매대금 수령(추후 예금으로 전환).

64 예금 토큰과 같이 토큰화된 지급수단 등을 보관 · 관리 · 사용할 수 있는 전자적 공간.

하고, 은행은 해당 액수만큼의 현금 또는 이용자의 기존 예금을 예금 토큰으로 전환(토큰화)하여 이용자의 전자지갑에 발행한다.

셋째, 이용자가 사용처에서 물품·서비스를 구입할 경우 전자지갑을 사용하여 물품·서비스 구매대금을 지급[65]하면, 이용자의 전자지갑에서 사용처의 사업주 전자지갑으로 구매대금에 해당하는 액수의 예금 토큰이 이전된다. 이용자와 사용처의 전자지갑을 개설·관리하는 은행이 다를 경우, 해당 은행 간 기관용 CBDC(한국은행 발행)의 이전이 동시에 발생하여 최종 결제가 완료된다. 본 테스트에 참여한 이용자·사용처 간 물품·서비스 거래 외의 예금 토큰 이전(예:기존의 송금·이체와 유사한 이용자 간 임의적인 예금 토큰 이전)은 허용되지 않을 예정이다.

끝으로, 은행이 분산원장기술에 담겨진 스마트계약기능을 통해 예금 토큰 이용자으로 디지털 바우처[66] 기능을 부여하면, 이용자가 바우처 지급 목적에 부합하는 물품 등을 구매하는 즉시 바우처 발급기관은 스마트계약에 따라 보조 금액에 해당하는 액수의 예금 토큰을 이용자에게 환급한다. 예금 토큰은 한국은행이 구축·운영하는 CBDC 시스템 내에서만 발행·유통되며, 디지털 바우처 기능 또한 동 시스템 내에서만 활용 가능하다.

(2) 적용 특례

은행법 제27조, 제27조의2 및 제28조, 예금자보호법 제31조제1항 및 제2항, 전자금융거래법 제6조제1항 및 제18조제2항, 전자금융거래법 시행령 제11조제2항, 정보처리위탁규정 제4조, 전자금융감독규정 제18조제5호와 관련하여, 예금인지 여부 등이 불명확한 예금 토큰 발행을 은행이 업무로 수행할 수 있도록 하고, 예금 토큰 이용자에 대한 예금자 보호가 적용될 수 있도록 하며, 전자금융거래시 거래지시 내용 확인(스마트계약기능을 통한 바우처 기능 관련) 의무 적용을 제외하도록 하고, 예금 토큰의 양도·발행 시 은행 전산시스템 대신 CBDC시스템을 이용할 수 있도록 하며, 은행이 예금 토큰의 원장(장부)을 CBDC 시스템에서 관리할 수 있도록 하고, CBDC 시스템 특성에 따라 은행의 내부통신망을 다른 기관의 내부통신망과 분리하지 않을 수 있도록 하기 위해 관련 규제에

---

65 이용 중인 은행의 모바일 앱 내에서 생성되는 예금 토큰 결제 전용 QR코드를 활용.

66 정부·지자체 등이 정책적 목적에 따라 소비자의 특정 물품·서비스 구매 금액 일부를 보조.

대한 특례를 부여하였다.

관련하여, 현재 예금 토큰의 법적 성격(예: 예금인지 여부 등)이 아직 명확하지 않으며, 분산원장기술 기반의 지급거래 효력 발생의 시기·기준 등에 관한 법적 규율 등 또한 명확하지 않은 상황인 점을 고려하여, 이용자의 권리 보호, 거래상대방 보호 및 지급결제 안정성 등을 위해 권리의무 발생·변동 등과 관련한 명확한 기준 마련 등 다음과 같은 조건을 부가하였다.

지정 은행은 예금 토큰 발행량에 대해서도 은행법령상 예금 관련 건전성 규제(예대율, LCR)를 준수해야 하고, 예금자 보호 적용을 위한 조건을 명확히 하며 이용자의 예금 토큰 이용에 지장이 없도록 하기 위한 비상대책을 마련해야 하며, 테스트 기간 종료 후의 기록 보존·파기 방안을 마련해야 하는 한편, 이용자의 거래지시 철회에 관한 권리 보호를 위해, 물품·서비스의 환불 등에 요구되는 사용처와 이용자 간 반대거래 프로세스를 구체적으로 마련하고 사용처가 이용자의 요구에 응해야 할 의무 등을 약관 등에 명시해야 하고, 전자지갑 개설 시점에 이용자로부터 거래정보 제공 관련 별도 동의를 징구해야 하며, 관련 법령의 원칙 및 규정에 반하지 않도록 개인(신용)정보·금융거래정보 보호방안을 마련해야 하고, 서비스 개시 전 시스템 등 서비스 운영능력을 점검받아야 하며, 소비자 보호 및 개인정보·정보보안과 관련한 관계 법령·기준을 준수해야 한다.

참/고/문/헌

〈국내문헌〉

대한민국정부, 규제샌드박스 시행 2년 주요 사례, 2021

〈보도자료 등〉

금융위원회, "우리의 금융 생활은 꾸준히, 의미있게 변화하고 있습니다 -금융규제 샌드박스 시행 2주년 주요 성과", 2021.4.8.

금융위원회, "금융규제 샌드박스로 금융의 새로운 길을 열다 - 금융위, 혁신금융서비스 9건 첫 지정", 2019.4.17.

금융위원회, "19.5.2일 금융위원회, 혁신금융서비스 9건 지정 - 금융규제 샌드박스 제도의 연착륙을 지속 지원하여 완성도 제고", 2019.5.2.

금융위원회, "19.5.15일 금융위원회, 혁신금융서비스 8건 지정 - 4.1일 금융혁신지원 특별법 시행 이후 3차례에 걸쳐 총 26건의 혁신금융서비스 지정, 2019.5.15.

금융위원회, "19.6.12일 금융위원회, 혁신금융서비스 6건 지정" - 4.1일 금융혁신지원특별법 시행 이후 총 32건의 혁신금융서비스 지정, 2019.6.12.

금융위원회, "19.6.26일 금융위원회, 혁신금융서비스 5건 지정" - 4.1일 금융혁신지원특별법 시행 후 상반기 중 총 37건 지정, 2019.6.26.

금융위원회, "19.10.2. 금융위원회, 혁신금융서비스 11건 지정" - 4월 1일 금융규제 샌드박스 시행 이후 총 53건 지정, 2019.10.4.

금융위원회, "19.11.20. 금융위원회, 혁신금융서비스 8건 지정" - 4월 1일 금융규제 샌드박스 시행 이후 총 68건 지정, 2019.11.21.

금융위원회, "20.2.19. 금융위원회, 혁신금융서비스 9건 지정" - 19.4.1. 금융규제 샌드박스 시행 이후 총 86건 지정, 2020.2.19.

금융위원회, “20.12.22. 금융위원회, 혁신금융서비스 15건 지정”, 2020.12.22.
금융위원회, “21.4.14. 금융위원회, 혁신금융서비스 3건 지정”, 2021.4.14.
금융위원회, “21.5.26. 금융위원회, 혁신금융서비스 3건 지정”, 2021.5.26.
금융위원회, “21.11.12. 금융위원회, 혁신금융서비스 31건 지정 및 2건 지정기간 연장”, 2021.11.12.
금융위원회, “24.4.30. 금융위원회, 신규 혁신금융서비스 지정 2건 의결”, 2024.4.30.
금융위원회, “24.10.30. 금융위원회, 중앙은행 디지털 화폐(CBDC) 시스템 내 예금 토큰 기반지급·이체 서비스 등 혁신금융서비스 9건 지정”, 2024.10.30.

CHAPTER 06

그 밖의 디지털금융 관련 법률

그 밖의 디지털금융 관련 법률

정재원
(법무법인(유) 세종 변호사)

I 서론

본 장에서는 앞서 검토한 법률 이외에도 디지털금융 환경에서 중요한 의미를 가지는 개별 법률들을, 그 제정 취지, 주요 내용 및 법적 쟁점을 중심으로 간략히 고찰하고자 한다. 가상자산 사업자를 포함한 금융회사 등에 대하여 자금세탁방지 의무를 부과하고, 특정금융거래정보의 수집·분석 및 제공 절차를 규율하는 「특정 금융거래정보의 보고 및 이용 등에 관한 법률」, 전기통신을 이용한 금융사기를 예방하고 피해를 구제하기 위한 「전기통신금융사기 피해 방지 및 피해금 환급에 관한 특별법」, 인터넷전문은행에 대한 특례를 규정한 「인터넷전문은행 설립 및 운영에 관한 특례법」, P2P 금융의 제도화를 위한 「온라인투자연계금융업 및 이용자 보호에 관한 법률」에 대하여 살펴보기로 한다.

Ⅱ 특정 금융거래정보의 보고 및 이용 등에 관한 법률

1 입법 배경

「특정 금융거래정보의 보고 및 이용 등에 관한 법률」("특정금융정보법")은 1990년대 외환자유화조치에 따라 증가할 것으로 예상되는 불법자금의 유출입에 효율적으로 대비하고, 금융거래를 이용한 자금세탁행위를 규제하기 위하여 2001년 제정되었다.[1] 동법은 자금세탁행위 및 공중협박자금조달행위를 규제 대상으로 하며, 이를 위해 금융정보분석원(Financial Intelligence Unit, FIU)을 설치하고 금융기관 등에 대해 의심거래 보고, 고액현금거래 보고, 고객확인 등의 의무를 부과하였다. 아울러 보고된 금융정보를 수사 및 감독 목적에 한하여 관계기관에 제공될 수 있도록 하는 등 자금세탁 방지 체계의 제도적 근거를 마련하였다.

나아가 2010년대에 들어 가상자산거래가 활성화됨에 따라, 가상자산거래의 익명성을 활용한 자금세탁 및 공중협박자금조달의 위험성이 제기되었고, 이를 예방하기 위한 법적·제도적 장치의 부재에 대한 문제의식도 커졌다. 아울러 G20 및 자금세탁방지기구(Financial Action Task Force on Money Laundering and Combating the Financing of Terrorism, FATF) 등 국제기구에서 자금세탁방지 및 공중협박자금조달금지를 위한 국제기준을 제정하고, 회원국들에게 이를 이행할 것을 요구하였다. 이에 법률 제17113호 2020. 3. 24. 일부개정(2021. 3. 25. 시행)으로 가상자산을 규제 대상으로 포함시켰고, 가상자산의 정의 규정,[2] 가상자산사업자 및 금융회사 등의 의무 규정 등이 신설되었다.[3]

1 자금세탁방지(anti-money laundering, AML)는 자금세탁행위에 대한 규제체계를 말하며, 자금세탁행위는 "범죄행위로부터 얻은 불법자산을 합법적인 자산인 것처럼 위장하는 과정"을 의미한다. 정순섭, 「금융법」, 2023, 285면.

2 이후 「가상자산 이용자 보호 등에 관한 법률」의 제정으로 가상자산 관련 정의 조항은 해당 법률로 이관되었고, 특정금융정보법은 이를 인용하는 방식으로 개편되었다.

3 이는 국제 자금세탁방지기구가 가상자산 서비스 제공자(Virtual Asset Service Provider, VASP)에게 자금세탁 방지 및 테러자금조달 금지의무를 부과하는 내용의 권고(FATF Recommendation)(2018. 10) 및 주석서(Interpretive Note) (2019. 6)를 반영한 것이다. 정순섭, "최근 20년간 금융규제의 변화", BFL 제101호, 2020.5, 51면.

특정금융정보법은 자금세탁의 실체적 범죄행위를 직접 처벌하는 「범죄수익은닉의 규제 및 처벌 등에 관한 법률」, 「마약류 불법거래 방지에 관한 특례법」, 「공중 등 협박목적 및 대량살상무기확산을 위한 자금조달행위의 금지에 관한 법률」 등과 달리, 정보의 보고 · 분석 · 이용에 관한 절차와 기관 설계를 통해 자금세탁행위 등을 예방하고 탐지하는 데 중점을 두는 절차 중심의 법률이다.

2 규제 대상 및 적용 범위

특정금융정보법의 규제 대상 행위로서 "자금세탁행위"는 「범죄수익은닉의 규제 및 처벌 등에 관한 법률」 제3조에 따른 범죄수익등의 은닉 및 가장행위, 「마약류 불법거래 방지에 관한 특례법」 제7조에 따른 불법수익등의 은닉 및 가장행위, 그밖에 조세포탈 목적의 재산 은닉 및 가장행위를 의미한다. 아울러 "공중협박자금조달행위"는 「공중 등 협박목적 및 대량살상무기확산을 위한 자금조달행위의 금지에 관한 법률」 제6조제1항의 죄에 해당하는 행위, 즉 테러자금조달행위를 의미한다.

특정금융정보법은 "금융회사등"의 "금융거래등"을 그 규율 대상으로 하는데, 이를 정하는 기준은 현금과 예금 등 금융거래 사이의 자금이동을 통하여 불법자금을 합법자금으로 보이게 할 가능성이다.[4] 동법에서 정의하는 "금융회사등"은 은행, 보험회사, 증권회사, 자본시장법상 투자업자, 상호저축은행, 신용협동조합과 신용협동조합중앙회, 새마을금고, 체신관서 등 예금수취기관과 고객자금 수취기관뿐 아니라, 카지노사업자, 가상자산사업자, 전자금융업자를 포함한다(법 제2조 제1호). "금융거래등"은 금융자산의 수입 · 매매 · 환매 · 중개 · 할인 · 발행 · 상환 · 환급 · 수탁 · 등록 · 교환, 그 이자 · 할인액 또는 배당 지급 및 그 대행 등 일체의 금융행위를 포함하며, 파생상품거래, 카지노 칩 교환, 가상자산거래 등도 포함된다(법 제2조 제2호).

4 정순섭, 「금융법」, 2024, 286-287면.

3 금융정보분석원의 역할

가. 법적 지위와 주요 기능

금융정보분석원(Financial Intelligence Unit, FIU)은 금융위원회 소속의 독립적 조직으로서, 자금세탁행위 및 공중협박자금조달행위와 관련된 정보를 수집·분석·제공하는 기능을 수행한다(법 제3조 제1항). 주요 업무로는 의심거래보고 및 고액현금거래보고의 정리·분석 및 제공, 금융회사등의 의무에 대한 감독·검사, 가상자산사업자의 신고에 관한 업무, 외국 금융기관·검사기관과의 협조 및 정보 교환, 외국 금융감독기관과의 협력 및 정보제공 등이 포함된다.

금융정보분석원은 그 업무의 특성상 업무의 독립성과 정치적 중립성이 강조되며,[5] 이러한 특성을 반영하여 특정금융정보법은 금융정보분석원의 정원·조직 및 운영 등에 필요한 사항은 업무의 독립성, 정치적 중립성 등을 고려하여 시행령으로 정하도록 규정하였다(법 제3조 제3항). 아울러 동법 제4조에 따라 금융회사등으로부터 금융정보분석원이 보고 받은 건수, 금융정보분석원이 특정금융거래정보의 제공을 요구 받은 건수 및 제공한 건수, 특정금융거래정보의 제공사실의 통보 및 통보유예 현황에 관한 통계자료 등을 매년 정기국회에 보고하여야 한다(법 제3조 제4항).

나. 특정금융거래정보의 제공 절차와 명의인 보호

금융정보분석원장은 불법재산·자금세탁행위 또는 공중협박자금조달행위와 관련된 형사사건의 수사, 조세탈루혐의를 위한 조사, 조세체납자에 대한 징수업무, 정치자금법 위반 사건의 조사 등에 필요하다고 인정되는 경우, 검찰총장, 경찰청장, 국세청장, 금융위원회 등 관계기관에 특정금융거래정보를 제공할 수 있다(법 제10조 제1항, 제2항). 이들 관계기관은 필요할 경우 금융정보분석원장에게 특정금융거래정보의 제공을 요청할 수 있는데, 이때 대상자의 인적사항, 사용 목적, 정보 내용 및 그 필요성과 사용 목적과의 관련성을 명시해야 한다(법 제10조 제4항, 제5항).

금융정보분석원 소속 공무원은 요건을 갖추지 않은 요청에 대해서는 이를 거부하

5 온주편집위원회(집필대표: 진형구), 특정금융거래정보의보고및이용등에관한법률 제3조.

여야 하며, 제공 과정과 관련한 주요 사항은 5년간 기록·보존해야 한다(법 제10조 제6항, 제7항). 또한 금융정보분석원 내에는 정보제공의 타당성을 심의하기 위해 정보분석심의회가 설치되며, 특정금융거래정보 제공은 사전 심의를 거쳐야 한다(법 제10조 제8항).

한편, 금융정보분석원장이 금융회사등이 보고한 정보를 관계기관에 제공한 경우에는, 그 사실을 해당 거래정보의 명의인에게 통보하여야 한다(법 제10조의2 제1항). 다만 통보로 인해 생명·신체의 위험이 있거나 사법·행정절차의 방해 우려가 있는 경우, 관계기관의 서면 요청에 따라 통보를 최대 6개월간 유예할 수 있고, 같은 사유가 지속되는 경우 3개월 단위로 2회까지 추가 유예가 가능하다(법 제10조의2 제2항, 제3항).

다. 국제 공조 및 정보 교환

금융정보분석원은 외국금융정보분석기구와 상호주의 원칙에 따라 특정금융거래정보를 교환할 수 있다(법 제11조 제1항). 단, 금융정보분석원장이 외국금융정보분석기구에 특정금융거래정보를 제공하려면, 해당 정보가 제공된 목적 외 다른 용도로 사용되지 아니하여야 하며, 그 제공 사실의 비밀이 유지되고, 금융정보분석원장의 사전 동의 없이 외국의 형사사건의 수사나 재판에 사용되지 아니하여야 한다(법 제11조 제2항). 마찬가지로 금융정보분석원장은 외국으로부터 요청을 받은 경우 법무부장관의 동의를 받아 외국금융정보분석기구에 제공한 특정금융거래정보를 그 요청과 관련된 형사사건의 수사나 재판에 사용하는 것에 동의할 수 있다(법 제11조 제3항).

라. 감독·검사 및 제재 등 권한

그 밖에도 금융정보분석원은 감독기관으로서 금융회사등이 자금세탁방지의무를 적정하게 이행하고 있는지를 감독·검사하고, 위반 시 금융회사등에 대하여 시정명령, 기관경고, 기관주의 등 조치를 할 수 있으며, 위반행위와 관련된 임직원에 대해서는 해임권고, 직무정지, 문책경고 등의 조치를 요구할 수 있다(법 제15조 제2항·제3항). 또한 필요시 관계 행정기관에 해당 금융회사등의 영업정지를 요청할 수 있으며, 검사 권한은 금융감독원장 등에 위탁할 수 있다(법 제15조 제4항 내지 제6항). 나아가 금융정보분석원이 보유한 정보는 금융실명법, 신용정보법 등 다른 법률에 우선하여 활용될 수 있도록 하는 법적 근거가 마련되어 있다(법 제14조).

4 금융회사등의 의무

특정금융정보법은 제2장에서 금융회사등에 대해 자금세탁행위 및 공중협박자금조달행위 예방을 위한 다양한 의무를 부과하고 있다. 주요 의무사항은 다음과 같다.

가. 의심거래보고(Suspicious Transaction Report, STR)

먼저, 금융회사등은 불법재산, 자금세탁행위 또는 공중협박자금조달행위와 관련된 것으로 의심되는 거래 등을 인지한 경우, 합당한 근거를 명시하여 금융정보분석원에 지체 없이 보고하여야 한다(법 제4조 제1항, 제3항). 이러한 보고는 원칙적으로 거래 당사자에게 비밀로 유지되어야 하며, 위반 시 형사처벌이 부과될 수 있다(법 제4조 제6항, 제17조 제3항 제2호). 의심거래보고를 한 금융회사등(금융회사등의 종사자 포함)은 고의 또는 중대한 과실로 인하여 거짓 보고를 한 경우 외에는 그 보고와 관련된 금융거래등의 상대방 및 그의 관계자에 대하여 손해배상책임을 지지 아니한다(법 제4조 제7항).[6]

나. 고액현금거래보고(Cash Transaction Report, CTR)

금융회사등은 1천만 원 이상의 고액현금거래를 수행한 경우에는 원칙적으로 30일 이내에 금융정보분석원에 보고하여야 하며, 이를 회피할 목적으로 이루어지는 것으로 의심되는 분할거래에 대해서도 보고하여야 한다(법 제4조의2 제1항, 제2항). 이와 관련하여 금융정보분석원은 전국은행연합회, 금융투자협회 등을 중계기관으로 지정·운영할 수 있다(법 제4조의2 제3항). 의심거래보고가 금융회사의 주관적 판단에 의존한다면, 고액현금거래보고는 객관적 기준에 따른 의무이다.

6 반대해석 시, 고의 또는 중과실에 의한 허위 보고에 대해서는 손해배상책임이 면제되지 않는다. 이에 대해서는 금융기관이 고객으로부터 손해배상청구 소송을 당할 경우, 보고의 정당성을 입증하기 위해 관련 자료를 제출해야 하나 이는 동시에 비밀유지의무(법 제4조 제6항) 위반이 될 수 있어 방어권을 행사하기 어려운 '딜레마'에 빠진다고 지적하며, 자금세탁방지의 효율성을 높이고 소송 남용을 방지하기 위해, 미국과 같이 면책 배제 요건을 삭제하고 '절대적 면책'을 부여하는 방향으로의 개정이 필요하다는 견해가 제기된다. 이명신, 「자금세탁방지의 법적 구조」, 2023.

다. 고객확인의무(Customer Due Diligence, CDD)

금융회사등은 고객 확인의무(KYC)를 이행하여야 하며, 계좌 개설이나 고액거래 시 고객의 신원 및 실제 소유자 정보를 확인하고, 자금 원천 및 거래 목적 등도 합리적인 범위 내에서 확인하여야 한다(법 제5조의2 제1항). 만약 고객이 정보를 거부하거나, 자금세탁행위나 공중협박자금조달행위 위험성이 높다고 판단되는 경우에는 신규 거래를 거절하거나 기존 거래를 종료하여야 하며, 이 경우 의심되는 거래의 보고 여부를 추가로 검토해야 한다(법 제5조의2 제4항, 제5항). 특히 고객 확인의무에 있어 금융회사등은 자금세탁 및 공중협박자금조달행위의 위험도를 식별·평가하고 이에 따라 관리수준을 차등화하도록 요구받고 있는데(법 제5조 제3항), 이는 위험기반접근(Risk-Based Approach, RBA)을 반영한 구조로서 FATF 권고의 이행을 위한 국내 제도적 수용에 해당한다.

라. 전신송금정보 확보 및 제공

금융회사등은 전신송금(계좌이체 등 전자적 자금 이체)을 할 때 송금인의 계좌보유 여부를 불문하고 일정 금액[7] 이상 송금에 대해 송금인·수취인 정보를 확보하고, 국내외 수취 금융기관에 제공할 의무가 있다(법 제5조의3).

마. 기록 보존 및 내부통제

아울러 금융회사등은 고객확인 및 보고 관련 자료 및 확인 내역을 금융거래 종료일로부터 5년간 보존해야 하고(법 제5조의4), 금융회사등은 자금세탁행위와 공중협박자금조달행위 예방의 1차적 책임을 이행할 수 있도록, 내부 보고 체제, 직무수행 절차 및 업무지침 등을 마련하고 이를 이행하여야 한다(제5조 제1항).

7 국내송금의 경우 원화 1백만 원, 해외송금의 경우 1천 미합중국달러가 기준이다(시행령 제10조의8).

5 가상자산사업자에 대한 특례규정[8]

가상자산사업자는 금융정보분석원장에 대한 신고의무를 부담하며(제7조 제1항),[9] 이때 가상자산사업자는 실명확인이 가능한 입출금 계정의 확보와 정보보호 관리체계 인증 획득 등의 요건을 충족해야 한다(법 제7조 제3항). 이를 이행하지 않은 경우 금융정보분석원장은 신고를 수리하지 않거나 직권으로 말소할 수 있다(법 제7조 제4항). 아울러 신고의 유효기간은 원칙적으로 3년이며, 계속 영업을 위한 갱신 절차도 규정되어 있다(법 제7조 제6항). 신고를 하지 아니하고 가상자산거래를 영업으로 한 자에게는 형사처벌이 부과될 수 있다(법 제17조 제1항).

가상자산사업자는 다른 금융회사등과 마찬가지로 의심거래보고, 고액현금거래보고 등 동일한 자금세탁방지의무를 부담하며, 이를 이행하기 위하여 고객별 거래내역을 분리·관리하도록 하는 등의 조치를 하여야 한다(법 제8조). 특히 가상자산 이전 시 정보제공과 관련하여, 특정금융정보법은 법 제6조 제3항 및 동법 시행령 제10조의10에 따라 가상자산사업자가 다른 가상자산사업자에게 100만 원 이상에 상당하는 가상자산을 이전하는 경우, 송금인과 수취인의 성명 및 가상자산 주소 등을 제공해야 한다. 이는 이른바 여행규칙(Travel Rule)로서 익명성이 높은 가상자산 거래의 자금 추적을 가능하게 하는 규제 장치이다.

한편, 금융회사등은 가상자산사업자와 금융거래를 할 때 가상자산사업자의 신고의무 이행 여부, 예치금 분리 보관 여부 등을 추가적으로 확인하여야 하고(법 제5조의2 제1항 제3호), 가상자산사업자가 신고의무를 미이행한 것이 확인되는 등의 경우에는 금융거래를 거절해야 한다(법 제5조의2 제4항 제2호).

---

8 구체적인 내용은 김지웅, "가상자산에 관한 개정 특정금융거래정보법에 대한 검토", BFL 제102호, 2020.7.

9 참고로 대법원은 가상자산사업자 해당 여부는 영리 목적, 거래의 계속·반복성 외에도 거래의 태양 등을 종합적으로 고려해야 한다고 판시하면서, 특히 자기의 계산으로 오로지 자기의 이익을 위하여 가상자산거래소를 통해서만 가상자산의 매매나 교환을 계속·반복하는 일반적인 이용자는 특별한 사정이 없는 한 가상자산사업자로 보기 어렵다고 판단하여 일반 투자자를 규제 대상에서 제외하였다. 반면, 불특정 다수인 고객이나 이용자의 편익을 위하여 가상자산거래를 하고 그 대가를 받는 행위를 계속·반복하는 자는 원칙적으로 가상자산사업자에 해당한다고 판시하였다(대법원 2024. 12. 12. 선고 2024도10710 판결).

특정금융정보법은 가상자산사업자의 금융거래등에 대해서는 국외에서 이루어진 행위로서 그 효과가 국내에 미치는 경우에도 동법이 적용된다고 하여 역외적용 대상임을 밝히고 있다(법 제6조 제2항).

6 디지털 금융환경 변화에 따른 주요 쟁점과 과제

특정금융정보법은 몇 차례 개정을 통해 가상자산을 규제 범위로 포섭함으로써 자금세탁방지 규제의 사각지대를 일정 부분 해소하였다. 그러나 스테이블 코인(Stablecoin)의 확산과 탈중앙화 거래의 등장 등 급변하는 디지털 금융 환경은 새로운 법적 과제를 제시하고 있다.

먼저, 스테이블 코인이 지급결제수단으로 활용되거나 국경 간 송금에 활용됨에도 불구하고, 이를 단순한 가상자산의 이전으로 보아 전자금융거래법이나 외국환거래법의 규율 범위에 포섭되지 않는 경우, 특정금융정보법이 가상자산사업자에게 신고 내지 보고 의무를 부과하더라도 실질적인 자금 이동을 제도적으로 포착 및 추적하는 데에는 한계가 있다.[10]

또한, 최근 외국 발행 스테이블 코인을 국내 제휴된 ATM 등을 통해 원화로 인출하거나 교환해 주는 서비스가 등장하면서 규제 관할권 문제도 현실화되고 있다. 외국 사업자가 국내 제휴사를 통해 서비스를 제공하는 경우, 국내 제휴사가 수행하는 기술적 지원 행위가 실질적인 매매·중개에 해당하는지, 나아가 해당 외국 사업자가 국내법상 신고 의무 대상에 포함되는지에 관하여 법적 논란이 제기될 수 있다.

아울러 사업자를 거치지 않는 개인 간(P2P) 전송이나 개인지갑(Cold Wallet)을 통한 직접 거래, 탈중앙화 금융(DeFi) 영역에서는 자금세탁 의심 거래를 탐지하고 추적하는 데 현실적인 어려움이 따른다. 이처럼 기술적으로 완벽한 통제가 어려운 영역이 확대됨에 따라, 중앙화된 중개기관을 통해 규제 의무를 부과하는 현행 법체계의 한계가 지적되고 있다. 결국 탈중앙화된 환경에서도 작동 가능한 새로운 자금세탁방지 규제 패러다임을 정립하고 실효성 있는 집행 수단을 확보해야 하는 것은 향후 입법 정책적으로 해결해야 할 과제로 남아 있다.

---

10 이 책의 PART II. 각론: 이론, CHAPTER 01. 디지털 금융자산, CBDC와 스테이블 코인, 329-330면(정순섭 집필 부분) 참조.

Ⅲ 전기통신금융사기 피해 방지 및 피해금 환급에 관한 특별법

1 입법 배경

2000년대 중반 이후, 전화나 메신저 등 전기통신수단을 이용한 금융사기, 이른바 '보이스피싱'이 급증하였으나, 기존의 민형사 제도만으로는 피해자의 신속한 구제에 한계가 있었다. 이에 따라 2011년 피해자가 소송 없이 일정한 절차를 통해 신속히 피해금을 환급받을 수 있도록 하는 목적에서 「전기통신금융사기 피해금 환급에 관한 특별법」이 제정되었다. 이후 보이스피싱 범죄의 수법이 지능화됨에 따라 이에 대응하고, 사전적 피해 방지를 위한 제도적 조치를 보완하기 위하여 여러 차례 개정을 거쳐 현재의 「전기통신금융사기 피해 방지 및 피해금 환급에 관한 특별법」(이하 "통신사기피해환급법")[11]에 이르게 되었다.

통신사기피해환급법은 전기통신금융사기를 방지하기 위하여 정부의 피해 방지 대책 및 금융회사의 피해 방지 책임 등을 정하고, 전기통신금융사기의 피해자에 대한 피해금 환급을 위하여 사기이용계좌의 채권소멸절차와 피해금환급절차 등을 정함으로써 전기통신금융사기를 예방하고 피해자의 재산상 피해를 신속하게 회복하는 것을 목적으로 한다(법 제1조).[12] 이하에서는 통신사기피해환급법의 규율 대상과 주요 내용에 대하여 살펴본다.

2 전기통신금융사기의 정의

통신사기피해환급법은 "전기통신금융사기"를 전기통신[13]을 이용하여 타인을 기망·공갈함으로써 자금 또는 재산상의 이익을 취하거나 제3자에게 자금 또는 재산상의

11 2014. 1. 28. 일부 개정, 2014.7.29 시행 법률 제12384호로 제명이 변경되었다.

12 참고로 대법원은 전기통신금융사기죄와 형법상 사기죄는 입법 목적을 달리하는 별개의 범죄이므로, 1개의 행위가 두 죄의 요건을 충족하면 두 죄 모두 성립하는 상상적 경합 관계에 있다고 판시한 바 있다(대법원 2025. 7. 3. 선고 2025도4969 판결).

13 "전기통신"이란 유선·무선·광선 및 그 밖의 전자적 방식에 의하여 부호·문언·음향 또는 영상을 송신하거나 수신하는 것을 의미하는데, 사실상 모든 방식의 통신을 포괄하고 있다(법 제2조 제1호).

이익을 취하게 하는 행위로서, (i) 자금을 송금·이체하도록 하는 행위, (ii) 개인정보를 알아내어 자금을 송금·이체하는 행위, (iii) 자금을 교부받거나 교부하도록 하는 행위, (iv) 자금을 출금하거나 출금하도록 하는 행위로 규정하고 있다. 다만, 재화의 공급 또는 용역의 제공 등을 가장한 행위는 제외하되,[14] 대출의 제공·알선·중개를 가장한 행위는 포함시키고 있다(법 제2조 제2호).[15]

3 피해 방지·예방을 위한 제도

가. 금융당국과 금융회사의 예방 조치

통신사기피해환급법은 피해 발생 이후의 구제뿐만 아니라, 사기의 발생 자체를 사전에 차단하기 위한 예방 장치를 규정하고 있다. 금융위원회는 전기통신금융사기의 발생에 대비하여 정보의 수집·전파, 예보·경보 등 대응조치를 수행하고(법 제2조의2 제1항), 연도별 피해현황에 따라 기준에 해당하는 금융회사 및 임직원에 대해 주의·경고·견책·감봉 등의 조치나 전산 인프라의 개선을 권고·명령할 수 있다(법 제2조의2 제2항).

나. 본인확인, 임시조치, 거래목적 확인

금융회사는 이용자가 대출을 신청하거나 저축성 예금 등을 해지하는 경우, 대통령령이 정하는 방식에 따라 본인확인조치를 해야 하며(법 제2조의4 제1항), 이를 이행하지 않아 손해가 발생한 경우 손해배상책임을 부담한다(법 제2조의4 제2항). 또한 고객이 계좌

14 대법원은 여기서 제외되는 '재화의 공급 또는 용역의 제공 등을 가장한 행위'란 원칙적으로 그 행위와 재산상 이익 사이에 대가관계가 존재하는 경우(예컨대, 보이스피싱이 아닌 온라인상에서의 재화나 용역에 관한 일반적인 거래)를 의미한다고 판시하였다(대법원 2024. 10. 25. 선고 2024도6831 판결).

15 이러한 전기통신금융사기의 정의 조항은 보이스피싱의 수법이 고도화됨에 따라 규율 공백을 메우기 위하여 수차례 개정되었다. 예컨대, 대출의 제공·알선·중개를 가장한 행위, 자금을 교부받거나 교부하도록 하는 행위 및 자금을 출금하거나 출금하도록 하는 행위가 추가되고, 기망·공갈의 대상이 불특정 다수인에서 타인으로 확장되었다.
결과적으로 제정 당시 고려되었던 피싱, 파밍, 스미싱, 해킹 등 탈취된 개인정보를 이용하는 방식 외에도 전기통신을 이용하여 피해자에게 기망·공갈을 이루어졌다면 폭넓게 통신사기피해환급법상 구제 대상이 될 수 있다. 온주 전기통신사기피해방지및피해금환급에관한특별법 <약칭 : 통신사기피해환급법> 제2조(최정영 집필부분).

개설, 이체 · 송금 · 출금 한도 해제를 요청하는 경우에는 금융거래 목적을 확인하여야 하며, 목적이 불명확하거나 사기와의 연관성이 의심되는 경우 계좌 개설을 거절하거나 기존 계좌를 해지할 수 있다(법 제2조의6 제1항, 제3항).

아울러 금융회사는 자체 점검을 통해 피해의심거래계좌를 식별하고, 일정한 사정이 있다고 인정되는 경우 해당 계좌에 대해 이체 · 송금 · 출금의 지연 또는 정지 조치("임시조치")를 하여야 한다(법 제2조의5 제1항). 임시조치 후에는 지체 없이 이용자에게 통지하고 본인확인을 실시하여야 하며, 의심이 해소되면 즉시 조치를 해제해야 한다(법 제2조의5 제2항, 제3항).

다. 통합신고대응센터 설치와 기능

경찰청에는 전기통신금융사기 통합신고대응센터가 설치되어 있으며, 동 센터는 피해 신고와 제보 접수, 사기이용계좌에 대한 지급정지 요청, 사기 전화번호 이용중지 요청, 피해금 환급 상담, 관계기관 간 정보전파 등을 수행한다(법 제2조의7 제1항 및 제2항). 이는 수사기관, 금융회사, 감독기관 간 신속한 협조와 정보 연계를 가능하게 함으로써 피해 확산을 차단하는 역할을 한다.

4 피해금 환급 제도

통신사기피해환급법은 전기통신금융사기로부터 피해자를 신속하게 구제하기 위하여 피해금 환급 제도를 두고 있는데, 이는 피해구제 신청 → 지급정지 → 채권소멸절차 → 피해환급금 결정, 지급 순서로 이루어진다. 한편, 명의인의 재산권이 부당하게 침해되거나 그러한 침해를 교정하기 위하여, 채권소멸에 대한 지급정지, 전자금융거래 제한 채권소멸절차에 대한 이의제기 및 종료 제도, 거짓 피해구제에 따른 손해배상책임 조항, 소멸채권 환급 제도 등을 마련해두고 있다.

가. 피해구제 신청, 지급정지

전기통신금융사기 피해자는 피해금[16]을 송금 · 이체한 계좌를 관리하는 금융회사 또는 사기이용계좌[17]를 관리하는 금융회사에 대하여 사기이용계좌의 지급정지 등 피해구제를 신청할 수 있으며(법 제3조 제1항), 수사기관도 이를 요청할 수 있다(법 제3조 제2항).

금융회사는 사기이용계좌로 의심할 만한 사정이 인정되는 경우 즉시 지급정지 조치를 해야 하며(법 제4조 제1항)[18], 지급정지 사실은 사기이용계좌의 명의인("명의인"), 피해자, 금융회사, 금융감독원 등에 통지되어야 한다(법 제4조 제2항).

지급정지 조치의 효과로서, 사기이용계좌의 채권 전부 또는 일부와 관련하여 손해배상 · 부당이득반환청구소송 등의 제기, 민사집행법에 따른 압류 · 가압류 또는 가처분의 신청, 국세징수법에 따른 체납절차의 개시 및 질권의 설정 행위는 금지된다(법 제4조의2 제1항 본문).[19] 그러나 명의인 또는 피해자가 그 상대방에 대하여 채무부존재확인 · 부당이득반환청구 소송 등을 제기하는 것은 허용된다(법 제4조의2 제2항).

나. 채권소멸절차 및 이의제기, 종료 제도

채권소멸절차는 사기이용계좌의 예금채권 중 피해금에 해당하는 금액을 반환하기 위하여 명의인의 채권을 소멸시키는 준사법적 절차로, 헌법상 재산권 침해 및 사법절차

16 "피해금"이란 전기통신금융사기로 인하여 피해자의 계좌에서 사기이용계좌로 송금 · 이체된 금전, 피해자가 교부한 금전 또는 피해자의 계좌에서 출금된 금전을 의미한다(법 제2조 제5호).

17 "사기이용계좌"란 이른바 대포통장으로, 전기통신금융사기로 인하여 피해자의 자금이 송금 · 이체된 계좌, 피해자가 교부하였거나 피해자의 계좌에서 출금된 자금이 입금된 계좌 및 해당 계좌로부터 자금의 이전에 이용된 계좌를 의미한다(법 제2조 제4호).

18 헌법재판소는 금융회사가 사기이용계좌로 의심할 만한 사정이 있다고 인정되면 해당 계좌 전부에 대하여 지급정지 조치를 가능하도록 한 규정이 재산권을 침해하는 것인지 여부에 대하여, 전기통신금융사기 피해를 실효적으로 구제하기 위하여 사기이용계좌 전부에 대하여 지급정지를 하는 것이 불가피하며 이의제기 및 지급정지 종료 제도의 존재 등을 이유로 재산권 침해가 아니라고 결정한 바 있다(헌법재판소 2022. 6. 30 자 2019헌마579 결정).

19 본래 지급정지 조치가 이루어진 사기이용계좌에 압류 · 가압류 등의 일정 사유가 발생하면 지급정지 및 채권소멸절차를 종료하도록 규정하고 있었다. 그런데 이를 악용하여 허위로 강제집행 명령을 받는 방법으로 사기이용계좌의 지급정지 조치를 종료시키고 피해금을 인출하는 사례 등이 발생함에 따라, 사기이용계좌에 대하여 지급정지 조치가 이루어진 이후에는 압류 · 가압류 등의 강제집행 명령을 할 수 없도록 개정되었다.

우회라는 비판이 제기된 바 있으나, 현행 법은 명의인의 이의제기권, 종료사유, 절차의 통지 등 일련의 절차적 통제 수단을 마련하고 있다.

지급정지 조치를 행한 금융회사는 채권에 소송, 압류 등 법적 절차가 개시되지 않은 경우라면 원칙적으로 지체 없이 금융감독원에 채권소멸절차 개시 공고를 요청하여야 하며(법 제5조 제1항), 금융감독원은 위 공고 요청을 받은 경우 지체 없이 이를 공고하고 명의인에게 통지하여야 한다(법 제5조 제2항, 제3항).

공고일로부터 2개월이 경과하면, 명의인의 이의제기가 없는 범위 내에서 해당 금액만큼 채권은 소멸한다(법 제9조 제1항). 이와 별도로, 피해자가 사기이용계좌에 대한 피해구제를 사전에 신청하지 않았던 경우에도, 공고일로부터 2개월 이내에는 추가적인 피해구제를 신청할 수 있으며(법 제6조 제1항), 수사기관도 추가 피해자를 통지할 수 있다(법 제6조 제2항). 이 경우 금융회사는 다시 금융감독원에 공고를 요청하여야 하며(법 제6조 제3항), 금융감독원은 이를 즉시 공고한다(법 제6조 제4항).

한편, 명의인은 공고일로부터 2개월이 지나기 전까지 해당 계좌가 사기이용계좌가 아니라는 사실 또는 자금수령의 정당성을 객관적인 자료로 소명하여 이의제기를 할 수 있다(법 제7조 제1항). 금융회사는 이의제기를 받은 즉시 피해자와 금융감독원에 이를 통지하여야 하며(같은 조 제2항), 금융감독원은 이의제기가 정당하다고 인정되는 경우 지급정지 및 채권소멸절차를 종료하여야 한다(법 제8조 제1항 제2호).[20] 명의인의 이의제기 사실이 피해자에게 통지된 날로부터 2개월이 경과한 때에도 마찬가지로 종료된다(법 제8조 제1항 제4호). 또한, 사기이용계좌에 대하여 지급정지 이전에 소송, 압류 등 법적 절차가 개시된 경우 등 일정한 사유가 발생하면 지급정지 및 채권소멸절차는 종료된다(법 제8조 제1항 제1호, 제3호 등).

20 법 제7조 제1항 제3호에 따른 이의제기가 있는 경우 해당 사기이용계좌에 예치된 금액 중 전기통신금융사기 피해금을 제외한 금액에 지급정지 조치 등을 종료하도록 하는 단서가 신설되었는데(법 제8조 제1항 제2호 단서), 이는 범죄와 무관한 선의의 명의인이 소액의 입금만으로 계좌 전체가 동결되어 겪은 피해를 방지하기 위한 취지이다.

다. 피해환급금 결정, 지급 및 소멸채권 환급 청구

금융감독원은 채권이 소멸된 날부터 14일 이내에 피해환급금[21]의 수령자 및 그 금액을 정하여 피해자와 금융회사에 통지하여야 한다(법 제10조 제1항). 통지를 받은 금융회사는 지체 없이 피해환급금을 피해자에게 지급하여야 하고, 피해환급금을 지급한 금융회사는 3일 이내에 해당 지급 사실을 금융감독원에 알려야 한다(법 제10조 제1항, 제2항). 이때 피해환급금의 산정은 피해자가 다수인 경우, (i) 피해금 총액이 소멸채권 금액을 초과하면 피해환급금이 소멸채권 금액에 각 피해자의 피해금액의 총 피해금액에 대한 비율을 곱한 금액으로 안분되며, (ii) 그렇지 않은 경우에는 각자의 피해금액으로 한다(법 제10조 제2항).[22]

단, 피해금의 전액 배상이 이루어진 경우, 부당이득을 취한 자, 공범으로 가담하였거나 불법원인이 있는 자 등은 피해환급금을 지급받을 수 없고(법 제11조), 거짓으로 피해구제를 신청한 자는 명의인이 그 피해구제 신청으로 손해를 입은 경우 손해배상책임을 부담한다(법 제11조의2). 아울러 피해자가 금융회사로부터 피해환급금을 지급받은 경우 해당 전기통신금융사기로 발생한 손해배상청구권 및 그 밖의 청구권은 환급을 받은 한도에서 소멸된다(법 제12조).

아울러 통신사기피해환급법은 소멸된 명의인의 채권이 피해금에 해당하지 않는 경우 명의인의 권리를 구제하기 위하여 소멸된 채권의 환급을 청구할 수 있는 제도도 마련해두고 있다(법 제13조 제1항). 명의인은 (i) 해당 계좌가 사기이용계좌가 아니라는 사실을 소명하거나(제7조 제1항 제1호), (ii) 소멸된 채권의 전부 또는 일부를 명의인이 재화 또는 용역의 공급에 대한 대가로 받았거나 그 밖에 정당한 권원에 의하여 취득한 것임을 객관적인 자료로 소명하거나, (iii) 이의제기를 하지 못한 정당한 사유가 있는 경우에 소멸채권 환급청구를 신청할 수 있다(법 제13조 제1항).

---

21 "피해환급금"이란 피해금을 환급하기 위하여 소멸된 채권을 기초로 하여 피해환급금의 결정 · 지급에 따라 산정되어 금융회사가 피해자에게 지급하는 금전을 말한다(법 제2조 제26호).

22 기존에는 피해금 환급이 사기이용계좌에 남아있는 잔액 범위 내에서만 이루어졌으나, 2024.1.1.부터 금융감독원의 「비대면 금융사고 책임분담기준」이 시행됨에 따라 피해구제 범위가 확대되었다. 금융회사가 본인확인 의무나 이상거래탐지시스템(FDS) 운영 등을 소홀히 한 경우, 금융회사는 피해액의 일정 비율 내에서 자율적으로 배상하여야 한다. 이를 위해 금융회사는 보이스피싱 보험 등에 가입하여 배상 재원을 마련하고, 배상 후 원인제공자에게 구상권을 행사하는 구조가 도입되었다.

5 전기통신금융사기의 예방 및 재발 방지 제도

통신사기피해환급법은 피해금에 대한 환급 외에도, 전기통신금융사기의 재발 방지와 실효적 대응을 위하여 명의인에 대한 전자금융거래[23] 제한과 사기 이용 전화번호의 통신 차단 제도도 마련하고 있다.

먼저, 금융감독원은 지급정지 조치를 받은 적이 있거나 지급정지 통지를 받은 명의인이, 전기통신금융사기와 관련하여 접근매체의 양도·대여, 계좌정보 제공, 기타 범죄로 벌금형 또는 징역형(집행유예 포함)을 선고받고 일정 기간이 경과하지 않은 경우에 해당하면, 해당 명의인을 전자금융거래제한대상자로 지정하여야 한다(법 제13조의2 제1항). 금융감독원은 명의인을 전자금융거래제한대상자로 지정한 경우 지체 없이 금융회사 및 명의인에게 이를 통지하여야 하며, 금융회사는 해당 명의인의 전자금융거래를 처리할 수 없다(법 제13조의2 제2항, 제3항). 이후 제한 해제 사유가 발생한 경우에는 금융감독원이 그 지정을 취소하고 이를 통보해야 한다(법 제13조의2 제4항).[24]

또한, 검찰총장, 경찰청장 또는 금융감독원장은 전기통신금융사기에 이용된 전화번호를 확인한 경우, 과학기술정보통신부장관에게 해당 전화번호에 대한 전기통신역무 제공 중지를 요청할 수 있다. 이 경우에도 이용자는 중지를 요청한 기관에 이의신청을 할 수 있는 절차가 마련되어 있다(법 제13조의3).

6 감독 및 정보 공유

통신사기피해환급법은 피해금 환급과 사기 예방 제도의 실효성을 확보하기 위하여 금융회사, 금융감독원, 수사기관, 관계 행정기관 간의 정보제공 및 공유 체계를 마련하고 있다.

23 "전자금융거래"란 금융회사 또는 전자금융업자가 전자적 장치를 통하여 금융상품 및 서비스를 제공하고, 이용자가 금융회사 또는 전자금융업자의 종사자와 직접 대면하거나 의사소통을 하지 아니하고 자동화된 방식으로 이를 이용하는 거래를 의미한다(법 제2조 제2호의2).

24 지급정지, 채권소멸절차, 전자금융거래 제한 조치는 일정한 사유가 발생하면 종료된다(법 제8조 제1항, 시행령 제8조). 예컨대, 관련 소송이 제기되어 계속 중이거나, 계좌가 사기이용계좌가 아니라는 점 또는 자금의 정당한 수령 근거가 객관적으로 소명된 경우, 피해환급금 지급이 종료된 경우 등이다. 다만, 명의인이 전기통신금융사기 관련 범죄로 유죄판결을 받고 일정 기간이 지나지 않은 경우(법 제13조의2 제1항 각호)는 전자금융거래 제한 조치는 예외적으로 종료되지 않는다(법 제8조 제1항 단서).

금융회사 및 금융감독원은 지급정지, 채권소멸절차, 이의제기, 피해환급금 지급 등 제반 절차를 수행하기 위하여 필요한 자료를 「금융실명거래 및 비밀보장에 관한 법률」 제4조의 제한에도 불구하고 요청·제공하거나 공고할 수 있다(법 제15조 제1항). 또한, 금융감독원장은 통지를 위하여 행정안전부장관에게 「주민등록법」에 따른 주민등록자료 제공을 요청할 수 있으며, 행정안전부장관은 특별한 사유가 없으면 이에 따라야 한다(법 제15조 제2항).

나아가, 금융회사 및 일정한 전자금융업자는 「금융실명거래 및 비밀보장에 관한 법률」, 「신용정보법」, 「전자금융거래법」의 관련 규정에도 불구하고 전기통신금융사기의 사기이용계좌 및 피해의심거래계좌에 관한 정보를 상호 공유하여야 한다(법 제15조 제3항).

IV 인터넷전문은행 설립 및 운영에 관한 특례법

1 입법 배경

「인터넷전문은행 설립 및 운영에 관한 특례법」(이하 "인터넷전문은행법")은 2018년 국내에 인터넷전문은행을 도입하여 빅데이터 분석을 통해 중금리 대출을 활성화하여 서민, 소상공인 등에 대한 금리단층을 해소하고, 은행 산 경쟁촉진을 통해 금융소비자의 편의성을 제고하기 위한 목적으로 제정되었다. 동법은 이러한 정책 목적을 달성하기 위하여 인터넷전문은행에 대하여 은행법의 일부 규제를 완화하거나 특례를 부여하는 구조로 설계되었다.

우리나라에서는 인터넷전문은행법 제정 전 주식회사 케이뱅크은행, 한국카카오은행 주식회사에 대하여 본인가를 하였고,[25] 인터넷전문은행법 제정 이후 토스뱅크 주식회

25 금융위원회 보도자료, "(주)케이뱅크 은행(제1호 인터넷전문은행) 은행업 인가", 2016.12.14.; 금융위원회 보도자료, "한국카카오은행(주)에 대한 은행업 인가", 2017.4.5.; 당시 금융위원회는 은행업을 전자금융거래(전자금융거래법 제2조 제1호)의 방법으로 영위해야 함을 인가의 부대조건으로 부과하였다. 정순섭, 「은행법」, 2017, 52면.

사에 대하여 신규 본인가가 이루어진 바 있다.[26] 인터넷전문은행의 영업방식은 완전 무점포 형태, 오프라인 시설을 보완적으로 이용하는 형태 등 다양한 방식이 있을 수 있으나, 현재 국내에서 허용되는 인터넷전문은행은 원칙적으로 완전 무점포 형태를 의미한다.[27·28]

2 은행법의 특례로서의 인터넷전문은행법

인터넷전문은행법은 은행법의 특례를 규정한 특별법으로서, 인터넷전문은행에 대하여 은행법을 원칙적으로 적용하되, 별도로 정한 사항에 관하여는 인터넷전문은행법이 우선 적용되는 구조를 취한다(법 제3조 제1항). 또한 다른 법률을 해석·적용할 때에도 인터넷전문은행은 은행법에 따라 인가를 받은 설립된 은행으로 간주된다(법 제3조 제2항).

인터넷전문은행법의 적용 대상이 되는 "인터넷전문은행"은 은행업을 주로 전자금융거래(전자금융거래법 제2조 제1호)의 방법으로 영위하는 은행으로 정의된다(법 제2조). 이는 기존의 오프라인 지점 기반 은행과는 달리, 비대면 기반의 전자적 방식에 의존하여 금융서비스를 제공하는 디지털 전용 은행이라는 개념적 특성을 반영한 것이다.[29]

3 설립 요건과 진입 특례

가. 자본금 요건의 완화

인터넷전문은행의 자본금은 은행법 제8조 제2항 제1호에 따른 일반은행의 1,000억 원의 최저자본금 요건이 250억 원 이상으로 완화되었다(법 제4조). 이는 인터넷전문은행의 초기 진입 비용을 낮춤으로써 중소형 ICT 기반 사업자들의 진입을 유도하기 위한 조

26 금융위원회 보도자료, "금융위원회 토스뱅크 은행업 인가", 2021.6.9.

27 정순섭, 「은행법」, 2017, 52면.

28 한편, 인터넷전문은행법은 전자금융거래와 비전자금융거래의 구분을 전제로 하고 있으나, 향후 일반은행의 디지털화에 따라 양자의 구분이 모호해지는 경우, 인터넷전문은행법과 은행법의 관계를 재정립하는 것이 중요한 과제로 부상하게 될 것이다.

29 우리나라의 인터넷 전문은행은 비대면으로 해결할 수 없는 문제의 해결을 위한 예외적인 경우를 제외하고는 적극적인 은행업 수행을 위한 오프라인의 대면영업점을 전혀 허용하지 않는 방식이다. 정순섭, 「금융법」, 2023, 365면.

치로 평가된다. 아울러 인터넷전문은행은 인가 이후에도 해당 자본금 수준을 유지하여야 한다(법 제4조 제2항).

나. 비금융주력자의 주식보유 특례

현행 은행법은 산업자본의 은행 지배를 제한하기 위하여 비금융주력자[30]가 원칙적으로 은행의 의결권 있는 발행주식 총수의 4%까지만 보유할 수 있도록 제한하고 있으며(은행법 제16조의2 제1항), 한도를 초과하여 은행의 주식을 보유하는 경우 초과하는 주식에 대해서는 의결권을 행사할 수 없다(은행법 제16조 제1항). 한도를 초과하여 주식을 보유하기 위해서는 금융위원회의 승인을 받아야 한다(은행법 제15조 제3항). 그러나 인터넷전문은행법은 일정한 요건을 갖추는 경우 비금융주력자가 인터넷전문은행의 의결권 있는 주식을 최대 34%까지 보유할 수 있도록 특례를 부여하고 있다(법 제5조 제1항).

이러한 특례가 무제한적으로 적용되는 것은 아니며, 금융위원회는 (i) 출자능력, 재무상태 및 사회적 신용, (ii) 경제력 집중에 대한 영향, (iii) 주주구성계획의 적정성, (iv) 정보통신업 영위 회사의 자산 비중, (v) 금융과 정보통신기술의 융합 촉진 및 서민금융 지원 계획 등을 반영하여 정한 별도의 기준에 따라 심사하여야 하며(법 제5조 제2항, 제3항), 이는 기존 은행법상의 일반 승인요건(은행법 제15조 제5항)과 구분되는 독자적 심사기준에 해당한다. 초과보유 승인을 받은 이후에도 금융위원회는 지속적으로 요건 충족 여부를 심사하여야 한다(법 제5조 제2항, 은행법 제16조의4 제1항).

다. 승인 요건 미충족 시의 제재와 강제처분

비금융주력자가 주식보유 승인 요건을 충족하지 못하는 경우, 금융위원회는 초과보유요건을 충족하도록 명할 수 있으며, 해당 명령을 이행하지 않을 경우 6개월 이내의 기간을 정하여 주식처분을 명할 수 있다(법 제5조 제2항, 은행법 제16조의4 제3항, 제5항). 또한 초과보유 지분에 대해서는 원칙적으로 의결권 행사가 제한되며, 금융위원회의 처분

30 비금융주력자는 금융업을 주된 업무로 하지 않는 자로서, (1) 동일인 중 비금융회사인 자의 자본총액의 합계액이 동일인 중 회사인 자의 자본총액의 합계액의 25% 이상인 경우, (2) 동일인 중 비금융회사인 자의 자산총액의 합계액이 2조 원 이상인 경우의 그 동일인과 같이 비금융업의 비중을 기본요소로 정의된다(은행법 제2조 제1항 제9호). 정순섭, 「금융법」, 2023, 162면.

명령에 불응할 경우에는 이행강제금이 부과될 수 있다(법 제5조 제2항, 은행법 제16조 제1항, 제65조의9 제1항).

4 영업행위와 신용공여에 대한 규제

인터넷전문은행법은 인터넷전문은행에 대해 기존 은행에 비하여 진입 장벽을 낮추면서도, 영업행위와 신용공여에 대한 규제는 강화하거나 엄격히 유지함으로써 자산 건전성과 대주주로부터의 독립성을 확보하고자 한다. 특히, 인터넷전문은행의 업무 범위와 신용공여에 대한 제한을 명시하고 있으며, 대출 대상과 규모, 대주주 관련 거래에 대하여 규제 장치를 두고 있다.

가. 신용공여 대상의 제한

우선, 인터넷전문은행은 일반 법인에 대한 신용공여를 원칙적으로 제한하고 있다. 구체적으로는 「중소기업기본법」상 중소기업을 제외한 법인을 대상으로 하는 신용공여가 금지되며(법 제6조 본문), 예외적으로 자산의 유동성과 건전성 관리를 목적으로 하는 경우에는 일부 금융거래가 허용된다. 예컨대, 국채 · 지방채의 매입, 환매조건부채권(RP) 거래, 콜론(call loan: 초단기 자금대여), 공시대상기업집단에 속하지 아니한 금융기관이 발행한 유가증권의 매입 등은 허용되는 신용공여에 해당한다.

나. 차주별 신용공여 한도의 강화

인터넷전문은행은 특정 차주에 대한 과도한 신용공여를 방지하기 위하여 은행법보다 더 낮은 신용공여 한도를 적용받는다. 원칙적으로 동일차주에 대해서는 자기자본의 20%를 초과하여 신용공여할 수 없고, 동일한 개인이나 법인 각각에 대한 신용공여는 자기자본의 15%를 초과할 수 없다(법 제7조 제1항, 제2항).

다만, 자기자본의 변동이나 동일차주 구성의 변동 등 사유로 인하여 위 한도를 초과하게 된 경우에는 일정 기간 내에 해소하도록 규정하고 있으며(제7조 제1항 단서), 부득이한 사유가 있는 경우에는 금융위원회가 그 기간을 연장할 수 있도록 하고 있다(법 제7조 제3항 단서).

다. 대주주와의 거래 제한

인터넷전문은행은 그 대주주에 대하여 원칙적으로 신용공여를 할 수 없으며, 우회적으로 이를 회피하는 목적의 교차 신용공여나 현저히 불리한 조건의 자산 거래 등도 금지된다(법 제8조). 또한 대주주가 발행한 지분증권을 인터넷전문은행이 취득하는 행위 역시 원칙적으로 금지되며, 담보권 실행 등 불가피한 경우에 한하여 예외를 인정한다(법 제9조). 이러한 거래가 예외적으로 이루어진 경우에도 일정 기간 내에 이를 해소하거나 처분해야 하며, 필요한 경우 금융위원회의 승인하에 그 기간이 연장될 수 있다(법 제8조 제4항, 제9조 제2항).

라. 감독기관의 조사권 및 제재 조치

영업행위 및 신용공여 관련 규정의 위반이 의심되는 경우, 금융위원회는 해당 인터넷전문은행 또는 관련 대주주에 대해 자료제출 요구, 검사 등을 실시할 수 있으며(법 제11조, 제12조), 위법행위가 확인되는 경우 시정명령, 과징금, 형사처벌이 부과될 수 있다(법 제13조, 제20조, 제21조).

5 대주주의 행위 규제

인터넷전문은행법은 인터넷전문은행의 독립성과 건선한 경영을 확보히기 위하여 대주주의 영향력을 제한하는 규정을 두고 있다. 동법은 대주주가 인터넷전문은행의 이익에 반하여 부당한 영향력을 행사하는 행위를 금지하고 있다(법 제10조). 구체적으로는 외부에 공개되지 않은 자료나 정보를 부당하게 요구하거나, 다른 주주와의 담합을 통해 인사나 경영에 부당한 영향력을 행사하는 행위, 경쟁사업자의 사업활동과 관련하여 신용공여를 조기 회수하도록 하는 등 경영에 영향력을 행사하는 행위, 동법상 금지된 신용공여나 거래를 유도하는 행위 등이 이에 해당한다.

위 조항을 위반한 혐의가 있다고 인정되는 경우 금융위원회는 대주주에 대한 자료제출을 요구하거나 직접 검사를 실시할 수 있으며(법 제11조, 제12조), 위법 사실이 인정되는 경우 과징금, 형사처벌 등 제재가 부과될 수 있다(법 제20조, 제21조).

Ⅴ 온라인투자연계금융업 및 이용자 보호에 관한 법률

1 입법 배경

온라인투자연계금융업은 온라인플랫폼을 통하여 투자자의 자금을 특정 차입자에게 대출하고, 그 대출에 따른 원리금수취권을 투자자에게 제공하는 금융서비스, 이른바 P2P(Peer-to-Peer) 대출[31]로서, 2010년대 중반 이후 핀테크 혁신과 함께 국내에서 급속히 성장하였다. 초기에는 별도의 법적 근거 없이 「대부업 등의 등록 및 금융이용자 보호에 관한 법률」의 규율을 받거나 금융감독당국의 행정지도인 P2P대출 가이드라인에 의존하여 영위되었다. 그러나 규제 공백으로 인한 투자금 횡령, 사기, 부실대출 등 금융사고가 발생하고, 고금리 대출 관행 등 투자자 보호에 한계가 드러남에 따라 이를 제도화하기 위한 입법 논의가 지속되었다.

이에 2019. 11. 26. 「온라인투자연계금융업 및 이용자 보호에 관한 법률」(이하 "온라인투자연계금융법")이 제정되어 2020. 8. 27. 시행되었다.[32] 이는 대출의 형태를 취하는 크라우드펀딩을 제도화한 것으로서, 사채발행이나 자기자본을 재원으로 하는 여전업법이나 대부업법상 대출과는 기본구조가 다르지만, 연계투자를 받아 연계대출을 하는 형식상 대출업에 해당한다고 볼 수 있다.[33]

31 P2P 대출은 (i) 자금수요자와 자금공급자가 차입자와 대여자로서 거래상대방이 되어 직접적인 법률관계가 발생하도록 하는 직접대출형 거래와 (ii) 자금수요자와 자금공급자 간 직접적인 법률관계는 발생하지 않지만 자금공급자가 대출자금을 제공하고 대출에 따른 신용위험을 부담하는 간접대출형 거래로 나누어 볼 수 있는데, 동법은 간접대출형을 거래유형으로 정하였다. 박준·한민, 「금융거래와 법」, 2024, 1058면.

32 동법은 (i) 온라인투자연계금융업자가 온라인투자연계금융업을 하는 경우 은행법 및 한국은행법을 적용 배제하고, (ii) 온라인투자연계금융업자가 차입자의 상태를 평가하여 투자자에게 제공하는 업무에 대해 신용정보법상 허가를 받지 않도록 하였으며, (iii) 연계투자에 대하여 대부업법의 적용을 배제하고, (iv) 원리금수취권을 자본시장법상 금융투자상품으로 보지 않는다고 명시하여, 기존 금융법령의 적용 여부에 대한 불확실성을 제거하였다(법 제3조).

33 정순섭, 「금융법」, 2023, 121면.

2 규율 대상

온라인투자연계금융법은 온라인플랫폼을 통하여 특정 차입자에게 자금을 제공할 목적으로 투자(이하 "연계투자")한 투자자의 자금을 투자자가 지정한 해당 차입자에게 대출(어음할인 · 양도담보, 그 밖에 이와 비슷한 방법을 통한 자금의 제공을 포함, 이하 "연계대출")하고 그 연계대출에 따른 원리금수취권을 투자자에게 제공하는 것을 "온라인투자연계금융"으로 정의하고(법 제2조 제1호), 이를 업으로 하는 행위를 '온라인투자연계금융업'을 규율대상으로 삼는다(법 제2조제2호).

이때 투자자가 연계투자를 통하여 취득하는 원리금수취권은 온라인투자연계금융업자가 차입자에 대하여 가지는 대출채권에 투자자가 참가한다는 점에서 자금제공부참가(funded-participation) 거래에서 참가자가 취득하는 권리의 성격을 가진다.[34] 구체적인 계약의 내용에 따라 달라지겠으나, 온라인투자연계금융업자는 차입자에 대한 대출자금을 제공하지 아니하여 차입자에 대한 신용위험을 부담하지 않는 한편, 투자자가 책임재산 한정특약하에 투자자로부터 자금을 차입함에 따라 투자자가 차입자의 신용위험과 대출채권자의 신용위험을 부담하게 된다.[35] 이와 같은 특수성을 감안하여 온라인투자연계금융법은 아래에서 살펴보는 별도의 투자자보호장치를 마련하고 있다.

3 온라인투자연계금융업의 등록 의무와 업무 범위

온라인투자연계금융업을 영위하려는 자는 자기자본 요건[36], 내부통제장치, 임원 및 대주주의 적격성 등 일정한 등록 요건[37]을 갖추어 금융위원회에 등록하여야 한다(법 제4

34 박준 · 한민, 「금융거래와 법」, 2024, 1065면; 고환경 · 주성환, "온라인투자연계금융업법의 주요 내용과 법적 쟁점", BFL 제102호, 2020, 41면.

35 박준 · 한민, 「금융거래와 법」, 2024, 1058-059, 1065면.

36 연계대출채권 잔액 규모에 연동하여 5억 원부터 30억 원까지 요구된다(시행령 제3조 제1항, 제2항).

37 온라인투자연계금융업자의 임원은 금융회사의 지배구조에 관한 법률 제5조 제1항의 결격사유에 해당하지 않아야 하며(법 제6조 제1항), 대주주는 충분한 출자능력, 건전한 재무상태, 사회적 신용 등을 갖추어야 한다(법 제5조 제1항 제7호). 온라인투자연계금융업자는 법령 준수, 경영 건전성 확보 및 이용자 보호를 위한 내부통제기준을 마련하고(법 제17조), 준법감시인을 1인 이상 선임해야 하며(법 제17조 제2항), 이해상충 방지체계를 내부통제기준에 포함하여 운영하여야 한다(법 제5조 제1

조, 제5조 제1항). 누구든지 그 등록을 하지 아니하고는 온라인투자연계금융업을 영위하여서는 아니되고(법 제4조), 이를 위반할 경우 형사처벌이 부과될 수 있다(법 제55조 제1항 제1호).[38]

온라인투자연계금융업자가 수행할 수 있는 업무는 연계투자, 연계대출의 중개, 자기계산에 의한 투자, 원리금수취권의 양도·양수 중개, 연계대출채권의 관리 및 추심, 투자자에게 차입자의 신용정보를 제공하는 업무 등 법 제13조에 열거된 업무로 한정되며, 금융위원회에 신고한 겸영업무와 부수업무도 일정 범위 내에서 수행 가능하다(법 제13조, 제14조). 즉, 온라인투자연계금융업자는 동법이 규정하는 방식의 온라인투자연계금융이 아닌 P2P대출 업무를 수행할 수 없다.

한편, 동법은 온라인투자연계금융업과 직접적으로 관련된 필수적 업무로서 (i) 준법감시인의 업무, (ii) 내부감사업무, (iii) 위험관리업무, (iv) 차입자에 대한 정보의 사실 확인 및 신용위험의 분석·평가 업무, (v) 연계대출계약의 심사·승인 및 계약의 체결·해지 업무, (vi) 투자자 모집, 연계투자 계약 신청의 접수, 계약의 체결·해지 업무는 원칙적으로 제3자에게 위탁하지 못하도록 규정하였다(법 제15조 제1항, 시행령 제15조 제1항).

4 온라인투자연계금융업 영업행위 규제

온라인투자연계금융업자는 연계투자 및 연계대출의 중개 과정에서 투자자와 차입자의 이익을 보호하고 거래의 공정성과 건전성을 확보하기 위하여 법령에 따라 다양한 행위규제를 받는다. 주요 내용은 다음과 같다.

가. 신의성실의무

온라인투자연계금융업자는 선량한 관리자의 주의로 업무를 수행하고, 이용자(투자자와 차입자)의 이익을 보호하여야 하며, 정당한 사유 없이 이용자의 이익을 해하면서 자기가 이익을 얻거나 제3자가 이익을 얻도록 하여서는 아니 된다(법 제9조).

항 제6호, 제18조).

38 아울러 온라인투자연계금융업자가 아닌 자는 그 상호 중 온라인투자연계금융업, 온라인대출금융업, 온라인투자연계대출업, 온라인연계대출업, P2P lending, Marketplace lending이나 그와 비슷한 의미를 가지는 다른 외국어문자(그 한글표기문자 포함) 등 유사한 명칭을 사용하여서는 아니 된다(법 제8조, 시행령 제8조).

나. 정보공시

온라인투자연계금융업자는 이용자가 온라인투자연계금융업자의 영업건전성 및 온라인투자연계금융 이용방법 등을 쉽게 이해할 수 있도록, 온라인투자연계금융업의 거래구조, 온라인투자연계금융업자의 영업방식, 재무현황, 누적 연계대출금액 및 연계대출잔액, 차입자의 상환능력평가 체계, 연체율 등 연체에 관한 사항, 대출이자에 관한 사항, 수수료 등 부대비용에 관한 사항 등의 정보를 자신의 온라인플랫폼에 공시하여야 한다(법 제10조 제1항, 동법 시행령 제9조).

다. 수수료 규제

온라인투자연계금융업자가 이용자로부터 수수료를 수취하는 경우에는 수수료의 부과기준을 온라인플랫폼에 공시하고, 그 내용에 따라 부과하여야 하며(법 제11조 제1항, 제3항, 시행령 제10조 제1항), 정당한 사유 없이 이용자 간 차별을 두는 것은 금지된다(법 제11조 제4항).

연계대출과 관련하여 차입자에게 부과하는 이자율은 대부업법상 최고이자율(현행 20%)을 초과할 수 없으며, 이자율 산정 시 차입자에게 부과하는 수수료 중 담보권 설정비용, 신용조회비용, 조기상환 관련 비용 등 부대비용은 제외된다(법 제11조 제2항).

라. 연계대출 및 연계투자 시 준수사항

온라인투자연계금융업법은 연계대출 및 연계투자와 관한 온라인투자연계금융업자의 준수사항을 정하고 있다. 먼저, 연계대출과 관련하여, 온라인투자연계금융업자는 자신 또는 자신의 대주주 및 임직원에게 연계대출을 해서는 아니된다(제12조 제1항). 온라인투자연계금융업자는 차입자가 요청한 연계대출 금액에 상응하는 투자금의 전부가 모집이 완료되지 않은 경우에는 연계대출을 실행할 수 없으며(법 제12조 제2항), 다만 차입자가 연계대출 금액의 변경을 요청한 경우에는 연계투자계약을 신청한 투자자들에게 투자의사를 재확인한 후 연계대출을 실행할 수 있다.

연계투자와 관련하여, 온라인투자연계금융업자는 원칙적으로 자신이 실행하는 연계대출에 대하여 자기의 계산으로 하는 연계투자를 할 수 없다(법 제12조 제4항). 예외적으로 (i) 차입자가 신청한 연계대출 금액의 80% 이상이 모집되고, (ii) 자기의 계산으로 한 연계투자 잔액이 자기자본의 100% 이하이고, (iii) 온라인투자연계금융업자의 건전성 유지와 이용자 보호 등을 위하여 동법 시행령 및 온라인투자연계금융업 감독규정에서 정하는 사항을 준수한 경우 자기계산 연계투자가 가능하며(법 제12조 제4항, 동법 시행령 제11조 제3항, 온라인투자연계금융업 감독규정 제10조), 이와 관련한 일정한 정보를 온라인 플랫폼에 공시하여야 한다(제12조 제6항).

한편, 온라인투자연계금융업자는 원칙적으로 연계투자와 해당 연계투자의 투자금으로 실행하는 연계대출의 만기, 금리 및 금액(동일한 연계대출에 연계투자한 투자자들의 투자금을 합산한 금액)을 다르게 하여서는 아니 된다(법 제12조 제7항).

마. 회계처리기준, 내부통제기준 및 이해상충 방지 의무

온라인투자연계금융업자는 고유재산과 투자자재산을 구분하여 회계장부를 작성하고, 「주식회사 등의 외부감사에 관한 법률」에 따른 회계처리기준을 적용하여야 하며, 회계감사를 받아야 한다(법 제16조). 또한 온라인투자연계금융업자는 법령 준수, 경영의 건전성 확보 및 이용자 보호를 위하여 내부통제기준을 마련하고(법 제17조 제1항), 이를 점검할 준법감시인을 1인 이상 선임하여야 한다. 준법감시인은 내부통제기준의 준수 여부를 점검하고 위반 사실을 감사 또는 감사위원회에 보고하여야 한다(법 제17조 제2항).

아울러 업자와 이용자 간 또는 특정 이용자와 다른 이용자 간 이해상충이 발생할 가능성을 파악·평가하고, 내부통제기준으로 정한 절차에 따라 이를 적절히 관리하여야 한다(법 제18조 제1항). 이해상충이 발생할 가능성이 있는 경우에는 그 사실을 이용자에게 사전에 고지하고, 그 이해상충이 발생할 가능성을 이용자 보호에 문제가 없는 수준으로 낮춘 후에야만 해당 연계투자 또는 연계대출을 진행할 수 있다(법 제18조 제2항). 그 이해상충 발생 가능성을 낮추는 것이 곤란하다고 판단되는 경우에는 해당 거래를 실행하여서는 아니된다(법 제18조 제3항).

바. 광고 규제

온라인투자연계금융업자의 광고와 관련하여 허위, 과장 광고를 비롯하여, 원금보장, 확정 수익 등 투자자들이 투자원금 및 수익이 보장된다고 오인할 소지가 있는 내용

등은 금지된다(법 제19조 제1항). 특정 연계투자 상품 또는 연계투자 조건에 관한 광고를 하는 경우, 온라인투자연계금융업자의 명칭, 상품의 내용, 연계투자에 따른 위험 등이 포함되도록 하여야 한다(법 제19조 제4항). 아울러 특정 연계대출 상품 또는 연계대출 조건을 광고를 하는 경우, 마찬가지로 온라인투자연계금융업자의 명칭, 이자율 등 상품의 주요 내용, 과도한 채무의 위험성,

연계대출 이용에 따른 신용등급의 하락 가능성을 알리는 경고 문구 등이 포함되도록 하여야 한다(법 제19조 제5항).

한편 광고의 방식 측면에서도, 투자자 또는 차입자의 명시적 사전 동의 없이 방문, 전화, 이메일 전송 등을 통해 광고할 수 없다(법 제19조 제2항). 아울러 광고를 받은 고객이 이를 거부하는 취지의 의사를 표시한 경우 원칙적으로 해당 광고를 계속하는 행위를 하여서는 아니된다(제19조 제3항).

5 온라인투자연계금융업과 이용자 보호 제도

온라인투자연계금융업법은 투자자 및 차입자의 정보확인, 계약 체결 절차, 투자금 보호 및 채권관리 등 규정을 통해 이용자의 재산과 권익을 보호하는 구조를 마련하고 있다.

가. 투자자 및 차입자에 대한 정보확인 의무

온라인투자연계금융업자는 투자자가 연계투자를 하려는 경우 투자자의 본인 확인을 실시하여야 한다(법 제21조 제1항). 온라인투자연계금융업자는 온라인투자연계금융 이용계약에 따라 투자자의 소득·재산 및 투자경험 등과 관련된 정보의 제공을 투자자에게 요구할 수 있으며, 투자자가 제공한 정보는 소득·재산 및 투자경험 등을 확인하기 위한 용도 외의 목적으로 사용해서는 아니된다(법 제21조 제2항, 제4항).

아울러 온라인투자연계금융업자는 차입자의 소득·재산 및 부채상황 등도 사전에 확인해야 하며, 차입자의 객관적인 변제능력을 초과하는 연계대출의 실행은 금지된다(법 제20조 제1항, 제3항). 차입자가 제공한 정보 역시 차입자의 소득·재산 및 부채상황 등을 확인하기 위한 용도 외의 목적으로 사용하여서는 아니된다(법 제20조 제4항).

나. 투자자에 대한 정보 제공

온라인투자연계금융업자는 투자자에게 연계대출의 내용, 차입자에 관한 사항, 연계투자에 따른 위험, 수수료/수수료율, 연계투자 수익률/순수익률, 투자자가 수취할 수 있는 예상 수익률 등 일정한 정보를 투자자가 쉽게 이해할 수 있도록 온라인플랫폼을 통하여 제공하여야 한다(법 제22조 제1항). 투자자가 연계투자의 의사를 표시한 경우 위 내용을 투자자가 이해하였음을 서명, 기명날인, 전자우편 등 방법으로 확인받아야 한다(법 제22조 제3항). 한편, 연계대출의 연체가 발생한 경우 온라인투자연계금융업자는 5영업일 내 그 사유를 확인하여 연체사실과 그 사유를 투자자에게 통지하고 온라인플랫폼에 게시하여야 한다(법 제22조 제5항, 시행령 제20조 제4항).

다. 연계투자계약 및 연계대출계약의 체결

온라인투자연계금융업자는 투자자와의 연계투자계약 체결 시 원칙적으로 연계투자설명서, 연계투자약관[39] 등 계약서류를 투자자에게 교부하여야 한다(법 제23조 제1항). 투자자는 투자금 모집이 완료되기 전까지 연계투자계약 신청을 철회할 수 있다(법 제23조 제3항). 한편, 온라인투자연계금융업자는 차입자와의 연계대출계약에 있어서도 대출금액, 대출이자율/연체이자율, 수수료, 변제방법, 조기상환조건 등 주요 사항을 기재한 계약서를 교부하고 설명하여야 하며, 위 사항을 차입자가 이해하였음을 서명, 기명날인, 전자우편 등 방법으로 확인받아야 한다(제24조 제1항, 제2항).

라. 연계대출채권에 대한 책임재산 제외 및 투자자의 우선변제권

온라인투자연계금융업자의 연계대출채권은 원칙적으로 강제집행이나 채무자회생법에 따른 보전처분, 중지명령 또는 포괄적 금지명령의 대상이 되지 아니하며(법 제28조 제2항), 온라인투자연계금융업자가 파산하거나 회생절차, 기업구조조정 관리절차가 개시된 경우에도 연계대출채권은 파산재단, 관리대상이 되는 재산 등에 귀속되지 아니하

39 온라인투자연계금융업자는 연계투자 및 연계대출과 관련된 약관을 제정하거나 개정한 경우 그 제정일 또는 개정일로부터 10일 내 그 내용을 금융위원회에 보고하고 온라인플랫폼 등을 이용하여 공시하여야 한다(법 제25조 제2항).

는 등 연계대출채권을 온라인투자연계금융업자의 책임재산에서 제외하는 장치가 마련되어 있다(법 제28조 제1항, 제3항).

투자자는 연계대출채권으로부터 제3자에 우선하여 변제받을 권리를 가진다(법 제28조 제4항).[40] 온라인투자연계금융업자에 대한 회생절차 또는 기업구조조정 관리절차에 따라 채무의 면책 · 조정 · 변경이나 그 밖의 제한이 이루어진 경우에도 우선변제권에는 영향을 미치지 아니한다(법 제28조 제6항). 이처럼 연계대출채권은 투자자 등의 우선변제권의 대상이므로, 온라인투자연계금융업자는 연계대출채권의 미상환 잔액이 존재하는 경우에도, 연계투자계약에서 특별히 정한 경우를 제외하고는 해당 채권을 제3자에게 처분하거나 담보로 제공할 수 없다. 이러한 금지사항을 위반하여 이루어진 처분이나 담보 제공은 투자자 등 우선변제권자에 대하여 효력이 없다(법 제28조 제7항).

마. 투자금 및 상환금의 보호

온라인투자연계금융업자는 투자금과 상환금[41]을 고유재산 및 자기계산 연계투자금과 분리하여 은행법상 은행 등 예치기관에 예치 또는 신탁하여야 하며, 투자금과 상환금이 투자자의 재산이라는 뜻을 밝혀야 한다(법 제26조 제1항). 예치 또는 신탁된 투자금은 상계 · 압류 · 가압류의 대상이 될 수 없고, 합병 · 영업양도 등 특별한 경우를 제외하고는 원칙적으로 담보 제공이나 양도도 금지된다(법 제26조 제3항). 온라인투자연계금융업자는 등록취소, 해산결의, 파산선고 등 사유가 발생한 경우에는 예치 또는 신탁된 투자금 및 상환금이 투자자에게 우선하여 지급될 수 있도록 조치하여야 한다(법 제26조 제4항).

이러한 투자금과 상환금의 구분관리 및 우선지급에 관한 사항은 연계투자 실행 후

40 단, (i) 원리금수취권의 상환 · 유지 및 관리와 연계대출채권의 관리 · 처분 및 집행을 위한 비용채권, (ii) 수탁기관의 보수채권을 보유한 자는 투자자와 동일한 우선변제권을 가진다(법 제28조 제5항).

41 이때 상환금의 의미에 대해서는 온라인투자연계금융업법은 이를 구체적으로 정의하지 않고 있으나, 원리금수취권의 성격에 비추어 보면 온라인투자연계금융업자가 연계대출 차입자로부터 회수하는 금액을 의미한다고 보아야 하고, 그렇다면 상환금에는 차입자가 자발적으로 상환한 경우뿐 아니라 담보실행, 강제집행 등을 통해 회수한 금액을 모두 포함한다고 보아야 할 것이다. 만약 상계로 인하여 원리금채무의 전부 또는 일부가 소멸한 경우, 상계된 금액만큼이 상환금에 해당하고, 온라인투자연계금융업자가 그 금액을 예치 · 신탁할 의무가 있다고 보는 것이 합리적이다. 박준 · 한민, 전게서, 1068면.

아직 연계대출이 실행되지 아니하여 연계대출채권이 발생하지 않거나 차입자가 온라인투자연계금융업자에게 원리금을 상환하여 연계대출채권이 소멸한 상황에서 그 투자금 내지 상환금 자체에 대한 보호 장치로서의 의의가 있다.

바. 손해배상책임

온라인투자연계금융업자는 법령, 약관 또는 계약서류에 위반하거나 업무를 소홀히 하여 이용자에게 손해를 발생시킨 경우 그 손해를 배상할 책임이 있다. 다만, 상당한 주의를 다하였음을 증명한 경우에는 책임을 면할 수 있다(법 제31조 제1항). 관련 임원에게 귀책사유가 있는 경우에는 해당 임원도 연대책임을 부담하며(법 제31조 제2항), 투자자에 대한 손해액은 연계투자로 투자자가 지급했거나 지급해야 할 금전 등의 총액에서 그 연계투자에 대한 원리금수취권의 처분 또는 그 밖의 방법으로 투자자가 회수했거나 회수할 수 있는 금전 등의 총액을 뺀 금액으로 추정한다(법 제31조 제3항, 시행령 제26조). 아울러 온라인투자연계금융업자는 이러한 손해배상책임을 이행하기 위하여 보험 또는 공제에 가입하거나 준비금을 적립하는 등 필요한 조치를 취하여야 한다(법 제31조 제4항).

사. 연계대출 및 연계투자 한도

온라인투자연계금융업자는 원칙적으로 동일한 차입자에 대하여 자신이 보유하고 있는 총 연계대출채권 잔액의 7% 또는 70억 원 중 작은 금액을 초과하는 대출을 할 수 없다(법 제32조 제1항, 시행령 제27조 제1항).[42]

한편, 동법과 시행령은 개인투자자가 연계투자 할 수 있는 금액의 한도를 투자자의 투자목적, 재산상황, 투자경험, 연계투자 상품의 종류 및 차입자의 특성 등을 고려하여 구분하여 정하고 있다. 일반투자자의 경우 총 연계투자 한도는 4천만 원,[43] 동일 차입자

---

42 단, (i) 온라인투자연계금융업자가 보유하고 있는 총 연계대출채권 잔액이 300억 원 이하이고, 시행하려는 연계대출의 규모가 21억 원 이하인 경우, (ii) 온라인투자연계금융업자가 국가, 지방자치단체, 공공기관 등이 지역개발사업, 사회기반시설사업 등을 할 때 직접 필요한 금액을 연계대출 하는 경우, (iii) 그 밖에 국민생활 안정 등을 위하여 불가피한 경우로서 급격한 경제 여건의 변화 또는 국민생활 안정목적 등 불가피한 사유가 있다고 금융위원회가 인정하는 경우 상기 한도를 초과하여 대출할 수 있다(법 제32조 제1항 단서, 시행령 제27조).

43 단, 특정 부동산 개발사업에서 발생할 미래 현금흐름을 주된 상환 재원으로 하는 연계대출상품은 1

에 대한 연계투자 한도는 5백만 원이다. 일정한 소득요건을 충족하는 개인투자자의 경우 총 연계투자 한도는 1억 원, 동일 차입자에 대한 연계투자 한도는 2천만 원이다(법 제32조 제2항, 시행령 제27조 제6항). 단, 이러한 연계투자 한도는 위험감수능력이 있는 개인전문투자자에 대해서는 적용되지 아니한다.

아. 중앙기록관리기관

동법은 온라인투자연계금융업자로부터 연계대출 · 연계투자 · 이용자에 대한 정보 등을 제공 받아 보관 · 관리하는 기관으로서 중앙기록관리기관 제도를 두고 있으며(법 제33조), 금융결제원이 중앙기록관리기관으로 선정되어 있다. 온라인투자연계금융업자는 차입자로부터 연계대출 신청을 받거나 투자자로부터 연계투자 신청 또는 원리금수취권에 대한 양도 · 양수 신청을 받은 경우, 신청의 내용과 이용자에 대한 정보 등 일정한 자료를 중앙기록관리기관에 제공하여야 하고, 중앙기록관리기관은 이를 보관 · 관리하여야 한다(법 제33조 제1항, 제3항). 아울러 중앙기록관리기관은 온라인투자연계금융업자로부터 연계대출한도와 연계투자 한도 관리 업무도 위탁받아 수행한다(법 제33조 제3항).

자. 원리금수취권의 양도 제한

온라인투자연계금융업법은 정보 비대칭, 불완전판매, 사기 등의 위험을 방지하기 위하여 투자자의 원리금수취권 양도를 원칙적으로 제한하고 있으며, 전문투자자 또는 일정 요건을 갖춘 자[44]에게 양도하는 경우에는 예외를 인정한다(법 제34조 제1항). 이 경우 양도는 해당 원리금수취권을 제공한 온라인투자연계금융업자의 중개를 거쳐야 하며, 업자는 투자위험 고지, 자격요건 확인, 정보제공 및 계약서류 교부 등 절차를 준수하여야 한다(법 제34조 제2항, 시행령 제29조).

천만 원, 부동산담보 연계대출상품은 2천만 원이다(온라인투자연계금융업 감독규정 제33조 제2항).

44 해당 원리금수취권의 투자 손실가능성 및 낮은 유통가능성 등을 인지하고 있는 자로서 (i) 온라인투자연계금융업자 이외의 법인, (ii) 일정한 소득기준을 충족하는 일반개인투자자 또는 (iii) 직전 3년간 연계투자계약을 5회 이상 체결한 일반개인투자자에게 양도하는 경우(법 제34조 제1항, 시행령 제29조 제1항).

6 감독 및 처분

온라인투자연계금융업법은 이용자 보호와 시장질서 유지를 위하여 금융위원회 및 금융감독원에 감독권한을 부여하고 있다. 금융위원회는 동법 또는 동법에 따른 명령·처분의 준수 여부를 감독하여야 하며, 필요한 경우 업무·재무상태 등에 관한 보고를 요구할 수 있다(법 제43조). 금융감독원장은 온라인투자연계금융업자의 업무 및 재산 상황에 대한 검사 권한을 가지며, 장부·자료 제출이나 관계인의 출석·진술을 요구할 수 있다(법 제44조).

금융위원회는 온라인투자연계금융업자 또는 그 임직원이 [별표]에서 정한 법 위반 사유에 해당하는 경우, 시정명령, 기관경고 또는 임원 해임권고 등 조치를 취할 수 있으며(법 제45조), 온라인투자연계금융업자의 법 위반 사항에 대하여 영업정지 또는 등록취소 처분을 할 수 있다(법 제49조). 특히 한도를 초과한 연계대출 등에 대해서는 과징금이 부과될 수 있으며(법 제50조), 미등록 영업, 내부자 연계대출, 연계대출채권의 무단 처분 등에 대해서는 형사처벌이 부과될 수 있다(법 제55조, 제56조).

VI 결 론

디지털금융의 발전은 전통적인 금융법제를 빠르게 앞질러 가고 있으며, 이에 대응하기 위한 다양한 개별 법률이 새롭게 제정되거나 개정되고 있다. 본 장에서 다룬 개별 법률 역시 금융의 디지털화가 초래한 새로운 거래방식, 범죄 유형, 규제 수요에 대한 제도적 대응을 보여 준다. 이러한 법률들은 각기 입법 목적과 적용 범위를 달리하면서도, 공통적으로는 이용자 보호와 금융시장의 신뢰성 확보라는 규범적 지향을 바탕으로 하고 있다. 특히, 금융서비스의 비대면화, 플랫폼화, 가상자산화가 급속히 진행되고 있는 현실에서 이들 법률의 기능은 더욱 중요해지고 있으며, 향후 기술의 발전과 시장 변화에 따라 지속적인 정비와 체계적 재구성이 필요하다.

참/고/문/헌

〈국내문헌〉

박준·한민, 「금융거래와 법」(제4판), 2024.

온주편집위원회(집필대표 이준희), 온주 전기통신금융사기피해방지및피해금환급에관한특별법 <약칭: 통신사기피해환급법>.

온주편집위원회(집필대표 진형구), 온주 특정금융거래정보의보고및이용등에관한법률 <약칭 : 특정금융정보법>.

이명신, 「자금세탁방지의 법적 구조」, 2023.

정순섭, 「금융법」, 2023.

정순섭, 「은행법」, 2017.

고환경·주성환, "온라인투자연계금융업법의 주요 내용과 법적 쟁점", BFL 제102호, 2020.

김지웅, "가상자산에 관한 개정 특정금융거래정보법에 대한 검토", BFL 제102호, 2020.7.

정순섭, "최근 20년간 금융규제의 변화", BFL 제101호, 2020.5.

저자 약력

정순섭 [대표저자]

- (현) 서울대학교 법학전문대학원 교수
- 서울대학교 법과대학 사법학과 (법학사)
- 호주 멜버른대학교 대학원 (법학박사)
- 『은행법』 (2024), 『금융법』 (2023), 『자본시장법』 (공저, 2023), 『신탁법』 (2021)

이정수 [대표저자]

- (현) 서울대학교 법학전문대학원 부교수
- 서울대학교 경제학과, 법학대학원 (법학박사), 미국 노스웨스턴대 LL.M.
- 금융위원회 가상자산위원회, 법령해석위원회, 금융감독원 금융감독자문위원 등
- (전) 김앤장 법률사무소 변호사
- 제41회 사법시험, 제42회 행정고시 (재경)
- "금융규제에 있어 실질주의" (2020) 등 금융법 논문 다수

Florian Möslein

- (현) 독일 Marburg대 교수
- 독일 Munich대 법학학사, Hamburg대 법학박사, 영국 University College London LL.M.
- FinTech-Handbuch (2021), 핀테크, 회사법 관련 다수의 단행본 · 주석 · 국제 논문 게재

Sebastian Omlor

- (현) 독일 Marburg대 교수
- 독일 Saarland대 법학학사, 법학박사, 미국 뉴욕대학교 LL.M.
- FinTech-Handbuch (2021), 금융법, 계약법 관련 다수의 단행본·주석·국제 논문 게재

조윤수 (번역)

- (현) 서울대학교 법학전문대학원 전문석사과정
- 서울대학교 경제학부 학사, 행정대학원 석사
- (전) 금융위원회 사무관
- 행정고시 합격
- "Effect of Financial Regulations on the Profitability of Banks: Focusing on Banks in South Korea from 2008 to 2022" (2024), "국회 법안 검토 기간의 생존함수 추정: 제 17, 18, 19대 국회의 사례를 바탕으로" (공저, 2019)

杉浦 宣彦(SUGIURA Nobuhiko)

- (현) 일본 중앙대학교 대학원 전략경영연구과 교수
- 일본 중앙대학교 법학 박사, 일본 중앙대학교 법학 석사
- 『전자상거래법』(공저, 2013), 『인터넷 법률 문제』(공저, 2013), 전자지급, 금융법, IT법 관련 다수의 단행본 · 논문 게재

이가녕 (번역)

- (현) 서울대학교 대학원 박사과정 (금융규제법)
- 중국 제남대학교 법학과 학사, 중국 연변대학교 민상법 석사
- (전) 중국 행정공무원, 서울 리팡외국법사무소 인턴
- 중국 사법고시 합격

이민경

- (현) 성신여자대학교 법학부 조교수
- 서울대학교 법학전문대학원 법학전문박사, 미국 스탠포드대 LL.M. (Corporate Governance & Practices)
- (전) 법무법인 (유한) 광장 파트너 변호사
- 금융위원회 증권선물위원회 자본시장조사심의위원
- 한국변호사, 미국 뉴욕주 변호사
- "은행징리질차에시 이혜관계자 보호 방안에 관한 법적 연구 - NCWO원칙을 중심으로 - " (2025) 외 다수

한서희

- (현) 법무법인 (유한) 광장
- 서울대학교 법학과 졸업, 서울대학교 석사 졸업, 서울대학교 박사 졸업
- (전) 대우증권, 법무법인 (유한) 바른, 법무법인 (유한) 광장, 2023년 금융감독원 가상자산검사감독 준비단 TF 위원 외 다수
- 한국변호사
- "가상자산 규제체계상 이용자 가상자산의 보호 방안에 관한 연구" (2025), "디지털자산의 자본시장법상 규제에 관한 연구 - 토큰증권을 중심으로" (2023.8), "해외 비트코인 상장지수집합투자기구(ETF) 사례 및 국내 비트코인 상장지수집합투자기구(ETF) 도입을 위한 논의" (2022.4) 외 다수

류경은

- (현) 고려대학교 법학전문대학원 부교수
- 고려대학교 법학과 졸업, 서울대학교 일반대학원 석사 졸업, 서울대학교 법학전문대학원 전문박사 과정 수료 (금융규제법)
- (전) 서울중앙지방법원 판사, 대법원 재판연구관
- 금융위원회 가상자산위원회 민간위원

황현일

- (현) 법무법인 유한 세종 파트너변호사
- 고려대학교 정치외교학과 졸업, 서강대학교 법학전문대학원 졸업
- (전) 삼성증권 상품개발팀, 금융위원회 행정사무관, 법무법인 유한 세종 디지털금융팀장
- 한국변호사
- "자본시장법 상 투자계약증권의 법적과제" (2024), "가상자산법의 법적 쟁점 2 - 제2장 이용자 자산의 보호" (2024) 등

정준혁

- (현) 서울대학교 법학전문대학원 부교수, 증권선물위원회 비상임위원
- 서울대학교 법과대학 학사, 석사, 박사, 미국 Columbia대 LL.M.
- (전) 법무법인 세종 파트너 변호사, 독일 Gleiss Lutz 방문변호사
- 한국 변호사, 미국 뉴욕주 변호사
- 『M&A와 주주 보호』 (2019), 『핀테크가 강한 나라』 (공저, 2024), 『한국경제, 전환의 시간』 (공저, 2025), 『신체계회사법』 (공저, 2026)

김시홍

- (현) 라이크 법률사무소 전문위원
- 가천대학교 일반대학원 법학박사 (2016), 고려대학교 법학석사 (2010)
- 법무법인 (유한) 광장 전문위원 (2021-2025), 국무조정실 신산업규제혁신위원회 위원 (2025.4-현재), 금융위원회 전자금융거래법 시행령 개정 TF 위원 (2023), 한국핀테크지원센터 금융규제 샌드박스 혁신금융 전문위원 (2023-현재), 한국핀테크산업협회자문위원 (2023-현재), 가천대학교 법과대학 겸임교수 (2016-2023), 금융연수원 및 금융보안원 강의교수 (2016-현재), 금융결제원 금융데이터융합센터장 (2020-2021)

정희수

- (현) 하나금융연구소 소장
- 성균관대학교 경제학 박사
- 광운대학교 겸임교수, 일본종합연구소(JRI, Japan Research Institute) 초빙연구원, 한국금융학회 이사, 하나금융연구소 금융산업 팀장/연구기획분석실장

김유성

- (현) 연세대학교 법학전문대학원 부교수
- 서울대학교 법학석사, 이학석사
- (전) 대법원 재판연구관 (지방법원 부장판사)
- 한국변호사
- "재보험업의 영업행위 규제 개선방안에 관한 연구" (2025) 등 다수

마경태

- (현) 김·장 법률사무소 (2024-현재)
- 한국과학기술원(KAIST) 경영대학원 (석사, 경영학, 2021), 서울대학교 법학전문대학원 (법학전문석사, 2014), 서울대학교 (학사, 법학 및 전기공학, 2007)
- (전) 법무법인 태평양 (2014-2024)
- 한국변호사 (2014)
- "AI 투명성 거버넌스와 법제 정비 과제" (2021)

안수현

- (현) 한국외국어대학교 법학전문대학원 교수, 원장
- 서울대학교 법학대학원 박사
- 금융감독원 옴부즈만, 금융위원회 금융발전심의위원, 법무부 상법개정 특별위원회 위원, 디지털자산보호재단 비상임이사, 한국금융소비자보호재단 비상임이사
- "금융분야의 다크패턴 규제 실효성을 위한 법제도적 과제" (2025), "중앙은행 디지털화폐의 금융법적 검토 - 은행관련 법적 이슈를 중심으로" (2023) 외 다수

문선경

- (현) 한국은행 변호사
- 서울대학교 법학전문대학원 졸업
- 서울대학교 경제학부 졸업
- (전) 대한변호사협회 사무차장

김남희

- (현) 두나무 주식회사 사내변호사
- 이화여자대학교 경영학 학사 졸업, 연세대학교 법학전문대학원 법학전문석사 졸업, 서울대학교 법학전문대학원 법학전문박사 수료
- (전) 법무법인 율촌 변호사
- 한국 변호사
- "가상자산법 제정에 따른 업계의 준비동향 및 실무상 쟁점" (2023.11) 등

김준영

- (현) 김·장 법률사무소 변호사 (2010-현재)
- (현) KAIST 문술미래전략대학원 겸직교수 (2024-현재)
- Harvard Law School (LL.M., 2016)
- 서울대학교 법과대학원 (법학석사, 국제투자법, 2009), 서울대학교 (법학사, 2005)
- 한국 변호사, 미국 뉴욕주 변호사

최지웅

- (현) 한국예탁결제원 법무팀장/ 변호사
- 연세대학교 법학전문대학원 졸업 (4기)
- (현) 금융위원회 전자증권법령 개정 TF 위원
- (전) 금융위원회·법무부 전자증권법령 제정 TF 간사 및 아시아개발은행(ADB) 파견 근무
- "블록체인과 금융-증권결제제도와 자산토큰화" (2025.11)

정세진

- (현) 법무법인 율촌 변호사
- 고려대학교 정보보호대학원 박사수료, 성균관대학교 법학전문대학원 석사 졸업, 한국과학기술원 (KAIST) 전기 및 전자공학 석사 졸업, 고려대학교 전기전자전파공학 졸업
- (현) 성균관대학교 법학전문대학원 겸임교수, 한국금융연수원 겸임교수, 개인정보보호위원회 고문변호사, 과학기술정보통신부 고문변호사, 금융감독원 금융감독자문위원회 자문위원 (디지털/IT분과)
- (전) 김앤장 법률사무소 변호사, LG전자 Digital TV 연구소 연구원
- 『한 권으로 끝내는 금융데이터법』 (2024), 『디지털 금융 기초 법률 상식』 (2025)

송창영

- (현) 법무법인 (유한) 세한 대표변호사
- 서울대학교 경영학과 졸업
- (전) 금융위원회 혁신금융심사위원, 증권선물위원회 비상임위원
- 한국변호사
- (전) 로앤비 자본시장법, 금융사지배구조법, 금융소비자보호법 집필위원

정재원

- (현) 법무법인 (유한) 세종 변호사
- 서울대학교 경영대학 졸업, 서울대학교 법학전문대학원 졸업, 서울대학교 일반대학원 법학과 박사 과정 수료
- (전) Covington & Burling LLP (Palo Alto Office) Global Visiting Lawyer, 삼성바이오로직스 (주) 준법경영팀 파견변호사
- "자발적 상장폐지 및 소수주주 축출 제도의 개선 과제" (2025)

금융연구포럼 금융법 1

디지털금융법

초판발행 2026년 2월 25일

지은이 사)금융연구포럼
펴낸이 안종만·안상준

편 집 나세현
기획/마케팅 조성호
표지디자인 BEN STORY
제 작 고철민·김원표

펴낸곳 (주) 박영사
서울특별시 금천구 가산디지털2로 53, 210호(가산동, 한라시그마밸리)
등록 1959.3.11. 제300-1959-1호(倫)
전 화 02)733-6771
f a x 02)736-4818
e-mail pys@pybook.co.kr
homepage www.pybook.co.kr
ISBN 979-11-303-9933-1 93360

정 가 58,000원